에릭 홉스봄(맨 오른쪽), 여동생 낸시, 사촌 론(맨 왼쪽), 그레틀 숙모(얼굴이 보이지 않음), 숙모의 아들 피터(맨 앞). 1935년 4월 잉글랜드 남부 해안에서 에릭의 삼촌 시드니가 서투르게 찍은 사진.

1936년 4월 26일, 영국에서 세 번째로 높은 스노도니아의 카르네드다피드산을 내려가는 에릭. 10대 시절 자전거를 타고 수없이 캠핑을 떠나곤 했다.

1939년 공산당 여름학교에서 익명의 참가자가 스케치한 에릭. 여기서 에릭은 미래의 소설가 아이리스 머독과 시시덕거렸다.

1939년 케임브리지의 교내 잡지 《그란타》의 편집장 시절. 사회주의자 클럽에서 펴내는 《회보》의 이데올로기적 경직성에 불만을 품은 에릭은 비정치적인 학생 저널리즘으로 관심을 돌렸다.

뮤리얼 시먼과 결혼할 무렵인 1943년의 홉스봄 중사. 이미 에릭을 감시하고 있던 영국 보안정보국(MI5)은 육군이 그를 위험하지 않은 역할, 즉 기초 독일어 교관으로 배치하도록 조치했다.

에릭의 여동생 낸시(1921~1990)는 2차 세계대전 중에 자메이카에서 영국 군사검열당국을 위해 일했다.

1947년, 국방군에 속했던 독일인들을 위한 '재교육' 캠프에서 에릭의 강의를 들은 수강생들 중 한 명인 미래의 역사가 라인하르트 코젤렉이 스케치한 에릭. "내가 그에게 민주주의를 가르쳤지"라고 훗날 에릭은 말했다.

리하르트 욀체(1900~1980)가 1935~1936년에 그린 〈기대〉. 에릭은 1936년에 파리의 한 나이트클럽에서 이 방종한 독일 초현실주의자와 기억에 남는 저녁을 보냈고, 1950년대에도 파리의 카페와 술집을 수시로 드나들었다.

파이프 담배를 피우는 1955년의 에릭. 런던의 제네바 클럽에서 에릭을 만난 프랑스 태생의 영국 예술가 피터 데 프란차(1921~2012)의 그림. 헌신적인 사회주의자인 데 프란차는 《뉴레프트 리뷰》의 창간인들 중 한 명이었다.

콩고에서 국제연합을 위해 일하던
1960년의 마를린 슈바르츠.
마를린은 영어 과외를 해달라는 미래의
독재자 조제프-데지레 모부투의 요청을
현명하게 거절했다. 에릭은 런던으로
돌아온 마를린을 1961년 11월에 만났다.

1962년 재혼한 뒤 아버지 역할은 에릭의 삶을 바꾸어놓았다. 앤디는 1963년에, 줄리아는 이듬해에 태어났다.

쿠바 혁명가 에르네스토 '체' 게바라
(1928~1967). 에릭은 1962년 영국
쿠바위원회의 후원으로 쿠바를 방문한
기간에 게바라를 위해 통역사 역할을 했다.
게바라의 연설은 전혀 흥미롭지 않았다고
에릭은 말했다.

한동안 에릭은 세계의 다른 어느 지역보다 라틴아메리카에서 혁명이 일어날 가능성이 더 높다고 믿었다. 1971년에 이 조랑말
을 타고 페루 산맥까지 여행했다.

1960년대 말부터 20년이 넘도록
홉스봄 가족은 스노도니아의 크로서 계곡을
자주 찾아 '웨일스의 마터호른'이라
불리는 크니흐트산의 가파른 비탈을
장시간 즐겁게 산책하곤 했다.

에릭과 티클리아. 길고양이였던 티클리아는 1971년 홉스봄 부부가 라틴아메리카에서 귀국했을 때 이 가족을 선택하고 15년 후 죽을 때까지 함께 살았다. "티클리아는 에릭이 중요한 사람인 줄 알았어요. 자기 앞에서 호들갑을 가장 적게 떨었거든요" 하고 마를린은 말했다.

1999년 스티븐 파딩(1950~)이 그린 《과거와 현재》의 역사가들. (화가의 정치적 의도가 담긴 배치로서) 왼쪽에서 오른쪽으로 에릭 홉스봄, 크리스토퍼 힐, 로드니 힐턴, 로런스 스톤, 존 엘리엇, 조앤 터스크, 키스 토머스. 토머스는 이 위치를 전혀 달가워하지 않았다.

키스 토머스에 따르면
"볼셰비키 모자"를 쓰고 다니고
"진짜 혁명가"처럼 보였던 90대의 에릭.

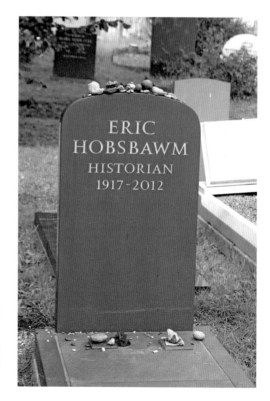

하이게이트 묘지에서 "카를 마르크스의
무덤 바로 오른쪽"에 있는 에릭의 무덤.
에릭의 장례식에서 조문객들은
공산주의 운동의 투쟁가인 인터내셔널가로
화장장의 흥을 돋우었다.

에릭 홉스봄 평전

ERIC HOBSBAWM

에릭 홉스봄 평전

A LIFE IN HISTORY

리처드 J. 에번스 지음, 박원용·이재만 옮김

책과함께

차례

일러두기

- 이 책은 Richard J. Evans의 ERIC HOBSBAWM (Little, Brown, 2019)을 완역한 것이다.
- 인용문에서 ( ), 강조체, 밑줄은 모두 원문 그대로이고, 〔 〕는 인용자, 즉 이 책의 지은이가 덧붙인 것이다.
- 각주는 옮긴이가 덧붙인 해설이다.

머리말

2012년 95세로 생을 마쳤을 때 에릭 홉스봄은 적잖은 세월 동안 세계에서 가장 유명하고 가장 널리 읽힌 역사가였다. 그의 사망 소식은 영국뿐 아니라 인도와 브라질 같은 먼 나라들에서도 신문의 제1면을 장식했다. 그의 저서들은 50개가 넘는 언어로 번역되었다. 이 저서들은 거의 대부분 출간 후 절판된 적이 없으며, 그중 몇 종은 초판이 나온 지 50년이 넘었다. 수백만의 독자들은 엄밀한 분석, 탁월한 문체, 생생한 해석, 흥미롭고 상세한 서술을 겸비한 홉스봄의 저작에 저항하지 못했다. 브라질에서만 저작의 총 판매 부수가 100만 부에 달했고, 《극단의 시대》는 수 주에 걸쳐 베스트셀러 목록의 맨 위에 있었다. 그는 폭넓은 독자층에게 읽혔을 뿐 아니라 '17세기의 전반적 위기', '원초적 반란자들', '만들어진 전통'부터 '사회적 산적행위'와 '장기 19세기'에 이르기까지 일련의 새로운 개념을 제시하여 역사적 사유에 심대하고 지속적인 영향을 주었다. 산업혁명기의 생활수준부터 민족주의의 기원에 이르기까지 홉스봄의 저술을 둘러싼 논쟁은 그가 연구를 개시한 후 수십 년간 새로운 역사

연구를 자극해왔다.

역사가로서 에릭 홉스봄의 엄청난 명성과 세계적 영향력만으로도 그의 전기를 집필하는 작업을 충분히 정당화할 수 있겠지만, 그는 영국에 국한되지 않는 공적 지식인이자 좌파의 영향력 있는 대변인이기도 했다. 1980년대와 1990년대 초에 그는 신노동당의 성장 이면에서 벌어진 정치적 논쟁에서 핵심적 역할, 인생의 말년에 이르러 후회하게 될 역할을 맡았다. 2003년 브라질 대통령이 된 룰라 다 실바는 전임자 페르난두 엔히키 카르도주와 마찬가지로 에릭이 자신의 사고에 미친 영향을 명확히 인정했다. 좌파에 대한 에릭의 영향은 인도와 이탈리아에서도 확연했다. 연구실과 도서관, 강의실 사이를 오가는 학자의 조용한 삶은 그에게 어울리지 않았다. 오랫동안 그의 정치 활동은 영국 보안정보국(MI5)의 감시를 받을 정도로 위험한 행위로 여겨졌다.

이 책의 부제는 '역사 속의 삶a life in history'이다. 에릭이 직업상 역사가였을 뿐 아니라 20세기 역사의 중요한 순간들, 이를테면 1933년 나치가 권력을 장악한 베를린부터 1936년 프랑스 인민전선 선거 이후 처음 열린 프랑스 혁명 기념식, 같은 해의 스페인 내전, 1939년 2차 세계대전 발발과 뒤이은 냉전, 그 이후까지 20세기 역사의 중요한 순간들을 함께했기 때문이기도 하다. 에릭의 인생 역정을 알려주는 미발표 일기와 편지, 그리고 입수 가능한 많은 다른 자료는 1930년대의 베를린, 런던, 케임브리지, 파리, 1940년대 초반의 영국군, 1940년대 후반과 1950년대 초반의 매카시즘 분위기, 1956년 공산주의의 위기, 1950년대 후반 소호의 재즈계, 1960년대와 1970년대에 라틴아메리카의 정치와 사회를 격동케 한 대변동, 같은 시기 이탈리아에서 대두한 '유로공산주의', 1980년대 노동당 내부의 정치적 논쟁, 그리고 1990년대 프랑스 문화 엘리트층의 지적인 정치에 대해 생생한 인상을 전달한다.

이 책이 매우 두꺼워진 이유는 무엇보다 에릭 홉스봄이 장수했기 때문이다. 그는 100세 가까이 살면서 50년이 넘도록 지적으로 왕성하고 정치적으로 적극적이었으며, 시종일관 글을 쓰고 책을 냈다. 하지만 이 책이 두꺼워진 까닭은 내가 에릭의 이야기를 가능한 한 에릭 자신의 말로 전하려고 노력했기 때문이기도 하다. 그는 자신이 선택한 역사 분야뿐 아니라 다른 많은 장르들에서도 호소력 짙고 매력적인 작가였다. 그의 방대한 저술에는 단편, 시, 자연 묘사, 여행기, 정치적 소책자, 개인적 고백, 그밖의 많은 것들까지 포함된다. 그는 과거만이 아니라 자신의 삶에 대해서도 좋은 이야기를 말하는 법을 알고 있었다. 그의 역사책들은 세계 전역에서 수십 개 언어로 번역되어 수백만 권이 팔렸지만, 다른 많은 글들은 거의 알려지지 않은 채 남아 있다. 이 책에서 소개하는 자료 가운데 상당 부분은 이전에 발표된 적이 없는 것들로, 대부분 훌륭하고 널리 읽힐 가치가 있다.

에릭 홉스봄의 삶을 기록하려는 전기작가라면 누구라도 그가 직접 쓴 자서전 《흥미로운 시대Interesting Times》(2002)*에 직면할 수밖에 없다. 이 책에는 사적인 삶에 대한 이야기보다 공적인 삶에 대한 이야기가 더 많다고 그는 말했다.[1] 친구 엘리제 마리엔스트라스Elise Marienstras는 홉스봄의 자서전을 읽고 나서 "개인적인 일들이 아주 적다"고 말했다.[2] 그리고 스테판 콜리니Stefan Collini가 말했듯이 《흥미로운 시대》는 실로 "기묘한 혼합물, 비개인적인 자서전이다. 우리는 이 책에서 에릭 홉스봄의 내면적 삶보다 20세기의 사회와 정치에 대해 더 많이 알게 된다."[3] 이런 이유로 이 책은 에릭의 지적·정치적 성장 과정을 경시하지 않으면서도 무엇보다 그의 개인적 경험과 내면적 삶에 집중한다. 이렇게 한 데에는 그

---

* 한국에서는 《미완의 시대》라는 제목으로 출간되었다(2007).

럴 만한 이유가 있다. 에릭은 자신의 삶을 더 광범한 상황에 따라 형성해 나가는 무언가가 아니라 자신이 살아가는 시대에 의해 형성되는 것으로 보았다.[4] 그렇지만 그는 나중에 말했듯이 "계획을 내키지 않아 하는, 심리적인 면에서 비체계적이고 직관적이고 즉흥적인 역사가"였다.[5] 이 책은 역사가로서 에릭의 직관이 그가 살아간 정치적·역사적 맥락에 의해서만이 아니라 그의 개인적 상황, 헌신, 열망에 의해서도 얼마만큼 형성되었는지를 보여줄 것이다. 나는 이 책과 《흥미로운 시대》 사이의 중복을 피하려고 최대한 노력했지만 불가피하게도 그것이 언제나 가능하지는 않았는데, 특히 에릭의 인생 초년과 관련해 그러했다. 그렇지만 에릭의 자서전이 무엇보다 기억의 작업인 반면에 이 전기는 동시대의 생각과 행동을 묘사하는 자료에 압도적으로 의존한다. 이 책과 나란히 유익하고도 즐겁게 읽을 수 있는 《흥미로운 시대》를 어떤 식으로든 대체하려는 의도가 내게는 없다.

나는 에릭을 친밀하게는 아니지만 상당히 오랜 기간 알고 지냈다. 사실을 말하자면 나는 그를 너무 경외한 나머지 가까운 친구가 되지 못했는데, 우리가 대화할 수 있는 거의 어떤 주제에 관해서도 그가 나보다 무한정 더 많이 알 것이라고 생각했기 때문이다. 내가 모든 문제에서 그의 견해에 동의했던 것은 아니다. 전혀 그렇지 않았다. 나의 정치적 신념은 언제나 사회민주주의였다. 나는 특히 1970년대 초에 박사학위 연구 도중 알게 된 동독 공산주의의 암울하고 즐거움 없는 잿빛 독재의 결과물을 가까이에서 지켜본 후로는 공산주의의 근본 전제를 결코 받아들일 수 없었다. 그러나 역사가의 과제는 다른 무엇보다 이상하고 대개 낯선 과거의 세계를 이해하려는 것이지, 한편으로 그 세계를 비난하거나 다른 한편으로 그 세계와 자신의 세계를 동일시하는 것이 아니다. 이 책에서 내가 시도한 일은 에릭 홉스봄을 21세기 독자들에게 제시하여 그가 말하고 행동하고 생각하고 쓴 것에 대해 독자들 스스로 판단하도록 하는 것이다.

비록 많은 논쟁과 논란에 휘말리긴 했지만, 에릭은 내가 아는 한 악의나 적의가 전혀 없는 사람이었다. 수많은 역사가나 학자와 달리, 그는 결코 '능숙한 증오자'가 아니었다. 그는 지나치다 싶을 만큼 친절하고 관대했으며 신의를 지켰다. 앞으로의 서술에서 드러나기를 바라듯이, 에릭은 삶을 사랑하고 충실하게 살아낸 사람이었다. 에릭의 저술을 읽으면 읽을수록―그의 저술을 거의 다 읽었다―나는 그를 역사가로서만이 아니라 한 인간으로서도 더욱 예찬하고 존경하게 되었고, 그가 살아 있을 때 더 알지 못한 것을 아쉬워했다.

집필 과정에서 나는 많은 빚을 졌다. 단연 중요한 도움은 마를린 홉스봄Marlene Hobsbawm에게서 받았는데, 책을 쓰는 내내 말로 다하기 힘들 정도로 지원을 해주고 다른 경로로는 구하지 못했을 정보와 자료를 제공해주었다. 그녀가 최종 결과물에 만족했으면 한다. 영국 학술원의 현대사 분과가 모든 회원의 사망 이후에 나오는 '전기적 회고록' 집필을 내게 제안하지 않았다면, 나는 이 기획을 시작하지 않았을 것이다. 에릭과 마를린의 햄스테드 집을 방문해 꼭대기층에서 나를 기다리는 엄청난 양의 개인 문서를 보는 순간, 나는 완전한 전기를 쓰기에 충분한 자료가 남아 있다고 확신했다. 에릭과 마를린의 사위인 알라릭 뱀핑Alaric Bamping은 내가 그 자료를 헤쳐나가도록 친절하게 안내해주고 때때로 새로 발견된 추가 자료를 제공해주었다.

에릭의 문서 대부분은 현재 워릭대학의 현대기록물센터에 있으며, 내가 여러 차례 방문할 때마다 그곳 직원들은 한결같이 효율적으로 도움을 주었다. 또 나는 케이버샴 소재 BBC 문서고, 텍사스대학 오스틴 캠퍼스의 해리랜섬센터, 영국국립문서고, 케임브리지 킹스칼리지의 문서고, 케임브리지 처칠칼리지의 문서고, 런던정치경제대학의 영국 정치경제학 도서관, 맨체스터대학의 문서고, 맨체스터 소재 민중사박물관의 노동사 문서고와 연구센터, 브리스틀대학 도서관 희귀자료실, 데이비드 하이엄 저작권사, (바이덴펠트 & 니컬슨 출판사를 포함한) 리틀브라운 출판사 문서고, 미국 법무부(정보 공개 청구), 피사 고등사범학교 문서고, 워싱턴 DC 소재 미국 홀로코스트 메모리얼 박물관의 자료실, 파리 인문학기초관의 문서고, 낭트 외교문서고센터, 빈 유대인 공동체 문서고, 빈 피히트너가세 김나지움 문서고, 빈 시와 주의 문서고, 빈 오스트리아 저항운동 기록보관소에도 빚을 졌다. 이 책이 전반적으로 미간행 문서자료에 근거하기 때문에 참고문헌 수록을 생략했다. 또한 주를 최소한으로 달려고 노력했다. 프랑스어와 독일어 자료의 번역은 모두 내가 했고, 이탈리아어 자료는 그라치아 스키아키타노, 포르투갈어 자료는 안토니우 케르스테네츠키가 번역했다.

리버흄 트러스트가 친절하게 수여해준 명예연구원 자격 덕택에 나는 연구 지원을 받아 엄청난 시간을 절약할 수 있었다. 집필 과정 내내 지원해준 재단의 애나 그런디에게 특히 감사드린다. 연구를 도와준 로베르토 아스맛 벨레자, 피오나 브라운, 스테파니 찬, 대니얼 카울링, 샬럿 파우처, 빅토리아 해리스, 야니크 허버트, 안토니우 케르스테네츠키, 라파엘 크로피우닉, 요한나 란겐브링크, 홀리 맥카시, 메리-앤 미델쿱, 에마 낫퍼스와 그라치아 스키아키타노에게도 엄청난 신세를 졌다.

친절하게 인터뷰에 응하거나 정보를 제공해준 다음 사람들에게도 깊이 감사드린다. 주디스 애덤슨, 피터 아처드, 존 아널드, 닐 애셔슨, 모리스 아이마르, 조앤 베이크웰, 로지 배로, 앙리 베르하우어, 페르난두 엔히키 카르도주, 유세프 카시스, 제프리 크로식, 로더릭 플로드, 에릭

포너, 로이 포스터, 파트리크 프리덴송, 주디스 프리들랜더, 마르쿠스 가스파리앙, 에드워드 글로버, 앤드루 고든, 리즈 그란데, 마리-루이스 헬러, 앤절라 홉스바움, 앤디 홉스봄, 줄리아 홉스봄, 마를린 홉스봄, 앤서니 하우, 브루스 헌터, 조애너 이네스, 닉 제이콥스, 마틴 자크, 아이라 카츠넬슨, 지오이에타 쿠오, 대니얼 리, 제프리 로이드, 프리츠 루스티히, 앨런 매카이, 제러미 마르체시, 로빈 마르체시, 엘리제 마리엔스트라스, 퍼트리샤 맥과이어, 앨런 몽고메리, 앤드루 모리스, 더그 먼로, 미셸 페로, 리처드 프레스턴, 스튜어트 프로피트, 리처드 래스본, 개리 런시먼, 도널드 서순, 팻 스트라우드, 팻 세인, 로밀라 타파르, 키스 토머스, 존 톰슨, 클레어 토멀린, 루이스 윈콧, 크리스 리글리. 내가 인터뷰하지 못한 사람들에게는 양해를 구한다. 분명 그런 이들이 많을 것이다.

저작권 보호 자료를 이 책에 인용하도록 허락해준 에릭 홉스봄의 유고遺稿 관리자 브루스 헌터와 크리스 리글리에게 감사드린다. 이 프로젝트를 시작할 무렵 데이비드 캐너다인은 전기를 집필하는 데 필요한 사려 깊고 핵심적인 조언을 적잖이 해주었다. 레이철 호프먼, 브루스 헌터, 마를린·줄리아·앤디 홉스봄, 크리스 리글리는 초고를 읽고서 그것을 개선하는 데 큰 도움을 주었고, 리틀브라운 출판사의 지칠 줄 모르는 편집자 팀 휘팅도 마찬가지였다. 또한 리틀브라운의 조이 굴렌, 조이 후드, 린다 실버먼, 아울러 리처드 콜린스, 대니얼 발라도, 크리스틴 셔틀워스에게도 출판 과정을 매끄럽고 즐겁게 만들어주신 데 감사드린다.

나는 이 책을 케임브리지 울프슨칼리지에서 쓰기 시작해 버지니아 리치먼드대학의 나무가 우거진 조용한 환경에서 초고를 완성했다. 집필할 수 있는 시설과 시간, 공간을 제공해준 두 기관에 감사드린다. 많은 친구들이 내가 이 프로젝트에 대해 이야기할 때 참을성 있게 들어주었으며,

특히 니암 갤러거, 비안카 가우덴치, 레이철 호프먼의 지원에 고마움을 전한다. 나는 크리스틴 L. 코튼에게 말로 다할 수 없는 신세를 졌다. 크리스틴은 초고를 읽고 전문가의 눈으로 교정을 보고 연구와 집필 과정 내내 나를 격려해주었다. 크리스틴은 1990년대 초에 에릭을 처음 만났을 때 내가 언젠가 그의 전기를 쓸 것이라고 말했고, 다른 수많은 일들과 마찬가지로 결국 그녀가 옳았음이 입증되었다.

2018년 8월, 하트퍼드셔 바크웨이에서

I

"영국 소년"

1917-1933

I

　살아가면서 '출생지'를 적어야 하는 각종 서류를 대면할 때마다 에릭 홉스봄은 이집트의 알렉산드리아라는 의외의 장소를 써넣어야 했다. 역사에서 우연히 일어나는 일은 거의 없다고 믿은 홉스봄과 같은 사람의 출생을 전후하여 눈에 띄게 우연한 사태가 빈발했다는 것은 아이러니다. 그렇지만 훗날 본인이 즐겨 지적했듯이, 세계사에서 아주 중요한 몇몇 사건이 여러 방식으로 교차하지 않았다면, 에릭은 그곳에서, 혹은 그때 태어나지 않았을 것이다.

　첫 번째 사건은 제정 러시아와 19세기에 '폴란드 입헌왕국'으로 알려진 지역 사이의 불안한 관계였다. 당시 이 지역의 주권자는 러시아 차르였다. 1863년 민족주의적 봉기에 실패한 후 폴란드 입헌왕국은 러시아 제국에 무자비하게 통합되어 독자적인 정체성과 제도를 잃어버렸다. 이 왕국은 상트페테르부르크의 러시아 정부에 의해 자유와 권리를 크게 제약

당한 대규모 빈민 유대인 공동체의 고국이었다. 이 유대인들은 폴란드에서 가장 가난한 읍과 도시에 거주했고, 수공업 분야에서 형편없이 낮은 임금을 받고 과로를 해가며 근근이 생계를 이어가야 했다. 당연히 1860년대부터 영국과 미국으로 이주하는 유대인이 늘어나기 시작했다. 특히 1870년대 중반 오스만 제국과의 전쟁이 임박했을 때 러시아군에 징집당할 것이라는 공포가 유대인 청년들의 의식을 사로잡았다. 런던으로 이주한 유대인들은 이스트엔드의 빈민층 사이에서 독특한 공동체를 형성하기 시작했다. 1861년 영국 인구조사에서 그곳의 유대인 수는 900명이었고, 1881년 인구조사에서는 4500명이었다.[1]

1870년대 중반 폴란드에서 막 이주해온 사람들 가운데 가구공 다비트 옵스트바움David Obstbaum이 있었다. 가족의 전설에 따르면, 1838년 경에 태어난 그는 차르 군대에 징집될 위기에 처하자 폴란드에서 함부르크까지 걸어서 도망쳤다.[2] 그곳에서 그는 자신과 마찬가지로 바르샤바에서 태어난 두 번째 부인 로사 버콜츠Rosa Berkoltz와 함께 런던으로 갔다. 그녀는 1852년경에 태어나 그보다 훨씬 어렸다. 부부에게는 두 아이가 있었는데, 이미 세상을 떠난 첫 번째 부인과의 사이에서 1866년에 태어난 밀리와, 로사와의 사이에서 1871년에 태어난 루이스였다. 독일어로(또는 폴란드 입헌왕국의 유대인이 가장 많이 쓰던 이디시어로) 과실수를 뜻하는 '옵스트바움'은 영국인이 발음하기 어려운 이름이었다. 다비트가 런던의 이주자로 등록할 때, 이스트엔드의 출입국 관리원이 그의 이름을 잘못 듣고는 틀림없이 지레짐작으로 묵음 'H'를 맨 앞에 집어넣고 발음하기 힘든 't'를 빼는 바람에 결국 홉스바움Hobsbaum이 되었다.[3]

부부는 새로운 고국에서 수수하지만 안정된 생활을 꾸려갔다. 1874년 5월 12일에 맨체스터에서 둘째 필립이 태어났다. 이름이 같은 필립의 손자 필립 홉스바움Philip Hobsbaum은 1932년에 태어나 유명한 시인이자 비평가, 학자가 되었다.[4] 어니스트라고 불린 부부의 셋째 아들 애런은 1878년 런던에서 태어났으며, 애런의 두 딸 이디스와 마거리트 역시 외국 이름을 다루지 못하는 영국 관리로 인해 홉스번Hobsburn으로 출생신고가 되었다. 시시라고 불린 부부의 딸 세라는 1879년에 태어나 중부유럽 출신 루이스 프레츠너Louis Prechner와 1909년에 결혼했다. 두 사람의 아들 데니스는 1916년 11월 16일 런던 이스트엔드 유대인 지역의 북쪽 끝에 자리한 스토크뉴잉턴에서 태어났다. 데니스는 훗날 저명한 재즈 비평가이자 음반 제작자가 되어 에릭의 삶에 중요한 영향을 주었다.[5]

에릭의 세대에 홉스봄 가문의 친척은 총 22명이었다. 그렇지만 세계 곳곳에 흩어져 살았기 때문에 그중 몇 사람만이 실제로 에릭과 연락을 유지했다. 에릭이 나중에 말했듯이 "우리 집안은 (…) 아주 긴밀한 가족은 아니다."[6] 에릭의 삶에 가장 중요한 영향을 미치게 되는 두 삼촌은 1889년 4월 25일 런던 북동쪽 달스턴에서 태어난 솔로몬(시드니)과 1888년 7월 9일에 태어나 보통 해리라고 불린 헨리였다. 해리의 아들 롤런드는 에릭의 사춘기 시절 가장 가까운 친구였다. 다비트와 로사 홉스바움의 아홉 자녀 중에 일곱이 성인으로 성장한 사실은 가족이 어느 정도 건강한 유전자를 가지고 있었음을 말해준다. 다만 식구 가운데 누구도 오늘날 노년으로 치는 나이까지 살지는 못했다. 다비트가 첫 번째 아내에게서 얻은 딸 밀리만이 이 운명을 피했는데, 남편과 미국으로 이주한 지 60년 후인 1966년에 99세의 나이로 죽었다. 바르샤바에서 태어나 부모와 마찬가지로 영국인으로 귀화한 루이스를 제외하면, 에릭의 사촌들은 모두 영국인으로 태어났고 평생 영국인으로 살았다. 그들 모두 영어가 모국어였고 영국의 문화와 삶에 빠르게 적응했다. 실제로 그들은 훗날 에릭이 지적했듯이 "정치적으로나 문화적으로나 명실상부한 영국인"이 되기 위해 열심히 노력했다. 그들은 대부분 수공업자나 점원으로 일했다. 가문에서 정통 유대교식 훈육을 받았다거나 사업으로 부를 이루었다는 기록은 없으며, 그들 다수는 제도교육을 거의 받지 못했다.[7]

보통 퍼시라고 불린 에릭의 아버지 레오폴드 홉스바움Leopold Hobsbaum 은 다비트와 로사의 다섯째로 1881년 9월 8일 런던 이스트엔드 유대인 지역의 중심부인 화이트채플에서 태어났다. 다비트 홉스바움의 첫째 와 둘째 아들 루이스와 필립은 아버지의 뒤를 따라 가구공이 되었지만,[8] 퍼시를 포함한 다른 자녀들은 1880년 영국에 도입된 5~10세 의무 초등 교육 제도의 혜택을 받은 덕분인지 사회적 상승을 이루어 중간계급 하 층에 합류했다. 어니스트는 전신기사로 출발해 나중에 교사가 되었다. 해리 역시 전신기사가 되었고, 그의 누이 세라는 교사가 되었다. 아이작 은 화학을 공부한 뒤 광산 기술자가 되었다. 시드니는 크게 성공하지는 못했지만 소규모 사업체를 운영했다. 이렇듯 1870년대 런던에 정착한 이래 홉스바움 가족의 역사는 당시 유대인 이주 공동체 사회사의 전형 이었다. 상대적으로 일찍 이주한 홉스바움 가족은 빅토리아 시대의 관 대한 이민정책의 혜택 덕분에 동유럽 출신 후발 이주민에 비해 유리하 게 출발할 수 있었고, 1890년대와 1900년대 이스트엔드 유대인들이 겪 어야 했던 극심한 빈곤에서 벗어날 수 있었다.[9]

퍼시가 성인이 될 무렵 세계사의 두 번째 중요한 국면이 홉스바움 가 족에 영향을 주었다. 20세기 초반 영국은 칠레 같은 남미 국가들까지 포 함하는(공식적인 의미로 포함하는 것은 아니었지만) 광대한 세계 제국의 중 심이었다. 에릭의 삼촌 아이작은 아내와 아이들을 데리고 칠레로 이주 한 뒤에도 영국에 있는 가족과 연락을 유지했다. 1869년 이후 대영제국 의 존속에서 핵심 요소는 인도와의 해상 교통을 7천 킬로미터 단축시킨 수에즈 운하였다. 이 운하를 지키기 위해 영국은 1882년 무력을 사용해 오스만 제국으로부터 이집트의 행정을 사실상 넘겨받았다. 1890년대에 이집트의 주요 국가기구들은 영국인에 의해 운영되고 채워졌는데, 이런 상황은 외국에서 경력 쌓기를 희망하는 사람들에게 일할 기회를 주었다.[10]

퍼시의 형 어니스트는 19세기가 끝나기 얼마 전 카이로로 이주해 처음에는 자유인민대학Free Popular University*에서 강의하다가 영국이 운영하는 이집트 우편전신국에 취직했다. 그 후 어니스트는 자신의 경험을 바탕으로 한 소설(《십자가와 초승달Cross and Crescent》, 《드레이퍼스 홀Draper's Hall》)을 출간했지만 큰 성공을 거두지는 못했다. 퍼시가 성년이 되자 어니스트는 동생에게 우편전신국에서 일자리를 구해보면 어떻겠냐고 제안했다. 퍼시는 형과 함께 일할 작정으로 카이로로 이주했다. 그리하여 퍼시는 카이로와 알렉산드리아의 다민족 공동체, 대체로 프랑스어를 사용하는 이주민 공동체에 합류하게 되었다. 사교생활이 매우 활발한 그 공동체에서 어니스트는 1913년 진 클레이스Jeanne Claeys와 결혼했다. 두 사람 사이에서 두 딸 이디스와 마거리트가 카이로에서 각각 1914년과 1915년에 태어났다.

알렉산드리아 이주자들의 사교시설 중 하나인 스포츠클럽에서 퍼시 홉스바움이 열여덟 살의 넬리 그륀Nelly Grün을 만난 해도 1913년이었다. 넬리는 모리츠 그륀Moritz Grün과 그의 아내 에르네스티네 프리트만 Ernestine Friedmann의 세 딸 중 하나였다. 그녀의 가족은 빈에 살고 있었다. 모리츠 부부는 유대교 신앙 공동체의 일원이었고 보석 사업에 종사했다. 그들은 비교적 부유했다. 1895년 4월 7일에 태어난 넬리는 당시 중등학교를 막 졸업한 참이었는데, 이는 빈의 소녀로서는 흔치 않은 성취였다. 게다가 졸업 성적도 뛰어났다.[11] 그 보상으로 부모는 딸에게 외국에서 휴가를 보낼 기회를 주기로 결정했다. 그들은 적당한 목적지로 알

* 1901년 이집트 무정부주의자들이 알렉산드리아에 설립한 대학.

렉산드리아를 선택했는데, 넬리의 아저씨 알베르트가 그곳에서 성공한 상인으로 자리를 잡고서 상품을 넉넉하게 갖춘 소매점을 운영하고 있었기 때문이다. 퍼시와 넬리는 사랑에 빠졌고 결혼하기로 약속했다. 그들은 약혼했고 결혼 계획을 세우기 시작했다.[12]

그렇지만 세계사가 다시 한 번 개입했다. 1914년 8월 1차 세계대전이 발발한 것이다. 오스트리아-헝가리·독일·터키·불가리아가 한편을 이루고, 영국·프랑스·러시아, 그리고 나중에 가세한 이탈리아와 루마니아가 다른 한편을 이루었다. 넬리가 군 병원에서 간호사로 잠시 일하는 동안 두 사람은 앞으로 어떻게 할지 의논했다. 넬리는 오스트리아인이고 퍼시는 영국인이었으므로 그들이 두 고국 중 한 곳에서 결혼하는 것, 또는 심지어 만나는 것조차 현명하지 않은 선택이었을 것이다. 둘 중 한 사람이 적국의 국민으로 억류될 수도 있었기 때문이다. 그래서 그들은 영국 외무장관 에드워드 그레이 경이 직접 서명한 특별허가증의 도움을 받아 1915년 5월 1일 중립국 스위스의 취리히에서 영국 영사의 주례로 결혼식을 올렸다.[13] 스위스 남부 루가노에서 짧은 신혼여행을 마친 부부는 당시까지 중립국이던 이탈리아의 나폴리를 거쳐 로마로 갔다(이탈리아는 독일과 공식 동맹관계였음에도 1915년 5월 23일 연합국 편에서 참전했다). 그곳에서 부부는 알렉산드리아를 향해 출항했다. 알렉산드리아에는 퍼시가 구해놓은 우편전신국의 일자리가 기다리고 있었고, 이제 결혼으로 영국 시민이 된 넬리와 퍼시 두 사람의 친척들이 살고 있었다.[14]

후기 빅토리아 시대 스포츠클럽의 골프장과 경마장이 있는 탁 트인 공간과 해변 사이에 위치한 알렉산드리아의 스포츠 지구에서, 1917년 6월 8일 에릭이 태어났다. 영국 영사 D. A. 캐머런은 이 날짜를 잘못 기재했을 뿐 아니라(6월 9일로 기재했다) 6월 12일 에릭의 출생을 등록하면서 성의 철자도 잘못 썼다. 당시 영어로 'au'는 오늘날 흔히 그렇듯이 독일어 식으로 'ow'로 발음한 것이 아니라 'or'로 발음했고, 그런 사정으로 영사는 아마도 에릭의 부모가 철자를 하나하나 말하지 않았기 때문인지 성을 잘못 듣고서 'u' 대신 'w'를 적었다. 그 결과 부부의 아들은 에릭 존 어니스트 홉스봄Eric John Ernest Hobsbawm이 되었다. '에릭'은 칠레에서 살고 있는 삼촌 아이작 홉스바움('버크')의 둘째 아들로 전년도에 태어난 사촌의 이름에서, 중간 이름 '어니스트'는 이집트에 정착한 삼촌의 이름에서 따온 것이었다.[15] 나머지 가족은 계속 'u'가 들어간 'Hobsbaum'으로 이름을 표기했다. 다만 소수의 가족은 일부러 그랬는지 아니면 무심코 그랬는지 다른 방식으로 표기했는데, 홉스번Hobsburn 자매가 그랬고, 학교에서 공식 이름은 'Hobsbaum'이었지만 명찰에 'Hobsborn'으로 적은 해리의 아들 롤런드(론)가 그랬다.[16]

에릭은 "아마도 노우자 동물원 새장 속의 작은 새들과, 짐작하건대 그리스 출신 유모가 불러준 그리스 동요의 불분명한 일부분 말고는" 이집트 시절을 거의 기억하지 못했다.[17] 에릭이 태어나고 몇 달이 지나 1차 세계대전의 교착상태는 레닌과 볼셰비키가 상트페테르부르크에서 권력을 장악한 러시아의 10월 혁명으로 깨졌다. 에릭이 볼셰비키 혁명의 해에 태어난 사실은 그저 우연이었지만, 그럼에도 왠지 모르게 그가 훗날 보여줄 정치적 헌신을 상징하는 사실로 비치기도 했다.

2

1918년 11월, 전쟁이 끝났다. 이집트에서 민족주의의 급속한 성장은 1919년 혁명으로 절정에 달했고, 3년 후 독립으로 이어졌다. 이런 사정으로 이집트의 이주자들은 불편해져갔다. 그래서 넬리는 평화협정에 따라 오스트리아에서 이탈리아로 양도된 트리에스테로 가능한 한 빨리 떠나려고 했다. 그녀는 로이드 트리에스티노 여객회사에서 알렉산드리아를 떠나는 첫 번째 증기선 헬로우안호에 두 살 먹은 에릭을 데리고 승선해 편하게 여행했다. 퍼시는 초가을에 합류했다.[18] 트리에스테의 부두에서 딸과 손자를 마중 나온 넬리의 아버지는 그들을 열차에 태워 빈으로 데려갔다. 그때부터 에릭의 가족은 서쪽 교외인 바이스게르버 14번지의 아파트 2층에서 조부모와 함께 살게 되었다. 1990년대 중반에 제작된 텔레비전 다큐멘터리를 위해 어린 시절 이후 처음으로 그곳을 찾아갔을 때, 에릭은 부모와 함께 살았던 방을 가리켰다. 길 건너편의 견고한 석조 건물을 바라보며 그는 "많이 변하지 않았네요"라고 말했다. 연출자가 건물 안으로 들어가 보지 않겠느냐고 제안하자 그는 거절했다.[19]

빈에 도착하고 몇 달 후, 알렉산드리아의 영국 우편전신국에 근무하면서 인플레이션에 방어력이 있는 영국 파운드화를 두둑히 벌어두었던 에릭의 아버지는 빈의 하킹 지구 언덕에 위치한 조이터 저택의 2층을 빌렸다. 1880년대에 카를 조이터 폰 로에첸 남작이 가정집으로 지은 저택이었다. 사면의 돔을 꼭대기에 얹은 웅장한 건물이었고, 넓은 앞마당이 있어서 에릭이 1층에 사는 골드 가족의 아이들과 놀 수 있었다. 넬리는 문학과 문화에 대한 관심을 공유하며 골드 가족의 어머니와 가까워졌다.[20] 전후의 초인플레이션 탓에 한때 부유했던 조이터 가문은 저택을 세놓아야 했고, 저택을 다시 소유할 수 있을 만큼 재산을 되찾기까지 꽤 시간이 걸렸다. 현재 저택은 조이터 가문의 재산으로 남아 있다. 이때가 에릭의 유년기를 통틀어 가장 유복하고 분명 가장 평온한 시기였을 것이다. 다만 빈으로 이주하던 도중에 코가 부러져 고생하긴 했다. "코가 부러져 에릭은 매우 아팠어—고온에 시달렸어"라고 어머니는 나중에 회상했다. "5월에 하킹으로 이사할 때 에릭은 여전히 붕대를 감고 있었어. 부딪혀서 부러진 게 아니라 저절로 부러졌고, 아마 그래서 그렇게 오랫동안 낫지 않았을 거야."[21]

빈에서 에릭의 어린 시절을 함께한 대가족 집단은 두 쌍의 부부를 중심으로 돌아갔다. 한 쌍은 그의 부모 넬리와 퍼시였다. 1921년 에릭의 삼촌 시드니가 빈 생활에 합류했고, 놀랍게도 넬리의 여동생으로 보통 그레틀(1897년 9월 21일 출생)이라고 부르는 그레테 그륀Grete Grün과 1921년 12월 14일 결혼했다.* 둘 사이에서 1926년 7월 30일 아들 피터가 태어났다.[22] 이 부부는 거의 1920년대 내내 시드니가 여러 사업을 벌인 빈에서 살다가 1920년대 말에 베를린으로 이사했다.[23] 이들이 빈에서 사는 동안 에릭은 숙모와 친해졌는데, 병 치료를 위해 알프스의 한 요양원에 잠시 머물다가 때마침 의사의 권유에 따라 그곳에 와 있던 그레틀의 돌봄을 받았기 때문이다.[24] 그다음으로 이 핵심 집단과 때때로 만난 그륀의 조부모, 그리고 혈연상 더 먼 여러 친척이 있었다. 조부모의 셋째 자식이자 그륀 자매 중 가장 나이가 많은 마리아네 혹은 미미(1893년 2월 23일 출생)는 먼 친척이었지만 가족과 여전히 연락하고 있었다.[25] 넬리의 외가 쪽 친척인 프리트만 가족도 더 넓은 가족 관계망에 들어와 있었다. 영국에도 다른 친척이 있었다. 가족 성원들과 관련해 에릭은 나중에 이렇게 말했다. "이들 친척에게 특별히 유대인적인 구석이 있다면, 가족을 국가와 바다를 가로지르는 관계망으로, 국가 간 이동을 삶의 자연스러운 부분으로 생각했다는 것이다."[26]

1920년대 동안 에릭은 빈 부르주아지의 사회 안에서 성장했다. 자신과 부모, 그리고 여동생 낸시(1920년 11월 5일 출생)가 영국 배경과 시민권을 가지고 있었기 때문에 이 사회와 어느 정도 거리를 두긴 했다.[27] 그

---

* 이로써 에릭에게 그레틀은 이모인 동시에 숙모가 되었다. 이 책에서는 숙모로 호칭한다.

럼에도 인생의 말년까지 독일어를 말할 때면 "70년 넘게 지났건만 여전히 나의 독일어에서 옛날 빈 억양의 흔적이 조금 들릴 것이다"라고 훗날 고백했다.[28] 전쟁 이후 유고슬라비아, 체코슬로바키아, 헝가리, 폴란드 같은 '계승국들'이 독립했을 때, 예전 합스부르크 제국에서 독일어 사용지역으로 남은 오스트리아 제1공화국에서는 민족 정체성이 약했다. 어디에나 옛 제국을 떠올리게 하는 무언가가 있었다.

일례로 훗날 에릭은 슬로베니아의 늑대인간 이야기를 들려주었던 슬로베니아 출신 보모를 떠올렸다. 또 그의 친척들이 당시 폴란드나 루마니아, 체코공화국의 도시에 살고 있거나 그런 곳에서 이주해왔다. 아파트 관리인들은 거의 확실히 체코인이었다. 이런 이유로 아버지의 영국 배경과 알렉산드리아에서 보낸 초년과 별 상관없이, 에릭은 거의 세계적이라고 규정할 수 있는 환경에서 성장했다. 그렇지만 중간계급의 변치 않는 의사소통 수단은 독일어였으며, 이는 문화적으로 깊이 동화된 유대인 주민들까지 포함하는 빈의 부르주아지에게 다른 소수민족들에 대한 확고한 우월의식을 선사했다.[29]

빈은 유력한 소수 부르주아들의 반유대주의로 인해 깊은 상처를 입었다. 전쟁 전의 시장 카를 뤼거Karl Lueger가 반유대주의를 고무했다. 홉스바움 가족과 그륀 가족처럼 독실하지 않은 사람들을 포함해 주민의 10퍼센트인 20만 명의 유대계는 반유대주의를 피할 수 없었다. 오스트리아의 법에 따르면 모든 시민은 종교인으로 등록해야 했다. 퍼시는 스스로 "종파가 없는konfessionslos" 사람이라고 말했지만, 그와 그의 가족에 관한 모든 공식 기록에는 그들이 유대교인mosaisch이라고 적혀 있었다.[30] 이런 이유로 에릭은 빈의 중등학교에서 기독교 교리 수업을 면제받고 그 대신 빈의 다른 지역에서 열리는 유대인을 위한 오후 수업을 들었다. 그 수업에서 유대교의 관례와 히브리어 성경 읽기를 배웠지만, 성인기까지 기억에 남은 것은 없었다.[31] 에릭은 법적으로 자기 종교를 표명할 수 있는 나이인 열세 살이 되었을 때 자신이 그 어떤 종교에도 속하지 않는다고 공식적으로 선언하려 했지만, 어머니가 말렸다. 적대적인 편견과 부정적인 고정관념에 맞서던 어머니는 아들이 열 살 때 단호히 말했다. "네가 유대인임을 부끄러워한다는 것을 드러내는 그 어떤 행동도 절대 하지 말고, 그런 의심이 들게 하는 행동도 하지 말거라."[32] 그는 이 충고를 가슴속에 새겼고, 말년에 이르기까지 어머니의 뜻에 부응하기 위해 언제나 최선을 다했다고 고백했다.

조이터 저택에서의 가족생활은 평범한 일상과 다르지 않았다. 1924년 8월 넬리는 여동생 그레틀에게 보낸 편지에 "에릭이 네 생일을 위해 그림을 그렸지 뭐니. 잘 그렸다고 생각하진 않지만"이라고 썼다. 넬리가 주로 걱정한 것은 집안일을 도맡아 하는 하녀의 미숙함이었다. "그녀의 능력은 너무 과장되었어"라고 넬리는 적었다. 하녀는 결국 해고되었고, 넬리는 겨울 동안 하녀도 없이 집안일을 해야 한다고 걱정했다.[33] 1925년 봄 넬리는 퍼시와 어머니에게 자녀를 맡기고 중병에 걸린 언니 미미를 간호하기 위해 영국으로 갔다.[34] 에릭은 3주간 학교에 가지 않고 베를린에서 그레틀 숙모와 함께 지냈다.[35] 가족은 하인 없이도 생활을 꾸려나갈 수 있었지만, 실제로 하녀가 없는 편이 스트레스를 덜 받는다고 하더라도 1920년대에 빈에서 하녀를 고용하는 것은 넬리 홉스바움이 포기하고 싶지 않았던 부르주아 신분의 표지였다. "하녀 없이도 할 수 있다고 인정할 생각은 하지도 마!"라고 넬리는 여동생에게 말했다. "하녀는 음식이나 머리 위 지붕만큼이나 꼭 필요해."[36]

홉스바움 가족도 그륀 가족도 부유하지 않았다. 그륀 가족이 모아놓은 저금은 1차 세계대전 이후 독일뿐 아니라 오스트리아까지 강타한 엄청난 인플레이션으로 인해 사라졌다. 퍼시가 알렉산드리아에서 가져온 영국 파운드화도 금방 바닥이 났다. 전후의 빈은 "당신이 가장 잘하는 것과 못하는 것은 무엇입니까?"라는 질문에 "기회를 놓치는 것과 붙잡는 것입니다"라고 답하는 사람이 살 만한 장소가 결코 아니었다.[37] 빈에는 한때 합스부르크 제국을 운영한 교육 수준이 높고 잘 훈련된 공무원들이 넘쳐났지만, 이제 독일어를 사용하는 오스트리아의 주민 600만 명을 빼면 관리할 대상이 없는 실업자 신세였다. 공무원과 더불어 이제는 사라져버린 합스부르크 궁정과 행정부의 후원에 생계를 의존해오던 소상점주, 변호사, 제조업자, 상인도 경제적 곤경에 처했다. 이렇게 암울한 경제 상황에서 퍼시 홉스바움이 성공할 가망은 없었다.[38] 넬리가 영어소설을 독일어로 번역해 약간의 돈을 벌었지만 가족의 생계를 꾸리기에 결코 충분하지 않았다.[39] 1926년 5월 13일, 가족은 결국 녹음이 우거진 교외 하킹에 자리한 값비싼 조이터 저택을 떠나 환경이 덜 매력적인 오베르 상트 바이트 지구의 아인지델아이가세 18번지에 자리한 값싼 2층 아파트로 이사했다.[40]

에릭은 새 아파트가 속한 학군에 있는 초등학교로 전학을 가야 했다. 새 학교에서 그는 공부를 잘했던 듯한데, 필사 과목을 제외하고 모든 과목에서 최상위 성적을 받아 중등학교에 입학했기 때문이다. 1928년 중등학교 6월의 성적표를 보면 신학·자연사·노래에서 '수', 독일어·역사·지리·체조에서 '우', 수학·미술·작문에서 '미'였다. 품행이 '매우 좋음'이라고 적혀 있는 것으로 보아 분명히 모범생이었다. 교사들은 에릭에게 한 단계 위의 수업을 들으라고 권유했다. 그러나 학교 교육이 불안정해 에릭은 그 자신의 지적 자원에 기대야 했다. 그는 열 살 무렵부터 책을 탐독하기 시작해 85년 후 죽는 날까지 결코 독서를 멈추지 않았다.

에릭은 선사시대와 자연계에 관한 책과 잡지를 탐독했고, 새를 열심히 관찰해 종을 구별할 정도였다. 일례로 1927년 레테네그 마을에서 휴가를 보낼 때 나무가 우거진 슈튀리안 언덕에서 "생애 처음으로 커다란 까막딱따구리를 보았다. 선명한 빨간색 머리 아래 전체 크기는 45센티미터 정도였고, 고요한 숲에서 마치 아주 작고 정신 나간 은자隱者처럼 빈터의 그루터기를 톡톡 쪼고 있었다."[41] 부모님과 극장에 가서 찰리 채플린 영화를 보기도 했다. 에릭은 대중적인 탐정소설을 읽었고 독일어 고딕체를 습득했다. 여가시간에는 우표를 수집했다. 나중에 회상하기를 이를 통해 "늘 변함없이 조지 5세의 얼굴이 찍혀 있는 영국 우표와 혼란스러운 겹치기 인쇄, 새로운 명칭, 새로운 통화 사이의 대비"를 확인할 수 있었다. 그의 불안감은 오스트리아의 "경제 혼란기에 동전과 지폐의 교환"을 신청하면서 더욱 커졌다. 주변의 어른들로부터 그는 "전쟁, 파산, 인플레이션"을 알게 되었다.[42] 이 시기에 에릭에게 지적 자극을 준 사람은 아버지가 아니라 어머니와 학교였다. 아버지의 장서의 태반은 에릭이 "이해하지 못하고 읽은" 키플링의 책을 비롯한 모험 이야기 책들이었고, 그밖에 테니슨의 시집이 한 권 있었다.[43]

어머니는 1929년 1월에 "에릭은 학교 성적이 좋지만 행동에서 고쳐야 할 점이 있다"라고 적었다. 그렇지만 무엇을 고쳐야 하는지 구체적으로 밝히지는 않았다.[44] 에릭이 대부분의 과목에서 좋은 성적을 받았음에도, 어렵게 생활하던 가족은 때때로 교과서, 특히 값비싼 학습용 지도를 사달라는 그의 요구에 난색을 표했다. 에릭은 지도책을 사주지 않는 어머니의 "위기감"을 알면서도 그것을 사달라고 설득했다.[45] 1929년 2월 초에 어머니는 "에릭은 성적이 아주 좋아. 모든 주요 과목을 잘했고 '우'를 받은 건 역사(그 이유를 모르겠어)와 수학뿐이야"라고 썼다.[46] 1929년 1학기 성적표에서 실제 수학 점수는 '미'였다. 신학, 독일어, 지리, 자연사, 음악에서는 계속 '수'를 받았다. 1학기 역사 성적은 '우'였지만 2학기에는 새로운 과목인 라틴어를 포함해 대개의 과목과 마찬가지로 '수'

를 받았다. 하지만 수학, 체조, 필사 성적은 '미'였다. 전체적으로는 '탁월'하다는 평가를 받아 다음 학년으로 진급했다.[47]

넬리는 에릭이 여러 과목에서 열심히 읽고 공부하도록 독려하기 위해 분명히 많은 노력을 기울였다. 또한 지적 자극은 물론 정서적 자극도 제공하며 사랑과 애정을 쏟았다. 실제로 에릭은 공감 능력이 다소 떨어지는 아버지보다 어머니와 훨씬 더 친밀했다. 열렬한 친영파인 어머니는 에릭의 영어 말하기와 쓰기를 교정하고 향상시키는 데 많은 시간을 들였고 집에서는 영어만 쓰게 했다.[48] 1929년 성적표에서 모국어를 표시하는 칸에는 "영어-독일어"라고 적혀 있었다.[49] 달리 말하면 그는 독일어뿐 아니라 영어도 모국어로 구사하는 이중언어 사용자였다. 에릭이 나중에 술회하기를 어머니는 "내가 언젠가 인도 행정청에서 근무하기를, 또는 내가 새에 관심이 많았기 때문에 인도 산림국에서 근무하기를 꿈꾸었다. 그렇게 되면 내가 (그리고 어머니가) 동경하던 《정글북》의 세계로 한층 가까이 다가갈 수 있을 터였다."[50] 소설과 단편소설 작가로서 어머니의 본보기는 나중에 그가 저술가로서의 경력을 선택하는 데 분명히 큰 영향을 주었고, 훗날 그가 독일어 산문 문체뿐 아니라 영어 산문 문체까지 숙달하는 데 밑거름이 되었다.

아버지와의 관계는 원만하지 않았던 것 같다. 세월이 지나 에릭은 아버지를 "똑똑하고 쾌활하고 음악을 좋아하는 만능 스포츠맨에 라이트급 권투 챔피언"으로 묘사했다.[51] 퍼시는 1907년과 1908년 두 차례 이집트의 아마추어 라이트급 권투 챔피언에 등극했다. 에릭의 기억 속에 (혹은 아마도 사진을 통해) 퍼시는 "테 없는 코안경을 쓰고, 검은 머리칼을 반으로 가르고, 이마에 가로 주름이 있는 보통 체격의 근육질 남자"로 남아 있었다. 당시 유행하던 종류의 앨범에 스스로를 평가하는 글을 쓰면서 퍼시는 남자에게는 강한 육체가 가장 중요하다고 적었다.[52] 그가 책을 좋아하고 자주 공상에 잠기는 아들을 때때로 못 견딘 것은 놀랄 일이 아니었다. 퍼시는 아들을 축구 시합에 데려가고, 아들에게 영국 뮤직홀의 노래를 들려주고, 혼합복식 테니스 시합에서 볼보이를 시키고, 성공하진 못했지만 권투를 가르치려고 시도했다.[53]

아홉 살 또는 열 살 무렵에 부자간의 확연한 성격 차이가 드러난 한 사건을 에릭은 오랜 세월이 지나 다음과 같이 회상했다.

아버지는 아마도 휴대용 의자에서 풀린 못을 다시 박기 위해 내게 망치를 가져다 달라고 했다. 그때 나는 선사시대에 푹 빠져 있었는데, 아마 존 라이트너의 삼부작 《동굴 아이들Die Höhlenkinder》의 제1권을 한창 읽고 있었기 때문일 것이다. 책에서는 사람이 접근하기 힘든 알프스 계곡에서 로빈슨 크루소 식 고아 남녀 어린이 한 쌍(서로 혈연관계가 아닌)이 성장하여 인류 선사시대의 단계들, 즉 구석기시대 단계부터 오스트리아의 농민생활로 인식할 만한 단계까지 재현했다. 그들이 석기시대를 다시 살아가는 중이었으므로 나는 나무 손잡이에 올바른 방식으로 세심하게 동여맨 석기시대 망치를 만들었다. 그것을 아버지에게 가져다주었는데 아버지가 버럭 화를 내 깜짝 놀랐다. 그 후로 아버지가 종종 나를 참기 힘들어했다고 들었다.[54]

가족의 수입은 1929년 초에 넬리가 출판사로부터 소설의 선인세를 받아 조금 늘긴 했지만, 그래 봐야 소액이었다.[55] 한파가 닥친 1929년 2월 초에 가족은 아파트의 방 하나만을 난방해야 했다. "보통 집에 동전 하나 없었어"라고 넬리는 털어놓았다. 그녀는 고지서 납부를 최대한 미루었지만 언제든 가족에게 파국이 닥칠 수 있음을 알고 있었다.[56] 아인지델아이가세 아파트의 집세를 밀리고 있던 그녀는 상인들에게 빚을 지기 시작했다. 벌써 1928년 말에 집주인이 계속 이런 식이면 가스를 끊고 임대계약을 끝내겠다고 닦달한 상황이었다.[57]

3

그런데 최종 통보를 받기 전에 전혀 예상치 못한 비극이 가족을 덮쳤다. 1929년 2월 8일 문 두드리는 소리에 낸시가 나가보니 퍼시 홉스바움의 직장 동료들이 있었다. 직장에서 그곳까지 퍼시를 데려온 그들은 의식이 없는 그를 바닥에 내려놓고 떠났다.[58] 몇 분 후 퍼시는 사망했다. 불과 48세였다. 넬리는 퍼시가 바닥에 누운 채로 그녀를 부르던 신음소리를 공포에 휩싸여 기억했다. 몇 년 후 비극을 회상하면서 에릭은 자신의 눈물이 가짜였다고 생각했다. "울 것으로 기대되었기 때문에 울었을 뿐이다."[59] 그렇지만 아버지와의 사이가 얼마나 멀었든 간에 이 비극이 그의 삶에 심대한 영향을 주었다는 것은 의심할 여지가 없다. 퍼시의 사망 원인은 '심장 외상'이라고 했다. 그는 1929년 2월 11일 빈의 뉴시메트리 묘지에 무덤 번호 16, 8열 27번으로 묻혔다.[60] 이제 에릭과 그의 여동생은 오로지 어머니에게 생계를 의존해야 했다.

넬리는 이 타격을 결코 회복하지 못했다. "내가 막 겪은 일은 진정으로 나를 갈기갈기 찢어놓았어"라고 일주일 후에 썼다. "내 안에 무언가가 부서졌어." 퍼시가 가족의 재정 상황을 더 악화시키지 않았다는 점이 그나마 약간의 위안이 되었을 듯하다. "앞으로 더 좋아지진 않고 나빠지기만 할 것 같아"라고 그녀는 썼다. 그리고 "아이들, 특히 에릭이 매우 친절해. 에릭은 어느 정도 사내 같아"라는 사실에서 약간의 위로를 받았다.[61] "아주버님은 에릭이 정말 얼마나 훌륭한 아이인지 모를 거예요"

라고 넬리는 시아주버니 시드니 홉스바움이 에릭을 위로하기 위해 보낸 편지의 답장에 썼다. 그러고는 "그 애 아버지가 그를 봤으면 좋았을 텐데"라고 덧붙였다. 시드니는 위로의 편지와 함께 수표를 보냈다. 그 수표 덕분에 "또 한 달을 생활할 수 있어요"라며 넬리는 크게 고마워했다.[62] 그렇지만 1929년 3월이 끝나기 한참 전에 "**조만간** 돈이 떨어질 거야"라고 인정해야만 했다.[63] 가족은 1929년 3월 11일 빈의 제3지구 운테레 바이스게르버슈트라세 45번지의 더 싼 아파트로 이사해야 했다.[64] 그래도 형편은 별로 나아지지 않았다. "에릭은 내가 말할 수 있는 것 이상으로 친절하고 훌륭하고 매력적인 아이야. 그렇지만 우리 살림을 그럭저럭 꾸려가려는 나의 노력은 당장은 거의 성과가 없어"라고 그녀는 동생 그레틀에게 말했다.[65] 겨울에 에릭의 신발이 낡아서 눈과 얼음에 젖곤 했을 때("링슈트라세를 걸을 때 그 고통 때문에 울었던 적도 있다"라고 그는 나중에 적었다) 넬리는 유대인 자선단체에서 신발을 얻어야 했다.[66]

넬리는 환경을 바꾸면 기운을 차리는 데 도움이 되리라 생각해 시드니와 그레틀, 그들의 어린 아들 피터와 지내기 위해 베를린을 방문해 잠시 머물다가 1929년 4월 빈으로 돌아왔다. 넬리는 시드니와 그레틀에게 보낸 감사 편지에 에릭이 미숙한 손으로 영어로 쓴 짧은 메모를 동봉했는데, 그것이 현재 남아 있는 에릭의 첫 번째 글이다.

삼촌에게

삼촌 생일을 잊어버려서 정말 죄송해요. 행복이 가득하시길! 편지를 너무 늦게 드렸다고 화내지 마세요. 모두 잘 지내시죠? 엄마는 우리에게 남자아이와 삼촌네 식구들 모두에 대해 아주 많은 얘기를 해주었답니다. 그(피터)가 어떻게 항상 동물원에 가고 거기서 어떻게 노는지 등등에 대해서요.

엄마는 어제, 우리가 점심을 먹고 씻은 직후에 집에 돌아오셨어요. 엄마도 삼촌에게 편지를 쓸 거예요. 우리는 모두 잘 지내고 매우 행복합니다. 미미 이모가 어제 아침에 증조할머니께 편지를 썼어요.

오토와 발터는 잘 지내는지요?

내내 행복하시고 건강하시길 바랍니다!

사랑을 가득 담아 에릭이.[67]

에릭은 6월에 다시 편지를 썼는데, 이번에는 생일을 맞아 시드니와 그레틀이 보낸 "책 '늙은 뱃사람'"과 10마르크에 대한 감사 편지를 어머니가 시켜서 쓴 것임이 틀림없다. "아직 10마르크로 무엇을 할지 정하지 못했어요. 아마도 영국에 갈 때를 대비해 간직할 것 같아요."[68]

이모 미미가 여름 동안 에릭을 데리고 있겠다고 제안해 그는 학기를 마치고 영국으로 갔다.[69] 가는 도중에 라인강과 모젤강의 합류 지점인 코블렌츠에서 같은 객차에 있던 한 독일인이 강 건너편에 있는 커다란 나폴레옹 시대 건축물인 에렌브라이트슈타인 요새에서 휘날리는 삼색기를 가리켰다. 그러면서 1차 세계대전 직후에 시작된 그 지역에 대한 프랑스의 군사 점령이 딱 1년 후인 1930년 6월에 끝날 것이라고 알려주었다.[70] 그곳에서 에릭은 프랑스 해안까지 갔다가 영국해협을 건너 런던으로 갔고, 그곳에서 삼촌 해리와 그의 아내 벨라와 잠시 지냈다. 여기서 에릭은 부부의 아들 롤런드를 만났다. 롤런드는 집에서 '하비'라고 불렸지만 론 또는 로니라고 불리는 편을 더 좋아했다. 1912년 7월 21일 런던 동부에서 에식스와의 경계에 있는 원스테드에서 태어난[71] 론은 에릭보다 다섯 살이 많았다. 그는 버스로 에릭에게 런던을 구경시켜주었다. 두 소년의 친밀하고 중요한 우정의 시작이었다.[72]

이틀 후 에릭은 기차를 타고 북쪽 머지사이드주의 사우스포트로 가서 미미 이모가 운영하는 하숙집에서 지냈다. 이곳에서 그는 《위저드 The Wizard》를 비롯한 소년용 주간 모험 잡지들을 발견했다. 이런 잡지는 영국의 친척들이 빈으로 보내주었던 교화용 책보다 훨씬 더 흥미진진해 "그것들을 게걸스럽게 읽었고, 쌈짓돈을 탈탈 털어 전집 한 질을 사서 빈으로 가져갔다."[73] 이것은 그가 같은 또래의 영국 소년들과 처음으로 공유한 경험이었다. 또 그는 처음으로 일기를 쓰기 시작했는데, 그 일기를 미미가 넬리에게 보냈다. 넬리는 아들의 일기를 그레틀에게 보내면서도 이렇게 덧붙였다. "그의 편지는 겉보기에 너무 엉망이라 네게 보내지 않을 거야. 정말이지 창피해."[74] "에릭은 아주 좋은 시간을 보내고 있고, 미미에게 정말 고마워"라고 그녀는 적었다.[75] 보이스카우트 세계 잼버리가 때마침 미미의 하숙집 근처인 머지사이드 업턴의 애로파크에서 7월 29일부터 8월 12일까지 열릴 예정이었다. 보이스카우트 운동은 청소년의 체력을 증진하고 실제 야외활동으로 이끌어 훗날 주체적인 군인 역할을 수행할 수 있도록 준비시키기 위한 방편으로 1차 세계대전 이전에 창설되었다. 비록 스카우트 단원은 아니었지만 에릭은 잼버리에서 꽤 많은 시간을 보냈다. 실제로 그는 스카우트 운동에 매력을 느꼈고 빈으로 돌아가자마자 가입했다. 이는 그가 처음으로 가입한 규율과 결속력이 강한 단체였으며, 그와 같은 중간계급 유대인 소년들이 주요 성원이었다. 보이스카우트는 빈에서의 불안한 시절과 아버지의 갑작스러운 죽음 이후 그가 간절히 원하던 정체성과 안정감, 소속감을 제공했다. "나는 열성적인 스카우트 단원이었다"라고 그는 나중에 썼다. 친구 여럿을 단원으로 가입시키기까지 했다. 1차 세계대전 이전에 스카우트를 창단한 베이든-파월Baden-Powell 경이 쓴 지침서 《소년들을 위한 스카우팅 Scouting for Boys》도 한 부 구했다. 다만 스스로 고백한 대로 "야외생활에도 집단생활에도 재능이 별로 없었다."[76] 학교에서도 비록 아주 친한 친구는 없었지만 한 무리의 친구들을 사귀었고, 처음 타는 스키를 포함해 여러 야외활동을 할 수 있었다. 그러나 그의 가슴을 진정으로 뜨겁게 달군 것은 역시 스카우트 활동이었다.[77]

한편 넬리는 영어 과외를 하며 그럭저럭 생계를 꾸려나갔다. 과외 대상은 주로 그녀의 친구들과 그 자녀들이었는데, 과외는 사실 친구들이 그녀의 자존심을 해치지 않으면서 그녀를 돕는 방식이었다. 에릭도 영어 과외에 동원되었다. 그는 어머니 친구의 딸에게 지역 고등학교 입학 시험을 위한 영어를 가르쳐 생애 처음으로 돈을 벌었다.[78] 그 덕에 넬리는 아들에게 용돈을 주지 않아도 되었다. 런던에서 사는 퍼시의 동생 해리도 얼마간 돈을 보내주었다. 넬리는 알렉산드리아에서 지낸 시절을 배경으로 쓴 그녀의 소설을 출간했던 인연이 있는 리콜라 출판사의 의뢰를 받아 영어 소설을 독일어로 번역하기 시작했다. 영어 실력 덕분에 그녀는 빈과 부다페스트에 기반을 둔 직물회사 알렉산더 로젠베르크에 취직했다.[79] 가족의 상황이 마침내 나아지는 듯했다. 그러나 1929년 11월 넬리는 "이상한 어지러움"[80]을 느끼기 시작했고, 몇 달이 지나자 호흡이 가빠지고 열이 나고 체력이 떨어졌다.[81] 넬리의 부모가 와서 돌보아주었지만, 이내 그녀는 아무 일도 할 수 없었다.[82] 병원에서는 결핵으로 진단했는데, 춥고 습한 겨울 날씨에 적절한 방한복도 없이 남편의 무덤을 자주 찾아가 오랫동안 서 있곤 해서 더 심해진 듯했다. 그녀는 피를 토하기 시작했고, 치료를 위해 바이어 안 데어 엔스라는 산간 마을의 요양원에 입원했다.[83]

에릭과 낸시는 외종조부 빅토르 프리트만과 그의 아내 엘자의 집에 가서 함께 살게 되었다. 부부의 아들로 에릭보다 열 살이 많은 오토가 에릭의 삼촌 시드니와 숙모 그레틀의 베를린 집에서 하숙을 하고 있던 터라, 그 보답으로 프리트만 부부가 에릭 남매를 돌봐야 하는 일종의 의

무가 있었다. 에릭은 1911년에 태어나 아직 부모와 함께 살고 있던 그들의 딸 헤르타도 알게 되었고, 베를린을 방문했을 때 오토를 직접 만날 수 있었다. 어쨌든 에릭은 빈 제7지구에 있는 프리트만 부부의 아파트에서 도심을 가로질러 제3지구의 학교까지 통학했다.

넬리는 요양원에서 거의 차도가 없었다. 1930년 4월 의사들은 넬리의 폐를 수축시켰다가 팽창시키는 방법을 시도했는데, 당시 일반적인 폐결핵 치료법이었다. 하지만 차도는 없었다. 항생제가 상용화되려면 아직 20년을 더 기다려야 했다.[84] 오랜 요양이 유일한 처방이었다.[85] 다행히도 넬리가 정규직 노동자였기에 '붉은 빈'의 사회주의 시당국의 진보적인 사회보험제도를 통해 치료비를 충당할 수 있었다.[86] 5월 초까지 6주 동안 넬리는 꼬박 병원에 있었다.[87] 에릭과 낸시는 어머니가 머무는 요양원 인근 마을에서 숙모 그레틀과 그녀의 아들 피터와 합류했다. 이곳에서 에릭은 가족이 사는 빈 아파트의 집주인의 아들인 할러 페터Haller Peter와 친분을 쌓게 되었다. 할러의 아버지는 철도원이었으므로 '빨갱이'였고, 아들도 아버지의 선례를 따랐다. 나중에 썼듯이 에릭은 "나도 공산당원이 되기로 마음먹었다."[88]

넬리는 증세가 나아지지 않았고 1930년 9월까지 요양원에 있었다.[89] "회복할 길을 아직 찾지 못했고, 과연 그럴 수 있을지 모르겠어"라고 언니 미미에게 썼다.[90] 병원 과장으로부터 회복할 가망이 거의 없다는 말을 듣고 나서는 "이 지독한 병의 슬픈 점은 사람을 죽이지 않는다는 거야. 이제는 조그마한 희망도 없어 보여"라고 썼다.[91] 병세가 다시 도져 너무 쇠약해지자 자기가 죽으면 아이들이 어떻게 될지 걱정하기 시작했다. 특히 1929년 말에 직물회사를 그만두어야 했고 주로 번역 일로 생계를 꾸려야 했기 때문이다.[92] 여름 휴가철이 끝날 무렵 그녀는 남매를 다시 베를린의 여동생 집으로 보내 잠시 지내게 했다. "에릭에게 거기보다 더 나은 곳은 없어 보여"[93]라고 나중에 보낸 편지에 썼다.

그레틀과 시드니는 남매와 함께 새 학기를 위해 빈으로 돌아가 한동안 그들을 돌보았다. 넬리는 병상에서 딸에게 낙관적인 편지를 썼다. "엄마는 많이 좋아졌고 곧 더 좋아지기를 바라고 있어. 너와 에릭과 다시 지내게 되면 엄마는 행복할 거야. 둘 다 좋은 아이들이고 엄마는 너희가 아주 자랑스러워. 너희가 건강히 잘 지내는 게 엄마가 원하는 전부야."[94] 하지만 그레틀 부부는 베를린으로 돌아가야 했고, 넬리의 동의를 얻어 낸시를 데려갔다. 그러자 넬리는 광고를 내 에릭에게 숙식을 제공할 사람을 구했다. 자신이 에릭을 돌볼 수 없었기 때문이다. 그렇게 해서 받은 "총 90개의 제안"을 검토하면서 "에릭은 나만큼이나 도시를 싫어하기 때문에 먼저 정원을 가진 사람들을 찾았다." 결국 에릭은 에펜베르거 부인의 집에서 지내게 되었다. 이 미망인은 에릭의 생활비로 쓸 그리 많지 않은 돈을 받고 숙식을 제공하기로 했다. 그 대신 에릭은 영어를 좀 더 제대로 배우고 싶어 하는 부인의 여덟 살 아들 베르틀에게 영어를 가르치기로 했다.[95] 에펜베르거 부인의 아파트는 베링의 북서쪽 교외인 헤르베크슈트라세 12번지에 자리했는데, 그곳에는 주요한 유대인 묘지와 유대인이 많이 사는 구역이 있었다.[96] 에릭은 전에 다니던 학교가 너무 멀어 연방 김나지움 18이라는 다른 중등학교로 옮겨야 했다.[97]

1930년 9월 19일자 넬리의 편지에 따르면 에릭은 잘 지냈지만,[98] 에릭이 가르쳐본 경험이 많지 않고 과외 시간도 불규칙했기 때문에 에펜베르거 부인은 아들의 실력이 별로 나아지지 않았다고 불평했다. 에릭은 두 배로 노력을 기울였다. "이제 모든 것이 괜찮아요. 에펜베르거 부인과 말이에요"라고 그는 마침내 썼다. "매일 가르치고 있고, 에펜베르거 부인도 이제 내가 훨씬 잘하고 있다고 말했어요." 그는 학교 시험 성적을 걱정하지 않았다. "다행히 제 성적은 괜찮을 거예요"라고 자신 있게 썼다. 그리고 여전히 보이스카우트 활동에 열심이었다("우리는 노래하고 놀며 배우고 있어요").[99] 그는 어머니에게 장문의 편지를 쓰곤 했는데, 그중 한 통에서 옷과 신발 한 켤레를 샀다는 사실을 알려서 어머니의 마음을 아프게 했다. 에릭은 좋은 뜻으로 한 말이었지만, 아들에게 필요한 건 뭐든지 넬리 자신이 사주고 싶었기 때문이다.[100] 그러나 아들은 이미 독립적인 사람이 되어가고 있었다. "엄마까지도 에릭이 더 좋게 변했다고 말할 정도로 나는 에릭에 관해 좋은 소식만을 듣고 있어"라고 넬리는 1930년 10월 20일 그레틀에게 보낸 편지에 적었다. 그는 학급 반장이 되었다. 친구도 많이 생겼지만 그들이 그의 무너진 가족생활을 대신할 수는 없었다. 훗날 그는 "에펜베르거 부인의 집 정원에 있는 그네에 혼자 앉아서 검은지빠귀들의 노래를 외우려고 애쓰는 한편 그들 간의 차이에 주목했다"라고 회상했다. 그는 외톨이가 되었고 "친밀함이라곤 없이 살았다."[101] "그 아이는 자기만의 세계에 푹 빠져 있고, 우리 누구도 거기에 들어갈 수 없어"라고 넬리는 썼다.[102]

"나는 여전히 침대에 있고 온몸이 망가지고 있다고 느껴. 그리고 내 일과 나의 모든 것이 진창에 빠져 있어"라고 넬리는 1930년 12월 12일 그레틀과 시드니에게 알렸다.[103] 12월 초에 넬리는 에릭을 베를린으로 보내 삼촌 부부와 함께 지내게 할 계획을 세우기 시작했다.[104] 그녀는 그들이 에릭을 망칠지도 모른다고 걱정했다.

나는 에릭이 네 초대에 어떻게 반응했는지 듣지 못했지만, 에릭의 반응이 어떨지 상상할 수 있고 그 애에게서 답변을 듣기를 기대하고 있어. 다만, 아무쪼록 그 애를 데리고 나가서 크리스마스 선물을 사주지는 말아줘! 넌 어떤 선물을 생각하고 있니? 분명 그 애는 꿈에 그리던 스카우트 용품을 원할 테고, 그것 말고는 정말 아무것도 필요하지 않아―베를린이 다른 어떤 선물보다도 훨씬 나아. 그러니 제발 부탁인데 그 애에게 카메라 같은 건 사주지 **말아줘**. 어쨌든 카메라는 너무 비쌀까 봐 걱정이야.[105]

에릭은 1930년 크리스마스 직전에 어머니를 찾아갔지만, 어머니는 고열인 데다 비참한 기분이어서 아들을 만날 상황이 전혀 아니었다.[106] 에릭은 크리스마스를 베를린에서 그레틀과 시드니, 동생 낸시와 보내야 했다. 아들이 베를린으로 떠난 직후 넬리는 편지에 이렇게 적었다. "에릭의 최근 편지에 무척 감동받았어. 그 애는 내가 원하기만 하면 크리스마스를 나와 함께 보내고 싶다고 썼어. 혹시 그 전에 내가 빈으로 간다면 나를 데리러 역으로 마중을 나가야 하니까 베를린에 가지 않을 거라고 했어! 그런데 엄마한테 듣기로는 그러면서도 베를린에 갈 생각에 무척 들떠 있었대."[107]

결핵으로 넬리의 목 부위가 부어오르자 의사는 치료를 위해 그녀를 빈으로 보내야 한다고 확신했다.[108] 새해 첫 주에 그녀는 베링 교외의 병원으로 옮겼는데, 다행히 에릭이 하숙하는 에펜베르거 부인의 집에서 멀지 않은 곳이었다.[109] "나는 희망이라곤 없이 빈으로 돌아갈 예정이야"라고 그녀는 썼다.[110] 그레틀은 에릭과 함께 베를린에서 빈으로 돌아왔고, 에릭은 에펜베르거 부인의 아들에게 다시 과외를 하기 시작했다. 넬리는 "이곳은 정말로 훌륭해. 음식과 간호뿐 아니라 모든 것이 최상이야"[111]라고 말할 정도로 새로 옮긴 병원에 대단히 만족했다. 1931년 5월에는 병세가 잠시 멈추기도 했다. "나는 정말로 건강해지고 있다고 느껴. 이젠 하루 종일 잠만 자지도 않고 실제로 몇 발자국 걸어보는 용기를 내기도 하고 신문을 읽기도 해. 물론 아직 기침 같은 증세는 사라지지 않았지만 더는 숨이 그리 가쁘지 않아."[112] 그러나 차도를 느낀 것은 이번이 마지

막이었다. 의료진은 임종이 얼마 남지 않았다고 생각했다. 에릭은 다음
과 같이 적었다.

> 빈 서쪽 푸르케르스도르프의 정원이 있는 요양원으로 옮겼다. 그곳에
> 서 나는 스카우트 캠프에 참여하기 직전에 마지막으로 엄마를 보았다.
> 엄마가 얼마나 수척해 보였는지를 빼면 그 만남에 대해 기억나는 것이
> 없고, 무슨 말이나 행동을 해야 할지 ─ 다른 사람들이 있었다 ─ 몰라
> 창문 밖으로 눈을 돌렸다가 콩새를 보았다. 버찌 씨를 깰 정도로 강한
> 부리를 가진 작은 새인데, 전부터 오랫동안 찾아다녔지만 한 번도 본
> 적이 없었다. 그래서 엄마에 대한 마지막 기억은 슬픔이 아니라 조류
> 학적 즐거움의 기억이다.[113]

5월 이후 동생 그레틀에게 보내는 넬리의 편지는 점점 뜸해지더니 이
내 완전히 멈췄다. 넬리는 빠르게 악화되다가 1931년 7월 15일 서른여
섯 살의 나이로 사망했다. 주치의는 폐렴에 여전히 따라붙던 사회적 오
명을 덜어주기 위해 친절하게도 서류에 사망 원인이 '심장 기능 저하'를
동반한 '폐암'이라고 적었지만, 실제 사인이 폐렴이라는 것은 의심할 여
지가 없었다.[114] 에릭은 스카우트 캠프에 있다가 연락을 받고 장례식에
참석했다. 넬리는 1931년 7월 19일 빈의 뉴시메트리에 남편과 같은 무
덤에 묻혔다.[115] 에릭은 겨우 열네 살에 고아가 되었다.

4

에릭과 어머니의 친밀한 관계는 그가 영국에 있을 때 받은 사랑 넘치

는 편지뿐 아니라 이후 병원에서 보내온 편지를 통해서도 드러난다.[116] 에릭은 과거를 돌아보면서 자신이 어머니에게서 받은 영향은 주로 도덕적인 것으로, 어머니의 투명한 정직함에 감화를 받았다고 결론지었다. 정치적으로 그녀는 유럽 통합의 열성 지지자로, 이 대의의 초기 선구자인 쿠덴호베-칼레르기 백작의 저술에서 영감을 받았다. 사회주의자보다 좌파-자유주의자에 가까웠던 넬리는 에릭이 정치적 쟁점을 이해하기에는 너무 어리다고 생각해 정치에 너무 관심을 갖지 못하게 했다.[117] 이보다 더 중요한 점은 그녀가 단편작가이자 소설가, 번역가로서 문학계의 일원이었다는 사실일 것이다. 1935년 4월, 에릭은 사람을 시켜 어머니의 작품들을 상자에 넣어 빈에서 당시 자신이 살고 있던 런던으로 발송하게 했다. 그는 "엄마가 정말로 천재였는지, 아니면 그저 재능이 있는 정도였는지, 위대한 작품을 썼는지, 아니면 그저 좋은 작품을 썼는지" 정말 알고 싶어 했다. 상자가 6월에 도착하자 어머니의 편지 일부를 다시 읽었다. 편지를 읽고는 슬픔에 젖었는데, 그도 그럴 것이 이제는 자신을 '나의 사랑'이라고 불러주는 사람이 아무도 없었기 때문이다.[118] 한참 후에야 그는 어머니의 소설을 읽고서 "우아하고 시적이고 조화롭고 사려 깊은 독일어"라고 감탄했다. 그렇지만 어머니가 "1급 작가"라고 생각하지는 않았다.[119] 어머니가 당시 그의 나이인 열일곱 살에 쓴 시들에서는 충분히 소화하지 못한 하이네와 아이헨도르프 같은 독일 시인들의 영향을 발견했다. 하지만 어머니가 흡수한 소재의 폭에 놀랐고, "오늘로부터 도피할 정도로 미지의 것을 그리워하는 일종의 향수병", 감수성, 다정함에 대한 욕구에 감동을 받았다. 어머니는 자연 묘사에 가장 뛰어나다고 생각했다. 에릭은 어머니의 시들로부터 취할 수 있는 모든 것을 취하고 싶었는데, 자신이 겨우 열네 살에 세상을 떠난 어머니의 너무나 많은 감정이 그 시들에 표현되어 있었기 때문이다. "나는 엄마를 알고 싶었다."

그렇지만 감정적인 방식으로 알고 싶지는 않았다. "내가 어머니를 회상해야 한다면, 가능한 한 냉정하게 평가해야 한다. 즉 한 인간으로서, 작가로서, 어머니로서 그녀가 어떠했는지 말해야 한다. 느끼한 감정 표출은 더 이상 하지 않을 것이다." 숙모 그레틀은 에릭의 비판적이고 올곧은 태도에 놀랐다. 그렇지만 그것은 결국 문학적 판단에 지나지 않았다. 에릭의 사적인 기억 속에 어머니에 대한 감정은 계속 살아 있었다.[120]

에릭의 상실감은 명백했다.[121] 성숙해지면서 그는 어머니에 대한 기억이 희미해지는 것 같아 걱정했다. 어머니는 "내가 묘사할 수 없는 검은 눈과 얼굴 표정을 가진 환영"이 되어갔다.[122] 아버지의 죽음 이후에 찾아온, 하지만 감정적 영향에서는 에릭에게 훨씬 더 심각했던 어머니의 죽음은 엄청난 타격이었다. 그는 이 끔찍한 가족 비극으로 인한 "트라우마, 상실, 불안"에 어느 정도는 독서와 지적 탐구로, 어느 정도는 광석라디오 만들기와 같은 고독한 활동으로 대처했다. 훗날 술회하기를 그는 "마치 컴퓨터처럼 (…) 불쾌하거나 수용할 수 없는 데이터를 삭제하기 위한 '휴지통' 기능"을 개발했다.[123] 이 기능은 나중에 그의 삶에 상당한 도움을 주게 된다. 가족의 해체로 생계에 대한 불안감은 더욱 깊어졌다. 넬리는 재산이나 어떤 가치 있는 물건을 남기지 않았다. 1929년에 3000오스트리아 실링이 에릭의 계좌에, 그리고 1000실링이 낸시의 계좌에 입금되었지만, 성인이 되기 전에는 그 돈을 사용할 수 없었다. 남매에게는 생계 수단이 없었다. 에펜베르거 부인과 지내기 전에 에릭은, 이주를 적법하게 등록하지 않았다는 이유로 경찰 당국으로부터 못마땅하다는 투의 지적을 받긴 했지만, 외할머니인 에르네스티네 그륀과 잠시 지낸 적이 있었다. 그러나 에릭과 낸시는 공식적으로 그들의 보호자로 지명된 시드니와 살기 위해 떠나는 것 말고는 다른 선택지가 없었다.[124] 처음부터 영국인을 자처했고 다른 사람들도 그렇게 여겼던 에릭은 오스트리아를 떠나는 것이 전혀 아쉽지 않았다. 오랜 세월이 지난 후에 그는 "오스트리아는 나의 조국이 아니었고 그랬던 적도 없다"라고 말했다.[125]

1931년 7월 28일, 에릭은 베를린으로 가서 동생과 합류했다. 베를린에서 시드니는 독일 국적을 버린 카를 레믈레Carl Laemmle가 운영하는 할리우드 스튜디오인 유니버설 필름에서 일하고 있었다.[126] 시드니는 독일에서 촬영 장소를 물색하고 〈프랑켄슈타인〉과 같은 영화를 홍보했다. 〈프랑켄슈타인〉의 주연 배우는 보리스 칼로프Boris Karloff였는데, 시드니는 폴란드 시장에서 이 배우의 명성을 활용하기 위해 그의 진짜 이름이 보루흐 카를로프Boruch Karloff라고 주장했다(사실 본명은 프랫Pratt이다). 홉스바움 가정에는 의외의 인물들이 줄지어 방문했다. 그중에는 알프레트 베게너 탐험대의 일원도 있었는데, 그는 에릭에게 베게너의 대륙이동설을 설명하고 그린란드 겨울 탐험에서 동상으로 발가락을 모두 잃은 이야기를 들려주었다.[127] 이 무렵까지 시드니는 베를린 동물원에서 남쪽으로 얼마간 떨어진 서쪽 교외 지역인 빌머스도르프 아샤펜부르거슈트라세 6번지에 있는 아파트를 나이 많은 미망인으로부터 임차해 살고 있었다. 에릭은 그 아파트를, 삼촌과 숙모, 손님들의 저녁식사 대화가 침실 벽을 통과해 들릴 정도로 벽이 얇았던 집으로 기억했다.[128] 그렇지만 이제 유니버설 필름에서 받는 봉급 덕택에 홉스바움 가족은 남서쪽으로 조금 떨어진 교외 부르주아 거주지인 리히터펠데의 집으로 이사갈 수 있었다. 에릭이 기억하기로 음악가가 살던 옆집에는 수영장까지 있었다.[129]

시드니와 그레틀은 리히터펠데의 더 넓은 아파트 1층에서 모퉁이만 돌면 보이는 프린츠-하인리히 김나지움에 에릭을 입학시켰다. 학교는 그뤼네발트슈트라세에 있었고 자전거로 통학할 수 있었다. 훗날 에릭의 묘사에 따르면 그곳은 "보수적인 프로이센 전통을 따르는 완전히 틀에 박힌 학교 (…) 프로테스탄트 정신을 따르는 매우 애국적이고 보수적인 학교"였다. 1890년에 설립된 이 학교는 황제의 동생에게서 이름을 따왔다.[130] 학교는 고전적 유형의 '인문계 중등학교', 공립 남학교로 설립되었으며, 폭넓은 교양 교육의 토대인 고전과 라틴어, 고대 그리스어에, 더 구체적으로는 대학 진학 준비에 중점을 두었다. 독일의 다른 대대수 학교와 마찬가지로 교복은 없었지만, 학생들은 원한다면 학교별로 지정된 색이 있고 가죽 챙이 달린 모자를 구입해 착용할 수 있었다. 그리고 모자 안쪽에 학년을 나타내는 색깔 리본을 집어넣을 수 있었다.[131]

고참 교사들은 대학에서 교육받은 학자들로 개중에는 학술서를 출간한 이들도 있었다.[132] 에릭의 눈에 비친 그들은 "거의 전형적인 독일 교사로서 고리타분하고 안경을 끼거나 (대머리가 아니면) 상고머리였다. (…) 그들 모두 독일의 열정 넘치는 보수적인 애국자처럼 말했다."[133] 영어 교사 페첼 박사는 수업 중에 언제나 프랑스를 가리켜 독일의 '숙적'이라고 말했으며, 1차 세계대전 때 해군 장교였고 소문에 따르면 유보트 지휘관이었다는 라틴어 교사 발두인 피셔는 습관적으로 "선상에서 조용"이라고 외치며 교실의 질서를 회복하곤 했다.[134] 에릭은 다른 학생들과 함께 에밀 지몬의 그리스어 수업을 옆길로, 1차 세계대전의 추억으로 빠지게 하는 법을 알고 있었다. 수업은 대부분 따분하기 그지없었다. 에릭의 동창으로 2차 세계대전이 끝나고 한참 후에 영국 주재 서독 대사가 된 카를-귄터 폰 하제Karl-Günther von Hase의 기억에 따르면 역사 수업은 대부분 고대 세계에 초점을 맞추었고 20세기에는 아예 들어가지도 않았다.[135] 에릭도 이 점을 인정했다.

나는 키가 작고 뚱뚱한 노인, ('작은 드럼통') 루벤존의 역사 수업에서 독일 황제들의 이름과 재위 연도를 빼고는 전혀 배운 것이 없고, 그마저도 수업이 끝나면 전부 잊어버렸다. 그는 우리들 개개인에게 자를 겨누는 시늉을 하면서 이런 황제들을 가르쳤다. "빨리, 하인리히 1세, 재위 연도." 우리와 마찬가지로 그도 이런 수업을 지루해했다는 것을 이제는 나도 안다.[136]

루벤존은 사실 뛰어난 고전학자이자 고고학자, 파피루스 연구자였지만, 그의 수업은 적어도 잠시 동안은 에릭을 역사에서 멀어지게 했다.[137] 에릭과 같이 학교를 다녔던 학생 프리츠 루스티히의 기억에 따르면, 발두인 피셔는 "라틴 저자들에 대해 몇 시간이고 계속 받아쓰게" 했고 그 때문에 그의 수업은 "몹시 지루하고 완전히 비효율적"이었다.[138] 헌신적인 소수의 교사들만이 두루 존경을 받았으며, 특히 아르놀트 보르크 Arnold Bork 박사가 그랬다. 그는 역사와 그리스어를 가르쳤고, 프리츠 루스티히에 따르면 "교재에 대한 우리의 관심을 일깨우고 유지할 수 있는" 능력이 있었다.[139]

그러나 에릭이 훗날 학교에 대해 서술하면서 전달한 따분한 보수주의라는 인상이 완전히 옳은 것은 아니다. 입학 당시 학교가 탈바꿈하고 있었기 때문이다. 바이마르 공화국의 프로이센 주정부, 프로이센 역사에서 민주적으로 선출된 최초의 주정부는 사회민주당이 장악하고 있었고, 그들은 교육체계에서 빌헬름 시대 독일의 군주제적·보수적 세계의 뿌리를 제거하여 교육을 현대 민주주의의 초석 중 하나로 바꾸어놓을 생각이었다. 1925년 프로이센의 학교를 대상으로 발표한 새로운 지침은 이런 목적을 염두에 둔 것이었다.[140] 프린츠-하인리히 김나지움의 교장으로 오랫동안 재직한 조로프 박사(프리츠 루스티히에 따르면 "비스마르크를 빼닮았고 매우 강직하며 쉽게 접근할 수 없는" 사람)가 1929년에 퇴임하자 주정부는 그 후임으로 사회민주당원 발터 쇤브룬Walter Schönbrunn 박사를 지명했다. "체구가 작고 무테 안경 뒤의 두 눈이 날카롭고 머리털이 빠

지고 있는" 쉰브룬은 취임 즉시 중요한 개혁에 착수했다.[141]

쉰브룬은 예부터 배우던 괴테와 실러를 뷔흐너, 니체, 토마스 만, 입센, 스트린드베리로 대체하는 식으로 문학 교과 과정에 근대 작품을 도입했다. 그리고 월요일 아침에 열리는 종교적 회합인 안다흐트andacht를, 교사가 학생들에게 도덕 문제에 대해 강연하고 교사나 학생 일부가 음악 공연을 하는 비종교적 회합으로 대체했다. 또 고대 그리스어로 공연하는 학교 연극을 폐지하고 그 대신 독일어로는 〈반대편Die andere Seite〉으로 알려진 R. C. 셰리프의 근대 희곡 〈여정의 끝Journey's End〉을 무대에 올렸다. 이 희곡은 1차 세계대전을 인류의 비극으로 묘사했으며, 이 점에서 쉰브룬의 전임자와 여러 교사들이 주입하던 의례적인 애국심에서 근본적으로 벗어난 작품이었다. 1930~1931년 학교의 연례보고서에 자랑스레 적시한 대로, 교내 도서관에 마침내 "진정으로 근대적인 작품들"이 들어왔다. 여기에는 베르톨트 브레히트와 루트비히 렌 같은 공산주의 작가들의 작품도 포함되었다. 장비를 갖춘 과학실험실도 신설되었다. 더 획기적인 조처로 쉰브룬은 학생들이 직접 작성하고 편집하는 학급 신문을 도입했고, 선출된 학생들의 위원회뿐 아니라 학생의 재산 손실 보상과 같은 문제를 다룰 학생 법정까지 설치했다.[142] 그는 학교 연설을 통해 바이마르 공화국의 제헌절을 축하하는 가운데 황제의 강제 퇴위 이후로 상황이 좋은 쪽으로 변했다는 소신을 분명하게 밝혔는데, 이는 어느 학생이 기록한 대로 "우리의 붉은 벽돌 건물에서 완전히 새로운 생각"이었다.[143] 별로 놀랍지 않게도 프리츠 루스티히는 "대다수 교사들은 그가 왼쪽으로 치우쳐 있고 자기들은 우파였기 때문에 그를 탐탁지 않게 여겼다"라고 기억했다.[144] 몇몇 교사는 교실 앞에서 학생 위원회의 도입을 대놓고 비판했다.[145]

쉰브룬은 학생들의 도보여행을 특히 강조했고, 도보여행의 교육적 가치를 극찬하는 책까지 썼다. 학교는 베를린 인근 시골인 브란덴부르크 변경백 지역과 더 북쪽에 자리한 메클렌부르크 지역으로 떠나는 장거리 도보여행 탐사를 1931년에 다섯 차례, 1932년에 열한 차례 조직했다. 학생들은 야영하거나 유스호스텔에서 묵었다. 이렇게 자연과 교감하는 탐사는 독일 중등교육의 핵심 전통이었고, 20세기 초 수십 년간 중간계급 자녀 대부분을 사회화하는 청소년 운동에서 중요한 역할을 했다. 에릭은 소년들의 성에 대한 집착, 저녁의 음란한 대화, 대중음악 취향을 싫어하면서도 탐사에 참가했다.[146] 그는 새 관찰을 더 좋아했다. 훗날 그는 새를 관찰하고 사진을 찍기 위해 리히터펠데에서 서쪽의 습지대인 리마이스터펜으로 자전거 여행을 갔던 일을 회상했다. 자전거를 풀밭에 놔둔 채 작은 호수를 헤치며 걸었다. "10~20미터 떨어진 이곳저곳에서 오리가 물을 튀기며 날갯짓하는 소리가 들렸다. 오리가 꽥꽥거리니 기분이 좋았다. 내가 자연에 바라는 것은 대단한 것이 아니었다."[147] 어느 정도는 이런 이유로 에릭은 학교의 조정부도 좋아했는데, 경쟁이 심하지 않았고 나이가 서로 다른 소년들이 평등한 조건에서 만날 수 있도록 해주었기 때문이다. 조정부에게는

어업을 금하는 작은 자크로베르 호수 위 '우리의 땅'이라고 알려진 풀밭, 특별 허가를 받아 좁은 물길을 지나야만 접근할 수 있는 풀밭이 있었다. 친구들은 주말에 조를 이루어 그곳까지 노를 저어 가거나 그곳에서 만나 이야기하고, 여름 하늘을 바라보고, 초록빛 물을 가르며 수영하다가 저녁에 도시로 돌아가곤 했다. 내 인생에서 처음이자 마지막으로 스포츠 동아리의 중요성을 알 수 있었다.[148]

노젓기 훈련 시간이 많지 않았음에도 조정부원들은 베를린의 서쪽에

서 서로 연결된 호수들을 탐험할 수 있었고, 풀밭에서 배구를 하거나 둘러앉아 이야기를 하며 많은 시간을 보냈다.[149]

1930년대 초 프린츠-하인리히 김나지움과 그 부속학교에는 477명의 학생과 29명의 교사가 있었다. 부속학교인 기술학교Realgymnasium에서는 라틴어는 가르치되 그리스어는 가르치지 않았고 과학에 중점을 두었다. 학생 총원의 절대다수인 388명은 프로테스탄트였고, 48명은 가톨릭, 35명은 유대교였으며, 그밖에 다른 종교를 믿는 소수가 있었다. 에릭은 유대인으로 분류되긴 했지만 실제로는 언제나 "영국 소년der Engländer"으로 불렸다.[150] 학생들은 그를 'Hobsbaum'으로 불렀다('au'는 'ow'로 발음되었다). "영국 소년"이 "정확히 영어처럼 들리지 않는 이름"을 가진 이유를 궁금해했다고 훗날 프리츠 루스티히는 회상했다.[151] 특히 보르크 박사를 비롯한 일부 교사들의 영향 덕택에, 1933년 1월 히틀러가 독일 총리가 된 후에도 학교에서는 뚜렷한 반유대주의가 부상하지 않았다.[152] 1932~1933년 학사력이 끝날 무렵 쇤브룬은 1933년 봄에 권력을 장악한 나치당에 의해 정치적 이유로 해임되었고, 그 후임으로 나치당원이 부임했다. 교사들과 학생들 모두 신임 교장을 대체로 경멸했다. 그들은 새 교장을 '요란테'라고 불렀는데, 당시 인기였던 아우구스트 힌리히스August Hinrichs의 희극 〈말썽꾼 요란테Krach um Jolanthe〉의 중심인물인 돼지에게서 따온 이름이었다.[153] 많은 존경을 받던 유대인 수학 교사 잘로몬Salomon 또는 '잘리' 비른바움'Sally' Birnbaum이 1933년에 인종적 이유로 해고되자 학생들은 그를 계속 고용하라는 청원을 제출했고, 뜻을 이루지 못하자 그의 집을 방문해 자신들의 지지를 표명했다. 저학년 전체가 1936~1937년 겨울에 그를 방문했고, 그에게 배운 적 있는 학생들은 개별적으로 스승과 오랫동안 연락하고 지냈다. 심지어 전시戰時에도 오토 루터Otto Luther(이후 옌스 렌Jens Rehn이라는 필명으로 유명해진 작가)는 자신의 유보트를 수리하던 로테르담에서 비른바움을 만나러 갔다. 이 방문 후에 오래지 않아 비른바움은 게슈타포에 체포되었다. 그 후 1936년에 아우슈비츠로 보내졌고, 베를린에서 이른바 '공장 조치Factory action'를 시행한 게슈타포에 붙잡혀 이송된 마지막 유대인들과 함께 비르케나우의 가스실에서 살해되었다.[154]

프린츠-하인리히 김나지움의 학생들은 교양 있는 중간계급 가족 출신이었고 아버지가 공무원인 학생이 많았다. 정치적 입장에 관한 한 그들은 부모와 마찬가지로 대부분 온건한 보수주의자였다. 교사들의 전쟁 경험과 베르사유 조약에 대한 전후의 분노가 그들의 입장에 분명히 영향을 미쳤을 것이다.[155] 에릭은 학생들 중에서 헌신적인 나치당원을 딱 한 명만 기억했는데, "나치당 브란덴부르크 관구장의 유달리 멍청한 아들"이었다.[156] 에릭이 학교에서 사귄 친구들은 특별히 정치적이지 않았다. 실제로 그의 기억에 밤늦게까지 이야기를 나눈 학교 도보여행 탐사 때조차 정치에 관해 토론하는 친구는 전혀 없었다.[157] 에릭은 조정부의 열혈 부원 에른스트 비머와, 플루트를 연주하는 음악 소년이자 '학급 시인'으로 불린 한스 하인츠 슈뢰더와 특히 친했다. 에릭은 비머와 "크리스티안 모르겐슈테른의 터무니없는 시와 세계 전반"에 대해 주로 토론했다. 슈뢰더는 프리드리히 대제의 숭배자여서 그의 군대 병사 모형을 수집했지만, 이것 때문에 그들의 우정이 깨지지는 않았다. 에릭이 학교를 떠난 뒤에는 두 친구와 연락이 끊겼다. 먼 훗날 에릭은 나치 집권 이후 친구 슈뢰더가 친위대에 가담한 사실을 알았다. 비록 친위대의 집단학살에 가담하지 않고 군악대에서 연주를 했지만, 그래도 에릭은 충격을 받았다. 슈뢰더는 결국 2차 세계대전 때 동부전선에서 전사했다.[158]

5

1931년 여름 베를린에 도착한 에릭은 2년 전 월스트리트에서 시작된 세계 경제위기가 인파로 바글거리는 독일 수도에 가한 광범한 충격을 즉시 마주했다. 은행들은 채무불이행을 선언했고, 노동자의 3분의 1 이상이 직업을 잃었으며, 자본주의의 총체적 붕괴가 임박한 듯했다. 인생의 이 시점까지 에릭이 경험한 자본주의는 실패작이었다. 이제 그는 자본주의를 파국으로 경험했다. "우리는 타이타닉호를 타고 있었고 배가 빙산과 충돌할 것을 모두가 알고 있었다"라고 그는 나중에 썼다.[159] 이런 상황은 1920년대 말과 1930년대 초 영국의 상황과는 크게 달랐는데, 영국에서는 '경기 침체'로 인한 정치적·경제적 충격이 비교적 크지 않았다. 베를린에서 경제 파탄은 틀림없이 세상의 종말처럼 보였을 것이다. 불황의 경제적 중압으로 독일은 정치적 폭력의 급증과 정치체제의 급격한 불안정을 경험했다. 1919년에 수립된 바이마르 공화국은 초기에 몰아친 폭동, 암살, 우파와 좌파의 쿠데타 시도, 거의 전례가 없는 초인플레이션을 가까스로 견뎌냈고, 1924년 이후로 아주 미약하지만 안정과 번영을 누리기 시작했다. 그렇지만 경제 불황이 이 모든 것을 바꾸어놓았다. 사회민주당의 하인리히 뮐러가 이끌던 대연립정부는 붕괴했고, 연립정부에 참여한 정당들은 국정 타개책과 관련해 합의에 이르지 못했다. 보수적인 가톨릭중앙당의 정치인 하인리히 브뤼닝이 이끄는 '전문가 내각'이 1930년 3월 30일 연립정부를 계승했다. 선출된 대통령에게 헌법상 부여된 권한, 즉 긴급명령으로 통치할 권한에 점점 더 의지하게 된 새로운 정부는 지출을 줄이기 위해 무자비한 긴축정책을 시행했다. 이 정책은 사회적 긴장을 높이기만 했고, 이내 중간계급이 지지하던 자유주의 정당과 보수주의 정당을 무너뜨리고 그들의 표가 히틀러의 나치당으로 향하게 했다. 경제 공황이 발생하기 전까지 나치당은 정계의 주변 세력이었고 당수 아돌프 히틀러는 국민적 관심을 별로 받지 못하는 무명인사였다. 일례로 1928년 선거에서 나치당은 2.6퍼센트 이상 득표하는 데 실패했다. 그러나 이 시점 이후로 나치당의 인기는 껑충껑충 올라갔다. 1930년 여름 400만 명이 넘는 유권자가 나치당에 표를 던졌고, 1932년 7월 선거에서 나치당의 득표율은 37퍼센트 이상이었다. 국가의 입법기관인 제국의회에서 적대적인 정당들이 서로 고함만 칠 뿐 그 무엇에도 합의하지 못하고 더 이상 거의 모이지도 않는 가운데, 민주적 정치체제는 무너지고 있었다. 1932년 5월 말 귀족 프란츠 폰 파펜이 주도하는 과도하게 반동적인 내각이 브뤼닝 정부를 대체했다. 새로운 연방정부는 프로이센의 사회민주당 정부를 무력으로 해산했다. 파펜이 나치당과의 거래를 통해 대중의 지지를 얻으려 시도함에 따라, 파펜의 쿠데타에 단호히 저항하지 않은 사회민주당에 실망한 좌파 다수는 파시즘을 저지할 최선의 기회를 공산당에서 찾았다.[160]

베를린에 도착한 에릭은 어디서나 눈에 띄는 공산주의 대중운동과 처음으로 조우했다. 거리, 입법부, 신문과 잡지에서, 특히 가장 확고하고 헌신적인 공산주의 지지자들이 뻔질나게 드나드는 술집에서 그 운동을 볼 수 있었다. 경제 침체로 늘어나는 실직자들이 공산당으로 몰려들면서 전국 공산당원의 수는 공황이 닥치기 직전인 1929년 여름 대략 12만 5000명에서 1931년 말까지 24만 5000명 이상으로, 1년 후에는 36만 명으로 증가했다. 공산당은 선거 때마다 전국 득표수를 늘려가다가 1932년 11월 전국 선거에서 600만 표 이상을 얻어 100명의 의원을 제국의회에 진출시켰다. 그에 반해 나치당은 이전 7월 선거와 비교해 표를 크게 잃었다. 공산당은 조직력이 강하고 역동적이며 지극히 활동적이었다. 즉 공산당은 젊은층에게 특히 매력적이었다. 예를 들어 베를린의 중앙 지구에서 1929년과 1933년 사이에 가입한 당원 중 거의 60퍼센트가 30세 이하였고, 그중에서도 25세 이하가 주를 이루었다. 당의 준군사조직으로 제복을 갖춰 입은 '적색전선 투사연맹'은 말할 것도 없고 당의 대중 집회와 시위는 공산당의 대의를 지지하고 그것을 적들로부터 지키려는 수많은 노동자들을 거리로 불러냈다.[161]

얼마 지나지 않아 나치당은 베를린 관구의 유능한 선전가이자 무자비한 정치 책략가인 요제프 괴벨스의 주도 아래 끊임없는 노상 전투, 술집 싸움, 그리고 소란하고 난폭한 정치 집회의 형태로 공산당과 충돌했다. 갈색 셔츠를 입은 수십만의 나치 돌격대원들이 곤봉과 경찰봉, 주먹에 끼우는 철제무기로 무장한 채 바이마르 공화국 말기의 뜨겁고 위기감이 팽배한 분위기 속에서 거리로, 무엇보다도 수도의 거리로 쏟아져 나왔다. 사회민주당과 가톨릭중앙당만이 정치체제의 완전한 양극화를 막고 있었는데, 전자는 바이마르 공화국 마지막 정부의 긴축정책을 지지했다가 신뢰를 대부분 잃어버린 처지였고, 후자는 프로테스탄트 베를린에서 지지층이 거의 없었다.[162] 이렇게 고도로 정치화된 분위기에서 에릭이 곧 공산당의 대의에 관심을 갖게 된 것은 별반 놀랄 일이 아닐 것이다 (그는 훗날 "오스트리아에 머물렀다면 나는 아마 사회주의자가 되었을 텐데, 그곳에서는 사회민주당이 가장 강력한 야당이었고 그들은 분명 마르크스주의자였기 때문이다. 그러나 사회민주당이 여당인 베를린에서는 공산당이 가장 강력한 야당이었다"라고 말했다).[163]

에릭은 학교 도서관에 소장된 당대 독일 문학 선집에서 주요한 공산당원 작가 베르톨트 브레히트의 뛰어난 시를 우연히 접했다. 그러고는 자신 역시 공산주의자라고 순진하게 선언했다. 빌리 보트슈Willi Bodsch라는 "화가 치민 교사"는 에릭에게 "확고하게(그리고 올바르게)" 다음과 같이 말했다. "자네는 스스로 무슨 말을 하는지 분명히 모르고 있네.

도서관에 가서 그 주제에 관한 책이나 더 찾아보게."[164] 도서관에서 에릭이 발견한 책은《공산당 선언》이었고, 그 책은 열다섯 살의 에릭이 새로운 정체성을 찾는 데 도움을 주었다.[165] 에릭이 만난 최초의 진정한 공산주의자는 "키가 크고 잘생겼으며 여성에게 인기가 많은" 사촌 오토 프리트만Otto Friedmann으로, 에릭에게 꽤 깊은 인상을 주었다.[166] 에릭은 "20세기 전형적인 사회주의자 지식인의 입문 의식儀式, 즉 카를 마르크스의《자본론》을 맨 앞에서부터 읽고 이해하려는 짧게 그친 시도"를 자신보다 나이가 많은 게르하르트 비텐베르크Gerhard Wittenberg와 시작했다. 게르하르트는 에릭처럼 유대인의 혈통이었고, 헌신적인 사회민주당원이었다. 그들의 시도는 오래가지 못했으며, 에릭은 게르하르트의 온건한 사회주의뿐 아니라 나치 집권 이후 그를 팔레스타인의 키부츠로 이주하도록 만든, 점점 강해지는 시온주의적 확신에도 공감하지 못했다.[167]

학교에 공산주의자를 자처하는 영국 소년이 있다는 소식에 "어둡고 음울하며 가죽재킷 취향"에 활동적이고 헌신적인 당원인 루돌프 레더Rudolf Leder라는 상급학년 학생이 에릭을 사회주의자 학생동맹Sozialistischer Schülerbund에 가입시켰다. 이것은 특히 중등학교 학생들을 겨냥한 공산당의 전위조직으로, 회원의 절대다수가 부르주아 출신이었다. 레더는 조직의 소식지〈학교 투쟁Der Schulkampf〉에 정치적으로 과격한 글을 썼다는 이유로 덜 관용적인 베를린의 다른 중등학교에서 에릭이 도착하기 직전, 이미 퇴학을 당한 상태였다. 레더는 에릭에게 1920년대 소비에트 소설들을 주었는데, 그중 어느 작품도 볼셰비키 혁명 이후의 삶을 특별히 장밋빛으로 그리지 않았다. 그렇지만 에릭이 러시아의 경제적·사회적 후진성이 공산주의 사회를 창조하려는 시도에 문제가 된다고 지적하자 "그는 벌컥 화를 냈다. 그에게 소련은 비판의 대상이 아니었다." 에릭은 혁명가歌 모음집도 한 권 얻었다. 레더를 통해 10월 혁명 15주년을 기념하는 책도 구입했다. 에릭은 레닌의 《좌익 공산주의: 유아적 무질서》에서 인용한 문장을 책의 면지에 적어놓았는데, 훗날 회상하기로 이것이 그의 정치적 신념을 기록한 최초의 증거였다.[168]

레더 자신은 전반적으로 사회주의자 학생동맹보다 더 거칠고 프롤레타리아적인 조직인 공산당 청년운동의 일원이었다. 에릭은 레더를 다시 만나지 못했지만, 시간이 흐른 뒤 레더는 공산주의 동독의 문학계에서 중요한 위치에 오른 시인이자 작가인 슈테판 헤름린Stephan Hermlin으로 거듭났다. 그의 자전적 작품 《저녁노을Abendlicht》은 문장이 다채롭고 아름답다는 이유로 많은 찬사를 받았지만, 그가 결코 경험하지 않은 스페인 내전 복무와 강제수용소 투옥 같은 과거를 지어냈다는 이유로 공격을 받기도 했다. 그렇지만 이 책은 분명 저자의 삶을 사실대로 서술한 작품이 아니라 헤름린 자신과 어느 정도 닮았지만 동일하지는 않은 어느 공산당원 작가의 삶을 기록한 소설, 즉 허구였다.[169] 에릭은 1965년에 헤름린이 과거 학창시절에 알고 지냈던 루돌프 레더라는 사실을 알고서 그에게 편지를 썼지만, "당신의 이름은 솔직히 말해 희미한 기억을 깨울 뿐 그 이상은 아닙니다. 그동안 나는 너무나 많은 곳을 돌아다니고 너무나 많은 것을 봐야 했습니다"라는 실망스러운 답장을 받았다.[170] 《저녁노을》을 비판하여 논쟁을 개시한 카를 코리노Karl Corino에 따르면 "당신이 그랬듯이 어린 시절의 누군가가 연락하려는 일체의 시도를 체계적으로 차단하는 것이 어쨌든 헤름린의 가장 특징적인 반응이었습니다. 그는 자신의 수상한 과거를 아는 불편한 목격자들과는 어떠한 관계도 맺고 싶어 하지 않았습니다."[171]

공산주의에 대한 에릭의 관심은 다른 무엇보다도 1930년대 초 베를린의 젊은이들이 직면한 냉혹한 정치적 선택을 반영했다. 어쨌든 그가 나치당에 가입하기란 불가능했을 것이다. 영국 소년으로서 나치당의 과격한 독일 민족주의 정신에 찬동할 수도 없었고, 또 유대인으로서 나치당의 광적인 반유대주의 이데올로기를 지지할 수도 없었기 때문이다. 공산주의 운동의 국제주의는 분명 그에게 매력적으로 다가왔을 것이고, 운동의 역동성, 아울러 자본주의가 세계 전반과 독일, 특히 베를린에서 초래한 파국적인 경제사회적 문제를 해결하겠다고 약속한다는 점도 마찬가지였을 것이다. 독일 공산당은 소비에트 국가와 사회의 미덕을 찬양하고 '소비에트 독일' 창설이라는 핵심 목표를 선언하는 데 몰두하고 있었다. 경제와 사회를 조직하는 그 어떤 방식이라도 독일에 그토록 많은 비참함과 절망을 가져온 자본주의보다는 나을 것이라고 단순하게 생각했던 것은 아니다. 공산당은 소련이 밝고 희망찬 미래, 긍정적이고 매력적인 대안을 제시한다고 보았다. 서유럽의 많은 좌파 지식인들은 대공황이 심화된 기간뿐 아니라 그 이후에도 소련의 열렬한 지지자가 되었다. 독일 공산당이 뚜렷하게 성장하던 시기에 몰락한 바이마르 공화국의 정치적 온상에서 살고 있던 열다섯 살의 에릭에게 공산주의의 매력은 분명 저항할 수 없는 것이었다.[172]

이렇게 더 일반적인 요인들의 영향과 별개로, 공산주의에 동조하기로 한 에릭의 결정은 그의 개인적인 경험에서 기인한 것이기도 했다. 얼마 후에 썼듯이, 그는 오랫동안 가족의 가난을 부끄러워했다. 이미 빈에서 "새로 칠한 흔적이 있는 데다 휘어지기까지 한 (…) 아주 저렴한 중고 자전거를 어머니한테서 생일 선물로 받았을 때" 심하게 당황했던 경험이 있었다.[173] 베를린에서 그 자전거를 타고 통학할 때면 부끄러움이 더 커지기만 했다("자전거를 타는 모습을 들킬까 봐 자전거 거치대에 30분 일찍 도착해서 몰래 빠져나갔다").[174] 빈과 베를린에서 중등학교를 다니며 어울린 다른 소년들은 대부분 대공황이 한창이던 때에도 부유하거나 적어도 어려움이 없는 가정 출신이었다. 반면에 그의 가족은 아버지가 살아 있을 때조차도 오랫동안 하루 벌어 하루 먹는 처지였다. 가족의 가난을 에릭은 부끄러워했다. "이 부끄러움을 완전히 뒤집어 자랑스럽게 여기고 나서야 나는 부끄러움을 극복했다." 공산주의자가 된다는 것은 가난을 부끄러워하지 않고 긍정적인 미덕으로 받아들인다는 의미였다. 이런 생각은 분명 공산주의자로서의 자기정체성을 키워가도록 자극한 중요한 심리적 추동력이었다. 실제로 그는 "프롤레타리아 계급의식"을 키운 대부분의 사람들이 비슷한 이유로, 즉 자신이 가난하다는 사실을 부끄러워하지 않기 위해 그렇게 했다고 생각했다.[175] 그렇지만 그들 대다수와 달리, 부모의 죽음 이후 정서적으로 방황하던 에릭은 공산당에서 동질감을 제공하는 가족의 대체물을 발견했다—이 동질감은 길게 보아 그의 정서에서 핵심적인 부분으로 드러날 터였다. 또한 공산당은 베를린 학교에서 영국 소년인 그의 아웃사이더 위치를 긍정적인 무언가로 바꾸어놓았다. 공산당은 독일 정치와 사회에서 자신들의 아웃사이더 지위를 자랑으로 여겼으며, 여기에 동조함으로써 에릭은 보상을 훨씬 상회하는 소속감을 느낄 수 있었다.

이렇게 해서 에릭은 사회주의자 학생동맹의 적극적인 일원이 되었다. 동맹에는 체제에 반대하는 사회주의자들을 점점 더 박해하는 스탈린의 조치 때문에 소련을 떠난 러시아 망명자들의 자녀도 있었다. 동맹은 남녀 모두에게 열려 있는 조직이었다. 한 회원은 다음과 같이 회상했다.

공부하는 모임을 끝낸 다음 우리는 사교 시간을 더 갖기 위해 보통 근처 카페에서 다시 모이곤 했다. 이런 비공식 사교 모임은 이성 회원을 알 수 있는 기회를 제공했으며, 그중에는 매력적인 이들도 몇 명 있었다. 우리는 이따금 근처 시골로 떠나는 일요일 답사를 계획하기도 했다.[176]

그렇지만 1931~1932년 정치 상황이 악화되고 거리에서 나치의 폭력이 만연하면서 이런 온건한 생활방식은 한층 심각한 형태로 바뀌었다. 회원들은 서로의 집에서 만났고, 때로는 당시 빌머스도르프 서부 지구에 있던 할렌제 근처 술집에서 모였다.[177] 모임은 조직 지도자Orglei와 정치 지도자Polei를 두었고 〈학교 투쟁〉에 보고서를 제출했다. 1932년 말에 조직은 이 소식지를 투박하게 타이핑하고 복사하고 철해서 배포했다. 1932년 가을에 발행된 아마도 마지막 호에서는 '반동적'인 학교 제도와 프란츠 폰 파펜 정부의 권위주의적 철학을 조롱했고, 긴축을 명분으로 하는 학교 의료비와 치과비 지원금 삭감을 비판했으며("우리의 건강을 희생해 재정을 확보하려 한다"), 1919년 평화협정으로 다른 나라들에 위임된 독일의 해외 식민지를 되찾기 위한 정치적 선동을 비판했다. 그 외에 프린츠-하인리히 김나지움에는 없지만 다수의 중등학교들에는 있는 '반동적인 휴게실'을 겨냥한 개별 보고서들도 있었다.[178]

이런 공산당 활동이 가능했던 까닭은 다른 독일 학교들과 마찬가지로 프린츠-하인리히 김나지움도 수업 시간이 아침 8시부터 오후 1시 혹은 1시 반까지여서 학생들이 비교과 활동에 많은 시간을 쓸 수 있었기 때문이다. 따라서 에릭은 일반적인 교내 활동, 특히 도보여행 클럽에 동참하고 폭넓게 독서하고 학업을 이어가면서도, 공산당 활동에 비교적 부담 없이 참여할 수 있었다. 시드니 삼촌은 나치가 집권하기 몇 달 전에 바이마르 정부가 실업 완화를 위해 적어도 고용인의 4분의 3을 독일인으로 채울 것을 기업들에 강제하는 법을 통과시킨 이후로 재정난에 처했다. 영국 시민인 시드니는 유니버설 필름을 그만두어야 했고, 1930년대 초 독일의 수백만 명과 마찬가지로 실업자가 되었다. 그는 다른 기회를 찾기 시작했지만 대공황이 한창이라 쉽지 않았다. 그리하여 1932년 가을, 에릭과 낸시가 학업을 이어가도록 베를린에 남겨둔 채, 시드니는 그레틀과 아들 피터를 데리고 바르셀로나로 떠났다. 남매는 영국에서 여러 사업을 벌이다 큰 빚만 안고 베를린으로 오게 된 이모 미미와 함께 이사했다(그녀는 에릭에게 "빚이 얼마 안 되기 때문에 파산을 신청할 필요는 없고 그냥 갚아나가야 해"라고 말했다). 그녀는 쿠르퓌르슈텐담의 서쪽 끝 광역철도 근처 프리드리히스루허슈트라세에 있는 아파트를 빌려 단기 하숙을 쳤고, 영국 손님들에게 독일어를 가르쳐 약간의 부가수입을 올리기도 했다.[179]

시드니와 그레틀이 몇 달 동안 떠나 있고 미미도 자기 일에 빠져 있는 사이에 에릭은 적잖이 풀어져 지냈다. 에릭은 낸시와 함께 트램을 타고서 나란히 붙어 있는 각자의 학교를 통학했는데, "11월 초 베를린 운송 파업이 벌어진 극적인 나흘 동안 하염없이 걸어간" 일이 기억에 남았다.[180] 에릭은 낸시가 열두 살이 되었을 때 마치 아버지인 양 인생의 진실을 말해주려 시도했지만, 이 기간에 남매 사이는 갈수록 멀어졌다. 그들은 카드놀이를 하고 미미와 손금과 운세, 그밖에 그녀의 관심사에 대해 얘기를 나누었지만, 에릭의 진짜 관심은 독서에 빠져 있지 않을 때면 갈수록 정치로 향했다.[181] 그는 공산당원들이 모이는 술집의 뒷방에서 절박한 정치 상황에 대해 토론하면서 대부분의 저녁 시간을 보냈다. 지적으로 진지한 수준에서 마르크스주의를 공부하지는 않았지만 당이 제공한 자료를 읽었다. 그로부터 겨우 3년 후에 베를린 시절 자신의 정치적 신념을 되돌아보면서 에릭은 순진하고 미숙한 신념이었다고 보았고, 자신이 진정한 지식인이라기보다 낭만적인 반항아였다고 생각했다.[182]

1933년 1월 25일 베를린에서 에릭은 사흘 전 나치가 벌인 도발적인 대중 행진에 대응해 공산당이 조직한 마지막 공개 시위에 참여했다. 나치의 행진은 히틀러가 직접 이끌었고, 뷜로프플라츠에 있는 카를 리프크네히트 하우스의 공산당 본부를 지나 그 근처 무덤까지 이어졌다. 그곳에는 3년 전 공산당원들의 총격에 사망한 나치의 영웅 호르스트 베셀이 묻혀 있었다. 1월 25일, 약 13만 명의 공산당원들이 같은 건물을 지나 행진했다. 그들은 브라스밴드를 대동한 채 노래를 부르고 구호를 외쳤으며, 당의 지도자이자 전 대통령 후보인 에른스트 텔만에게 주먹을 들어 경의를 표했다. 텔만은 섭씨 영하 15도의 날씨에도 불구하고 다섯 시간 동안 건물 앞에 서 있었다.[183] 이튿날 사회민주당의 기자 프리드리히 슈탐퍼Friedrich Stampfer는 자신이 시위를 보고 강한 인상을 받았다는 우호적 판단을 인정하면서 다음과 같이 보도했다.

공산당 지도부의 정책에 가장 비판적인 평가를 내리더라도, 이들 대중이 받은 찬사를 부정할 수는 없다. 얼얼한 서리와 살을 에는 바람을 뚫고서, 거무칙칙한 코트, 얇은 재킷, 다 떨어진 신발을 신고서 그들은 몇 시간이고 행진했다. 가난이 묻어 있고 자신들이 옳다고 믿는 대의를 위해 기꺼이 희생하려는 의지를 드러내는 수십만의 창백한 얼굴들이었다. 그들은 거친 목소리로 증오를, 그들을 가난과 비참함으로 몰아넣은 사회체제 때문에 수천 번이나 정당화된 증오를 외쳤다. 그리고 기괴한 광기, 즉 우리 사회 환경의 적나라한 불의에 항의했다. 이런 항의에 공감하지 않는다면 당신은 사회주의자가 아닐 것이다.[184]

노래와 구호, 행진으로 이루어진 공산당의 시위는 예전 보이스카우트와 마찬가지로 에릭에게 강렬하고 황홀하기까지 한 동질감을 선사했다. "우리는 하나다"라는 느낌이었다. 그는 생의 마지막 순간까지 누더기가 된 악보를 간직했을 정도로 그날 시위대가 부른 노래들을 특별하게 기억했다.[185] 그렇지만 1932년에 이미 그는 바이마르 공화국의 몰락을 감지한 터였다. 대규모 시위가 벌어지고 닷새 후에 히틀러가 총리로 임명되었다. 훗날 에릭은 총리 임명 발표 이튿날 낸시와 함께 집으로 돌아가는 길에 신문가판대에서 제1면의 표제들을 보았던 기억, "1933년 1월 30일 추운 오후, 히틀러의 총리 임명 뉴스가 무엇을 의미하는지 곰곰이 생각한" 기억을 떠올리곤 했다.[186] 파울 폰 힌덴부르크 대통령 주변의 보수파는 바이마르 민주정을 와해시키려는 자신들의 계획에 대한 대중의 지지를 얻기 위해 히틀러를 연립정부의 수반 자리에 앉혔다. 프란츠 폰 파펜이 부총리에 임명되었고, 내각에서 보수파 인사가 다수를 차지했다. 그들은 나치 소수파를 조종하고 히틀러를 궁지에 몰아넣을 수 있다고 생각했다. 공산당이 일으킨 총파업은 거의 또는 전혀 영향이 없었다. 실업자가 수백만 명인 상황에서 총파업은 헛된 시도였다. 무력 저항 역시 불가능했다. 공산당은 준비되어 있지 않았고 필수적인 무기와 탄약이 부족했다. 그 대신 공산당은 히틀러가 3월 5일로 요구한 선거에 대비했다.[187] 거리에서 나치의 폭력이 점증하긴 했지만, 당분간 완전한 독재는 아직 요원해 보였다.

에릭은 바이마르 공화국의 마지막 날들, 즉 1933년 2월 말에 공산당 청년 활동가들의 상황이 어떠했는지를 2차 세계대전 중에 쓴 짧은 이야기로 전달하려 했다. 분명히 개인적 경험에 근거해 쓴 이야기였다.

나는 시카고에 대해 모르지만, 그 무렵 베를린은 바람이 많이 부는 도시였다. 바람은 현대식 아파트 블록들 사이의 넓은 공간으로 진눈깨비를 날려보냈고, 우리가 살던 지구에서 물에 흠뻑 젖은 갈색 나뭇잎으로 전차 궤도를 뒤덮었다. 바람은 나의 파란색 방수외투 안으로 파고들어 주머니 속의 두 손을 꼭 쥐게 했다. 우리는 아버지의 비옷 중 하나에서 오래된 안감을 뜯어 방수외투 안에 붙이고 단추를 달았다. 그렇게 하니 한결 나았다. 바람은 호수를 지나고 모래가 많은 전나무 조림지를 통과해 강물을 떨게 만들고 검둥오리와 야생 오리만을 돌풍이 부는 강 위에 남겨두었다. 숲과 마을은 어망처럼 성기게 얽혀 있었다.[188]

이 이야기 속의 막스라는 친구와 에릭은 하굣길에 서점에 들러 몸을 녹이며 책장을 구경했다. 에릭이 집에 《보이스카우트 교본》이 있다고 말하자 막스는 불편해했다. "보이스카우트는 별로 좋지 않아. 그건 반동적이라고 내가 몇 번이나 말했잖아." 에릭은 "1929년 버컨헤드 잼버리를 방문했을 때부터 보이스카우트를 좋아했고 (…) 캠핑과 등산은 최고야"라며 반박했다. 그러나 친구가 반대한 것은 스카우트 이데올로기였고, "그는 모임에서 마르크스의 《가치, 가격, 이윤》에 기초해 우리에게 정치경제학을 가르쳤기" 때문에 에릭은 그와 논쟁을 할 수 있다고 생각하지 않았다. 지하철역에서 그들은 주먹에 끼우는 무기를 조심스레 보여주는 또 다른 친구를 만났다. "어젯밤에 나치들이 우리 쪽에 왔다가, 봐봐, 한 명이 이걸 놓고 갔어." 막스는 "그건 개인 테러야"라며 그 무기를 사용하지 말라고 했다. 레닌은 개인 테러를 배격하고 집단 테러를 옹호했으므로 개인 테러는 공산주의자가 할 일이 아니라는 얘기였다.

6시에 그들은 사회주의자 학생동맹의 다른 회원들을 만났다. "공개모임을 하는 것처럼 서 있지 말자. 이제 1932년 같지 않아"라고 막스가 말했다. 그들은 흩어져 절반은 거리의 한쪽을, 나머지 절반은 반대쪽을 맡아 공산당 팸플릿을 아파트 단지 각 층의 우편함에 집어넣었다. 그러다가 전화벨 소리를 들었다. 누군가 나치당에 전화를 건 게 아닐까? 그들은 계단으로 4층까지 올라갔다.

우리는 여기서 전화를 중단시켜야 했다. 어떻게 해야 할까? 초인종을 누르고 "뮐러 부인, 저, 분명히 이 층에 뮐러 부인이 산다고 들었는데요"

라고 말했다. 어떻게든 둘러대야 했다. "이 여자아이요? 제 여동생 리자입니다. 우리는 뮐러 숙모를 만나러 왔어요." 나는 무서워 죽을 지경이었지만 리자는 무서워하지 않는 듯했다. 나보다 그 애가 더 나은 볼셰비키임이 틀림없다.

다시 거리로 나온 그들은 거칠기로 악명 높은 회원 '카르보'를 만났다. 그는 구입한 권총을 보여주었다. 선거가 끝나면 쓸모가 있을 거라며 권총을 자랑했다. "그 빌어먹을 총 치워" 하고 막스가 말했다. "그 피비린내 나는 물건 치우라고." 카르보는 싱긋 웃었다. "너희는 경호원이 필요할지도 몰라." "물론 그럴지도 모르지"라고 막스가 말했다. "너는 우리를 경찰 호송차에서 꺼내고 경찰과 돌격대, 어쩌면 친위대까지 두들겨 패겠지. 히틀러까지 찾아가 두들겨 팰지도 모르겠네." 무리 중에 한 여학생이 앞으로 어떻게 될지 물었다. 히틀러는 영원하지 못할 것이라고 에릭이 말했다. 그에 대항해 국민들이 들고일어날 것이다. 어쨌거나 에릭은

히틀러에 대해 이야기하고 싶은 마음은 절반뿐이었다. 나는 호수와 보트에 대해 폭넓게, 그리고 감정적으로 이야기하고 싶었다. 특히 푸른색 접이식 보트와 조류에 대해 이야기하고 싶었다. (…) 우리는 중간계급 아이들이었다. 우리는 민중에 대해 많이 알지 못했다. (…) 우리는 다른 장소에서라면 서로에게 시를 읽어줄 유형의 공산주의자였다. 우리가 심오하고 복잡한 이 운동에 매력을 느낀 것은 가족에 반항하는 지적인 부르주아 아이들을 더 강하게 끌어당겼기 때문이다. 우리는 이 운동의 가장자리를 맴돌면서 때로는 유용한 일을, 때로는 무의미한 일을 했다. 우리는 이런 식으로 혁명의 의미를 노래하고 이해할 수 있었다. 산문으로는 아직 그 의미를 파악할 수 없었다.

그러나 독일 민중은 들고일어나지 않았고, 히틀러는 그 누구의 예상보다도 훨씬 더 오랫동안 권좌를 지켰다. 카르보에 대해 말하자면, 그의 이야기는 오래지 않아 나치당에 가입했다는 소식으로 끝났다.

에릭은 3월 5일 선거를 위해 자료를 배포하는 일에 동원되었다. 훗날 그는 아파트 단지의 우편함에 전단지를 집어넣는 내내 계단에서 돌격대의 군화 소리가 들릴까 봐 두려웠다고 술회했다.[189] 한번은 시내 전차에 나치 돌격대원 두 명과만 타게 되었는데, 그들이 자신의 공산당 배지를 보고 두들겨 팰까 봐 두려움에 떨었다.[190] 1933년 2월 27일 저녁, 에릭은 학교에서 집으로 돌아와 열두 살 난 동생 낸시에게 공산당의 선거 홍보물 묶음을 베를린 북쪽에 사는 한 친구에게 전해달라고 부탁했다. 그동안 자신은 남쪽 지구에 사는 다른 청년 공산당원들에게 홍보물을 전달했다. 밤 9시 직후 낸시가 자전거를 타고 베를린 중심부의 브란덴부르크문을 지나 집으로 가던 길에 제국의회 의사당에서 치솟는 불길을 보았다. 소방차들이 화재 현장으로 달려가고 있었다. 페달을 계속 밟은 그녀는 생의 마지막까지 그 극적인 장면을 기억했다.[191]

고독한 네덜란드인 무정부주의자-생디칼리스트 마리누스 반 데르루베Marinus van der Lubbe의 방화로 인한 제국의회 의사당 파괴는 독일에서 나치 독재의 진정한 시작을 알리는 사건이었다. 바이마르 헌법이 제국 대통령 힌덴부르크에게 부여한 비상대권을 이용해 히틀러는 언론의 자유, 집회와 결사의 자유를 중지시켰고, 경찰에 법원 명령 없이도 무기한으로 '보호감호' 처분을 내리고, 전화를 도청하고, 우편물을 가로챌 권한을 주었다. 그 명분은 공산당원들이 과격한 혁명 봉기의 사전작업으로 의사당을 불태웠다는 것이었다. 곧이어 치러진 3월 5일 선거에서 나치당은 다른 정당들의 선거운동을 차단했음에도 불구하고 뜻밖에도 절대다수 표를 얻는 데 실패했다. 공산당은 여전히 480만 표를 획득했지만, 제국의회 의원으로 선출된 공산당원은 누구든 즉시 체포되었고 당 지도부의 다수는 독일을 떠났다.[192] 사회주의자 학생동맹은 외국인이 등사기를 가지고 있으면 들키지 않으리라 생각해 그것을 한동안 에릭의 침대 밑에 숨겨두었다. 하지만 등사기가 그곳에 있는 동안 전단이 만들어진 적은 없었다.[193]

3월 선거에서 나치당의 44퍼센트 득표율에 더해 8퍼센트를 득표한 민족주의 연정 파트너들은 히틀러가 시민 자유를 파괴하고 독재를 단계별로 도입하는 행태를 묵인했다. 히틀러는 그들 중 일부의 사임을 획책하고 강경 나치당원들을 내각에 끌어들여 수적 우위를 차지하는 방법으로 신속하게 그들을 압도하기 시작했다. 보조경찰 역할을 하던 히틀러의 갈색셔츠단은 몇 주 후에 공산당 기관의 당원 4천 명을 시작으로 공산당원들을 체포하기 시작했고, 임시 강제수용소에서 그들을 학대하고 고문하고 때로는 죽이기까지 했다. 반대 정당에 속하는 것은 지극히 위험한 일이 되었으며, 그중에서도 공산당은 특히 탄압의 대상이었다. 공식 기록에 국한하더라도 1933년의 첫 여섯 달 동안 600명 넘게 정치적 살해를 당했으며, 실제 수치는 틀림없이 더 많았을 것이다. 1933년 여름까지 10만 명이 훌쩍 넘는 사회민주당원과 공산당원이 체포되어 신설된 강제수용소들에 수감되었고, 나치당 이외의 정당들은 모두 금지되거나 강제 해산되었다.

3월 5일 선거일과 그 이후 얼마 동안 독일 공산당은 모스크바 코민테른의 지령에 따라 종전의 이데올로기 노선, 즉 나치즘의 부상과 승리는 사멸해가는 자본주의의 마지막 발악, 불가피한 공산주의 혁명을 회피하려는 절박하지만 실패할 수밖에 없는 시도에 지나지 않는다는 노선을 고수했다. 그리고 사회민주당은 노동계급 유권자들을 그들의 진정한 대표인 공산당으로부터 멀어지게 함으로써 자본주의의 이해관계에 '객관적으로' 기여하는 '사회파시스트들'이라고 비난받았다. 이런 이유로 두 노동계급 정당은, 득표 수를 합치면 1932년 11월 선거에서 나치당에 실제로 앞섰음에도 불구하고, 공동 전선을 펼치려 시도하지 않았다. 공산당 지도자 로자 룩셈부르크와 카를 리프크네히트가 사회민주당 정부의 군대에 의해 참혹하게 살해당한 1919년까지 거슬러 올라가는 공산당과 사회민주당의 오래된 적대감은, 1929년 '피의 5월' 시위에서 프로이센의 사회민주당 주정부가 관할하는 경찰이 공산당 시위대를 학살한 사건으로 인해 더욱 깊어졌다. 1933년 말에 이르러서도 독일 공산당의 핵심 간부 프리츠 헤케르트Fritz Heckert는 사회민주당이 "부르주아지의 주요 보루"이므로 공산당의 "주적"이라고 선언했다.[194]

에릭이 곧 깨닫게 되었듯이, 이는 비현실적이고 자기 파괴적인 신념 체계였다. "나는 사회주의-공산주의 분열의 분파성이 가장 극명한 지점에서 성장했다"라고 나중에 말했다. "그 분열이 재앙이었다는 것은 이제 누구에게나 분명하다. 그것은 나의 성장에 가장 중요한 경험이었다."[195] 젊은 공산당 투사들의 열정은 공산주의 혁명의 성취라는 긍정적인 목표로 향했지 파시스트의 권력 장악 저지라는 훨씬 더 따분하고 가슴을 덜 뛰게 하는 목표로 향하지 않았다.[196] 열다섯 살의 고아 에릭에게 공산주의는 그가 갈망하던 일체감과 소속감을 제공했다. 또한 공산주의는 가난, 낡아빠진 옷, 삐걱대는 자전거에 대한 부끄러움을 극복하는 방법이자, 정치적 모험과 흥분을 섞은 강렬한 혼합물이었다. 계속 베를린에 머물렀더라면 에릭 역시 결국 게슈타포에 체포되어 아무리 못해도 두들겨 맞았을 것이고, 십중팔구 한동안 강제수용소에 갇혀 지냈을 것이다. 나치가 그를 유대인으로 간주했을 것이므로 상황은 더 나빠지기만 했을 것이다. 살해당했을지도 모른다.

그러나 처음도 아니고 마지막도 아닌 우연한 상황이 그의 인생에 개입했다. 독일에서 히틀러의 장악력이 강화되고 공산당을 겨냥한 폭력이 새로운 고점에 도달한 1933년 3월 말, 바르셀로나에서 사업을 말아먹은 에릭의 삼촌 시드니가 그레틀, 피터와 함께 베를린으로 돌아와 온 가족을 데리고 런던으로 이주하겠다고 선언했다. 똑같이 재정난을 겪고 있던 에릭의 이모 미미도 여기에 동조하여 영국 켄트의 포크스턴에 전 세계인을 상대하는 하숙집을 열었다. 삼촌도 나치당이 베를린의 거리에서 부추기는 과격한 반유대주의를 이미 잘 알고 있었지만, 유대인을 향한 증오가 처음으로 폭발한 사건, 즉 1933년 4월 1일 정부가 유대인 상점과 사업체에 대한 보이콧을 주도한 사건은 그의 가족이 떠난 후에야 일어났다. 따라서 에릭은 나치 독일에서 탈출한 정치적 망명자도, 그밖에 다른 망명자도 아니었다. 그는 나치가 전권을 장악해나가는 시점에 우연히도 재정적인 이유로 독일에서 영국으로 이주한 영국 시민이었다.[197] 훗날 말한 대로 "비록 중부유럽 출신 이민자 지식인들과 그들이 자신들을 받아준 여러 국가의 문화에 기여한 바에 관한 자료를 편찬하는 사람들은 내가 그들의 자료철에 들어맞지 않는다는 점을 납득하기 어렵겠지만, 나는 난민 또는 이민자로서 온 것이 아니라 이 나라에 속한 사람으로서 왔다."[198] 그는 베를린의 과열된 정치적 분위기 속에서 지내면서 공산주의에 헌신하기 시작했고, 그 헌신은 금세 그의 자의식에서 핵심적인 부분이 되었다. 하지만 그 헌신은 런던으로 이주한 후에야 감정적으로나 지적으로나 깊이를 갖추었다.

2

"지독하게 못생겼지만 똑똑해"

1933-1936

I

1933년 봄 런던에 도착한 에릭은 남학교인 세인트메릴본 중등학교에 등록했다. 본래 1792년에 문헌학협회Philological Society로 설립된 이곳은 1908년에 공립학교가 되었다. 학교는 런던 북부의 비교적 품위 있는 지역인 리손그로브에 있었다. 북으로는 로드 크리켓 경기장, 남으로는 패딩턴 역, 동으로는 리젠트파크와 인접한 지역이었다. 가까운 거리에서 통학하기 위해 에릭은 해리 삼촌이 사는 마이다베일의 엘긴맨션에서 하숙했는데, 이곳은 에드워드 시대와 후기 빅토리아 시대의 아파트 단지들이 많은 지역 근처에 있었다. 시드니는 가족이 살기에 적당한 다른 곳을 찾고 있었다. 런던 이스트엔드의 베스널그린에서 1883년 7월 9일에 태어난 해리는 훗날 런던 광역경찰청 보고서의 묘사에 따르면 "냉소적이고 비판적인 유형의 사람으로 말이 거칠고 긴 코와 숱이 빠지는 머리칼, 푸른 눈을 가진 반半유대인의 외모다. 정치에서는 언제나 극단적인 좌파였다."[1] 이 보고서가 작성될 때 반유대주의는 분명히 런던 경찰청 내에서 생생하게 살아 있었다.

해리의 아들 론이 최근까지 같은 학교의 학생이었으므로 에릭에게 "그곳은 내가 지원할 자연스러운 장소로 보였고, 우리가 런던에서 따로 살 곳을 마련한 후에도 나는 그 학교를 고집했다. 그 바람에 리손그로브에서 어퍼노우드와 에지웨어처럼 먼 곳까지 매일 자전거를 타야 해서 다리근육 운동이 충분히 되었다."[2] 아마도 론 때문인지 에릭은 세인트메릴본 중등학교에 다니는 내내 홉스봄이 아닌 홉스바움으로 불렸다.[3] 해리 삼촌은 런던 중앙우체국에서 전신기사로 일했고, 론은 자연사 박물관에서 안내원으로 일했다. 이 자리는 공직이어서 론은 일정한 수입과 상당한 안정을 확보할 수 있었다. 론은 곧 에릭의 가장 가까운 친구가 되었고, 1933년 8월 두 사람은 기차로 포크스턴까지 간 다음 매일 저녁 배낭에서 텐트와 장비를 꺼내 야영하면서 거의 일주일 동안(8월 26~31일) 걸어서 런던으로 돌아왔다.[4]

에릭이 런던에 도착해 지내게 된 가정은 좌파의 환경이었다. 해리는 결국 패딩턴의 첫 번째 노동당 시장이 되었다. 에릭은 해리가 "대개 다소 지루하고 이따금 젠체한다"고 생각했다.[5] 세인트메릴본 중등학교에 입학하는 학생들의 사회 계층에는 엘리트주의적 측면이 전혀 없었다. 에릭이 훗날 회상한 대로 그 학교는 특별히 학구적인 기관이 아니었다. 실제로 극소수의 학생만이 대학에 진학했고, 16~18세의 후기 중등과정 학생들 대다수에게는 이 학교가 사업이나 장사에 뛰어들기 전 교육의 마지막 단계였다. "그 시절의 교육이 신사를 배출하도록 설계되었다고는 생각하지 않는다"라고 에릭은 나중에 썼다. "점심시간 동안 코번트가든 킹스트리트에 있는 공산당 본부의 서점에서 가져온 반전反戰 전단지를 교실에서 팔다가 발각되었을 때" 그는 관대한 처분을 받았다. 학교

는 분명 에릭에게 큰 아량을 베풀었는데, 십중팔구 그의 명백한 학문적 재능을 고려했기 때문일 것이다.[6]

'디키'라고 불리던 교장 필립 웨인Philip Wayne의 지도 아래 세인트메릴본 중등학교는 영국의 '사립학교'를 모범으로 삼았다. 달리 말하면, 여전히 본질적으로 빅토리아 시대의 교육 기풍을 따르는, 학비를 개인이 부담하는 독립적인 기숙 중등학교를 모범으로 삼았다. 학생들은 교복을 입었고 (비록 기숙학교는 아니었지만) 집단정신과 경쟁심을 북돋우기 위해 옥스브리지를 본뜬 '하우스'들이 있었다. 또 학교에는 강력한 기독교적 윤리(조회 시간에 사용하기 위해 특별히 인쇄한 자체 기도서를 갖추고 있었다), 영국 사립학교의 전통 스포츠(겨울에는 럭비, 여름에는 크리켓)에 대한 강조, 규칙을 어긴 학생에 대한 체벌(에릭은 맞은 적이 없지만, 교장이 하급생들에게 "지나치게 마음대로" 회초리를 든다는 말이 돌았다) 등이 있었다. 베를린에서 프로이센식 중등교육을 받은 에릭의 눈에 이런 관습은 극히 이상하게 보였다. 세인트메릴본을 졸업한 지 70년이 넘은 지난 2007년 10월의 동창 모임 연설에서 그는 현지의 관습을 거의 모르는 "일종의 외계인으로서 학교에" 들어간 것 같았다고 고백했다. "그 전까지 나는 크리켓 경기장에 가본 적도, 타원형의 공을 본 적도 없었습니다. 그래서 후방의 야수로 몇 시간 동안 시험 삼아 배치된 후에 메릴본 스포츠클럽의 명부에서 빠르게 제외되었죠. 나는 크게 신경 쓰지 않았어요. 다만 메릴본 크리켓 클럽의 그림자 아래서 학교를 다녔는데도 크리켓이 지금까지도 불가해한 미스터리라는 것은 유감입니다."[7] 그는 "확고한 10대 무신론자의 신경을 분명히 건드렸을 법한 학교의 뚜렷한 기독교적 분위기"를 실은 인식하지도 못했다. 그는 "홀에서 우리에게 고전음악을 이해시키려는 교장의 노력"을 좋아했지만 "그 당시 고전 사중주곡에 별로 관심이 없었다." 그리고 한 차례 학교 연극에 출연했지만 이내 연극 동아리에서 탈퇴했다. 학교에서 가장 마음에 안 들었던 건 교복이었다. "메릴본에 다닐 때 교복 착용의 규칙보다 더 싫어한 것은 타이와 특히 모자였다"라고 오랜 세월 후에 말했다. 그래서 "16~18세에 학교 모자를 상대로 꾸준히 게릴라전을 벌였다." 그러나 전반적으로 보면 "리손그로브에서 사립학교의 모델을 적용하려는 대부분의 시도를 불길한 것이 아니라 재미있는 것으로" 경험했다. 반면에 에릭의 동창생으로 나중에 재즈 음악가 겸 언론인으로 활동하게 되는 베니 그린Benny Green은 그런 시도를 싫어하고 교장의 가식을 혐오했다.

에릭이 진정으로 가치 있고 도움이 되었다고 본 것은 학교가 제공한 학문적 가르침이었다. 그것은 방식과 내용 면에서 베를린에서 경험한 교육과 딴판이었다. 우선 "디키 웨인은 목재 패널로 덮인 교장 서재에서 나를 처음 면접할 때 내가 오스트리아와 독일에서 배운 그리스어를 이 학교에서는 가르치지 않는다는 점을 유감스럽게 생각한다고 말했다." 에릭이 졸업한 뒤 웨인은 결국 고대 그리스어 교사를 초빙하는 데 성공했지만, 그 무렵 그리스어 과목은 이미 사양길을 걷고 있었다. 그렇지만 그리스어에 대한 보상으로 "웨인은 내게 철학자 이마누엘 칸트의 독일어 책과 윌리엄 해즐릿의 책을 권했고, 그 후로 나는 그를 확실히 존경하게 되었다." 1923년에 임용되어 1954년까지 학교를 이끈 웨인은, 에릭에게 준 선물로 드러나듯이, 영국 문화와 독일 문화를 모두 잘 알고 좋아했다. 또한 학교를 발전시키려는 포부를 가졌으며, 영국 사립학교 모델을 적용하는 방법뿐 아니라 에릭이 기억하는 "최상의 교사 팀"을 임용하는 방법으로도 학교 수준을 높이려 했다. "그것은 결코 차선의 교육이 아니었다"라고 그는 생각했다.

입학을 허락받은 직후, 에릭은 1933년 여름 학기 내내 후기 중등과정에 들어가기 위한 종합자격시험을 준비해야 했다.

나는 완전히 생소한 수업 계획서를 가진, 전혀 모르는 과목들에 대한 시험을 내가 학교 수업에서 사용한 적이 없는 언어로 학기 중에 통과해야 했다. 물론 나는 미친듯이 공부했지만, 준비가 덜 된 어린 학생들의 머릿속에 지식을 집어넣는 일에 엄청나게 유능한 고령의 교사들, 즉 영어 교사 프리스비, 수학 교사 윌리스, 물리 교사 L. G. 스미스, 일명 스네이프 또는 로우랜즈, 그리고 내가 특별히 좋게 기억하는 프랑스어 교사 A. T. Q. 블루에의 도움이 없었다면 시험을 통과하지 못했을 것이다. 한마디 더 하자면, 그들 중 누구도 1차 세계대전에서 자신이 무엇을 했는지 말하지 않았다. 1차 세계대전 외에 다른 이야기를 거의 하지 않던 베를린 교사들과는 딴판이었다.

에릭은 영어와 역사(영국사와 유럽사), 라틴어와 독일어("구두시험에서 추가 점수")에서 우수, 그리고 산수, 기초수학, 프랑스어(다시 "구두시험에서 추가 점수")에서 보통의 평가를 받아 1933년 12월에 시험을 통과했다. 규정에서 요구하는 보통의 점수를 수학에서 받긴 했지만, 에릭은 이 과목에 진짜 관심은 없었고 분명히 언어와 역사를 제일 잘했다.[8] 사실 그는 이미 1933년 가을부터 후기 중등과정에 들어갔다. 그리고 곧이어 엄청난 영향력을 가진 케임브리지의 영문학 교수 F. R. 리비스의 제자인 영어 교사 매클린의 지도를 받게 되었다. 매클린의 안내를 받아 에릭은 F. R. 리비스의 아내 Q. D. 리비스의 《소설과 독서대중Fiction and the Readng Public》(1932)을 비롯한 '신비평'의 고전들을 독파했다. 에릭은 존 갤스워시 같은 중급 작가들에 대한 신비평 저자들의 비판을 "정신의 공허함과 저속함, 또는 일반적인 읽을거리의 더욱 짜증나는 프티부르주아적 성격"에 대한 공격으로 받아들였다. 그런 읽을거리는 마르크스가 "인민의 아편"이라고 부른 것에 해당했다(마르크스는 종교와 관련해 이 발언을 했지만, 에릭이 보기에는 러디어드 키플링 같은 사람들의 소설과 이야기에 더욱 들어맞는 말이었다).[9] 그다음으로는 I. A. 리처즈가 쓴 《실천 비평Practical Criticism》(1929)을 읽고서("훌륭하다"고 생각했다)[10] 문학 비평을 심리학과 같은 다른 학문 영역들과 연결했다는 이유로 좋아했다.[11]

1934년 가을 에릭은 리비스가 좋아하는 다른 작가인 T. S. 엘리엇의 문학 비평을 읽었다.[12] 완전히 새로운 일군의 문학 관념과 완전히 새로운 문학 영역을 소개해준 리비스파派 교사에게 고무되어 에릭은 D. H. 로런스의 소설을 읽기 시작했다(리비스는 도덕적으로 가장 진지하다는 이유로 로런스를 현대 영국의 가장 위대한 소설가로 여겼다).[13] 《영시의 새로운 좌표 New Bearings in English Poetry》(1932)에서 리비스는 엘리엇이 위대한 시인이라고 강력하게 주장했으며, 그런 이유로 에릭은 엘리엇의 장시 〈황무지〉(1922)를 포함하여 그의 작품을 최대한 많이 읽었다. "바이런처럼 엘리엇도 특정 시대 지식인들의 정서를 포괄적으로 표현했다"라고 에릭은 생각했다. 그렇지만 "여기저기에 진정으로 위대한 작품을 얼마간 쓸 뿐"이었다. 에릭은 리비스가 좋아한 또 다른 작가인 제라드 맨리 홉킨스의 시를 더 선호했다.[14] 셰익스피어는 영문학 교과과정의 핵심 부분이었고, 에릭은 학교 축제의 일환으로 1934년 웨스트민스터 극장에서 공연 중인 〈리어 왕〉을 보러 갔다. 주연은 리어 왕 역을 최연소로 연기한 스물두 살의 윌리엄 데블린이었다. 전문 비평가들과 마찬가지로 에릭은 주연배우의 연기가 최면을 걸듯이 마음을 사로잡는다고 보았다. "그는 대사 전달이 대부분 탁월했고, 연기에 흠잡을 데가 없었으며, 때때로 천재성을 보였다."[15]

에릭은 학교 활동을 대부분 피했지만, 토론 동아리에는 관심을 보여 얼마 후 가입했다.[16] 사촌 론이 몇 년 전에 연례 토론대회에서 우승을 차지했던 터라 에릭도 똑같이 하고 싶은 마음이 컸다.[17] 그는 1933년 7월

18일 토론에서 "재산은 성가신 것이다"라는 주제에 찬성하는 입장으로 처음 연설했다. 토론 주제가 그의 정치적 신념에 아주 가까웠으므로 틀림없이 진심으로 연설했을 것이다. 교장이 주재하는 위원회는 일곱 명의 연사가 나선 토론대회의 우승자로 마땅히 에릭을 뽑았다. 그때부터 에릭은 학교를 대표하는 토론 주자로 나서기 시작했다. 1934년 1월 25일, 그는 "하원은 여성 총리를 환영해야 한다"라는 당시로서는 매우 진보적인 주제를 제안했다.[18] 1934년 10월 1일, 에릭은 토론 동아리로 돌아와 "하원은 러시아의 [국제]연맹 가입에 찬성해야 한다"라는 주제에 찬성하는 입장에서 연설해 큰 차이로 우승했다.[19] 1935년 9월 20일에는 "영국은 어떤 경우에도 아비시니아를 위해 개입하지 말아야 한다"라는 주제를 지지했다. 에릭의 추론은 분명히 국제연맹을 통한 공조를 선호하고 영국의 동기를 의심하는 코민테른의 영향을 받은 것이었다.[20] 그의 기대는 좌절되었다. 결국 국제연맹은 아무런 조치도 취하지 않았고, 연맹이 이탈리아의 침략을 막는 데 실패한 일은 집단안보의 조종처럼 들렸다.[21] 이 주제의 토론에서 에릭은 55표 대 11표로 패했으며, 이로써 영국 대중 일반과 마찬가지로 남학생들도 아비시니아 황제 하일레 셀라시에의 위엄 있는 행동에 공감한다는 것이 입증되었다. 반면에 에릭은 이 군주를 틀림없이 봉건체제의 잔재로 간주했을 텐데, 어느 정도는 올바른 판단이었다.[22] 1936년 봄학기가 끝날 무렵, 마지막 토론대회에서 에릭은 "우리는 이제 히틀러를 신뢰하지 말아야 하는가"라는 주제를 제안했다. 이 주제의 토론에서 22표 대 20표로 패한 사실은 학교와 대체로 보수적인 학생들의 정치적 관점을 드러냈다.[23] 그럼에도 에릭은 후기 중등과정에서 좌파에 동조하는 여섯 명의 소수 핵심 집단을 발견하게 되었고, 이것이 "만족스러운 징조"라고 생각했다.[24]

1933년 가을학기에 거의 입학하자마자 에릭은 교내 잡지《필로로지언

Philologian》의 편집부에 들어갔고, 1935년 봄호에 셰익스피어의 귀환이라는 '세기의 뉴스'를 상상하는 재기 넘치는 소설을 게재했다. 가짜 뉴스는 모든 사람이 부활한 극작가를 떠받드는 내용으로 시작한다("도버 윌슨 교수와 브래들리 교수와의 독점 인터뷰"). "베이컨 추종자들은 체념성 분노에 휩싸여 이를 갈고 있다. 옥스퍼드 교수들은 맥베스 부인의 아이가 몇 살이냐는 문제의 해결을 기대하고 있다." 오래지 않아 셰익스피어는 할리우드에 초대받았다.[25] 이 소설은 기지와 상상력 면에서 나이에 어울리지 않게 조숙했는데, 셰익스피어뿐 아니라 그의 작품의 편집자들과 비평가들까지 잘 알고 있음을 보여주었기 때문이다.

에릭의 교내 활동은, 세인트메릴본 중등학교 측에서는 유달리 뛰어나다고 평가했을지 몰라도 전형적인 '공부벌레'의 모습이었다. 다시 말해 열심히 공부하되 교내 생활은 학교 잡지를 위해 글을 쓰고 편집하는 한편 정치 토론에 참여하는 정도에 그치는 영리한 소년이었다. 그는 하우스만 하우스의 총무였지만 이 역할을 그리 진지하게 받아들이지는 않았고, 학교 잡지에 담당 하우스의 활동에 대한 보고서를 최대한 간략하게 썼다.[26] 1934년에는 애벗 에세이상을 받았고, 마지막 해인 1935~1936년에는 반장을 맡기까지 했다.[27] 반장의 위치는 이제 그에게 "소년들에게 처벌을 가할 권리"가 있다는 사실을 숙고하도록 자극하는 한편 "권위와 권력이 동반하는 감정과 욕망을 직접 경험하도록 해주었다." 그것은 얼마 전에 다 읽은 스탕달 소설의 감탄스러운 등장인물 파르마 공작을 떠올리게 하는 경험이었다.[28] 그러나 훗날 인정했듯이 학업 외에 "학교는 나의 생활에서 대수롭지 않았어요."[29] "베를린의 열다섯 살 남학생들에게 익숙했던 종류의 대화, 즉 정치, 문학, 성에 관한 대화가 영국 학교에서는 이루어지지 않았어요. 나는 다소 지루했고 많은 시간을 독서하며 보냈어요."[30] 학업 외에 그에게 진정으로 중요했던 것은 학교 밖에서, 그러니까 메릴본 공공도서관(학기 중에는 자유시간이면 대부분 이곳에 있었다), 집, 그리고 런던 일대에서 영위한 지적·문화적 생활이었다.[31] 이 학교 밖에서의 경험과 베를린의 프린츠-하인리히 김나지움에서 처음으로 옹호한 공산주의 대의에 대한 헌신을 키워간 경험이 결국에는 세인트메릴본 학교에서의 경험보다 자신에게 훨씬 더 큰 영향을 주었다고 에릭은 훗날 술회했다.

에릭은 웨인의 뒤를 이어 교장이 된 해럴드 루엘린 스미스Harold Llewellyn Smith에게서 역사를 배웠다. 에릭이 기억하기로 루엘린 스미스는 "소통하고 자극을 주는 그런 교사는 아니었다." "나는 그가 지적인 면보다 도덕적인 면에서 흥미로웠다고 생각한다. 그와 진실한 사적 관계를 맺었다고 느낀 적은 없다." 그럼에도 그는 에릭의 교사들 중 가장 중요한 존재가 되었다. "미남인 데다 사회적으로 인정받은" 그는 후기 빅토리아 시대와 에드워드 시대의 여러 노동계급 업종들에 관한 상세한 사회적 조사로 명성을 얻은 무역위원회의 경제학자 휴버트 루엘린 스미스 경의 아들이었다. 해럴드 루엘린 스미스는 사회 문제와 노동사에 관한 자신의 책 몇 권을 에릭에게 빌려주었다. "그는 생존해 있는 개혁가들과 급진주의자들을 모두 알고 있었다. 실제로 그는 나의 에세이들을 시드니와 비어트리스 웹에게 보여주었다. 이런 맥락에서 해럴드는 10대 좌파 역사가에게 이상적인 교사이자 노동운동의 역사를 소개해주는 사람이었다."[32] 주요 사립학교에서 가르칠 능력이 분명히 있었음에도 세인트메릴본에서 가르친 것은 사회적 의무감에 따른 행동이었다. "물론 남학생들과 지내는 데에도 끌렸겠지만, 연극 〈히스토리 보이스History Boys〉에 나오는 추행은 그에게서 전혀 찾아볼 수 없었다. 아무에게도 나쁜 행실을 암시조차 하지 않았다. 오히려 그는 절제와 엄격함으로 평판을 얻었고, 학생들을 극장에 데려갈 때면 언제나 보호자 역할에 충실했다."[33]

나중에 에릭은 루엘린 스미스가 "1880년대부터 1914년까지의 영국 노동계와 사회주의라는 나의 최초 연구 분야를 제시했다"라고 주장하긴 했지만, 그 연구를 곧바로 수행한 것은 아니었다. 연구를 시작하고 잠시 동안 완전히 다른 주제를 택했고, 2차 세계대전이 끝날 때까지 영국 노동사 연구에 착수하지 않았기 때문이다. 게다가 그 후에 노동사를 연구한 것도 지적인 이유보다 현실적인 이유 때문이었다. 루엘린 스미스가 이런 관심의 씨를 뿌렸을 가능성은 있으며, 십중팔구 이 교사로부터 자극을 받아 이 무렵 에릭이 〈빈민가의 투쟁The Battle of the Slums〉이라는 에세이를 썼을 것이다. 그러나 이 에세이는 역사적·사회적 분석이라기보다 동시대적 분석이었다. 훗날 에릭은 이미 "열여섯 살에 역사가라는 의식을 갖게 되었다"[34]라고 주장했지만, 이 역시 의심스럽다. 오히려 그는 스스로를 상상력이 풍부한 잠재적 작가로 여겼다. "내게는 환영이 있다"라고 1934년 11월에 썼다. "농담이 아니다. 나는 신비주의자가 아니다. 하지만 내게는 환영이 있다." 그는 찰나의 순간에 1918년의 종전을 축하하는 병사들을 보았다. 그 환영은 1초도 지속되지 않았다. "황량하고 어둡고 혼란스럽고 잔인하고 하찮은 환영이었다. (…) 나는 그것을 바탕으로 시를 썼다. 물론 시시한 시였다. 시인이나 작가가 될 수 있을까? 시인이 된다고 치고 내가 이룬 것과 필요한 것을 생각해보면 (시 분야에서) 영원한 얼뜨기로 비난받을 것 같다." 결국 "나의 미래는 마르크스주의나 교직, 아니면 둘 다에 놓여 있다." 시는 자신에게 가장 중요한 것이 아니지만 그것은 다른 많은 시인들에게도 마찬가지라고 그는 생각했다. 시인 대다수는 다른 방식으로 생계를 꾸려가고 있었다. 그가 전문 역사가가 되기로 마음먹었다는 암시는 조금도 없다.[35]

에릭이 루엘린 스미스와 가장 즐겁게 한 일은 역사적 주제가 아닌 경제적 주제를 놓고 토론하는 것이었으며, 토론할 때면 이 교사가 분명히 홍미를 보인 마르크스주의적 입장에서 주제에 접근했다.[36] 역사는 에릭의 사적인 생각이나 독서에서 그렇게 중요한 부분이 아니었다. 훗날 말했듯이 "노동사와 사회운동에 대한 관심을 빼고 역사에 대한 나의 모든 관심은 마르크스로부터, 또는 마르크스를 거쳐 생긴 것이다." 마르크스주의는 "인간 사회들이 어떻게 진화하는가와 같은 거대한 역사적 문제에 대한 관심", 특히 봉건제에서 자본주의로의 이행에 대한 관심을 갖게 했다.[37] 관습적인 역사 교과서는 간혹 통찰을 주기는 해도 대부분 쓸모없다고 생각했다.

나는 읽고 듣는 동안 유익한 것을 나의 기억 장소에 저장한다. 그로부터 역사의 그림이 어떻게 선명해지는지를 서서히―아주 서서히―깨닫는다. 당장은 각 조각의 윤곽만 볼 뿐이다―어떤 경우에는 주춧돌을, 어떤 경우에는 그저 줄지어 배치된 벽돌을 본다. 나는 더 공부할수록 그림을 더 확대할 수 있기를 기대한다. 물론 역사의 모든 조각을 완전하게 맞출 수는 없지만, 아마도 언젠가는 모든 주춧돌을 갖게 될 것이다. 변증법 덕택에 나는 올바로 나아가고 있다.[38]

이왕에 역사를 읽는다면 그것은 로마사였고, 대부분 학교 에세이를 쓰기 위해서였다.[39] 그렇지만 그럴 때도 마르크스주의 저술에서 영향을 받아, 고대의 철학과 문화는 어떻게 모든 것이 생산관계에 의존하는지를 뚜렷이 보여주는 실례를 제공한다고 지적했다. 서기전 276년부터 서기 14년까지의 로마사―대학 입학 시험을 위해 반드시 공부해야 했던 시기―는 "하나의 체제에서 다른 체제로의 이행에 대한 참되고 전형적인 실례"를 제공했다. 이런 생각은 그가 훗날 봉건제에서 자본주의로의 이행에 집착하리라는 전조였다. 로마의 경우 공화정에서 제정으로의 변화와 지주들에 의한 과두정의 우세를 봉건제의 시작으로 이해했고, 봉건제와 더불어 그리스 문화의 핵심 요소들이 도입되어 원시적인 시골 사람들의 오래된 물신숭배 종교를 대체한다고 보았다. 이것이 고대 로마에서 헬레니즘의 기원에 관한 과제로 에릭이 제출한 에세이의 내용이다. 하지만 그는 전체 그림의 어딘가에 분명히 있어야 하는 민중에 대해, 또는 상업과 산업에 대해 아무것도 쓰지 않았다는 사실을 자기비판을 통해 인식하고 있었다. 그럼에도 고대사를 역사유물론의 관점에서 쓴 에릭의 에세이를 읽고서 교사들은 틀림없이 놀랐을 것이고, 특히 루엘린 스미스는 에릭의 글이 대단히 흥미롭고 독창적이라고 생각했다.[40]

2

새로운 고국은 에릭과 여동생 낸시, 삼촌과 숙모, 그들의 아들 피터에게 안전한 천국일 수도 있었지만, 에릭은 영국에서의 초기 경험에서 별다른 감명을 받지 않았다.

영국은 끔찍할 정도로 실망스러웠습니다. 맨해튼에서 신문 통신원으로 일하다가 편집장의 지시로 네브래스카의 오마하로 전근 가게 되었다고 상상해보세요. 그것이 내가 죽어가는 바이마르 공화국의 베를린, 믿기 힘들 정도로 흥분되고 세련되고 지적으로나 정치적으로나 폭발적인 베를린에서 2년을 지낸 뒤에 영국으로 넘어와서 느낀 감정입니다. (…) 영국에서 처음 몇 해 동안 나는 베를린에서 중단된 대화를 이어갈 기회를 기다리면서 그저 제자리걸음하는 중이라고 느꼈습니다. 물론 중부유럽에서 이주한 친척 어른들에게는 영국이 촌스럽고 따분하고 예측 가능하고 아무 일도 일어나지 않는다는 사실이 중요한 매력 중 하나였습니다. 문명의 붕괴가 아니라 국가 간 크리켓 경기에 대한 '위기감'이 신문 헤드라인에 오르는 나라는 행복하다고 그들은 말했습니다. 하지만 열여섯 살의 나는 그렇게 느끼지 않았습니다.[41]

시드니와 그레틀 둘 다 정치나 문화에는 별로 관심이 없었다. 그래서 에릭은 때때로 "엄청난 따분함"을 느꼈다.[42] 한번은 에릭이 로런스 스턴의 18세기 희극적 소설 《트리스트럼 섄디》를 읽는 것을 보고서 삼촌이 그 책을 치워버리기도 했다.[43] 그래서 정치는 물론 문화에서도 에릭은 스스로 알아나가야 했다. 여동생 낸시에 대해 말하자면, 정치나 문화 같은 주제에 대한 토론에 동생을 끌어들이려 시도했다가 완전히 실패했다. 에릭은 "우리 모두 그녀가 너무나 평범해서, 심지어 보통 이상으로 평범해서 놀랐다"라고 썼는데, 여기서 '우리'는 십중팔구 그 자신과 삼촌, 숙모였다. 에릭에게는 부모가 훨씬 더 흥미로운 존재였고, 런던에 사는 삼촌 해리와 사촌 론이 그나마 대화를 할 수 있는 상대였다. 공통 관심사가 전혀 없고 10대 초반 영국 소녀의 전형적이고 평범한 취미와 관심사에 빠져 있던 낸시와는 그럴 수 없었다. 이따금 낸시와 카드놀이를 하거나 영화관에 가기도 했다. 일례로 1934년 5월에 사촌 피터와 영화 〈예인선 애니Tugboat Annie〉를 보러 갔다.[44] 낸시는 똑똑하긴 했지만 공부를 좋아하지 않았고, 독서 습관을 들이지 않았고, 정치에도 관심이 없었다. 그는 동생이 지나치게 예민하고 무언가를 간절히 원할 때 거짓말도 서슴지 않는다고 생각했다. 동생을 어떻게 대해야 할지 그는 알지 못했다. 물론 오빠로서 동생을 돌봐주고 싶었다. "나는 최선을 다하고 싶다. 그럴 수 있겠지?"[45] 그는 확신하지 못했다. 삶의 다른 영역들에서처럼 "정치에서도 평균적인 사람들이 전체의 95퍼센트를 차지한다는 것을 나는

이미 깨달았다"라고 체념하듯이 결론을 내렸다.[46]

에릭이 런던에 정착하면서 일기를 쓰기 시작했으므로, 우리는 이 주제와 그밖에 다른 많은 주제와 관련해 그의 사적인 생각을 재구성할 수 있다. 1934년 4월에 그는 "따분해서", 그리고 독일어 작문을 연습하기 위해 일기를 쓰기 시작한다고 말했다. 그러고는 나중에 "그런 말은 그저 변명이다"라고 덧붙였다. "실은 속담에서 말하듯이 속마음을 털어놓고 싶어서 쓰기 시작했다." 얼마 후에 일기는 "온갖 생각과 감정을 내다버릴 수 있는 일종의 쓰레기통 혹은 잡동사니 방이 되었다." 1935년 봄에 일기를 다시 읽고서 그는 다소 감상적이라고 생각했다. 묘사가 너무 적고 자기 분석이 너무 많았다. "나는 피프스*와 정말 같지 않다."

이와는 별개로 야심찬 청소년 일기 작가가 흔히 그러하듯이, 그는 일기를 문체 실험에도 활용했다. 예를 들어 한번은 시드니와 그레틀의 식당방 가구를 긴 문단으로 묘사했다. 그는 감상에 빠지지 않으면서 자신의 감정을 표현할 수 있는 문체를 찾아내려 했다.[47] 독일어가 가장 친근한 언어로 가장 자연스럽게 다가왔기 때문인지 일기는 독일어로 썼다. 먼 훗날 정서적 위기를 겪은 순간에도 그는 독일어로 일기를 쓰게 된다. 독일어를 연습하기 위해 이 언어를 사용할 필요가 있었다는 증거는 분명히 없다.

에릭은 비록 불가피하긴 했지만 런던으로 이주한 것에 대한 유감을 기록하는 것으로 일기 쓰기를 시작했다. "베를린에서 나는 친구들이 있었다. (…) 적극적인 공산당원이 되어가는 최상의 경로에 있었다. 위법은 나의 견해를 더 강화하기만 했을 것이다." 그리고 베를린에 머물렀다

---

* 1660년부터 1669년까지 일기를 기록한 새뮤얼 피프스Samuel Pepys를 말하는 것으로, 그의 일기는 사적인 생활에 대한 여러 측면을 상세하게 묘사한 일기문학의 금자탑으로 간주된다.

면 마르크스주의 이론에 대한 지식을 심화했을 것이라고 생각했다. "이론적 관점에서 내가 베를린을 떠났다는 것이 또한 아쉬웠다."[48] 마르크스주의 고전을 처음으로 진지하게 읽기 시작한 것은 영국에서였다. 메릴본 공공도서관의 서고에서는 그런 책들을 찾을 수 없었으므로 구입해 읽는 수밖에 없었고, 그 때문에 달갑지 않게도 독서에 제약을 받았다. "점심시간에 학교에서 코번트가든으로 잭 코언과 함께 가서 영국 공산당이 킹스트리트에서 운영하던 작은 서점을 방문하곤 했다. 학생 조직책이 된 코언은 그곳에서 일하고 있었다. 나는 온갖 얇은 책들, 즉 레닌 소전집, 독일어로 된 마르크스주의 기초 문헌들을 구입했다."[49] 1934년 5월 15일 일기에 마르크스의 《고타 강령 비판》과 레닌의 에세이 몇 권을 샀지만 그 이상은 읽지 못해 유감이라고 썼다. 이 시점까지 그는 《자본론》 제1권, 《정치경제학 비판》, 《철학의 빈곤》, 《마르크스-엥겔스 서신집》, 《브뤼메르 18일》, 《프랑스 내전》, 《반뒤링론》, 레닌의 《유물론과 경험비판론》만을 읽어냈을 뿐이었다.[50] 불과 한 달 후에 그는 레닌의 《제국주의론》, 엥겔스의 《공상에서 과학으로의 사회주의 발전》, 레닌과 독일 공산주의자 빌헬름 피크의 연설문, 그리고 미국 공산주의자 패럴 돕스의 초기 저술을 읽었다고 일기에 기록했다.[51] 또 엥겔스의 《가족, 사유재산, 국가의 기원》뿐 아니라[52] 조지 버나드 쇼의 덜 부담되는 책 《지적인 여성을 위한 사회주의 자본주의 안내서》("아주 좋다")도 읽었다.[53] 이 시점에 에릭이 겨우 열일곱 살에 막 접어들었다는 사실을 우리는 기억해야 한다.

1934년 7월에 회고하기를 에릭은 2년 전에 "인간이 역사를 만든다는 무솔리니의 언명"에 동의했다. 그러나 "그것은 내가 《공산당 선언》을 읽기 전이었다. 그때 이후로 나는 분명 이데올로기 면에서 상당한 진전을 이루었다."[54] 그러더니 몇 주 후에는 지적으로 얄팍하다며 스스로를 질

책했다. "네 책들 중에 어떤 것을 정말로 통독했는가? 그러고도 마르크
스주의자를 자처하는가? 나 자신을 교육하고 싶다는 멋진 변명을 늘어
놓는다. 웃기지 마라!"[55]라고 혼자 보는 일기에 적었다. 그러나 마르크
스-레닌주의를 숙지하는 과정에서 이따금 표출한 온갖 불만에도 불구하
고, 그가 여기에 감정적으로 깊이 몰두했다는 데에는 의심의 여지가 없
다. 그는 하이게이트 공동묘지에 있는 카를 마르크스의 무덤으로 순례
를 갔다. 당시 묘사에 따르면 "소련에서 보낸 커다란 장미 유리상자가 놓
여 있는 소박한 작은 무덤"이었다(1954년에야 로런스 브래드쇼가 제작한 흉
상이 그 유리상자를 대체했다).[56] 그리고 《러시아 투데이》라는 소비에트 선
전 잡지를 읽었다.[57] 에릭은 마르크스-레닌주의에 완전히 몰두하고 싶
다는 바람을 거듭 강조했다. "나는 변증법적 유물론에서 벗어나지 않을
정도까지 그 안에서 성장하기를 바란다." "레닌주의에 너 자신을 빠뜨려
라. 그것이 너의 제2의 본성이 되도록 하라."[58] 레닌의 책을 12쪽까지 읽
은 뒤 이렇게 쓰기도 했다. "어떻게 이처럼 내 기운을 북돋고 정신을 맑
게 하는지 놀라울 따름이다. 그 후로 나는 기분이 완전히 좋아졌다."[59]
레닌의 이론적 저술을 힘겹게 읽은 사람들은 대부분 이렇게 느끼지 않
았다. 반면에 에릭은 인간 사회를 예측한 마르크스주의의 미래에서 확
신에 찬 행복감을 자주 느꼈다. "그래서 사람들이 나와 나의 이상을 조
롱할 때도 조용히 들을 수 있었고, 자본가들이 어떤 식으로 우리를 여전
히 억압하는지 듣고 볼 수 있다. 나는 그날이 오리라는 것을 안다. 조만
간. 심판의 날, 바로 그날이."[60]

　이 지적인 삶의 형성기에 에릭이 흡수한 마르크스주의는 마르크스,
엥겔스, 플레하노프, 카우츠키, 레닌과 같은 사도들의 계승을 통해 확립
된 고전적 전통의 마르크스주의였다. 다시 말해 '역사유물론' 또는 '과
학적 사회주의'의 교리, 그리 머지않은 미래의 혁명에서 사회주의가 거

둘 필연적인 승리를 가리키는, 증명되었다고 하는 확실성에 토대를 둔 교리였다. 이 시각에서는 마르크스 사상과 엥겔스 사상 간의 차이가 사라지고, 엥겔스의 지나치게 단순한 다윈주의가 선호되어 마르크스의 사상에서 헤겔적 요소들이 사라진다. 에릭은 레닌에도 스탈린에도 탄복했다. 두 사람은 원칙을 가지고 있고 자신이 원하는 것을 정확히 알면서도 그것을 얻기 위한 수단을 선택할 때는 유연하다는 점에서 "이 세기의 위대한 정치가들"이었다. 위대한 정치가들은 원칙주의자의 덕목과 기회주의자의 덕목을 겸비하고 있었다. "레닌과 스탈린은 그랬지만 트로츠키는 아니었다."[61] 그렇지만 사실 에릭의 지적 형성 과정에서 스탈린의 영향은 거의 없었고 레닌이 해석한 마르크스와 엥겔스로부터 받은 영향이 가장 컸다. 그런 이유로 에릭은 지식인들과 정치 활동가들이 프롤레타리아트의 전위를 형성하여 이 계급을 혁명 노선으로 이끌어야 한다는 견해를 받아들였고, 1914년 이전의 온건한 독일 사회민주당에서 핵심 이론가였던 카를 카우츠키의 더 수동적인 해석, 즉 경제 발전이 프롤레타리아트를 똑같이 혁명 노선으로 이끌 것이라는 해석을 배격했다.[62]

에릭의 동창생들 가운데 당시 전성기를 구가하던 오즈월드 모즐리의 영국 파시스트연합[63]을 지지한 일부는 "내가 편향적이고, 편협하고, 공상적이고, 시야가 좁고, 이성의 명령을 스스로 차단한다"라고 생각했다. 그들은 마르크스의 《자본론》을 "성경처럼 받아들여서는 안 된다"고 주장했다. 그리고 모든 것은 결국 상대적이라고 했다. "절대적 객관성은 존재하지 않는다." 그런 문제를 마르크스주의자가 아닌 이들과 논하기는 어렵다고 에릭은 생각했다.[64] 그러나 분명 "파시즘이 전진하고 있고, 전쟁이 날마다 가까이 다가오고 있으며, 그와 더불어 내전과 혁명도 가까워지고 있다. (⋯) 나는 그것을 카산드라*처럼 보고 알고 있다."[65] 히틀러주의는 틀림없이 붕괴할 터였다. "노동운동사를 살펴보면 강력한 혁명운동이 전개된 모든 나라에서 이런 일이 엄청난 공포의 조건에서만 일어났다는 것을 확인할 수 있을 것이다."[66] "사회주의자라는 것은 낙관론자라는 뜻이다."[67] 그리고 실제로 에릭은 "우리는 압도적으로, 무궁무진하게, 불가해할 정도로 흥미로운 시대를 살고 있다. 세계사의 그 어떤 시대도 우리의 시대와 비교할 수 없다"라고 생각했다.[68] "어쩌면 파시즘이 얼마간 이로울 수도 있다—파시즘은 프롤레타리아트가 공산당의 지도 아래 승자로 등장하기 전에 거치는 학교일 것이다."[69] 이는 재앙적인 코민테른 '제3기'의 전형적인 신념이었는데, 이 무렵 도처의 공산당원들은 '부르주아 민주주의'가 쇠퇴하면 혁명이 더 가까워질 것이라고 생각해 그런 쇠퇴를 환영했다.

소련에 대한 에릭의 믿음은 사춘기 시절의 애정 대상을 절대적으로 신뢰하는 것과 다를 바 없었다. 당시 소련의 일부였던 우크라이나의 기근 관련 보도를 그는 "백군(러시아의 반혁명 세력)의 거짓말"로 치부했다. 그리고 월터 듀런티의《뉴욕 타임스》의 기사 모음집인《듀런티의 러시아 통신Duranty Reports Russia》(1934)을 열렬히 선호했는데, 이 책은 이후 기근에 대한 진실을 은폐했다는 이유로 광범한 비판을 받았다. 비슷한 유형의 또 다른 소련 옹호론자들을 거론하면서 에릭은 "듀런티는 소련을 정직하게 이해하려고 노력하는 (…) 몇 안 되는 부르주아들 중 한 명이다"라고 지적했다.[70] 소련의 선전 포스터 전시회를 다녀온 후에는 "소련은 현재 전쟁 상황이다"라고 썼다. 정치적 목적을 위한 예술의 활용은 분명히 필요했다. "여력이 있는 모든 세력은 소련을 위해 헌신해야 한다. '순수'예술은 이 점에서 막다른 골목에 몰려 있다. 예술은 정치에 종속되어 있다"라고 명백히 찬동하는 투로 지적했다.[71] 이런 신념은 소련에

---

* 그리스 신화 속 인물로, 미래를 보는 능력을 가진 트로이의 공주.

서 제작된 최초의 유성영화인 니콜라이 에크의 〈인생의 길〉(1931)을 본 후에 더 강해졌다. 이 영화는 러시아 거리의 부랑아들이 도움을 받아 견실한 소비에트 시민으로 바뀌어가는 과정을 다양한 영화 기법을 활용해 보여주었다. "내 인생 최고의 영화"라며 에릭은 감격했다. 이 영화에서 예술은 정치에 종속되었을 뿐 아니라 정치와 불가분하게 결합되어 있기도 했다.[72]

이렇게 에릭은 예술을 정치적 관점에서 바라보면서도 시각예술에 관해 무언가를 배우기 위해 국립미술관,[73] 빅토리아앨버트 박물관, 임페리얼 전쟁박물관, 테이트 갤러리 등 런던의 주요 미술관과 박물관을 체계적으로 탐방했다. 세잔, 마티스, 피카소 등의 작품을 보았고, 특히 빈센트 반 고흐의 정열적인 후기 인상파 작품에 감명을 받았다.[74] 에릭은 정치, 문화, 사회가 경제체제의 근본 요소들을 반영한다는, 마르크스주의의 고전적 개념인 '하부구조와 상부구조'에 대해 지적으로 씨름하기 시작했다. 예컨대 봉건제는 특정 유형의 문화를 생산하고 자본주의는 다른 유형의 문화를 생산한다는 개념이었다. 에릭은 워낙 지적이어서 스탈린주의자들이 제공하는 이런 단순하기 짝이 없는 모델에 푹 빠지지는 않았다. 먼 훗날 "당시 학생이었음에도 셰익스피어의 위대한 비극 작품들이 1590년대 잉글랜드의 흉작과 기근에서 비롯되었다고 주장하는 《레프트 리뷰Left Review》의 글을 읽고 분노했던 기억이 있으며, 결국 게재되진 않았지만 이런 단순한 해석에 항의하는 편지를 보냈던 것 같다"라고 썼다. 그렇지만 50년 후에도 여전히 하부구조와 상부구조 문제에 사로잡혀 있었다.[75] 일찍이 1935년에 그는 "마르크스주의적 문화 분석의 결작—그 문제의 해결"을 꿈꾸었다. 여기서 '그 문제'란 예술에서 하부구조와 상부구조의 관계 문제를 의미했다. 예를 들면 아라비아의 로렌스의 저술에서 제국주의 문제, 프랑수아 비용의 시에서 종교의 문제,

보티첼리의 작품에서 타락의 문제, 한 시대의 취향의 기저에 놓인 요인들의 문제 등이었다.[76]

에릭은 '초현실주의자들을 보는 것에 대하여'라는 전시회를 보고 나서 그것에 대한 글을 학교 잡지에 실었다. "초현실주의자들이 하려는 일은 예를 들면 꿈과 같은 비합리적인 경험의 강력한 영향을, 또는 전혀 어울리지 않는 개념들의 결합을 통한 생경함을 예술에 들여오는 것"이라고 독자들에게 설명했다. 초현실주의자들의 유머는 매력적이었지만 "수십 번 반복되는 똑같은 속임수를 알아차리고 나면 싫증이 난다." 그들 중에 오직 세 사람, 즉 키리코, 에른스트, 피카소만이 훌륭했다. 에릭은 "잉크 얼룩과 흰 여백의 활용으로 퇴보한 듯 보이는" 미로는 별로 좋아하지 않았다. 이들을 제외하고 마송, 만 레이, 헨리 무어를 포함한 다른 몇몇 예술가들의 작품은 모두 "눈속임, 클리셰, 현대식-현대식 물건"이었다. 그들은 "너무 게을러서 자신의 인상을 조절하지도, 비일관성을 탐구하지도, 프로이트 뒤로 숨지도 못하는 사람들이다."[77] 그는 중국 미술에 관한 또 다른 전시회를 좋아했고 송대의 작품이 "매력적"이라고 보았다. "그 작품은 매우 귀족적이어서 민중을 배제하긴 하지만, 우리 문명이 하고자 하지만 할 수 없는 많은 것들을 완벽하게 구체화한다."[78] 에릭의 견해는 분명 그의 정치관에서 영향을 받았지만, 예술에 대한 그의 이해는 정치관을 훌쩍 넘어섰다. 에릭은 화가 개인과 그의 사회적 맥락 사이의 균형을 알아내고자 애쓰면서 이탈리아 르네상스 예술에 대한 장문의 분석으로 일기를 채웠다.[79] 학교를 졸업할 무렵이면 과거의 예술뿐만 아니라 당대의 예술에 대해서도 폭넓고 높은 식견을 갖추고 있었다.

3

이렇듯 정치가 전부는 아니었고, 에릭 자신도 예술을 오로지 정치적 관점에서만 보지는 않았다. 그는 영국의 시골을 무척 좋아하게 되었다. 빈, 베를린, 런던 같은 대도시에서 성장한 사람에게 자연계를 알아가는 것은 특히 강렬한 경험이었다. 그는 틴머스와 다트무어에서 가족 휴가를 보낸 다음 "나는 쉬기 위해 시골로 간다"라고 썼다. "나는 대도시와 대도시 문화를 가능한 한 적게 알고 싶다."⁸⁰ 특히 호샴 근처 서리의 농촌 지역에 있는 포레스트그린에서 캠핑하는 것을 좋아했다. 메릴본 졸업생이자 언론계의 거물로 한때 모즐리의 영국 파시스트연합을 지지했던 로더미어 경이 1930년 이곳을 학교에 기증했다. 캠프는 기본적으로 에릭의 너무나 짧은 보이스카우트 시절에 익숙했던 방식으로 조직되었다. 소년들은 여섯 명씩 커다란 캔버스 텐트에서 잤다. 그들은 팀을 이루어 크로스컨트리를 비롯한 경기와 놀이, 탐험에 참여했다. 홈버리힐과 크로스하버를 지나는 하이킹도 했다. 수영장은 아무 때나 이용 가능했다. 육체 활동이 매우 강조되었다.⁸¹ 또 에릭은 사촌 론과 함께 주말에 자전거를 타고 런던 교외로 나가기 시작했다. 1934년 여름 여행에서 그들은 더 야심차게 자전거로 노스웨일스까지 가서 카다이르이드리스산을 올랐다.⁸² 1936년 4월에는 스노도니아에서 2주간 캠핑하면서 자전거로 여기저기 돌아다니고, 텐트에서 자고, 웨일스에서 세 번째로 높은 카르네드다피드의 눈 덮인 산괴山塊에 오르기도 했다.⁸³

에릭에게 자연은 중요했다. 1935년 초에 런던 집에서 파란색 니트스웨터와 플란넬 바지를 입고 책상에 앉아 있을 때, 그는 불현듯 무어라 정의하기 힘든 "갈망을 느꼈다."

무엇에 대한 갈망인가? 아마도 강렬하고 붉고 짙은 들판과 널찍하고 따뜻한 초원에 대한 갈망일 것이다. 혹은 밤중에 죽은 듯이 조용한 숲에 대한 갈망일 수도 있다. 아니면 저녁에 묵직하면서도 부드럽고 사뿐하게 굽이치고 붉은색과 은색으로 상냥하게 반짝이는 커다란 바다에 대한 갈망일 수도 있다. 나는 커다란 태양 아래 평화롭게, 아주 부드럽게 눕고 싶다. 경이롭고 끝을 알 수 없는 태양 아래서 나는 고요하게, 완전히 고요하게 있고 싶고, 태양과 따뜻한 초원 안에서 잠이 들 때까지 누워 있고 싶다.[84]

1935년 봄에는 론과 함께 데번과 도싯으로 다시 자전거 여행을 떠났다. 이 무렵 사촌은 저녁에 런던정경대학에서 경제학을 수강하기 시작했는데, 공직에서 정책의 입안과 시행에 참여할 수 있는 관리직급에 들어가기 위한 시험을 통과하는 데 도움이 되었다. 1935년 1월부터 론은 런던 특별지구 큐에 위치한 노동부의 재무과에서 일했다.[85] 늘어난 봉급으로 론은 신설 기업 클로드 버틀러 사가 제작한 드롭바 자전거를 구입했다. 이 무렵 에릭도 빈과 베를린에서 그를 몹시 당혹스럽게 만들었던 낡아빠진 자전거를 버리고 장거리를 가기에 충분히 좋은 자전거를 어렵사리 장만했다.[86]

이런 사정으로 에릭은 영국 남서부 지역을 여행하는 동안 자연과 교감하며 황홀경에 가까운 감정을 느꼈다.

해가 떴지만 나는 텐트 안에 누워 눈을 반쯤 감은 채로 가시나무 잔가지 위에 앉은 되새를 느긋하게 지켜보고 있다. 잔가지는 가냘프고, 창백한 태양은 잔가지의 회갈색에 빛을 가미하고 이제 곧 잎이 될 눈을 만든다. 되새는 하늘을 향해, 끊임없이 되풀이되는 파도 소리를 향해 노래하고 있다. (…) 나는 바다에 매혹되고, 절벽 주위에서 천천히 흔들거리는 바다를 보려고 고개를 돌린다. 깨진 병의 유리처럼 초록색을 띠다가 가볍게 부서져 태양의 길을 따라 은빛으로 반짝이는 파도, 그리고 그 위를 낮게 움직이는 구름의 형체 없는 그림자. (…) 나는 생각조차 하지 않고 있다. 그저 모든 것을 느낄 뿐이다. (…) 우리는 깜짝 놀라고, 환희에 들뜨고, 반쯤은 두려워한다. 절벽, 나무, 갈매기와 구름, 눈부신 무지개, 색깔과 형태가 뒤얽힌 소용돌이, 이 모든 것이 우리를 사로잡고 하얀 텐트 주변을 맴돈다.[87]

에릭이 나중에 묘사했듯이 론에게는 "바다를 향한 정열"이 있었다. 1931년 첫 만남에서 이미 론은 "세 개의 돛대에 모두 돛을 단 배의 정교한 그림"을 에릭에게 자랑스럽게 보여준 바 있었다.[88] 론이 자전거를 타고 해변까지 여행한 것은 상당 부분 항해 기회를 얻기 위함이었다.

론의 제안으로 두 청년은 "데번 지역 브릭섬"에 있던 연안 트롤선의 선상에서 하룻밤을 보냈다. "두 명의 나이 많은 선원이 소형 어선들의 불그스름한 돛과 걸어둔 어망, 하얗게 빛나는 경주용 요트들을 지나 우리 배가 정박해 있는 장소로 우리를 천천히 데려갔다." 트롤선은

통통 소리를 내며 항구를 떠나 토베이의 군청색 바다로 나아갔다. 태양은 암적색 절벽을 비추었고, 바다는 윤을 낸 강철방패처럼 반짝였다. 해안을 살금살금 지나쳤고, 항구와 방파제, 절벽도 지나갔다. 저 멀리 토키와 페인턴이 거미처럼 보였다. 하늘을 나는 갈매기와 물속으로 리드미컬하게 뛰어드는 오리 떼…. 바다가 고요해 물마루 아래에도, 아니 잔물결 사이 골짜기에도 그림자는 거의 생기지 않는다. 볼트헤드*는 하늘을 등지고 넓게 솟아 있다. 붉은색과 노란색이 구름 사이

에서 짙어지고, 수면 위에 흔들리는 이미지를 펼친다.

그물이 던져지자 두 청년은 물고기를 담는 상자에 걸터앉아 차를 마시고 초콜릿을 먹었다. 해가 저물었다. 토키는 "커다란 반딧불처럼" 환히 빛났다. "등대는 번쩍임 두 번, 멈춤, 번쩍임 두 번, 멈춤 하는 식으로 규칙적인 광선을 내보낸다. 바다는 인광을 발한다. 우리 배가 지나간 자국에서 빛나는 거품이 일어 천천히 날린다. 우리 쪽에서 녹색 불꽃이 튄다." 선원들이 그물을 끌어당겼다. "당긴 그물을 펼치자 반짝거리는 물고기 떼가 갑판에서 펄떡펄떡 뛰었다." 그들은 물고기들을 분류해 쓸모없는 것은 배 밖으로 던졌다. 어부들의 노동을 보며 에릭은 "힘겹게 살아간다"고 생각했다. "매일 밤, 봄과 여름과 가을에 바다로 나가고, 겨울에는 매일 낮에 나간다." 그리고 그들은 "공개 시장에서 상품을 스스로, 아니면 경매를 통해 팔아야 한다. 그들은 우리가 나중에 보게 될 중개인과 경매인에게 휘둘린다."[89]

에릭이 자연과 이데올로기를 연관지은 것은 충분히 자연스러운 일로 보였다. 자연과 이데올로기 둘 다 그 구성 요소들을 한데 뒤섞어 하나의 전체를 이룬다고 보았기 때문이다. 그에게 마르크스주의는 꼭 우주처럼 전체와 그 부분들이 서로 어우러지는 하나의 체계로 보였다.

세계관weltanschauung은 경이로운 어떤 것이다. 세계관은 위대하고 완전하고 모든 것을 포괄한다. 신축 건물에 높게 설치한 강철 비계처럼 형태상으로 강하고 완벽하다. 또는 영국 공원에 홀로 서 있는 커다란 나무와 같다. 그 아래로 18세기식으로 평평하고 짧고 파릇파릇한 잔디가

---

* 데번카운티의 조류 관측 지점.

깔려 있고, 햇빛을 받으면 넓고 빛나는 왕관을 쓴다. 그리고 해진 나무 껍질이나 매끈한 은색 외피를 가진 줄기. 뻗어나가는 뿌리, 위로 내뻗는 가지. 전체의 조화, "완전한 경지의 성취!"—아니, 그보다도 더 위대하다. 평범한 비교로는 가늠하지 못할 정도로. 세계관은 모든 것을 포괄하는 코스모스, 미지의 거리로부터 끝이 없고 깊고 광택이 감도는 검은색 공간 전체를 지나 백색 광선 다발이 나오는 공간의 별 무리들까지 아우르는 심연의 우주와도 같다.[90]

결국 에릭은 이 문단을 끝맺지 않고 멈추었는데, 마르크스주의를 이런 식으로 묘사하기에는 시적 능력이 부족하다는 것을 스스로 인정했기 때문이다.

자연과 시골을 선호하긴 했지만, 에릭은 겨울철 몇 달 동안 런던을 엄습하는 엄청난 안개의 신비로움을 음미하기도 했다. 뚫고 지나가기가 거의 불가능할 정도로 런던과 그 주변 농촌 수 킬로미터를 때로는 하얗고 때로는 노랗고 때로는 갈색빛인 짙고 매캐한 증기가 뒤덮었다.[91] 1934년 11월 19일 월요일의 안개는 그가 초창기의 실험적이고 창의적인 글을 쓰는 계기가 되었다.

안개는 짙었다. 모든 것을 뒤덮었다. 고립된 이도 있다. 나는 반경이 10미터인 세계 안에 있다. 그 바깥에는 모든 것을 집어삼키는 백색뿐이다. 사람들은 자기 자신에게로 다시 내던져져 감수성을 키우고 심화한다. 예를 들어 나는 하이드파크를 걷는다. 모든 나무가 미동도 없고, 가지를 뻗은 채 니오베처럼 돌로 변한다. 유령들. 안개는 아스팔트가 내쉬는 담배 연기인 양 조금씩 내 발을 지나쳐 간다. 저 너머 마블아치에서 붉은빛, 흐릿하고 모호한 빛이 반짝인다. 가로등은 춤을 춘다. 자동차들은 기하학적으로 깊고 예리한 광선을 발하지만, 헤드라이트에 힘이 없어 빛은 점차 약해지고 엷어진다. 측면과 후방의 라이트는 희미한 반딧불 같다(점점 어두워진다). 희미하게 주택임을 암시하는 그림자들. 파크레인의 공기는 더 깨끗하다. 그로스베너와 도체스터는? 누가 알겠는가? 호광등弧光燈은 회전익 항공기처럼, 또는 나무로 만든 매처럼 움직임 없이 뻣뻣하게 선 채로 아래로 빛을 쏟아낸다. 황금색 빗물, 쇄도하는 빛, 피라미드, 영화 촬영소의 램프. 모든 것이 조각상 같다. 안개는 내 앞에서 피어올라 모든 것을 빨아들여 차단하고, 무엇보다 모든 곳을 하얀 잠에 빠뜨린다. 그림자들. 어쩌면 안개는 익시온과 지상으로 내려온 유노일지도 모른다. 그러나 이는 부르주아적 감상이다. 목가풍이다. 마침내 집시힐 역에 도착했다. (개방형 승강장에서) 고래의 등처럼 거대하고 넓은 역의 지붕과 길게 뻗은 철로가 안개 파편과 함께 어렴풋이 보인다. 승강장에서는 흐릿한 초록 불빛이 반짝이고 희미하게 보이는 차단기가 기계적으로 올라간다. 그 뒤에는 부드러운 빛이 있다(역사). 철길 반대편에는 흰색 벽이 있고 그 중앙에 한 점의 빛이 보인다(신호소). 나는 다시 나만의 우주, 반경 10미터 세계의 중심에 있다. 그 바깥은 별처럼 반짝이는 얼룩들이다. 의지할 수 있는 확실한 것이라곤 선로와 승강장의 직선뿐이다. 어두워진다. 기차가 들어온다. 기차는 저 멀리서 천둥처럼, 또는 맥주 저장소로 굴러 내려가는 술통처럼 요란한 소리를 낸다. 기차는 다가오고, 안개는 기차를 힘세고 거대하고 정확하고 놀라운 기계, 웅장하고 완벽한 교향곡처럼 조화로운 기계에서 거무스름한 기형의 모사사우루스로 바꿔놓는다. 창문에서 분수처럼 분출하는 빛이 포물선을 그리며 떨어진다.[92]

에릭은 이런 류의 세밀한 묘사를 더 이상 시도하지 않았지만, 이는 작문을 위한 좋은 훈련이었다.

또 에릭은 혼자 보는 일기에 런던 안개에 대한 에세이처럼 시험 삼아 시를 쓰기 시작했고, 일기에 정말 모든 일을 독일어로 적어넣었다. 이 시점에 그의 시는 선전선동 구호에 지나지 않았다. 그는 〈자본가들에게 바치는 송가Ode to Capitalists〉라는 제목으로 여러 편의 시를 썼는데, 송가 보다는 자본주의 체제의 해악을 열거하는 일련의 글귀에 더 가까웠다. 곧이어 쓴 〈비탄Jeremiad〉이라는 시에서는, 자본주의의 대변인들은 "전쟁은 아름답다, 놀랄 정도로 아름답다", "유대인을 때려잡자", "브리튼 민족" 같은 구호를 외치는 반면에 노동자들은 "내전. 붉은 깃발 휘날릴 것이다. 홀로"라고 선언한다고 썼다.[93] 에릭은 런던대학 버크백칼리지에서 시간제 학생들에게 야간 강의를 하던 시릴 조드Cyril Joad가 쓴 《배빗 워런: 미국에 대한 풍자The Babbit Warren: A Satire on the United States》(1927)를 읽고서 또 다른 시를 썼다. 조드는 평화주의자였고 노동당을 지지하는 좌파였지만, 에릭은 그가 충분히 좌파가 아니라고 보았고 그의 책이 일부분 좋긴 하지만 "전형적인 부르주아" 저술이라고 생각했다. 다만 "인간이 역사를 만드는 것이 아니라 반대로 역사가 인간을 만든다"라는 조드의 통찰은 높이 평가했다. 그렇지만 에릭의 시는 여전히 정치적 구호나 마찬가지였다. 그의 시에서 부르주아지는 "우리는 수십만 명을 죽음으로 내몬다. 그러나 진보는 우리를 가만히 놔두었다"라고 단언한다.[94] 1934년 11월 말에 가서야 다가올 혁명을 찬양하는 데만 몰두하지 않는 시를 몇 편 썼다. 자연은 1차 세계대전 중에 서부전선에, 파스샹달과 베르됭에 묻혔다고 썼다. "우리는 더 이상 꽃의 노래를 부를 수 없다."[95]

에릭의 지칠 줄 모르는 독서는 매콜리의 에세이, 루이스 캐럴의 《이상한 나라의 앨리스》, 19세기 독일 희극작가 겸 만화가 빌헬름 부슈('투박'하고 다른 희극작가에게서 볼 수 있는 정교함이 부족하다고 평가하긴 했지만), 시인 겸 운문작가 크리스티안 모르겐슈테른 등으로 광범위했다. 에릭은 베를린에 머물렀다면 독일 문학을 더 잘 이해했을 것이라고 생각했다.[96] 그의 개인 서가에는 하이네, 횔덜린, 릴케의 독일어 시집과 셰익스피어, 던, 파운드, 키츠, 홉킨스, 셸리, 콜리지, 밀턴의 영시가 있었다. 그리고 오든, 데이-루이스, 스펜더의 시집뿐 아니라 조지 허버트와 리처드 크래쇼 같은 17세기 종교 시인들도 읽었다. 에릭의 프랑스어는 보들레르의 시집을 읽을 수 있을 정도로 이미 수준급이었다.[97] 소설 취향은 동시대 작품에 편중되었다. 다작 작가 T. F. 포위스의 단편집을 구입했고, 독일계 유대인 가족의 몰락을 그린 리온 포이히트방거의 걸작 반나치 대하소설 《오페르만 가족》(1933)을 읽고서 "아 너무 부르주아적이다!"라고 평가했다. 버지니아 울프의 《파도》(1931)와 알프레트 되블린의 《베를린 알렉산더 광장》과 같은 실험적 소설도 탐독했고, 두 작품을 당시 유명했던 미국 사회주의 작가 존 더스 패서스의 작품과 비교했다.[98]

당시 에릭이 정말로 공산주의자였을까? 그는 "동요와 의심"에서 벗어나지 못할까 우려했다. 그러면서도 엄숙한 어조로 덧붙였다.

의심하는 것은 분명 높은 지능의 증거다. 지식인들은 교조적인 공산당원들이 자기들만큼 정신적으로 뛰어나지 않다고까지 말할 것이다. 그럴지도 모른다. 그러나 교조적인 볼셰비키는 무언가를 한다. (…) 나는 내게 의심과 불확실성이 있음을 인정할 것이다. (…) 나는 속속들이 지식인이다. 지식인의 모든 약점—망설임, 콤플렉스 등—을 가진 지식인이다.[99]

지식인들은 결국 사회주의자가 될 수 있는 부르주아지의 일부였다[100] (얼마 후에 이 구절을 다시 읽고서 에릭은 "아, 얼마나 자만했던가!" 하고 소리쳤다.[101]). 영국에서 누군가 스스로를 지식인으로 규정하는 것은 흔치 않은 일이었고, 하물며 아직 10대 소년인 경우에는 더욱 그러했다. 그러나 에릭은 자신의 지식인 행세에 문제가 있다고 생각했다. 문제의 상당 부분은 이론과 실천의 통합이라는 마르크스-레닌주의의 근본 원칙을 실천하지 못한다는 데 있었다. 그는 자신이 '비볼셰비키적' 행동과 부르주아적 관습에 대한 집착을 감추기 위해 지식인으로 행세한다고 생각했다. "무언가에 착수하는 결정을 내리지 못한다"라고 고백했다. "신속하고 즉각적인 행동이 요구될 때 나는 무엇을 할 것인가? 내가 의지할 수 있는 더 뛰어나거나 더 박식한 사람이 없어 나 혼자일 때 무엇을 할 것인가?" 달리 말해 혁명이 도래했을 때 무엇을 할 것인가? 그 답은 보이스카우트 시절에 가슴에 새겼던 모토인 '미리 준비하라!'를 위해 노력하는 것이라고 그는 결론 내렸다.[102]

4

에릭은 사촌 론 홉스바움과 이런 문제들을 토론하며 많은 밤을 보냈다. 론은 아버지와 마찬가지로 노동당을 지지했지만, 혁명의 도래가 어떻게 가능할 것인가라는 핵심 질문에 대한 답을 가지고 있지 않았다. 에릭은 정계 변두리의 작은 분파에 지나지 않는 영국 공산당 운동에서 희망을 발견하지 못했다. 게다가 영국에서 공산주의자가 되는 것은 어쨌든 어렵지도 위험하지도 않았다.

독일의 공산주의자는 경찰 진압봉과 강제수용소를 두려워하되 곁에 동지들이 있다. 이곳의 공산주의자는 두려워할 것도 없고 동지도 없다.

독일에서 사람들은 마르크스가 하나의 권력이고 그런 이유로 공산주의자를 강제수용소에 집어넣는 것이라고 말한다. 공산주의자들은 자기네 권력에 대한 이런 인식에서 새로운 힘을 이끌어내고 실제로 억압당하는 스스로를 자랑스럽게 생각한다. 그러나 이곳에서 마르크스는 제번스*가 이미 논박한 한물간 경제학자다.[103]

독일에서 공산주의는 진정으로 어떤 의미가 있었다고 에릭은 생각했다. 대의에 헌신하는 에릭의 힘은 상당 부분 그가 영국이 아니라 1932~1933년의 베를린에서 정치화되었다는 사실에서 비롯되었다. 바이마르 공화국의 마지막 자유선거에서 제국의회 100석을 차지한 독일 공산당의 대중운동과 대조적으로, 영국 공산당은 당시 하원에 의석이 전혀 없었다. 게다가 영국 공산당은 대중 정당으로 변화하자는 제안을 거부하고 모든 당원이 적극적인 투사가 되어야 한다고 주장했다. 에릭은 그런 역할을 맡고 싶지도 않고 맡을 수도 없었다. 어쨌거나 아직 학업에 집중하고 있었다. 공산주의 운동에 참여할 기회는 전혀 없었으며, 이는 "어느 정도는 런던 크로이던 세포조직 자체의 상황, 어느 정도는 공산당" 때문이라고 결론 내렸다.[104]

에릭이 참여 가능성이 있다고 본 유일한 대중운동은 노동당이었다. 이 무렵 노동당은 1931년 총선에서 전 노동당 총리 램지 맥도널드가 이끌지만 대체로 보수당 의원들로 이루어진 거국 내각에 크게 패한 이후로 거의 완전히 무력한 시기를 보내고 있었다. 적어도 노동당은 에릭이 할 수 없는 완전한 헌신을 요구하지는 않을 터였다. 그러나 노동당은

---

* 영국의 경제학자. 재화의 교환가치는 그 재화의 최종 효용도에 의해 결정된다는 '한계효용 균등의 법칙'을 수학적으로 증명했다.

"하나부터 열까지 개량주의적"이었다.[105] 그리고 1934년 노동절 행진은 노동당 운동의 의기소침하고 실망스러운 처지를 보여주었다. 그는 "노동절은 아마도 10월 혁명 기념일을 빼면 연중 가장 큰 축제"라고 생각했고, 작년에 세계 전역에서 일어난 위대한 계급투쟁 전투들을 일기에 열거했을 뿐 아니라("일련의 훌륭한 투쟁들: '만국의 노동자여, 단결하라!'") 행진에 직접 참여함으로써 이 행사를 기념했다. 그렇지만 그는 "깊은 슬픔을 느꼈다." "5월 1일, 세계의 노동자들이 그들 스스로를 위해 매우 열정적으로 활용해야 하는 축제의 날에 시위할 준비가 된 이들은 천 명이 될까 말까 했다."[106]

그렇지만 그는 더 직접적으로 "공산주의 선전을 만들기 위해" 지역 노동당에 침투하기로 결정했다.[107] "나는 공산당이 아니라 노동당에 가입할 것이다"라고 선언했다. "군대의 카를 리프크네히트처럼, 두마Duma*의 볼셰비키처럼, 나는 노동당에 들어가 선전을 만들기 위해 최선을 다할 것이다." 에릭은 나치 집권 이전에 독일 공산당의 준군사조직원들이 주먹을 꽉 쥐고서 외쳤던 구호 "붉은 전선을 위해 만세 삼창!"을 인용하며 자신의 비타협적 입장을 암시했다.[108] 그의 전술적 결정은 며칠 후 이스트런던 업턴의 보궐선거에서 노동당에서 탈퇴한 독립노동당의 후보로서 평화주의자이자 사회주의 활동가인 페너 브록웨이Fenner Brockway가 패한 일을 계기로 더욱 굳어졌다. 에릭은 "괴물의 뱃속"에 머물러 있지 않고 노동당에 맞서 싸웠다는 이유로 지역 공산당원과 독립노동당원을 비판했다. "단순히 외치기만 해서는 대중운동을 건설할 수 없다. 공산당과 독립노동당은 그저 외치기만 했다."[109] "노동당은 과격해져야 한다"는 것이 분명하다고 그는 결론지었다. 그렇지 않으면 영국이 파시스트 국

---

* 1906~1917년에 존속한 제정 러시아의 의회.

가가 될 수도 있었다(오즈월드 모즐리의 영국 파시스트연합은 얼마 전 런던 올림피아 스타디움에서 대중집회를 열어 신문 머리기사를 장식했는가 하면 《데일리 메일》을 통해 대대적인 선전을 벌이고 있었다). 혹여 그렇게 된다면 "무장 총파업을 준비해야 한다."[110]

에릭은 공산주의자 지식인이 되겠다는 "인생 목표"를 삼촌과 숙모에게 숨겼다.[111] 그러나 그들이 보기에 노동당도 별반 나을 것이 없었다. 노동당의 노우드 지부가 당원임을 확인해주는 편지를 에릭에게 보냈을 때, 시드니와 그레틀은 편지 내용을 알고서 달가워하지 않았다. 에릭이 지부 회합에 가겠다고 말했지만 그들은 허락하지 않았다.[112] 회합 장소가 너무 멀어 밤이 깊어서야 돌아올 터였다.[113] 가족끼리 일련의 격렬한 말다툼을 벌이는 와중에 중대한 위기가 뒤를 이었다. 그레틀은 "내가 공산주의와 무관하게 성장하기를 바라는 마음"을 이미 드러냈지만, 에릭은 이 생각을 적잖이 경멸하며 거부했다.[114] 이제 숙모는 그가 무엇보다 학업에 집중해야 하고 자신이 극구 반대하는 정치운동으로 주의를 돌려서는 안 된다는 점을 분명히 했다. 에릭은 "가족과 마르크스 사이에서 한쪽을 선택"해야 한다고 스스로에게 말했다. "그러나 나는 이미 결정했다. 가족 유대는 비록 가장 정서적이긴 하지만 부르주아적 조건이다."[115] 정치와 가족 사이의 간극을 메울 수는 없었다. "내가 개인으로서 삼촌이 잘되기를 바라면서도 공산주의자로서 모든 자본주의 기업에 반대해야 한다는 것이 우습다." 말할 필요도 없이 삼촌은 사업가, 직업상 자본가였다.[116]

갈등이 깊어지자 에릭은 피보호자에 대한 보호자의 권리에 관한 문헌을 참고하고자 지역 공공도서관을 찾았다. 그는 미성년이었고(당시 성년 기준은 21세) 알아낸 정보는 실망스러웠다. 법적으로 독립하려면 성년이 될 때까지 기다려야 했다.[117] "이곳에 남아서 내가 좋아하는 독서와 대화의 자유를 즐기든가 정치적으로 활동하기 위해 집을 떠나든가 둘 중 하나다."[118] 공직에서 일자리를 얻어 스스로를 부양하면서 거처를 마련하기 전까지 친구들과 사는 방법을 생각해보기도 했다. 결국 집을 나간다는 것은 1914년에 참전하기 위해 집을 떠난 청년들의 선례를 따르는 꼴이 될 터였다.[119] 그리고 삼촌과 숙모에게 상처를 주고 싶지 않았다. "그레틀 숙모가 나 때문에 울었다―숙모를 울게 해서는 안 된다!"[120] "그레틀 숙모와 시드니 삼촌에 대한 존경심" 때문에 그는 망설였다. "아니, 그렇지 않다. 나의 나약한 성격 때문이다. 그건 뭘까? 사랑일까 비겁함일까? 둘 다일까?" 공산주의는 희생할 만한 가치가 있지 않은가? 하지만 삼촌과 숙모의 마음을 아프게 하고 싶지 않았다. "오 신이시여, 신이시여"라며 그는 고민했다.[121]

노동당 회합이 열린 날 저녁에 갈등이 최고조에 달하자 "시드니 삼촌은 불같이 화를 냈다. 주변 사람들을 사정없이 공격하기 시작했다." "난리법석"이었다.[122] 언쟁이 계속되어 어차피 회합에 가기에는 너무 늦어버렸다. 그다음 주 내내 집안 분위기는 험악했다. 시드니는 1934년 6월 8일 에릭의 열일곱 살 생일을 축하하기 위해 침묵을 깨기 전까지 조카에게 말을 걸지 않았다. 에릭은 삼촌의 행동에 감동하면서도 자신이 나약하며 대의에 대한 헌신이 부족하다고 또다시 자책했다.[123] "아, 빌어먹을, 빌어먹을, 빌어먹을! 나는 왜 이런 지식인, 왜 이런 프티부르주아일까?"라고 한탄했다.[124] "비겁한 놈, 그래, 비겁한 놈!"[125] 그는 노동계급을 위한 정치 활동에 참여하지 않음으로써 노동계급을 저버리는 "비열한 놈"처럼 행동했다고 생각했다.[126] 그러면서도 삼촌과 숙모가 자신의 학문적 능력에 보인 믿음을 고마워했다. 시드니는 "나를 믿고 있었다"라고 인정했고, 그레틀은 "정말 엄마" 같았다.[127] 결국 가족이 어쨌든 정치보다 우선이라고 결론 내렸다.[128]

이런 번민을 사춘기 감수성의 산물에 지나지 않는다고 쉽게 일축할 수도 있을 것이다. 그러나 에릭에게 그런 고민은 헌신적인 당 활동가가 아니라 헌신적인 지식인이 되어가는 과정에서 중요한 이정표였다. 시드니와 그레틀은 에릭에게 신념을 버리라고 설득하지는 않았지만, 이 사건은 사상의 영역에만 몰두하도록 그를 제약하는 또 다른 압력으로 작용했다. 사실 얼마 후에 에릭은 가정의 정치적 "독가스"를 열여덟 달이나 호흡했음에도 비록 "부르주아 볼셰비키"일지언정 공산주의자로 남아 있는 자신을 치하해 마지않았다.[129] 그리고 어쨌든 오래지 않아 오스트리아에서 망명한 사회주의자가 연설하기로 되어 있는 노동당 회합에 갈 수 있었다. 그는 이 사실을 삼촌과 숙모에게 숨기고는 학교에서 "(열리지 않은) 운동시합이 끝난 후"에 사촌 데니스를 만났다고 둘러댔다.[130] 그는 노동당 회합을 보고서 감명받지 않았다. "이것이 노동당의 실상인가"라고 처음 회합을 다녀온 뒤 자문했다. "노년 남녀의 집합." 학교에 다니는 소년의 눈에는 노년으로 비쳤을 수도 있지만, 십중팔구 중년 이상은 아니었을 것이다. "토론의 주제가 중요하지 않을지라도 의회의 형식과 규칙을 극히 엄격하게 고수했다." 그는 가차 없이 평가했다. "오, 프롤레타리아트의 전위여. 사회주의의 최고 건축가여"라고 빈정거렸다. 오히려 집회의 연사에 더 감명을 받았는데, 그 연사는 그해 초 나흘간 사회주의자들과 격렬히 충돌해 오스트리아를 장악한 성직자-파시스트 독재정에 대한 무장 봉기를 촉구하고, 사회주의자들이 권력을 장악한 이후 무력으로 통치해야 할 필요성을 천명했다.[131]

1934년 10월 말에 에릭은 코민테른이 종전의 비타협적 태도를 포기하고 인민전선에 속하는 사회주의 정당들과 협력하는 정책을 공식적으로 지지한다고 적었다. 영국 공산당은 노동당 후보가 '충분히 사회주의적'인 곳에서는 의원 후보를 내지 않기로 동의했다. 에릭은 이 정책의 장점을 확신하지 못했다.[132] 그는 공산당의 노우드 지부에 가입 신청을 해 둔 터였다.[133] 설령 정말 공산당원이 되었다 할지라도, 그가 공산당을 위해 무언가를 했다는 증거는 없다. 심지어 회합에 참석했다는 증거도 없다. 하지만 지역 선거 기간 중인 1934년 11월 1일에 노동당의 선거운동을 돕는 역할을 맡기는 했다. 사전에 운전을 배워둔 것이 도움이 되었을 것이다. "나는 노동당 사람들을 위해 운전을 하고 있다. 선거라는 또 다른 새로운 경험이다. 생각했던 것만큼 중요한 일은 아니다. (…) 투표소까지 장애인을 데려다주고, [노동당 지지자들의] 가정을 방문해 이미 투표했는지 물어보고" 아직 안 했으면 하라고 권유하는 일이었다.[134] 이 임무를 썩 잘했다고 생각하지는 않았다. 처치플레이스에서 그는 특히 고집이 센 유권자, 아니 투표할 생각이 없는 유권자를 만났다.

우리는 문을 두드렸다. 투표하셨나요? "아뇨." 왜 아직 안 하셨나요? "하기 싫어서요." 그러시는 이유가 뭐죠? "너무 피곤해서요. 내일은 투표할 수 있어요." 하지만 내일은 투표가 없어요. 어서 하셔야죠! "하기 싫어요." 5분밖에 걸리지 않아요. 차로 편안히 모실게요. "하기 싫어요." 하지만, 오 하느님, 이번에도 당신 자신을 위해 투표하는 거예요! (주의. 내 동료가 말하고 있었다. 나는 그냥 차에 앉아 있었다.) "하기 싫어요." 정말요? "하기 싫어요." 이로부터 당신 자신의 결론을 도출할 수 있다. 이런 상황에서 계급의식을 지닌 노동자들을 만들어내야 한다. 지치고 우둔하고 삐딱한 고집쟁이들을 그렇게 만들어야 한다. 시간이 아주 오래 걸릴 것이다.[135]

에릭이 이해한 마르크스주의에 따르면 노동계급의 혁명이 예정되어 있음에도, 노동당뿐 아니라 직접 대면한 노동계급 전체가 혁명을 수행할 준비가 되어 있지 않아 보였다. 선거 결과는, 적어도 지역 선거의 결과에 관한 한, 런던에서 457석을 얻어 열한 개 선거구에서 새로 다수당이 되고 네 개 선거구에서 다수당을 유지한 노동당의 승리였다. 런던 자치구의 하나인 사우스워크에서 노동당은 반사회주의적인 지방세 납부자 연맹에서 단 한 석을 뺀 52석을 빼앗았다. 그 결과 비노동당 의석은 한 석만 유지되었으며, 그곳은 에릭이 선거운동을 한 지역이 아니었다.[136]

5

1934년 5월 5일, 에릭을 방문한 사촌 데니스는 그에게 "지독하게 못생겼지만 똑똑해"라고 꽤 잔인하게 말했다.[137] 그 나이의 대다수 소년과 마찬가지로 열일곱 살의 에릭은 이성에 대해 생각하기 시작했다. "언젠가—나의 못생긴 얼굴로도 가능하다면—나도 사랑에 빠질 것이다. 그때 나는 다시 어려운 선택의 순간을 맞을 것이다."[138] 다시 말해 가족에 충실하는 쪽과 대의에 충실하는 쪽 사이에서 선택을 내려야 하는 순간이, 만약 애인이 생기면 다시 찾아올 수 있었다. 그러거나 말거나 그는 "사랑에 빠지려고 필사적으로 노력하고 있다—물론 아직 성공하지 못했다."[139] 영국으로 건너온 후 "사회주의자들은 말할 것도 없고 지적이고 정력적인 여성과 남성, 심지어 현대적인 여성과 남성이 있다는 것마저 거의 잊고" 지낸 터였다. 그런 '현대적인 여성'이 가족을 방문했을 때 그는 압도당했다.[140] 그러나 거리에서 마주치는 모든 젊은 여성은 성적인 느낌이든 아니면 그저 일반적인 느낌이든 간에 좋은 느낌을 주었다.[141] 그렇지만 그는 외모에 대한 "콤플렉스"를 가지고 있었다. "내 외모가 부끄럽다. 어리석게 들리는 말이고 실제로도 어리석은 말이다. 그럼에도 진실이다." 빈에서 그는 테두리에 거울을 끼운 상점 유리창을 쳐다보다가 자신의 옆얼굴을 처음으로 보았다. "내가 저 정도로 매력이 없나?"[142] "내 외모가 달랐다면" 상황이 달라졌을 터였다. 이런 이유로 "나는 성적인 감정을 억제한다"라고 인정했다.[143]

몇 달 후 늦은 밤에 하이드파크를 가로질러 걷다가 고객을 찾는 매춘부 몇 명이 다가왔을 때, 그는 훨씬 더 난감해했다. 1930년대에 이 공원은 악명 높은 매춘부 소굴이었고, 매춘부가 손님을 끌다가 체포되는 일이 흔했다.[144] 그 사건 이후 한 시간 반쯤 지나 일기를 쓰면서 상상의 독자에게 이렇게 말했다. "여자 몸에 손을 대본 적도 없는 미숙하고 순진한 열일곱 청년인 내가 그 일에 관해 쓴다 해도 당신은 나를 용서할 것이다."[145]

내가 그토록 어린애 같고 순진하지 않았다면, 그 일을 그렇게 심각하게 받아들이지 않았을 것이다. 그래도 기분이 묘했다. 은근한 흥분, 그녀와 이야기하고 함께 가고 싶은 욕망과 돈이 전혀 없고 매독에 걸리고 싶지 않다는 (내면 깊숙한) 의식 사이에서 흔들리는 우유부단, 큰 두려움과 엄청난 승리감 사이의 감정, 이런 것들이 나를 떨게 했다. 내 눈이 빛나고 있었음을 나도 안다. 내가 못생겼다는 사실은 희미하게 기억날 뿐이었다. 나는 말하고 싶었고, 겉으로 '무관심한' 척해도 마치 겁을 내는 사람처럼 몹시 머뭇거리며 말하리라는 것을 알고 있었다. (…) 그리고 일부러 태연한 척하며 욕망을 숨긴 채 술에 취한 듯 떨리는 목소리로 유감이지만 돈이 없고 주머니가 텅 비었다고 말했다. (…) 그리고 그 자리를 벗어나자마자, 돈이 없다고 말하기 전에 조금이라도 즐길 수 있도록 당장 그녀를 붙잡아야 했음을 깨달았고, 이곳에 내가 가질 수 있는—비록 오로지 돈 때문이긴 해도—여자들이 있다는 생각

에 몸을 떨었다("얼마나 슬픈가, 청춘은"이라고 플로베르는 말했다).[146]

이 사건 이후로 에릭은 꽤 심란한 기분으로 그 일이 어떻게 자신의 콤플렉스를 끄집어냈는지, 그리고 돌이켜보건대 자신이 어떻게 매춘 여성을 동정하거나 그들 직업의 성격에 대해 숙고하기보다 냉정하고 아이러니하게도 그 일을 "흥미로운 현상"으로 여길 수 있었는지를 자문했다. 결국 자신이 너무 어리고 적어도 이 분야에는 너무 무지하다고 생각했다. 그럼에도 그 경험은 분명히 그의 마음을 어지럽히고 그가 억누르려 애쓰던 욕망을 풀어놓았다.

욕망이 얼마나 풀려났던지 실제로 "'안녕, 자기'라는 목소리를 다시 듣는 기쁨을 맛보기 위해" 하이드파크의 어둑한 길을 다시 걸었다. "매춘부들은 얼마나 진부한지, 로맨틱 영화처럼 '오늘 밤 외로우신가요?'라고 말하지 않고는 손님을 잡지도 못한다."[147] 문제는 자신의 지성주의가 본능을 풀어놓지 못하게 막는 것이라고 결론지었다—그러면서도 그 에피소드 전체가 자신을 성적으로 흥분시켰다고 적었다. 공원을 벗어나 가로등 불빛 안으로 들어섰을 때, 다시 보통 사람들 사이에서 걸어가고 있다는 안도감을 느꼈다. 그는 빅토리아 역에서 기차를 타고 객차 안에서 콩데 공의 죽음에 관한 17세기 설교집인 보쉬에의 《매우 존귀하고 매우 강력하신 부르봉의 루이 공을 위한 추도사》를 읽기 시작했다. 나중에 이 사건을 돌아보며 "워즈워스의 '고요 속에서 회상한 감정'이라는 표현이 잘 들어맞는다"라고 생각한 다음 이렇게 덧붙였다. "정말 나는 엄청나게 순진하다."[148]

이런 사정으로 그는 머릿속을 마르크스주의로 가득 채웠다. 마르크스주의는 여하튼 아직 경험하지 못한 성애의 대체물이 될 터였다.

우리는 치열하게 살아야 한다. 20년을 살든 80년을 살든 인생은 너무 짧기에 최대한 포기하지 말아야 한다. (…) 나는 치열하게 살고자 최선을 다하고 있고, 성과를 보고 있다. 그래서 나의 제한된 경험—심미적으로나 다른 방식으로나—에서 최대한 많은 것을 얻고 책을 통해 나의 작은 경험을 키우고자 스스로를 훈련하고 있다. (…) 비본질적인 것들에 낭비하기에는 내 삶이 너무 짧다. 내게는 '본질적인 것'이 있다—그걸 마르크스주의라고 부르자. 그리고 그것에 나 자신을 바치고 싶다. 바다에 뛰어들듯이 그것에 뛰어들고 싶다. 그것을 정열적으로… 그러면서도 정신적으로 사랑하고 싶다. 여성을 사랑하듯이.[149]

그는 마르크스주의 지식인이 되기 위한 노력으로 자신의 불만족스러운 외모를 미덕으로 바꾸고 있다고 생각했다. "외적인 것을 무시하는 내 태도는 못생겼다는 자각에 대한 심리적 반응에 지나지 않는다." 그러면서도 외모를 부끄러워하지 않으려 했다. "나는 의도적으로 외모를 다르게 생각하고 자부심을 가지려 했다." 실제로 그는 지식인처럼 보이려고 의식적으로 노력했다. 지난날 공산주의자가 됨으로써 가난의 부끄러움을 극복했던 것처럼, 정신적 삶에 집중함으로써 외모로 인한 당혹감을 극복하고 있었다. 비록 세상 경험이 부족하긴 해도 자신이 지적이라는 것을 알고 있었다. 그리하여 냉정하고 감정에 좌우되지 않는 이지적인 사람, 감정이 없는 관찰자인 체했다.[150]

물론 가끔씩 독서와 학업에서 벗어나기도 했다. 베를린에서 영화산업에 종사했던 시드니 삼촌은 1934년 10월 그를 런던에서 서쪽으로 멀지 않은 하운슬로 근처의 아일워스 영화사로 데려갔다. 이곳에서 〈다가올 것들〉(1936), 〈제3의 사나이〉(1949), 〈아프리카의 여왕〉(1951) 같은 영화가 나올 예정이었다. 그가 주목한 것은 실물 크기의 스페인식 여관 모형이 있는 무대장치와 그 외의 마이크, 조명, 카메라, 그리고 스튜디오 바닥에 뜬금없이 아무렇게나 놓여 있는 《데일리 익스프레스》 한 부가 서로 상반된다는 사실이었다. 영화 제작은 "확고한 기반 없이" 현실에 달라붙어 현실을 이용하는 "일종의 기생"이라고 그는 생각했다. 그럼에도 영화 제작은 "흥미로웠다." 반면에 영국 좌파의 정치 세계는 지루하고 상상력이 빈곤해 보였다. 결국 중부유럽의 정치가 영국의 정치보다 더 흥미로웠다. 에릭은 1934년 7월 초 이른바 '긴 칼의 밤'에 히틀러가 옛 경쟁자들뿐 아니라 돌격대의 지도부까지 체포하고 처형했다는 소식을 관심 있게 기록했다. 적어도 처음에는 돌격대가 봉기를 준비해왔다는 나치의 선전을 받아들였다. 다만 히틀러에게 당한 두 사람, 즉 총살당한 전 총리 슐라이허와 빈 주재 대사로 쫓겨난 파펜이 봉기에 개입했다는 것은 믿기 어렵다고 생각했다. 이 사건이 나치 정권 종식의 전조라고 생각한 일부 공산주의자들의 실수를 그는 범하지 않았다.[151] 사실 유럽의 정치적 상황에 대한 그의 견해는 명민하게도 비관적으로 변해가고 있었다. 스페인의 새로운 인민전선 정부도 똑같이 혁명이나 내전을 맞이할 수 있다고 생각했다. 지난 2월의 짧은 내전에서 노동운동을 분쇄했던 성직자-파시스트 쿠데타를 언급하며 "제2의 오스트리아가 없기를!" 희망했다.[152]

유럽 전역에서 폭력과 죽음이 발생하고, 가까운 과거에 대전大戰을 치렀건만 머지않은 미래에 또 다른 대전이 발발할 것이 거의 확실하고, 어디서나 혁명과 반혁명이 일어나는 가혹한 시대에, 에릭은 유일하게 도덕적인 방침은 더 나은 미래를 만들기 위해 스스로를 바치는 것이라고 생각했다.[153] 아이를 키우면서 좌파 성향의 서점에서 비서인 아내와 함께 일하는 어느 젊은 공산당원의 가정을 에릭은 사촌 론과 함께 방문했다. 그들의 초라한 아파트를 보니 대다수 사람들이 얼마나 검소하게 사는지 알 수 있었다. "이들에 비해 우리가 얼마나 금권정치적인지 생각하니 부끄러웠다. 대의를 위해 나는 다른 프롤레타리아가 하는 것의 두 배만큼을 정말로 해야 한다."[154] 그다음 며칠 동안은 "볼셰비키 광신"에 빠져 지냈다. 확실히 대의가 그의 전부였다. 그러나 마음속 깊은 곳에서는 자신이 결코 모든 것을 배제한 채 대의를 추종하지는 않으리라는 것을 알고 있었다. 미래를 위한 유일한 희망은 공산주의에 있었다. 따라서 누군가가 "자본주의의 파괴를 위해 완전히 헌신하지 않는다면 그는 배반자다. 그러므로 나는 배반자다."[155]

한편 그는 마르크스주의 고전들을 계속 읽었고, 1935년 1월 마르크스의 《자본론》 제1권을 사고는 강한 자부심을 느끼며 집에 가져간 뒤 점점 늘어나는 개인 서가에 추가했다.[156] "나는 말하자면 마르크스 등등을 교과서뿐 아니라 일종의 대수표로도 사용한다"라고 썼다. "즉 내가 분석하고 싶은 무언가가 생겼지만 그 전부를 철저하게 변증법적으로 사고하는 수고를 들이고 싶지 않을 때, 나는 마르크스를 참조해 완전하고 뛰어난 분석을 손에 넣는다."[157] 열일곱 살의 에릭은 먼 훗날 갖추게 될 능력, 즉 마르크스주의를 비판적으로 사고하는 능력이 아직 부족했다. 마르크스주의 이론에 관한 책들 외에 탐정소설도 즐겨 읽었다. 1935년 2월에는 희곡에 빠져 아이스킬로스, 보몬트와 플레처, 채프먼, 체호프, 데커, 드라이든, 포드, 헤이우드, 존슨, 마스턴, 매신저, 미들턴, 말로, 오닐, 소포클레스, 스트린드베리, 웹스터의 작품을 읽었을 뿐 아니라 (삼촌이 막으려 했지만) 스턴의 《트리스트럼 섄디》와 은밀하게 씨름하기도 했다. 웹스터의 《하얀 악마》를 읽으면서는 작가가 묘사한 타락해가는 사회와 당대의 사회가 유사하다고 생각했다.[158]

근대 초의 영국 희곡을 이해하는 데에는 "비평가로서 항상 가치 있는 인물"인 T. S. 엘리엇의 에세이들이 도움이 되었다.[159] 그러나 학교에서 요구하는 필독서들을 강제로 읽어야 했을 때는 (문학을 제외한) "부르주아 저자들"의 저술에 불쾌감을 느꼈다. 그것들은 죄다 "종이 낭비다. 그 이상도 이하도 아니다." 지루하고 편향적이고 시시한 "더 나쁜 것, 자본가의 선전"도 있었다. 물론 "형편없는 공산주의 책들도 많다"라고 인정했다. "스탈린조차 마르크스에 비하면 위대한 저자가 아니다." 이는 두 저자의 책을 나란히 놓고 읽은 사람이라면 누구나 동의할 만한 의견이었지만, 1930년대 중반에 확신에 찬 공산주의자들 가운데 감히 이렇게 평가할 사람은 거의 없었을 것이다. 부르주아의 저술은 "더 전진할 수 있는 길로 정신을 인도할" 경우에만 가치가 있었다. 그는 쇼, 플라톤, 아리스토텔레스, 워즈워스, 셸리의 산문 작품, 역사가 비노그라도프, 그리고 소수의 다른 사람들이 이것을 성취했다고 생각했다. 반면에 마르크스주의자는 설령 스탈린 같은 따분한 저자일지라도 마르크스주의 방법론을 적용하는 까닭에 독자에게 직접 가르칠 무언가를 가지고 있다고 보았다.[160]

에릭은 관례적으로 좌파의 영웅적 반역자로 꼽는 인물들에 동조했다. 거기에는 고대 로마에서 노예 반란을 이끈 스파르타쿠스부터 시작해 중세 영국의 농민 반란 지도자 와트 타일러와 존 볼, 카자크의 지도자 스텐카 라친, 수평파, 울프 톤과 같은 아일랜드의 반역자들, 차티스트 운동, 신페인당, 여러 나라의 파업 노동자들, 그리고 미국에서 살인죄로 기소되고 유죄 선고를 받았지만 전 세계에서 무죄를 주장하는 시위가 벌어지는 가운데 1927년에 처형된 무정부주의자 사코와 반제티* 등이 포함되었다. 에릭의 독일 영웅들로는 뮌스터 반란을 일으킨 재세례파, 카를 리프크네히트와 로자 룩셈부르크, 1919년 바이에른 소비에트 공화

---

* 상충하는 증거가 존재함에도 불구하고 무정부주의 신념을 가졌다는 이유로 미국에서 무장강도 사건의 범인으로 지목되어 처형된 이탈리아계 미국인 노동자들.

국의 지도부, 그리고 1920년대 초 작센에서 활약한 극좌 게릴라 전사 막스 휠츠가 있었다. 그러나 영웅들은 인도와 중국부터 멕시코와 나미비아까지 세계 도처에 존재했다. "수백만 명! 수억 수십억 명. 당신 자신의 욕구와 욕망에 안달복달하는 것보다 이것이 더 위대하지 않은가?" 더 나은 미래를 건설하기 위해 해야 하는 일은 세계 도처에서 단결하는 피억압자들을 상상하는 것뿐이었다. "과연 어떤 광경일까! 아, 나는 그 광경을 목격할 것 같지 않다. 그렇지만 나는 열일곱 살이다. 마흔 살까지는 살 것이다. 거의 23년 후다. 30년에서 35년 후에도 살아 있을 것 같다. 아니, 나는 세계 혁명을 경험하지 못할 것 같다."[161]

혁명이 어떻게 일어날 것인지를 그는 공상했다. 1916년부터 1921년까지 아일랜드의 경험은 주민 다수의 적극적 지지가 아니라 소극적 지지를 받는, 조직과 장비를 잘 갖춘 소규모의 응집된 집단이 해방을 위한 게릴라전을 어떻게 성공적으로 전개할 수 있는지 보여주었다. 그러므로 혁명가 집단을 ("지금!") 소집하여 스포츠클럽이나 그와 비슷한 장소에서 훈련시키고, 무기 은닉처를 마련하고, 배신자가 없는 효과적인 정보망을 구축하고, 습격할 주요 건물과 시설의 목록을 작성할 필요가 있었다. 그리고 혁명은 노동자 대중이 혁명 진영에 가담할 경우에만 성공할 수 있으므로, 총파업 선언 이후에 쿠데타를 개시할 수 있도록 사전에 프롤레타리아트를 포섭해둘 필요가 있었다. 또한 정부가 병력을 핵심 격전지로 보내지 못하도록 철도망을 파괴해야 했다. 런던은 영국의 나머지 지역들로부터 차단해야 했다.

그레이트노스 도로, 에지웨어 도로, 그레이트웨스턴, 사우샘프턴, 크로이던, A20, 헤이스팅스, 이스트본 도로를 폭파하라. 철도를 폭파하라—아니면 장악하라. 철도교 일부를 폭파하고 템스강 다리를 장악하라. 템스강 상류를 봉쇄하고 [전사] 집단들을 옆길로 투입해 지원을 제공하라. 그와 동시에 방송국을 통제하거나 폐쇄하고, 자체 목적으로 이용하라. (1923년 함부르크, 1871년 파리, 1929년 [베를린의] 베딩에서처럼) 모든 빈곤 지구들에 바리케이드를 설치하고, 공장을 확보하고 은행과 관공서 습격을 시도하라. 발전소 장악이 불가능하다면 전신선과 전기선을 절단하라. 달리 방법이 없다면 발전소들을 폭파하라. 운수 노동자를 동원해 버스와 트램의 노선과 최대한 많은 거리를 봉쇄하라. 물론 그렇게 해도 병력이 이리저리 이동하는 것을 막지 못하겠지만, 이동을 더 어렵게 만들기는 할 것이다.[162]

같은 작전을 영국의 다른 도시들에서도 실행해야 할 것이라고 에릭은 생각했다.

물론 군대의 중요한 일부가 혁명 진영으로 전향할 수도 있었다. 그러나 그런 일이 일어나지 않더라도, 군대는 주요 공공건물과 공장, 은행 등이 단지 점거되었다는 이유만으로 파괴하지는 않을 것이다. 결국 효과적인 총파업을 통해 병사들의 식량 보급을 차단하여 항복을 받아낼 수 있을 것이다. "불필요한 유혈 사태로 보일지도 모르겠다"라고 에릭은 영국 내 볼셰비키 혁명에 대한 사춘기 공상의 끝에 이르러 인정했다. "그러나 솔직히 말해 나는 모험에서 기쁨을 느끼는 어린애 같은 태도로 이렇게 쓴 것이 아니다. 나는 성공적인 혁명이 어떤 과정을 거쳐야 하는지를 터놓고 이해하고 싶었고, 그리하여 다른 혁명들의 경험을 최대한 활용하고 싶었다." 만약 외부의 군사력에 의해 파괴된 1871년 파리 코뮌의 운명, 또는 경찰에 의해 철거된 1923년 함부르크 바리케이드와 1929년 베를린 베딩 바리케이드의 운명을 잠시라도 생각했다면, 그렇게 유치하리만치 열광적이지 않았을지도 모른다. 훗날 우파의 군사 쿠데타를 수십 년간 관찰하다가 생긴 한층 비관적인 기분으로 이 주제를 다시 고찰할 때, 그는 폭력적으로 권력 장악을 시도할 가능성이 가장 높은 후보는 장교단이라고 보았다. 다만 잘 조직된 민중의 민주운동으로 그런 시도를 물리칠 수 있다고 여전히 생각했다.[163]

이런 시나리오들이 암시하듯이, 에릭은 자기 삶이 틀에 박힌 일상으로 퇴보했다고 느꼈다. "나는 읽고 먹고 생각하고 잔다"라고 1935년 3월에 썼다. "책을 사고, 몽상을 꽤 많이 한다. 그런데 그러면 안 되나? 작은 소망의 충족이 해로울까? 그럴지도 모른다."[164] 그는 "학업을 위해 아무것도 할 수 없다"고 느꼈다. "학기말 시험이 어떻게 끝날지는 신만이 안다."[165] 보통의 10대처럼 어떤 활동에 푹 빠질지 아니면 상아탑으로 물러날지 확실히 정하지 못한 채 목적이 없다고 느꼈다. 삶에 만족하지 못하고 뭔지 모를 다른 어떤 것을 열망했다. "나는 지적이다. 매우 지적이다. 그런데 지적 재능을 개인용으로 썩혀야 하는가?" 그는 빈센트 반 고흐의 성찰로부터 적잖이 위로를 받았는데, 당시 읽고 있던 고흐의 편지에 표현된 감정이 자신의 감정과 비슷하다고 생각했다. 그러나 자신이 결코 적극적인 혁명가가 될 수 없음을 알고서 좌절했다.[166] 시인 아르튀르 랭보는 그에게 열등감을 안겨주었다. 랭보는 열여덟 살에 이미 가장 위대한 몇 작품을 완성한 반면에, 에릭은 그 나이에 이루어놓은 주목할 만한 성과가 아무것도 없다고 생각했기 때문이다.[167] 그러는 와중에도 독서를 계속하여 3월 초에 셰익스피어 희곡 여섯 편에 더해 콜리지의 《셰익스피어 비평》, 초서의 《캔터베리 이야기》, 필딩의 《톰 존스》, 페트로니우스의 《사티리콘》을 다 읽었다.[168] 1935년 3월 마지막 주부터 4월 첫째 주까지 읽은 책은 프루스트의 《꽃핀 소녀들의 그늘에서》, 토마스 만의 《대공 전하》, 밀턴의 《실락원》 제1~4권, 보즈웰의 《새뮤얼 존슨의 생애》 제1~15장, 윌프레드 오언, 던, 하우스먼의 시, 드라이든과 포프의 편지,

그리고 장-파울, 고트홀트 레싱, 모파상 등의 작품이었다. 프루스트는 작가가 채택한 개인주의적이고 주관적인 관점 때문에 어렵다고 생각했다. 또 철학자 데이비드 흄의 저술, 대중적인 레닌 전기들, 더스 패서스의 여행기를 읽었다. 더스 패서스의 다음 문장을 인용할 때는 분명히 에릭 본인에 대해 생각하고 있었다. "나는 작가였고, 작가들은 가능한 한 방관자로 머무는 사람들이다."[169]

몇 달 동안 학업과 시험에 집중하고 읽고 싶은 책을 읽은 뒤, 에릭은 정치 활동을 재개하기로 결심했다. 그렇지만 가족의 불화는 결코 원하지 않았다. 삼촌과 숙모에게 사촌 데니스와 만날 거라고 말하고 방과 후에 존 길구드 주연의 〈햄릿〉 공연을 보며 느긋하게 시간을 보냈다. 주연 배우가 인물 묘사를 너무 강조해 대사를 충분히 살리지는 못했지만 "매우 훌륭하다"고 평가했다.[170] 그다음 찻집에 잠시 앉아 있다가 늦은 저녁에 노동당 집회 장소로 자리를 옮겼다. 그들은 매우 은밀하게 움직였다.

툴스힐로 통하는 뒷골목을 지나면서 혹시라도 그레틀 숙모나 시드니 삼촌과 우연히 마주칠 수 있다고 생각해 경계를 늦추지 않았다. 나는 이 문제를 다시 한 번 생각했고, 나의 행동이 절대적으로, 모든 측면에서 정당하다는 논리적 결론에 또다시 도달했다. 그렇다 해도 이런 행동이 옳지 않다는 흐릿하고 모호한 감정이 있었다. 결국 우리는 부모 또는 보호자—어느 쪽인지는 중요하지 않다—와 건강한 관계를 맺어야 한다. 분명 그들에게 거짓말하기는 어렵지 않고, 거짓말을 한다고 해서 자책하지도 않지만, 그들에게 솔직하게 말할 수 있다면 더 좋을 것이다. 이를테면 "들어보세요, 나는 집회나 회관, 공원 등에 갈 겁니다"라고. 나는 달아오르고 다소 동요하고 있었던지라 그 홀에 도착했을 때 조금 진정되는 기분이었다.

이번 노동당 집회도 이전에 참석했던 집회보다 나을 것이 조금도 없었다. "혈색이 좋아 보이고 매우 쾌활하지만 사회주의자는 아닌 친절한 노년 여성" 앤스테이Anstey 여사가 그곳을 강력하게 장악하고 있었다. 그녀는 신입 당원 명단을 소리내 읽으면서 "성마른 사람이 당에 들어오지 못하도록" 모두가 노동당의 원칙과 규율을 지켜야 한다고 강조했다. 그녀를 빼고 다른 당원들과는 "마음이 잘 통한다"고 생각했다. 그렇지만 그들을 급진적으로 만들 가망이 거의 없다는 것도 분명했다. 귀가하고 나서도 그의 거짓말은 들통나지 않았다. 그 후로 노동당 집회에 다시는 가지 않았다.

시드니와 그레틀이 정치적 행동주의를 열망하는 자신에게 보인 반감에 분한 마음을 품긴 했지만, 에릭은 자신의 가정환경이 비교적 자유롭고 관대하다는 것을 알고 있었다. 이런 환경에는 긍정적인 면뿐 아니라 부정적인 면도 있다고 생각했다. 그가 보기에 숙모는

관습의 쇠퇴에 괴로워한다. 빅토리아 시대의 분위기를 체계적으로 고수할 정도로 모질지도 못하고 현대식 양육법을 확실하게 알지도 못하는 숙모는 낡은 것과 새로운 것 사이에서 방황한다. 숙모는 자신의 어린 시절을 유감스럽게 생각하면서도, 그 시기에 아이들 양육에 쓰였던 방법들을 체계적으로 적용하려 시도하지 않는다. 따라서 우리에게는 훈육이랄 것이 없다. 엄격한 관습이 가정의 배경을 이루지 않는다. 관습은 죽었고, 우리는 해체의 시대를 살아가고 있다. 물론 개성에 대한 존중은 거의 없다. 이런 이유로 낸시와 피터는 자기 힘으로 성장하고 있다. 언젠가 그들은 스스로 성인이 될 것이다. 낸시는 그러지 않을지도 모르겠다.

시드니와 그레틀로서는 어쩔 수 없는 무언가가 있다고 에릭은 생각했다. 시드니와 그레틀은 자신들이 왜 그토록 성공하지 못했는지 도무지 알 수가 없었다. 그들은 40년 전에 살았더라면 사회에 더 잘 적응했을 부류였다.[171]

6

1935년 3월 31일 일요일에 에릭은 여동생, 삼촌과 숙모, 사촌 피터, 삼촌의 지인인 체코슬로바키아인 촬영 기사와 함께 남부 해안의 보그너, 애런델, 리틀햄프턴, 워딩, 브라이턴 등지로 여행을 떠났다. 그들은 브라이턴에서 노를 저어 바다로 나갔으며, 에릭은 그곳 해변으로 몰려드는 파도의 움직임에 매료되었다.[172] 에릭은 몇 주 후인 1935년 부활절 휴가 때 론과 다시 자전거 여행을 가고 싶어 했지만, 시드니와 그레틀은 다른 가족 누구도 그때 휴가를 얻지 못할 것이므로 에릭의 계획이 이기적이라고 생각했다. 게다가 그 휴가는 비용이 많이 들고, 특히 에릭이 개별적으로 추가로 가는 휴가라는 문제가 있었다. 에릭은 그들이 자전거 여행 계획을 몇 달 전부터 알고 있었음에도 그동안 잠자코 있다가 이제 와서 반대하는 이유가 뭐냐고 따졌다. 그들은 에릭의 6월 생일을 위해 1파운드짜리 침낭을 미리 사서 선물로 주기까지 한 터였다. 부활절은 론이 직장에서 휴가를 낼 수 있는 유일한 시기였으며, 삼촌 부부는 부활절을 에릭의 주된 휴가로 받아들이고 자신들이 여름 휴가를 떠날 때 에릭이 집에 남는다는 데 기꺼이 동의했다. 그렇지만 언쟁의 핵심은 에릭이 학교에서 매 학기 8파운드의 장학금을 받는다는 사실에 있었다. 에릭은 그 돈을 우체국 예금계좌에 넣어두고 자기 것으로 여겼다. 그런데 시드니와 그레틀은 에릭이 그 돈을 모두 저축하고 휴가에 쓰지 않았으면 했다. 에릭이 대학에 진학하면 그 돈이 요긴하게 쓰여 자신들의 부담을 덜어줄 것이라고 보았다. 에릭은 그렇게 적은 액수로는 학비를 충당하기에 턱없이 부족하다고 반박했다. 다른 장학금, 가급적이면 상당한 액수의 장학금이 필요하다고 했다. 휴가를 위해 2파운드를 쓴다고 해서 문제될 것은 없다고 했다. 적은 용돈으로 책을 사는 것도 포기하지 않겠다고 했다. 에릭은 물러서지 않았다. 결국 그들은 자전거 여행을 허락했다.[173]

두 소년은 브리튼섬의 남서 지역을 향해 출발해 4월 18일 솔즈베리에 도착한 다음 새프츠베리와 셔본으로, 그리고 억수비를 맞으며 요빌과 크루컨으로 갔다. 차량이 거의 없었음에도 그들은 시드마우스의 던스콤 매너에 있는 해변가 캠핑장에 도착했을 때 흠뻑 젖어 있었다. 그곳에서 며칠 동안 빈둥거리거나(에릭은 물론 책을 읽었다) 주변으로 짧은 여행을 다녀왔다. 시드니와 그레틀은 분명히 마음이 풀렸던 것 같다. 1935년 4월 20일 부활절 주간 토요일에 낸시, 피터와 함께 두 소년을 보러 차를 몰고 왔기 때문이다. 날씨는 좋아졌고, 해가 밝게 빛날 때 에릭과 론은 해변을 걷거나, 주변 절벽을 기어오르거나, 절벽 위에 누워 바다를 바라보았다. 비가 내리면 텐트에 누워 이야기를 하거나 책을 읽었다. 에릭은 앤드루 마벌, 존 던, 조지 허버트 같은 형이상학적 시인들을 독파했다. "론은 농사, 공동 고기잡이, 도로 건설 등 그야말로 모든 것에 대한", 그리고 "영국과 인생에 대한 질문을 멈추지 않았다."[174] 휴가가 끝나갈 즈음 론은 다시 어부들에게 배에 태워달라고 부탁했다. 동틀 무렵 그들은 비어라는 황량한 마을로 가서 아침 6시에 배에 올랐다. 처음에는 에릭이 뱃멀미를 했지만, 바다가 잠잠해 두 소년은 일광욕을 하고 어부들과 얘기도 하고 그들이 주는 음식도 먹으면서 하루를 한가롭게 보냈다.

이틀 후 다시 자전거 여행길에 올랐다. 오후 휴식시간에 토머스 하디, 도스토옙스키, 고골, 셰익스피어의 《리어 왕》에 대해 이야기하고 전쟁 대비가 이루어지고 있는지 여부를 놓고 토론했으며, 로마 시대의 것이 분명한 길을 따라가면서 로마 문명과 중세 문명을 비교했다. 에릭은 노동운동의 영웅인 '톨퍼들의 순교자들'을 낳은 유명한 19세기 투쟁 장소인 톨퍼들에 도착했을 때 흥분했다. 에릭의 즉석 제안으로 그들은 거대한 나무들이 늘어선 뉴포레스트 국립공원을 관통하는 우회로를 따라가다가 자정에 공원 경계에 도착했다. 론을 뒤따라가던 에릭은 자전거용 망토를 걸친 채 자전거 등의 노란 불빛으로 앞을 비추는 사촌이 메피스토처럼 보인다고 생각했다. 간혹 자동차가 접근할 때면 헤드라이트에 눈이 부시지 않도록 자전거에서 내렸다. 새벽 1시경 숲을 벗어났다. "그밤은 아름다움을 대부분 잃었다." 그들은 피곤하고 기분이 좋지 않았다. 새벽 2시 30분, 결국 더 가기를 포기하고 근처 들판으로 가서 방수포를 펴고 잠을 청했다. 두 시간 후 새들이 지저귀는 소리에 눈을 뜬 그들은 소시지를 조금 먹고("그렇게 맛없는 아침은 먹어본 적이 없었다") 다시 길을 떠났다. "아침 6시에 윈체스터는 아주 멋져 보인다"라고 에릭은 말했다. 몇 킬로미터 더 가니 들판이 나와 침낭을 풀고 곧장 잠이 들었다. 11시에 일어나 다시 자전거에 올랐고, 이튿날 런던의 매연을 맡을 수 있었다. "햇볕에 그을린 얼굴을 자랑스러워하며 우리는 해리 삼촌 댁에 도착했다"라고 에릭은 일기 말미에 적었다.[175]

자전거가 아무런 문제도 일으키지 않았다는 점에서 에릭은 운이 좋았다. 몇 달 후 사촌 론과 함께 칠턴스의 구불구불한 구릉에 감탄하며 아머샴과 그레이트미센든을 지나다가 자전거 체인이 빠졌다. 다행히 오토바이를 타고 지나가던 두 명의 학우(조지와 '빌지')가 길을 멈추고 고쳐주었다. "나는 항상 기계 다루는 기술을 동경해왔다. 그들은 수호천사처럼,

혹은 글자 그대로 기계장치를 타고 내려온 신Deux ex machina처럼 우리에게 다가왔다."[176] 아버지를 괴롭혔던 비실용적인 성격은 에릭의 삶에서도 줄곧 상수였다. 거의 모든 자투리 시간을 독서에 써버리는 그는 삼촌과 숙모의 가정에서 잘 어우러지지 못했다. 그들을 사랑하고 존경했지만 자주 다투었고, "시드니 삼촌과 평화롭게 지내기란 사실상 불가능하다"라고 생각했다. "지난 며칠 동안 그들을 화나게 하지 않으려고 정말 노력했지만 전혀 소용이 없었다." 숟가락을 떨어뜨리는 것과 같은 어설프고 사소한 행동이 이런저런 다툼으로 이어지곤 했다. 따로 살면서 이따금 그들을 찾아가는 편이 나을지도 모른다고 에릭은 생각했다. 그런 점에서 결국 대다수 열여덟 살 소년들과 별반 다르지 않았다. 여동생 낸시와도 사이가 좋지 않아 가급적 부딪히지 않는 것이 최선이라고 생각했다. 낸시는 뛰어난 학생이라는 오빠의 평판 때문에 사람들이 자신에게도 대단한 성적을 기대한다는 사실을 달가워하지 않았다. 그녀는 학업에 흥미가 없었고, 학교를 자주 빼먹고 낮에 영화를 보러 극장에 가고 줄담배를 피우고 단것을 먹었다.[177] 에릭은 같은 집에 사는 삼촌의 아들 피터와도 함께 할 만한 일이 거의 없었다. 10대 후반에 에릭의 관심사 ─예술, 문학, 지식, 학문, 정치─로 이루어진 세계와 낸시와 피터가 속한 더 관습적인 세계 사이에 생긴 간극은 앞으로도 결코 좁혀지지 않을 터였다.[178]

평일에 자전거로 등교할 때마다 그는 공장으로 흘러드는 노동자들과, 자신과 나란히 자전거를 타고 일터로 향하는 사람들, 일과를 시작하러 가는 철도원들을 보았다. 어느 토요일 오후, 패딩턴 역 근처 프래드가를 따라 걷다가 여가시간을 즐기는 노동계급을 관찰할 기회가 있었다. 값싼 옷을 차려입은 젊은 남자들과 화장하고 파마를 한 여자들, 술집을 드나드는 노인들, 더러운 차림으로 거무튀튀한 골목에서 노는 아이들, 홉연을 처음 시도하는 10대 소년들, 값싼 보석을 걸치고 값싼 드레스를 입은 연인과 팔짱을 끼고 값싼 영화를 보러 가는 젊은 남자들. "환경 탓에 거칠고 잔인해졌으며 영양이 부족해 허약하긴 하지만, 그들은 내가 아는 사람들보다 더 '인간적'이다—정치적으로 하는 말이 아니다." 에릭은 자기가 아는 부르주아지는 가식적이고 지나치게 격식을 차린다고 생각했다. 반면에 프롤레타리아트는 더 직선적이고 더 솔직했다. 프롤레타리아트를 전혀 겪어본 적이 없고 실제로 한 명도 알지 못하는 자신이 이 계급에 기반해 정치적 견해를 형성했다는 사실이 이상하다고 생각했다. 그는 세월이 한참 지난 후에야 영국의 진짜 프롤레타리아들을 대면했고, 그때 그들의 문화와 도덕에 충격을 받았다.

7

1935년 5월 10일, 시드니와 그레틀은 런던 북부 에지웨어의 한델클로즈 25번지의 집을 빌렸다.[179] 에지웨어로 이사하는 바람에 에릭은 노동당 노우드 지부의 당원 지위를 포기해야 했다. 그 대신 "공영주택 단지에 사는 노동귀족들"로 가득한 에지웨어 지부에 가입했다.[180] 그렇지만 세상사와 멀찍이 거리를 두는 지식인으로 계속 머물렀다. "지식인들은 계급투쟁이라는 위대한 드라마의 합창단이다"라고 판단했다.[181] 지식인의 역할은 행동에 참여하는 것이 아니라, 중립에서 한참 떨어진 관점이라 할지라도 고대 그리스의 연극에서처럼 행동에 대해 논평하는 것, 즉 아이스킬로스보다는 에우리피데스에 더 가까운 역할이었다. 그러나 그리스 연극의 합창단은 행동에 영향을 줄 만한 힘이 없었지만 20세기 지식인은 그렇지 않았다. 계급투쟁에 직접 참여하는 사람들의 목소리를 대변하는 것이 지식인의 역할이었다. 무엇보다 소련을 옹호하는 것이 중요했다. 세계에서 유일한 사회주의 국가로서 결국 세계 전역에 혁명을 전파할 수 있도록 소련을 수호해야 했다. 이를 위해 "우리는 코민테른을 통 크게 용서해야 한다."[182] 혁명가들은 전술 면에서 "완전히 염치가 없고 터무니없을 정도로 유연해야" 한다고 생각했다. 이 말은 필요할 경우 다른 정치운동들과도 동맹을 맺어야 한다는 의미였다.[183] 그 무렵 에릭은 여전히 당의 정통 견해에 확고히 뿌리박고 있었다. 1935년 사촌 론에게 스탈린의 《소련 공산당(볼셰비키)의 역사: 단기 강좌》를 생일 선물로 주면서 이런 말을 덧붙였다. "에릭이 론에게. 운이 좋으면 너와 나는 이와 동일한 관점에서 영국에 관해 쓴 이야기를 보게 될 거야. 그날까지 너무 오래 걸리지 않고 네가 더 짧게 기다리는 데 도움이 되기를 바라며. 1935년 7월 20일, 에릭이." 론은 설득되지 않았고―그 책에는 메모도 없고 모서리를 접은 희미한 흔적도 없다―평생 노동당 지지자로 남았다.[184] 그렇지만 두 사람이 정치에 대해서만 토론하고 논쟁했던 것은 아니다. 《단기 강좌》와 함께 에릭은 20세기 초 이른바 조지 5세 시대의 시인들 중 한 명인 해럴드 먼로의 시집도 론에게 선물했는데, 이들의 서정시는 대개 강한 향수를 불러일으켰다. 에릭은 시집에 이렇게 적었다. "지난날을 추억하기 위해, 앞날을 내다보기 위해. 가능하다면, 후자를―나는 우리에게 아주 많은 것을 추억할 여유는 없다고 생각해. 하지만 우리가 사치를 부린다면, 그래, 당분간 감상에 빠지는 큰 죄를 짓자. 네가 이 충고를 따르지 않기를 바라며."[185]

에릭은 끊임없이 엄청나게 읽고, 자연을 사랑하고, 스스로를 공산주의자 지식인으로 규정하는 와중에도 새로운 흥미를 키워가고 있었다. 1934년 사촌 데니스를 통해 재즈를 접했던 것이다. 1916년 11월 16일에 태어나 에릭보다 불과 몇 달 빠른 데니스는 어린 시절 아버지가 가정을 버린 탓에 동생과 함께 어머니의 손에서 자랐다. 에릭을 만났을 때 데니스는 학교를 그만둔 채 전문가에게 수업료를 내고 배운 비올라 연주로 돈을 벌고 있었다. 하지만 그는 방랑자 기질이 있었고, 1932년 루이 암스트롱의 런던 공연을 보고서 처음 불이 붙은 열정을 좇아 재즈를 듣고 재즈에 관해 생각하며 많은 시간을 보내고 있었다. 에릭의 묘사에 따르면 데니스는 "평균 키에 스프레이를 과하게 뿌린 검은색 머리, 다소 건방진 미소, 눈썹 사이의 세로 주름, 큰 입, 부러진 이… 지나치게 물어뜯은 손톱을 가진" 젊은이였다. 그는 런던 남부 시드넘에 있는 "어머니의 거무스름한 집의 다락방에서" 살고 있었다. "그곳에는 큰 침대 하나, 빅토리아풍 의자 몇 개, 포장용 나무상자로 만든 다양한 탁자와 용기가 드문드문 있었고, 그중 하나에 사진이 덕지덕지 붙어 있었다." 대부분 재즈 연주자 사진이었다. "축음기가 작은 통 위에 놓여 있었으며, 우리는 걸쭉한 가당 연유 깡통을 비우고 피시앤칩스를 먹으면서 기분을 끌어올렸다."[186]

데니스는 노우드의 집에 자주 놀러왔다. 두 사람은 그레틀과 함께 원숙한 프리츠 크라이슬러와 젊은 영재 예후디 메뉴인 중에 누가 세계 최고의 고전음악 바이올린 연주자인지 토론했다.[187] 에지웨어로 이사한 시드니와 그레틀의 집에는 라디오가 있었고, 에릭은 시간이 날 때면 라디오로 재즈 음악을 들었다. 그는 자신이 둔감하지 않다면 재즈에 푹 빠질 거라고 생각했다.[188] 데니스가 재즈 음반 몇 장을 가져오자 두 사람은 나머지 가족의 잠을 방해하지 않도록 낡은 축음기의 나팔 모양 울림통에 둥글게 만 양말 두 개를 집어넣어 소리를 줄인 채로 연유를 마시고 담배를 피우면서 루이 암스트롱을 들었다.[189] 그렇지만 에릭은 고전음악도 멀리하지 않았다. 모차르트의 음악을 듣고는 심금을 울린다고 생각했다.[190] 일반적으로 음악은 문학보다 더 직접적으로 감정에 호소하는, 가장 추

상적이면서도 어쩌면 가장 순수한 예술일지 모른다고 생각했다.[191]

1935년 3월 데니스는 스트레텀의 팔레드당스에서 열리는 듀크 엘링턴의 공연에 에릭을 데려갔다. 1933년 엘링턴의 영국 순회공연은 웨일스 공을 포함해 사회 엘리트층이 관람하는 등 대성공을 거둔 바 있었다.[192] 따라서 스트레텀 공연은 매우 기대되는 행사였다. 에릭과 데니스가 도착했을 때

(늦은 시간임에도) 사람들이 사방에서 공연장으로 들어가고 있었다. 그들 대부분이 재즈 애호가였을 테지만 우리는 그렇지 않다고 생각하고 싶었는데, 공유하는 사람이 너무 많지 않은 기막힌 음악에 열광하는 것은 즐거운 일이기 때문이다. 우리는 뭇 남녀를 내심 경멸하면서 그들 사이를 지나갔다(바빌론을 조악하게 흉내 낸 것처럼 보이는 팔레드당스에 가본 것은 그때가 처음이었다). 아마 우리는 런던 남부의 소녀들과 그 파트너들을 낭만화하고 있었을 텐데, 유달리 타락한 부류는 아니었다. (…) 우리는 듀크와 그의 단원들이 무대에 등장할 때 박수를 쳤다. 우리는 음악의 리듬을 받아들일 준비를 하면서 무턱대고 계속 박수를 쳤는데, 재즈를 즉흥적으로 듣기에는 어리석은 방법이었다. 그렇지만 더 나은 방법을 알지 못했다. 이름과 특징을 알고 있는 연주자들 모두를 눈으로 좇으며 그들이 자리에 앉는 모습을 지켜보던 우리는 마치 영웅 숭배자처럼 거의 숨이 멎을 지경이었다. 그들이 연주를 시작하자 우리는 미친 듯이 발을 동동 구르고 독주자들에게서 눈을 떼지 못했다.[193]

데니스는 에릭에게 마르크스주의를 배우고 싶다고 선언했다. 에릭은 이 말을 의심했다. "절대로 마르크스주의자가 아닌 사람이 있다면 바로

데니스다. 그는 죽을 때까지 심정적 사회주의자, 또는 그와 비슷한 사람으로 살 것이다. 그런데 그는 마르크스주의자로서 이론을 확실하게 알려는 동시에 상층계급으로 진입하기를 원한다. (…) 오 그대, 나에게만 마르크스주의자인 데니스!"[194] 하지만 데니스는 마르크스주의자가 되는 데에는 실패했을지 몰라도 에릭이 평생 재즈를 좋아하도록 불을 붙이는 데에는 성공했다.

에릭은 차고에 보관하던 장서 중에서 보들레르의 책을 어렵사리 꺼냈다. 에릭은 보들레르의 시를 좋아했는데, 프랑스어를 능숙한 기교로 구사했을 뿐 아니라, 비록 대도시의 부정적인 측면을 시에 담기는 했어도 자연이 아닌 도시 생활을 다루었기 때문이다. 아마도 야밤에 하이드 파크에서 매춘부를 맞닥뜨리고 느꼈던 흥분을 떠올리며 "매춘부 숭배는 매우 부르주아-지식인다운 일이다"라고 쓰기도 했다.[195] 5월 20일에는 장서를 죄다 펼쳐놓고 더 이상 읽고 싶지 않은 책들을 다짜고짜 낸시와 피터에게 읽으라고 강요했지만, 당연히 두 사람은 그중 어떤 책에도 거의 관심이 없었다. 그는 장서를 네 가지 주제로 분류했다. 정치와 역사, 문학과 비평, 자연사, 그리고 기타.[196] 그가 읽은 체호프의 편지는 "내가 1935년을 살고 있다는 것, 어제 히틀러가 연설했다는 것, 영국 의회가 영국 공군의 규모를 세 배로 늘렸다는 것, 이탈리아가 아비시니아를 집어삼키려고 위협하고 있다는 것을 잊게" 해주었다. 이 무렵에는 거의 프랑스 문학만 읽고 있었다. 마르크스주의 문헌에 대한 언급은 거의 없고, 리턴 스트레이치의 《빅토리아 시대 명사들》을 빼면 역사책도 전혀 없다. 책을 읽지 않을 때면 에지웨어 호수를 산책하며 커다란 올빼미를 보기도 하고 리젠트파크에서 튤립에 감탄하기도 했다. 여름에는 호수에서 수영을 했는데 물이 꽤 차가웠다.[197]

1935년 6월경 에릭은 프랑스 문학에서 낭만주의 문학으로 넘어갔고,

특히 급진적인 시인 퍼시 비시 셸리와 독일 우화작가 E. T. A. 호프만에 심취했다. 그와 동시에 스탕달의 《파르마의 수도원》도 읽고 있었다. 부득이 사야 하는 교과서 외에 키케로, 베르길리우스, 에드워드 기번의 《로마제국 쇠망사》 제1권, 왕정복고 시대 작가들인 윌리엄 콩그리브, 존 밴브러, 조지 파쿼와 윌리엄 위철리의 책과 17세기 세비녜 후작부인의 서한집을 구입했고, 마르크스와 엥겔스의 서한 선집을 독파하기도 했다.[198] 이처럼 그는 열일곱 살 무렵에 영어, 프랑스어, 독일어, 라틴어를 집중적으로 읽고 있었다. 열여덟 살 생일 이후에도 독서 목록은 괴테의 서한, 비용의 시, 오스트리아의 무명 시인 게오르크 트라클의 운문과 좀더 알려진 극작가 요한 네스트로이의 희곡, 이탈리아의 역사, 단테 조금 등으로 계속 이어졌다.[199] 그는 독일어 시를 다시 읽을 수 있어서 기뻤고, 그에 대한 감상을 일기 곳곳에 적어놓았다. 몇 주 후에는 프루스트의 방대한 소설 《잃어버린 시간을 찾아서》 제1권, 마키아벨리의 《군주론》, 토머스 홉스의 《리바이어던》과도 씨름했다.[200] 7월 말에는 조지 버나드 쇼, 제라드 맨리 홉킨스, 에드워드 토머스, 토머스 하디가 목록에 추가되었다.[201] 마르크스주의자로서 그는 "모든 예술 작품은 사회적 문헌이다"라고 생각했지만, 그렇다고 해서 시와 희곡, 소설을 예술 작품 그 자체로 즐기지 못한 것은 아니었다.[202] "확실히 20세기의 가장 중요한 소설 중 하나"라고 평가한 미하일 숄로호프의 《고요한 돈강》 영역본을 1934년에 읽은 것은 정치적 관심과 문학적 관심이 합쳐진 경우였다. 이 작품은 "내가 아는 성공적인 사회주의 소설의 첫 사례"였다.[203] 1935년 9월에는 1차 세계대전 기간에 오스만 제국에 대항한 아랍 혁명에서 T. E. 로런스의 역할을 기록한 《지혜의 일곱 기둥》뿐 아니라 스탕달의 작품, 랭보와 비용 같은 프랑스 시인들의 작품까지 계속해서 읽었다.[204] 11월 중순에는 스탕달뿐 아니라 도덕론자 생트뵈브의 작품, 릴케와 발터 폰 데어 포겔 바이데의 시집도 구입했다.[205] 1926년 출간된 엘리자베스 보엔의 《파리의 집》을 읽고는 "독창성이 전혀 없는, 프루스트를 희석한" 작품이라고 생각했다.[206]

1934년 12월 초, 에릭의 자질에 감명받았던 루엘린 스미스는 이미 옥스퍼드 베일리얼칼리지에 장학금을 신청하라고 조언하고 있었다.[207] 에릭은 자신이 학교에서 "일종의 신기한 동물"로 간주되어 "사람들이 나를 가리키며 '그래, 걔는 다른 학생들보다 아는 게 훨씬 많아' 따위의 말"을 한다는 사실에 짜증을 내면서도, 루엘린의 조언을 따르기로 했다. "나는 이미 옥스퍼드에 있는 나를 본다. 이런 공상은 얼마나 유치하면서도 기분 좋은가"라고 적었다.[208] 1935년 7월에는 대학 진학을 위해 통과해야 하는 졸업시험을 치렀다. 역사와 라틴어는 최우수, 영어는 우수, 프랑스어는 "구두시험에서 추가 점수"를 얻은 보통의 성적을 받았다.[209] 자신이 역사 공부를 잘한다는 것이 분명하다는 이유로 대학에서는 역사를 전공하기로 결정했다. 루엘린 스미스는 지원 과정의 실무를 도와주었다. 에릭이 나중에 말한 대로 그의 도움은 "대학에 들어간 사람이 아무도 없는 가족 출신이자 옥스브리지를 티베트만큼이나 모르던 소년에게 꼭 필요했습니다. 실은 옥스브리지를 티베트보다 더 몰랐는데, 티베트에 관해서는 어느 스웨덴인 탐험가가 쓴 책 몇 권을 읽은 적이 있었기 때문입니다."[210]

그러나 무슨 이유에서인지 분명하진 않지만, 1935년 12월에 에릭이 역사학과 입학시험을 치른 곳은 옥스퍼드의 베일리얼칼리지가 아니라 케임브리지의 킹스칼리지였다. 루엘린 스미스가 베일리얼의 고지식한 보수주의보다 킹스의 익히 알려진 자유분방한 분위기가 에릭에게 더 어울린다고 생각했던 것이라면, 그것은 옳은 판단이었다. 에릭은 시험에 대비해 복습을 하느라 10월과 11월의 시간을 대부분은 아닐지라도 상당 부분 썼다. 이 기간 동안 이전까지 '독서 연대기'에 주기적으로 등장하던 프랑스 소설과 시가 일기에서 사라졌다. 그렇지만 1차 세계대전 시기 이탈리아 전선에 관한 헤밍웨이의 《무기여 잘 있거라》, 대공황기 미국의 장시간 춤 경연을 소재로 한 호레이스 맥코이의 소설 《그들은 말을 쏘았다》, 마이클 페시어의 고딕소설 《온전한 정신으로 완전히 차려입다Fully Dressed and in His Right Mind》, 카를 크라우스의 글 몇 편과 다양한 탐정소설 등 평소 읽던 것보다 훨씬 가벼운 책들은 계속 읽었다.[211] 시험이 가까워지자 에릭은 사실과 연도를 기계적으로 암기하는 것을 싫어하고 역사가보다 마르크스주의자로서 역사 과목에 접근하면서도, 역사책들을 독서 목록에 집어넣기 시작했다. "역사 전개의 주요 단계들을 명확히 알기만 하면 날짜 하나를 더 알고 덜 알고는 크게 중요하지 않다." 학교에서도 봉건제에서 자본주의로의 이행—앞으로 평생 천착하게 될 문제—의 주된 특징을 정리하기 시작했다.[212] 적어도 일부 기본적인 역사적 사실은 부득이 배워야 했다. 그리고 학교 과제로서, 석학이지만 저서를 거의 출간하지 않은 케임브리지 역사가 액턴 경의 강의록을 그의 제자들이 엮어낸 《근대사 강의》, 프랑스 혁명 전문가 J. M. 톰슨의 《대외관계사 강의》, 그리고 루터와 칼뱅에 관한 저술을 읽어야 했다.[213] 액턴 경에 대해 에릭은 "아무런 쓸모도 없는 종류의 역사에 정확히 들어맞는다"라고 말했다.[214]

그러나 이 시점에는 전문 역사가가 될 생각이 없었다. "미래의 나를 꿈꿔본다. 불같은 연사 E. J. H., 유명 저자 E. J. H., 냉혹하고 정력적인 조직가, 철학자. 그러자 너무 유치하고 상상의 나래를 지나치게 펼쳤다 싶어 얼굴이 화끈거렸다." 역사 분야나 학계 쪽으로 간다고 상상하지는 않았다.[215] 11월에 이르자 영국사와 유럽사에 관한 지식을 넓혔고 시험 준비도 잘했다는 자신감이 생겼다. "나는 이제 준비되었다."[216] 에릭은 12월에 케임브리지로 가서 입학 시험을 치른 뒤 평생 킹스칼리지에

서 재직한 튜더 시대 정치사상 전문가 크리스토퍼 모리스에게 면접을
봤다. 모리스는 학생들에게 세심한 관심을 기울이는 것으로 유명했다.
장학금 심사에 대비해 읽어야 하는 긴 독서 목록을 후보 학생들에게 보
낼 정도였다. 그 자신이 악명 높은 반골이었던 모리스는 관습적이지 않
은 견해를 가진 학부생을 알아보는 것으로도 유명했고, 면접을 보고는
분명 에릭을 매우 높게 평가했다. 에릭은 연간 100파운드의 파운데이션
장학금을 받게 되었는데, 이 액수면 당시 평균 국민 임금의 대략 절반이
었고, 1936년 10월부터 대학생으로 살기에 충분한 정도였다. 옥스퍼드
와 케임브리지는 매년 장학생 명단을 《타임스》에 게재할 정도로 여전히
영국인의 삶에 상당한 영향력을 행사하고 있었고, 전례대로 에릭의 이
름은 'E. J. E. Obsbawm'으로 그 명단에 포함되었다.[217]

에릭은 시험을 치르기 전부터 홉스바움 가족의 굴레를 벗어나고 있었
다. 1935년 9월에 그는 자신이 아이처럼 취급받는다는 불만, 삼촌의 신
경질, 가정생활의 무료함에 대해 일기에 썼다.[218] 그는 스스로 삶을 꾸려
가기를 기대하고 있었다. "너는 2등급의 사람"이라고 스스로에게 말했
다. "너는 보통 수준은 넘지만 천재 수준에는 미치지 못한다. 너는 그저
재능이 있는 정도다." 숨겨진 천재가 아니라 '평균 사람'보다 조금 낫다
는 의식은 매우 실망스러운 것이었다.[219] 스스로 헤쳐나가야만 진정으로
평균 이상이 될 수 있었다. 그와 동시에 에릭은 일기 쓰기를 그만두기로
결심했다. 일기가 더 이상 필요하지 않다고 생각했다. 일기를 다시 읽어
보니 어떤 글은 그리 나쁘지 않았지만 어떤 글은 너무 감상적이고 미숙
했다. "나는 어느 정도는 감정을 없애기 위해, 어느 정도는 젠체하기 위
해 이 쓰레기통에 나의 감정을 내버렸다."[220] 케임브리지에서 장학금을
받아 적어도 3년간 자유로운 미래를 기대할 수 있었으므로 이제 일기가
필요하지 않았다. 또한 처음으로 "다른 사람들에게 기대서가 아니라 스

스로의 힘으로 사람을 사귀었기 때문에" 감정을 일기에 털어놓을 필요
가 없었을 것이다. 그 사람은 바로 케임브리지 면접 때 만난 것이 분명
한 좌파 청년 케네스 사이어스Kenneth Syers였다. 면접장에서 보통의 응시
자들과는 다르게 그들은 정치적 신념을 공유하며 틀림없이 유대감을 형
성했다. 이 친분은 훗날 2차 세계대전 중에 사이어스를 괴롭힐 터였다.

이 모든 이유로 에릭은 미래를 낙관하고 있었다. 이제 "간접적으로"
살아갈 필요 없이 삶을 직접 경험할 작정이었다. 물론 스스로에게 경고
하기는 했다. "나는 20세기 사람이며 아무것도 확실하지 않다는 것을 안
다. 그리고 다른 상황에서도 그런 낙관적인 기질이 나에게는 없다. 어렵
겠지만 나는 어떠한 환상도 품지 않을 것이다." 만약 "유감스럽게도 예
전처럼 엉망진창인 장광설, 문체 연습, 비판, 불운한 일 등을 다시 끄적
인다면, 너도 알듯이 우스꽝스러워 보일 것"이라고 스스로에게 말했다.
이제 "에릭 존 어니스트 홉스봄, 키가 크고 앙상하고 구부정하고 못생
기고 금발에 이해력이 빠르고 피상적이지만 폭넓은 일반적 지식을 많이
아는 18년하고도 반년을 산 소년"과 작별하기로 했다. 이따금 예술과 자
연을 감상하며 관능성을 드러내는 "새침데기", "일부 사람들에게 도통
공감하지 못하고 다른 대다수 사람들을 그저 비웃을 뿐인 이기적인 사
람"과 단절하기로 했다. "그는 혁명가가 되고 싶지만 당장은 그 어떤 조
직 재능도 가지고 있지 않다. 그는 작가가 되고 싶지만 창의력도 정력도
없다. 희망은 있지만 그리 강한 신념은 없다." 에릭은 자신의 단점을 충
분히 알고 있었다. 스스로에게 "허영심과 자만심이 강하다. 겁쟁이다.
자연을 정말 사랑한다. 그리고 독일어를 잊어버리고 있다"라고 말했다.
언젠가 일기를 다시 쓰리라는 것을 알지 못했지만, 그때까지는 일기와
작별이었다. "E. J. E.는 자신이 시작했던 방식, 간접 방식을 (정말) 끝낸
다. **당장은 (정말이지) 그만이다.**"[221]

8

케임브리지로 진학하기 1년 전인 1935년 늦은 여름, 삼촌 시드니는 사업차 파리를 며칠 방문할 예정인데 함께 가겠느냐고 에릭에게 물었다.[222] 그들은 9월 2일 월요일에 빅토리아 역에서 항구까지 가는 열차에 올라 9월 8일 일요일에 돌아왔다. 시드니가 사업 회의와 업무상 저녁식사로 바쁜 사이에 에릭은 활기차게 관광을 다녔다.[223] 런던으로 돌아와 교지에 기고한 글에서 그는 몽파르나스의 게테 거리를 산책한 일을 이렇게 묘사했다.

나는 미술상들의 가게에 들어갔고, 화가를 올바로 알아맞힐 때마다 스스로에게 매우 만족했다. 미술상은 어디에나 있었고, 그들 사이사이에 베레모를 쓴 지저분한 젊은이가 바나나 가격을 외치는 노점상들이 있었다. 온통 비좁고 지저분했지만 활기가 넘쳤으며, 나는 꽤 낭만적인 기분이 되었고 그런 기분에 너무 빠지지 않도록 스스로를 다잡아야 했다. 바로 여기가 몽파르나스야 하고 혼잣말을 하고 여기서 살면 얼마나 좋을지 생각했다.[224]

그렇지만 다시 생각해보니 지저분함은 불쾌했다. "벌레가 있다"는 말도 들었다. 그래서 뤽상부르 공원까지 걸어가 자리를 잡고 앉아 할머니들이 이야기하고 아이들이 노는 모습을 지켜보았다. 생트샤펠 성당에서는 아치와 기둥을 올려보았다. "그것들은 홀쭉하고 어둠 속에서 자라는 식물처럼 하늘을 향해 뻗어 있었으며, 성인聖人들은 커다란 푸른색 스테인드글라스 안에서 빨간색, 녹색, 노란색의 빛을 내며 가만히 서 있었다." 몽마르트르에서는 사크레쾨르 대성당에 감탄했는데, 그것은 "아침에 도시 전체를 발밑에 둔 채 연질의 금처럼 은은하게 빛났고, 그 아래로 잿빛의 황량하고 불규칙한 아파트 단지들 사이로 그림자가 드리워졌으며, 안개 속 어딘가에 센강이 있었다." 길을 가는 도중 한 남자가 지하철에서 말을 걸려고 했지만 "나는 알아들을 수 없어 매우 당황했다." 몽마르트르는 1930년대에 이미 관광 명소였고 그곳의 "영화관들은 영국보다 아주 많이, 훨씬 더 비쌌다." 그곳에서 파는 옷은 "싸고 조잡"했다. 버스로 파리 외곽을 여행하면서 에릭은 베르사유궁이 또 다른 관광 명소임을 알았고, 득시글한 "미국인들에도 불구하고 거울의 방과 왕의 침대" 등에 감탄했다. 그리고 "그곳에서 그들은 오렌지에이드 한 잔에 터무니없는 가격을 요구했다"라고 불평했다. 그는 이때의 경험을 바탕으로 교지에 에세이를 많이 남겼다.

베르사유를 구경하고 파리로 돌아온 뒤, 에릭은 유명한 공연장인 카지노 드 파리로 향했다. 일기에 털어놓은 대로, 일전에 폴리 베르제르* 에 관해 읽은 적이 있던 터라 잔뜩 기대하고 있었다.

나는 재치와 유머, 아울러 (대체로 성적인 자극 때문에) 나체의 여인들을 기대했다. 나는 실망했다. 무대와 복장의 현란함이 예술적 심미성을 너무 자주 넘어섰다. 공연이 주로 지방에서 온 사람들에 맞추어 기획되었기 때문에 재치는 거의 찾아볼 수 없었다. 나체의 여인들이 나의 최대 관심사였다. 그러나 새로울 게 별로 없었다. 미국 영화를 통해익숙해진 외설 수위에 근접한 장면을 카지노 드 파리는 전혀 보여주지않았다. 물론 때때로 '스릴을 느꼈다.' 그렇지만 정말 많은 인파 속에서 그런 것을 생각하기란 거의 불가능했다. 나는 평소에 여성의 몸보다

* 파리의 또 다른 유명 공연장.

남성의 몸이 더 아름답다고 생각하곤 했다. 하지만 생각을 바꿨다. 나체의 여인만큼 아름다운 것을 나는 본 적이 없다. 50분 동안 나는 여체의 모든 동작을 탐구할 수 있었다―그리고 그것은 가장 훌륭한 조각상보다도 더 아름다웠다.[225]

물론 에릭은 파리의 너무도 유명한 측면, 즉 어둡고 비도덕적인 측면을 진짜로 경험할 기회가 거의 없다는 사실을 알고 있었다. 그렇지만 대로를 걷는 여성들을 보는 것을 즐겼고, "아름다운 다리가 적다"고 아쉬워하면서도 그들의 섬세한 화장에 감탄했다. 어둠이 내린 후에는 도시의 더 허름한 구역들을 돌아다니다가 거리를 향해 반쯤 열린 문 사이로, 깜빡이는 가스등이 희미하게 비추는 길 모서리의 계단에 서 있는 소녀들을 보았다. "낭만적인 화가를 뺀 다른 모든 사람에게는 슬프고 음울하고 지루한, 혐오스럽지는 않고 그저 싫증이 나는 광경이었다."

그렇지만 런던이 더 인상적이라 해도 파리가 더 마음에 든다고 결론지었다. 그는 파리와 사랑에 빠졌다. 그 후로 론과 자전거 여행 휴가를 가는 일은 없었다. 에릭은 여름철에 다시 파리에 가기 위해 갖은 애를 썼다. 파리는 정치적으로도 더 흥분되는 도시였다. 파리는 소련 외부에서 노동운동이 유일하게 존재하는 곳이어서 낙관론의 근거가 되기도 했다. 1936년 5월에 인민전선은 에릭과 다른 많은 이들이 보기에 파시즘의 전진에 엄청난 타격을 가해 프랑스와 스페인 양국에서 선거 승리를 거두고 강력한 좌파 정부를 결성했다. 이 승리는 좌파에게 희열을 안겨주었고, 많은 이들에게 진정한 사회혁명의 전조로 보였다. 두 달 후 에릭은 케임브리지에 진학하기 전에 프랑스어 실력을 기르기 위해 런던주의회의 보조금을 받아 석 달 체류할 계획으로 파리에 갔을 때, 그 흥분을 직접 경험할 수 있었다.

파리에 간 데에는 십중팔구 여러 이유가 있었을 것이다. 표면상의 학구적 이유 외에 파리 방문은 크리스마스 휴가 기간에 집에서 빠져들었고 그 이후 몇 달 동안 간격을 두고 되풀이된 우울감을 극복하는 데 도움이 되었다. 우울감에 빠진 것은 1936년 초 에릭과 친밀한 그레틀 숙모의 위 종양이 "주먹만 한 크기로" 자랐기 때문이었다. 수술은 불가능하다는 진단이 내려졌다. 그레틀은 그해 6월에 사망했다. 에릭이 나중에 썼듯이 "시드니 삼촌은 낡은 햄스테드 종합병원 침대에 누운 그녀의 시신을 보여주기 위해 나를 데려갔다." "숙모의 몸은 내가 처음 본 시신이었다." 에릭은 자신의 문제, 심지어 성과 관련된 문제도 숙모에게 이야기할 수 있었으며, 그레틀은 에릭의 부모가 사망한 후 그에게 절실히 필요했던 모성애를 베풀었다. 그녀가 없는 가정의 생활은 예전 같지 않았다. 그레틀의 죽음 직후 에릭이 도착한 파리는 슬픔에서 벗어나게 해주었거나, 적어도 그럴 수 있다는 희망을 주었을 것이다.[226]

파리에 도착한 직후인 1936년 7월 5일, 사촌 론에게 편지를 썼다.

나는 자본가들이 공산당원을 정말로 싫어하고 두려워하는 나라, 공산당원과 사회당원을 비롯한 좌파가 사회주의를 기대하는—그러니까 이론적으로 그치는 게 아니라 정말로 기대하는—나라에 와 있어.《자본론》의 적당한 번역서도 없는 나라에서 자신의 공산주의를 고수하기 위해 얼마나 오랫동안—정확히 3년 3개월—최선을 다해야 했는지를 잘 알고 있는 장래의 마르크스주의자에게 이런 분위기가 얼마나 신선한지 굳이 강조할 필요가 있을까?[227]

론에게 말하기를 에릭은 12일간 머물면서 다양한 부류의 사람들, 즉 "실직한 공산당원, 노년의 공산당원 정원사, 연좌파업 참가자, 노동자,

영화계의 공산당원, 급진적 사회주의자 학생, 파시스트 학생, (모두 우파인) 하숙집 주인과 그녀의 남편, 아들", 그리고 삼촌의 대리인인 공산당원 등과 이야기를 나누었다. 그는 불의 십자단croix-de-feu이라는 극우 단체의 소규모 집회를 관찰하고서 "그 우파는 자기네 아지트를 깃발로 장식하고 꽃 모양의 모표를 달았다"라고 적었다. 또 플래카드와 포스터에 주목하고 공산당 계열의 《위마니테》부터 극우 계열의 《악시옹 프랑세즈》까지 여러 신문을 읽었다. 그러면서도 론에게 이 모든 것은 매우 적은 예시에 불과하니 이렇게 빈약한 증거를 근거로 프랑스 정치에 대한 포괄적인 일반화를 시도해서는 안 된다고 주의를 주었다.

에릭이 보기에 인민전선 정부의 초기 몇 주 동안 파리의 정치적 분위기는 극도로 들떠 있었다. 그 이전의 정치적 좌절감은 사라졌고, 1934년 파리에서 우파가 소란을 일으켰을 때 가장 뚜렷해 보였던 파시스트 쿠데타의 위험은 물러갔다. "공산당원들은 놀라우리만치 자신만만해"라고 론에게 말했다. "물론 그들은 아주 큰 어려움을 인식하고 있지만, 자신들의 날이 온다고 확신하고 있어ㅡ내가 만난 사람들은 그 점에 대해 구태여 열을 올리지도 않을 정도야. 한 젊은 실직자가 내게 말한 대로 '우리는 충분히 오랫동안 기다렸다'는 거야." 선거 직후 시작한 총파업으로 노동자들은 마티뇽 협정으로 알려진 노동조건의 중요한 법적 개선을 이루어냈지만, 일부 노동자들은 7월에도 여전히 일터로 복귀하지 않고 있었다. 인민전선은 사회복지 및 문화개혁과 관련된 여러 입법 청사진을 실행하고 있었다. 에릭은 "프티부르주아지는 분명히 노동계급의 편을 들고 있다"라는 주장에 고무되었고 이 주장의 근거를 어느 정원사와 대화하는 중에 발견했는데, 그는 19세기 급진주의자 피에르-조제프 프루동의 유명한 경구 "재산은 도둑질이다"를 프티부르주아지에 더 친화적인 경구 "큰 재산은 도둑질이다"로 고쳤다. 달리 말해 정원사의 분노를 자아내고 에릭이 생각하기에 나머지 중간계급 하층의 분노까지 불러일으킨 것은 '독점자본'이었다. 파시스트 연맹에 대해서는 "삼색 단추 구멍과 장미꽃 모양 장식으로 판단하건대 그들은 거의 전적으로 상층계급"이라고 생각했고, 아마도 전체의 45퍼센트는 학생, 35퍼센트는 상층계급 여성, 7퍼센트는 어린 학생, 12퍼센트는 사업가, 그리고 어쩌면 1퍼센트가 노동자일 것이라고 짐작했다. 사회주의 언론은 뇌이Neuilly 지역("호화로운 교외 지역으로 그곳에는 하나의 사회가 존재해")의 주택들 중 55퍼센트가 창가에 파시스트 깃발을 내걸었다고 추산했다. 노동계급의 지역에는 파시스트 깃발이 거의 없었다.

물론 다른 위험도 존재했다. 사회당의 일부는 인민전선에서 공산당원을 내쫓기를 원했으며("한심한 바보들"), 다른 한편에는 "파업 참가자들이 봉기와 폭동을 일으키도록 부추기는 것이 최선이라고 생각하는 트로츠키 일당의 혁명 선동자들"이 있었다. 파시스트 연맹은 "잘 무장되어 있고 공직의 핵심 직책들을 장악"하고 있었다. 이런 상황에서 공산당은 프티부르주아를 필요로 했다. 만약 프랑스 공산당이 소비에트의 설립, 사유재산의 폐지, 집단농장의 설립을 위해 선동을 시작했다면 "두 달 안에 파시스트 쿠데타가 성공했을 수도" 있었다. 이 노선을 피한 것은, 1917년 러시아에서 볼셰비키의 전술이 우여곡절 끝에 결국 성공했던 것처럼, "운이 좋으면 성공할 수도 있는 마르크스주의 전술의 모범적 예시"였다. 에릭은 프랑스 징집병사들 역시 모두 노동자이기 때문에 군사 쿠데타의 위험은 없다는 젊은 실직자의 말을 듣고서 안심했다. 그리고 이 사실을 고려하면 징병제는 결국 좋은 발상이라고 생각했다. 전쟁의 위험에 대해서는 "나는 여전히 전쟁의 위험이 과거 어느 때보다 높다고 생각하지만, 이곳의 위험은 심각하게 우려할 정도는 아니야"라고 말했다.

1936년 7월 13일, 에릭은 프랑스 공산당 지도자 모리스 토레즈의 연설을 듣기 위해 버팔로 경기장(파리의 경륜장)의 집회에 참석했다. 토레즈는 노동자들에게 지난 1848년처럼 부르주아지가 깜짝 놀라지 않도록 너무 많은 것을 너무 급하게 요구하지 말라고 조언했다. 집회 내내 비가 내렸지만 8만 명의 참석자들은 개의치 않는 듯했다.

그들은 경기장 전체의 계단식 좌석에 앉아 있었다. 날이 어두워지는 가운데 확성기에서 혁명가가 흘러나왔다. 확성기 소리가 잠시 멈춘 사이에 경기장 반대편에서 군중이 외치는 "소비에트를 모든 곳에"라는 구호가 어스름을 뚫고 들리긴 했지만, 확성기 소리에 묻혀 속삭임처럼 들렸다. 곧이어 다른 군중이 구호를 조금 더 길게 외치고 또 다른 군중이 이어받아 외쳤다. 그렇게 이곳에서 저곳으로 구호를 넘기다가 갑자기 경기장 군중의 절반 이상이 "소비에트를 모든 곳에" 하고 소리쳤다. 그런 다음 구호가 "텔만을 석방하라" 또는 "도리오를 처단하라"로 바뀌었다―도리오는 거대 자본의 지원을 받아 '인민당'을 창당한 공산당의 배신자다. 규율은 없었다. 사람들은 춤이나 연설자를 가까이서 보려고 자리에서 벗어나 잔디로 내려갔다가 다시 돌아오곤 했다. 조명이 흰히 비추는 커다란 연단이 설치되어 있었고, 나머지 경기장은 마치 희미하게 움직이는 어두운 군중을 옆면에 회반죽처럼 바른 커다란 그릇 같았다. 오페라 가르니에의 누군가가 프랑스 혁명의 노래들을 독창하다가 카르마뇰을 부르자 모든 사람이 부드럽게 따라 부르기 시작했다. 갑자기 잔디 위의 일부 사람들이 서로 손을 잡고 원을 형성하고는 둥글게 돌며 춤을 추기 시작했다. 머지않아 다른 사람들도 동참했고, 몇 분이 지나자 어스름 속에서 남녀노소를 막론하고 커다란 원을 그리며 빙글빙글 돌고 있었다. 그동안 계단식 좌석에서는 군중이 점점 더 크게 노래를 불렀고, 탐조등이 연단 위의 가수를 환히 밝혔고, 희미한 은빛 광선이 밀집해 서 있는 사람들의 머리 위에서 빛을 냈다. 가수가 "괜찮을 거야, 괜찮을 거야, 우리는 부르주아지의 머리를 박살 낼 거야"라고 부를 즈음에는 7만 명의 군중 전체가 있는 힘껏 소리치고 원형으로 춤추던 사람들이 빠른 속도로 돌고 있었다.[228]

잠시 후 음악이 멈추고 모두가 자리로 돌아갔다. 토레즈가 연설했고, 야외극이 이어졌으며, 프랑스 역사의 위대한 혁명가들에 대한 짧은 강연이 있었다(영국 좌파가 밀턴이나 톰 페인에 대한 노래를 부른 적이 있던가 하고 에릭은 자문했다). 그다음으로 노래를 더 부르다가 악단이 19세기 후반부터 국제사회주의 찬가였던 인터내셔널가를 불쑥 연주하자 군중 전체가 움켜쥔 주먹을 들어올린 채 노랫말을 외쳐댔다.

에릭과 다른 동지들이 집으로 돌아가는 길에 지하철에서 혁명가를 계속 부르자 객차 안의 모든 사람이 후렴구를 따라 불렀다. "그리고 우리 모두 서로 소리를 지르고 활짝 웃고 구호를 외치고 공산당, 청년공산당, 인민전선에 환호를 보냈다. 역에서 우리는 다른 자동차들에서 흘러나오는 노래를 들을 수 있었다." 이에 반해 7월 13~14일 밤에 거리에서 춤을 추는 전통은 에릭이 보기에 다소 단조로웠다. 주요 건널목과 교차로에 자리 잡은 작은 부스 안에서 소규모 밴드가 연주하는 음악에 맞추어 커플들이 의욕도 열정도 없이 빙빙 도는 춤이었다. 날씨가 궂어서, 또는 늦은 시각이라서 그랬을 수도 있다(프랑스인이 영국인보다 잠자리에 늦게 든다는 것은 잘못 알려진 이야기라고 에릭은 생각했다).

물론 파리의 거리가 런던의 거리보다 훨씬 더 생기 있게 보이긴 하지만, 그렇다 해도 자정 무렵에는 비교적 소수밖에 없다. 고객을 구하지 못한 매춘부 몇 명, 극장에서 뒤늦게 나오는 몇 명, 거리를 배회하는 몇 명, 카페 안이나 앞에서 마지막 커피나 술을 마시는 한두 명이 있을 뿐이다. (…) 이곳에서 사람들을 더 보면 볼수록 이곳이 지극히 평범하고 전반적으로 매우 호의적인 부류가 대다수를 차지하는 지극히 평범한 도시라는 확신이 든다. (…) 해질녘에 아파트 관리인이나 작은 상점 주인이 자기 집이나 상점 앞의 보도에 의자를 내놓고 석양을 바라보거나 이웃과 얘기하는 모습을 볼 때마다, 오싹하게도 내가 사는 곳의 교외 거리와 빈민가, 밤에 영화를 보러 가는 사람들이 생각난다.

영국 영화는 "오락의 한 형태보다는 일종의 마약에 더 가깝다"라고 그는 괄호 안에 덧붙였다. 그렇지만 행사 이후의 모든 실망에도 불구하고 경륜장 집회는 열여덟 살 소년을 흥분시키고 황홀하게 하는 정치적 경험이었다. 영국에서는 그와 비슷한 경험을 맛볼 수 없었다. 그 경험은 고국에서는 찾을 수 없었던 희망과 열정을 불어넣었다.

시드니 삼촌은 파리를 사업차 방문한 터라 에릭은 저녁에 길을 나서 먼저 오페라 코미크, 그다음 증권거래소와 포르트 생드니, 마지막으로 몽마르트르 앞에서 사람들이 춤추는 것을 보았다. 각 광장마다 밴드가 "꼭 필요한 만큼 듣기 거북하고 열정적인" 연주를 했고, 적색, 흰색, 파란색 전구와 나란히 장식용 깃발이 거리를 가로질러 걸려 있었으며, 온갖 사회적 배경을 가진 사람들이 서로 어울려 춤을 추었다. 에릭도 한번 춰보았다. "실제로 스텝을 알 필요는 없었다. 마음에 드는 이성에게 다가가 춤을 청한 다음 애매한 리듬을 타면서 나머지는 운에 맡기면 된다." 춤추는 사람들은 "바람 부는 들판의 꽃들처럼 여러 색깔로 흔들리는 무리"를 이루었다. "외곽에서 그들은 남자와 여자 한 쌍씩 따로따로 춤을 추었다. 그들은 리듬을 타면서 스텝을 밟고 팔과 엉덩이를 흔들면서 조용히 웃었고, 다른 사람들은 주변의 보도에 서거나 의자에 앉은 채로 박자를 맞추며 똑같이 미소를 지었다." 무리에서 벗어나고 보니 지하철이 이미 끊긴 터라 숙소까지 한 시간이나 걸어가야 했다. 중간에 루브르에서 잠시 길을 멈추고 다시 춤을 추기도 했다. 도중에 미국에서 온 "유쾌한 대학생들"을 만나기도 했는데, 그들이 7월 14일에 뭐 하느냐고 묻자 "나는 파리에서 아주 오래 산 사람처럼 말했다." 결국 새벽 2시 반이 되어서야 숙소에 도착했다.[229]

바스티유의 날인 이튿날 7월 14일은 에릭의 말대로라면 "내가 경험한 가장 놀랍고 가장 훌륭하고 가장 위대하고 가장 인상적인 오후"였다. 시드니 삼촌의 친구들이 호텔로 찾아와 두 사람을 택시에 태웠다. 점심을 재빨리 먹은 뒤 그들은 영화 촬영용 카메라를 가지고서 화물차에 올랐다(시드니와 친구들은 사회당의 공식 카메라 팀으로 지명받는 데 용케 성공했다). "미친 듯이 기뻐하며 거리로 나온 수많은 사람들을 상상할 수 있겠어? 자신들의 단결과 힘에 대한 의식에 흠뻑 취해버린 사람들을?"이라고 에릭은 론에게 물었다. 그들은 카르마뇰을 노래하고 반파시스트 구호를 외쳤다. 특히 한쪽 가장자리에 "낡았지만 위엄 있는 깃발"이 걸린 발코니에 앉아 있던 어느 파시스트를 향해 목소리를 높였는데, 그는 마치 제국의 수도를 침략하는 야만족을 가만히 응시하는 고대 로마의 원로원 의원처럼 보였다. 다른 곳에서는 "단춧구멍에 붉은 꽃을 꽂거나 붉은 넥타이를 매거나 자유의 모자 배지 내지 소비에트의 별을 달고 있는 수만 명의" 군중이 지나갈 때, 발코니에 삼색기와 나란히 붉은 깃발이 걸려 있었다. "고가철로를 지나는 열차의 기관사는 창밖으로 상체를 내밀어 두 주먹을 들어올렸고 승무원과 승객들도 (…) 창밖으로 주먹을 내밀고서 기쁨에 겨워 소리를 질렀다."

화물차에 걸터앉은 에릭과 시드니, 그의 친구들에게는 "모든 광경이 훤히 보였다." 그들은 운수 노동자부터 공무원에 이르는 노동조합들의 행진, "푸른색 작업복과 가죽 모자를 쓴 광부들"을 촬영했다. 광부들이 깃발을 높이 들고 다른 노래들과 뒤섞이는 인터내셔널가를 부르며 지나갈 때 보니 "일부는 발을 질질 끌고 일부는 행군하듯 걷는 등 보조를 전혀 맞추지 않았"으며 "관절이 아플 정도로 주먹을 위로 쭉 뻗고" 있었다.

퇴역군인들이 도착했고, 제복 차림에 가슴에 훈장을 일렬로 단 예비군 장교와 하사관 단체들이 보조를 맞춰 행진하며 엄숙하게 경례하자 군중이 그들에게 박수를 보내고 (20여 년 전에 파업 참가자들을 진압하기를 거부한) 제17연대의 노래를 불렀다. 일부는 주먹을 치켜들었다. 그들 모두, 나무껍질 같은 갈색 피부에 주름이 많은 왜소한 남자들과 황소 같은 어깨를 가진 거구의 남자들 모두 보조를 맞춰 매우 엄숙하게 행진했다. '전쟁의 상해자들mutilés de la guerre'[230]은 환자용 의자에 태운 한 남자를 밀면서 왔다. 맹인에 불구자인 그 남자는 양피지 같은 갈색인 데다 마치 고압전선이라도 만진 것처럼 건조하고 뒤틀린 한 손을 여윈 팔로 지탱하고 있었다. 그것은 주먹이 아니라 마치 담배인 양 담요 밑에서 30도의 각도로 어울리지 않게 삐죽 튀어나온, 피부와 뼈를 얼기설기 얽어놓은 뒤틀린 형상에 지나지 않았다.

그다음으로 공장에서 일하는 모로코인, 튀니지인, 알제리인이 왔다. 그들은 한쪽 구석에 무슬림을 상징하는 녹색이 칠해진 붉은 깃발을 들고서 "다소 격렬한 걸음"으로 행진하며 "모든 곳에 소비에트를"이라고 외쳤다. 창백한 흰색부터 짙은 갈색까지 온갖 피부색의 그 남자들은 작은 베레모나 종이로 만든 페즈를 쓰고 있었고, 주먹을 홱 치켜들며 "몹시 광기 어린 눈빛으로" 노려보았다. "나는 그들과 같은 광경을 본 적이 없었다. 그날 지독하리만치 진지한 사람들이 있었다면, 바로 5천 명가량의 북아프리카인들이었다." 청년공산당원과 사회당원, 여성, 지방 사람, 노동자 스포츠 단체, 심지어 "지식인과 변호사"까지 있었다. 그들 모두 사회당 총리 레옹 블룸, 공산당 지도자 모리스 토레즈, 그 외 인민전선 지도부가 서 있는 연단을 지나 행진했고, 블룸이 연설하자 주먹을 들어 올렸다. 블룸의 "목소리는 열정으로 가득했고, 다른 사람들이 뒤를 이어 연설했으며, 거리의 수많은 사람들이 미친 듯이 기뻐했다." 연단을 경비하는 사람들을 빼면 경찰은 보이지 않았다. 에릭은 새벽 3시 45분에야 숙소에 도착했다. 1933년 초에 베를린에서 공산당과 행진한 이후로 이번처럼 희열을 느낀 적은 없었다. 이날 행사에 흠집을 낸 것은 스페인에서 프랑코 장군과 육군이 쿠데타를 시도해 내전이 시작되었다는 소식뿐이었다.[231]

9

파리에 있는 동안 에릭은 한 미국 여성을 만났다. 그녀는 예술(론에게 그가 생각하는 예술이 아니라고 말했다)에 관심이 있었고 뉴욕의 예술계에서 모종의 역할을 하는 듯 보였다. 그들은 함께 초현실주의 예술가 리하르트 욀체를 방문해 뉴욕 현대미술관에서 개최할 예정인 '환상적인 예술, 다다와 초현실주의' 전시회를 위해 그림을 얻고자 했다. 욀체는 바우하우스에서 수학하고 가르친 뒤 우선 스위스 아스코나에서, 그다음으로 베를린에서 살다가 1932년에 파리로 가서 살바도르 달리, 폴 엘뤼아르, 막스 에른스트, 앙드레 브르통 같은 초현실주의자들을 알게 되었다. 그러나 욀체는 어려운 처지였다. 에릭과 미국 여성이 몽파르나스 아파트 지구 6층 욀체의 집에 도착했을 때, 그는 빈털터리에 영양실조인 것이 분명한 '산송장' 같은 몰골이었다. 두 사람은 포도주를 한 잔 마신 뒤 함께 러시아 식당으로 가서 윌체에게 약간의 음식을 먹이려 했다. 이것은 나쁜 선택으로 드러났다. 에릭은 전에 맛본 적이 없는 보드카 한 잔을 그냥 독한 술이라고 짐작하고 경솔하게 마셨다가 곧 취기를 느꼈다. 두 남자는 미국 여성을 간신히 집에 데려다준("나는 꽤 똑바로 걸었다") 다음 지식인들의 유명한 아지트, 특히 영국인과 미국인 방문객들이 자주 찾는 몽파르나스의 카페 돔으로 갔다.[232]

　에릭이 술에서 깨는 동안 윌체는 백포도주를 마시기 시작했다. 그는 "코앞에 있는 카바레에서 춤을 추고 항상 술을 마시러 오는 두 명의 흑인 여자"를 기다리는 중이라고 했다. "이따금 둘 중 한 명과 자고 싶은 듯 보였지만, 대체로 그들을 보려는 막연한 욕구가 있을 뿐이었다. 그는 45분마다 몇 분씩 자리를 비웠는데, 내 짐작으로는 마약을 잔뜩 복용하기 위해서였을 것이다." 어느덧 새벽 2시 반이었다. "몽파르나스의 동성애자 예술가들은 술을 진탕 마시려고 그곳에 있었고, 레즈비언이나 매춘부 몇 명을 고르기도 했다." 어느 누구도 돈이 있어 보이지 않았다. 무리의 구성은 퍽 다양했다. 셰익스피어를 줄곧 인용하는 취한 노르웨이인, 러시아인들, 자신은 게슈타포의 앞잡이가 아니라며 에릭을 안심시킨, 페르노에 취한 뚱뚱하고 쾌활한 독일인 예술가, 조각가를 자처하는 단안경을 쓴 여성, 꼽추 스위스인, "가장 매력 없는 매춘부들의 유혹에 금세 넘어간 두 명의 캐나다인", 미국인들 외에 많은 이들이 있었다. 윌체는 우유 배달차가 도착하기 시작했는데도 여전히 "흑인 여자들을 기다리고 싶어" 했고 이제는 너무 늦었고 어차피 너무 취해서 자리 갈 수도 없다고 말했다. 에릭은 윌체를 단안경을 쓴 여성 조각가에게 맡긴 뒤 5시 반에 숙소에 도착했다.

　이튿날 아침, 에릭은 전날 저녁의 만남을 생각하다가 독일 예술가와 그의 난잡한 생활방식에 대한 음울한 결론에 이르렀다. 그 생활방식은 비록 극단적이긴 했지만 1930년대 파리의 예술가 공동체에서 그리 특이한 것도 아니었다.

윌체는 끔찍한 경우다―논리적 귀결에 이른 행복한 보헤미안이다. 그는 서른여섯 살이다. 나는 그가 마흔세 살까지 산다면 놀랄 것이다. 굶어 죽지 않으면 마약이나 과음으로 죽을 것이다. 그는 더는 그림을 그릴 수조차 없을 만큼 마약에 찌들어 있는데, 그의 초현실주의 작품에 대한 평가가 좋지 않기 때문이다. 그런 상황을 예상 못하는 바도 아니라서 그는 때때로 두려워한다. 그는 그릴 수 있고 섬세하게 표현할 능력도 있다. 그러나 작업하기엔 너무 게으르고, 그렇지 않을 때는 모르핀에 잔뜩 취해 초현실주의 작품 말고는 아무것도 그릴 수 없다. 그런 작품은 화법을 그저 연습하는 것, 사진의 효과를 모방하는 것 따위로 전혀 미래가 없다. 그리고 윌체는 그를 끄집어낼 미국인이나 미술상을 찾아내지 못하면 굶어 죽을 것이다. 그는 게으른 사람들이 하는 온갖 변명을 늘어놓으며 자신을 이해해줄 여성을 찾고 있다고 말하는 불쌍한 인간이다. 그런 와중에 몽파르나스의 매춘부에게 줄 25프랑이 없어서 피곤한 눈으로 여자들을 그저 바라볼 뿐이다.

사실 에릭이 윌체를 만났을 때, 이 예술가는 장차 그의 가장 유명한 작품이 될 〈기대Die Erwartung〉를 막 완성한 참이었다. 이 그림에서는 뒤에서 바라본, 모두 모자를 쓰고 베이지색 비옷을 입은 남자 열댓 명과 여자 몇 명이 비탈에 모여 음울한 풍경 너머의 어둡고 구름 낀 먼 곳을 응시하고 있다. 뉴욕 현대미술관의 관장은 1935년 파리의 작업실들을 돌던 중에 윌체로부터 이 작품을 구입했다. 관장이 전하는 바에 따르면,

윌체는 관장이 마음에 드는 작품을 찾을 때까지 작업실 벽 앞에 그림을 차례로 놓기만 했을 뿐 단 한마디도 하지 않았다. 그렇지만 모두의 예상을 깨고 윌체는 여든 살까지 살았다. 그는 독일로 돌아가 전시에 복무했고, 카셀에서 '도큐멘타documenta' 미술전에 참여했으며, 막스 베크만 상과 리히트바르크 상을 포함해 문화 분야의 몇몇 중요한 상을 받았고, 베를린 예술원의 회원으로 선출되었다.[233]

IO

주정뱅이 초현실주의 예술가와 조우하기 직전에 에릭은 충동적으로 복권을 한 장 구입했다. 그리고 놀랍게도 복권에 당첨되었다. 인민전선 정부가 노동계급을 돕기 위해 고안한 여러 개혁 조치 중 하나인 값싼 운임 덕택에 당첨금은 피레네산맥까지 기차 여행을 가기에 충분한 액수였다. 영국 돈으로 치면 2파운드도 안 되는 "왕복 요금 140프랑은 놓치기에는 너무 아까운 헐값이야"라고 사촌 론에게 말했다.[234] 그리고 "나는 언제나 프랑스 남부에 가보고 싶었다"라고 일기에 썼다. 그는 프랑스 남서쪽 구석까지 줄곧 기차로 여행했다. 기차에서

이방인들에게 자기 지역의 경치, 정신병원, 철도 건널목, 독가스 공장을 자랑스럽게 소개하는 툴루즈 주민을 만났다. 어떤 사람이 "저기 있네요"라고 말하자 우리는 창가로 몰려들어 아침 안개 너머로 얇고 연한 푸른색 선을 드러낸 피레네산맥을 보았다. 아침 7시, 플란넬 바지와 카키색 셔츠를 입고, 엄청 무거운 배낭을 메고, 사마리텐 백화점에서 2.75프랑에 산 지팡이를 들고, 두 장의 미슐랭 지도를 가진 한 젊은 영

국인이 몽트레조 역에서 내렸다. 나는 벤치에 앉아 이제 무엇을 할지 고민했다.[235]

전날 아주 늦은 시간에 값싼 왕복표를 발견했던 터라("확실히 프랑스인들은 훌륭한 홍보가 무엇인지 아직 배우지 못했다") 상세한 계획을 세울 시간도, 심지어 여행 안내서를 구입할 시간도 없었다. 에릭은 루르드까지 걸어서 갔다. 루르드는 19세기에 한 어린 소녀(사후에 성녀 베르나데트로 시성되었다)에게 성모마리아가 발현한 이후로 물에 깃든 치유력으로 먹고 사는 도시였다. 에릭은 루르드가 "케임브리지가 대학으로, 그림즈비가 물고기로 먹고사는 것과 마찬가지로 그 성인 덕에 먹고산다"라고 빈정대듯 말했다. 그곳은 완전히 상업화되어 있었다. 프랑스인과 외국인 관광객으로 북적이고 성모마리아 기념품을 파는 가게와 경건한 영화를 상영하는 극장이 줄줄이 늘어서 있었으며, 야간에는 병자와 장애인이 치료 효과를 보기 위해 끊임없이 성모송을 바치며 횃불 행진을 벌였다. "물론 지독하게 진지하지만, 반드시 종교적인 것은 아니다."

유스호스텔에 묵거나 캠핑을 하면서 그는 피레네산맥의 마을 코트레를 향해 남쪽으로 발걸음을 옮겼다. 그렇게 터덜터덜 걷다가 "낡은 파나마 모자를 쓴 노령의 농민"에게 따라잡혔다. 에릭이 영국인이라고 가까스로 설명하기 전까지 노인은 그를 순례자 아니면 국경을 넘어온 스페인 실업자라고 생각했다. "처참한 기분이었다. 도대체 어쩌자고 이렇게 피곤하고 배고프고 목이 마른, 무엇보다 목이 마른 처지가 되었는지 생각하며 스스로에게 바보라고 말했다. 몹시 목이 말랐다."

오후 4시경 마을에 도착했다. 굴곡이 심한 백악질의 도로, 짧고 새카만 그림자를 드리우는, 회반죽을 바른 작고 흉한 집들, 그리고 그 집은 그림자가 드리운 땅에 앉아 낮잠을 자는 농민들이 보이는 남부의 마을들 중 하나였다. 주택들에는 창문이 아예 없거나, 총안처럼 아주 작은 창문만 있었다. 농장으로 들어가는, 정교하게 제작된 커다란 [철제] 문. 모든 것에 빛을 쏟아부어 영화 촬영장처럼 비현실적으로 보이게 만드는 태양. 그러면서도 비현실적인 것은 전혀 없었다. 마침내 '여관'이라고 적힌 낡아빠진 간판을 발견했다. 마실 것이 간절히 필요했다. 내부는 어둡고 매우 서늘했다. 탁자에 여섯 명이 앉아 있었다. 주변을 돌아보았다. 방에는 가대식 탁자와 긴 의자가 두 개 있었다. 큰 벽난로와 그 위에서 끓는 냄비, 여관 주인의 침대와 그 위에 생뚱맞게 놓여 있는 죽은 닭. 구석에는 뷔르트 광고, 타르브 식료품점의 달력, 파리 얼룩이 있었다. 닭들과 작은 돼지들이 돌아다녔고 어두웠다.[236]

한동안 지역 방언으로 대화하던 남자들이 에릭에게 프랑스어로 말을 걸었다. 그렇게 해서 대화가 시작되었다. 그들에게 스페인에 대해 물었다. "그들은 정치에 신경 쓰지 않으며 누구든 가장 힘센 쪽에 붙겠다고 말했다"라고 에릭은 실망스러운 투로 적었다. 그는 영국의 토지 소유 제도에 대해 설명했다. "물론 여기와는 다르죠. 우리는 각자 조그만 땅을 가지고 있지만 그걸 소유한다고 해서 실제로 무슨 소용이 있을까요? 우리는 부자가 되기에는 너무 적은 것을, 그렇다고 대놓고 구걸하기에는 너무 많은 것을 가지고 있죠. 실업수당을 받는 편이 더 나을지도 모릅니다." 그들 중 한 명이 건초 헛간에서 잘 수 있도록 자리를 내주었다. 그들은 손님을 받도록 허가받지 않았기 때문에 지역 경찰관에게 제출해야 하니 신상을 자세히 적어달라고 요청했다.

2주 일정의 중간쯤에 에릭은 한 체코인 청년을 만나 히치하이킹 요령을 배웠다. 자동차가 아직 신상품이던 1930년대에는 오히려 나중보다 히치하이킹을 하기가 훨씬 더 쉬웠고, 대부분은 아닐지라도 많은 운전자들이 행인을 기꺼이 태워주었다. 아주 쉬웠다고 그는 나중에 회상했다. "프랑스 중간계급 운전자들에게 나폴레옹에 대해 어떻게 생각하는지를 적절한 타이밍에 물어보는 방법으로 레옹 블룸과 공산당에 대한 그들의 혐오 표현을 막을 수 있다는 것을 깨달은 후로는 특히 그랬다. 그 주제에 대해 그들은 200킬로미터를 가는 내내 이야기했다."[237] 피레네산맥은 실망스럽게도 알프스 같은 장엄한 설경이 아니라 푸른 울창함을 보여주었다. 높은 산에도 "낭만주의자들이 좋아하곤 했던 히스테리컬한 험준함이 없었다." 피레네산맥은 골짜기와 폭포, 에메랄드빛 웅덩이, "산비탈의 황갈색 공간에 믿기 힘들 정도로 강렬한 흰색, 노란색, 보라색, 분홍색"의 작은 꽃들로 뒤덮인 초원 등을 보건대 아름답긴 했지만, 웨일스의 구릉과 더 비슷했다. 햇살이 비치는 화창한 날씨였다("날씨가 좋지 않았다면 (…) 도베르 고개(약 2500미터)를 넘어가는 바보짓은 하지 않았을 것이다. 그럭저럭 분명하게 표시된 등산로라고는 하나밖에 없었고 나는 위험하지 않은 산조차도 오른 경험이 많지 않았기 때문이다"). 그렇지만 피레네 동부에 도착하자마자 풍경은 한층 극적으로 변했다. 산맥은 남쪽을 향해 멀리까지 뻗어 있었고 하늘은 열기로 어른거렸다. 하얀색의 작은 집들, 먼지투성이 도로, 황토색 잔디, 칙칙하고 푸른 산. 그는 "크고 하얗고 못생긴 황소 두 마리가 발에 가시라도 박힌 듯이 믿기 어려울 정도로 천천히 끄는, 삐걱삐걱 소리를 내는 큰 짐수레"를 지나쳤다. 사람들은 프랑스어가 아니라 카탈루냐어를 썼고 지역 전체가 프랑스보다 스페인에 더 가까운 느낌을 주었다. 너무 더워서 11시에서 5시 사이에는 걸을 수도, 히치하이킹을 할 수도 없었다. 게다가 어차피 이 시간에는 모두가 낮잠을 잤다. 카르카손 남쪽 시골에서는 별다른 인상을 받지 못했는데, 햇빛에 색이 바랜 들판과 나무가 볼품없이 뒤섞여 있는 곳이었다. 그러나 산

기슭의 암록색 사이프러스 숲에서, 그리고 나뭇잎 사이로 햇살이 내리쬐는 플라타너스 가로수 길에서는 아름다움을 느꼈다. 붉은 기와지붕을 얹은 건물들과 언덕 꼭대기에 아담한 교회가 자리 잡은 작은 마을들은 저마다 조화롭고 빽빽한 하나의 전체를 형성하고 있어, 가까이 가기 전까지는 외부에서 침투할 수 없을 듯이 보였다.

카르카손의 중세식 성벽 도시를 보고는 "진짜라기에는 지나치게 훌륭하고 (…) 너무나 온전하고 비유하자면 유리상자 안에 있는 듯해 나처럼 평균적인 호기심을 가진 평범한 여행자에게는 (의문이 남는) 심미적 가치밖에 없다"라고 생각했다. 실제로 그곳은 19세기에 건축가 외젠 비올레르뒤크가 철저하게 '복원'하면서 진짜 중세식에 더 가깝게 보이도록 조화롭지 않은 여러 특징을 추가한 도시였다. 그곳 전체가 "모조품이자 골동품"이었다. 저녁에 문지방에서 조곤조곤 이야기하는 사람들과 "흙먼지와 오물의 냄새"만이 확실한 진짜로 보였다. 그는 피레네산맥을 따라 계속 이동하다가 스페인 국경의 지중해 쪽에 가까운 세르다뉴에 도착해 유스호스텔에서 하룻밤을 묵었다. 다음 날 아침, 전날 저녁에 3.2킬로미터 떨어진 불빛을 보았던 가까운 스페인 도시 푸이그세르다로 가기 위해 국경을 넘기로 결심했다. 해수면보다 1200미터 이상 높은 이 도시는 군부의 쿠데타 시도에 대응해 무정부주의자들이 장악한 스페인의 여러 외곽 지역들 중 하나였다. 에릭은 프랑스 국경 수비대원에게 여권을 보여주었고, 그들은 "나를 지나가게 해주면서도 위협조로 경고했다." 그는 "굵고 하얀 길"을 따라 계속 나아갔다. 그 길은

한 무리의 덤불 뒤에서 나타났다. 앞쪽의 햇빛 속에서 작은 개가 놀고 있었고, 그 뒤로 도로 한가운데 남자들 무리가 서 있었으며 일부는 총을 들고 있었다. 민병대와 국경 수비대였다. 나는 가까이 다가가 주먹

을 들었고 그들 역시 그랬다. "안녕하세요, 푸이그세르다로 넘어갈 수 있을까요?" 하고 물었다. 지퍼로 고정하는 셔츠 차림에 머리를 단정히 빗은 민병대원이 "아뇨"라고 말하며 미소를 지었다. 그는 프랑스어를 할 줄 알았다. 그는 위원회의 허가증이 필요하다고 설명했다. 그게 없으면 지나갈 수 없었다.[238]

'대실패'였다. 에릭은 국경을 도로 넘어왔다. 그런 다음 차를 얻어 타고 역시 스페인 국경 코앞에 있는 자치구 부르마담까지 갔다.

이곳에서 다시 한 번 스페인으로 들어가려는 시도를 했다. "프랑스 관리가 내 여권에 도장을 찍었고 세관원이 싱긋 웃었다. 나는 인민전선의 상징과 작은 낫과 망치가 아직 있는지 확인하려고 단춧구멍을 만졌다."

나는 권총과 소총을 든 젊은 무뢰한들이 지키고 있는 [스페인] 국경 초소를 향해 300미터를 똑바로 걸어가야 했다. 햇볕을 받으며 걸었고, 나 말고는 길에 아무도 없었다. 이 악한들(물론 무정부주의자들)이 순전히 삶의 환희를 위해, 지나친 의무감에서, 또는 신만이 아는 어떤 동기로 갑자기 나에게 총을 쏘기로 결정하면 어떻게 될까 걱정했다 (불합리한 두려움). 그들은 십중팔구 나를 맞히지 못할 것 같았다. 그래도 몹시 두려웠다. **나 말고는 아무도 없었기 때문에** 나를 조준할 수도 있었던 남자들을 향해 두 눈을 뜨고 걸어가던 기분은 지금까지도 악몽을 꾸게 한다. 망신을 당하지 않고 되돌아갈 수 있었다면, 나는 되돌아갔을 것이다.[239] 다리에는 서너 명의 민병대원이 있었다. 그들에게 푸이그세르다에 가고 싶다고 말했다. 그들은 잠시 자기들끼리 스페인 어로 얘기했다. 그런 다음 총을 가진 젊은 남자가 내 여권을 쥐고서 자기를 따라오라고 했다. 그늘이 드리워진 가로수 길을 걸어갈 때, 힘주어 말하건대 나는 기분이 좋았다. 우리는 세관에서 멈추었고, 나는 내가 여행객이고 그날 나머지 시간 동안 푸이그세르다로 가서 내가 스페인에서 어떤 일을 할 수 있는지 보고 싶다고 프랑스어로 자세히 설명했다. 나는 세관 사무실에 배낭을 맡겼는데, 배낭을 전부 푸는 번거로움을 피하고 그날 저녁에 돌아올 것이라는 구체적인 증거를 남기기 위함이었다. 그것은 내가 푸이그세르다까지만 가고 더 나아가지 않겠다는 증거이기도 했다.[240]

그는 세관 통과 허가를 받았고 머지않아 도시에 도착했다. 양편에 매단 줄에 걸린 빨래가 좁은 거리를 장식하고 있었다. 집들은 보기 흉하고 더러웠다. 도시는 조용했다.

그럼에도 내전의 흔적이 있었다. 에릭은 자원병들을 가득 태우고 전선으로 향했던 트럭이 시장 광장에 서 있는 것을 보았다. 당시 도시를 장악한 무정부주의자들은 스페인 좌파와 카탈루냐 혁명정부의 반종교 정책을 시행하고 있었다. 가톨릭교회는 군부의 쿠데타 시도를 지지했다가 그 대가를 치르고 있었다.

나는 허물어지고 있는 큰 교회 앞에 도착했다. 출입문에는 카탈루냐 자치정부의 재산이므로 출입 금지라는 공지문이 붙어 있었다. 그들은 도시의 모든 교회와 예배당에 그런 공지문을 붙여두었다. 일꾼들이 지붕의 슬레이트를 해체하는 중이었다. 내가 지켜보는 동안 교회에서 한 사람이 손수레 한 대 분량의 먼지투성이 창유리를 들고 나와 벽에 기대 세운 다음 내가 보기에 앙헬 로페스인 듯한 자기 이름을 벽의 맨 위에 손가락으로 적고서 뒤로 물러나 살펴보고는 다시 교회 안으로 들어갔다.

에릭은 더 걸어가다가 무정부주의자 노동조합인 전국노동자연합의 검은색과 흰색 완장을 찬 무장한 남자들이 병영으로 변한 카지노에서 나오는 모습을 보았다. 프랑스어를 하는 젊은 민병대원이 에릭에게 무언가를 먹을 수 있는 광장의 카페를 알려주었다. 에릭은 자리에 앉아 식사를 주문하면서 자신을 '영국의 공산주의자'로 소개하고 프랑스어를 할 줄 아는 사람이 있는지 물었다. 그러자 한 손님이 응답하며 에릭에게 당신 정말 공산주의자냐고 물은 다음 마르크스의 강력한 무정부주의자 경쟁자인 19세기 러시아 혁명가 미하일 바쿠닌에 대해 논쟁하려 했으나 성공하지 못했다. "시에스타 시간이었고, 카페에 사람들이 가득했고, 태양빛이 흰색 광장에 내리쬐고 있었다." 민병대원들은 어슬렁거리거나 신문 가판대에서 한 여자와 수다를 떨고 있었다. "한 남자가 길 건너편 가판대로 와서 커다란 스페인 지도를 구입했고 곧 전쟁에 대한 격렬한 토론이 시작되었다." 에릭은 그에게 이 도시가 무정부주의자로 가득하다고 말했다. "그렇죠." 그 젊은 남자가 말했다. "아시다시피 무정부주의자가 되는 것보다 더 쉬운 일은 없습니다. 이건 부정적인 운동, 배고픔과 폭정에 대한 반작용이에요. 그들 무정부주의자는 믿기 어려울 정도로 용감하지만 정치운동, 이를테면 공산당과 같은 정치운동은 아니에요. 내 생각에 싸울 상대가 전혀 없으면 그들은 사라질 겁니다."

이렇게 마음 편한 상황은 곧 막을 내렸다. 국경을 넘으려던 첫 시도에서 에릭을 돌려보냈던 무정부주의자 국경 수비대원이 그에 대해 보고하는 바람에 그는 현지의 무정부주의자 관리 앞에 서게 되었다. "반혁명가들에 대비하는 망루 위에서 걸핏하면 총질을 하는 아마추어들에게 심문받는 것은 결코 마음 편한 일이 아니다"라고 그는 나중에 상당히 절제된 표현으로 썼다. 결국 에릭은 무장한 민병대원의 손에 이끌려 도로를 따라 비밀리에 국경까지 갔다. 민병대원은 에릭이 국경을 건널 때까지 그의 등에 계속 총을 겨누고 있었다.[241] 그렇지만 아무 일도 생기지 않았고 사고 없이 프랑스로 돌아갔다. 에릭은 스페인에서 공화파의 전쟁 수행에 대한 무정부주의자들의 기여는 즉흥적이고 비조직적이며 공화파의 승리에 크게 기여하지 못할 것 같다는 인상을 받았다. 그러나 전반적으로 그는 모두 자원병이며 각계각층 출신인 민병대원들이 "굴복하느니 스스로 산산이 조각나려는(그리고 다른 사람들을 산산이 조각내려는)" 용기와 헌신에 감동을 받았다. 푸이그세르다에서 만난 사람들은 그에게 깊은 감명을 주었다.

나와 세관까지 동행한 젊은이. 충격적인 머리 모양의 무정부주의자와 '권력'의 본질에 대해 열띤 토론을 벌인 트로츠키주의자 민병대원. 금발에 럼버 재킷과 뿔테안경 차림인 무정부주의자 조직가. 민병대에 가입한 포르투갈 청년. 멜론을 먹고 권총과 여자에 대해 얘기하던 두 노동자. 혁명위원회 비서인 검은 옷의 여인. 바르셀로나에서 파견된 인민위원으로 온통 푸른색 옷을 입고 커다란 권총을 소지한 남성─갈색 얼굴에 검디검은 머리카락을 가진 그는 끝내주는 미남에 믿기 어려울 정도로 인민위원다웠다. 그리고 큰 교회의 철거를 돕고 먼지 낀 창유리 두 장을 나르던 민병대원. (⋯) 억세고 산전수전 다 겪은 갈색 얼굴에 광적인 노동자들, 개척민들, 경찰관들과, 병원에서 죽은 민병대원의 장례식에 다녀온 여성들과 소녀들.[242]

아무도 그들의 투쟁심 내지 투지를 의심할 수 없었다. 그러나 국민파의 잘 무장된 직업군인 병력을 그들이 어떻게 이겨낼 수 있겠는가? 논리적으로 생각하면 그들은 이미 패배했어야 했다. 그들에게는 "순전한 광신" 외에는 아무것도 없었다. "나는 기적이 일어나 그들이 승리하기를 바란다"라고 에릭은 글을 끝맺었다.

사실 그 도시를 운영한 무정부주의자 집단은 파시스트 세력이나 군부만이 아니라 지역 경쟁자들과도 대립했다. 첩보 활동, 위조 여권, 부패에 관한 보도가 있었다. '말라가 출신 불구자'로 알려진 지역 시장 안토니오 마르틴 에스쿠데로는 프랑스로 달아나는 망명자들로부터 돈을 갈취하고 귀중품을 넘겨받은 다음 상당수를 살해했다. 무정부주의자 순찰대원들은 이 도시를 이용해 바르셀로나에서 훔친 물품을 국경 너머 프랑스로 밀수했다. 마르틴은 국경 부근의 다른 지역들에까지 통제권을 적극 확대해 그곳들도 약탈의 대상으로 삼았다. 다른 지역 시장들은 마르틴의 행동을 저지하기로 결의하고 그를 물리치기 위한 병력을 벨베르라는 작은 도시에서 모으기 시작했다. 마르틴은 그 도시에 대한 공격을 이끌었고, 총격전 끝에 마르틴과 부하들 다수가 사망했다. 무정부주의자들은 그를 영웅으로 뒤바꾸고 그가 마치 정부군의 푸이그세르다 공격으로 사망한 것처럼 보이도록 이야기를 재구성했다. 이 에피소드 전체는 무정부주의자들이 통제한 지역들에서 만연했던 무질서의 한 예였다. 푸이그세르다에서의 짧은 체류는 에릭이 생각했던 것보다 훨씬 더 위험한 일이었다.[243]

국경을 넘어 돌아온 에릭은 땡볕 아래서 한 시간을 기다린 후에야 차를 얻어 타고 세르다뉴까지 갔고, 그곳에서 다음 차를 얻어 타기까지 더 오래 기다려야 했다. "차들이 멈추지 않아서가 아니라 차가 아예 없었기 때문이다." 한 시간에 두세 대만 지나갔고, 그마저도 대부분 아이들과 짐으로 꽉 차 있어서 히치하이커를 위한 공간이 없었다. 전체 일정을 계산해보니 첫째 주에는 200킬로미터를 여행하고 그중 대부분을 차로 이동했으며, 둘째 주에는 580킬로미터를 여행하고 그중 15킬로미터만 도보로 이동했다. 달리 말하면 순전히 걷기만 한 날이 엿새, 순전히 히치하이킹만 한 날이 닷새, 휴식이 이틀, 스페인에서 하루였다.[244] 마침내 몽트레조 남쪽 바네르드뤼숑의 기차역으로 돌아왔고, 그곳에서 파리로 가는 기차를 탔다. 1936년 9월 8일, 스페인 공산당원 돌로레스 이바루리의 연설을 듣기 위해 파리의 동계 경륜장으로 갔다. 라 파시오나리아 La Pasionaria(수난의 꽃)로 알려진 유명한 연설가인 그녀를 에릭은 "짙은 머리와 하얀 얼굴에 검은 옷을 입은 큰 여성"이라고 기록했다. "목소리가 매우 굵고, 스페인어로 가끔은 쉰 목소리로, 가끔은 맑은 목소리로 연설하는데, 내가 지금까지 들은 최고의 연설가 중 한 명이다."[245] "스페인어를 아는 청중이 거의 없었지만, 우리는 그녀가 우리에게 말하려는 바를 정확히 알고 있었다. 우리 위쪽의 마이크에서 흘러나와 검은 알바트로스처럼 천천히 부유하던 "'그리고 어머니들, 그리고 그들의 자녀들y las madres, y sus hijos'이라는 표현이 지금까지도 기억난다"라고 나중에 썼다. 에릭은 사면초가에 몰린 스페인 공화국을 도울 방법이 전혀 없어 정치적으로 무력하다고 느꼈다. "우리는 영국에 머무르면서 분노하고, 우리의 마르크스주의 이념을 온전히 유지하기 위해 노력하고, 또 기다려야 할 거야"라고 론에게 말했다. 그렇지만 "양다리를 걸칠 수는 없어. 다른 건 몰라도 그건 너무 공격받기 쉬운 입장이야." 결국 "사회주의는 끊임없는 패배와 깊은 실망의 연속—그리고 언젠가 찾아올 승리야."[246]

한편 에릭은 (예를 들면 프루스트와는 달리) 영국인들이 잘 모르는 프랑스 문화의 상이한 측면을 이해하기 위해 말라르메, 지오노, 페기, 셀린 같은 프랑스 작가들을 읽었다. 또 "어느 정도는 케임브리지에 대비해" 급진적인 자코뱅 생쥐스트의 저술을 포함해 1789년 혁명에 관해 읽었다. 앞으로 케임브리지를 함께 다닐 학부생들 가운데 누군가가 프랑스 혁명가들에 관한 학업을 준비한다며 무언가를 읽었을 가능성은 극히 낮다. 하물며 그 혁명가들의 저술을 프랑스어로 읽었을 가능성은 말할 것도 없다. 다른 한편으로 에릭은 샤르트르 같은 파리 주변 지역으로 짧은 관광을 다녀왔다. 샤르트르에서는 "꿈꿔왔던 대성당을 기대했던 터라 처음에는 실망했다. 그러나 결국에는 거의 완벽해졌다." 우연히 만난 한 미국인 관광객은 문화에 가장 크게 기여한 이들은 북방인종과 튜턴족이라는 자기 이론을 설명하고 에릭을 "당신 앵글로색슨인"과 "당신 북방인"이라고 호칭하여 즐겁게 해주었다. "일부 예외가 있지만 거의 모든 사람이 나를 영국인으로 생각해"라고 에릭은 덧붙였다. "벨기에인, 알자스인, 스위스인, 독일인, 스페인인(!), 그리고 러시아인으로 간주된 적도 있어."[247]

그달 말 영국으로 돌아왔을 즈음, 에릭은 적어도 케임브리지에서 이제 막 학업을 시작하려는 열아홉 살의 학생으로는 보기 드문 경험을 쌓은 상태였다. 그 무렵 영어, 프랑스어, 독일어에 유창했다. 세 언어로 엄청난 양의 소설과 시를 읽어둔 터였다. 마르크스, 엥겔스, 레닌의 사상과 저술도 잘 이해하고 있었다. 파리의 대중문화를 맛보고 독일인 초현실주의자와 하룻밤을 보낸 적도 있었다. 다른 여행객들뿐 아니라 지역주민들과도 어울리며 프랑스 남부를 이곳저곳 여행하기도 했다. 스페인이 끔찍한 내전에 빠져들 무렵 이 나라를 방문하기도 했다. 인민전선의 대중집회에 참석하기도 했다. 무엇보다 중요한 점은 역사를 집중적으로 공부했고 졸업 시험과 케임브리지 입학 시험을 뛰어난 성적으로 통과했다는 사실일 것이다. 그는 가족 중에 처음으로 대학에 입학한 사람이자 모교에서 처음으로 케임브리지에 들어간 학생이었다.[248] 대학으로 가져갈 짐을 챙기고 장차 듣게 될 근대사 강좌를 준비하면서 그는 그때까지 다닌 어떤 학교에서도 경험하지 못한 지적 자극을 기대했다.

3

"뭐든지 아는 신입생"

1936-1939

I

1936년 10월 가을학기를 시작하기 위해 케임브리지 킹스칼리지에 도착한 에릭은 새로운 환경과 앞으로 속하게 될 낯선 기관에 적잖이 당황했다. 사촌 론에게 전한 첫 인상은 다음과 같았다.

솔직히 이곳은 믿기 힘들 정도야. 모든 의무와 거의 모든 사소한 문제로부터의 자유—제약이라곤 10여 개의 강의, 매주 한 시간의 지도, 매일 오후 7시 30분의 저녁식사뿐이야—를 정확히 하고 싶은 대로 할 수 있는 가능성과 결합한 듯해. 여기만큼 공부하라는 권고를 적게 들은 곳은 이제까지 없었어. 점심식사부터 학기 중에 초대를 받는 동아리, 스포츠, 모임까지 다른 할 일이 아주 많아. 그러면서도 여기보다 더 공부하기 좋은 곳도 없어. 원한다면 완전히 틀어박힐 수 있고, 적어도 세 개의 주요 도서관을 마음대로 이용할 수 있어. 그리고 시간과 평화가 있지. 무엇보다 평화가 있어. (뭐랄까, 대부분의 공부를 분명히 통제 없이 완전히 자율적으로 해야 한다는 것을 깨닫고 나면, 평화는 오히려 공부의 유인이야.) (…) 그리고 전반적으로 기묘한 생활이야. 현실적이고 어려운 모든 일과 아주 멀리 떨어져 있는 생활.[1]

여러 면에서 킹스칼리지는 세상과 단절된 평화롭고 외딴 수도원과 비슷하다고 그는 생각했다.

1930년대 중반의 케임브리지는 작고 교우관계가 친밀한 대학이었다. 학부생이 5천 명을 넘지 않았고 연구생은 불과 400명이었다. 강사와 학생이 가운을 입는 것과 같은 여러 전통을 아직 지키던 시절이었다. 실제로 학부생은 소속 칼리지 밖으로 나갈 때도 가운을 입어야 했다.[2] 에릭은 케임브리지의 관습적인 학부생 집단에 들어맞지 않는 인물이었다. 훗날 썼듯이

나는 케임브리지에서 전형적이지 않은 학생이었다. a) 내 가족이나 모교에서 전에 케임브리지에(또는 다른 어떤 대학에라도) 진학한 사람은 아무도 없었고 b) 빈, 베를린, 런던의 공립학교로 이어지는 나의 교육적·문화적 배경이 매우 달랐고 c) 그 결과 예를 들면 운동으로 오후의 태반을 보내는 케임브리지 학생들의 전형적인 활동 중 일부를 공유하지 못했고 d) 대학에서 장학금에 의지해 생활하는 소수집단에 속했기 때문이다. 또한 나는 이미 정치화된 상태로 진학했다. 본질적으로 케임브리지는 잘 자리 잡은 중간계급 상층의 자제들로 가득했다. 그들은 '명문 사립학교' 출신에 부모에게 용돈을 받았고, 가업을 이어받거나 이런저런 공직이나 전문직에 진출할 것으로 기대되었다. 최악의 경우에는 중등학교 교사로 가기도 했다. (학생의 10퍼센트만이 여성이었다.)

대다수 학생들은 공부를 많이 하거나 매우 탁월한 학위를 취득할 것으로 기대되지 않았다.[3]

이런 이유로 주로 정치와 문화, 학문에 쏠려 있던 에릭의 관심사는 학부생 절대다수의 관심사와 전혀 달랐으며, 그들에게 에릭의 세계주의적 배경과 경험은 틀림없이 매우 이국적으로 보였을 것이다.

케임브리지 생활의 분위기는 갓 학교를 졸업해 성인으로는 처음으로 생활하고 대우받게 된 청년들에게 더할 나위 없었다. 비록 여전히 상당한 감독(식당에서의 의무적인 저녁식사, 수업과 지도 시 가운 착용, 특정 시간 이후 출입하기 위한 특별 허가, 거리를 통제하는 교내 경찰 등) 아래 생활하긴 했지만 말이다. 그들 활동의 태반은 이를테면 학생회에서의 정치 토론, 음악 연주를 비롯한 동아리 활동, 학생 신문 제작 등 진짜 성인들이 나중에 할 일을 미리 놀이처럼 하는 것이었다.

분명 이런 활동이 에릭의 마음에 꼭 들었던 것은 아니다. 게다가 이런 활동이 시사하듯이, 1930년대에 케임브리지의 절대다수 학부생들은 전혀 정치적이지 않았고, 통념과 달리 좌파는 더더욱 아니었다. 에릭이 묘사하는 부류의 사립학교 학생에게 설령 어떤 정치적 견해가 있었다 해도, 그것은 십중팔구 자유주의적 견해 아니면 보수주의적 견해였을 것이다. 1935년 총선과 함께 학부생을 대상으로 실시한 여론조사 결과는 보수당 후보 650표, 노동당 후보 275표, 자유당 후보는 171표였다.[4] 자의식 강한 공산당원인 에릭은 이번에도 극소수자의 처지였다.

이튼칼리지와 킹스칼리지 두 기관은 15세기에 신앙심 깊은 헨리 6세가 창설했기 때문에 영국에서 가장 명성 높은 독립학교인 이튼의 졸업생들이 학부생 가운데 유달리 많았다. 그럼에도 에릭이 훗날 회상한 대로 킹스칼리지는 "부르주아적 비관습성, 반드시 주요한 성취로 귀결되는 것은 아닌 예술 취향과 지적 추구, 사적 관계, 군인답지 않은 행동, 합리주의, 음악, 동성애, 의견을 포함해 타인의 별난 면모에 대한 넉넉한 관용으로 명성"을 누렸다. 실제로 사촌 론에게 말했듯이 칼리지는 "심각한 동생애—그야말로 '킹스의 스포츠'의 대명사"로 유명했다. 킹스칼리지는 때때로 케임브리지의 블룸즈버리로 알려졌는데, 무엇보다 교수진 중에 저명한 경제학자이자, 작가들과 예술가들로 이루어진 블룸즈버리 그룹의 일원인 존 메이너드 케인스가 있었기 때문이다. 같은 학부생 중에는 총명한 수학자 앨런 튜링이 있었는데, 에릭은 그를 "어딘가 어설퍼 보이고 얼굴이 창백한 젊은 친구로, 오늘날이라면 조깅이라고 부를 만한 운동을 하는 버릇이 있었다"라고 기억했다. 자유주의적이고 살짝 보헤미안적인 분위기를 풍기는 킹스칼리지는 분명 에릭에게 잘 어울리는 장소였다. 더 관습적인 칼리지들은 킹스칼리지만큼 잘 맞지 않았을 것이다.[5]

킹스에서 에릭은 다른 신입생과 마찬가지로 기숙사를 배정받았다. 그곳은 현대의 기준은 물론이고 1930년대의 기준에도 미치지 못했다. "1930년대에 칼리지 내부의 생활은 가장 가까운 욕실과 화장실에 가려면 계단을 세 개 층이나 내려가 안마당을 가로질러 다시 지하실까지 가야 했기 때문에 '식기실'의 개수대에 소변을 볼" 정도로 열악했다.[6] 그는 다른 신입생들 및 '장학생들exhibitioners'—일종의 상급생—과 함께 "'드레인Drain'이라 불리는" "똑같이 낡아빠진 부속 건물"(나중에 철거되었다)을 배정받았다. 그 건물은 킹스퍼레이드에 자리한 주 건물의 뒤편에서 예배당의 반대편에 있었다. 전쟁 직후에 그곳에서 살았던 학생 스튜어트 라이언스는 다음과 같이 묘사했다.

체트윈드코트에서 가까운 지하 터널을 통해서만 들어갈 수 있는 창문 없는 방들의 집합. 드레인은 그 이름처럼 습하고 추웠다. 그해 겨울, 욕실이 꽁꽁 얼고 벽에 거의 1미터나 되는 노란색 고드름이 달렸다. 우리는 내복에 가운을 걸친 채로 수세식 화장실과 온수가 나오는 욕실을 찾아 깁스 건물까지 터벅터벅 걸어갔다.[7]

'드레인'에서 같이 지낸 학생들은 모두 영국인으로 피터 스콧-몰든, 잭 보이드(나중에 전사한다), 로버트 바일, 잭 라이스, 노먼 하셀그로브, 존 루스 등이었다. 에릭의 방은 N층의 2호실이었다.[8] 에릭과 친구들은 2학년이 되어 각각 다른 기숙사로 이사를 가고 나서도 여전히 뭉쳐 다녔다. "우리는 교내에서 대화를 하거나 달빛 속에서 뒷마당을 가로질러 예배당 너머 잔디밭까지, 그리고 학교 밖까지 걸으며 밤을 보냈다"라고 에릭은 회상했다. 이런 생활은 세인트메릴본 공립학교의 학생들과 지내던 시절에 비하면 지적으로나 사회적으로나 뚜렷한 진전이었다. 학부생에게는 통행금지 시간이 있었고 칼리지의 문들이 자정 한참 전에 닫혔지만, 에릭과 친구들은 개의치 않았다. "나는 잭과 함께 자정 이후 담을 넘어 바이런스 풀에서 수영하기 위해 그랜트체스터로 갔다—바로 이런 행동에 대해 우리는 줄곧 수다를 떨었다. 그런 다음 뒷문 옆의 담을 넘어 돌아왔다."[9] 학생들이 해야 하는 일은 학생감에게, 그리고 통행금지를 강제하기 위해 거리를 순찰하는 대학 경찰에게 걸리지 않는 것이 전부였다.[10]

에릭은 곧 같은 세대의 학부생들 중에서 가장 유명한 축에 들게 되었다. 그는 키가 180센티미터로 당시 기준으로는 큰 편이었다. 호리호리한 약 70킬로그램의 적당한 체격, 푸른 눈, 이마 왼편의 선명한 흉터를 가진 그는 단숨에 알아볼 수 있는 두드러진 인물이었다.[11] 에릭은 비교적 지적인 동년배들, 예를 들어 노엘 아난 같은 이들에게 인기가 좋았다.

훗날 뛰어난 학자이자 행정가가 되는 아난은 에릭을 "유머를 아는 좋은 친구"로 기억했다.[12] 1939년 6월 7일, 학생 잡지 《그란타 The Granta》에 당시 학생 언론의 통상적인 익살맞고 약간 짓궂은 문체로 쓴 간단한 인물평이 실렸다. 필자는 이때쯤 에릭의 친구였던 케임브리지 유니언 스리랑카 회장 피터 큐너먼이었다(또 다른 동년배에 따르면 "영국 사립학교에서 수학한 키가 크고 잘생기고 쾌활한 젊은이"였다).[13] 에릭은 3학년 때 큐너먼과 같은 숙소에서 지냈다. 큐너먼은 일찍부터 에릭이 "마음이 허할 때 정신적 고향으로 여긴 잉글랜드에 대한 크고 통속적인 애국심을 가지고 있다"는 것을 알아차렸다.[14] 겸손하고 자기를 낮추고 유머 감각이 뛰어나고 "자기에게 잘못한 사람에게도 개인적 원한이 전혀 없는" 에릭은 "사귀기 쉽지 않은" 사람이었다. 케임브리지 친구들은 그를 '붓다'라고 불렀다. "안락의자에 다리를 꼬고 앉아 있을 때 그에게는 신탁의 춤을 추는 신관처럼 거들먹거리는 분위기가 있다. 그러나 한꺼풀 벗기면 친밀하고 소중한 우정을 쌓고 사적 관계에서 정직함을 중시하는 사람이 있다."[15]

이 인물평에 담긴 우정에도 불구하고, 에릭은 스스로 평가하기에 "피터와 특별히 친밀했던 적"이 없었고, "그는 나에게 감명을 주려 했다—그는 모든 사람에게 감명을 주려 했다"라며 그의 방식을 불편하게 생각했다. 에릭은 친구 방의 혼란한 상태에 감명받지 않았다. "나는 그를 그리 높게 평가하지 않았다. 내가 보기에 그는 여전히 말과 생각에 불확실성만 더하는 어설픈 지적 능력을 가지고 있다. 그는 유라시아인의 콤플렉스로 괴로워한다." 물론 그는 잘생겼고 "더 날씬했다면 '바이런처럼' 보였을 것이고 분명 멋쟁이의 이상을 귀감으로 삼았다. 게으르고, 의지나 추진력이 별로 없고, 여성에게는 대단히 매력적이지만 남성에게는 덜 매력적이었다. 내가 그와 잘 지낸 것은 그가 '태평'했기 때문이다." 에릭은 그의 가련한 사회적 속임수가 너무나 투명하기 때문에 암탉이 병아리를 돌보듯이 그에게 보호 감정을 느낀다고 털어놓았다. 에릭과 큐너먼의 관계는 에릭이 큐너먼의 연인이던 헤디 지몬과 사랑에 빠졌다는 사실, 아니 사랑에 빠졌다고 생각했다는 사실로 인해 복잡해졌다. 오스트리아 출신인 그녀는 당시 케임브리지의 철학 교수였던 같은 오스트리아인인 루트비히 비트겐슈타인의 학생이었다. 훗날 인도 총리가 되는 또 다른 학부생 인디라 간디와 친한 사이였던 헤디는 1930년대 초 빈에서 유대인으로서 겪은 부정적인 경험 때문에 식민지 사람들과 동질감을 느끼고 있었고, 이런 이유로 피터와 만나게 되었다. 피터와 헤디(1939년에 결혼했다)가 중년에 뚱뚱해질 것이라는 생각에 에릭은 낙담했다. 그리고 그들이 결국 스리랑카에 정착하고 나면 더는 만나지 못할 것이라고 걱정했다.[16]

에릭은 옷을 못 입기로 악명이 높았지만 그에게는 멋을 부릴 시간이 없었다. 피터의 우아한 외모는 오히려 그의 인격의 부정적인 측면으로 비쳤을 것이다. 에릭은 특히 당시 케임브리지에서 가장 유명하고 가장 빈번하게 회자되던 인물들 중 한 명인 영문학 교수 조지 ('대디') 라이랜즈를 혹평했다. 에릭이 아래처럼 묘사한 대로, 인기 강사 라이랜즈는 셰익스피어나 존슨 등의 작품을 추린 교재를 연기하듯이 낭독했다.

고음으로, 때로는 약간 허스키한 목소리로 낭독한다. 무운시의 긴 대화 구절은 화자마다 분명하게 차이를 두면서 엄격한 운문 패턴으로 낭독한다. 낭독을 마치고 나면 평상시 목소리로 돌아가 의자 움직이는 소리와 필기하는 소리가 잦아들 때까지 잠시 침묵한다. 마치 교향곡 악장의 마지막 순간과도 같다. 그다음 입을 앙다물고 아랫입술을 약간 부루퉁하듯이 내밀어 잠시 세로 주름을 만들었다가 사라지게 한 뒤 설명을 이어간다.[17]

라이랜즈는 진지한 셰익스피어 학자였을 뿐 아니라 케인스가 1936년 2월에 설립한 예술극장을 중심으로 돌아가는 케임브리지 연극생활의 주요 인물이기도 했다. 그 시대의 라이랜즈는 에릭의 표현에 따르면 "아도니스, 천사, 제2의 루퍼트 브룩"*이었으며, 그의 "절묘한 명구는 뉴넘칼리지에서 그의 셰익스피어 강의를 수강하는 여성들과, 함께 백포도주를 마시는 변변찮은 남자 친구들만 들었다." 에릭은 라이랜즈가 사소한 문제에 지성을 낭비하고 있고 당대의 다른 탐미주의자들처럼 죽고 나면 그를 알았던 사람들의 회고록에 담긴 몇 가지 일화 말고는 아무것도 남지 않을 것이라고 생각했다.[18]

찌죄죄한 용모 외에 동년배 학생들에게 깊은 인상을 심어준 에릭의 면모는 무엇보다 스무 살도 채 되기 전부터 보여준 비범한 박식이었다. 학문적 자질로 보아 에릭이 진짜 우량주라는 것은 금세 확연히 드러났다. 킹스칼리지에서 한 학년 아래였던 노엘 아난은 에릭을 "케임브리지의 우리 세대에서 단연 탁월한 역사가다—그리고 그 세대에 주목할 만한 역사가들이 적잖이 있다"라고 생각했다.[19] 에릭은 "동년배들이 논문의 주제로 선택할 만한, 잘 알려지지 않은 그 어떤 주제에 대해서도 자기 견해를 가지고" 있었다.[20] 그리고 탁월하다는 평판은 단순히 학문적인 것에 국한되지 않았다. 피터 큐너먼의 말마따나 에릭은

가장 덜 알려진 주제들에 관한 가장 낯선 세부 사항과 온갖 권위자들의 이름을 훤히 알고 있었고 매우 익숙하다는 듯이 논쟁할 수 있었다. (…) 흔한 소문들이 돌기 시작했다. "킹스칼리지에 뭐든지 아는 신입생

---

* 1차 세계대전 중 〈병사〉라는 시를 발표해 영국인들의 애국주의를 고취했던 시인 예이츠는 브룩을 "가장 잘생긴 영국 청년"으로 묘사했다.

이 있대"라는 소문이 퍼졌다. 그가 무엇을 읽고 있는지 알아내기란 상당히 어려웠다. 그는 영문학 동아리에서 워즈워스의 부모 상징주의에 관해 수수께끼 같은 질문을 했고, 프랑스 협회와 독일 협회에서는 권력은 오직 신으로부터만 정당하게 나온다는 심오한 격언을 무심코 말하곤 했다.[21]

감명받은 사람이 큐너먼 한 명만은 아니었다. 세월이 한참 흐른 후에 노엘 아난은 에릭에게 보낸 편지에 "정치협회에서 (자만한 것이 아니라) 완전히 자신감에 차서 우리 사립학교 출신들은 꿈도 꿀 수 없는 완전히 능숙한 방식으로 [존] 클래펌처럼 어떤 주제든 토론하고 유창하게 말하던 모습을 나는 마치 어제 일처럼 기억하고 있어"라고 썼다. 실제로 아난은 저녁식사가 끝나고 정치협회 모임이 시작되기 전까지 비는 시간에 지적으로 위협적인 에릭과 특정 논문에 대해 토론해야 하는 상대로 지정될 경우, 협회의 다른 성원과 함께 길 건너편의 스틸앤드슈거로프 펍으로 달려가곤 했다. 술김에 용기를 내기 위해서였다. 한두 잔 맥주를 마시고 나면 토론에서 이길 수 있는 논증을 찾아냈다고 생각하곤 했지만, 모임으로 돌아갈 무렵이면 "그것은 언제나 증발해버렸다."[22] 한번은 에릭이 아난을 논쟁에 참여하도록 도발했다. 훗날 아난이 쓴 대로 "그는 특정 상황(내게는 있음직하지도 않고 바람직하지도 않아 보인 상황)을 고려할 때 다음번 전쟁은 민주주의를 구하기 위한 전쟁이 될 수도 있다는 주장을 옹호했다." 아난은 "민주주의를 위해 싸운다고 말하는 것은 위선이다"라고 주장했다. "다음번 전쟁은 파시즘과 체임벌린의 자본주의 사이의 전쟁이 될 것이고, 한 국가로서 생존하기 위해 우리는 그 자본주의를 위해 싸울 것이었다. 나는 완전히 틀렸다. 그렇지만 그때 에릭 역시 틀렸던 것 같다."[23]

킹스칼리지의 생활은 즐겁고 여유로웠으나 에릭은 초여름 케임브리지의 아름다움이 완전히 딴마음을 품게 한다고 생각했다. 1937년 5월 에릭은 론에게 "여기서는 공부하기가 어려워"라고 불평했다.

좋은 날씨에 책을 펼칠 만한 장소는 확실히 강둑이야. 그리고 일단 그곳에 자리를 잡고 나면 실은 얼마나 공부를 적게 하는지 깜짝 놀랄 지경이야. 게다가 너벅선이나 카누를 타고 싶은 유혹이 늘 있지. 학기 중 시험을 명백히 적절하지 않은 시기에 치르는 이유가 뭘까. 크리스마스나 부활절에 치르는 편이 더 낫지 않을까. 언젠가 네가 노동 인민위원이 되고 내가 교육 인민위원이 되면 우리 이 문제를 진지하게 고려해 보자.[24]

캠강에서 장대를 저어 바닥이 평평한 너벅선을 나아가게 하는 능력은 1937년 5월 12일 조지 6세 국왕과 엘리자베스 왕비의 대관식에 수반되는 행사를 피하고 싶었던 에릭과 친구들(모두 확고한 공화주의자였다)에게 퍽 쓸모가 있었다. 그보다 며칠 전에 에릭은 론에게 "너는 대관식을 피할 생각이야?"라고 물었다. "여기서 우리는 장식용 깃발도 보이지 않고 악단 소리도 들리지 않는 먼 곳에 있기 위해 강 상류로 최대한 올라갈 거야. 날씨가 좋으면—그럴 거라고 기대하자—아주 괜찮을 거야."

2

1930년대 케임브리지에서 역사학 학부생들은 칼리지 튜터가 에세이에 기반해 일대일로 지도하는 방식과 여러 칼리지에서 모은 역사학과 교수진의 강좌를 듣는 방식이 혼합된 교육을 받았다. 에릭은 "초기 튜더 시대의 전문가이자 표준 저서들의 저자, 케임브리지대학 보수당협회 의장이자 하원의원"인 케네스 픽손Kenneth Pickthorn의 강좌를 수강했다. 에릭이 마주한 픽손은 "눈 감고도 아는 시대에 도달할 때까지 랭커스터 왕조 초기를 헤쳐나가려고 막연히 시도하고 있었어. 시기: 1399~1688년의 헌정사憲政史."[25]

그리고 중세 유럽사를 담당하는 매닝이 있는데, 일부러 바보처럼 보이고 미리 경구를 준비해. 가끔은 아주 좋아. 그리고 같은 주제를 담당하는 [스티븐] 런시먼(장관 아들)이 있어. 부연하자면 얼마 전에 너한테 말한 비잔티움 문명에 관한 책을 쓴 저자가 바로 이 사람이야. 그리고 경제적 요인들에 신경 쓰지 않는 체하기는 해도 로마제국이 멸망한 이유를 훌륭하게 설명했어. 물론 바로 그렇게 한다는 게 그가 유익한 이유야.[26]

브라이언 매닝Brian Manning은 감리교 및 이와 비슷한 주제들에 관한 책을 펴낸 종교사가였을 뿐 아니라 구식 자유당원이기도 했다. 그의 강좌는 휘그식 역사 이론을 제시한다고 알려졌는데, 그 이론에 따르면 영국사의 특징은 가장 순수한 형태의 근대 헌정을 형성하는 방향으로 나아가는 꾸준한 진보였다.[27]

그렇지만 이미 두 번째 학기부터 에릭은 "대학의 역사 수업에 갈수록 실망해 도서관에 파묻히고" 있었다.[28] 기대보다 희망을 더 많이 품고서 수강한 강좌들은 대부분 별로 관심이 가지 않았다. 문학사가 겸 지성사가로 여러 차례 재판을 찍은 《17세기의 배경The Seventeenth Century Background》(1934)의 저자인 배질 윌리의 홉스에 관한 강좌가 얼마나 따분했던지("건조하고 변화 없는 목소리로 입 주변에 비난하는 듯한 분위기를 풍기며" 말했다) 에릭은 이 강좌에 관한 기고문 전체를 강의실과 수강생들에 관한 묘사로 채웠다("강의실에 관한 모든 묘사는 정확하다").[29] 에릭은 칼리지의 평범한 튜터가 일대일로 지도하는 관행을 혐오하게 되었다. 그렇지만 지도교수 중 튜더 시대 역사가인 크리스토퍼 모리스(에릭의 입학 면접을 본 사람)의 소크라테스식 교수법은 높게 평가했는데, 그 교수법 덕분에 매주 모리스 앞에서 큰 소리로 읽어야 하는 에세이에서 개진하는 생각을 확대해나갈 수 있었기 때문이다.[30] 에릭이 결국 이류라고 생각하게 된 모리스와 마찬가지로, 또 다른 주요 지도교수인 중세 경제사가 존 솔트마시John Saltmarsh도 열일곱 살에 학부생으로 입학한 이래 자신의 모든 경력을 킹스칼리지에서 쌓은 사람이었다. 솔트마시는 장엄한 고딕 성당의 역사를 연구하는 데 대부분의 시간을 바쳤고, 책이나 논문을 펴내는 일보다 학부생을 가르치는 일을 선호했다. 가정적인 남자인 모리스와 달리 솔트마시는 전형적인 독신 연구자였다. 에릭은 솔트마시의 "엄청난 학식"을 존경하면서도 그의 인기 있고 영향력 있는 강좌를 수강하지 않았기 때문인지 그의 지도에서 영감을 얻지 못했다.[31] 훗날 에릭이 말한 대로 "공적 역할을 맡을 것으로 기대되는 사람들을 위한 일반적인 교양 교육으로 역사를"[32] 가르쳤고, 그런 이유로 모리스 같은 칼리지 지도교수들은 "사립학교에서 진학한 평균적인 젊은이들이 학위 과정 시험에서 준수한 2등급"을 받게 하는 데 노력을 집중했다.[33] 나중에 본인이 지도교수가 되었을 때, 에릭은 이 방식의 쓸모에 대한 부정적인 견해를 수정했다.

이처럼 에릭이 조금이나마 존경한 교수는 극소수였다. 그중에서 단연 중요하고 에릭이 진정으로 탄복한 단 한 사람은 보통 무니아Mounia라고 알려진 마이클 포스탠이었다. 영국과 유럽의 경제사회사를 강의하던 포스탠은 당시 케임브리지 교수로는 이례적인 배경을 가지고 있었다. 현재는 몰도바공화국에 속하고 당시에는 러시아 제국에서 루마니아어 사용 지역이었던 베사라비아에서 1899년에 태어난 그는 볼셰비키 혁명 이후 1920년에 그곳을 떠났다. 그는 런던정경대에서 영국 경제사회사의 선두주자 R. H. 토니와 함께 수학한 뒤 1920년대 후반과 1930년대 초반에 그곳에서 가르치면서 언론에 글을 기고하여 생계를 꾸리는 한편 중세 사학자 아일린 파워의 연구를 도왔다. 세계주의자이자 다언어 사용자였던 포스턴은 가르치는 일에 관한 한 타협이 거의 없었다. 그가 맡은 '강대국들의 경제사' 강좌의 일환으로 학생들에게 제공한 참고문헌은 거의 전부 독일어와 러시아어 저술로 채워졌다. 그의 강의는 자본주의에서의 수익률 하락과 노동계급의 궁핍화 같은 가설에 대한 이론적 논의를 많이 포함했는데, 두 주제 모두 전후에 에릭이 역사가로서 초기 경력을 쌓으면서 다루게 될 관심사였다.[34]

1935년 포스턴은 케임브리지에서 가장 오래된 칼리지인 피터하우스로 옮겨 1938년 서른아홉의 나이에 경제사 교수가 되었다. 그는 매우 다양한 주제와 시기에 대해 강의했다. 키가 작고 머리털이 붉고 카리스마가 있는 그의 강의는 "하이드파크 코너에서 말을 마구 쏟아내는 제7일 안식일 예수재림교 신도를 떠올리게" 했다.[35] "포스턴의 모든 강좌는 우선 어떤 역사적 테제를 자세히 설명하고, 그런 다음 그것을 완전히 해체하고, 마지막으로 포스턴 본인의 해석으로 대체하는 지적-수사적 드라마로서, 영국의 섬나라 근성에서 벗어나는 휴가였다."[36] 거의 처음부터 포스턴의 강좌를 수강하기 시작한 에릭은 대다수 교수들의 단조롭고 사실을 나열하는 식의 강의와는 달리 그의 강의가 편향적이고 논쟁적이기 때문에 재미있다고 생각했다. "나는 포스턴 교수의 수업을 들어. 그는 19세기의 단순화에 대한 통렬한 비판을 약속했지. 이미 그렇게 했고, 다양한 역사 학술지의 논문들을 우리에게 소개했어"라고 에릭은 1936년 10월

21일 론에게 썼다. 그리하여 포스탠의 강좌를 수강한 20명가량의 신입생들은 실리 역사도서관에 있는 추천 잡지의 해당 호와 씨름해야 했다.[37]

"포스탠 교수는 여전히 기운차"라고 에릭은 케임브리지에서의 첫해가 끝날 무렵 론에게 말했다.

> 그는 산업혁명을 수반했고 그것의 전제조건이었던 농업혁명에 관한 훌륭한 강좌를 막 끝냈어. 말할 필요도 없이 전부 탁월한 마르크스주의였고, 그는 그것을 솔직하게 인정했어. "나는 전문용어를 좋아하진 않지만, 이건 실제로 마르크스가 한 말입니다"라는 식이야. 그래도 인정하긴 한 거야.[38]

당연히 포스탠은 자신은 결코 마르크스주의자가 아니라고 했다("나는 마르크스주의라는 단어에 그렇게 알레르기 반응을 보이는 사람을 본 적이 없어"라고 에릭은 다른 편지에 적었다. "문자 그대로 황소 앞에서 빨간 천을 흔드는 격이야"[39]). 그럼에도 포스탠은 "마르크스에 관해 아는 유일한 교수였기 때문에 마치 파리 떼를 모으듯이 마르크스주의자들을 끌어모았어요. (…) 그는 우리가 강의를 맛본 전반적으로 평범한 무리 중에서 내가 기꺼이 선생으로 인정하는 유일한 사람입니다. (그와는 별개로) 훌륭한 조언을 해준 유일한 사람은 클래펌이었어요."[40] 포스탠은 사회과학의 이론과 방법을 과거 연구에 적용하는 것을 적극 옹호했고, 이런 입장 때문에 1930년대와 그 후로 오랫동안 영국의 주류 역사가들 절대다수와 충돌했다. 포스탠은 마르크스를 자신의 개념을 역사에 적용한 사회과학자로 보았고 그래서 공부할 가치가 있다고 생각했다. 다만 언젠가 "나는 열일곱 살에 공산당원이었지만 거기서 벗어났다"라고 발언한 것으로 알려지기도 했다.[41] 그는 "역사학과 사회학을 배우는 모든 학생은 자신들이 과학적 전통의 공통 유산을 마르크스주의자들과 공유한다는 것을 기억해야 한다'라고 단언하면서도 "나는 마르크스주의자들만이 진리를 소유한다고 생각하지 않는다"라고 덧붙였다.[42] 그렇지만 "포스탠은 (…) 청년 마르크스주의자들이 보수주의자들에 맞서 자신의 편에 서 있다는 것을 알고 있었다"라고 에릭은 오랜 세월 후에 말했다.[43]

에릭이 지적했듯이 이런 이유로 "포스탠과 청년 마르크스주의자들의 관계는 신기할 정도로 복잡했어. (…) 모든 훌륭한 교수와 마찬가지로 그도 총명한 청년들을 거부할 수 없었지. 짐작하건대 그는 그 청년들 대다수가 결국 마르크스주의에서 벗어날 것이라고 생각했고, 물론 이 생각은 많은 경우에 옳은 것으로 밝혀졌어."[44] 그리하여 일례로 1938년 포스탠은 장차 에릭의 평생지기가 될 역사학과의 젊은 학부생 빅터 키어넌을 설득해 자신의 조교로 삼으려고 했다. 키어넌은 이미 학위 과정 시험에서 최우등 성적을 받은 뒤 트리니티칼리지의 주니어 펠로로 선발된 상태였다. 키어넌은 칼리지에서 잠시 가르쳤고 곧 실내복과 실내화 차림으로 지도를 하는 것으로 악명을 떨치긴 했다. 하지만 포스탠의 조교로 일하는 것은 거절했는데, 인도인 공산주의자이자 에릭의 또 다른 친구인 모한 쿠마라만갈람Mohan Kumaramangalam의 영향을 받아 인도로 가서 박사 과정 연구를 하고 싶었기 때문이다.[45] 한편 에릭은 포스탠을 개인적으로 알아가다가 "그의 진술 중 그 무엇도 따로 검증하지 않고는 믿을 수 없다는 것"을 깨닫기 시작했다. "어느 정도는 질문에 대한 답을 모른다고 인정하기 싫어서 답을 지어냈기 때문이고, 어느 정도는 적어도 개인적인 일에 관한 한 진실한 것에 충실하고 싶어 했기 때문이지."[46] 이렇게 단서를 붙이면서도 에릭은 전쟁 전에 몇 해 동안, 그리고 전후에 한동안 포스탠을 멘토이자 귀감으로 삼았다.

이사야 벌린은 포스탠을 "교묘한 악의를 가진 사람, 그리고 남을 깎아

내리고 이기려는 욕구로 자신의 지적 덕목을 손상시키는 사람"으로 여겼다. 포스탠은 "모종의 '엄격한' 유물론적 기준을 적용하는 자신이 당대의 이념과 언어의 혼란보다 우월하다고 생각하기를 좋아한다"라는 벌린의 평가는 매우 정확한 것이었다.[47] 에릭이 포스탠에게 감명받았던 이유를 이해하기란 어렵지 않다. 두 사람은 배경이 비슷했다. 즉 둘 다 유대인이지만 세속적이고 세계주의적이고 유럽적이었고, 사회과학으로서의 역사라는 관념을 적극 지지했으며, 사실만큼이나 이론에도 매료되었고, 여러 지역과 시대에 역사적 관심을 기울였다. 포스탠은 1937년에 결혼한 영혼의 동반자 아일린 파워(포스탠보다 열 살 넘게 연상이었기 때문에 적잖은 파문이 일었다)와 함께 《케임브리지 유럽 경제사》라는 원대한 기획을 구상했고, 1940년 파워가 때 이르게 죽은 후에도 계속 추진했다. 이것은 유럽 여러 국가의 역사가들로부터 글을 받는 기발하고 전례가 없는 시도였다. 포스탠과 파워는 1929년 《사회경제사 연보Annales d'histoire économique et sociale》*를 창간한 프랑스 사회경제사가들과 접촉했고 그들로부터 큰 영향을 받았다. 이 학술지는 역사학을 지리학과 사회학을 포함하는 모든 사회과학이 합류하는 지점으로 만드는 것을 목표로 삼았고, 초기에 특히 국제역사학대회를 통해 다른 여러 나라로 확장하는 국제 네트워크를 구축하려 했다. 편집진에 속한 마르크 블로크와 뤼시앵 페브르는 역사가의 관심이 미치지 않는 것은 아무것도 없다는 '아날 정신'을 전파했다. 아날학파의 핵심 특징은 민족국가라는 지배적인 역사 패러다임에서 탈피해 비교사적 또는 초국가적 기반 위에서 과거에 접근하고자 했다는 것이다. 포스탠은 이 잡지의 편집진을 알고 있었고 블로크를 케임브리지의 강연에 초대했다. 그에 호응해 블로크는 불과 몇 년

---

* 보통 《아날》이라 부른다.

전에 창간한 《아날》과 관련해 포스탠과 파워, 토니의 도움을 얻기 위해 1934년 런던으로 왔다.[48] 포스탠은 아직 학부생인 에릭을 아날학파에게 소개하고 강의를 통해 아날학파의 핵심 사상을 전달했다. 이는 에릭의 장래 경력에 결정적으로 중요한 일이었다.[49]

그렇지만 포스탠은 1930년대에 영국 대중에게 알려지지 않았다. 당시 케임브리지에서 단연 유명한 역사가는 근대사 흠정교수로서 독자들에게 널리 읽힌 영국사와 이탈리아사 관련 저서를 쓴 위대한 조지 매콜리 트리벨리언이었다. 흔히 마지막 휘그 역사가로 불리는 트리벨리언은 자유당의 전통에 깊이 뿌리박은 귀족적인 인물이었고, 빅토리아 시대 휘그 역사가이자 정치가인 종조부 토머스 배빙턴 매콜리로부터 큰 영향을 받은 역사 서술 문체를 옹호했다. 에릭이 1937년 겨울 학기에 처음 강의를 들었을 때 트리벨리언은 61세였는데 에릭의 눈에는 훨씬 더 나이 들어 보였다. 에릭은 이 무렵 트리벨리언이 학부생들에게 어떻게 보였는지 생생하게 기록했다.

이것은 실용적인 강의다. 밀레인에서 9시 정각에 시작하는 포스탠의 강의에 충만한 부흥운동 분위기나 킷슨 클라크의 중후한 분위기를 내지 않는다. 3열 잇기 놀이는 생각할 수도 없다. 끄적거리고 싶은 생각도 거의 들지 않는다. (…) 이따금 그가 교탁 위에 가운을 펼칠 때면 커다란 새처럼 보인다. 이따금 가운으로 팔꿈치를 감쌀 때면 프리츠 랑 영화의 한 장면처럼 보인다. (…) 그는 긴 문장을 노인의 목소리로 말하며 매우 불안해한다. 머리카락은 가늘고 하얗고, 눈은 푹 들어갔다. 멀리서는 그가 쓴 안경이 거의 보이지 않는다. 그는 터키인처럼 콧수염을 짧게 깎았고, 요즘 인기 없는 주제인 명예혁명과 헌법, 자유에 대해 이야기한다.[50]

분명히 에릭은 별로 감명받지 않았다.

강좌와 강사의 분위기에 대한 에릭의 간략한 묘사가 학부생 잡지《그란타》의 독자들 사이에서 얼마나 유명해졌던지, 그 묘사를 패러디한 글이 실리기에 이르렀다. 그 패러디 글의 전반부는 에릭의 묘사가 대개 그랬듯이 강의실에 대한 묘사였고, 아래에 인용한 후반부는 바로 에릭에 대한 묘사였다.

그는 단추를 턱까지 단단히 채운 긴 회색 레인코트를 입고 있다. (…) 가죽 서류가방의 깊은 곳에서 스프링 공책('학생 혹은 비서용'—울워스 3호점에서 구입)을 꺼내고 안경을 쓴다. 그는 관찰하기 시작한다. 고결한 이마에 주름을 잡고 턱을 내린 채로 단호하고 차가운 눈길로 불운한 강사를 노려본다. (…) 정식 수강생들 사이에서 새로운 얼굴을 알아챈 강사는 분명히 이곳에 있을 이유가 없는 우리의 관찰자를 역으로 노려본다—그는 공책의 **엉** 엉뚱한 곳에, 한 단어는 여기, 한 단어는 저기에 적고 있다. 강의의 나머지는 강사와 관찰자가 벌이는 시선 대결이다. 이 광경에 매료되어 눈을 떼지 못하는 군중에게 시간은 화살처럼 지나간다. 우리는 11월의 가랑비 속으로 줄줄이 나간다. 강사를 조롱하던 건물의 모퉁이를 돈 우리는 황새처럼 한 다리로 서 있는 검은 형상을 마주한다.《타임스》의 특파원이라도 그보다 더 잘할 수는 없다. 그는 굽힌 무릎에 서류가방을 올려놓고 그 위에 무언가를 맹렬하게 쓰고 있다. 그가 자기 일을 하도록 우리는 조용히 내버려둔다. (…) 다행히 우리는 그의 눈에 띄지 않는다.[51]

3

신입생이 으레 그렇듯이 에릭도 첫 학기에 다양한 학생 단체들에 가입했다. (지도교수의 추천으로 가입한) 케임브리지 역사협회, 영문학협회 (시와 비평), 킹스칼리지의 펠로 오스카 브라우닝이 1876년에 창설한 정치협회(역사학 장학금 수령자들은 모두 직무상 소속되었다) 등이었다. 에릭은 정치협회의 의사록을 읽고서 "전 회원 오스틴 체임벌린이 언젠가 사유 재산의 폐지에 찬성표를 던졌다는 기쁜 사실"을 발견했다(체임벌린은 1차 세계대전 이전 마지막 보수당 정부에서 재무장관을 지냈고 나중에 외무장관이 되었다). 정치협회 회장은 존 클래펌이었는데, "사회적 문제에 대한 그의 낙관론은, 그가 낭독한 논문으로 판단하자면, 적어도 경제사에 대한 그의 학식만큼이나 주목할 만하다"라고 에릭은 적었다. 에릭은 토론 단체인 케임브리지 유니언에도 가입했다. 그는 유니언이 "아주 좋다"고 생각했고 유니언 바에서 술을 마시고 사람들을 사귀는 것을 즐겼다.[52] 첫 학기에 그는 청중석에서 토론에 참여했다. 다만 토론에 이렇다 할 영향을 주지는 못했던 것으로 보인다. 어느 보고서에는 "E. J. E. 홉스봄 씨 (킹스)는 정부 부처의 상근직들을 공격했다. 우리는 이 사람이 자신이 말하려는 바를 충분히 분명하게 생각하고서 자리에서 일어나는 것인지 전혀 확신하지 못한다"라고 적혀 있다. 토론 주제는 좌파 정당들의 '연합전선' 정책에 대한 제의였다.[53] 이 낭패 이후 에릭은 유니언을 탈퇴해 상당한 액수의 회원비를 절약했다.[54]

에릭이 정말 열성을 바친 단체는 사회주의자 클럽Socialist Club이었다. 400명가량의 회원을 둔 이 클럽은 케임브리지에서 가장 강력하고 활동적인 학생 조직 중 하나였다. 학생 단체에 으레 사립학교 출신이 대부분인 현실에서 에릭은 이 사실이 "놀랍다"고 생각했다. 심지어 킹스칼리지에도 30명가량의 회원이 있었고, 그들은 곧장 에릭을 집단위원회에 끌어들였다.[55] 클럽에서는 공산당원들이 우위를 점하고 있었다. 에릭은 케임브리지로 진학하기 전까지 런던에서 정치적으로 완전히 혼자였고, 정치적 견해를 공유하는 사람을 전혀 만날 수 없었다. 그가 정치적으로 적극적이었던 드문 경우는 노동당을 위해 나설 때였다. 이탈리아, 프랑스, 독일의 공산당과 달리 영국 공산당에는 어쨌든 지식인을 위한 공간이 없었다. '부르주아' 출신이나 전문직으로서 공산당에 입당한 남녀는 당의 노동계급 기풍에 순응해야 했고, 그 어떤 특별한 지위에도 오르지 못했다. 중간계급 신입 당원들은 대개 자신의 사회적 출신을 숨기려 했으며, 누구든 '상류층' 억양을 쓰거나 특권적 교육을 받은 사람은 당 활동가들에게 짙은 의심을 받기 십상이었다. 초기에 공산당에는 뚜렷한 '육체노동자 우선주의donkey-jacketism'가 존재했다.[56]

이런 상황은 학생 공산주의가 등장한 1930년대 초중반에 이르러서야 변하기 시작했다. 학생 공산주의는 대체로 독일 내 나치즘의 승리, 영국을 포함한 유럽 전역에 걸친 파시즘의 우려스러운 확산, 전쟁의 위험 증대, 그리고 더 구체적으로는 대공황기에 만연한 빈곤과 실업에 항의하는 노동조합의 시위 행진이었던 재로 기아Jarrow Hunger 행진에 반응해 출현했다. 1934년에 시위대는 케임브리지를 포함하는 여러 소도시와 도시를 지나 런던까지 행진하면서 전국적인 주목을 받았다. 갑자기 '부르주아 지식인들'에 대한 공산주의의 호소력이 높아지자 공산당은 1932년 학생 부문을 창설했다. 4년 후 스페인 내전이 발발하자 교육받은 중간계급 청년들이 공산당으로 더 많이 들어왔다. 영국 공산당은 1936년 7월 17일 쿠데타를 시도한 스페인 극우 장교들에 맞서 합법적으로 선출된 공화국 정부를 강력하게 옹호한 반면에, 영국 노동당은 영국 정부의 중립과 비개입 입장을 지지했기 때문이다.[57]

늦은 밤까지 토론이 이어졌고, 그 결과 에릭의 킹스칼리지 친구들인 잭 라이스와 노먼 하셀그로브가 공산당에 가입했다. "의심할 바 없이 스페인 내전은 잭과 같은 사람들을 급진화하는 데 중요한 영향을 미쳤는데", 사립학교 출신에 보수적인 환경에서 자란 그들은 "척 보기에 도무지 신입 당원일 것 같지 않았다."[58] 영국에서 다수의 공산당원들과 작가 조지 오웰을 비롯한 그밖의 사람들이 공화국을 수호하기 위해 국제여단에 속해 스페인으로 갔다. 스페인 내전이 젊은 지식인들을 동원했던 것은 에릭이 오랜 세월 후에 썼듯이 파시즘이 "지식인을 규정하고 동원한 대의, 즉 계몽주의의 가치와 미국 혁명 및 프랑스 혁명의 가치에 원칙적으로 반대"했기 때문이다.[59]

그 무렵 케임브리지 사회주의자 학생회실과 공산주의자 학생회실에 들어간 사람은 십중팔구 존 콘퍼드John Cornford의 사진을 보았을 것이다. 지식인이자 시인이면서 학생 공산당의 지도자였던 콘퍼드는 1936년 12월 스물한 살 생일에 스페인에서 전투 중에 쓰러졌다. 익숙한 체 게바라 사진처럼 콘퍼드 사진은 강력한 상징적 이미지였다. 그렇지만 그 사진은 우리에게 더 가까웠고, 벽난로 선반 위에 놓인 채로 매일 우리가 무엇을 위해 싸우는지를 상기시켜주었다.

학생 공산주의의 세계에서 국제여단은 엄청난 위신을 누렸다. 1937년 7월 에릭이 사촌 론에게 준 생일선물은 클로드 콕번Claud Cockburn이 프랭크 피트케언Frank Pitcairn이라는 필명으로 낸 《스페인의 기자Reporter in Spain》라는 얇은 책이었다. 콕번은 《데일리 워커》에 자신의 경험을 기고하기 위해 국제여단에 가입한 공산당원 언론인이었다. 에릭은 그 책에 "우리가 그곳에 없었기 때문에"라는 헌정사를 썼다.[60]

다른 비슷한 전향자들도 있었다. 그중 어디서나 '마우스Mouse' (학창 시절 별명인 '뮤즈Muse'의 와전)라고 불린 존 비커스Jon Vickers는 노엘 아난의 친구로 팔꿈치에 구멍이 난 재킷을 입고 다니는 추레한 외모였는데, 에릭이 보기에 너무 소심해서 정치적 성과를 거둘 만한 사람은 아니었지만 확실히 탁월한 달변가였다.

그는 토론에서 자신의 모든 근육을 사용하는, 내가 본 유일한 사람이었다. 그는 몸을 앞으로 기울이고서 권투하다 부러진 적이 있는 뾰족한 코를 폭스테리어처럼 킁킁거렸다. 그의 안경은 강렬하게 빛났고 다소 볼품없는 입술은 피스톤처럼 위아래로 움직였다. 다 해진 재킷 안에서 길고 가는 팔의 근육이 움직인다는 것을 알 수 있었다—그 재킷은 항상 너덜너덜했다. 그의 생각은 폭포수처럼 쏟아져 나왔다. 시종일관 같은 주장을 반복해 우리의 신경을 긁곤 했지만, 그가 불굴의 열정으로 상투적인 표현을 사용해 비교를 할 때면 우리 모두 웃곤 했다. 그는 "동지들, 전세가 어느 정도 역전되고 있다. 동지들, 우리는 언제나 이 점을 명심해야 한다"라고 말했다. 그런 다음 지극히 자연스럽게 불현듯 즉흥적인 통찰을 내놓곤 했다. "동지들, S[스탈린]가 옳다."[61]

에릭은 비커스가 "외모로 보나 행동으로 보나 머리부터 발끝까지 부르주아", 영국 사립학교 제도의 소산이라는 것을 곧장 알아볼 수 있는 사람이라는 애정이 담긴 평가를 덧붙였다. 순진하고 즉흥적인 비커스는 남의 이목을 전혀 의식하지 않은 채 자기 생각을 큰 소리로 말하곤 했다.

우리는 (1938년) 어느 저녁에 앨버리에 있는 채석장으로 가서 그저 재미를 위해 어둠 속에서 등산을 하고 있었다. 쉽지는 않았다. 모래가 흘러내리는 가운데 우리는 버티고 무언가 붙잡을 것을 찾고 셔츠에 모래를 묻혀가며 작은 골짜기를 올라갔다. 이따금 그는 "좋아", "훌륭해", "우린 할 수 있어"라고 말했다. 그런 행동에는 아무런 의도도 없었다. 단지 인생을 그 정도로 즐겼을 뿐이다.[62]

에릭이 지적했듯이 "분명히 옥스브리지에 많았던" 학생 공산당원들이 그저 "기득권층의 반체제 자식들"이었던 것은 아니다. 그들 중 일부는 "비국교도 노동자 또는 자유주의자 가정(예컨대 크리스토퍼 힐, 로드니 힐턴, 레이먼드 윌리엄스)에 공립학교 과정" 출신이었다. 대다수는 전혀 "중간계급 상층이 아니었다."[63]

케임브리지의 학생 공산당원들은 다양하고 세계주의적이고 국제적인 집단이었다. 에릭의 기억으로 극소수이지만 유대인도 있었다. 언젠가 공산당은 에릭에게 유대인 문제를 다루라고 지시했으며, 에릭은 맨체스터 출신 학부생으로 당시 많은 이들이 케임브리지 학생 공산당원들의 지도자로 여긴 에프라임(보통 람이라고 불렸다) 나훔Ephraim Nahum과 함께 당 유대인 위원회의 대표와 만났다. "나는 지금도 그 땅딸막하고 튼튼한 몸, 큰 코, 그리고 완전한 자신감에서 나오는, 상대를 전혀 의식하지 않고 경계를 풀게 하는 분위기―자신감이 덜한 사람이었다면 허세로 보일 수도 있었던 분위기―를 기억할 수 있고, 여전히 그의 목소리를 떠올릴 수 있다"라고 에릭은 나중에 썼다.[64] 그러나 유대인 위원회와의 만남은 성공적이지 못했다. 적어도 "내게 이스트엔드 동지들의 스탠드업 코미디언 스타일을 접할 기회를" 주기는 했지만, 에릭도 나훔도 정말로 관심이 있지는 않았기 때문에 만남은 용두사미로 끝났다.[65]

이 시기 케임브리지 공산주의의 주요 인물들 중에 존 콘퍼드의 연인인 마고 하이네만Margot Heinemann이 있었다. 1913년에 태어난 그녀는 에릭에게 일종의 정치적 멘토가 되었으며, 훗날 에릭은 "그녀는 아마도 내가 아는 다른 어떤 사람보다도 내게 큰 영향을 주었을 것이다"라고 말했다.[66] 그러나 공산당원 지식인이라는 에릭의 자기규정은 마고 하이네만을 만나기 한참 전에 확립되었고, 비록 그녀가 1930년대 후반에 에릭을 보살피긴 했지만 실제로 그의 사고방식에 영향을 주었다는 증거는 거의 없다. 게다가 그녀는 에릭의 감탄에 화답하지 않았다. 언젠가 에릭더러 "전혀 사람 볼 줄을 모른다"라고 말하기도 했다.[67] 학교 교사이자 노동조합의 지원을 받는 독립기구인 노동연구부의 시간제 직원이었던 그녀는 석탄산업에 관한 여러 저술을 출간했고, 케임브리지대학 뉴홀에서 펠로로 경력을 마무리했다. 그녀는 마지막까지 공산당원으로 남았다. 과학자 존 데즈먼드 버널John Desmond Bernal과 사귀고 그와의 사이에서 딸까지 낳았지만, 결국 어느 누구도 콘퍼드에 대한 그녀의 사랑을 진정으로 대신하지 못했다.[68]

케임브리지 공산주의의 다른 주요 인물로는 제임스 클루그먼James Klugmann이 있었다. 마고 하이네만보다 한 살 많은 그는 학위 과정 시험에서 최우등 성적을 받았고, 프랑스어에 유창했으며, 1934년 프랑스 혁명에 관한 박사학위 논문에 착수했다. 그러나 그는 학계 경력을 포기하고서 1930년대 초에 독일 공산당의 전설적인 미디어 기획자 빌리 뮌첸베르크Willi Müzenberg가 창설한 공산당의 전위조직으로 파리에 근거지를 둔 세계학생연맹의 서기가 되었다.[69] 이때 클루그먼은 에릭을 연맹의 회의에 끌어들여 그의 프랑스어 지식을 활용했다. 금욕적이고 당에 완전히 헌신한 클루그먼은 책에 둘러싸여 혼자 살았다. 에릭은 그를 잘 몰랐는데 그건 다른 사람들도 마찬가지였던 것 같다. 전시에 클루그먼은 영국 특수작전집행부(SOE) 소속으로 유고슬라비아에서 요시프 브로즈 티토가 이끄는 공산당 빨치산을 지원하는 중요한 역할을 했다. 당시 에릭은 알지 못했지만, 철두철미한 교조적 공산주의자인 클루그먼은 소련 정보기관의 첩보원으로 활동하기도 했다. 그의 임무는 영국 내 다른 첩보원들의 보고서에 대해 논평하고 함께 일할 만한 후보자를 선발하는 것이었다.[70] 비록 에릭은 해당하지 않았으나 실제로 케임브리지 학생 공산주의는 이후 소비에트 요원 양성소로 악명을 떨치게 되었다. 클루그먼 자신과 마찬가지로 '케임브리지의 스파이들'—앤서니 블런트, 가이 버지스, 도널드 매클린, 킴 필비, 존 케언크로스—은 모두 전쟁 전에 태어났고 에릭이 입학하기 전에 대학을 졸업했다.[71] 이들이 국가 기밀을 넘겨주는 일에 뛰어든 까닭은 영국 정부가 파시즘에 대항할 준비가 되어 있지 않은 시기에 오직 소련만이 파시즘을 격퇴할 실질적 기회를 제공한다고 믿었기 때문으로 보인다. 비밀과 음모를 좋아하는 선천적 성향과 계급적 죄책감도 그들을 스파이가 되도록 몰아간 개인적 요인이었을 것이다. 이런 특성들 중에 에릭이 조금이라도 공유한 것은 전혀 없었다.[72] 훗날 에릭은 만약 이 당시에 요청을 받았다면 소련을 위한 스파이 활동에 동참했을 것이라고 고백했지만, 그럴 수 있으려면 영국 정보기관이나 관련 부처에서 일하고 있어야 했다. 그러나 진짜 스파이와 달리 에릭은 그런 일을 결코 하지 않았다.[73]

사회주의자 클럽의 회합은 이따금 킹스칼리지의 에릭의 방에서 열리기도 했지만, 펨브로크칼리지에서 더 많이 열렸다. 펨브로크에는 람 나훔, 데이비드 스펜서, 그리고 당시로서는 매우 드문 공산당원 강사들 중 한 명인 독일 문화 연구자 로이 파스칼을 포함해 다수의 회원이 있었다. 식민지 출신 젊은 급진주의자들도 클럽 회원이었는데, 피터 큐너먼뿐 아니라 나중에 고국 인도로 돌아가 저명한 좌파 정치인이 되는 모한 쿠마라만갈람과 인드라지트 ('소니') 굽타Indrajit ('Sonny') Gupta도 여기에 포함되었다. 에릭은 곧 사회주의자 클럽 내의 '식민지 그룹'과 긴밀히 협력했고, 그 덕에 인도아대륙의 역사와 정치에 대해 일찌감치 전해 들었다.[74] 에릭은 지나치게 학구적이라는 이유로 핵심 조직가로 선발된 적은 없지만, 2학년 가을학기 막바지에 위원회 내지 '사무국'의 일원으로 선출되었다.[75] 이 위원회는 다소 거창한 이름의 '운영 포트폴리오'를 1938년 봄학기 초에 배포했다. 에릭('홉스봄 동지')은 클럽의 주간 《회보 Bulletin》를 펴내는 임무를 맡았다.[76] 그리고 거의 시작하자마자 《회보》의 범위를 넓히려 했다. 《회보》에 대해 그는 다음과 같이 불평했다.

> 《회보》는 비회원들에게 관심을 끄는 것은 고사하고 회원들도 읽지 않
> 는 미화된 게시판이 되었다. 그리고 우리는 이런 상황이 좋지 않다고 생
> 각한다. 공고와 권고는 아주 좋고, 클럽의 일상 활동의 일부분으로 마
> 땅히 지면을 차지해야 하지만, 다른 문제들을 다루지 말아야 할 이유도
> 없다. (…) 문학의 문제, 예술의 문제, 성에 대한 이런저런 문제가 없는
> 이유는 무엇인가? 일반적인 글, 유머스러운 글이 없는 이유는 무엇인
> 가? (…) 이번 학기에 《회보》는 절망적일 정도로 내용이 빈약했다.[77]

요컨대 이미 이 시점에 에릭은 정신의 뚜렷한 정치적 독립성뿐 아니라 평범한 공산당원이 수행해야 하는 단조로운 일상 업무와 관련해 짜증을, 더 나아가 어쩌면 경멸까지 드러내고 있었다.

그저 《회보》의 새로운 방향을 잡기 위해 에릭은 케임브리지에서 상영 중인 새 영화에 대한 짧은 비평글을 실었다. 주연배우 루이즈 라이너가 사실성이 조금 떨어지게도 중국 농민 여성을 연기해 오스카 최우수 연기상을 받은 영화 〈대지〉였다. 에릭은 "융통성 없는 사회주의자들"이 할리우드 영화를 바라보는 "다소 거만한" 태도를 일축했다. 이 영화는 중국 농민의 문제가 그들 자신의 문제이기도 하다는 것을 보여주는 중요

한 정치교육 자료였다.[78] 에릭은 2월 15일에 다시 글을 실어 이번에는 토론 기고문을 요청했다. 토론 주제는 "오늘날 예술의 본질과 관련해 진행 중인 거대한 국제적 논쟁", 즉 소련, 프랑스, 미국에서 "예술과 문학, 사실주의와 형식주의의 문제"를 놓고 벌어지고 있는 논쟁이었다. 그러면서 "영국에서도 앤서니 블런트 같은 비평가 개개인이 이 문제에 대해 많이 생각해왔다"라고 했다.[79] 그렇지만 결국 케임브리지 학생 공산당원들의 관심 영역을 넓히려던 에릭의 시도는 람 나훔의 외곬의 집념 때문에 좌절되었다. 나훔은 남는 시간에 브리지 카드놀이를 열렬히 즐기긴 했지만, 예술과 음악을 정치투쟁에서의 이탈로 간주했다.[80]

4

대체로 이러한 이유로 에릭은 케임브리지대학의 사회주의자 클럽에 흥미를 잃게 되었다. 세계 전역에서 일어나는 중대한 사건들과 비교해 클럽의 활동이 점점 더 '사소한' 문제에 집착한다고 생각했다. 또 '식민지 그룹'이 여는 정기 독서모임에서 레닌에 대한 무의미한 토론을 하는 것에 짜증이 났다. 토론은 "문법에 이르기까지 학문 지상주의의 모든 단계를 통과했다."[81] 1년 후인 1937년 가을학기에는 사회주의자 클럽의 운영진이 "총체적 비효율성"이라는 잘못을 저질렀다고 선언했다. 그들의 활동은 "민망할 정도로 빈약"하다고 했다. 신입생들이 선배들보다 더 전투적이지만 클럽의 "기존 회원들"은 신입생들의 열정을 활용하지 못했다.[82] 반면에 사회주의자 클럽의 지도부는 에릭이 지적이고 문화적인 문제에만 관심이 있고 실제 정치를 할 만한 소질이 전혀 없다고 생각했다. "에릭은 모든 것을 알고 있었지만 무엇을 할지는 거의 알지 못했다"

라고 나중에 해리 펀스는 평가했다. "람은 이 약점을 일찌감치 알아챘다. 그는 여러 차례 내게 '빌어먹을, 에릭이 당을 토론회로 만들려고 해'라고 말했다."[83] 나훔의 영향 아래 있던 《회보》는 에릭이 열망하던 기회를 제공하지 않았다.

그래서 에릭은 곧 케임브리지의 비정치적인 학생 잡지 《그란타》에 글을 기고하기 시작했다. "그는 첫 학기에 목까지 단추를 채운 레인코트 차림으로 《그란타》 사무실로 들어와 일을 달라고 요청했다"라고 피터 큐너먼은 회상했다.[84] 그의 두 번째 학기인 1937년 봄학기에 이미 첫 기고문이 실렸다. 잭 도드Jack Dodd와 함께 에릭은 지역 인물들을 간단히 묘사하는 '케임브리지의 카메오들'이라는 코너에 정기적으로 기고했다. 그들이 소개한 첫 번째 인물은 브리스코 스넬슨이라는 지역 전당포 주인이었다. 그는 자기 가게의 출입구에 달려 있던 세 개의 금빛 공을 찾아달라는 부탁을 하러 《그란타》를 찾아왔다. 전당포의 전통적인 간판인 그 공들이 간밤에 사라졌는데, 학생의 장난이 분명했다. "대대적인 호소가 시작되었다. '우리의 금빛 공을 돌려주세요'라고 모두가 외쳤다. 사흘 만에 의기양양한 편집장이 그 반짝이는 상징물을 되찾아 주인에게 공손히 건네주었다. 《그란타》는 전문가다운 신의와 공공의 양심을 입증했다."[85]

《그란타》 전 편집장이자 케임브리지 유니언 토론회의 유명인사인 미국 태생의 로버트 이거튼 스워트아웃도 에릭과 잭이 쓰는 인물 묘사의 대상이 되었다. 분명히 다재다능한 그는 런던을 근거지로 하는 정치 주간지 《스펙테이터Spectator》를 위해 십자말풀이를 만들고, 만화를 그리고, 탐정소설 《보트 경주 살인The Boat Race Murder》(1933)뿐 아니라 빅토리아 시대 후기의 정치인인 랜돌프 처칠 경이 실은 1895년에 죽지 않고 장수했다는 가정에 입각해 쓴 상상의 전기까지 펴냈다.[86] 에릭과 잭 도드에 따르면, 스위트아웃은 로이드 조지에 열광하여 웨일스 민족주의자가 되었고, "그래서 화창한 날이면 카다이르이드리스산을 등반하거나 말귀를 알아듣는 양들에게 토착어로 말을 거는 그의 모습을 볼 수 있을 것이다."[87] 다른 두 명의 카메오는 상점 관리자였다. 먼저 미국 체인점 울워스("6펜스 넘는 상품은 없습니다")의 지점으로 케임브리지에서 유명한 소매점의 관리자 월터 클라크는 조지 6세의 대관식에 맞춰 가게를 왕실풍의 자질구레한 장식품으로 채웠다.[88] 다른 한 명은 지금까지 존재하는 대학 의류점 라이더앤드에이미스의 관리자 월러시 씨였다. 오늘날 이 가게의 점원들보다 훨씬 더 고압적이었던 이 관리자는 칼리지와 클럽의 각종 넥타이를 재단하고 디자인한 터라 "656가지 모델 중 어떤 것이든 보자마자 말할" 수 있었고, 특히 착용할 권리가 없는 사람이 특정 넥타이를 착용하고 있을 경우에 그러했다.[89] 피터 큐너먼은 에릭의 인물됨을 묘사하던 중에 월러시를 가리켜 "가게 직원들과 강사들은 눈에 띄게 살금살금 걸으면서 또렷한 필기체로 그들의 결점을 메모하는 그 반백의 인물을 두려워했다"라고 썼다.[90]

케임브리지에서 두 번째 해를 맞을 무렵 에릭은 《그란타》의 인물 묘사란의 목표를 더 높게 잡았다. 이제 잭 도드와 협업하지 않고 혼자서 쓰게 된 에릭은 묘사 대상을 케임브리지 지역민에서 영국 전역과 세계의 중요한 인물들로 바꾸었다. 에릭은 크리스토퍼 이셔우드를 케임브리지 중심가의 툴리버스 카페에서 만나 먼저 이 시인 겸 극작가로부터 지금 쓰고 있는 작품에 대한 이야기를 들은 뒤 인터뷰를 따내는 데 성공했다. 1920년대 중반에 학위를 끝내지 않고 케임브리지를 떠난 이셔우드가 에릭에게 관심을 보인 것은 특히 1930년대 초에 둘 다 베를린에 있었기 때문이다. 당시 이셔우드는 '베를린 작품들', 즉 소설 《노리스 씨 기차를 갈아타다》(1935)와 《베를린이여 안녕》(1939)—훗날 뮤지컬 〈카바레〉로 각색되었다— 을 마무리하는 중이었다.

툴리버스 카페의 공간에서 그는 호리호리하고 제 나이보다 어려 보였다. 눈썹이 처져 있어 때때로 근심스러운 듯 보였다. (…) 텅 빈 페티커리가를 통해 걸어서 돌아갈 때 시인 이셔우드는 길드홀 쪽과 《그란타》의 인터뷰어 쪽에다 대고 말했다. "내가 청년 세대를 상품으로 생각한다고 말해주세요." 그는 그 말을 달에게 했을 것이고, 달이 없을 때만 은하수에게 했을 것이다. 은하수가 있다 해도 그걸 찾으려고 온 하늘을 둘러보는 것은 너무나 번거로운 일이기 때문이다. 그는 내게 그렇게 말하고는 가볍고 젊은 발걸음으로, 짧은 머리에 입가에 엷은 미소를 띤 채 실버가를 따라 숙소를 향해 걸어갔다.[91]

에릭은 그 시인이 "매우 매력적"이며 다소 수줍어한다고 생각했고, 스페인 내전에서 공화파 편에 헌신하는 그의 모습에 감명을 받았다. 하지만 그와 동료 시인 위스턴 오든은 비자를 받을 수 없었는데, "아마도〔외무장관 앤서니〕이든이 그들이 탱크를 밀반입할지도 모른다고 생각했기 때문일 것이다."

에릭이 평소에 몰두한 더 전형적인 관심사 중 하나는 케임브리지 유니언의 초청을 받아 연설을 한 네 사람에 대한 정치적 인물 묘사 시리즈였다. 이 시리즈를 에릭은 1938년 초에 '별들이 굽어보다'라는 제목으로 썼다. 첫 인물은 런던정경대의 좌파 정치학 교수 해럴드 래스키였다.[92] 래스키는 자신이 훌륭한 토론자라는 것을 알고 있었고, 그에 힘입어 "세련된 농담을 콧소리를 섞어 느릿하게 말하고 자신의 복잡다단한 시대를 요약"했다. 그는 메모도 없이 거의 완벽하게, "그리고 애리조나 로데오에서 야생마를 타듯이 구문론을 타는 법을 알고 있는 사람처럼 힘들이지 않고" 연설했다. 그렇지만 연설이 절정에 이르자 농담을 멈추고 더 다급하고 진지한 말투로 바꾸었다. "그는 자신이 진실이라고 믿는 것을 위해 연설하는 열정적이고 총명한 사람이다." 당시는 래스키의 명성과 영향력이 최고조에 달한 때였다. 그렇지만 걸핏하면 설전을 벌이는 데다 요령도 없었던 터라 전쟁이 끝날 무렵 명성과 영향력을 전부 잃어버렸으며(결국 노동당 지도자 클레멘트 애틀리로부터 "당신이 한동안 침묵한다면 환영받을 것입니다"라는 유명한 혹평을 듣기에 이르렀다) 간접적이고 파생적인 그의 저술도 살아남지 못했다.

두 번째 연사의 성적을 평가할 때 에릭은 첫 번째보다 감명을 덜 받았다. 그 연사는 자유주의적 외교관이자 저술가인 해럴드 니컬슨으로, 이 무렵에 쓴 방대한 일기로 훗날 가장 널리 알려졌다.[93] "사람들이 말하기를 여기에 실제로 영국 상층계급 사람이 있다. 그야말로 정중하고 외교적이며 교양 있는 사람이." 그는 대체로 현재의 관심사와 무관한 "우리와 동떨어진 세계"를 위해 연설했다. 니컬슨은 한때 영향력 있는 정치인이었으나 1930년대 후반에는 사건의 중심에 있지 않았다. 그저 이야기꾼에 불과하다고 에릭은 생각했다. "그는 다른 사람들이 회계나 피아노 조율, 당구의 전문가인 것만큼이나 이야기하기—그리고 자기 자신에 대해 이야기하기—의 전문가다."[94]

그다음으로 에릭의 무자비한 비판적 시선을 받은 대상은 단연 더 중요한 인물인 허버트 모리슨이었다. 노동당의 유력 정치인인 모리슨은 사진이 잘 받았고 좋은 평판을 듣는 법을 알고 있었다.

그는 왜소하고 호전적이다. 점잖게 처신해야 하는 그 어떤 영국인보다도 훨씬 더 불도그처럼 보인다. 그는 붉은 휘장 앞의 단상에 서 있고, 그 옆에는 예의상 준비하는 물잔이 놓인 탁자와 다리를 벌린 채 들러리로 서 있는 의장이 있다. 그는 한쪽 눈으로 청중을 첩떠보고 조지 로비처럼 눈썹을 치켜올린다. 때때로 딱 소리를 내며 입을 다물면 또렷한 수직선이 나타난다.[95]

에릭이 보기에 모리슨은 낭랑한 말투와 "짧게 쾅쾅 때리는 말투"를 번갈아 쓰다가 "거의 고함을 치듯이" 목소리를 높인 다음 "격의 없고 친숙한" 말투로 바꾸고, "얼굴을 문지르고, 손가락으로 가리키고, 서류 가방에 기대고, 수십 년간 이어져온 대중 연설의 수법으로 멍청한 비방자를 갈기갈기 찢어놓는" 전형적인 글래드스턴식 인물이었다. 에릭이 유니언의 초청을 받은 저명인사들을 묘사하는 짧은 시리즈에서 마지막으로 다룬 인물은, 유니버시티칼리지 런던의 교수로 저명한 수학자이자 유전학자인 J. B. S. 홀데인이었다. 홀데인 역시 헌신적인 사회주의자였다. 그는 마드리드의 공화파 정부에 내전 동안 가스 공격에 대비하라고 조언했다. 그의 외모는 학자와 거리가 멀었다. "육중한 덩치로 느릿느릿 움직이는 그는 커다란 곰을 빼닮았다."[96] 그러나 일상생활과 현대 문화에서 과학이 중요하다는 그의 설명에는 엄청난 확신이 담겨 있었다. 그것은 "삶에 속하는" 과학이었다. "바로 그 점에서 우리는 그를 높게 평가한다."

《그란타》에서 에릭의 주된 활동은 영화 비평이었다. 1937년 2월 론에게 이렇게 말했다. "(너무 심하지는 않은) 연고 덕택에 나는 《그란타》의 평론가로서 매주 영화 공짜표를 얻었는데, 그 덕에 돈을 최대한 절약할 수 있으니 정말 기쁜 일이야."[97] 다른 것은 다 차치하더라도, 잡지의 영화 비평가 지위는 에릭이 나중에 말한 대로 "다른 정치관을 가진 친구들, 이를테면 그곳에서 만난 아서 슐레진저 2세와 같은 친구들을 사귈 만한 중립적 영역"을 제공했다. 슐레진저는 1938~1939년을 케임브리지 피터하우스에서 헨리 장학생으로 보낸 미국인으로, 훗날 민주당의 연설문 작성자로 활동하고 존 F. 케네디 대통령의 '카멜롯'*에서 두각을 나타냈다.[98] 에릭은 대중적인 할리우드 영화나 영국 영화관에서 통상 상영하는 작품보다는 외국 영화, 그중에서도 프랑스 영화에 집중했다. 한 번은 도스토옙스키의 소설을 각색한 프랑스 영화 〈죄와 벌〉을 비평했는데, 영화 전체가 자연스럽게 연결되지 않고 혼란스럽고 전반적으로 연기도 마치 무대에서 하는 것 같다고 평가했다.[99] 당시 센트럴시네마에서는 〈킹콩〉을, 플레이하우스에서는 〈웰스 파고〉를 상영하고 있었는데, 에릭은 두 영화를 무시하고 프랑스의 유명 배우 사샤 기트리에 관한 글을 썼다(에릭은 당시 케임브리지에서 상영 중이던 두 영화와 함께 어느 할리우드 유명 배우를 언급하면서 "편집진은 이번 주에 내가 로버트 테일러에 관해 쓴다고 생각했다"라고 털어놓았다. "나는 그 배우가 사샤 기트리라고 생각했다. 혹시 테일러를 기대한 사람이 있다면 용서를 구한다"). 그는 기트리가 "19세기 프랑스의 5급 극작가"로 곧 잊힐 것이라고 생각했다.[100]

그 후에는 오스트리아의 위대한 감독이자 '히스테리와 공포'의 대가 프리츠 랑에 대해 썼다. 고전적인 베를린 범죄영화 〈M〉(1931)에서 가장 극명하게 드러난 프리츠 랑의 재능은 미국으로 이주한 이후 할리우드에 의해 질식당할 위험에 처해 있다고 보았다. 또 의외일지 모르지만 미국의 막스 형제Marx Brothers에 대해서도 썼는데, 관례를 전복하는 그들의 "삐딱한, 그리고 주의 깊게 생각하면 꽤나 무서운 논리"가 독창적이고도 흥미롭다고 생각했다.[101] 1938년에 에릭이 본 최고의 영화 열두 편에는 프랑스 영화 두 편(〈안개 낀 부두〉와 〈무도회의 수첩〉), 소련 영화 두 편(〈크론시타트의 수병들〉과 〈어머니〉), 독일 영화 한 편(〈동지애〉), 네덜란드 영화

* 아서 왕의 궁전이 있었다는 전설 속 장소로, 미국의 맥락에서는 케네디의 대통령 재임기를 가리킨다.

한 편(〈스페인의 대지〉)이 포함되었고, 나머지 여섯 편은 미국 영화였다. 에릭이 관람하지 못한 듯한 알프레드 히치콕의 고전 〈사라진 여인〉이 그 해에 상영된 영화였지만 그가 좋아한 영화 중에 영국 영화는 하나도 없 었다. 영국 영화가 없다는 것이 "정말 아쉽다"라고 그는 말했다.[102]

1939년 1월, 에릭은 《그란타》의 편집장에 임명되었다. 편집장으로서 가장 두드러지게 기여한 바는, 다른 정기간행물들의 각종 패러디를 사실 적인 패러디든 상상한 패러디든 간에 한데 모은 것이다. 1939년 2월 1일, 그는 《뉴스테이츠먼 앤드 네이션: 주말 평론The New Statesman and Nation: The Week-End Review》을 펴내 좌파를 대표하는 주간지 《뉴스테이츠먼》의 진부한 문체, 엄숙성, 독창성 부족을 풍자했다. 또 모호한 캠페인에 대 한 지지를 요청하는 가짜 독자들의 편지도 실었다. 예를 들어 '생각, 언 어, 행동의 해방을 위한 영국 위원회'는 어느 젊은 스웨덴 작가가 어느 젊은 스웨덴 작가에 관해 쓴 소설을 금지하는 캠페인을 지지해달라고 했다. "실생활 사진"을 포함하는 이 소설 속의 작가는 "카마수트라에서 행복을 찾는" 데 성공하고 "다양하고 폭넓은 성생활, 그렇지만 그 방식 이 지극히 예술적이기 때문에 음란하다고 말할 수 없는 성생활"을 영위 했다. J. B. 프리스틀리의 전기를 쓰고 있는 휴 월폴의 정보 요청과, 휴 월폴의 전기를 쓰고 있는 J. B. 프리스틀리의 정보 요청도 있었다(둘 다 당시 영국의 유명한 대중소설가였다). 1937년에 출범한 대량관찰 프로젝트 (Mass Observation Project), 즉 일상 관찰을 위해 평범한 시민 500명이 일 기를 쓰거나 주기적으로 설문에 응답한 프로젝트에 대한 풍자는 "자본 주의 경제에서 입장권 반쪽의 기능"에 초점을 맞추었고, "현대 생활에 서 골치 아픈 온갖 불만은 입장권 반쪽을 처리하는 행위를 통해 어떻게 든 배출된다"라고 결론지었다. "뮌헨 협정 이후로 (단순히 구겨버리는 게 아니라) 입장권 반쪽을 입으로 씹는 경우가 영국의 포스만 남쪽에서

47퍼센트 증가했다는 것이 중요하다. 포스만 북쪽에서는 입장권 반쪽이 은행원들을 위로하고 있다." '주말 경연'란에서는 독자들에게 어머니와 아버지의 사랑에 대한 압운 2행 연구聯句를 다른 표현으로 바꿔달라고 요청했는데, 결과는 신통치 않았다("다른 별난 특성들에 더해, 이 잡지의 독자들은 부모를 사랑하지 않는다"). 비트겐슈타인 박사는 이 경연의 목적에 '사랑'이라는 단어가 무슨 의미가 있느냐고 물었다. 뉴욕의 단편작가 데이먼 러니언Damon Runyon이 우승에 근접했고("지금 예쁜 여자들 말고 한 사내의 애정을 요구할 권리를 가진 사람이 있다면, 틀림없이 그의 엄마와 아빠다— 그리고 그럴 때 부모의 요구는 어느 정도에 그친다"), "빈에서 살고 있기 때문에 (…) 오이디푸스 콤플렉스의 기본 원리인 모호한 태도"를 감지한 지그문트 프로이트도 우승권에 들었지만, 우승자는 "내 말 들려요, 엄마?"라고 간결하게 표현한 뮤직홀 가수 조지 폼비였다.[103]

이렇게 탁월한 패러디 모음집을 펴낸 데 이어 에릭은 두 번째 모음집을 구상했다. 이번에는 《그란타》가 50년 후인 1989년 3월 8일, 나치 유형의 파시스트 운동이 영국을 장악하고 있는 때에 발행된다는 반사실적이지만 충분히 있음직한 상황을 설정했다. 독일 나치즘의 언어를 빈틈없이 차용한 패러디 기사들 중 하나는 "지저스칼리지의 관구장"이 칼리지의 이름을 "호르스트베셀칼리지"로 바꿀 것을 요구한다는 내용이었다. 관계 당국은 "히브리인 선동자"나 이와 비슷하게 타락한 개인의 이름을 본뜬 다른 칼리지들, 이를테면 크라이스트칼리지나 코퍼스크리스티칼리지를 조사해야 했다. 한 기자는 "킹스칼리지의 유서 깊은 예배당이 중앙 철도역과 버스 종점을 재건하는 데 필요한 공간을 마련하기 위해 철거되었다"라고 보도했다. '적절한' 교육사업을 촉진하기 위해 돌격대가 칼리지들 안에서 숙영할 예정이었다. 지역 관구장은 '하일 앵글리아'라는 환호를 받으며 길드홀에서 앵글로색슨 예술 전시회를 개최했다.

셀윈칼리지(영국 국교회 재단)에서 사람을 신에게 제물로 바쳤다는 보도도 있었다. 주요 일정 중 하나는 총통의 다우닝가 연설을 중계하는 일이었는데, "프랑스 정부의 가혹한 탄압에 오랫동안 고통받은" 앙주 주민들의 바람에 따라 이 지역을 영국에 통합할 것을 요구하는 내용의 연설이었다.[104] 에릭이 편집장 임기에 실행한 이 정도 규모의 야심찬 언론 패러디는 《가디언》이 1977년 만우절에 산세리페San Serriffe라는 가상의 섬나라의 독재에 관한 7쪽짜리 부록을 발행하기 전까지 한동안 등장하지 않았다.

5

에릭에게는 마지막 학년인 새 학년이 시작될 무렵인 1938년 10월, 히틀러가 체코슬로바키아를 공격하겠다고 위협했던 뮌헨 위기는 영국 총리 체임벌린이 체코에서 독일어를 사용하는 국경 지역을 독일에 통합한다는 내용의 협정을 체결해 막 해소된 참이었다. 좌파 측에 불안감이 만연했으며, 에릭이 사회주의자 클럽의 《회보》에 적었듯이 "뮌헨 위기 덕분에 클럽에 들어오는 신입 회원이 요 며칠 이례적으로 늘었다." 실제로 이 클럽은 "이제 전체 대학을 통틀어 가장 큰 사회주의자 클럽"이자 "이 대학에서 가장 큰 정치 클럽"이었다. 벽보와 회합을 통해 학기말까지 케임브리지대학 전체에서 천 명의 회원을 확보하기 위해 클럽은 칼리지들 내에 '활동대원' 집단을 꾸렸다. 매주 300명의 신입 회원이 모집된다고 보고되었다. 트리니티칼리지에서만 90명이 모집되었다. 꽉 들어찬 다섯 차례 회합에서 클럽은 히틀러를 달래려는 체임벌린의 정책을 비판했다. 이렇게 급속한 성장은 케임브리지 사회주의자 클럽이 "정당도, 선전기구도, 심지어 진보적인 사람들을 위한 사교 클럽도" 아니라 "노동당 대회에서 투표권이 있는 대학노동연맹의 최대 부문"이라는 사실의 덕을 보았다. 공산당원이 노동당 소속으로서 클럽에 가입할 리는 없었지만, 누구든 "노동당에 충분히 공감하는" 사람에게는 가입을 열심히 권했다. "노동당이든 공산당이든 전국 정당의 당원 지위는 '사회주의를 장난삼아 해보는' 대학의 고상한 분위기로부터 학부생들을 빼내고 외부 세계와 접촉하게 하는 최선의 방법이다."[105]

사회주의자 클럽은 1938년 가을학기 내내 스페인 내전의 공화파 희생자들, 특히 난민 어린이들에게 식량 구호품을 보내기 위해 기금을 모았다. 또 클럽은 노동당의 주요 정치인인 클레멘트 애틀리와 스태퍼드 크립스, 영국 공산당의 총서기 해리 폴릿, 시인 W. H. 오든, 작가 나오미 미치슨, 아마추어 육상협회의 부회장 허버트 패시 등으로 이루어진 그해의 흠잡을 데 없는 연사 명단을 작성했다.[106] 또한 에릭이 역사 분과의 좌장으로서 무니아 포스탠, H. J. 하바쿡Habakkuk(영국의 토지 소유제를 연구한 젊고 뛰어난 경제사가), 마르크스주의 독일 문학의 전문가 로이 파스칼을 초청해 강연을 듣고 "카를 마르크스는 훌륭한 역사를 썼는가?"라는 주제로 저녁 토론회를 여는 학부 연구 모임도 있었다.[107] 그러나 모든 일이 계획대로 진행되지는 않았다. 곡물거래소에서 청중 1500명을 상대로 한 애틀리의 연설은 소수의 토리파 정부 지지자들에 의해 방해를 받았다. 그들 중에는 "키와 덩치가 크고 성숙하고 세련된 운동선수들"뿐 아니라 옥스퍼드의 악명 높은 벌링던 클럽 회원들에 상응하는 '피트 클럽 청년들Pitt Club boys'도 있었다. "보수당 협회는 안타깝게도 그들의 간부 중 한 명인 그랜비 후작이 폭죽을 나누어주었다는 소식을 들을 것이다." 반대자들은 "소리를 지르고, 사냥용 호른을 불고, 폭죽을 터뜨리고, 돈은 너무 많고 술에는 너무 약한 학부생들의 전통적인 방식대로 행동했다." 이 소란스러운 무리로부터 "체임벌린에게 환호하는 외침"뿐 아니라 "하일, 히틀러"라는 외침도 들렸다.[108]

케임브리지 공산당원들이 우려할 만한 다른 이유들도 있었다. 소련에서 일련의 정치적 격변이 일어나고 있었다. 1934년 레닌그라드의 당 지도자 세르게이 키로프가 암살당한 이후, 스탈린은 소비에트 공산당 내 과거 동지들에게 등을 돌리고서 그들을 반역 혐의로 재판에 회부했다. 1920년대에 스탈린과 권력을 놓고 경쟁했던 카리스마 있는 지식인 트로츠키는 일찍이 당에서 제명되어 망명길에 올라 각지를 떠돌다가 1937년 멕시코에 도착했지만, 4년 후 스탈린의 명령에 의해 암살당했다. 1936년 8월과 1937년 1월에 열린 두 차례의 중요한 여론몰이용 재판에서 그리고리 지노비예프, 레프 카메네프, 카를 라데크를 비롯한 과거 당의 주요 인물들은 트로츠키의 음모에서 핵심 역할을 했다고 자백하고서 사형을 언도받았다. 그 후로 몇 달 동안 특히 니콜라이 부하린을 비롯한 주요 인물들에 대한 또 다른 여론몰이용 재판이 있었다. 그에 뒤이어 하급 당원 수십만 명을 체포해 처형하거나 노동수용소로 보내는 숙청이 벌어졌다.[109]

서구에서 이런 재판들에 보인 초기의 반응은 대경실색이었지 전반적인 회의론이 아니었다. 당시 모스크바 주재 미국 대사는 "외교단의 성원들은 피고인들이 소련에서 사형에 처해질 만한 죄를 틀림없이 저질렀다는 것을 전반적으로 받아들인다"라고 썼다.[110] 나중 재판에서 피고들이 터무니없는 혐의를 뒤집어썼다는 것이 확연히 밝혀진 1938년에야 어느 정도 회의론이 일기 시작했다. 지노비예프를 비롯한 피고들의 자백이 실은 심문자들이 대신 작성한 것이고, 무엇보다 그들이 죄를 인정하는 데 협력하면 그들의 가족은 처형하지 않겠다는 스탈린의 약속으로 자백을 받아냈다는 것이 여러 해가 지난 뒤에 밝혀졌다. 부하린을 포함해 소수의 경우이긴 해도 소비에트 비밀경찰이 고문을 가했음에도, 외부 관찰자들은 전반적으로 상처가 없는 피고들의 겉모습을 보고서 그들이 자진해서 자백했고 따라서 자백이 진실이라고 확신했다. 소수의 공산당원들은 재판에 충격을 받아 당에 등을 돌렸다. 그들 중 가장 주목할 만한 사람은 1938년에 공산당을 탈당하고서 2년 후에 《한낮의 어둠》을 펴낸 헝가리 출신 망명자 아서 쾨슬러였다. 이 소설에서 쾨슬러는 자신이 생각하기에 헌신적인 볼셰비키들로 하여금 그들 스스로 비난하는 행위를 묵인하도록 만드는 정신적 규율과 광신을 섬뜩하게 묘사했다.[111]

영국 공산당 지도부는 재판에 갈채를 보냈고, 그들이 밝히려는 음모의 실상에 대해 어떠한 의문도 품지 않았다. 1937년 2월 1일, 공산당의 주력 신문 《데일리 워커》는 "영국 노동운동 어디서나 재판의 철저한 공정성, 피고들의 의심할 바 없는 유죄, 선고의 정당성을 인식하고 있다"라고 주장했다. 모스크바에서의 폭로 이후, 영국 공산당은 스탈린의 지도에 따라 당 내부에 거의 존재하지도 않는 트로츠키주의 음모와 싸우는 데 상당한 에너지를 쓰기까지 했다.[112] 에릭은 사촌 론에게 쓴 편지에서 재판을 옹호하려 했다.

다음 사실들이 명확히 확인되었다는 것을 고려해야 해. 피고들은 과거에 여러 차례 당의 노선을 과격하게 반대하고, 여러 차례 당에서 제명되고 당직에서 해임되었던 사람들이야. (…) 둘째, 트로츠키는 지난 5년여 동안 비사회주의적이고 반혁명적인 조직인 소련을 전복하자고 일관되게 주장했어. (…) 셋째, 비판이 본질적으로 불가능한 것은 아니야. 다시 말해 트로츠키주의자들은 (키로프 사례로 보듯) 분명히 망가진 것처럼 보이고 소련의 영토를 양도하고자 한다는 비판이 불가능한 것은 아니야. 아마 그들은 결국 히틀러와 일본을 배신하고 싶었을 테고,

그것이 유감스럽긴 해도 필요한 양보라고 정말로 생각했을 거야.[113]

에릭은 자백에서 사실과 다른 사소한 점들은 소련의 설명을 받아들였다(일례로 피고인 중 한 명이 1932년 코펜하겐에서 트로츠키와 만났다는 호텔은 그보다 몇 년 전에 철거되었던 것으로 밝혀졌다). 에릭은 자백을 받아낸 방법이 "공명정대하다"고 여겼고, 피고인들은 모든 것을 자백하지 않았고 "완전한 증거가 제시되었을 **경우에만** 사실을 인정했을 것"이라고 보았다. 피고석에서 라데크가 보여준 강직한 행동도 이 점을 "재확인"해주었다. "그는 자비를 간청하지 않았어. 무책임하게 애원하지 않았지. 그는 이렇게 말했어. 나는 평범한 스파이나 파괴자와 함께 판결받기를 거부한다. 나는 책임지는 정치인이다. 나는 그저 상황 판단을 잘못했을 뿐이다."

그리하여 에릭은 다음과 같이 결론지었다. "(a) 대중의 지지를 받지 못하는 지하의 반대파는 테러와 간섭에 의지해야 했다. (b) 재판은 합법적이고 이해할 만한 일이었다. (c) 재판 절차에서 매우 의심스러운 것은 아무것도 없다." 그러나 재판은 피고인들이 그들의 자백대로 아주 일찍부터, 심지어 혁명 이전부터 소련에 반대했음에도 당의 최고 직위에 반복해서 임명된 이유가 무엇이냐는 곤란한 의문을 불러일으켰다. 아마도 "당장 그런 직무에 적합한 경험자가 충분하지 않아서였을까?"라고 그는 생각했다. 또는 당이 그들이 구세대 볼셰비키라는 이유로 그들에 대한 "낙관론"이나 "감성적인 생각"에 이끌려서, 아니면 그들이 마르크스주의자라는 이유로 그들의 진실성에 대한 순진하고 그릇된 믿음에 이끌려서 계속 포용했을 수도 있었다. 그리고 그들이 이제야 체포되어 재판에 회부된 이유는 1936년에 발효된 소련의 신헌법, 즉 페이비언 사회주의자 시드니와 비어트리스 웹 같은 서구의 동조자들이 "새로운 문명"의 청사진이라며 갈채를 보내는 신헌법이 "당의 결속을 깨는 자들에게 재량권을 줄" 예정이었기 때문이다. 따라서 "좋든 싫든 간에 소비에트 당국은 신헌법을 지키기 위해 나라를 완전히 깨끗하게 청소해야만 한다."[114]

이렇게 정교하면서도 설득력 없는 일련의 정당화가 론을 설득하기보다는 스스로 마음을 다잡으려는 시도에 더 가까웠다 할지라도, 에릭이 스페인 내전에서 공화파 정부의 대의에 굳게 헌신했다는 점은 의심할 여지가 없다. 그는 1937년 노동당원들이 런던 하이드파크에서 조직한 노동절 시위에 참석했다. 스페인 내전에 대한 노동당의 공식 방침이 공화파에 공감하면서도 부자연스러운 중립을 지키는 것이긴 했지만, 이 시위는 공화파와의 유대를 위해 개최한 것이었다. 에릭은 행진 대열에서 잠깐 보았지만 가까이 다가갈 수 없었던 론에게 이렇게 말했다.

내가 영국에서 본 다른 대부분의 행사보다 훌륭한 행사였어. 너도 알다시피 2년 전만 해도 그들은 아무렇게나 구부정하게 걷거나 하고 어떻게 노래하거나 구호를 외칠지 그저 막연하게만 생각했지. 그런데 오늘은 훨씬 더 나았어. 게다가 예전에는 좌파 시위에서 지식인과 대개 룸펜프롤레타리아트의 조합을 봤지만 오늘은 정상적인 노동계급의 대표단을 봤어. 이게 바로 대중적 기반이 의미하는 바야.[115]

영국 노동당은 영국판 인민전선에서 공산당과 협력한다는 인상을 어떻게든 피하기 위해 이런 행사를 조직할 때 신중을 기했다. 프랑스와 스페인의 상황을 고려할 때 그런 협력은 좋은 결과를 가져올 조짐으로 보이지 않았다. 특히 스페인에서는 공화파의 군사적 상황이 악화일로였기 때문에 공산주의자와 무정부주의자 사이에 분열이 생기고 있었다. 에릭은 푸이그세르다를 잠깐 방문했을 때 만난 열정적이지만 비조직적인 부류의 무정부주의자들을 신뢰할 수 없다는 공산당의 견해에 동조했다.

그는 1937년 5월 《타임스》의 보도를 인용하며 론에게 이렇게 말했다. "분명히 이들 무정부주의자는 카탈루냐에서 문제를 일으키기 시작했어. 만약 그들이 전쟁이 결판날 때까지 기다릴 수 없다면—누가 알겠냐마는 전쟁은 아직 결판나지 **않았어**—결국 전쟁 승리의 과업을 심각하게 방해할 거야."[116]

6

에릭은 시드니 삼촌에게서 얼마간 도움을 받아 1937년 여름휴가차 다시 프랑스를 찾았다. 그리고 이번에도 남쪽으로 길을 떠났다. 8월 4일 파리를 떠나 히치하이킹으로 리옹까지 갔다가 다시 아비뇽으로 갔다. 고장난 밴, 화물차, 자가용 등을 얻어 타고 밤에도 길을 달려 8월 8일 마르세유에서 북쪽으로 가까운 마노스크에 도착했다. 이 마을에 관심을 기울인 까닭은 소설가이자 평화주의 운동가인 장 지오노의 고향이었기 때문이다. 지오노를 "나는 존경했다. 그렇지만 나는 그 이후에 그가 부역자로 변했을 때 결코 놀라지 않았다. 피와 땅 콤플렉스는 문체에 어느 정도 풍부함과 매혹을 더해주지만, 결국에는 대체로 그 작가를 압도해버린다."[117]

에릭은 마노스크로 가기 위해 히치하이킹을 할 때 두 독일인 청년과 함께 있었다. 리옹에서 비엔으로 가는 길에 만난 사람들이었다.

그들은 갈색 머리에 배낭을 지고 체크무늬 셔츠와 반바지를 입고 있었으며 열일곱 살 정도였다. 우리는 마치 축구 관중 주변의 개들처럼 서로를 의심스럽게 바라보았다. 결국 나는 이 소년들이 틀림없이 히틀러

청소년단 단원이라고 생각했다. 오직 직업군인만이 적을 편안하게 느낄 수 있는 법이다. 아마 우리는 30분은 지나야 다음 차를 만날 수 있을 터였고, 그동안 정치에 대해 거의 이야기하지 않았다. 도로는 포플러로 짐작되는 나무들 사이로 거의 경사라곤 없이 곧게 뻗어 있었고, 주변 농촌은 남쪽처럼 회색빛 먼지투성이로 변하기 시작했으며, 그들의 짧은 양말도 먼지로 뒤덮였다.

그들은 동전을 던져 다음번 차에 누가 탈지 정하기로 했다. 독일 청년들이 이겼다. 마노스크는 차량 통행이 많은 곳이 아니어서 한참을 기다려야 했다.

연상인 청년은 포플러나무 사이의 보이스카우트 광고판 같은 실루엣으로 길가에 서 있었고, 연하인 청년과 나는 운전자가 세 명의 잠재적 승객을 한꺼번에 보고서 놀라지 않도록 도랑에 숨어 있었다. 우리는 먼지 많은 잔디 위에 누운 자세로 유스호스텔, 비엔 대성당 및 그밖의 다양한 주제에 관해 프랑스어로 어렵사리 대화했다. 두 사람 모두에게 낯선 언어로 이야기하는 것은 매우 이상한 느낌이었다. 그는 외투 안 주머니에서 하모니카를 꺼냈고 어디서나 눈에 띄는 아름다운 독일제 카메라를 목에 걸고 있었다. 다음 차가 올 때까지 카메라에 감탄하며 시간을 보냈다. 그런 다음 그들은 떠났고, 나는 한동안 도랑에 누워 나방을 지켜보았다. 우리는 스스럼없이 작별 인사를 나누었다.

에릭은 독일어를 할 줄 안다는 사실을 청년들에게 밝히지 않았다. 빈 억양을 썼다면 에릭의 정체가 드러났을 것이고, 그랬다면 독일 청년들이 필시 그가 프랑스에 있는 이유를 물었을 것이며, 결국 그가 유대인이라는 사실도 알았을 것이다. 그럴 경우 에릭이 틀림없이 피하려 애쓴 결과를 맞을 수도 있었다.

어느 도로 인부가 화물차로 에릭을 마노스크까지 태워주었고, 그곳에서 에릭은 관리인 외에는 투숙객이 없는 유스호스텔을 발견했다. 관리인이 석류즙 한 잔을 가져다주었다. 에릭은 휴게실 선반에서 지오노 전집을 보았지만, 관리인은 오후 시간에는 그 작가를 보러 갈 수 없다고 말했다. 여성 한 명이 들어왔고, 그녀가 숙박부에 기재한 다음 두 사람은 나가서 수영할 곳을 찾아보기로 했다.

우리는 태양 때문에 눈을 반쯤 감은 채로 마을의 엑스Aix 도로를 따라 걸었는데, 처음 10분간은 거의 이야기를 나누지 않았다. 그녀는 브리앙송에서 자전거를 타고 온 강인한 여성이었다. 손수레를 끌고 지나가는 사람도 없었고, 올리브나무 주위를 나는 까치 몇 마리를 빼고는 새도 없었다. 뜨거운 열기와 저 멀리서 뒤랑스강이 흐르는 소리 말고는 아무것도 없었다. 나는 공허한 감정에 압도되어 선글라스를 썼다.

뙤약볕 아래 걷느라 지친 그들은 강 쪽으로 방향을 돌렸다. 에릭은 강에 몸을 담근 반면에 동행한 여성은 "다리를 모으고 갈색빛 팔로 제방을 짚고 발을 살짝 바깥으로 돌린 채로" 둑 위에 앉아 있었다. "그녀는 치켜깎은 단발에 옅은 마맛자국이 있어 그렇게 보기 좋은 얼굴은 아니었다." 그녀는 독일어를 구사하는 유대인 망명자로 성은 골드만이었다. 그녀의 이름, 또는 적어도 망명지 프랑스에서 사용하는 이름은 마르셀이었다. 에릭은 물속으로 들어오라고 권했다. "그녀는 고개를 저으며 웃었다." 물살이 몸을 하류 쪽으로 끌어당기기 시작해 밖으로 나왔다. 에릭이 수건으로 몸을 말리는 동안 그들은 지오노의 저작에 대해 이야기를 나누었다. 그녀는 그에게 박하사탕을 주었다.

바스잘프의 강독에 다른 하이커와 함께 눕는 것은 여름철에 수시로 생기는 우연적이고 일시적인 조합일 뿐 특별한 의미는 없었다. 하지만 그렇게 만나게 된 사람들이 안면을 트고서 짧은 시간에 매우 친밀해질 수도 있는데, 이는 주로 나머지 세상에 맞서 자신들을 방어하기 위해서다. 이번에 그럴 가능성이 있을까? 나는 그녀를 보고서 이번에는 그럴 리 없다고 생각했다. (…) 매우 이상하게도 우리는 숙소로 돌아오는 길 내내 우리 자신에 대해 전혀 이야기하지 않았다. 숙소 안도 바깥과 똑같이 더웠다.

그 대신 그들은 지오노에 대해 계속 토론했다. 그런데 에릭은 그 소설가를 꽤 존경하면서도 "그를 추종하는 듯한 호스텔의 분위기"에 마음이 불편해져 얼마간 비판의 목소리를 내기 시작했다. "그러면 당신은 왜 여기에 있나요?"라고 마르셀이 물었다.

그들은 마을에 들어서다가 두 독일 청년과 다시 마주쳤다. "그들은 마르셀이 무척 유대인처럼 보이는데도 그녀에게 미소를 지었다. 두 청년은 마치 카누를 타고 유빙 사이를 헤쳐나가는 것처럼 덜 중요한 사람들 사이를 복잡한 에티켓으로 조심스레 헤쳐나가는 듯 보였다." 그들은 튀링겐의 중세풍 소도시 게라 출신이었고, 마노스크의 고풍스러운 거리에 편한 마음이 들어 "프랑스인을 거의 사람같이 보기 시작한" 터였다. 프랑스 혁명 기간에 이 마을에서 식량 폭동이 있었다고 에릭이 그들에게 말했다. 농민 전쟁과 비슷했나요? 청년 중 한 명이 종교개혁 초기에 발생한 1525년의 전쟁을 생각하며 물었다. "'농민 전쟁과 비슷했죠'라고 마르셀이 독일어로 말했다. 두 청년은 얼굴이 매우 붉어졌고, 호스텔에 도착할 때까지 아무런 대화도 나누지 않았다." 휴게실에 있던 한 노인은 청년들이 독일어로 말하는 소리를 듣고는 자신이 지난 전쟁 때 전선에 있었다고 윽박지르듯이 말했다. "마르셀이 '정말이에요?'라고 물었는데, 마치 낱말 알아맞히기에 참여하는 사람처럼 추상적인 방식으로 이 상황을 즐기는 듯 보였다." 얼마 후 에릭과 마르셀은 마을을 돌아다니면서 두 독일 청년에 대해 이야기했다. 에릭이 자신의 베를린 시절을 언급하면서 "나는 저런 소년들과 함께 학교에 다녔어요"라고 말했다.

그들은 해를 끼칠 생각이 없어요. 열등감에 따라 반응하고 있을 뿐이죠. 학창시절에 언젠가 교사가 이렇게 말했어요. 독일은 몰락하고 있다. 독일을 다시 일으켜 세울 두 가지 학교가 있다. 한 학교는 승자들의 환심을 사서 독일을 일으키려 하고, 다른 학교, 아돌프 히틀러의 학교는 독일 국민을 깨우쳐서 독일을 일으키려 한다. 스스로의 힘으로, 외국의 도움 없이 독일 국민은 그 족쇄를 벗어던질 것이다. 바로 이렇게 말했죠. 그러더니 여러분은 어느 쪽을 선택할 것이냐고 물었죠. 나는 그날 거의 민족주의자가 될 뻔했어요. 그게 아주 논리적으로 보였어요.

그들은 마을 외곽의 언덕을 올랐다. 마르셀은 자기 아버지가 오데사에서 왔다고 말했다. "언덕 위에서 뒤랑스 계곡을 내려다보며 우리는 서로 통하는 게 많다는 데 매력을 느꼈다. 그런 다음 우리는 누워 있다가 결국 성관계를 맺었다. 그러지 말았어야 했건만, 그것은 어쨌거나 아무런 관심도 없는, 두 나치 청년에 맞서는 연대의 몸짓에 지나지 않았을 것이다." 밀린 잠을 자고 목욕과 식사를 한 다음 에릭은 마르셀에게 작별 인사를 했다. 그들은 다시 만나지 않았다. "그 후로 그녀가 어려운 시기를 보냈을 것으로 생각한다"라고 에릭은 몇 년 후에 적었는데, 그 무렵 프랑스에서는 유대인을 체포해 아우슈비츠로 보내고 있었다.

마노스크에서 에릭은 차를 얻어 타고 지중해 연안의 생라파엘로 갔다. 지역 유스호스텔에 묵은 그는 미국인, 캐나다의 프랑스인, 체코인 등 다양한 학생들을 만나고, 다시 목욕을 하고, 저녁으로 샌드위치를 먹었다. 프랑스 남부의 이 지역에는 차도 여행객도 더 많았다.

부유한 여성들은 차림새가 화려하고 그들의 패커드 승용차는 사람을 태워주지 않는다. 코트다쥐르보다 차를 얻어 타기 어려운 곳은 지구상에 거의 없다. 중년 여성을 젊은 여성으로, 변변찮은 외모를 우아한 외모로 바꿀 수 있는 돈이 내가 처음 생각한 것보다 그들에게 더 유용해 보인다. 칸과 생라파엘의 중간 지점에서 오렌지색 셔츠 차림의 남자들과 수영복 차림의 여자들을 가득 태우고 영국 번호판을 단 뷰익 자동차 한 대가 지나갔다. 나는 그 뒤에 대고 소리를 쳤다. 차가 멈춰 섰고, 몇 분이나 걸려 차에 다가가자 그들은 "당신이 우리를 부를 때 영국인이라고 생각했어요"라고 말했다. 내 말이 얼마나 외국어처럼 들릴까? 프랑스 사람들은 "대단한 영국인"이라 말하고, 영국 사람들은 "당신은 영국인이 아니에요"라고 말하고, 피레네의 어느 과묵한 농부만이 언젠가 내게 여기저기 돌아다니는 이유가 뭐냐고 물었다. 일자리를 얻으려고? 나는 그렇다고 대답했다. 그러면 스페인 사람이구먼, 하고 그가 말했다.[118]

에릭이 우연히 만난 이 무리는 사실 여러 나라에서 온 망명자들과 난민들, 아니 그가 들은 대로 조국이 없는 사람들이었다. "'이 사람들은 망명자가 아니에요'라고 무리에서 나이가 더 많은 사람이 말했다. '그들에게는 조국이 아예 없어요. 그들은 그 어떤 장소, 언어, 경제, 문화의 공동체에도 들어맞지 않는 개별적 원자들이에요.'" 에릭은 이 에피소드를 기록한 글에서 이리나라고 부른 젊은 러시아 여성에게 반했고, 그녀가 테니스를 칠 때 "네트와 기둥 사이로 보이는 이리나의 몸 곳곳을 갈망의 눈길로 바라보고" 있었다. 그들이 "배타적인 부유층 거주지의 불청객"이라는 것이 분명해졌다.[119]

그들은 노래를 부르고 춤을 추고 정치에 대해 이야기했다. "이리나는 꽃무늬 드레스 차림에 온통 갈색이다. 머리도 갈색, 눈도 갈색, 피부도 햇볕에 그을린 갈색이다. 그녀는 왼손으로 수건을 흔들다가 목에 둘렀다가 다시 끌어내려 앞뒤로 흔든다." 그들 무리는 해수욕을 하기로 결정했다.

바닷물이 비단 같다. 눈으로 보고 피부로 느끼는 바닷물이 너무나 아름다워 다른 것을 생각하기 힘들 정도다. 어깨를 부드럽게 적시는 바닷물 소리를 들으며 몸을 돌린 우리는 해변 카페의 불빛을 보고 다소 거슬리는 음악을 들을 수 있었다. 조국이 있다는 것은 같이 일하는 사람들에 대한 모든 것을 안다는 뜻이다. 그들의 사소한 특징, 그들이 어렸을 때 어떤 동화를 듣는지, 밤에 댄스 파티에서 집으로 여자를 데려갈 때 무엇을 하는지, 노인들은 어떤 시답잖은 농담을 하는지, 카페의 카드 파티에서 그들이 어떤 판에 박힌 말을 하는지, 그리고 그들이 잡지에서 무엇을 읽고 싶어 하는지를 아는 것이다. 무엇이 체코인 하녀들로 하여금 애국적인 노래를 부르게 하고 무엇이 아일랜드인 노동자들로 하여금 클랜-나-가엘clan-na-gael*에 푼돈이라도 기부하게 하는가?

---

* 19세기 후반부터 20세기까지 미국에 존재했던 아일랜드 공화당의 조직. 페니언 형제단의 계승 조직이자 아일랜드 공화국 형제단의 자매조직이기도 했다.

정치적으로 성숙하지 못한 사람들을 동원하고 국가 없는 사람들에게 국가를 대신해 위안을 주는 감정을 간과해서는 안 된다.

훗날 에릭이 면밀하게 연구할 주제인 민족 정체성에 관해 처음 기록한 생각은 이처럼 프랑스 남부 해안의 지중해에서 해수욕을 즐기는 동안에 떠올랐다.

그들은 정치와 정체성에 대해 이야기했다. 정치로는 아무것도 이룰 수 없다는 이리나의 생각에 에릭은 반대했다. "우리는 일을 하기 위한 대화를 해야 한다. 가만히 앉아서 발상을 떠올리는 사람들은 십중팔구 실패한다. 세상을 바꾼 토론에 대한 속기록으로 채울 수 있는 종이가 얼마나 많은가?" 많이 대화하고 노래를 부른 뒤 그들은 헤어졌다. "이제 나는 그들과 떨어져서 어느 아름다운 여인과 사랑에 빠졌지만 아무것도 하지 않은 휴일에 대해 생각할 수 있다. 모두가 사랑을 나누는 지중해 연안에서 나는 별로 적절하지 않은 노래를 부르며 사람들 무리에 섞여 돌아다니는 일 말고는 아무것도 하지 않았다." 이튿날 파리로 돌아가는 여정을 시작했다.[120] 칸을 돌아본 후 히치하이킹으로 서쪽의 생트로페와 마르세유를 거쳐 엑상프로방스에 도착했다. 엑상프로방스에서는 운이 없었다("불쌍하게 걸어다녔다"라고 일기에 간결하게 적었다). 그는 아르데슈주의 오브나까지 어렵사리 차를 얻어 타고 가서 아침을 먹은 다음 다시 히치하이킹으로 북쪽의 르퓌까지 갔다가 거의 화물차의 도움으로 비시까지 갔다. 8월 14일 알리에주의 물랭에 도착해 식사를 한 다음 아베르네로 길을 떠났다. 밤 11시에 도착했으나 유스호스텔이 닫혀 있어 "자포자기 심정으로 콩 농장에서 잠을 잘" 수밖에 없었다. 8월 16일 월요일, 파리로 돌아왔다.

이 여행이 "여행 방법으로서 히치하이킹의 가능성을 증명했어!"라고 에릭은 론에게 말했다. 여행 도중에 에릭은 갖가지 유형의 사람들을 만났다. 런던정경대 학생들, 에릭이 빈에서 다닌 학교들 중 하나를 졸업한 오스트리아 공산주의자, 전후에 매우 다른 환경에서 다시 조우하게 될 옥스퍼드 교수 겸 저명한 온건 사회주의자인 G. D. H. 콜, 그리고 세인트메릴본에서 에릭을 가르친 프랑스어 교사의 친구 등이었다.

> 세상에, 얼마나 많은 일을 겪었는지 몰라. 부르고뉴에서 달팽이를 먹고, 지중해 연안에서 해수욕을 하고, 프랑스 운전자들과 잇따라 대화하고, 프랑스 유스호스텔에서 새로운 노래를 배우고, 뙤약볕 아래에서 두 시간이나 차를 기다리고, 폭우 속에서 침낭과 방수포로 야영을 하고, 프랑스 무정부주의자 학생들과 토론을 했어. 영국인, 프랑스인, 독일인, 네덜란드인, 스웨덴인, 캐나다인, 미국인, 이탈리아인, 폴란드인, 스위스인, 오스트리아인, 벨기에인, 스페인인, 러시아인, 체코슬로바키아인을 만났어. 마노스크에서는 지역 재즈밴드의 공연과 어디에나 있는 그릇을 구경했어. 크라이슬러와 패커드 자동차를 얻어 타기도 했지. 프랑스어 실력도 늘었어.[121]

파리로 돌아온 에릭은 삼촌 시드니, 이제 10대인 낸시, 피터와 함께 앰버서더 호텔에 묵었다. 세 사람은 스페인 내전 기간에 바스크 지역 게르니카 마을이 당한 고통을 묘사한 피카소의 그림 〈게르니카〉를 전시해 유명해진 만국박람회를 관람하러 파리에 와 있었다.

에릭은 8월 25일부터 28일까지 열리는 '세계학생연맹 국제대회'에 참석하라는 마고 하이네만의 부추김을 받아 파리에 계속 머물렀다. 친구람 나훔이 대표단의 일원이었다. 참가자들은 여러 나라 학생들의 상황에 관한 보고서를 놓고 토론했는데, 보고서 태반이 믿기 어려울 정도로 낙관적이었다(예를 들어 독일 대표는 나치 정권 하에서 대학생들이 전반적으로 불만이 많고 환멸을 느낀다고 보고했다).[122] 이 무렵 프랑스 인민전선은 심각한 곤경에 빠져들고 있었다. 경제가 대공황에서 벗어나지 못하고 있었고, 프랑화의 예금 인출이 쇄도하고 있었으며, 상원의 보수파가 개혁을 가로막고 있었다. 1937년 6월, 사회당이 정부에서 쫓겨나고 레옹 블룸이 사임했다. 1년 후 인민전선은 스페인 내전에 대한 프랑스 정책(또는 정책의 부재)을 둘러싸고 내분을 벌이다 결국 와해되었다. 1936년의 환희는 사라진 지 오래였다.[123] 에릭의 말마따나 "정치 상황은 모든 면에서 암울해" 보였다.[124]

에릭은 마고 하이네만의 요청에 따라 국제대회의 몇몇 회의에서 통역자로 활동해 약간의 돈을 벌었다. 이 기간에 에릭은 어느 헝가리인 20대 공산당원과 친해졌는데, 짧은 이야기 형식으로 쓴 다른 회고록에서 그를 아르파드 페케테Arpad Fekete라고 불렀다. 아르파드는 유고슬라비아인, 헝가리인, 불가리아인이 자주 찾는 저렴한 레스토랑 레마세두안으로 에릭을 데려갔다. 에릭은 수석 웨이터의 모습부터 시작해 레스토랑의 분위기가 다소 불길하다고 생각했다.

비행기 날개처럼 생긴 진회색 콧수염, 오랜 실내 노동으로 축 늘어진 피부에 주름이 깊은 갈색 얼굴, 단추처럼 짙은 검은색 눈동자. 그는 자신의 목적을 위해 허름한 수석 웨이터로 가장할 수 있는 매우 유능한 사람이라는 인상을 주었다. 하지만 레마세두안의 웨이터와 손님 모두가 변변찮고 점잖은 인물로 가장하고 있다는 인상을 주었기 때문에 수석 웨이터의 인상은 전혀 새롭지 않았다. 나는 폭동의 냄새가 그렇게 많이 나는 장소는 가본 적이 없었다.[125]

공산당원이자 유대인인 아르파드는 당시 거주하던 파리로 탈출하기 전에 헝가리에서 호르티 제독의 공격적인 반공산주의 반유대주의 우파 정권에 의해 투옥되고 심하게 구타당한 적이 있었다. 에릭은 이 젊은 헝가리인을 멋쟁이로 생각했다. "문인! 바람둥이! 혁명 소매상! 그들은 어째서 아르파드와 비슷한 남자들, 커피하우스의 볼셰비키들, 어깨에 패드가 들어간 세로줄무늬 양복을 입은 돈 후안들이 장차 자기들의 급소를 걷어차리라 예상하고서 괴롭힌 걸까?" 이 질문 자체에 답이 들어 있었다.

아르파드는 에릭과 러시아인 공산당원 친구를 세바스토폴 대로에서 멀지 않은 사창가로 데려갔다. 그곳에서 그들은 술을 주문했다.

성업 중인 시기는 아니었다. 천장이 유리로 덮인 길쭉한 공간에 줄지어 놓인 대리석 탁자 뒤에 손님 몇 명이 시무룩하게 앉아 있었다. (…) 한쪽 끝, 여자 화장실 옆에서 집시풍의 빨간 블라우스를 입은 소규모 악단이 성의 없이 연주하고 있었다. 때때로 그들은 연주를 멈추고 팁을 걷으러 돌아다녔고, 격렬하게 춤추던 여성들도 춤을 멈추고 음란한 숨은 재주를 보여주려고 탁자로 다가왔다. 아르파드는 붉은 플러시천 좌석에 등을 대고 누워 짐짓 알렉산드르 블로크*나 툴루즈 로트레크** 인 양 입술 사이에 담배를 물고 입을 오므렸다.

맥주가 한 잔에 7프랑으로 매우 비쌌고 "홀에 괜찮은 여자들이 없

---

* 러시아 국민을 구원하기 위한 근본적 운동으로 볼셰비즘을 수용했지만 볼셰비키에 배신감을 느껴 희망과 좌절의 분위기가 교차하는 시들을 쓴 러시아 상징주의의 대표적 시인.
** 프랑스의 화가. 귀족 사회의 허위와 위선을 증오했고 포스터를 예술적 차원으로 끌어올렸다. 물랭루주 포스터가 특히 유명하다.

었"으며 "밴드도 형편없었다." 친구들이 헝가리 댄스곡을 신청했지만 연주자들이 아는 곡이 하나도 없었다. 에릭은 아이러니한 죄의식을 느꼈다.

우리를 보라. 세 명의 이른바 공산주의자, 세계사에서 가장 위대한 운동의 구성원들, 아르키메데스가 찾던 것을 발견한 사람들, 지구를 마치 양철판인 양 구부리고 플라스틱인 양 주조할 사람들이 이류 사창가에서 형편없는 악단에 대해 불평하는 모습을 보라. 심지어 고급 사창가도 아니고 말이다. 노동계급을 제대로 배신한다는 분위기조차 없는 것이다.

한 여인이 그들에게 다가와서 아르파드에게 말을 걸려고 했지만 그는 너무 취해 반응하지 못했다. 그는 손으로 머리를 감싸쥔 채 탁자에 엎드려 있었다. "자기야, 친구가 생각하는 동안 나랑 같이 가자"라고 여인이 에릭에게 말했다. "나랑 가서 좋은 시간 보내자." 그들은 그렇게 했다. 훗날 발표한 회고록에서 에릭은 헝가리 친구의 실제 이름이 죄르지 아담 György Adam이라고 밝혔다. 마르셀과의 만남을 잊은 채 에릭은 이렇게 적었다. "나는 나체 여인들로 이루어진 악단이 있는 한 영업장—주소는 이제 기억나지 않는다—에서, 그리고 사방이 거울로 둘러싸인 침대에서 동정을 잃었다."[126]

아르파드 혹은 죄르지에 대해서 말하자면, 에릭은 전쟁 직전에 파리에서 그를 찾았지만 만나지 못했다. 레마세두안에서 친구에 대해 물었을 때 한동안 그를 보지 못했다는 대답을 들었다. 레스토랑 사람들은 그가 남아메리카로 떠났다고 생각했다.[127]

7

1937년 10월, 2학년 과정을 시작하기 위해 케임브리지로 돌아왔을 때 에릭은 1년 전보다 한결 편안한 마음이었다. 이제 '드레인'보다 좋은 숙소, 즉 칼리지 예배당에서 멀찍이 떨어진, 1920년대에 확장된 후기 빅토리아풍 건물에서 강 옆의 작은 잔디밭이 내려다보이는 U층 8호실에서 살게 되었다. 학생들은 이 건물의 방들을 훨씬 더 선호했다. 에릭의 방은 넓은 나무계단을 여섯 층 올라가야 하는 꼭대기층에 있었지만, 강과 그 건너편 초원의 전망이 평화롭고 여름철에 강을 따라 미끄러지듯 나아가는 평저선을 빼면 고요를 깨는 것이 없어서 1938~1939년에도 이 방에서 지냈다.[128]

에릭은 사촌 론과 많은 시간을 보낼 수 없었다. 지난여름 경제학의 고너상Gonner Prize을 수상하며 런던정경대를 우등으로 졸업한 론은 여전히 큐 지구의 노동부에서 일하고 있었다. 론은 전쟁 직전에 연인과 결혼했다.[129] 하지만 두 사촌은 편지는 자주 주고받았다. 이사한 다음 에릭은 론에게 말했다.

지금까지 나는 이번 학기를 다른 어떤 학기보다도 즐기고 있어. 너도 알다시피 첫 학기에는 아는 사람이 하나도 없었고, 그 누구와도 사귀고 싶지 않았고 감히 그럴 수도 없었거니와, 새로운 환경에 적응하지도 못했지. 둘째와 셋째 학기에는 익숙해졌지만 학업과 시험이 많았던 데다 첫 학기의 어색함을 아직 완전히 떨쳐내지 못한 상태였어. 이번 학기야말로 내가 '케임브리지'에서 제대로 보내는 첫 학기야. 이제 케임브리지는 나의 신경을 자주 건드리지 않아. 가끔 상대하고 싶지 않은 사람들이 있기는 해. 그렇지만 그건 매우 편협한 행동이야. 나의 바깥 세계는 토론 클럽의 전임 회장들이 정치 연설을 하러 찾아오는 장소에 불과하다는 인식에서 이제 벗어나려 해.[130]

이처럼 에릭은 "8월 초 프랑스를 다녀온 이후" 줄곧 기분이 아주 좋다고 론에게 말했다. 에릭은 이런 기분이 의외라고 생각했는데, "이따금 매우 규칙적으로 갑자기 우울해졌기" 때문이다. "나는 그런 감정이 아무리 늦어도 1월경 어느 때 불현듯 찾아올 거라고 예상해." 에릭과 예민한 동년배 몇 사람은 1937년 가을학기에 이런 상황을 개선하려고 시도했다. "우리는 학과 내에서 교수들과 학생 대표들의 비공식 모임을 만드는 일과 토론 수업을 확대하는 일 따위를 시도했어. 우리 대학과 같은 중세풍 대학에서 이건 상당한 진전이야"라고 론에게 말했다.[131] 그러나 다른 수많은 계획과 마찬가지로 이 시도는 교수들의 무관심에 부딪혀 좌절되었다. 이렇듯 옥스퍼드만이 아니라 케임브리지에도 빛을 보지 못한 좋은 시도들이 있었다.[132]

1937년 말, 에릭은 노동당이 적어도 "스페인과 관련해 무언가를 하기 시작"했지만 국제적 상황이 "매우 섬뜩하다"고 생각했다.[133] 네빌 체임벌린 총리는 "완전히 친파시스트"라서 히틀러나 무솔리니, 프랑코를 타도하기 위한 그 어떤 일도 하지 않을 것 같았다. 그러나 체임벌린의 외교정책을 누구나 반긴 것은 아니었다. 외무장관 앤서니 이든이 스페인 내전을 포함하는 여러 쟁점을 놓고 총리와 의견 차이를 보이다가 1938년 2월 21일 월요일에 사임하자 외교정책과 관련해 국가적 위기감이 생겨났다. 케임브리지에서는 사회주의자 클럽이 행동에 나섰다.

우리는 이든이 사임한 월요일에 CUSC*의 긴급회의를 소집했고 200명 이상의 회원이 참석했어. 그런 다음 평화위원회의 긴급모임을 갖고 수요일에 회의를 열기로 결정했어. 화요일 오전, CUSC는 [정부의] 총 사퇴를 요구하는 6천 장의 전단을 배포하고 약 40명이 도시 곳곳에서 피켓 시위를 벌였어. 화요일 오후, 우리는 자유당, 사회당, 민주전선의 합동위원회를 열어 공동성명을 발표하고 하원의원들을 겨냥해 화요 로비단을 조직했어. 그러는 내내 우리는 하원의원들에게 전보를 보냈어—수요일까지 약 600통을 보냈지. 수요일, 우리는 평화위원회 회의를 열었는데, 아주 많은 인원이 참석하는 바람에 상당수는 돌아가야 했어—500명은 됐을 거야. 목요일, 우리는 로비를 했고, 이번 주는 계속 이러고 있어.[134]

케임브리지에서 100명, 옥스퍼드에서 60명, 런던정경대에서 40명, 총 200명의 학생이 의원들에 대한 로비에 참여해 보수 일간지들을 포함하는 언론의 조명을 두루 받았다. 에릭은 론에게 이렇게 털어놓았다. "정치 활동에 시간을 쓰느라 뒤처진 부분을 만회하려면 방학 동안 벼락치기 공부를 해야겠어."

또 다른 탈선도 있었다. 종전과 마찬가지로 에릭은 방학마다 몇 주를 런던정경대의 도서관에서 책을 읽으며 보냈다. 그에게 이곳은 "공부하기 좋은 장소"였다. "그곳은 중부유럽과 식민지에서 온 사람들로 가득해서 케임브리지보다 지방색이 한결 덜했다. 케임브리지에서는 전혀 관심을 두지 않는 인구학, 사회학, 사회인류학 같은 사회과학에 집중한다는 점만 해도 그랬다." 에릭은 런던정경대 정문의 한구석에 자리한 마리 카페에 자주 드나들면서 새 친구들을 많이 사귀었다. 후일 역사가가 되는 (당시만 해도 아직 원래 그리스어 성姓인 스타마토풀로스Stamatopoulos를 쓰던)

* 케임브리지 사회주의자 클럽.

존 새빌John Saville, 새빌의 연인이자 나중에 아내가 되는 콘스턴스 손더스 Constance Saunders, 경제학을 공부하는 오스트리아 좌파 학생으로 "머리숱 이 많은 매력덩어리" 테디 (테오도어) 프라거Teddy (Theodor) Prager 외에도 많았다. 그곳에서 만난 여성들 중에는 2차 세계대전 기간에 런던정경대 가 케임브리지로 이전했을 때 재회하게 되는 뮤리얼 시먼Muriel Seaman이 있었다. 카페 단골 중에는 "우리보다 나이가 조금 많고 말이 없는 중부 유럽 출신 외톨이"가 있었는데, 바로 위대한 사회학자 노르베르트 엘리 아스였다. 당시 그의 저서 《문명화 과정Über den Prozeß der Zivilisation》이 스 위스에서 독일어로 출간되기 직전이었는데, 이 책은 팔리지도 않고 주 목도 받지 못하다가 1960년대에 들어서야 20세기 후반기에 가장 널리 읽히고 영향을 미친 역사사회학 텍스트 중 하나가 되었다.[135]

그러나 1938년 2월 에릭은 케임브리지의 환경, 특히 킹스칼리지의 환 경도 "매우 좋다"고 생각했다. "강 뒤편 거리를 따라 크로커스꽃이 피었 고 밤 공기는 부드럽고 강은 조용히 꽤 빠르게 흘러. 우리는 밤이면 언 제나 예배당 주변을 산책해. 항상 건축과 함께 생활하면서 나는 마침내 건축의 진짜 아름다움을 알아보기 시작했어." 하지만 개인 생활은 지난 여름 프랑스에서의 홍분에 비하면 다소 지루했다. 론의 "개인사"가 "만 족스러운" 상태에 접어든 것을 축하하면서 에릭은 침울하게 썼다. "나는 여전히—다행인지 불행인지 모르겠지만—종전처럼 동떨어져 있어. 여 전히 정치에 흥미를 느끼지만, 친구들이 정치에 발을 들이기도 하고 빼 기도 하는 요 며칠은 강을 바라보는 일에 재미를 느껴. 내가 동조해야 할 때라고 정말로 생각하고 언젠가는 그럴 거라고 예상하지만, 서둘러 봐야 소용없을 거야."[136]

4월 말, 그는 다른 대다수 학부생과 마찬가지로 다가오는 학위 과정 시험에 집중하고 있었다.

모든 학생이 지금 '학위 과정 시험 열병'에 걸려 있고, 지난 며칠만큼 대학 도서관이 붐비는 광경은 본 적이 없어. 온갖 부류의 괴상한 사람들이 시험을 걱정해. 실은 나 역시 예감이 그리 좋지는 않아— 시험을 쳤을 때 1등급을 받지 못할 것 같아서, 앞으로 4주 동안 충분히 공부할 수가 없어서가 아니라, 최우등 성적을 받고 싶은데 그게 아주 멀어 보여서야. 문제를 이례적으로 잘 고르거나 아주 운이 좋지 않은 이상은 어려워 보여.[137]

그는 이 기간 동안 "정치에 대한 관심은 접어두고" 시험 공부에만 집중하기로 결심했다. 결국 최우등 성적을 받았다. 사실 이 성적을 받으리라는 것은 의심할 여지가 없었다. 의심은 그의 마음속에만 있었다("나는 정말로 몹시 초조했다"라고 시험 직후에 썼다). 그리고 더 좋은 소식도 있었다. 대학의 정치학 기금에서 30파운드의 장학금을 받아 프랑스령 북아프리카로 가서("나의 제안") 그곳의 농업 현황에 관한 정치적 연구를 두 달 동안 수행하게 되었고, 킹스칼리지로부터 당시 기준으로는 "꽤 큰 돈"인 10파운드를 따로 받기까지 했다. 케임브리지의 에릭을 지원한 런던 시의회는 그의 생계 지원금에서 이 장학금을 공제할 수 없었는데, 이것이 특정한 목적을 위한 돈이었기 때문이다.[138] 그는 이 프로젝트를 선택한 이유를 말하지 않았지만, 파리에서 공산당원 친구들과 토론한 결과 유럽의 식민화에 관심이 생긴 데다 분명 이 무렵 자신의 프랑스어 실력이 해당 연구를 수행하기에 충분하다고 생각했기 때문일 것이다. 정치학 교수 어니스트 바커Ernest Barker는 런던 주재 프랑스 대사에게 제출할 소개장과 추천서를 써주었다. 에릭은 필요한 여행 준비를 마치고 8월 말에 출발했다.

에릭의 목적은 당시 프랑스의 식민지였던 알제리와 튀니지의 농업 상황을 연구하는 것이었다. 그는 항구에서 열차를 타고 파리까지 가서 다른 열차로 갈아타고 프랑스 남부까지 간 다음 튀니스 항구로 가는 증기선에 승선했다. 8월 25일 튀니스에 도착한 그는 현지 관리가 기록한 대로 쥘페리가에 있는 캐피톨 호텔에 짐을 풀었다. 이 관리는 에릭이 "전혀 알리지 않은 채" 떠나버려서 "그의 활동의 성격을 며칠 동안 알지 못했다"라고 불평했다.[139] 그렇지만 사실 에릭은 튀니스의 행정관들과 접촉해 이 식민지의 경제사회적 여건에 관해 인터뷰를 하고 내지를 여행하는 데 필요한 허가를 받았다. 튀니스의 마지막 밤을 에릭은 만灣이 내려다보이는 시디부사이드의 유스호스텔에서 보냈는데, 그때까지 살면서 본 가장 아름다운 전망으로 꼽을 만했다. 8월 31일, 튀니스에서 남쪽으로 해안을 따라 270킬로미터 떨어진 도시 스팍스를 향해 출발했다. 그 도시를 론에게 이렇게 전했다.

그곳은 내가 이제껏 본 가장 매력 없는 도시 중 하나였어. 주변 80킬로미터에 걸쳐 일렬로 늘어선 올리브나무밖에 없다는 사실만으로도 놀라운데 50년 전에는 그마저도 아예 없었다고 해. 프랑스인과 아랍인 모두 이 사실을 의기양양하게 지적하는데, 한쪽은 그것이 프랑스 식민화의 혜택이라고 주장하고, 다른 한쪽은 그것이 착취이자 프랑스인이 실제 개발 활동을 위해 아랍인에게 의지한다는 것을 입증한다고 주장해. 하지만 올리브, 낙타, 도로변에 있는 베두인족의 야영지, 튀니지에서 인산염의 존재를 발견한 군의관의 동상을 빼면 스팍스에는 스릴을 주는 것이 전혀 없어. 그 동상이 확실히 도시에서 가장 중요할 거야.[140]

스팍스에서 해안을 따라 북쪽으로 조금 이동한 다음 버스를 타고서 내지 도시 카이로우안으로 들어갔다. 그곳은 "짬을 내 평범한 여행을 한 몇 안 되는 장소 중 하나"였는데, "지금까지 튀니스도 이 나라도 많이 둘러볼 기회가 별로 없었기 때문이야. 일주일 만에 튀니스의 정치적·사회적·경제적 구조에 관한 모든 자료를 수집하고 흡수하려고 애쓰는 것은 그야말로 강제노동이었고, 이런 일은 다시는 하지 않을 거야." 그가 조사한 인산염 회사는 "믿기 어려운 수익"을 올렸다. 이 광물의 전 세계 산출량의 거의 3분의 1을 생산하는 데다가 흔히들 제3공화국을 지배한다고 생각하는 프랑스의 전설적인 '200가문'의 자본주의 체제의 일부였기 때문이다.

에릭은 론에게 말했듯이 북아프리카에 적응하느라 적잖이 애를 먹었고, "이따금 믿기 어려울 정도로 굶주리는 베두인족 무리"와 기묘한 관목더미 "외에는 아무것도 없는 풍경에 익숙해지지 못했다." 그는 "(앙드레 비올리 부인과 《세수아Ce Soir》 신문사의 주선으로)[141] 반파시스트 이탈리아인 집단들, 현지 유럽인 노동조합들 등"과 "비공식 접촉"하고 "(세계 학생연맹의 주선으로) 아랍인 학생들과 가볍게 접촉"해 이야기를 나누었다. 튀니스 주재 영국 공사는 커다란 몰타 식민지를 관리하는 데 대부분의 시간을 썼다. 그렇지만 에릭의 관찰은 다음과 같았다.

낙천적인 선교사 몇 명과, 아랍인 사이에서나 프랑스인 사이에서나 동성애로 유명한 함마메트의 은퇴자 마을을 빼면 영국인은 많지 않아. 사실 나는 함마메트 마을 때문에 통념을 갖게 된 튀니지 학생 몇 명에게 영국의 도덕과 성에 관한 세심한 분석을 제공해야만 했어. 킹스칼리지의 학자가 이런 일을 위해 불려왔다고 생각해봐![142]

9월 10일, 카이로우안에서 알제까지 열두 시간 동안 기차를 타고 갔다.[143] 그곳에서 몇 사람을 만나 인터뷰한 다음 알제리 메데아주의 타블

라트를 거쳐 알제에서 남쪽으로 250킬로미터 떨어진, 장이 서는 도시 부사아다로 갔다. 내륙으로 더 들어간 그는 아틀라스산맥에서 거의 1천 미터 높이에 있는 포르나시오날에 도착했다. 나중에 썼듯이 "나는 현지 행적을 직접 보기 위해 이 지역들 각각에서 행정관들과 한동안 시간을 보냈고" 그들과 이야기하면서 얻은 정보로 공책 몇 권을 채웠다.[144]

에릭은 노고의 성과를 긴 논문에 담아 1938년 11월 28일 킹스칼리지 정치학회에서 발표했다. 그는 청중에게 논문의 주제가 "전문적이고 무미건조해" 보일지도 모르겠다면서 핵심 논점, 즉 구조와 통계의 "뼈대"를 전달하는 데 초점을 맞추겠다고 말했다.

저의 스케치는 이런 뼈대를 제시하려 합니다. 여러분이 그 뼈대에 살을 붙여야 합니다. 여러분은 그 뼈대가 고유한 예술과 믿음, 오개념을 가진 독특한 문명 안에서 살아가는 사람들, 아랍인들, 무슬림들에 관한 것이라고 상상해야 합니다. 중세 유럽의 농민층만큼이나 특이하고 몽매하고 광적이며 훨씬 더 병적인 농민층에 관한 것이라고 상상해야 합니다. 여러분은 프랑스 제국 건설자들과 지주들, 왕당파 고위 관료들, 키 작은 코르시카인 경찰들의 환경, 다시 말해 부정 이득, 솔직함과 배당금의 환경을 상상해야 합니다. 건조하고 아름다운 고장, 그리고 휘발유와 바타Bata 사의 신발과 축구팀에 의해 유럽화된 중세 도시들을 마음속에 그려야 합니다.[145]

북아프리카의 아랍인들과 관련해 맨 먼저 예술을 언급한 것은 에릭다운 면모였다. 또 농민층의 종교를 광신으로 평가절하한 것(훗날 1950년대에 한층 공감하는 자세로 농민층의 종교 의례를 다시 다루기는 했지만)도 똑같이 그다운 면모였다. 그러나 논문의 대부분은 유럽인이 아랍인의 땅을 착취한 내용으로 채워졌다. 알제리에서 유럽인 80만 명이 토지 1400만 헥타르를 소유하고 있는 반면에 아랍인 650만 명은 겨우 800만 헥타르를 소유하고 있는 것으로 에릭은 추정했다. 국가의 근간을 이루는 토지 자원을 이토록 불공평하게 배분한 것은 "뻔뻔스러운 강도질"로서, 반란을 처벌하는 데 쓰인 반복적인 군사적 격리의 결과였다. 덜 과격하지만 유사한 과정은 튀니지에서도 비슷한 결과를 초래했다. 그 결과로 "농민층의 자급자족 능력이 파괴되거나 적어도 약화되었고, 그들이 대안적인 수입원에 더욱 의존하게 되었다."[146] 그리하여 정부의 구호가 필수가 되었다.[147] 이런 문제들을 행정 및 재무 관리들의 수중에서 빼내는 것뿐 아니라 "유럽 역사와 후진적인 피식민국 역사 사이의 본질적인 유사성—모든 필연적인 변화가 만들어낸 유사성—을 지적하는 것도" 중요하다고 그는 말했다.[148]

에릭의 북아프리카 프로젝트는 시골의 가난하고 재산을 빼앗긴 사람들에 대한 관심, 장차 1950년대에 '원초적 반란자들'과 농민운동에 관한 유럽 연구로 결실을 맺을 관심의 첫 조짐이었을 것이고, 어쩌면 진짜 기원 중 하나이기도 했을 것이다. 그렇지만 이 식민지들은 침체된 벽지이기는커녕 프랑스 자체의 사활에 중요한 지역이었다. 에릭은 지원금의 조건에 따라 제출한 공식 보고서에 이렇게 썼다.

군사, 경제, 정치의 관점에서 볼 때 북아프리카 서부의 세 이슬람 지역은 영국 제국 내에서 인도에 상응하는 위치를 프랑스 제국 안에서 점하고 있다. 이들 지역의 상실은 곧 프랑스 제국의 해체를 의미할 것이다. 비록 영국에서는 대개 충분히 인식하지 못하지만, 프랑스에, 따라서 세계 정치에 북아프리카의 문제들이 중요하다는 것은 명백하다. 북아프리카는 프랑스 제국의 핵심 요소다.[149]

나폴레옹 3세 이래로 프랑스 정부는 식민지 문제를 국내에서 정부의 인기를 높이기 위한 수단으로 이용해왔다고 그는 주장했다. 식민지에서 프랑스 정부는 일례로 1870년 알제리 유대인의 선거권을 이용해 "아랍인의 정치적 분노를 반유대주의 쪽으로 돌리는" '분열시켜 통치하는' 정책을 추구했다.[150] 영국 식민지 행정관들과 달리 프랑스 정부는 알제리 현지 상황에 자기네 관행을 맞추기보다 프랑스 국내의 행정 관행을 알제리에 적용하는 경향을 보였고, 영국의 경우보다 유럽인 식민지 이주자들이 행정에서 더 큰 역할을 했다. 일부는 유능했고, 다수는 부패했다. 튀니지와 모로코—상세한 조사보다는 알제리와의 간략한 비교를 위해 에릭이 더 많이 활용한 두 식민지—에서는 주로 상업을 염두에 둔 정복의 목적과 보호령으로서의 지위 때문에 식민지 관리들의 직접 통치가 덜 두드러졌다. 그렇지만 이 모든 경우에 북아프리카에서 이탈리아 "파시스트의 지중해를 지배하기 위한 돌진", 특히 튀니지를 염두에 둔 돌진을 저지하려면 현지 무슬림 주민들의 지지가 반드시 필요했다. 이탈리아의 위협을 막아내는 것은 "튀니지만의 문제가 아니라 민주적이고 문명화된 인류 전체의 문제"였다.[151]

8

1938년 9월 27일, 알제에서 배편으로 프랑스까지 와서 기차로 갈아탄 뒤 마르세유에 도착한 에릭은 카페로 갔다. 그곳에서 소시지와 소금에 절인 양배추를 먹으면서 전날 체코슬로바키아의 영토를 요구한 히틀러의 베를린 스포츠궁 연설에 대한 신문기사를 읽었다.[152] "완전히 혼자이고 예측 불가능한 미래를 맞이하고 있다는 돌연한 공포감"이 들었다고 에릭은 나중에 회상했다. "저녁 내내 육체적으로나 정신적으로나 무기력했다. 끔찍한 기억이다." 이 연설 소식을 접하고서 전쟁이 머지않았다고 확신했다.[153] 그리고 실제로 체코슬로바키아에 대한 뮌헨 협정은 그리 오래가지 못했다. 1939년 3월, 뮌헨 협정의 조항들을 뻔뻔하게 무시한 채 히틀러는 나머지 체코슬로바키아를 침략해 프라하를 점령했다. 그때까지 유화책을 압도적으로 지지하던 영국의 여론은 독일에 등을 돌렸다. 체코슬로바키아를 파괴한 후 나치의 화력은 폴란드를 겨냥했다. 나치는 체코를 상대로 써먹었던 수법을 다시 꺼내 폴란드 국경 내에 꽤 많은 독일인 소수집단이 그곳에서 차별을 당하고 있다며 비난의 목소리를 점점 높였다. 나치의 폴란드 침공이 임박해 보였다. 체임벌린은 히틀러가 폴란드 안으로 진격할 경우 전쟁도 불사하겠다는 최후통첩을 독일 측에 보냈다. 체임벌린을 신의 없는 사람으로 비난하던 영국 공산당은 영국이 소련과 동맹을 맺어야 한다는 주장을 재개할 필요가 있다고 생각했다. 반파시스트 국가들의 광범한 전선만이 파시스트 공세의 물결을 저지할 수 있다는 것이었다.[154]

몇 달 전, 다른 곳에서처럼 영국에서의 사업 시도도 그다지 성공적이지 못했던 에릭의 삼촌 시드니는 자신의 아들과 에릭의 여동생을 데리고 칠레로 이주했다. ('아이크'라고 불린) 그의 형 아이작이 한동안 칠레에서 살고 있었고, 시드니와 피터, 낸시의 정착에 도움이 될 만한 사회적 환경과 인맥을 제공했다. 그들 모두 발파라이소에서 살았고, 낸시는 아이크의 막내 베티나(1922년생 '베티')와 친해졌다. 낸시는 기존의 영어와 독일어에 더해 스페인어를 배웠고, 영국 대사관에 타자수로 취직했다.[155] 시험을 앞둔 에릭은 함께 갈 수 없었다. 그래서 리버풀 부둣가에서 그들을 배웅한 뒤 최종시험을 준비하러 케임브리지로 돌아왔다. 시드니와 낸시는 새로운 생활을 전하는 편지를 보내왔다. "편지에 따르면 그들은 그곳을 좋아하고 가족과 잘 지내는 듯해. 하지만 사업 전망이 어떤지 말하기에는 아직 일러"라고 에릭은 1939년 6월 론에게 말했다. "삼촌이 생계를 꾸리는 데 큰 어려움을 겪을 거라고 생각하지는 않지만, 얼마간 시간이 걸릴 테고 나머지 가족도 한동안 힘들 거야. 앞일을 누가 알겠어."[156] 가족이 칠레로 떠난 것을 아쉬워하던 에릭의 감정은 전쟁이 다가오자 안도감으로 바뀌었다. "이주에 대해 생각하면 할수록 가족이 어쨌든 적절한 때에 유럽을 빠져나간 게 참 다행이야. 적어도 낸시와 피터는 걱정할 필요가 없으니까"라고 1940년 7월에 썼다.[157] 낸시가 편지로 에릭에게 전했듯이, 시드니는 여전히 재정난을 겪고 있었지만 칠레에서는 생활비가 영국에서보다 덜 들었고 어쨌거나 "빈털터리이긴 해도 시드니와 낸시는 각각 공습경보 기구와 탄약 공장에서 일하는 것보다는 그곳에 있는 편이 나아."[158]

다시 한 번, 에릭은 다른 활동을 대부분 배제한 채 시험 공부에 집중했다. 거기에는 《그란타》의 편집장 활동도 포함되었다. 하지만 사임하지는 않았는데, 나중에 설명했듯이 다음과 같은 이유가 있었다.

그 당시 주간지 《그란타》의 편집장이 얻는 혜택 가운데 하나는 이 잡지로 돈을 벌 수 있다는 것, 어쨌거나 5월 주간에 펴내는 호로 돈을 벌 수 있다는 것이었다. (⋯) 나는 사실 그해 여름학기에는 학위 과정 시험 때문에 《그란타》와 관련해 많은 일을 하지 않았는데, 창간 50주년을 기념한 봄학기에 (주로 10대의 로널드 설이 그린 매혹적인 표지와 관련된) 자질구레한 일을 대부분 미리 해둔 터였다. 나이절 빅넬과 나는 두 학기의 수익을 반씩 나누기로 했다. 나는 기존 장학금이 끝나고 대학의 장학금이 시작되기 전까지 수입이 없었기 때문에 그 돈이 필요했다.[159]

6월 중순, 론에게 말했듯이 최종시험이 끝났다. "성적이 어떻게 나올지 아직 모르겠어. 이번 학기 내내 충실히 공부하긴 했지만, 다시 최우등 성적을 받을 것 같지는 않아. 그렇긴 해도 1등급을 받지 못하면 놀랄 거야." 문제 유형은 다양했다. "특별한 시기('공리주의와 토리 민주주의')는 믿기 힘들 정도로 따분했고, 근대 유럽은 꽤 재미있었고, 근대 경제는 아주 힘들지만 그럴 만한 가치가 있었어." "학기의 첫 7, 8주 동안 매일 아침부터 저녁까지 어김없이 붙어 있었던 대학 도서관을 벗어날 수 있어서 무척 기뻐." 에릭은 케임브리지의 '5월 주간'—기묘하게도 언제나 6월 첫째 주에 해당하는—동안 시험 결과를 기다리며 "극장, 연주회, 파티"를 즐겼다. "즐거운 일만 하면서 몇 주를 보낸 건 이번이 처음이야." 날씨는 따뜻하고 쾌청했으며, 그는 "노젓기를 꽤 잘하게 되었고 펠로스 가든에서 아름다운 나무공을 다시 굴릴 수 있었다."[160]

에릭은 박사 과정 연구를 하고 싶었고 1등급 학위를 받았으니 박사 과정에 필요한 자금을 지원받는 데 아무런 문제가 없을 것이라고 생각했다. 박사학위 주제는 지난해 알제리와 튀니지를 연구차 방문했을 때 공을 들였던 프랑스 제국주의 분야의 무언가로 정할 생각이었다. 애석하게도 케임브리지뿐 아니라 영국 전역을 통틀어도 그 주제에 대해 해박한 조언을 해줄 수 있는 사람이 없었다. "나는 아마 '프랑스령 북아프리카에서의 정부 정책과 투자, 1890~1912'처럼 나중에 범위를 좁힐 여지를 많이 남겨두는 주제를 선택할 거야." 그렇지만 케임브리지대학 도서관에는 이 주제에 관한 자료가 거의 또는 전혀 없었기 때문에 대영박물관 열람실의 자료를 이용해야 할 것 같았다. 더 시급한 문제는 10월에 새로운 학년을 시작하기 전까지 생계를 어떻게 꾸리느냐는 것이었다. "여러 일자리에 지원했어"라고 론에게 썼다. "《데일리 메일》에, 그리고 큰 광고 대행사에 여행 가이드로 지원했지만, 어느 쪽이든 확답이 올지 아직 모르겠어."《데일리 메일》의 사주 로더미어 경은 최근까지도 영국 파시스트연합의 지지자였기 때문에 에릭이 이 언론사에 구직 지원한 것은 과장하지 않고 말해도 놀라운 일이었다. 그렇지만 결국 어느 쪽에서도 일자리를 얻지 못했다.

에릭은 제임스 클루그먼으로부터 세계학생연맹 대회를 위해 파리에서 통역을 해달라는 제안을 받았다. 약간의 돈을 벌 수 있는 일이었다. 그때까지 에릭은 케임브리지에 머무르며 용무를 처리했고, "내 돈을 인출해 그중 일부를 쓰기 위해" 오스트리아 빈까지 히치하이킹으로 가볼까 생각하기도 했다. 사실 빈에 있는 오스트리아 제일저축은행에는 그의 이름으로 된 계좌에 2332라이히스마르크 2페니히가 들어 있었다. 낸시도 1098라이히스마르크 8페니히가 든 계좌가 있었다. 1929년 아버지가 사망한 뒤 예치된 돈이었다. 그러나 나치는 1938년 3월 오스트리아를 병합한 뒤 곧바로 유대인들의 계좌를 동결했고, 1941년 돈을 인출하려는 유대인에게 법원의 명령을 요구하는 후속 조치까지 취했다. 에릭은 결국 빈까지 가려던 생각을 포기했는데, 그 전해에 병합된 이후로 빈의 유대인 주민들이 나치에게 당한 잔혹한 억압을 고려하면 현명한 판단이었다. 반유대주의로 이미 많은 이들이 목숨을 잃었고 유대인 수천 명이 체포되고 있는 시기에, 게다가 2차 세계대전의 전운이 감도는 시기에 나치 독일을 가로질러 나치 치하의 빈까지 가는 히치하이킹 여행은 분별 있는 생각이 아니었을 것이다.[161]

그 대신 에릭은 공산당 학생 여름학교에서 일주일을 보냈다. "나는 아이리스 머독과 시시덕거리고 벌에 물린 앨버리 캠프를 잊지 않았어요"라고 훗날 썼다.[162] 에릭은 머독이 매력적이고 지적이라고 생각했다. 다만 머독이 대부분 상층계급인 얼스터 출신 여학생들과 가장 잘 지내는 듯 보인다는 사실에 충격을 받긴 했다.[163] 여름학교 참가자들 일부의 특징을 묘사한 기념책자에 에릭에 대한 유쾌한 인물평도 실렸는데, 그 평에 따르면 에릭은 일찍이 빈에서 노동자들에게 마르크스주의에 관해 강의하고 베를린에서 "사회주의자 학생동맹의 대표 이론가"로 활동했던, 나이에 맞지 않게 총명한 사람이었다. 케임브리지에서 "대학 인쇄공들은 그의 최우등 성적 때문에 별표를 다 써버렸다. 그리고 그는 교묘한 언변으로《그란타》의 편집장이 되었다. 그가 마르크스와 엥겔스의 번역되지 않은 글들로 이루어진 부록을 발행하는 사태를 막기 위해 킹스트리트[공산당 본부]는 엄격한 명령을 내려야 했다." 에릭의 미래에 대해 이 익명의 필자는 "그는 교수 또는 언론인이 되고자 하며, 어느 쪽으로 가든 장차 신문 머리기사에 등장할 것이다. 가장 좋아하는 책이 뭐냐고 물어보면 그는 아직 쓰지 않았다고 말할 것이다. (…) 간단히 말해 그는 무엇이든 할 수 있다"라고 썼다.[164]

실제로 에릭은 또다시 최우등 성적을 받는 데 보란 듯이 성공했고, 1939년 6월 20일 케임브리지 세넛하우스에서 열린 졸업식에서 직접 학위증을 받았다.[165] 졸업식 직후 프랑스로 떠난 그는 "일주일에 2파운드면 당시 내가 생각한 극히 편안한 생활을" 할 수 있었다.《그란타》의 편집장으로 번 50파운드도 도움이 되었다. 이 수입은 학기가 끝난 후에 열리는 '5월 무도회'와 스포츠 경기를 다루어서 언제나 유달리 잘 팔린《그란타》의 '5월 주간' 호 덕분이었다. 이 기간에 학부생들은 시험 결과를 기다리며 케임브리지에 머무르면서《그란타》를 사 보았다. 파리에서 에릭은 케임브리지 친구들, 특히 모한 쿠마라만갈람의 여동생 파르바티와 한동안 시간을 보냈다. 그녀는 "짧고 거친 머리에 가장 아름다운 사리*를 걸친 날씬한 여성이었다. 내가 기억하는 한 가지는, 그녀가 그 지구

---

* 인도의 전통 여성 의상.

에서 가장 아름다운 여성이었기 때문에, 아니면 어쨌든 가장 맵시 있는 여성이었기 때문에 청색, 은색, 흑색의 미셸 대로 전체가 우리를 돌아보았다는 것이다." 나중에 에릭은 파르바티가 인도로 돌아가 국회의원이 되었다고 들었다.[166]

에릭은 편집장 임기의 마지막 《그란타》호를 교정한 뒤 1939년 8월 15일부터 19일까지 열린 세계학생연맹 제3차 국제대회 때까지 파리에 몇 주 더 머물렀다. 8월 16일 오후 그는 '우리에게 민주주의는 무엇을 의미하는가. 프랑스 혁명 이념의 현재적 가치'에 관해 연설했다. 그러나 주업무는 행정이었다. 그는 여러 나라의 학생운동에 관한 서류 일체를 취합하는 업무를 맡았다. 그렇게 취합한 다음 대표들 개개인에게 제공할 예정이었다. "약 35편의 주요 보고서를 모두 프랑스어 그리고/또는 영어로 번역한 다음 두 언어로 복사해야 하니까 업무의 양이 얼마나 되는지 짐작할 수 있을 거야'라고 1939년 8월 12일 론에게 썼다. 독일 대표는 총 100쪽에 달하는 세 편의 긴 타이핑 서류를 제출하기까지 했다. "마지막 며칠 동안 우리는 일요일을 포함해 평균 오전 10시부터 밤 10시 30분 혹은 11시까지 일했어." 50개 대학의 총장과 부총장뿐 아니라 "로이드 조지와 요크 대주교부터 아인슈타인과 토마스 만, 하인리히 만에 이르기까지 뜻밖의 인물들"이 대회를 후원했다.[167]

이때의 경험을 에릭은 1955년에 다음과 같이 회상했다.

우리는 (영어, 프랑스어, 간혹 독일어로 된) 온갖 종류의 보고서를 준비하고 번역하고 복사했으며, 영어 보고서는 노란색 표지, 프랑스어 보고서는 붉은색 표지로 만들었다. 보고서들은 파시즘, 민주주의, 진보에 관한 내용이었다. 때때로 우리는 연맹으로부터 종이와 복사, 기타 대금을 받으려는 채권자들을 피해 다녔다. 우리는 괜찮은 방을 여전히 월세 2파운드로 얻을 수 있었던 라탱 지구에서 주로 지냈고, 잃어버린 청춘을 상기시키는 장소로 지금도 남아 있는 작은 레스토랑들에서 식사를 했다. 프랑스인의 레스토랑들은 대개 너무 비싸서 우리는 그리스인과 슬라브인의 레스토랑들만 이용했다.

그렇지만 적어도 약간의 자유시간은 있었다. "이웃 카페에서 유대인 팀 대 아시아인 팀으로, 즉 람 [나훔]과 내가 한편이 되고 인도네시아인 몇 명과 어쩌면 P. N. 학사르(확실치는 않아요)가 상대편이 되어 테이블 축구를 했던 일이 기억날 듯도 합니다"라고 에릭은 훗날 회상했다. 그들은 반인종주의자였지만 무엇보다 공산당원이었고 "세계 혁명에 관심이 있었어요. 바로 그것이 우리가—혹은 어쨌든 내가—전 세계 (공산당원) 학생들의 연합체인 세계학생연맹에서 발견한 겁니다. 나는 제임스 [클루그먼]을 도운 우리 모두가 이런 목표를 위해 공산당에 몸담았다고 생각해요. 우리들 사이에 피부색의 차이는 아무것도 아니었어요." "더 지적인" 학생 대표들은 체스를 두었다.[168]
대다수 학생들은 조만간 전쟁이 발발한다고 예상했고,

공포의 대안으로 큰 도움이 되는, 적당한 감각 마취 상태에 돌입했다. 우리 중 극소수만이 장차 전쟁에서 살아남을 터였다. 그러나 이 점에서 우리 영국인들은 오판을 했다. 우리는 세계가 끝장났다고 생각하지도 않았고, 지난 몇 년간 히틀러를 저지하기 위해 갈수록 열성을 더해간 우리의 노력이 쓸모없었다고 생각하지도 않았다. 우리는 다만 반파시스트 평화가 이제 반파시스트 전쟁으로 이어질 것이라고 생각했다.[169]

그러나 얼마 후 전 세계 공산주의자들은 예상치 못한 충격을 받았다. 독일이 폴란드를 침공할 경우 히틀러의 군대가 소비에트 국경 코앞에 다다를 것을 우려한 스탈린은 1930년대의 숙청으로 소련의 군비가 약해진 상황에서 붉은군대 병력 및 군수품과 장비를 증강해 적절한 대비 태세를 갖출 수 있을 때까지 시간을 벌려고 시도했다. 1939년 8월 23일, 스탈린의 외무장관 몰로토프와 독일 외무장관 리벤트로프는 양국 간 불가침 조약을 체결했다. 이 조약에는 폴란드를 양국이 분할하고 발트해 국가들을 소련에 양도한다는 비밀조항도 들어 있었다. 조약의 공식 조항들마저 두 나라가 철천지 적국에서 우호적 동맹국으로 전환했음을 분명히 했다. 이런 상황에서 영국의 기밀을 소련 측에 넘기는 것이 나치의 야만에 대항해 문명과 진보를 수호하는 최선의 길이라는 케임브리지 스파이들의 믿음은 설령 과거에는 조금이나마 유효했을지 몰라도 이제는 전혀 유효하지 않았다. 러시아 측에 넘어간 영국 정부의 기밀이 독일 측에도 전달될 수 있었기 때문이다. 그렇지만 이 무렵 케임브리지 스파이들은 기만적인 생활에 너무 깊이 빠져 있던 터라 자신들의 본래 목적을 구태여 성찰하지 않았다. 영국 전역에서 많은 이들이 공산당을 떠났다. 그러나 대다수 당원들은 소비에트와 독일의 불가침 조약을 스탈린의 방어전략의 화룡점정으로 받아들였다.[170]

에릭은 영국과 소련의 조약을 기대해왔다.[171] 그러나 몰로토프-리벤트로프 조약이 체결됐을 때 반대하지 않았다. "당과 소련의 올바름에 대한 증거가 그 조약에 반대하는 선언 등에 서명한 사람들의 명단밖에 없다고 해도, 그걸로 충분할 거야"라고 1939년 8월 28일 론에게 썼다. 그러면서 조약이 히틀러의 동맹체제를 붕괴시킴으로써 그 자체로 정당화되었다고 했다. 에릭은 조약을 환영해야 한다고 생각하는 이유를 다음과 같이 나열했다.

1. 조약은 히틀러를 고립시킨다.
2. 조약은 히틀러가 어느 방향으로 팽창하고 싶어 하든 그의 행동의 자유를 (다소) 제한한다.
3. 소련과 민주국가들은 공격 계획이 없었기 때문에 조약은 그들과 관련하여 기존 상황을 그대로 유지한다.
4. 조약은 뮌헨 협정과 같은 그 어떤 원탁회의에서도 소련을 배제하는 것을 매우 어렵게 만들 것이다.

물론 그 조약은 히틀러를 전혀 고립시키지 않았다. 히틀러와 무솔리니의 동맹도 영향을 받지 않았고, 핀란드와 헝가리처럼 독일에 우호적인 국가들과 히틀러의 관계도 영향을 받지 않았다. 에릭은 조약의 비밀 조항을 알지 못했고, 스탈린이 국제 공산주의를 얼마만큼 배신했는지는 더더욱 알지 못했다. 스탈린은 소련으로 도피했던 독일 공산당원들을 제3제국으로 추방했으며, 그들은 곧장 강제수용소에 수감되었다. 에릭은 독일-소련의 조약이 국제 상황을 더 안전하게 만들었다고 보았다. 실제로 전쟁이 발발하기 나흘 전에 "전쟁의 위험이 작년보다 커지긴 했지만 전쟁이 일어날 거라고 생각하지는 않아"라고 썼다. 그가 떠올릴 수 있었던 유일한 조약 반대 이유는 러시아와 독일의 동맹관계가, 점점 더 보수화되는 프랑스 정부에 공산당을 탄압할 구실을 줄 수 있다는 것이었는데, 실제로 프랑스 정부는 곧 그렇게 하기 시작했다.[172]

9

파리에서 일을 끝낸 후 에릭은 이번에는 남쪽이 아닌 브르타뉴로 히치하이킹 여행을 떠났다. "히치하이킹에는 시간에 구애받지 않는 아름다운 감각이 있어"라고 그는 적었다. "출발한 지 겨우 이틀 남짓 되었지만 훨씬 더 오래된 것 같아." 그는 브르타뉴의 북쪽 해안을 따라가다가 코트다르모르주의 갱강 마을에 들른 다음 반도를 횡단했다. 반도의 풍경이 "작은 논밭, 많은 목초지, 비가 많은 환경 (…) 등 여러 면에서 데번 지역과 꽤 비슷하다"라고 생각했다. 피니스테르주의 콩카르노에 도착한 그는 "브르타뉴 남부의 소도시이자 다랑어 잡이의 중심지"라고 8월 28일 론에게 전했다. "즐거운 곳이라서 (…) 이틀간 머무를 것 같아." 그러면서도 폴란드에 대한 나치의 위협으로 국제 위기가 고조되고 있음을 의식하며 상황을 예의 주시했다. 프랑스는 이미 병력을 동원하고 있고, "겁에 질린" 영국 여행객들은 모두 귀국하고 없었다.[173] 1939년 9월 1일 금요일, 히틀러는 폴란드의 영토 보전에 대한 영국의 보장을 무시하고 폴란드를 침공했다. 전쟁을 피하려고 절박하게 애쓰던 런던의 체임벌린은 머뭇거렸다. 그러나 에릭이 며칠 후 적었듯이 "내가 보기에 토요일에 우리의 의무를 준수하도록 강제한 것은 대체로 그린우드〔노동당의 대변인〕가 주도한 하원의 반란이었어."[174] 하원과 내각 다수의 압력을 받은 체임벌린 정부는 히틀러에게 최후통첩을 보냈다가 무시를 당하자 1939년 9월 3일 독일에 전쟁을 선포했다. 이로써 2차 세계대전이 발발했다.

전쟁이 거의 불가피하다는 사실이 분명해지자마자 에릭은 콩카르노에서 앙제까지 기차를 타고 간 다음 그곳에서 파리로 돌아가려 했다. 나중에 회고했듯이 모든 역에서 예비군들이 기차에 올랐다.

앙제는 프랑스의 모든 소도시와 마찬가지로 해가 쩅쩅하고 먼지가 많았다. 잠시 후 나는 한 여성이 운전하는 스포츠카를 불러세웠는데, 그녀는 나를 못 미더워했다. 그도 그럴 것이 나의 체크무늬 셔츠와 수척한 갈색 얼굴이 분명 노동자처럼 보였을 것이기 때문이다. 그렇지만 영국 여권을 보여주자 태워주었다. 그녀는 35세에서 45세 사이로 아주 세련된 적갈색 머리에 미인이었고 내게 약간의 과일을 주었다. 우리는 전쟁에 대해 이야기했다. 그 시점에 독일이 폴란드 안으로 진군했다는 사실을 내가 알고 있었는지 여부는 기억나지 않는다. 전쟁을 피할 수는 없었을까? 그녀는 불안해했고 파리에 빨리 도착하고 싶어 했다. 반대편 차선에서는 승객 한 명을 태운 택시들과 짐을 가득 실은 차들이 지나갔다. 우리는 샤르트르에서 멈추고 포도주를 한 잔 마셨다. 호텔에서 사람들은 그저 라디오로 침공 소식을 듣고 있었다. 프랑스의 총동원 소식 따위도 들렸다. 그것은 매우 극적으로 들렸다. 주변 사람들은 앉아 있었고 우는 여성도 있었다. 나와 동행하던 여성은 매우 동요했다. 그녀가 실신할지도 모른다고 생각했다.[175]

그들이 파리로 향할 때 반대편 도로에서는 도시를 떠나는 차들이 줄줄이 지나갔다. "프랑스 중간계급은 푸조 위에 매트리스를 싣고서 단체로 탈출하고 있었다." 파리에 도착하자 여성은 방돔 광장 구석에 에릭을 내려주었고 "역사적인 순간에 대해 생각해왔지만 막상 닥치고 보니 상상했던 것보다, 심지어 자기 극화劇化를 위해 상상했던 것보다도 덜 매력적이라는 사실을 알아챈 사람들의 얼떨떨한 방식으로 우리는 작별 인사를 나누었다."

에릭은 영국으로 돌아가는 표를 구입할 돈이 필요해 예금을 인출하러 웨스트민스터 은행으로 갔다.

한 무리의 영국인들이 억지로 예의 바른 척하며 은행 창구 주위에 몰

려 있었다. 내 기억으로는 윈덤 루이스 옆에 서 있었던 것 같은데, 커
다란 검은 모자를 쓴 다혈질 인물이면서도 눈에 띄게 나약하게 보였
고, 정말 짜증나는 사람이었다. (…) 디에프를 경유하는 야간열차는 승
객들로 가득했고, 무엇보다 키가 매우 크고 굉장히 예쁘고 전혀 여행
자처럼 보이지 않는 다수의 여자들이 있었는데, 역시 넋이 나간 듯 보
였다. 그들은 파리의 여러 극장식 식당과 카지노의 합창단원으로, 다
른 모든 사람과 마찬가지로 곧 폭탄이 떨어질 것으로 예상한 경영진에
의해 한동안 해고된 처지였다. 그들은 고향 애크링턴과 브래드퍼드로
돌아가는 중이었다. 그들의 귀국이 평화의 적절한 종결이자 전쟁의 순
조로운 출발이라고 생각했던 것으로 나는 기억한다. 나의 오판이었다.
나는 브릭스턴 출신의 키가 큰 금발 여성과 빅토리아가의 라이언스 카
페에서 (신문을 읽는) 사색적인 아침식사를 하고서, 이튿날 저녁에 데
이트를 하기로 약속했지만 그녀는 나타나지 않았다. 어쨌든 나는 벨사
이즈파크에 위치한 친구들 집에 있는 긴 의자 말고는 런던에서 지낼
곳이 없었다. 혁명의 다국적 중심지인 그곳에서 우리 모두는 파자마
차림으로 다가오는 전쟁을 목도했다.[176]

런던에 도착한 에릭은 스코틀랜드 출신으로 케임브리지 뉴넘칼리지
의 졸업생이자 모한 쿠마라만갈람의 연인인 로나 헤이Lorna Hay를 만났
다. 얼마 전 모한은 로나에게 자신은 직업 혁명가로서 활동하기 위해 인
도로 돌아갈 예정이고 그녀를 데려갈 수 없다고 말한 터였다(그는 실제
로 돌아갔다가 곧 선동 혐의로 체포되었지만, 독립 이후 인도 국민회의에 합류해
1970년대에 정부에서 일했다).[177] 에릭은 평화의 마지막 밤을 모한과 로나
가 동거하던 아파트에서 보냈다. 그들은 머지않아 런던에서 규칙적인
일상이 될 경험을 함께했다.

믿기 어려울 정도로 어두웠다. 그 어둠에 익숙한 사람은 아직 아무도 없었다. 뇌우. 탐조등이 킹스크로스 [역] 앞에서 광선을 내뿜었고, 아무도 공습 여부를 제대로 알지 못했다. 비가 쏟아졌다. 뇌우에서 자연히 발생하는 번갯불로 인해 이 전쟁 전야가 실제 공격보다 훨씬 더 심란하긴 했지만, 내가 무서워했다고 말할 수는 없다. 나는 그저 슬퍼졌다. 나는 모한의 집에서 잤다. 우리는 이튿날 오전 늦게 일어났다. 누군가 로나에게 전화로 전쟁이 선포되었다고 말했다.[178]

에릭과 로나가 서리의 케이터햄으로 가는 도중에 사이렌이 울리기 시작했다. 그들의 머리 위에는 독일의 공습을 방해하기 위해 고안된 수천 개의 방공기구防空氣球가 떠 있었다. 공습 감시원이 그들에게 안으로 들어가라고 요구했지만, 그들은 무서워하는 티를 내고 싶지 않아서 계속 걸어갔다.

1939년 9월 체임벌린의 모호한 입장에도 불구하고, 에릭은 "정부가 —또는 체임벌린이—이 단계에서 발을 뺄 가능성은 극히 낮다"고 생각했다.[179] 그는 파시즘과 최후의 결전을 벌일 전망에서 기운을 얻었다.

이제 우리는 결전에 들어섰고, 우리의 제1과제가 승리라는 것이 내게는 분명해 보인다. 이 전쟁은 천 번도 넘게 피할 수 있었으며, 많은 사람들이 그렇게 말했다—하지만 이제 전쟁이 시작되었으니 효율적이고도 신속하게 수행해야 한다. 그와 동시에 나는 전쟁을 수행하는 가장 효율적인 방법은 언론의 자유와 같은 민주적 권리를 가장 적게 희생시키는 것이라고 생각한다. 그 누구도 우리에게 새로운 베르사유 조약을 떠넘기지 못하도록 엄청나게 주의하는 것, 전쟁이 반독일 증오 캠페인 등으로 타락하지 않도록 하는 것도 중요하다. 그리고 물론 나는 영국 최고위 지도부가 현 상황에 너무나 큰 책임이 있는 뮌헨 정책을 추진했던 때와 달라진 것이 없다면, 전쟁을 정말 효율적으로 수행하지는 못할 것이라고 여전히 생각한다.[180]

그는 "최대 두 달까지 명확히 정해진 일 없이 빈둥거릴 전망을 전혀 좋아하지" 않아서 케임브리지대학과 런던의 육군성에 봉사를 제안하는 편지를 보냈다. 그러나 결국 호출을 받기까지 두 달이 아니라 넉 달 넘게 기다려야 했다. "전쟁에 도움이 될 만한 임무나 일자리, 아니면 무엇이든 규칙적이고 긍정적인 일을 맡게 되면 기쁠 거야"라고 론에게 말했다. "할 일이 없다는 게 사람을 짜증나게 해." 얼마 후 에릭은 케임브리지로, 지난날 피터 큐너먼과 함께 살았던 라운드 교회 근처의 작은 집으로 돌아갔다. 큐너먼은 스위스에서 전쟁 때문에 발이 묶여 다시 돌아오지 못했다. "나는 큐너먼이 모아둔 시집과 성性 안내서를 읽고, 재즈 음반과 말러를 듣고, 블루반Blue Barn에서 중국 요리로 통하는 음식을 먹었다. 연구를 시작하는 것은 별 의미가 없어 보였다." 후임 편집장이 이미 영국 공군에 입대한 상황에서 《그란타》에 대한 책임을 떠올린 에릭은 메서즈 스폴딩 인쇄소에 연락해 "《그란타》는 문명의 복귀를 기다릴 것이라는 취지의 간결하지만 정교한 성명"을 싣도록 했다.

한편 공산당의 대의에 대한 그의 충성은 국제 전선에서의 전개로 인해 가혹한 시험을 받게 되었다. 전쟁이 발발하자 영국 공산당은 "영국 내 노동계급 전체와 민주주의의 모든 동지가 지지해야 하는 정당한 전쟁이 될 것이라 믿으며 이 전쟁에 지지를 보낸다"라고 선언했다. 그러나 공산당 지도부는 이내 모스크바의 코민테른 본부로 인해 당의 노선을 재고할 수밖에 없었다. "모든 교전국의 부르주아지가 똑같이 책임져야 하는 제국주의 전쟁이자 부당한 전쟁"이라는 규정이 영국 공산당에 전해졌다. 노동계급의 과업은 "전쟁에 맞서 활동하고 전쟁의 제국주의적 성격을 폭로하는 것"이었다. 1939년 9월 25일, 공산당 중앙위원회는 새로운 정책을 21표 대 3표로 승인했다. 이 결정은 영국을 포함해 그 어떤 나라의 패배든 혁명을 불러올 것이므로 환영한다는 '혁명적 패배주의' (1차 세계대전 동안 러시아에서 레닌이 추구한 전술)를 어느 정도 함축하고 있었다.[181] 반대표를 던진 소수 중 한 명인 영국 공산당 총서기 해리 폴릿은 이렇게 말했다. "나는 이 나라의 지배계급을 증오합니다만, 독일 파시스트들은 더욱 증오합니다."[182] 그는 사임해야 했다(그렇지만 1941년 6월 22일 독일이 소련을 침공했을 때 복권되었다).[183]

폴릿이 사임을 강요받았을 무렵, 국제 정세는 또다시 극적으로 변해 있었다. 스탈린은 나치-소비에트 조약 덕에 얻은 기동의 자유를 이용해 1939년 9월 17일 폴란드 동부를 침입해 점령했다. 그런 다음 11월 30일, 1917년 이전에 차르 제국의 일부였지만 1차 세계대전 막바지에 격렬한 전투를 치러 독립을 확보한 핀란드를 침공했다. 이로써 '겨울전쟁'이 시작되었다. 잘 준비된 핀란드군은 침략군과 싸워 진군을 막아냈다. 침공의 위험이 다가오자 지난 1918년 핀란드 내전에서 독일의 지원을 받은 반혁명군인 '백군'을 이끌었던 카를 만네르하임Carl Mannerheim 원수가 전장으로 복귀했다. 완고한 반공산주의자인 만네르하임은 핀란드의 방어를 대단히 효과적으로 조직했고, 국제사회의 공감과 지지를 얻어 1939년 12월 14일 국제연맹에서 소련이 비난받고 축출되는 결과를 얻어냈다. 코민테른은 소련의 입장을 옹호하는 선전 활동에 착수했다. 영국에서 《러시아 투데이》는 12월 7일 '핀란드: 진실들'이라는 기사를 급하게 게재하여 만네르하임을 민주주의를 파괴한 파시스트로 묘사하는 한편 붉은군대를 스탈린이 수립하는 괴뢰정부를 통해 핀란드에 민주주의를 들여오려 노력하는 존재로 칭송했다. 이 주장은 설득력이 떨어졌다. 핀란드에서 공산당이 금지된 것은 사실이었지만, 이는 파시스트 세력도 마찬가지였다. 게다가 주기적으로 실시하는 선거는 핀란드가 정치체제의 측면에서 이웃 발트 국가들의 작은 독재정보다 스웨덴에 더 가깝다는 것을 입증했다.[184]

소련의 침략을 옹호하기 위해 영국 공산당이 만든 팸플릿은 이것만이 아니었다. 에릭의 동년배로 역시 케임브리지의 학생 공산주의자였던 레이먼드 윌리엄스의 후일 기억에 따르면, 틀림없이 런던의 공산당 본부로부터 지시받는 대로 행동하던 사회주의자 클럽이 그에게 연락해와 에릭과 함께 "긴급 선전 업무"를 해달라고 요청했다.

에릭 홉스봄과 나는 러시아-핀란드 전쟁이 실은 만네르하임과 백군이 승리한 1918년 핀란드 내전의 재판이라고 주장하는 글을 쓰는 임무를 부여받았다. 우리가 그 임무를 부여받은 것은 제공된 역사적 자료를 바탕으로 글을 빠르게 쓸 수 있는 사람들로 여겨졌기 때문이다. 언어에 능한 사람들은 잘 알지 못하는 주제에 관해 글을 써야 하는 경우가 왕왕 있었다. 그런 팸플릿들은 위로부터의 명령에 따라 서명 없이 발행되었다.

훗날 에릭은 문제의 팸플릿을 확보할 수 없었다고 말했다.[185] 그러나 사실 그 팸플릿은 찾기가 그리 어렵지 않았으며, 그의 개인 문서 사이에도 한 부가 있었다.[186] 케임브리지대학 사회주의자 클럽이 제작하고 대학노동연맹이 발행한 《소련과 전쟁을?War on the USSR?》이라는 그 팸플릿은 영국 정부가 핀란드 편에서 개입할 것이라고 위협하는 탓에 "오늘날 영국인들은 사회주의 러시아와 전쟁하기 직전에 있다"라고 독자들에게 경고했다. 그리고 대중의 압력이 1918~1921년 러시아 내전에 대한 개입을 끝냈듯이 이번 새로운 위기에도 그런 역할을 해야 한다고 주장했다(윌리엄스의 기억은 이 대목에서 부정확했다. 해당 팸플릿에서 거론한 것은 핀란드 내전이 아니라 러시아 내전이었으며, 그는 자신의 팸플릿과 《러시아 투데이》가 제작한 팸플릿을 혼동하고 있었다). 팸플릿 작성자들은 이른바 러시아를 세 방면에서 침공하기 위한 군사계획을 아주 상세하게 기술했다. 팸플릿은 핀란드를 파시스트 독재정으로 묘사하지도 않았고, 스탈린이 임명하는 괴뢰정부가 핀란드에 민주주의를 들여올 것이라고 주장하려 들지도 않았다. 오히려 팸플릿은 스탈린의 정책을 순전히 방어정책으로 제시했고, 지난 1918년처럼 서구 세력이 핀란드를 근거지로 활용하여 개입할 가능성에 맞서 러시아에서 1917년 혁명의 업적이 지켜질 수 있도록 스탈린의 정책을 지지해달라고 독자들에게 호소했다. 에릭도 그의 동료 작성자도 자신이 거짓말이라고 알고 있는 것을 말할 생각은 없었다. 그리하여 그들은 정치적·지적 진실성을 적어도 어느 정도는 용케 지켜냈다. 이는 1930년대 말 코민테른의 스탈린주의적 세계에서 놀랄 만한 성취였다.

십중팔구 군대에 소집되리라 예상하며 기다리는 동안, 에릭은 해리 삼촌의 집에서 묵거나 친구들의 아파트를 돌아다니며 때로는 남는 침대에서, 때로는 바닥에서 자면서 런던을 떠나지 않았다. 케임브리지에서 피터 큐너먼의 방을 아직 사용할 수 있었지만, 이 도시와 대학, 칼리지들은 이제 텅 비어 있었다. 그는 박사 과정 학생으로 정식 등록했고, 프랑스령 북아프리카의 농업 상황에 관한 연구를 시작하는 시늉을 했다. "필요하면 히치하이킹으로 대영박물관까지 갔다. 그나마도 유달리 추웠던 그해 겨울에 눈보라가 불지 않아야 갈 수 있었다."[187] 그동안 전쟁은 거의 진척이 없었다. 모두가 어떤 사태가 벌어지기를 기다리고 있었다. '가짜 전쟁'이 이어졌고, 다른 많은 사람들과 마찬가지로 에릭도 몇 달간 어중간한 처지로 지내야 했다. 이런 상황이 오래가지는 않을 것임을 그는 알고 있었다. 케임브리지에 친구가 거의 남지 않고 가족이 런던에서 칠레로 이주한 가운데 그는 불확실한 미래를 마주한 채 홀로 표류하고 있었다.

4

"영국군의 좌파 지식인"

1939-1946

I

에릭은 18세에서 41세 사이 모든 남성에게 병역 의무를 지운 1939년 9월 3일의 국군복무법 규정에 의해 1940년 2월 16일 영국군에 징집되었다.[1] 그는 케임브리지에 주둔한 왕립공병대 제560야전중대의 사병으로 입대하여 대다수가 노동계급 출신 징집병으로 구성된 중대에 배치되었다.[2] 병사들은 군복을 지급받고 파커스피스로 알려진 케임브리지 중앙의 풀밭 구역에 집결했다. 직업군인으로 오래 복무한 중대 선임하사가 신참병들에게 연설을 했다. 연설이 끝나자마자 에릭은 선임하사의 런던 토박이 말씨까지 완벽하게 재현해가며 그 내용을 기록했다. "쉬어"라고 말한 다음 선임하사는 이렇게 말했다.

제군은 담배를 피워도 된다. 자, 여기 있는 하사가 제군에게 내가 중대 선임하사라고 말했을 것이다. 이렇게 제군과 같은 신병들에게 말하기 위해 내가 왔다는 사실에 제군은 놀랄지도 모른다. 지난 전쟁에 참전한 제군의 아버지는 선임하사에 대해, 그들이 얼마나 나쁜 놈인지에 대해 말했을 것이다. 내가 지금 제군에게 말하는 이유는 제군이 지금 군대에 있고 이곳 사정을 확실하게 알아야 이제부터 배울 수 있기 때문이다. (…) 내게 말할 때 제군은 차려 자세로 '서sir'라고 호칭해야 한다. 그리고 차려 자세를 절도 있게 해야 한다. 제군은 지금 군대에 있고 내 방식대로 확실하게 행동하지 않으면 무슨 일이 생기는지 보게될 것이다. (…) 제군이 알건 모르건 나는 제군을 지켜보고 있기 때문이다. 제군이 눈치채지 못할지라도, 나는 제군을 계속 주시하고 있다. 제군의 하사관이 보지 못하는 것은 아무것도 없다는 점을 명심하라. 그리고 나는 본 것은 기억해둔다. 제군의 늙은 선임하사는 결코 잊어버리지 않는다. 제군이 군대에서 해서는 안 되는 일들이 있다. 나는 주머니에 손을 넣고서 중대 사무실을 지나가는 병사를 가끔 본다. 나는 아무 말도 하지 않지만, 속으로 "저 자식은 군인도 아니다"라고 생각한다. 그리고 그가 휴가를 신청하러 오면 그의 이름을 퍼뜩 떠올리고는 휴가를 못 가게 한다. "이 자식에게 사역을 시켜. 제대로 된 군인이 아니야"라고 말한다.[3]

설령 민간인으로 살다가 곧장 징집되었다 하더라도 전쟁이 난 이상 병사들은 당연히 군사 규칙을 준수하고 군율을 따라야 했다. 명령에 복종하지 않으면 간수들에게 자비란 없는 베드퍼드 군 형무소로 보내버릴 것이라고 선임하사는 말했다. 병사들이 제대로 행동하면 아무 문제도 없을 것이고 편하게 해줄 것이라고 약속하면서, 반대로 "제군이 똑바로 행동하지 않으면 내가 정말로 개자식이라는 것"을 알게 해주겠다고 엄포를 놓았다.

선임하사는 군대의 여러 계급을 병사들에게 설명한 다음 자신은 평생 군대에 있지만 징집병들은 전쟁이 지속되는 동안만 군대에 있는다는 사실을 강조했다.

평화가 찾아오면 제군은 민간복을 입고서 제군 곁에서 최선을 다하려고 노력한 군대와 늙은 선임하사 자식에게 작별을 고할 것이다. 당연한 일이다. 그러나 나와 소령님은 여기에 남는다. 나는 열일곱 살부터 군대에 있었고 언젠가 내가 떠날 차례도 올 것이다. 그때 제군은 부인과 아이들과 함께 빅토리아 역에 왔다가 어쩌면 그곳에서 신발끈을 팔고 있는 제군의 늙은 선임하사를 볼지도 모른다. 그리고 "노병을 위해한 푼 주십쇼, 선생님"이라는 말을 들을지도 모른다. 그게 바로 나와 같은 녀석들에게 일어나는 일이다.

선임하사의 표현대로 이런 "마음을 터놓는 대화" 이후 징집병들은 기초 훈련을 받았다("내가 말할 때는 차려 자세로 있어라. (…) 2.4미터짜리 빌어먹을 말뚝에 묶여 있는 것처럼 서지 않으면 똑바로 설 수 없다. 제군은 아직 빌어먹을 가시철조망처럼 보인다").[4]

동작이 "거의 자동으로" 나올 때까지 "오전에는 제식훈련, 오후에는 사격훈련"을 받았다. 교관 이스터 하사는 "문장을 세 번씩 반복했는데, 그런 식으로 해야 병사들이 이해할 거라고 생각했다." "우리는 파커스피스에서 받들어총 자세로 있다. 하사는 '쉬어'부터 '열중쉬어'까지 동작을 외설적으로 설명한다. '이런 동작은 제군에게 쉬울 것이다'라고 말하고는 이를 드러내고 웃는다."[5] 그는 병사들에게 독가스 공격—서부전선에서 독가스가 일상적으로 쓰인 1차 세계대전에서 유래한 광범한 공포였다—대처법을 가르쳤다(하지만 2차 세계대전의 유럽 전장에서는 병사들을 상대로 독가스가 실제로 사용된 적이 없다). "하사는 이론보다는 실기에 더 능하고 그다지 책벌레가 아니다. 그는 교본의 관료적 영어를 적잖이 어렵게 읽는다"라고 에릭은 적었다.[6] "무슨 이유로 군사교본이 가장 추상적이고 무색무취하고 복잡하고 병사들이 이해할 수 없는 전문용어로 쓰여야 하는가?"라고 에릭은 의아해했다. "하사와 훈련병들이 쓸데없는 표현과 씨름하는 것을 보노라면 마음이 아프다. (…) 군대의 교육체계 전체를 위부터 아래까지 완전히 혁신해야 한다."[7] "아침부터 저녁까지 훈련은 피곤하다"라고 그는 인정했다.[8] 훈련병들은 매듭 묶는 법과 소총 청소하는 법을 배웠다.[9] "하루하루가 너무 비슷해서 어떤 날 무슨 일이 있었는지 기억나지 않는다. (…) 평범한 일과. 오전에는 파커스피스에서 소총 훈련, 오후에는 로프 매듭 훈련과 크라이스트처치 스트리트에서 '시험'."[10] 드디어 1940년 3월 18일, 분대가 "합격했다."[11]

에릭은 행군 중에 모르겐슈테른과 실러의 시를 암송하며 기분을 전환하려 했지만, 훈련이 너무 많은 집중력을 요해 "소용이 없었다."[12] 맨 처음부터 그는 군대에 지적인 기회가 없다는 사실에 좌절했다. 1940년 3월 6일, 한 가지 해결책을 찾았다. "나는 1935년 말부터 중단했던 일기를 고생스레 다시 쓰는 것이 유익할 수도 있겠다고 속으로 생각했다." 어쨌거나 "언제 끝날지 모르는 정치적 휴지기를 받아들여야 했다." 비록 에릭 자신은 미래의 사람들에게 크게 기여할 성싶지 않더라도, 일기는 자신이 살아간 위대한 시대를 그들에게 알려줄 수 있었다. 그리고 어쩌면 에릭과 알고 지내고 그를 좋아했던 사람들이 훗날 그를 기억하는 데 도움이 될 수도 있었다.[13] 그는 일기를 대부분 독일어로 썼는데, 어느 정도는 예전에도 일기를 독일어로 썼던 터라 영어보다 더 자연스럽게 느꼈기 때문일 것이고, 어느 정도는 함께 생활하는 병사들이 우연히 일기를 발견해 읽는 것을 원하지 않았기 때문일 것이다. 그는 틈나는 대로 전쟁 내내 일기를 썼다. 1940년 7월 초에는 "쓰면 쓸수록 일기가 공허해지고 지루해진다"라고 느끼기 시작했다. 하지만 일기는 그에게 "내가 쓸 수 있다는 것"을 보여주었다. "즉 나는 목수가 나무를 다루고 대장장이가 쇠를 다루듯이 영어와 독일어의 낱말을 다룰 수 있다. 그렇지만 건축가가 자기 재료를 다루는 식은 아니다. 나는 어떤 언어든 ─ 심지어 프랑스어라도 어느 정도 한정된 어휘 안에서라면 ─ 기술적으로 확신이 있다고 느낀다."[14]

에릭은 이제 수천 킬로미터 떨어진 칠레에 있는 시드니와 낸시를 그 어느 때보다도 그리워했다. "때때로 내가 얼마나 외로운 사람인지 자각한다"라고 군대에서 몇 주 보낸 후에 일기에 썼다. 그는 가족도 없고 "가장 친한 친구"도 없었다. 돌아가더라도 "아, 에릭 홉스봄, 휴가를 받아 집에 왔군요"라고 말해줄 이웃도 없었다. 친구들 생각에 울적해졌고 자기연민의 느낌도 없지 않았다. 그는 "영 맞지 않은 군복을 입고서 이따금 반시간이나 반나절 동안 나타나는 갈색 피부와 금발의 깡마른 존재에 불과"했고, "어쩌면 다른 이들에게 과거의 특정한 일, 그들 기억의 일부분을 상기시켰을 테지만, 그것은 이제 그들의 일상생활과 거의 관련이 없었다."[15] 아직까지 케임브리지에서, 라운드 교회 주변의 방에서 살고 있다는 식으로[16] 자신의 상황을 긍정적으로 생각하려고 애쓰기는 했다. 킹스칼리지에 앉아 신문을 읽고, 아직 주변에 있는 친구들과 라이언스 카페에서 점심을 먹고, 저녁에 영화관에 가는 등 여전히 "케임브리지의 평범한 일요일"을 보낼 수 있었다.[17]

그는 정치 활동을 위해 시간을 내기까지 했다. 하지만 1940년 3월 초에 케임브리지의 한 행사에 참석했을 때 완전히 계획대로 진행되지는 않았다. 공산당 신문 《데일리 워커》의 편집장 윌리엄 러스트William Rust가 초청을 받아 케임브리지대학 사회주의자 클럽의 회의실에 연설하러 왔다. 그러나 에릭이 적은 대로 회의실 밖 "건물 정면에 조정 클럽 녀석들, 반동적인 학생들, 영국 공군 30~40명이 모여서 건물을 야유로 포위했다." "대부분 취해 있었다. 그들에게 말을 걸 때 그들의 입김에서 맥주 냄새가 났다. 그들은 건물 안으로 들어가지는 않고 주변을 맴돌면서 악취탄을 던졌다." 불만이 많은 폭도는 〈브리타니아여, 통치하라〉와 〈신이여 왕을 구하소서〉를 부르기 시작했다. "거의 난잡한 술판의 정신상태"라고 에릭은 기록했다. 이들 젊은이는 "머리는 없고 돈은 너무 많다." 그들이 자유군단과 나치 돌격대를 연상시켰다고 에릭은 다소 과장되게 일기에 썼다. 사실 이 사건은 에벌린 워가 첫 소설 《쇠퇴와 타락》(1928)에서 묘사한 옥스퍼드의 학생 생활, "영국 상층계급이 깨진 유리잔에 대고 짖어대는 소리"에 더 가까웠다.[18]

공산주의는 자신에게 실제 정치라기보다 "이상적인 소망 충족"이라고 그는 썼다.[19] 게다가 그는 부르주아 사회로부터 점점 더 멀어진다고 느꼈다.

시간이 갈수록, 특히 지금, 비지식인들 사이에 있는 이곳에서 나는 부르주아 지식인들에 대한 노동자와 당의 불신을 점점 더 이해하기 시작했다. 술잔에 백포도주나 진이 담긴 이 지루한 자리, 카운트 베이시의 음악을 배경으로 아무것도 아닌 것 (…) 파마머리, 담배 연기 (…) 아무런 의미도 없는 것들에 대한 이 간헐적인 대화.[20]

에릭이 군대에서 어울린 부류는 기존에 알던 부류와는 매우 달랐다. 부대에 합류한 후 그는 이렇게 적었다. "좋든 나쁘든 간에, 나는 무엇보다 공통점이라곤 전혀 없는 사람들 틈에 다시 한 번 속하게 되었다. 다만 그들이 노동자이고 병사이기 때문에 그들과 함께하고 싶다는 소망을 그들 모르게, 내 딴에는 분명하게 품었을 뿐이다."[21] 그들은 에릭을 아무런 적의도 없이 받아들였다. 그는 가사를 알게 되자 그들이 뮤직홀에서 부르는 노래들을 함께 불렀다. 〈개울가에 오래된 방앗간 넬리 딘이 있네〉, 〈옛날식 집에 옛날식 옷을 입은 여인이 있네〉 같은 노래, 그리고 〈언덕 위의 집〉처럼 서부영화에서 배운 노래였다.[22] 그는 사내들과 축구를 했고[23] "학교를 떠난 이후 처음으로 체육관에서" 운동을 했다. 탁구, 다트, 당구도 함께했다.[24] 한번은 레슬링을 시도했는데, 그나마 아는 몇 안 되는 기술마저 잊어버려 상대방을 관찰해 따라 해야 했다. 그는 카드게임 폰툰에 참여해 상당한 위험을 감수하는 방식, 더 신중한 참가자들이 매우 못마땅해한 방식으로 승리했고, 노동계급 술집에서 인기 있는 카드게임인 크리비지에도 이따금 끼었다.[25] 또 체스를 배워 규칙을 훤히 아는 사람들과 승부를 겨뤘지만 항상 이기지는 못했다.[26] 그리고 오래전에 아버지가 가르치려 했던 권투에 상당한 시간을 들였다. 권투는 "레크리에이션용 훈련"이라는 항목 아래로 분류되었다.[27] 어느 저녁 "나를 때려눕힌(혹은 때려눕힐 뻔한) 피바디 하사"와 스파링을 한 이후 그는 권투에 영 소질이 없음을 알게 되었다.[28]

에릭은 사회적 분석에 착수하지 않을 수 없었다. "공병대의 계급 구성은 다른 대다수 연대들보다 더 균일하다. (…) 기본적으로 숙련 및 저숙련 노동자들이 핵심이다." 중공업 노동자들은 민간 군수공장, 병기부대, 해군과 공군으로 징집되어서 상대적으로 적었다. "상당수가 목수, 벽돌공, 도장공 등으로 건설업과 이런저런 식으로 연결되어 있다." 병사들은 영국의 다양한 지역 출신이었지만 사투리를 쓰면 놀림을 받았기 때문에 "사투리 사용을 꺼렸다"("참고. 'I'm now coming', 'I'm now doing', 'he do', 'he say'라고 말하는 노퍽 사람들의 습관, 또는 형제를 'our youth'라는 표현으로 지칭하는 노츠 사람들의 습관을 끝없이 놀림"). 늘 하는 방식대로, 에릭은 부대에서 1년을 지낸 후 자신이 알아낸 병사들의 출신 지역에 대한 통계를 작성했다. 랭커셔 출신이 네 명, 런던, 노퍽, 케임브리지셔, 스태퍼드셔 출신이 각 세 명 등이었다.[29]

훗날 낯선 세계에 들어갈 때마다 늘 그랬듯이, 그는 익숙하지 않은 단어와 표현을 적어두었다. 그는 병사들끼리 쓰는 런던 방언에 매료되어 운이 맞는 속어 표현 목록을 작성했다. 예를 들어 현금cash을 의미하는 'oak-and-ash', 텐트tent를 의미하는 'Duke of Kent', 나무wood를 의미하는 'Robin Hood' 따위였다.[30] 덜 난해한 다른 속어 표현 목록도 작성했다. 'to be browned off—싫증나다', 'swing the lead—업무시간에 빈둥거리다', 'mush('무쉬'로 발음)—남자', 'boozer(요샛말)—술집', 'flog—판매하다' 등이었다.[31] "중대에서 쓰는 요샛말" 중에는 "'I do not care a cow's cunt(여자라면 다 좋다)'와 'Go fuck a duck(갈보집에 가다)'"도 있다고 적었다.[32] 에릭은 신병들이 습관처럼 쓰는 음란한 말에 충격을 받았다. "석 달 안에 영국 프롤레타리아트의 성적 수법에 대한 포괄적인 연구 논문을 쓸 수 있을 것 같다." 익숙하지 않은 어휘에 언제나 매료되는 그는 병사들이 사용하는 성적 속어 목록을 작성했다. 예를 들어 성교를 의미하는 'have a jump', 그리고 'have a bit of' 뒤에 여자의 음부를 의미하는 'skirt', 'judy', 'twat' 'quim' 등을 붙이는 식이었다.[33]

목수 출신의 젊은 병사 모리스 로버츠가 들려준 이야기는 에릭에게 더욱 충격적이었다. 그는 징집되기 전에 런던 이스트엔트 주민들이 매우 선호하는 템스강 하구의 해변가 리조트 사우스엔드에서 자신과 세 명의 남성 동료가 열여섯 살 소녀를 어떻게 강간했는지를 이야기했다. "그 어린 소녀는 그 시간 내내 한 마디도 하지 않았다. 단 한 마디도."[34] 에릭은 이 사건을 아무런 의견 없이 기록해두긴 했지만 분명히 불편하게 받아들였다. 그렇지만 그가 무엇을 할 수 있었겠는가? 설령 에릭이 그 사건을 보고했더라도 병사들은 간단히 부인했을 것이다. 에릭은 자기 분대에서 "거의 완전히 문맹인 사례"를 접하고는 또 다른 의미에서 "큰 충격을 받았다." 딕 풀러는 "읽지도 못하고 쓰지도 못하고 그저 자기 이름만 안다. 여기서 끔찍한 점은 비정상적인 사람의 뒤떨어진 본성이 아니라 자본주의 국가들 중 가장 현대적인 이 나라에서 그런 사례를 아무런 책임감 없이 용인하는 사회의 취약함이다."[35] 에릭은 풀러를 돕기 위해 자신이 할 수 있는 일을 했다. 풀러는 에릭이 만난 거의 문맹인 유일한 사람이 아니었다. 몇 달 후 에릭은 "읽기와 쓰기를 배우려는 디거를 돕는 데 시간"을 썼다. "생애 처음으로 그는 배움의 필요성을 깨달았다. 나는 범죄소설 잡지 《섀도The Shadow》를 가지고서 그를 가르쳤다. 이런 잡지들이 반半문맹인 사람들에 맞추어 얼마나 개작되는지를 당시에는 알지 못했다."[36]

2

분대 훈련이 끝난 이후로 생활은 훨씬 더 다양해졌다. 병사들은 군 화물차로 시운전을 하고(에릭은 잘하지 못했다) "아이들 무리"가 지켜보는 가운데 참호 파기 연습을 했다. 에릭은 오토바이 타는 법을 배웠다.[37] 오토바이 타기가 "왼쪽 손목을 약간 뻣뻣하게 할 뿐, 실은 그리 피곤하지 않다"라고 생각했다.[38] 병사들은 병참장교의 비축품을 "먼지를 뒤집어쓰며" 옮겨야 했다.[39] 그리 내키지 않은 일은 꼼꼼한 감자 깎기였다. 에릭은 감자를 피해 막사 화장실을 청소했다—"이것도 익숙해져야 하는 일이었다."[40] 케임브리지 남서쪽 배링턴 마을 근처 채석장에서 '적'이 나타나기를 기다리며 덤불 뒤에 숨어 하루를 보내는 훈련은 보이스카우트 시절을 떠올리게 했다.[41] 그렇지만 몇 주가 지났는데도 휴가가 없자 분대는 반항적으로 굴었다. 에릭은 회의를 소집했다.

나는 마음을 다잡고서 그들을 조용히 하도록 하기 위해 철모로 문을 쾅 하고 친 다음 휴가 문제를 제기했다. "우리는 무언가를 해야 한다" 라고 나는 말했다. "나는 레지 플래튼 하사를 포함하는 세 사람이 분대 의 대표로 지휘관을 찾아갈 것을 제안한다. 우리는 7주째 이곳에 있었 지만 아직 휴가를 얻지 못했다." 그들은 "그래", "맞아!"라고 외쳤다. 결 국 레지, 플래너건, 그리고 내가 가기로 결정되었다.[42]

조금 더 토론한 후에 그들은 에릭의 제안에 따라 지휘관에게 청원을 하기로 결정했다. 그러나 "모든 일이 나에게 맡겨졌다—그리고 내가 책 임을 진다. 또 다른 어려움이 있다. 한 명 이상의 모든 대표단은 엄밀히 따지면 집단 반항이다."[43] 병사들의 결의는 약해졌고, 결국 허물어졌다.
한 중위가 병사들을 소집해 너희 분대가 식비 예산을 초과 지출했다 고 말했다. 이제부터 허리띠를 졸라매야 할 것이라고 했다. 고그마고그 힐스를 지나 바브러햄, 셸퍼드, 스테이플퍼드까지 갔다가 트럼핑턴과 케 임브리지로 돌아오는 32킬로미터 행군을 시작할 때, 병사들의 입에서 투덜거리는 소리가 터져 나왔다. "'우리는 조국을 위해 싸우고 있는데 조국은 먹을 것도 충분히 주지 못해'라고 프로멘트가 말했다. '호호 경 Lord Haw-Haw*이 이런 얘기를 들어야 해'라고 빌 풀러가 말했다." 영국 병 사들이 배신자 파시스트 윌리엄 조이스가 베를린에서 하는 적군의 선 전 방송('독일이 부른다!')을 자기네 불만을 표출할 최선의 방법으로 여기

---

* 2차 세계대전 중에 독일에서 영국으로 선전 방송을 한 윌리엄 조이스의 별명.

는 것이 전형적인 반응이라고 에릭은 생각했다. 하지만 병사들의 사기는 이내 올라갔고, 행군 중에 노래를 불렀다. 다만 워낙 무질서하게 부른 탓에 이따금 세 곡의 노래가 동시에 들리곤 했다.[44]

에릭은 "도통 읽지 못해" 낙담했다. "거의 신문과 팸플릿밖에 없다. 대체 어디서 어떻게든 읽을 수 있을까? 문화로부터 단절되었거나 단절되어가는 지금 나는 읽기에 집착한다." 이런 상황에 처하자 가장 싫어하고 경멸하는 종류의 역사 문헌까지도 소중히 여기게 되었다.

[케임브리지] 유니언에서 나는 《영국사 평론》을 우연히 발견하고서 덴마크 외교법령집 신판에 대한 무미건조한 소개, 중세 시칠리아 군주정을 다룬 책들에 대한 무색무취한 서평, 18세기의 고대 정체政體 개념 등을 읽었다. 그것들을 읽은 것은 단지 나의 역사관이라는 집에 벽돌 몇 개를 보태기 위해서가 아니라 무엇보다 그것들 모두—심지어 덴마크 교회 문서에서 발췌한 끔찍한 구절일지라도—가 문명화되고 창조적이고 긍정적인 삶의 표지이기 때문이다.[45]

1940년 3월 말, 그는 케임브리지가 아닌 다른 지역에 배치될 것이라고 예상해 책들을 포장했다.

나는 믿기 힘들 정도로 슬프고 울고 싶다. 그렇지만 예상치 못한 초조한 곤경을 겪지 않는 한 나는 거의 울지 않기 때문에 당연히 울지는 않는다. 책은 사람 또는 나무와 같다. 책은 자란다. 우리는 책의 수명을 대체로 3년 혹은 4년으로 전망할 수 있다. 내가 전쟁에서 돌아와 상자에서 꺼낼 때 나의 책들은 수명을 다한 상태일 것이다. 모든 책장이 1939년에 책들이 사망했다고 말할 것이다. 작년에 살아 있었고 나의 인성의 일부였던 문학과 정치 분야의 책들이 그저 당대의 기록이 되고 말 것이다. (…) 좋은 책을 묻는 것은 끔찍한 일이다. 결국 우리는 좋은 책을 읽는 데 그치지 않고 그것과 함께 살아간다. 그게 바로 문명이다. 책에는 사회적 가치가 있다.[46]

그렇지만 때때로 어렵사리 책을 읽을 수 있었다. "한번은 화물차 뒷자석에서 스탕달의 책 100쪽"을 읽는 "문명의 몸짓"을 했다.[47]

에릭은 케임브리지에서 한 친구를 방문했을 때 베를리오즈의 〈환상 교향곡〉 음반을 들으며 시간을 보냈는데, 음악이 매우 고르지 못하고 "그다지 압도적이지 않고" "비음악적인 순간들"로 가득하다고 생각했다.[48] 그는 바흐,[49] 엘가, 특히 말러를 좋아했다. 빈에서 사실상 말러의 음악과 함께 자란 그는 여전히 그 음악을 기억하고 있었다. 말러의 〈대지의 노래〉는 "인문학적 교육을 받은 빈의 부르주아지"를 떠올리게 했다. 이들의 가치관은 당연히 에릭이 받은 유형의 교육 과정에서 형성되었다. 빈 부르주아지와 비교해 영국 중간계급은 폭넓고 포괄적인 문화적 교육을 받지 않는다고 생각했다. 고대 그리스어와 라틴어로 쓰인 고전들을 배우는 영국 중간계급의 협소한 교육은 대안이 되지 못했다. 영국 부르주아지는 "문화를 그저 치장하는 것이 아니라 뼛속에 새기는 계급의 분위기가 없다"라고 결론지었다. "종교의 시대에 권력을 획득한 영국 부르주아지는 문화를 사치로 간주했다. 그에 반해 19세기에 권력을 획득한 독일과 오스트리아, 러시아의 부르주아지는 문화를 인생의 문제들을 명확히 표현하는 핵심 수단으로 여겼다."[50]

영국 노동계급에 대해 말하자면, 그가 동료 병사들을 정치 토론에 끌어들였다는 것 자체가 "작은 성공"이었다. 1940년 3월, 러시아와 핀란드의 '겨울전쟁'이 공식적으로 결판나려던 시기에 그는 다음 대화를 기록했다.

딕 웰스('프티부르주아')가 거울에 비친 캅카스 지역 지도를 보며 "우리가 조만간 저기서 싸울 수도 있겠어"라고 말했다. 내가 말했다. "그건 러시아군과의 전쟁을 의미해. 나는 러시아군과 싸우고 싶지 않아. 무엇을 위해? 누가 러시아군과 싸우고 싶겠어?" "나"라고 레스 버든이 말했다. "스탈린과 히틀러는 내게 똑같아." "나는 아냐"라고 빌 풀러가 말했다. "나는 누구와도 싸우고 싶지 않아." 누군가 "우리가 도대체 왜 싸워야 하지?" 하고 물었다. "왜냐하면 그래야 하기 때문이지"라고 빌 풀러가 대답했고, 이 모호한 규정에 아무도 이의를 제기하지 않았다. "물론 우리는 그래야 하고, 그래서 카키색 옷을 입고 있는 것이고, 단지 그뿐이야. 이 전쟁에서 우리는 아무것도 얻지 못해"라고 내가 말했다. "그래"라며 모두가 동의했다. "그렇지만 이 전쟁에서 이익을 얻는 사람들이 있어"라고 나는 본론에서 다소 벗어난 말을 덧붙였다. 리틀 랭글리가 끼어들었다. "돈을 가진 사람들이 더 많이 버는데 전쟁에서도 언제나 그래." 그런 다음 우리는 붉은군대에 대한 이야기로 돌아갔으며, 나는 버든에게 소련은 히틀러와 같지 않다고 말하려 했고, 큰 모순 없이 그에게 폴란드의 예를 들었다.[51]

에릭은 겨울전쟁에 대한 그들의 냉소와 "전무한 열의"를 환영하면서도 유감스럽다는 투로 "근본적인 반대는 그리 강하지 않다"라고 적었다.[52] 동료 병사들과 마찬가지로 그도 서방의 핀란드 지원으로 인해 그들이 "어쩌면 24시간 만에 소련과 전쟁"을 하게 될까 봐 걱정했고, 그래서 평화협정이 체결되었다는 소식을 들었을 때 그들 못지않게 안도했다. "기쁨에 벅찬" 그들은 충돌 종식의 축배를 들기 위해 술집으로 향했다.[53]

1940년 4월 독일이 노르웨이를 침공하고 영국이 노르웨이 해안으로 원정군을 파견하자 상황이 달라졌고, 그와 함께 신병들의 분위기도 바뀌었다. "'신이여 감사합니다, 마침내 결정, 마침내 진짜 싸움'이라고 병사들은 말하는데, 가짜 전쟁의 단조로움에서 벗어나는 것이 그들의 신경에 좋기 때문이다."[54] (에릭을 제외한) 15명이 노르웨이로 가겠다고 자원했고, 그중 10명이 받아들여졌다. 에릭은 자원의 이유가 "영국 병사의 생활이 그들에게 너무 지루하기 때문에, 그리고 그들에게 친척이 전혀 없기 때문에"라고 생각했다.[55] 노르웨이에서 벌어질 사태를 생각하자 자원병들의 분위기는 경직되었다. 분대의 한 병사가 "좋은 독일인은 죽은 독일인뿐이야"라고 말했을 때, 에릭은 반박해야 한다고 느끼면서도 "전쟁에서 처음으로 영국 편에 공감할" 수 있었다고 썼다. "아마도 히틀러의 조치가 너무나 압도적이고 완벽하게 조직된 것이어서 언제나 더 약한 편에 공감하는 나의 나쁜 버릇 때문이었을 것이다."[56]

오래지 않아 독일군이 노르웨이 남부와 중부로 진격하며 연합군의 원정 병력을 격퇴하자 분대원들 사이에서 애국적 열정이 시들해졌다. "'그런데 말이야, 나는 이 전쟁에서 우리가 어떻게 이길 수 있는지 모르겠어'라고 롤링이 말했다. 다른 사람들도 그에게 동조했다."[57] 에릭은 이런 상황이 라디오와 언론을 통해 영향을 주려는 영국 측 선전의 한계를 보여준다고 생각했다. 그가 보기에 신병들은 "파시즘뿐 아니라 우리들[즉 공산주의]에게도 완벽한 원료"였다. 감자 껍질을 벗기는 와중에 에릭과 동료 몇 사람은 유대인에 대한 대화를 시작했다. 분대원들은 유대인이 영국을 통치한다고 생각했다. 그건 "호호 경의 영향 중 하나"라고 에릭이 지적했다. "물론 나는 그렇지 않다고 했다—어쨌거나 반유대주의는 그리 강하지 않다. 그러나 평범한 병사 집단이 이런 관념을 상식으로 여긴다는 사실은 우려스럽다."[58] 한편, 그들 중 한 명이 로버트 트레셀의 《누더기 바지를 입은 자선가들The Ragged-Trousered Philanthropists》(1914)을 읽고 있었다. 노동계급 공동체를 배경으로 그곳 주민들에 대한 억압과 자신들의 권리를 주장하기 위한 노력을 상세히 묘사한 소설이었다. "내 주변 사람들은 모두 완고한 보수당원이지만, 〔책을〕 읽고서 사회주의자들 편을 많이 이해할 수 있었어"라고 동료 병사는 에릭에게 이야기했다.[59]

그때까지 소속 부대가 케임브리지에 주둔하는 동안 에릭이 누린 비교적 평온한 시간은 1940년 4월 16일에 별안간 끝났다. 병사들은 18세기의 혁명적 작가 톰 페인의 출생지인 셋퍼드에서 멀지 않은 노퍽 크랜위치의 육군 숙영지까지 행군했다. 대부분 개간되지 않은 황량한 시골을 보고서 에릭은 베를린 주변 농촌 지역인 브란덴부르크 변경백령을 떠올렸다.[60] 병사들은 거의 도착하자마자 부실한 배급에 대한 항의서를 작성했다. "저녁 식사시간에 워링턴 중사가 천진한 미소를 띤 채 식당으로 들어왔다. '하사들 말로는 자네들이 청원서를 작성했다던데. 자네들은 내가 필요한 조치를 제대로 취하지 않았다고 말할 수 없어. 나는 대위님께 요청했네.'" 그러면서도 그는 병사들에게 청원서를 제출하지 말라고 경고했다. "대위님이 나쁘게 받아들일 수도 있네." 휴가가 취소될 가능성에 겁을 먹은 병사들은 청원을 즉각 포기했다.[61] 그렇지만 문제는 그것으로 끝나지 않았다. 다음 날 아침 최소한의 음식만 나오자 병사들은 식판으로 식탁을 쾅쾅 쳤다. 더 이상 빵이 없다는 말을 들은 그들은 자리에 눌러앉아 때때로 빵을 요구했다. "너희는 이런 식으로 무언가 얻을 수 있다고 생각하나?"라고 카터 하사가 "믿기 힘들 정도로 부르주아처럼 들리는 목소리로" 비웃었다. "빵이 없으면 일도 없다"라고 병사들이 대꾸했다. 하지만 그다음에 무엇을 해야 할지 알지 못했다. 그때 상사가 식당으로 들어와 "이게 군인들이 할 짓인가?"라고 다그쳤다. 그러고는 병사들에게 "5분 내로 밖으로 집합"하라고 명령했다. 강당으로 불려온 병사들은 집단 반항에 대한 처벌이 무엇인지 확실하게 전해들었다. 상사는 그들 모두를 체포하겠다고 위협하며 "규칙대로 행동하라"고 말했다.

에릭이 보기에 이 모든 일은 병사들의 반항에 장교들이 겁을 먹었다는 징후였다. 점심식사는 전보다 눈에 띄게 나아졌다.[62] 그렇지만 규율이 강화되었고, 군복의 아주 사소한 결점도 휴가 취소 사유가 되었다. 에릭은 "군복 단추 때문에 그리피스 중위와 작은 언쟁"을 벌였다. 에릭은 항의 주동자로 간주되었는데, 그럴 만한 이유가 있었다. "자네는 교육받은 사람이야"라고 그리피스 중위는 에릭에게 말했다. "분명 좋은 가정 출신이겠지. 자네는 알지 못하겠지만, 자네 같은 사람들이 모범을 보여야 해." 홉스봄은 사과의 말을 중얼거렸다—"그렇게 시치미를 뗐다"라고 그날 일기에 썼다. 그러나 그는 비록 전문적이거나 유능한 선동가가 아니긴 했지만 "그 상황에서 스스로를 명백히 선동가로 드러냈다."[63] 한편 크랜위치 숙영지에서의 생활은 이전과 크게 다르지 않았다. 전쟁 전에 강도짓으로 투옥되었던 한 병사가("내가 모르는 간수는 없어. 난 파크허스트, 펜턴빌, 브릭스턴 교도소에 전부 있어봤다고. 그게 나야") 에릭에게 상점에 침입하는 상상을 해본 적이 있느냐고 물었다("'친구, 그런 적은 없는데'라고 나는 말했다. '어쨌든 고마워'").[64]

그 이후 1940년 5월 초, 에릭은 군 정보부로 옮기기 위해 열흘간 암호 교육을 받을 것이라고 갑작스레 통보받았다. 장교 둘, 부사관 일곱, 사병 셋, 총 열두 명이 떠날 예정이었다. 언어 구사력과 케임브리지에서 두 차례 연속 최우등 성적을 받은 학위를 고려할 때 에릭이 선발된 것은 당연한 일이었다. 선발된 장병은 노리치에서 약 8킬로미터 떨어진 자코비언 양식*의 저택으로 이동했다. 에릭은 "우리가 문명인으로 대접받는" 상황에 "압도"되었다. "음식은 훌륭했으며, 우리는 중국식 접시에 음식

---

* 엘리자베스 1세의 사망 이후 제임스 1세와 찰스 1세가 잉글랜드를 통치한 1603~1649년까지를 좁은 의미에서 자코비언 시기라고 부른다.

을 담아 포크와 나이프를 사용해 먹었고, 차도 양철잔이 아니라 컵으로 마셨다."[65] 점호는 없었고 늦게 나타나도 아무런 문제도 없었다. 장교와 부사관은 사병에게 예의를 갖춰 말했다. "거의 천국과도 같았다." 그러나 에릭에게 이런 호사는 하루 이상 허락되지 않았다.

이튿날 아침 대위가 나를 불러 어머니가 영국인이 아니기 때문에 교육을 받을 수 없다고 설명했다. 기차는 2시 20분에 케임브리지로 떠난다 ―나 개인과는 아무런 관련도 없는 결정이라는 걸 이해하겠지?―네, 이해합니다.―그런데 자네도 알다시피, 아마 자네는 [독일에서] 정권에 저항했겠지만, 자네의 반쪽이 속한 그 나라에 아주 작은 감정은 아직 남아 있을 거야, 이해하겠나?―네, 대위님.―나는 민족주의적 감정 같은 건 없고 국가들이 올바로 행동하기만 하면 무엇을 하든 신경 쓰지 않지만 지금 독일은 올바로 행동하지 않고 있네.―네, 그렇습니다.―자네를 통역관 자리에 추천하겠네.―알겠습니다, 대위님.―이해하겠지, 그저 원칙이고 그걸 어길 수는 없네.―알겠습니다, 대위님.[66]

이의를 제기해봐야 소용없음을 에릭은 알고 있었다. "군대의 관점에서 대위는 옳다. 암호에 관한 한 아무리 주의해도 지나치지 않다."[67]

이런 사건들로 인해 속이 상하고 갈피를 잡지 못한 에릭은 그다음 며칠 동안 일기마저 쓰지 못할 만큼 의기소침하게 지냈다. 전에 케임브리지에서 한 차례 러시아어를 배우려 시도했던 그는 다시 한 번 두서없는 방법으로 시도했다. 그러나 두 차례 모두 초반에는 진척이 있다고 자랑스레 기록했지만 결국 실력이 크게 늘지 못했다.[68] 짧은 휴가 기간에 그는 차를 마시기 위해 케임브리지에서 상류의 그랜트체스터까지 노를 저어 갔다. "군복 때문에 무척 덥긴 해도 나는 여전히 '노젓기'를 정말 잘

한다"라고 자랑스레 적었다. 점차 기운을 회복한 그는 런던 예술극장의 식당에서 프랑스 방문객 몇 사람을 만나 프랑스어로 정치에 대해 이야기했다.[69] 며칠 후 숙영지로 돌아온 그를 부사관이 불러내 "2시부터 9시까지 사역, 휴가는 취소"라며 호통을 쳤을 때, 낭만은 사라졌다. 사역은 당직을 서다가 잠이 든 그와 다른 병사 다섯 명을 소령이 깨운 일 때문이었다. 에릭은 그리피스 중위가 자신에게 앙심을 품고 있다고 생각하면서도 사역에는 크게 화가 나지 않는다고 인정했다.[70] 사역보다 더 우울한 일은 독일의 네덜란드 침공 소식이었다. "독일이 이긴다는 게 중론이다." "물론 우리는 무엇을 위해 싸우는지 알고 있지만 어느 군대가 더 나은지는 인정해야지"라고 어느 병사가 말했다. 그럼에도 불구하고 체임벌린의 사임과 1940년 5월 10일 윈스턴 처칠의 거국 연립정부 총리직 취임에 그들 모두 환호했다.[71] 처칠이 전쟁 지도자로서 기운을 북돋는다는 점은 부인할 수 없다고 에릭은 생각했다. 처칠은 "수사적인 연설과 토론을 잘하는 능력, 흔들리지 않는 강인함, 영국 제국의 이해타산에 밝은 유연한 정신과 열정적인 의식"의 소유자였다. 그러나 그가 국내의 불만을 인식하고 양보를 통해 불만을 잠재울 수 있을까? 그에게 "얼굴마담이 아니라 정치적 전략가와 전술가로서의 위대함"을 기대할 수 있을까? "나는 그렇게 생각하지 않는다."[72]

에릭은 이런 성찰을 계속할 시간이 많지 않았다. 1940년 5월 11일, 사전 경고도 없이 한 병사가 새벽 2시에 에릭과 동료 분대원들을 깨우더니 "4시 30분에 완전군장으로 행군하라고 말했다."[73] 부대는 줄지어 달리는 화물차 여러 대에 나눠 타고 노리치 외곽에 위치한 또 다른 숙영지 랭글리파크로 이동했다. 이곳에서 병사들은 천막에서 지내야 했다.[74] 지루하고 판에 박힌 날들이 이어져 에릭은 "인간이 아니라 군복을 입은 시체"와 같다고 느꼈다.[75] 일요일에, 그리고 다시 수요일에 분대원들은 휴가를 얻어 인근 마을로 갔지만, 그곳에는 아는 사람이 한 명도 없고 할 일도 없었다―"상점도, 클럽도, 군인 접대소도 없다." 한곳에 머무를 수가 없었고 마치 30분 휴가를 얻은 죄수와 같은 기분이었다고 에릭은 기록했다. "그래서 그들은 해질녘에 술에 취한 채로 배회하고, 행인들에게 말참견을 하고, 자전거를 타고 가는 여자들의 뒤에 대고 소리를 질렀다."[76] 담배 가게에서 일하는 브렌다는 유순해 보였다.

우리는 순서를 정해 그녀와 함께 밖으로 나갔다. 그녀는 열일곱 살쯤이었고, 내가 보기에는 지난 2년간 매일 밤 어떤 남자와 함께 있었다. (…) 그녀는 부대로 와서 담장에 기대기도 했고, 부대 안쪽에 있는 말라버린 접시꽃과 이름 모를 노란 꽃의 줄기 위로 크고 붉은 손을 내민 채 걷기도 했다. 그리고 누군가 나올 때까지 스패니얼 암컷처럼 촉촉한 눈으로 우리 막사를 바라보았다. 우리는 그녀를 데려가 철도 개찰로의 윗부분을 따라 걸었다. 우리 양옆으로 한쪽에는 숨겨진 지뢰밭이 가로놓인 전나무 조림지가, 다른 한쪽에는 보름달 아래 달팽이가 지나간 길처럼 반짝이는 단선철도가 있었다.[77]

낡은 선개교에 다다르기 직전에 그녀는 그곳까지 동행한 남자가 누구든 그와 함께 갈대 더미 뒤쪽으로 움푹 꺼진 작은 공간에 눕곤 했다. "그녀는 보통의 기준으로 판단하자면 거의 정신이 나간 사람이었지만, 작은 상점의 계산원에 어울리지 않아 보이는 강인한 소녀였다." 그녀는 전혀 대화를 하지 않아서 에릭도 곧 대화 시도를 포기했다. 에릭의 묘사가 과장되었을 수도 있지만, 어차피 이런 묘사는 그에게 정말로 아주 조금도 어울리지 않는 일이었다.

에릭은 장전된 소총을 메고서 교대로 보초를 섰다. 병사들은 당시 언제라도 침공하겠다고 위협하던 "독일군 때문에 다들 몹시 조마조마한" 심정이었다. 한동안 보초 근무를 선 후에 에릭은 "나는 무섭지 않았다"라면서도 "정말로 위험하다고 생각했다면 겁을 먹었을 것이라고 인정한다"라고 썼다.[78] "다른 병사들은 무섭다고 말한다. 숲에서 쥐와 생쥐가 바스락거리는 소리를 내면 산길에서 발자국 소리가 들리는 것 같고, 그럴 때 그날 밤에 독일군이 오지 않을 것이라고 확신하지 못한다면 나는 총을 쏠 것이다."[79] 일주일 후에 에릭은 지금이 "거의 4년을 통틀어 '괜찮은' 문학 없이 보낸 가장 긴 시간"이라고 적었다.[80] 혹시 모를 독일군의 침공에 대비해 중대는 지뢰를 묻었고, 공압 착암기를 사용해 구멍을 내고 다리 아래 폭발물을 설치했다. 또 기관총 총좌를 준비하고 그레이트야머스 주변에 대전차 참호를 팠다.[81] 한밤중에 자주 공습경보가 울렸고, 에릭은 숲에서 나는 폭발 소리를 들었다고 생각했다. "탐조등이 위쪽에서 앞뒤로 움직이는 가운데 병사들은 어둠 속에서 숲의 가장자리에 있는 참호로 달려갔다." 때때로 그들은 독일군이 프랑스군을 '강타' 하고 있는 북해에서 건너오는 포성이 들린다고 상상했다. "그 덕에 우리는 자신이 중요한 사람이라고 느끼며 숙영지로 돌아와 '저기서 누군가 강타당하고 있어'라고 태평하게 말할 수 있었다. 그때가 우리가 전쟁에 가장 가까이 다가간 순간이었다."[82]

에릭은 스물세 살 생일인 1940년 6월 8일에 마을로 가서 그곳 술집에서 취하고 싶었지만 돈이 별로 없었다. 그는 "약국에서 일하며 조금은 성인처럼 보이는, 통통하고 입술이 두툼한 갈색 머리 소녀"에게 다가갔다. 그러나 "멍청하기 짝이 없는 말"을 하고는 스스로 우습다고 생각해 상황을 더 끌고 가지 않았다.[83] 다른 두 병사와 함께 에이클과 야머스 사이 평탄한 습지대에 있는 작은 다리에 보초를 서러 갔을 때, 그는 "아주 오랜만에 자연이 주는 독특한 황홀감을 재발견"할 수 있었다. 그것은

"성교한 다음처럼 육체를 완전히 이완하고서 자연과 순순히 하나가 되는 느낌"이었다.

> 나는 잉글랜드의 이 지역에 와본 적이 없어. 이곳은 오히려 플랑드르 아니면 네덜란드처럼 보인다고 말해야겠어. 해수면보다 그리 높지 않은 평평한 습지, 셀 수 없이 많은 웅덩이, 천천히 흐르는 깊은 강들 (그러나 마실 수는 없는 물!), 여기저기에 풍차와 소 떼, 나무들이 있는 풍경의 가장자리. 시선이 미치는 곳까지 양옆으로 버드나무가 심어진 곧은 도로, 그리고 드문드문 사탕무 공장 따위가 있어. 밤에는 더욱 인상적이야. 저 멀리서 비행기 소리가 들리면 차례로 켜진 탐조등 광선들이 하늘을 이리저리 훑으며 서로 만났다가 흩어지고, 비행기가 내륙으로 더 들어가면 사라졌다가 다시 새로운 탐조등 광선 떼가 등장해.[84]

그렇지만 다리에서 무탈하게 며칠을 보내는 동안 에릭은 가슴이 답답해진 나머지 담력을 시험한다며 다리 난간을 기어오르고, 멀리까지 산책하고, 독일어로 두 편의 시를 쓰고("둘 중 하나는 아주 좋다"), 완성하진 못했지만 몇 편을 더 쓰려고 시도했다. 정치 활동도 하지 못하고 새로운 소식도 없는 상황이 그의 신경을 긁었다.[85]

다리를 경계하느라 강요당한 여유로운 며칠 동안 에릭은 전쟁의 진행에 대해 생각할 수 있었다. 독일은 승리를 거두려면 전쟁을 신속히 치러야 했다. "나는 나치 체제가 오랜 소모전을 감당할 수 없다고 언제나 생각해왔다." "아무것도 배우지도 않고 잊어버리지도 않은 영국군과 프랑스군 고급장교들의 광신적이고 도저히 믿기 어려운 뻔뻔함 때문에 독일군은 1871년처럼 승리할 기회를 잡았다."[86] 그런 이유로 에릭은 1940년

6월 17일 라디오에서 프랑스의 패배 소식을 어렵사리 듣고도 놀라지 않았다.[87] "건장한 허벅지를 가진 부사관들 휘하의 신경증 환자, 성도착자, 간질환자 무리, 서류에 집착하는 근시안적인 사무원들, 그리고 폴란드 자산가 출신 귀족들"이 운영하는 야만적인 체제의 지배를 받고 있는 평범한 독일인 대중을 생각하며 그는 몸서리를 쳤다.[88] 나치와의 '교섭된 평화'는 가능하지도 바람직하지도 않았다. "나치와의 평화는, 개인 의견을 말하자면, 형용할 수 없을 만큼 끔찍할 것 같다."[89]

공산당의 공식 노선은 이번 전쟁이 그저 자본주의 열강 간의 충돌이며 가급적 빨리 종식할 필요가 있다는 것이었다. 그렇지만 프랑스가 패배하자 스탈린은 생각을 바꾸었다. 이 시점부터 영국 공산당은 전쟁 종식을 더 이상 촉구하지 않았고, 그 지도부는 파시즘에 맞선 투쟁을 강화하기 위해 인민정부를 수립해야 한다는 주장을 지지하기 시작했다.[90] 됭케르크에서의 퇴각과 프랑스 함락이 에릭에게는 결정적이었다. "당의 노선은 전혀 쓸모없다는 것이 내게 분명해졌다." 영국은 나치 폭정의 직접적인 위협을 받고 있었고, 그 위협으로부터 영국을 지켜내야 했다.[91] 에릭의 일기에도, 사촌 론에게 보낸 길고 상세한 편지들에도 나치-소비에트 조약을 지속해야 한다고 직접 언급한 구절은 없었다. 그 조약을 정당화하려는 시도는 더더욱 없었다. "나는 L. G.[로이드 조지] 이후 그 어떤 영국 정부보다도 현 정부의 장관들을 능력 면에서 더 높이 평가하고 존중해"라고 론에게 말했다. 에릭이 개인적으로 처칠 정부의 더 효율적이고 효과적인 전쟁 수행에 갈채를 보낸 것은 중요한 사실이다. 에릭은 히틀러의 패배를 진심으로 원했는데, 이 견해는 영국과의 일체감뿐 아니라 1930년대 초 베를린의 반나치 운동을 통해 정치화된 의식에서도 유래한 것이었다.[92]

프랑스의 패배는 동유럽에서 부차적인 결과를 가져왔다. 1940년 6월

21일, 서구 열강이 프랑스 사태에 정신이 팔린 틈을 타 붉은군대가 발트 연안의 에스토니아, 라트비아, 리투아니아를 침공해 점령했다. "신나는 소식"이라고 에릭은 일기에 적었다. 이들 세 나라는 공산당을 금지하는 우파 민족주의 독재정권이 한동안 통치해온 터였다. 에릭의 시각에서 소련의 침공은 진보와 해방의 조치였다. 그렇지만 이 침공의 장기적인 결과는 결코 진보적이지 않았다. 스탈린이 각국의 시민 수천 명을 체포하고 추방하고 살해하는가 하면 새로운 사회정치 엘리트층을 만들어내기 위해 러시아인을 점점 더 많이 이주시키는 등 세 나라를 소비에트식 동결 상태로 밀어넣었기 때문이다.[93] 그와 동시에 스탈린은 루마니아로부터 베사라비아와 북부 부코비나를 빼앗아 병합했는데, 이 소식에 에릭은 "노래하고 춤추고 싶다"라는 반응을 보였다.[94] 탈취의 결과는 이 지역에서도 비슷하게 나타났다. 다만 이온 안토네스쿠 원수의 독재정권이 오래지 않아 2차 세계대전을 통틀어 가장 가학적이라고 할 만한 반유대주의 잔혹행위, 독일 친위대마저도 불평한 잔혹행위를 저지른 루마니아의 사정도 더 나을 것은 없었다.[95]

3

프랑스 함락 이후 에릭의 내면의 불안, 영국에서 많은 사람들과 공유한 것이 틀림없는 그 불안은 그가 1940년 6월 24일 일기에 아주 자세히 기록한 "이상하고 논리적인 꿈"을 통해 드러났다. "우리는 알제리에서 콘스탕틴 북쪽의 해안", 즉 알제리 동부에 있었다. 중기갑차량과 포를 보유한 독일군과 이탈리아군이 쳐들어오고 있었다. "이번에도 마찬가지다"라고 그는 애석하게 생각했다. 한물간 장비와 가망 없는 전술 탓에 그의 편은 승산이 없었고 결국 완패했다. 민간인 옷을 입은 그는 군화 때문에 정체가 탄로날 수 있다고 걱정하면서도 영국으로 데려다줄 배를 찾기 위해 알제 또는 오랑으로 길을 떠났다. 도중에 만난 그리피스 중위 는 그에게 행운을 빌어주었다. 염소 떼를 모는 소년을 지나친 뒤 덤불을 기어서 통과한 그는 주택 한 채를 발견했는데, 그 집 사람들이 하룻밤 묵어가게 해주었다. 이튿날 아직 덜 자란 초목을 지나 계속 나아가다가 남루한 유대인 거지와 체격이 크고 쾌활한 영국 병사가 있는 어느 빈터 에 들어섰다. 지사知事가 부랑자를 잡아들인다는 경고를 들은 그는 그들 을 빈터에 남겨둔 채 계속 걸어 마침내 주민들이 일종의 축제에서 격렬 하게 춤을 추는 아랍인 마을에 도착했다.

그는 마을의 경계를 따라가며 군 숙영지를 조심스레 피한 뒤 알제의 특색 없는 교외에 도착했다. 스무 살쯤 먹은 어여쁜 여인이 그를 차에 태워 마을의 자기 집으로 데려갔다. "그곳에서 나는 그녀와 잔 것 같다." 그는 신문에서 앞서 만난 병사와 거지가 체포되었고, 붙잡히면서 자기 들 친구인 영국인 병사 '에리코 아미코' 역시 체포되었다고 말했다는 기 사를 읽었다. 그 덕에 그는 더 이상 추적당하지 않을 수 있었다. 여러 호 텔에서 숨어 지낸 후 마침내 영국으로 돌아가는 배를 찾았다. "이 꿈의 프로이트적 내용은 무시하겠다"라고 그는 결론 내렸다. "내가 그 꿈을 다시 이야기한 것은 그저 그것을 좋아하기 때문이다." 모든 꿈과 마찬가 지로 그 꿈은 그의 무의식적인 생각을 간접적으로 나타낸 것이었다. 병 사와 유대인 거지는 아마도 그 자신의 일면이었을 테고, 꿈의 배경인 알 제리, "아프리카의 태양이 비추고 있었음에도 덥다고 느끼지 않"은 장소 는 박사학위 연구를 위해 결국에는 그 나라로 돌아가고 싶은 소망을 나 타냈다. 어쨌거나 추측 이상은 불가능하다.[96]

한편 에릭은 영국의 장기적인 전망에 관해 계속 생각했다. 1940년 7월

론에게 "솔직히 역사가에게 요즘은 확실히 유일무이한 시기야"라고 말했다. "로마제국의 몰락이나 프랑스 혁명 이후로는 요즘의 절반만큼 매력적인 시기조차 전혀 없었어. 이 시대에 태어난 것이 유쾌하진 않지만, 결코 다른 시대 때문에 이 시대를 놓치지는 않을 거야."[97] 그러나 전문 역사가가 되겠다는 생각은 아직 마음속에 없었다. 오히려 "사회주의적 사실주의"의 방법을 바탕으로 "프롤레타리아 문학", 누구나 이해할 수 있는 단순한 문체로 이야기를 집필하는 데 헌신하고 싶다고 생각했다. "나는 모든 사람이 집과 거리를 알아보고, 꽃의 향기를 맡고, 열정을 느끼도록 글을 쓰고 싶어." 작품을 통해 독자들에게 실제 삶을 분명하게 보여줄 작정이었다. 다만 스스로도 단편소설 이상을 쓸 수 있을지 의문이었다.[98] 히틀러가 2주 안에 런던에서 거처를 정하리라 예상한다고 선언했다는 소식을 듣고 나자 확실히 미래에 관해 생각하기가 더 어려워졌다. "히틀러의 위신이 워낙 대단해서 병사들은 남몰래 그가 그렇게 할 것이라고 믿고 있다. 그러면서도 겉으로는 함대가 우리를 빈틈없이 지켜줄 것이라고 굳게 확신한다. (…) 이런 불확실성은 이 전쟁이 국민의 전쟁이 아니라는 징후들 중 하나다." 스스로에게 실망스럽게도 에릭은 "이런 맹목적인 불안감에 전염될까 두려워했다. 나의 지성이 비교적 위험이 적다거나 걱정해봐야 도움이 되지 않는다고 말하는 한, 나는 괜찮다. 그러나 내가 자제력을 잃을까 봐 몹시 두렵다."[99] 그런 반면에 '가짜 전쟁'이 그렇게 갑작스럽고 잔혹한 결말을 맞은 이후 "침공의 공포는 비록 일시적이긴 해도 국민적 결의, 전쟁의 필요성에 대한 확신, 전쟁 반대자들에 대한 불관용을 만들어내고 있는데, 이는 매우 주목할 만한 일이다."[100]

1940년 6월 25일, 에릭은 부대와 함께 이스트앵글리아의 해변가 휴양지 그레이트야머스로 이동했다. 그곳은 "휑뎅그렁하고 모래주머니와 철조망 뒤에 북해가 숨어 있지만 그래도 주택과 여성, 극장, 심지어 서점까지 있는 소도시, 즉 문명"이었다. 그는 스코틀랜드 여성이 여름철에 운영하는 민박집을 숙소로 배정받았다.[101] 하사 없이 규칙적으로 식사하고 자유시간을 실컷 쓰는 잠깐의 평화로운 생활이었다. 울워스의 현지 지점에서 그는 체코 풍자작가 야로슬라프 하셰크의 반전反戰소설 《착한 병사 슈베이크》를 구입했다. 그가 이 책을 사는 것을 보고서 말을 걸어온 어느 양심적 병역 거부자와 이야기를 나누기도 했다. 1940년 7월, 그는 공공 대출 도서관을 이용하기 시작해 다양한 픽션과 논픽션을 읽었다. 픽션 중에서 서머싯 몸의 《달과 6펜스》는 문체가 구식이고 내용이 공허하다고 생각했고, 논픽션 중에서 앨프리드 노스 화이트헤드의 《과학과 근대 세계》(1925)는 "필요한 정도보다 문장이 세 배나 길고 세 배나 추상적"이라면서도 "세상에, 나도 가끔 저렇게 쓴다"라고 덧붙였다.[102] 일기의 몇 쪽에 걸쳐 모호하고 해독하기 어렵기로 유명했던, 실은 지금도 유명한 화이트헤드의 사상과도 씨름했다.[103]

그러는 동안 부대는 독일의 침공에 계속 대비했다. 병사들은 아머스의 브레이던워터를 지나는 철도 고가교에 다이너마이트를 설치했다. 에릭은 폭약을 붙이기 위해 부득이 철도에서 7미터, 강에서 20미터 위에 있는 고가교 꼭대기를 따라 걸어가다가 갑자기 다음과 같은 경험을 했다.

믿기 힘들 정도로 엄청난, 압도적인 공포. 유의할 점은 내가 완벽하게 작업을 계속할 수 있었다는 거야. 나는 어지럽지 않았어. 다리의 한쪽과 반대쪽 사이 지지물의 폭이 겨우 20센티미터라서 똑바로 서 있을 수가 없었어. 하지만 나는 그 작업을 멋지게 해낼 거라는 기대를 받았기 때문에 걱정이었고, 과연 해낼 수 있을지 자신이 없었어.

폭약을 설치해야 하는 지점까지 갔다가 돌아오는 일은 "끔찍했다." 한편 독일 공군이 영국해협 상공을 장악하려 시도하지만 성공하지 못하고 있다는 것이 명확해지자 독일의 침공에 대한 병사들의 우려는 점차 줄어들었다. "괴링이 실제 침공을 위한 한두 가지 비장의 계획을 아직 가지고 있다고 막연하게 생각하지만, 나는 초기에 약간의 회의주의 이후로 영국 공군의 실제 우위를 믿게 되었어"라고 에릭은 1940년 8월 20일 편지에 썼다.[104]

에릭은 주말 외출 허가를 받으면 이따금 런던으로 갔다.[105] 그에게 런던은 "다양한 군복을 입은 군인들로 가득한 도시, 독일이나 오스트리아의 옛 군주국에 와 있다는 느낌을 주는 도시"로 보였다.[106] 1940년 12월, 독일의 런던 '대공습'이 아직 한창일 때 그는 "호기심에" 밤새 거리에 있었다.

내 근처에 폭탄 몇 개가 떨어졌다(중간 규모 공격이었다). 특히 소이탄이. 나는 작은 잔으로 위스키를 몇 잔 마시고서 웨스트엔드를 걸어다녔지만, 취하지도 않았고 정상 상태에서 벗어나지도 않았다. 나는 공포를 전혀 경험하지 않았다. 전혀 없었다. 적어도 처음 15분 이후로는 그랬다. 그것은 영웅의 용기가 아니라 무감정이었다. 나는 혼잣말을 했다. 아무도 너를 노리지 않아. 아무도 너 개인을 주목하지 않아. 너의 개인적 행동은 상황에 아무런 영향도 주지 못해. 네가 정신을 붙잡든 놓든 간에 독일 조종사들은 계속 폭탄을 떨어뜨릴 테고 네 상태를 전혀 알지 못할 거야. 네가 폭탄에 맞을 가능성은 수학적으로 계산할 수 있는데, 이런 확률 계산에 근거해 신경계에 고통을 받는 이들은 정신분열증 환자들뿐일 거야. 이렇게 해서 나는 용기를 내려고 크게 애쓰지 않고도 웨스트엔드에서 이스트엔드까지 4.8킬로미터 거리를

마치 방의 한쪽에서 반대쪽까지 가는 것처럼 걸어갔다.[107]

그렇지만 이런 방문은 드물었다. 여러 달을 통틀어 군생활의 단조로
움에서 어떤 식으로든 벗어난 경우는 몇 번 없었다.

시간을 때우기 위해 1940년 7월 에릭은 "영국군 스케치"라는 글을
몇 편 써서 게재되기를 바라며 투고했다.[108] 그 원고는 1941년 3월 15일
게재 거부 쪽지를 붙인 채로 돌아왔다. 이 일로 "참을 수 없을 정도로 기
분이 상했다."[109] 또 주로 충동에 이끌려서, 혹은 지루함에서 벗어나기
위해, 아니면 당일 일어난 사건에 반응하여, 또는 더 추상적으로 말하자
면 단어들의 특정한 집합이나 나열이 자신에게 독일어의 소리와 영어의
리듬을 결합해달라고 호소한다고 생각하여, 전쟁 기간에 다시 독일어로
시를 쓰기 시작했다. 일부 시는 군생활, 전쟁의 사상자와 고난을 다루었
고, 더 세심하게 "용기의 군복"을 입고 있지만 속으로는 "우리는 보잘것
없고 현 시대는 위대하다"라며 두려워하는 군인들의 상반된 두 측면을
다루기도 했다.[110] 때때로 그는 영화관이나 극장에 가는 병사들, 식당 앞
에서 일광욕을 즐기는 취사병들, 카드놀이를 하거나 매주 보내는 편지
를 쓰는 게으름뱅이들의 휴식 시간을 묘사했다.[111] 1941년 6월 독일이
소련을 침공한 이후에 쓴 〈러시아 병사를 위한 카디시〉라는 시에서 러시
아가 이런 운문의 소재로 다시 등장했다. 에릭이 시의 제목으로 '비가'나
'비명碑銘' 같은 더 중립적인 표현이 아니라 망자를 위한 유대교의 기도
를 뜻하는 카디시kaddish를 선택했다는 것은 그간의 온갖 부착물 아래에
유대인이라는 자의식이 남아 있었음을 보여준다.

그의 정치적 운문은 10대 시절에 쓴 선전선동 구호보다 한결 세련되
었다. 어느 시에서는 자신이 과연 헌신하는지를 의심하며 스스로를 "정
치의 피에로" 의상을 입은 "반은 희고 반은 붉은" 사람으로 묘사했다.[112]

그는 정치적으로 죽은, "실천이 없는 이론"의 삶을 살아가고 있었다. "오직 행동에만 힘이 있다."[113] 그리고 향수에 젖어 전쟁 전에 참가했던 대규모 시위를 회상했다. "5월의 첫날 / 우리 단춧구멍의 붉은 카네이션. / 탄생과 죽음의 목격자들, / 처음이자 마지막 행렬."[114] 독일과 오스트리아 쪽을 바라보며 에릭은 나치들이 자연을 황무지로 바꾸기 전 봄철에 정치와 무관한 자연을 즐기는 모습을 상상해보려고 시도했다.[115] 1943년 7월 11일에 완성한 〈뮌헨의 교수들〉이라는 시에서는 나치 정권과 그 요구에 비굴하게 순응하는 독일 대학 학자들을 상상했다. 그렇지만 전반적으로 에릭은 말하려는 바를 규칙과 구조가 있는 운문 형식에 담아내는 데 상당한 어려움을 겪었다. 그의 시 전부는 아니더라도 대부분이 보격과 운韻을 비롯한 여러 측면에서 심각한 결함이 있었고, 주제와 어울리지 않는 비유적 묘사를 자주 시도했다. 요컨대 에릭은 언제나 운문보다 산문을 더 잘 썼고, 근거로 삼을 만한 사실이 있을 때 최고의 실력을 발휘했다. 시의 극단적인 압축, 상상을 통한 창조, 인위적인 운율은 그에게 영 어울리지 않았다.

에릭은 함께 지내야 하는 사람들을 정치의식화할 수 없는 현실에 계속 좌절감을 느꼈다. "영국군의 좌파 지식인의 부자연스럽고 힘겨운 탄탈로스* 같은 위치." 이런 상황에서 벗어나고자 그는 장교직에 지원하기로 결심했다. 장교가 되면 육체적으로 덜 힘들 것이라고 그는 인정했다―"나의 게으름과 안락함을 좋아하는 기질도 '장교'를 원한다." 하지만 장교직을 바란 것은 평범한 사병으로는 활용할 수 없는 자신의 지성을 필요로 하는 역할을 원했기 때문이기도 하다. 그러나 합격할 수 있을지

---

* 그리스 신화의 등장인물로, 물을 마시려고 고개를 숙이면 물이 마르고, 과일을 따려고 손을 뻗으면 나뭇가지가 높이 올라가는 등 욕구를 채울 수 없는 형벌을 받는다.

확신이 없었다.[116] 그는 영국군과 인도 주둔군의 장교직에 지원했다. 둘 중 어느 전장에 지원하든 인도로 가서 몇 달간 장교 훈련을 받아야 한다는 소문이 있었다("인도로 가면 내가 아는 언어들을 거의 사용하지 못할 테지만, 나는 그곳에 가는 것에 전혀 반대하지 않아"라고 론에게 말했다).[117] 그러나 그는 1941년 4월 7일 인도 주둔군 장교 임관 지원이 거부되었다고 론에게 말했고, 그에 앞서 2월 15일 영국군에서 장교가 되지 못할 것이라는 통보를 받았다. "장교 임관에서 탈락했다는 소식을 전해들었다. 그 소식에 기분이 몹시 상했다"라고 일기에 적었다.[118]

에릭은 그레이트야머스의 평화로운 환경에 감사하면서도 자주 따분해했다. 왕성한 독서를 지속하기 위해 그는 모든 기회를 활용해 지적 자극을 받았다.

우리 부대가 아직 이곳에 주둔하는 동안 나는 야머스 공공도서관을 꾸준히 독파하고 있어. 그럴 때면 메릴본 도서관을 최대한 빠르게 읽어 치우던 시절이 떠올라. 이제 와서야 내가 케임브리지를 다니는 동안 일반 독서—역사와 정치 전공 분야 이외의 독서—에 얼마나 뒤처져 있었는지 알았어. 하지만 전혀 활용할 수 없는 값진 책들을 읽고 토론하는 건 기운 빠지는 일이야. 그런 상황은 우표나 단추를 수집하는 것만큼이나 독서를 무의미하게 만들어.[119]

노퍽의 상대적인 평온은 오래가지 않았다. 1941년 1월 에릭의 부대는 스코틀랜드 경계지역으로 이동했다. 그곳에서 에릭은 지시받은 임무를 수행하는 생활, "상상으로 정찰을 하고 연어가 가득한 강 위로 다리를 건설하며 보내는 춥고 습하지만 즐거운 나날"이 마음에 들었다. "작년 초여름에 폭발물을 설치한 이후로 내가 군대에서 맡은 단연 흥미로운 일이야'라고 론에게 말했다.[120] 부대는 경계지역의 마을 예홈에서 가까운 다리를 정찰하기 위해 파견되었지만, 에릭은 혹시 모를 독일의 공격에 대비해 그곳을 방어한다는 계획이 "비현실적"이라고 생각했다.[121] 다리 정찰을 끝마친 병사들은 기지까지 도보로 돌아가야 했지만 차를 얻어 탔고, 이튿날 11~13킬로미터 거리를 행군하라는 처벌을 받았다.[122] 또 다른 훈련에서는 전술 계획이 "하나부터 열까지 터무니없는 약점들"을 드러냈다. "어떤 방향에서도 은폐되지 않고 개활지에 완전히 노출된 포. 똑같이 은폐 없이 도로를 따라 길게 주차된 호송차량들. 매복하다가 '녹초가 된' 대대들. 공중 타격에 대한 최악의 경시 등"이었다. "그러나 나의 개인적 경험이 너무 단편적이라서 판단을 내릴 수는 없다."[123]

3월 둘째 주에 부대는 일주일 안에 테이강에 부교를 건설할 계획으로 퍼스에서 11킬로미터 떨어진 스탠리로 이동했다. 그들은 "노를 저어 강을 오르내리고, 모래에서 부교를 들어올리며" 며칠을 보냈다. "우리는 급류가 흐르는 몇몇 지점의 아래쪽에서 강이 휘어지는 곳, 제방이 걸핏하면 내리막 경사를 이루는 곳에서 작업했다." 방독면을 써야 할 때도 있었다. "우리는 죽을 정도로 땀을 흘렸고, 턱 아래 받침대에 침이 모여 방독면이 축축하고 미끄러웠다." 그럼에도 전반적으로 퍼스셔에서의 부교 경험은 "매우 즐거웠고" 때때로 "모의 침공"과 기동작전으로 활기를 띠었다.[124] 작업하는 동안 에릭은 "강 도처에서 앞뒤로 노를 저어가며 그물을 끌어올리는" 어부들을 관찰했다. "그들은 권양기에 달린 그물을 던졌다가 물고기를 잡아올렸다." 간혹 백조들이 날아가곤 했다. "백조가 나는 동안 목에 잔주름이 진다는 것을 전에는 전혀 몰랐다." 여가시간에 에릭은 톨스토이의 《전쟁과 평화》를 읽었고, 어느 저녁에는 동료 몇 명과 퍼스에 있는 영화관에 갔다. 그들은 제임스 캐그니와 팻 오브라이언

주연의 코미디 〈소년, 소녀를 만나다〉를 보았다. 그는 "암시, 응용 범위가 매우 한정된 농담"으로 가득하고 "슬랩스틱을 가미한" "피상적인" 영화라고 생각했다. "캐그니가 죽도록 애썼으나 영화는 별로였다."[125]

여가를 보내지 않는 날에는 꼬박꼬박 "오전 분열分列, 전투대형으로 소총 훈련"을 했는데, 이런 훈련을 에릭은 "모든 현실로부터 단절된 괴상한" 일로 여겼다. "문제는 현 체제에서는 가장 뛰어난 병사들과 부사관들이 더 나은 일이 아니라 순전히 피상적이고 보여주기식인 훈련에 지나치게 관심을 기울인다는 것이다."[126] 폭설이 내린 후 병사들은 지역도로 제설 작업에 동원되었다.[127] "병사들이 없을 때 주민들은 평시에 무엇을 할까?"라고 그는 물었다. "하지만 몸이 매우 따뜻해진다. 이따금온종일 고생해야 하는 이런 작업을 나는 즐긴다."[128] 정규병인 카터 하사가 그들과 함께 작업하러 왔을 때, 에릭은 감명을 받았다. "엄청난 차이다. 저 남자의 개인적 능력은 차치하더라도 경험치가 다르다. 뛰어나고경험 많은 부사관의 행동(그리고 그 결과)을 직관하는 수업이다."[129] 대부분의 시간을 그는 여전히 따분해했다. 게으름과 더불어 "영혼과 목적이 없는 작업이 나를 매우 처지게 한다"라고 불평했다. 그렇지만 에릭에게 게으름은 언제나 상대적인 개념이었다. "나는《모비딕》을 다 읽은 것을 빼고는 아무것도 하지 않았다"라고 3월 25일에 적었다. 2주 후 부대의 물품보관소를 맡고 있던 때에도 여전히 불평이었다. "아무것도 쓰지 않았다. (…) 독서—발자크의《고리오 영감》, 루이스 G. 기번의《클라우드 하우》, 새뮤얼 버틀러의《만인의 길》, 조지 더글러스의《초록색덧문의 집》 등."[130]

에릭의 부대는 폭약 사용, '다리 절단 방식', '아치 이론' '상자형 보 받치기'에 관한 강의를 들었다.[131] "시연하지 않는 이런 강의는 별로 가치가없다"고 생각했다.[132] 대부분 교재에서 그대로 가져온 내용이었다.[133] 부대는 단조로움에 변화를 주고자 즉흥적으로 여섯 개의 주제를 선택해 짧게 강연하기로 했다.[134] 에릭도 강연자로 선발되었지만, 이 실험적 시도가 끝나고 이튿날 "나의 강연은 형편없었다"라고 털어놓았다.[135] 결국 자신이 부대에 전혀 어울리지 않는다고 느꼈다. "도대체 내가 왜 왕립공병대 야전중대에 있는가?"라고 자문했다.[136] 저녁에 그는 취하기 위해 동료들과 자주 술집을 찾았다. 다만 가끔은 "돈이 없어 저녁을 숙소에서" 보내야 했다.[137] 봉급 체계가 "혼돈 상태"라고 그는 불평했다. "60퍼센트는 불가해할 정도로 빚을 지고 있다(70퍼센트는 본부 소속이다. 나는 1파운드 10페니의 빚이 있다)."[138] 에릭은 심지어 론에게 돈을 부탁해야 했는데, 고맙게도 1941년 4월 초에 돈을 받았다.[139] 그는 봉급 문제를 제기하기 위해 '막사위원회'를 조직하려 했지만 "최악의 채무자들이 자기들 문제를 장교단이 직접 맡아주기를 바란 탓에 단결은 깨지고 말았다."[140] 에릭은 "유달리 수다스러운 스코틀랜드인들"로부터 조선업에 중요한 장소인 클라이드사이드를 독일군이 3월 13일과 14일에 대규모로 기습한 사건에 대해 많이 들었다. 그 지역 주민들은 정부가 사상자 수를 너무 적게 추산한다고 비난했는데, 아마도 여기에는 '붉은 클라이드사이드' 주민들의 악명 높은 좌파적 성격이 반영되었을 것이라고 그는 생각했다.[141] 일부 병사들은 전쟁이 영국과 독일의 평화조약 체결로 끝날 것이라고 생각했지만, 다른 병사들은 동의하지 않았다. "히틀러 밑에서 사느니 자살하는 게 낫다."[142]

1941년 4월 에릭의 부대는 남쪽의 리버풀로 이동했다. 그는 어쩌면 해외 파병을 위한 승선 준비일지도 모른다고 생각했다.[143] 병사들은 웨스트더비의 교외 지역에 위치한 몰리뉴 가문의 시골 저택이자 사유지인 으리으리한 크록스테스홀을 숙소로 배정받았다. 그들은 총검 훈련으로 오전을 보냈고, 만약 전투기의 공습을 받게 되면 "대형을 갖추고 똑바로 서서 소총으로 전투기를 겨냥하는" 식으로 대처하라는 지시를 받았다. 이런 터무니없는 지시를 병사들은 조롱했고 "1941년의 군대에 맞서 여전히 1917년의 방법으로 싸우고 있음을 깨달을수록 점점 더 부아가 치밀었다."[144] 그 직후 리버풀은 5월 첫주 내내 이어진 독일군의 공습 폭격으로 심한 타격을 입었다.[145] "피해가 매우 큰 데다가 늘 그렇듯이 비효율적인 조직 탓에 악화되었어"라고 론에게 썼다. "너무 늦은 시점까지 진지하게 소개疏開하지도 않았고, 일시적으로 급증한 실업 등에 대처하는 조치도 전혀 없어." 가스와 전기는 상수도와 더불어 신속하게 복구되었지만, 전화국이 운영되지 않아서 연락하기가 어려웠다. 지역 주민들은 공습으로 "어리둥절"하고 "깜짝 놀란" 상태였다.[146] "폭탄이 실제로 떨어질 때까지 경이롭게도 자신들은 책임이 없다고 믿은 참사회원들"이 아니라 런던 정부가 직접 나섰더라면 그런 공격에 더 효과적으로 대처했을 것이라고 에릭은 생각했다.

4

나치와 그 동맹국들이 바르바로사 작전으로 소련을 침공해 나치-소비에트 조약을 깨버린 1941년 6월 22일을 기점으로 군사외교적 상황이 전환되었다. 에릭은 "마침내 우리가—적어도 공식적으로는—옳은 편에 있다"는 소식에 크게 안도했다. "조만간 싸워야 할 것이기 때문에 어쨌든 위안이 돼. (…) 나는 히틀러가 어떻게 소련을 이기겠다는 건지 모르겠어." 7월 2일, 침공의 초기 충격에서 벗어난 스탈린은 라디오를 통해 전 국민이 나치를 격퇴하기 위해 단합할 것을 호소하는 중요한 연설을 했다. 이 연설은 사기 진작에 엄청나게 기여했다. "스탈린의 연설은 모든 의미―기술적으로나 정치적으로나―에서 인민의 전쟁을 의미해"
라고 에릭은 7월 8일 론에게 말했다.[147] 세월이 한참 흐른 후에 회상한 대
로 그는 며칠 내에

당시 내가 복무하던 왕립공병대 중대 전원―중대 선임하사까지 포함
해―이 서명한 축구공을 붉은군대의 한 부대에 보내는 일을 준비했습
니다. 나는 그 축구공이 《미러Mirror》지를 통해 소련에 전달되도록 조
처했어요. 지금은 고인이 된 대학 친구 로나 헤이가 (…) 그 당시 그곳
에서 일하고 있었고 우리의 일을 세상에 알렸어요. 나는 그 축구공이
결국 러시아로 갔을 거라고 감히 말하겠어요. 동료들은 한순간도 주저
하지 않고 서명을 위해 줄을 섰습니다.[148]

에릭은 붉은군대의 승리 가능성을 낙관했다. "그들이 버텨내는 모든
날이, 그들이 거두는 모든 승리가, 그들이 격추하는 모든 비행기가 영국
사람들과 소비에트 사람들을 더 가깝게 할 거야."[149]

독일과 소련 사이 전쟁 발발에 열광한 데다가 남는 시간까지 많았던
에릭은 군대를 소재로 두 편의 짧은 글을 써서 1937년에 창간된 작은
잡지 《릴리풋》에 게재했다.[150] 1942년 1월호에 실린 첫 번째 글 〈전투 전
망〉은 상층계급 출신 소령, 대위, 중위의 익살스러운 대화를 묘사하는
데, 마지막에 이르러서야 그들이 군사행동이 아니라 붉은군대 선수들
이 그들의 팀에 합류하는 크리켓 경기에 대해 대화했다는 사실이 밝혀
진다.[151] 두 번째 글 〈절대 일어나지 않을 일〉은 어느 대학 사회주의자 클
럽 회원의 일장 연설을 탁월하게 묘사했다. 그는 만약 소련이 전쟁에 참
전하면 동료 병사들에게 "거나하게 취해 인사불성이 되도록 술을 먹일"
것이라고 약속한다. 에릭은 그 음주 연설의 본질을 완벽하게 포착했다.

독일군을 격파하는 영예로운 붉은군대 만세. 만세, 만세, 만세. 내가 소리친다고 말하는 사람 누굽니까? 당신입니까? 당신이 아니라서 다행입니다. 그렇게 말하는 사람은 누구든 박살내려 했습니다. 내가 낼 테니 한잔씩 드세요. 여러분은 내 친구입니까 아닙니까. 나는 여러분께 쉽고 간단한 질문을 하고, 쉽고 간단한 답변을 원합니다. 말대꾸가 아니라요. 내가 정치적으로 의식 있는 사내임을 명심하고 나를 속일 생각은 마세요. (…) 저기 구석에 있는 사람에게 입 다물라고 말해주세요. 다물지 않으면 깔아뭉갠다고 말해주세요. (…) 여러분은 내가 취했다고 생각하죠. 나는 알 수 있어요. 하지만 말씀드리건대 나는 취하지 않았고 판사만큼이나 제정신이에요.[152]

독일군이 소련 전역에서 초기에 승리를 거두었음에도, 에릭은 붉은군대의 투쟁심에 크게 감탄했다. 붉은군대는 프랑스군처럼 쉽사리 포기하지 않았다.

한편 에릭의 부대는 이번에는 우스터셔의 뷰들리로 다시 한 번 이동했다. 하지만 그는 발가락 염증으로 고생하기 시작해 우선 다리 건설에서 제외되었고, 이후 상태가 더 나빠져 치료를 받아야 했다. 1941년 8월 그는 키더민스터 인근 병원으로 보내졌다. 그곳은 "멋진 조지 왕조풍 건물, 아름다운 환경, 훌륭한 음식—성 요한 기사단과 적십자 여성들이 부상당한 전사들을 돕기 위해 틀림없이 상상했을 법한 곳"이었다. "군인답지 못하게 겨우 발가락 염증으로 입원한 것이 부끄럽게 느껴졌어."[153] 퇴원한 후에는 웨일스 경계에 위치한 헤이온와이 근처 집에서 아군 병사들과 함께 지냈다.[154] 그곳에 있는 동안 당시 급속히 몸짓을 키우던 육군 교육단에서 복무하게 될 것이라는 소식을 들었다. 1920년에 창설된 교육단은 대학 학위나 사범학교 자격증을 가진 병사들만 모집했고, 그들 모두 즉시 부사관 계급으로 진급했다. 교육단의 목적은 무엇보다 평범한 병사들에게 흥미로운 교육 과정을 제공하여 사기를 진작하는 한편 교육을 제대로 받지 못한 병사들에게 기본적인 읽기와 쓰기를 가르치는 것이었다. 다수의 대학 강사들이 교육단에 합류했으며, 에릭도 당연히 후보자였다. 에릭이 나중에 기록한 바에 따르면, 공병대의 장교들도 자기네 연대가 맡고 있는 업무에 분명히 적합하지 않고 다소 말썽을 일으키는 에릭을 쫓아내는 방법으로 그의 전근을 생각했던 것으로 보인다.[155]

에릭이 목숨을 건진 것은 이 전근 덕분이었을 것이다. 왕립공병대 제560야전중대는 에릭이 떠나기 몇 달 전에 이미 열대지방용 의복을 지급받은 터였고, 그가 떠난 직후 배에 승선해 캐나다와 북아메리카 대륙을 거쳐 싱가포르까지 갔다. 싱가포르는 1942년 2월 15일 영국군이 일본군에 항복한 장소였다. 군에서 에릭이 알게 된 병사들은 전쟁의 나머지 기간을 포로로 보냈고, 그중 다수는 악명 높은 버마 철도 부설에 동원되었다가 아주 높은 비율로 혹사와 굶주림, 질병으로 사망했다.[156]

한편 다시 영국으로 눈을 돌리면, 에릭은 1941년 9월 초 요크셔 웨이크필드에 있는 육군 교육학교로 훈련을 받으러 갔다. 에릭이 묘사한 웨이크필드는 "연기가 자욱하고, 사방에 짙은 안개가 끼고, 대체로 정장에 클로그 신발 차림인 여공들이 많은" 작은 도시였다. "겉보기에 감흥은 없지만, 베리세인트에드먼즈 또는 야머스처럼 특징 없는 도시들, 아니면 리버풀처럼 산업 때문에 너무 큰 도시들보다는 낫다고 생각해."[157] 전근은 한 가지 이상의 측면에서 그의 삶에 변화를 가져왔다. 도착 직후 에릭은 신이 나서 론에게 편지를 썼다. "지금 편지를 쓰는 사람은 더 이상 공병도, 일병도, 심지어 하사도 아니고 진짜 중사, 틀림없이 현역 중사야. 다만 당분간은 보수가 없어." 과정 이수를 위해 파견된 부대에서 21일을 보낸 후에는 중사의 통상적인 보수를 받게 되어 한결 만족했다.

금상첨화로 "교육단 그 자체가 깜짝 선물이야. 교관들은 온갖 올바른 일과 올바른 기술을 강조해—그리고 실무와 반대로 태도에 있어서는 매우 계몽적이야."

육군 교육학교의 생활은 마음에 들었다. 다만 교육 시간이 길었고, 하루 일과가 대체로 교육과 직접적인 관련이 없는 온갖 활동으로 채워졌다. 에릭은 론에게 전형적인 하루를 이렇게 묘사했다.

6시 30분 기상, 아침식사 전 15분간 PT; 8시 30분부터 1시까지 강의와 연구회, 30분 휴식; 2시부터 3시 30분까지 운동과 놀이; 3시 45분부터 7시까지 강의와 연구회, 개인 공부, 그리고 중간에 차 마시는 시간—우리는 저녁 7시 전에는 외출할 수 없어. 오후 운동으로는 수영, 조깅, 팀 경기 중에서 선택할 수 있고, 아니면 다른 운동을 정해서 해도 돼. (…) 온종일 건물에 갇혀 지내다 보니 운동이 하고 싶어. 상당수가 소속 부대에서 사무원 역할에 익숙해진 다른 사람들은 어떤지 모르겠지만, 나는 실내생활이 대부분인 지금이 익숙하지가 않아. 생활환경은 최고야. 2인 1실, 고급스러운 세탁 시설, 식당의 민간인 종업원, 훌륭한 휴게실.[158]

훈련생들은 18명씩 '신디케이트' 또는 연구회로 나뉘었다. 에릭의 신디케이트에는 "동양학 학교 출신 역사 강사, 노팅엄 출신 체육 교사, 스코틀랜드인 미술 교사 셋, 런던 출신의 온화하고 작은 사무변호사, 해크니 출신 수공예 교사, 그리고 나보다도 민족성이 조금 더 불분명한 마이클 마모시테인이라는 이름의 옥스퍼드 졸업생"이 있었다. 나머지는 대부분 웨일스 아니면 요크셔 출신이었다. "조만간 음유시인 예술제가 열릴지도 모르겠어. 서정시인, 합창단원, 청중 역할을 맡을 사람들은 충분하고, 내 장담하건대 하프 음악과 웨일스어 운문을 창작할 사람도 우리 중에 꽤 많을 거야"라고 에릭은 재치 있게 말했다.[159]

훈련을 마친 에릭은 1941년 10월 2일 솔즈베리 평원에 있는 대규모 육군 기지인 불포드캠프에서 포병대 제12야전훈련연대 산하의 육군 교육단에 배치되었다. 그는 기지에서 선데이 타임스 도서관을 관리했고, 낙하산병에게 독일어를 가르치기도 했다.[160] 1942년 초, 깜짝 손님이 찾아왔다. 1932~1933년에 베를린에서 학교를 같이 다닌 프리츠 루스티히였다. 루스티히는 1939년에 가까스로 독일을 탈출했지만, 됭케르크 후퇴 이후 영국에 거류하는 모든 적국인을 체포해 구금하라는 처칠의 명령("녀석들의 멱살을 잡아라!")으로 피해를 입었다. 구금에서 풀려난 루스티히는 당시 독일과 오스트리아 출신 망명자들이 유일하게 들어갈 수 있었던 군부대인 육군 개척단에 들어갔다. 개척단은 기본적으로 군사공학과 건설 계획을 위한 비숙련 노동자 저장고였다. 그러나 루스티히는 재능 있는 아마추어 첼로 연주자이기도 해서, 데번카운티 일프러콤에 있는 개척단 훈련센터에서 결성한 소규모 오케스트라에 곧 합류했다. 오케스트라의 임무는 여기저기 돌아다니면서 병사들을 위해 경음악 공연을 하는 것이었다.[161] 센터가 1942년 1월에 문을 닫자 루스티히는 다른 오케스트라 단원들과 함께 불포드로 전임되었다. 육군의 전형적인 방식대로 연주자들은 도서관 청소를 해야 했는데, 그것 말고는 낮시간에 할 일이 없었기 때문이다. 이렇게 해서 프리츠 루스티히는 9년 만에 에릭과 재회했다.[162]

그들은 곧 사회적 전망뿐만 아니라 정치적 전망에 대해서도 이야기를 나누었다. 루스티히는 훗날 이렇게 회상했다.

나는 언제나 좌파 정치에 관심이 매우 많았어요. 이 시기에는 《데일리 워커》가 금지되어서 《뉴스테이츠먼》을 읽었는데, 여기에 공산당이 소식지를 발행한다고 알리는 광고를 삽입했고 나는 그걸 보고 싶었어요. 그래서 다음번에 런던으로 휴가를 갔을 때 토트넘코트 로드에 있는 공산당 사무실을 찾아가서 소식지의 발송 명단에 나를 넣어달라고 요청했죠. 그런데 공산당이 얼마나 효율적이었던지─컴퓨터가 쓰이기 한참 전이었어요─나와 같은 부대에 당원이 한 명 있다는 사실을 알아냈지 뭐예요. 그렇게 해서 내가 도서관에서 청소하고 있을 때 에릭이 다가오더니 나를 구석으로 데려가서 "그런데 말이야, 너한테는 아마 자유독일청년단이 더 어울릴 테고 그들이 네 관심사를 충족시켜줄 거야"라고 말했어요. 자유독일청년단은 당시 내가 모르는 공산당 조직이었어요.[163]

루스티히는 이 조직에 가입했지만 군인이 한 명도 없는 그곳 회원들의 태도에 짜증이 났다. 그는 그들이 방관자의 입장에서 투덜거리기보다 입대해 투쟁에 동참해야 한다고 생각했다. 그래서 탈퇴했다. 1943년 그는 정보대로 재배치되어 종전 때까지 포로로 잡힌 독일 장교들끼리 나누는 대화를 비밀리에 녹음하는 일을 했다.[164]

루스티히가 불포드에 도착했을 무렵, 영국 공산당은 유럽에서 프랑스를 침공해 동부전선에서 붉은군대의 압력을 덜어주는 '제2전선'을 열기 위한 캠페인을 시작하고 있었다. 당의 관점에서 보기에 제2전선을 위한 싸움은 정치적인 싸움이었고, 주된 반대파는 소련이 약화되기를 바라는 친파시스트들이었다.[165] "나는 제2전선 운동과 함께 우리가 오히려 아슬아슬한 시기를 맞이하고 있다고 생각합니다"라고 에릭은 1942년 8월 3일에 썼다. "내가 만난 대다수 사람들은 본심으로는 패배주의자입니다. 그들의 노선은, 정부가 제2전선을 원하면 우리가 그것을 얻을 것이고 정부가 원하지 않으면 얻지 못할 상황에서 우리가 원한다고 말한들 무슨 소용이냐고 묻는 것입니다."[166] 영국인들은 "일시적인 마비에 빠져 사태를 관망할" "가능성이 지독히 높다"라고 그는 음울하게 결론지었다. 1942년 9월에 해리 삼촌에게 말한 대로 "최고사령부는 올해 제2전선을 만들지 **않기로** 결정한 것으로 보이고, 그런 결정에는 누구라도 화를 내고도 남습니다. 저는 러시아 측이 무슨 생각을 하는지는 다만 상상할 수 있을 뿐입니다. 그렇지만 입장이 바뀐다면 우리가 어떤 생각을 할지는 알고 있습니다."[167] 에릭은 정식 승인을 받아 캠프 게시판에 붙인 벽보, 자신이 편집하고 대부분 직접 쓴 벽보를 통해 제2전선의 개시를 옹호하기 시작했다.[168] 그렇지만 군당국과 민간당국은 그런 선전을 불복종으로 간주했다. 군인들 사이에서 이런 노선을 따르는 선전 캠페인은 전쟁의 전반적인 수행과 방향에 대한 비판으로 쉽게 이어질 수 있었다. 에릭은 곧 자신이 쓸 수 있는 것에 한계가 있음을 알게 되었다. 그렇지만 자신의 활동이 설마하니 부대 상관들뿐 아니라 정치경찰인 런던 경찰청 특수부와 정보기관인 영국 군사정보국 제5과(MI5)의 의심까지 불러일으켰을 것이라고는 생각하지 않았다.

5

에릭은 영국에 망명 중인 독일 공산당의 지도자이며 지난날 스페인 내전에서 제11국제여단의 사령관이었던 한스 칼레Hans Kahle와 서신을 교환한 일로 영국 정보기관의 주목을 처음으로 받게 되었다. 칼레는 영국에서 자유독일여단을 결성하려 시도하고 있었고, 에릭은 "그가 허가를 받아 육군 부대들에서 강연을 할 수 있기를 고대"했다.[169] 아치 화이트

Archie White 대령의 보고에 따르면, 에릭은

> 근래의 대다수 대학 역사학과 졸업생들과 마찬가지로 정치적 의식이
> 있고, '시사 문제'에 열렬한 관심을 기울인다. 그는 매주 벽보를 편집해
> 검열을 받은 다음 불포드의 선데이 타임스 도서관에 게시해오고 있다.
> 벽보의 어조는 훌륭하다. (…) 나는 홉스봄 중사와 자주 접촉하고 그의
> 이야기를 들었다. 그가 자신의 지위를 이용해 어떤 무분별한 행동을
> 저지를 것이라고 의심할 이유는 없다. 그는 러시아의 관점을 설명하는
> 자료를 모으고 보여주는 일에 열심이다.[170]

그럼에도 화이트는 에릭에 대한 의심을 거두지 않았고, 그달 말에 에
릭의 행동을 더 심각하게 보기 시작했다. 이후 MI5는 다음과 같이 보고
했다.

> 솔즈베리 지휘교육장교 A.C.T. 화이트 대령은 그해 7월 31일 마우드
> 준장과 함께 불포드를 시찰할 때 홉스봄이 만든 벽보의 견본을 보았다
> 고 보고했다. 그 벽보는 착오로 인해 게시 전에 검열을 받지 않았고 제
> 2전선을 옹호하는, 매우 당파적으로 여겨지는 주장을 담고 있어서 화
> 이트 대령은 육군 교육단 교관들의 면전에서 홉스봄을 질책했다. 그
> 이후 대령은 입수 가능한 지난 벽보들을 모두 읽었고, 홉스봄 중사를
> 장교들 앞에 세워놓고서 그가 교관의 지위를 남용하고 시사 문제를 당
> 파적 관점에서 제시했다는 이유로 강하게 질책했다. 화이트 대령은 벽
> 보를 선동적이진 않지만 무분별한 선전물로 간주했고, 홉스봄이 앞으
> 로 시사 교육에 손대지 못하도록 조치했다.[171]

혹은 에릭의 표현에 따르면 "나의 벽보에 제2전선 자료를 너무 많이 집어넣었다는 이유로 대령에게 호된 질책을 받았다."[172]

이제 그는 "비록 세계사에 영향을 주지는 못하더라도 분명 우리의 양심을 평온하게 해주는 (⋯) 사소한 일"조차 할 수 없었다. 좌절한 그는 1942년 8월 26일 육군 통신정보 업무 전근을 지원했다. 그러나 상관들이 그의 속셈을 알아채고서 전근을 막았다. 화이트의 기록에 따르면 에릭은 "좌파 문헌을 생산해 그것을 여기저기에 남겨두는 경향"이 있었다. 에릭은 어느 준위를 공산당에 가입시키려 시도했으며, 프리츠 루스티히가 런던의 공산당 본부를 방문한 일에 덧붙여 그가 에릭과 나눈 대화가 기록되었을 수도 있다. 에릭과 관련해 MI5에 보낸 보고서에서 화이트 대령은 "나는 더 이상 그의 분별력을 신뢰하지 않는다"라고 결론 내렸다. MI5도 에릭을 신뢰할 수 없다는 데 동의했는데, "불포드의 선데이 타임스 토론회"가 "공산주의 토론의 중심지"로서 그들의 주목을 끌었기 때문이다. 사실 이 토론회는 "특별히 홉스봄 중사와 관련이 있지 않"았다.[173] 그렇지만 에릭은 선데이 타임스 도서관의 실제 책임자였으므로 이런 토론을 주도할 가능성이 매우 높았다.

게다가 MI5는 일찍이 런던 공산당 본부에 도청 장치를 설치해둔 터였고, 그것을 통해 공산당이 불포드의 에릭을 군인들에게 선전할 기회를 제공하는 인물로 여긴다는 것을 알고 있었다. 도청한 바에 따르면, 영국 공산당을 창당한 주역 중 한 명으로 당시 영국군 내 당원들과의 관계를 담당하던 로비 롭슨Robbie Robson이 어느 미국인 공산당원이 모종의 용무로 영국을 방문하는 기회를 어떻게 활용할 수 있을지 논의하고 있었다. 롭슨은 에릭이 "다행히 유대인이고, 모든 유대인은 분명히 미국의 누군가를 알고 있으므로, 가장 좋은 방안은 그 방문객이 미국에 사는 친척의 소식을 전해준다는 구실로 홉스봄을 만나는 것"이라고 보았다.[174]

그 방문객이 어떻게 에릭을 알아볼 것인가? 롭슨은 이렇게 말했다. "그는 키가 큽니다―음, 키가 크다기보다는 말랐습니다. 특별히 눈에 띄는 사람은 아닙니다. (…) 〔하지만〕 나는 질문하며 다가오는 그를 보는 순간 당신도 알아볼 수 있을 것이라고 생각합니다." 방문객은 이렇게 말했다. "키가 크고 허약해 보이는 호리호리한 유형이라는 말이죠?"

이 방문은 특별한 결과를 가져오지 않은 것으로 보이지만, 이것은 대체로 아치 화이트가 에릭을 1942년 8월 31일자로 불포드에서 근위기갑사단의 독일어 교관으로 전근 보내고 당대의 군사적·정치적 쟁점에 대해 어떤 언급도 하지 못하도록 조치했기 때문이다.[175] 1942년 8월 30일, 에릭은 다른 군인들과 함께 서머싯의 윈캔턴 육군 캠프로 향하는 버스에 올랐다. 아직 미군이 도착하기 전이었음에도 그곳은 어디나 군인들로 가득했다. 지역 주민들은 군인들을 데면데면하게 대했다. "민간인들을 비난할 수는 없다"고 그는 인정했다. 처음에는 주민들이 군인에게 담배를 주었지만, 나중에는 군인들이 담배를 달라고 간청해야 했다. 몇 주 전에 그는 런던으로 가는 기차에서 담배를 사라며 2실링을 주려는 노인을 만난 적이 있었다. "영국에서 군인들은 삼중으로 자선금을 받는다. 즉 모든 민간인 가정의 징집병 대표로서, 마지못해 사회로부터 쫓겨났으므로 동정을 받을 자격이 있는 소외자로서, 그리고 가난한 자로서. 그렇지만 3년이 지나자 가장 부드러운 마음씨마저 딱딱해지고 있다." 그가 상대해야 했던 군인들은 모두 근위병으로서 대부분의 시간을 음담패설로 보냈다. "'남자다움'의 전통이 근위병들 사이에서 강하게 형성되어온 듯하다." 근위대는 훈련을 매우 강조했다. "연병장에서 말할 때면 나는 먼지구름과 한 줄로 늘어선 조각상들을 보고 싶다고 한다."

이런 점들을 빼면 에릭은 윈캔턴이 퍽 마음에 들었다. "목축업과 낙농업이 주를 이루는 내륙의 습한 땅이다. 풍성한 초록의 초원, 방치된 울타리, 작은 잡목림과 안개 장막, 저 멀리 보이는 구름 무리."[176] 그러나 윈캔턴은 그에게 "엄청나게" 지루한 곳이기도 했다. "나는 취하고 싶을 때를 빼고는 술집에 자주 가지 않고, 영화관은 끔찍하며, 다른 중사들도 술집이든 영화관이든 별로 관심이 없다. 나는 이곳에서 여자도 찾지 않고 있는데, 첫째로 여자가 필요하지 않고, 둘째로 여자를 만나도 지루할 것이기 때문이다." 그로부터 오래지 않아 그는 사적, 정치적으로 아는 사람들을 만나곤 했을 것이다. 그렇지만 훗날 유감을 담아 회상했듯이 당원들조차도 얼마 후에는 따분하게 느껴졌다. 스스로 결론 내린 대로 에릭은 사교성이 떨어졌고 그 책임은 오로지 그에게 있었다.[177] 사교 대신 그는 주변 사람들을 관찰하는 데서 즐거움을 찾았다.

티비츠(장교)는 금발을 헝클어뜨린 채 비실비실한 수송아지처럼 사무실에 앉아 있다. 빗지 않은 머리카락 아래로 뒷머리 쪽은 벗겨져 있다. 그가 월계관을 쓰고 있으면 네로와 혼동할지도 모른다. 그의 얼굴은 통통하고 익살맞고 불그레하며, 작은 눈은 초점이 흐릿하다. 그는 완전히 비체계적이지만 적어도 자신과 관련된 일은 거의 잊어버리지 않는다. 오전 내내 항상 전화기를 붙든 채 책상에 앉아 있고, 누구와 통화를 하든 상대방에 맞추어 목소리를 바꾼다(그의 말투를 잠시 들어보면 통화 상대가 장군의 부인인지, 부관참모 대리인지, 아니면 그저 부사관인지 짐작할 수 있다). 그리고 통화하지 않을 때면 업무 중에 끝없이 혼잣말을 한다.[178]

에릭이 솔즈베리 대성당 구내 잔디밭에서 쉬고 있을 때 "철제 안경에 청색 정장을 입고 혈관이 튀어나온 연갈색 손을 가진 작은 남자"가 다가왔다. 그 노인은 두 차례의 세계대전, 보어 전쟁, 수단 전쟁, 줄루 전쟁 등

총 다섯 차례의 전쟁을 어떻게 겪었는지 설명했다. 고향 브롬즈그로브에서 1879년에야 첫 학교가 문을 열었기 때문에 자기는 교육을 받아본 적이 없다고 했다. 그럼에도 그는 소박한 지혜를 많이 가지고 있었다. "젊은이, 자네의 인생뿐 아니라 다른 사람들의 인생도 존중하는 마음으로 대하게"라고 에릭에게 말했다.

이 기간 내내 에릭은 내면으로는 줄곧 헌신적인 공산당원 지식인이었다. 에릭은 독일계 미국인 언론인 루이스 피셔와 전 헝가리인 공산당원 아서 쾨슬러 같은 변절자들이 공산주의의 대의를 배신한 슬픈 사건에 대해 곰곰이 생각했다. 피셔는 공산주의와의 결별을 표명한 자서전 《인간과 정치Men and Politics》를 1941년에 발표했고, 쾨슬러는 《한낮의 어둠》을 1940년에 펴냈다. 에릭이 생각하기에 그들에게

정치란 그저 자신의 양심과 문화를 위한 체육관일 뿐이다. 실제 정치인들은 문화 없이 지내고 필요하다면 진부한 표현이라도 사용하려는 용기를 지니고 있다. 쾨슬러는 자신과 러시아의 관계를 사랑에 비유한다. 그러나 새로운 세상의 창조를 신혼여행에 비유할 수는 없다. 혁명을 일으킨다는 것이 무엇인지 아는 구식 공무원들의 경계심에 대해 그들은 얼마나 알고 있을까? 제르진스키에게도 사람들을 사살하는 것은 분명 처음에는 쉽지 않은 일이었다. 무엇이 그들 혁명가로 하여금 객관적인 잔혹행위를 지속하고 정당화하게 하는가? 믿음이다. 프롤레타리아트와 운동의 미래에 대한 신념이다. (…) 지식인들은 노동계급을 믿느냐 아니면 의심하느냐에 따라 혁명가와 반혁명가로 나뉜다.[179]

이런 이유로 에릭은 공산당원들과 조우하며 품게 된 온갖 의심에도 불구하고 혁명의 미래는 여전히 프롤레타리아트에 있다고 생각했다.

따라서 프롤레타리아트를 우리 편으로 끌어들이는 방법은 선전과 설득이었다. 그러나 그게 쉬울 리 없었다. 화이트는 이제 에릭에 대해 정보기관에 주기적으로 보고하고 있었다. 에릭이 근위대에 독일어를 가르치는 새로운 역할에 적응하고 나자 화이트는 "그의 직무를 충분히 채워서 시사 문제에 관해 설명할 시간이 없도록 신경 쓰고 있다"라고 MI5에 보고했다. "전복적인 행동이나 경향의 사례는 전혀 눈에 띄지 않았다." 그러면서 대령은 에릭을 깔보는 듯한 얼토당토않은 말을 덧붙였다. "오히려 그는 근위대 장교들과의 접촉을 통해 그와는 다른 의견을 독서와 여행, 시사 상식에 근거해 가질 수 있음을 깨닫기 시작하는 듯하다."[180] 에릭은 통신대와 정보대부터 기갑대에 이르기까지 독일어에 관심 있는 다양한 집단에게 독일어를 가르쳤지만, 주요 수강생은 영국 육군의 엘리트 집단에 해당하는 근위대였다. 그는 근위대가 "지성을 활용하지 않도록 하는 방식으로 훈련받았지만 그렇게 비지성적이지는 않다"라고 생각했다. 그가 보기에 스코틀랜드 근위대가 가장 지적이었다. 반면에 웨일스 근위대는 "기묘한 무리"라면서 웨일스에서 가장 흔한 성姓인 "존스를 구별하는 체계는 단순해. 그들은 28존스, 38존스처럼 군번의 마지막 두 숫자를 더할 뿐이야"라고 덧붙여 말했다. 이런 체계가 "매우 흥미롭다"고 생각했다.[181]

MI5는 연합군의 전쟁 수행을 저해하는 그 어떤 일도 하지 않은 무해한 지식인 에릭을 감시하는 데 시간과 정력을 쓰면서도—에릭이라면 오히려 자신이 제2전선을 독려함으로써 전쟁 수행에 이바지했다고 주장했을 것이다—'케임브리지 5인방'의 활동은 전혀 알아차리지 못했다. 이미 중요한 국가 기밀을 러시아 측에 넘기는 데 관여하고 있던 이들은 1951년까지 스파이 활동을 지속했다. 어쨌거나 블런트, 버지스, 케언크로스, 매클린, 필비는 나무랄 데 없는 영국 기득권층인 반면에 에릭은 그렇지 않았다. 처음에 MI5는 공산당 당원 전체로 감시를 확대하려 시도했지만, 소련이 영국의 동맹국이 된 후로 전쟁 중에 공산당이 급성장해 당원 수가 총 5만 6천 명에 달하는 바람에 계획을 실행에 옮기지 못했다.[182] 한때 MI5는 에릭의 여동생 낸시, 사촌 론, 그리고 해리 삼촌마저도 공산당의 스파이가 아닐까 의심했다.[183] 1941년 8월 낸시는 칠레 대사관의 다른 영국인 비서들과 함께 그 당시 영국의 식민지였던 트리니다드로 가서 "영국계 칠레 여성 몇 명"과 함께 검열관으로 일해달라는 제안을 수락했다.[184] 이와 관련해 MI5는 1년 후 낸시의 행적을 조사해 "트리니다드 포트오브스페인에서 검열관으로 일하고 있다"고 보고하고, MI5의 관점에서는 우려스럽게도 그녀가 어떠한 신원 조회 절차도 거치지 않았다고 지적했다.[185] 그러나 MI5는 곧 안심했다. 검열관으로서 일할 때 따라야 하는 지침 외에는 낸시도 동료 직원들도 정치와는 전혀 무관했다.

에릭은 언어 교관으로서 거의 모든 시간을 보냈지만, 육군에서 그가 전쟁 전에 북아프리카에 가서 그곳의 사회적 여건을 연구했다는 사실을 알게 된 후로는 근위기갑사단을 상대로 튀니스와 알제리의 현황에 관해 강의할 수 있었다. "그의 강의는 높이 평가받고 있고 지적할 만한 문제가 전혀 없다"고 보고되었다.[186] 이런 호평을 바탕으로 에릭은 1942년 11월 8일 더 많은 청중에게 지식을 전하겠다고 제안했다.[187] 그러나 이 제안은 받아들여지지 않은 듯하다. 에릭이 불포드에서 공산당원 소위원회에 속해 있다는 것이 분명했기 때문에 MI5는 의심을 거두지 않았다.[188] 그렇지만 그는 공산당 지도부로부터도 거의 똑같이 불신을 받는 처지였다. MI5가 입수한 런던 공산당 본부에서의 대화에 따르면 당시 대화자들은 에릭이 "뛰어난 동지"라는 데 이견이 없었다. 그는 "육군의 재편에 관한 10쪽짜리 문서를 당 중앙에 보냈지만, 사실 새로운 내용은 없었다." 그는 "과격한 제안"을 하는 경향이 있었으며 "홉스봄에게서 현실적인 면을 조금 늘리고 이상주의적인 면을 조금 줄일" 필요가 있었다.[189] 이런 감시 보고서에도 불구하고 1942년 12월 20일 MI5는 "E. 홉스봄 중사가 육군 내에서 전복적인 활동이나 선전에 관여한다는 의심은 사라졌다. 이 부분과 관련한 추가 조치는 필요하지 않다"라고 기록했다. 그러나 보고서는 "그가 전근을 요청할 경우 그를 정보대에 적합한 인물로 고려할 수 있을지는 의문이다"라고 덧붙였다.[190]

아치 화이트 대령에게 보낸 이 심각한 암시로 인해 육군 교육단에서 탈출하려던 에릭의 계획은 한동안 좌절되었다. 그는 다시 따분해지고 있었다. 영국 병사들이 부탁을 하면 미국 병사들이 시설이 잘 갖추어진 미국 적십자 클럽으로 데려간다는 것이 지루함에서 벗어나는 약간의 위안을 제공했지만, "양키를 우연히 만나기 위해 거리를 배회하는 것은 지겨운" 일이었다. 그곳에는 볼 만한 영화가 없었다. 흡연에서 약간의 위안을 얻을 수도 있었다. 당시 거의 모든 사람과 마찬가지로 에릭도 골초였다. 1943년, 군생활에 관한 짧은 글에서 그는 이렇게 썼다.

어떻게 살아가고 있는지를 우리는 수시로 놓친다. 갑자기 담배(캡스턴) 연기가 눈으로 들어온다. 나는 카메라처럼 눈을 깜박이며 정신을 차린다. 어떤 결론을 이끌어내려면 조용히 사물을 관찰하고 주의해야 하는 법이며, 그래서 지금 주의하는 중이다. 나는 우선 담배를 가볍게 물고는 연기가 나의 찡그린 두 눈을 조금씩 지나가게 한다. 싸구려 담배를 입에 무는 이런 버릇 때문에 이가 상할까 걱정이다. 아마 상할 것이다. 아랫입술 위에 놓인 작은 원기둥, 입천장의 역한 맛, 재를 털어내는 손가락의 움직임에 점점 익숙해진다.[191]

어느 쪽이 승전할지 아직 불분명한 국면에서 미래가 어떻게 다가올지 궁금해하던 에릭은 군대를 완전히 동원할 경우 자신이 크게 쓰일 것 같지는 않다고 인정했다.

군인으로서 내가 한없이 부적합하고 '특등사수'로서는 훨씬 더 부적합할 수 있다는 것을 나는 알고 있다. (…) 나의 사격 실력은 보통이고 들쭉날쭉하다. 나는 기백이 많지 않다(호의적인 구경꾼이 충분히 있으면 기백이 생길지도 모르겠다). 수줍어하고 아이러니하고 속삭이듯 말하는 나를 명령을 내릴 줄 아는 부사관으로 바꾸려면 정신적 다이너마이트가 필요할 것이다.

이렇듯 육체적으로 할 수 없는 어떤 일을 해야만 할 때 에릭은 겁을 먹곤 했다.[192]

1943년 1월, 그는 근위사단이 해외로 파병될 때 동행하게 해달라고 신청했다. "내게는 전방의 본부에서 특히 독일어에 중점을 둔 정보 부사관의 역할이 주어질 거야. 물론 더 평온한 시기에는 틀림없이 교육 업무도 맡을 테지만 말이야"라고 론에게 낙관적으로 말했다.[193] 스스로 인정했듯이 문제는 장차 독일군의 통신을 연구하고 포로로 잡힌 독일군 병사를 심문해야 할 그가 정작 독일군에 대해 거의 모른다는 사실이었다. 에릭은 스탈린그라드에서 독일 국방군 제6군이 항복한 상황에서 국방군의 사기를 더 떨어뜨리기 위해 1943년 여름에 제2전선이 분명히 열릴 것이라고 예상했기 때문에 이 문제를 꽤 다급하게 받아들였다. 그렇지만 튀니지에서 로멜의 아프리카 군단을 물리치는 데 시간이 더 걸린다면 "우리는 거의 한여름까지 혼란스러울" 수도 있었다. 실제로 독일군은 북아프리카에서 1943년 5월 13일까지 항복하지 않았으며, 연합군은 시칠리아 침공과 곧이은 이탈리아 본토 침공으로 더 오랫동안 발이 묶였다. 에릭의 낙관론에도 불구하고 1943년에 서유럽에서 제2전선은 생기지 않았다.

여하튼 화이트 대령과 MI5는 에릭이 자신들이 감시할 수 있는 영국 내에 머물러야 한다고 결정했다. 1943년 2월 에릭은 "중사가 고정된 시설로 가는 경우가 아니라면 해외로 나가는 것은 규정 위반일 것"이라는 말을 들었다. 에릭은 분노했다. "도대체 어느 누가 이를테면 수에즈의 군수품 창고 또는 그와 비슷한 시설로 가고 싶겠어?"라고 수사적으로 물었다. "나는 가고 싶지 않아. 나는 (정보대에 들어가지 못할 바에는) 정보장교 부대에 적격이라고 생각해서 보병장교 임관에 지원했던 거야." 어쩌면 자격표에 좋은 항목을 더하려 했는지, 에릭은 1943년 2월 6일 케임브리지대학에서 석사학위를 취득했다. 영국에서 중세부터 존속해온 다른 다섯 개 대학과 마찬가지로 케임브리지도 모든 우등 졸업생에게 일정 기간이 지난 후에 석사학위를 받을 자격을 주었다. 그렇지만 "학부 시절에 알았던 것의 75퍼센트를 잊어버린" 마당에 석사학위가 무슨 도움이 될지 확신할 수 없었다. "그게 무슨 소용이겠어."[194]

1943년 3월 19일, 에릭은 MI5에 의해 도청되는 코번트가든의 공산당 본부를 방문했다. 다음은 대화의 기록이다.

그는 공식적으로 솔즈베리 평원 지구에 다시 배치되었지만 제외되기를 원했고, "그들이 협상을 시도하고는 있지만 성공할지는 확신하지 못했다." 그들은 현재 이스트앵글리아의 병력에 대해 논의했다. (…) 에릭은 한때 자신이 속했던 케임브리지와 뉴마켓 지역의 왕립포병대 부대들에 대해 말했다. (…) 에릭은 자신이 참가했던 기동훈련을 묘사했고, 그들은 제2전선에 대한 추측으로 대화를 이어갔다. (…) 에릭은

(…) 그들이 몇 차례 훈련에 착수한 다음 갑자기 그것을 실전으로 간주할 것이라고 생각했다. (…) 에릭은 잭에게 그들의 기동훈련에 대해 이야기하면서 "우리 기갑여단"이 완패했다고 말했다. 그는 캐나다군이 형편없다고 보았다.[195]

에릭의 상관들 중 한 명도 공산당원이었기 때문에 공산당 본부는 에릭이 겪은 어려움을 알고 있었다.[196]

이런 계획은 모두 수포로 돌아갔다. 에릭은 1943년 4월 도싯 지역의 보빙턴으로 전근되어 "예전의 판에 박힌 생활로 돌아갔다." 이 지역은 불쾌하지 않았고 "노퍽의 브레크랜드나 솔즈베리 평원 캠프의 흔한 풍경만큼 황량하지 않아. 다만 편의시설은 조금 부족해. 내가 개선하려고 애쓰고 있는 아주 좋은 벽보가 있어"라고 1943년 4월 18일 론에게 말했다. 이 모든 일에도 불구하고 에릭은 자신의 경력을 MI5에서 통제한다는 생각은 털끝만큼도 하지 않았다. 자신의 전근을 가로막는 여러 장애물이 그저 "육군 내에 여전히 만연한 명백한 관료주의의 한 사례"에 불과하다고 생각했다. "우리가 곧 해외로 가게 되면 나도 갈 텐데, 지금은 어떻게 될지 아무도 모를 거야. 이런 사정이라서 나는 물러났어. 이건 제도의 문제야. 어쩔 수 없어."[197] 몇 달 후인 1943년 11월, MI5가 "의심할 나위 없이 홉스본[원문 그대로]은 여전히 공산당원이며 (…) 정보대에 매우 부적합하다"라고 재확인하는 보고서를 제출하자 육군의 판단은 더욱 굳어졌다.[198]

이 무렵 에릭은 《전진하는 대학University Forward》(대학노동연맹의 잡지)에 짧은 기고문을 몇 편 써서 무료함을 덜어냈다. 그중 가장 중요한 글은 (프랑스 혁명에 관한) 〈시민들이여, 무기를 들어라!〉일 것이다.

로베스피에르의 몰락 이후로 공포정치는 비방과 중상을 당했다. 총력전을 벌이고 있는 우리는 더 뛰어난 통찰력으로 공포정치를 평가할 수 있다. 그러나 참된 시각에 이르려면 공포정치를 보는 법을 배워야 한다. 1943년의 자유를 위해 싸우는 투사들의 눈만이 아니라 구해야 할 좋은 나라라는 이유로 맨발에 굶주려가며 고국을 구했던 평범한 병사들의 눈으로도 공포정치를 보는 법을 배워야 한다. 그 병사들에게 공포정치는 악몽이 아니라 삶의 여명이었다.

〈영웅들에게는 미래가 없는가?〉라는 다른 글은 할리우드에서 영웅이 사라지는 추세에 대한 가벼운 탄식이었다. 한편 국내와 관련해 그는 노동당이 연립내각에서 이탈하고 그로 인해 처칠이 "승리의 의지가 약한 토리당에 휘둘릴" 가능성을 우려했다.[199] 그는 마침내 전쟁이 끝나면 높은 확률로 "사회적 상황이 첨예화"될 테고, 그렇게 되면 '인민전선'의 분위기가 이어지지 않을 것이라고 생각했다. 미국은 우파 쪽으로 돌아서 "1919년을 호시절처럼 보이게 만드는 빨갱이와 자유주의자 사냥"에 나설 것으로 예상했다―1950년 2월부터 실제 공산주의자들과 그런 혐의를 받은 사람들을 박해한 매카시즘을 내다본 섬뜩한 예감이었다.[200] 영국에서는 야당인 노동당의 내무장관 허버트 모리슨이 공산당에 관한 기밀문서를 읽고서 노동당에 대한 공산당의 제휴 요청을 저지한 상황이었다.[201] 에릭은 모리슨이 "여전히 당 내에서 가장 중요한 인물"이며 현실이 그러하다면 노동조합원들의 처지가 개선되고 또 노동조합들이 노동당 당대회에서 힘을 쓰지 않는 한 공산당이 노동당과 제휴할 가능성은 없다고 결론지었다.[202]

6

에릭은 짧은 휴가 동안 옛 친구들과의 사교생활을 계속 즐겼다. 그러나 적어도 친구 두 명이 변고를 당한 터였다. 1942년 7월 27~28일 밤 독일군 습격기 한 대가 케임브리지를 단독으로 공격했을 때 사망한 세 사람 중 한 명이 전쟁 전 케임브리지대학 공산당원 학생들의 지도자이자 에릭의 벗인 람 나훔이었다. 독일군의 폭탄은 람 나훔과 함께 지내던 다른 당원 프레디 램버트의 집에 정확히 떨어졌다. 램버트는 남편인 '마우스' 비커스가 행방불명 상태에서 사망했다고 추정된 기간 동안 나훔과 사귀는 관계였다. 에릭이 런던정경대에서 알게 된 오스트리아인 경제학과 학생 테디 프라거Teddy Prager는 라운드 교회 뒤편의 가까운 집에서 살고 있었다(에릭도 그 집에 잠시 머문 적이 있었다). 폭발 소리를 듣고서 뛰쳐나간 프라거는 프레디의 비명을 들었다. 프라거는 도끼를 쥐고서 불타는 나무 들보 아래 깔린 프레디를 끌어내려 애썼지만 소용이 없었다. 이제 죽겠구나 생각한 프레디가 외쳤다. "나는 가망이 없어! 공산당 만세! 스탈린 만세! 안녕, 동지들!" 그렇지만 사실 프레디는 전쟁에서 살아남아 런던에서 사회복지사가 되었고, 2006년에 세상을 떠날 때까지 '마우스'와 함께 살았다. 하지만 전쟁 중의 외도에 대해서는 남편에게 결코 말하지 않았다. 당시 에릭의 옛 친구 마조리와 사귀고 있던 프라거는 전쟁이 끝나자 빈으로 돌아갔다.[203]

1941년 에릭은 프라거의 소개로 "런던정경대의 매우 매력적인 여성" 뮤리얼 시먼과 사귀기 시작했다. 뮤리얼의 아버지는 런던탑의 왕실 보석을 관리하는 콜드스트림 근위대의 군인이었으며 어머니는 (런던탑 근위병을 가리키는) 비피터Beefeater의 딸이었다. 1916년 10월 29일 에릭보다 몇 달 앞서 런던탑에서 태어난 뮤리얼은 키가 178센티미터였고, 훗날 런던 경찰청 특별부 보고서에 "날씬한 몸, 좋지 않은 안색, 짙은 갈색 머리, 옅은 갈색 눈"의 여성으로 묘사되었다. 그녀는 "극단주의적인 문제에 열렬한 관심을 보이며, 공산당원으로 여겨진다"라고 경찰은 기록했다.[204] 이 무렵 뮤리얼은 상무부의 공무원으로 일하고 있었다. 그녀는 공산당원이었다가 탈당한 상태였지만 에릭을 기쁘게 하기 위해 다시 입당했다.[205] 그들은 에릭이 휴가를 얻은 주말이나 다른 요일에 런던이나 케임브리지에서 만났다. "오늘날 여성과 동침할 때 그것은 비교적 간단한 문제다. (…) (나는 크게 믿지는 않지만) 〔빅토리아 시대 이래로〕 아마도 기술이 개선되었을 것이다"라고 에릭은 생각했다.[206]

그렇지만 실제로 1940년대 피임의 효과는 한 세기 전과 비교해 별반 차이가 없었으며, 1942년 9월 1일 에릭은 뮤리얼로부터 걱정스러운 편지를 받았다.

> M이 생리주기가 지났다는 편지를 보냈다. 그건 이상한 일인데, 첫째로 내가 아는 한 우리는 제대로 피임을 했고, 둘째로 지난번에는 임신할 위험이 크지 않았기 때문이다. 그러나 내가 틀렸을 수도 있다. 그녀가 다른 누군가와 동침했을 세 번째 가능성도 있지만, 그녀가 피임하지 않고서 그랬을 리는 없기 때문에 실제로 유의미한 가능성은 아니다. 어쨌든 나는 그녀가 그랬을 거라고 생각하지 않는다. 어떻게 해야 할까? 우리가 돈을 합치면 낙태 비용을 가까스로 마련할 수 있을 것이다—결국 그래야 한다면. 나는 아이를 싫어하지 않지만 그녀로서는 어려울 것이다. 이번 주말에 런던에 가려 한다.[207]

이튿날 뮤리얼이 다시 편지를 보내왔다. 에릭은 "다 괜찮다. 그녀가 진을 잔뜩 마셨다"라고 안심하면서도 후회하는 말투로 덧붙였다. "맙소사, 이런 일을 나는 정말 모른다. 그렇지만 이 상황이 계속되면 나는 곧 전문가가 될 것이다."[208] 띄엄띄엄 만나는 새로운 관계의 성격은 상당한 불안감을 자아냈다. 게다가 그다음 주말을 뮤리얼과 런던에서 보낸 후 1942년 9월 7일에 썼듯이, 진이 기대한 효과를 내지 못한 듯했다.

나는 M과 잘 지낸다. 이번 주말을 무척 고대했음에도—윈캔턴 전원 생활의 결과다—그녀와의 재회는 기대를 저버리지 않았다. 이상한 일이다. 평소처럼 그녀는 녹색 옷을 입었는데, 그 옷차림에 서서히 질리기 시작했다. 우리는 프라거의 집에서 밤을 보냈다. (…) M의 정치 수준은 올라가고 있고, 스스로를 표현하는 법을 배운다면 곧 아주 좋아질 것이다. 그녀는 능력이 있다. 지난주에 무슨 일이 있었는지는 신만이 알겠지만, 효과는 없었던 것으로 보인다. 그녀는 퀴닌 복용을 몹시 걱정한다. 낙태를 크게 두려워하지는 않지만, 끊임없이 입덧을 하는 임신 초기 몇 달을 걱정한다. 나는 조금씩 여자에 대해 알아갈 것이다. 하지만 나는 관찰하는 것을 쉽게 잊어버린다. 유감이다.[209]

결국 두 사람은 괜한 걱정을 한 것으로 드러났다.

에릭은 뮤리얼과 지나치게 가까워질까 봐 걱정했다. "남몰래 하는 말이지만 내가 기분이 좋지 않은 것은 M에게 익숙해지고 있기 때문이다. 어쩌면 아닐지도 모른다. 어차피 기분이 나쁜데 그저 그 원인을 국한하는 것일지도 모른다. 어쩌면. 사람에게 익숙해져서는 안 된다." 문제는 그가 그녀를 그리워한다는 것이었다. "이제 우리는 서로에게 어느 정도 익숙해졌고 런던을 벗어나기가 갈수록 어려워지고 있다." 그는 그녀가 다른 누군가를 만날지도 모른다고 걱정했다. "감정을 기준으로 내가 사랑에 빠졌다는 결론을 내리지 않을 수 없다. 그녀도 마찬가지일 것이다."

그는 질투하지 않았지만, 뮤리얼을 만나지 못하면 혹시 질투하게 될까 내심 걱정했다. 질투는 그의 따분함을 덜어줄 수도 있지만 힘들게 할 수도 있었다.[210] 1943년 2월 21일, 론에게 "뮤리얼과 나는 아마 결혼할 거야. 너도 그녀를 만난 적이 있으니까 기억할 거야"라고 말한 다음 이렇게 덧붙였다.

> 같은 여자와 1년 넘게 만났다면 결혼이 합리적인 결론이라고 생각해. 너도 알다시피 나는 구속이라면 질색이지만, 이렇게 앞날이 불안정한 생활은 남자보다 여자에게 훨씬 덜 공정하고, 내게는 결혼하지 않을 합리적인 이유가 없어. 조만간 결혼 문제가 닥칠 거라면 차라리 일찍 하는 편이 나아. 어쨌든 이제 우리는 한 가지 중요한 측면에서 서로에게 익숙해졌어. 그리고 이건, 너도 동의할 테지만, 중요한 일이야. 날짜는 생각해본 적이 없어. (⋯) 하지만 언제나 그렇듯이 분명 우리 생각보다 빠를 거야.[211]

이것은 뮤리얼과의 결혼을 정말 원하는 표현으로 보기 어려웠다. 사랑이 거의 느껴지지 않기 때문이다.

에릭이 이 기간에 쓴 여러 사랑시 가운데 단 한 편에서도 뮤리얼의 이름을 부르지 않았다는 것, 심지어 암시하지도 않았다는 것은 의미심장한 사실이다.[212] 어느 여인의 팔과 입술을 묘사하기는 한다("백마처럼 아름다운 팔 (⋯) 금속처럼 반짝이는 입술")—그러나 이런 신체 부위가 누구의 것인지는 말하지 않는다. 오히려 어느 누구와도 연결되지 않은, 거의 추상적인 부위처럼 보인다.[213] 다른 시에서 그는 트로츠키주의자들과 동침하는 여성을 상상하며 배신에 대한 명백한 두려움을 표현했지만, 나중에 트로츠키주의자들에 줄을 긋고 대신 '문인들'을 써넣었다.[214] 〈평화〉

라는 시에서는 전쟁 이후의 분위기를 성교한 이후 남녀의 분위기와 비교했다. "우리의 가까운 두 육체 사이에만 놓인 / 갓 만든 건초처럼 무감각하면서도 흥분한 / 평화, 기억, 미래." 그러나 이 시에 쓰인 준거틀 역시 완전히 비인격적이었다.[215]

그럼에도 론에게 편지를 보낸 다음 날, 에릭은 뮤리얼에게 청혼했다. 뮤리얼은 청혼을 받아들였다. 청혼하자마자 에릭은 과연 올바른 일을 한 것인지 걱정했다. 1943년 2월 23일에 이렇게 적었다.

나는 다소 기운이 없었지만 아내가 생긴다는 생각에 기분이 무척 좋았다. (…) 나는 그녀와 결혼할 것이다. 나는 불확실성을 싫어하면서도 결정하기를 매우 어려워한다. 나는 불확실성을 싫어하고 기정사실을 환영한다. (…) 필요했다면 나는 벌써 열 달 전에 그녀와 결혼했을 것이다. 그런데 지난번 휴가 때 그녀에게 부담을 주지 않고도 그녀가 결혼을 매우 중시한다는 것을 알아냈고, 그래서 그냥 그녀와 결혼할 생각이다. 개인적으로 나는 이 결혼이 영원하리라 믿지 않는다. 그녀는 나의 이상형이 아니며—물론 나 역시 그녀에게 그렇다—이상형을 기다린다면 (…) 이런, 쓸데없는 소리를 하고 있다. 너무 피곤해 논리적으로 생각할 수 없지만, 그렇게 생각해봐야 무슨 소용이겠는가? 아마 오늘 저녁에 그녀에게 전화할 것이고, 그녀는 기뻐할 것이다.[216]

이처럼 에릭은 미지근한 실용주의 입장에서 결정을 내리는 태도를, 그리고 그 못지않게 자신의 결정을 의심하고 실행에 옮기기를 주저하는 태도를 다시 한 번 눈에 띄게 드러냈다.

결혼이 임박하자 에릭은 지금껏 이루어낸 일과 앞으로 펼쳐질 미래에 대해 곰곰이 생각했다. 그리고 전쟁 발발 이후의 모든 기간을 허비했다는 우울한 결론을 내렸다.

> 구덩이를 파고, 강의를 하고, 낙하산병에게 (…) 수십 개의 독일어 표현을 가르친 것을 빼면, 나는 전시에 중요한 일을 전혀 해내지 못했다. 나는 러시아에 이로운 일 한 가지, 웃음이 나는 사소한 일 두 가지, 금방 끝난 조직 업무, 몇 편의 추상적인 문서 작성 말고는 당을 위해 아무것도 하지 않았다. 글도 거의 쓰지 않았고 쓴 글마저도 가치라곤 없다. 나의 성과라면 아내로 하여금 나를 사랑하게 만든 호사스러운 성과뿐인데, 만약 그 사랑을 당이나 전쟁을 위한 직무와 교환할 수 있었다면 나는 그것을 기쁘게 포기했을 것이다. '기쁘게'라는 표현은 과장일 것이다. 여하튼 나는 그 사랑을 포기했을 것이다.[217]

분명 미래가 더 중요했다. 혁명의 제2라운드가 열릴 수도 있었다. 그래서 전후에 당의 전업 일꾼이 되겠다고 잠정 결심했다. 그는 자신이 선전과 분석에 능하고 이를 위한 조직 업무도 웬만큼 잘한다고 생각했다. 그런 직책을 얻지 못하면 "광고, 언론 등 선전과 관련이 있는 어떤 직책이든 상관없다. 이에 대해 M과 상의해야겠다." 그는 적어도 육군 교육단을 위해 만든 벽보에는 상당한 자부심이 있었고, 그래서 "지난 열 달을 허비하지는 않았다"라고 생각했다. 역사가가 될 생각은 전혀 없었지만 자신의 재능이 어떤 식으로든 글을 쓰는 데 있음을 알고 있었다. 어려서 시인이 될 생각이었던 것처럼 이때는 선동가가 될 생각이었다. 선동가로 일해서는 수입이 그리 많지 않을 터였다. 그럼에도 1943년 4월 18일 뮤리얼이 상무부에서 전도유망한 상급직으로 승진한 덕에 두 사람의 전망은 나아졌다. 에릭의 회상에 따르면 뮤리얼은 연 "480파운드"를 받았다. "세금을 빼면 일주일에 약 7파운드였고, 나의 수당을 합치면 8파운드 10실링으로 우리가 생활하기에 충분한 액수였다. 게다가 그녀의 씀씀이는 크지 않았다." 에릭은 조만간 결혼하기로 결정했다고 론에게 알리면서 "기다린다고 해서 특별히 얻을 것이 없기 때문이야. 모든 게 잘 풀릴 거야"라고 말했다.[218]

뮤리얼 시먼과 에릭의 결혼식은 1943년 5월 12일 엡섬의 등기소에서 열렸다.[219] 원래 론이 증인을 서기로 했지만 런던에서 먼 곳에 있었고, 그렇다고 결혼 날짜를 바꿀 수는 없었다. 결혼식에 앞서 에릭과 뮤리얼은 론의 부모—당시 영국에서 에릭과 가장 가깝고 또 에릭이 가장 잘 아는 친척이었다—를 찾아가 결혼 계획을 알렸다. 에릭은 론에게 "네 아버지와 어머니는 결혼 계획을 무척 좋아하셨고, 내가 보기에 처음에는 분위기가 살짝 딱딱했지만 잠시 후에 풀어졌어. M이 두 분께 어떤 인상을 주었는지 모르겠어"라고 말한 다음 "하지만 분명 두 분은 조만간 우리의 결혼 계획에 익숙해지실 거야. 그래도 남아메리카 사람들이 그리워"라고 덧붙이며 삼촌 시드니, 동생 낸시, 사촌 피터를 떠올렸다. 뮤리얼은 지난 2년 동안 부모와 같이 살았지만, 예비 부부는 이제 그녀의 직장에서 더 가까운 화이트홀에서 아파트를 찾아보기로 했다. 에릭은 다음번 휴가의 일부를 아파트를 구하는 데 쓸 생각이었다. "아파트가 부족한 상황을 고려하면 쉽지 않을 거야"라는 에릭의 예상은 어느 정도는 런던 대공습의 결과였다.[220] 에릭과 뮤리얼 둘의 수입을 합쳐도 자금이 부족했던 터라 이번에도 론이 에릭에게 얼마간 돈을 보내주었다.[221]

이 무렵 론 역시 소집된 상태였다. 배와 항해에 대한 사랑을 고려할 때 론의 선택은 당연히 해군이었다. 론은 첫 의료 검진에서 시력이 나빠 3등 수병 복무에 부적합하다는 판정을 받았지만, 해군은 영국군 특유의 논리를 동원해 그에게 항공기 식별 훈련을 시키기로 결정했다. 론도 이 무렵 오래 사귄 연인과 결혼했는데, '건Gun'이라 불린 배우자 릴리언

캐넌Lillian Cannon 역시 공무원이었다. 론은 1944년 10월 알렉산드리아에서 출발해 타이완, 마닐라, 홍콩, 시드니, 스리랑카 등지에서 기항한 신형 항공모함 콜로수스호에서 복무하며 여러 직책을 거쳤고, 1945년 6월 대위로 진급한 뒤 11월에 마침내 고국으로 전근되었다. 연이어 편지를 주고받는 동안 에릭이 한 차례 이상 편지를 어떤 주소로 보내야 할지 모르겠다고 털어놓은 것은 이해할 만한 일이었다.[222] 한편 결혼한 후에 에릭과 뮤리얼은 임차할 아파트를

(리젠트파크의 모퉁이를 돌면 나오는) 캠던타운에서 구했어. 물론 이상적이진 않지만, 여러모로 편리하고 비싸지 않고 무난한 아파트야. 가구는 주문했고, 시드니 삼촌이 보관해둔 물건들 중에서 (카펫, 주방 용품 등) 온갖 잡동사니를 구할 수 있었어. 사실 이사는 실용가구를 배달받을 수 있는 날짜에 전적으로 달려 있어.[223]

1943년 8월 7일 에릭은 "아파트에 여전히 가구가 없어. 아직까지 실용가구가 배달되지 않았어"라고 론에게 알렸다. 그때까지 부부는 런던 남서부 윔블던의 스프링필드가 86번지에서 살았다.[224]

7

1944년 4월, 에릭은 또다시 군 당국과 충돌했다. MI5는 다음과 같이 기록했다.

보빙턴의 왕립기갑대 제58훈련연대의 지휘관은 그의 A.B.C. 고문단

의 토론이 너무 정치적으로 변해가고 좌파의 견해가 도입되고 있음을 알아챘다. 또한 상근 참모들이 소개하는 뚜렷한 좌파 이론에 대한 거부감 때문에 젊은 병사들의 출석률이 떨어지고 있었다. 지휘관은 홉스봄 중사가 주모자임을 알아내 그가 매우 유능한 교관이긴 하지만 선임하사관이자 교육 교관으로서의 지위를 남용하고 있다는 견해를 표명했다.[225]

에릭은 상관들의 기록에 따르면 "자신이 관찰당하고 있음을 완벽하게 알고" 있었고, 훗날 감시받고 있음을 알고 있었다고 확인해주었다. 다만 감시의 주체가 육군이라고 생각했지 정보기관이라고는 생각하지 않았던 것으로 보인다.[226] 그는 지휘관 면담을 요청해 "자신이 정치적 희생자라고 생각한다고 말했다." MI5는 이렇게 덧붙였다. "홉스본〔원문 그대로〕은 분명 본인이 우리 기관의 관심 대상이라는 것을 모르고 있지만, 부대장들로부터 개인적인 정치적 견해로 직무에 영향을 준다는 질책을 여러 차례 받은 것에 불만을 품고 있다."[227] 이 사건 이후 육군은 에릭을 와이트섬 소관구의 본부에 배치했다. 그는 1943년 초여름에 몇 주 동안 포틀랜드와 사우샘프턴뿐만 아니라 와이트섬도 이미 가본 적이 있었다. 이 섬에서 무슨 일을 했는지에 대해 에릭은 론에게 "'영국의 길과 목표' —지난 11월부터 육군이 (이론상으로) 운영해온 시정학市政學 교육 프로그램—를 운영하는 최선의 방법으로 연대 장교와 부사관을 대상으로 강의를 하고 있어. 그것은 적절한 프로그램이고 내가 좋아하는 유형의 일이야"라고 말했다.

그는 와이트섬이 "과대평가되었다"면서 "나는 빅토리아풍 하숙집이 많이 없어져서 기뻐. 현지인들이 거칠긴 하지만"이라고 말했다.[228] 그는 시간을 내 와이트섬, 초원의 검은 소, 잔디에 그림자를 드리우는 갈매기, 바다로 뻗은 항구의 좁은 방파제에 관해 시를 몇 편 썼다. 또 "구축함을 위한 항구"와 파크허스트의 교도소를 보고, 갈매기를 놀라 달아나게 하는 공습 사이렌을 들었다.[229] 1년 후, 다시 와이트섬에 배치된 에릭은 지난 1943년에 짧게 복무하는 동안 확실히 높은 평가를 받았던지 상근직을 배정받았다. MI5는 경악했다. 어쨌거나 와이트섬은 오랫동안 계획해왔고 앞으로 두 달여 후면 실행에 옮길 노르망디 상륙작전을 위한 준비 및 훈련 근거지였기 때문이다. "그 구역에서 진행될 여러 중요한 기밀작전과 그의 임무 수행을 적절히 감독할 수 없는 사정을 고려해" 그들은 에릭에게 또다시 전근 명령을 내렸다. 이번에는 글로스터에서 멀지 않은 우아한 온천도시 첼튼엄 외곽에 자리한 군병원의 복지장교였다.[230] 새 임무를 맡기 위해 그는 1944년 5월 24일 와이트섬을 떠났다.[231]

나중에 MI5가 의혹의 시선으로 기록한 대로, 글로스터에서 "그는 자신의 직위에 약간의 가능성, 추정하건대 공산주의를 선전할 가능성이 있다고 생각한다."[232] 1944년 8월 29일 MI5는 에릭과 마고 하이네만의 전화 통화를 기록했다. "M: 여전히 같은 일을 하고 있나요? E: 네. M: 더 좋나요? E: 그럴 가능성이 있어요."[233] 그렇지만 에릭은 그에 앞서 1944년 7월 2일에 전화로 하이네만에게 "이보다 더할 수 없는 구석에 처박혀 있어요!"라고 불평한 바 있었다. "그것 참 안됐다고 말할 수밖에 없네요"라고 그녀가 대답했다. "아, 나는 잘 모르겠습니다"라고 에릭이 말했다. 적어도 그는 폭격에서는 벗어나 있었다.[234] 병동에서 그는 여러 나라에서 온 다양한 환자들을 만났다. 독일군에서 탈영한, 목에 붕대를 칭칭 감은 폴란드인 환자에게 에릭은 독일어로 말했다. "슬라브인에게 히틀러의 언어로 말하다니 다소 꼴사납지만 어쩔 수가 없네요." 드골의 자유프랑스와 함께 1940년부터 1944년에 부상당할 때까지 북아프리카에서 독일군에 맞서 싸운 모로코인 병사와는 프랑스어로 이야기했다.

"펑퍼짐한 파란색 환자복을 입은 작고 마른 사람으로 점점 더 몽파르나스 대로에서 땅콩을 파는 폐병 걸린 행상처럼 보이면서도 아직까지 타고난, 본능적인 전사의 놀라운 초연함을 간직하고 있다—그리고 병동에서 그런 모습을 내심 걱정하고 있다." 그는 "광대가 튀어나온 베르베르인 얼굴에 반달 모양의 콧수염"을 기르고 있었다. 그는 "1940년에 어느 독일인에게서 빼앗은, 약간 금이 가고 몇 군데 눌린 자국이 있는 화려한 은시계"를 에릭에게 자랑스레 보여주었다.[235]

심각한 부상을 입은 환자들을 보면 더 심란했다. "무릎 바로 위가 절단된" "약간 하얀 얼굴과 퀭한 눈"의 남자는 분명히 죽고 싶어 했다. "그는 전차 안에서 전신에 화상을 입은 채 홀로 탈출했다." 그는 음식을 거부해 사흘 후에는 강제로 먹여야 했다. "그가 식도로 음식을 삼키는 동안 여섯 명이 그를 붙잡았다. 그 여섯 명의 얼굴에는 타인의 피부를 덧대 꿰맨 흔적이 있었고, 팔에는 석고를, 턱에는 부목을 대고 있었다. 그는 형언할 수 없는 쉰 목소리로 울부짖었지만, 고통을 참을 수 없는 자의 외침에 우리는 익숙해졌다." 그가 살아갈 의지를 잃은 것은 같은 전차에서 싸우다가 불에 타 숨진 형제에 대한 죄책감 때문이었다.

아무것도 할 수 없다. 아무도 그를 도울 수 없다. 아무도 그를 돕기 시작할 수조차 없다. 여섯째 날에 그는 사망했다. (…) 탁자 위, 사무장의 《데일리 텔레그래프》와 당번병의 세탁물 옆에 고인의 유품이 작은 상자에 담겨 있다. 면도기, 노트 묶음과 연필, 소설책 두 권, 성냥 두 갑과 담배 여든 개비. 그가 죽기 전날 병동에 보내진 일주일치 담배 배급. 그게 전부다.[236]

에릭은 "얼굴이 반밖에 없는 사람들의 예상치 못한 모습"에 충격을 받았다. "때때로 신체가 섬뜩하리만치 훼손된 사람이 들어왔고, 그런 사람을 마주할 때면 우리는 혹시라도 깜짝 놀라 싫어하는 표정을 짓지 않도록 숨을 참았다." 그런 상황은 감히 아폴론과 연주를 겨루다가 산 채로 가죽이 벗겨진 그리스 신화의 마르시아스를 연상시켰다. 그렇지만 희망도 있었다. "이곳에 온 사람들은 결국에는 얼추 인간의 꼴로 퇴원할 것을 대체로 알고 있다."

1944년 6월 6일 연합군이 오랫동안 준비한 'D-데이'에 노르망디에 상륙했을 때, 고대하던 제2전선이 마침내 도래했다. 에릭은 글로스터 병원에 도착한 첫 전투의 사상자들을 기록했다. 그는 한 무리의 웨일스 광부들을 맞닥뜨렸다.

그들은 노조 간부 대표단처럼 통로를 걸어다녔다. 가장 좋은 파란색 정장을 입었지만 익숙하지 않은 환경에 다소 불안해 보였다. (…) 얼굴에 난 파란 흉터를 보고 그들의 직업을 알 수 있었다. "뭐 찾으시나요?" "네, 군인 병동이 어딘지 알 수 있을까요?" (…) 나는 병동 입구까지 그들과 걸어갔다. 무리를 이끄는 키가 작은 대머리 남자가 서류를 살펴보았다. "여기가 에번 토머스가 있는 병동이 맞나요?" 그 병동이 맞다. "우리는 같이 일하는 동료입니다. 쉬는 날이라 그가 어떻게 지내는지 보러 왔습니다." 나는 간호사에게 토머스가 손님을 맞을 수 있는지 물었다. 탄광 동료들은 병동 밖에 있었다. 토머스 곁에는 이미 손님이 몇 명 있었다—그의 부모와 친구 한 명이 어색해하면서도 애정이 담긴 자세로 침대 옆에 앉아 있었다. 병동 밖 광부들은 구석에 서서 지나가는 간호사와 병사를 바라보았고, 서로 잡담을 나누지 않았다. (…) 토머스의 문병객 중 한 명이 병동 밖으로 나왔다. 동료들은 허리를 굽혀 인사하고는 작은 무리를 이루었다. 나는 몇 마디 들을 수 있었다.

"아 안녕하세요 토머스 부인", "어떻게 지내세요 이안토 에번스 씨" 등이었다. 이 작은 만남에는 내가 무어라 설명할 수 없는 커다란 연민의 정이 있었다. 이 우연한 만남이 온갖 사적인 의리, 즉 광부의 의리, 지역 주민의 의리, 친구의 의리, 웨일스인의 의리, 무력한 사람을 마주한 건강한 사람의 의리를 구체화하는 듯했다. 나는 모른다. 매우 감동적이었다.[237]

그러나 에릭이 글로스터에서 여러 달 근무하기도 전에 그를 해외에 배치하는 문제가 다시 한 번 불거졌다. 이번에 해외 배치를 요청한 쪽은 에릭이 아니라 육군 교육단의 집행부였다.

1944년 11월 17일 MI5는 이렇게 기록했다. "남부사령부의 로널드 대위가 전화를 걸어와, 홉스봄이 해외로 파견되기에 앞서 교육학교로 가라는 명령을 받았다고 말했다. 로널드는 이런 경우에 관찰이 중단된다고 알고 있었지만, 우리가 홉스봄의 이동에 관심을 쏟는다는 것도 알고 있었다."[238] MI5의 장교 J. B. 밀른은 에릭의 해외 배치가 위험할 것이라는 주장을 되풀이했다.

홉스봄은 부대의 벽보에 뚜렷한 당파적 견해를 담았다는 이유로 서로 다른 지휘관들로부터 두 차례 질책을 당했다. (…) 그는 열성적이고 매우 활동적인 공산당원이고, 당 본부에서 좋은 평가를 받고 있으며, 만약 해외로 가도록 허락받는다면 내 생각에 유사한 문제를 일으킬 가능성이 매우 높다. (…) 만약 북아프리카의 영국군으로 가게 된다면, 그는 이미 출범해 우리가 조사하고 있는 벵가지 군대평의회와 연계할 수 있고, 우리가 과거에 카이로 군대평의회로 인해 겪었던 것과 비슷한 문제를 야기할 수 있다. 나는 우리가 우선 홉스봄이 어디로 파견될지 알아낼 것을 제안하고, 그런 다음 여하튼 그의 파견을 막기 위한 조치를 취해야 한다고 생각한다. 그를 국내에서 우리의 감시 아래 두는 편이 훨씬 나을 것이라고 판단하기 때문이다.[239]

MI5는 육군 교육단 에릭의 지휘관에게 "이 경우에 대한 모든 사실"도 통보했다.[240]

그러나 조사를 더 진행한 MI5는 "에릭이 실은 해외 파병 '지망자 명단'에 있을 뿐"임을 알게 되었다. "그를 명단에서 제외하는 것은 어렵지 않을 것이다."[241] 1944년 12월 4일 에릭은 실제로 "파견에서 제외"되어 글로스터로 재배치되었다.[242] 해외에 배치될 전망이 갑자기 사라지자 에릭은 당황했다. "모든 연줄이 끊어진 것 같습니다"라고 노동문제연구소의 마고 하이네만에게 말했다. 1945년 5월 31일의 이 대화는 MI5에 의해 도청되었다. "나를 인도나 몸바사, 그밖의 다른 장소로 데려갔을 법한 모든 연줄이." 그래서 그는 영국에서 일자리를 찾기 시작했다. 연구소의 전화 통화를 도청한 MI5의 기록에 따르면 "그러자 마고는 에릭에게 여유시간이 있다면 유익한 일거리, 예를 들면 토리당 하원의원의 기록을 발굴하는 것과 같은 일거리가 있다고 말했다." 에릭은 "약간" 짬을 낼 수는 있겠지만 많은 시간을 낼 수는 없다고 생각했다.[243] 어쨌거나 아직 군에 있었다.

의심은 사라지지 않았다. MI5는 1945년 1월 12일에 감시 명령을 받아 에릭의 편지를 검열하기 시작했다.[244] 이 무렵 에릭과 어떤 식으로든 연관이 있으면서 민감한 직책에 있는 사람들은 누구나 MI5 혹은 MI6에서 그에 관한 질문을 받을 수 있었다. 1944년에서 1945년으로 넘어가는 겨울에 MI5는 자기네 장교 중 한 명인 케네스 사이어스의 충성심에 의구심을 드러냈다. 사이어스는 케임브리지 킹스칼리지를 에릭과 같은 시기에 다녔고 입학 면접장에서 에릭을 만난 적이 있었다. 세르보크로아티아어에 능통한 사이어스는 전쟁 중에 두 차례 유고슬라비아에 파견되었고, 이후 유고슬라비아의 빨치산 운동에 관한 보고서에 힘입어 MI5의 런던 지부에 배치되었다. 그는 MI5에서 "공산당원과 거의 차이가 없을 정도로 좌파"인 장교들 중 한 명이라는 이유로 감시를 받게 되었다. 1944년 11월 사이어스는 전쟁 전 소련의 외무장관이었던 막심 리트비노프의 처조카와 약혼해 더욱 의심을 샀다. 사이어스는 유고슬라비아에서 복무한 두 차례 기간 사이에 이 젊은 여성을 이탈리아에서 만났다. 나중에 MI5의 수장이 되는 로저 홀리스Roger Hollis는 더 조사하라는 지시를 받고서 사이어스가 "전쟁 전 케임브리지의 학부생으로 현재 육군교육단 소속인 홉스봄이라는 공산당원"과 연관이 있다고 보고했다. 이 보고서는 논평을 위해 다름 아닌 킴 필비에게 전해졌다. 필비는 사이어스를 변호하고 나섰다. 필비는 에릭을 가리키며 "사이어스는 친구 선택에서 매우 불운한 것으로 보인다"라면서도, 사이어스와의 대화를 통해 그가 전후에 MI5를 떠나 언론계로 진출할 생각임을 확인했다고 보고했다. 그러면서 사이어스가 실제로 스파이라면 모스크바의 스파이단 상부에서 이런 행보를 허용할 리 없다고 주장했다. 어쨌든 사이어스는 "마르크스주의와 마르크스주의자에 대한 자신의 관심을 숨기려는 시도를 거의 하지 않았다—이는 사악한 의도를 가졌다고 보기는 어려운 태도다." 결국 완전히 결백한 사이어스는 실제로 MI5를 떠나 언론계에서 일자리를 구한 반면에 진짜 스파이였던 킴 필비는 마침내 정체가 들통날 때까지 자리를 지키며 모스크바의 상관들을 즐겁게 해주었다.[245]

에릭은 1945년의 나머지 기간 내내 글로스터 군병원에 머물렀다. 그는 7월 5일에 치른 1945년 총선에서 적극적인 역할을 했다. 다만 영국군이 주둔한 모든 곳에서 본국으로 군인들의 투표용지가 넘어가기까지 시간이 걸렸기 때문에 집계는 7월 26일에야 이루어졌다. 결과는 47.7퍼센트를 득표한 노동당의 압도적인 깜짝 승리였다. 몇 년 후 선거운동에서 어떤 역할을 했느냐는 질문을 받고서 에릭은 다음과 같이 썼다.

> 그 선거에서 내가 경험한 일은 글로스터의 노동당 후보를 위해 여론조사를 하는 것이었어요. 당시 나는 육군 교육단 중사로서 글로스터에서 근무했고, 이 지역 노동당 중진의 민가를 숙소로 배정받아 지내고 있었습니다. 노동당은 승리를 기대하지 않았어요. (⋯) 도시 외곽에 있는 아담하지만 부유한 주택들을 돌면서 여론조사를 하다가 노동당에 대한 확실한 호응에 놀랐던 기억이 납니다. 도심에서 모퉁이에 식료품점과 술집이 있는 연립형 주택 거리를 노동당의 텃밭으로 여기던 내게는 예상 밖의 반응이었죠. 나는 노동당이 이길 거라고 결론을 내렸습니다 (노동당은 실제로 글로스터에서 승리했어요—내 기억이 맞다면 당선자는 터너-새뮤얼스라는 변호사였어요). 그렇지만 그 지역에서 이런 결과를 일찌감치 자신 있게 예측한 사람은, 나도 그러지 못했지만, 많지 않았을 거예요. 군대의 투표에 대해 말하자면, 나도 그렇고 다른 계급의 사람들도 그렇고 조금도 놀라지 않았어요. 군인들은 노동당에 투표할 것이라고 예측할 수 있었고 그렇게 예측되었어요.[246]

당시 클레멘트 애틀리가 구성한 노동당 정부는 여러 측면에서 "그저 그래. (⋯) 아마 우리가 이 정부에 활기를 불어넣어야 할 때가 올 테지만, 지금까지 계획은 괜찮아 보여"[247], "공산당은 자본주의 밑에서 충분히 오랫동안 기다리면 크든 작든 기회를 잡을 거야"라고 에릭은 편지에 낙관적으로 적었다. 그렇긴 해도 영국 공산당 지도부는 "정체 상태"였고 "전시의 우리 활동 전반에 대한 자기비판적 조사"가 필요했다. 당의 실무에는 대체로 민주주의가 부재했다. "우리 당에서는 너무나 많은 토론이 당원의 윗선에서만 이루어졌어." 1930년대의 이데올로기적 변절은 공산당에 선견지명이 부족하다는 것을 보여주었다. 나치가 소련을 침공할 경우 어떻게 대처할지 명확히 생각해두지도 않은 채 1940년대 초에 전쟁에 반대한 선택은 "이데올로기적 복통"을 유발했다. "진정으로 대단한 마르크스주의자들이 가졌던" 전략적 사고는 어디에 있었는가? 이런 이유로 에릭의 독립적인 정신은 이미 공산당 지도부의 스탈린주의적 경직성과 충돌하고 있었다.

해외로 가고 싶다는 희망을 포기한 지 한참 후인 1945년 말, 에릭은 마침내 해외에 배치될 것이라는 소식을 들었다. 장소는 그가 가장 가고 싶지 않았을 법한 영국의 위임통치령 팔레스타인으로, 종전 이후 영국 제국의 다른 수많은 지역들과 마찬가지로 혼돈과 폭력의 소용돌이로 급속히 빠져들고 있었다. "흥미로운 나라이지만, 노선이 지독하게 불분명해서 무엇이 옳고 그른지 전혀 알 수 없는 곳에 배치되기는 싫어"라고 에릭은 당시 이탈리아에서 영국 공군에 복무하던 공산당원 지인 크리스토퍼 메러디스에게 말했다. 그래서 1945년 12월 초, 새해에 연구원으로 지낼 거처를 정하기 위해 케임브리지의 대학원에 지원했다.[248] 12월 26일, 킹스칼리지의 옛 튜터 크리스토퍼 모리스가 에릭을 "이런 종류의 연구에 필요한 모든 자질을 갖춘 매우 뛰어난 능력의 소유자"로 묘사하는 추천서를 써주었다. "약 15년간 내가 가르친 제자들 중에서 거의 가장 유능한 제자입니다. 내 의견으로는 이미 킹스칼리지의 펠로로 있는 다른 제자보다도 유능합니다."[249] 무니아 포스탠도 추천서로 도움을 베풀었다.[250] 1946년 1월 15일, 에릭은 1946년 2월 1일부터 "케임브리지에서 연구를 재개하기 위한 특별휴가"를 정식으로 신청했고, 2월 6일자로 육군에서 풀려나 4월 3일부로 예비군에 편입되었다.[251] 에릭의 동원 해제를 예상한

군 당국은 1월 16일에 그의 활동에 대한 감시를 벌써 중단한 터였다.[252]
에릭은 마침내 케임브리지에서 학자로서의 경력을 재개하고 런던에서
결혼생활을 제대로 시작할 수 있었다. 그렇지만 두 가지 모두 그가 기대
했던 대로 펼쳐지지 않았다.

5

"운동 내 아웃사이더"

1946-1954

I

1946년 초 28세로 동원 해제되었을 무렵, 에릭은 미래에 대한 결정을 내린 상태였다. 훗날 말한 대로 "열네 살 때부터 내키는 대로 글을 썼지만, 성년에 들어설 무렵 시와 소설이 나에게 맞지 않는다는 것을 알았다. 저술할 여지가 많은 역사가 나에게 적합했다."[1]

내가 전문 역사가가 된 것은 학부생 시절에 역사를 공부했고, 그것을 빼어나게 잘했고, 학사학위를 취득한 후에 연구장학금을 받았기 때문입니다. 그 무렵(1939년) 연구장학금은 나중만큼 흔하게 주지 않았어요. 장학금을 받지 못했다면 인문학 1등급 학위를 가진 사람들의 또 다른 관례적 선택지에 따라 아마 공무험 시험에 응시했을 겁니다. 나는 (학교의 주간지를 편집했으므로) 언론계나 광고계의 일자리도 고려했습니다. 1930년대에는 광고 대행사를 위해 광고 문안을 작성하는 일이 일부 지식인 사이에서 유행이었어요. 다행히 나는 어느 쪽도 선택하지 않았는데, 부업으로 언론계의 일을 조금 하긴 했지만 내게 그런 기질이 없었기 때문이에요. 나 자신이 비효율적인 데다 사람 관리를 잘하지도 못한다는 사실을 몰랐다면, 나는 그 당시 많은 동지들과 마찬가지로 공산당을 위한 전업 정치 조직가가 되는 길을 고려했을 겁니다. 또다시 다행히도 나는 그 길에 들어서지 않았어요. 하지만 그 일에 뛰어든 친구들을 존경했고 지금도 존경합니다. 내가 조직가가 되었다면 결국 많은 문제를 일으켰을 거예요. 1946년에 군에서 제대할 때까지 전문 학자가 되겠다고 확고히 마음먹은 것은 아니었지만, 확실히 시도는 해볼 작정이었어요.[2]

여기에 덧붙여 에릭은 경제사를 선택한 이유에 대해 정치사와 외교사의 역사가들이 주류 역사학과들을 지배하던 당시에 경제사가 마르크스주의자로서 자신의 관심과 신념에 부합하는, 대학에 기반을 둔 유일한 역사 분야였기 때문이라고 말했다. 세월이 한참 흐른 후에 말했듯이, 사실 그는 경제사가가 아니었다. 그는 문학을 통해, 그리고 역사와 사회에서 '토대'와 '상부구조'의 관계에 대한 관심을 통해 역사에 다가갔으며, 경제사는 학계에서 이 문제에 집중할 수 있는 유일한 분야였다.[3]

1939년에 졸업했을 때 그는 이미 전해에 수행한 연구를 바탕으로 프랑스령 북아프리카에 관한 박사 논문을 제안한 바 있었다. 그러나 군대에 있는 동안 북아프리카에 관한 자료에 접근할 수 없었고, 어쨌든 이제는 결혼한 몸이라서 해외에 오랫동안 나가 있을 수 없다고 생각했다.[4] 그래서 영국에서 연구할 수 있는 주제를 찾았다. 에릭은 당연히 옛 멘토 무니아 포스탠에게 조언을 구했다. 포스탠은 19세기 후반에 결성된 급진적 지식인 단체인 페이비언 협회의 역사에 관한 논문을 제안하고 자신이 연구를 지도하는 데 동의했다.[5] 이 협회의 이름은 서기전 2세기 로마의 장군 퀸투스 파비우스 막시무스에서 따온 것인데, 그는 우세한 적을 만났을 때 야전을 피하고 치명타를 날릴 순간이 올 때까지 꾸준히 소모전을 벌여 적군을 지치게 하는 전술을 사용해 지연자Cunctator라는 별명을 얻었다. 이 이름 자체가 페이비언 협회 회원들이 사회주의를 실현하려는 방식을 요약하고 있었다. 포스탠의 지원으로 에릭은 역사학과에 박사 과정 학생으로 받아들여졌고, 1946년 2월에 동원 해제되자마자 페이비언 협회의 서류와 출판물을 면밀히 읽고 여러 생존 회원들을 인터뷰하며 연구를 시작했다.[6]

그러나 에릭은 페이비언 회원들에 관해 읽으면 읽을수록 그들에게 환멸을 느꼈다. 이전 연구자들은 그들을 사회주의자로 간주했지만 그는 동의할 수 없었다("역사가가 선행 연구자들의 이론을 의심하는 것은 뱃사람이 흔들리는 배에서 어정쩡한 걸음걸이를 체득하는 것만큼이나 당연하고 또 그만큼 유익한 일이다").[7] 그가 보기에 페이비언주의는 현대적 의미의 사회주의 운동이 아니었다.[8] 페이비언주의는 "자본주의를 포기"하지 않고 오히려 "그것을 더 효율적이고 더 안정적으로 만드는 것"을 목표로 삼았다.[9] "사회주의자로서 페이비언 회원들의 평판은 마르크스주의, 계급투쟁, 정치권력의 문제에 직면할 필요성을 거부하는 이론의 어휘와 신조를 확립할 수 있을지 여부에 전적으로 달려 있다"라고 그는 결론지었다.[10] 결국 그들은 그다지 중요하지 않았다.[11] 1909년 이후로 그들은 신세대 사회주의자들, 즉 계급투쟁을 실제로 믿고 새로 부상하는 노동당에 갈수록 강력한 영향력을 행사한 사회주의자들의 출현으로 인해 뒷전으로 밀려났다.[12] 그렇지만 돌이켜 볼 때 에릭의 논문에서 가장 주목할 만한 점은 주제에 대한 비판적인 태도가 아니라, 당시 영국 노동사에 관한 대부분의 연구에서 찾아보기 힘들었던 유럽의 문헌을 폭넓게 참고했다는 것이다. 에릭은 특히 19세기 중엽 독일 '국가사회주의'의 주창자 페르디난트 라살레의 사상과 시드니와 비어트리스 웹 부부의 사상 간의 유사성(그리고 라살레에 대한 부부의 부채)을, 그리고 웹 부부와 라살레의 사상이 에두아르트 베른슈타인 같은 독일 '수정주의' 사상가들에게 끼친 영향에 주목했다.[13] 이것은 논문의 여러 인상적인 측면 중 하나일 뿐이었다. 169쪽의 본문과 69쪽의 미주, 6개의 부록으로 구성된 논문은 인상적인 학술적 성과였다.

에릭은 1949년 여름에 논문의 초고를 완성했지만, 그해 가을학기에 케임브리지 대학원에 설명한 대로 "그 학기 중에 내가 이 단계에서 예상했던 수준보다 초고를 수정하고 다시 쓰는 진지한 작업을 훨씬 더 많이 해야 했습니다. 1차 수정 후에도 학기의 마지막까지 논문의 모든 부분을 수정하느라 바쁘게 지내야 했습니다."[14] 그는 딱 4년을 작업한 끝에 1949년 12월 15일 마침내 논문을 제출했다. 그렇지만 대학원은 그의 논문을 거부했다. 런던에서 에릭이 논문 타이핑을 의뢰한 타이피스트가 더 작은 4절판이 아니라 풀스캡판에 타이핑하고 소프트커버로 제본해 제출했기 때문이다. "현재 형태로는 논문을 받아들일 수 없습니다"라는 심각한 통지가 전해졌다. "논문은 4절지에 타이핑해야 하고, 적어도 한 부는 표지에 제목과 당신의 이름이 선명하게 새겨진 내구성 좋은 하드커버로 제본해야 합니다. 당신이 대학원에 입학했을 때 받은 대학원 학생 규약 제20항에 나와 있습니다."[15] 에릭은 논문의 형식적 요건을 위반한 데 대해 특별한 양해를 구해야만 했다. 부득이 포스탠이 나서서 통계표를 실으려면 더 큰 판형이 필요하다고 대학원을 설득했고, 타이핑을 다시 하려면 에릭이 감당할 수 없는 상당한 추가 비용이 발생할 것이라고 덧붙였다.[16] 에릭도 대학원에 보낸 편지에서 "연구 비용과 검토비, 박사학위 시험 준비 비용 자체가 상당한 액수이고, 아시다시피 그중 어떤 비용도 소득세 공제의 형태로 돌려받을 수 없습니다. 당연히 저는 적지 않은 비용을 추가로 부담하고 싶지 않습니다." 이런 세부사항을 승인할지 여부를 결정하는 역사학과 학위위원회가 자주 열리지 않았기 때문에 에릭에게는 매우 당혹스럽게도 논문의 공식 제출 절차는 1950년 4월에야 진행되었다. 논문이 당시 상한인 6만 단어를 넘지 않는다는 에릭의 확인서 및 필수 공식 서류들과 함께 그의 논문은 마침내 1950년 6월 30일에 대학에 접수되었다.[17]

케임브리지의 관례에 따라 역사학과는 케임브리지 외부인 한 명, 구두시험을 치기 전에 학과에 독자적 보고서를 제출해야 하는 내부인 한 명 등 두 명의 심사위원을 지명했다. 심사위원들이 논문을 읽고 보고서를 작성해 1950년 11월 24일 학과에 제출하기까지 거의 다섯 달이 걸렸다. 외부 심사위원은 '옥스퍼드 잉글랜드사' 시리즈에서 1870~1914년을 다룬 저작으로 유명한 옥스퍼드 역사가 겸 노동당 정치인 로버트 엔서였다. 내부 심사위원은 피터하우스의 펠로이자 정치학 교수인 데니스 브로건이었다. 엔서는 논문이 박사학위를 받을 자격이 충분하다고 생각했다. 그는 소수의 "문법이나 구문 실수는 영어가 그의 모국어가 아니라는 인상을 준다"고 생각하면서도, 에릭이 논문에 담아낸 연구뿐 아니라 논문의 명료한 구조까지 칭찬했다. 그가 보기에 주된 결함은 "역사적 상상력의 부족"이었다. 예를 들어 자유당과 좌파 세력에게 권력을 안겨주고 "시류에 편승하려 안달하는 이기주의자들"을 페이비언 협회에 들어가도록 자극한 1906년 총선의 영향을 에릭은 지적하지 못했다—그 이기주의자들은 협회의 점진주의에 실망해 문제를 일으키기 시작했다. 에릭은 이 점을 완전히 놓쳤고 이 무렵 페이비언주의 내부에서 일어난 반발의 성격을 이해하지 못했다고 엔서는 지적했다.[18] 브로건도 논문을 추천하면서 "20세기 초반의 정치사, 그리고 어느 정도는 지성사에 대한 우리의 지식에 실질적이고도 중요한 기여"를 한다고 보았다. 그는 에릭의 연구를 치하했고, 페이비언 협회 지도부를 너무 가혹하게 평가한 것이 아닌가 싶지만 에릭의 주장이 "근거가 충분하고 납득할 만하다"고 생각 했다. "페이비언주의 환경 외부의 입장에 선 그는 선행 연구자들보다 협 회를 역사적 관점에서 더 잘 바라볼 수 있었다."[19]

구두시험은 예정대로 열렸으며, 두 심사위원은 학위 수여를 공식적으 로 추천했다.[20] J. H. 플럼, 허버트 버터필드, 무니아 포스턴, 베네딕트 회 수도사 데이비드 놀스와 같은 유명한 인사들을 포함하는 역사학과 학 위위원회는 1950년 12월 1일 만장일치로 이 안건을 가결했다.[21] 에릭은 1951년 1월 27일 정식으로 박사학위를 받았다.[22] 당시에는 역사가가 박 사학위를 받는 것이 비교적 드문 일이었고, 누구나 아는 다음 단계는 논 문을 출판하는 것이었다. 에릭은 케임브리지대학 출판부 평의원회에 논 문을 즉시 제출했으며, 출판부 간사는 심사위원들의 우호적인 보고서 사본을 입수했다.[23] 그렇지만 이 시점에서 논문은 또다시 문제에 부딪혔 다. 평의원회—출판을 위해 접수된 원고를 승인하거나 거부하는 업무 를 공식적으로 위임받은 학자들—는 추가 의견을 듣기 위해 에릭의 논 문을 저명한 경제사가이자 기독교 사회주의자인 리처드 헨리 토니에게 보냈다. 토니는《종교와 자본주의의 발흥Religion and the Rise of Capitalism》을 비롯한 여러 저서의 저자이기도 했다. 토니는 에릭의 논문이 전혀 마음 에 들지 않았다. 논문이 "말만 번지르르하고 피상적이고 허세를 부린다" 고 평가했다. 홉스봄의 판단이 겸손하지 않고 지나치게 자신만만하다고 보았다. "그는 무슨 이유에서인지 다소 선심을 쓰는 듯한 어조로, 마치 진리에 대한 선험적이고 권위적인 지식을 보유한 채 그 지식에 비추어 덜떨어진 인간들의 오류를 바로잡는 사람처럼 글을 쓰는 길을 택했다." 토니는 에릭이 "활기차게 쓴다"고 인정하면서도 "지식과 판단의 결점들"

을 길게 나열한 다음 논문의 출판을 추천할 수 없다는 결론을 내렸다. 토니는 A. M. 맥브리어의 논문을 훨씬 더 좋게 평가했으며, 이 논문은 결국 10년 후에 케임브리지대학 출판부에서 《페이비언 사회주의와 영국의 정치, 1884~1918 Fabian Socialism and English Politics, 1884-1918》이라는 제목으로 출간되었다.[24]

에릭의 논문을 거부한 토니의 판단에는 분명히 페이비언주의에 대한 동질감이 반영되어 있었지만, 그의 적개심에는 그리 존중할 만하지 않은 다른 이유도 있었다. 에릭의 연구는 시드니와 비어트리스 웹 부부의 개인 서류가 그들의 공식 전기가 출간될 때까지 연구자들에게 차단되었다는 사실 때문에 심각한 타격을 입었다. 웹 부부의 유산 수탁인들로부터 공식 전기 집필을 의뢰받은 사람이 바로 토니 본인이었다. 얼마간 협의한 후에 그는 1948년 말에 전기를 쓰기로 했고, 연구를 시작하기 위해 조수도 고용했다. 그렇지만 수탁인들 중 한 명인 마거릿 콜 Margaret Cole 이 출판을 위해 부부의 서류를 사용하고 있음을 알게 된 토니는 이제 나이도 들고 몸도 성치 않았던 터라 집필 계획을 취소했다. 그러나 손해는 이미 발생한 상황이었고, 다른 수탁인들이 토니에게 전기 집필을 재개하라고 끈질기게 설득하며 공연히 여러 달을 보낸 탓에 에릭을 포함한 다른 연구자들은 웹 부부의 서류에 계속 접근할 수 없었다.[25]

페이비언 회원들에 대한 에릭의 비판적인 태도는 또 다른 문제들을 야기했다. 킹스칼리지에서 에릭의 학부 시절 지도교수였던 크리스토퍼 모리스는 일찍이 1940년에 에릭에게 그의 이름이 칼리지의 주니어 연구 펠로로 거론되고 있다고 알려주었다.[26] 주니어 펠로 후보자는 그 요건 중 하나로 '펠로 자격 논문'을 제출해야 했다. 에릭은 이미 1948년에 박사학위 논문을 상당히 써둔 터라 당시 원고의 대부분을 펠로 후보 경선용 논문으로 제출할 수 있다고 생각했다. 그렇지만 킹스칼리지의 경제학

교수로 페이비언 회원인 제럴드 쇼브Gerald Shove가 "페이비언 회원들에 대한 자신의 기억은 홉스봄의 분석과 전혀 관련이 없다"며 반대하는 바람에 에릭의 논문은 거부되었다.[27] 에릭은 설령 동일하거나 비슷한 논문을 다시 제출하더라도 받아들여질 가능성이 높지 않다고 생각했다. 그에 앞서 에릭은 런던정경대 도서관에서 연구를 하다가 웹 부부가 1894년에 출간된 《노동조합주의의 역사History of Trade Unionism》를 위해 모아둔 인쇄물 자료를 우연히 발견했다. 훗날 에릭은 이 자료가 노동사의 관례적인 제도적·정치적 서사 형식과는 전혀 다른, "구조적이고 문제 지향적인 노동자들의 역사로 나아가게 해준" "역사적 보고寶庫"였다고 회상했다.[28] 그다음 열 달 동안 그는 런던정경대의 웹 부부 자료를 사용해 완전히 새로운 펠로 자격 논문을 처음부터 다시 연구하고 써서 〈'신'노동조합주의 연구(1889~1914)〉로 완성했다.

(또다시) 풀스캡판 184쪽에 2행 간격으로 타이핑한 이 논문은 적지 않은 의미를 가진 저술이었다. 에릭은 자격 논문을 연구하고 집필하는 데 쓸 수 있는 시간이 길지 않았던 터라 논문이 "예비적 개괄"에 불과할 수도 있다는 점을 인정했다. 그렇지만 이 논문은 새로운 노동조합들이 1870년 이후 영국에서 출현한 이유와 종전의 노동조합들보다 조직으로서 더 성공을 거둔 이유를 일관되게 설명하려고 시도했다. 논문의 핵심은 노동조합의 제도적 발전을 당대의 경제적 배경, 생활 여건, 노동과 고용의 구조와 연결지으려는 시도였다.[29] 칼리지 측은 일반적인 관행대로 에릭의 펠로 자격 논문을 해당 분야의 저명한 두 전문가에게 보내 의견을 구했다. 그런데 이 무렵 영국에는 경제사가가 극히 드물었기 때문에 그 논문이 또다시 R. H. 토니에게 전해진 것은 거의 불가피한 불운이었다. 이 위대한 역사가는 이번에는 논문에 대해 좋은 말을 많이 했다.

그는 노동조합의 보고서와 잡지처럼 지금까지 신노동조합주의에 관해 서술하는 목적으로는 거의 사용되지 않은 자료에 공을 들였다. 그는 노동조합주의와 관련 있는 영국 문헌뿐 아니라 미국 문헌도 폭넓게 읽었다. 그는 자료에서 무엇이 중요한지 아는 예리한 안목을 가졌으며 올바른 질문을 한다. 마지막으로, 제1장과 결론부에서 나타나듯이 도발적인 일반화를 하는 재능이 있다.[30]

그렇지만 다른 한편으로 토니는 영국 노동조합주의의 역사에 대한 에릭의 해석이 "증거와 논증으로 더욱 효과적으로 뒷받침할 필요가 있는" 선험적 가정에 기댄다고 생각했다. 그리고 결론부가 "그렇게 큰 주제에 걸맞지 않게 너무 개략적"이라고 보았다. 에릭은 시간에 쫓겨 집필한 것이 분명했다. "홉스봄 씨는 가끔씩 지나치게 세밀한 논의로 빠지긴 하지만 분명 자신이 연구하는 분야에서 대단한 능력과 폭넓은 지식을 가진 사람이다"라는 긍정적인 어조로 토니는 보고서를 끝맺었다.

두 번째 보고서를 쓴 사람은 또 한 명의 주요 경제사가이자 영국 산업화 역사의 전문가인 T. S. 애슈턴Ashton이었다. 1946년부터 런던정경대 교수를 지낸 애슈턴은 단호한 반마르크스주의자였고, 취임 기념 강연에서 '자본주의'와 '경제결정론' 같은 개념을 사용하는 사람들의 기를 죽이는 공격을 개시했다. 그는 경제사라는 "집에서" 이런 개념의 옹호자들을 "쫓아내자"고 학계에 호소했다.[31] 토니와는 반대로 애슈턴은 새로운 노동조합의 성장에 관한 에릭의 서술이 "실망스럽다"고 보았고, 특히 통계가 없다고 비판했다. 에릭의 논문은 "그 접근법에서 분석적이라기보다 경험적"이었다. 그것은 인구 성장, 생산비, 자본 수출이 노동시장에 끼친 영향과 같은 더 넓은 경제적 맥락을 언급하지 않았다. 또 노동조합의 확산은 경기순환의 변화가 아니라 기술의 변화와 관련이 있다고 지적했다.[32] 문체와 관련해 애슈턴은 "과도한 삽입구 사용과 전혀 자명하지 않은 서술 앞에 '물론'을 붙이는 경향"이 있다며 비판했다. 그렇지만 이런 비판적인 발언에도 불구하고, 킹스칼리지 펠로들은 에릭을 1950~1951년 학사연도의 시작부터 유효한 4년 임기의 주니어 연구 펠로로 선출했다. 아마도 "대단한 능력과 폭넓은 지식"을 가졌다는 토니의 칭찬과, 그들 자신도 인정하는 에릭의 지성과 장래성 때문이었을 것이다. 주니어 연구 펠로는 오늘날이라면 박사후 과정이라 부를 만한 자리로, 학생을 가르치는 가벼운 의무를 수반하지만 주로 연구 경력의 토대를 쌓을 시간을 주려고 만든 직위였다. 보수가 특별히 많지는 않았으나 칼리지 안에서 무료 식사와 무료 숙소 혜택이 주어졌다.

페이비언 협회에 관한 연구가 막다른 골목에 봉착한 것과 달리, 후기 빅토리아 시대와 에드워드 시대의 노동조합 운동에 관한 연구는 장차 학술지에 실릴 여러 논문을 연구하고 집필하는 기반이 되었다. 에릭은 1949년에 《경제사 평론Economic History Review》에 논문 〈영국의 일반노동조합, 1889~1914 General Labour Unions in Britain, 1889-1914〉를 게재하며 전문 역사학자로서 첫발을 내디뎠다. 그리고 펠로 자격 논문을 정제한 이 논문과 비슷한 시기에 미국 공산당의 정기간행물 《과학과 사회》(여기서 '과학'은 '과학적 사회주의'를 의미한다)에 상대적으로 길고 더 뚜렷하게 이데올로기적인 다른 논문을 실었다.[33] 그 후 1954년에 공산당 출판사 로런스앤드위셔트에서 출간하는 마르크스주의 역사 연구서에 〈19세기 영국의 노동귀족 The Labour Aristocracy in Nineteenth-Century Britain〉이라는 비슷한 논문을 실었다.[34] '노동귀족' 개념은 오스트리아계 독일인 마르크스주의 이론가 카를 카우츠키에게서 이 개념을 차용한 레닌의 저작에 크게 의존하고 있었다. 레닌은 수공업에 기반하는 노동조합과 조합원은 자본가 부르주아지로부터 지위와 이익을 분배받으려는 유혹에 넘어가 혁명적 노동계급 정당을 결성한다는 생각에서 멀어진다고 주장했다. 이 주장은 당연히 맹렬한 비판을 받았고, 뒤이은 여러 기고문에서 에릭은 '거친' 노동계급이 '점잖은' 노동계급보다 자연히 더 혁명적이라는 생각은 영국의 맥락에서는 옹호될 수 없다고 인정했다. 그리고 19세기 전반에 제화공 같은 장인과 수공업자도 당연히 혁명적 이념의 담지자였다고 말했다. 그럼에도 이 일은 에릭의 경력에서 두드러지게 나타난 특징 중 하나인 유익한 역사적 논쟁을 촉발하는 그의 능력을 보여준 초기 사례였다.[35]

그는 경제사와 사회사라는 작은 세계에서 진지한 학문 연구자로서 명성을 얻는 최선의 길인 더 집약적이고 전문적인 논문도 발표했다. 이와 관련해 그가 발표한 주요 논문은, 유럽 대륙에서는 Wanderburschen과 compagnonnages라는 용어로 잘 알려져 있지만 영국에서는 거의 연구되지 않은 '떠돌이 수공업자tramping artisan'에 관한 글이었다. 노동조합의 보고서와 규약집을 주로 이용한 이 논문은 떠돌이 숙련 수공업자 또는 '직인' 체계의 성장을 추적했고, 1860년대부터 이 체계가 쇠퇴한 데에는 노동의 전문화, 임시고용을 상시고용이 대체하는 추세, 일정한 거주지가 없는 사람은 받을 수 없는 실업수당의 도입 등이 반영되었다고 주장했다. 이 논문을 《경제사 평론》에 실으려던 에릭은 틀림없이 논문 심사를 맡게 될 선배 학자들, 즉 이 시점까지 자신의 학자 경력에 주된 걸림돌로 판명난 R. H. 토니와 T. S. 애슈턴이 논문을 게재 불가로 처리하는 일을 막기 위해 두 사람에게 논문을 보내 비공식 사전 평가를 받았다.

토니는 논문이 "매우 흥미롭습니다. 내가 아는 한 이 주제는 거의 완전히 무시되어왔습니다"라는 의견을 피력했다. 그리고 19세기 초의 급진주의자 프랜시스 플레이스Francis Place의 문서에서 추가 자료를 찾을 수 있을 것이라고 제안했다. 에릭은 이 자료를 이전 역사가들이 광범위하게 사용했으므로 자신은 2차 문헌을 인용할 수 있을 것으로 생각한다고 답변했다. 하지만 지역별 특성에, 특히 런던의 역할에 더 주목하라는 토니의 조언에는 요령 있게 감사를 표시했다. 애슈턴도 좋은 인상을 받아 논문 게재를 승인했다. 이런 전술을 통해 에릭은 통상적인 편집상의 지연을 겪은 뒤 1951년 《경제사 평론》에 논문을 어려움 없이 게재하는 데 성공했다.[36] 이를 계기로 에릭은 노동운동의 성장과 영국 산업경제의 발전 사이의 연관성에 관한 더 광범한 탐구인 〈1800년 이후의 경기 변동과 몇몇 사회운동Economic Fluctuations and Some Social Movements Since 1800〉을 쓸 수 있었으며, 이 논문 역시 《경제사 평론》 1952~1953년호에 실렸다. 영국의 대표적인 경제사회사 학술지에 세 편의 연구 논문을 게재함으로써 에릭은 진지한 역사학자로서의 경력을 성공적으로 시작했다.

2

대학원생일 뿐 아니라 주니어 연구 펠로이기도 했던 에릭은 "전후의 케임브리지에서 고독했다."[37] 학부 시절 친구들이 세계 각지로 흩어지고 옛 학생 공산당이 허물어진 터라 지난날 정치적·지적 생활을 공유했던 지인이 도시에도 대학에도 전혀 남아 있지 않았다. 그렇지만 그가 곧바로 어울린 사교단체가 하나 있었다. 1939년 여름학기에 그는 작고 배타적인 엘리트 단체인 케임브리지 좌담회Cambridge Conversazione Society에 가입을 권유받았다. 사도회Apostles라 불린 이 모임은 기존 회원들이 킹스칼리지를 포함한 소수의 칼리지에서 명석함과 말재간을 이유로 선출한 총 열두 명의 학부생과 대학원생으로 이루어졌다. 회원들의 신원은 철저히 비밀에 부쳐졌다. 에릭의 가입은 1939년 11월 11일에 확정되었다.[38]

훗날 그는 이렇게 회상했다. "안드레아스 메이어Andreas Mayor와 차를 마시기 위해 예술극장 카페로 나를 데려간 존 루스John Luce가 분명히 나에 대한 심사를 안드레아스에게 제안했을 것이다. 안드레아스는 내가 모르는 사람이었다. 그는 거의 아무 말도 하지 않았고 그 후로 그를 보지 못했다. 그는 저녁식사 모임에 결코 나타나지 않았다." 에릭은 자신처럼 공산당원인 사도 레오 롱Leo Long에게서 단체의 전승과 관례에 관한 설명을 들었다.[39]

사도회 회합에서 토론 주제는 매우 다양했지만 학문적 주제는 거의 없었다. 사도회의 전통은 무려 빅토리아 시대까지 거슬러 올라갔다.[40] 아마도 비밀 엄수 때문이었는지 사도회는 양차 대전 사이에 동성애와 '케임브리지의 스파이들'에 모두 연루되었다. 에릭은 부인하고자 애썼지만, 적어도 1930년대에는 이런 일이 있었을지 모른다. 예를 들어 에릭이 가입하기 직전인 1939년 3월 11일, 모임에 참석한 아홉 명의 회원들은 '우리는 친구들과 잠자리를 같이하고 싶은가?'라는 문제에 대해 토론했다. 여기에 한 회원은 "'잠자리'의 의미는 남색, 성교, 애무 등 모든 형태의 황홀한 육체적 즐거움을 의미한다"라고 덧붙였고, 다른 회원은 "성적 의미가 없는 여자 '친구들'을 믿지 마라"라고 지적했다. 참석한 회원들 중에 다섯 명은 물음에 그렇다고 답했고, 두 명은 여자랑만 자고 싶다고 답했고, 두 명은 남자든 여자든 상관없다고 했고, 한 명은 남자하고만 자고 싶다고 했다.[41]

에릭이 나중에 적었듯이, 사실 1930년대 후반에 사도들 중에 공산당원은 몇 명 없었다.

(등반가 윌프레드 노이스의 경우처럼 아마도 유달리 잘생긴 사람에게만 느슨했던) 회원 선출의 기준은 이데올로기도, 심지어 좋은 심성도

아니라 '사도다움'이었습니다—이는 규정하기보다 알아보기가 더 쉬운 어떤 상태였어요. 사도회는 사도다움이 무엇인지 토론하는 데 엄청난 시간을 들였어요. 가장 공산주의적인 사도일지라도 '사도다운' 사람으로 여겨지지 않았을 수 있었습니다. 심지어 레닌이라도요. 나는 1930년대 초 이후 (⋯) 사도회의 기조가 특별히 공산주의적이었다고 생각하지 않습니다.[42]

그럼에도 에릭의 케임브리지 친구 노엘 아난이 나중에 지적했듯이 "1927년부터 1939년까지 사도회에 선출된 서른한 명 가운데 열다섯 명이 공산주의자 또는 마르크스주의자였다."[43] 여기에는 훗날 라디오 프로듀서와 정보장교로 활동한 가이 버지스와 예술사가 앤서니 블런트의 영향이 분명히 있었다. 두 사람 모두 사도회의 현 회원들과 '천사'라고 불린 전 회원들이 교류하는 연례 만찬회에 꼬박꼬박 참석했다. 또 두 사람은 동성애자였고, 레오 롱처럼 나중에 소련의 스파이로 밝혀졌다. 그러나 사도회의 다수는 공산당원이 아니었으며, '케임브리지의 스파이들' 다수는 동성애자가 아니었다.

에릭은 사도들이 "특별히 뛰어나다"고 생각하지 않았다.[44]

나는 주장하기를 좋아하고 주장 듣기를 좋아하며 특히 친구들과 함께 있는 것을 좋아해 회합을 즐기긴 했지만, 회합은 나 자신의 지적 성장에 거의 기여하지 않았다. 오히려 나는 사도회의 방식과 분위기에 엄청난 영향을 받았고, 대다수 회원들과 마찬가지로 그것을 흡수하고 소중히 여겼다. (⋯) 아마도 에드워드 시대로부터 물려받은 듯한 사도회 토론의 특징 중 하나는 가장 진지하고 가슴 깊이 간직한 의견을 제시할 때조차도 일부러 가벼운 어조로, 살짝 비꼬듯이, 재치 있게, 무표정한 얼굴로 농담을 하듯이, '지독한 진지함'에서 벗어난 자세로 한다는 것이었다. 당연히 중요한 또 다른 특징은 전적으로 신뢰하는 친구들 앞에서 완전히(또는 감당할 수 있는 최대한도로) 정직해야 한다는 것이었다.

에릭은 "사랑을 주고받는 사이는 아니더라도 사람들이" 그에게 "속내를 다 털어놓는 인간 유형"은 아니었지만, 사도들은 적어도 회합이 아닌 자리에서는 실제로 그들의 성적 취향과 문제에 대해 그에게 말했다. 그리고 에릭도 "이때가 나의 공산당 생활에서 매우 전투적인 단계였음에도" 정치적 견해를 감추려 하지 않았다. 그럼에도 사도들은 "내가 공산당 모임에서 익숙해진 공공연하고 잔인하기까지 한 방식으로 서로를 비판하지 않았다. 사도들 사이에는 역사가들 사이에 존재하는 친밀함과 다르긴 하지만 몇 가지 면에서 비슷한 어떤 친밀함이 존재했다."

1939년 11월 예배당 맞은편 킹스칼리지 D층의 방에서 열린 첫 회합에서 에릭은 "한 가지 큰 거짓말 아니면 여러 작은 거짓말?"이라는 질문을 받고 "한 가지 큰 거짓말" 편을 들었다. 그렇지만 1939년 11월 25일 겨우 한 차례 더 모임을 가진 후에 전쟁이 터지는 바람에 회원들은 대부분 군대로 흩어졌다. 사도회의 의사록에 기록된 다음번 회합은 1942년 6월 20일에 사도들과 천사들이 참석한 런던 아이비 레스토랑에서의 만찬이었다. 이때 눈에 띄는 참석자로는 경제학자 존 메이너드 케인스, 소설가 E. M. 포스터, 문학평론가 데즈먼드 매카시, 정신분석가 제임스 스트레이치, 앤서니 블런트와 가이 버지스가 있었다. 1943년 7월 17일에 화이트타워 레스토랑에서 블런트의 주재로 열린 다른 회합에는 매카시, 스트레이치, 버지스와 더불어 작가이자 출판업자인 레너드 울프(1941년에 자살한 소설가 버지니아 울프의 남편)도 참석했다. 그다음으로 회원들은 전후의 첫 만찬을 1946년 6월 29일 소호의 유서 깊은 케트너 레스토랑에서 가졌다. 블런트뿐 아니라 매카시, 철학자 G. E. 무어, 제임스 스트레이치도 참석했다. 케임브리지에 재학 중인 단 두 명의 회원 중 하나였던 에릭은 이 자리에서 부회장으로 임명되어 만찬 후에 연설을 해야 했다. 그는 천사들로부터 사도회 부흥의 책임을 부여받았다. 훗날 그는 의사록에 "사도회는 부흥되었다"라고 짧지만 의기양양하게 적었다. 사도회는 처음 몇 번은 T. S. 엘리엇의 〈황무지〉에 대한 날카로운 비평으로 명성을 얻은 보수적인 영문학자 F. R. 루커스의 방에서 모였고, 그 후에는 킹스칼리지의 포스터의 방에서 만났다.[45]

처음에는 우선 회원을 충원하기 위해 사도들뿐 아니라 천사들도 참석했고, 그들과 상의한 다음 에릭과 영문학 강사 매슈 호가트는 학생 전체에서 신입을 뽑자고 제안했다. 그들에 의해 재구성된 사도회에서 특기할 점은 동성애자가 거의 없고 공산당원이 전혀 없다는 사실이었다.[46] 20대 중반에 이매뉴얼칼리지에서 막 영문학을 가르치기 시작한 문학평론가이자 이후 포스터의 전기작가가 되는 P. N. 퍼뱅크가 호가트의 추천으로 1946년 10월 21일 회원이 되었다. 에릭은 자신의 친구이며 당시 킹스칼리지의 주니어 연구 펠로였던 지성사가 노엘 아난, 역사학과 학부생이자 에릭의 첫 제자들 중 한 명인 마이클 자페, 전 공산당원으로 군 복무를 끝내고 학위 과정을 마치기 위해 트리니티칼리지로 돌아온 역사가 잭 갤러거를 충원했다. 에릭은 1947년 2월 3일 두 명의 회원, 즉 수학과 학생 로빈 갠디와 미래의 노동당 정부 장관 피터 쇼어를 추천했다. 전후 초기에 사도회의 평균 연령은 이례적으로 높았는데, 기존 회원들 중 일부가 전쟁으로 학업을 중단했고 어쨌든 에릭과 매슈 호가트 모두 에릭의 회상대로 "학부생과 접촉이 없어 주로 연구생과 다른 동년배 사이에서 회원을 찾았기" 때문이다.[47]

1946년 11월 4일의 토론에서 에릭은 '우리가 살아가는 이 시대에 계몽적인 시대의 특징이 현저하게 있다고 말할 수 있는가?'라는 물음에 대해 긍정도 부정도 하지 않는 입장이었다. 계몽적인 시대이긴 하지만 현저하게 계몽적이지는 않다고 생각했기 때문이다. 12월 2일의 물음 '역사, 쓰는 것인가 바로잡는 것인가?'에는 '바로잡는 것'이라고 답했지만, "그저 균형을 위해", 즉 양쪽의 표를 5 대 5로 맞추기 위해 이렇게 말했다. 그 다음 모임의 '우리는 미래 예측을 신뢰할 의향이 있는가?'라는 질문에 에릭은 그렇다고 대답했다. 1947년 2월 17일, 신입 충원을 완수한 에릭은 부회장 자리에서 물러났다. 이 모임에서 제기된 '소박함인가 현란함인가?'라는 물음에 이제 자신의 트레이드마크가 된 모순적인 타협안("소박하지만 이따금 현란함이 없지 않은")을 내놓은 뒤로 에릭은 연구 펠로가 되기 전까지 더 이상 모임에 나가지 않았다. 다만 만찬에는 어김없이 참석하고, 연락도 유지했다.[48] 1948년 2월에 노엘 아난에게 사도회에 선출된 것을 축하하는 편지를 보내기도 했다. 이 편지에서 에릭은 "현재의 덜 인상적인 무리가 아니라 정말로 걸출했던 과거의 사도들을 생각하면, 우리는 큰 영광으로 받아들여야 해"라며 회원을 충원한 자신의 성적에 암묵적으로 비판적인 평가를 내렸다.[49] 사도회는 대학원생이 아직까지 정말 보기 드문 별종이던 케임브리지의 환경에서, 예전보다 더 학부생 세계로부터 단절된 박사 과정생 에릭의 외로움을 크게 덜어주었다.

3

학자 경력의 토대를 다지는 동안 에릭은 전쟁으로 인해 헤어짐과 트라우마를 겪은 친척들과 다시 연락하기 시작했다. 전시에 유럽에 남았던 친척들이 나치와 그 동맹들의 반유대주의 박해와 집단학살 정책으로 극심한 고통을 받았다는 사실이 곧 분명하게 드러났다.[50] 에릭의 외종조부 리하르트 프리트만과 그의 아내 줄리는 체코슬로바키아의 온천도시 마리안스케라즈네에 멋진 상점을 가지고 있었지만 1939년 초에 독일에 상점을 빼앗기고 아우슈비츠로 이송된 뒤 살해당했고, 헤트비히 리히텐슈테른 아주머니도 그곳에서 살해되었다.[51] 또 한 명의 외종조부 빅토르 프리트만과 그의 아내 엘자는 오스트리아 병합 이후 빈에서 파리로 달아났다. 에릭은 어머니가 마지막 병치레를 하는 동안 빈에서 그들과 함께 지낸 적이 있었다. 그들은 잠시 몽마르트르에서 살다가(에릭은 그들을 1939년에 이곳에서 만났다) 1940년에 독일이 침공해오자 더 서쪽으로 피신했다. 보르도에서 체포되어 잠시 따로 수감되었던 부부는 이후 니스로 가서 재회했지만, 1943년 11월 18일 그곳에서 다시 체포되어 11월 19일 파리 근처 드랑시의 임시수용소로 끌려갔다. 이튿날 그들은 약 1200명의 유대인을 태운 수송번호 62번 열차에 실려 아우슈비츠-비르케나우 절멸수용소로 향했다. 11월 25일 수용소에 도착한 그들은 '선별'을 거친 후 가스실로 보내져 62번 수송열차에 실려온 총 895명의 추방자들 틈바구니에서 살해되었다. 1930년대 초에 함께 지내는 동안 에릭과 친해진 부부의 딸 헤르타는 전쟁에서 살아남아 한동안 미국 점령당국을 위해 일한 뒤 뉴욕으로 이주했고, 이곳에서 헤르타 벨이라는 이름으로 호텔에서 일하다가 필리핀으로 떠났지만 그 이후로는 기록이 남아 있지 않다. 에릭이 1932~1933년에 베를린에서 지낼 때 탄복했던 그녀의 오빠 오토는 팔레스타인으로 이주해 에탄 드로르Etan Dror로 개명하고 "사랑을 위해 오스트리아에서 그를 따라온 빈 출신의 오랜 연인"과 결혼했다. 1957년 그는 베를린으로 돌아와 독일에서 삶을 다시 꾸리려 했지만, 이 무렵이면 에릭과도 연락이 끊긴 상태였다.[52]

아주 멀리 있는 다른 친척들도 겨우 목숨만 건진 정도였지만 어쨌든 살아남았다. 전쟁이 끝나고 얼마 후에 당시 브라티슬라바에 살고 있던 사촌 게르트루다 알브레흐토바Gertruda Albrechtová('트라우들Traudl')는 에릭과 다시 연락이 닿았다. 1944년 헝가리 괴뢰정부가 독일 점령군의 명령에 따라 유대인을 체포하고 추방하기 시작했을 때 트라우들은 "아빠와 나는 수용소로 보내졌는데 아빠는 베르겐-벨젠, 나는 테레지엔슈타트 수용소였어"라고 편지에 적었다. "할머니는 이미 빈에서 추방되어 열한 개 수용소를 전전하다가 프랑스에서 해방되고 이곳에 오셔서 1947년에 돌아가셨어. 아빠는 1946년 여름에 수용소 후유증으로 돌아가셨어." 트라우들은 대학에서 영어와 독일어를 공부했으며 프라하 카렐대학에서 독일어 박사학위를 취득하고 체코슬로바키아 음악가와 결혼했다. 부부에게 아이는 없었다. 트라우들은 1934년 아니면 1935년에 런던을 방문했을 때 에릭이 테이트 갤러리에 데려간 일을 기억했다. 필립 홉스바움을 빼면 트라우들은 에릭의 친척 중에서 학적으로 출중한 유일한 사람이었다.[53]

에릭은 전시에 사촌 데니스와 거의 연락이 없었지만 평화가 찾아오자 두 사람 모두 좋아하는 재즈를 바탕으로 곧 친근한 관계를 회복했다. 데니스는 전쟁 발발 직후 동료 음악가 퀴니 펄Queenie Pearl과 결혼했고, 단독 날인증서를 제출해 프레츠너에서 프레스턴으로 개명했다. 전시에 그는 BBC 음악 프로그램의 진행자로 경력을 시작했고, 《멜로디 메이커》와 《뮤지컬 익스프레스》의 기자뿐 아니라 재즈 콘서트 기획자로도 생계를 꾸려나갔다. 종전 직후에는 퀴니와 이혼하고 남아프리카 코사족의 명망가 출신인 노니 자바부Noni Jabavu와 결혼했다. 1948년경 데니스는 데카 음반사에서 칼립소와 스틸드럼 음악을 녹음하기 위해 아프리카계 카리브 음악가들과 계약을 맺고 있었다. 재즈를 향한 데니스의 열정은 전후에 줄곧 에릭을 고무했다. 데니스 부부는 당시만 해도 이국적인 신문물이었던 인도 음식을 파는 레스토랑에서 에릭과 종종 만나 음악과 정치에 대해 이야기를 나누었다.[54]

한편 에릭의 삼촌 시드니는 칠레로 이주한 뒤 재혼했다. 새 아내 릴리 카우프만은 그곳에서 만난 망명 독일인이었다. 시드니가 종전 직후 사망하는 바람에 이 결혼은 오래가지 못했다. 트리니다드에서 영국 제국 검열관으로 일했던 에릭의 여동생 낸시는 전후에 남아메리카로 돌아와 우루과이 몬테비데오의 영국 대사관에서 비서로 일했다. 여기서 그녀는 박력 넘치는 영국 해군 대령 빅터 마르체시Victor Marchesi를 만나 사랑에 빠졌다. 빅터는 1914년 이전에 악명 높았던 무기 거래상 배질 자하로프 경의 사업 동료인 빈센트 카일라드 경의 혼외자였다. 카일라드의 아내는 모르핀 중독자여서 이탈리아인 친구 로마니 마르체시의 보살핌을 받았는데, 빈센트 경과 로마니의 혼외 관계에서 태어난 자식이 빅터였다. 가족은 빅터의 혈통을 감추려 하지 않았다. 빅터는 출생 시 친모의 성을 따랐지만 영국 해군에 입대하기 전까지 카일라드-마르체시의 가정에서 성장했다. 남극해에서 항해한 경험이 있던 터라 빅터는 타바랭 작전에 참여하는 기함 윌리엄 스코스비호의 함장을 맡게 되었다(타바랭이라는 이름은 파리의 유명한 카바레 발 타바랭에서 연유했다). 작전의 주요 목표는 남극 지역에서 영국의 존재감을 확립하여 이 지역에 대한 아르헨티나를 비롯한 국가들의 권리 주장을 막고, 그리하여 이 지역이 독일군 U보트의 기지로 쓰이는 사태를 미연에 방지하는 것이었다.

1943년부터 3년 동안 빅터는 남극대륙 자체, 사우스셰틀랜드 제도, 사우스조지아섬, 사우스오크니 제도, 포클랜드 제도에서 기지 설립을 돕고 물자를 공급했으며, 이를 위해 1년에 3개월씩 몬테비데오에서 함선을 수리하고 보급품을 공급받았다. 그렇게 몬테비데오를 방문한 외중에 낸시를 만났다. 두 사람은 1946년 포클랜드 제도에서 결혼했다.[55] 그러나 타바랭 작전에는 훨씬 더 은밀한 다른 측면이 있었다. 언젠가 빅터는 윌리엄 스코스비호에서 모터보트로 옮겨 타고서 갑판 위의 뚜껑 없는 우리에 양들을 가득 실은 바지선을 예인하는 임무를 맡았다. 안전한 위치에 도착하자 빅터와 동료 장교는 헝겊이 들어 있는 우유병 하나를 우리 안에 던져넣은 뒤 과학자들이 기다리고 있는 스코스비호로 돌아왔다. 헝겊은 치명적 탄저균의 포자로 덮여 있었으며, 이 작전은 탄저균을 생화학전에 사용할 수 있는지 확인하는 실험이었다. 다행히 탄저균은 사용되지 않은 듯하다.[56]

낸시는 자신이 공무원으로 취직했으므로 에릭과 거리를 두어야 한다고 생각했고, 결혼 전 성의 마지막 두 철자를 'u'와 'n'으로 고쳐 'Hobsbaun'으로 바꾸기까지 했다. 심지어 에릭에게 남은 유대인 정체성마저 공유하지 않았다. 1951년에 태어난 부부의 아들 로빈 마르체시는 훗날 다음과 같이 회고했다.

나는 어머니가 다만 조용히 살고 자신이 유대인임을 잊으려 했다고 생각한다. 내가 보기에 한 가지 이유는 에릭이 책을 내고 있었고 어떤 청년이 나를 돌아보며 "당신은 틀림없이 유대인이군요"라고 말했기 때문이다. 나는 "당연히 아니에요"라고 대꾸했다가 잠시 생각한 다음 "그래요, 나는 유대인이에요"라고 말했다. 그리고 이에 대해 어머니에게 물었을 때 어머니가 손을 귀에 갖다대며 와락 울음을 터뜨리더니 이내 울음을 멈추고 나에게 와서 "절대로 말하지 마, 로빈! 절대로!"라고 말했던 순간을 여전히 기억한다. 어머니는 독일에서 겪은 일로부터 정말로 명백하게 영향을 받았다. (⋯) 그리고 내 질문에 대한 어머니의 답변은 어머니가 철저하게 영국인인 체했던 이유, 그리고 그런 사람으로 보이는 남자와 결혼한 이유였다고 나는 생각한다.

낸시가 트리니다드에서 결핵에 걸려 치료가 필요했기 때문에 전후에 빅터와 낸시는 영국으로 돌아갔다.[57] 그녀가 하루에 담배 60개비를 피운다는 사실은 몸 상태에 도움이 되지 않았다. 로빈은 "어머니는 언제나 숨을 헐떡였다"라고 기억했지만, 1940년대 말에 상용화된 항생제가 그녀의 목숨을 구했을 것이다. 낸시는 빅터와 더불어 하이위컴에 있는 작은 집을 빌렸다. 빅터는 낸시는 물론 시드니가 사망한 후 그레틀의 아들 피터까지 책임졌고, 카일라드 부인이 남긴 유산을 바탕으로 캐나다 몬트리올 맥길대학에 다니는 피터의 수업료와 생활비까지 부담했다.

에릭은 낸시가 영국으로 돌아온 후 동생과 연락을 재개했다. 그러나 빅터 마르체시는 유명한 공산당원과의 친밀한 가족 관계가 자신의 해군 경력을 망칠 것이라고 생각하기 시작했다. 1947년경 소련과의 전시 동맹이 와해되고 있었기 때문이다. 1947년 3월, 미국 대통령 해리 S. 트루먼은 소련이 이미 장악하고 있지 않은 나라들에서 영향력을 얻는 것을 미국이 막을 것이라고 선포했다. 그에 대응해 스탈린은 붉은군대가 점령하고 있는 동유럽 국가들에 소련식 정치체제를 수립하도록 강요했다. 네 개의 점령 구역으로 분할된 독일 수도 베를린은 소련의 점령 지역 안에 있었는데, 소련은 1948년 6월 베를린에서 서쪽으로 향하는 모든 길을 차단하고 거의 1년간 이런 봉쇄를 유지했다. 영국, 프랑스, 미국이 통치한 서베를린은 봉쇄가 마침내 해제될 때까지 유명한 베를린 공수작전을 통해 유지되었다. 1949년 가을, 독일에 두 개의 분단국가가 생겨났다. 의회민주제를 채택한 서쪽의 독일연방공화국과 공산당이 지배하는 동쪽의 독일민주공화국이었다. 서방 국가들에서 공산당원은 점차 전복적인 인물로 간주되었고 갈수록 당국의 의심을 받았다.[58]

이것이 냉전의 시작이었다. 에릭은 전후 독일의 재건에 잠시 관여하게 된 1947~1948년에 이미 냉전의 영향을 감지하기 시작했다. 나중에 문학 번역가가 되는 사도회원 월터 윌리치는 1945년 7월 4일 나치즘 이후 독일 사회를 재건할 가능성에 관해 에릭에게 편지를 썼다. 그는 "나치들을 그들에게 자연스러운 환경에서 분리하고, 서로 갈라놓고, 문명 사회로 들어오게 하는 방법으로 그들과 함께 어딘가에 도달할 수 있어"라는 에릭의 낙관적인 견해에 동의했다. "무슨 수를 써서라도 독일인들을 걷어차. 하지만 그들이 빙빙 돌지 않고 명확한 방향으로 나아가도록 걷어차야 해"라고 윌리치는 말했다.[59] 이 편지를 주고받은 지 얼마 되지 않아 에릭이 독일어를 구사한다는 사실을 어딘가로부터 전해들은 외무부는 독일 교사들을 나치즘으로부터 전향시키려는 영국 정책의 일환으로 독일 북부 뤼네부르거하이데에 있는 사냥꾼 오두막에서 그들을 '재교육'하는 일을 에릭에게 의뢰했다. 에릭은 1947년 8월의 처음 3주 동안 뤼네부르거하이데에서 재교육 강의를 했다.[60] "이 해롭지 않아 보이는 사람들이 1933년에서 1945년 사이에 무슨 짓인들 하지 않았겠는가?"라고 그는 궁금해했다. 수강생들 중에는 훗날 역사가가 되는 라인하르트 코젤렉이 있었다─"내가 그에게 민주주의를 가르쳤지"라고 에릭은 음흉한 미소를 띤 채 나에게 말했다. 코젤렉은 동부전선에서 독일 국방군과 함께 싸우다가 러시아군에 포로로 잡혔었다. 서로 마음이 맞았던 코젤렉과 에릭은 친구가 되었고, 코젤렉이 뛰어난 솜씨로 스케치한 친구의 얼굴 그림을 에릭은 소장품으로 간직했다. 붉은군대가 독일을 침공하며 저지른 숱한 잔혹행위를 감안하면 "독일에서 토착민들 사이에서나 수많은 난민들 사이에서나 증오와 공포의 분위기가 만연한 것"은 놀랄 일이 아니라고 에릭은 적었다. "이곳에 있으면 있을수록 나는 더 우울해진다." "희망? 나는 조금도 찾아볼 수 없다."[61] 재교육 프로그램은 곧 중단되었다. 참모본부 합동정보위원회 의장이자 나중에 옥스퍼드 뉴칼리지의 학장이 되는 직업 외교관 윌리엄 헤이터William Hayter는 이듬해 에릭이 "공산당의 역사분과 회원"이며 아내도 공산당원임을 알고서 "이 사람을 독일의 영국 관리 지역에 강사로 보내는 제안"에 우려를 표명하고 MI5 측에 "그가 독일에 가지 않았으면 합니다"라고 말했다.[62] 그리고 실제로 여러 해 동안 에릭은 독일에 가지 못했다.

에릭은 나치의 유대인 박해나 아우슈비츠에서 살해당한 친척에 대해 쓰지 않았다. 세월이 흐른 뒤 미국 역사가 아르노 J. 메이어가 《왜 하늘은 어두워지지 않았는가? 역사에서의 '최종 해법'Why did the Heavens not Darken? The "Final Solution" in History》(1988)이라는 책의 원고를 보내왔을 때, 에릭은 이렇게 털어놓았다. "50년대 초 또는 40년대 말에 강제수용소에 관한 첫 자료가 나온 후로 나는 그것과 거리를 두었습니다. 이런 초기 출판물들을 읽는 것—나는 특히 코곤Kogon의 책을 읽고 감명을 받았지만 우울해지기도 했습니다—은 내게 감정적으로 마주하기에 너무나 어려운 일이었습니다."[63] 에릭은 "유대인 절멸을 이해한다고 여전히 확신하지 못한 채로" 이 책을 덮었지만, 유대인의 권리를 박탈하고 수용소에 집어넣어야 한다고 주장한 1900년대 초 일부 오스트리아 반유대주의자들의 요구에 이미 유대인 절멸의 가능성이 담겨 있었다고 지적했다. 에릭은 유대인 박해가 십자군 운동이나 30년 전쟁과 비슷하다는 메이어의 주장에도 설득되지 않았다. 야만성의 역사에서도 유대인을 학살하는 것 말고는 아무런 기능도 없었던 트레블린카 같은 강제수용소들은 여전히 만족스럽게 설명되지 않은 특별한 사례라고 보았다. 나치의 유대인 학살에 대해 공개적으로 발언하기를 꺼린 사람은 에릭만이 아니었다. 전쟁 직후 수년 동안 이 주제에 관해 거의 아무것도 발표되지 않았다. 전쟁에서 살아남은 대다수의 유대인들은 그저 자기네 삶을 이어가기를 바랐다. 어쨌든 냉전으로 인해 서구 정부들과 BBC 같은 방송국들은 서구에 대한 독일인의 지지가 극히 중요하다고 여겨지던 시기에 독일인을 비난하는 일을 점점 더 꺼리게 되었다.

4

전쟁 초기에 에릭은 BBC에 입사 지원을 했고 면접을 볼 예정이었지만, 그를 징집한 부대의 지휘관으로부터 말도 안 된다는 면박을 당하고서 면접을 취소할 수밖에 없었다.[64] 1945년 4월 에릭은 이 생각을 다시 떠올리고서 BBC의 상근직을 구하기 위해 전역을 신청했다. 업무 내용은 교사의 수업을 보충하기 위해 교육방송을 제작하는 것이었으며, 여기에는 역사와 문학에 관한 20분짜리 강연과 토론 방송이 포함되었다. BBC는 에릭의 지원서를 좋게 보았다.

그는 이곳에서 면접을 보았고 회사의 새로운 교육 부서에 가장 적합한 후보자로 평가받았다. 그는 군에서 복무하는 5년 동안 육군 교육 업무의 거의 모든 부문에서 분명히 경험을 쌓은 데다 케임브리지 역사학과에서 두 차례 연속 최우등이라는 탁월한 성적을 받았다.[65]

그러나 MI5는 그가 그런 자리에 갈 경우 "홉스봄은 공산당을 위한 선전을 유포하고 신입 당원을 모집할 수 있는 기회를 포기할 것 같지 않다"고 우려했다.[66] MI5는 "나중에라도 그가 BBC에 취업을 신청할 경우, 다른 조치를 취하기에 앞서 우리에게 통보해 심사를 받아야 한다"라고 명령했다.[67] MI5에서 에릭을 담당한 장교 J. B. 밀른은 1945년 5월 8일

이렇게 덧붙였다. "육군 교육단에서 매우 유사한 업무를 그렇게 오랫동안 해온 사람의 구직 지원을 우리가 거부하기를 바란다는 것이 BBC 측에는 이상해 보일지도 모르지만, 사실 우리는 홉스봄이 육군 교육단에서 이미 1년 넘게 복무할 때까지 그 사실을 당연히 알지 못했고, 우리가 사전에 심사했다면 그는 확실히 교육단에 들어가지 못했을 것이다."[68] 이때부터 BBC는 에릭에게 상근직이나 상임직을 제안하는 것이 현명하지 않으리라는 사실을 인식했고, 방송사 운영진은 1947년 3월 14일 사내 회보에 "E. J. 홉스본[원문 그대로]"과 관련해 "이 사람이 BBC에서 직장을 얻기 위해 보내는 모든 편지"를 상부에 보고해야 한다고 비밀리에 적은 다음, 이 지시를 그에 관한 서류철의 "맨 위에 명기하십시오"라고 덧붙였다.[69]

그렇지만 이렇게 입사를 거부했다고 해서 에릭이 BBC에서 임시로 일하는 것까지 막지는 않았다. 1946년 12월 11일, 에릭은 킹스칼리지에서 BBC 라디오3의 대담 프로그램 책임자에게 편지를 보내 "프랑스의 주간 풍자잡지로, 제가 보기에는 프랑스 정기간행물 가운데 유통 부수가 가장 많고 매우 독특한"《르 카나르 앙셰네Le Canard enchaîné》에 대한 평론을 제안했다. 이렇게 제안하기로 마음먹은 것은 라디오3에서 잡지《뉴요커》에 대한 평론을 듣고서 "정기간행물을 평론한다는 발상이 감탄스럽다"고 생각했기 때문이다. 그는 이렇게 덧붙였다.

지난 10년간 카나르의 열렬한(그리고 사정이 허락하는 한 정기적인) 독자로서 저는 가능하다면 이 일을 하고 싶습니다. 저는 언어로 인한 어려움을 극복할 수 없다고 생각하지 않습니다. 실제로 라디오3의 청취자 절대다수는 묘사를 들을 뿐이지《뉴요커》를 알지 못합니다. 카나르 프로그램도 비슷한 방식으로 구성할 수 있을 것입니다.

편지에 첨부한 상세한 시놉시스에서 에릭은 제안한 방송을 여덟 개 부분으로, 즉 잡지의 외관, 필진과 만화가, 스타일, 관례 등으로 나누었다(이 대목에서 "프랑스 정치를 잘 모르는 영국인들의 초기 어려움"을 인정했다). 청취자를 즐겁게 해주어야 한다는 사실을 의식한 그는 '수염과 제3공화국', '수염 기른 급진적인 사회주의 의원들의 실종이 그들을 가장 성실하게 괴롭히는 사람들에게 끼치는 영향' 등에 대한 토론을 제안했다. 아마 수염 기른 정치인보다 말끔하게 면도한 정치인을 만화로 조롱하기가 더 어렵다는 생각에서 이런 제안을 했을 것이다. 또 '와인, 여성, 공화국'에 대해 간단히 토론하자고 제안했다. 마지막으로 '카나르가 조롱하는 대상'과 '카나르와 예술'에 대해 이야기한 다음 이 잡지가 영국에서 더 알려지지 않은 이유를 질문하며 끝내고 싶었다. 그렇지만 그 이유는 뻔했다. 프랑스어 잡지였기 때문이다.[70]

영국의 다른 라디오 방송국이었다면 제작을 고려하기에는 너무 난해한 제안이라고 생각했을 수도 있다. 그러나 에릭은 운이 좋았다. 1946년에 개국한 BBC의 라디오3은 고전음악과 문화적·지적인 주제에 집중했다.[71] 러시아에서 태어나 독일에서 교육받은 번역가로서 전시에 BBC의 유럽 방송을 위해 일했던 대담 프로그램 프로듀서 애나 칼린은 자신이 맡은 방송의 수준을 최대한 높게 유지할 작정이었다. 쌍방의 친구를 통해 칼린을 알게 된 옥스퍼드의 철학자 이사야 벌린은 그녀를 "전형적인 모스크바 지식인, 품격 있고 교양 있고 (…) 총명하고 흥미로운 여성"으로 묘사했다. 1984년 《타임스》의 부고 기사는 칼린을 "열정적 신념의 소유자이자 사고에서나 실천에서나 엉성함을 일체 용납하지 않는 치열한 인물"로 애도했다. 부유한 유대인 상인 가문 출신인 칼린은 모스크바에 계속 머무를 경우 '부르주아 지식인'으로서 맞이하게 될 위험을 잘 알고서 20대 중반인 1921년에 영국으로 이주했다. 세계주의자, 국제주의자, 유럽인, "열렬하게 듣고 격렬하게 말하는 사람"인 칼린은 에릭의 시놉시스에 감명을 받아 제안을 수락했다.[72]

에릭은 1947년 2월 4일 저녁 7시 40분부터 8시까지 20분간의 방송에서 《르 카나르 앙셰네》를 논평했다.[73] 에릭은 칼린에게 "아시다시피 가슴 떨리는 경험인 나의 첫 방송을 끝까지 도와주신 친절"에 감사하는 편지를 썼다.[74] 칼린은 "나더러 스스로를 프랑스인으로 여기라고 설득하는 어느 호의적인 청취자와 함께" 방송을 들었다.[75] 칼린의 비서에게 격려를 받은 에릭은 다른 강연 프로그램들을 제안하면서 우선 근래에 재출간된, 무대에 올릴 수 없는 걸작 희곡 《인류 최후의 나날》을 쓴 오스트리아 작가 카를 크라우스를 거론했다. "10년 전에 사망한 이후로 크라우스의 명성이 엄청나게 높아진 데다 아주 중요한 인물임에도 여기서는 아무도 그를 모릅니다"라고 에릭은 지적했다. 20세기 초 프랑스에서 활동한 생디칼리스트이자 명저 《폭력에 대한 성찰》의 저자인 조르주 소렐도 주제가 될 수 있었고, "오늘날 영국의 팸플릿 집필"이나 "신문 문체"(영국, 미국, 프랑스, 오스트리아 언론의 언어 비교)를 소재로 삼을 수도 있었다. 또 에릭은 "비전문적" 성격의 "역사 개관" 시리즈에서 "통상 대학에서 대중서와 학교를 거쳐 교육받은 일반인에게까지 퍼져나가는 데 약 30년이 걸리는 온갖 역사 전개"를 다루자고 제안했다. 그러나 BBC는 고무되지 않았다. 책임 임원이자 나중에 본인이 전문 역사가가 되는 피터 래슬릿Peter Laslett의 조언에 따라 강연 프로그램 담당자는 "우리는 앞으로 몇 달 동안은 귀하의 제안에 따른 시리즈나 혹은 다른 어떤 중요한 역사 시리즈도 준비하지 않을 것입니다. 우리는 이 문제를 신중히 검토할 생각입니다"라는 편지를 에릭에게 보냈다.[76]

에릭의 방송에 대한 열정은 역사가 경력의 초기인 이 시점에 벌써 자신의 연구를 더 많은 대중에게 전달하고 알리는 데 관심을 기울였음을 보여준다. 칼린은 크라우스에 관한 강연 제안에 긍정적으로 반응했다. "나도 (이 나라에서!) 크라우스에 관해 조금은 아는 몇 안 되는 사람 중 한 명이라고 생각하며 당신이 관심을 보여 기쁩니다"라고 편지에 썼다.[77] 강연은 1947년 4월 8일 저녁 7시 55분부터 8시 15분까지 방송되었다.[78] '1870년부터 현재까지 영국 팸플릿 집필'에 관한 에릭의 강연은 6월 24일 방송되었다. 그렇지만 애나 칼린이 대폭 수정을 요구한 탓에 에릭은 다소 짜증이 났다. "우리 사이에는 정말 취향의 차이가 있는 것 같습니다"라고 그는 썼다. "그 차이는 당신이 나보다 훨씬 잘 판단할 수 있는 전달이나 명확성의 문제에만 국한되지 않습니다."[79] 방송에서 경력을 시작했다는 흥분 외에 BBC로부터 받는 적당한 보수(보통 6기니)가 있었다.[80] 그리고 에릭은 BBC 극동방송에서 금요일 저녁에 4개월 동안 방송한, '산업혁명'에 관한 강연 프로그램의 자문을 해주고 10기니(바꾸어 말하면 10파운드 10실링)를 받았다. 구체적으로 방송은 '영국, 미국, 소련, 일본, 아프리카 저개발 지역 등지의 산업화'를 다루었다. 에릭은 강연자 선정에 대해 조언하고, 그들을 간단히 소개하고, 그들의 대본을 조율했다.[81] 에릭은 '식민지의 산업화에 대한 영국의 새로운 태도'에 관해 직접 강연하기도 했다.[82]

에릭이 제안한 다른 주제들은 너무 생경해서 BBC가 받아들일 것 같지 않았다. 예를 들면 에릭의 박사학위 논문을 심사한 데니스 브로건의 책 《근대 프랑스의 발전The Development of Modern France》에 관한 서평들, 독일 역사가 프리드리히 마이네케("나치 집권 이전의 마지막 고령 교수들 중 한 명. 매력적이지만 다소 실망스럽다"라고 에릭은 썼다)의 짧은 에세이 〈독일의 파국Die deutsche Katastrophe〉(히틀러 독재의 기원에 관한 내용) 따위였다.[83] 게다가 냉전이 이미 방송에 영향을 미치기 시작했다. 1948년 3월, BBC의 구어口語 책임자는 '공산주의와 공산주의자 연사 관리' 지침을 발표했다.[84]

2년 후, BBC는 이 기관이 본질적으로 정부의 선전 무기가 되어야 한다고 생각하는 보수당으로부터 맹공격을 받았다. 전쟁 이전에 외무부의 고위직이었던(그리고 전시에 극단적이고 심지어 광적일 정도로 독일 혐오자였던) 로버트 밴시터트 경은 상원 토의 중에 여러 중요한 기관에 공산당원이 존재한다는 사실에 대해 다음과 같이 불평했다.

저는 냉전에서 가장 강력한 무기가 되어야 하지만 그렇지 못한 BBC부터 예를 들어볼까 합니다. 얼마 전 BBC는 공산당원들을 축출하기를 거부했고, 그 결과 공산당원들이 그대로 남았습니다. 이것은 의심할 바 없는 사실입니다. BBC는 그들의 존재를 인정하며, 당연히 저는 그 위반자들 몇몇을 알고 있습니다. (⋯) 비율이 높지는 않지만, 상원 의장께서도 알고 계시듯이 공산당원들은 언제나 어떻게 해서든 실제 숫자보다 훨씬 큰 영향력을 행사합니다.[85]

이런 압력은 영향을 끼칠 수밖에 없었다.

1953년 2월 4일, 에릭은 BBC의 유럽 지역 영어 방송을 통해 이 무렵 나치즘에 관한 그의 유일한 고찰로 알려진 '아우슈비츠의 정치 이론'에 대해 19분간 강연했다.[86] 한 달 후인 3월 4일, 에릭은 나치의 권력 장악에 관한 세 차례 연속 토론에 참여하여 다시 라디오3의 전파를 탔다. BBC의 정기 토론 프로그램인 〈브레인스 트러스트The Brains Trust〉의 출연자로 유명해진 옥스퍼드 연구자 앨런 불록Alan Bullock이 주선한 시리즈였다.[87] 그러나 에릭이 이런 방송을 한다는 소식을 들은 BBC 대담 부문의 총책임자 메리 소머빌은 해당 시리즈의 프로듀서 마이클 스티븐스에게 "홉스본〔원문 그대로〕이 마르크스주의적 견해를 표명하기 위해 방송에 참여한다는 사실, 즉 방송이 과대 선전에 이용될 수 있다는 사실을 알려야 합니다"라고 말했다.[88] 바꾸어 말하면 에릭을 객관적인 토론자로 제시할 수 없다는 뜻이었다. 그렇지만 프로그램의 배후에는 강력한 영향력, 특히 옥스퍼드대학의 영향력이 있었다.[89] 에릭은 시리즈 방송에 방해 없이 참여했으며, 시리즈는 같은 해 출간된 불록의 두꺼운 전기《히틀러: 독재의 탐구Hitler: A Study in Tyranny》를 호의적으로 홍보하는 데 틀림없이 기여했다.

그러나 방송인 에릭의 상황은 갈수록 불리해졌다. 어느 여성 간부는 에릭의 방송 스타일이 "조금 단조롭다"고 불평했다. 다만 에릭이 "다소 학교 선생 같은" 로드니 힐턴보다는 낫고, "말을 더듬는" 데다 여하튼 "견실한 역사가"로 보이지 않는 크리스토퍼 힐보다는 훨씬 낫다고 평가했다.[90] 영국에서 예술을 가르치자는 에릭의 다른 제안은 애나 칼린이 거부했다("너무 많은 것을 주장하고 다소 교훈적인 이런 종류의 강연은 방송에서 잘되지 않습니다"). 그렇지만 칼린은 이 무렵 근대 러시아와 동유럽을 연구하는 다소 보수적인 역사가로서 명성을 쌓고 있던 휴 시턴-왓슨Hugh Seton-Watson에게 공산주의 혁명에 대해 논평하는 '건조한 시리즈' 방송을 맡기자는 에릭의 발상은 마음에 들어했다.[91] 이 제안도 실현되지 못했으며, 1954년 초 에릭이 '종교와 영국 노동운동'에 대한 강연을 제안하자 칼린의 상관 J. C. 손턴은 이 발상을 신랄하게 비판했다.

강연의 목표는 분명히 노동운동에서 종교의 영향력을 의심하려는 것이다. 그것은 그다지 객관적이지 않으며 내게는 위압적인 주장으로 들린다. (…) 그것은 명백한 객관적 역사물이 아니라 오히려 주제를 논쟁적으로 다루며, 주제를 객관적으로 다루려는 현재 우리의 계획에 부합하지 않는다.[92]

손턴은 BBC가 이 강연을 "단호히 거부"하거나 의견을 더 구해야 한다고 제안했다. 만약 이 강연을 방송한다면 "홉스봄에게 마르크스주의자라는 딱지가 붙을 것"이라고 했다. 결국 강연은 거부되었다. 칼린은 부득이 상부의 견해를 에릭에게 전해야 했다.

나는 당신이 이 문제를 충분히 객관적으로, 명백한 역사물로 다루었다고 생각하지 않습니다. (짧은 강연에서는 아마도 불가피하겠지만) 사료가 얼마간 부족하고, 매우 복잡한 상황의 완전한 그림을 청취자에게 전달하지 못할 것 같습니다. 사실 그 그림은 편파적이고 그리 명확하지도 않을 것입니다.[93]

에릭은 계획이 틀어졌지만 "강연 준비에 들인 노력과 시간의 보상으로 15기니"를 받고 넘어가기로 했다.[94]

에릭은 칼린에게 사과할 필요가 없다고 말하며 예의와 이해로 대처했다. "중요한 사실은 BBC가 보수를 지불했다는 것이고, 결국 그것이 내가 애초에 염두에 둔 주요 목표입니다." 그러나 에릭은 자신의 제안이 "지나치게 논쟁적"일지 모른다고 인정하면서도, 칼린에게 "방송을 더 흥미롭게 만들기 위해 당신도 약간의 위험을 원한다"고 생각했다고 말했다. 그러면서 그녀의 의도를 오해한 것에 대해 사과했다. "나의 '정신의 틀'은 당신도 알다시피 지적으로 다소 도전적입니다. 나와 정치적 견해가 같은 사람들조차 때때로 그렇게 생각합니다. 그래도 논쟁적인 주제와 관련해 설익은 반항아가 될 필요는 없겠지요." 그는 "내가 예전에 말하곤 했던 주제들, 상대적으로 덜 알려졌기 때문에 안전한 주제들로 언젠가 돌아갈" 것을 제안했다. "내가 흠모하는(그리고 당신도 그러기를 바라는) 네스트로이나 지로두에 대한 강연을 나는 여전히 갈망하고 있습니다."[95] BBC가 몇 달 후에 네스트로이의 희곡을 각색해 방송한 뜻밖의 행운 덕에 에릭은 1954년 10월 12일 라디오3에서 이 작가에 대해 20분간 강연할 수 있었다.[96] 에릭이 네스트로이에게 관심을 가진 까닭은 "비록 회의론이 없지는 않았겠지만 네스트로이 자신이 십분 찬성한 1848년 혁명으로 메테르니히를 끌어내린 빈 주민들의 대변인"이었기 때문이다.[97] 그렇지만 라디오3의 청취자들이, 방송 전에 네스트로이의 희곡을 접해본 적이 없다면, 과연 에릭의 강연을 이해했을까 하는 의문이 당연히 생길 수밖에 없다.

한편 에릭은 중부유럽 문학에 관한 견해를 드러낼 다른 통로를 찾았다. 1923년에 초판이 나오고 전시에 번역본으로 읽은 야로슬라프 하셰크의 고전적인 체코 풍자소설 《착한 병사 슈베이크》에 대한 서평을 1951년 《타임스 리터러리 서플리먼트》에 게재했던 것이다. 에릭은 권위에 대한 소설의 묘사에서 냉전 초기 영국과의 뚜렷한 유사성을 감지했다. "일반 술집에서 오스트리아인답지 않은 활동을 탐지하는 브라이트슈나이더 형사, 러시아의 거물 스파이를 잡았다고 확신하는 푸팀의 경사는 더 이상 중부유럽의 광기 어린 인물에 불과한 것이 아니다." 이 책에는 "보편적인 호소력"이 있었다.[98] 그러나 전반적으로 보아 BBC에서 주기적으로 방송하던 시절은 1950년대 중반에 끝이 났다. 방송은 냉전이 에릭의 경력에 부정적으로 영향을 미치기 시작한 여러 영역 중 하나에 불과했다.

5

에릭은 전쟁 직후에 케임브리지에서만 지내지 않았다. 1943년에 뮤리얼 시먼과 결혼한 터라 대부분의 시간을 런던에서 보냈다. 박사학위 논문과 그밖의 논문에 필요한 거의 모든 사료가 런던정경대 도서관에 있었기 때문에 연구를 위해 런던에서 지내는 편이 그에게도 편했다. 부부는 처음에 글로스터 크레센트 30번지, 리젠트파크 동물원의 사자가 포효하는 소리가 들리는 캠던타운 가장자리에서 살았다. 옥스브리지 출신 지식인들과 교류할 수 있는 싸고 편리한 장소였다.[99] 부부는 1947년 10월 런던 남부 SW4 클래펌 커먼 노스사이드가의 윌버포스 하우스 5호로 이사했다. 이웃 중에 우연찮게도 프리츠 루스티히가 있었는데, 베를린에서 에릭과 학교를 같이 다녔고 1942년에 육군에서 에릭과 재회한 바 있었다.[100] 에릭은 런던에서 생활하면서 이 대도시의 삶에 관해 얼마간 글을 쓸 기회를 얻었다. 잡지 《릴리풋》은 특별히 의뢰해 런던 북부 캠던타운을 그린 색채화 네 점에 대한 에릭의 논평을 실었는데, 화가는 뉴질랜드 태생으로 1932년에 공산당에 가입했고 1950년까지 이 잡지의 미술 담당자로 일한 제임스 보즈웰이었다. 캠던타운은 매우 구식에 별 특징이 없다고 에릭은 썼다. "그곳에는 거리의 군중, 오렌지, 쇠고등, 젤리처럼 만든 장어 등을 파는 가판대, 잡일, 냄새, 금박을 입힌 뮤직홀, LNER과 LMS 철도회사가 공평하게 퍼뜨리는 기름진 검댕이 있다. 그곳은 쇼디치처럼 화려하지도 않고 캐닝타운처럼 음울하지도 않다. 그저 평범하다."[101] 캠던타운의 아일랜드 이민자, "놋제품과 장식유리잔"을 갖춘 술집, "건달"과 술꾼에 대해 쓴 덕에 에릭의 미술 비평은 사회적 르포르타주가 되었고, 일상생활의 평범함에 초점을 맞춘 그림에 완벽하게 어울리는 산문이 되었다.[102]

에릭이 런던에서 지낸 것은 런던정경대 도서관에서 연구해야 할 필요성 외에도 1947년 2월 24일부로 런던대학에서 성인 시간제 학생들의 야간수업 중심지인 버크벡칼리지의 경제사회사 조교수로 임용되었기 때문이기도 했다. 이 새로운 일자리는 무엇보다 케임브리지 킹스칼리지의 학부 시절 지도교수인 크리스토퍼 모리스가 에릭을 위해 따뜻하고 후한 추천서를 써준 덕분이었다.[103] 임용위원회는 에릭이 최우등 성적을 받았다는 사실에도 틀림없이 감명을 받았을 것이다. 여러 면에서 버크벡은 에릭에게 꼭 맞는 학문 본거지였다. 버크벡은 야간수업을 했으므로 낮 시간을 집필과 연구에 쓸 수 있었다. 에릭은 버크벡칼리지를 "가난한 사람들의 올소울스"라며 학생도 없고 수업도 없는 것으로 유명한 옥스퍼드의 올소울스칼리지와 비교했다. 평범한 노동자들을 가르친다는 사명을 가진 버크벡은 자연히 좌파 학자들을 끌어들였다. "작고 북적이고 친근한 교직원 휴게실의 분위기는 압도적 다수가 노동당 유권자임을 시사했다"라고 나중에 에릭은 썼다. 버크벡은 "외부 냉전의 압력에 맞서 강제적이지 않은 내부 보호막을 제공했다."[104]

박사 과정 학생인 에릭을 감독하는 케임브리지 대학원 교무처는 그의 임용 사실을 알고서 경악했다. 학부생과 마찬가지로 연구생은 학기 중에는 케임브리지에 거주해야 했다. 케임브리지 외부에서 일하려는 학생은 사전에 허가를 얻어야 했다. 에릭은 그렇게 하지 않았다. 교무처장은 1947년 7월 21일 에릭에게 단호하게 말했다. "방금 당신의 칼리지로부터 당신이 지난 여름학기에 케임브리지에 거주하지 않고 런던에서 일했다는 통지를 받았습니다." 런던에서 무엇을 했느냐는 말이었다.[105] 버크벡칼리지의 조교수라는 에릭의 답변에 교무처는 적잖이 충격을 받고서 그를 심하게 질책했다.

당신은 케임브리지를 떠나 다른 곳에서 일하려면 사전에 신청을 했어야 하고, 대학원 교무처에 당신이 버크벡칼리지의 역사학 조교수 임용에 지원한다는 것을 알려야 했습니다. 그렇게 해야 버크벡칼리지 측에서도 임용 수락과 당신의 대학원생 신분 유지가 양립할 수 있는지 고려할 수 있습니다. 대학원 교무처는 당신이 요청받은 강의를 준비하는 데 부득이 써야 하는 시간을 포함해 버크벡칼리지에서 조교수직을 수행하는 데 얼마나 많은 시간이 필요한지 알고 싶습니다.[106]

"매우 불만족스러운 상황이 드러났다"라고 역사학과 학위위원회 간사인 철학자 마이클 오크쇼트Michael Oakeshott는 1947년 11월 26일에 적었다. 이런 상황에서 에릭에게 박사 과정 연구를 계속 허용해야 하는지 의문이었다.

이번에도 포스탠이 구원자로 나섰다. 에릭이 지난해에 시작했을 뿐인 박사 논문의 진척 상황을 상당히 과장하여 포스탠은 "홉스봄의 논문은 사실상 지난봄에 완성되었습니다"라고 1947년 10월 29일에 대학원 교무처에 확언했다. 에릭이 여름학기가 끝날 무렵 논문을 제출할 것으로 예상한다고 했다. 에릭에게 필요한 자료는 케임브리지가 아니라 런던에 있었다. 포스탠은 에릭을 기꺼이 계속 지도하고 있다고 했다. 버크벡에서의 수업 부담은 크지 않으며 모두 저녁 수업이라 낮시간은 연구에 쓸수 있었다. 어쨌든 "홉스봄이 런던에서 하는 일이, 설령 최악의 경우라 해도, 그와 같은 위치의 연구생들이 지난해 각자의 칼리지를 위해 수행한 지도 의무보다 과연 더 부담이 되는지 나로서는 매우 의문입니다."[107] 에릭도 사전에 신청하지 않은 "무례"에 대해 교무처에 사과했다. "제가할 수 있는 유일한 변명은 임용이 매우 촉박하게 진행되었고, 곧바로 강의가 시작되어 맡은 과목들을 준비하느라 조금 정신이 없었다는 것입니다." 또 버크벡에서 매주 강의하는 시간이 다 합쳐서 서너 시간을 넘지않고 격주로 다른 수업을 한 시간 할 뿐이라며 교무처를 안심시켰다. 강의 준비에 드는 시간은 매주 두 시간을 넘지 않고 "저로서는 복습할 필요가 별로 없는 시기로 강의가 다가갈수록 준비 시간은 더 줄어들 것입니다." 교무처는 누그러졌고, 에릭의 버크벡 업무가 일주일에 열두 시간을 넘지 않고, 포스탠이 그의 연구를 계속 지도하고, 1947년 봄학기와 여름학기의 연구 중단을 소급 적용하여 케임브리지 거주 필수 기간에서 뺀다는 조건으로 에릭의 등록을 갱신해주었다. 교무처는 에릭의 연구 자료가 모두 런던에 있음을 이해했고, 그리하여 자료를 참고하기 위해 케임브리지를 떠나는 것을 허용했다.[108] 이렇게 해서 매우 다행스럽게도 에릭은 케임브리지에서의 박사 과정과 런던에서의 강의 사이에서 양자택일을 강요받지 않을 수 있었다. 그렇지만 케임브리지를 떠나 연구하려면 장학금을 포함해 킹스칼리지의 특권을 포기해야 했다. 하지만 버크벡칼리지의 급여가 이 손실을 보상해주었다. 이례적이지만 결국 양측 모두 받아들일 만한 합의안이었다.

6

그런데 박사 논문을 마무리한 지 얼마 되지 않아 에릭의 결혼이 난관에 봉착하기 시작했다. 에릭은 이 문제를 성찰할 필요가 있다고 느껴 1950년 11월부터 다시 일기를 썼다. 예전과 마찬가지로 가장 깊은 감정을 남몰래 표현하고 싶을 때 여전히 의존하던 언어인 독일어로 썼다. "나는 혼자일 때, 따분할 때, 평범한 물질적·정신적 일과가 무너질 때만 일기를 쓰는 것 같다(그런데 그런 일과가 없으면 일기가 무슨 소용일까?)." 물론 자신에게 생긴 일과 자신이 만난 사람을 묘사하는 일을 멈출 수는 없었다. 그러나 이 특정한 일기의 주된 목적은 자기성찰이었다. "결국 나는 다른 사람을 위해서가 아니라 개인적 카타르시스로서 일기를 쓰는 것이고, 다시 읽을 때 일기의 모든 내용이 감상적이고 진부하게 보일지라도 나로서는 어쩔 수 없는 일이다."[109]

신혼 초의 기억을 되살리기 위해 에릭은 뮤리얼과 결혼하기 직전에 썼던 일기를 펼쳐 보았다. 거기에는 매우 정확하게도 결혼할 전망에 "특별히 열광하지 않는다"고 적혀 있었다. "결혼이 지속되지 않을 것이라고 그 당시 나는 (올바르게) 생각했다. 우리가 결혼하고 몇 년, 육칠 년쯤 지났을 때 결정적 시점이 도래할 것이라고 예측했다. 그 당시에 그렇게 쓰지는 않았지만 그렇게 생각했던 기억이 난다." 그렇다면 왜 결혼했을까? 외로웠기 때문이라고 그는 결론 내렸다. 그 당시에도 그 후에도 그는 "진정으로 사랑에 빠진 적"이 없었다. 그럼에도 "내가 그녀와 가정생활에 익숙해졌을 때, 부부관계가 좋아졌을 때, 그녀가 더 아름다워졌을 때—흰머리가 조금 생기긴 했지만, 실제로 1942년 이후로 그녀의 용모는 눈에 띄게 좋아졌다—나는 그것도 일종의 사랑이라고 스스로에게 말하곤 했다." 17개월 전인 1949년 6월, 뮤리얼이 임신을 했다. 그녀는 아이를 낳고 싶어 하지 않았다. 아이를 원하지 않아서가 아니라 출산의 고통을 두려워했기 때문이다. 1967년까지 영국에서 낙태는 불법이었으며, 여성이 비밀리에 시술하는 무자격자에게 '뒷골목 낙태'를 받는 일이 흔했다. 그렇지만 뮤리얼은 자신의 낙태 정보가 결코 새어나가지 않도록 막겠다고 결심했다. 그래서 집에서 낙태를 시행했고 에릭이 도울 수밖에 없었다. 아내가 침대에 누워 회복하는 동안 에릭은 그녀를 보살피고 시중을 들고 음식을 가져다주고 청소를 하고 요강을 비웠다. 이런 친밀함과 다정함은 가슴앓이를 하거나 전화가 오기를 애타게 기다리는 진정한 사랑은 아닐 테지만 적어도 어떤 감정이기는 하다고 그는 생각했다. 그러나 낙태 경험은 그에게 정신적 충격을 주었고 부부 사이를 심각하게 해쳤다.[110]

자신과 뮤리얼은 공통점이 거의 없다고 에릭은 음울하게 결론지었다.

일례로 그가 콘서트에서 음악에 취해 있을 때 아내는 그 황홀감을 공유하지 않았다.

그 이후 그녀는 다른 수많은 사람들처럼 나의 지적인 면을 꺼려했다. 나는 그 이유를 모르겠다. 내가 사람들을 질리게 하는 것은 사실이다. 그래서 그녀에게 결코 읽을거리를 줄 수 없었다. 논문이나 다른 어떤 글을 썼을 때 나는 매번 시도를 했다. "그 글 읽어보고 어떻게 생각하는지 말해줘요. 흠을 잡고 비판을 해줘요"라고 했다. 그러고 나면 우리 모두에게 끔찍한 순간, 나는 그녀가 아무 말도, 단 한 마디도 하지 않을 것이라고 확신한 채 기다리고, 그녀는 나에게 말하기 위해 무언가를 필사적으로 찾는 순간이 찾아왔다. 나는 그녀가 다른 사람들에게는 무언가를 말할 수 있음을 알았다. 실제로 그녀는 그렇게 했다. 그러나 나에게는 말하기를 꺼려했다. 결국 내가 포기할 때까지.

그리하여 서로 대화하기가 갈수록 어려워졌다. "우리에게 남은 것은 잠자리뿐이었다."[111] 1950년 3월의 어느 날 저녁 뮤리얼이 일을 마치고 클래펌가의 아파트로 귀가해 그들의 결혼생활이 끝났다고 말했을 때, 위기가 시작되었다. 그때부터 그들은 더 이상 부부관계를 갖지 않았다. 뮤리얼은 다른 누군가를 찾으려고 했다. 처음에 에릭은 심각하게 받아들이지 않았다. 6월에 뮤리얼이 사랑하는 사람이 생겼다고 인정했지만, 그때도 심하게 낙담하지 않았다. 에릭은 아내가 외도한다는 사실보다 상대 남자가 공산당원이 아니라는 사실을 더 걱정했다. 화해하려는 시도로 그들은 코르시카로 여름휴가를 떠났다. 그것은 재앙이었다. 서로에게 고함을 치며 시간을 보냈다. 돌아왔을 때 그들은 상황을 되돌릴 희망이 없다는 데 동의했다.

에릭은 갈수록 견딜 수 없는 상황에서 벗어날 필요가 있다고 생각했다. 목적지는 당연히 프랑스였다. 이미 전쟁 직후에 프랑스를 방문해 마고 하이네만과 다른 당원 세 명과 함께 전후 처음으로 열리는 프랑스 혁명 기념식에 참석한 적이 있었다.[112] "전쟁 이후 프랑스에 대해 내가 가장 선명하게 기억하는 것은 어쨌거나 우리가 런던에서 익숙해진 파괴의 현장이 아니라 여성들이 엄청나게 두툼한 신발, 밑창이 하이힐처럼 높은 신발을 신었다는 사실입니다"라고 에릭은 나중에 적었다.[113] 전후 처음으로 1950년 파리에서 국제역사학대회가 열렸고, 에릭도 참석하기로 결정했다. 이 대회는 가정의 비애로부터 벗어나게 해주었을 뿐 아니라 유럽 전역의 전문가들 및 그보다 적은 나머지 세계의 전문가들과 견해와 의견을 나눌 수 있는 흔치 않은 기회를 제공했다.[114] 에릭이 훗날 술회했듯이, 이 대회의 "사회사 부문에서 전후의 역사서술이 탄생했다." 그는 "이때 사회사 부문이 처음으로 제도적 외양을 갖추었다"라고 생각했다. 그는 '현대사' 분과를 맡아 "이례적인 사람들과 주변부적인 사람들로 이루어진 기묘한 무리"의 좌장 역할을 했다.[115] 이때의 경험을 계기로 에릭은 해외 학자들과의 관계를 돈독히 하고 다음번 대회가 어디서 열리든지 참석하겠다고 결심했다.

대회를 마치고 런던으로 돌아온 지 한 달쯤 지났을 때 에릭이 버크벡에서 야간강의를 마치고 아파트로 돌아와 보니 뮤리얼이 가구의 위치를 바꾸어놓은 터였다. "그곳은 낯선 사람의 집이었다." 뮤리얼은 에릭에게 당장, 가급적 빨리 이사해주면 좋겠다고 말했다. 바로 이 시기에 에릭은 킹스칼리지의 주니어 연구 펠로로 임명되어 충분히 넓은 숙소에 들어가 살면서 칼리지의 식당에서 식사를 해결할 수 있었다. 더 이상 클래펌의 아파트가 필요하지 않았다. 마침내 헤어질 시간이었다. 오랫동안 성욕을 채우지 못했던 뮤리얼은 그것 때문에 의사를 찾아간 적도 있다고 잔인하게 말했다. 그녀는 한창때였다. "그녀는 밤새도록 성교하고 싶어 했다." 물론 그렇게 말한 적은 없었다. "맙소사, 아무도 그런 것을 말하지 않는다."[116]

단 일격으로 뮤리얼은 에릭의 남성성에 대한 자신감을 빼앗은 뒤 그것을 "그녀를 만족시키는 다른 남자에게 마치 커다란 외투처럼 입혀주었다." 에릭은 무슨 말을 꺼내야 할지 몰랐다. "나는 그게 진실임을 알고 있다"라고 털어놓았다. 에릭은 참아야 한다고 생각했다. "그녀는 나의 가슴에 비수를 꽂았다. 그것을 피하고 싶지는 않다. 나는 돌아가고 싶다. 케임브리지에서 매일 그녀에게 전화하고 싶고 선물을 주고 싶다." 결혼을 되돌리기 위해 노력하고 싶었다. "지금 나는 불행하다. 길고 긴 세월을 통틀어 처음으로." 지난날에도 때때로 불편하거나 속상하기는 했다. "그러나 나를 울게 하고 (기억도 안 날 만큼 오랜만에) 잠 못 들게 하는 미칠 것 같은 진짜 불행은 처음이다." "나의 유일한 금언은 모든 것을 견뎌낼 수 있고 스스로를 애처롭게 여기지 않는다는 것이었다. 그런데 지금 나는 스스로를 애처롭게 여기고 있다." 그는 다른 사람들도 자신을 애처롭게 여겨주기를 바랐다. "나는 자존감을 잃어버렸다." "일할 수도 없고 잠잘 수도 없으며 한동안 거의 먹을 수도 없었다. (…) 왜냐하면 지난 7년 동안 내 사생활이 거의 완전히 그녀를 중심으로 돌아간다는 것을 거의 모른 채 지내왔기 때문이다." "그녀의 부드러운 피부와 주름 없는, 나의 취향에는 항상 작은 그녀의 처진 가슴 없이는, 우리가 나눈 믿기 어려울 정도로 지루한 온갖 수다 없이는, 우리의 결혼을 불가능하게 만든 그 모든 것이 없이는 살아갈" 수 없었다.[117]

결별은 완전하지도 깨끗하지도 않았다. 에릭은 일기에 속내를 털어놓았다.

처음에 나는 그녀를 보고 싶지 않았고 혼자 두고 싶었다. 그러다가 전화를 걸었더니 그녀는 계속 연락해달라고 했다. 그 뒤 우리는 점심을 두 번(일주일 전과 2주 전 월요일에) 같이했고 한번은 그녀를 극장에 데려갔다. 그리 좋지는 않았다. (…) 또 우리는 서로에게 편지를 몇 통 썼다. 나는 매우 불안하다고 썼고, 그녀는 나의 행동이 달라져 어쩔 수 없었다고 썼다. 그녀는 "지나가는 에피소드에 불과한지 확인하기" 위해 크리스마스에 남자친구가 있는 인도로 간다고 했다. 하지만 그렇게 확인되더라도 나에게 약속할 수 있는 것은 없다고 했다.

좌절감이 깊어졌다. 자살도 생각했다가 그만두었지만, "다음 주, 아니면 내일 다시 자살할 수도 있다." "이런 생각을 진지하게 떠올린 것은 내 생애 처음"이었다. 하지만 적어도 낮시간에는 자살을 막는 자그마한 낙관론이 정신에 항상 남아 있었다. 밤이면 뮤리얼이 꿈에 나타나 괴로워했다. 감정적 위기를 겪는 바람에 마감 시한을 넘겨 제출하긴 했지만, 그래도 《경제사 평론》에 실릴 논문 두 편, 즉 '떠돌이 수공업자'에 관한 논문과 '경기 변동과 사회운동'에 관한 논문을 가까스로 끝마쳤다. "마감 시한은 언제나 내게 행운이었다." 불행의 현장에서 달아나고자 무턱대고 프랑스 남부나 파리로 갈까도 생각했지만 곧 포기했다. "다만 기다리고 기다리고 기다릴 뿐이다."[118]

에릭은 뮤리얼이 한동안 아파트를 소유하는 데 동의했고, 1950년 10월부터 펠로 생활을 시작하는 자신에게 배정된 킹스칼리지의 숙소인 깁스빌딩 G층 6호실에서 지내기로 했다. 숙소는 넓은 나무계단으로 6층까지 올라가야 하는 꼭대기 층에 있었다. 천장이 높고 커다란 창문이 달린 널찍한 공간이었다. 정면으로 웅장한 칼리지 전면부와 왼쪽으로 예배당이 보이는 거실은 가로세로 약 6미터였으며, 짧은 복도를 지나면 나오는 거실보다 조금 더 길고 좁은 서재에서는 완벽하게 깎인 잔디가 캠강까지 이어지는 풍경을 내다볼 수 있었다. 뒷창문으로는 캠강과 그 너머로 나무들 사이에서 소가 풀을 뜯는 초원이 보였다. 거실 왼편 구석의 작은 문을 열면 어지럽게 나선형으로 빙빙 도는 나무계단이 작은 침실로 인도했다. 이런 공간들을 갖춘 칼리지 숙소가 에릭이 얼마 전 짐을 뺀 클래펌가의 아파트와 비교해 크게 작을 리는 없었다. 주된 결점은 케임브리지의 오래된 칼리지들 특유의 문제로, 욕실이 여덟 개 층 아래 어둡고 음침한 지하실에 있고 방이 거의 항상 춥다는 것이었다. 중앙난방은 없었고, 두 개의 넓은 방에 하나씩 있는 난로, 겨울철에 칼리지 관리인이 지피는 난로는 추위가 가실 만큼의 온기를 제공하지 못했다. 침실과 지하의 욕실은 전혀 난방이 되지 않았다. 수돗물과 세면대는 건물 중앙계단을 끝까지 올라가면 나오는 공용거실 바깥쪽 층계참의 '식기실'에만 있었다. 그러나 책을 둘 충분한 공간, 식사 후에 친구들을 대접할 방, 연구에 필요한 고요함과 평온함이 있었기 때문에 에릭으로서는 딱히 불평할 이유가 없었다. 이 숙소에서 3년을 지내다가 1953년 주니어 연구 펠로의 마지막 해에 같은 층의 3호실로 옮겼다.[119]

그러나 이사를 한 뒤에도 에릭의 기분은 전혀 나아지지 않았다. 케임브리지에서 가을학기를 끝내고 보니

잔디에 서리가 내린 킹스는 학생 없이 텅 비었고, 교내에 거주하는 따분한 학자들, 즉 식탁 주변의 미혼남들만 남았다. 괴상하고 교활하고 기운 없는 학장, 절묘하게 숨긴 복부의 주름 안에 기지와 예의 바름의 정수를 감추고 있는 도널드, 혼자 있기를 좋아하고 여성을 혐오하는 꼬장꼬장한 노인 피구, 따분한 은퇴자 스콜필드, 조용하고 노쇠한 미혼남의 삶을 1740년 이후 교수들에 관한 일화 전하는 데 다 써버리는

존 솔트마시 등이었다. 존은 이런 이야기를 끝없이, 하지만 재미있게 한다. (…) 내 생활이 이렇다.[120]

킹스칼리지 생활을 더는 견딜 수 없었던 그는 1950년 12월 18일부터 28일까지 열흘을 런던에서 보냈다. 런던정경대 도서관에서 연구하는 동안 잠시 뮤리얼을 잊을 수 있었다. "매우 간절한" 감정이 생겨 라이언스 카페에서 한 여성에게 말을 걸기도 했다. 그러나 다시 만났을 때는 감정이 완전히 식어버려 그녀를 커피잔 앞에 내버려둔 채 저녁 약속을 잡아둔 동료 에인절 월터 월리치의 집으로 갔다. 그곳에서 코냑 쿠르부아지에를 마시고 '될 대로 돼라'는 기분이 되었다. 며칠 후, 다른 친구 부부와의 저녁식사 자리에서 뮤리얼이 아직 런던에 있고 다음 날 인도로 떠날 계획임을 알게 되었다. 에릭은 충동적으로 뮤리얼에게 전화를 걸었다. 그녀는 크리스마스 선물로 작은 꽃병을 케임브리지로 보냈다고 말했다. "그녀는 양심의 가책을 느끼는 듯했다. 나는 그녀에게 돌아오라고 부탁하며 전화를 끊었다. 멍청이, 멍청이, 멍청이!" 그는 히스로 공항의 출발 라운지에서 그녀에게 전해질 붉은 카네이션 한 다발을 주문했다. 다시 한 번 스스로를 감정적으로 고문했다. 인도로 가는 그녀의 비행을 상상했다. "지금쯤 그녀는 로마, 카이로, 카라치에 있겠다. 이제 캘커타에 도착했겠다. 이제 그를 만날 것이다. 이제 잠자리를 같이할 것이다."[121] 크리스마스에 낸시, 빅터 부부와 함께한 술자리는 지루했다. "빅터가 전통이기 때문에 미사에 간다는 것"은 "끔찍"했고 "나는 지루해졌다." "더욱 끔찍한" 점은 낸시가 빅터와 함께 간다는 사실이었다. "낸시와 공통점이 하나라도 있었으면! 낸시와는 뮤리얼에 대한 이야기조차 할 수 없다. (…) 아아, 최악의 크리스마스다."

12월 27일, 에릭은 둘 다 심리학자인 잭 티저드와 그의 아내 바버라의 집으로 차를 마시러 갔다. 티저드 부부는 클래펌가에서 "홉스봄 부부의 아파트 위층"에 살고 있었다.[122] "불행히도 잭이 열쇠를 가지고 있다고 무심결에 말했고", 에릭은 열쇠를 받아 아파트를 살펴보러 내려갔다. 뮤리얼의 서류철을 훑어보다가 그녀가 새로 만나는 남자가 분명한 어느 의회 법안 입안자의 편지를 발견했다. 10월 25일부터 12월 12일까지 받은 편지였다. 그 법안 입안자는 피터 세Peter Sée라는 40세 변호사였다. 뮤리얼의 이전 연인인 제프리 브라젠데일보다 더 지적으로 보였다.[123] 뮤리얼의 새로운 연인관계를 발견하고서 에릭은 "막 버스에 치인 것과 같은" 충격을 받았다. 먹을 수도 마실 수도 없었고, 잭이 혀를 풀어줄 브랜디를 큰 컵으로 주기 전까지는 말할 수도 없었다. "브랜디 4분의 1병, 이어서 위스키 한 잔, 큰 컵으로 진 한 잔을 쭉 들이켜고 나니 조금 나아졌다. 다행히도 먹은 것이 별로 없었던 터라 효과가 있었다." 그러나 그 충격은 뮤리얼의 첫 번째 연인관계를 알았을 때보다 훨씬 더 컸다. "세 번째 남자를 위해 우리 모두를 저버리는 것은 그녀에게 틀림없이 끔찍한 일이었을 것이다." 똑같이 공산당에 헌신한다는 것이 자기네 관계의 핵심 부분이었다고 그는 생각했다. "그녀가 정말로 우리를 저버렸다면, 관계는 끝난 것이다. (…) 우리의 운동과 같은 어떤 운동에 참여하지 않은 채 인간답게 사는 삶은 우리에게는 존재하지 않는다." 공산당 운동에 참여하는 것은 교회에 소속되는 것과 같았으며, 에릭은 이런 생각으로 교회에 대한 성 아우구스티누스의 확언에서, 즉 "세속의 영광을 얻을 수 있는 장소는 많지만, 영생을 살아갈 곳은 교회 말고는 없다"라는 말에서 위안을 구했다.[124]

학기 시작이 임박했으나 "강의안을 쓰고 논문을 이어가는 등등"이 어려웠다. 그는 세이셸에서 어느 남아프리카 백만장자가 자신과 뮤리얼에게 멜론 조각을 파는 이상한 꿈을 꾸느라 거의 뜬눈으로 밤을 새우고서 아침 10시에 일어났다. "꿈에서 우리는 멜론 껍질을 어떻게 처리해야 할지 몰랐다. 세이셸에서는 쓰레기를 거리에 버리는 것이 허용되지 않는 듯했다." 그곳에 사는 흑인들("그래, 흑인들!")이 부르는 단조로운 노래의 억양도 기억이 났다. 이 꿈처럼 뮤리얼에 대한 집착은 에릭의 무의식까지 파고들었다. 그는 어렵사리 조금 먹고서 오스트리아 경제학자 조지프 슘페터의 《자본주의, 사회주의, 민주주의》(1942)를 읽었다. 학식과 엄밀함, 논리, 문체, 재치를 겸비한 슘페터는 프로이트를 떠올리게 했다.[125] 에릭은 슘페터에 대한 비평을 쓰기 시작했고, 그러자 기분이 나아졌다. 식욕을 회복하고 밤에 깨지 않고 잤다. 그러나 뮤리얼에게 계속 집착했다. "수요일 저녁 이후로 지난 며칠의 삶은 정말 아무런 의미가 없다"라고 새해 전날인 일요일에 생각했다.

에릭은 케임브리지의 옛 친구 헤디 지몬과 피터 큐너먼을 만나러 다시 런던으로 갔다. 스리랑카에서 큐너먼과 함께 공산당 활동가로 사는 가난에 찌든 삶을 견딜 수 없었던 헤디는 종전 무렵 런던으로 돌아와 그와 이혼했다. 에릭과 피터는 "캡틴스 캐빈에서 위스키 몇 잔"을 들이켜며 개인적인 문제를 이야기했다. "그래, 우리는 감상적이다. 헤디는 그에게서, 뮤리얼은 나에게서 떠났다."[126] 헤디는 당시 피아노 연주자로 활동하던 피터 스태들런과 햄스테드에서 더없이 행복한 가정을 이루어 위안을 찾았다(스태들런이 손가락 신경 이상으로 어쩔 수 없이 연주를 그만두고 베토벤 연구에 관한 기고문에 집중하게 된 것은 나중 일이다).[127] 에릭이 살펴보니 피터의 장서에는 독일어 책이 압도적으로 많았고 영어와 프랑스어 책이 조금 있었다. 피터는 거울에 비친 에릭의 모습이라고 할 수 있을 정도로 "매력적으로 못생긴" 남자였다. 반면에 헤디는 "점점 더 여위고 웬일인지 점점 더 생기를 잃어"갔다. 이 무렵 에릭은 지난날 헤디를 사랑한 적이 있다고 생각하지 않았다.

에릭은 스태들런과 이를테면 1940년대 후반 드미트리 쇼스타코비치와 세르게이 프로코피예프와 같은 '형식주의' 음악가들에 대한 소련의 공식 비판, 예술과 문화에 대한 마르크스주의적 견해 같은 쟁점을 놓고 토론하기를 좋아했다. 박식하고 지적이며 단호한 스태들런은 이후에 《데일리 텔레그래프》에 음악 비평과 에세이를 기고했는데, 에릭과의 논쟁에서 자신의 주장을 절대로 굽히지 않았다. 자신의 관점을 아주 명료하게 만드는 것 외에 무엇을 할 수 있을까라고 에릭은 생각했다. "진정으로 타인을 설득하고자 한다면 경험, 감정, 논리를 모두 동원해야 하고, 여기에 몇 가지 전술적·전략적 속임수를 더해야 한다. 이론과 실천을 통합해야 한다. 이것은 내가 극복해야 하는 위기이기도 하다."[128] 스태들런과의 논쟁을 계기로 에릭은 10대 시절에 활동가가 아닌 사상가로서 공산주의 대의에 헌신한 이래 뇌리에서 줄곧 떠나지 않은 영원한 딜레마에 대해 또다시 고민했다. 에릭은 '직업 지식인'으로서 합리적인 것에 집착하는 탓에 자신에게 한계가 있다고 생각했다.

설령 누군가 대학에서 마르크스주의 교사 역할을 수행하고자 하더라도, 그는 무언가 유용한 일을 해야만 한다. 나는 책과 논문을 펴내는 것이 유용한 일이라고 스스로 납득할 수 있다. 나는 (바라건대) 내가 훌륭한 역사가라는 사실이 당의 위신을 높여준다고 스스로 납득할 수도 있다(혹은 내가 돕이나 버널이라면 그럴 수 있을 것이다). 그러나 그런 일은 회피가 아닐까? 특히 오늘날에는? 자문하건대 현재 중요한 일은 사람들을 설득하는 것이 아닐까? 자유주의적 학문주의라는 사치, 이를테면 개인에게 흥미로운 주제에 대해 말하는 사치를 누려도 되는 걸까?[129]

에릭은 머지않아 "2등급 상위의 마르크스주의 역사가가 아니라 2등급 하위의 정치인이나 심지어 3등급의 조직가"가 되어야 한다고 생각했던 것 같다.

1951년 1월 4일 오후, 아직 런던에 있던 그는 서점을 구경하는 등 목적 없이 거리를 거닐다가 레스터 광장에서 맵시 좋게 차려입은 여성을 발견했다. 그녀에게 다가가 대화를 나누기 시작했고, 함께 워터게이트 극장에서 차를 마셨다. 그녀는 배우였고 에릭을 매력적으로 보았던 듯하다. 어린 시절 전쟁 전에 영국으로 이주한 그녀는 독일어를 할 줄 알았다. "요즘 나는 믿을 수 없을 정도로 쉽게 여성에게 말을 건다. 이는 무엇보다 내가 어리석고 공허한 상태이기 때문이다. 혼자가 아니라고 생각하기만 해도, 실크스타킹과 화장품 같은 여성의 잡동사니가 널브러진 방에 대해 생각하기만 해도 충분하다." 또 예전보다 쉽게 취해서 낯을 가리지 않았다. 위스키 한 잔이면 충분했다.

그렇지만 그것은 그저 뮤리얼에게서는 줄곧 찾을 수 없었던 몇 가지 특징을 갖춘 여성과 함께 있다는 안도감이기도 했다. 다시 말해 나를 성적으로 곧장 흥분시키는 여성, 더 젊고(그렇게 미인은 아닐지라도) 한두 가지 공통점(예를 들어 독일어)이 있는 여성, 그리고 특히 편하고 장난스럽고 다소 감성적이며 매우 다정하고 희롱하는 듯한 말투로, 나를(그리고 아마도 대다수 남자들을) 달래주고 편안하게 해주는 성적인 장난기가 어린 말투로 대화하는 여성 말이다.

에릭은 런던에서 그 젊은 여배우와 택시를 탔다. 그녀는 키스하고 싶은 눈치였지만 그는 하지 않기로 했다. 둘은 전화번호를 교환했다. 그는 아름다운 젊은 여성이 "나의 못생긴 얼굴"을 여전히 매력적으로 느낄 수 있다는 생각에 자신감을 되찾았다. 며칠 후 그녀를 다시 만났지만 "두 번째가 언제나 그렇듯이" 따분해졌다. 그 여성도 에릭의 마음속에서 뮤리얼을 몰아내지 못했다.[130]

1951년 1월 11일에 케임브리지로 돌아온 에릭은 다시 우울해졌다. 1949년의 크리스마스를 회상하다가 뮤리얼이 선물로 주었던 조지 오웰의 《1984》, 인간 정신을 짓누르는 공산주의를 신랄하게 묘사한 이 책이 자신에 대한 선전포고였음을 깨달았다. 두 사람 모두의 친구로부터 이야기를 듣기 전까지 에릭은 뮤리얼이 자신에 대한 적대감을 얼마나 키웠는지 알지 못했다. 그런 생각을 하느라 강의안을 준비하기가 어려웠고 강의가 좋지 않을 것이라고 걱정했다.[131] 뮤리얼은 멀어지는 부부 사이를 다른 방식으로도 표현한 적이 있었다. 처남 빅터 마르체시가 클래펌의 아파트에서 부부와 함께 머물다가 아침을 먹으러 방에서 나와 보니 뮤리얼이 여봐란듯이 《데일리 텔레그래프》*를 읽고 있었다.[132] 에릭은 전혀 알아차리지 못한 듯했다. 에릭은 뮤리얼이 자신에게서 떠날 뿐 아니라 자신을 조롱하기까지 하는 꿈을 꾸었다. 그 꿈에서 그는 그녀를 쫓아가 "피가 날 때까지 때렸다." 잠에서 깬 그는 이전만큼 우울감을 느끼지 않았다.[133]

1월 13일에는 "거의 온종일" 숙소에 있었다. 저녁식사 자리에서 킹스의 다른 펠로들과 대화를 나눴지만 으레 그렇듯이 "너무 지겨워서" 다른 방에서 "디저트"를 곁들여 포트와인을 마셨다. "어느 누구도 진지한 것에 대해 일절 이야기하지 않는 이런 관례가 케임브리지에서 왜 생겨났는지" 궁금했다.

---

* 당시 《데일리 텔레그래프》는 보수 계열의 신문이었다.

교수 테이블의 이상은 (외부 사람들이 생각하는 것과 달리) 재치도 아니고 학식도 아니며 오히려 일련의 끝없는 일화다. 그렇다고 해서 재미있지도 않은 그 자리의 이상은 오히려 특정한 사사로운 분위기, 비세속적이고 현학적이며 남의 이목을 의식해 일부러 구태의연하고 피상적으로 말하는 분위기에 적응하는 것이다. 그 자리의 전형은 이를테면 촌철살인이라곤 전혀 없는 밋밋한 이야기를 두서없이 하면서 다음과 같은 화제를 거론하는 것이다. a) 작고한 학자의 사적인 기벽(가급적 1840년 이전에 죽은 학자). b) 오늘날의 칼리지(가급적 칼리지의 건축). c) 공적 생활을 시작한 칼리지의 졸업생 한두 명(이로써 누군가는 자신이 넓디넓은 세상의 동향을 얼마나 많이 아는지 말할 수 있다). d) 미량의 학식(이로써 누군가는 자신이 밥벌이를 한다고 말할 수 있다). e) 미량의 예술 혹은 음악(이로써 누군가는 자신이 편협한 전문가가 아님을 입증할 수 있다). 그리고 이 모든 이야기에 각자 약간의 악의와 약간의 기벽을 가미할 것이다.

에릭은 만약 그들이 실제로 각자의 연구에 대해 이야기한다면 그들 가운데 가장 지루한 사람조차("그들은 놀랍도록 지루하다") 무언가 흥미로운 것을 말할 수 있을 것이라고 생각했다. 에릭은 철학자 리처드 브레이스웨이트만이 자기 연구에 대해 말할 용의가 있다고 생각했고, "그의 옆에 앉아 신만이 아는 것, 철학, 수리논리학 등에 대해 이야기하는 것이 신선하다"고 느꼈다. "오늘처럼 존 솔트마시의 조용한 중얼거림을 단속적으로 듣는 것보다는 훨씬 낫다."

결국 에릭은 뮤리얼에게 집착해봐야 소용없음을 깨닫기 시작했다. 이 무렵의 감상적인 일기를 읽을 때면 그는 매번 얼굴이 달아올랐다. 일기 속의 자신은 흐느적거리고 어디로 갈지 모르는 나약한 사람으로 보였다. 이제 포기할 때였다. 뮤리얼은 결국 인도에서 돌아왔지만, 에릭에게 돌아오지는 않았다. 그는 기운을 차리고 다시 본업에 집중했다. 봄학기에 가까스로 강의를 마친 다음 1951년 3월 학기가 끝나자마자 고통스러운 케임브리지에서 벗어나 프랑코 장군이 내전에서 승리한 이후 처음으로 스페인으로 향했다. 여행의 정당성을 갖추기 위해 《뉴스테이츠먼》으로부터 바르셀로나에서 일어난 총파업에 관한 기사 작성을 의뢰받았다. 스페인은 잔혹한 탄압이 일상이 되어버린 파시스트 독재 국가였지만 냉전에서 영국과 미국의 동맹국이기도 했으며, 여전히 에릭을 감시 명단에 올려놓고 있던 영국 보안정보국은 스페인 정권을 전복하려는 공산당원의 모든 시도를 예의 주시하고 있었다. 에릭의 여행 계획을 알아챈 MI5는 즉각 경계에 돌입했다. "공산당원과 좌파가 스페인 당국에게 발각되지 않고 스페인으로 갈 수 있는 어떤 은밀한 방법이 있는 것으로 보인다"라고 경찰은 보안정보국에 전했다.[134] 그러나 조사 결과는 실망스러웠다. "에릭 홉스봄은 표면상으로 '뉴스테이츠먼 앤드 네이션'을 위해 스페인을 방문한 것으로 보인다. 그러므로 매우 합법적으로 간 것이다."[135]

에릭은 전쟁 전 프랑스 여행 때처럼 이번 여행에서도 일기를 남겼다. 그의 스페인어 실력은 "평범한 스페인 사람들"과 대화를 나눌 수 있을 만큼 수준급이었다. 그들 중 한 명은 바르셀로나에서 시작된 파업이 "단지 스페인에서 일어난다는 이유로 (…) 과장되었고, 세계 언론이 많이 보도하고 있다"라고 말했다. 파업의 발단은 1951년 3월 초에 트램 요금 인상에 반대해 일으킨 성공적인 시위였다. 한 학생은 에릭에게 이렇게 말했다. "나는 사람들의 내면에서 정신이 죽었다고 생각했어요. 이번 파업으로 사람들을 다시 신뢰하게 되었습니다."[136] 어느 바텐더는 임금이 너무 낮아 사람들이 남을 속이거나 암시장을 이용해 살아갈 수밖에 없다고 말했다.[137] "그들은 우리가 선량한 애국자가 아니라고 말합니다"라고 다른 사람이 말했다. "그러나 먹을 것이 충분하지 않으면 어느 누구도 선량한 애국자가 될 수 없습니다."[138] 타라고나를 방문한 에릭은 노소를 막론한 거지들을 보고서 울적해졌고, 같은 광경을 다른 도시들에서도 목격했다. 그는 호텔 바에서 옛 공화파를 어렵지 않게 찾을 수 있었다. 그들 모두 비밀단체인 파업 지원자 클럽에 속해 있었다. 무르시아의 어느 바에서도 보이스카우트라는 이름의 불법 저항단체에 속한 웨이터를 우연히 만났다("무르시아에서 정치적 선언으로서의 스카우트 강령을 읽다니, 재미있다"). 그들은 정치 이야기를 하지 않을 때면 투우 이야기를 했으며, 에릭도 실제로 투우장을 찾았다가 황소가 최후의 일격을 맞는 순간에 연민을 느꼈다.[139]

에릭이 만난 한 남자는 스페인 내전에서 공화파가 패한 것은 영국 탓이라며 그를 적대시했지만, 호텔로 가는 길을 알려준 어느 여성은 영국에서는 여성이 해방되었기 때문에 자신은 영국을 동경한다고 고백했다. 일부 프랑코 지지자들은 "모든 것이 나아지고 있어요"라고 자신 있게 말했다. 에릭은 "단조로운 식사"에 실망했지만 그래도 싼값에 배불리 먹을 수 있었다. "25페스타에 잔뜩 먹지 않을 이유가 있을까?"[140] 교통은 엉망이었지만("아, 스페인다운 편성이다!") 발렌시아까지 여섯 시간이 걸리는 일반석을 어렵사리 구했다.[141] 발렌시아도 "굉장한 예외"인 대성당을 빼면 "여느 도시처럼 몹시 실망스러운 광경"이었다. 상세히 기록한 대로 시장의 물가는 낮았고 과일과 채소, 달걀을 염가에 구입할 수 있었다. 카페에서 주로 투우에 대해 이야기하던 손님들은 "카탈루냐 사람들에 대한 전반적인 존경심"을 품고 있었다. 그들은 파업 소식과 "스페인에 관한 진실"을 당국에서 통제하는 미디어가 아니라 외국 라디오 방송을 통해 들었다.[142]

다른 카페에서 지역 주민들은 "스페인 사람들이 세계 어느 나라의 사람들보다도 가난하다"는 사실을 한탄했다. 내전 이전에는 형편이 더 나았느냐고 에릭이 물었다. "그럼요." 가족과 함께 앉아 있던 한 남자가 대답했다. "프리모 데 리베라 때가 제일 좋았어요"라며 그의 아내가 지난 1920년대에 스페인을 좌우했던 독재자를 언급했다. "그때 이후로 모든 것이 하나씩 나빠졌어요." 더 젊은 남자는 사람들이 굶주린다고 말했다. 호텔에서 일하는 한 여성은 스타킹 살 돈도 못 번다고 불평했다. 대체로 손님들은 장거리 트럭 기사를 통해 소식을 듣는 파업을 칭찬했다. "조만간 파업이 일어날 겁니다. 지금처럼 먹을 것이 부족한 채 계속 살 수는 없어요."[143] 무르시아에서 에릭이 "벽에 몸을 기댄 남루하기 짝이 없는 거지"를 지나칠 때 카페에서 만난 적이 있는 어떤 사람이 에릭을 돌아보며 "바로 저 사람이 스페인을 대표합니다"라고 말했다.[144] 에릭이 보기에 스페인의 태반이 과거에 깊이 잠겨 있었다. 스페인 중부로 다가갈수록 사람들은 자신들이 너무 뒤처져 있어서 카탈루냐의 본보기를 따르지 못한다고 말했다. "그들은 투사입니다만, 예외적인 경우입니다." 성금요일 저녁에 에릭은 무르시아의 호텔 창문을 통해 가면과 복면을 쓴 종교 단체들의 행렬을 내려다보았다. 무르시아의 거리에서는 보호자를 동반한 젊은 여성들, 두 개의 매춘굴, 시장 광장의 카페에 앉은 농부들, 흑백 제복을 입은 가정교사들의 보살핌을 받는 수십 명의 아이들, 모두 바로크-로코코 양식으로 지은 갖가지 건물들을 보았다. 마치 19세기 "합스부르크 제국의 지방 도시"에 와 있는 것 같았다.[145]

에릭의 여행은 기자의 취재보다 여행객의 휴가에 더 가까운 것으로 드러났다. 그는 바르셀로나 총파업을 그리 꼼꼼하게 취재하지 않았다. 프랑코 정권이 파업자들에 맞서 군대를 동원하자 총파업은 결국 용두사미로 끝났다. 동원의 주목적은 파업자들에게 겁을 주는 것이었고, 결국 3월 말에 이르러 파업이 잦아들자 정부는 구금했던 파업자들을 대부분 풀어주었다. 파업자들은 생활조건의 직접적인 개선이라는 점에서는 그리 큰 성과를 거두지 못했지만, 그들의 행위는 훗날 1950년대 중반, 스페인 경제가 서서히 근대화하고 발전하기 시작할 때 노동운동이 재등장할 토대를 놓았다.[146] 영국으로 돌아온 에릭은 아직 구금 중인 스페인 파업자들의 석방을 위해 몇 차례 청원을 주도했지만(에릭을 가리켜 "지칠 줄 모르는 (그리고 성가신) 청원 주도자이자 패배한 대의의 지지자"라고 MI5는 조롱했다), 그 외에는 본업에 집중해야 했다.[147]

버크벡칼리지 강의는 주중에 저녁 6시부터 9시 사이에만 했고 일주일에 이틀로 강의를 몰아넣을 수 있었다. 에릭은 학기 중에 강의가 있는 날은 런던에서 친구들과 지내고 강의가 없는 주중과 주말에는 킹스칼리지의 숙소에서 지냈다. 그렇지만 부활절학기가 끝나자마자 자신의 비참한 상황에서 벗어나기 위해 다시 해외로 나갈 필요가 있다고 생각했다. 1951년 6월 27일, 에릭은 《자본론》 제1권을 번역 중인 이탈리아의 공산당원 역사가 델리오 칸티모리에게 편지를 썼다. 옥스퍼드의 중세학자 베릴 스몰리Beryl Smalley가 에릭을 칸티모리에게 소개해주었다. 에릭은 이탈리아에서 휴가를 보내기 위해 8월 12일에 영국에서 출발해 8월 하순 동안 로마에 머물 것이라고 칸티모리에게 말했다.[148] 8월 18일에 베로나, 22일에 페루자를 떠난 그는 8월 23일에 로마에 도착해 일주일 동안 머문 뒤 피렌체로 이동했다.[149] 칸티모리는 에릭을 맞이했을 뿐 아니라 추천서까지 써주었고, 케임브리지의 마르크스주의 경제학자 피에로 스라파Piero Sraffa의 소개장도 전달했다.[150] 에릭은 전시에 노트에 적었듯이 이탈리아어를 거의 몰랐다.[151] 하지만 영어와 프랑스어를 섞어 그럭저럭 소통했다. 로마에서 에릭은 역사학 교수이자 이탈리아 공산당 중앙위원인 암브로조 도니니Ambrogio Donini를 만났는데, 일종의 기독교 천년왕국주의자들이 장악하고 있는 듯한 농촌 지구당들에 대한 이야기로 에릭의 호기심을 자아냈다. 두 사람의 토론은 언젠가 적절한 때에 에릭의 첫 저서로 결실을 맺을 터였다.[152]

8

1952년 초여름, 에릭의 음울한 상황이 마침내 해소되었다. 에릭은 부활절학기를 마치고 뮤리얼을 만날 계획이었지만, 그녀는 6월 12일 그에게 장문의 편지를 써서 자신들의 관계가 확실히 끝났다는 사실을 의문의 여지 없이 통보했다. 에릭은 그 편지를 서류철에 평생 간직했는데, 첫 번째 아내가 결혼 실패의 이유를 설명한 유일한 글이었기 때문이다.

여보, 당신은 돌아오라고 몇 번이나 말했지요. 당신이 워낙에 참을성 있고 온화한 사람이라서—이제 내가 이 문제에서 어떤 입장인지 알기에 당연히 지체 없이 말해야 하지만—당신과 다시 살 수 없고 이제 이혼해주기를 바란다는 말로 당신에게 고통을 주어야 하는 나 자신이 싫어요.
함께 살려는 두 번째 시도에서도 당신은 참을성과 온화함을 보여주었지만, 당신도 알다시피 참을성과 온화함만으로는 충분하지 않았어요. 우리 결혼생활에는 너무나 많은 갈등—사적인 관계에 대한 당신의 불신과 나의 감상벽, 결혼생활에서 당신이 원한 지적인 동지애와 내가 기대한 단조로운 안락함 등 감정적인 갈등과 그렇지 않은 갈등—이 있었고, 나는 그 어떤 낙관론으로도 우리의 갈등을 다시 마주할 수가 없어요.

이제 당신도 눈치챘다시피 피터 세라는 다른 남자가 있어요. 그와 만난 지 벌써 여러 달이 지났으니 분명 당신은 내가 당신에게 돌아갈 마음이 애초에 없었고 차라리 처음부터 그렇게 말했다면 당신의 불확실성과 불편함을 상당 부분 덜어줄 수 있었을 거라고 생각할 거예요. 하지만 공교롭게도 실은 그렇지가 않아요. 비록 그와 한동안 연인으로 지내기는 했지만, 당신과의 관계를 어떻게 할지 마음을 정하는 도중에 부수적으로 그와 영원히 함께 살겠다고, 그리고 가급적 빨리 결혼하겠다고 결정하게 된 것뿐이에요. 하지만 이제 그 결정은 확고하고 우리는 앞으로 함께 살려고 해요.

18개월 전에 당신은 내가 무엇을 원하는지 모르는 것처럼 보인다고 아주 타당하게 말했지요. 이제 나는 알아요. 그 대가로 몇 사람이, 누구보다도 당신이 지옥 같은 고통스러운 시간을 보내야 했지만요. 나의 지난날이 자랑스럽지는 않아요. 하지만 지난 2년간 나도 꽤 힘들었다고 말할 수밖에 없어요.

당신의 면전에서 이런 말을 할 용기가 내게는 없어요. (지난번에 그렇게 행동하지 않았다면, 그런 다음 히스테리를 부리지 않았다면) 당신은 적어도 2년 전에는 이 난장판을 벗어났을 거예요. 내일 밤에 약속대로 만나서 직접 말하는 대신 이렇게 편지를 쓰는 것도 용기가 없어서랍니다. 그리고 내가 당신에게 이혼을 요구한 상황이니—당신이 이혼하기로 결정한다면—내 생각에 절차대로라면 우리는 변호사의 조언 없이는 만나서는 안 돼요. 그러니 내게 편지로 당신의 제안을 알려줄

래요? 그리고 말이 나온 김에 당신 가족의 도자기와 그밖의 물건을 내가 어떻게 하면 좋을지도 알려주세요. 어머니에게는 아무것도 말하지 않았으니 내가 당신의 답변을 듣기 전까지는 어머니에게 제안하지 마세요.

이 음울한 일에 대해 내가 할 말은 이게 다예요. 나를 친절하고 온화하고 매우 소중하게 대해줘서 고맙다는 말만 빼고요. 만족하지 못한 것은 내가 너무 신경질적인 탓이지 당신 잘못이 아니에요. 당신이 외롭고 슬프다고 생각하기 싫어요. 은총을 빌어요, 여보.

뮤리얼.[153]

에릭은 뮤리얼의 요청을 받아들이는 것 외에 다른 선택지가 없었다. 결혼생활을 구해낼 수 있기를 희망하고 믿었던 시절은 지나갔다. 변호사를 선임해야 한다는 뮤리얼의 의견에 에릭은 동의했다. 에릭은 잭 개스터Jack Gaster를 선택했다. 1930년대부터 공산당원이었던 개스터는 부두 노동자와 노동조합원 등을 대변하는, 챈서리 레인에 위치한 좌파 법률사무소의 파트너 변호사였지만, 당원의 개인적인 일을 도울 용의도 있었다.[154]

1964년까지 영국의 이혼법은 이혼을 승인하기 전에 '혼인관계 위반' 행위를 저질렀다는 증거를 요구했다. 에릭 부부는 협의이혼의 일반적인 절차에 따라 가해자 측이 브라이턴에 있는 어느 호텔의 객실을 빌린 뒤 이혼소송에서 '공동 피고'가 될 이성 친구를 데려가야 했다. 피해자 측은 사설탐정을 고용해 브라이턴으로 보내고, 그러면 탐정은 호텔 객실에 들어가 보통 침대에 차분히 함께 앉아 있는 남녀의 사진을 찍어 간통의 '증거'로 제시하고, 더블침대 객실 영수증 사본으로 증거를 보완했다. 뮤리얼은 당연히 결혼 파탄의 주원인이 자신에게 있다고 생각했기 때문에 이 절차를 따르는 데 동의했고, 그리하여 에릭이 고용한 탐정이 그 브라이턴 호텔에서 관례대로 그녀의 남부끄러운 사진을 찍었다. 에릭은 개스터가 이혼소송을 개시할 수 있도록 편지를 보내면서 사진을 동봉했다. "여기 사진과 (…) 제 아내가 이 사안 전체에 관해 쓴 편지가 있습니다. (…) 이 편지와, 아내의 변호사가 당신에게 제공할 수 있는 호텔 영수증 같은 자료만으로 충분하다면, 진행해주셔도 좋습니다."[155] 개스터는 소송을 진행했고, 이혼을 인정받는 긴 절차가 시작되었다. 마침내 심리 날짜가 1953년 1월 21일로 정해졌고, 이날 에릭은 잭 개스터와 함께 법원에 가서 소장을 제출했다. 이혼 가판결은 조건 없이 내려졌다.[156] 3월 9일, 이혼 가판결 이후 강제로 이혼을 지연하는 6주가 지나고 "피고가 공동 피고 피터 헨리 세와 간통죄를 범했으므로" 이혼 확정판결이 내려졌다.[157] 에릭은 법원 심문 이후로 뮤리얼을 다시는 만나지 않았다. 10년 후 뮤리얼 시먼과 피터 세는 포르투갈에서 자동차 사고로 사망했다.[158]

에릭은 이제 1년 전만큼 집착하거나 낙담하진 않았지만 뮤리얼의 단호한 편지에 분명히 상심했고, 학생들은 그의 우울한 기분을 알아차렸다. 그들 중 한 명인 티럴 마리스는 "멋들어진(하지만 물이 새는) 1904년형 개프 커터gaff cutter"를 형제들과 공동으로 소유하고 있었다.[159] 그것은 자디그라는 이름의 돛대가 하나 달린 연두색 배였고, 마리스와 그의 친구인 세 학생은 그 배를 타고 포르투갈과 스페인으로 가는 항해에 에릭을 초대했다. 1952년 8월 18일 데번 해안의 살콤에 모인 그들은 배에 물자를 실었다. "항해 덕분에 위스키 몇 상자를 면세로 살 수 있다는 사실에 우리 모두 특히 감명을 받았지"라고 에릭은 나중에 회상했다.[160] 출항한 그들은 플리머스에 들렀다가 8월 23일 프랑스 웨상섬에 도착했다. "파도가 거칠었지만 뱃멀미는 하지 않았다"라고 에릭은 적었다. 비스케이만을 가로지른 뒤 해안을 따라 항해하던 중 엔진에 문제가 생겨 수리를

위해 세비야로 가기로 결정했다. 항해를 마친 직후에 에릭이 여행기에
썼듯이 그들은 "침식된 흙이 가득한 누런 물"에서 부표 사이로 나아가며
"커다란 황새 무리, 개펄의 소금, 소 목장 사이를 흐르는 오후의 조류를
타고 과달키비르강 상류로 올라갔다." "나는 망원경으로 해변을 바라보
고 흑백의 새들을 관찰했다. 우리는 창문 없이 윗가지를 엮어 만든 오두
막들에 충격을 받았지만, 그곳에 사는 사람들이 우리를 향해 손을 흔드
는 모습을 보고는 놀라지 않았다." 그들은 손을 흔들어 응답하고, "스파
게티, 멜론, 초콜릿"으로 식사를 하고, "우리 자신을 기념하기 위해 위스
키를 마셨다." 그들은 투우장에서 가까운 세비야 중심부에 배를 대고서
정비사들이 엔진을 수리하는 동안 며칠을 머물렀다.

세비야는 (…) 지나치게 팽창한 지방 도시처럼 먼지투성이에 무질서
하고 뒤틀리고 엉망진창인 상태. 세비야를 하나의 도시로 묶는 것은
건물이나 거리가 아니라 이리저리 이동하는 소음과 리듬의 밀도 높은
덩어리다. 잠시 후 우리는 이따금 들리는 소리를 의식하게 되었다. 몇
몇 술집에서 골목으로 새어나오는 리드미컬한 박수 소리, 삽으로 소금
을 뜨는 노동자나 다리를 건너 시장으로 가는 여성이 부르는 곡조, 낮
에 트램이 덜컹거리는 소리, 저녁에 이 술집 저 술집을 돌아다니는 기
타 연주자의 소리 따위였다.[161]

에릭은 항구가 별로 북적거리지 않고 장사하는 사람이 적다는 데 놀
랐다. "그물을 말리려고 펼쳐놓은 곳을 빼면 돌과 계선주繫船柱 사이에
잡초가 자라 있었다. 배보다 낚시꾼이 더 많았다."
    다른 일행이 도시를 돌아다니는 동안 에릭은 갑판에서 일광욕을 하며
책을 읽었다.

배가 항구에 있을 때, 특히 엔진을 수리하기 위해 밑바닥과 조리실의 절반을 뜯어냈을 경우 불가피하게 쌓이기 마련인 잡다한 물품에 둘러싸인 채 선실 지붕에 몸을 기대는 것은 기분 좋은 일이었다. 수건, 성냥갑, 담뱃갑, 아침에 먹다 남긴 시리얼이 담긴 주석 그릇, 바지, 머그잔, 프랭크의 화가畵架와 그리다 만 그림, 나의 사전과 관용구집, 누군가의 면도기와 누군가의 담요.

에릭 무리는 근처에 정박하던, 벨기에 국기가 달린 아스트리드라는 커다란 요트의 승무원들과 친해졌고 그들로부터 도움을 받았다. 도밍고와 루이스라는 두 청년이 선주가 부재 중인 두 달 동안 그 요트를 관리해오고 있었다. 그들은 거의 밤이면 강 건너편의 무도회장까지 배를 몰고 가서 여자들을 데려온다고 에릭에게 말했다. 어느 날 아침 에릭 무리가 아스트리드에서 나오는 마리와 살루드를 본 것은 그리 이례적인 일이 아니었다. 살루드는 열여덟 살가량의 여성으로 "전체적으로 매력적인 몸매"였다고 에릭은 썼다. "거의 모든 남자가 보자마자 그녀와 자고 싶을 것이라고 말하는 것은 요점을 놓치는 것이다. 그녀는 풍만하고 탄탄한 구릿빛 육체만 가진 게 아니었다. 그렇지만 누구나 그녀와 자고 싶어 했고, 어쨌든 나도 마찬가지였다."[162]
아스트리드로 초대받은 에릭은 두 남자와 그들의 여자들과 함께 앉아 커피를 마시고 담배를 피웠다. 누군가 라디오를 켜자 플라맹코 음악이 흘러나왔다. 그러자 직업이 무용수인 듯한 살루드가 춤을 추기 시작했는데, 에릭이 보기에 능숙하진 않았지만 자연스럽고 즉흥적으로 지중해 무희의 전통적인 스텝을 밟았다.

그녀는 주위에 상관없이 자신의 몸동작, 하이힐, 매혹적인 육체, 우리 앞에서 흔드는 두툼한 엉덩이와 허벅지, 손으로 모양을 강조하는 크고 둥근 가슴, 금박을 입힌 한 쌍의 둥근 귀고리, 일곱 개의 백색 합금 팔찌, 짧고 검은 머리, 그 외의 모든 것에 흡족해했다. 그녀는 누군가를 흥분시키거나 누군가로부터 무언가를 얻고 싶어 하지 않았다. 춤을 추다가 혼자 미소를 짓고 흥얼거렸고, 힘에 부치면 긴 의자에 몸을 던지고는 루이스든 마리든 가장 가까운 사람의 무릎에 머리와 가슴을 묻었다. 그녀는 교태라곤 전혀 없었고 분명히 생각이 별로 없었다.

대화는 원활하지 않았는데 에릭의 스페인어 실력이 여전히 썩 좋지 않은 데다 다른 사람들이 강한 안달루시아 억양으로 빠르게 말했기 때문이다. 그래서 그들은 역시 직업 가수이자 무용수인 마리에게 플라멩코를 몇 곡 청했다. 그들은 노래에 맞춰 박수를 쳤고 살루드는 춤을 췄다. 그 소리를 듣고 자디그에 있던 두 학생이 찾아왔고, 에릭이 진 한 병을 내놓았다. 그들은 포도주를 마시며 짝을 지어 춤을 추기도 했지만 "몇 곡을 부르는 동안 모두가 웃고 키스하고 술을 마시느라 망가져서 제대로 추지는 못했다." "우리는 서로 잔을 부딪치며 건배했다."

남자처럼 차려입은 마리와 여자처럼 차려입은 데다 립스틱을 바르고 화장까지 한 도밍고는 함께 춤을 추려 했지만 웃음이 나와 금세 포기했다. 에릭이 보기에 영국 사립학교 동성 교육의 산물인 자기 학생들은 "진과 욕망으로 가득 차" 흥분했으면서도 "얼굴이 창백하고 거북해하는" 듯했다. 살루드가 그 상황에 편안하고 침착하게 대처하자 에릭은 "그녀의 생각 없음을 다소 과장"했을지 모른다고 인정했다. "나는 오히려 우리가 자연의 자식들 사이에서 신경이 과민하고 까다로운 지식인들처럼, 과달키비르강에서 자신의 타히티섬을 찾아낸 현대의 부갱빌처럼 우쭐댔다고 생각한다."[163] 결국 두 여자는 잠이 들었다. 두 스페인 남자는 꼭

10년이 지난 스페인 내전에 대해 이야기하기 시작했다. 루이스는 아버지와 삼촌이 프랑코 지지파에 총살당했다고 말했다. 조금 연상인 도밍고도 기억을 떠올렸다. "그들은 도랑에서 아주 많은 사람들을 사살했어요. (…) 마을들을 돌아다니며 사람들을 골라내 사살했어요." 살해된 사람들은 모두 도밍고가 살던 마을의 빨갱이였다. 에릭은 이렇게 적었다. "지난 15년간 이곳에서 전투가 없었음에도 1936년 여름에 6~9세였던 안달루시아 전역의 아이들은 그런 밤에 살해당한 부모를 기억하고 있었다. 그 나이대의 아이라면 잊어버릴 만도 했건만."

에릭은 아스트리드의 무리에 돈과 음식이 다 떨어졌음을 알았고, 그래서 영국 학생들과 함께 급한 대로 만든 식사를 그들에게 나누어주었다. 루이스와 도밍고가 장을 보러 시내로 간 사이에 두 여성은 빨래로 보답했다. 영국 학생들은 그들에게 카드 속임수를 보여주고 영국 노래와 파티 게임을 가르쳐주려 했다. 여자들은 감흥이 없었다. "시끄럽고 어수선한 학생이 그들의 면직 치마에 바람을 부는 격이었다." 예민한 분위기였다. 루이스와 도밍고가 돌아왔을 때 그들 모두 자기 이름을 적기로 했지만 알고 보니 살루드가 글을 몰랐다. 결국 살루드는 루이스와 함께 자리를 떴고, 에릭은 배에서 내려 혼자 시내를 돌아다녔다. 에릭은 우연히 마리를 만나 함께 영화를 본 다음 아스트리드로 돌아왔다. 그들은 갑판에 앉아 다른 사람들이 돌아오기를 기다리다가 너무 추워서 조타실로 들어갔고, 매트리스에 누워 있다가 성관계를 가졌다. 그렇지만 다음 날 아침 "그것은 우정이었지 그녀가 사랑을 원한 것은 아니었"음을 분명히 알게 되었다. 안도한 에릭은 살루드를 찾아나섰다. 알려준 방향을 따라 도착한 곳은 충격적이게도 "두꺼운 철창살"과 "지저분한 포주"가 있는 사창가였다. "나는 기분이 나빴고 살루드를 포함해 그 누구와도 자고 싶은 욕망을 잃어버렸다." 어쨌든 그녀는 거기에 없었다. "혹시 다른 젊은 여자를 원하나요?' 에릭은 이 제안을 뿌리쳤다. "대부분의 유럽 도시에서는 매춘부와 그렇지 않은 여성을 구분할 수 있지만 평범한 여성이 생계를 꾸릴 수 없는 세비야에서는 그럴 수 없다"라고 생각했다. 결국 살루드를 찾았지만 작별 인사 말고는 할 말이 없었다. 그들은 악수를 했다. "천진난만한 의식은 끝났다." 에릭은 세비야에서 파리로 가는 기차에 올랐다가 마리에게 작별 인사를 깜빡한 사실을 너무 늦게 떠올렸다. 자디그의 엔진이 수리된 터라 영국 학생들은 강 하류로 가서 탕헤르에 들렀다가 브르타뉴를 거쳐 영국으로 돌아갔다. 브르타뉴의 오디에른이라는 작은 어촌에서 돌아다니다가 구명정에 견인되는 일도 있었다.[164] 그렇지만 전반적으로 여행은 대단히 만족스러웠다. 훗날 에릭이 이따금 즐겁게 회상한 이 여행은 기운을 되찾는 데 큰 도움이 되었다.[165]

9

1952년 7월 말에 파리에서 잠깐 지낸 뒤, 에릭은 가을학기 시작에 맞춰 늦지 않게 케임브리지에 도착했다. 케임브리지의 역사학과에 경제사회사 전문가가 극소수였기 때문에 그는 주니어 연구 펠로로서 이 주제에 대한 강의와 지도를 통해 공백을 메워주기를 요구받았다. 그는 평상복과 흰색 운동화 차림으로 강의를 해서 보수적인 동료 일부에게 충격을 주고 옷을 관례대로 입지 않는다는 평판을 얻었다.[166] 그렇지만 "학생들이 언제나 도움을 구할 수 있다"고 알려진 몇 안 되는 학자들 중 한 명으로서 학생들에게 인기가 있었다.[167] 에릭은 포스탠에게서 들은 말을 항상 기억했다. "'자네가 그곳에서 가르치는 사람들은 자네만큼 총명한 학생이 아닐세' 하고 나의 스승은 말했다. 그들은 2등급 하위라는 시시한 성적으로 학위를 받고 시험지에 모두 똑같은 답안을 써내는, 지루한 정신을 가진 평균적인 학생들이야. 자네가 가르치기에는 즐거울 테지만, 1등급 학생들은 알아서 잘할 걸세. 그렇지 못한 학생들에게 자네가 필요한 거야.'"[168]

스스로 인정하듯이 그런 학생들 중에 조앤 로우랜즈Joan Rowlands(후일의 방송인 조앤 베이크웰)가 있었다. "나는 공립학교를 나온 수수한 여성으로 스톡포트 출신에 그곳 억양을 쓴다는 사실에 엄청난 콤플렉스를 가지고 있었고, 나를 주눅 들게 하는 사립학교 출신 상류층 학생들에 에워싸여 있었다"라고 그녀는 훗날 술회했다. 반면에 그녀의 이점은 "(이를테면) 남성들의 엄청난 '수요'가 있는 곳에서 소수에 속하는 여성", 확실히 매력적인 여성이라는 사실이었다. 로우랜즈는 1951년에 여자 대학인 뉴넘칼리지에 입학해 에릭의 19세기 경제사 강의를 들었다. 수업은 8주에 걸쳐 매주 제출하는 에세이를 에릭이 지도교수로서 비평한 다음 그것을 바탕으로 해당 주제의 다른 측면들에 대해 한 시간 동안 일대일로 토론하는 방식으로 이루어졌다. 학생이 에세이를 소리내 읽는 동안 조용히 앉아 있다가 다 읽으면 토론을 시작하는 대다수 교수와 달리, 에릭은 자신이 먼저 에세이를 읽고 메모를 달 수 있도록 지도 사흘 전에 에세이를 제출할 것을 요구했다.[169]

1953년 10월 학기 초에 로우랜즈는 에릭에 대해 아무것도 모른 채로 그를 만나러 킹스칼리지로 갔다.

나는 매우 소심했고 그의 앞에서는 정말 소심했어요. 깁스 빌딩. 아름답고 넓은 방. 그리고 이리저리 돌아다니며 그 공간을 일종의 진지함으로 가득 채우는 키가 크고 홀쭉한 사람. 정말로 그는 매우 진지했어요. 그는 나를 억지로 떠맡았죠. 내 머리는 2등급이었으니 그가 나를 가르치기로 선택하지는 않았을 거예요. 분명히 내가 어떤 식으로든 재기를 번뜩일 리는 없다는 뜻이었죠. 그는 총명한 사람들을 아주 좋아했는데, "혹시 이런저런 학생을 아나요? 혹시 이런저런 학생을 알게 되었나요?"라는 식으로 몇 명에 대해 내게 물었어요. 그는 머리 좋은 사람들이 어디에 있는지 알고 싶어 했고, 그들이 여성일 때면 더욱 관심을 보였어요. (…) 나는 그가 외롭고 짝을 찾고 있다고 생각했어요.[170]

로우랜즈가 보기에 에릭은 지적으로 주눅 들게 만드는 사람이었다. "머리 좋은 사람의 느낌을 그냥 물씬 풍겼기 때문에 나는 그의 머리가 좋다는 것을 알았어요." 하지만 에릭은 로우랜즈가 불편하지 않도록 최선을 다했다.

에릭은 나와 같은 잔챙이와도 이야기를 잘했어요. 내게 결코 선심 쓰는 체하지 않았죠—그는 자기 수준에서 말을 했고, 나는 그의 말을 따라가려 애쓰다가 눈물이 차오르곤 했어요. 그는 경탄할 만큼 사려 깊은 선생이었는데, 자신이 말하는 수준의 지식 범위나 배경이 내게 없다는 사실을 받아들였기 때문이에요. 그래서 내게 질문하는 방법으로 가르쳤어요. (…) 에릭은 내게 질문하는 법을 가르쳐준 사람이에요. 나는 그가 러다이트 운동에 대해 한 말—나는 분명히 이 용어를 경멸조로 사용했어요—과 "그들이 기계를 파괴한 이유가 뭐라고 생각하나요? 그들에게 어떤 이유가 있지 않았을까요? 어떤 이유가 있었을까요?"라는 질문을 항상 기억하고 있어요. (…) 그래서 그가 나를 이끌었는데, 내 생각에 나는 "아, 그렇군요, 이제 알겠네요, 맞아요"라고 말할 정도로 엄청나게 모험심이 강한 사람은 아니었기 때문이에요.

강의의 핵심 내용은 노동조합들의 기원과 성장이었다. 로우랜즈는 노동계급 출신이었다. 조부모가 공장 노동자였기 때문이다. 즉 노동조합주의의 역사를 물려받은 터였다. 에릭의 말은 "나의 정치적 배경에 호소했고, 그래서 그가 나에게 하는 말이 아주 편안했어요. 말하자면 '맙소사, 나는 마르크스주의자가 되도록 세뇌당하고 있어'라는 생각을 하지 않았어요."

이 시점까지 로우랜즈는 노동조합 운동과 그 기원, 역사, 현재까지의 전진에 동질감을 느끼고 있었다. 에릭은 다음을 알려주었다.

운동—노동조합 운동—이 어떻게 사회에 속하고 사회를 배경으로 성장했는가. 그렇게 그는 역사란 갑자기 일어나는 사태—그리고 이런저런 식으로 나빠지는 사태—가 아니며 역사에는 당신이 확인할 수 있는 일종의 놀라운 구조의 흐름이 있다는 의식을 내게 심어주었어요. (…) 그곳에서 나는 앉아 있곤 했고, 내 기억에 그는 커다란 두 팔로 팔짱을 끼고서 이를테면 "왜 그렇게 생각하나요?", "하지만 분명한 것은"이라고 말하곤 했어요. 그리고 나를 일종의 담론으로 이끌곤 했죠.

결국 그녀는 그가 "솔직히 말해 내게 감명받지 않았어요. (…) 나는 북부 도시 출신의 평범하고 변변찮은 장학생, 일어나는 모든 일에 완전히 경외감을 느끼는 학생이었어요"라고 생각했다. 그렇지만 훗날 결혼 후 조앤 베이크웰이 된 그녀는 언론인, 작가, 라디오와 텔레비전 방송인으로서 매우 성공적인 경력을 쌓았다. 영국 대중에게는 에릭보다 더 유명한 인물일 것이다.

에릭은 학생들에게 결코 무례하지 않았고 생색을 내지도 않았다. 다른 학생들 중에 스코틀랜드 출신에 이튼 졸업생인 탐 디엘이 있었다.

디엘은 1952년 군에서 갓 전역한 킹스칼리지의 걱정 많은 신입생 시절에 역사 수업 지도를 받으러 에릭을 찾아간 순간을 기억했다. "공산당원에릭 홉스봄이 학생을 박살낸다는 소문이 칼리지에 자자했지요. 그렇지만 한 번도 상급 역사를 접해본 적이 없는 아주 무식한 사립학교 졸업생에게 당신은 더없이 친절하고 유익했습니다"라고 그는 세월이 한참 흐른 후에 에릭에게 말했다.[171] 똑같이 스코틀랜드 출신에 이튼 졸업생인 닐 애셔슨의 경험은 매우 달랐다. 에릭은 애셔슨을 가리켜 "아마도 내가 맡은 학생들 중에 가장 총명한 학생"이라고 말했다. "나는 정말 그에게 많은 것을 가르치지 않았고 그저 알아서 하도록 내버려두었다."[172] 그리 놀랍지 않게도 애셔슨은 곧 사도회에 가입했다. 당시 영국 남성은 법에 따라 일정 기간 군에 복무해야 했다—이 제도는 국민병역이라 불렸다. 애셔슨은 1951년 7월부터 1952년 9월까지 영국 해병대 장교로 복무했고 말라야로 파견되었다. 영국은 말라야에서 1948년에 시작된 민족주의적 반란을 진압하려고 애쓰는 중이었다. 1952년 10월 역사를 공부하기 위해 킹스칼리지에 입학했을 당시 그는 반란 진압 과정에서 자신이 맡았던 역할에 심각한 의문을 품고 있었다. 80대에 애셔슨은 나에게 이렇게 털어놓았다. "당신도 나처럼 나이가 아주 많이 들면 열여덟 살 때보다 사람을 죽이는 일을 훨씬 더 나쁘게 생각할 테지만, 그럼에도 나 역시 괴로웠습니다." 그는 무공훈장과 죄의식을 지닌 채로 그때의 경험에서 멀어졌다.[173]

애셔슨이 킹스칼리지에 입학한 직후 신입생들을 초대하는 칼리지 축제가 있었다.

나는 이 모든 상황에 적응하려고 아직 노력하는 중이었고 신입생이 으레 그렇듯이 다소 소외감을 느끼고 있었어요. (…) 사람들이 옷을 차려

입고 있어서 '좋아, **나도** 차려입어야지' 하고 생각했죠. 그래서 아주 멍청하게도 말라야 작전에서 받은 훈장을 옷에 달았어요. (…) 그리고 만찬이 열렸지요ㅡ우리 모두 엄청나게, 너무 많이 마셔댔어요. 그러고 나서 사람들이 "자, 이제 누구의 숙소로 갈까요?ㅡ에릭에게 갑시다"라고 하더군요. 나도 "좋아, 가자!"라고 생각했죠. (…) 에릭의 방은 깁스 빌딩에 있었고, 안으로 들어간 우리는 모두 엄청 마셔댔어요. 나도 포도주를 왕창 마셨고 꽤 취했던 것 같아요. 어쨌든 저녁의 어느 시점에 키가 크고 마른 편인 에릭이 내게 다가오자 누군가가 "이쪽은 닐 애셔슨입니다"라고 말했어요. 그는 나를 응시하다가 훈장을 바라보더군요. 그는 "그게 뭐죠?"라고 물었고 나는 "아, 말라야 복무로 받은 해군 훈장입니다"라고 말했어요. 그러자 그는 상당히 강한 어조로 "그걸 다는 것을 부끄러워해야 합니다"라고 했어요. 그 말을 들으니 문자 그대로 속이 메스꺼워졌어요. 돌이켜 생각하건대 나는 잠재의식의 차원에서, 우리가 잠재의식을 믿는다면, 누군가가 그렇게 말해주기를 바라고 있었고, 또 내가 해온 일들ㅡ특히 말라야에서의 일ㅡ에 지극히 모순된 감정을 느끼고 있었기 때문이죠. (…) 나는 방에서 나갔어요. 건물 앞의 잔디밭으로 갔죠. (…) 그곳에서 눈물을 흘리며 걸어다녔어요. 내 기억에 울고 있었어요. 꽤 취한 상태였죠. 어둠 속에서 이리저리 걷고 또 걷다가 어느 지점에서 결국 훈장을 떼어내 주머니에 집어넣었고, 그 후로 다시는 달지 않았어요.

훗날 애셔슨은 에릭과의 첫 만남이 "카타르시스적" 만남이었다고 떠올렸다. 묘하게도 애셔슨은 자신의 죄의식을 밖으로 끄집어낸 에릭에게 고마움을 느꼈다. 두 사람은 훈장 사건을 다시는 거론하지 않지만, 이 일은 평생 지속될 친밀한 우정의 시작이었다.

이 만남은 다른 흥미로운 사건으로 이어지기도 했다. 수십 년 후, 21세기에 들어선 지도 한참 지난 무렵 저명한 언론인이자 역사가가 되어 있던 애셔슨은 대니얼 엘즈버그를 만났다. 미국 정부의 군사 분석가였던 엘즈버그는 아직 베트남 전쟁이 한창이던 1971년에 미국의 정책 수립에 관한 방대한 양의 기밀문서를 언론에 유출해 파란을 일으킨 바 있었다. 《펜타곤 문서》를 공개한 엘즈버그는 스파이와 절도 혐의로 체포되어 재판에 넘겨졌지만, 법원은 모든 혐의를 기각하고 그를 석방했다. 두 사람의 토론에서 에릭의 이름이 거론되자 애셔슨의 기억에 엘즈버그는 이렇게 말했다. "에릭의 문제는 당신도 알다시피 매우 **잔인할** 수 있다는 것입니다." 그가 말했다. "나는 그가 어떤 학부생의 훈장을 보고는 '그걸 다는 것을 부끄러워해야 합니다'라고 말하는 순간에 그 자리에 있었습니다." "오, 정말요? (…) 그 학부생이 바로 나였습니다! 당신도 거기에 있었어요?" "네." 실제로 엘즈버그는 1년짜리 우드로 윌슨 장학금을 받고 경제학을 공부하기 위해 애셔슨과 같은 시기에 킹스칼리지에 있었다. 엘즈버그는 에릭이 애셔슨에게 한 말을 듣고 얼마나 충격을 받았던지 그 발언을 평생 기억했다.[174]

에릭은 "자기 분야가 아닌" 경제사로 애셔슨을 인도했다. 에릭은 당시 케임브리지에서 가르치지 않던 혁명적 정치사에 더 관심이 많았다.[175] 에릭의 지도는

연상의 친구와 이야기하는 것에 더 가까웠어요. 실제 지도는 전혀 면밀하지 않았습니다. 나는 어떤 주제에 관한 에세이를 써서 그에게 보여주었어요. 그는 에세이를 때로는 읽었고 때로는 정말로 읽지 않았어요—주제만 슬쩍 보고는 토론으로 들어갔죠. 그러다가 옆길로 새서 내가 지도받기로 되어 있는 주제와 전혀 무관한 갖가지 흥미로운 토론

을 벌이곤 했어요. (…) 그와 적포도주를 마시고 이야기한 것만 기억이
납니다—그런 식으로 우리는 옆길로 빠졌어요.[176]

그렇지만 토론이 아무리 흥미롭고 적포도주를 아무리 많이 마셨을지
라도, 에릭은 언제나 정해진 시간에 수업을 끝냈다. 애셔슨은 예상대로
역사학에서 최우등 성적을 받았고, 에릭은 자연히 그가 학자의 길을 가
기를 원했다. "자네는 다른 곳을 떠돌지 말고 정말 연구를 해야 하네"라
고 말했다. 그러나 애셔슨은 언론계로 진출해 《가디언》에서 일했다.

에릭은 세비야 항해 여행이 보여주듯이 킹스칼리지의 학부생들과 편
하게 어울렸다. 그렇지만 다른 학자들과는 그리 잘 지내지 못했다. 몹시
우울하던 시기에 삐뚤어진 시선으로 일기에 적은 것만큼 끔찍하지는 않
을지라도, 어쨌든 그들이 따분하다고 생각했다. 정치적 입장을 보나 방
법론을 보나 아직까지 눈에 띄게 보수적이었던 역사학과 교수진과도 접
촉이 많지 않았다. 유일한 예외는 G. M. 트리벨리언의 제자들 중 한 명
인 J. H. (잭) 플럼이었다. 18세기 영국 정치를 연구한 탁월한 역사가인
플럼은 이때만 해도 아직 정치적 좌파였다. 훗날 에릭은 "플럼은 능력이
대단한 사람이었고, 1930년대에 그가 공산주의를 포기한 이후로 가깝게
지내지는 않았지만 나는 1950년대에 그와 대화하는 것을 좋아했어요"라
고 말했다.[177] 나중에 플럼은 우파로 급격히 전향했다. 에릭은 "그가 어
떻게 그토록 정치적 반동이 되었는지 도통 이해할 수 없었"다.[178]

케임브리지 시절에 외롭고 감정적으로도 취약했던 에릭은 학부생과
의 사교에 의지하게 되었다. 교수와 학생이 따로 식사하는 다른 여러
칼리지의 관행을 킹스칼리지에서는 요구하지 않았다는 사실이 학부생
과 어울리는 데 도움이 되었다. 1951년 10월, 고전학을 공부하려는 장
학생 제프리 로이드는 킹스칼리지 등교 첫날에 ("얼굴은 우락부락하지만

매력적인") 에릭으로부터 자기 방에서 커피를 마시자는 초대를 받았다.

그곳에는 나 말고도 여럿이 있었어요. 그들의 이름을 기억하지는 못하지만 소설, 재즈, 영화, 정치 등 거의 모든 것에 대해 대화를 나누기 시작했어요. (…) 나는 그 무엇에 대해서도 완전히 개방적으로 대화할 수 있어 보이는 그 집단을 조우했던 거죠. 나는 에릭이 연구 펠로인 줄은 몰랐어요. 나는 그곳이 천국, 지적인 천국이라고 생각했어요.[179]

젊은 연구원들과 학생들의 편안한 교류는 제프리 로이드의 말대로 어느 정도는 "당시 킹스의 학부생 세대에 (…) 참전 경험이 있는 사람들이 [섞여] 있었다"는 사실 덕분이었다. 즉흥 파티에서 여자 대학의 학부생들이 중요하긴 했지만, 에릭은 어느 여학생도 쫓아다니지 않았던 것으로 보인다. 로이드는 에릭이 기혼이고 아내가 해외에서 산다고 생각했다. 그들은 이 문제에 대해 결코 이야기하지 않았다.

킹스칼리지의 사교생활에서 가장 중요한 것은 대화였다. 박식하고 개방적이며 답답하지 않고 그 무엇에 대해서도 기꺼이 이야기하려는 에릭은 이런 모임에서 곧 인기인이 되었다. 훗날 닐 애셔슨은 이렇게 기억했다.

그는 우리 파티에 빠지는 법이 없었어요. 그래서 우리 중 일부가, 아니 다만 몇 명이라도 방에서 술을 마시고 음악을 틀고 모여 앉아서 세상 만사에 대해 이야기하기로 결정하면 에릭이 모습을 드러내거나, 누군가가 "에릭, 함께해요"라고 말하면 그가 나타났어요. (…) 훈장 사건 이후로, 아니 그 전부터 나는 그에게 지도를 받기 시작했습니다. (…) 제프리 로이드의 방에서 점심 파티가 있었고, 모두가 바닥에 앉아 볼로네제 스파게티를 먹었어요. 그 시절에는 퍽 대담한 행동이었죠. 에릭도 거기 있었어요. 그는 스페인에 대해 이야기했어요(막 스페인을 다녀온 참이었죠). (…) 나는 그가 좋아하는 투우 따위에 관해 다소 호기롭게 생각했어요. 그러다가 그가 이렇게 말했죠. "그런 다음 투우사는 칼끝에 달아놓은 붉은 천을 들어 이렇게 흔드는데―그걸 뭐라고 부르는지 모르겠네요." 그때 내가 "물레타라고 불러요" 하고 말했어요. 끔찍한 침묵이 흘렀죠. 그는 **그 천**을 보듯이 나를 쳐다봤어요. (…) 하지만 내가 그걸 알았던 건 그저 가족 일부가 프랑스에 있었기 때문이죠. (…) 그래서 투우가 어떻게 진행되고 각 단계의 명칭이 무엇인지 알고 있었어요. 어쨌든 이상하고 기묘한 순간이었어요.[180]

에릭은 지식의 문제에서는 결코 추월당하고 싶어 하지 않았다.

이렇게 즉흥적으로 학부생들과 어울리는 것 외에 에릭은 1950년에 사도회에 재가입해 런던에서 뮤리얼과 사는 동안 나갈 수 없었던 회합에 꼬박꼬박 참석했다. 사도회의 정직함과 친밀함은 "내가 불행하던 시기에 가장 큰 도움이 되었다"라고 훗날 에릭은 적었다.[181] 그러나 그는 나이와 경험의 차이 때문에 갈수록 고립된다고 느꼈다. 게다가 이제 사도회의 유일한 공산당원이라서 나머지 회원들과는 지적인 사고방식이 달랐다. "그 당시 기혼자였지만 풍부한 경험을 바탕으로 이야기하던 아난이 쓴 남색男色에 관한 논문"을 에릭이 기억하긴 했지만, 이 무렵이면 사도회의 동성애적 분위기는 대체로 사라지고 없었다.[182] 그렇지만 가이 버지스가 소련의 스파이라는 사실이 드러나는 바람에 사도회는 정보당국과 언론의 달갑지 않은 주목을 받게 되었다. 가이 버지스는 체포를 피하기 위해 1951년 모스크바로 도주하여 일간지들에 대서특필된 후, 어느 이른 아침 에릭에게 전화를 걸어 사도회의 연례 만찬에 참석할 수 없다며 양해를 구했다. 그리하여 "그때부터 내 전화가 정말이지 확실하게 도청당하도록 해주었다." 먼 훗날 에릭은 버지스의 전언이 "만찬이 대성공을 거두는 데 도움이 되었다"라고 유쾌하게 썼다.[183]

IO

실제로 보안정보국은 전후 초기 내내 에릭을 주시했다. 케임브리지 킹스칼리지에서 "홉스봄과 개인적으로 접촉하는" "믿을 수 있고 정확한" 정보원은 1951년 에릭이 "깁스 빌딩 G층에 거처를 두고 있다"고 보고했다. "그의 방에는 공산주의 문헌이 가득하며, 그는 자신의 정치적 견해를 숨기지 않는 전투적 공산당원으로 보인다. 복장은 단정하지 못하다. 그는 전직 근위대 하사관의 딸과 결혼했다고 알려져 있다."[184] 그러나 이내 에릭의 근황을 파악하여 "최근 아내와 갈라섰고 그녀에게 아파트와 여러 물건을 남겼다. 그는 킹스칼리지가 무료 숙소를 제공하고 연간 300파운드의 봉급을 주는 케임브리지로 다시 이사했다"라고 보고했다.[185] "그는 최근에 심정적으로 어려운 상태라고 알려져 있다."[186] 그렇다고 해서 MI5가 에릭을 조금이라도 덜 위험한 인물로 여긴 것은 아니었다. 특히 2차 세계대전 중에 핵 관련 기밀을 러시아 측에 넘긴 죄로 수감된 물리학자 앨런 넌 메이Alan Nunn May와 에릭이 접촉했기 때문이다.[187] 사실 이 접촉은 전혀 무해했다. 그럼에도 정보국은 의심을 거두지 않았다. "의심할 나위 없이 에릭 홉스봄은 케임브리지의 학생들 사이에서 상당히 효과적인 선전 활동을 할 것이다"라고 MI5는 비꼬는 투로 적었다.[188]

MI5의 의혹은 근거가 거의 없었다. 에릭은 결코 전투적 공산당원이 아니었다. 그는 정치적 맥락에서 자신이 "운동 내 아웃사이더로서 이상한 삶"을 살아가고 있음을 알고 있었다. 운동에 완전히 헌신할 능력이 없고, "나약하고 우유부단하고", 오래된 전통적 사회에 너무 집착하는 나머지 새로운 사회를 건설하는 데 전념하지 못한다고 항상 생각했다.[189] 모든 당원이 제출하도록 요구받는 문서인 '당 자서전'을 에릭은 1952년 11월 2일에 제출했는데, 이 글에서도 자신을 가차 없이 비판했다. "대다수 사람들은 때때로 당과 정치적 이견을 보인다. 나는 그런 의견을 따져본 다음 노선이 변경될 때까지 당의 결정을 수용했다. 달리 어떤 방법으로 견해 차이를 해소할 수 있겠는가? 나는 민주적 중앙집권주의를 고수하려 노력했다." 그렇지만 군 복무를 마친 이후 그는 "대중을 다소 멀리하고 평범한 당 업무도 멀리하는(대학 지부에 있을 때 나는 평범한 기본 업무는 하려고 노력했지만 책임지는 업무는 피했다)" 경향을 보였다. "노동조합 업무에는 적당히 만족했다."

에릭은 실제로 대학강사연맹 케임브리지 지부의 서기였고 연맹의 위원회에 참여하는 대표자였다. 그렇지만 이런 직책은 당이 관심을 두는 일종의 산업적 호전성에 헌신하는 증거가 거의 되지 못한다는 것을 그는 분명히 알고 있었을 것이다. 공산당에서 조종하는 케임브리지의 《대학 소식지University Newsletter》를 그가 1951년 10월부터 1954년 11월까지 편집하고 꽤 많은 글을 게재했다는 사실도 헌신의 증거가 되지 못하기는 마찬가지였다. 《대학 소식지》에 실은 글에서 그는 공산당원 학자들을 갈수록 괴롭히는 차별을 통렬히 비판하고, 그런 차별을 카이저 시대 독일에서 사회민주당원들을 대학에서 배척한 조치와 비교했다.[190] 그리고 다소 비현실적으로 "공장 노동자들과 더 많이 관계 맺기를" 원했다. "나는 전업 노동자의 길도 고려했지만 그런 발상을 진지하게 받아들일 만큼 조직 업무에 능하다고 생각하지 않습니다. (…) 나는 당을 위해 내가 할 수 있는 일을 했다거나 그렇게 하기 위해 나의 역량을 키워왔다고 생각하지 않습니다."[191]

노동조합과 조합원에 관한 한, 에릭의 주된 활동은 대학 강사들의 사회경제적 위치에 대해 글을 쓰고 강연하는 것이었다. MI5의 보고서에 따르면 1949년 9월 25일 당 문화위원회가 조직한 대회에서 에릭은

적어도 발칸의 교육받은 농민들, 오늘날 안정된 사회를 건설하는 데 힘을 보태고 있는 농민들이 영국의 대학 교수들보다 더 자유롭다고 말했다. 그는 지식인들이 민중과 밀착되어 있었던 기간에 가장 훌륭한 과업을 수행해왔다고 주장했다. 지식인들이 '상아탑'으로 물러나 있었던 기간에는 민중과 단절된 탓에 가치 있는 그 무엇도 생산해내지 못했다고 했다.[192]

그러나 1950년 12월 에릭이 런던 남서쪽 에그햄에 위치한 로열홀러웨이칼리지에서 열린 대학강사연맹 연례 대회에 참석했을 무렵에는 냉전이 연맹의 정치에 영향을 끼치고 있었다. 에릭은 연맹의 위원회를 대표했음에도 위원으로 선출되지 못했고, 자신이 결코 선출되지 못할 것이라고 올바로 예상했다. 심지어 청원에 서명해달라거나 캠페인에 동참해달라는 부탁조차 받지 않았다. 당원들이 워낙 신뢰받지 못하고 있으므로 그들이 할 수 있는 일이라곤 배후에서 얼마간 영향력을 행사하는 것 정도라고 그는 결론지었다. "마음이 아프다"라고 썼다.[193]

이 무렵 그는 당과 자주 충돌했다. 영국 공산당은 1948년 스탈린과 유고슬라비아 공산당의 요시프 브로즈 티토가 갈라선 사건으로 인해 특정한 충성 시험에 직면했다. 전시에 빨치산을 승리로 이끈 티토는 자국에서 상대적으로 자유주의적인 경제정책을 펴고 있었다. 코민테른을 계승한 코민포름에서 유고슬라비아가 퇴출된 후 동유럽 전역에서 '티토주의자들'에 대한 일련의 여론몰이용 재판이 열렸다. 에릭은 불가리아, 체

코, 헝가리의 '반역자들' 중 다수를 그들이 전시에 영국에서 망명 생활하던 때부터 알고 지낸 터라 그들에 대한 기소를 신뢰할 수 없었고, 유고슬라비아를 가리켜 1947년에는 소련의 충실한 동맹이라고 칭송하다가 1948년에는 자본주의의 도구라고 비난하는 영국 공산당의 입장 전환을 신뢰할 수도 없었다.[194] 그는 유고슬라비아의 '수정주의'에 반대하는 당의 정통 노선을 지지하는 않는다는 점을 개인적으로 분명하게 밝혔다. 1949년 1월 《리스너》에 보낸 편지에서 에릭은 유고슬라비아 상황에 대한 A. J. P. 테일러의 논쟁적인 방송을 비판하면서도 스탈린을 전혀 옹호하지 않았고, 다른 자리에서도 같은 입장을 피력했다.[195] 1953년 친구처럼 지내는 학부생 닐 애셔슨과 제프리 로이드는 여전히 전쟁의 영향으로 고통받는 보스니아의 철도를 재건하기 위한 '청년단'에 자원해 유고슬라비아로 갔다. 그들은 세르비아 노동계급 가족의 초대를 받아 그들과 함께 지내면서 "굉장한 시간"을 보냈다. 특히 제프리의 말마따나 삽이 없다는 이유로 철도 복구 계획이 취소되었기 때문이다. 그들은 베오그라드 근처 도나우강에서 많은 시간을 보냈다. 제프리의 기억에 따르면 그곳에는 "수영을 하는 일종의 작고 멋진 모래밭과 장차 배우가 될 것 같은 여자들이 있었어요. 다리에 털이 아주 많은 그 여자들 중 몇몇은 방문객으로 케임브리지를 찾기도 했습니다." 두 학생이 케임브리지로 돌아왔을 때 에릭은 그들이 '티토주의'에 연루되었다는 이유로 질책하지 않았다. 애셔슨에 따르면 에릭은 "우리가 어떠한 형태의 당과도 무관한 청년단의 열정으로 철도를 부설하러 갔다는 사실에 오히려 기뻐했어요."

더 헌신적인 공산당원들에게 에릭은 '수정주의자'로 비칠 수 있었다. 애셔슨은 친구인 젊은 중국 여성 지오이에타 쿠오를 이렇게 기억했다.

그녀는 의욕이 넘치는 열렬한 공산당원이었어요. 또한 핵물리학자였죠. 단순한 핵물리학자가 아니라 엄청나게 뛰어난 핵물리학자였어요. 케임브리지에서 굉장한 1등급 학위를 받았고, 그렇게 소문이 났어요. 내 생각에 그녀의 목적은, 실제로 이따금 자기 목적을 말하기도 했는데, 귀국해서 중국을 위해 폭탄을 만드는 것이었어요. 어쨌든 그녀는 에릭에게 비상한 관심을 갖게 되었어요. (…) 에릭도 그녀를 꽤 좋아했다고 생각해요. 어떤 일이 있었는지 나는 모릅니다. 어쩌면 아무 일도 없었을 거예요. 그녀는 매우 엄격한, 말하자면 초기 마오주의 노선을 따르는 사람이었어요. 음, 그녀는 무척 매력적이었죠. 지오이에타는 수정주의를 이유로, 그리고 이런저런 문제에 관대하다는 이유로, 이를테면 서구 문화를 지나치게 즐기고 그것이 얼마나 타락했는지 이해하지 못한다는 이유로 에릭을 힐난하곤 했어요. 그리고 정말로 에릭을 꾸짖곤 했어요. 나는 그렇게 꾸짖는 소리를 여러 번 들었어요. 그런데 에릭은 (…) 맞서 싸우지 않았어요.[196]

사실 지오이에타는 에릭을 동성애자로 여겼다. 에릭이 여성에 대해 결코 이야기하지 않았기 때문이다. 케임브리지의 다른 사람들과 마찬가지로 그녀는 에릭이 결혼했다는 사실을 몰랐다. 그녀는 시험을 마치고 에릭의 숙소에 가서 편안하게 그가 끓여주는 차와 자꾸 권하는 비스킷을 먹으며 어머니가 영화감독으로 일하는 중국과 공산주의에 대해 이야기하는 시간을 즐겼다. 머지않아 그녀는 버밍엄대학에서 핵물리학 박사과정을 밟은 다음 크로아티아인과 결혼해 아이러니하게도 유고슬라비아로 갔다. 그 후 옥스퍼드와 프린스턴에서 연구한 뒤 결국 캘리포니아의 한 연구소를 이끌었다.[197]

에릭은 킹스칼리지에서 정통적이지 않은 공산당원으로도 유명했다.

MI5의 요원 J. H. 머니는 1953년 10월에 다음과 같이 보고했다.

> 올해 6월 킹스를 방문했을 때 나는 해리스라는 펠로가 홉스봄에 대해
> 하는 말을 들었다. 그는 홉스봄의 공산주의가 완전히 구식이며 아직도
> '인민전선 시대'에 머물러 있다고 말했다. 또 "러시아 측이 찾아오면 그
> 는 살아남지 못할 것"이라고 했다. (…) 지난번에 다른 펠로는 "홉스봄
> 은 유감이라며 우리를 사살할 것이다"라고 말했다.[198]

런던의 공산당 지도부도 적극적인 공산당원은 응당 어떠해야 한다는
자신들의 생각에 에릭이 들어맞지 않는다는 사실을 잘 알고 있었다. 이
시기 공산당원이었던 소설가 도리스 레싱이 훗날 쓴 대로 "작가들—그
리고 예술가들—은 글을 쓰고 그림을 그리고 음악을 만드는 일 외에 다
른 무언가를 하라는 압력을 계속 강하게 받았는데, 이런 일들이 부르주
아적 탐닉에 불과하다는 것이 그 이유였다."[199] 공산당원은 예를 들어 당
기관지에만 글을 써야 했지만 에릭은 《릴리풋》과 《타임스 리터러리 서
플리먼트》 같은 온갖 유형의 '부르주아' 정기간행물에 글을 실었다. 공
산당원은 거리의 모퉁이에서 당 기관지 《데일리 워커》를 팔아야 했지만
에릭은 이 일을 하지 않았던 것으로 보인다.

MI5가 보고한 대로 1948년에 에릭이 "《데일리 워커》에 정기적으로
역사적인 글을 기고하는" 계획에 참여하고 "최근에 《월드 뉴스》와 《공산
주의 평론Communist Review》에도 글을 싣기 시작한" 것은 사실이다.[200] 그
러나 에릭의 글은 당의 정통 노선을 전혀 고수하지 않았다. 공산당 본부
는 에릭에게 올바른 공산당원으로 행동할 것을 요구하는 편지를 자주
보냈지만, 그는 받자마자 쓰레기통에 버렸다. MI5는 킹스트리트에 자
리한 공산당 본부의 대화를 도청하다가 지도부가 에릭을 대체로 포기했

다고 털어놓는 말을 들었다. 과학 교사이자 당원이며 '독일 민주주의를 위한 영국 위원회'의 명예 서기이기도 했던 도러시 다이아몬드, 웨일스 출신 광부로 《데일리 워커》의 편집장을 지냈고 최근까지 당의 전국조직 책이었으며 당시 당 국제부의 서기였던 이드리스 콕스Idris Cox는 에릭에 대한 불만을 이렇게 표출했다.

다이아몬드는 에릭 홉스봄(?)을 다시 공격해봐야 무슨 의미가 있겠느냐고 물었다. 이어서 자기 생각에 그 일—그가 당신을 그냥 중단해버린 일!—과 관련해 무슨 조치를 취해야겠다고 말했다. 콕스는 에릭이 문화위원회와 관련이 있는지 물었다(이 질문에 명확한 답변이 나오지 않았다). 한바탕 웃음이 터진 다음 콕스는 에릭의 입장이 무엇인지 조사할 수 있다고 말했다.[201]

그러나 콕스는 조사하지 않은 것으로 보인다. 종전처럼 당은 노동조합 활동에 압도적으로 집중했다. 고분고분하지 않은 지식인 한 명은 당의 큰 관심사가 아니었다.

어쨌든 1950년 케임브리지로 이사한 후로 에릭은 당의 정통 활동에 참여하는 것을 완전히 포기했다. 훗날 털어놓았듯이 그런 활동에 "나는 타고난 취향이나 적절한 기질이 없었다. 그때 이후로 나는 사실상 학문 집단이나 지식인 집단에서만 활동했다."[202] 이따금 언론에 기고문을 보내기는 했다. 예를 들어 한국전쟁을 촉발한 유엔 안전보장이사회를 불법으로 규탄하거나("유엔은 서구의 도구가 되어서는 안 된다") 인도차이나에 대한 프랑스의 군사 개입을 비난했다. 그러나 변변치 않은 그의 헌신은 당을 위한 적극적인 캠페인이나 업무로 확대되지 않았다. 1960년에 그는 미국의 젊은 비행사 개리 파워스가 조종하던 U-2 정찰기를 소련이 격추한 사건을 비난하는 미디어에 대해 논평했다("소련의 비행기가 캔자스 시티 상공에서 격추되었다면 무슨 일이 일어났겠는가?"). 그렇지만 보통의 당원들처럼 당을 위해 쓴 것은 아니었다. 그는 정치에 관여하는 독립적인 학자로서 글을 썼다.[203]

에릭은 영국 외부의 공산당들을 지지하는 일에 더 적극적이었다. 그는 영국-중국 우호협회의 회원이었다.[204] 또한 1949년 독일연방공화국(서독)과 나란히 소련의 점령 지역에서 수립된 독일민주공화국(동독)을 지원하는 일에 관여했다. 좌파 측의 많은 사람들은 서독이 나치 체제와의 연속성을 너무 많이 보인다고 생각했다. 다시 말해 나치 체제의 상당수 공무원, 판사, 사업가, 교사 등이 예전 지위를 다시 차지하고 있고, 따라서 독일 역사의 짐에서 벗어나 새롭게 출발할 주된 희망은 동독에 있다고 보았다. 1949년 9월, 에릭은 공산당의 전위조직인 '독일 민주주의를 위한 영국 위원회'를 위해 월간 소식지《독일을 비추는 탐조등 Searchlight on Germany》의 편집을 맡는 데 동의했다.[205] 행정 업무는 도러시 다이아몬드가 맡았다. 발행 부수는 대략 500부였다. "이 남자가 편집을 맡은 후로 잡지의 질이 높아졌다"고 MI5는 보고했다. 그러면서 에릭이 "교조적인 지식인"이라는 데 의심의 여지가 없다고 했다.[206]

그러나 에릭과 도러시 둘 다 "그들이 해야 하는 일들을 전부 하고 있지는 않다"고 당은 지적했다. 소식지는 재정난을 겪었다. 1950년 말, 에릭은 편집장에서 물러났다.[207] 그는 "런던과 케임브리지를 반반씩 오가며" 생활하고 있던 터라 런던에서 당의 업무에 완전히 몰두하기가 어려웠다. "일주일에 케임브리지와 런던을 세 번씩 오가는 교통비를 감당할 수 없습니다"라고 에릭은 도러시 다이아몬드에게 말했다. 버크벡에서 강의가 없는 날에 회의가 잡히면 불참할 수밖에 없었다. 에릭이 할 수 있는 최선은 (도러시의 도움을 받아) 당의 신문과 잡지에 "독일에 관한 사실을 적당히 간추려" 제공하여 "그들 스스로 기사를 쓰게 하는 것"이었다.[208] 게다가 동독이 급속하고도 무자비하게 스탈린화되고 있었으므로 그는 여하튼 발을 빼고 싶었다. 그럼에도 그의 활동과 접촉은 다시 한 번 MI5의 의심을 불러일으켰다. 1952년 1월 3일 에릭의 서신을 검열하기 위한 내무부 영장이 청구되었다. 에릭이 "독일 민주주의를 위한 영국 위원회의 회원이며, 그런 이유로 독일과 오스트리아의 공산당원들과 빈번히 접촉한다"는 것이 청구의 이유였다. "검열의 목적은 그와 접촉하는 사람들의 정체를 확인하고 우리에게 알려지지 않았을 수도 있는, 공공연하거나 은밀히 활동하는 공산당원 지식인들을 밝혀내는 것이다."[209] 그렇지만 에릭의 편지 검열은 완전히 시간 낭비였다. 흥미로운 것이 전혀 나오지 않았고, 영장은 1952년 6월 10일자로 추후 통보가 있을 때까지 효력이 정지되었다.[210]

에릭은 체코의 새로운 공산주의 정부와 좋은 관계를 조성하기 위한 영국-체코 우호연맹의 런던 위원회 회원이기도 했다. 체코 공산당이 자유총선거에서 38퍼센트라는 놀라운 득표율로 승리하고 얼마 지나지 않은 1947년에 프라하에서 열린 세계청년축제에서 에릭은 체코의 젊은 역사가들을 여럿 만난 적이 있었다. 체코 공산당과 비공산주의 정당들의 관계가 급격히 악화된 데 이어 1948년 초에 공산당이 사실상 쿠데타를 감행한 이후에도 에릭은 전쟁 전에 중동부유럽에서 유일하게 기능하는 민주국가였던 이 나라에서 일어난 정치적 변화의 대의를 계속 믿었다. 에릭의 견해는 영국에서 아직 정체가 발각되지 않은 가이 버지스의 사회로 왕립자동차클럽에서 열린 사도회의 1949년 연례 만찬에서 드러났다. 이 자리에서 버지스는 참석자들에게 가톨릭교도의 사도회 가입을 막자고 제안했다. 가톨릭교도는 교회의 도그마를 고수하는 탓에 여러 문제를 개방적이고 솔직하게 논의하지 못한다는 것이 그 이유였다(이 주장에 담긴 여러 겹의 아이러니는 훗날의 시점에서 되돌아볼 때만 분명하게 알 수 있다).[211] 에릭과 같은 시기에 케임브리지를 다닌 미국인으로 앤서니 블런트가 첩자로 끌어들였고 전시에 워싱턴 국무부의 직책을 얻는 데 성공했던 마이클 스트레이트도 만찬에 참석했다. 사도회의 전 회원으로 이 무렵이면 잡지 발행인으로 성공한 스트레이트는 런던의 거리에서 우연히 버지스를 만나 만찬에 초대받은 터였다.

이 시점에 스트레이트는 확고한 반공산주의자였고, 실제로 몇 년 후에 블런트가 전직 스파이임을 폭로하는 결정적인 역할을 하게 된다. 만찬에서 에릭과 나눈 대화를 서술한 스트레이트의 글은 아첨과는 거리가 멀었다.

나는 에릭 홉스봄이라는 떠오르는 역사가 옆에 앉았다. 내 기억에 홉스봄은 케임브리지에서 학생 공산당원 운동의 일원이었다. 그는 적어도 자신의 신념을 포기하지 않았다는 점을 분명히 했다. 나는 소련의 체코슬로바키아 점령에 대해 얼마간 쓴소리를 했다. 홉스본〔원문 그대로〕은 스미스법Smith Act*으로 투옥된 미국인들을 언급하며 반격했다. "체코슬로바키아보다 현재 미국에 정치범이 더 많습니다"라며 다 안다는 듯이 미소를 지으며 말했다. "새빨간 거짓말"이라고 나는 외쳤다. 홉스봄에게 계속 소리를 질렀다. 다른 사람들이 나를 쳐다보고 있음을 알고 있었다. 나는 사도회의 회원에 걸맞게 행동하지 않았다.[212]

실제로 그랬다. 이 사건은 평소 예의 바른 사도회 모임에서마저 냉전

---

* 1940년 6월 28일, 미국 의회의 제정 법안으로 폭력이나 무력으로 미국 정부를 전복하려는 주장에 대한 형사 처벌과 시민권이 없는 모든 성인 거주자의 연방정부 등록 의무를 규정했다.

이 격정을 불러일으키기 시작했다는 징후였다.[213] 그렇지만 이 사건 이후로, 특히 전쟁 이전과 도중에 사귀었던 체코 친구들이 무엇보다 유대인이라는 이유로 스탈린의 여론몰이용 재판에 희생된 이후로 에릭은 더 이상 영국과 체코의 우호를 위해 활동하지 않았다.[214]

II

공산주의를 지원하는 관례적인 좌파 활동은 이 무렵 당에서 에릭이 주로 초점을 맞춘 활동이 아니었다. 에릭의 활동에서 압도적인 비중을 차지한 것은 원래 1938년 9월에 마르크스주의 역사가 그룹으로 출범했다가 전후에 재구성된 공산당 역사가 그룹이었다. 에릭은 훗날 이 그룹이 1946년부터 "스탈린주의와 전쟁"을 벌였다고 묘사했다. "사실 우리는 비판적인 공산주의자들이었어요."[215] 또한 에릭은 비당원도 가입하기를 원했고, 이를 위해 매번 모임을 시작할 때 당원 카드를 보여주는 절차를 요구하지 말자고 제안했다. 그룹 위원회는 1948년 초에 이 요청을 거부하면서도 동조적인 비당원을 역사가 그룹 회합에 포함한다는 생각을 지지했다.[216] 역사가 그룹 결성의 주동자는 중간계급 상층 출신이며 학자가 아닌 도나 토르Dona Torr였다. 토르는 1차 세계대전 이전에 영문학 학위를 받은 뒤 로런스앤드위셔트 출판사에서 일했고, 독일어에 능통해 소련에서 후원한 《마르크스 엥겔스 서한집》 판본을 번역하기도 했다. 에릭도 학창시절에 이 책을 구해 읽은 적이 있었다.[217]

먼 훗날 에릭은 그녀를 다음처럼 기억했다.

왜소한 노년의 여성으로 언제나 머릿수건을 둘렀고 공산당에 대해서

나 마르크스주의 역사에 대해서나 매우 확고한 의견을 가지고 있었습니다. 점잖은 중간계급 출신인 더 젊은 정치적 급진주의자 세대와 달리 그녀는 가족의 억양과 예법을 버리지 않았어요. 나는 그녀가 어떻게 가족 배경에서 벗어났는지 알지 못합니다. (…) 그녀는 노동사, 특히 1차 세계대전 직전 30년 혹은 40년간의 노동사에 해박했지만 글은 매우 적게 썼습니다. (…) 그녀는 공산당 지식인들 사이에 명망이 매우 높았고, 2차 세계대전 전후로 자신이 젊은 역사가들에게 일종의 구루이자 후원자로 비치기를 원했습니다.[218]

에릭은 그룹에서 박사학위를 가진 사실상 유일한 회원이었고, 따라서 책 분량의 글을 써본 회원도 그밖에 없었다. 그래서 다른 많은 회원들보다 토르의 영향을 덜 받았다. 어느 오스트리아인 동료이자 동지로부터 영국 노동운동에 관한 독서 목록을 부탁받았을 때, 에릭은 토르의 책을 추천할 수 없다고 생각했다.[219] 그룹에서 토르의 역할은, 일부 회원들에게는 매우 중요했지만, 거의 자문과 조직 업무에 국한되었다.[220]

그룹은 런던 패링던에 있는 가리발디 레스토랑의 위층에서, 또는 이따금 클러컨웰그린에 있는 마르크스하우스에서 모였다. 그룹은 혁명적 이념을 위해 역사를 동원하는 것을 목표로 했고,[221] 특히 다음을 추구했다.

노동운동의 전 영역에서 역사를 대중화하여 사회주의를 성취하기 위한 투쟁의 모든 부분에 역사적 시각을 부여하는 것. (…) 역사 지식은 노동계급이 과거에 이루어낸 성취를 더 충분히 이해함으로써 그들의 권력에 대한 자신감을 키우는 데 활용되어야 한다. 이와 관련해 특히 중요한 점은 바로 우리 당의 역사에 관한 지식을 증진하는 것이다. 그 지식이 중요한 것은 우리가 마르크스주의를 이해하는 데 도움이 되기 때문만이 아니라, 노동운동에서 당의 역사적 뿌리에 대한 명확한 이해가 분파주의와 고립감을 극복하는 최선의 방법 중 하나이기 때문이기도 하다.²²²

그룹 회원들은 노동계급 역사에 대해 강의하고 교재 집필을 계획했다 (에릭은 18세기를 쓰기로 했다). 또 (맨체스터, 노팅엄, 셰필드에서) 지역 역사 모임의 창설을 독려하고 학술대회를 개최했으며, 기존의 역사 교과서들에 담긴 편향된 내용을 확인하는 기획을 시작하려 했다.²²³

이런 목표들 가운데 달성한 것은 거의 없었다. 실제로 그룹의 활동은 회원들끼리 역사적 문제에 대해 세미나를 하는 것으로 한정되었다. "적어도 그 당시 마르크스주의자들에게는 자본주의가 어떻게 발전했느냐 하는 것이 역사의 핵심 문제였다"라고 에릭은 술회했다. 그러나 "어떤 영국인도, 이 문제에 관한 한 다른 어떤 마르크스주의자[역사가]도 '부르주아' 역사가들의 연구까지 포함하는 최신 연구의 관점에서 이 문제와 정면으로 씨름하지 않았다." 이와 관련해 중요한 영향을 끼친 것은 케임브리지의 경제학자 모리스 돕Maurice Dobb의 저술이었다. 돕의 강좌는 지루하기로 악명이 높았고 에릭을 포함해 학생들이 거의 수강하지 않았지만, 1946년에 출간된 그의 책《자본주의 발전 연구Studies in the Development of Capitalism》는 그룹 회원들에게 상당한 영향을 주었다.²²⁴ 돕은 그룹의 회합에 여러 번 참석했지만 대체로 의견을 내지 않았다.²²⁵ 그룹은 시기별 분과로 나뉘었다. 에릭은 19세기 분과에 속했다. 에릭은 1948년 6월 6일에 열린 학술대회에서 '노동자들에게 미친 자본주의의 영향'에 대해 처음으로 서면 발표를 하면서 산업혁명 기간 영국의 생활수준을 다룬 독일 공산당원 역사가 위르겐 쿠친스키의 저서에서 자신이 부적절하다고 생각하는 부분을 길게 비판했다.²²⁶ 에릭은 레슬리 모턴Leslie Morton의 고전《영국 민중사》(1938)에 대한 전체 토론에도 참여했다.[227] 에릭은 G. D. H. 콜이 레이먼드 포스트게이트Raymond Postgate와 공저해 1945년에 출간한《보통 사람들 1746~1938 The Common People 1746-1938》에 비판적이었다. 그가 보기에 이 책은 "인본주의적이고 사회 개혁적이고 자유주의적인 고급 역사"의 장점뿐 아니라 단점까지 보여주는 사례였다.[228]

　공산당 역사가 그룹은 1947년에 여름학교, 1948년에 전체 학술대회를 열었지만, 그 후로 쇠퇴하기 시작했다. 학생과 교사 분과는 1951년에 활동을 중단했고, 근대 분과는 "극히 어려운 시기"를 지나는 중이었으며, 중세 분과는 1953년에 붕괴 상태였다. 핵심 회원들은 갈수록 전문 연구에 몰두하느라 정기적으로 참석하기가 어려웠다. 에릭은 회계 담당자에서 물러나고 1950년에 위원회를 탈퇴했으며, 전보다 훨씬 더 불규칙하게 참석했다.[229] 그렇지만 이 변화는 당시 그가 겪은 심각한 개인적 위기와 무관하다고 보기 어렵다. 1952년 9월에 위원회에 재가입하고 중세사가 로드니 힐턴을 대신해 의장까지 맡았기 때문이다.[230] 에릭은 단체로 영국사 교과서를 쓰는 계획을 되살렸고, 영국사에 관한 당원들의 연구 목록을 갱신했다.[231] 에릭이 재가입해 이루어낸 가장 중요한 성과는 영국 자본주의의 성장과 쇠퇴를 논의하는 야심찬 여름학교를 조직한 것이었다. 여름학교는 1954년 7월 중순 레이크 지방의 도시 그랜지-오버-샌즈에 있는 웅장한 네더우드 호텔에서 열렸다.[232] "이 학교의 목표는 영국 자본주의의 역사를 명확히 인식하는 것입니다"라고 에릭은 개회사에서 선언했다.[233] 에릭이 작성한 원고는 감리교의 역할부터 제국의 역할까지 영국 자본주의 역사의 여러 주제를 망라했다. 제국주의적인 대도시들이 분명히 통제력을 잃어가던 때에 식민주의를 유지한 백인 정착민들과 협조적인 토착민 엘리트들의 역할에 관한 테제를 제시할 때,

에릭은 이미 전 지구적 차원에서 생각하고 있었다.[234]

여름학교의 성과를 정리하며 에릭은 "토론에서 여러 생각이 갈수록 수렴하는 것은 우리가 성숙해진다는 증거였다"라고 생각했다. 에릭은 그답게 문화에 관한 토론이 부족했다고 아쉬워했고, "역사를 결정하고 형성하는 평범한 사람들에 대한 우리의 지식을 크게 개선할 것"을 촉구했다. 그는 마르크스주의 역사가들을 위한 새로운 여름학교를 몇 년에 한 번씩 개최하자고 제안했다.[235] 그렇지만 1954년의 여름학교가 그룹의 마지막 무대가 되고 말았다. 수년 후에 영국사가 에드워드 톰슨은 그룹과 그 모임이 그립다고 고백했다. "영리함을 뽐내려는 논문이 너무 많고 너무 간략한" 학술대회는 공산당 역사가 그룹을 대신하지 못했다.[236] 그렇지만 그룹 회원들이 "하나의 특정한 문화적 지형, 특정한 '국면' 안에서 형태를 갖춘" 까닭에 "우리가 암호와 암묵적인 정의를 공유하고 오늘날에는 동일한 방식으로 받아들일 수 없는 문제의식을 공유한 채 활동하는 다소 폐쇄된 모임처럼 보일 수밖에 없었다"는 지적은 사실이었다.[237] 이렇게 그룹 회원들이 공유한 관념과 가정은 그들이 1950년대 후반과 1960년대에 주요 역사서를 쓰기 시작할 때 독특한 특성으로 나타났다.

에릭은 그룹의 활동을 유럽 대륙으로 확대하고 싶었다. 에릭은 파리를 방문한 데 이어 1952년 7월 델리오 칸티모리에게 편지를 써서 그해 말에 마르크스주의 역사가들의 '영국-프랑스 합동대회'를 열어 봉건제에서 자본주의로의 이행과 그 이전 공동사회에서 봉건제로의 이행을 논의하자고 제안했다. 프랑스의 스페인 경제사 전문가 피에르 빌라Pierre Vilar가 계획에 참여했다.[238] 에릭은 이탈리아의 마르크스주의 역사가들도 참여해야 한다고 생각했고, 더 나아가 서유럽 마르크스주의 역사가들의 공동 작업을 이끌어내고 싶어 했다.[239] 프랑스 측에서는 누가 참여했는지 알려지지 않았지만, 영국 측에서는 에릭, 크리스토퍼 힐, 로드니 힐턴, 로버트 브라우닝, 빅터 키어넌, 존 모리스, 루이스 막스가 참여했고 대회는 1952년 12월 28일부터 30일까지 열렸다.[240] 그러나 이 야심찬 계획은 길게 보면 헛수고였다. 이 마르크스주의자들은 기껏해야 유럽역사학대회나 국제역사학대회의 가장자리에서 이따금 만났을 뿐이다. 프랑스의 공산당원 역사가들은 유의미한 대화를 하기에는 지나치게 교조적인 스탈린주의자들이었다. 공산당 역사가 그룹은 영국해협 건너편으로 진출하지 못했다.

그렇지만 그룹의 네 회원, 에릭, 크리스토퍼 힐, 로버트 브라우닝, 레슬리 모턴은 1953년 스탈린이 죽은 지 얼마 지나지 않은 1954~1955년 겨울방학 기간에 소련 학술원으로부터 초대를 받는 보상을 얻었다.[241] 기차로 유럽을 가로지른 네 사람은 소련에 도착해 환대를 받았다. 이튿날 에릭과 동료들은 볼쇼이 극장에 가서 보드카와 캐비어를 대접받으며 차이콥스키의 〈예브게니 오네긴〉 공연을 관람했다. 다음 날인 수요일에는 학술원의 연회에 참석한 뒤 사자 조련사, 저글링하는 사람, 곡예사, 줄타기꾼, 광대 등으로 완벽한 빅토리아식 진용을 갖춘 "지독하게 구식이지만 매력적인" 서커스를 관람했다. 목요일에는 "역사연구소의 장시간 회의"에 참석한 뒤 서둘러 소련 창립자들의 방부 처리된 시신을 보러 갔다. '귀빈 줄' 덕에 많이 기다리지 않고 볼 수 있었다. 에릭은 "매우 인상적이다. (…) 레닌은 생각했던 것보다 더 여위고 얼굴이 더 잘생겨 보이고, 스탈린은 더 커 보인다"라고 썼다. 모스크바 지하철을 본 사람이라면 누구나 그렇겠지만 에릭도 특히 그 장대함에 감명받았다. 그러면서도 행사에서 제공하는 보드카를 빼면 술을 구하기가 매우 어렵고 재즈를 듣기가 거의 불가능하다고 개인적으로 불평했다. 그리고 보통 사람들과 무언가를 하거나 러시아의 일상을 경험할 가능성은 전혀 없었다.

그다음으로 네 사람은 역사 콜로키움을 위해 레닌그라드(상트페테르부르크)로 가는 유명한 야간 붉은열차를 탔다. 에릭은 레닌그라드를 "잘 관리되고 있고 깨끗하다. (…) 모든 면에서 멋진 도시"라고 생각했다. 러시아 여성들은 별로 인상적이지 않았다. "머리 모양이 형편없고" "옷의 디자인도 훨씬 더 나아질 수 있다. (…) 전반적으로 안타까운데, 여성들의 외형이 우리의 취향에는 통통할 테지만 익숙해질 수 있는 정도이기 때문이다." 그들은 너무나 많은 혁명가들이 투옥되어 접근이 차단되었던 페트로파블롭스크 요새를 방문했고, 마린스키 극장에서 차이콥스키의 〈백조의 호수〉 공연을 관람했다. 공연이 끝나고 관례대로 수석 발레리나가 아직 땀을 흘리는 채로 특별석을 찾아와 인사를 했을 때 그들은 깜짝 놀랐다. 그들은 예르미타시 박물관의 "진기한 전시물"도 관람했다. 에릭은 극장과 연주회장의 군중뿐 아니라 "서점 앞에 줄을 서는" 러시아인들의 "열렬한 문화적 관심"에도 감명을 받았다. 공산당이 검열하는 서점에서는 찾을 수 없는 고전문학을 파는 암시장까지 있었지만, 사람들은 이 암시장에 대해 비밀경찰의 끄나풀이 엿들을 수 있는 "공적인 장소와 마찬가지로 사적인 장소에서도 말하지 않았다." 전반적으로 "주된 긍정적 인상은 엄청난 에너지와 팽창의 인상"이었다.[242]

　에릭은 러시아에 남아 있는 전쟁의 상흔과, 전화번호부나 지도조차 구할 수 없는 비밀주의가 만연한 분위기에 낙담했다. 그가 인상 깊게 본 것은 저명한 과학자들이 자신의 농민 출신성분을 숨기지 않는 것이었는데, 그들이 러시아 속담을 자유자재로 인용한다는 것이 그 증거였다. 영국 손님들은 자신들과 비슷한 누군가를 거의 만나지 않았다. 그럼에도 소비에트 미디어는 영국 손님들이 소비에트 동료들과 노르만족의 정복, 영국 노동자들의 이데올로기, 중세 농민 봉기와 같은 쟁점에 대해 "활발한 토론"을 벌였다고 보도했다. 이 경험은 에릭의 정치적 견해에 영향을 주지 않았다. 소비에트식 공산주의를 지지하는 데 따르는 문제와 어려움이 어떻든 간에, 에릭은 그 공산주의가 서구의 제국주의보다는 낫고 따라서 종전처럼 그것을 결연히 옹호할 필요가 있다고 계속 생각했다.[243]

I2

공산당 역사가 그룹이 벌인 폭넓은 토론과 논의의 가장 지속적인 결과물은 학술지 발행이었다. 그룹의 일원으로 유니버시티칼리지 런던에서 로마사를 가르치던 존 모리스가 주도해 학술지 발행에 대한 논의를 시작했다. 모리스는 1950년 1월 6일 "새로운 역사 잡지"를 논의하기 위해 킹스칼리지의 에릭을 찾아왔다. 에릭은 "짜증나는 사람이지만, 그에게는 좀체 화를 낼 수가 없다"라고 털어놓았다. 90분간의 토론으로 에릭은 녹초가 된 느낌이었다.[244] 그러나 모리스는 집요했고, 몇 달 후 그의 집 식탁에서 잡지 창간을 위한 회의가 열렸다. 에릭과 모리스 외에 크리스토퍼 힐과 로드니 힐턴이 참석했다. 이 회의에서 모리스를 학술지의 편집인으로 임명했는데, 이 직책을 그는 1960년까지 맡았다. 발간 비용을 보조하기 위해 각자 가능한 선에서 자금을 보태기로 결의했다.[245] 그들은 우선 자기들끼리 25파운드를 모았고, 모리스가 같은 액수를 보탰으며, 다른 세 명의 지지자가 8파운드를 기부했다. 자금의 대부분은 전단 1만 5천 장을 인쇄하고 잡지의 출발을 알리기 위해 도서관과 개인에게 발송하는 데 썼다. 그들이 재정적 도움을 부탁하자 많은 당원들은 마지못해 돈을 내놓았다.[246] 1951년 10월경 구독 신청자는 217명이었다. 너무 적은 숫자라서 창간 준비 모임은 전체 계획을 철회할지 말지 고민했다. 그렇지만 모리스가 400부로 손익을 맞출 만큼 잡지를 저렴하게 낼 수 있는 인쇄업자를 찾아내자 그들은 계획을 추진하기로 했다.

모리스는 학술지 이름을 '마르크스주의 역사 연구 회보'로 정하고 싶어 했지만, 에릭과 다른 회원들은 잡지가 훨씬 더 넓은 영역을 다루어야 하고 더 일반적인 의미에서 현재를 이해하기 위해 과거의 중요성을 끄집어내는 데 초점을 맞추어야 한다고 생각했다. 고고학자 V. 고든 차일드가 전후에 편집했으나 단명한 간략한 역사책 시리즈에서 제목을 차용하여 새로운 학술지는 《과거와 현재Past & Present》로 명명하고, 비타협적으로 마르크스주의적인 부제 '과학적 역사 저널'을 붙였다. 편집진은 동조적인 역사가들에게 논문 제출을 부탁하는 편지를 썼다. 델리오 칸티모리가 에릭의 요청에 응해 1952년 1월에 논문을 보냈다.[247] 학술지 발행 준비는 순조롭다고 에릭은 칸티모리를 안심시켰다. 그들은 영국 중세 농업사 분야의 명망 높은 전문가인 소련 역사가 E. A. 코스민스키에게서도 논문을 받아냈고, 프랑스 혁명 분야의 위대한 역사가 조르주 르페브르에게 편집위원이 되어달라고 요청했다.[248] 에릭은 대학원생들이 자리를 지키는 학술지 전시 테이블을 1955년 로마에서 열리는 제10회 국제역사학대회에서 마련해줄 수 있을지를 칸티모리에게 묻는 등 판매를 늘리기 위해 꾸준히 최선을 다했다.[249]

모리스의 운영 능력은 변변치 않았다. 그는 학술지의 자금을 침대 밑 신발 상자에 보관했다고 한다. 처음에는 매호 60쪽 내지 70쪽 분량의 학술지를 1년에 두 번 발행했다. 표지 디자인은 줄곧 단순했다. 무급 보조 편집자와 '업무 관리자'는 편집진의 친구와 제자 중에서 충원했다. 편집진은 직접 논문을 쓰거나 친구와 동료에게 논문을 의뢰했다. 책을 보관할 공간이 없었기 때문에 서평 의뢰는 하지 않기로 결정했다.[250] 1950년 12월에 에릭이 창간사를 썼고, 여기에 다른 편집위원들의 글을 더해 학술지의 선언문을 작성했다.[251] 학술지는 야심찬 목표를 내걸었다. 바로 전후 영국의 주요한 역사서술 추세에 반론을 제기한다는 것이었다. 《과거와 현재》가 폭넓고 포괄적인 역사 개념을 발전시키는 것을 소임으로 삼은 것과 편집진이 인접 분과들의 대표 학자들을 찾아나선 것은 무엇보다 에릭의 영향 때문이었다. 훗날 에릭은 《과거와 현재》를 "《아날》의 영국적 등가물"로 묘사했다.[252] 편집진은 창간호 소개글의 첫 문단에서 "고故 마르크 블로크와 그의 동료 뤼시앵 페브르의 전통", 즉 "방법론적인 논문과 이론적인 학위 논문이 아니라 예시와 사실을 통해" 과거의 변화를 연구하는 전통에 경의를 표했다.[253]

이후 에릭은 1955년 로마 국제역사학대회에서 만났던 프랑스 사회사가 피에르 구베르Pierre Goubert에게 논문 기고를 부탁하는 편지를 썼다. 구베르는 대회 기간에 여러 차례 대여섯 개의 언어로 이런저런 사람과 대화하던 "팔다리가 긴" 역사가를 기억하고 있었다. 이 "영국식 마르크스주의자"의 흥미로운 논문 몇 편을 이미 읽었던 구베르는 무언가를 보내주기로 했다.[254] 《과거와 현재》와 아날학파의 친밀함은 중세사가 자크 르 고프가 제100호에 기고한 글에서 잘 나타나는데, 거기서 르 고프는 프랑스 역사가들이 《과거와 현재》 초기 편집진의 정치적 기질을 전혀 몰랐다고 회상했다. 그리고 사뭇 프랑스적인 방식으로 자신이 언제나 "처음부터 독자, 예찬자, 친구, (이렇게 말해도 된다면) 거의 비밀 연인"이었다고 털어놓았다.[255]

잡지의 기본적인 성격은 마르크스주의자 편집위원들과 비마르크스주의자 편집위원들 간의 합의를 바탕으로 단기간에 확립되었다. 그들은 처음부터 다음을 공유했다.

'영국 역사 평론에 실릴 법한 유형의 논문', 즉 정통적이고 전통적인 역사서술에 대한 공동의 적의. 이런 의미에서, 비록 덜 명확하긴 했지만, 우리는 1930년대에 프랑스의 전통주의적인 역사 관례에 맞선 아날학파의 반란과 비슷했고, 그런 유사성을 인식하고 있었다. (…) 어떤 의미에서 우리는 전후 새로운 역사가 세대의 대변인을 자처했다. 그 세대는 마르크스주의자든 아니든 간에 역사의 경제적·사회적 차원을 이전보다 더 중시했고, 정통적인 정치-제도 문서고라는 테두리에서 벗어나 새로운 사료와 기법, 발상을 활용할 준비가 되어 있었다.[256]

이런 정신에 매우 충실했던 에릭은 새 학술지에 기고한 첫 논문에서 러다이트 운동원들, 즉 산업혁명 초기 영국에서 기계를 파괴하며 저항한 노동자들을 다루었다. 러다이트주의는 "무의미하게 광분한 산업 영역의 자크리*"라는 잭 플럼의 견해를 공격하며 에릭은 일부 상황에서는 러다이트주의가 노동자 측의 합리적인 산업 교섭 형태였다고 주장했다 —에릭이 영국 경제사를 지도하면서 조앤 로우랜즈 같은 학생에게 강조한 논점이 바로 이것이었다.[257]

그 뒤를 이어 에릭은 2년 전인 1952년 3월 8일에 공산당 역사가 그룹의 회합에서 메모한 내용을 바탕으로 17세기와 18세기 봉건제의 위기에 관한 두 편의 중요한 논문을 썼다.[258] 두 논문 모두 1954년 '17세기 유럽 경제의 전반적 위기'라는 제목으로 발표되었다. 두 논문에서 유럽 대륙을 아우르는 깜짝 놀랄 만큼 폭넓은 참고문헌에 근거해 포괄적인 일반화를 능란하게 해내는 그의 능력이 처음으로 완전하게 입증되었다. 에릭은 평소 연구 영역인 19세기 영국 노동사부터 몇몇 나라의 경제에 이르기까지, 유럽의 여러 언어로 발표된 관련 문헌을 참고해 일련의 광범한 반항과 반란으로 이어진 공통의 경제 위기를 밝혀냈다. 그중 가장 급진적이고 성공적인 반란은 그가 최초의 완전한 부르주아 혁명으로 여

---

* 1358년 프랑스에서 반란을 일으킨 농민들을 가리킨다.

긴, 1640년대에 영국 군주정을 전복한 사건이었다.[259]

에릭의 기고문을 영국 역사가가 야심차고 포괄적인 일반화를 해낸 극히 드문 사례로 평가한 《아날》 측은 즉각 그의 논문을 논했다.[260] 더 넓게 보면 에릭의 두 논문은 중요한 역사 논쟁을 촉발했는데, 17세기 전문가 휴 트레버-로퍼가 17세기 경제 위기의 정치적 결과에 초점을 맞추는 동시에 봉건제에서 자본주의로의 경제적 이행에 집중한 에릭의 논점을 비판하는 기고문을 발표했기 때문이다. 뒤이어 다양한 역사가들이 기고문을 썼으며, 그 글들은 결국 한 권의 책으로 출간되었다. 이 논쟁은 21세기까지 이어지고 있으며, 가장 최근 연구는 17세기 위기의 밑바탕에 놓인 '소小빙하기'의 기후 변화에 초점을 맞추었다—이 기후 변화를 에릭은 당대의 인간사와 거의 관련이 없는 요인으로 여겨 무시했다. '전반적 위기'에 대한 논쟁은 에릭이 대규모 역사 논쟁에 기여한 첫 사례였다. 그리고 에릭의 기여는 이번 한 번으로 끝나지 않았다.[261]

《과거와 현재》는 처음에는 그리 성공하지 못했다. 훗날 에릭은 이렇게 기억했다. "몇 해 동안 마르크스주의자들을 빼면 잡지에 글을 싣겠다는 사람이 거의 없었다. 매카시즘의 희생자인 모지스 핀리Moses Finley 같은 일부 사람들은 여러 해 동안 《과거와 현재》를 멀리했다. 예술사가 루돌프 위트코어Rudolf Wittkower 같은 다른 사람들은 경력에 좋지 않을 것이라는 말을 듣고서 기고를 철회했다. 역사연구소는 몇 년간 구독을 거부하기까지 했다."[262] 무니아 포스탠은 새 잡지를 못마땅하게 여긴 대표적인 인물이었다. 그는 편집진에 참여해달라는 요청을 거부한 R. H. 토니에게 그들은 "거의 전부 공산당원들과 동조자들입니다. (…) 말할 필요도 없이 그들은 최대한 많은 비공산당원들의 협력을 얻어내려 시도할 것이고, 때때로 비마르크스주의자나 반마르크스주의자의 논문까지 게재할 것입니다. 그렇지만 당신의 생각처럼 그 잡지는 십중팔구 공산당의 위성기구 중 하나가 될 것입니다"라고 말했다.[263] 근대 초 영국 귀족을 연구하는 좌파 역사가 로런스 스톤Lawrence Stone은 에릭으로부터 편집진에 참여해달라는 요청을 받고서 "나는 당신이 현재의 편집진 구성을 둘러싼 의혹의 정도를 과소평가하고 있다고 생각합니다"라는 편지를 썼다. 1956년에 편집진 가운데 공산당원들 대다수가 탈당하고 1958년에 스톤을 비롯한 비마르크스주의자들이 편집진에 참여한 이후에야 잡지는 기고자의 기반을 확대하고 마침내 영어권 세계에서 가장 널리 존중받는 사회사 학술지가 될 수 있었다.[264]

냉전은《과거와 현재》가 초기에 직면한 문제 외에도 에릭의 경력에 영향을 주었다. 1950년대 초 킹스칼리지에서 에릭은 "곤경에 처한 다소 이국적인 인물"로 기억되었다. 에릭은 매우 총명하다고 널리 인정받았지만 "보이지 않는 울타리가 그의 전망을 에워싸고 있는 듯했다. 영국판 '매카시즘'은 약하고 변덕스러웠"지만 케임브리지에서 그의 앞날에 그림자를 드리웠고 1952년에 이미 교수들 사이에서 그를 더욱 고립시키는 것으로 보였다.[265] 비록 버크벡에서 3년의 필수 유예기간 이후 1950년에 정규직에 임명되긴 했지만, 전체적으로 보아 종전부터 1954년 케임브리지에서 펠로직이 끝날 때까지의 몇 년은 에릭에게 힘든 시절이었다.[266] 냉전은 그의 방송인 경력을 가로막았다. 그는 킹스칼리지에서 두 차례 시도한 끝에 겨우 펠로직을 얻는 데 그쳤고, 박사학위 논문을 책으로 출간할 수 없었다. 버크벡에서 정규직을 얻고《경제사 평론》에 처음으로 학술 논문을 게재했지만, 성공적인 학계 경력에는 아직 한참 못 미치는 듯 보였다. 새 학술지《과거와 현재》창간 과정에서 주도적인 역할을 했지만, 공산당 역사가 그룹과의 친밀성 때문에 학계에서 널리 받아들여지지 못했다. 그룹 자체는 무관심과 활동 중단 상태로 빠져들고 있었다. 에릭은 자신이 공산당의 정치 활동에 거의 기여하지 않는, 불만족스러운 당원임을 너무나 잘 알고 있었다. 그러나 학계의 노동조합에서 입지를 확보하려던 에릭의 시도는 그의 공산주의 때문에 가로막혔다. 결혼 생활이 위기를 맞고 결국 파탄나자 그는 깊은 우울감에 빠졌고, 이제 겨우 천천히 빠져나오는 중이었다. 케임브리지 생활은 극히 불만족스러웠기에 그는 최대한 자주 런던뿐 아니라 스페인, 이탈리아, 그리고 앞으로 살펴볼 것처럼 프랑스로 달아났다. 프랑스는 1950년대 동안 그의 정서적 회복뿐 아니라 지적 형성에도 결정적인 영향을 미쳤다.

6

"위험한 인물"

1954-1962

I

　1950년대 중반에 에릭은 직업적인 이유로도 개인적인 이유로도 이곳 저곳으로 자주 여행을 다녔다. 1955년에 친구 델리오 칸티모리가 8월 9일 로마에서 시작하는 제10회 국제역사학대회에 에릭을 초대했다. 역사학계의 큰 축제인 이 대회에는 세계 전역에서 2천 명의 대표들이 모여들었다. 여기에는 처음으로 소비에트 블록의 역사가들도 포함되었으며, 그중 24명은 소련 역사가였다.[1] 칸티모리에게 말했듯이 에릭은 "만나서 의견을 교환하기 위해 서유럽에서 온 진보적인 역사가들의 회합뿐 아니라 동구권 국가들에서 온 다양한 친구들과도 일종의 회합을 하는 자리를 마련"하고 싶어 했다.[2] 그렇지만 대회는 여전히 정치사와 외교사 역사가들이 좌우했으며, 로마 대회에서 부르주아지에 관한 회의가 열렸음에도 무니아 포스탠과 페르낭 브로델은 거의 대회가 끝나자마자 조직위원회 간사의 강력한 반대에 맞서 별도의 국제경제사협회를 창립해야 한다고 판단했다.[3] 나중에 에릭은 이 대회를 주로 좋은 날씨와 연관지어 기억했는데, 그 바람에 영국의 동료 공산당원이자 프랑스 혁명기 군중의 역사를 개척한 조지 루데George Rudé와 함께 대회에 참석하지 않고 "수영복 차림에 포도주 한 병을 들고서 (…) 오스티아의 해변"으로 갔다.[4]

직업상 방문을 마친 에릭은 피렌체를 거쳐 시칠리아섬의 시라쿠사로 갔고, 그곳에서 여동생 낸시와 그녀의 가족을 만나기 위해 몰타행 증기선을 탔다.[5] 낸시의 남편 빅터 마르체시는 한국전쟁 기간에 2년간 항공모함에서 근무한 다음 영국 해군에 의해 이 섬에 파견되었다. 이 무렵 부부에게는 1948년생 앤과 1951년생 로빈이 있었다. 셋째 제러미는 1957년에 몰타에서 태어났다. 이따금 찾아오는 에릭을 이 아이들은 학수고대했다. 훗날 로빈은 이렇게 기억했다.

우리에게는 다른 가족이 없었기 때문에 에릭 삼촌이 온다는 것은 정말이지 큰 사건이었어요. 다른 사람들은 모두 가족이 많았기 때문에 그건 꽤 이상한 일이었고, 저도 조금 특이하다고 생각했던 기억이 납니다. 하지만 내 기억에 삼촌과 만난 건 그때가 처음이었어요. 삼촌은 내게 《황금 집게발 달린 게》를 한 권 사주었는데, 그 책이 가르침을 주었기 때문에 결코 잊지 않았어요. 해마다 삼촌은 땡땡 시리즈를 한 권씩 보내주었고 나는 땡땡을 통해 읽는 법을 배웠어요.[6]

한번은 에릭이 로빈에게 공구상자를 보내주었다. 로빈은 "다소 어리둥절"했다. 에릭 못지않게 그도 공구를 사용하는 데에는 관심이 없었기 때문이다. 그 이후 빅터는 북아일랜드에 배치되었으며, 가족은 그곳에서 2년을 지낸 뒤 1957년 말 영국으로 돌아갔다. 그 후 가족은 빅터의 파견지인 나이지리아로 함께 이주했다가 1962년 노샘프턴셔의 그린스

노턴에 정착했다.

에릭은 사촌이자 10대 시절 친구인 론 홉스바움과도 계속 연락하고 있었다. 집에서 '하비'라 불린 론은 가족과 함께 에식스의 롬퍼드에 살다가 셴필드로 이사를 갔다. 론은 공무원 급여연구단에서 경제학자로 일했다. 1944년생인 딸 앤절라는 1950년대에 지속된 두 사촌의 우정을 다음과 같이 회상했다.

내 기억에 크리스마스나 여름에 에릭이 가끔 방문했어요. 하비와 에릭이 앉아서 정말로 오랫동안 무언가에 대해 토론하던 모습이 항상 기억나요. 아마 경제학 아니면 정치, 아니 분명히 경제학 아니면 정치에 대해 이야기했을 거예요. 그럴 때면 어머니와 나는 잰걸음으로 접시를 나르고 설거지를 했어요.[7]

에릭은 다른 사촌 데니스 프레스턴도 주기적으로 만났다. 두 사람은 모두 재즈를 좋아해 가깝게 지냈다. 그 무렵 데니스는 음반 제작자로서 영국의 전통 재즈에 주력하고 있었다. 사업에 성공해 화려하게 살고 있던 그는 메르세데스를 몰고 새빌로 정장을 입었다. 한편 데니스는 비록 남아프리카인 아내 노니와 1954년에 이혼한 뒤 재혼하긴 했지만, 인종 문제와 관련해 진지하게 캠페인을 벌였고 은연중에 인종주의적 색채를 드러내는 초급 어린이책인 《꼬마 흑인 삼보 이야기The Story of Little Black Sambo》를 여러 학교의 도서관에서 사라지게 하는 데 성공했다.[8]

1954년 9월에 킹스에서 주니어 연구 펠로직과 함께 칼리지 내 무료 숙소 사용이 종료된 뒤, 에릭은 버크벡칼리지 바로 코앞에 있어 강의 사이에 잠깐 다녀올 수 있을 정도로 가까운 고든맨션 37동의 넓고 다소 비싼 아파트를 빌려 런던으로 영구히 이주했다. 그곳은 "책과 음반으로 가

득하고 토링턴 플레이스가 내다보이는" "넓고 약간 어두운 아파트"였다
고 나중에 회상했다. 버거운 집세를 충당하기 위해 에릭은 아파트를 공
유할 수밖에 없었다. 함께 산 이들은 대부분 공산당 출신 친구와 지인으
로, 공산당 역사가 그룹의 회원인 헨리 콜린스, 마르크스주의 문학평론
가 앨릭 웨스트, 스페인 망명자 비센테 히르바우 등이었다. 1956년 초에
MI5는 에릭이 다른 역사가이자 공산당의 적극적인 활동가 루이스 막스
와 함께 지낸다고 기록했다. 아파트에는 손님용 방이 있어서 외국 방문
객, 친구와 지인이 계속 거쳐갔다. "솔직히 말해 케임브리지의 칼리지에
서 살 때보다 훨씬 더 즐거웠다."[9]

　1950년대 내내 에릭은 전쟁 전과 마찬가지로 대부분의 휴가를 파리
에서 보냈다.[10] 이 도시에서 에릭은 지난 1950년에 국제역사학대회에
서 만난 젊은 프랑스 여성을 통해 소개받은 같은 또래의 부부 앙리 레몽
Henri Raymond과 엘렌 베르하우어Hélène Berghauer의 집에서 지냈다.[11] 레몽
부부에게는 아이가 없었다—엘렌은 의사로부터 임신 가능성이 거의 없
다는 말을 들었다.[12] 1921년생인 앙리는 프랑스 국영철도에서 일했고,
시를 썼으며, 손꼽히는 마르크스주의 사상가 앙리 르페브르와 함께 사
회학을 공부했다. 앙리는 결국 프랑스 국립고등미술학교의 사회학 교사
가 되어 일련의 긴 논문들을 발표하고 건축과 도시사회학을 전공하는
학생 세대에게 큰 영향을 주었다. 아내 엘렌은 파리의 브라질 영사관에
서 일하며 생계를 꾸리는 화가 겸 삽화가였다. 유대인에 절반은 폴란드
인이었던 엘렌은 1941년 가족과 함께 프랑스를 탈출해 전시를 브라질에
서 보냈다.[13] 에릭은 엘렌을 "아름답고 무척 매력적인 젊은 여성"으로 묘
사했다. 에릭은 모든 파리 친구에게 하듯이 레몽 부부와도 이 무렵이면
거의 완벽한 프랑스어로 대화했다.[14]

　에릭은 1952년 7월 스페인에서 귀국하는 길에 이들 부부의 집에 처음

머물렀다. 회고록에 적은 대로 그들은

켈레르망 대로에 있는 다소 수수한 노동계급 아파트에 살았다. (…) 부부가 파리를 떠날 때면 나는 그들과 함께 소형차를 타고 마음이 통하는 곳이라면 루아르 계곡이든 이탈리아든 어디로나 여행을 떠나곤 했다. 그들이 파리에 머무를 때면 나는 아파트에 함께 지내면서 어울려 다니고, 플로르나 뤼므리 같은 이름난 카페에 앉아 지나가는 사람들을 관찰하거나 엿보고, 뤼시앵 골드만, 롤랑 바르트, 에드가 모랭 같은 지식인 지인들과 인사를 나누곤 했다. 그들이 없을 때면 그곳에서 혼자 지내며 나만의 무인도로 사용했다.[15]

레몽 부부의 친구와 지인 무리는 주로 비교조적인 마르크스주의자이거나 마르크스주의로부터 완전히 멀어지는 중인 지식인들로 이루어졌고, 전시에 레지스탕스로 활동했던 앙리 르페브르와 소설가 로제 바양도 포함되었다.

프랑스 공산당은 영국 공산당과 마찬가지로 정통 스탈린주의를 엄격히 고수했으며, 당의 노선을 따르는 지식인들은 이 무렵 에릭과 그의 이단적인 지식인 동료들과는 어떠한 관계도 맺지 않았다. 그런 지식인들에는 에마뉘엘 르 루아 라뒤리, 프랑수아 퓌레, 아니 크리겔, 알랭 브장송처럼 이후 유명해진 역사가들이 여럿 포함되었다. 프랑스 공산당 간부들은 에릭의 고분고분하지 않은 성격을 아주 잘 알고 있던 터라 그와 대담한다거나 어떤 회의에 그를 초대할 생각을 결코 하지 않았다.[16] 에릭은 위대한 사진작가 앙리 카르티에-브레송과도 친구가 되었고 그의 작품에 감탄했다. 그리고 생제르맹 클럽부터 르샤키페쉬에 이르기까지 프랑스 최고의 재즈를 들을 수 있는 파리의 여러 클럽에서 많은 시간을 보냈다. 다만 프랑스 재즈는 전반적으로 2급이고 런던에서 들을 수 있는 재즈보다 수준이 한참 떨어진다고 생각했다. 파리를 주 무대로 활동하는 재즈 클라리넷 연주자 시드니 베쳇 단 한 명만 뛰어나다고 인정했다.[17] 근처에 자리한 전설적인 카페 레되마고는 에릭에게 지적 자양분을 제공했다. 수십 년 전 파블로 피카소와 동료 예술가들이 자주 찾아 유명해진 이 카페의 1950년대 단골 중에는 철학자 장-폴 사르트르도 있었다. 에릭이 북아프리카의 민중음악을 들은 시갈레 같은 다른 클럽들도 있었다.[18]

에릭은 사르트르를 매우 잘 알게 되어 자주 만났다. 에릭의 조카 로빈 마르체시는 이렇게 회상했다.

나는 1982년에 파리에서 미국인 아내—당시에는 여자친구였죠—와 살 때 가끔 에릭과 마주쳤어요. (⋯) 내 기억에 에릭은 식사를 대접한다며 우리를 항상 라쿠폴La Coupole로 데려갔어요. 그 전에도 (⋯) 우리는 항상 그곳에서 식사를 했고 (⋯) 항상 양고기 카레를 먹었어요. 그러면 그녀는 〔미국인 억양으로〕 "이곳에 와서 양고기 카레를 주문하는 사람은 당신뿐일 거예요!"라고 말하곤 했어요. 아 맞아. 에릭이 우리를 라쿠폴로 초대했을 때 그녀가 에릭을 쳐다보며 이렇게 말했어요. "그런데 여기에 언제 처음 오셨나요?"
"글쎄요, 내 기억에 1950년대였고 이곳에 와서 장-폴 사르트르와 점심을 먹었죠."
그러자 그녀는 "정말요!! 그가 뭐라고 말했나요?" 하고 물었어요.
에릭은 그녀를 가만히 바라보다가 말했어요. "에릭, 여기서 먹을 건 하나뿐인데, 바로 양고기 카레야라고 하더군요."[19]

파리에서 체제에 순응하지 않거나 반대하는 좌파 지식인들과 주로 어

울리면서 에릭은 스탈린주의와 거리를 두었고 다양한 비정통 이념에 익숙해졌다.[20]

1950년대 내내 레몽 부부는 에릭의 파리 체류를 지원했다. 아파트의 방 하나를 언제나 에릭을 위해 비워두었고, 그들이 없을 때 에릭이 올 것 같으면 돈을 남겨두었다(엘렌은 어느 메모에 이렇게 적었다. "친애하는 에릭, 이 탁자의 서랍에 당신이 쓸 돈을 넣어두었습니다. 새로운 가사도우미가 정직하다고 생각해 그곳에 두었어요. (…) 부디 나 없이도 멋진 시간을 보내기를 바랍니다. 사랑을 전하며. 엘렌").[21] 에릭과 레몽 부부는 1950년대 초에 공산당원뿐 아니라 더 일반적으로 좌파까지 우려한 여러 화제에 대한 관심을 공유했다. 그런 화제는 1952~1953년 겨울에 루돌프 슬란스키를 비롯한 체코의 주요 공산당원들—거의 전부 유대인—에게 '시온주의'와 '티토주의' 혐의를 씌워 여론몰이용 재판에 넘긴 사건부터 암울하리만치 교조적인 스탈린주의자인 프랑스 공산당 당수 모리스 토레즈의 최근 활동까지 다양했다. 프랑스에서 뚜렷하게 확산 중인 반유대주의를 엘렌은 우려했다.[22] 그들은 공통 관심사인 책, 영화, 세상사, 엘렌이 최근 예술계에서 시도한 일에 대해, 그리고 물론 다음번에 파리든 케임브리지든 런던이든 어딘가에서 다시 만날 계획에 대해 이야기를 나누었다.[23] 엘렌은 한 편지에서 에릭에게 "내가 당신의 진을 온 힘을 다해 지키고 있다는 걸 아시나요? 그러니 서둘러 오시면 한 잔 이상 대접할 수 있을 거예요. 이것이 방문의 이유가 되지 않을까요?"라고 말했다.[24]

이것은 정치적·지적 동료들끼리 주고받는 보통의 편지가 아니었다. 엘렌의 편지는 관례를 훌쩍 뛰어넘는 애정과 사랑의 표현으로 가득했고, 상대의 경계심을 누그러뜨릴 만큼 솔직했다. "당신은 어떻게 지내세요?" 에릭이 레몽 부부의 집에 처음으로 잠깐 머물고 몇 달이 지난 1952년 10월에 엘렌은 이렇게 물었다. "그리고 당신 마음은요?"[25] 엘렌은 1952년 가을과 겨울에는 비교적 편지를 자제했지만, 이듬해 에릭이 파리에 머문 후에는 자제력을 완전히 잃어버렸다. 그녀는 연인에 관한 시를 보냈다 ("그 연인의 침대에서 / 온 세상이 웃었네").[26] 어느 편지의 말미에서는 엘리자 베스 배럿 브라우닝의 소네트 43번을 인용했다—"당신을 어떻게 사랑 하냐고요? 헤아려볼까요."[27] 남편 앙리는 개의치 않는 듯했다. 1952년 7월 관계가 시작되었을 때 엘렌은 남편에게는 질투하는 재주가 없다며 에릭을 안심시켰다.[28] 한번은 한동안 떨어져 지낼 때 에릭에게 "성생활 은 어떠세요?"라고 묻기도 했다.[29] 다른 편지에서는 자신이 에릭의 마음 속에서 언제나 특별한 존재이기를 바란다고 말했다.[30] 남편과 5년간 함 께 지내며 자유를 갈망하면서도 그를 떠날 수는 없다고 엘렌은 에릭에 게 말했다.[31] 서로 떨어져 지낼 때 엘렌은 자신의 외도를 에릭에게 주저 없이 말했다—"나는 매력적이고 사랑스러운 사람이에요. 그리고 여기 서 소소하게 감상적인 밀회를 나누고 있답니다."[32] 엘렌은 에릭과의 관 계를 앙리에게도 숨기지 않았다. 실제로 때때로 편지 말미에 앙리의 인 사를 넣기도 했다. 앙리 역시 외도를 했고 적어도 한 번은 "진지한 만남" 이었다고 엘렌은 에릭에게 말했다. 그러고는 "사랑, 아, 사랑 좋지요"라 고 비꼬듯이 덧붙였다. 1950년대 말에 이르러 부부관계가 허물어진다는 것이 갈수록 분명해지자 엘렌은 별거를 생각하기 시작했다.[33]

1957년에 에릭은 남부 이탈리아 아드리아 해안에 자리한 도시 로디 가르가니코의 해변 리조트에서 휴가를 보냈다. 레몽 부부가 이곳을 휴가 지로 고른 것은 그해 공쿠르상을 받은 친구 로제 바양의 소설 《법La Loi》 의 배경이었기 때문이다. 에릭은 해변가에서 다른 젊은 부부 리처드와 엘리제 마리엔스트라스Elise Marienstras를 만났다. "남자는 키가 크고 가슴 이 넓은 금발이었고, 여자는 왜소한 체형에 검은 머리"였다. 두 사람 다 폴란드계 유대인으로 프랑스의 비점령 지역에서 우여곡절 끝에 살아남았다고 했다. 나중에 리처드는 셰익스피어를 전공하는 유명한 학자가 되었고, 엘리제는 미국에서 아메리카 토착민의 저항에 관한 책을 냈다. 마리엔스트라스 부부는 에릭이 전쟁 전에 알게 된 나라 튀니지에서 한동안 교사로 지낼 예정이었으며, 세 사람은 즉각 활기찬 토론에 빠져들어 평생 지속될 우정을 쌓기 시작했다. 오랜 세월 후에 이 첫 만남을 술회할 때 엘리제 마리엔스트라스는 앙리, 엘렌, 에릭, 세 사람이 어떤 관계인지를 알 수가 없었다고 했다. "기본적으로 나는 그녀가 에릭의 전 아내인지, 애인인지, 아니면 앙리 레몽의 애인인지 알지 못했어요. 그들의 관계는 내게 불분명했어요." 엘리제는 엘렌과 에릭이 부부일 것이라고 짐작했다. 엘렌이 남편의 성을 따르지 않은 것은 1950년대에는 매우 드문 일이어서 엘리제가 혼동했던 것이다. 엘렌과 앙리의 관계에 대해 엘리제는 "관계가 별로 좋지 않다고 느꼈어요" 하고 말했다. 처음 만났을 때도 "몇 차례 곤란한 순간이 있었고, 서로 친밀한 모습을 전혀 보지 못했어요." 마리엔스트라스 부부는 에릭과는 변치 않는 친구가 되었지만 레몽 부부와는 그렇지 않았다.[34]

1950년대 중반 프랑스에서 중요한 정치적 쟁점이었던 알제리 독립에 대한 공통의 관심이 그들을 계속 묶어주었다. 전쟁 전에 북아프리카에서 연구했던 에릭은 파리를 자주 방문하면서 알제리 독립운동 단체 민족해방전선(FLN)과 접촉하게 되었다. 1954년 FLN이 주도한 알제리 봉기는 금세 격렬한 내전으로 악화되었고, 프랑스인 알제리 정착자들 다수가 독립에 반대하면서 상황이 더욱 복잡해졌다. 프랑스군 40만 명이 알제리에 파견되고 충돌이 본국 프랑스까지 확대되기 시작함에 따라 양측은 폭격, 학살, 암살, 고문을 일상적으로 자행했다. 1961년 10월 17일, 전시에 독일에 부역한 비시 체제에서 유대인들을 체포해 아우슈비츠로 수송했던 모리스 파퐁이 통제하는 프랑스 경찰은 파리에서 알제리 독립을 위해 평화롭게 시위하던 100명에서 300명의 사람들을 의도적으로 사살했다.[35] 프랑스 공산당은 알제리 독립을 지지했으며, FLN 단원과 적극적 지지자들의 생명이 위태로운 이런 상황에서 일부 공산당원은 그들을 프랑스 경찰로부터 숨기기 위한 작전을 개시했고 경우에 따라 영국해협 건너편으로 빼돌리기까지 했다. 에릭은 이 계획에 관여하게 되어 닐 애셔슨에게 도와줄 수 있는지 물었다. "당시 생각은 사람들—해협을 건너오는 투사들—의 신분을 가명 등으로 어떻게 해서든 감춘 다음 어디든 안전한 해안에 닿을 때까지 그들을 숨겨주고 돌본다는 것이었습니다. 나는 그 일에 자원했죠"라고 애셔슨은 훗날 회고했다. "그런데 공교롭게도 나는 누군가를 숨겨달라는 요청을 받지 않았어요. 나는 당시 기혼이었고 아이가 하나 있었습니다. 얼마나 많은 사람들이 관여했고 얼마나 많은 투사들을 숨겼는지 나는 모릅니다."[36]

한편 1961년 4월부터 프랑스 식민주의자들 다수의 지지를 받는 군사 비밀조직Organisation armée secrète(OAS)이 알제리 독립 저지를 목표로 프랑스와 알제리 양편에서 폭격과 잔혹행위 작전을 벌이기 시작했다. 훗날 에릭이 회상했듯이, 이 시점에 엘렌 베르하우어가 런던의 에릭을 방문해 OAS에 맞불을 놓는 작전에 쓰일 폭탄에 장착할 타이머를 구입하러 왔다고 말했다. "타이머를 어디서 구할 생각이냐고 묻자 엘렌은 "물론 해러즈*에서요"라고 대답했다. 당연한 말이었다. 달리 어디서 구할 수 있었겠는가?"[37]

이 무렵 레몽 부부의 관계는 돌이킬 수 없는 상태였다. 1962년 초에 엘렌이 아파트에서 나온 뒤 부부는 공식 이혼 절차를 밟았다.[38] 앙리는

---

* 1849년 찰스 헨리 해러드가 창립한 런던의 백화점으로 "전 세계의 모든 사람을 위한 모든 물건"을 모토로 삼고 있다.

이번에는 자립할 재산을 가진 여성과 재혼했고, 엘렌은 애정 행각을 계속했다.[39] 1965년경 엘렌은 우울증과 불면, 불안 때문에 정신과 치료를 받고 있었고 에릭에게 가벼운 성관계조차도 더 이상 할 수 없다고 말했다.[40] 두 사람은 연락이 끊겼고, 먼 훗날인 1985년 10월 17일에 엘렌이 유방암에 걸렸다고 편지로 알리기 전까지 만나지도 않고 편지도 교환하지 않았다.[41] 엘렌은 한동안 치료에 효과를 보았지만 암이 재발해 1992년 7월 초에 죽었다.[42] 그렇지만 레몽 부부와 에릭의 삼각관계가 지속되는 동안 이 관계는 에릭이 훗날 묘사한 대로 "내게 가족에 가장 가까운 친밀함"을 제공했다.[43]

2

영국으로 돌아온 에릭은 역사가로서 경력을 쌓고자 계속 노력했다. 초기 학술 논문들을 《경제사 평론》과 《과거와 현재》에 발표한 이후 그는 자신의 해석과 연구를 한 권의 책으로 묶어서 낼 때가 왔다고 생각했다. 18세기 후반부터 영국에서 노동계급이 성장한 이야기를 전할 참이었다. 그 책은 《임금노동자의 성장The Rise of the Wage-Worker》이라는 제목으로 허친슨 출판사의 유니버시티 문고로 출간할 예정이었다. 가정대학 문고의 후신인 이 성공한 시리즈는 짧은 교과서 형식으로 사실상 모든 학문적 주제를 다루었다. 1953년 11월 17일 에릭이 출판사에 보낸 개요는 8부 또는 8장으로 구성되어 있었다.

대체로 각 부의 주제는 개별 국가들을 다루는 일련의 절이 아니라 모든 산업국가의 특정 측면을 살펴보는 횡단면이 될 것입니다. 각 부는 초기 산업시대, 중기 산업시대, 현대 산업시대처럼 연대순의 절로 나뉠 것입니다(영국에서 이 세 시기는 대략 1780~1850년, 1850~1900년, 1900년 이후에 해당할 것입니다).[44]

허친슨 출판사의 책임편집자 루스 클라우버Ruth Klauber는 제안서가 "대단히 흥미롭고 이 문고에 안성맞춤입니다"라며 열렬히 환영했다.[45] 역사 분과의 편집자는 사회주의 사상을 연구하는 좌파 역사가 G. D. H. 콜이었다. 콜은 1953년 11월 28일 에릭에게 답장을 보냈다. 그의 반응은 긍정적이었고 개요를 비판한 논점들은 모두 사소한 것이었다.[46] 에릭은 1954년 1월 계약서에 서명했다.[47] 계약서에는 원고 입고 기한이 1955년 7월 31일로 명시되어 있었지만 허친슨 측은 같은 해 부활절, 즉 4월까지 원고가 들어오기를 바랐다(이는 1956년 1분기에 출간하겠다는 뜻이었다). 집필은 예상보다 조금 더 걸렸고, 에릭은 8월 7일에 원고를 보냈다. "전체 분량은 문제없다고 생각합니다"라고 에릭은 루스 클라우버에게 말했다. "초기 단계에서 큰 부분들을 덜어내 6만 단어 이내로 줄였지만, 특히 주의 분량을 정확히 계산할 수 없어서 최종 분량을 상세히 확인하지는 못했습니다." 주의 분량이 많을 것이라고 경고하며 에릭은 다음과 같은 이유를 들었다.

안타깝게도 해당 주제는 더 두꺼운 몇 권의 책을 단순히 요약할 수 있는 주제가 아닙니다. 유감스럽지만 적어도 참고문헌만큼 많은 각주가 **분명히** 있습니다. (…) 각 장의 첫머리에 짧은 운문 인용구—모두 민요, 블루스, 대중가요 등에서 가져온 것입니다—를 넣었습니다. 그 인용구를 웬만하면 작은 활자로라도 넣을 수 있기를 바랍니다. a) 인용구는 잘 어울리고, b) 인간미를 조금 더하고 독자에게 재미를 줄 수 있습니다. 나는 진지한 책에서 보통 사람의 관심을 무시해야 하는 이유를 모르겠습니다. 그리고 인용구는 구매자를 조금이라도 더 끌어들일 수 있습니다.[48]

두 달 후 콜은 에릭에게 원고가 거부되었다며 반송했다.[49] 콜은 원고를 영국의 중견 경제사가에게 보냈고—교과서를 포함한 학술서 출간을 위한 통상적인 절차—학부생용으로 쓰기에는 너무 편향적이라는 평가를 받았다.[50] 에릭은 즉각 몇 년 전 자신의 이혼을 처리해준 변호사 잭 개스터와 상의했다.[51] 에릭은 루스 클라우버에게 "수정과 변경에 대한 구체적인 제안"을 요구하는 다음과 같은 편지를 썼지만, 보내지는 않았다. "그 제안을 받으면, 그리고 그것이 원고의 실질적인 재집필이나 재구성을 의미하지 않는다면, 나는 최선을 다해 요청받은 대로 원고를 수정할 것입니다. 당신도 알다시피 나의 견해는 당신의 의뢰 내용이 허친슨의 유니버시티 문고 전체에 완전히 부합한다는 것이었고 지금도 그렇습니다."[52] 이후의 서신에서 출판사는 원고가 에릭이 서명한 계약의 조건을 위반했다고 주장했다. 계약서에는 출판사가 "반대할 만한" 그 어떤 것도 책에 담아서는 안 된다는 조항이 포함되어 있었다.[53]

에릭은 출판사 측에서 이 문제를 다루기 위해 원고 수정을 제안했던 사실을 루스 클라우버에게 상기시켰다.

당신은 익명 심사자의 평가서를 나에게 전달했습니다. 전문가이자 실제로 어떤 면에서는 개척자인 사람의 학술 작업을 비평하는 그 심사자의 자질을 나는 모를 수밖에 없습니다. 이런 이유로 나는 당신을 만족시키기 위해 무엇을 해야 하는지 대체로 알지 못합니다. 나는 심사자가 오판한 듯 보이는 몇 가지 논점에 대한 논평뿐 아니라 나를 당혹하게 만든 문제들을 꽤 상세한 목록으로 정리해서 당신에게 제출했습니다. 이에 대해 당신은 심사자의 평가서가 원고를 수정하기에 충분한 지침을 내게 제공했으며, 만약 내가 모호하고 불분명한 수정 제안을 받아들이지 않으면 책을 출간하지 않겠다는 말로 답변했을 뿐입니다.[54]

허친슨 유니버시티 문고의 책들은 "특정한 관점 없이 집필되어야 합니다"라고 루스 클라우버는 에릭에게 말했다. 개스터는 이것을 출판사의 핵심 주장으로 보고서 에릭이 이 논점에 초점을 맞춘 반박 편지를 작성하도록 도왔다. 계약을 위반한 쪽은 자신이 아니라 출판사라는 점을 재확인한 후 에릭은 루스 클라우버에게 이렇게 말했다. "자기 연구를 고려하는 저자의 관점을 진지한 학술서에 반영해서는 안 된다고 제안하는 것은 당연히 불가능하며, 만약 나의 결론이나 견해가 당신도 동의하는 결론과 견해였다면 나는 당신이 그런 제안을 진지하게 옹호하지 않았을 것이라고 생각합니다."[55]

허친슨 유니버시티 문고의 많은 책들이 "'편파성 없이 유익하다'고 볼 수 없습니다"라고 에릭은 지적했다. 예를 들어 앨런 플랜더스Allen Flanders가 쓴 《노동조합》은 "공산당원들을 공개적으로 반박"하고 코르비실리 Corbishley 신부의 《로마 가톨릭교》는 "불편부당한 저자가 아니라 주요 가톨릭교도가 쓴 로마 가톨릭교에 대한 소개"였다. "그가 반대되는 견해들을 공정하게 소개할 것이라고 기대할 수는 없습니다." "대영제국 부문의 많은 책들도 명백히 제국에 우호적인 편향이 강한 저자들이 집필했습니다."[56] 에릭은 자신이 공산당원 역할과 역사학자 역할을 분리할 수 있다고 역설했다.

허친슨 유니버시티 문고에 들어갈 책을 쓰겠다고 제안할 때 나는 당연히 학술서 외에 다른 것을 쓰겠다고 생각할 수 없었습니다. 그렇지만 다른 한편으로 내가 이해하는 마르크스주의적 분석을 활용하지 않는 책을 쓸 수도 없었고, 그런 기대를 받지도 않았습니다. (…) 학자에게 는 특정한 의무가 있습니다. 증거와 논거를 따져보고 학문적 방법의 기준에 따라 판단하는 것입니다. 학자는 증거를 왜곡하거나 누락할 경우, 혹은 논거를 무시할 경우 비판을 받게 됩니다. 그러나 학자가 마르크스주의자**라면** 마르크스주의자로서 쓴다고 비판받을 수는 없습니다. 출판업자는 자신이 원하는 종류의 책을 마르크스주의자 저자가 쓸 수 없다고 생각한다면 그에게 집필을 의뢰하지 말아야 합니다. 그 저자에게 집필을 의뢰했다면 출판업자는 마르크스주의적인 원고(공산주의 선전물로 혼동해서는 안 됩니다)를 받았다고 해서 불평해서는 안 됩니다.[57]

출판사는 에릭이 마르크스주의자임을 알면서도 계약을 체결했다. 허친슨이 제안을 받아들이기 전에 다른 두 출판사는 제안을 거절했다. 그러나 허친슨에서는 "사실상 문제가 전혀 없었다." 그런데 왜 갑자기 출판을 거부하는 것인가?

당시 에릭은 확실히 당황했다. 수년 전에 토니가 개입해 박사학위 논문 출간을 방해했던 데 이어 '편향'을 이유로 저서 출간을 거부당한 두 번째 사례였다. 에릭을 가장 짜증나게 한 점은 콜에게 《임금노동자의 성장》에 퇴짜를 놓으라고 조언한 '전공자'가 출판사의 주장과 달리 자신과 같은 분야의 전문가가 아니라는 것이었다. 에릭은 루스 클라우버에게 다음과 같이 썼다.

나는 익명 심사자의 전문지식의 정도가 우리의 견해 차이와 밀접한 연관이 있다고 생각하지 않습니다. 당신이 나의 지식과 학식이 부족하기 때문에 나의 책을 받아들일 수 없다고 주장하려는 것이 아니라면 말입니다. 그것은 내가 매우 분개할 수밖에 없고 여하튼 입증할 수도 없는 비방입니다. (…) 출판사 측의 심사자는 전문가보다는 나의 편향과는 매우 다른 편향을 가진 사람으로서 논평한 것이지 '편파성 없는 유익성'의 관점에서 논평한 것이 **아닙니다**.[58]

그렇지만 허친슨이 입장을 바꾸지 않으리라는 점은 분명했다. "우리는 분명 막다른 골목에 도달했다"라고 에릭은 결론 내렸다. 계약서는 분쟁 시 중재 신청을 허용했고, 에릭은 바로 그 중재를 신청했다. 잭 개스터가 공식적으로 출판사에 의견을 전달한 후 허친슨 측 변호사들(아이러니하게도 '버크백' 법인 소속)은 "저희 고객은 해당 책을 현재 형태로 출간할 의사가 없습니다"라고 재확인했다. 허친슨은 별도로 두 번째 평가서를 의뢰했는데 그것 역시 첫 번째 평가서와 같은 결론을 냈다.[59] 자기네 입장을 법적으로 변호할 수 있다고 자신한 허친슨 측은 에릭에게 25기니(현재 영국 통화로 26파운드 25펜스)의 보상금을 제안했다.[60] 이 시점이면 에릭이 수집한 분쟁 자료도 더 이상 없었기 때문에 비록 소액이긴 해도 출판사의 제안을 받아들이고 출간을 포기했던 것으로 보인다. 개스터의 말마따나 출판사를 상대로 소송을 해도 이길 가능성은 별로 없었다. "당신의 학문적 위상을 증언할 사람들을 찾을 수 있겠지만, 출판사는 당신이 편향되었다고 증언할 사람들을 더 많이 찾아낼 것입니다."[61] 냉전 상황에서 이 말은 참이었을 것이다.

그렇다면 《임금노동자의 성장》을 거부하도록 만든 그 고약한 평가서는 누가 썼을까? 온당하게도 출판사는 절대 알려주지 않았다. 에릭도 의심이 가는 작성자의 정체를 공개적으로 말하지 않았다. 그러나 에릭은 이 사건과 관련해 수집한 서류 사이에 런던대학의 한 동료에게 보낸 편지의 사본을 끼워넣어 자신의 견해를 분명하게 밝혔다. 바로 버크벡에서 지근거리에 있는 유니버시티칼리지의 경제사 교수 윌리엄 H. 샬로너William H. Chaloner였다. 두 사람은 런던대학의 연합 역사학위 심사위원회나 경제사학회에서 틀림없이 자주 만났을 것이다. 에릭의 편지는 당시 학계 동료들끼리 부르던 일반적인 호칭인 "친애하는 샬로너"로 시작했다. 편지는 샬로너가 자주 공저하던 영국-독일 경제사가 윌리엄 오토 헨더슨William Otto Henderson과 함께 인기 잡지 《히스토리 투데이》에 발표한 논문에 대한 길고도 상세한 반론이었다. 두 저자 모두 산업혁명을 단연코 긍정적으로 바라보았다. "《히스토리 투데이》에 실린 당신과 헨더슨의 논문을 읽고 경악을 금치 못했습니다"라고 에릭은 썼다. "무엇에 홀렸기에 그 논문에 당신의 이름을 빌려주었습니까? 정말 그래서는 안 됩니다!" 그다음 몇 장에 걸쳐 에릭은 산업혁명기 생활수준에 대한 자신의 논문을 물어뜯으려 시도한 두 사람의 논문을 맹비난했다. 에릭은 샬로너에게 자신의 비판을 공개적으로 되풀이할 것이라고 경고했다.[62] 에릭의 책에 대한 두 번째 고약한 평가서를 쓴 사람은 십중팔구 헨더슨일 텐데, 영국 경제사 전문가가 아닌 콜이 샬로너에게 심사자 추천을 부탁했을 것이기 때문이다.

《임금노동자의 성장》은 끝내 출간되지 않았지만, 원고는 에릭의 서류철에 남아 있다. 총 8개 장 가운데 6개 장에서 분업, 채용, 교육과 훈련, 임금협약, 생활조건, 문화를 다루고, 마지막 두 장에서는 노동운동의 경제적 측면과 정치적 측면인 노동조합과 파업, 고용주와 정부의 노동자에 대한 태도, 그리고 사회주의 조직의 성장을 다룬다. 4절지(오늘날 익숙한 A4보다 조금 작은 판형)로 250쪽이 넘는 원고는 학문적 성과를 종합한 의미 있는 저술이었다. 에릭이 1960년대부터 쓰는 저서들과는 현저히 대조적으로 《임금노동자의 성장》에서는 세심하게 교훈적인 어조를 사용했고, 용어를 설명했으며, 문학적 기교를 멀리했다. 그럼에도 불구하고 산업화 과정에 대해서는 기탄없이 "전 세계의 보통 사람들을 압도한, 거의 확실히 가장 파멸적인 역사적 변화"였다고 말했다(제2장, 2쪽). 노동조건이 1800년부터 1850년에 이르는 기간 내내 악화되었다는 책의 주장은 (유럽 여러 나라에서 수집한) 사망률, 소비량, 군 신병들의 키 등에 관한 통계 자료로 뒷받침했다. 산업화가 더 진전된 단계에 이르러서야 주로 노동조직들의 압력에 힘입어 생활조건이 개선되었다. 제6장에서 에릭은 '노동자 문화'에 주목했는데, 다른 장들처럼 여기서도 여성 노동자들을 짧게 논의한 것을 빼면 전적으로 남성 노동자들에게 초점을 맞추었다. 예컨대 남성 농촌 노동자가 부른 노래, '그'가 참여한 마을 행사를 다루고 "그의 생활반경은 지도와 푯말로 정해져 있었다"라고 썼다. 에릭이 1950년대에 집필한 이후로 여성 노동자, 농촌 공동체의 여성, 가족과 가정의 여성, 그밖의 비슷한 주제들에 관해 엄청나게 많은 연구와 출간물이 나온 까닭에 이제 《임금노동자의 성장》에서 남성 노동자들에게 주목한 이 측면은 다른 어떤 측면보다도 낡은 서술로 보일 것이다.

이 책에서 가장 뛰어난 부분 중 하나는 민요부터 뮤직홀, 플라멩코, 재즈에 이르는 대중문화의 변화, 그리고 빈의 프라터나 잉글랜드 북서부의 블랙풀처럼 새로이 출현한 도시 오락시설의 특별한 중심지에 관해 논의하는 부분이었다. 제7장은 장례 조합과 공제회에서 시작해 노동자들의 협동조합과 파업위원회로 옮겨가며 조합주의의 성장에 주목했다. 제8장의 서사는 사회주의와 그 이후 공산주의에 초점을 맞추어 정치조직들의 출현에 주목했다. 결론 부분에서는 노동계의 성장에 대한 국가의 대응을 논했는데, 덜 영리한 정부들은 노동계의 성장을 억누르려다가 경우에 따라 (특히 러시아) 혁명을 초래하기도 했으며, 더 영리한 정부들(특히 사회정책을 실시한 비스마르크)은 충분히 많은 쟁점에서 합의에 이르는 방법으로 노동계의 힘을 빼고 그 혁명적 충동을 개혁주의적 방향으로 돌려놓았다. 책이 출간되었다면 학생들에게 지식을 전달하는 동시에 교사들에게도 주장과 논쟁을 위한 소재를 제공하는 등 효과적인 교육 도구가 되었을 것이다.

에릭과 샬로너의 논쟁에서 핵심 논점은 산업혁명기 영국의 생활수준이었다. 물론 이것은 새로운 주제가 아니었다. 일찍이 19세기에 사회평론가들이 산업화가 보통 사람들의 삶에 부정적 영향을 끼친다고 주장했고, 20세기 들어 J. L. 해먼드와 바버라 해먼드 부부도 같은 주장을 폈다.[63] 새로운 경제사가 세대, 특히 존 클래펌과 T. S. 애슈턴은 실질임금의 통계 증거를 사용해 반론을 폈다.[64] 에릭은 (샬로너에게 경고했던 대로) 《경제사 평론》에 발표한 논문에서 사망률과 실업률 같은 요인들을 고려하고 식품 가격과 소비량에 대한 상세한 통계 자료를 활용하는 더 폭넓은 접근법을 채택해 실질임금이 올랐다는 견해를 반박했다. 1960년에 《경제사 평론》의 편집장이 된 오스트리아 태생 옥스퍼드 역사가 막스 하트웰은 에릭의 통계 자료를 비판하고 산업화 과정에서 노동계급의 생활수준이 나아졌다고 주장하는 단호한 반박 논문을 게재했다. 그 후로 이 학술지의 지면에서 견해와 통계 증거를 놓고 갈수록 신랄한 논쟁이 벌어졌다.[65]

이 논쟁이 학계의 관심을 끄는 주요 사안이 되고 근대 영국 경제사회사의 핵심 주제로서 대학의 역사학 교과 과정에 들어오자 곧 다른 학자들도 가담했다.[66] 에릭을 비판한 사람들 중에는 어쩌면 놀랍게도 에드워드 톰슨도 있었다. 톰슨은 1963년에 두툼한 분량의 획기적인 저술 《영국 노동계급의 형성The Making of the English Working Class》을 출간할 예정이었다. 이 저서가 나온 후 톰슨은 노동계급 생활수준 논쟁에 대해 에릭에게 이렇게 털어놓았다.

그냥 당신 편에 서자니 마음이 내키지 않았습니다. 이와 관련해 내 입장은 모호하고, 유감스럽게도 책의 중간 부분이 그 사실을 보여줍니다. 만약 당신이 열을 올리며 이 논쟁을 시작하지 않았다면(이 논쟁과 관련해 아무도 당신에게 큰 도움이 되지 않았습니다) 우리는 어떻게 되었을까요? (…) 백 가지 흥미로운 질문이 결코 제기되지 않았을 것입니다. 그렇지만 다른 한편으로 나는 당신이 우리의 전통적인(또는 새로운) 영역이 아니라 그들이 고른 영역에서 너무 많이 싸웠다고 생각합니다. 그리고 (비록 나는 이런 불평을 좀처럼 하지 않을 법한 사람이긴 합니다만) 나는 당신이 하트웰 같은 시시한 사람들의 도발에 넘어가(예컨대 《경제사 평론》의 최근 논쟁에서) 부적절한 어조로 발언했다고 생각합니다. 그런 어조는 당신이 빠져나올 준비가 되어 있지 않은 입장에 너무 깊이 빠져들었고 언쟁하는 태도로 증거를 논한다는 인상을 줍니다. 때때로 당신이 필요 이상으로 고립되어 있다고 스스로 생각하지 않으시나요?[67]

톰슨은 자신에게 통계를 다룰 능력이 없다고 분명히 말하고 '수준과 경험'에 관한 장이 저서에서 가장 취약한 부분이라고 고백했다("교정을 앞두고 나는 그 장을 아예 들어낼까 고민했습니다"). 에릭은 톰슨의 《영국 노동계급의 형성》이 중요한 연구이지만 "자기비판이 부족"한 탓에 "실은 포괄적이지 않으면서도 지나치게 길다"라고 평가했다.[68]

홉스봄과 하트웰 논쟁이 최종 결판이 나지 않은 것으로 보일지도 모르지만, 이 논쟁은 이후 수십 년간 엄청난 양의 연구를 고무했다. 이 기간 동안 논쟁의 범위는 거의 끊임없이 넓어졌다. 예를 들어 초기 논쟁이 남성 노동자의 실질임금에 너무 좁게 초점을 맞추고 여성과 어린이의 생활수준을 무시했다는 인식이 널리 공유되었다. 여러 연령대의 어린이와 성인의 평균 키에 대한 통계 자료, 질병의 영향, 그 외 많은 요인들이 새로운 증거로 고려되었다. 오늘날의 관점에서 대략적으로 말하자면, 산업화는 오랜 기간 동안, 특히 18세기 후반부터 19세기 중엽까지 영국 노동계급의 생활수준에 악영향을 끼쳤지만 그 후로는 생활수준이 향상되기 시작한 것 같다—에릭이 《임금노동자의 성장》에서 제기한 주장과 정확히 같은 결론이다.[69]

3

거의 처음부터 에릭은 정치에 관한 한 실용주의자였다. 에릭의 공산주의는 결코 분파적이거나 교조적이지 않았다. 공산주의 대의에 헌신하기 시작한 사춘기에도 그랬다. 어쨌거나 1935년과 1945년에는 노동당을 위한 선거운동에 동참하기도 했다. 그의 충성심은 공산당보다는 사회주의 일반의 광범한 대의로 향했다. 공산당원에게 기대하던 일, 이를테면 당 기관지에만 글을 발표하고, 거리 모퉁이에서 당 신문을 팔고, 혁명에 대비하고 사회주의적 미래를 위한 양심에 거리낌이 없도록 '부르주아' 사회와 단절하는 일을 결코 하지 않았다.[70] 그는 한결같이 좌파의 단결을 믿었지 모종의 마르크스주의적 분파주의를 믿지 않았다. 개인적으로 그는 1930년대부터 공산당의 공식 노선에 자주 의혹을 품었다. 그러다가 1950년대 중반 소련에서 전개된 사태를 계기로 이런 의혹을 극적으로 표출하기에 이르렀다.

1953년 스탈린이 죽은 뒤 권력 싸움을 벌인 파벌들로부터 부상한 소련의 새로운 지도자 니키타 흐루쇼프는 소련을 전 독재자의 속박에서 풀어내기 시작했다. 1955년 흐루쇼프는 티토와 공개 화해함으로써 도처의 공산당원들을 당혹시켰고, 그 바람에 그들은 10년도 지나기 전에 티토 문제에 대한 정책을 두 번째로 뒤집어야 했다. 스탈린과의 결정적인 단절은 소련 공산당 제20차 대회의 마지막 날인 1956년 2월 25일에 이루어졌다. (CIA에 의해 곧 전 세계에 공개된) 비밀 연설에서 흐루쇼프는 스탈린을 에워쌌던 '개인 숭배'를 통렬히 비판했고, 스탈린이 수많은 살인과 잔혹행위를 저질렀다고 비난했으며, 레닌이 죽기 직전에 후계자들에게 스탈린을 믿지 말라고 경고하는 내용의 비밀 유언장을 배포했다. 그전까지 전 세계 공산당원들에게 스탈린은 비판의 대상이 아니었다. 그런데 이제 보니 스탈린이 거짓말을 기반으로 명성을 쌓은 듯했다.[71] 처음에 영국 공산당 지도부는 《데일리 워커》에서 흐루쇼프 연설에 대한 기사를 검열하고 1956년 4월 초 공산당 연례 대회의 비밀 분과에서 스탈린은 전반적으로 선한 힘이었다는 견해를 재확인하는 등 흐루쇼프의 연설을 무시하려 했다.[72] 그러나 논쟁을 오랫동안 억압할 수 없다는 것이 곧 분명해졌다.

공산당 역사가 그룹의 에릭, 크리스토퍼 힐, 에드워드 톰슨과 그밖의 회원들이 흐루쇼프 연설에 대한 공개 토론을 열자는 요구를 주도했다. 그들은 1956년 4월 6일에 만나 당이 "과거에 소비에트의 모든 정책과 견해를 무비판적으로 옹호"한 것을 반성하는 성명을 발표하지 않았다며 당대회를 신랄하게 힐책하는 입장문을 냈다. 당의 총서기 해리 폴릿은 이 결의문에 대응해 당의 성명을 아직 작성하고 있다고 말했다. 4월 8일, 레슬리 모턴을 의장으로 하는 공산당 역사가 그룹은 상황을 논의하기 위해 다시 모였다. 노동사가 존 새빌은 스탈린주의에 대한 영국 공산당의 "노예적 집착"을 비판했다.[73] 5월 5일, 폴릿은 마침내 흐루쇼프의 비난 성명, 즉 1930년대에 소련 공산당의 지도적 인물들을 숙청하고 여론 조작용 재판에 넘겨 처형한 과거를 비난하는 성명에 반응했다. 폴릿은 영국 공산당 지도부가 "인민의 대의를 배신한 것으로 알려졌던 사람들 중 다수가 실은 헌신적인 공산당원, 현재 밝혀졌듯이 정의를 침해한 의도적인 조작의 희생자"였음을 알고서 놀랐다고 말했다. 그러면서 소련 공산당의 잘못에서 교훈을 얻어야 한다고 인정하고 당의 민주주의를 개선하고 모든 관점에 귀를 기울이는 것이 중요하다고 했다.[74]

논쟁은 1956년 5월 19일 존 새빌이 당의 잡지 《월드 뉴스》에서 "당내 논쟁 전통이 최근에 크게 약해졌고" 되살릴 필요가 있다고 불평하면서 시작되었다.[75] 에릭은 역사가 그룹이 스탈린의 범죄에 대한 "소련 역사가들의 새로운 사고"를 따를 것을 요구하며 논쟁에 참여했다.[76] 영국 공산당도 과거를 성찰할 필요가 있었다. 공산당은 영국에서 대중운동으로 성장하는 데 완전히 실패했다. 사회주의 대의를 증진한다는 관점에서 가장 성공적인 전술은 후보자가 좌파인 선거구에서 노동당을 지지하고, 전시에 공산당이 했던 것처럼 다시 노동당과의 제휴를 추구하는 것이었다.[77] 그러나 이 쟁점과 다른 쟁점들에 대한 당내 공개 토론은 당의 기관지들이, 무엇보다 당의 일간지 《데일리 워커》가 변화에 대한 요구를 검열하거나 뒤로 미루려고 하지 않을 때만 가능하건만 그런 일은 일어나지 않고 있었다.[78]

에릭이 《데일리 워커》에 또 다른 편지를 보내 다음번 총선에서 리즈사우스의 의석을 놓고 경쟁하겠다는 공산당의 결정을 비판하자 노동당과의 제휴 문제가 수면 위로 떠올랐다. 이 지역의 의원은 노동당 당수 휴 게이츠켈Hugh Gaitskell이었다.

당은 총선에서 리즈사우스에 후보를 내기로 결정했다. 왜 그랬을까? 의석을 얻으리라 기대하기 때문에? 아니다. 이 선거구에서 유세 활동을 꾸준히 하고 지지를 얻었는가? 나는 의문이다. 게이츠켈의 선거구가 아니라면 우리가 후보를 내려고 할까? 글쎄, 과연 그럴까? 노동당 당수를 인신공격할 기회 말고 우리가 선거전에서 무엇을 얻을 수 있는가? 물론 노동당 당수는 우파이고 우리 대부분은 그가 전혀 사회주의자가 아니라고 생각한다. 그러나 우파 개개인에 맞서 선전을 위해 후보를 내는 것이 노동당과의 단결을 얻어내는 가장 낫고 가장 책임 있는 방법인가? 그 방법으로는 리즈사우스에서 이기지 못한다. 그 방법은 분명히 그곳과 다른 곳에서 다수의 정직한 노동당 지지자들의 반감을 살 것이다. 부디 바라건대 이런 유형의 선거 모험주의를 재고하자. 여러분의 동지, E. J. 홉스봄.[79]

《데일리 워커》의 편집장 조지 매슈스는 에릭을 회의에 호출해 그 편지의 게재를 "몇 주 미루어도" 될지 물었다. 런던의 공산당 본부를 도청하고 있던 MI5의 기록에 따르면 "그렇지만 홉스봄은 동의하지 않았고, 그들은 격렬하게 논쟁을 계속했다."[80] 에릭은 매슈스가 "너무 편협한 접근법을 가지고 있다"고 비판했다. 매슈스는 "홉스본[원문 그대로]이 당원 전체를 고려하지 않는다는 말로 반격했다." 에릭이 "갑자기" 떠나버려 이튿날 다시 모이기로 했다. 그날 매슈스는 에릭에게 그의 편지가 "길게 보면 당의 이해에 반할 수도 있기 때문에" 게재할 수 없다고 말했다. 세력을 키워가고 있는 지역 당이 게이츠켈에 대항한다는 결정을 내렸다고 했다. 후보 철회는 "공개적인 번복이 될 것이고, 그것은 당에 좋지 않을 것"이었다.[81] 에릭은 편지의 어조를 약화하는 데 동의했고, 편지는 한참 지연된 끝에 1956년 6월 30일 《데일리 워커》에 게재되었다.[82]

공산당 역사가 그룹의 다른 주요 회원인 에드워드 톰슨은 1956년 6월 30일의 글에서 이단자를 상습적으로 매도한 중세 교회에 당을 비유했다. 톰슨은 밀턴을 인용해 영국에는 튼튼한 논쟁 전통이 있고 그 전통은 "상반되는 견해들의 충돌을 통해 진실에 도달하는" 변증법적 목표를 지향한다고 지적했다.[83] 소련의 제20차 당대회에 몸소 참석했던 매슈스는 이 주장에 신경질적인 반응을 보였다. 톰슨이 "우리 당의 캐리커처"를 그리고 반공산주의 선전의 온갖 클리셰를 동원하고 있다고 말했다.[84] 1956년 5월, 집행위원회는 이제까지 당의 행동에서 나타난 특성이라고 인정한 "교조주의, 완고함, 분파주의"로부터 벗어나기 위해 "당내 민주주의 위원회"를 설치하는 데 동의했다. 그렇지만 이 위원회는 당의 전업 간부들로 채워져 매우 지루하고 무비판적인 보고서를 내놓는 데 그쳤으며, 그런 이유로 크리스토퍼 힐을 주축으로 하는 개혁가들이 별도의 소수 보고서를 작성했다(이것을 당은 전혀 검토하지 않았다).[85]

1956년 7월, 당 지도부의 해리 폴릿, 존 골란John Gollan, 버트 라멜슨 Bert Ramelson은 흐루쇼프로부터 지침을 받기 위해 모스크바로 갔다. 그들은 돌아와서 변화 요구에 훨씬 더 신중한 입장을 보였다.[86] 한편 당내 민주주의에 대한 논쟁이 《월드 뉴스》의 매호마다 지면의 거의 절반을 차지하고 있었다. 에릭은 장문의 편지를 기고해 당내 민주주의 성취의 척도는 정책을 아래로부터 바꿀 수 있는지의 여부라고 역설했다. 에릭이 한동안 의장을 지냈던 공산당 역사가 그룹은 영국 공산당의 역사를 공개적으로 적절하게 연구할 것을 요구했다.[87] 소련 역사가들은 자기네 당의 역사에서 "과거에 저지른 부작위와 작위의 잘못과 심지어 거짓말까지" 연대순으로 기록하고 있으니 역사가 그룹도 영국 공산당의 역사에서 "유사한 잘못이 있었다면" 똑같이 해야 한다는 요구였다. 당은 선거 성적이 그토록 형편없는 이유를 생각해볼 필요가 있었다. 소비에트식 사회주의 노선이 유일한 노선이 아님을 깨달을 필요가 있었다.[88] 에릭의 주도적 요구에 당 지도부는 시간을 끌고 부정하는 전술로 대응했다. 또 다른 공식 위원회가 이번에는 당의 역사를 작성하기 위해 설치되었지만, 당내 민주주의 위원회와 마찬가지로 이것 역시 사실상 당 지도부가 구성을 통제했고 제임스 클루그먼이 대표를 맡았다. 에릭은 이 위원회에 속했지만 자기주장을 전혀 관철시키지 못했다. 결국 클루그먼 본인이 당의 역사가로 지명되었고, 몇 년 후에 전적으로 무비판적이고 자화자찬하는 당의 초기 연대기를 내놓았다.[89]

이 상황에 낙담한 존 새빌과 에드워드 톰슨은 당의 민주화를 요구하는 수단으로 등사기로 찍어내는 독립 잡지 《리즈너Reasoner》를 발행하기 시작했다. 당 지도부는 발행을 중단하라고 거듭 "지시했다." 당원들은 오랫동안 신성시된 전통에 따라 당의 정기간행물과 경쟁하는 기관지를 만들지 않았다고 했다. 그러자 두 사람은 재갈을 물리려 한다면 탈당하겠다는 위협으로 대응했다. 11월에 발표된 집행위원회의 대응은 "당원 자격을 고려하지 않고 당의 선출 위원회들에 대한 책임감 없이 당 조직과 절차에서 벗어나" 활동했다는 이유로 그들의 당원 자격을 정지한다는 것이었다. 분명히 당의 지도적 인사들은 논쟁을 억압하기 위해 할 수 있는 모든 일을 하고 있었다.[90]

이 위기는 1956년 10월, 폴란드의 파업과 시위에 자극을 받은 헝가리 부다페스트의 학생들과 다른 사람들이 스탈린주의적인 정부의 사임을 요구하면서 더욱 심화되었다. 당시 헝가리 정부는 흐루쇼프의 폭로에 어떤 반응도 하지 않고 있었다. 결국 전년도에 자유화를 추구한다는 이유로 모스크바의 명령에 따라 총리직에서 퇴출되었던 개혁주의적 공산당원 너지 임레의 새로운 정부가 들어섰다. 이에 대응해 소련 지도부는 11월 4일 헝가리에 군사 개입한 뒤 너지를 처형하고 다른 많은 자유주의자들을 투옥했으며, 스탈린주의적 강경파가 이끄는 정권을 재수립했다. 헝가리인 약 2500명과 헝가리 붉은군대 병사 700명가량이 폭력 사태 중에 살해되었고, 20만 명 이상이 타국으로 이주했다.[91] 에릭은 훗날 이렇게 썼다. "소비에트 전차들이 공산당원 개혁자들의 인민정부를 향해 진격하는 광경은 소비에트 제국 밖의 공산당원들, 특히 지식인들에게 가슴이 찢어지는 경험이었고, 흐루쇼프의 스탈린 비판으로 시작되어 공산당원들의 신념과 희망의 중핵을 찌른 위기의 정점이었다."[92]

영국 공산당은 반동적인 가톨릭 추기경 유제프 민드센치의 지지를 받은 너지 정권이 반혁명을 목표로 삼고 있었다고 단언했다. "파시즘의 위험"과 "자본주의와 지주제"의 복원이 "첨예한" 문제가 되었고 헝가리가 "유럽의 심장부에서 서구 제국주의와 반동의 보루"가 되어 소련 자체를 포함해 사회주의의 생존까지 위협할 가능성이 있다고 주장했다.[93] 이것은 영국 공산당 내에서 민주주의를 옹호하던 사람들 대다수가 보기에 너무 과한 주장이었다. 1956년 11월 9일 《데일리 워커》에 보낸 편지에서 에릭은 당의 비타협적인 태도를 비판했다. 분명 에릭은 당 지도부가 완전히 항복하는 일 없이 뒤로 물러날 여지를 남겨두려 했고, 그래서 "민드센치 정권은 헝가리와 국경을 맞대는 소련, 유고슬라비아, 체코슬로바키아, 루마니아에 심각하고 첨예한 위험이 될 것이다"라고 인정했다. "우리가 소련 정부의 입장이었다면, 우리는 개입했어야 한다." 그러면서도 에릭은 다음과 같이 지적했다.

첫째, 지난 헝가리 정부와 러시아의 점령에 대항한 운동은 아무리 잘못 인도되었다 할지라도 폭넓은 **민중**운동이었다. 둘째, 헝가리 노동자당이 인민으로부터 분리되고 일부 인민의 반감을 사는 상황이 만들어진 데에는 헝가리 노동자당의 정책뿐 아니라 소련의 정책에도 잘못이 있다. 셋째, 아무리 잘못 나아갔다 해도 민중운동을 외국 군대로 탄압하는 것은 기껏해야 비극일 수밖에 없으며 마땅히 그렇게 인식되어야 한다. 지금 헝가리에서 일어나는 사태를 우리는 무거운 마음으로 인정하면서도, 소련이 헝가리에서 최대한 빨리 철군해야 한다고 생각한다는 뜻을 솔직하게 말해야 한다.

당이 사실을 억압하거나 왜곡하는 것은 좋지 않다고 에릭은 말했다. 에릭은 그런 조치가 지지층을 잃는 결과만 가져올 것이라고 보았는데, 실제로 그렇게 되었다.[94] 영국 공산당 지도부는 당원들과 일절 상의하지 않은 채 소련의 헝가리 침공을 그저 지지했다.

1956년의 사태는 큰 균열을 일으켰다. 당원의 4분의 1이, 아울러 《데일리 워커》 직원의 3분의 1이 탈당했다.[95] 당 지도부는 그들 모두를 비난했다. 그들이 "심대한 오판"을 저질렀고 그들의 행동을 "토리당과 노동계급의 전통적인 적들이 큰 기쁨으로 받아들"이고 있다고 단언했다. 그리고 당원들에게 "당을 중심으로 결집하자"고 호소했다.[96] 그러는 동안 톰슨과 새빌은 《리즈너》를 활용해 소련의 헝가리 침공을 비난했다.[97] 그들은 헝가리에서 소련군을 즉각 철수시킬 것과 현 상황을 논의하기 위해 영국 공산당 특별대회를 소집할 것을 촉구했다.[98] 에릭도 동조했다. 1956년 11월 12일 역사가 그룹의 회원인 베티 그랜트가 그룹의 서기 에드윈 페인에게 알렸듯이 "헝가리는 에릭에게 최후의 결정타였습니다. (…) 에릭은 당을 떠난 여섯 사람을 개인적으로 알고 있습니다." 페인은 베티에게 톰슨과 새빌처럼 탈당한 사람들을 계속 "그룹의 회원으로" 대할 것을 제안했다. "(지금까지와는 달리) 앞으로는 그룹의 회원이 엄격하게 당원으로만 한정되지 않을 것입니다." 더 넓은 관점에서 페인은 반대파가 당을 떼지어 떠남에 따라 당내 민주주의를 위한 운동은 점차 약화되고 있고 바로 이런 결과를 지도부가 원할 것이라고 생각했다. 따라서 지도부는 앞으로 탈당에 그다지 신경 쓰지 않을 터였다.[99] MI5가 기록한 11월 15일의 전화 통화는 에릭이 이 운동의 지도적 인물, 심지어 과격한 인물로 통한다는 것을 분명하게 보여주었다. "에릭은 당 지도부에 호전적인 입장을 취하고 있습니다. (…) 그리고 전국적 반대파를 조직하도록 허용해달라는 제안을 지도부에 제출했습니다"라고 당내 민주주의를 위한 운동을 벌이던 사람들 중 한 명이 말했다. 이 제안을 당이 수용할지는 의문이었다. "에릭은 스스로를 외나무다리로 밀어넣고 있고 그러다가 떨어질 수도 있습니다. 에릭을 논외로 하더라도 반대파 전체의 주장이 약해질 수 있으므로 안타까운 상황입니다." 물론 "에릭만큼 과격하지 않고 상황을 개선하고 싶어 하는 온건파"도 있었지만, 에릭은 지도부에 보내려는 편지 초안이 "충분히 강하지 않다"며 거부했다. "그는 지도부 교체와 새로운 정책을 요구하고 싶어 합니다." 크리스토퍼 힐은 심지어 "에릭주의ERICism"의 관점에서 말하고 있었다.[100]

에릭은 크리스토퍼 힐과 로드니 힐턴이 작성한 편지에 마땅히 서명했으나 《데일리 워커》 측은 게재를 거부했고, 그 대신 그들의 요청에 따라 11월 18일에 《뉴스테이츠먼》에 실렸다. 편지는 "공산당 집행위원회가 헝가리에서의 소련의 조치에 보낸 무비판적인 지지"를 가리켜 "수년간 이어진 사실 왜곡의 바람직하지 않은 정점이자, 정치적 문제에 대해 스스로 생각하지 못하는 영국 공산당의 실패"라고 비판했다. 편지는 계속되었다. "소련에서 폭로된 중대한 범죄와 권력 남용, 그리고 근래 폴란드와 헝가리에서 노동자들과 지식인들이 유사 공산주의적 관료제와 경찰제도에 맞서 일으킨 반란은 지난 12년간 우리가 그릇되게 제시된 사실에 근거해 정치적 분석을 해왔다는 것을 보여주었다."[101] 공산당의 고위층은 이 편지가 지나치게 개략적인 데다 '부르주아' 잡지에 게재했으므로 공산주의를 배신한 것이라고 비난했다. 이에 대응해 에릭은 당내 민주주의를 확대하자고 다시 호소하면서 "당내 민주주의의 척도는 정책과 지도부를 **아래로부터** 바꿀 수 있는지의 여부다"라고 지적했다. 이어서 에릭은 평당원들이 그저 정책 토론이 아니라 정책 **형성**에도 참여할 수 있도록, 그리고 설령 다수가 지지한 결정이라 해도 잘못된 결정은 "당원들의 '이탈'"로 이어질 수 있음을 인식할 수 있도록 당규를 변경해야 한다고 주장했다. "모든 수준에서 우리 지도부는 자신들이 항상 옳지는 않을 수도 있음을 인식"할 필요가 있었다.[102]

1956년 11월 22일, 제임스 클루그먼의 제안으로 에릭은 존 ('조니') 골란에게 전화를 걸었다. 골란은 해리 폴릿이 병이 들고 기력이 부쳐 상황을 통제할 수 없다고 생각해 사임한 뒤 총서기직을 이어받은 인물이었다. MI5는 이 통화를 감청했다. 골란의 반응은 우호적이지 않았다. 에릭이 레닌을 잘못 인용하고 있으며, 에릭의 주장과 달리 레닌은 당내 파벌을 용납하지 않았다고 비난했다.

"모두가 우리 머리에 권총을 겨누고서 만약 이번 주에 《월드 뉴스》에 글이 실리지 않으면 다음 주에 《뉴스테이츠먼》에 실릴 것이라고 협박하는 지경에 이르렀는데, 나는 이런 태도를 전혀 좋아하지 않는다고 솔직하게 말할 수밖에 없습니다. 그렇지만 그 글은 《월드 뉴스》에 실릴 것입니다." 조니는 이 말을 털어놓으며 한숨을 푹 쉬었다.

에릭: 그렇군요. 어쨌든 그리 해주신다니 고맙습니다.
존: 내게 고마워할 것 없습니다.
에릭: 어쨌든 저는 당신이 게재해줄 거라고 기대했습니다. 그렇지만
      (…) 한편으로는 유감입니다.
존: 동지들은 두 방식을 모두 원하고 있습니다. 당 안에서도 계속 싸
      우고 당 밖에서도 계속 싸우고 싶어 하죠. 그런데 그럴 수는 없
      습니다. 현실은 그렇지가 않습니다.

에릭: 네, 그런데 저는 싸움을 당 밖으로 가져가려는 사람은 없다고 생각합니다.

존: 허, 그런 사람들이 있습니다. 이제 그런 싸움이 매우 정당화되고 있고 협박까지 하고 있습니다. 그리고 당신도 알다시피 나는 협박에 대응할 것이라고 말할 수밖에 없습니다. 나는 평생을 싸워왔고 앞으로도 싸울 것입니다. 나는 협박을 싫어하고 이런 유형의 태도도 싫어합니다. 그것이 특별히 공산주의자답다고 생각하지도 않고, 특별히 동지답다고 생각하지도 않습니다. (…) 하지만 실은 트로츠키가, 그러니까 1921년에 제의했던 것을 실행하자고 제안하는 셈이지요. 당신은 그 1921년의 당 위기와 상황만을 참고하고 있지만, 이곳의 입장은 그때와 다릅니다. 그리고 이런 이야기는 비역사가인 내가 당신에게 해야 하는 것이 아니라 역사가인 당신이 나에게 해야 하는 것입니다. 당신이 나보다 더 많이 알고 있으니까요.

에릭: 글쎄요, 저는 레닌이 이 방식을 완벽하게 정당한 방식으로 여겼다는 것을 보여주려고 했을 뿐입니다만….

존: 나는 그 말이 아주 타당하다고 생각하지 않습니다. 에릭, 당신의 편지가 아주 타당하다고 생각하지도 않습니다. 그것은 당신의 평판에 **좋지 않습니다.** 당신의 방식은 당신의 목적에 들어맞는 인용구를 조금 뽑아낸 다음 레닌이 그것에 완전히 반대했음을 보여주는 이어지는 구절을 생략하는 것입니다. 결국, 당신 스스로 생각해봐야 합니다.[103]

대화는 아무것도 해결하지 못했다. 골란이 트로츠키를 언급한 것은 공산당원으로서 에릭의 진실성에 대한 심각한 모욕이었으며, 실제로 그런 의도로 한 말이었다.

에릭의 요구 사항은 조금도 받아들여지지 않았다. MI5가 몰래 녹음한 은밀한 대화 중에 공산당 간부들은 에릭의 요구를 용인할 수 없다고 의견을 모았다. 한 해 전에 미국에서 스미스법에 따라 추방되었던 글래스고 출신 노동조합원이자 오랜 경력의 활동가인 존 윌리엄슨은 "홉스봄이 쓴 어떤 글을 언급하고는 위험한 인물이라고 말했다. 〔루벤〕 팔버는 홉스봄을 기회주의자로 생각했다."[104] 당 지도부는 분명히 에릭을 위험한 인물로 여겼다. 탈당하지 않고 당 안에서 당을 민주화하려는 운동을 이어가고 있었기 때문이다. 또한 에릭은 탈당한 사람들이나 자격이 정지된 당원들과 긴밀한 관계를 유지함으로써 당의 기본 원칙을 어기고 있었다. 그는 당내 반대파를 만들려고 노력했다. 그리고 현임 당 지도부를 해임하기 위한 운동을 벌이고 있었다.

4

공산당 역사가 그룹은 이런 사건들의 부담을 이기지 못하고 해체되었다. 회원의 절반 이상이 1956년 도중에 탈퇴했다. 에릭은 당 지도부의 승인을 기대하며 "더 넓고 독립적이고 비당파적인 마르크스주의 역사가들의 그룹"으로 확대하자고 제안하는 등 단체를 유지하고자 최선을 다했지만,[105] 회원들의 의견이 너무 심하게 갈려 있어 성공을 거두지 못했다. 그룹의 회원 베티 그랜트는 1956년 12월 3일 에릭의 입장이 그룹 전체의 견해를 대표하지는 않는다고 불평했다. 그랜트는 "그와 나는 정반대되는 견해를 가지고 있었다"라고 지적하고 자신의 견해가 관심을 받지 못했다고 불평했다. 그랜트는 존 새빌에게 당으로 돌아오라는 편지를 썼지만, 새빌은 답장에서 자신의 행동을 정당화하는 데 그쳤다.

역사가 그룹과 관련해 나는 에릭을 대략 8일 전에 잠시 만났고, 그는 자신이 제안하고 있는 일, 즉 공산당과 제휴하지 않는 새로운 마르크스주의 역사가 그룹을 꾸리는 일에 대해 내게 개략적으로 말했습니다. 나는 다른 대안이 있다고 생각하지 않습니다. 당 외부의 우리 모두는 지난 10년간 우리가 맺어온 개인적·정치적·지적 관계를 유지할 수 있기를 무척 바라지만, 당의 틀 안에서 유지할 의향은 없습니다.[106]

그랜트는 경악했다. 새빌의 출당을 막고 다양한 방식으로 도움을 주기 위해 할 수 있는 일을 했지만, "내가 넘을 수 없는 한계"에 부딪혔다. 그렇지만 당 지도부에 따르면 새빌은 그 나름대로 "아브람스키와 홉스봄의 꾸물거림을 우려했다. 새빌은 두 사람에게 집행위원회에 어떤 인상을 주고자 한다면 서둘러야 한다고 말했다."[107]

에릭은 자신의 제안이 역사가 그룹과 당 사이의 모든 관계가 단절되는 것을 의미하지 않는다고 역설했다. 그랜트가 자신의 견해를 잘못 이해했다는 것이다.[108] 그렇지만 1956년 12월 10일 당 지도부로부터 당원답지 못한 행동이라는 비판을 받게 되자 에릭은 개인으로서 집행위원회가 동의하지 않는 일을 할 권리를 주장하면서도, "우리는 하나의 집단이 아니"라고, 적어도 내부의 이데올로기적 파벌은 아니라고 당 부서기 조지 매슈스에게 분명하게 말했다. 에릭은 《뉴스테이츠먼》에 실린 또 다른 편지에 자신의 서명을 넣은 행동을 변호했다.[109] 편지에 공동으로 서명한 역사가 로버트 브라우닝, 헨리 콜린스, 에드워드 톰슨, 소설가 도리스 레싱과 더불어 에릭은 매슈스로부터 장문의 통렬한 비판을 받았다. 매슈스는 그들이 당규를 위반하고 지난 세월 당이 이루어낸 성취를 부인한다고 고발했다. 그들의 편지는 "당 자체에 대한 공격"이었다. 12월 19일 자로 에릭에게 보낸 개인 편지에서 매슈스는 당내에서 논의할 수 있는 데도 해당 편지를 당의 기관지가 아닌 매체에 게재하는 행동은 질책받아 마땅하다고 단언했다. "나는 이번 일을 당 동지들끼리의 문제에 대처하는 정직하고 솔직하고 공명정대한 본보기로 여기지 않습니다."[110] 12월 7일, 매슈스와 당 지도부는 막후에서 자기네 견해를 담은 비망록을 타자기로 작성했다. 그들은 에릭과 역사가 그룹을 "성가신 가치관 때문에 매우 위험할 가능성이 있는 우둔하고 칠칠치 못한 무리"로 간주했다. "그들이 당의 혼란을 초래하는 '자유' 외에 무엇을 원하는지 분명하지 않다." "지금 이 순간에도 이런 유형의 다른 집단들이 존재하지 않는다고 누가 말할 수 있겠는가?"라고 당 지도부는 우려했다.[111]

1957년 1월 12일, 매슈스는 1956년 12월 1일에 에릭과 다른 사람들이 《뉴스테이츠먼》과 《트리뷴》에 게재한 "부정적이고 패배주의적"이며 "비마르크스주의적"인 편지에 또다시 장문의 비판을 가했다. 그 편지의 서명자들은 전쟁 이후 공산당이 압력을 넣은 결과로 노동계급이 이루어낸 진전을 무시하고 있었다. 그들은 소련의 헝가리 개입이 헝가리 노동계급을 위한 것임을 깨닫지 못했다. 당을 대하는 그들의 태도는 "경멸적"이었다. 그들은 평소에 독자들보다 "사악한 반소비에트 중상자들"을 우선하는, 공산당 기관지가 아닌 매체에 기고하고 있었다. 로드니 힐턴(공산당을 탈당한 뒤 노동당에 가입했다)과 크리스토퍼 힐이 작성한 역사가들의 편지는 "당 자체에 대한 공격"이었다. "프티부르주아 이념과 싸울" 때는 당 지식인들에게도 "규율 의식"이 필요했다.[112]

이런 맹비난에 대응해 에릭은 매슈스의 "기념비적인 현실 안주"를 공격했다. 영국 공산당이 유권자의 1퍼센트 지지도 못 받을 정도로 유럽에서 가장 힘없는 공산당인 이유는 무엇인가? "우리가 정치를 하는 까닭은 그저 '올바른' 성명을 내기 위해서가 아니라 대중에게 영향을 주기 위해서다. 대중에게 영향을 주지 못한다면, 차라리 실질적인 변화를 이루어내기 위해 '올바르지 않은' 성명을 내거나 아예 성명을 내지 않는 편이 낫다." 매슈스는 스탈린의 소련 통치에 대한 사실, 당이 오랫동안 직면하지 않았던 사실을 계속 부정하고 있었다. "우리 다수는 그 사실을 강하게 의심하다가 흐루쇼프가 폭로하기 몇 해 전에 거의 틀림없다고 확신하기에 이르렀지만, 놀랍게도 매슈스 동지는 아무런 의심도 하지 않았다." 그러면서 에릭은 "당시에는 침묵을 지킬 압도적으로 중요한 이유들이 있었고, 우리가 그렇게 한 것은 옳았다"라고 부언했다.[113] 여기서 에릭은 1930년대를 가리킨 듯한데, 이 시기 공산당원들은 소련을 옹호하는 것이 파시즘을 타도하는 유일한 길이라고 믿었다. 그럼에도 에릭은 역사가이자 교육학자인 조앤 사이먼에게서 격렬한 비판을 받았다. 사이먼은 에릭의 "파렴치한 기회주의적 관점"을 비판하면서 그가 대변한다는 대의도 신뢰할 수 없다고 잘라 말했다.[114]

MI5가 기록한 1957년 1월 28일의 사적인 대화에서 당의 총서기 존 골란과 조지 매슈스는 공산당 전국대학교원위원회 연례 총회에서 에릭이 기여한 바에 대해 논의했다. 당시 총회에서 토론한 주요 논점은 당내 지식인의 역할이었다. "콜린[즉 골란]에 따르면 홉스봄은 오만한 헛소리를 많이 했지만, 브라이언 사이먼, 아널드 (케틀), 론 벨러미는 '지식인의 이 과업과 관련해 건투했다.'" 이렇듯 당내 지식인의 역할을 옹호한 에릭의 행동은 실제로는 당의 노선을 강요하는 반지식인 운동을 자극했다.[115] 논쟁은 1957년 4월 런던에서 열린 제25차 당대회까지 이어졌다. 이 자리에서 지난해 당이 겪었던 온갖 위기에 맞서 당의 일사불란한 단결을 대대적으로 과시하고픈 대의원들의 열망으로 인해 지식인 논쟁은 마침표를 찍었다. 당의 충성파는 영국 주재 소련 사절단을 담당하는 언론 책임자 앤드루 로스테인Andrew Rothstein이 말한 "자신들의 감정과 불만에 파묻힌 근성 없고 줏대 없는 지식인 집단들"을 향해 일련의 괴멸적인 공격을 개시했다. 그러자 힐과 몇몇 다른 역사가들이 매우 주저하면서도 탈당했다.[116] 이듬해 봄까지 거의 모든 지식인이 당을 떠났다.

그들 대다수는 아니더라도 상당수는 애초에 파시즘과 나치즘에 맞서 싸우고 스페인 내전에서 공화파를 지지하기 위해 입당한 부류였다. 그들은 1930년대에 유럽 대륙을 휩쓴 극우 인종주의, 초민족주의, 군국주의에 조직적이고 단호하고 비타협적으로 대항하는 유일한 세력이 공산주의라고 보았다. 그렇지만 1950년대 중반까지 파시즘의 위협은 사라졌고, 그와 함께 그들이 공산주의를 고수할 이유도 사라졌다.[117] 에릭을 포함해 주요 지식인 대다수는 신좌파 클럽, 또는 단순히 신좌파로 알려지게 된 토론회로 모여들었다. 이들의 구심점은 처음에는 《뉴리즈너New Reasoner》, 그다음에는 《유니버시티스 앤드 레프트 리뷰》였다가 이후 《뉴 레프트 리뷰New Left Review》로 바뀌었다. 《뉴레프트 리뷰》는 아직 20대인 두 사람 래피얼 새뮤얼Raphael Samuel과 서인도제도 출신의 문화이론가 스튜어트 홀이 창간했고, 여기에 영화감독 린지 앤더슨, 역사가 아이작 도이처와 에드워드 톰슨, 심지어 온건한 사회주의자 G. D. H. 콜까지 참여했다. 에릭도 새로운 잡지의 편집진에 속했다.[118] 에릭은 에드워드 톰슨, 존 새빌, 로드니 힐턴을 비롯해 신좌파에 속한 많은 친구들과 개인적·정치적으로 긴밀한 관계를 유지했다. 그들은 그저 상징적인 당원 여부를 빼면 실질적인 정치적 이견이 없었고, 새로운 유형의 급진적인 사회정치사를 '아래로부터' 구축하는 기획에 함께 참여했다. 에릭은 보고서를 제출해 당 지도부가 신좌파 클럽을 진지하게 받아들이도록 설득하려 애썼다. "조직 면에서 그 클럽은 아수라장이고 사실상 확실하게 망할 것" 같지만 "놀라우리만치 단단하고 지속적인 대중 기반을 가진 것으로 보인다. (⋯)《유니버시티스 앤드 레프트 리뷰》의 모임은 1930년대의 레프트 북클럽과 같은 부류의 대중, 즉 모호하지만 뚜렷하게 반항적이고 '진보적'인, 중간계급이 압도적 다수를 차지하는 지적이고 예술적인 사람들을 끌어들이고 있다."[119] 그렇지만 당은 이 클럽이 "프티부르주아적"이라고 비난할 뿐이었다.[120]

에릭은 역사가 그룹의 의장직을 사임했고, 당의 온갖 규칙과 관례를 어겨가며 《뉴리즈너》에 투고를 계속하는 한편 전년도에 제안했던 대로 당이 인정한 "마르크스주의적 관점"의 영국사 참고문헌에 이 잡지에 실린 논문들을 포함할 것을 주장했다.[121] 당 지도부는 이를 허용하지 않았다. 골란은 "어차피 설득되지 않을 것이므로 에릭 홉스봄과 논쟁하는 데 두 시간 반을 쓴 것은 무의미했다"라고 말했다.[122] 실제로 회의가 열렸지만 에릭은 생각을 바꾸지 않았다. 이 논문들이 언급되지 않으면 당혹스러울 것이라고 말했다. 뒤이은 토론에서 조지 매슈스는

이 계기로 홉스봄이 당을 떠난다면 자기 의견으로는 좋은 일일 것이라고 말했다. 그는 자신이 용기를 내 그들이 난처해하는 문제에 대해 발언했다고 생각했다. (⋯)《뉴리즈너》는 당에 대해 험담한다는 특정한 목적을 가지고 출범한 사악한 반공 잡지이며, 특히 홉스봄은 톰슨이 《뉴리즈너》에 기고했던 방식 그대로《타임스 리터러리 서플리먼트》에 기고하고 있었다.[123]

당 지도부는 대체로 에릭이 탈당하기를 바라는 눈치였다.[124]
"에릭은 비열한 놈이다"라고 당의 사무차장 빌 웨인라이트Bill Wainwright 는 결론지었다.[125] 에릭의 당 문화위원회 위원 자격도 맹비난을 받았다.[126] 지도부가 보기에 당원들 사이에는 "건전한 정신"이 있었고, "당시 에릭

홉스봄을 뺀 그들 모두가 회의에서 정말로 공산당원처럼 이야기했다."[127] 에릭은 "회의에 들어와서는 심지어 입을 열지 않고도 냉소주의를 퍼뜨리기만 했다." 그렇지만 웨인라이트의 지적대로 "홉스봄은 문화위원회에서 완전히 고립되었다. 한번은 자신의 벗이라고 생각하던 사람들에게 토론에서 처참하게 패한 적도 있다."[128] 에릭이 "내부자가 아니라" "외부자의 태도로" 글을 써서 더욱 반감을 산다고 웨인라이트는 불평했다.[129] 그리고 에릭은 《유니버시티스 앤드 레프트 리뷰》에 아예 기고하지 말았어야 했다.[130] 당은 에릭을 출당시킬지 여부를 1959년까지 계속 논의했고, 문화위원회에서 그를 내보냈다. 하지만 에릭은 "그저 자신이 해야 한다고 생각하는 일을 할 것"이라는 입장을 굽히지 않았으며, 웨인라이트는 "그렇다면 당에 그대로 머물러서는 안 된다"라고 단언했다. 에릭은 스스로 탈당하기를 거부하고 자신을 출당시킬 것을 당에 요구했고, 웨인라이트는 "당이 그래야 할 이유가 없다고 보았다."[131] "에릭이 뛰어난 재능을 가지고 있기 때문에 (…) 당은 분명히 그를 잡아두기를 원했다"라고 웨인라이트는 덧붙였다.[132] 에릭(해리 폴릿의 묘사에 따르면 "자신이 무엇을 하는지를 매우 잘 아는 젊은 악당")은 당 본부로 소환되어 웨인라이트로부터 "그들은 그가 당에 남되 그를 내쫓을 수도 있는 일을 하지 않기를 원한다"는 말을 들었다. "에릭은 몹시 낙담하며 자신은 결코 탈당을 원한 적이 없다고 맹세했다."[133]

에릭은 두 마리 토끼를 잡으려 했다. 한편으로 매우 깊은 정서적 수준에서 공산당 운동에 속한다는 이념을 고집하면서도, 다른 한편으로 당이 요구하는 규율에 절대로 복종하지 않으려 했다. 지시에 따르기를 거부하는 에릭은 당 지도부에게 상당한 골칫거리였다. 지도부는 에릭의 가치를 알면서도 규율이 부족한 면모를 싫어했다. 에릭은 "지도부에게 때때로 말썽을 부리는 놈, 비슷한 부류와 계속 어울리는 미꾸라지 같은 놈, 정말로 솔직한 답변을 결코 얻어낼 수 없는 놈이었다"라고 빌 웨인라이트는 불평했다.[134] 결국 지도부는 에릭이 당 밖에 있는 것보다는 안에 있는 편이 낫다는 결론을 내리고서 어느 매체에든 원하는 대로 글을 쓸 수 있는 암묵적인 재량권을 마지못해 인정했다. 에릭은 당의 케임브리지대학 지부 회의에 참석하기 시작했고, 1959년 11월경 존 골란의 눈에는 "전반적으로 훨씬 더 낙관적으로 보였다."[135] 조앤 사이먼도 같은 의견으로 1960년 1월에 "그는 18개월 전과는 다른 방식으로 당에 대해 말하고 있다"고 보고했다.[136] 실제로 에릭은 당에 주목할 만한 금전적 기부를 했다.[137] 당의 관점에서 에릭은 현실적으로 당에 남은 유일한 '진짜' 역사가였다.[138] 그렇지만 1962년 초에 제임스 클루그먼이 지적했듯이 에릭은 "역사에 관해서는 매우 옳다"고 하더라도 "정치에 관해서는 그렇지" 않았다.[139] MI5조차도 이 무렵이면 "홉스봄과 당의 불안한 관계"를 인정하기에 이르렀다.[140] MI5가 보기에 에릭은 1950년대 말까지 당의 "신뢰를 일부분 회복"했을 뿐이었다.[141]

훗날 에릭은 이렇게 썼다. "내가 기억하는 1956년의 가장 좋은 일은 소동의 여파로 열린 《유니버시티스 앤드 레프트 리뷰》의 초기 회의 중에 도이처가 내게 와서 '당신은 당을 떠나서는 안 됩니다'라고 진지하게 말한 것입니다."[142] "나는 1932년에 스스로 당에서 나오고부터 내내 후회했습니다"라고 도이처는 덧붙였다.[143] 오래된 트로츠키주의자로서 스탈린과 트로츠키에 관한 학술적 전기로 두루 찬사를 받고 있던 아이작 도이처는 좌파 지식인들 사이에서 중요한 인물이었다. 에릭은 도이처의 조언을 매우 진지하게 받아들였다. 그리하여 결국 당에 남기로 결심했다. 중요한 것은 공산주의의 이념과 영감에 계속 충성하고, 비록 형식적인 수준에서라도 당내에서 이런 당원의 자격을 상징하는 것이었다. 당 자체에 대해 말하자면, 《데일리 워커》의 편집장 조니 캠벨Johnny Campbell

의 말마따나 에릭이 그다지 "당에 정치적으로 헌신하지" 않았음에도 당은 결국 그를 내쫓지 않았다.[144]

5

1956년 공산당과의 다툼으로 에릭은 20년이 넘도록 정신적·정치적 고향이었던 곳에서 멀어져 표류하게 되었다. 에릭이 엘렌 베르하우어와 성적인 관계 못지않게 지적이고 정치적인 관계를 맺은 것은 어떤 면에서는 동지끼리의 인간적인 결속을, 또 뮤리얼과의 결혼생활에서 참담하게 실패한 결속을 계속해서 추구한 것이었다. 에릭이 영국 공산주의를 공공연히 비판하기 시작한 때에 당 활동가가 아닌 여성과 관계를 맺기 시작한 일은 이렇게 제한적인 결혼관에서 이미 벗어나고 있다는 징후였다. 1956년 1월 28일, 에릭은 버크벡에서 심리학을 공부하는 기혼녀 학생 매리언 베너던Marion Bennathan과 사귀기 시작했다.[145] 어느 파티에서 에릭을 만난 매리언은 그가 "행복하지 않아 보이는 흥미로운 얼굴"을 가졌지만 "섬세"하고 "생기가 있다"고 생각했다.[146] 그들은 연애편지와 엽서를 주고받고 밀회를 계획하고 같이 있지 않을 때면 전화로 끝없이 이야기했다.

그러다 매리언은 임신을 했고, 1958년 4월 3일 에릭에게 편지를 써서 "이제 당신에게 아들이 있어요"라며 전날 밤의 출산을 알렸다. 매리언은 아들을 조슈아Joshua, 줄여서 조스Joss라고 불렀다.[147] 에릭은 매리언이 남편 에스라와 헤어지기를 바랐다. 에스라는 버밍엄대학에서 경제학을 공부한 뒤 브리스틀대학 교수가 된 독일계 유대인 망명자였다. 하지만 매리언은 결혼생활을 끝내려 하지 않았다. 그녀는 에릭과 행복하게 지낼 것을 알고 있고 그 외에 다른 사람을 결코 사랑하지 않을 것이라고 말했다. 하지만 아이가 태어나기 전에 에릭에게 쓴 편지에서 이렇게 말했다.

내가 에스라를 떠날 경우 그가 완전히 망가질 것—정신적으로 망가지든 자살을 하든—이 분명하다면 나는 떠나지 않을 거예요. 나는 그런 일을 겪고서는 살 수 없고 당신도 마찬가지일 거예요.

두 사람은 여러 달 동안 이러지도 저러지도 못한 채 괴로워했다.[148] 에릭은 함께 이탈리아로 가자고 제안했다. 그러나 매리언의 결심은 조스가 태어난 뒤로 확고해졌다. 그녀는 에릭에게 다음과 같은 편지를 보냈다.

내가 에스라를 떠날 수 없는 이유는 확실하지만 당신은 납득하지 못하겠죠. 에스라와 함께하는 삶은 앞으로도 나아지지 않을 거예요—우리 모두에게요. 나는 지금 이 문제에 대해 말할 시간이 없어요. 말한다 해도 상황은 크게 나아지지 않을 거예요. 당신을 다른 누구보다 사랑하지 않았던 건 아니에요. 지금도 마찬가지고요. 하지만 그를 떠난다고 생각하고 떠나려고 작정할 때마다 한 사람을 망가뜨릴 뿐이라는 생각에 번민할 수밖에 없었어요. 당신은 내가 가지 않아도 망가지지 않았죠 (나도 마찬가지예요). 당신이 나를 무척 필요로 한다는 걸 아주 잘 알지만요. 당신이 약골이었다면 당신을 사랑하지 않았을 거예요. 나는 에스라와 함께한 적이 있다고 생각하지 않아요. 그와 결혼한 것은 당시 나의 결혼 욕구가 강했고 그를 내가 원하는 모습으로 만드는 것을 방해할 만한 나쁜 특성이 그에게 없었기 때문이에요.[149]

두 사람은 이듬해에도 사귀었지만,[150] 에릭의 잦은 여행으로 만나기가 어려워졌다. 그리고 에릭은 매리언과의 만남을 점차 꺼리게 되었는데, 무엇보다 그녀가 자신과 결혼하기로 한다면 부부로서의 생활이 어떠할지 상상하지 않을 수 없었기 때문이다.[151] 출산 직후 매리언은 남편에게 아들의 아버지가 누구인지 말했고, 에스라는 조스를 자기 아들인 양 키우는 데 동의했다. 그 후로 매리언은 에릭에게 종종 편지를 썼지만, 애정관계가 끝난 이후 그녀의 편지는 명백히 더 거리를 두었고 형식적이었다.[152] 매리언 베너딘과의 관계는 결국 첫 번째 결혼이 끝난 뒤 정서적 안정을 찾으려던 시절의 산물이었다. 두 사람은 공통점이 너무 적어서 관계를 정말로 지속할 가능성이 전혀 없었다. 표류하고 있다는 에릭의 의식은 영국 공산당에 헌신한다는 느낌과 소속감이 사라진 이후로 더욱 뚜렷해졌다. 온전한 행복과 만족을 찾기까지는 시간이 더 필요했다.

한편 공산당이라는 대체 가족을 빼앗긴 에릭은 재즈의 세계에서 다른 종류의 대체 가족을 찾았다. 1956년 중반부터 그는 가깝게 지내는 재즈 애호가들과 연주자들, "일종의 지하세계 국제 프리메이슨단"과 훨씬 더 많은 시간을 보냈다. 재즈 애호가들은 "문화적 소수 취향을 가진 사람들 중에서도 수가 적고 대개 수세에 몰리는 집단"이라고 그는 생각했다.[153] 재즈계에서는 주류에서 벗어나 있고 사회의 중심에서 멀리 떨어져 있다는 느낌이 그들 간의 친밀감 및 집단 정체성과 결합되어 있었다.[154] 재즈 감상은 에릭에게 언제나 휴식의 한 방식, 역사와 정치라는 부담스러운 지적 세계와 완전히 대비되는 방식이었다. 그는 재즈 본연의 특성인 통제된 즉흥 연주, 특히 작곡가의 악보를 재현할 때 엄격한 제약을 가하는 고전음악에서 연주자가 자유롭게 벗어날 수 있는 독주 부분을 좋아했다. 그와 동시에 재즈 연주자들은 더 큰 집단의 일원으로서 연주하기 때문에 다른 음악가들과 함께하는 관계 안에서만 개성을 발전시킬 수 있었고, 아무리 빅밴드일지라도 리더에 대한 실질적인 숭배는 없었다. 에릭도 이 점을 인식하고 있었다.[155]

에릭은 재즈가 "우리 시대의 가장 정통적인 예술들의 파탄"에 급진적인 미학적 대안을 제시한다고 보았다. 전통적인 미술, 음악, 문학은 삼중의 위기를 겪고 있다고 생각했다.

> 그것은 형식의 위기, 회화의 재현주의와 화성처럼 예술에서 핵심적인 기교의 관례가 소진된 듯한 상황에서 비롯되는 위기다. 또한 그것은 산업혁명에 기인하는 기술적 위기다. 새로운 재료와 방법(예컨대 재생산의 방법), 엄청나게 증가한 대중의 예술 소비는 창작 환경을 바꾸어 놓았다. 사진예술처럼 새로 발명된 예술들은 지난날 전통 예술들의 수중에 있던 영역을 엄청나게 차지했다. 마지막으로 그것은 예술가와 대중의 관계의 위기이기도 하다.[156]

고전예술의 청중이 수동적인 소비자들로 이루어진 반면에 재즈는 창작자와 감상자의 구분을 없애고 고전예술이 하지 못한 방식으로 일상의 여러 사회활동에 파고들었기 때문이다. 그리하여 재즈는 "중간계급 사회와 함께 성장했고 함께 죽어가고 있는 예술 외에 활력 있고 진지한 예술을 발전시키는 다른 방식이 있다"는 것을 보여주었다. 이런 주장에 맞서는 몇 가지 분명한 반론이 있었다. 중간계급 사회는 결국 스스로를 쇄신하여 살아남을 능력이 있음을 입증했고, 현대 시각예술은 모더니티와 추상의 시대에 많은 이들의 예상보다 더 회복력이 강하고 실제로 인기도 더 많은 것으로 밝혀졌다. 그리고 낭만파 이후의 모더니즘 음악은 브리튼 벤저민, 쇼스타코비치, 존 태버너, 아르보 패르트 같은 작곡가들의 작품을 통해 여전히 대중의 심금을 울릴 수 있었을 뿐 아니라 영화와 나중에는 비디오게임을 위해 작곡한 음악을 통해 수많은 새로운 청중을 찾아내기까지 했다. 따라서 대량생산된 문화적 쓰레기가 생산자와 소비자 모두를 평범함의 늪으로 빠뜨릴 우려가 있다는 에릭의 음울한 전망이 함축하는 것만큼 미래를 비관적으로 바라볼 이유가 없을 수도 있었다.[157] 실제로 머지않아 에릭도 적어도 현대 음악의 일부 측면은 고전 전통을 따른다는 것을 인식하게 되었다.

1950년대 말에 에릭이 재즈에 관심을 갖게 된 배경에는 재즈를 대하는 국제 공산주의 운동의 입장이 극적으로 바뀐 변화가 있었다. 스탈린 치하에서 재즈에 대한 공산당의 공식 입장은 매우 부정적이었으며, 많은 재즈 음악가들이 '수용소 군도'의 노동수용소로 사라졌다. 1949년 소련 당국은 색소폰을 금지하고 악기 수천 개를 몰수했다. 1952년 《소비에트 대백과사전》은 "재즈는 미국의 타락한 부르주아 문화의 산물"이라고 규정했다. 그렇지만 스탈린 사망 이후 일부 재즈 음악가들이 얼마간 복권되고 수용소에서 석방되었으며, 1955년에는 문화적 해빙 덕에 소련에서 재즈 밴드가 다시 출현할 수 있었다. 1957년경 한 모스크바 방문자는 "내가 다녔던 다른 어느 곳보다도 러시아에서 재즈를 향한 가장 열렬한 환호를 목격했다." 게다가 1962년경에는 체코슬로바키아 공화국에서 재즈 공동체가 번성하여 프라하에서 동유럽 전역을 아우르는 재즈 페스티벌 개최를 계획하고 있었다.[158] 공산당원들에게 재즈, 특히 블루스는 이제 자본주의 미국에서 억압받는 흑인 노동계급의 음악을 대표했다. 그리고 동유럽 어디서나 공산당 정권의 문화적 독재자들은 1950년대 말까지 자본주의적 타락의 산물로서 금지해야 할 다른 종류의 음악, 즉 로큰롤을 발견했다.[159]

당연하게도 재즈의 지위는 영국 공산당 안에서도 얼마간 논쟁거리였다. 청년층이 정치 활동에 헌신하기를 바라던 당의 금욕주의자들은 재즈와 스윙에 맞추어 춤추는 행동을 특히 개탄했다. 1948년에 그들 중 한 명이 지적했듯이 "자신을 호들갑 떠는 야만인, 사이코패스처럼 침을 질질 흘리는 끔찍한 상태, 아무렇게나 움직이는 육감적인 감정 덩어리로 바꾸는 것"은 분명히 잘못이었다.[160] 이런 견해는 1951년 4월 29일 당이 영국 문화를 위협한다고 판단한 "거만하게 껌 씹는 사람들", 즉 미국인 들과 관련해 개최한 회의에서 크게 강조되었다.[161] 당은 민속음악을 선호했다. 민속음악이 노동자 대중에게 더 친근하다고 생각했다. 그렇지만 에릭은 "소택沼澤 지방 사람들의 마지막 봉기 이후로 위즈비치에서 아무도 입지 않는 의상을 갖춰 입은 연주자 무리"의 행사에 회의적이었다. 그는 민속음악 운동에는 "혁명주의"가 없다고 지적했고, 이 운동의 창시자 세실 샤프가 페이비언 회원들과 가깝다는 치명적인 결점이 있다고 보았다.[162] 1950년대 중반까지 당은 재즈를 조금 더 포용하게 되었다.[163] 그렇지만 에릭은 신중하게도 언론에 기고한 재즈 관련 글을 공산당 지도부에 알리지 않았다. 결국 1959년에 빌 웨인라이트가 에릭이 재즈 평론가로 부업한다는 사실을 알아채고는 못마땅한 어조로 에릭이 "이 모든 일로 '약삭빠른 돈벌이'를 하는 것이 틀림없다"고 말했다.[164]

재즈는 에릭에게 방송으로 복귀할 기회를 주었다. BBC가 재즈를 안전하고 정치적으로 중립적인 문화 영역으로 여겼기 때문이다. BBC가 심사해달라며 제출한 진행자와 대본 작가 명단에서 에릭의 이름을 발견한 MI5는 BBC 측에 다시 한 번 "홉스봄은 여전히 적극적인 공산당원이자 소련과의 문화 교류를 위한 협회의 회원이다"라고 알렸다.[165] 그럼에도 불구하고 에릭은 1955년 12월 14일 자신의 이름을 걸고 〈루이 암스트롱의 예술〉이라는 프로그램을 녹음했다. 이 프로그램은 1956년 2월 초에 방송되었다.[166] 물론 음반만 틀지는 않았다. 에릭은 애나 칼린에게 "전반적으로 나는 전기적 접근(또는 괜찮다면 역사적 접근)이 최선이라고 생각합니다"라고 말했다.[167] 에릭은 암스트롱이 "가장 위대한 재즈 음악가, 또는 어쨌든 가장 위대한 독주자라는 데 누구나 동의합니다"라고 설명한 다음 라디오3에 호소하는 취지에서 "요즘 재즈가 지적으로 꽤 존중받고 있습니다. 나의 학부생 지인들 사이에서도 그렇습니다. 나 같은 오래된 애호가들에게는 기쁜 소식이죠"라고 덧붙였다.[168]

에릭의 진행을 일부 재즈 팬들은 좋게 받아들이지 않았고, 그중 한 명 ("조용하고 이성적이며 지적이고 예의 바른 호스먼 씨")은 BBC에 전화를 걸어 "암스트롱 프로그램이 지나치게 지적이고 재즈 찬양 일변도라는 이유로" 비판했다. "그는 홉스봄이 재즈를 이해하지도, 재즈에 열광하지도 않으며, 다른 지식인들을 설득해 아주 진기한 무언가를 감상하도록 이끌려는 지식인의 인상을 준다고 생각했다."[169] 에릭은 애나 칼린에게 이렇게 말했다.

나의 암스트롱 프로그램을 예고하는 BBC의 보도자료 이후 신문사들로부터 걸려온 전화로 판단하자면, 내 생각보다 재즈를 좋아하는 교수에 대한 호기심이 더 많은 것 같습니다. 활동 초기의 마릴린 먼로에게 조언했던 할리우드 에이전트의 이야기를 기억하시나요? 먼로에게 항상 스피노자의 책을 겨드랑이에 끼고서 외출하고 사람들이 그게 뭐냐고 물어보거든 "스피노자요. 그냥 읽고 있어요"라고 대답하라고 조언했다지요. 지금 내가 정반대 유형의 마릴린 먼로 같습니다.[170]

칼린은 답장에서 이렇게 알렸다. "우리는 당신의 재즈 강연과 관련해 수많은 편지를 받았고, 같은 주제에 대한 지극히 우스꽝스러운 제안도 몇 가지 받았습니다. 당신 방송이 크게 성공해서 무척 기쁩니다."[171] 에릭은 정말이지 "재즈 교수에 대한 홍보 효과에 어리둥절"했다. 그에게는

"편지들과 친구들이 《뉴욕 월드 텔레그램》과 《위스콘신주 저널》에서 오려서 보내준 기사들이 쇄도"하기도 했다. "학생들 사이에서 내 평판이 엄청나게 올라가고 있는데, 이것은 이제 내가 학생들을 위해 무보수로 글을 쓰고 강연해야 한다는 뜻입니다." 방송의 "주된 사회적 기능"은 "재즈 음반을 듣느라 시간을 낭비한다고 생각하는 아버지들이 반박할 수 없는 논거를 학생들에게 제공하는 것"일지도 모른다고 그는 결론 내렸다. "이 모든 상황이 매우 이상하지만 즐겁습니다."[172]

1957년 1월 24일에 녹음하고 두 달 후에 방송된 〈베시 스미스의 예술〉 같은 강연들이 뒤를 이었다.[173] 어렵기로 악명 높은 독일의 마르크스주의 철학자 에른스트 블로흐를 BBC 방송에 출연시키려던 에릭의 시도는 그다지 성공적이지 않았다. 1962년 5월, 블로흐의 영국 방문이라는 매우 드문 기회를 이용해 애나 칼린은 BBC를 어렵사리 설득해 에릭과 블로흐의 '마르크스주의, 철학, 음악'에 관한 토론을 녹음했다.[174] 그렇지만 안타깝게도 이 방송은 성공하지 못했다. BBC의 한 간부는 "블로흐의 영어가 너무 형편없다"고 보고했다. 그러나 블로흐의 영어가 원어민 수준이었다 해도 "우리가 블로흐의 (홉스봄을 인용하자면) 열정과 격정과 혼란을 얼마나 이해할 수 있었을지 의문이다"라고 그 간부는 덧붙였다. 그렇지만 블로흐는 생존해 있는 소수의 중요한 마르크스주의 철학자 중 한 명이었으므로 그에 관한 에릭("블로흐의 제자, 친구, 조수")의 강연은 여전히 좋은 아이디어처럼 보였다. 이 위대한 학자가 자신의 사상을 스스로 소개하려 했을 때 부족해 보인 일관성을 에릭이 그 사상에 부여할 수 있을 것이었기 때문이다.[175] 그렇지만 그런 강연은 진행되지 않았다. 에릭이 너무 벅찬 강연이라고 생각했을지도 모른다. BBC 라디오3의 교양 있는 청취자들에게도 재즈가 더 안전한 선택지였다.

6

케임브리지 칼리지의 무료 숙소를 나와 블룸즈버리 아파트의 집세를 내야 했던 에릭은 그리 많지 않은 학자 봉급에 보탤 돈이 얼마간 필요했다. 그러나 보통 블룸즈버리 아파트를 하숙인과 공유했다는 사실을 고려해도, BBC로부터 이따금 받는 보수는 결코 충분하지가 않았다. 그래서 자신보다 재즈에 대해 아는 것이 분명히 적은 소설가 킹즐리 에이미스Kingsley Amis가 일요일에 발행하는 전국지《옵서버》에 재즈에 관해 쓴다는 사실을 알았을 때, 에릭은 소심함을 극복하고서 런던정경대에서 안면을 텄고《뉴스테이츠먼》의 편집부에서 일하던 노먼 매켄지Norman Mackenzie에게 이 잡지의 재즈 평론가 자리를 달라고 부탁했다.[176] 에릭은 그 일거리를 구해 '프랜시스 뉴턴Francis Newton'(미국에서 공산주의자로 알려진 극소수 재즈 음악가 중 한 명의 이름)이라는 필명으로 정식 기자로서 재즈에 대해 쓰기 시작했다. 필명을 사용한 것은 실명으로 기사를 쓰면 학자 경력에 별로 좋을 게 없으리라고 매우 옳게 생각했기 때문이다. 또 어쩌면 재즈 평론가 일로 학생들을 혼란에 빠뜨리고 싶지 않았기 때문일 것이다.[177] '프랜시스 뉴턴'의 정체는 재즈계에서 공공연한 비밀과도 같았다.

E. J. 홉스봄 박사의 이름은 낮시간에 런던대학에서 학생들에게 역사에 관해 강의하는 동안 들릴 것이다.《뉴스테이츠먼》의 재즈 비평가 프랜시스 뉴턴의 이름은 어둠이 내린 뒤 차분하거나 열정적인 백인과 유색인 음악가들이 모여 있는 웨스트엔드의 지하 클럽들에서 들릴 것이다. 홉스봄 박사가 뉴턴 씨라는 인격으로 빠져드는 데에는 도수 높은 술병은 필요 없고 그저 〈백 오브 타운 블루스〉의 몇 소절, 소니 롤린스의 색소폰 소리 한두 번이면 충분하다.[178]

그럼에도 에릭은 대부분의 학계 동료들에게 자신의 또 다른 자아를 숨길 수 있었던 것으로 보인다.

1950년대에 학계 일반은 학자의 언론 기고에 눈살을 찌푸렸다. 일례로 A. J. P. 테일러는 대중매체에 정기 기고한다는 이유로 맹비난을 받았다.[179] 《뉴스테이츠먼》의 편집장 킹즐리 마틴Kingsley Martin은 에릭에게 이 잡지의 독자 대다수가 40대 남성 공무원이며 다소 무료하게 살아가고 있으므로 월간 칼럼을 음악 평론보다는 문화 기사로 써달라고 의뢰했다. 그런 이유로 에릭은 재즈 연주회와 클럽을 계속 다니면서도 올드 콤튼 스트리트의 다운비트 클럽을 자주 찾았다. 이 클럽은 "이 분야의 음악가들과 다른 사람들이 간단히 한잔하고 수다를 떨고 무용수들의 춤을 보고—연주자 자체가 뛰어난 무용수인 경우는 거의 없다—가능하다면 밴드와 함께 연주하기 위해 즐겨 들르는 곳"이었다.[180] "음악인들의 신전" 중 하나인 이 클럽은 "악기 케이스를 멘 단골들과 힙스터들, 그리고 그들 주위에 모여드는 저녁형 생활자들로 쉽게 알아볼 수" 있었다.[181] 클럽의 단골손님인 작가 콜린 매키니스Colin McInnes는 이렇게 썼다.

재즈계와 이 세계에 발을 들인 모든 녀석들의 훌륭한 점은, 당신이 재즈 클럽의 문을 열고 들어와서 무대를 즐기고 예의 있게 행동하고 헛소리를 하지 않는 이상, 어느 누구도 당신의 계급이 무엇인지, 인종이 무엇인지, 소득이 얼마인지, 남자인지 여자인지, 동성애자인지 양성애자인지 상관하지 않는다는 것이다. 이 모든 것의 결과로 재즈계에서 당신은 완전히 평등한 관계에서 온갖 부류의 녀석들을 만난다. 그들은 당신에게 온갖 지향, 즉 갖가지 사회적 지향, 문화적 지향, 성적 지향, 인종적 지향을 알려줄 수 있다. (⋯) 실로 당신이 배우고자 하는 거의 어디로든 데려갈 수 있다.[182]

매키니스가 소설 《완전 초심자들Absolute Beginners》에서 '수상한 클럽'으로 가볍게 위장한 다운비트 클럽은 "재즈 클럽이 아니다. 그곳은 재즈 공동체의 일부가 모이는 음주 클럽이다."[183]

먼 훗날 에릭은 당시 연주자들이 자신을 "(음악 이외의) 질문에 답할 수 있는 일종의 걸어다니는 참고서"로, "재즈계의 괴짜로 받아들였다"라고 썼다.[184] 에릭은 딘 스트리트 41번가에 있는 악명 높은 클럽인 뮤리얼 벨처Muriel Belcher의 콜로니 룸에 '프랜시스 뉴턴'이라는 이름으로 가입해 216번 회원이 되기까지 했다. 이 음침하고 악취 나는 장소는 대체로 동성애자와 완강한 알코올 중독자 단골들이 자주 찾았으며, 그중에는 여주인이 '딸'이라고 부른 화가 프랜시스 베이컨도 있었다. 에릭은 자신에게 별로 어울리지 않는 곳이라고 생각해("알코올에 찌든 무리는 내 취향이 아니고 그들의 재즈도 마찬가지다") 자주 찾지는 않았다.[185] 그렇지만 그는 "문화적 보헤미안들의 아방가르드"에 빠져들어 1950년대 후반 소호의 삶을 직접 경험하는 관찰자가 되었다. 에릭은 느지막이 일어나 버크벡에서 저녁 6시부터 9시까지 강의한 다음 "어둠이 내려 사람들이 낮 시간의 낯가림을 털어낸 장소들"에서 가수 조지 멜리, 이튼 출신 트럼펫 연주자 험프리 리틀턴, 연극 비평가 케네스 타이넌, 만화가 윌리 포크스('트로그') 같은 반항자들 및 불순응주의자들과 어울리며 숱한 밤을 보냈다.[186] 스스로 인식한 대로 에릭의 소호 탐험은 더 넓은 현상, 즉 적어도 그와 같은 일부 지식인들 사이에서는 체면, 절제, 요식행위 따위의 관례에서 벗어날 수 있는 대안 문화의 세계에 대한 관심이 커지는 현상의 일부분이었다.[187]

에릭은 1956년 6월에 재즈 평론가 '프랜시스 뉴턴'으로 《뉴스테이츠먼》에 참여하기 시작해 그해 말까지 재즈에 관한 기고문 일곱 편을 썼고, 그다음 몇 해 동안 대략 한 달에 한 번 꼴—1957년 13편, 1958년 17편,

1959년 11편, 1960년 12편, 1961년 13편, 1962년 13편, 1963년 8편, 1964년 13편 — 로 썼다. 그 후로는 기고문이 급감해 1965년에는 불과 다섯 편이었다. 프랜시스 뉴턴으로 쓴 마지막 기고문은 1966년 3월 25일에 실렸다. 에릭은 소호의 자유분방한 생활방식에 집중해달라는 킹즐리 마틴의 요청을 따르지 않고 다운비트 클럽이나 콜로니 룸에 대해서가 아니라 음악에 대해 썼다. 기고문의 범위는 엄청나게 넓었다. 예를 들어 1961년 초에는 헝가리 집시 음악에 관한 칼럼을 쓰면서 우선 거장다운 필치로 전 세계 민속음악을 개관했다. 칼럼은 "전반적으로 민중음악은 멀리 퍼져나가지 못한다"라는 문장으로 시작했다.

독일의 군악대, 맥줏집에서 합창하는 유행가는 튜턴 문화에서 성장한 사람들에게만 호소할 뿐이다. 낭만파가 소수의 민속음악을 무도회 레퍼토리에 차용한 19세기 이래로 유럽의 민속춤들은 주로 예부터 각 춤을 추던 사람들의 몫으로 남겨졌다. 치터 연주자들은, 그리스인이나 말레이시아계 중국인, 남아프리카인의 자이브 밴드처럼 한두 주 동안 유행하는 신곡을 내는 드문 경우를 제외하면, 자신의 출신지를 떠나지 못한다.[188]

그러나 대부분의 기고문은 영국과 미국의 재즈에 관한 내용이었다. 일부 기사는 카운트 베이시를 비롯한 재즈 음악가 개개인에 초점을 맞추었다. 에릭은 카운트 베이시가 이끄는 빅밴드의 맞춤 복장은 싫어하면서도("밴드는 바다사자 서식지를 위해 디자인된 듯한 옷차림으로 나타나 자기네 음악을 상징하려 했다") 연주의 "수준이 매우 높다"고 생각했다.[189] 그렇지만 가스펠의 영향을 받은 레이 찰스 같은 새로운 가수들은 대체로 이류이며 저항에서 개인적 감정의 세계로 물러나는 추세를 나타낸다고 보았다. "찰스는 스타다. 하지만 그가 스타인 세계는 불행하고 병든 세계라는 생각을 떨칠 수 없다."[190]

에릭은 재즈가 쇠퇴하고 있다고 생각했다. "1930년대 중반부터 재즈 자체가 이런저런 방식으로 수지맞는 사업이 되었으며, 청중은 임의적이고 감각적이고 즉흥적인 흥겨운 음악과 연주를 정해진 시각에 투광 조명이 비추는 무대에서 들어야 한다고 고집하고 있다. 이 요구는 계관시인에게 그렇게 해달라는 것만큼이나 비현실적이다." 훌륭한 재즈의 핵심인 즉흥성은 사라지고 있었고, 공개 공연은 "뛰어나지만 창조적이지 않"았다. 공개 공연보다 녹음실에서 분위기를 만들어내기가 더 쉽기 때문에 재즈는 음반으로 듣는 것이 최선이었다. 녹음실에서 "음악가들은 자신과 타인을 위해, 아내와 연인을 위해, 그리고 어쩌면 소수의 기교가를 위해 연주한다."[191] 상업성의 문제와 더불어 "여성 가수의 퇴조"도 문제였는데, "대중은 여성의 노래를 들으려 하지 않을 것"이었기 때문이다. 세라 본만이 전쟁 이전의 위대한 여성 재즈 가수들에 필적하는 경지에 이르렀다.[192] 그러면서도 에릭은 가스펠 가수 마할리아 잭슨과, 아직 대중으로부터 탁월함을 인정받지 못한 영국의 더 젊은 세대 재즈 가수 애니 로스를 예찬했다.[193]

에릭은 디지 길레스피의 눈부신 기교를 칭송하긴 했지만, 전통 재즈와 달리 현대 재즈는 "대중성에서 멀어진" 소수 취향이라고 생각했다.[194] 1950년대에 만들어진 재즈는 "이전 시기의 성취에 기생하는 음악이거나 다른 수십 차례의 실험과 구별할 수 없는 '냉정한' 실험의 산물"이었다.[195] 모던 재즈 쿼텟의 절제되고 이지적인 고전주의는 "지난날의 혈기 왕성하고 임의적인 재즈"를 거부했다. "그런 재즈가 백인으로부터 빵 부스러기를 얻고자 광대 짓을 하는 흑인들의 고난과 문맹을 떠올리게 하기 때문이다." 지적인 그들은 아프리카계 흑인이 주류 백인의 고전음악만큼이나 복잡한 음악을 만들 권리를 주장했지만, 에릭은 그 시도가 결국 막다른 골목에 봉착할 것으로 내다보았다.[196] 그래도 모던 재즈 쿼텟은 다른 '쿨 재즈' 그룹, 에릭이 보기에 "생명력 없고 피상적"인 데이브 브루벡 쿼텟보다는 분명히 뛰어났다.[197] 평론가들의 찬사를 많이 받은 내성적인 트럼펫 연주자 마일스 데이비스는 "기교와 감정의 폭이 놀랍도록 좁은 연주자"로 "대부분의 음반이 그리 좋지 않다."[198] 피아노 연주자 텔로니어스 멍크는 듀크 엘링턴과 같은 음악가의 "완벽한 기교도 지구력도 없"거니와, 연주할 때 종종 나사가 풀리고 심지어 지루해하는 것처럼 보였다.[199] 에롤 가너는 1960년대 초에는 최고의 피아노 연주자였을 수도 있지만, "그의 즉흥연주는 대부분 꾸밈에 불과하다. 대부분 고도로 양식화된 매너리즘이다."[200]

에릭이 보건대 지금 재즈는 미국 남부 주들의 흑인 노동계급이라는 뿌리와 단절되어 있었다. 1950년대 재즈계에서 빅밴드는 소인원 밴드로 대체되고 있었다.[201] 재즈 청중에 대해 말하자면 백인이 늘어나고 예전보다 지적으로 변해가고 있었으며, 특히 최신 현대 재즈를 연주하는 클럽들에서 그러했다.[202] 어쩌면 놀랍게도 에릭은 아방가르드 색소폰 연주자 오넷 콜먼을 "잊지 못할" 음악가로 생각했는데, 그가 연주하며 보여준 비할 데 없는 열정 때문이었다. 그럼에도 에릭은 때가 되면 "혈기 왕성한 재즈를 추구하는 이들"이 현대주의자들을 극복할 것이라고, "옛날식 정열이 (…) 가장 차가운 재즈광들의 얼음마저 서서히 녹일" 것이라고 생각했다.[203] 언젠가 에릭은 퓨전 재즈에서 시도한 상궤를 벗어난 실험에 강하게 반발하기도 했다. 1966년 현대예술연구소 음악회에서 코넬리어스 카듀의 재즈 즉흥연주 그룹 AMM의 공연이 프로그레시브 재즈와 아방가르드 재즈에서도 한참 벗어나 전자음악과 악기 소음을 무작위로 섞은 것에 불과하다는 판단이 들자 에릭은 앞장서서 퇴장해버렸다.[204]

크리스 바버나 애커 빌크가 연주하는 트래드 재즈는 순전히 영국적 현상이라고 에릭은 생각했다. 그것은 대중적 인기를 얻은 유일한 재즈 형식이었는데, 주된 이유는 "오늘날 영국 청소년들의 기본 댄스음악"이라는 데 있었다. 1960년에 에릭은 트래드 재즈가 "다행히도 마침내 시들고 있는 로큰롤 유행을 계승할 후보"라고까지 썼다(큰 오판이었다).[205] 에릭은 다운비트 클럽을 통해 개인적으로 알고 지내던 영국 재즈밴드 리더 험프리 리틀턴을 특히 칭찬했다. 리틀턴은

진정으로 '비약하는' 보기 드문, 아마도 유일무이한 영국 밴드를 만들어냈다. (옛날식 의미에서) 격조 있는 예술가 겸 신사가 테이블에서 몸을 일으키고는 검은색 푸들 모양의 커프스가 달린 분홍색 셔츠 위에 커다란 정장을 단정히 입고서, 손가락에 다이아몬드 반지를 낀 채로, 말끔히 깎은 머리카락 아래 친절한 표정을 짓고서 마치 하마처럼 무대를 걸어다니며 블루스를 블루스답게 노래하는 모습은 기억에 남을 광경이었다.[206]

이 경우를 빼면, 더 뛰어난 미국 밴드들이 영국 음악가조합에게는 당혹스럽게도 그들의 일자리를 빼앗고 있었다.[207] 이 현상은 상당 부분 미국 밴드의 콘서트와 순회공연을 추진하는 기획자들의 뛰어난 상업 수완과 관련이 있었는데, 에릭은 그들을 힘없는 예술가를 착취하는 부패한 자본가로 간주했다.[208] '교향악단의 재즈'라는 순회공연을 조직한, "회색 트위드를 입은 비벌리힐스의 지식인" 노먼 그랜츠 같은 소수의 재즈 콘서트 기획자들만이 에릭의 칭찬을 받았다. 그랜츠는 예술가들을 후하게 대우했고, "흑인 차별과 끊임없이 싸웠"으며, 불후의 명반을 남기지 못했을 수도 있는 연주자들의 음악을 녹음했고, 업계에서 이익을 좇기보

다 이상주의를 추구했다.[209]

에릭은 영국 재즈계의 한 측면을 진심으로 높이 평가했다. 바로 인종을 대하는 태도였다. 서인도제도 출신 이민자를 향한 백인의 인종주의적 적대감이 퍼져나가던 당시에 재즈 클럽들은 흑인과 백인이 편하게 어울리는 장소였다고 그는 훗날 썼다.[210] "다운비트 클럽에서는 백인과 흑인 사이에 어떠한 차이도 없어 보였"고 "젊은 시절의 클레오 레인은 아무런 거리낌 없이 '런던내기 흑인'을 자처했다."[211] 1958년 8월 30일부터 9월 5일까지 런던 서부 노팅힐에서 오즈월드 모즐리의 파시스트들에 고무된 백인 청년들, 대부분 당시 유행하던 테디보이 스타일로 차려입은 청년들이 서인도제도 출신 주민들의 주택을 공격하기 시작하면서 인종에 기인하는 폭동이 번져나갔다. 그러자 한 무리의 재즈 연주자들과 가수들이 신속히 폭도들을 비난하는 팸플릿을 작성했고, 뒤이어 주로 젊은 백인 남성을 겨냥하여 팬 잡지에 편지를 게재하는 등의 교육 프로그램을 실시했다.[212]

로큰롤에 대한 에릭의 혐오감은 시간이 지날수록 커져만 갔다. 엘비스 프레슬리의 음악을 듣고는 "약간 구토감"을 느끼기까지 했다.[213] 빌 헤일리와 코메츠는 음악 그룹 가운데 "가장 심한 사기꾼들"이었고, "이 열풍은 로큰롤이라는 기계가 조립 라인에서 생산되기도 전에 가라앉을 것"이었다.[214] 비틀스의 명성과 인기가 최고조에 달한 1963년에 에릭은 그들이 "봐줄 만한 젊은이들"이며 현재 10대가 비틀스 말고는 아무런 음반도 사지 않고 있지만 "20년 내에 비틀스의 어떤 음반도 살아남지 못할 것이다"라고 전망했다.[215] 1964년 5월 17일 런던의 로열페스티벌 홀에서 공연한 가수 밥 딜런도 에릭은 별로 칭찬하지 않았다. 딜런의 가창은 "프로답지 않"고, 곡은 음악성이 부족하고, 가사는 "혼성 모방"에 지나지 않았다. "특히 딜런의 수많은 나쁜 가사를 볼 때, 그는 사람들의 영혼

뿐 아니라 언어까지 위축시킨 《리더스 다이제스트》 대중문화 출신인 것이 분명하다."[216] 한번은 이탈리아를 방문했을 때 충격을 받은 말투로 수사학적인 질문을 던졌다. "플래터스, 엘비스 프레슬리, 빌 헤일리, 나머지 가수들이 오래된 오페라 아리아(나는 주크박스에서 질리Gigli의 음반을 하나밖에 발견하지 못했다)뿐 아니라 노래 곡목에서 25퍼센트 정도로 줄어든 이탈리아 국내산 대중음악까지 몰아낼까?" 이탈리아의 대중문화는 "수많은 허튼소리"에 빠져 허우적대고 있었다. "내가 이 글을 쓰고 있는 풀리아의 작은 어항"을 포함하는 남부의 외진 지역들에서만 옛 형식들이 유지되고 있다고 그는 적었다.[217]

걷잡을 수 없는 상업주의가 진본성을 몰아내고 있었다. 대중 문명이 국제화되고 있다고 에릭은 생각했다. 1964년 1월 카나리아 제도의 테네리페섬을 방문했을 때, 그는 국제 관광산업의 세계시민적 기준에 의해 현지 문화가 거의 다 사라진 광경에 망연자실했다. 이 섬의 호텔들에서는

(영국에서는 병에 담는) 오렌지 과즙음료를 독일어를 알아듣는 웨이터에게 주문할 수 있고, 근처에 작은 골프장이 있다. 이곳은 영국인이라면 핀란드의 페이퍼백이 어떻게 생겼고 세탁물을 뜻하는 스웨덴어가 무엇인지 배울 수 있지만 토착민이 사는 구역까지 가지 않는 한 현지음식은 훨씬 더 찾아보기 어려운 그런 장소다. 반면에 "어머니가 만들어주는" 클라우스 소시지는 해변가에서 쉽게 사 먹을 수 있다.[218]

음악에 대해 말하자면, 에릭이 불평했듯이 "현지 유색인들"이 지역 음악과 아무런 상관도 없고 그가 스페인에서 접하고서 좋아하게 된 진짜 플라멩코도 아닌 어쭙잖은 플라멩코를 나이트클럽에서 공연하고 있었다.

호텔에서 투숙객들은 팜코트 오케스트라의 연주를 들으며 비너슈니첼 요리를 먹었다. "전 세계의 명예 헝가리인으로 언제까지나 중년인 바이올린 연주자들"이 슈트라우스와 레하르의 곡을 연주했다. "이것이 국제 금전 문화, 오늘날 민주화된 문화다."

에릭은 고급예술의 지위를 열망하는 도시의 저항적 민속음악으로서의 재즈와, 저속한 오락거리를 대량으로 찍어내는 로큰롤 산업의 생산물을 근본적으로 구별했다. 특히 이 구별은 1960년 10월 런던에서 열린 전국교사연맹 회의에서 그가 재즈와 대중음악에 대해 강연할 때 분명하게 드러났다. 이 회의의 주제는 '대중문화와 개인의 책임'이었으며, 어린이에 대한 대중매체의 영향과 분명히 학생들에게 영향을 주기 시작한 새로운 종류의 청년문화를 다루었다. 연사 명단은 인상적이었다. 내무부 장관 R. A. 버틀러, 저명한 사회학자 마크 에이브럼스와 리처드 티트머스, 방송인 존 프리먼과 휴 웰던, 극작가 아널드 웨스커, 예술평론가 허버트 리드, 예술가 리처드 해밀턴, 문학가 레이먼드 윌리엄스, 작곡가 맬컴 아널드가 포함되었다. 300개 이상의 임의단체를 대표하는 연사들이었다. (의장의 설명대로 "특정한 무언가를 대표하지 않는") 에릭은 재즈에 대해 말해달라는 요청을 받았다. 에릭은 '대중매체에 의한 음악의 질 저하 문제'에 대해 짧은 연설을 했다. 팝송은 창조성의 표현이 아니라 대기업의 산업생산물이었다. "출시되는 실제 팝송은 분업의 결과이며 실제 창작은 거의 사라지고 있습니다." "그 결과는 섬뜩합니다." 교사들은 교실에서 현대 팝음악보다 민속음악과 재즈를 소개하는 방법으로 이 추세에 저항할 수 있었다.[219] 말할 필요도 없이, 그가 《뉴스테이츠먼》에 기고한 더 미묘한 기사보다 스탈린 시대 공산당의 노선과 더 공명하는 이런 비현실적인 호소는 주목받지 못했다.

에릭은 재즈를 그 자체로 사랑했지만, 재즈계의 사회사에도 흥미를 느꼈다. 전설적인 연주자 빅스 바이더벡처럼 많은 재즈 음악가들이 젊은 나이에 죽었다는 사실에 에릭은 매혹되었다. 이것은 재즈계를 다시 한 번 피억압자들의 세계에 자리매김하는 특징이었다. "구식 재즈 음악인들의 특징인 때 이른 죽음은 염세 감정 때문이 아니라 작은 나이트클럽에서 적은 보수를 받으며 오랫동안 연주하다가 걸린 결핵 때문이었다. 설령 음주와 과도한 방종으로 죽은 음악가라 해도, 그는 피아노 연주자 패츠 윌러의 경우처럼 라블레와 팔스타프 같은 삶을 추구한 것이었다."[220] "45세까지 살지 못한 사람들의 명단은 지독하게 길다." 이렇게 높은 사망률에는 여러 가지 이유가 있었다. 열악한 노동조건("많은 음악가들의 일터인 평균적인 술집이나 클럽은 1847년 공장 감독관의 검사를 통과하지 못했을 것이다"), 이런저런 도시에서 끝없이 계속되는 피곤한 하룻밤 공연, 늦은 밤까지 이어지는 오랜 노동시간, 그리고 공연 알선업자와 매니저가 대부분 떼어가는 낮은 소득 등이었다.[221] 그다음으로 마약이 있었다. "재즈 연주자들의 전통적인 자극제인 알코올과 마리화나는 평소에는 해낼 수 없는 것을 해낼 수 있다는 느낌을 준다. 바늘은 노력을 그만두게 할 뿐이다." 미국 대도시의 흑인 빈민가에서 헤로인 남용이 만연한 것과 같은 이유로 현대 재즈 연주자들은 대부분 마약쟁이라고 에릭은 생각했다.[222]

1959년 가수 빌리 홀리데이가 44세로 죽자 에릭은 진심 어린 추도사를 썼다("그녀만큼 온힘을 다해 스스로를 파괴하려 한 사람은 거의 없었다"). 사망할 무렵, 평생 지속한 과음과 마약 복용 탓에 "그녀는 육체적으로나 예술적으로나 난파 상태"였다. 위대한 시절을 한참 지난 그녀는 "질감이 거칠고, 굴곡지고, 육감적이며, 견딜 수 없이 슬픈 목소리, 분명 그녀에게 불멸성의 구석진 자리를 부여한 목소리"를 여전히 들을 수 있는 음반들을 남겼다.[223] 매카시즘 시대에 할리우드 블랙리스트에 희생되어 유럽으로 이주한 영화감독 조지프 로지는 1959년 8월 24일 "훌륭하고 감동적인 빌리 홀리데이 추도사"에 관한 개인 편지를 에릭에게 보냈다. 로지는 《뉴스테이츠먼》의 '프랭키 뉴턴' 씨에게 편지를 썼지만, "당신이 기사 아래 쓰는 이름이 필명이라는 것을 알고 있었습니다"라면서 "존 해먼드 〔음반 제작자〕가 오래전에 당신의 본명과 전화번호를 주면서 전화를 걸어보라고 했습니다"라고 덧붙였다.[224]

그러나 이 모든 기고문은 여전히 음악에, 그리고 음악을 노래하거나 연주하는 사람들에게 초점을 맞추고 있었다. 편집장 킹즐리 마틴은 틀림없이 어느 시점엔가 에릭에게 《뉴스테이츠먼》의 중년 남성 독자들이 그의 칼럼을 계속 읽도록 짜릿한 대리 경험을 제공해야 한다는 일전의 지시 사항을 그가 이행하지 않고 있다는 사실을 상기시켰을 것이다. 1961년 3월 24일, 소호의 스트립 클럽들에 대해 평소 할당 분량의 두 배가 넘는 전면 기사를 최대한 극적인 필치로 써야 했기 때문이다. 철저한 조사라는 에릭의 특징이 담긴 이 기사는 사회사와 르포르타주 분야의 작은 걸작이었다. "주요 스트립 클럽 다섯 곳이 사라진 지금, 풍요로운 사회의 역사에서 한 시대가 끝나가고 있는지도 모른다"라며 에릭은 글을 시작했다. 스트립 클럽은 1957년에서 1960년 사이에 수가 급증했으며, 그 선봉에는 폴 레이먼드의 레뷔바Revuebar가 있었다. 레뷔바는 1958년 소호의 워커스코트에서 문을 연 뒤 경찰의 잦은 불시 단속에도 불구하고 성업한 비공개 클럽으로, 경찰에 따르면 이곳 손님들은 대개 《뉴스테이츠먼》의 독자층과 비슷한 남자들이었다(아마 정치적으로는 조금 더 오른쪽이었겠지만).[225] 에릭이 보기에 스트립 클럽은 사업에 지나지 않았다.

사실 스트립은 대부분의 민간사업보다 이데올로기 면에서 더 순수한 사례다. 스트립으로 돈을 벌 수 있다는 주장 말고는 다른 어떤 주장으로도 이것을 옹호하거나 선전할 수 없기 때문이다. 스트립은 재화도 서비스도 생산하지 않는데, 스트립을 보는 남자들이 상상하는 유일한 서비스를 그들은 실제로 받지 못할 것이기 때문이다. 스트립이 예술일 수 있는지를 놓고 논쟁할 수 있겠지만, 스트립은 예술이 아니다. 정직하고 그렇기에 호감이 가는 한 경영자는 내게 이렇게 말했다. "나는 스트립이 위대한 예술이라고 주장하지 않아요. 실은 전혀 예술이 아니라고 말하죠. 내가 하고 싶은 말은 지난번에 예술에 손을 댔다가 6천 파운드를 잃었다는 것뿐이에요." 스트립은 어떤 특별하고 따라서 보기 드문 능력과 훈련을 필요로 하는 공연 같은 것도 아니다. "몸매만 괜찮으면 어떤 애송이라도 할 수 있어요"라고 소호의 덜 이름난 클럽들 중 한 곳을 운영하는 현실적인 젊은이가 말했다. "옷을 벗고 대중 앞에 서겠다는 마음만 먹으면요."[226]

오래된 윈드밀 극장은 전쟁을 전후해 한동안 누드쇼를 공연했고, 살아남은 뮤직홀들도 파산을 면하기 위해 그런 추세를 받아들였다. 그러나 1950년대 후반에 스크립 클럽이 급증한 것은 공개된 장소를 비공개 클럽으로 바꾸는 방법으로 음란행위 금지법을 (적어도 어느 정도는) 우회할 수 있음을 발견한 덕택이었다. 그러자 클럽끼리의 경쟁이 갈수록 치열해져서 더 잘하는 클럽들은 공연의 전문성을 더해갔다. 한 클럽 주인은 단속 나온 경찰에게 이렇게 불평했다고 한다. "어떻게 내가 음란한 쇼를 한다는 겁니까? 나는 안무가를 고용했어요!"

스트립 클럽 운영은 돈이 많이 드는 사업이 되어가고 있었고, 에릭이 기사 첫머리에 언급했듯이 개중에 야심찬 여러 클럽이 과다 지출로 파산했다. 이 때문에 수수한 스트립 클럽이 급증했다. 그런 클럽들은 회원 가입비를 적게 받았고, 경비와 간접비에 엄격한 제한을 두었다.

그런 클럽들은 꽤 우아한 시설을 갖춘 곳부터 지저분한 방에 놓아둔 몇 개의 영화관용 의자에 남자들이 따로따로 앉아 한 시간 반 동안 음악이 흐르는 가운데 여자들이 차례로 나와(중간중간 토막 영상을 틀어준다) 업신여기는 표정으로 옷을 벗는 모습을 지켜보는 곳까지 각양각색이다. 요 근래 몇몇 저급 술집(블랙커런트 음료와 그 외 실망스러운 음료를 억지로 권하는 여성들로부터 결국 아무것도 얻지 못한다는 것을 깨달을 때까지 어수룩한 손님들에게 그런 음료를 터무니없이 비싼 가격에 파는)이 스트립 클럽으로 바뀌었다. (…) 최하급 클럽에서는 여자들이 5분간 스트립을 하고 고작 1파운드를 받는다. 윗급에서는 (특별 동작을 제외하고) 15~25파운드를 받을 수도 있다. 어느 클럽의 시세는 일주일간 하루 열한 차례 스트립에 16파운드(보험료는 여성 본인이 납입)이지만, 경영자들은 수치 제시를 꺼리는 경향이 있다. 현재 웨스트엔드가 이 클럽에서 저 클럽으로 숨 돌릴 틈도 없이 옮겨다니는 금발 여인들로 가득한 상황을 예술인 노동조합에서 마땅히 조사해야 할 것이다.

에릭이 보기에 특정 클럽이 다른 클럽들에 앞서기는 어려웠다. 시선을 모으는 행동이 어느 클럽에서든 거의 항상 동일했거니와, 이 업계는 집시 로즈 리나 조세핀 베이커 같은 개인 스타가 없는, 익명의 여성 신체의 세계였기 때문이다. 여자들은 실제로 무용수가 아니었으며, 그들의 G-스트링 착용 여부는 결국 별다른 차이를 만들어내지 못했다. 아마도 킹즐리 마틴의 지시를 문자 그대로 받아들인 탓인지, 에릭은 딘 스트리트 69번지의 넬 그윈 클럽을 특히 독자들에게 추천했다. 이곳은 "알짜 배기 여성들을 늘려가고 있고 커다란 가슴보다 동작을 중시하는 '대표 여성'이 있다는 점이 만족"스러웠다. 아울러 "빼어난 의상"과 비교적 세련된 쇼를 볼 수 있는 카지노 클럽도 추천했다.

에릭은 소호 클럽들의 지하세계에 대한 후속 기사를 쓰지 않았다. 그럼에도 이 기사는 《뉴스테이츠먼》 기고문의 기조 변화를 나타냈다. 이때부터 에릭은 개별 음악가와 밴드에 대한 간략한 비평 대신 대중문화의 여러 측면에 대한 더 길고 일반적인 에세이를 쓰기 시작했다. 1961년 9월경 에릭이 재즈 평론가 역할에 싫증을 내기 시작했기 때문이다.

내가 보기에 현재 재즈계는 제자리걸음 중이에요. 나는 동일한 유형을 반복하는 동일한 사람들에 대해 다르게 말할 소재가 이제 동나기 시작한다고 생각합니다. 이 나라, 토박이 음악가들이 너무 적고 바뀌지 않는 나라―정체된 현대 재즈계에서는 신인이 자주 등장하지 않고 있어요―에서 내가 더 나쁜 쪽으로 생각하는지 모르지만, 재즈계에 대해 쓰는 사람의 관점에서 보면 차라리 언쟁할 수 있는 어떤 실질적인 혁신이 일어나는 편이 나을 겁니다. 나는 다시 돌아올 MJQ*에 대해 달리 할 말이 남았는지 벌써부터 걱정하고 있어요. MJQ 이후에 돌아와 종전과 똑같이 행동할 X와 Y와 Z의 경우도 마찬가지예요.[227]

2차 세계대전 이전에 재즈는 사회적 위상이 낮아 문화적 독립성을 유지하긴 했지만, 재즈 음악가의 초기 세대는 대략 1930년대에 완숙한 기교, 개성 있는 양식, 음악적 성숙을 이루어낸 후로는 구태여 더 나아

* 모던 재즈 쿼텟.

가려 애쓰지 않고 그 수준에 머물렀다.[228] 이런 사례를 대표하는 듀크 엘링턴은 물론 여전히 위대하지만, 에릭은 "그의 오케스트라는 결국 그와 함께 사라질 것이고, 음반만이 그의 재현 불가능한 작업을 보존할 것이다"라고 생각했다.[229] 리듬과 조성調性을 생략한 세실 테일러 같은 새로운 음악가들은 재즈를 그 기원에서 한참 멀어지게 한 일종의 문화적 현대성을 대표했다.[230] 그 결과 재즈는 1960년대 초에 "심각한 위기"를 맞았다. 뉴욕에서는 일부 클럽들이 주말에만 문을 열 만큼 쪼그라들었고, 탁월한 음악가들이 실업수당에 의존하거나 상점 계산대에서 일해야 했으며, 재즈 악단들이 5분의 4가 비어 있는 장소에서 연주하고 있었다. 재즈는 "침체 상태"였다.[231] 거의 20년 동안 재즈는 대중음악의 새로운 조류들에 밀려나 시들해졌고, 마침내 다시 등장한 재즈는 음악의 틈새시장인 소수 취향을 채워주는 데 그칠 뿐, 더 이상 관습과 예의범절에 맞서는 도덕적·사회적 반란의 방편이 아니었다. "신나는 60년대"가 그런 반란을 모조리 좌절시켰으며, 당시 대중음악에는 가진 것 없는 사람들의 정당한 분노가 아니라 풍족한 젊은이들의 얄팍한 반항심이 반영되어 있었다.[232]

에릭이 재즈 콘서트와 클럽 공연 기사를 쓰는 일에 흥미를 덜 느낀 한 가지 원인은 이 무렵 책을 써서 재즈계에 대한 자신의 견해를 밝혔다는 사실에 있었다. 에릭은 사촌 데니스를 통해 맥기번앤드키 출판사와 접촉하게 되었다. 역사가이자 언론인인 로버트 키Robert Kee와 전 공산당원 출판업자 제임스 맥기번James MacGibbon이 1949년에 차린 출판사로, 험프리 리틀턴과 콜린 매키니스의 책을 이미 펴낸 터였고, 노동당의 부유한 후원자 하워드 새뮤얼 덕택에 재정난에서 벗어나고 있었다. 두 사람은 에릭에게 재즈에 관한 책을 쓰라고 권유했다. 그 책은 1959년 《뉴스테이츠먼》의 필명 '프랜시스 뉴턴'을 달고서 《재즈계The Jazz Scene》라는 제목으로 출간되었다.[233] 출판사는 200파운드를 선인세로 지급했다.[234] 책에는 출판사 측에서 의도한, 입문자를 위해 재즈의 여러 측면을 개관하는 내용이 담겼다. 특히 '재즈를 듣는 법', 양식, 악기, 재즈와 다른 예술들의 관계에 관한 장이 그러했다. 하지만 주된 내용은 재즈계 당대의 사회사였고, 그런 만큼 더 학구적인 주제를 다룬 에릭의 다른 저술의 특징들을 모두 보여주었다.

에릭은 새로운 사회적 환경에 입문할 때 으레 그렇듯이, '재즈의 언어'에 대한 부록을 제공하여 밴드와 콤보의 차이를 설명하고, 재즈 음악가들에게 붙은 별명을 알려주고, 마리화나 같은 불법 물질의 끊임없이 바뀌는 명칭들(reefer, muggles, weed, tea, grass, muta, grefa, charge, gauge, hemp, hay, pot)을 훑어보았다.[235] 책의 범위는 놀라우리만치 넓었다. 예를 들면 다리우스 미요와 스트라빈스키 같은 모더니즘 작곡가들에게 재즈가 미친 영향에 대한 대수롭지 않은 절, 라이브 재즈와 녹음된 재즈의 상업적 측면에 대한 박식한 논의 등을 포함했다. 페이비언주의에 대한 에릭의 박사 논문과 마찬가지로 이 책은 재즈계의 사회적 구성을 알려주는 통계 부록을 포함했다. 이 경우에는 전국재즈연맹의 회원 820명의 카드식 색인 서류철을 근거 자료로 사용했다(여성은 60명뿐이었고, 나머지는 젊은 사무직 노동자와 숙련공, 그리고 대개 프롤레타리아 출신으로 부모 세대와 상층계급 문화계의 체면 차리기에 반발하는 "문화적으로 자수성가한 사람들" 등이 두루 섞여 있었다). "재즈계는 사립학교와 대학의 세계보다는 공립학교와 공공도서관의 세계였다. 셰리주 파티보다는 간이식당과 중국 음식점의 세계였다."[236] 그렇지만 《재즈계》의 골자는, 19세기 말 뉴올리언스에서 시작해 아프리카 리듬부터 가스펠에 이르기까지 갖가지 원천에 의존한 재즈의 기원과 성장에 관한 서술이었다. 에릭은 줄곧 재즈가 미국 흑인 빈민의 민속음악에 깊이 뿌리박고 있고, 유럽에서 "사회적 관습에 대항하는 추방자와 저항자"의 음악이자 "갱단원, 포주, 매춘부의 환경"
이 되었다고 보았다.[237] 그렇지만 에릭은 재즈 음악가와 청중의 반발을
착취에 맞서는 조직적인 저항의 서막으로 본 것이 아니라 정치적 행동
에서 이탈한 것으로 간주했다.

아니나 다를까, 몇몇 재즈 전문가들은 에릭의 판단에 이런저런 트집
을 잡았다. "이것은 비전문가가 쓴 책이다"라고 램즈던 그레이그는 말했
다. "전문가는 대부분의 내용을 이미 알고 있을 것이다."[238] 에릭도 그 나
름대로 영국의 전문 재즈 평론가들을 편협하고 보수적인 부류로 보았다.[239]
다른 서평은 "마지막 5개 장"이 "재즈계 밖에서 쓴 글 중에서 가장 잘
썼다"라면서도 책이 "무서울 정도로 진지하다"고 불평했다. 저자는 정
말 "지식인들과 재즈의 오랜 애정행각에 관한 **최고의** 전문가"였다.[240] 이
와 비슷하게 소설가이자 극작가, 그리고 한때 도리스 레싱의 연인이었
던 또 다른 미국인 클랜시 시걸은 에릭이 "자신의 감상을 공리주의적 청
교도주의로 합리화할 필요 없이 진실로 마음 편히 재즈를 즐길" 수 있기
를 바랐다. 지금의 접근법은 "결국에는 이쪽도 저쪽도 아닌 어정쩡함으
로 귀결되기 마련"이었다.[241] 이 책이 재즈 애호가들의 좁고 전문화된 세
계를 넘어 독자층을 확보하는 데에는 오랜 시간이 걸렸다. 펭귄 출판사
는 1961년에 페이퍼백을 출간했지만, 몇 년 후에 한 대학원생이 출판사
에 편지를 보내 서점이나 도서관에서 책을 구할 수 없다고 불평하면서
중쇄를 찍을 것을 제안했을 때, 담당 편집자 피터 라이트는 에릭의 책이
"거의 팔리지 않아서 현재 절판 상태이며 도저히 재발간을 고려할 수 없
습니다"라고 답장했다. 그러면서 "매우 애석한 상황이지만, 우리는 이
주제에 관한 책들을 성공시키는 방법을 알지 못합니다"라고 덧붙였다.[242]
요컨대 재즈가 흑인 저항과의 연계를 상실하고 "문화적으로 더 점잖은
음악이 되어가고" 있으므로 독자층이 이제 재즈에 관해 읽고 싶을 것이

라는 에릭의 믿음은 엉뚱한 착각이었다. 상당한 세월이 지나고 나서야 《재즈계》는 실제로 넓은 독자층을 확보했다.[243] 책은 1975년, 1989년, 1993년에 재발간되었지만(1993년판에는 에릭의 《뉴스테이츠먼》 기고문 중에서 선별한 글들을 추가했다), 번역본은 상대적으로 적었다(체코어(1961), 이탈리아어(1961), 일본어(1961), 프랑스어(1966)). 이때 이후로 책에 대한 관심이 잦아들었다가 1988년 그리스어 번역본 출간으로 되살아났다. 가장 성공적인 외국어 판본은 브라질에서 출간되었는데, 이 나라에서 에릭은 세기 전환기에 매우 유명해졌다. 1997년부터 2007년까지 브라질 번역본의 저작권료가 거의 1만 파운드에 달했다.[244] 2014년에는 파버앤드파버 출판사가 영어로 재발간했다. 《재즈계》는 에릭이 재즈 평론가로 지낸 10년을 통틀어 가장 오랫동안 읽힌 생산물일 것이다. 결국 《재즈계》는 "모든 재즈 애호가의 서재에 없어서는 안 되는" 책이 되었다.[245]

8

소호 시절 에릭의 뜻밖의 부산물은 경찰에 의해 폐쇄되기 전인 1958년에 워두어 스트리트의 스타 클럽에서 만난 젊은 여성과 교제를 시작했다는 것이다(이곳은 나중에 클럽 아프리크로 다시 문을 열었다). 어린 딸을 둔 22세의 조Jo(실명은 아니었다)는 마약을 사고 딸을 부양하기 위해 돈을 버는 시간제 성노동자였다. 새로운 세계에 진입할 때 자주 그랬듯이, 에릭은 이 세계 사람들의 언어와 용어 소사전을 만들었다. lamming은 '피하 주사기를 통한 마약 주입', charge는 '마약으로 인한 떨림', stoned는 '더 일반적으로 마리화나 또는 다른 마약에 취한 상태', hooked는 '중독된', hashish는 '(담배와) 함께 흡입', snorting은 코카인을 '코로 빨아들임'

("어느 밤에 (그것을 집어넣은) 재키 S는 조심하지 않으면 60파운드어치를 집어넣을 수도 있다고 말했다. 사람들은 그 얘기를 계속한다"라고 에릭은 덧붙였다). 성적 속어에 대한 에릭의 무지는 때때로 놀라울 정도였다. "date는 앞으로 성교할 누군가를 만나는 것"이라고 적었는데, 이는 실제 데이트 과정의 여러 중간 단계를 분명히 생략한 정의였다. "그에게 b-u를 주다"처럼 쓰는 'a bunk-up'은 더 은밀한 표현으로, "그로 하여금 당신과 성교하도록 하다"라는 뜻이었다. 'taking a walk'(산책하기)는 매춘을 가리키는 표현이었다. "아가씨는 산책을 해서 손님을 잡을 수 있다. 자동차나 전화 등을 이용해 손님을 잡는 것과 대조된다." 'get down to'는 '상대방의 성기를 입으로 애무하기 위해 내려가는 것'이었다. 'go out to work'는 '손님을 잡는 것'이었다. 한 번의 '매춘trick'으로 5파운드에서 10파운드 사이를 벌 수 있었는데, 매일 밤 여러 명을 '당긴'다면 생활하기에 충분한 액수였다.[246]

조는 재즈 팬이었고 에릭이 자주 드나들던 클럽 몇 곳의 단골이었다. 특히 거리로 나서기 전에 다운비트 클럽에 들러 자주 술을 마신 터라 에릭과 빈번히 마주쳤다. 조는 런던 서부 크롬웰 로드에 있는 가구가 비치된 단칸방에서 또 다른 시간제 성노동자 맥신과 함께 살았다. 방에는 침대 두 개, 가스 풍로, 세면대, 층계참의 전화기, "방충망에 널어 말리는 자질구레한 세탁물"이 있었다. 그곳은 "힙하고 자유분방한 동네"였다. 에릭은 두 여성을 테이트 갤러리에 데려가 매춘부를 소재로 자주 작업한 툴루즈 로트레크의 회화와 소묘 전시회를 보여주었다(그는 "툴루즈 로트레크 전시회에 두 매춘부를 데려간다는 발상에 스릴을 느꼈다"). 그러나 그가 보기에 "그들은 별 생각이 없었다." "이런 상황에서 언제나 나는 그들이 나의 관심을 매춘부로서의 그들에 대한 관심으로 생각하는지 아니면 매춘 세계에 매료된 상태를 보여준다고 생각하는지 궁금했다. 두 질문 모두 답변은 '그렇다'일 것이다." 1961년 어느 봄날의 저녁, "택시를 부른 뒤 그녀를 거실에서 현관으로 데려갈 때 나는 찬장 옆에서 말했다. '있 잖아, 언젠가 너와 하고 싶어.' 그러자 그녀는 (실제로 한숨을 쉬지는 않았지만 체념한 듯 받아들이며) '뭐, 조만간 그때가 오겠죠'라는 식으로 대답했다." 그들은 규칙적인 일과를 함께하는 관계로 발전했다. 에릭이 저녁 7시경 다운비트 클럽에서 조를 만나 극장이나 영화관에 갔다가 스테이크나 카레 식당에서 식사를 했다. 때로는 다운비트로 돌아가거나 '로니 스콧 재즈 클럽'에 가기도 했다. 조는 저녁에 나갈 때면 작은 가방을 챙겼다가 에릭의 아파트에서 머물곤 했다.

조와의 관계가 끝난 이후 1962년에 에릭은 "우리가 언제 같이 잤는지는 신만이 알 것이다. (…) 내 생각에 [1961년] 5월 아니면 6월이었다"라고 썼다. 에릭은 조를 사교 행사에 데려가기 시작했다. 한번은 데이트하기로 한 날 벨사이즈파크에서 열린 기억할 만한 파티에 데려갔다. 에릭은 남들 보기에 자신이 괜찮을지 걱정했지만("그런 것을 항상 걱정했다") 조는 분명히 괜찮았다("그해 봄에 그녀는 빼어난 미인이었다"). 파티는 "다소 실패작"이었다.

우리는 부엌에 앉아 음식을 먹고 포도주를 마신 뒤, 일종의 트래드 [재즈] 그룹이 춤출 사람을 위해 연주하고 있는 위층으로 올라갔다. 대체로 우리는 쿠션을 깔고서 둘러앉아 있었다. (알드위치에서 온) 배우 패트릭 와이마크도 있었다. (…) J는 브레히트 작품의 말괄량이 계집애 gamine-freech처럼 점점 취했다. 잔뜩 취해 매우 다정한 J와 함께 2시경 택시를 타고 집으로 돌아왔다. 다른 손님들은 그녀가 누구인지 궁금해했고, 그녀를 창녀 혹은 내가 고른 젊은 여자에 불과하다고 생각할지도 모르겠지만, 나는 그렇더라도 상관없다고 결론 내렸다. (…) 그날 저녁에 그녀는 무척 다정했다. 더 정확히 말하면 자신의 감정을 드러냈다. 크롬웰 로드에서 택시를 타고 돌아오는 길에 그녀가 한때 나를 사기꾼으로 여겼지만 생각을 바꾸었다고 말한 것도 그날이었을 것이다. 재즈에 대해서도 말했다. 나는, 아는 게 없지만 솔직하게 쓰려고 노력한다고 말했다. 나는 그녀가 나를 절반만 사랑하는지도 모른다는 인상을 받았다. 우리가 사랑을 나누었는지 기억나지 않지만, 그녀가 너무 취해 샤워도 하지 않고 코트도 거실에 두었던 것 같다. 반쯤 잠든 그녀를 침대로 데려가자 거의 곧바로 곯아떨어졌다.[247]

에릭이 건축가 친구 마틴 프리슈먼과 그의 아내와 함께 조를 레닌그라드 발레 공연에 데려갔을 때, 그녀는 "(마리화나에) 취한 데다 매우 조용하고 수줍어했다. 물론 그녀는 나와 있을 때면 언제나 조용했다. 맥신과 발랄한 말투로 쉴 새 없이 이야기하고 농담할 때와는 딴판이었다."

조는 에릭의 아파트에 앉아 그가 글을 쓰는 동안 빈둥거리는 시간을 좋아했다. 반면에 에릭은 "그녀가 곁에 있으면 일을 많이 할 수 없었다. 일요일에 함께 있을 때면 나는 결국 나가서 영화를 보자고 말하곤 했다. 그렇지만 지루하지는 않았다." 하지만 이 관계는 이어질 수 없었다. 에릭도 인정했다.

나는 겁이 났다. 나에게 어울리는 상황이 전혀 아니었다. 이렇게 돌보느라 손이 많이 가는 젊은 여자를 내가 감당할 수 있을 거라고 생각하지 않았다. 게으르고, 둔하고, 돈을 관리하지 못하고, 말술을 마시고, 가까운 사람 누구에게나 그렇듯이 나에게도 명백히 심하게 의지하는 여자…. 며칠 밤을 빼면 그녀는 나를 육체적으로 좋아한다는 신호를 전혀 보내지 않았고, 우리는 그저 한두 번 맞춰봤을 뿐이었으며, 그

때마저 내가 그녀에게 충분하지 않을까 두려웠다. 처음에 그녀는 내게 감탄했고, 얼마 후에는 내가 그녀를 깔보거나 그저 빈민가를 구경하거나 폄하하는 것이 아니라고 판단했다. 글쎄, 나는 솔직하려고 노력했다. 그리고 사실대로 말하자면, 나는 언제나 그녀를 누구에게 보여줄지 주의해야 한다고 생각했다. 어떤 이들은 그녀를 받아들였겠지만, 다른 이들은 그렇지 않았을 것이다. 간단히 말해 근심과 탐욕의 결합(그녀는 부지불식간에 많은 돈을 써버릴 수 있었다), 그리고 약간의 속물근성이었지만, 주로 근심이었다.

결국 에릭은 자신이 그녀에게 어울리지 않는다고 생각했다. 어쨌든 두 사람 다 자기 감정을 전하는 데 능숙하지 않았다. 그들은 그저 의견을 주고받는 데 그쳤다. "삶의 벼랑 끝에 매달린 힘들고 불행하고 고립된 사람들처럼." 조는 맥신과 다툰 뒤 이사를 나와 때때로 에릭의 지원을 받아가며 값싼 방을 전전했다. 그러다 마침내 어린 딸과 함께 브라이턴으로 완전히 이사했다. 조는 에릭에게 이렇게 말했다. "그거 아세요, 한때는 당신과 무슨 일이 생길지도 모른다고 생각했어요. 영원히는 아니더라도 어쩌면 1년이나 2년은 그럴 거라고." 어쨌든 그는 그녀의 "가장 좋은 친구"였다. "하지만 당신은 아무런 말도 하지 않았어요." "아마도 이것이 그녀가 낙담한 이유일 것이다. 그녀는 사랑에 빠지지 않았지만, 우리가 잘 지낸다고 말했다. 우리의 관계는 괜찮았다. 그녀는 마음 편히 생각했다. 그녀는 나를 마음에 들어했다She dug me."

이 관계를 이야기하며 에릭이 사용한 위 관용구는 그의 또 다른 자아가 글을 쓴다는 인상을 준다. 분명 '프랜시스 뉴턴'은 필명 이상일 수 있었다. 버크벡의 일상 대화에서 에릭이 'she dug me'와 같은 표현을 사용했을 것이라고는 상상하기 어렵다. 소호 클럽의 세계 밖에서 그가 남성을 'cat'으로, 여성을 'chick'으로 지칭하는 일은 결코 없었을 것이다. 당시 40대 중반이었던 에릭과 22세였던 조의 나이 차 때문에 에릭의 서술에는 난처한 느낌이 묻어난다. 마치 에릭이 조의 세계에, 물론 실제로는 결코 완전히 들어갈 수 없었던 세계에 속해 있는 척하는 것 같다. 이 관계는 에릭이 뮤리얼과 가졌다고 생각한 동지 관계와는 정말 크게 달랐다. 에릭과 조의 관계의 기반은 무엇보다 둘 다 좋아하는 재즈였다. 에릭은 조와의 관계를 부끄러워하지 않았고, 숨기려 들지도 않았다. 버크벡에서 영국 경제사회사를 강의할 때 그는 때때로 "내 친구, 매춘부"에 대해 이야기하곤 했다. 학생들 중 한 명에 따르면 에릭이 그런 이야기를 한 것은 "학생들에게 충격을 주고 싶었기" 때문이 아니라 단지 남들이 업신여길 수도 있는 사람들을 언급하는 것을 "두려워하지 않았기" 때문이다.[248] 시간이 흐른 뒤 에릭은 친구로서 조와 재회했고, 그녀가 자기 길을 개척하는 동안 이따금 금전 지원을 하며 생의 마지막까지 계속 도움을 주었다.

9

1950년대 초반부터 중반까지 이탈리아 공산당원들, 특히 수십 년 후에 이탈리아 공화국의 대통령이 되는 조르조 나폴리타노와 대화하다가 에릭은 공산당 농촌 지부들 중 일부의 천년왕국적 경향에 대한 이야기를 듣고서 강한 흥미를 느꼈다. 그 후로 몇 년간 에릭은 대개 레몽 부부와 함께 이탈리아를 거듭 방문했다. 그럴 때면 케임브리지의 마르크스주의 경제학자 피에로 스라파가 소개해준 인맥의 덕을 보았을 뿐 아니라, 어디서 휴가를 보내든 현지의 사정을 활용하기도 했다. 엘리제 마리엔스트라스는 에릭을 처음 만나고 오래지 않은 1957년에 이탈리아 남부에서 남편과 휴가를 보내던 중 비탈에 난 길을 따라 걷던 날을 기억했다.

아래쪽 평원에 얼마간 밭이 있었어요. 그리 높지 않은 그곳에서 우리는 밭에 있는 두 남자를 보았어요. 둘 다 키가 크고 말랐는데 주변을 걸으며 이야기하고 있었죠. 나는 남편에게 "저기 봐요, 에릭이에요!" 하고 말했어요. 농민 옆에 있는 사람은 정말 에릭이었어요. 그는 농민을 인터뷰하고 있었어요. (…) 그는 휴가 중에도 과거의 세계, 그리고 자기 주변의 세계에서 흥미로운 것들을 결코 놓치지 않았어요.

에릭에게는 소박한 사람들과 친해지는 남다른 면모가 있었다고 엘리제는 말했다. 나중에 알고 보니 그 농민은 에릭에게 산적에 대한 이야기를 들려주고 있었다.[249] 에릭은 이런 여행을 할 때면 보통 사람들과 되도록 많이 이야기하면서 계속 기록을 남겼다. 시칠리아섬의 카타니아에서 에릭은 "정거장 밖 카페에서 스파게티를 먹고 있던 노인"을 우연히 만났다. "알고 보니 카페의 주인이었다." 그 노인은 "요새 농부들은 지주 같아요"라고 말했다. 또 에릭은 무솔리니의 파시스트 운동에 참가했던 예전 '검은셔츠단원들'을 만났는데, 여전히 두체의 기억을 소중히 간직하고 있었다. 그들 중 한 명은 "전쟁 전에는 아무도 공공장소에서 여자와 춤추고 만나는 일을 꿈꾸지 못했어요. 지금 저들을 보세요!" 하고 말했다. 그는 카타니아가 이탈리아 북부처럼 변해간다고 불평했고, 분명히 이런 상황을 좋게 생각하지 않았다.[250] 이 무렵 에릭의 이탈리아어는 "실수투성이"였지만 의사소통은 가능한 수준이었고, 이탈리아의 학계 동료들 사이에서 부정확할지라도 이탈리아어를 할 줄 아는 외국 학자로

유명해졌다.[251]

이런 탐사에서 에릭은 농민 행동주의의 한 형태에 매료되었다.

그들의 행동주의에서는 20세기의 정치가 중세의 이데올로기에 박혀
있는 것처럼 보였다. 나는 이른바 '서발턴 계급' 문제에 관한 그람시의
저술도 발견했다. 같은 시기 영국의 사회인류학자들은 식민지 해방 운
동들에서 나타나는 유사한 문제들을 설명하려 시도하고 있었다. 나는
역사가로서 유럽 역사에 예컨대 케냐 키쿠유족의 마우마우 봉기[*]와 비
슷한 운동이 있었느냐는 질문을 받았다.[252]

이 질문은 에릭이 영국으로 돌아와 참석한 해당 주제에 관한 세미
나에서 제기되었다. 이때 에릭의 발언을 계기로 남아프리카 출신의 맹
렬한 반식민주의 마르크스주의자인 사회인류학자 막스 글루크먼Max
Gluckman이 에릭에게 맨체스터대학에서 강연을 해달라고 요청했다. 이
강연에 감명을 받은 글루크먼은 강연 내용에 몇 개 장을 추가해 맨체스
터대학 출판부에서 책으로 내자고 제안했다. 에릭은 1958년 초에 초고
를 완성했고, 2월 13일 맨체스터대학 출판위원회의 심사를 받았다. 위
원회는 부총장 존 스토퍼드(저명한 해부학자), 역사학 교수 앨버트 굿윈
(프랑스 혁명을 전공한 자유주의적인 역사가), 독문학 교수 로널드 피콕(독일
어 시 전문가), 불문학 교수 유진 비나베르(라신과 플로베르에 관해 저술), 그
리고 대학 사서 겸 출판부 총무 모지스 타이슨으로 구성되었다.[253] 그들
은 자신들이 결론을 내릴 만한 전문가가 아니라고 생각해 원고를 존 플

---

[*] 케냐에서 영국의 식민 통치를 종식시키기 위해 1952년부터 1960년까지 키쿠유족, 메루족, 엠부
족이 주도한 봉기.

라메나츠에게 보냈다. 몬테네그로에서 망명한 정치이론가 겸 사상사가
인 플라메나츠는 옥스퍼드 너필드칼리지의 연구 펠로이자, 공리주의와
마르크스주의 연구서들의 저자였다. 그중에는 1947년에 출간된《공산
주의란 무엇인가What is Communism?》라는 얇은 책도 있었다. 플라메나츠
는 1958년 5월 1일에 열린 위원회 회의에서 원고에 포함된 "몇 가지 심
각한 흠결과 결점을 지적했다." 그렇지만 이런 부분들을 수정한다는 조
건으로 출간을 추천했다. 위원회는 여전히 "알지 못하는 채로 너무 많은
주장을 한다고 생각"해 6월 5일에 열릴 다음 회의로 결정을 미루었다.
그동안 타이슨은 원고를 읽고서 "매우 재미있고 잘 썼다"는 의견을 피력
했다. 그는 출간에 찬성했다. 피콕은 읽어보려 했지만 "자신의 분야와
너무 동떨어진 내용이라" 판단을 내릴 수 없었다. 셈어 명예교수 에드워
드 로버트슨과 대학 회계 담당자도 위원회의 6월 회의에 참석했고, 이번
에는 다수가 출간에 찬성표를 던졌다.

책은 마침내 이듬해인 1959년에《원초적 반란자들: 19세기와 20세기
사회운동의 고풍스러운 형태들에 관한 연구Primitive Rebels: Studies in Archaic
Forms of Social Movement in the 19th and 20th Centuries》라는 제목으로 출간되었
다. 200쪽이 겨우 넘는 비교적 간결한 이 책은 전체 9장으로 구성되었
고 "원초적 반란자들"이 자기네 이야기를 "그들 자신의 목소리로" 전하
는 13개 문서가 추가되었다. 3개 장은 이탈리아를 다루었다. 특유의 준
비 작업으로 에릭은 이탈리아 남부의 문헌을 폭넓게 읽었고, 그중 일부
를 "남유럽주의 문화의 부활"로 평가했다. 특히 대개 인터뷰에 기반하는
농민들의 자서전 모음집에 사로잡혔다. 이 자료가 보여주듯이, 이탈리
아 "남부의 모든 지역"은 다양한 정도로 "원초적"이었고, 더 발달한 북부
에 의해 식민화되어 있었다. 사르데냐섬의 외진 마을 오르고솔로는 최
근까지 사실상 현대 문명과 접촉하지 않았고 20세기 후반기에 들어서도

난폭한 유혈 복수로 홍역을 치르는 중이었다.[254] 책은 시칠리아의 마피아와 토스카나의 메시아 다비데 라차레티Davide Lazzaretti의 천년왕국 운동도 다루었는데, 후자는 1878년 경찰의 총격에 지도자가 사망했음에도 불구하고 2차 세계대전 이후까지 지속되었다.[255] 지난 1936년 스페인 여행 중에 잠시 무정부주의자들을 만났을 때를 떠올리게 하는 장에서, 에릭은 스페인 무정부주의가 주로 가난한 농민과 시골 노동자들에게 호소했다고 주장했다. 교회와 국가를 폭력적으로 제거하면 자기네 마을을 스스로 통치할 수 있을 것이라는 단순한 형태의 천년왕국설을 받아들인 그들은 정부에 대한 분노를 쏟아냈다. 조직되지 않고 즉흥적인 데다 규율마저 없었던 그들의 운동은 실패할 수밖에 없었다. 《원초적 반란자들》에 실린 스페인과 이탈리아 관련 연구에 더해, 에릭은 예전에 수행했던 노동계급의 성장에 관한 연구를 바탕으로 산업화 시대 영국의 종교적 분파주의, 그리고 산업화 이전의 도시 군중(대부분 영국의 사례)에 관한 에세이를 썼다.

훗날 에릭이 썼듯이 《원초적 반란자들*》은 1956년의 대혼란* 이후 기존의 관점을 재고하던 활동의 일환인 동시에 "강력하게 조직된 정당에 대한 우리의 믿음이 옳은지 확인하려는 시도"였고, 이 문제에 대한 그의 답변은 '그렇다'였다. 그러나 이 책은 오직 "하나의 전진하는 길"만이 있다는 공산당의 가정이 틀렸으며 "우리가 주목해야 하는 온갖 종류의 사태가 발생하고 있다"는 사실을 드러내는 증거 또는 발견이기도 했다.[256] 그러면서도 에릭은 자신이 다루는 주체들에게 '원초적'이라는 범주, 달리 말하면 정치 이전이라는 범주를 부여함으로써 그들을 마르크스주의적 목적론에 끼워넣었고, 에드워드 톰슨의 유명한 표현인 "후세의 엄청

---

* 앞서 살펴본 대로 헝가리 혁명을 둘러싼 영국 공산당의 당내 갈등을 가리킨다.

난 거들먹거림"으로부터 그들을 완전히 구해내지 못했다. 그렇지만 19세기 유럽의 비밀단체들과 그들의 신화화를 연구하는 보수적인 역사가 존 로버츠가 예리하게 지적했듯이, 내심 "홉스봄 씨는 때때로 그들의 열망과 광신에 잠깐씩 공감한다."[257] 이와 비슷하게 근대 이탈리아를 연구하는 영국의 대표적인 역사가 데니스 맥 스미스도 에릭이 특히 산적들에게 따뜻하게 공감한다고 지적했다.[258]

《원초적 반란자들》은 에릭이 좋아하는 저서로 남았다. "그 이유는? 집필할 때 즐거웠다."[259] 이 책은 역사서술 토론장에 '원초적 반란'과 '사회적 산적 행위'라는 참신한 개념을 도입했다. 에릭은 훗날 이 개념들에 다시 천착할 터였다. 그렇지만 당시에는 소호 클럽의 비주류 탈선자들과 불순응자들 사이에서 사는 그의 삶, 조직되지 않은 문화적 반란의 한 형태로서의 재즈에 대한 그의 비판적 평론, 그리고 산적, 천년왕국주의자, 무정부주의자, 러다이트 같은 '원초적 반란자들'에 관한 그의 연구가 분명히 서로 조화를 이루었다. 그의 저술과 삶은 매끄럽게 맞물렸고, 개인적 삶과 직업적 삶은 동전의 양면이었다. 지난날 임금노동의 부상과 조직된 노동운동의 성장에 초점을 맞추던 시절과는 거리가 멀었다. 엘렌, 매리언, 조와 맺은 관계도 실패할 수밖에 없었던 뮤리얼 시먼과의 동지애적 결혼생활과는 크게 달랐다.

한 가지 측면에서 탈선한 주변부 사람들에 관한 저술은 에릭에게 더 구체적인 보상을 가져다주었다. 《재즈계》와 《원초적 반란자들》의 성공을 계기로 저작권 대리인 데이비드 하이엄David Higham은 1959년 11월 24일 에릭에게 연락해 "당신의 연구와 특히 저서와 관련해 우리가 당신에게 도움을 줄 수 있습니다"라며 만남을 제안했다.[260] 저작권 대리인은 저자가 열망할 수 있는 수준보다 더 높은 전문성으로, 그리고 간과할 수도 있는 세세한 항목과 조건을 알아보는 날카로운 눈으로 출판 계약을 협상할 수 있다. 게다가 보통 저작권 대리인은 에릭이 언제나 중시했던 번역을 비롯한 부가적인 권리들을 찾아내는 일에 대다수 출판사들보다 훨씬 더 적극적이다. 하이엄과의 만남은 성공적이었다.[261] 이 대리인 덕에 에릭은 책 출간으로 실질소득을 얻을 수 있는 길에 처음으로 들어섰다.

IO

1955년 에릭은 만만치 않은 휴 트레버-로퍼, CIA가 자금을 댄 '문화적 자유를 위한 회의Congress for Cultural Freedom'에 참여했던 확고부동한 냉전의 전사와 논쟁을 벌이게 되었다. 트레버-로퍼는 19세기 스위스 태생의 독일 문화사가 야코프 부르크하르트의 편지 선집에 대한 서평을 《뉴스테이츠먼》에 게재했다. 부르크하르트의 저술에 대한 트레버-로퍼의 열광은 당시 대다수 영국 역사가들의 좁은 시야와 현저히 대비되는 그의 공감의 폭을 보여주는 증거였다. 트레버-로퍼는 부르크하르트를 "가장 심오한 역사가들 중 한 명", 자신이 보기에는 결코 실현되지 않은 거대한 예언을 했던 마르크스보다 훨씬 더 심오한 역사가로 묘사했다. 에릭은 발끈해 "어이없는 진술"이라고 비판했다. 왜 부르크하르트를 칭송하면서 어쨌거나 훨씬 더 유명하고 훨씬 더 폭넓게 논의된 저자인 마르크스를 폄하해야 하는가?[262] 논전을 결코 피하지 않는 트레버-로퍼는 반격했고, 이 논쟁은 여러 호에 걸쳐 이어졌다. 이사야 벌린은 부르크하르트의 예측이 "놀라운 독창성과 정확성"을 갖추었다고 역설하며 트레버-로퍼의 편에 섰다. 벌린은 부르크하르트의 역사 연구 방법이 "숱한 광신적 신조를 믿는 편협한 추종자들의 편파적인 사실 해석에 강력한 해독제"가 된다고 보았다. 트레버-로퍼는 마르크스주의가 "역사 저술의 모든 형태에" 심대한 영향을 주었다고 인정하면서도, 만약 마르크스주의 역사가들이 어떤 기여를 했다면 그것은 결코 마르크스주의자로서 기여한 것이 아니라고 단언했다.[263]

그러나 트레버-로퍼는 매카시 시대 미국에서 공산주의자를 박해하는 조치를 개탄하기도 했다. 그런 박해는 16세기와 17세기 마녀사냥—나중에 이 주제에 대해 통렬하게 썼다—의 현대판이었다. 매카시즘에 대한 트레버-로퍼의 입장을 알고 나서 에릭은 1960년에 다소 소심하게 자신의 미국 비자 신청을 지원해줄 것을 부탁하는 편지를 썼다. "나를 도울 수 없다면 부디 주저하지 말고 알려주십시오"라고 에릭은 썼다. "어쨌든 죄송스럽고 다소 무례한 부탁과 관련해 당신이 아무것도 하고 싶지 않은, 타당한 여러 이유가 있을 테니까요." 당시 옥스퍼드의 근대사 흠정교수였던 트레버-로퍼는 "내가 도울 수 있는 일이 있다면 기꺼이 해드겠습니다"라고 답장하면서 에릭의 비자 신청을 지지하는, 미국 출입국 당국에 제출할 편지를 동봉했다. 에릭은 좌파 계열 잡지 《먼슬리 리뷰》 편집진에 속한 마르크스주의 경제학자 폴 스위지Paul Sweezy와 폴 A. 배런Paul A. Baran의 초청을 받아 캘리포니아의 스탠퍼드대학에서 일련의 강연을 할 예정이었다. 미국을 선도하는 대학 중 하나였던 스탠퍼드의 명성과 더불어 트레버-로퍼의 편지는 효과가 있었다. 에릭의 비자 신청은 승인되었다.[264] 에릭의 방문은 런던 주재 미국 영사관의 미숙한 직원이 에릭의 공산당 전력에 대해 묻지 않은 덕에 한결 수월했다. "아무런 질문도 받지 않았습니다"라고 에릭은 조앤 사이먼에게 말했다. "교환교수들에게는 그런 질문을 피하는 방법, 틀림없이 미국 당국을 포함해 모든 관계자를 안심시키는 방법이 있습니다."[265] MI5는 1960년 6월 10일 히드로 공항의 출입국 관리 직원으로부터 에릭의 미국행 비자가 발급되었다는 소식을 듣고서 불쾌해했다.[266] "홉스봄의 비자 신청이 우리에게 문의되지 않았고, 따라서 미국 당국은 그의 전력을 알지 못하고 있다"라고 MI5는 불평했다. 그러나 무슨 조치를 취하기에는 너무 늦었다. FBI는 자신들이 구체적으로 문의하지 않은 정보는 받지 않았다.[267]

샌프란시스코에서 배런은 에릭에게 항만노조 지도자 해리 브리지스Harry Bridges를 소개했다. 에릭은 좌파인 해리에게 큰 관심을 보였는데, 무엇보다 마피아와 연계된 사람이었기 때문이다. 갱단이 동부 해안의 항구들을 통제했기 때문에 노조는 분명 그들과 함께 일할 수밖에 없었다. 노조는 서로 존중하는 문화를 확립하여 갱단과 용케 공존하고 있었다. 이미 '원초적 반란자들'을 조사하면서 마피아에 대해 알아두었던 에릭은 그것을 바탕으로 사뭇 다른 맥락에서 미국의 조직범죄를 논했다.[268] 물론 재즈계 인맥을 활용해 샌프란시스코의 클럽과 공연장을 탐방하기도 했다(하루는 마일스 데이비스의 콘서트에서 일반적으로 미국의 전업 마르크스주의자들의 취향과는 거리가 먼 재즈를 배런에게 이해시키려다가 "끔찍한 저녁"을 보내야 했다). 에릭은 지역 재즈계에서 새 친구들을 사귀었다. 그중 유명한 이들로는 오래전에 빌리 홀리데이를 발탁했고 얼마 후에는 밥 딜런을 세계 무대에 진출시킬 참이었던 콘서트 기획자 존 해먼드 2세와 언론인 랠프 글리슨이 있었다. 에릭은 생애 처음으로 구입한 자동차, "100달러에 샀다가 여름학기 말에 세계적으로 저명한 수리논리학자에게 50달러에 판" 1948년산 카이저를 타고 버클리에 있는 글리슨의 집을 자주 찾아갔다.[269]

글리슨은 에릭에게 시카고의 재즈계 인맥을 소개해주었고, 에릭은 스탠퍼드의 세 학생과 함께 교대로 운전해가며 시카고까지 갔다. 에릭은 좌파 라디오 방송인으로 미국에서 구술사를 개척하고 있던 스터즈 터클을 만났고, 터클을 통해 터클이 한때 에이전트를 맡았던 가스펠 가수 마할리아 잭슨을 만났다. 마할리아의 노래를 듣고 호기심이 생긴 에릭은 흑인 침례교회 예배에 참석했다. 그곳에서 부르는 노래들은 "무거운 공기로 떠올라 천둥처럼 울렸고, 만약 예수가 시카고에 왔다면 목숨을 걸었을 법한 장소들에 수두룩한 테리어 크기의 쥐들과 퀴퀴한 쓰레기와 부패물의 악취까지도 잊어버리게 할 정도의 갈망과 희망, 기쁨으로 가득했다." 에릭이 보기에 그 예배는 분 단위까지 맞추는 쇼였고, "여성 몇 명은 히스테리 상태가 되어 밖으로 끌려나갔'다가 곧 "기운을 되찾아" 돌아왔다. 그들의 모습은 "매춘부가 손님에게 성적 황홀경에 빠진 시늉을 하는 것과 얼추 비슷했다." 군중의 감탄사조차 자발적이지 않았다. 음악 면에서 예배는 인상적이지도 독창적이지도 않았다. 재즈와는 아무런 관련도 없었다. 그래도 대단한 쇼이기는 했다.[270]

이처럼 에릭은 미국의 학계뿐 아니라 취약점, 반체제적 마르크스주의자들, 음악 기획자, 노동조합원, 가스펠 가수, 재즈 애호가 등을 통해서도 미국을 알게 되었다. 이들은 에릭이 당시 영국과 프랑스에서 어울리던 사람들과 거의 같은 부류였다. 훗날 에릭은 "내가 랠프 글리슨과 스터즈 터클 같은 사람들과 함께, 또는 그들을 통해 만나게 된 남녀는 '미국의 중산층'이 아니었다'라고 썼다. 인생의 후반에 에릭은 반미파로 치부되었지만, 그가 따뜻한 필치로 기록한 1960년의 경험은 이런 비판이 거짓임을 드러낸다.[271]

미국에서 돌아오는 길에 에릭은 어렵사리 방문지에 쿠바를 집어넣었다. 최근 쿠바는 피델 카스트로가 이끄는 젊고 이상주의적인 사회주의자들이 조직범죄와 연계된 부패한 바티스타 독재정권을 전복한 상황이었는데, 그런 사회주의자의 일원인 카를로스 라파엘 로드리게스가 배런, 스위지와 더불어 에릭을 초대했다. 에릭이 재빨리 간파했듯이 이 시점에 쿠바 혁명은 공산주의 혁명으로 전환되기 전이었으므로 쿠바와 미국

사이를 직접 오가는 것이 가능했다. 아바나에 도착한 그는 시간을 내 간 단히 여행하고 이미 능숙한 스페인어 실력을 더 기를 수 있었다. 1960년 10월 22일자 《뉴스테이츠먼》에 기고한 글에서 그는 공장과 농장의 사회주의화에 열광했고, "이건 훌륭한 혁명입니다. 유혈 사태는 없었어요. (…) 더 이상 아무도 고문당하지 않습니다"라고 단언한 한 친구의 말을 인용했다.[272] 영국으로 돌아온 에릭은 쿠바의 상황에 대해 공산당 국제문제위원회에 간략히 설명했다. 카스트로는 "매우 갈팡질팡하며 시작했"지만, 권력을 잡은 뒤에는 무엇보다 토지개혁에서 본래 의도한 정도보다 더 나아갔다고 말했다. 공산주의는 카스트로 운동 내부에서 영향력이 있으나 아직 운동을 장악하지 못한 상태였다. 에릭은 쿠바 방문, 더 긴밀한 무역관계, 비정치적 유형의 교육적 노력을 촉구했다.[273]

그렇지만 오래지 않아 미국과 쿠바의 관계는 존 F. 케네디 정부의 지정학적 고려, 쿠바를 탈출해 플로리다에 정착하는, 점점 늘어나는 우파 중간계급 망명자들의 운동으로 인해 급격히 악화되었다. 케네디는 곧 직접 행동을 결정했다. 4월 15일 미국 항공기들이 쿠바의 비행장들을 폭격한 데 이어 4월 16~17일 밤 CIA의 지원을 받은 준군사조직이 카스트로 정권을 전복하려는 의도로 쿠바의 피그스만에 상륙했다. 침공은 낭패로 끝났다. 쿠바 정보기관은 침공을 사전에 알고 있었다. 습격은 사흘 만에 격퇴되었다. 이 공격은 쿠바 혁명에 동조하는 사람들 사이에서 광범한 분노를 불러일으켰다. 에릭은 《타임스》에 카스트로가 분명히 쿠바 국민 다수의 지지를 받고 있으므로 미국의 침공은 민주주의적 가치에 대한 습격이라고 비판하는 글을 썼다.[274] 에릭이 다운비트 클럽에서 알게 된 연극 비평가 겸 작가인 케네스 타이넌은 영국에서 카스트로를 지지하는 운동을 시작했다.[275]

1961년 4월 16일, 타이넌은 에릭에게 전화를 건 다음 고든맨션의 아파트를 찾아가 카스트로를 지지하는 대의에 끌어들였다. 배우, 작가, 저작권 대리인인 클라이브 굿윈(에릭에 따르면 "그 무렵 금요일의 켄스 맨Ken's Man Friday 연기를 했다"), 조만간 극작가 존 오스본과 결혼하는 소설가 퍼널러피 질리어트Penelope Gilliatt, 수다스러운 웨일스 노동조합원 클라이브 젠킨스가 참여한 공식 회합이 에릭의 아파트에서 열렸고, 며칠 후인 4월 28일 영국 쿠바위원회가 출범했다. 에릭도 속한 이 위원회의 성원들은 각자 아는 저명인사들을 찾아가 항의서에 서명을 받았다. 그중에는 노동당 하원의원이자 작가, 언론인인 마이클 풋도 있었다. 위원회는 로운데스 광장에 있는 퍼널러피 질리어트의 아파트에서 추가로 회합을 가졌고, 5월에 소호 광장에 모여 시위 행진을 벌였다. 에릭이 기억하기로

> 행진은 23일 일요일에 있었어요. (⋯) 행진 후에 사람들은 내 집으로 돌아와 술을 마셨습니다. 18일에 켄이 마운트 스트리트에서 연 파티가 그의 친구들을 동원하는 데 도움이 되었을 겁니다. 나는 시위 날짜보다 현장을 더 생생하게 기억해요—우리는 옥스퍼드 스트리트를 따라 행진하다가 하이드파크로 들어갔는데, 내 경험상 놀랄 만큼 아름다운 여성들—아마 연극과 모델 에이전시에서 왔을 거예요—이 가장 많이 집결한 정치 시위라는 점에서 볼 만한 행사였어요.[276]

공산당은 참여시키지 않았는데, 이 사실을 알고서 분노하고 실망한 당 지도부는 당에 대한 에릭의 헌신이 부족하다고 비난했다. 런던 공산당 본부에 설치된 MI5의 도청 장치는 어느 당 간부의 발언을 녹음했다. "뭐 우리 모두 홉스바움(원문 그대로)을 알고 있듯이, 만약 우리를 배제한 어떤 이유가 있다면 그가 바로 배제를 주동한 사람일 겁니다."[277]

타이넌은 이 시위에 이어 《옵서버》에 강경한 어조의 편지를 보내 쿠

바 혁명가들과의 연대를 보여주기 위해 대표단이 쿠바를 방문할 것을 제안했다. 여러 차례 연기된 끝에 에릭과 클라이브 굿윈, 인쇄공 노동조합의 지도자 리처드 브리긴쇼Richard Briginshaw(에릭은 그를 "외국인과의 성교에 관심이 없지 않은" 사람으로 묘사했다)가 참여한 위원회의 방문단은 그 해 연말에 쿠바로 날아가기로 결정했다. 미국의 규제 강화로 인해 비공산권 국가에서는 쿠바로 가는 비행편이 없었기 때문에 그들은 프라하를 거쳐 가야 했다. 처음에 방문단은 런던 동부 스트랫퍼드의 좌파 연극 공방의 창설자이자 운영자인 조앤 리틀우드Joan Littlewood와 동행했지만, 에릭이 기록한 대로 "그녀는 우리와 함께 프라하까지 갔지만 언제 끝날지 모르는 지연에 인내심이 바닥났어요. 그녀는 비행기가 공항에서 대기하는 동안 또다시 무한정 지연되자 비행기에서 내리겠다고 고집을 피웠고, 우리가 본 그녀의 마지막 모습은 홀로 활주로를 걸어 터미널로 돌아가는 작은 뒷모습이었어요."[278] 비행기는 이륙했지만 문제가 생겨 회항해야 했다. 출발 시간은 새해 첫날로 재조정되었다. 그동안 영국 공산당은 대표단의 구성을 알아내고서 납득할 만한 두 사람을 대표단에 집어넣는 데 성공했다. 그리하여 공산당 동조자이자 1954년 스탈린 국제평화상 수상자인 데니스 프릿Denis Pritt과 당 집행위원 아널드 케틀Arnold Kettle이 방문단에 포함되었다. MI5 보고에 따르면 에릭은 "영국 공산당이 높이 평가하지 않는" 사람이었다.[279]

1962년 1월 에릭은 리틀우드를 제외한 나머지 대표단, 공산당이 지명한 두 명, 다양한 핵무기 금지론자들, 좌파 활동가들, 그리고 "말이 빠른 아프리카인 청년", 에릭이 보기에는 "백인 진보주의자들의 무지 또는 반제국주의적 반사행동을 이용하는 흑인 사기꾼"(쿠바인들은 이 사람과는 전혀 어울리지 않으려 했다)과 함께 쿠바로 떠났다. 나중에 프릿이 영국으로 돌아와 당 지도부에 보고한 대로, 쿠바에 도착한 그들은 다음 사실을 알게 되었다. "통역사들은 그야말로 형편없었고, 통역사들 외에 프릿 자신도 쿠바인 거의 모두가 영어를 할 줄 안다고 허풍을 친 잘못이 있었다! 그들은 여러 차례 홉스봄을 통역사로 동원할 수밖에 없었고 그는 통역을 꽤 잘했다." 프릿이 명백히 낙담한 투로 보고했듯이, 정말 전반적으로 "그 고약한 작자 에릭 홉스봄은 매우 잘 대응했다."[280] 실제로 에릭은 아바나의 옛 힐턴 호텔에서 열린 회합에서 카스트로를 대신해 참석한 체 게바라의 연설을 통역했다. 에릭은 게바라가 멋진 남자이지만 흥미로운 발언은 전혀 하지 않았다고 기록했다.[281]

방문단의 일원이 방문단 활동에 대해 MI5에 보고했다. 그렇지만 에릭에 대해서는 말할 것이 별로 없었는데, 그는 "약 9개월 전에 쿠바를 방문했을 때 만난 인맥이 있어서 대체로 방문단과 함께 다니지 않았"기 때문이다.[282] 그런 인맥 중 한 명으로 새로 설립된 민족학-민속학 연구소의 소장인 아르헬리에르스 레온Argeliers León은 에릭에게 아바나의 흑인 구역을 구경시켜주었고, 그곳에서 에릭은 현지 음악을 현장에서 맛볼 기회를 놓치지 않았다. 의례 참석자들이 자기네 드럼─모두 애덕의 성모의 색깔인 녹색과 노란색의 띠를 두르고 있었다─이 축성받은 기념일을 축하할 때 그들의 종교 전통과 아프리카 기풍이 여전히 뚜렷하게 드러났다.

똑같이 생긴 네 개의 드럼과 (막대로 치는) 두 개의 작은 종이 몇 가지 음형音形을 끊임없이 만들어내는 가운데, 무용수들이 한 명씩 앞으로 나와 무아지경에 빠질 때까지, 안주인이 맥주와 코카콜라, 달콤한 케이크를 대접할 때까지, 또는 각각의 드럼에 차례로 입을 맞추고서 떠날 때까지 춤을 춘다. 조용한 일요일 오후, 아바나 교외에 자리한 과나바코아 마을에서 드럼 소리가 퍼져나간다. 옆집 담장 너머에서 꼬맹이 둘이 흙으로 덮인 마당에서 부드럽게 트위스트를 춘다. 길 저편에서는 심부름 가다 말고 드럼 소리에 붙들린 노란색 드레스 차림의 물라토 소녀가 햇살을 받으며 조용히 엉덩이를 흔든다. 끊임없이 되풀이되는 쿠바 민중음악의 재탄생을 목도하는 중인지도 모른다고 나는 생각한다. 아프리카의 리듬이 다시 한 번 그 의례적 기원에서 풀려나 쿠바 교외의 세속적 여흥을 위해 유럽적 요소들과 융합한다.[283]

피델 카스트로가 이끄는 혁명정권은 더 상업적인 음악과 더불어 이런 민속음악 전통을 고무하기 위해 최선을 다했다. 에릭은 열광했다. "쿠바 음악의 현재 진화 단계는 미국 재즈가 남부를 떠나기 이전 단계에 상응한다"고 생각했다.

케네스 타이넌과의 우정을 통해 에릭은 학계와 동떨어진 사람들과 접촉할 수 있었다. 1973년 5월, 타이넌은 딸 트레이시의 스물한 번째 생일을 위해 영빅 극장에서 연 파티에 에릭을 초대했다. 손님들 중에는 희극인 에릭 모어컴과 프랭키 하워드, 철학자 프레디 에이어, 가수 라이자 미넬리, 유명 영화배우 피터 셀러스와 로런 바콜, 소설가 에드나 오브라이언, 작곡가 스티븐 손드하임, 마르크스주의 작가 로빈 블랙번이 있었다. 여흥은 피아노 연주자 겸 희극인 더들리 무어, 풍자작가 존 웰스와 ("지독할 정도의") 뮤직홀 예능인 막스 월이 맡았다. "대단한 조합의 사람들"이라고 타이넌은 기뻐했다.[284] 이 저명한 연극평론가는 딸과 함께 코카인을 코로 흡입하며 이날 저녁 행사를 끝마쳤다. 훗날 딸 트레이시는 회고록에서 이날 행사를 생생히 서술했을 뿐 아니라 부모의 격렬한 결혼생활도 다채롭게 묘사했다("그들을 지켜보는 것은 공포 영화를 보는 것 같았다").[285]

II

로빈 마르체시가 전하듯이 그의 어머니 낸시는 오빠 에릭에 대해 이렇게 말하곤 했다. "오빠처럼 못생긴 남자에게 끌리는 여자들을 나는 이해할 수가 없어!"[286] 엘리제 마리엔스트라스는 "그는 끔찍하게 못생겼어요"라고 동의하면서도 "그는 여자들을 사랑"했고 그들은 그에게 끌렸다고 말했다. 그는 몸매가 좋았고 육체적으로 활동적이었다. 얼굴만 못생겨 보일 뿐이었다.[287] 어떤 여성은 외모야 어떻든 간에 총명하고 박식한 남성에게 끌린다. 더욱이 에릭은 사람들과 그들이 말해야만 하는 이야기에 흥미를 잃지 않는 훌륭한 청자였다. 1950년대 내내 에릭은 결혼생활의 행복과 정서적 안정을 찾으려 했다. 이혼의 상처를 1950년대 중반까지 회복하기는 했지만, 누군가와 장기적인 관계를 맺지는 못했다. 1961년 11월, 마를린 슈바르츠Marlene Schwarz가 그의 삶에 들어오면서 이 모든 것이 바뀌었다.[288] 1932년 빈의 세속적인 유대인 가정에서 태어난 그녀는 티롤 태생의 직물업 사업가 테오도어 슈바르츠Theodor Schwarz와 릴리라고 불린 그의 아내 루이제의 셋째 아이였다. 마를린에게는 오빠가 둘 있었는데, 큰오빠 빅토르는 아버지의 사업을 물려받았고 작은오빠 발터는 《가디언》을 위해 일하는 유명한 통신원이 되었다. 1937년 9월, 히틀러가 오스트리아를 침공할 것이라고 남들보다 먼저 예상한 테오도어는 가족을 데리고 런던으로 이주했고, 이듬해 맨체스터로 이사했다.[289] 마를린은 피난민으로서 짧고 불행한 시절을 경험하고 퀘이커교 기숙학교를 다닌 다음 전후에 맨체스터 여자고등학교의 졸업장을 받았다. 사람 사귀기를 좋아하는 그녀 아버지의 지인들 중에는 맨체스터대학에서 가르치던 역사가 A. J. P. 테일러가 있었다. 마를린의 많은 매력 중에서 에릭은 특히 그녀가 프랑스어에 유창하고 프랑스 문학과 문화를 훤히 안다는 사실에 끌렸다. 마를린의 아버지는 대단한 친프랑스파였고, 아버지의 영향으로 그녀는 1949년 학교를 졸업한 뒤 1년간 어느 프랑스 가정에서 보모로 일하면서 프랑스어를 배우기 위해 파리로 떠났다. 오전에 마를린은 알리앙스 프랑세즈에서 프랑스어 수업을 들었다. 그러다가 그곳의 한 교사로부터 자기 가족과 함께 살면서 신생아를 돌봐달라는 제안을 받아 동의했고, 파리 생활 2년째에는 알리앙스 프랑세즈가 소르본 대학과 공동으로 제공한 프랑스 문학 수업을 들었다. 남는 시간은 친구들과 파리를 탐방하고 프랑스어 실력을 완성하는 데 썼다.

에릭의 친구 엘리제 마리엔스트라스는 마를린의 특징으로 "아름다움과 교양, 우아함과 따뜻함을 겸비한 것"을 꼽았다. "그러면서도 분명히 매우 영국적인 사람이에요."[290] 런던에서 마를린은 목요일 저녁마다 "집에서" 오빠들 및 손님들과 함께 음악을 듣고 간단한 다과를 먹는 행사를 비롯해 적극적인 사교생활을 했다. 이런 행사에서 사귄 친구들 중에는 빈 태생의 청년으로 안드레 도이치 출판사에서 일했고 훗날 유명한 출판업자가 되는 톰 마슐러Tom Maschler가 있었다. 따라서 마를린은 이미 어느 정도는 문학계와 언론계에 발을 들여놓은 셈이었다. 1950년대 중반에 그녀는 비서의 다양한 기술을 배워 첫 직장에 필요한 자격 요건을 갖추었다. 첫 직책은 주로 성직자에게 설교문 초안을 제공하는 기능을 하던 잡지 《풀핏 먼슬리Pulpit Monthly》의 구독과 배급 담당 비서였다. 그러던 중 런던 퍼트니에서 마를린과 숙소를 함께 썼던 이탈리아 여성 마리엘라 데 사르차나가 그녀를 로마에 초대했고, 카프리섬을 방문하는 동안 마를린은 이탈리아와 사랑에 빠져 그곳에서 살기로 결심했다. 1955년에 그녀는 로마에 본부가 있는 유엔 식량농업기구에 취직했다. 그리고 로마에서 5년간 머물면서 휴가를 이용해 연인 오스발도와 함께 이탈리아 반도를 여행했다. 한편 친구 마리엘라는 연예계 진출을 시도하고 있었고 할리우드에서 경력을 쌓고 싶어 했다. 마를린은 마리엘라를 통해 뮤직홀 가수 그레이시 필즈와 유명 영화배우 커크 더글러스를 만났다. 두 친구는 언젠가 나폴리에서 로마까지 가는 기차 여행에 더글러스와 동행하면서 그의 시시덕거리는 관심을 즐기기도 했다. 로마 생활이 끝날 무렵 마를린은 프랑스어뿐 아니라 이탈리아어도 유창하게 구사할 수 있었다.

1960년 콩고는 심각하고 격렬한 정치적 위기를 겪은 끝에 6월에 벨기에로부터 독립을 쟁취했고, 이는 최종적으로 2만 명이 넘는 유엔 평화유지군의 파견으로 이어졌다. 마를린은 콩고의 평화 유지를 위한 자원자 모집에 응했고, 런던의 가족을 방문한 뒤 레오폴드빌(지금의 킨샤사)로 떠났다. 그녀의 업무는 1960년 7월에 도착한, 대부분 미군으로 구성된 유엔 파견 병력의 복지와 여가활동을 돌보는 것이었다. 여기에는 책과 영화, 스포츠 용품의 공급을 관리하고 장병을 위한 오락행사를 개최하는 일이 포함되었다. 마를린은 저녁과 주말에 외국 기자단과 교류했다. 1961년 그런 교류 파티에서 좌파 민족주의자 총리 파트리스 루뭄바의 전직 부관이자 루뭄바 내각에서 육군 참모총장에 임명된 젊은 육군 장교 조제프-데지레 모부투로부터 영어 과외를 해달라는 부탁을 받았지만, 현명하게 거절했다(어차피 콩고를 떠날 예정이었다). 잔인하고 야심만만한 모부투는 이미 1960년 벨기에의 지원을 받아 쿠데타를 감행하여 루뭄바를 살해한 터였다. 1965년에 모부투가 수립한 군사 독재정은 금세 부패와 잔혹성으로 악명을 떨쳤고, 1997년 그가 실각할 때까지 유지되었다.

점점 더 난폭하고 불안정해지는 콩고에서 런던으로 돌아온 마를린은 캐나다 방송협회 영국 지부의 유럽 뉴스 책임자 개런 패터슨Garran Patterson의 개인 비서로 일하게 되었다. 이 무렵 오빠 발터는 아내 도러시와 어린 자녀와 함께 햄스테드 가든 서버브에 살고 있었고, 자주 친구와 지인을 불러 저녁 파티를 열었다. 도로시는 버크벡에서 늦깎이 시간제 학생으로 역사를 공부하고 있었고, 그녀의 석사 논문 지도를 에릭이 맡고 있었다. 도로시는 1961년 11월의 어느 저녁 파티에 에릭을 초대했다. 파티는 성공적이었다. 에릭은 그동안 만난 다른 어떤 연인보다도, 심지어 엘렌보다도 마를린과 공통점이 훨씬 더 많았다. 둘 다 빈 출신에 프랑스 문화를 애호할 뿐 아니라 이탈리아에 대한 지식과 사랑까지 공유했다. 마를린은 공산당원은 아니었지만 분명히 좌파였으며, 에릭은 마를린의 유엔과 콩고 경험에 대해 듣자마자 흥미를 보였다. 파티가 끝난 뒤 에릭도 마를린도 그 자리에 있었던 다른 사람들은 전혀 기억하지 못했다.

마를린은 런던 웨스트엔드 맨스필드 스트리트의 우아한 동네에 자리 잡은 오빠 빅토르의 널찍한 아파트를 그가 장기 해외여행을 하는 동안 두 여성과 함께 쓰고 있었다. 세 여성은 각자 이성 친구를 한 명씩 초대해 파티를 열기로 했다. 마를린은 에릭에게 전화를 걸어 파티에 올 수 있는지 물었다. 행운이 그들을 도왔다. 마침 에릭과 다른 대표들을 태운 비행기가 프라하에서 쿠바로 가려다가 엔진에 문제가 생겨 회항한 이후 에릭은 별수 없이 런던으로 돌아와 아파트에서 먹을 것도, 딱히 할 일도 없이 지내던 때였다. 에릭은 초대를 기쁘게 받아들였다. 마를린의 전화를 받고는 깊은 관심을 보이며 **"지금** 뭐 하세요?"라고 물었다.

1962년 1월 쿠바 방문을 마치고 돌아온 직후부터 에릭은 마를린과 함께 재즈 클럽을 가고 고전음악 연주회, 연극, 영화를 보러 다니기 시작했다. 두 사람은 곧 사랑에 빠졌다. 에릭은 점차 친구들, 즉 런던의 보헤미안 친구들과 케임브리지의 학계 친구들에게 마를린을 소개했다. 노엘 아난의 아내 가브리엘레는 훗날 마를린에게 자기들은 에릭을 확고한 독신남으로 생각했고 공산당 환경 밖에서는 결혼하지 않을 줄 알았다고 말했다. 그러면서 엄격하고 헌신적인 마르크스주의자를 만날 것으로 예상했는데 그녀가 전혀 그런 유형이 아님을 알고서 뜻밖이면서도 기뻤다고 말했다.

에릭은 라틴아메리카의 '원초적 반란자들'을 조사하기 위해 록펠러 재단의 후원을 받아 1962년 10월 말부터 3개월 동안 브라질, 아르헨티나, 칠레, 페루, 볼리비아, 콜롬비아를 돌아보는 여행을 계획했다. 에릭의 신청서가 타당하다고 평가한 록펠러 재단은 경비를 지원했고, 그는 10월 31일 부에노스아이레스행 비행기를 예약했다. 10월 초에 쿠바 영토에 핵미사일을 배치하겠다는 소련의 결정과 필요하다면 무력으로라도 이 조치를 저지하겠다는 미국 대통령 존 F. 케네디의 결정으로 쿠바 미사일 위기가 발생했고, 10월 말이면 두 초강대국 간의 섬뜩한 핵전쟁 위협이 최고조에 달한 상황이었다. 에릭은 《뉴스테이츠먼》에 감상평을 싣기로 한 조지 시어링의 재즈 사중주 공연을 관람하고 밥 딜런의 머지않은 영국 순회공연에 대해 이야기하다가 불쑥 마를린에게 말했다. "우리 일정을 검토해서 내가 떠나기 전에 결혼할 시간을 냅시다."

마를린은 동의했고, 그들은 등기소를 예약했다. 예약한 뒤 결혼식을 올리기까지 3주를 기다려야 했으므로 그들은 서둘러 혼전 신혼여행을 준비해 불가리아로 떠난 뒤 소피아에서 오페라를 보고 흑해 휴양지의 해변에서 느긋한 시간을 보냈다. 귀국한 두 사람은 메릴본 등기소에서 결혼식을 올렸다. 에릭의 들러리는 건축가 마틴 프리슈먼이었고, 조촐한 축하연이 골더스그린에 있는 슈바르츠 가족의 집에서 열렸다. 에릭은 마를린의 오빠 빅토르가 친절하게 빌려준 차를 타고 윌트셔에 있는 진짜배기 잉글랜드 마을 캐슬콤에서 주말 동안 두 번째로 짧은 신혼여행을 하고 돌아와 떠날 채비를 했다. 평소처럼 추레하게 입은(아직 마를린이 에릭의 옷장을 손보기 전이었다) 에릭은 제 나이보다 늙어 보였다. "아버지가 부에노스아이레스로 가세요?"라는 공항 직원의 질문에 마를린은 무척 재미있어했다. "상황이 나빠져 미국과 러시아가 전쟁에 돌입하면 부에노스아이레스행 편도를 끊어요. 은행에 돈이 충분히 있고 내가 마중 나갈게요"라고 에릭은 떠나며 말했다.[291]

7

"페이퍼백 저자"

1962-1975

I

남아메리카로 떠나기 전, 에릭은 학계 바깥에 있는 독자층을 위해 진지한 역사책을 쓰는 첫걸음을 이미 내디딘 터였다. 훗날 회고했듯이 학자 경력을 쌓는 동시에 대중 역사서를 쓰는 작업은 결코 쉽지 않았다.

그 무렵만 해도 영국 학계의 역사가들은 자신이 잠재적인 페이퍼백 저자, 즉 폭넓은 대중을 위해 책을 쓰는 저자라는 생각에 충격을 받곤 했다. 양차 대전 사이에 G. M. 트리벨리언을 빼면 이름난 역사가들 중에 거의 아무도 대중서를 쓰지 않았다. 심지어 그들 대다수는 그 어떤 종류의 책도 쓰지 않으려 했고, 전문 학술지에 박식한 논문을 싣는 한편 자진해 양장본을 펴낸 현명하지 못한 동료에 대한 가혹한 서평을 쓰는 방법으로 명성을 얻고자 했다. 거의 같은 이유로 그들 대다수는 중등학교용 역사 교재도 쓰지 않고 교사들에게 맡겼다. 그런 상황에서 두 교사는 대학용 역사와 구별된다는 중등학교용 역사를 비꼬는 고전을 내놓기도 했다. 바로 셀러Sellar와 이트먼Yeatman의 《1066년 이후의 영국사의 모든 것1066 and All That》이었다. 이 모든 상황은 변했다. 내가 속한 세대, 특히 열정적인 해설자와 대중 교육자, 마르크스주의자와 그밖에 급진주의자는 학계 전문가와 대중 비전문가 모두를 위해 열심히 썼다. 학계에 자문을 구하던 출판사들은 갈수록 중등교육과 대학교육이 확대되고 후기 중등과정과 칼리지 수준의 격차가 사라짐에 따라 학습하는 대중이 극적으로 늘어나고 있음을 재빨리 감지했다.[1]

처음으로 더 넓은 독서 대중의 주목을 받은 에릭의 책 《혁명의 시대 The Age of Revolution》 이면에는 이런 생각이 있었다. 이 책은 에릭이 재혼을 하고 라틴아메리카를 순회하러 떠나려던 시점인 1962년 10월에 출간되었다. 책은 "이론적 구상, 지적이고 교육받은 시민들"을 명확히 겨냥했고, 대중의 수준에 맞추지 않고 "그저 진지한 사유를 보다 쉽게 이해시키는" 데 중점을 두었다.[2]

《혁명의 시대》 출간은 빈 태생의 출판업자로 지구 전역과 과거 전체를 포괄하는 40권짜리 '문명의 역사' 집필을 의뢰하겠다는 야심찬 계획을 구상한 조지 바이덴펠트George Weidenfeld의 비전 덕분이었다. 바이덴펠트는 외교관이자 일기작가인 해럴드 니컬슨Harold Nicolson과 그의 아내이자 소설가인 비타 색빌-웨스트Vita Sackville-West의 아들 나이절 니컬슨 Nigel Nicolson과 의기투합해 1949년 논픽션을 전문으로 펴내는 새로운 출판사 바이덴펠트 & 니컬슨(& 기호는 맨 처음부터 이름에 들어갔다)을 창립했다. 바이덴펠트는 계약한 저작의 번역권을 외국 출판사들에 판매했고, 그런 판권료의 일부를 다른 나라에서는 잡기 어려운 저자들에게 선불을 주는 데 사용했다. 옥스퍼드의 세 대가, 즉 옥스퍼드 근대사 흠정교수 휴 트레버-로퍼, 철학자 이사야 벌린 경, 고대사가 로널드 사임 경의 조언을 받아 바이덴펠트는 여러 나라의 다양한 역사가들에게 저서 40종의 집필을 의뢰했다. 19세기 유럽과 관련해 바이덴펠트는 아마도 벌린의 추천을 받아 우선 폴란드계 이스라엘 역사가로 프랑스에서 공부하고 런던정경대에서 박사학위를 받은 야콥 탈몬에게 집필을 의뢰했다. 탈몬은 맹렬한 반공산주의자였고, 두 권짜리 저작 《전체주의적 민주주의의 기원The Origins of Totalitarian Democracy》(1952, 1960)으로 명성을 얻었다. 이 책에서 그는 볼셰비키의 '정치적 메시아주의'의 기원을 찾아 장-자크 루소의 저술까지 거슬러 올라갔다. 그렇지만 탈몬이 몇 달 후에 집필 의사를 철회한 까닭에 출판사는 이번에는 아마도 트레버-로퍼의 제안에 따라 에릭에게로 눈을 돌렸다. 에릭은 17세기의 위기, 영국 노동계급, 스페인과 이탈리아의 '원초적 반란자들'에 관한 저술로 탈몬에 못지 않은 지식의 폭을 입증한 바 있었다.[3] 바이덴펠트는 에릭과 정식으로 계약했다. 에릭이 공산당원으로 유명하다는 사실을 고려할 때 이것은 대담한 시도였다. 그리고 되돌아볼 때 영리한 행보였다.[4]

에릭은 버크벡에서 근대 유럽사에 관해 일련의 강의를 했던 터라 이미 집필할 준비가 잘되어 있었다. 그는 기존의 강의 자료를 《혁명의 시대》 집필의 기초 자료로 곧장 활용했고, 여기에 그동안 강의 형식으로 제시했던 다른 자료들을 추가했다.[5] 분명히 그의 설명 방식은 특히 버크벡에서 학생들을 가르친 경험에서 유래했는데, 그들 모두 성숙한 시간제 학생으로서 한동안 제도권 교육 밖에서 지냈던 터라 바이덴펠트 출판사의 시리즈가 겨냥하는 지적인 일반 대중 유형에 정확히 부합했다.

강사로서 나는 소통 역시 쇼 비즈니스의 한 형태임을 알고 있다. 청중이나 독자의 관심을 붙잡아두지 못한다면 우리는 모든 사람의 시간을 낭비하는 것이다. 나는 관심을 붙잡아두는 세 가지 방식을 시도했다. 바로 소통자의 열정(즉 주제가 중요하다는 저자의 확신), 독자가 다음 문장을 읽고 싶게 하는 글쓰기, 그리고 적정량의 가벼운 이야기와 인상적인 구절이다. 보통 나는 저서를 학생들에게 강의하면서 처음으로 시험 삼아 소개하는데, 강의는 역사가가 청중을 붙잡을 수 있는지를 가늠하는 좋은 방법이기 때문이다. 또한 강의는 저자에게 다른 경우라면 마음속에 떠올려야 하는 존재, 즉 저자가 말을 걸고 메시지를 이해시켜야 하는 실제 사람들이 누구인지를 알려준다. 그렇지만 구어는 글이 아니다. 글쓰기는 배워야 하고 무엇보다 악기처럼 연습해야 한다. 저자의 악기는 어휘이며, 저자에게 '문체'는 음악가에게 '소리'와 같다. 내게 글쓰기 기교를, 특히 비전문가를 상대로 전문용어를 빼고 쓰는 법과 정해진 분량에 맞게 쓰는 법을 가장 많이 가르쳐준 곳은 언론계(즉 훌륭한 편집)일 것이다.[6]

명료하고 평이한 문체는 학문적 글쓰기에도 가장 적합한 문체였고, 이 점에서 현대 역사가들은 전반적으로 선배들보다 떨어지지 않았다. 실제로 에릭은 "우리는 대중화의 황금기라고 할 만한 시대를 살아가고 있다"고 생각했다.[7]

에릭은 1961년 10월 《타임스 리터러리 서플리먼트》에 기고한 장문의 글 〈새로운 종류의 역사: 하나의 실이 아닌 망〉에서 역사적 종합에 접근하는 기본적인 입장을 제시했다. 그랜트Grant와 템퍼리Temperley가 쓴 표준 교재인 《19세기와 20세기의 유럽Europe in the Nineteenth and Twentieth Century》처럼 연대기적 정치 서사에 기반하는 역사는 "오늘날 쓸 수도 없거니와, 책에서 생략한 것들을 고려하면 유익한 읽을거리가 될 수도 없다." 역사 저술과 국가 건설 사이의 연결고리가 끊어짐에 따라 역사를 개별 국가들로 한정하는 접근법은 초국가적 접근법으로 대체되고 있었다. 따라서 역사의 추세를 진정으로 유럽적인 기반 위에서 논하는 것이 충분히 가능했다.[8]

에릭은 1차 세계대전 이후 영국을 장악한 보수적인 역사서술 방식에 대항하는 세 가지 조류를 짚었다. 그때까지 역사학계를 지배해온 자유주의적 방식과 좌파적 방식을 제거하는 그 세 가지 조류는 마르크스주의, 아날학파, 사회과학이었다. 여기에 "비견할 만하거나 정말로 중요한 그 어떤 것도 역사학의 전통적인 갈래들에서 나오지 않았다."[9]

《혁명의 시대》는 단호하게 주제별로 분석적 서술을 하고 영국의 정치적 서사 전통을 배격했다. 책은 정치뿐 아니라 경제, 사회, 문화, 예술, 과학 등 유럽 문명 전반을 다루었다. 그리고 지구사라는 더 넓은 맥락에서 유럽을 묘사했다. 이는 21세기 초에 '지구사'가 출현할 때까지 모방자가 거의 없었던 완전히 새로운 방식이었다. 책의 특징인 "분석적 역사와 종합적 역사의 결합은 마르크스주의에서 직접 영감을 받은 산물이다"라고 에릭은 생각했다.[10] 그러나 책에서 장기 지속longue durée에 초점을 맞추고, 정치적 서사를 피하고, 전체사를 열망한 것은 아날학파의 영향을 반영한다고 보는 관점도 타당하다. 실제로 수년 후에 노엘 아난이 말한 대로 아날학파는 이 책에 대해 "역사학에 기여한 저작으로 브로델의 지중해의 역사와 함께 언급할 만하다고 생각했다. 이는 아날학파만의 생각은 아니었다."[11]

《혁명의 시대》는 1789년부터 1848년까지 유럽 전반을 개관하는 데 그치지 않았다. 이 책에는 테제가 있었다. 에릭은 서문에서 설명했듯이 '이중혁명', 즉 1789년 프랑스의 정치적·이데올로기적 혁명과 얼추 같은 시기 영국의 산업혁명이 전 세계에 미친 영향을 추적하고자 했다. "책의 시각이 주로 유럽의 시각, 더 정확히 말하면 프랑스-영국의 시각이라 해도, 그것은 이 시기에 세계—또는 적어도 세계의 대부분—가 유럽의 기반, 더 정확히 말하면 프랑스-영국의 기반에서부터 변형되었기 때문이다"라고 그는 설명했다. 이 책을 쓰기 전에 다른 주제들에 관해 쓰면서 이미 여러 차례 보여준 특유의 방식대로, 에릭은 서두에서 '산업', '철도', '자유주의적', '과학자' 같은 단어를 나열했다. 이 시기에 수많은 개념이 등장했다는 사실은 심대한 변화가 일어났다는 증거였다. 혁명의 시대는 근대 세계의 토대를 목도한 시대였다. 그리고 실제로 '이중혁명'의 개념은 지난 반세기 동안과 그 이후에 역사 저술과 교육에 엄청난 영향을 주었다. 특히 독일에서 그 영향이 컸다. 일례로 이중혁명은 한스-울리히 벨러의 기념비적 저작인《독일 사회사Deutsche Gesellschaftsgeschichte》제2권을 하나로 묶는 핵심 개념이다.[12]

책의 구조는 주된 방법론적 전제, 즉 경제가 또는 마르크스주의 용어를 사용하자면 생산양식이 다른 모든 것을 결정한다는 전제를 구체화한 것이었다. 그래서 책은 산업혁명에 관한 서술로 시작했다. 이미 이 도입부부터 책의 깊은 독창성이 분명하게 드러난다.《혁명의 시대》에서 채택한 지구적 시각에 따르면, 영국에서 산업혁명이 일어난 것은 영국인들의 어떤 기술적 또는 과학적 우위 때문이 아니라 영국이 특히 1815년 이후로 해양을 장악하여 인도와 라틴아메리카에 면직물을 수출하는 시장을 사실상 독점할 수 있었기 때문이다. 프랑스 혁명에 대한 에릭의 서술은 대부분의 측면에서 당대의 마르크스주의적 표준 해석, 위대한 프랑스 역사가 조르주 르페브르가 지배한 해석을 따랐다.[13] 에릭은 제3신분을 "응집력 있는 사회집단"인 부르주아지와 동일시했고, 미국 독립전쟁 이후 깊은 재정 위기에 빠진 프랑스 군주정이 봉건 귀족의 지지를 잃었을 때 부르주아지가 정치적 변화를 추동했다고 보았다.[14] 거리 시위와 반란으로 혁명 과정을 급진화한 상퀼로트는 역사의 조류에 맞서 싸운 프티부르주아지로 묘사했다. 프롤레타리아트는 산업화와 더불어 19세기에 들어서야 비로소 출현할 계급이었다.[15] 르페브르와 달리 에릭은 농민층에게 어떤 주목할 만한 역할을 부여하지 않았다.《원초적 반란자들》을 집필하면서 모은 연구들에 비추어 에릭은 농민층을 '정치 이전'의 사회집단으로 간주했다. "농민층은 그 누구에게도 정치적 대안을 제공하지 않는다." 그들은 "그저 경우에 따라 거의 불가항력이거나 거의 움직일 수 없는 대상"이었다.[16]

좌파의 동료 역사가들은《혁명의 시대》가 마르크스주의적 해석을 폭넓은 독자층에게 전달하는 성취를 거두었음을 알아채고서 열렬한 반응을 보였다. 에드워드 톰슨은 에릭에게 편지를 보내 "뛰어난 책"을 펴낸 것을 축하했다. "심오하면서도 독창적인 무언가를 **간결하게(!)** 말하는 당신의 능력은 내가 익혀야 하는 능력입니다"(그러나 톰슨은 끝내 익히지 못했다).[17] 오스트리아의 공산당원 문헌학자이자 예술철학자인 에른스트 피셔는 경제와 사회, 통계와 일화, 문화와 정치를 자연스럽게 통합한 방식을 특히 좋아했다. "역사는 이렇게 써야 합니다"라고 그는 말했다. 마르크스주의가 전문용어 없이 적용되었다. "순진한 독자는 책의 맛이 왜 이렇게 좋은지 알지 못한 채 마르크스주의를 마치 입맛을 돋우는 양념처럼 소화할 겁니다."[18] 에릭의 친구 빅터 키어넌은《뉴레프트 리뷰》에 실은 긴 평론에서 쉽게 읽히는 가독성에 경의를 표했다. "그동안 마르크스주의자와 그밖에 사회주의 저자들은 독자들을 몰아가고 위압하는 경향이 있었지만, 홉스봄은 그런 부류가 아니다."[19]

역사서술의 주류가 정치사인 상황에서 경제사가들은 정치사가들보다 책에 더 우호적이었다. 프랑스 기업사 전문가인 미국 경제사가 론도 캐머런은《혁명의 시대》가 "진정한 역작"이라고 단언했다. 다만 책의 주제들을 "전개"와 "결과"라는 두 부분으로 나눈 "연대기상 이분법"에는 약간의 의구심을 나타냈다.[20] 바이덴펠트와 그 고문들이 애초에 집필을 의뢰했던 역사가 야콥 탈몬은 《혁명의 시대》가 마르크스주의의 영향을 적잖이 보여주지만 그것은 정통이 아닌 '수정주의적' 마르크스주의라고 생각했다. "유보조건과 단서를 더 많이 달기는 했지만, 이 책에 진보적 자유주의자나 계몽적 보수주의자라면 말하지 않았을 법한 내용은 거의 없다." 탈몬이 보기에 주된 문제는 1848년 혁명들의 원인으로 민족주의를 지나치게 과소평가한다는 점이었다. 에릭이 19세기 유럽사에서 민족주의의 역할을 오해한다고 비판받은 것은 이번이 결코 마지막이 아니었다.[21] 정치사가 G. R. 포터는 책이 지나치게 경제에 치중했다고 생각했다. "조지 3세와 조지 4세는 언급되지 않고, 웰링턴은 요리로 칭찬받으며, 나폴레옹 전쟁은 몇 문단에서 논의된다." 분명 이 책은 《신新케임브리지 근대사》 시리즈 중 한 권의 편집을 맡은 포터에게 익숙한 종류의 교과서가 아니었다.[22]

정치사가 막스 벨로프는 에릭의 접근법에서 프랑스의 영향을 알아챈 유일한 서평자였다. 그렇지만 에릭은 "도표와 도식, 지도를 더 집중적이고 창의적인 방법으로 사용하여 인구와 경제, 문화적 변화에 관한 사실을 이해시키는 프랑스 학파의 능력을 결여하고 있다(아니면 그럴 여지가 없었다)"라고 지적했다.[23] 벨로프는 영국 출판사들이 일반 독자를 염두에 둔 책에 그런 시각적 장치를 넣는 것을 언제나 꺼렸다고 옳게 생각하기도 했다. 일반 독자 역시 그런 장치를 꺼렸다. 더 넓게 보면, 쿠바미사일 위기로 냉전이 다시 한 번 급속히 악화된 시점에서 에릭의 마르크스주의는 가장 보수적인 서평자들 사이에서 알레르기 반응을 불러일으켰다. 아일랜드 역사가 T. 데즈먼드 윌리엄스는 에릭이 "은연중에 받아들인 철학에 너무 자주 사로잡힌다"고 생각했다. 그런 이유로 에릭은 종교적 동기로 활동한 사회개혁가들의 역할을 과소평가했다. "섀프츠베리 경은 말할 필요도 없이 이 세계에 등장하지 않는다." 그럼에도 이 보수적인 아일랜드 교수마저 이 책이 《신케임브리지 근대사》와는 달리 역사를 되살렸다고 인정했다. "이것은 가장 전문적이고 젠체하는 텔레비전용 표현법이다"라고 몹시 비꼬는 투로 칭찬했다.[24]

그렇지만 이 책의 중심 테제, 즉 부르주아지에게 여러 방식으로 권력을 가져다준 '이중혁명' 테제에 모든 서평자가 설득되었던 것은 아니다. 《타임스 리터러리 서플리먼트》에 (당시 이 잡지의 정책에 따라 익명으로) 글을 쓴 아사 브리그스Asa Briggs는 "홉스봄 박사는 프랑스 혁명과 산업혁명이 서로 어떻게 연관되었는지 전혀 말하지 않는다"라고 지적했다. 프랑스 혁명은 프랑스의 산업화로 이어지지 않았다. 오히려 프랑스 혁명은 독립적인 소농계급을 대규모로 양산해 산업화를 늦추는 데 일조했을 것이다. 다른 한편, 영국 산업혁명은 기존의 영국 헌정을 뒤엎는 정치혁명으로 이어지지 않았다. 브리그스의 이런 지적은 다소 부당했는데, 두 혁명이 1848년에 합쳐졌기 때문이다. 다시 말해 유럽 대륙에서 영국 산업화의 영향 속에서 이루어지던 경제 발전은 1848년에 민족주의와 자유주의를 포함하는 혁명적 이데올로기들, 1789년에 발명되었거나 적어도 크게 활성화된 이데올로기들과 폭발적으로 융합했다.[25] 당대의 가장 유명하고 대중적인 영국 역사가 A. J. P. 테일러도 브리그스와 비슷한 지적을 했다. 에릭의 서술은 흥미롭지만 "전부 교묘한 눈속임"에 지나지 않는다면서, 영국에서 산업혁명으로 권력을 잡은 경제적 부르주아지와 프랑스에서 프랑스 혁명으로 권력을 잡은 정치적 부르주아지 사이에 공통점이 전혀 없다는 이유를 들었다. "로베스피에르와 코브던은 서로 죽이 맞지 않았을 것이다. (…) 발자크가 랭커셔에 대해 알았던 것이라곤 그곳 여자들이 사랑 때문에 죽는다는, 흥미롭지만 사실이 아닌 발언뿐이었다." "홉스봄 씨는 일어나지 않은 혁명에 대한 가장 강력한 역사적

서장序章을 썼다"라고 테일러는 결론 내렸다.[26, 27]

   정치적 스펙트럼의 반대쪽 끝에서 전직 BBC 프로듀서이자 당시 케임브리지의 보수적인 사상사가인 피터 래슬릿은 책에 좌파적 편향이 있다고 보고서 이의를 제기했다.

> 입맛이 나쁘다. 마리 앙투아네트는 "닭대가리에 무책임"하다. 우리는
> 그녀와 그녀의 **멍청한** 남편(그는 이 형용사를 달지 않고 나오는 때가
> 없는 것으로 보인다)을 처형의 순간까지 따라간다. 동정의 기미, 비극
> 의 기색 따위 없다. 이 폭동, 억압, 전쟁, 환희의 역사를 통틀어 고결하
> 게 고통받는 사람은 아무도 없다. 모든 귀족은 멍텅구리이고, 모든 영
> 국인은 탐욕스럽고 공격적인 사업가다. 물론 수탈당하는 농민이나 착
> 취당하는 노동자는 예외다. 더욱이 모든 예술가는 부르주아 이데올로
> 그로 보인다. (…) 누구든 이것이 문화사라고 믿는 사람은 학자로서 신
> 뢰받을 수 없을 것이다.[28]

   그러나 오스트리아의 마르크스주의 역사가 에른스트 반거만이 논평했듯이, 루이 16세와 마리 앙투아네트의 "비극"을 인정하지 않았다고 흠을 잡는 "래슬릿은 어떻게 홉스봄이 저서에서 관심을 기울이는 진정으로 엄청난 비극, 보통 사람 수백만 명이 그동안 안전과 생계를 제공해온 전통 사회가 해체되는 경험에 압도당한 비극을 놓칠 수 있단 말인가?" 합스부르크 군주정의 사회문화사를 연구하는 반거만은 수직기 방직공과 시골 빈민의 운명과 관련해 "홉스봄이 쓴 구절만큼 이 비극을 감동적으로 묘사한 역사서를 나는 알지 못한다"라고 단언했다.[29]
   《혁명의 시대》는 괄목할 만한 성공을 거두었다. 초판 이후 줄곧 절판되지 않았고, 아랍어, 페르시아어, 히브리어, 일본어를 포함해 18개 언

어로 번역되었다. 몇 가지 주장, 예를 들어 초기 산업자본주의는 이윤율 하락을 경험했다는 테제는 이제 시대에 뒤져 보이고, 정치운동은 사회 계급의 직접적인 산물이라는 주장은 환원주의적이지만, 이런 견해를 명확히 표명하는 까닭에 이 책은 학생에게나 학자에게나 일반 독자에게나 계속해서 유익한 토론과 논쟁의 원천이 되고 있다.

2

에릭이 록펠러 재단의 지원을 받아 남아메리카에서 '원초적 반란자들'을 조사하기 위해 이 지역으로 떠난 1962년 10월 31일 무렵이면 쿠바 미사일 위기가 이미 끝난 뒤였다. 러시아의 함대는 미국의 압력에 굴복해 원래 쿠바에 배치하려던 미사일을 본국의 항구로 도로 가져갔다.[30] 정보당국은 에릭의 출발을 알아차리고서 현지 농민운동 속으로 들어가려는 "공산당원의 침투"를 우려했다.[31] MI5의 한 관리는 빈정대는 투로 "미국 당국도 틀림없이 이 행보에 관심을 보일 것이다"라는 의견을 밝혔다.[32] 물론 에릭이 받은 허가를 막기에는 너무 늦은 때였다. 사실 에릭이 여행을 시작했다는 소식을 MI5는 몇 주 후에야 알게 되었다.[33] 브라질에 도착한 그는 북동부의 도시 헤시페로 이동했다가 "도처에서 절망적인 빈곤"을 목격했다. "주민들은 지난 열 세대 동안 아무도 배불리 먹어보지 못한 것처럼 보였다. 성장이 저해된 듯 왜소하고 병들어 있었다." 그렇지만 "반란의 조짐"이 있었고 농민연맹은 자신들이 목표로 하는 유권자들과 소통하는 법을 알고 있었다. "농민조직의 잠재력은 엄청나다." 그렇지만 MI5와 달리 그는 불법으로 활동하는 브라질 공산당이 농민연맹의 대다수 활동의 배후에 있다는 사실을 몰랐던 것으로 보인다.[34]

그에 반해 상파울루에서는 "일종의 19세기 시카고, 맹렬하고 빠르고 역동적이고 현대적인 도시"를 보았다. "마천루가 솟아나고, 네온등이 반짝거리고, (대부분 국내에서 제작한) 수천 대의 차들이 브라질 특유의 무질서 속에서 도로를 질주한다." 이 도시의 급속한 산업화는 라틴아메리카에서도 독특했다. 그러나 안정되고 성장하는 국내 시장과 수출 시장이 부재한 가운데 상파울루에는 "아슬아슬하게 균형을 유지하는 피라미드의 분위기"가 있었다. 이곳의 희망은 노동운동과 산업 부르주아지가 민족주의를 바탕으로 "미국 제국주의로부터의 독립"을 위해 함께 투쟁하며 갈수록 협력한다는 데 있었다. 에릭은 대중음악가들이 주로 활동하는 구역을 방문했다가 놀랍게도 런던의 그런 구역과 유사하다는 사실을 발견했다. "똑같이 날카롭고 감상적이고 다소 음흉한 인물들이 《빌보드》와 《캐시박스》의 지난호와 음반이 넘쳐나는 똑같은 유형의 영업소들을 들락거린다. 술집들을 가득 채운 똑같은 작사가들, 디스크자키들, 언론인들, 기타 연주자들이 한데 섞여 샌드위치를 쥔 채 통화를 하고 가게 이야기를 한다." 보사노바 같은 브라질 대중음악이 전 세계적 인기를 얻었다는 것이 놀랍지 않았다. 보사노바는 미국에서는 댄스음악의 한 형태로 상업화되었지만, 브라질에서는 "놀고 노래하는 한 방법"으로서 지역 주민들 사이에 여전히 뿌리박고 있었다. "미국 라디오 방송국들이 청취자들에게 새로운 스텝을 알려주기 위해 배포한 무도회장 그림을 보여주자 현지 음악가들은 웃음을 터뜨렸다. 그들에게 그것은 재즈가 그렇듯이 특별한 춤이 아니다."[35]

페루에 도착한 에릭은 희망의 이유를 더 많이 발견했다. "사회혁명의 조건이 무르익고 또 사회혁명을 필요로 하는 나라가 있다면 바로 페루다." 에릭이 키야밤바의 시장에서 스페인어와 현지 원주민 언어를 모두 구사하는 목수 통역사의 도움을 받아 토론을 하던 중에 "과묵하고 납

대대하고 거친 남자"가 끼어들었다. "알다시피 두 계급이 있습니다. 한 계급은 가진 게 아무것도 없고, 다른 계급은 돈과 권력 등 모든 것을 가지고 있습니다. 노동자들이 할 수 있는 일은 단결하는 것뿐이고, 그래서 그렇게 하고 있습니다." "그렇지만 경찰과 군인이 두렵지 않습니까?" 하고 에릭이 물었다. "아뇨, 지금은 그렇지 않습니다"라고 목수가 말했다. "더 이상 그렇지 않아요." 볼리비아로 가는 장거리 기차 여행에서 에릭과 대화한 보험중개인은 지주들이 자기네 토지에 투자하지 않고 토착민 인구를 돕지 않는다며 비난했다. "맨발로 걸어다니고 맨바닥에서 잠을 자는 토착민들이 있습니다. 그런데도 지주는 하룻밤 파티에서 이삼천 솔을 펑펑 씁니다. 클럽에서 카드놀이를 하며 위스키를 더 가져오라고 합니다! 게다가 그들은 이런 격차를 알지도 못합니다. 결국 자업자득이 될 겁니다."[36]

콜롬비아에서 에릭은 "서반구의 최근 역사에서 가장 큰 규모로 동원된 무장 농민들(게릴라, 산적, 혹은 자경단)"과 마주쳤다. 진정한 사회혁명의 가능성이 엄청났다. 특히 국가의 전략적 위치 덕분에 "콜롬비아는 라틴아메리카의 미래에 결정적인 차이를 만들어낼 수 있는 반면에 쿠바는 그럴 가능성이 낮다"고 생각했다. 여기서도 그는 농민조직에서 공산당의 역할을 알지 못했던 것으로 보인다. 그렇지만 위대한 공산당원 시인 파블로 네루다를 알게 되었고 그 후로도 연락하며 지냈다.[37] 여행을 끝낼 즈음 그는 라틴아메리카가 "세계에서 가장 결정적인 지역"이라고 결론지었다. 유럽이나 아프리카에서, 심지어 인도아대륙에서도 아직까지 진정한 사회혁명의 가능성이 요원할지 몰라도, 라틴아메리카에서는 "민중의 각성"이 이미 시작된 터였다.[38]

칠레에 도착하고 오래지 않아 에릭은 애나 칼린에게 쓴 편지에서 "이 대륙에 열광하고 있습니다"라며 짧은 방송 시리즈를 제안했다. "그렇지만 강연의 목적이 단지 약간의 수입을 버는 것은 **아닙니다**. 지금 나는 딱히 돈이 필요하지 않습니다"(《원초적 반란자들》과 《재즈계》의 성공은 그의 재정에 상당히 보탬이 되고 있었다).[39] 1963년 3월 영국으로 돌아온 에릭의 세 차례 방송 제안에 BBC 라디오 집행부는 찬성하면서 신속히 진행하기를 바랐다. "홉스봄은 여전히 여행의 '열기'에 사로잡혀 있는 것이 틀림없다. 그는 매우 훌륭한 강연자이며 정치학, 경제학, 사회학뿐 아니라 '문화사Kulturgeschichte'(억양은 전혀 남아 있지 않지만 훌륭한 합스부르크 사람이기도 하다!)의 상상력과 깊은 지식까지 갖춘 터라 글을 잘 쓴다."[40] 결국 방송은 세 번이 아니라 두 번만 하기로 했다. 첫 번째 방송에서 에릭은 라틴아메리카의 정치가 유럽 정치의 통상적인 범주와 정의를 어떻게 깨뜨렸는지를 지적했다.[41] 라틴아메리카에 관한 두 번째 방송에서는 이곳 도시들로 몰려드는 엄청난 수의 이주민들이 어떻게 "유럽 중세의 정신세계"를 함께 들여오는지를 묘사했다. 그 정신세계는 "결국 16세기 정복자들이 들여온 세계"였다. 그럼에도 분명히 희망이 있었다. "옛 라틴아메리카는 무너지고 있다. 근본적으로 새로운 무언가가 틀림없이 그 자리를 대신할 것이다."[42]

에릭의 방송을 보안정보국은 모르지 않았다. 1963년 5월 23일 회의에서 한 요원("바클레이 씨")은 "유명한 공산당원" 에릭이 라틴아메리카 여행을 허가받았을 뿐 아니라 《리스너Listener》에 기고한 글에서 나타나듯이 BBC에서 그 내용을 가지고 방송까지 했다는 사실에 "경악했습니다"라고 말했다. "이제 BBC의 어느 고위 간부와 (…) 이 문제를 논의해야 합니다."[43] 그리고 실질적 결과로 이어지진 않았지만 실제로 논의가 이루어졌다.[44] 이 전국 방송국에 대한 당국의 압력은 명백히 계속되고 있었다. 보안정보국은 런던의 공산당 본부에 설치해둔 도청 장치를 통해 에릭의 견해를 추적할 수도 있었다. 1963년 4월 1일, 이곳에서 에릭은 자신의 소견을 보고했다. 라틴아메리카에 필요한 것은 1940년대 후반 중국 마오쩌둥의 홍군 게릴라 노선을 따라 농민층을 감화시켜 조직할 수 있는 공산당 직업 혁명가들을 농민운동에 투입하는 것이라고 에릭은 청중에게 말했다. 라틴아메리카 각국 수도에서는 거의 아무런 일도 일어나지 않고 있었고, 거론할 만한 노동계급 급진주의도 전혀 없었다. 전반적으로 에릭의 보고는 영국 공산당 간부들이 그리 고무적으로 받아들일 만한 내용이 아니었다.[45]

닐 애셔슨이 말했듯이, 라틴아메리카에 대한 에릭의 관심이 높아진 것은 "그곳이 해방을 위한 대규모 혁명 투쟁, 비교조적이고 흥미진진하고 낭만적인 투쟁이 일어날 수 있는 새로운 장"이었기 때문이다.[46] 에릭은 1969년에 라틴아메리카를 방문하고 1971년에 다시 방문했다. 이번에는 정치적 예측에 더 신중을 기했다. 예를 들어 콜롬비아에서는 농민 소요가 1925년에서 1948년 사이에 최고조에 달했다가 그 이후 소작농들끼리 맞붙은 "유혈이 낭자한 무정부적 내전"으로 빛을 잃고 결국 농민 저항운동이 현저히 약화되었다고 생각했다.[47] 볼리비아에서는 연이어 집권한 군사 통치자들이 사회 변화를 억압했고, 그 과정에서 지난 쿠바 혁명의 주역 체 게바라가 이끄는 게릴라 운동을 격퇴했다. 1967년에 붙잡혀 처형된 체 게바라는 전 세계의 혁명가들과 급진적 학생들을 계속해서 고무하는 전설로 남았다.[48] 에릭이 보기에 라틴아메리카의 게릴라 운동은 어쨌든 그 효과 면에서 한계가 있었고, 실질적 영향을 주기 위해 정치조직을 꾸릴 필요가 있었다. 콜롬비아에서 온 옛 게릴라는 에릭에게 이렇게 말했다. "이 나라에서는 누구든지 농민들 사이에서 무장단을 시작할 수 있습니다. 문제는 그 후에 일어나는 일입니다."[49] 페루에서는 군 장교들이 민족주의에 의지해 외국인 소유의 산업시설과 설탕 농장까지 탈취하고 있었다.[50] 그들은 사회의 완전한 전환을 의도하고 있음을 분명히 밝혔다.[51] 그렇지만 "헤게모니적 마르크스주의 대중운동"이 부재한 상황에서 이것은 다분히 위로부터의 혁명이었다.[52]

1970년 11월 칠레에서 공산당원 살바도르 아옌데가 이끄는 인민전선 정부가 선거를 통해 집권한 사건은 미국의 무시와 착취가 남아메리카 전역에서 혁명으로 이어진다는 징후였다.[53] 분명히 아옌데는 사회주의로의 평화로운 이행을 지향했다. 에릭은 이것을 "짜릿한 전망"으로 여겼다. 그렇지만 극우 과격파에서 "부르주아 히스테리"의 "편집증적" 징후를 보이고 있었다. "이미 테러가 횡행하고, 경찰이 좌파 암살자 집단 등을 지원하고 있다."[54] 특히 칠레 군부의 고위층에 그런 편집증이 퍼져 있다는, 에릭이 언급하지 않은 불길한 전조가 있었다. 지난번에 칠레를 방문했을 때 에릭은 어느 포병연대의 비폭력 저항을 좇아 쿠데타를 일으키지 않은 칠레 군부의 무능에 경멸을 퍼부은 바 있었다("다행히도 칠레인들은 장성이나 민간인이나 이 분야에 경험이 전혀 없다. (…) 거리 모퉁이에 장갑차가 단 한 대도 없는 마당에 군사 쿠데타가 무슨 소용이겠는가?"). 칠레의 민주적 제도는 충분히 안전해 보였다. 그러나 머지않아 에릭이 터무니없이 오판했음을 입증하는 사태가 터질 예정이었다.[55]

1970년대 중반 라틴아메리카에서는 진보적인 흐름이 갑자기 역행하는 사태가 연이어 발생했다. 칠레에서는 1973년 미국의 지원을 받은 군사 쿠데타가 일어나 기존 정부가 전복되고 아옌데가 목숨을 잃었으며, 반대파 수천 명을 거리낌없이 고문하고 살해한 잔혹하고 폭력적인 독재 정권이 수립되었다. 페루에서는 미국의 직접 개입은 없었지만, 에릭이 일찍이 의심했던 대로 군사정권이 1975년에 급진적인 실험의 시기를 끝내고 더 보수적인 방향으로 돌아섰다.[56] 활력 없고 후미진 파라과이에서 1954년부터 존속한 알프레도 스트로에스네르 장군 치하의 잔인하고 부패한 군부독재는 1970년대 말이면 거의 규범이 되어 있었다.[57] 그렇지만

1964년에 군부가 쿠데타로 권력을 장악한 브라질에서는 독재정이 누그러질 기미가 보였고, 그러자 상파울루 캄피나스대학의 좌파 학자들이 1975년 5월에 에릭을 학술대회에 초대했다. 쿠데타 이후 브라질에서 좌파 지식인들이 처음으로 참석한 중요한 학술대회 중 하나였다.

보도에 따르면 프린스턴대학의 좌파 성향의 근대사가 아르노 J. 마이어, 예일대학의 스페인 정치학자 후안 린츠Juan Linz, 네덜란드 역사가 루돌프 드 용Rudolf De Jong과 함께 에릭이 참석해 청중에게 "새롭게 사고하는 법"을 가르쳤다. 그렇지만 에릭은 조심스럽게 행동해야 했으며, 그가 스스로 마르크스주의 역사가라고 선언하자 "청중이 깜짝 놀랐다"고 한다. 에릭은 브라질 농민층의 천년왕국 운동에 대해 강연했고, 특히 다른 대다수 외국 연사들보다 브라질에 대해 훨씬 많이 알고 있었기 때문에 대회의 스타가 되었다고 한다. 이 대회는 확실히 브라질의 문화적·지적 생활을 개방하는 역할을 했다. 대중과 중간계급의 점점 커지는 압력에 정부는 1979년 정치범들에 대한 사면을 발표했으며, 1985년 브라질은 문민정부의 민주적 통치를 회복했다.[58] 특히 이 대회 덕분에 에릭은 라틴아메리카의 나라들을 통틀어 브라질에서 가장 큰 명성을 얻게 되었다.

3

에릭이 1962~1963년에 라틴아메리카를 여행하는 동안 마를린은 버크벡에서 코앞에 있는 헌틀리 스트리트에 자리한 에릭의 고든맨션 아파트로 이사했다. 그리고 에릭이 돌아오자 제대로 결혼생활을 시작했다. 마를린은 가정의 일과를 정하기 시작했다. "저녁에 파스타를 먹기로 하면 나는 물을 올려놓고 남편에게 전화를 걸어 그가 집에 도착하면 음식이 준비되어 있도록 했다."⁵⁹ 2년 내에 부부는 두 자녀 앤디(1963년 6월 12일 출생)와 줄리아(1964년 8월 15일 출생)를 얻었다. 에릭과 마를린이 버크벡에서 멀지 않은 샬럿 스트리트에 있는 베르토렐리 레스토랑에서 에릭의 사촌 데니스 프레스턴 부부와 식사를 하던 중 갑자기 마를린의 산통이 시작되었다. 그들은 모두 데니스의 차를 타고 병원으로 갔다.⁶⁰ 1960년대 중반에는 남편이 분만실에 들어가는 것이 관례가 아니었으므로 앤디가 세상에 나오자 마를린은 분만실 간호사에게 에릭에게 좋은 소식을 전해 달라고 부탁했다. 그러면서 남편을 알아보려면 "복도에 가서 이리저리 왔다 갔다 하는 사람이 아니라 책을 읽고 있는 사람을 찾으세요"라고 조언했다.⁶¹ 앤디에 이어 줄리아가 태어나자 프랜시스 뉴턴의 심야 탐험과 《뉴스테이츠먼》 기고는 결국 중단되었다. 또 아버지 역할을 하느라 저술과 연구도 지체되었다. 1964년 8월 에릭은 잭 플럼에게 말했다. "이제 나는 두 자녀(14개월과 몇 주가 된)를 둔 유부남이고, 이로 인해 아주 놀랄 정도로 생산성이 떨어지고 있습니다. 나는 한밤중에 아내와 교대로 아기를 먹이는 일 등등을 할 필요가 없었던 빅토리아 시대 남편들의 안락함을 꿈꾸곤 합니다."⁶² 이 말이 시사하듯이, 에릭은 유아기 자녀를 돌보는 시기에 정말로 제 역할을 다했다.

1965년 12월, 에릭과 마를린은 WC1 고든맨션 37번지 아파트에서 SW4* 클래펌 라크홀라이즈의 97번지로 이사했다. 이 주택은 1층, 2층과 지하층, 창문이 셋 달린 전면부, 균형이 잘 잡힌 방들을 갖추고 있었다. 1층 현관은 지면에서 아홉 계단 위에 있었고, 거리에서 정면 창문을 통해 지하층이 보였다.⁶³ 에릭 가족은 이 주택을 노팅엄 출신 극작가 앨런 실리토(소설 《토요일 밤과 일요일 아침》, 《장거리 달리기 선수의 외로움》)으로

---

* 클래펌, 스톡웰 지역을 포괄하는 런던 남서 지역의 우편번호.

가장 유명하며, 두 작품 모두 영화로 제작되어 성공을 거두었다)와 그의 아내, 아이와 같이 썼다. 건축가 막스 노이펠트Max Neufeld가 이 주택을 두 공간으로 나누었다. 실리토 가족은 1층과 2층의 일부를, 홉스봄 가족은 지하층과 나머지 1층과 2층 공간을 사용했으며, 넓은 정원은 두 가족이 공유했다. 당시 클래펌은 아직 고급 주택가가 아니었기 때문에 이웃들은 앨런 실리토의 생활방식을 이해하기 어려워했다. "그들은 앨런이 일하러 나가지 않는 것을 도통 이해하지 못했어요. 저 사람은 하는 일이 뭐야? 일하러 나가지 않잖아. (…) 그들은 그곳에서 작가로 사는 사람을 만나본 적이 없었어요." 마를린은 지하층에 아이들 놀이방을 만들었는데, "그러자 사람들이 책과 골트 사의 장난감이 가득하고 매우 중간계급스러운 우리 놀이방의 바깥에 서 있곤 했어요. 언젠가 어느 부인은 '이곳은 뭔가요, 학교인가요?'라고 물었어요. 그녀는 이 모든 나무 장난감을 그저 자기 아이들을 위해 장만했을 리는 없으니 학교가 틀림없다고 생각했던 거죠."[64]

그렇지만 클래펌은 런던 북부에 사는 마를린 부모와 멀리 떨어져 있어 에릭 가족에게 불편했다. 그리고 실리토 가족과 한 집에서 원만하게 지내긴 했지만, 이제 에릭이 저서로 벌어들이는 수입이 충분했기에 먼저 단기 융자를 받고 뒤이어 주택담보 대출을 받아 1971년 7월에 히스 바로 아래쪽, 햄스테드 내싱턴 로드 10번지의 주택을 마련할 수 있었다. 한쪽 벽면이 옆집과 붙어 있는, 세 개 층에 방이 여섯 개 있는 빅토리아풍 주택이었다.[65] 마를린은 이 집을 가꾸기 시작했다. "마를린은 내싱턴 로드의 정원을 싹 뜯어고쳤다"라고 에릭은 1973년 6월 11일에 적었다(마를린의 정원이 아니더라도 에릭은 어차피 정원에 관심이 거의 없었다).[66] 내싱턴 로드의 집에서 에릭은 낮 동안 연구하고 글을 쓴 뒤 사우드엔드 그린쪽으로 언덕을 내려간 다음 24번 버스를 타고 버크벡 저녁 수업을 하러 갔다. 이 버스에서 에릭은 종종 노동당의 좌파 정치인 마이클 풋을 만나 그날의 현안에 대해 활발하게 대화를 나누었다. 에릭은 굿지 스트리트에서 내렸고, 풋은 웨스트민스터까지 갔다. 오랫동안 두 사람은 24번 버스의 유명한 단골 승객이었다.[67]

한편 에릭 가족의 집은 닐 애셔슨이 기억하듯이 동유럽 지식인들— "폴란드, 체코, 헝가리의 지식인들"—의 아지트가 되었다. "그들 모두 에릭 홉스봄을 알고 있었어요. 그리고 이런 지식인들 중에서 '탈선'하거나 '회의적'인 부류의 당원들은 에릭을 아주 잘 알고 있었죠." 그들은 십중팔구 에릭의 저술을 영어나 독일어로 읽었을 것이다.

> 그들은 홉스봄을 (…) 수정주의자로 (…) 스탈린주의의 경직성에서 벗어나 더 개방적이고 사려 깊고 자유롭게 발언하는 〔공산주의의〕 형태로 나아가는 본보기적 인물로 생각했어요. (…) 내가 에릭에게 검열이라는 주제를 언급할 때마다 (…) 그는 언제나 단호하게 검열을 경멸했어요. 그는 집권당이 그런 식으로 개입하는 것을 결코 지지한 적이 없고, 오히려 시종일관 반항적인 지식인들에 공감했어요. 그들 중 일부는 에릭이 생각했던 것만큼 반항적이지 않았지만요.[68]

부부의 아이들은 저녁을 먹거나 함께 시간을 보내기 위해 끝없이 밀려오는 듯한 손님들을 기억했다. 일각에서 "런던 북부의 가장 독특한 중부유럽 살롱"으로 통한 이 집에서 열리는 저녁 파티에서 "영국 지식인들은 자기들보다 많은 독일 출판업자들, 체코 역사가들, 라틴아메리카 소설가들을 발견할 수 있었다."[69] 에릭은 "전혀 외로울 틈이 없었어요."[70]

그렇지만 엘리제 마리엔스트라스의 술회에 따르면, 낮 동안 에릭은 문을 열어두긴 했지만 "서재에서 홀로 연구에 몰두했다." 하지만 엘리제는 "그의 연구 때문에 아이들이 힘들었을 거라고 생각하진 않아요"라면서 "그는 좋은 아버지였어요"라고 말했다.[71] 1960년대 후반에 아이들은 지역 초등학교에 다녔다. 훗날 앤디가 썼듯이, 에릭은 아이들 등하교에 자주 동행했다. 그는

나이가 많은 아빠였어요. 그래서 내가 학교에 있을 때면 아빠는 책가방을 메고서 '딴 데 정신이 팔린 교수'의 모습이었죠. (…) 어린 시절 아빠들이 운동복 차림으로 자녀를 데리러 오던 시기가 있었는데, 그때 그들 사이에서 이렇게 머리가 성기고 (…) 나이가 훨씬 많은 남자가 딴 데 정신이 팔린 모습으로 이리저리 거닐고 있으면 조금 당황스러웠어요. 그래서 그때를 (…) 성장기의 한순간으로 기억하고 있습니다.[72]

앤디가 지적했듯이, 훗날 에릭의 자녀들은 아버지가 항상 "무언가를 몰입해 읽고 있었어요"라고 회상했다. "종이에 머리를 파묻고 있었죠. 폐쇄적이진 않지만 아버지는 정말 그런 사람이었어요. 타자기 소리와 정보에 파묻혀 사는 사람이요." 파이프 담배의 강한 냄새가 서재에서 풍겨왔다. 작업하는 동안 에릭은 항상 꼬리를 물고 이어지는 생각을 끝낸 뒤에야 아이들의 간섭에 반응하곤 했다. 줄리아는 서재에서 일하던 아버지의 모습을 이렇게 기억했다.

앉아서 글을 쓰고 있었어요. 종이 더미, 휘갈겨 쓴 메모지가 생생하게 기억나요. 아버지는 문자 그대로 펼쳐놓은 책과 메모지의 바다로 스스로를 둘러싸곤 했어요. 그런 다음 저녁의 어느 시점에 작업을 멈추고 우리와 함께 (…) 〈코작〉이나, 기억할지 모르겠지만 〈골든 샷〉 같은 허접한 텔레비전 프로그램을 보곤 했지요. (…) 하지만 아버지는 이렇게

놀라운 명암 대비를 느긋하게 즐길 줄 알았어요.

　내싱턴 로드의 집에서 모든 방의 벽면은 책으로 덮여 있었고, 줄리
아의 기억에 에릭은 책등을 "손으로 훑으며" 지나가곤 했다. 줄리아는
"아버지는 어린 자녀의 기분을 맞추는 법을 영 몰랐다고 생각해요"라면
서 언젠가 자신이 아팠을 때 그냥 혼자 내버려두면 좋겠는데 에릭이 굳
이 십자말풀이를 함께 하려 했다고 덧붙였다. 경제사가 로더릭 플로드
Roderick Floud는 에릭이 "아이들, 우리 부부의 아이들에게 매우 잘했어요.
자기 아이들에게는 그렇게 잘하지 못했을 거예요"라고 생각했다. 한번은
줄리아가 10대 초반일 때 "에릭이 24번[버스]에 앉아 있는데 줄리아가
그 버스에 타서 (…) 옆자리에 앉았어요. 그런데 그는 딸을 전혀 알아채
지 못했어요. (…) 바로 옆에 앉았는데 자기 딸을 알아보지 못했어요!"
언제나 그랬듯이 에릭은 책에 푹 빠져 있었다.[73]
　줄리아가 아홉 살 때 에릭은 딸에게

　어처구니없게도 성인용 학술서《마리아 테레지아》를 주었다. (…) 이
　황후가 '역사상 중요한 여성들'에 관한 학교 과제에 완벽하게 들어맞는
　주제라고 판단했기 때문이다. 그것은 '위대한 삶 고찰' 시리즈로 프렌
　티스-홀 출판사에서 펴낸 책이었다. 퍼핀 출판사의 페이퍼백과는 전
　혀 딴판이었다. 이제 성인이 되어 이 선의의 선물을 손에 들고 있는 지
　금도 분노로 몸이 떨릴 지경이고 터무니없이 쓸모없다고 느꼈던 그때
　의 감정이 고스란히 기억난다.[74]

　학구적 성향과는 거리가 멀었던 아이들에게 에릭은 지적으로 두려운
존재로 느껴질 수도 있었다.

아버지는 자녀에게 〈위대한 명저들〉을 강제로 읽히는 유형의 부모는 아니었다. 아버지는 땡땡 시리즈 전부를 우리에게 소리내 읽어주었고, 아독 선장의 "물귀신 같은 놈들!"이라는 말을 큰 소리로 외치는 순간을 좋아하는 것처럼 보였다. 우리도 그 외침을 듣는 순간을 좋아했다. 하지만 내 생각에 아버지는 이따금 우리가 평범한 아이들이지 고매한 학자가 아니라는 사실을 잊곤 했다. (…) 어려서는 아버지를 이해하기 어려웠고 나와 잘 맞지 않는다고 자주 느꼈지만 다 자라서는 자식에게 최고의 부모. 그러니까 쿨한 부모라고 생각했다.

에릭은 자녀에게 저지른 실수로부터 배우고 자녀가 좋아할 만한 책들로 독서 목록을 바꿔서 제안하기도 했다. 에릭과 마를린은 자녀를 전시회에 데려가—앤디는 특히 화이트채플 아트 갤러리에서 관람한 루시언 프로이트 전시회가 "나에게 강렬한 인상을 남겼다"고 말했다—예술을 계속 감상하는 취향을 심어주었다.[75] 에릭은 아이들이 아직 어린 시절에는 재즈를 좋아하도록 유도하지 않았다. 아이들이 지식인이 되기를 기대하지도, 자기 어릴 때처럼 책에 파묻히기를 기대하지도 않았다. 줄리아에 따르면 에릭은 "인생은 어떠해야 하고 부모는 어떠해야 하고 자녀는 어떠해야 한다고 생각해 그것에 짜맞추는 아버지가 아니었어요. 아버지는 정말로 **우리**가 어떠한지 지켜본 다음 반응했어요." 에릭은 자녀의 정치적 견해에 영향을 주려고 하지도 않았다. 다만 좌파 가정에서 자라다 보니 그들은 자연스레 좌파에 끌렸다. 그들이 부모로부터 주입받아 더 깊이 받아들인 것은 사회와 인생에서 사회적 정의와 공정성이 중요하다는 의식이었다.[76]

이보다 조금 앞선 1966년에 에릭과 가족은 스노도니아 국립공원의 브린하이프리드에 자리한 산장에서 여름과 그밖의 시기를 보내기 시작

했다. 포스마독 근처, 바다까지 이어지는 남사면에 이탈리아풍 마을 포
트메리온을 건설한 부유한 괴짜 건축가 클로프 윌리엄스-엘리스Clough
Williams-Ellis의 사유지에 연달아 늘어선 네 개의 산장 중 마지막 주택이었
다. 이 건축가 가족 소유인 17세기 석조 저택으로 기하학적 형태의 주목
朱木으로 가득한, 우아하게 설계된 경사지 정원을 갖춘 플라스 브론다누
는 북쪽으로 수 킬로미터 떨어진 크로서 계곡에 있었다. 에릭은 친구이
자 전 사도회원인 로빈 갠디로부터 이곳을 소개받았다. 갠디는 자신이
빌린 크로서 계곡의 산장으로 에릭을 데려가 며칠 지내면서 친구에게
지금 힘들어 보이니 스노도니아의 외진 산속에서 휴식할 필요가 있다고
말했다. 이 지역은 윌리엄스-엘리스와 스트레이치 가문 사람인 그의 아
내를 아는 케임브리지 사람들에게, 이를테면 철학자 버트런드 러셀, 과
학자 패트릭 블래킷, 과학사가 조지프 니덤, 그리고 에릭의 스승 무니아
포스탠에게 이미 인기였다. 에릭은 이곳에 와보고는 어안이 벙벙했다.
야생 자연의 아름다운 풍경에 감동받았을 뿐 아니라 점판암 채석장의
폐허에도 매료되었다. 20세기 초 점판암 산업과 함께 경제 기반이 무너
진 이 지역에는 방치된 채석장, 엄청나게 쌓인 광재 더미, 폐기된 협궤
철도, 버려진 구릉 농장 등이 있었다.[77]

에릭은 케임브리지 시절의 한 친구가 클로프 윌리엄스-엘리스의 딸
수전과 결혼한 1930년대부터 클로프와 그의 가족을 알고 지낸 터라 이
미 이 지역과 연이 있었다.[78] 그래서 에릭은 "이 사유지 측에 산장 하나를
부탁했는데, 아내가 크로서 계곡을 지금까지 가본 가장 아름다운 장소
중 하나라고 생각했기 때문이다. 우리가 묵은 두 채 모두 집주인이 각기
다른 시기에 지낼 만한 상태로 수리한 폐가였다." 실제로 연달아 늘어선
네 채 가운데 한 채는 여전히 폐가였다. 생활시설은 매우 기본적인 수준
이었다. 물과 전기는 들어왔지만 중앙난방은 없었으며, 에릭은 집 안 전

체에 스며든 습기를 몰아내기 위해 등유 난로를 설치해야 했다. 추울 때면 땔나무를 패는 데 시간을 많이 들였다. 줄리아는 아주 기본적인 생활 조건이 1930년대 케임브리지를 떠올리게 하기 때문에 아버지가 그곳에서 지내기를 좋아한다고 생각했다.[79]

마를린의 오빠 발터와 그의 가족도 근처에 있는 작은 집을 빌려 합류했다. 에드워드 톰슨과 그의 아내인 동료 역사가 도러시 톰슨도 이 지역에 산장을 가지고 있었다. 그들 모두 '웨일스의 블룸즈버리 그룹'으로 알려지게 되었다. 마를린이 회상했듯이 "우리 계곡에서는 새가 지저귀는 소리보다 타자기가 찰칵거리는 소리가 더 많이 들린다고 알려져 있었다."[80] 그들은 이따금 해변, 무엇보다 윌리엄스-엘리스가 임차인 모두에게 제공한 평생 무료 입장권을 가지고 포트메리온을 방문했다. 그 입장권은 훗날 줄리아가 회상한 대로 "'관계자 분께' 보내는 편지와 일종의 금융채권을 섞은 증서"의 형태였다.[81] 그렇지만 대체로 그들은 상쾌한 산책에 나서 '스노도니아의 마터호른'이라 불리는 크니흐트산의 가파른 비탈을 양 떼가 다니는 길을 따라 오르고, 습곡에 감추어진 호수에서 멱을 감고, 서로의 집을 방문해 식사를 함께하고, 밤늦게까지 대화를 하며 시간을 보냈다. 1976년, 에릭과 마를린은 산비탈의 더 아래쪽에 위치한 더 크고 매력적인 산장 파르크 팜하우스를 빌렸다. 이웃의 농부 다이 윌리엄스가 양을 길렀지만 근처에 다른 동물은 없었다.[82] 훗날 줄리아는 이렇게 회상했다.

아버지는 나와 오빠 앤디를 데리고 베드겔레르트가 내려다보이는 호수까지 걸어가곤 했다. 수 킬로미터를 가는 내내 움직이는 것이라곤 급강하하는 특이한 갈매기, 풀을 뜯는 양, 소리를 내며 흐르는 맑은 계곡 물뿐이었다. 우리는 어떤 바위에서 멈춘 다음 으레 들르는 틈새, '강도의 동굴'을 찾곤 했다. 그 안에서 아버지는 초콜릿바를 꺼냈다. 우리는 아이스 브레이커스를, 아버지는 부르네빌을 먹었다. 퀴퀴하고 조용한 어둠 속에서 손전등과 초콜릿을 가지고 비좁게 앉아 있을 때, 우리는 세상 누구보다도 행복했다.

이 동굴에 대한 줄리아의 기억은 에릭이 크로서 계곡에 발길을 끊고 한참 지난 후에 그녀가 자기 아이들을 데려갔을 정도로 좋게 남았다.

1973년, 에릭은 마를린이 여름 음악학교에 다니는 동안 아이들을 데리고 일주일 동안 산장에 가 있었다. "그이가 아이들을 일주일 내내 혼자 돌본 것은 (⋯) 이때가 처음이에요"라고 마를린은 말했다.[83] 에릭은 아내에게 걱정할 필요가 없다고 알렸다.

지금까지 아이들 관리는 문제없어요. 닭고기 요리도 먹을 만하고 남은 기간에는 소시지와 갈비살 따위를 먹을 거예요. 물론 아이들은 오늘 무척 배고파 했어요. 아이들은 포스[마독]에서 베드겔러트까지 철도를 다시 부설하려고 계획 중인(클로프는 가능성이 없다고 말해요) 꽤 매력적인 철도 애호가들의 근처 캠프에서 텐트를 치고 잤어요. 그곳에서 그들은 아이들에게 설거지를 시키고 (앤디에게) 낡은 철재와 나사 등 철도에 필요한 재료를 모으게 했어요. (⋯) 아이들은 여섯 살짜리 사내아이를 텐트에서 함께 자자고 초대했는데, 그 아이는 줄리아와 결혼하고 싶어 했지만 우리 텐트가 그 아이 부모의 텐트 옆에 있어서 문제는 없었어요. (⋯) 날씨는 완벽했지만 나는 망원경의 초점을 어떤 별에든 맞추는 데 애를 먹었답니다. 하늘에 별보다 빈 공간이 훨씬 많아 보여요. (⋯) 톰슨 가족이 여기에 와 있어요―오늘 저녁은 톰슨네로 가서 먹을 거예요. (⋯) 많이 돌아다니지는 않았어요. 보티와 포트메리온

에 다녀왔죠. 아이들은 철도 열광자들의 캠프에 온통 정신이 팔려 있어요.[84]

월리엄스-엘리스가 브론다누 맞은편 비탈에 마치 폐허가 된 성의 일부인 것처럼 지은 기묘한 탑은 아이들이 놀이를 하고 상상하기에 가장 좋은 장소가 되었다. 줄리아의 기억대로 "우리는 가족 일기를 쓰곤 했어요. 그건 네 부분으로 나눈 한 장의 종이였죠. 이를테면 아빠는 '나는 오늘 장작을 팼다'라고 쓰고 엄마는 "나는 이걸 했다"라고 쓰곤 했어요. 이렇게 아빠는 가족에게 신경을 아주 많이 썼고 아주 다정했어요."[85] 실제로 에릭은 웨일스에서 가족과 가장 친밀한 시간을 보냈다. 대체로 가르치거나 여행하는 데 시간을 쓰던 모습과는 딴판이었다.

에릭은 가족에게 신경을 많이 쓰면서 특히 여동생 낸시를 포함해 다른 친척들과도 계속 연락하며 지냈다. 이 무렵이면 낸시의 남편 빅터 마르체시는 영국 해군에서 전역한 뒤 19세기의 유명한 쾌속 범선 또는 '차운반선'인 커티삭호, 현재는 런던 남동부 그리니치의 건선거에 전시되어 있는 배의 선장을 포함해 여러 일자리를 거친 다음 아내와 함께 메노르카섬으로 은퇴한 상태였다. 당시 부부의 자녀는 장성해 집을 떠나 있었다. 낸시는 여전히 오빠의 총명함과 명성에 간혹 분통을 터뜨렸다. 아들 로빈은 이렇게 말했다. "내가 열다섯 살에, 아니 실은 더 어렸을 때 어머니가 한 말을 항상 기억하고 있어요. '글쎄, 네가 작가가 되고 싶으면 말이다. 로빈, 에릭 삼촌 같은 작가가 아니라 **진짜** 작가가 되어야 해!!'라고 말했죠."[86] 에릭이 가장 가깝게 지낸 친척이었을 사촌 론은 공직에서 은퇴한 뒤 선실을 갖춘 작은 보트를 구입해 가족과 함께 블랙워터강을 항해하며 많은 시간을 보냈다. 정박지는 에식스의 번햄온크라우치였다. 로빈의 항해에 동행하진 않았지만, 에릭은 이제는 마를린과 함

께 1년에 두세 번씩, 특히 크리스마스 직전에 사촌을 꾸준히 찾아갔다.[87]

크리스마스이브는 먼 훗날 줄리아가 오빠와 대화하며 회상했듯이 매우 특별한 행사였다.

크리스마스이브—우리는 항상 크리스마스이브에 즐겁고 소소한 일을 했어요. 우리는 일종의 중부유럽식 크리스마스를 보냈어요. (…) 그날은 어디나 다소 정신이 없었지만, 우리는 매번 오갈 데 없는 사람들, 크리스마스에 문을 닫는 대영박물관 〔열람실〕 말고는 달리 갈 데가 없는 학자들을 맞이하곤 했어요. 그래서 크리스마스 당일은 매우 특이하게 어울려 지내곤 했죠. 하지만 크리스마스이브에는 우리 가족만 있었어요. 낮에 엄마가 집 안을 정돈하는 동안 아빠와 함께 전시회와 영화관에 갔다가 나중에 우리 넷이 유럽식 전통대로 선물을 열어봤어요. 나는 우리 집 크리스마스이브가 좋았어요. 그리고 그날은 의미가 있었어요. 아시다시피 아버지가 여행을 다니느라 떨어져 지냈기 때문이죠. 그래서 크리스마스이브는 특별하고 중요한 행사 (…) 매우 기억에 남는 행사였어요.[88]

마를린이 묘사했듯이, 크리스마스이브는 연중 가장 세심하게 연출하는 가족 행사였다. "오갈 데 없는 사람들"이 아직 도착하기 전이었으므로 그날은 에릭 가족뿐이었다. 에릭은 아이들을 데리고 나갔고, 그동안 마를린은 오후에 라디오로 킹스칼리지 예배당에서 진행하는 '아홉 가지 교훈과 캐럴' 방송을 들으며 칠면조 요리를 준비했다. 이튿날 크리스마스 당일에는 친구들과 손님들이 도착했다. 특히 오랫동안 찾아온 이들로는 자녀도 없고 텔레비전도 없었던 프랜시스와 라리사 해스컬 부부, 마를린의 어머니와 사촌 그레틀, 그리고 유니버시티칼리지 런던의 교수로 고대 역사서술 분야의 저명한 전문가인 아르날도 모밀리아노Arnaldo Momigliano가 있었다. 보통 에릭이 칠년조를 자를 때 식탁에는 열네 명쯤 있었다. 크리스마스 이튿날에도 영국 국립도서관 열람실이 문을 닫았기 때문에 더 많은 손님들이 뷔페식 요리를 먹으러 찾아왔다. 27일에 에릭과 마를린은 새해를 맞이하기 위해 남은 음식을 싸서 웨일스로 차를 몰고 갔다. 마를린의 회상대로 "그것은 우리 가정에서 의례처럼 치르는 유일한 일이었어요."[89]

혈연관계상 보다 멀긴 했지만 1958년에 출생한 혼외 아들 조스 베너던도 에릭의 가족에 포함되었다. 에릭은 조스에게 친아버지가 누구인지를 가급적 빨리 알려야 한다고 생각했지만, 어머니 매리언은 1972년 아들이 열네 살이 될 때까지 기다렸다가 진실을 밝혔다. 분명 충격적인 진실이었을 테지만 조스는 잘 받아들였던 것으로 보이고, 유명한 역사가의 아들이라는 사실에 약간의 자부심도 느꼈다.[90] 조스는 에릭을 그리 자주 보지는 않지만, 훗날 편지에 썼듯이 "우리의 혈연이 무슨 이유로 그토록 중요하고 특별한지는 신만이 알겠지만 실제로 중요하고, 우리가 어떻게 규정하든 간에 나는 우리의 관계를 기쁘게 받아들입니다"라는 입장이었다.[91] 에릭에게 보낸 조스의 편지는 이미 유창하고 세련된 문장으로 쓰여 있었고, 아버지로부터 물려받은 듯한 반항 정신을 드러냈다. 일례로 그는 1974년 초에 'O' 레벨 시험*을 치른 뒤 "더할 나위 없이 지루한 모든 것에 대한 저항으로" 학교를 걸어 나갔다.[92] 에릭의 자녀들은 세월이 한참 지나고 나서야 이복형제의 존재를 알게 되었지만, 그 후로 조스와 단단한 우정을 쌓았다.

이렇듯 1960년대 초부터 에릭의 삶은 그 전에는 알지 못했던 일과의

---

* 과거 영국 중등학교에서 치르던 보통 과정의 시험.

형태로 정착되었다. 로더릭 플로드는 이렇게 회고했다. "마를린은 이렇게 가정을 아주 매끄럽게 운영하는 (…) 측면에서 아주 중요했어요. (…) 에릭은 집안일에 적극적인 아버지가 아니었고, 오늘날의 기준으로 보더라도 꽤 나이 든 아버지였어요. 그래서 나는 마를린이 정말로 그의 수많은 일에, 그의 방식에, 그리고 그의 삶에 절대적으로 중요했다고 생각해요."[93] "책에 대해 말하자면, 나는 내가 불가사의한 방식으로 도움을 주었다고 생각하는데, 우리가 함께 있을 때 그가 최고의 작품을 썼기 때문이다"라고 마를린은 훗날 술회했다. "때때로 그는 한두 장章을 내게 보여주었고, 나는 아마 무언가를 말했을 테지만 내용이 아니라 길이와 명확성에 대해서만 이야기했다. (…) 이해하지 못하겠다거나 문장이 너무 길다는 등의 지적이 그에게 도움이 되었을 것이라고 생각한다."[94] 엘리제 마리엔스트라스의 생각은 이랬다. "이 결혼과 이 안정성이 실제로 그의 생활을 바꾸었는지 여부를 나는 모릅니다. 일단 그는 어디로든 여행을 가는 취향, 일종의 실천적 보편주의를 유지했습니다. 그리고 점점 더 많이 연구하고 점점 더 많이 발표했습니다."[95] 마를린과의 결혼생활은 에릭에게 사랑스러운 가족과 건전하고 안정적인 가정을 선사함으로써 분명히 여러 측면에서 그의 생활을 바꾸었다. 무엇보다 이 결혼생활은 그에게 행복을 가져다주었다. 인생의 말년에 에릭은 간혹 자기도 모르게 마를린을 뮤리얼로 부르는 말실수를 저질렀지만, 마를린은 개의치 않는 듯했다. 마를린은 에릭이 첫 결혼에서 얼마나 깊은 상처를 받았든 간에 그가 진정으로 사랑하는 사람은 자신임을 알고 있었다.[96] 인생에서 전에 없던 안정감을 얻은 에릭은 1960년대 초반부터 가장 유명하고 가장 널리 읽히는 저작들을 집필하여 당대를 대표하는 역사가로서 세계적인 명성을 쌓아나갔다.

4

에릭은 결혼한 후, 특히 아이들이 태어난 후로는 더 이상 소호의 재즈 클럽과 술집을 돌아다니지 않았지만, 오랫동안 가족의 안정적인 주 수입원이었던 버크벡에서 시간제 학생들을 가르치느라 학기 중에 일주일에 두세 번은 저녁에 집을 비워야 했다. 그의 학부 수업은 마땅히 인기가 있었다. 버크벡에서 에릭의 수업을 들은 학부생 중 한 명인 팻 로빈슨은 먼 훗날 에릭에게 다음과 같이 말했다.

정치이론 수업에서 선생님의 강의 스타일은 대단히 역동적이었습니다. (…) 유토피아에 대한 강의는 벌 아이브스 노래 〈큰 바위 사탕 산 Big Rock Candy Mountain〉을 인용하며 시작하셨죠. (…) 선생님의 버크벡 강의 덕에 저는 역사가 사실뿐 아니라 이념까지 포함하고 모든 경계를 가로지른다는 점에서 무한히 흥미롭다는 것을 깨달았습니다.[97]

1960년대 초에 에릭의 근대 유럽사 수업을 들은 앨런 몽고메리는 "우리의 대다수 강사들이 분명히 세심하게 준비한 강의록, 때로는 오래전에 준비한 강의록을 바탕으로 말했던 데 반해 홉스봄 박사의 이야기에는 무언가를 기대하게 만드는 즉흥성과 신선함이 있었습니다"라고 회상했다.[98] 또 다른 학생은 에릭이 "골프 클럽과 테니스 클럽의 확산을 바탕으로 중간계급의 영향력 증대를 가늠하거나, 이집트나 아마존 같은 예상 밖의 장소에서 이루어지는 고전 오페라 공연을 바탕으로 유럽 문화의 영향력 확대를 가늠했습니다. 내 기억이 정확하다면, 리구리아 지방 징집병들의 신장이 증가하는 것이 또 다른 사회적 지표였어요"라고 회고했다.[99] '비공식 경제'의 노동조건에 관한 논의에서 에릭은 자신의 아이들을 예로 드는 것도 마다하지 않았다.

나의 두 아이는 모두 신문 배달과 그밖에 비슷한 일들을 하는데, 이는 중간계급 아이들이 대다수 부모에게 받는 용돈보다 더 많은 돈을 버는 용인된 방식입니다. 아이들이 그런 일을 좋아하는지 어떤지 우리는 신경 쓰지 않으며, 햄스테드에는 (이를테면 켄티시타운의 구역들과 달리) 이런 측면에서 더 나은 업종들이 있습니다. 그러나 아이들은 보수를 적게 **받고 있으며** (학교와 숙제까지 고려하면) 과로하고 있을지도 모릅니다.[100]

에릭의 버크벡 강의는 런던대학의 다른 칼리지들에서 역사 분야 연동 학위를 취득하려는 학생들도 수강할 수 있었다. 에릭의 강의를 몇 차례 수강한 젊은 인도 역사가 로밀라 타파르는 "젊은 강사였음에도 그는 이미 학생들 사이에서 우상과도 같았다"라고 말했다.[101]

학생들이 보기에 에릭의 강의는 "훌륭하고 예리하며 영감을 주었다. (…) 에릭 홉스봄과 함께하는 저녁은 언제나 짜릿한 경험이었다." 장차 외무부에서 쌓아갈 성공적인 경력을 이제 막 시작했던 에드워드 글로버는 이렇게 회상했다. "에릭에게서 나는 질문하는 법과 필요하다면 정통에서 벗어나는 법을 배웠다. 간단히 말해 그때 이후로 문제에 대한 나의 접근법은 어떠한 문제도 논외로 하지 말아야 한다는 것이다." 이따금 에릭은 자신이 역사의 일부분이라는 의식을 전달할 수 있었다. 예컨대 러시아 혁명에 관한 강의 도중에 학생들에게 자신이 1917년 러시아 임시정부의 총리이며 1970년까지 뉴욕에서 망명자로 생활한 알렉산드르 케렌스키를 만난 적이 있다고 말할 때가 그러했다. "그 순간 우리는 에릭 홉스봄을 통해 현대사의 가장 주목할 만한 사건들 중 하나에 닿을 수 있을 것만 같았습니다."[102]

에릭은 강의와 세미나를 섞어서 가르쳤고, 세미나에서는 팻 스트라우드가 기억하듯이

우리가 최근에 쓴 에세이를 차례로 소리 내 읽는 동안 에릭은 학생들을 마주하는 교탁 위에 다리를 꼰 자세로 앉아 있곤 했습니다. 그는 열심히 들었지만, 우리에게 가장 흥미로운 측면은 에세이가 낭독되는 동안 그가 하는 행동이었어요. 파이프 담배를 수시로 피우던 그는 파이프를 꺼내 근처 쓰레기통에 먼젓번 담배를 털어서 버린 다음 담배 주머니를 꺼내 파이프를 새로 채우곤 했어요. 절차의 다음 단계로 성냥 세 갑이 등장하는데, 성냥 몇 개를 신발 바닥에 그어 파이프에 불을 붙인 다음 사용한 성냥은 쓰레기통에 던져 넣곤 했습니다. 한번은 그가 프랑스 혁명에 대해 이야기하던 중에 파이프 안의 담배를 발치의 휴지통에 비우자마자 불이 붙었고, 그 불을 밟아서 끄려다가 휴지통의 좁은 바닥에 그의 발이 끼는 바람에 발을 빼내려고 잠시 소동이 벌어지기도 했어요. 그런 와중에도 그는 학생의 에세이에 대한 논평을 거의 멈추지 않았습니다.[103]

교사로 일하다가 훗날 교원대학의 강사가 된 루이스 윈콧은 1962년부터 1967년까지 버크벡에서 역사 학사학위를 받기 위해 시간제 학생으로 공부했는데, 50년 넘게 지난 후에도 근대 초 유럽에 관한 에릭의 강의를 세세히 기억하고 있었다. 항상 강의록 없이 진행되는 에릭의 강의는 맨 처음부터 학생들의 주의를 모으는 데 성공했다.

그는 30년 전쟁 강의를 시작하면서 먼저 유달리 피를 많이 본 전쟁이

라는 말로 학생들의 관심을 곧장 붙잡곤 했어요. (…) 그런 다음에는 이를테면 튀르크군의 빈 포위[1683년]에 대해 (…) 오스트리아 여성들이 어떻게 작은 초승달 모양의 빵을 구웠는지에 대해 (…) 크루아상의 기원에 대해 말하는 식이었죠. 바로 이런 사소한 것들로 어떻게든 역사를 생생하게 만들고 더 많은 이야기를 듣고 싶게 했어요.[104]

실제로 강의가 얼마나 흥미진진했던지 윈콧은 필기할 생각마저 못했고, 그래서 "강의를 복습하려는데 필기한 게 아무것도 없었어요!"

윈콧은 1973년에 버크벡으로 돌아와 19세기와 20세기 사회경제사를 공부하는 2년짜리 석사 과정을 시작했다. 에릭이 얼마 전에 신설한 독립형 과정이었다. 윈콧이 이 과정을 매력적으로 생각한 것은 "매우 유능한 사람의 면전에 앉아 있으면 알게 되는 것" 때문이었다. "학생에게 결코 열등감을 느끼게 하지 않았어요." 이 석사 과정에서는 매주 두시간씩 세미나를 진행하면서 1815년부터 1914년까지의 영국 노동계급, 1815년부터 1970년까지의 영국 사회경제사의 사료와 역사서술 같은 주제를 다루었다. 1980년대 초에 이 석사 과정을 밟은 사회학 강사 피터 아처드는 이렇게 기억했다. "에릭은 두 시간짜리 세미나의 중간 휴식시간에는 언제나 학생들과 어울려 음료와 현안에 대한 의견을 나누었어요. 이런 순간은 무척 즐거웠고 다양한 주제에 관한 그의 통찰을 엿볼 기회를 제공했어요."[105] "에릭과 함께한 그 2년이 나의 지적·학문적 관심사를 바꾸었다"라고 그는 훗날 썼다. 아르헨티나에서 나고 자란 아처드는 멕시코 노동사를 주제로 박사학위를 받기로 결정했다. 그는 배낭 하나와 에릭의 추천서만 가지고서 멕시코시티로 가서 경제사가 엔리케 세모Enrique Semo의 연구실 문을 두드렸다. "나의 예기치 않은 방문과 밑에서 연구하게 해달라는 요청에 그는 회의적이었다. 내가 에릭의 추천서를 꺼내기 전까지는."[106]

에릭은 런던대학 역사연구소Institute of Historical Research에서 근대 경제
사회사에 관한 대학원 연구 세미나를 여러 해 동안 운영했다. 1970년대
초에 세미나에 참가한 한 사람은 훗날 "내 인생에서 탁월한 지적 경험이
었습니다. (…) 그것을 통해 일생에 단 한 번 경험하는 방식으로 역사가
넓고도 깊게 펼쳐졌습니다"라고 묘사했다.[107] 그리고 물론 에릭은 유명
해진 이후에, 특히 1970년대와 1980년대 초에 상당히 많은 박사 논문을
지도했다. 1976년에 에릭의 지도 아래 박사 논문을 끝마친 제프리 크로
식은 다음과 같이 회상했다.

> 내가 에릭에게 간 것은 아주 의도적인 선택이었습니다. 동시대의 좌파
> 사회사가들은 대부분 에드워드 톰슨에게 갔을 테지만, 그때도 나는 사
> 고방식에서 더 국제적이고 분석적 접근법에서 더 종합적으로 보이는
> 누군가를 원했어요. 에드워드 같은 유형이 아니라 에릭 같은 유형의
> 역사가를 원했습니다.[108]

항목별 체크, 정기 보고서, 세밀한 감독이 아직 요구되지 않던 당시의
일반적인 박사 논문 지도 관행에 따라 에릭은 다소 방임하는 방법을 택
했다. 크로식은 이렇게 기억했다.

> 지도교수 에릭에 대한 나의 경험은 매우 드물게 만난 것이 전부입니다.
> 심지어 첫해에도 몇 차례나 만났는지 의문이에요. 그해에 나는 실제로
> 논문 전개에 필요한 질문들에 초점을 맞추지 못하고 그런 질문들을 제
> 기할 수 있게 해줄 사료가 뭔지도 모른 채 심각하게 갈팡질팡했습니
> 다. 열심히 연구했지만 더 많은 지도가 필요했어요. 그리고 2년차 초반

에 내가 그런 문제들을 해결한 후에도 에릭은 여전히 나를 매우 드물게 만났고 매우 가볍게 지도했어요. 내가 어떤 장을 제출하든 그가 읽어보기까지 아주 오래 걸렸고, 내 논문의 최종 초안은 읽기까지 6개월 정도를 뭉갰어요.

그렇지만 본인도 인정하듯이 크로식은 논문 진척에 충분한 시간을 들이지 않고 베트남 전쟁 반대 운동에 너무 많은 시간을 썼다. 에릭은 이 반전 운동에 반대하지 않았고—어떻게 그럴 수 있었겠는가?—크로식은 결국 정식으로 박사학위를 받고서 런던 골드스미스칼리지의 학장직을 포함해 학계의 여러 위치에서 뛰어난 경력을 쌓았다. 다른 박사 과정 학생들은 오히려 에릭을 요구 사항이 상당히 많은 지도교수로 기억했다. 20세기 초 영국 노동운동에 대한 학위 논문을 1968년에 시작한 크리스 리글리는 에릭이 그의 초고를 돌려주면서 언제나 더 많은 읽을거리, 특히 비교론적 성격의 읽을거리를 제안했다고 회상했다. "로이드 조지와 노동계에 관한 절을 에릭에게 제출하자 그는 '자네는 정말이지 페루 농민에 대해 생각해본 적이 없군'이라고 말했고, 나는 '그렇습니다, 에릭, 나는 페루 농민에 대해 생각해본 적이 없고 앞으로도 없을 겁니다!'라고 말했어요."[109]

에릭은 유럽 대륙 관련 주제를 쓰려는 박사 과정 학생들도 끌어들였다. 에릭의 배경 못지않게 세계주의적인 배경을 지닌 도널드 서순—영국 시민으로 카이로에서 태어나 파리와 밀라노에서 학교를 다녔고, 런던과 펜실베이니아에서 학위를 받았다—은 1971년에 에릭에게 연락을 했다. 왜냐하면

루이 알튀세르의 저술에 깊이 빠져 있었고, 그람시와 같은 유기적 지

식인으로서 이탈리아 공산당과 관련해 무언가를 하고 싶었기 때문이죠. 그래서 버크벡의 에릭에게 편지를 보내 그와 함께 박사 과정을 밟고 싶다고 말했어요. (…) [그는] 내가 신뢰할 수 있고 다른 모든 사람들처럼 나도 당연히 높게 평가하는 인물이었어요. 에릭은 곧장 답장을 보내왔는데, 1번, 2번, 3번으로 이루어진 아주 짧고 간결한 편지였죠. 1번: 나는 당신의 주제에 관심이 있습니다. 2번: (…) 버크벡은 돈이 없습니다. 3번: 나는 루이 알튀세르의 저술을 무조건 칭송하는 사람이 아닙니다.[110]

"박사 논문이라고 해서 따분할 필요는 없어요. (…) 흥미롭되 논지에 어긋나지 않고 이해를 돕고 글을 가볍게 하는 사소한 정보를 약간 집어넣으세요"라고 에릭은 서순에게 말했다. 서순은 정치적으로 활동적이었고 유로공산주의의 이론과 실천에 매우 깊이 빠져 있던 터라 에릭에게 자신이 공산당에 가입해야 할지 물었다. 그러나 에릭은 가입하지 말라고 충고했다. "그건 완전히 시간 낭비예요! 당신은 스탈린주의자들과 싸우느라 시간을 다 쓰게 될 겁니다. [영국 공산당의 지도부에는] 스탈린주의자 다섯 명, 유로공산주의자 다섯 명이 있습니다. 그냥 가입하지 마세요." 서순은 공산당 대신 노동당에 가입했다.

여러 나라의 좌파 학생들은 에릭의 지도를 받고 싶어 아우성이었다. 그중 한 명인 제네바대학의 조교 유세프 카시스Youssef Cassis는 부유한 스위스 도시라는 가망 없는 환경에서 마오쩌둥주의 정치에 깊이 관여했고, 지방색이 덜한 환경에서 더 생산적인 무언가를 간절히 하고 싶어 했다. 카시스는 좌파의 통상적인 경로를 따라 노동사에 관한 논문을 쓰지 않고 오히려 '적'을 연구하기로 결심하고는 19세기 금융 부르주아지에 관한 연구 계획을 제안했다. 에릭은 여기저기 알아본 후에 이 연구가 가능하다고 판단해 카시스에게 잉글랜드 은행가들에 관한 문헌들을 소개했다. 에릭은 주기적으로 카시스의 연구를 읽고 논평했으며, 영어 실력에 자신이 없는 카시스가 논문을 프랑스어로 써서 제네바대학에 제출하기로 결정한 뒤에도 전혀 달라지지 않았다. 에릭은 어쨌든 논문을 지도했다.[111]

에릭의 지도 방식은 무미건조한 역사학 교수이자 종신 학과장인 R. R. 달링턴Darlington의 기죽이는 딱딱함과 극명하게 대비되었다. 어느 모로 보나 소인배인 달링턴은 중세 연대기와 헌장을 편찬하는 데 학문적 노력을 쏟았다. 에릭에게서 배웠던 어느 학생은 앵글로색슨 시대 잉글랜드에 관한 달링턴의 수업에서 분명 감흥을 받지 못했고, 그와의 "불편한 면담"을 다음과 같이 기억했다.

> "아, 샤프 씨와 러덕 박사는 당신의 연구에 퍽 만족한 것으로 보입니다. 데이킨 박사와 홉스봄 박사도 그렇고요. 당신이 학위를 받는 데 의문을 가진 사람은 나뿐입니다." (차갑게 식은 파이프를 열심히 빨아대느라 오랫동안 말을 멈추었다.) "하지만 다른 동료들은 준비된 에세이로 당신을 판단하는 데 반해 나는 필기시험으로 판단한다는 점을 알려드릴 수밖에 없군요. 당신의 학위는 필기시험을 어떻게 치르느냐에 따라 수여될 것임을 알려드립니다. 안녕히 가십시오!"[112]

얼마간 정치적 반감도 있었을 테지만, 달링턴이 에릭의 승진을 막은 것은 에릭이 필사본 사료를 사용하지 않았기 때문이라고 한다. 런던대학의 동료로 달링턴을 알고 있던 노엘 아난에 따르면 달링턴은 언제나 "역사학과에 홉스봄보다 뛰어난 학자가 적어도 두 명은 있다고 주장했다—연구로는 그들이 누구인지 알 수 없었지만."[113] 십중팔구 그 두 명은 달링턴 본인과 선배 교수 더글러스 데이킨Douglas Dakin이었을 것이다. 달링턴은 자신이 이해하는 역사 프로젝트인《외교정책 문서집》의 편집자라는 이유로 데이킨을 존경했다. 근대 그리스 연구를 대표하는 역사가이기도 했던 데이킨은 에릭을 승진시키려 노력했지만, 달링턴은 이렇게 대꾸했다고 한다. "내가 죽은 다음에나!"

1950년대 중반까지 에릭은 부교수로 승진하기에 충분한 학술 논문들을 발표했음에도 거의 1950년대 내내 조교수에 머물렀다. 에릭은 1959년 12월에 마침내 부교수가 되었다. 공산당 지도부는 에릭에게 축하 서한을 보낼지 고민했지만, MI5가 도청한 대화를 문자로 기록하면서 지적한 대로 존 골란이 다른 간부들에게 그것은 통상적인 관행이 아니라고 말했다.[114] 에릭은 이런 승진 지연이 전혀 이례적인 일이 아니라고 생각했다. 1948년 베를린 공수작전 이전에 직위가 있었던 공산당원들은 자리를 유지했지만 "거의 확실히 10년간 승진하지 못했고 이직할 기회도 없었다. 그 이전에 직위가 없었던 사람들은 약 10년간 일자리를 구하지 못했다. (…) 물론 마르크스주의자들은 실제 차별과 소련에 대한 일반적이고 이해할 만한 의심에 의해 최대한 고립되었다."[115] 대학 역사가들 가운데 윗세대는 학생들에게 에릭에 대해 경고하곤 했다. 도널드 서순이 기억하듯이

1960년대에 유니버시티칼리지 런던에서 나는 영국 경제사를 수강했다. 담당 강사(워낙에 무명인 학자라 이름을 잊어버렸다)는 (…) 우리에게 경고했다. "홉스봄은 더할 나위 없이 훌륭한 역사가이지만 조심하세요. 그는 마르크스주의자입니다. (…) 톰슨 역시 훌륭한 역사가이지만 조심하세요. 그도 마르크스주의자입니다." 그는 다른 이름은 언급하지 않았다. 나는 학교에서 두 사람의 이름을 들어본 적이 없었다.

예상대로 강의가 끝나자 우리 중 상당수는 마치 음란 서적을 사려는 10대처럼 흥분한 심정으로 홉스봄과 톰슨의 책을 사러 길 건너편의 서점으로 우르르 몰려갔다.[116]

이 강사는 십중팔구 W. H. 챌로너Chaloner일 텐데, 몇 년 전에 에릭과 아주 볼 만하게 맞붙은 적이 있었다.

에릭은 자신의 높아지는 세평을 인정하지 않는 버크벡에 실망하여 다른 가능성을 모색했다. 1965년 에릭은 포스탠의 퇴임으로 공석이 된 케임브리지 경제사 교수직에 지원했지만, 그 자리는 남아메리카의 은행에 관해 썼고 이렇다 할 주저를 쓰지 못한 채 몇 년 후에 사망하는 데이비드 조슬린David Joslin에게 돌아갔다. 에릭은 조슬린이 사망한 후 1971년에 다시 지원했다가 기업사가 데이비드 콜먼David Coleman에게 밀려 다시 고배를 마셨다. 콜먼은 충분한 자격을 갖춘 역사가이긴 했지만 조슬린이 그랬던 것처럼 에릭과 같은 급은 아니었다.[117] 케임브리지에서의 기회는 이번이 마지막이었지만 다른 가능성들이 있었다. 1966년 9월 18일, 에릭은 당시 유니버시티칼리지 런던의 학장 노엘 아난으로부터 그곳 경제사회사 교수직에 관심이 있는지 묻는 비공식적인 제안을 받았다. 에릭의 답변은 긍정적이었다.

나는 버크벡에 싫증이 나고 있어. 어느 정도는 이곳 자리의 미래가 너무 불확실하기 때문이고, 어느 정도는 이곳에 너무 오래 있었기 때문이고, 그밖에 지엽적인 이유들도 있어. 런던에서 너무 먼 여러 곳의 자리를 거절한 만큼 나는 당연히 런던의 자리가 좋고, 자네의 임기 동안에 UC는 전보다 훨씬 더 우수해질 테니 UC 자리에 선뜻 응할 생각이야. (현재 역사학과는 아무런 단서도 없이 우수하다고 말할 수 있는 상황이 아니야.) 아직은 공석이 없기 때문에 진지하게 생각해보지 않았지만, 예상하건대 코번이 이데올로기적인 이유로 나를 반대할 거야.[118]

이에 덧붙여 에릭은 아난에게 자신이 서식스대학의 교수 후보로 고려되고 있고, 빅토리아 시대 잉글랜드를 연구하는 저명한 역사가인 이 대학의 부총장 아사 브리그스에게 "원론적으로 갈 의향이 있"지만 "마를린과 나는 런던의 자리를 훨씬 더 선호할 것입니다. (…) 나는 실은 브라이턴에 가고 싶지 않지만, 제안을 수락할 용의가 있기는 합니다"라고 말한 사실을 알렸다.

에릭은 결국 브라이턴으로 가려고 시도하지 않았지만, 아난의 계획은 1968년 앨프리드 코번Alfred Cobban의 사망으로 공석이 된 유니버시티칼리지 런던의 프랑스사 교수 자리에 에릭이 신청하는 것으로 결실을 맺었다. 당연히 적절한 임용과 면접 절차가 진행되었으며, 에릭은 또다시 학과 내 정적들의 반대에 부딪혔다. 교수직은 19세기 프랑스사 전문가인 더글러스 존슨에게 돌아갔다. 이보다 한 해 전에 에릭은 H. J. 하바쿡이 지저스칼리지의 학장으로 선출되어 공석이 된, 올소울스칼리지의 펠로직과 연관된 옥스퍼드의 치철리Chichele 경제사 교수직에 지원한 바 있었다. 근대사 흠정교수인 휴 트레버-로퍼가 주도하는 임용위원회가 소집되었다. 트레버-로퍼는 에릭을 역사가로서는 존중했지만 공산당원으로서는 싫어해 반대하기로 마음먹었다. 옥스퍼드 역사가 키스 토머스는 훗날 이렇게 회고했다. "나는 트레버-로퍼가 세미나가 끝난 후 이스트게이트〔호텔〕에서 가진 술자리에서 그를 존경하는 무리에게 오늘 치철리 경제사 교수직에서 에릭을 배제하는 데 성공했다고 자랑하는 소리를 들었다." 임용에 성공한 후보자는 케임브리지 퀸스칼리지의 펠로인 피터 마티아스Peter Mathias로, 그때까지 저서가 1700년부터 1830년까지의 잉글랜드 양조산업에 관한 연구서 한 권밖에 없었다. 아마도 신중했기 때문인지 마티아스는 18세기부터 20세기까지 영국 경제사를 다룬 명료하고 권위 있는 저서 《최초의 산업국가The Frist Industrial Nation》를 출간한 1969년까지 교수직 취임을 미루었다. 에릭에 대해 말하자면, 임용 실패는 전화위복이었다. 그는 올소울스를 싫어했을 것이다. 이곳은 보수당과 긴밀한 관계였고, 펠로들은 매우 반동적이었으며, 술고래에 장서가인 학장 존 스패로John Sparrow는 펭귄 출판사가 D. H. 로런스의 《채털리 부인의 연인》을 출간했다가 음란물 출판법 위반으로 기소된 뒤 무죄 판결을 받자 잡지 《인카운터Encounter》에 그 판결을 비판하는 글을 쓴 필자로 일반 대중에게 가장 널리 알려져 있는 변호사였다.[119]

나치 독일을 전공한 젊은 사회사가이며 역사 공방History Workshop과 이것의 학문적 분파인 사회사 그룹Social History Group의 공동 창립자인 팀 메이슨Tim Mason의 권유를 받아, 대학원생 칼리지인 세인트앤서니의 학장 레이먼드 카는 1969년 에릭에게 편지를 보내 자신이 옥스퍼드에 세우고 싶은 가칭 사회사센터의 소장이 되어달라고 제안했다.[120] 그렇지만 카는 필요한 지금을 모을 수 없었다. 다시 오랫동안 기다린 끝에 에릭은 마침내 1970년 3월 버크벡에서 경제사회사 정교수로 승진했다. 교수 최저 연봉인 3780파운드보다 조금 많은 4300파운드 연봉에 런던의 공제액이 100파운드였고, 둘 다 1970년 1월 1일자로 소급 적용되었다. 승진은 1969년 달링턴이 사망한 직후 칼리지의 학장 로널드 트레스Ronald Tress가 추진했다.[121] 이 모두 환영할 만한 일이었지만, 정교수직은 새롭고 달갑지 않은 책무를 맡을 가능성을 동반했다. 특히 에릭은 가급적 대학 행정, 무엇보다 학과장 임명을 피하고 싶었다. 학과장을 맡으면 적어도 학기 중에는 집필에 필요한 시간이 줄어들고 여행하기가 어려울 터였다. 달링턴의 은퇴 이후 버크벡 역사학과장 자리는 더글러스 데이킨에게 돌아갔지만, 데이킨도 1974년에 은퇴할 예정이었다. 데이킨으로부터 학과장 자리를 넘겨받을 전망에 놀란 에릭은 그것을 피할 방도를 궁리했다.

에릭은 당시 케임브리지에서 가르치며 1850년부터 1914년까지의 영국 공작기계 산업에 관한 첫 저서의 출간을 준비하던 젊은 경제사가 로더릭 플로드를 알게 되었다. 그의 아버지 버나드 플로드는 전쟁 전에 노동당에 입당하고 1964년에 노동당 하원의원으로 선출된 사람이었다. MI5로부터 1930년대에 옥스퍼드에서 공산당원 서클의 일원이었다는 거짓 의심을 받아 기밀정보 취급 허가를 거부당한 버나드는 1967년에 자살했다. 그의 아들 로더릭은 일찍부터 매우 효율적인 학교 행정가라는 평판을 얻었고, 결국 나중에 런던 메트로폴리탄대학의 부총장이 되었다. 훗날 로더릭 플로드는 이렇게 기억했다.

나는 에릭을 틀림없이 1973년에 경제사학회 회합이 열리는 장소의 엘리베이터에서 처음 만났어요. (…) 우리가 엘리베이터에서 내리자 그는 나를 한쪽으로 데려가더니 버크벡의 역사 교수직에 지원할 생각이 있느냐고 물었어요. (…) 나는 정말이지 깜짝 놀랐는데, 그때 겨우 (…) 서른두 살이었기 때문이죠. 그렇게 잠깐 이야기한 뒤 헤어졌다가 그 제안에 대해 생각해보고 에릭과 다시 이야기한 다음 지원을 했어요. 나는 그가 임용위원회 소속이었지만 나에게 그 자리를 주는 데 꽤 영향력이 있었다고 생각해요. 이렇게 그와의 첫 만남 이후에 그가 나를, 또는 어쩌면 다른 누군가를 끌어들이려던 동기 중 하나가 학과장이나 그밖의 업무를 책임지고 싶지 않기 때문이라는 것이 곧 분명해졌어요. 그런 일을 본인이 하고 싶지는 않았던 거죠. 학교 행정에 일절 관심이 없다는 것이 그가 보여준 지속적인 태도 중 하나였다고 생각해요.[122]

플로드는 1975년에 정식으로 역사학과 교수로 임용되었고, 그 이후 격동의 시절 내내 학과를 안정적으로 이끌었다. 에릭과 플로드는 둘 다 버크벡에 재직하는 동안 "일주일에 서너 번 함께" 점심을 먹었고 그 이후에도 자주 에릭의 집에서 만났다. 그들은 영국과 세계의 정치, 대학의 소문, 플로드의 연구에 대해 이야기했다. "하지만 그는 자기 연구에 대해서는 도통 말하지 않으려 했어요. 이따금 내가 전혀 모르는 그의 책이 갑자기 나와서 스스로 바보같이 느껴질 정도였습니다." 에릭에게 역사에 대해 이야기하는 것은 결국 직장 업무를 집까지 가져가는 셈이었을 것이다.

5

《혁명의 시대》 출간 이후 에릭은 19세기 노동운동사에 관한 초기 논문들을 모아 《노동하는 인간Labouring Men》이라는 제목으로 펴냈다. 출판사는 《혁명의 시대》와 마찬가지로 바이덴펠트 & 니컬슨이었다. 논문 모음집이 베스트셀러가 되는 경우는 거의 없지만, 아마도 《혁명의 시대》로 에릭이 서평 편집자들 사이에서 유명해졌기 때문인지 이 책은 놀랍게도 언론에서 서평을 많이 받았다. 적대적인 서평자들은 에릭을 "세련되고 다소 순화된 마르크스주의자"로 규정했다. 그리고 에릭이 "페이비언 회원들에게 매우 불공평"하고, 적어도 이 책에서는 폭넓은 독자층에게 호소하기 위해 학계의 내분, 잘 알려지지 않은 세부 사실, 장문의 각주를 지나치게 많이 집어넣었다고 보았다.[123] 더 지적인 논평은 당시 마르크스주의 사상 분야를 대표한 연구자들 중 한 명인 조지 리히트하임 George Lichtheim에게서 나왔다. 리히트하임은 유럽 대륙에서 비교 자료를 확보하지 못한 점을 아쉬워했고, 자신이 보기에 에릭의 레닌주의가 "잔여물"에 지나지 않기는 해도 때때로 그의 분석을, 이를테면 노동귀족에 대한 분석을 방해한다고 생각했다. 유럽 대륙 출신인 리히트하임은 페이비언 회원들이 "편협하고 따분하다"는 데 동의하면서도, 그들은 영국 노동운동에 영향을 주는 데 성공한 반면에 마르크스주의자들은 실패한 이유를 에릭이 설명하지 못한다고 생각했다. 페이비언 회원들이 중간계급이라는 사실이 곧 그들이 사회주의자일 수 없다는 의미는 아니었다.

> 단순한 진실은 마르크스주의 운동이 (혹은 다른 어떤 운동이든 간에) 지적 엘리트층을 끌어들이며 시작해야만 사회를 장악할 수 있다는 것이다. 홉스봄 씨가 잘 알고 있는 이 진실이 이탈리아 공산주의의 비결이었다. 반대로 이 진실은 영국 공산당이 언제나 가망 없이 실패한 이유를 설명해준다. 노동자들은 혼자 힘으로는 혁명을 이루어낼 수 없다. 레닌은 이 점을 알고 있었고, 페이비언 회원들도 마찬가지였다. 홉스봄 씨도 알고 있다. 그런데 왜 그렇게 말하지 않는가?[124]

리히트하임의 논평은 일리가 있었다. 그럼에도 이 책은 전반적으로 크게 성공했다. 《노동하는 인간》은 노동사가 역사 연구의 주류로 들어오던 때에 등장했고, 제도가 아니라 맥락에 초점을 맞추어 영국 노동사에 접근하는 완전히 새로운 방법을 개척함으로써 이 주제에 지속적으로 영향을 주었다.[125]

에릭은 영국 경제사회사를 개괄하는 교재를 출간한 뒤에야 이 분야에서 진정으로 넓은 학생 독자층을 확보할 수 있었다. 이미 1961년 6월에 에릭은 펭귄 출판사의 논픽션 전문 계열사인 펠리컨과 영국 경제사에 관한 페이퍼백 시리즈의 세 번째 책을 계약한 바 있었다.[126] 당시 이런 유형의 다른 많은 기획과 마찬가지로 이 시리즈도 에릭이 1950년대부터 알고 지낸 케임브리지 역사가 잭 플럼의 머리에서 나온 것이었다. 1961년 5월에 에릭이 집필 의뢰에 원칙적으로 동의한 이후 6월 8일 플럼은 펭귄의 책임 편집자 디터 페브스너와 함께 런던 팰맬의 옥스퍼드 케임브리지 클럽에서 에릭을 만나 점심을 먹었다.[127] 에릭이 쓸 책은 크리스토퍼 힐이 쓰기로 한 근대 초기 책과 짝을 이룰 예정이었으며, 그 후에 무니아 포스탠이 중세 부분을 의뢰받았다. 애초 계획은 에릭이 1750년부터 1900년까지를 다루고 다른 누군가가 네 번째 책을 맡아 20세기를 집필하는 것이었지만, 결국 에릭이 거의 당대까지 서술을 늘리기로 했다. 8만 단어를 넘기지 않고 짧게 쓸 예정이었다. 에릭은 인세 7.5퍼센트에 선인세로 400파운드를 받았고, 출판사는 그들로서는 충분한 집필 기간이라 여겨 원고 마감일을 1962년 12월 31일로 요청했다.[128] 시리즈의 세 권 모두 우선 바이덴펠트 & 니컬슨에서 양장본으로 내기로 했지만, 애초 펭귄 출판사에서 집필을 의뢰한 만큼 무엇보다 페이퍼백 시장을 염두에 두고 기획된 것이 분명했다.[129]

다른 많은 일들을 감안하면, 에릭은 계약서에 명시된 극히 촉박한 마감일을 맞추지 못할 수밖에 없었다. 1963년 1월 17일, 저작권 대리인 데이비드 하이엄은 에릭과 통화한 다음 "그가 원고를 올해 중반에 넘길 것입니다. 예기치 않게 록펠러 연구기금을 받아 해외에 나가는 바람에 집필이 늦어졌습니다"라며 펭귄 출판사를 안심시켰다.[130] 그러나 1963년 7월 에릭이 저작권 대리인에게 알린 대로 "그가 63년 말이나 64년 1월 말까지 집필을 끝낼 수 있을지 매우 불확실합니다. 그는 방학 동안 집필할 계획이지만 10월까지는 실제로 몰두할 수 없을 것 같습니다."[131] 1964년 1월이 지나서도 집필을 끝마칠 조짐은 없었다. 펭귄 측은 원고 납기일을 1964년 7월로 변경하기로 합의한 뒤 잭 플럼에게 "당신이 매우 실망하고 있고 이번 새 마감일을 지켜줄 것을 진심으로 바란다는 편지를 에릭에게 써줄" 것을 요청했다.[132] 그러나 에릭에게 이 모든 압력을 가했음에도 결과물은 전혀 나오지 않았다. 7월 13일 페브스너는 하이엄에게 편지를 썼다. "이제 7월이 되었으니 홉스봄이 언제 원고를 넘겨주려 하는지 정말 확실하게 알아야겠습니다."[133] 준비된 것은 아무것도 없었다. 에릭은 8월 24일에 펭귄 출판사에 편지를 보냈다.

귀사의 다른 저자들이 책을 집필하면서 두 명의 어린아이(한 명은 몇 주 전에 태어난)를 돌봐야 하는 데다 새 집을 사고 개조해야 하는 복잡한 일까지 처리해야 한다면, 나처럼 생산성이 크게 떨어지지 않기를 바랍니다. 나는 시간이 날 때면 펭귄 사의 일을 미친 듯이 했지만 진행 속도가 예상보다 느렸습니다. 가정생활의 리듬이 다시 안정을 찾으려면 몇 달이 더 필요합니다.[134]

에릭은 플럼에게도 비슷한 내용의 편지를 썼다.[135] 그러나 온갖 압력에도 불구하고 바라던 결과물은 나오지 않았다. 페브스너는 인내심을 잃기 시작했다. 8월 28일 에릭의 대리인에게 "이 책을 신속히 끝내지 못한다면 나는 홉스봄은 물론 책과 관련된 다른 모든 사람들과도 사이가 틀어질 것입니다"라고 전했다.[136] 이 위협도 통하지 않았다. 원고 마감일이 다시 한 번, 이번에는 1965년 7월로 연기되었다.[137]

에릭은 여름방학 동안 집필에 전력해 마침내 1965년 12월 말에 끝낼 수 있었다.[138] 그렇지만 1966년 초에 원고를 통독한 펭귄 편집자들은 20세기 부분에 만족하지 못했다. 에릭이 원고를 신속히 마무리하라는 압력을 받았던 사정을 고려하면 이해할 만하게도 20세기 부분은 급하게 쓴 티가 났다. 펭귄의 역사 편집자 피터 라이트는 2월 8일 에릭에게 이렇게 말했다.

전반적으로 제10장까지는 지적할 사항이 전혀 없습니다. 그렇지만
1918년 이후 부분에서 우리 펭귄 측은 현재 책의 전체적인 균형에 대
해 약간의 불안감을 느끼고 있습니다. 사회 내 개개인의 생활수준 등
에 관한 서술이 **많으며**(50쪽가량), 그중 일부는 너무 확장된 데다 너
무 지엽적인 내용에 가까워 보입니다. (…) 우리 의견은 제11장을 어
느 정도 확대해야 하고, 특히 공황이 발생한 원인 등을 더 충실하게 설
명해야 한다는 것입니다. (…) 우리가 떠올린 또 하나의 전체적인 문제
는 (제10장의 농업을 포함해) 모든 영역에서 1951년 이후 시기에 대한
논의가 극히 간략하다는 것입니다. 현 상태에서 우리는 지난 15년에
관한 논의를 꽤 많이 확장하든지, 아니면 전체 저술을 1951년에서 끝
내든지 둘 중 하나를 택하는 편이 나을 것이라고 생각합니다.[139]

적절한 시기에 피터 라이트는 에릭을 만나 점심을 먹으면서 타이핑
한 원고를 함께 검토했다. 1966년 10월, 에릭은 출판사의 비판을 수용
해 마지막 장을 대폭 수정하고 확장했다.[140] "새 장은 아주 훌륭해 보이
며 그 점에 깊이 감사드립니다"라고 피터 라이트는 10월 24일 에릭에게
말했다.[141]

그럼에도 펭귄의 전반적인 견해는 하나의 전체로서 "좌파의 훌륭한
책"이긴 해도 "20세기 부분보다 19세기 부분이 더 낫다"는 것이었다.[142]
출간은 더 지연되었는데, 이번에는 조지 바이덴펠트, 그리고 미국 출판
사인 판테온의 앙드레 쉬프랭André Schiffrin과 양장본을 놓고 벌인 복잡한
협상 때문이었다. 나머지 과정도 결코 간단하지 않았다. 바이덴펠트 &
니컬슨의 줄리언 셔크버러Julian Shuckburgh는 "홉스봄 때문에 우리가 투자

한 막대한 시간과 노력"에 대해 불평했다. "홉스봄은 지난 12개월 동안 느리고 연락이 잘되지 않았으며, 그의 책은 52개의 복잡한 선화線畫와 (매우 최근에 결정하기 전까지) 50~60개의 사진을 수록할 예정이었다."[143] 마침내 책은 편집과 제작 과정에 들어가 원래 일정보다 5년 이상 늦은 1968년 4월 11일에 바이덴펠트 & 니컬슨에서 양장본으로 출간되었다.[144]

300쪽이 조금 넘는 《산업과 제국Industry and Empire》은 세련된 종합과 압축적 설명으로 채워진 걸작이었다. 에릭이 올바르게 "문서로 기록된 세계 역사에서 인간 삶의 가장 근본적인 전환"으로 평가한 산업혁명이 책의 중심과 전체 분량의 거의 3분의 1을 차지했다. 이렇듯 에릭은 원고를 수정하긴 했지만, 시기별 분량의 균형이 맞지 않는다는 편집자의 불만을 완전히 해소하진 못했다. 이 책에서 눈에 띄는 독창적인 점은 산업화 과정을 훨씬 더 넓은 세계적 맥락 안에 자리매김했다는 것이다. 그에 반해 종전의 다른 학자들은 산업화 과정이 다른 곳이 아닌 영국에서 시작된 이유를 설명하려 시도했고, 그리하여 영국의 경제와 사회 내부의 요인들에 집중했다. 에릭은 이미 《혁명의 시대》에서 주장했던 것처럼 이 책에서도 영국이 18세기에 해외 제국을 확장하여 새로운 시장을 획득하고 식민화된 국가들에서의 경쟁을 억압하는 방법으로 영국 산업혁명에 꼭 필요한 자양분을 공급했다고 주장했다. 그 결과 영국은 아프리카에서, 뒤이어 인도에서 막대한 양의 면제품을 판매할 수 있었고, 그 과정에서 국내에서 기계화를 촉진하고 제품 가격을 낮추며 빠르게 자본을 축적할 수 있었다.[145]

《산업과 제국》에는 경제사뿐 아니라 사회사 및 정치사와 관련해서도 흥미로운 서술이 많았다. 영국 사회—에릭은 잉글랜드뿐 아니라 스코틀랜드, 웨일스, 아일랜드의 공간까지 포함하는 영국 전역을 의미했다—는 대규모 산업 노동계급, 20세기에 들어선 이후 노동당의 성장 기반이 될 노동계급을 배태하며 경제적 측면만이 아니라 사회적 측면에서도 전환을 이루었다. 실제로 서평자들은, 심지어 비판적인 서평자들까지도 "현재 우리가 처한 곤경은 역사적 논증의 맥락을 벗어나서는 설명할 수 없다는 것, 이 차원을 결여한 영국 해부는 빈약하고 공허하다는 것"이 이 책의 가장 유의미한 주장이라고 생각했다.[146] 이런 의미에서 이 책은 1970년대 내내 정치권과 미디어를 달군 '영국의 쇠퇴' 논쟁에 일조했다.

6년 전 《혁명의 시대》 출간으로 에릭의 명성이 높아진 덕에 《산업과 제국》은 유수의 언론에서 두루 서평을 받을 수 있었다. 분명히 영국 경제사에 관한 버크벡 강의에 기반을 둔 《산업과 제국》은 에릭이 출간한 다른 어떤 책보다도 교재에 가까울 것이지만, 이 책은 일반 독자도 유익하게 읽을 수 있는 방식으로 쓰였다. 헐대학에서 경제사회사를 가르친 좌파 미국인 데이비드 루빈스타인은 노동당 잡지 《트리뷴》의 독자들에게 이 책의 독창성을 설명했다.

전쟁 이후로 경제사는 망가져왔다. 경제사 학자들이 이 분야를 일반 독자로서는 도저히 이해하기 어려운 주제로 만들겠다고 분명히 결심했기 때문이다. 인간이 아닌 통계에 대한 관심, 전문가들의 용어, 현학적인 언쟁, 과거가 주로 생산·투자·이익의 곡선으로 이루어진다는 견해 등은 경제사를 1960년대의 음울한 학문으로 만들어갔다. 이제 이 접근법은 우리 시대의 가장 뛰어난 역사가들 중 한 명에 의해 도전받고 있다. 에릭 홉스봄의 산문이 언제나 따라가기 쉬운 것은 아니지만 —그의 논증은 매우 조리정연하고 쓸데없는 말을 배제한다— 그는 자신이 인간에 관해 쓰고 있다는 것을 결코 잊지 않는다.[147]

루빈스타인은 책에서 여러 인상적인 경구를 끄집어냈다. 예를 들어 에릭은 "다른 곳에서 아무리 강하게 불던 변화의 바람일지라도 영국해협을 건너자마자 약해졌다"고 말했다. 이런 간명한 표현이 책의 가독성을 높여주었다. 다른 사람들도 동의했다. A. J. P. 테일러는 자기 의견을 고집하는 특유의 서평에서 대다수의 경제사가 재미없는 반면에 《산업과 제국》은 그렇지 않다는 데 동의하면서, 경제사를 부록의 통계로 돌리고 본문에서 사회사에 집중했기 때문이라고 말했다. 이 말은 매우 흔한 경우처럼 테일러가 자신이 평하는 책을 실제로 읽지 않았다는 것을 암시했다.[148]

해럴드 퍼킨은 더 비판적인 서평을 썼는데, 1969년 저서 《근대 영국 사회의 기원, 1780~1880 The Origins of Modern English Society, 1780-1880》과 그 이후의 저술에서 표명한 같은 시기에 대한 그의 견해는 에릭의 견해와 매우 달랐다. 퍼킨은 산업화 기간 동안 노동계급의 생활수준에 대한 에릭의 비관적인 서술을 부인하고 그 대신 1840년대부터 생활수준이 꾸준히 나아졌다는 서술에 초점을 맞추었다. 그러면서 영국 경제사회사에 관한 에릭의 묘사는 "레닌의 눈으로 우리를 보는 것"이라고 퉁명스럽게 지적했다.[149]

《산업과 제국》의 세계적 파급력은 영국사에만 집중한 탓에 분명히 제한되었다. 독일어판은 거의 곧장 나왔다. 다만 에릭은 본문 태반의 "부자연스러운 직역"부터 기술적 경제 용어의 오역에 이르기까지 번역이 여러 면에서 부족하다고 보았다. 그는 타이핑한 번역 초고를 세심하게 통독하면서 손을 보았고, 출판사 측에 인쇄하기 전에 유능한 사람에게 원고 검토를 맡길 것을 촉구했다.[150] 같은 해인 1969년에 브라질에서 포르투갈어 번역본이 나왔고, 1972년 이탈리아어판, 1976년 프랑스어판, 뒤이어 페르시아어판, 터키어판, 한국어판, 스페인어판이 나왔다. 《산업과 제국》은 이 분야의 대표 교재로 자리 잡았고, 에릭의 다른 책들과 마찬가지로 결코 절판되지 않았다.

6

《산업과 제국》의 뒤를 이어 에릭이 1940년대 후반부터 관심을 기울인 두 주제, 즉 자본주의가 사회에 끼친 영향이라는 주제와 자본주의에 맞선 농촌의 비조직적이고 '원초적'인 저항 형태라는 주제를 결합한 책이 1969년에 나왔다. 조지 루데와 공동으로 집필한 《도리깨질 대장Captain Swing》이었다. 1910년에 태어나 에릭보다 몇 살 위인 루데는 1789년 프랑스 혁명을 밀고 나아가는 데 크게 기여한 파리의 대규모 대중 봉기의 구성에 관한 상세한 연구로 명성을 얻은 학자였다. 1950년 유니버시티 칼리지 런던에서 완성한 뒤 1959년 옥스퍼드대학 출판부에서 《프랑스 혁명의 군중The Crowd in the French Revolution》이라는 제목으로 출간한 박사 논문을 계기로 루데는 '아래로부터의 역사'를 개척한 사람들 중 하나로 부각되었다.[151] 루데는 1950년대까지 대학에서 자리를 잡지 못하다가 1960년대 후반에 대학이 늘어나면서 자리를 잡았다. 그는 자기 나이가 너무 많다고 생각했고 어쨌든 박사학위를 받기 전까지 역사학 학위를 받은 적이 없었다. 루데는 오스트레일리아의 애들레이드대학에 자리를 잡았다. 에릭은 유니버시티칼리지 런던의 보수적인 지도교수 앨프리드 코번이 루데가 공산당원이라는 이유로 그의 경력을 방해했다고 비판했지만, 사실 코번은 루데가 애들레이드대학에 임용 신청을 하는 데 큰 도움을 주었다. 나중에 루데는 스코틀랜드에서 막 문을 연 스털링대학의 교수직에 초빙되었지만, 그의 아내 도린이 이 지역을 방문한 후 좋아하지 않자 대학에 가보지도 않은 채 임용 제안을 고사했다. 그런 다음 에릭의 제자 앨런 애덤슨Alan Adamson이 인사위원회 책임자로 있는 몬트리올 컨커디어대학에서 에릭의 추천으로 루데에게 교수직을 제안했고, 루데는 기꺼이 받아들였다.[152]

공동 작업의 첫 계기는 런던을 방문한 루데가 에릭에게 1830년 영국 농촌에서 일어난 '도리깨질 대장'(이 명칭은 탈곡기를 부수고 건초 더미를 불태우겠다고 협박하는 여러 편지에 '도리깨질 대장'이라는 허구의 서명이 들어간 사실에서 유래했다)의 소요에 대해 쓰고 싶다고 말한 1962년으로 거슬러 올라간다. 루데는 도리깨질 소요에 가담했다가 오스트레일리아로 이송된 사람들에 대한 기록을 이곳에서 발견하여 관심을 갖게 되었다. 훗날 에릭은 이렇게 회상했다.

우연찮게도 나는 몇 년 전에 윌트셔 지방 '빅토리아 카운티 역사'에 기고하기 위해 이곳의 도리깨질 소요에 관해 얼마간 연구한 적이 있었지만, 그 기고문은 거부되었거나 어쨌든 발표되지 않았습니다. 그래서 공동 작업을 제안했어요. 나는 이 문제를 생각했고, 적어도 하나의 카운티에 대해서는 알고 있었어요. 실은 하나 이상 알고 있었는데, 잉글랜드 남동부의 도리깨질 소요에 관한 박사 논문도 지도했기 때문이죠. 그래서 공동 작업이 자연스러워 보였어요. 그는 이상적인 공동 연구자였습니다.[153]

에릭의 제안에 긍정적으로 반응한 루데는 책에서 긴 안목으로 농촌 산업, 구빈법, 그리고 농민 소요 억압을 다루어야 한다는 데 동의했다. 그러면서 "지도의 도움을 받아 소요 과정을 하루 단위로 따라갈 필요성에 전적으로 동의합니다(르페브르의 《대공포》가 하나의 본보기가 될 것

입니다)"라고 덧붙였다.[154]

그렇지만 오스트레일리아에 있는 루데는 태즈메이니아로 이송된 범죄자들의 운명을 연구할 수 있을 뿐이었다. 잉글랜드의 문서고들을 연구하려면 1963년 혹은 1964년으로 예정된 연구년이 올 때까지 기다려야 했다. 게다가 폰타나 유럽사 시리즈의 한 권도 끝내야 했다(《혁명기 유럽, 1783~1815Revolutionary Europe, 1783-1815》, 1964). 하지만 그 후에 루데는 에릭에게 "나는 이제 1830년 프로젝트에 전력할 수 있고, 조만간 확실히 그것에 대해 곰곰이 생각하고 오스트레일리아의 자료를 끝마칠 것입니다"라고 다짐했다. (9장에서 다룬 폭동의 분포에 관한 분석을 제외하면) 세부 연구는 대부분 루데가 담당하고 소요의 배경과 해석 부분은 에릭이 쓴 이 책은 1969년 로런스앤드위셔트 출판사에서, 그리고 미국판은 앙드레 쉬프랭의 판테온 출판사에서 나왔다. 《도리깨질 대장》은 본질적으로 폭력에 관한 연구, 특히 막 시작된 기계화에 직면한 기존의 점잖은 노동자들이 절박한 단체교섭의 한 형태로 저지른 폭력에 관한 연구였다. 그렇기에 비슷한 노선으로 같은 기간을 다룬 다른 좌파 역사가들의 저술, 특히 이 시기 "잉글랜드 군중의 도덕경제"에 관한 에드워드 톰슨의 에세이와 궤를 같이하는 책이었다.[155] 두 저자의 말대로 "가난과 지위하락에 대항한 잉글랜드 농촌 노동자들의 길고도 불운한 투쟁에서 가장 인상적인 사건"에 대한 흥미진진한 서사와 분석을 담은 《도리깨질 대장》은 곧장 폭넓은 관심을 받았으며, 펭귄 출판사는 신속히 페이퍼백을 발행했다.[156]

많은 서평자들, 나아가 두 저자와 마찬가지로 A. J. P. 테일러는 이 농민 반란에 대한 기존의 유일한 연구인 좌파 자유주의 역사가 존 로런스와 바버라 해먼드 부부의 저술에 경의를 표하면서도, 《도리깨질 대장》이 연구의 폭으로 보나 이해의 깊이로 보나 그들의 연구를 훌쩍 뛰어넘

는다고 평가했다. 이것은 "천 권 중에 한 권 있을까 말까 한 책"이었다.[157]

그렇지만 잭 플럼은 두 저자가 18세기의 민중 저항과 일반적이고 오래된 농촌 폭력 전통, 아울러 그런 폭력에 가담한 소도시 급진주의자들을 간과했다고 질타했다. 그의 지적대로 이런 형태의 농민 반란은 대개 새로운 권리보다 전통적인 권리를 주장하는 과거 지향적인 움직임이었다.[158] 프랑스 혁명기 민중의 생활과 봉기를 연구하는 역사가 리처드 코브는 《타임스 리터러리 서플리먼트》 기고문에서 《도리깨질 대장》에서 루데의 능숙한 경험적 연구와 홉스봄의 "날카로운 인식, 인상적인 은유를 구사하는 솜씨, 풍부한 역사적 상상력"이 완벽한 결합을 이루었다고 평가했다. 그러면서도 코브는 플럼과 마찬가지로 "'도리깨질' 농민들" 대다수가 자연히 공손한 자세를 보였다고 강조했다. "이들은 농촌의 평등주의자들이 아니었고, 마을 사회의 기존 질서를 받아들였으며, 터무니없을 정도로 기대치가 낮았다."[159] 이런 비판적인 의견에도 불구하고, 책은 잉글랜드 농촌에서 자본주의와 기계화의 충격에 대한 농민층의 반응을 밝힌 경험적 연구와 분석으로서 고전의 위치에 올랐고, 에릭의 다른 책들과 마찬가지로 지금까지 절판되지 않고 있다.

《도리깨질 대장》의 출판사로 에릭과 루데가 로런스앤드위셔트를 선택했음에도, 이 시기 에릭과 바이덴펠트 출판사의 관계는 긴밀했다. 에릭은 이 출판사가 폭넓은 독자층에게 호소할 법한 방식으로 역사적 주제에 관해 쓸 수 있는 흥미롭고 재능 있는 저자들을 찾는 데 도움을 주었다. 키스 토머스는 1968년 《과거와 현재》의 편집진에 합류했을 때 에릭을 처음으로 대면했다. 토머스가 술회하듯이 그로부터 오래지 않아

바이덴펠트 & 니컬슨을 위해 유능한 스카우트 역할을 하던 에릭은 내가 쓰고 있는 어떤 저술이든 이 출판사에서 펴낼 용의가 있는지 물었

는데, 마침 나는 《종교와 마술의 쇠퇴Religion and the Decline of Magic》를 쓰고 있었다. 나는 출판사를 생각해보지 않았고 내 책을 내려는 출판사가 있을지 다소 의문이었으므로 선뜻 수락했다. 책은 1971년에 질 좋은 종이에 각주를 단 채로 매우 보기 좋게 출간되었다. 그러나 책의 가격(8파운드)이 당시 기준으로 터무니없이 비쌌던 터라 TLS는 그것(책이 아니라 가격)을 머리기사의 주제로 삼았고, 내 기억이 맞다면 그 후에 그 돈이면 차라리 주말에 아내와 함께 런던에 가서 공연을 보는 편이 낫겠다는 독자 편지가 실렸다. 나는 에릭이 그 일로 얼마를 받았는지 모르지만(그는 언제나 인세에 매우 민감했고 자신의 저작권을 열렬히 수호했다), 내 계약은 지독하게 불리해서 오늘날까지도 바이덴펠트(현재는 오리온 출판사) 측이 펭귄 페이퍼백판의 인세에서 50퍼센트를 가져간다. 당시 나는 순진했다.[160]

정말이지 지독하게 불리한 계약이었다. 대작 《종교와 마술의 쇠퇴》가 순식간에 고전이 되었고 오랫동안 아주 잘 팔렸기 때문이다.

에릭은 여러 면에서 조지 바이덴펠트에게 부채감을 느꼈다. 그래서 1965년 12월 《도리깨질 대장》에 실릴 자기 몫의 원고를 끝내자마자 《산적의 사회사Bandits》라는 얇은 책을 쓰기로 했다. 서지학자이자 편집자인 존 그로스John Gross가 편집하고 삽화가 들어가는 바이덴펠트의 새로운 시리즈 '역사의 행렬'에 넣을 책이었다. 이 시리즈에는 대중 역사가 크리스토퍼 히버트Christopher Hibbert의 《노상강도Highwaymen》, 퀜틴 벨 Quentin Bell의 《블룸즈버리Bloomsbury》, 로마사가 마이클 그랜트Michael Grant의 《검투사Gladiators》, 러시아사가 로널드 힝글리Ronald Hingley의 《니힐리스트Nihilists》도 포함되었다.[161] 에릭은 《산업과 제국》을 끝낸 다음 이것을 쓰기 시작했지만, 1967년 11월 16일 데이비드 하이엄에게 보낸 편지에서 밝혔듯이 곧 걱정하기 시작했다.

바이덴펠트에서 펴낼 산적 책을 쓰고 있지만 걱정이 앞섭니다. 이 책
은 먼저 네 권이 나온 시리즈 가운데 하나입니다. 솔직히 말해 그 책들
을 보고 놀랐습니다. 그것들은 값싸고 형편없어 보이며(나는 그 책들
이 '세계 대학 도서관 문고'처럼 본문에 삽화가 들어가는 형태로 나올
것이라고 생각했습니다), 일반적인 제목은 너무 끔찍하고, 현재는 시
리즈 전체가 잘 풀리지 않은 아이디어처럼 보입니다. 조지는 앞으로
나올 책들은 외형을 바꿀 것이라고 말했고 나도 그러기를 바랍니다.
지금 이대로라면 시리즈의 모든 책이 덩달아 실패로 끝날 것입니다.
더 나쁜 점은 잡다한 유형의 네 권이 한꺼번에 출간되었다는 사실입니
다. 그래서 네 권이 보통의 '일반' 서평자들에게 한 묶음으로 넘겨졌는
데 이는 a) 무지한 사람이 서평을 쓴다는 것, b) 각 권을 밋밋한 한두
줄로 대충 평가한다는 것을 의미합니다. 이것이 현재까지의 상황입니
다. 내 책이 처음부터 영 가망 없는 방식으로 나오기를 바라지 않습니
다. 초장에 문제를 바로잡지 않으면 그렇게 되기 십상입니다.[162]

하이엄은 에릭의 우려와 관련해 바이덴펠트와 의논해보겠다고 약속
했다.[163] 바이덴펠트는 실제로 표지를 다시 디자인하고, 네 권씩 묶어서
출간하던 방식을 중지했다.[164] 에릭은 1968년 10월 초에 《산적의 사회사》
원고를 넘겼고, 이듬해 책이 나왔다.[165]
    에릭은 《원초적 반란자들》에 수록한 산적에 관한 장을 바탕으로 《산적
의 사회사》를 썼지만, 시야를 엄청나게 넓혀 중국부터 브라질까지 전 세
계의 산적행위를 포괄했다. 50여 개의 인상적인 삽화를 집어넣고 갖가
지 색다른 정보, 이야기, 전설, 전기를 제공하는 《산적의 사회사》는 아마

도 에릭의 저작 가운데 가장 순수하게 즐길 만한 책일 것이다. 이와 비슷한 책은 나온 적이 없었다. 에릭은 아주 많은 익숙한 자료와 생소한 자료를 종합하여 산적행위의 모든 현상에 대해 일군의 일관된 주장을 개진했다. 일례로 사회적 산적은 시골 사회의 대표였다고 주장했다. 사회적 산적은 로빈 후드처럼 시골 사회의 가장자리에서 살면서 부를 재분배하기 위해 주민들을 대신해 싸우거나, 브라질의 람피앙Lampião처럼 시골 사회에 가해진 부당한 행위에 복수하거나, 남동유럽에서 18세기에 오스만 통치자들에 맞서 싸운 하이두크haiduk처럼 국가에 대항해 산발적이고 비조직적인 저항을 전개했다. '사회적 산적행위'는 비조직적이고 이데올로기와 무관하면서도 넓은 의미에서 (산업계급이 아니라) 산업시대 이전의 빈민을 해방하려는 정치적 시도였으며, 이 점에서《원초적 반란자들》에서 탐구한 '사회운동의 고풍스러운 형태들'과 비슷했다.

사유의 궤적이라는 측면에서 두드러지는 점은 1950년대 중반만 해도 성장하는 산업 노동계급에 관해 쓰던 에릭이 재산을 빼앗기고 주변부로 밀려난 사람들에 대한 저술로 넘어갔다는 것이다. 다시 말해 에릭은 역사의 궁극적인 승리자들이라고 생각한 계급에 대해 쓰다가 역사의 의심할 바 없는 패배자들에 대해 쓰기 시작했다. 산적이라는 주체에 대한 에릭의 공감은 저술의 목적론적 틀을 통해 확연히 드러났다. 프랑코 치하의 스페인에서 1950년대 말까지 산적과 레지스탕스 투사로 활동한 프란시스코 사바테 요파르트 같은 사람들은 영웅이라고 에릭은 썼다. 비극적이고 뜻을 이루지 못한 영웅이었지만, 그래도 영웅이었다. 일부 서평자들은 에릭이 이 주체들을 흠모한다는 것을 감지하여 산적의 지배를 받는 생활은 폭력과 살해, 강탈을 의미하기도 했고 대부분의 평범한 시골 사람들에게는 매우 억압적인 생활이었다고 지적했다. 한편 에릭에게 이 책에 대한 최고의 찬사는 1970년대에 멕시코의 농민 급진주의자 집단으로부터 받은 칭찬이었다. 그들은 편지를 보내 에릭의 서술에 공감한다고 알렸다. 1999년 개정판에 에릭은 "그들의 지지가 이 책에서 제시하는 분석이 옳다는 것을 입증하지는 않는다"라고 적었다. "하지만 그들의 지지는 독자들에게 이 책이 골동품 연구나 학문적 추론 연습을 넘어선다는 자신감을 심어줄 수 있을 것이다. 로빈 후드는 설령 가장 전통적인 형태일지라도 오늘날의 세계에서 멕시코 농민 같은 사람들에게 여전히 어떤 의미가 있다. 그런 사람들이 많이 있다. 그리고 그들은 알아야 한다."

학계에서는 이 책의 핵심 개념인 '사회적 산적행위'를 놓고 오랫동안 논쟁을 벌였다. 1974년에 《어느 시칠리아 마을의 마피아The Mafia of a Sicilian Village》를 출간한 네덜란드 인류학자 안톤 블로크Anton Blok는 (분명히 자신의 경험에 기반하여) 에릭이 산적과 기성 권력자들의 연계를 간과했다고 생각했다.[166] 그러나 에릭은 일부 경우에 이런 연계가 긴밀하다는 것을 잘 알고 있었다. 일찍이 1964년에 "시칠리아의 마피아는 본질적으로 살인에 기반하는 강탈을 통해 중간계급의 부를 쌓는 방법이다"라고 그는 썼다. 많은 경우에 마피아는 선거철 이탈리아 정부를 위한 표를 확보하는 활동에서 핵심 역할을 했다. 2차 세계대전 이후 미국 정부는 공산주의에 대항하는 투쟁에 마피아를 끌어들였다.[167] 마피아는 실제로 산적의 한 형태가 아니었다. 그러나 지역 농민 사회의 일부인 산적마저도 자신들이 나고 자란 시골 공동체를 위협하고 협박하여 자금을 뜯어내고 자신들을 당국으로부터 숨겨주도록 강요하는 등 자주 폭력적으로 굴었다. 어쩌면 결국에는 신화가 현실보다 더 중요했을지도 모른다. 현실에서는 십중팔구 한정된 기반밖에 없었을지라도, 산적 신화는 가난하고 억압받는 농민들의 깊은 갈망, 권위에 대한 저항을 찬양함으로써 심리적 보상을 얻고픈 갈망을 표현했다.

《산적의 사회사》는《옵서버》에 연재되어 학계의 테두리를 훌쩍 뛰어넘는 주목을 받았다.[168] 미국 영화 제작자로《영화가 된 소설들Novels into Film》(1957)로 널리 알려진 조지 블루스톤George Bluestone은《산적의 사회사》의 성공에 자극을 받아 영화 판권 관련 옵션을 에릭에게 제시했다. 다큐멘터리를 만들 생각이었다. 에릭은 저속화의 가능성을 우려했다. 그래서 "(75퍼센트는 대본 작가 탓으로) 이를테면 제작진 측에서 가난한 사바테를 물질적인 면에서 실제보다 더 나은 모습으로, 힐빌리 노래를 부르는 텍사스의 보수적인 로데오 기수와 같은 모습으로 보여줄 생각이라면, 내 이름을 뺄 권리가 나에게 있나요?" 하고 물었다.[169] 그렇지만 유명 방송인이자 기업가인 데이비드 프로스트David Frost가 운영하는 회사인 데이비드 패러딘 프로덕션의 제안을 받아들이는 쪽보다는 블루스톤과 함께하려는 마음이 더 컸다.[170] 결국에는 어느 쪽의 제안도 실현되지 않았다. 그렇지만 책은 번역판을 늘려가며 계속 잘 팔렸다. 영어로 초판이 나온 지 40년이 지난 2009년에도 에릭의 저서를 고정적으로 펴내는 브라질 출판사 파즈에테라Paz e Terra에서 포르투갈어 판권을 문의했다.[171] 그리고 2015년에 출간된 라틴아메리카 산적행위에 관한 어느 역사책은 "에릭 홉스봄이 산적 이론에 관한 문헌을 여전히 지배하고 있다"라고 말했다.[172]

에릭이 1960년대 후반과 1970년대 초반에 출간한 책들은 이 시기에 일어난 영국 역사서술의 혁명에서 중심적 역할을 했다. 그 혁명이란 바로 사회사의 도래였다. 크리스토퍼 힐, 로드니 힐턴, 빅터 키어넌, 에드워드 톰슨 등 공산당 역사가 그룹 옛 회원들의 저작과 더불어 사회사는 영국 마르크스주의 역사가들에게 국제적 명성을 안겨주었다. 머지않아 역사서술 연구자들은 이 영국 마르크스주의 역사가들을 아날학파와 동급으로 대우하기 시작했고, 독일계 미국 역사가 조지 G. 이거스는 1975년에 출간해 널리 영향을 미친 저서의 제목대로 그들이 '유럽 역사서술의 새로운 방향New Directions in European Historiography'을 개척한다고 평가했다.[173] 그럼에도 사회사는 아직까지 미개척 분야였다. 사회사는 대학 역사 강의 계획서에 따로 적히지 않았고, 교재도 없었으며, 적어도 영국에는 자체 학회도 없었다(영국의 사회사학회는 1976년에 창설되었고 학회지 《사회사Social History》도 같은 해에 첫 호가 나왔다). 에릭은 널리 영향을 미친 논문에서 '사회운동'의 역사라는 전통적 의미의 사회사가 넓은 기반을 가진 사회사로 대체되고 있다고 선언했다.[174] 이 메시지에 가장 주목한 이들은 대학이 급속히 늘어난 1960년대 말과 1970년대 초에 학계에 들어선 영국의 젊은 역사가 세대였다(1972년에 박사학위를 받고 첫 일자리를 구한 나도 이 세대에 속했다). 곧 에릭의 책들은 영국 전역에서 사회사 강좌의 독서 목록에 자리를 잡았다.

7

1966년 에릭은 매사추세츠주 케임브리지에 위치한 MIT의 인문대로부터 6개월 방문교수직을 제안받았다. 이번에 미국 당국은 에릭에 대비하고 있었다.[175] 미국 출입국 당국은 에릭의 비자 신청서를 통해 그가 쿠바, 체코슬로바키아, 헝가리, 동독, 불가리아, 유고슬라비아를 방문한 사실을 파악했다.[176] 비자 신청서를 조회한 FBI는 1967년 1월 9일 에릭이 "1936년부터 현재까지 영국 공산당원일 뿐 아니라 1953년부터 현재까지 소련과의 문화 교류를 위한 협회의 회원이기도 해서 국무부로부터 비자를 받을 수 없음을 확인했다"고 보고했다. FBI는 MIT에 상당한 압력을 가했고, 그 결과로 MIT는 상황을 파악하기 위해 에릭과 "시간이 지날수록 정신없을 정도로 대서양을 가로지르는 전화 통화"를 했다. 틀림없이 FBI의 불충분한 정보 탓에 MIT의 담당자는 에릭에게 그가 영국 공산당의 의장인지, 혹은 의장을 지낸 적이 있는지 물었다(명백히 FBI는 공산당 역사가 그룹과 공산당을 혼동했다). 에릭은 떳떳한 마음으로 그렇지 않다고 답변할 수 있었다.

결국 국무부는 누그러졌고, 에릭은 "이민국적법 212(a)(28)항에 따라 발급 불가임에도 불구하고 동법 212(d)(3)(A)항에 따라 미합중국 일시 입국"을 허가받았다. FBI의 보고에 따르면 "국무부는 MIT의 역사학과 측에서 그가 MIT에서 하게 될 강의를 교육적으로 중요한 강의로 여긴다는 이유로 그의 입국을 허가할 것을 강력히 권고했다." 또한 "신청자가 제안한 일정을 승인하며, 그 일정에서 벗어나거나 체류를 연장하는 행위는 워싱턴 DC 관할 국장의 사전 승인 없이는 허가되지 않는다"라고 결정했다.[177] 이 마지막 조건은 에릭이 보스턴 지역을 벗어날 때마다 방문교수들을 관리하는 MIT 행정 담당자에게 보고해야 한다는 뜻이었다. "당신의 승인 없이는 내가 뉴욕에서 밤을 보낼 수 없다는 의미인가요?"라고 에릭은 담당자에게 물었다. 담당자는 이 요구가 불합리하다고 생각해 자신에게 보고하라고 고집하지 않았다. FBI는 1967년 5월 9일 에릭이 뉴욕 컬럼비아대학 교수회관에서 100명의 청중에게 한 강연에 깊은 관심을 보였다. 미국 마르크스주의 연구소와 민주사회를 위한 학생회가 공동으로 후원한 강연으로, 급진운동 단체인 후자의 주요 활동은 젊은 남성을 베트남전 전투를 위해 징집하는 조치에 항의하는 것이었다.[178] 하지만 추후에 FBI는 에릭이 지난번 방문 기간에 "그가 진술한 방문의 범위 밖에서 활동했음을 나타내는 기록을 전혀 남기지 않았기" 때문에 비자를 허가받았던 것이라고 보고할 수 있었다.[179] 에릭은 가족과 함께 보스턴에 제때 도착했고, MIT에서 한 학기 동안 별 탈 없이 강의하며 보냈다.

FBI는 에릭을 감시하면서도 그가 미국에 체류하는 와중에 아주 공적인 방식으로 쿠바를 재방문했다는 사실을 그의 방문 기간에는 알아채지 못했다. 1968년에 에릭은 70개 국가에서 대략 500명이 모여 "1930년대의 특징이었던 지적 헌신의 분위기의 귀환을 흥미로운 방식으로 상징한" 아바나 문화대회에 참가했다. 그는 이 행사가 지난 1937년에 공화파의 마드리드에서 열렸던 작가대회를 연상시킨다고 생각했다. "1930년대에 파시즘이 지식인들을 단결시켰듯이, 미국은 아바나에서 지식인들을 단결시켰다." 이 대회는 '제3세계'의 해방운동과 미국의 민권운동을 수호하기 위해 얼마나 다양하고 이질적인 지식인들이 집결할 수 있는지를 보여준다고 에릭은 적었다. 그들이 대변하는 관점의 다양성에는 구식 공산당들과의 긴밀한 관계를 꺼리고 오히려 신좌파와의 연합을 선호하는 쿠바 정부의 태도가 반영되어 있었다. 그렇다 해도 논쟁은 "단순히 제약이 없는 정도를 넘어 때때로 무정부 상태에 가까워 보이기까지 했다." 그곳에는 네오다다이스트, 트로츠키주의 초현실주의자, 유기체의 정치적 기능을 주장하는 라이히주의자Reichians, 그리고 "좌파의 매우 매력적인 부분인 정신이상의 언저리"를 대변하는 이들이 있었다. 에릭은 게릴라 운동에 합류해달라는 대회 참가자들의 요청에 회의적인 반응을 보였다. "지식인의 공적 활동은 기관총을 나르는 것으로 한정할 수 없다."[180] 대회의 주요 사건은 프랑스 아방가르드 이론가들이 일으켰다. "노회한 초현실주의자들이 미술 전시회 개막식에서 지난날 트로츠키 암살 계획에 가담한 적이 있는 멕시코 예술가 시케이로스를 물리적으로 공격했다. 그렇지만 이 공격이 얼마만큼 예술적 또는 정치적 불화 때문에 일어났는가 하는 점은 분명하지 않았다." 에릭은 이 대회에서 독일의 좌파 시인 겸 작가인 한스 마그누스 엔첸스베르거를 알게 되는 성과를

거두었지만, 전반적으로 "쿠바가 자국 경제를 명백히 난장판으로 만든" 데 실망했다.[181]

영국 당국은 미국 당국보다 에릭의 해외여행에 덜 관용적이었다. 1968년, 에릭은 인도를 대표하는 역사가 사르베팔리 고팔Sarvepalli Gopal 로부터 초청을 받았다. 인도 대학들이 매년 두 명의 영국 역사가를 초청 해 세미나와 토론을 열고, 두 사람의 체류 비용은 인도 측이 부담하고 여행 경비는 영국 문화원이 부담한다는 협약에 따라 초대한 것이었다. 1967년에는 이 협약에 따라 리처드 코브와 키스 토머스가 인도를 다녀 왔다. 그러나 고팔은 에릭에게 영국 문화원이 그가 마르크스주의자라 는 이유로 그의 항공료 지불을 거부하고 있다고 알릴 수밖에 없었다. 에릭은 지원군으로 노엘 아난을 동원했다. 아난은 영국 문화원 원장에 게 에릭이 자신의 정치적 견해를 결코 감춘 적이 없다고 말하면서

그렇지만 그는 저서로 대성공을 거둔 아주 저명한 역사가입니다— MIT에서 그를 한 학기 동안 초빙하고 미국 당국이 그의 비자를 발급 했을 정도입니다. 그는 결코 편협하고 분파적이지 않은 교양인이며— 덧붙이자면 재즈 전문가이기도 합니다—그의 동료 역사가들은 설령 이런저런 논점에 대한 그의 주장에 동의하지 않더라도, 그가 국제적 명성을 누릴 만한 학자라는 점은 아무도 부인하지 않을 것입니다. 영국 문화원이 홉스봄의 항공료 지불을 거부했다는 소식에 인도 측은 상당히 놀라고 실은 짜증을 내기까지 했습니다—자기들이 에릭의 항 공료를 지불하는 방안을 고려하고 있을 정도입니다. 한편 고팔은 영국 문화원 측으로부터 전달받은 표면적인 거부 이유가 홉스봄이 해외에 있을 때 여성을 무분별하게 대한다는 것임을 홉스봄 본인에게 알렸습 니다. 이 소식에 에릭 홉스봄은 무척 즐거워했습니다. 그는 이것을 대

단한 아첨으로 생각하면서도, 속으로는 자신이 정치적 견해 때문에 차별당한다고 확신하고 있습니다.[182]

아난은 에릭이 "행복한 결혼생활" 중이라고 말하고, 영국 문화원이 술고래로 악명 높은 "리처드 코브를 믿어보기로 했다면, 나는 홉스봄도 믿어볼 수 있다고 생각합니다"라고 덧붙였다. 가장 인상적인 공적 방식으로 아난은 "다른 나라가 특정한 학자를 초청한 상황에서 그 나라와 협약을 맺은 영국 문화원이 정치적 차별을 자행하는 모습으로 비치는 것이 과연 현명한지" 의문이라고 결론지었다. 그러면서 "이 문제가 공개적으로 폭발하여" 문화원의 평판에 상당한 타격을 줄 수 있다고 경고했다.

아난 덕택에 에릭은 인도로 떠나 1968년 12월 12일부터 1969년 1월 11일까지 체류했다. 케임브리지 시절의 옛 친구로 당시 인도 국민회의 의원으로 활동하는 동시에 인도 항공사를 운영하던 모한 쿠마라만갈람이 공항으로 마중 나와 에릭을 퍽 놀라게 했다.[183] 에릭은 인도에서 무굴 제국의 건축이 "기막히게 우아하지만, 내게 정말로 인상적이었던 것은 자기들끼리 거리를 돌아다니며 쓰레기를 먹는 소들"이라고 썼다. 극심한 빈곤에 충격을 받긴 했지만—"이곳보다 더 가난한 곳이 있을지 의문이에요"—"종교, 의상, 색깔 등이 마구 뒤섞인" 인도의 갖가지 구경거리에 감탄했다. "하나같이 가장 강렬한 시칠리아식 색채로 인도의 사랑스러운 남신과 여신(혹은 어쩌면 오늘날의 영화 스타)을 그려놓은 매력적인 자전거 인력거"를 그는 좋아했다. "아이들도 좋아할 거예요"라고 에릭은 집으로 보낸 편지에서 마를린에게 말했다. 부자들은 "인도 제국에서 작은 윔블던을 건설했던, 이제는 사라진 지 오래인 인도 행정청 공무원들의 교외 방갈로를 본뜬" 집에서 살았다. 에릭은 인도 총리의 비서와 점심을 먹은 뒤 그를 강연자로 초청한 알리가르 무슬림대학의 부총장과

저녁을 먹었다.[184]

에릭은 이미 인도 역사학계의 젊은 세대에게 알려져 있었다. 그들은 《과거와 현재》의 정기 구독자였고 에릭의 저작, 특히 《산적의 사회사》에 익숙했다. 훗날 인도 역사가 로밀라 타파르는 이렇게 회상했다.

기존 교과 과정이 대체로 정치사와 외교사에 치중하던 상황에서 인도 대학 대부분의 강의 계획서에 사회사와 경제사를 포함시키자고 주장하던 우리에게 에릭은 중요한 존재였다. 또한 역사에 다가가는 마르크스주의적 접근법에 관한 그의 논의는 큰 흥미를 자아냈는데, 당시만 해도 일부 인도 대학들의 역사학과보다는 오히려 개별 역사가들이 마르크스주의적 역사를 진지하게 받아들이기 시작한 실정이었기 때문이다.[185]

에릭은 직접 겪은 인도의 비효율성이 불만스러웠지만, 그래도 현지 경험을 즐겼고 인도인들을 좋아했다. 고된 일정에도 불구하고 짬을 내 얼마간 여행을 할 수 있었고, "운동을 하지 않고 과식을 했는데도 위장에 탈이 나지 않아" 기뻐했다.[186] 오리사와 코나라크의 사원을 탐방하고 감탄한 에릭은 마를린에게 다음과 같이 말했다.

시골에서 사랑스러운 초록색, 자주색, 짙은 오렌지색, 신선한 코코넛 색깔의 옷을 입은 여자들(그리고 남자들)—하지만 그들은 인도 농촌에서 대접받지 못하는 작고 여윈 사람들이기도 해요. 인도인들은 코나라크 사원에 다소 곤혹스러워해요. 이 사원의 조각상들이 인생의 모든 양상을 나타낸다며 허풍을 치는 설이 많지만, 사실 그중 80퍼센트는 순전히 성애를 다룬 조각상들이고, 여기에는 우리가 생각할 수 있는 온갖 성적 유희와 성교의 흥미로운 방식들을 매우 아름답게 보여주는 조각상들이 포함되어 있어요. 그래서 당신을 평소보다 더 생각하게 되었답니다. 딱 하나 문제는 한 조각상의 체위가 남자가 서서 여자를 **들고 있는** 자세라는 거예요. 그러자면 남자가 아주 크거나 여자가 아주 작거나 아니면 둘 다여야 할 텐데 말이죠. 전반적으로 매혹적인 예술의 형태이고 진정으로 **경이로운** 조각술이에요.[187]

에릭은 자신을 위해 열린 크리스마스 저녁식사 자리에서 만난 인도인들이 "비리아니 요리와 빈랑나무 열매에도 불구하고 모두 **더할 나위없는** 영국인"이라고 생각했다. "옛 제국은 그들의 영혼 속에 여전히 살아 있어요. 그들이 공산당원일지라도." 에릭은 오랜 시간이 지난 후에야 인도를 다시 찾을 예정이었지만, 인도에서 그의 명성은 이미 이 시점부터 빠르게 올라가기 시작했다.

영국 문화원이 에릭의 여행 지원을 꺼린 뒤 오래지 않아 당국에서 에릭의 정치관에 반감을 드러낸 사건이 일어났다. 유네스코 사무총장 르네 마외René Maheu가 에릭에게 연락해 1870년생인 레닌 탄생 100주년을 기념해 핀란드에서 열리는 학술대회에 참석해달라고 요청했을 때, 영국 해외개발부의 관리들은 이의를 제기했다.[188] 외무부의 한 고위 관료는 에릭이 "대표적인 공산당원"이라는 이유로 반대했다. 그러면서 사무총장에게 공식 항의할 것을 촉구했다. 그 후에 종전의 만남에서 에릭에게 감명을 받았던 마외가 "개인적 권한"으로 에릭을 초대한 것임이 드러났다. 이 사실을 알게 된 해외개발부는 이번 초대가 "영국에서 유네스코의 명성에 상당한 해를 끼칠 수" 있고 유네스코 내부에 있는 "공산당원의 부당한 영향력의 증거"로 보일 수 있다는 이유를 들어 사무총장에게 "강력한 개인적 항의서"를 보냈다. 그러나 마외를 만나 에릭 초대건에 대해 항의하기 위해 파견된 관료는 별 소득을 얻지 못했다. "내가 '그는 영국

공산당원입니다'라고 말하자 마외 씨는 '그래서 뭐요?'라고 대꾸했다'
라고 그 관료는 보고했다. 이 소동은 어쨌든 에릭이 초대를 거절하면서
조용히 가라앉았다.

에릭은 BBC 라디오에서 방송할 때도 정치적 견해 때문에 곤경에 빠
졌다. 그는 1972년 봄에 BBC 라디오3에서 '개인적 견해'라는 시리즈로
네 차례 방송하기로 계약을 맺었다.[189] 그가 제안한 네 차례 강연의 주제는
5월 13일 '미국과 베트남', 5월 27일 '테러리즘의 동기', 6월 10일 '과도
한 자본주의의 문제', 6월 24일 '노조 대표는 자본주의에 이롭다'였다.[190]
이 가운데 결국 '과도한 자본주의의 문제'는 빼기로 했는데, 아마 BBC
경영진이 너무 논쟁적인 주제라고 판단했기 때문일 것이다. 테러리즘에
대한 방송은 추진되었으며, 에릭은 1970년대 초에 일어난 수많은 정치
적 암살과 폭탄 공격을 고찰했다. 그의 결론에 따르면 테러리스트의 공격
은 아무리 끔찍할지라도 "목적이 뚜렷한 행동이라기보다 제스처"였다.[191]
노조 대표에 대한 방송에서는 산업민주주의를 특히 의회 선거 사이 기
간에 정치에 직접 참여하는 한 형태로서 옹호했다.[192]

그렇지만 '왜 미국은 베트남 전쟁에서 패했는가'라는 방송은 BBC 측
과 일부 청취자에게 지나치게 논쟁적인 것으로 드러났다. 에릭은 자신이
베트남 사람들의 대의를 지지한다는 것을 숨기지 않았다. 그는 1968년
런던에서 베트남 전쟁에 반대하는 대규모 시위에 참여한 바 있었는데,
시위대는 결국 그로브너 광장의 미국 대사관 앞에서 경찰과 격렬히 충
돌했다. 《뉴스테이츠먼》의 서평 담당자 클레어 토멀린은 이렇게 기억했
다. "나는 그곳에 갔고 에릭도 거기 있었는데, 그가 내 팔을 잡고 팔짱을
끼더니 '갑시다!'라고 말했어요. 우리는 그리 빠르지 않게 일종의 달리
기를 했지만, 아시다시피 모두가 빙빙 도는 식이었죠. 그러고 있자니 내
가 무언가 올바른 일을 하고 있고 정치적으로 진지하게 참여하고 있다

는 놀라운 느낌이 들었어요."[193] 베트남 전쟁에 대해 고찰하는 방송을 에릭은 이렇게 시작했다. "세계 정치에서 선인들이 악인들을 타도하는 일은 자주 일어나지 않습니다. 특히 선인들이 작고 약하고, 악인들이 압도적으로 강할 경우에 그렇습니다." 아직 전쟁 중이긴 했지만(실제로 1975년 사이공 함락 때까지 이어졌다) 미군이 패했다는 점은 의심할 여지가 없었다(1973년 1월 파리 평화협정에 동의함으로써 암묵적으로 패배를 인정했다). 미국은 자기네 오만 때문에, 즉 "작은 황인이 커다란 백인을 물리칠 수 있다고는 도무지 믿을 수 없었기" 때문에, 전 세계에 마초성을 과시함으로써 자신의 정력을 내세우기로 마음먹은 대통령들의 어리석음 때문에, 그리고 본인들의 거짓말을 믿는 정치인들의 능력 때문에 패배했다. 에릭은 이렇게 결론지었다. "역사는 인도차이나의 나라들을 한 세대 동안 초토화한 사람들, 노름꾼들의 셈속을 위해 이곳의 국민들을 내쫓고 난도질하고 더럽히고 학살한 사람들을 용서하지 않을 것입니다. 그들을 지지한 사람들도, 아무리 그 결과로 거둬들인 성과가 없었을지라도, 용서받지 못할 것입니다. 분노해 소리를 질러야 할 때 입을 다문 사람들도 용서받지 못할 것입니다."[194]

이는 에릭의 가장 강력한 비판 중 하나였다. 그리고 이 발언에 미국 대사관은 강하게 반발해 BBC 측에 에릭의 강연을 반박하는 방송을 데니스 던컨슨Dennis Duncanson에게 의뢰하라는 압력을 넣었다. 던컨슨은 말라야 당국이 공산당 반란을 잔인하게 진압하는 데 기여했던 영국 정보장교였다. 던컨슨은 에릭의 강연을 무지의 산물이자 북베트남이 선전하는 거짓말을 쉽게 믿은 결과로 치부했다. 그렇지만 그의 방송은 별 효과가 없었다. 던컨슨이 화력 면에서 북베트남군이 남베트남군에 앞선다고 지적할 때, 어떤 청취자라도 그가 미군의 엄청나게 우세한 화력을 언급하지 않는다는 것을 알아챌 수 있었다. 그는 미군이 실제로 패하지 않았다고 단언했다. 어차피 미군이 베트남에 무한정 머물 수는 없는 노릇이고, 남베트남에서 정치체제의 지속적인 '베트남화'를 통해 이루어낸 시장경제와 개방사회의 필수 제도는 그대로 유지된다고 주장했다(아마도 현명하게도 남베트남에 제대로 기능하는 민주주의가 있다고 주장하지는 않았는데, 그런 민주주의는 없었기 때문이다).[195]

그렇지만 다른 측면에서 보면 에릭과 미국 당국 사이의 갈등은 대체로 사라진 상황이었다. 그는 1969년 6월 미국을 다시 방문해 일주일 동안 머물면서 미국 예술과학아카데미가 보스턴에서 개최한 계층화와 빈곤에 관한 심포지엄에 참석했고, 1970년 10월에 다시 미국을 찾아 하버드대학에서 '사일러스 마커스 맥베인 유럽사 부문 상'을 수상했다. 1970년 12월에는 보스턴에서 전문 역사가 수천 명이 모인 미국 역사학회 연례 학술대회에 참가했고, 1973년 4월 말에서 6월 말까지 시카고대학, 매디슨대학(위스콘신), 러트거스대학(뉴저지)과 뉴욕대학 등을 돌면서 강연을 하고 학술대회에 참석했다.[196] FBI는 이 모든 방문과 그 이후의 방문을 빠짐없이 기록하면서도, 특별히 경계하라는 지시를 내리지 않았다. 심지어 이제는 FBI조차 에릭을 "저명한 역사가"로 묘사하고 있었다.[197]

미국 방문길에 에릭은 엇갈린 경험을 했다. 그가 보기에 매디슨대학은 "학생들에게는 낙원이지만 교수들에게는 아마 그렇지 않을 거예요. 교수들은 이 아름다운 게토에서, 너무나 미국 같지 않고, 모든 것이 깨끗하게 잘 돌아가고, 호수와 푸른 하늘과 태양이 있는 곳에서, 동료들로부터 벗어날 수 없는 곳에서 틀림없이 약간의 밀실 공포증을 느낄 거예요."[198] 시카고에서 에릭은 시장 데일리의 부패한 행정과 이 시장이 도시의 선거구들에 강요한 듯한 엄격한 인종 분리에 경악했다. "게토의 (…) 불타버린 빈집들과 믿기 힘들 정도의 풍기 문란."[199] 그렇지만 "시카고는 여전히 블루스를 위한 장소"였으며, 에릭은 도시 서부의 "마비스Ma

Bea's라는 장소에서" 블루스를 경험했다. "그곳에는 흑인 여성 청소부들의 사교클럽, 밴드, 그리고 춤추기를 더 좋아하는 가수들이 있어요. (…) 이런 블루스 바들은 얼마나 멋들어진 곳인지 몰라요. 나는 음악만 듣고도 취해버렸어요." 그는 "킹스 로드의 모든 사람을 미치게 할 만한 흑인 남성 패션"에도 감탄했다. "바로 지금 환상적인 모자들이 들어오고 있어요. 반짝이는 커다란 금속 테를 두른 밀짚모자, 파격적인 베레모, 심지어 종 모양의 여성용 밀짚모자까지. 자주색 재킷과 셔츠에 멋진 체크무늬 바지, 장식으로 걸친 커다란 십자가."[200] 뉴욕에서 에릭은 《뉴욕 리뷰 오브 북스》의 편집장 밥 실버스Bob Silvers("단호한 채식주의자")와 저녁을 함께했다.[201] 뉴욕이 변했다고 그는 생각했다.

타임스스퀘어를 조금 청소하고 경찰을 몇 명 배치했지만, 내가 기억하는 시절보다 더 나빠졌어요. 뉴욕은 다른 여느 도시처럼 변해가고 있고, 이스트사이드의 특이한 장소에 갈 때나 6번가와 파크가의 으리으리한 유리절벽 마천루들 사이에 있을 때만 예전처럼 신나는 기분이 들어요. (…) 이제 맨해튼에서는 누구나 스페인어로 말하는 듯해요. 점점 더 그래요.

뉴욕은 실제로 갈수록 악화되고 위험해지고 있었으며, 이 쇠퇴 추세는 1990년대 초까지 반전되지 않을 터였다. 에릭은 1975년 8월에 다시 미국을 찾아 뉴욕뿐 아니라 샌프란시스코도 방문했다.[202] 이 무렵 그는 1960년대 초에 미국에서 경험했던 생활방식을 여전히 잠깐씩 맛보기는 했지만, 무엇보다 학문적 성격의 방문을 했고 주로 중간계급 지식인들과 어울렸다.

8

1960년대 동안 에릭은 영국 공산주의와 간간이 접촉하는 데 그쳤다. 그가 공산당의 적극적이거나 헌신적인 당원이라는 것은 전혀 말이 되지 않았다. 필시 예전부터 언제나 그랬겠지만, 그는 스탈린 시대 공산당의 정치로 인한 인적 희생에 심각한 의구심을 품었다. 1972년 이사야 벌린은 이렇게 적었다.

일전에 나는 에릭 홉스봄에게 그가 여전히 충성스러운 당원—어쩌면 불충한 당원일지도 모르지만 어쨌든 당원—으로 있는 정당이 전반적으로 행복보다 훨씬 더 많은 고통을 유발하고 별다른 성과도 없이 너무 많은 피를 흘리게 했다고 생각하지 않느냐고, 바꿔 말하면 어찌할 수 없는 우주의 힘이 아니라 인간의 관점에서 이런 것들을 고찰할 때 그런 생각이 들지 않느냐고 물었어요. (…) 퍽 놀랍게도 그는 동의했지만, 이것에 무슨 가치가 있는지 나는 정말 모르겠습니다. 나는 그와의 만남을 무척 즐겼어요. 그는 (…) 나와 잘 어울리는 지인입니다.[203]

실제로 두 사람은 친구가 되었고, 공통으로 소중히 여기는 끝없는 지적 호기심, 세계주의, 깊은 지성과 폭넓은 지식을 서로 인정했다.

공산당의 대의에 어떤 의구심을 품었든 간에, 에릭은 마르크스와 엥겔스의 저술과 사상에 관여하는 활동을 계속하고 어떤 면에서는 심화했다. 1960년대 동안 마르크스의 많은 저술이 재발견되거나 재발표되었다. 그중에는 1850년대 후반에 준비되었지만 1939년까지 발표되지 않은 방대한 미완성 수고 모음인 《정치경제학 비판 요강》이 있었다. 1970년대까지 이 저술의 영어 번역은 시도조차 되지 않았다. 이 수고집의 중요한 주제는 봉건제에서 자본주의로의 이행으로, 바로 에릭의 상상력을 계속 사로잡은 주제였다. 《정치경제학 비판 요강》에서 논리정연한 무언가를 끄집어내는 일이 쉬울 리는 없었지만, 1952년 동베를린에서 적절한 발췌본이 출간되었고, 1964년에 영어 번역본이 《자본주의 이전의 경제구성체들Pre-Capitalist Economic Formations》이라는 제목으로 로런스앤드위셔트 출판사에서 나왔다. 출판사의 요청을 받아 에릭은 장문의 소개글을 썼다. 에릭이 강조한 핵심 논점은, 마르크스는 역사에서 현재와 미래를 향해 행진하는 일련의 단선적인 단계들을 상정하지 않았다는 것이다. 이 책은 주로 마르크스주의자들의 관심을 받았지만, 《타임스 리터러리 서플리먼트》에도 서평이 실렸다. 서평은 에릭의 "편견이 아주 명백하지만, 그는 편견이 자신의 학식을 함부로 짓밟는 것을 결코 용납하지 않는다"라고 지적했다. 이런 지적은 처음도 마지막도 아니었다.[204]

에릭은 이 얇은 책에 글을 실은 계기로 훨씬 큰 기획에 관여하게 되었다. 1968년, 《타임스 리터러리 서플리먼트》의 서명 없는 사설에서 에릭은 카를 마르크스 탄생 150주년을 기념하며 이 위대한 사상가의 전 세계적 호소력을 지적했다. "마르크스의 명성은 현재 진정으로 세계적이다." 이런 이유로 당시 마르크스 저술의 새로운 전집이 준비되고 있었다. 이 거대한 사업이 필요했던 까닭은 특히 모스크바의 마르크스-엥겔스 연구소의 후원을 받아 펴낸 유명하고 당시만 해도 다른 선택지가 없었던 《마르크스-엥겔스 전집》의 편찬이 '돌연 중단'된 상태였기 때문이다. 이 연구소를 세우고 1927년에 기념비적인 편찬 작업을 시작한 사람은 옛 볼셰비키 다비드 랴자노프David Ryazanov였다(에릭은 랴자노프가 스탈린 숙청의 초기 희생자로 1931년 당에서 제명되고 투옥되었다가 7년 후에 총살당했기 때문에 편찬이 중단되었다는 사실을 언급하지 않았다). 랴자노프는 학문적 기준에서 흠잡을 데가 없었고 이전에 알려지지 않았던 여러 저술을 찾아냈지만, 그 이후에 나온 판본, 즉 동독 마르크스주의-레닌주의-스탈린주의 연구소(스탈린이 죽자마자 '스탈린주의'를 빼버렸다)가 펴낸 40권짜리 판본은 학문적으로 한참 떨어졌고, 결함이 많았으며, 마르크스가 생전에 《자본론》을 비롯한 저술을 끊임없이 수정했음에도 그의 저술의 여러 판을 모두 출간하지 않았다.[205]

에릭은 1968년에 모스크바의 프로그레스 출판사가 계획을 세우고 로런스앤드위셔트 출판사가 1975년부터 2004년까지 영어로 50권을 출간한 야심찬 기획의 편집진에 합류했다.[206] 당시 로런스앤드위셔트에서 일하던 닉 제이콥스가 책임 편집자로 임명되어 에릭을 기획에 끌어들이기 위해 찾아갔다. 훗날 그는 이렇게 회상했다.

나는 그의 버크벡 연구실에 들어갔어요. (…) 그는 선 자세로 편지 개봉용 칼을 아주 효과적으로 움직이며 항공우편물을 개봉하고 있었죠. 나는 내가 누구이고 왜 찾아왔는지를 그가 전혀 모른다는 인상을 받았습니다. 하지만 마침내 그가 브라질 아니면 다른 어떤 곳에서 온 편지를 읽었고—나는 브라질에서 왔다고 확신해요—우리는 마르크스/엥겔스에 대해 이야기하기 시작했어요. (…) 그는 서한집 세 권의 편집자였어요. 그는 그 일을 대의를 위해 무보수로 했습니다. 그는 마르크스와 엥겔스의 관용적 표현을 독일어로, 또 프랑스어로 읽고서 적절한 영어 관용구를 찾아내는 일을 즐겼어요. 그 일에 관한 한 명인이었어요.[207]

소련 출판사가 전체 사업의 자금을 대고 인쇄를 하고 모스크바 연구소의 지원을 제공했으며, 제이콥스가 레닌에게서 인용한 부분을 얼마나 많이 삭제할 수 있는지를 소련 측과 협상해가며 편집했다. 한 권이 끝나면 제이콥스는 엄청난 분량의 원고를 가지고 소련 무역대표부가 위치한 하이게이트 웨스트힐까지 자전거를 타고 가서("우리는 원고를 복사하지 않았는데, 분량이 너무 많아서 도저히 복사본을 만들 수가 없었고, 그 일을 할 만한 직원도 없었어요") 수위에게 원고를 맡긴 뒤 자전거를 타고 돌아와 에릭과 다음 권을 작업하기 시작했다. 소련 편집자들은 자신들이 최종 결정권을 가져야 한다고 주장했지만, 적어도 몇몇 쟁점에서는 영국 편집자들의 주장이 받아들여졌다. 예를 들어 마르크스가 러시아와 영국의 협력에 대한 피해망상적 음모론을 풀어놓은 악명 높은 짧은 논고《18세기의 비밀 외교사》를 소련 측은 이 위대한 인물의 명성에 해가 될 수 있다며 전집에서 빼고 싶어 했지만, 제이콥스와 그의 팀이 소련 측을 설득해 결국 넣기로 했다.

에릭은 런던 편집위원회 회의에 참석하지 않았지만, 영국 출판사, 러시아 출판사, 그리고 번역의 저본으로 쓰인 독일어 원본 소유자들 사이의 관계에서 생기는 여러 문제에 대처했다. 영어 전집에 특별 서문을 넣는 문제를 놓고도 의견이 갈렸다. 에릭은 1969년 11월 7일 마르크스 전문가 데이비드 맥렐런David McLellan에게 이렇게 알렸다. "러시아 측은 (…) 여전히 '정치적 지향'을 포함하는 서문을 열망하는 (…) 것처럼 보입니다만 (…) 우리의 확고한 견해는 서문에 그런 문제를 담아서는 안 된다는 것입니다."[208] 여기에 더해 아마도 마르크스와 엥겔스의 저술을 신성한 텍스트로 대했기 때문인지 러시아 측은 번역문이 아무리 안 읽히더라도 고통스러울 정도로 직역할 것을 고집했다. 마르크스주의 사회학자 톰 바텀모어Tom Bottomore의 번역은 이런 이유로 거부되었다. "우리는 당신의 원고를 사용할 수 없습니다"라고 에릭은 바텀모어에게 말했다. 그러면서 "그들이 원하는 식의 축자적 번역은 당신 원고의 특징을 완전히 바꿔놓을 것입니다. 결국 할 수 있는 일이 아무것도 없었습니다. 내가 아는 한 그들의 반대에 이데올로기적 요소는 없었습니다. 그저 마르크스의 텍스트를 얼마나 자유롭게 번역할 수 있는지에 대한 근본적인 의견 차이만 있었습니다. 이 논쟁에서 나는 당신의 편을 들었습니다."[209] 그렇지만 전반적으로 이 《마르크스-엥겔스 전집》은 약간의 결점에도 불구하고 중요한 업적이었고, 여기서 에릭이 수행한 역할은 가장 적게 인정받은 그의 학문 기여 활동 중 하나였다.

에릭은 마르크스주의 전통에서 1960년대와 1970년대 초에 등장한 다른 사상가들을 둘러싼 논쟁, 때때로 격하게 달아오른 논쟁에도 깊이 관여했다. 특히 1970년대에 마르크스주의 학생 극좌파 사이에서 인기를 얻은 프랑스 공산당원 철학자 루이 알튀세르의 저술을 놓고 논쟁이 벌어졌다. 에릭은 알튀세르의 사상이 반짝거린다고 생각하면서도 동의하지 않았다. 마르크스의 사상에서 헤겔의 영향을 제거하려는 알튀세르의 시도는 사실상 마르크스주의에 대한 알튀세르의 정의에서 마르크스를 거의 완전히 제거한다는 것을 의미했다. "알튀세르 씨는 마르크스의 위대함은 그가 말한 내용에 있는 것이 아니라 그가 의미한 바를 알튀세르 본인이 풀이할 수 있도록 해준 데 있음을 보여주는 아주 멋들어진 논변으로 언제나 자신에게 독창성의 여지를 상당히 남겨두었다." 에릭은 '경험주의'와 '인본주의'를 마르크스주의 이론에 끼어든 이질적인 수입품으로 간주하는 알튀세르의 공격에도 동의하지 않았다. 역사에 대한 에릭 본인의 접근법에서 두드러지는 특징들을 꼽는다면, 경험주의와 인본주의가 분명 상위를 차지했을 것이다. 에릭이 보기에 알튀세르의 발언 중 태반은 "눈속임" 아니면 "강단 수사법, 그중에서도 형편없는 예시"였다. 마르크스주의 국가론에 대한 알튀세르의 논의는 "초보적"이었다. 알튀세르의 "알맹이 없는 말"은 그가 "프티부르주아의 유물로 일축하고 싶어 하는 마르크스의 사상 대부분을 얼버무릴" 수 있도록 고안해낸 것에 불과했다.[210] 에드워드 톰슨이 논고 《이론의 빈곤The Poverty of Theory》(1978)

에서 이 프랑스인의 이념을 다소 과도할 정도로 강력하게 비판하며 논전에 뛰어들기 한참 전에, 에릭은 루이 알튀세르를 간파했다. 역사가로서 톰슨과 에릭은 알튀세르가 깔아놓은, 경험적 증거를 존중하지 않는 길을 따라갈 수 없었다.

9

영국의 마르크스주의 지식인들은 이탈리아나 프랑스의 동료들과 비교해 자국에서 훨씬 더 고립되어 있다고 에릭은 생각했다.[211] 젊은 세대 중에서는 단 한 사람, 지난날 공산당 역사가 그룹의 일원이었고 이제는 노동조합이 자금을 대는 옥스퍼드 러스킨칼리지에서 역사를 가르치던 래피얼 새뮤얼만이 영국에서 보통 좌파 지식인의 영향을 제한하던 문화적·정치적 제약에서 벗어나고자 시도했다. 새뮤얼의 첫 모험은 1958년 런던 소호의 칼라일 스트리트에서 파르티잔 커피하우스를 개업한 것이었다. 이곳을 파리 센강의 좌안에 있는 유사한 단체들처럼 활기찬 정치적·지적 대화가 이루어지는 장소로 만들 생각이었다. 명목상 새뮤얼의 박사 과정 지도교수였던 에릭은 이 모험의 중역이 되기로 했다. 새뮤얼은 케네스 타이넌과 도리스 레싱 등 동조적인 사람들로부터 모험을 시작하는 데 필요한 돈을 어찌어찌 모았지만, 결국 2년도 지나지 않아 사업을 접었다. 에릭은 이 돈키호테식 모험이 신좌파 대다수의 비현실성과 뚜렷한 목표의 부재를 상징한다고 생각했다.[212]

몇 년 후에 착수한 새뮤얼의 다음 계획은 좀 더 성공적이었다. 바로 1960년대 말에 탄생한 '역사 공방History Workshop' 운동으로, 이를 통해 동조적인 학자들과 학생들이 자기네 역사를 쓰고 있는 노동자들과 단합하곤 했다. 연례 역사 공방은 매번 최대 천 명까지 참석하고, 새뮤얼의 제자들인 노동계급 출신 성인 남녀가 강연을 하고 논문을 발표하는 대단히 흥미진진한 행사였다. 에릭은 역사 공방을 가리켜 "전문 역사가와 이례적으로 많은 비전문 역사가를 망라하는 전투적인 역사가들에게 더럼 광부 축제에 가장 가까운 행사, 다시 말해 학술대회, 정치 집회, 부흥회, 주말 휴일을 독특하게 뒤섞은 행사"로 묘사했다.[213] 그렇지만 역사 공방에서 장려하고자 했던 활기차지만 절충적인 '민중사' 범주에는 의문을 품었다.

> 오늘날 민중사의 강점과 약점은 대체로 영감의 차원이라는 것이다. 예컨대 조상의 재발견, 외진 마을과 무언의 이름 없는 사람들, 그러나 말을 못하는 것도 아니고 이름이 없는 것도 아닌 것으로 밝힐 수 있는 사람들에 대한 조사, 동일시를 통해 과거를 매일매일의 서사시로 바꾸는 활동 등이다. (…) 이런 종류의 역사의 문제는 (…) 찬양과 동일시를 위해 분석과 설명을 희생시킨다는 것이다.

새뮤얼을 에워싼 혼란에 불만을 느낀 좌파 역사가는 에릭만이 아니었다. 새뮤얼은 명석한 저술가였지만 능력만큼 성과를 내지 못했는데, 대체로 무질서한 작업 방식 때문이었다. 그는 대영박물관 열람실에서 높다랗게 쌓은 책과 잡지에 가려서 거의 안 보일 지경일 때가 많았고, 연구를 발표할 때면 보통 세미나실까지 가져온 공책과 서류철을 자기 주변에 잔뜩 쌓아두곤 했다. 1969년 새뮤얼의 강연을 듣고 나서 에릭은 긴요한 조언을 해주었다.

과거를 되살리기 위해 당대의 자료에 몰두한다면, 우리가 제거하기를 원하는 전통적인 유형의 역사와 (주제를 빼고) 어떤 점에서 다르겠습니까? **종이에 무언가를 쓰세요.** 분량을 지나치게 늘리는 인용을 80퍼센트 덜어내면, 당신의 이야기는 《과거와 현재》에 실릴 만한 훌륭한 논문이 될 겁니다. 당신이 해야 할 일은 이야기에 함축된 결론을 명확히 하는 것뿐입니다. 부디 당신을 몰아붙인다고 언짢아하지 마세요. 당신에게 매우 재능이 있고 당신의 자료가 너무나 중요해서 친구들은 당신 자신과 자료가 낭비되는 꼴을 보고 싶지 않은 것입니다.[214]

새뮤얼은 답장에서 많은 책과 논문을 준비하고 있지만 시간이 오래 걸려서 어쩌면 사후에야 발표될지도 모르겠다고 주장하며 명백히 스스로를 변호하려 했다(당시 44세였다). 그러자 에릭은 신랄하게 대꾸했다. "사후 저작은 저자의 생전에 **저술되고** 출간만 사후에 되는 것입니다. 집필을 너무 오래 끌면 대체로 끝이 나지 않습니다. 그러면 저작이 전혀 없게 됩니다(액턴을 참고하세요)."[215] 후기 빅토리아 시대 역사가인 액턴 경은 케임브리지대학 도서관에 소장된 주석이 잔뜩 달린 장서가 입증하듯이 실로 엄청난 양의 지식을 축적했지만, 언제나 더 배워야 한다고 생각해 생전에 아무것도 출간하지 않았다.

이런 이유로 에릭은 새뮤얼이 자기 제자들과 동조적인 학자들의 연구를 모아 일련의 선구적인 에세이집을 펴낸 데 이어 1976년에 《역사 공방 저널History Workshop Journal》 발행에 착수했을 때 회의적인 반응을 보였다. 이 사업은 오래지 않아 재정난에 빠졌다. 1977년 잡지가 빚을 지지 않도록 기부해달라는 부탁을 받았을 때 에릭은 결코 호의적이지 않았다. 《과거와 현재》의 경험을 바탕으로 그는 이 잡지의 편집진 중 한 명에게 이렇게 말했다.

나는 처음부터 이것이 성공할 수 없다고 생각했습니다. 잡지가 너무 큽니다. 군더더기 글을 넣지 않고는 분명히 채울 수 없는 정기 특대호를 대체 어떻게 계속 펴낼 수 있겠습니까? 또 너무 저렴합니다. 그 가격으로는 **당장** 구독자 2500명에서 3000명이 필요한데, 결코 확보하지 못할 것으로 보입니다. 간단히 말해 래피얼 새뮤얼의 전형적인 사업처럼 보입니다. 3호 안에 사업을 접을 것으로 전망하고, 외부 지원이 없으면 분명히 그렇게 될 겁니다.[216]

실제로 래피얼 새뮤얼은 시작했으나 끝마치지 못한 기획이 많았다. 그의 참고문헌은 두 권짜리 저서에 흩어져 있으며, 그나마 생전에 출간된 것은 한 권뿐이다. 1996년 새뮤얼이 61세로 때 이르게 죽은 뒤 친구들이 그의 글을 《기억의 극장들Theatres of Memory》이라는 세 권짜리 에세이집으로 아주 알맞게 엮어냈고, 그중 두 권만이 출간되었다.

어쩌면 놀랍지 않은 일이겠지만, 역사 공방 자체는 좌파의 여러 분파가 갈수록 험악한 분쟁을 벌이는 장이 되었고, 자기들의 역사 저술로 초기 모임을 좌우했던 노동자와 노동조합 활동가들은 급진적인 교사와 좌파 학자들에게 밀려났다. 공방은 쇠퇴했고, 1990년대 초에 이르러 노동조합 자체가 대처주의의 맹공을 받아 약화되면서 결국 아예 중단되었다. 그러나 에릭의 비관적인 전망에도 불구하고 《역사 공방 저널》은 살아남았다. 이 잡지는 꾸준히 학문적 성격을 더해가는 한편 분량을 줄이고 구독자 수를 늘려 어렵사리 파산을 면했다. 데이비드 캐너다인은 재치 있는 서평에서 역사 공방 운동의 궤적을 "기존의 문제아 《과거와 현재》가 이미 개척한 노선, 즉 불온한 저항에서 점잖은 반대 의견으로 넘어가는 노선"을 따라 "1970년대에 부르주아화된 가장 극적인 사례 중 하나"라고 묘사했다.[217] 역사 공방 모임을 학술 기구로, 즉 기업등록소에

유한회사로 등록된 '사회사를 위한 역사 공방 센터History Workshop Center for Social History'로 전환하려던 새뮤얼의 시도는 성공을 기대하기가 더 어려웠다. 에릭은 이 회사의 이사진 중 한 명이 되는 데 동의했지만, 회사가 회계 보고조차 못 할 정도로 엉망으로 운영된다는 사실을 금세 알아챘고, 그를 비롯한 이사들에게 "가혹한 벌금"을 물리겠다고 을러대는 기업등록소의 협박성 편지를 받기 시작했다. 센터는 자신을 이사회에서 빼달라는 에릭의 요청을 무시하기까지 했다. 결국 모든 문제가 해결되었지만, 에릭은 불쾌한 심정을 감추지 않았다.[218]

에릭은 신좌파의 다른 성원들 중에도 지적 규율이 부족한 경우가 있다고 생각했다. 예를 들어 에릭이 보기에 에드워드 톰슨은 천재 저술가였지만 "자연이 그에게 선천적인 편집 능력과 방향감각을 주는 것을 빼먹는" 바람에 자기 의견을 간결하게 표현하는 능력이 부족했고, 부차적인 문제로 이탈하려는 유혹에 굴복했다.[219] 그렇지만 신좌파의 무질서한 성격은 에릭이 보기에 그들이 고립되고 비효율성을 보이는 여러 이유 중 하나에 지나지 않았다. 주된 문제는 조직적인 의사 표현이 없다는 것이었다. 게다가 기본적으로 노동계급 중심인 공산당의 특성은 변하지 않았고, 여전히 지식인을 거의 받아들이지 않았다. 1960년대 후반에 좌파 학생들의 고조되는 행동주의를 활용하려는 시도로 공산당은 22세 대학원생 마틴 자크Martin Jacques를 당 집행위원으로 임명했다. 그러나 자크가 알아챘듯이

세대 간에 거의 벽이 있었다. (…) 나는 공산당 집행부에서 화성인이 된 기분이었다. (…) 그들은 영국 노동운동의 보수적인 복장으로 등장하곤 했다. 나는 당시 유행하던 옷을 입었다. 나는 스웨터 차림으로 나타나곤 했다. 당대회에 가서 보면 양복을 입지 않은 사람은 나 혼자였다.[220]

노동당도 거의 마찬가지였다. 정치조직의 측면에서 신좌파가 갈 만한 곳은 없었다.

그렇지만 신좌파는 에릭이 때때로 주장한 것보다 훨씬 더 영향력이 있었다. 1968년 유럽과 아메리카 곳곳에서 학생들의 불만이 거대한 저항과 시위의 물결로 터져나와 고등교육의 토대뿐 아니라 정부의 토대까지 흔들었을 때, 신좌파의 영향력은 분명하게 드러났다. 마침 에릭은 카를 마르크스 탄생 150주년을 기념해 유네스코에서 준비한 학술대회에 참석하기 위해 1968년 5월 8일부터 10일까지 파리에 있었다. 냉전기 동안 유네스코는 동구권 공산주의 국가들의 지적인 관심사에 합당한 찬사를 보냈고, 그 결과로 프랑스 수도에 위치한 조직의 본부에서 학술대회를 열었다. 이 대회는 에릭이 썼듯이

파리 라탱 지구에서 열린 행사 때문에 다소 빛이 바랬다. 마르크스 본인도 라탱 지구가 자신의 존재를 상기시키는 더 적절한 장소라고 생각했을 것이다. 바리케이드를 떠올리게 하는 건물들과 끊임없이 괴롭히는 최루가스에 둘러싸인 울름가와 게이뤼삭가에서 벽에 분필이나 물감으로 급하게 적은 글귀, "5월 10일 파리 코뮌 만세", "동지들, 모든 사람이 우리를 좋아한다면?" 따위의 글귀가 분명히 대혁명의 취향에 더 부합했을 것이다.[221]

에릭은 학술대회에 참가한 동유럽 사람들의 경직성과 교조주의에 경악했고, 마르크스의 분석을 오늘날에 맞게 적용하려는 사람들이 더 자극을 준다고 생각했다. 후자 중에 급진파 학생들이 있었는데, 그들이 5월 6일과 다시 5월 10일에 벌인 대규모 시위야말로 1968년 격변의 진정한 시발점이었다.

에릭이 보건대 프랑스의 1968년 '사태'에는 두 단계가 있었다. 첫째로 5월 3일부터 11일까지 학생들이 대중 고등교육이라는 새로운 세계에서 인내해야 하는 상황에 대항해 자발적으로 들고일어났다. 둘째로 5월 14일부터 27일까지 파리 노동자들이 총파업을 벌이며 저항에 합류했다. 이 불의의 일격에 정부와 보수 논평가들은 또다시 당황했고, 진정한 정치혁명의 현실적 가능성이 생겨났다. 앞서 학생운동을 온건하게 진압했다가 운동의 급진화만 초래했던 드골 대통령은 이 시점에 군대를 불러들였다. 그러나 드골이 정신을 차리고 반대파가 분열—공산주의자와 사회주의자의 분열과 노동자와 학생의 분열—된 이상 혁명은 실패할 운명이었다. 학생들에게는 조직된 정당만이 제공할 수 있는 일종의 일관된 정치적 강령이 없었다.[222] 그리고 엘리제 마리엔스트라스가 관찰한 대로, 공산당은 1968년에 거리에서 터져나온 청년층 특유의 유토피아주의에 충격을 받았고 그것을 어떻게 활용해야 할지 알지 못했다.[223]

닐 애셔슨은 학생 봉기가 절정에 이르러 예전 독일 수도까지 휩쓸고 있던 때에 에릭이 서베를린에서 학생들에게 강연한 내용을 기억했다. 서베를린 학생들이 에릭을 초대해

> 그가 왔는데, 당연히 서베를린에서 대대적인 학생운동이 시작되었을 때 그의 이름이 아주 많이 거론되었기 때문이죠. (⋯) 모든 사태를 대하는 그의 태도는 꽤 혹독하거나 엄격했어요. 무슨 말인가 하면, 그는 운동이 실제로 초보적이고 아무것도 이루지 못할 거라고 생각했어요. 운동이 올바른 계급 분석과 그밖의 모든 것에 근거하지 않았고 중간계급 아이들이 덤비는 것처럼 경솔하다고 보았기 때문이죠. (⋯) 모든 사람이 '그가 우리를 지지한다고 말하겠지?'라고 생각하고 있었지만 그는 지지하지 않았어요.[224]

에릭의 회의론에도 불구하고, 애셔슨은 1968년 에릭의 견해에서 부정적인 면을 지나치게 강조했을 것이다. 그해 7월에 에릭이 말했듯이, 당시만 해도 학생들이 진정한 혁명을 이루어낼 것이라고는 아무도 생각하지 않았지만 "한 달 후에 노동자 천만 명이 파업에 돌입했다. 주로 경제적인 이유로 파업한 것도 **아니었다**. 새로운 상황은 혁명의 가능성을 가져왔다."[225] 이런 가능성이 끝내 실현되지 않은 것은 필연적인 결과가 아니었다. 40년 후에 이 학생 봉기를 되돌아보면서 에릭은 그것이 청년층에게 중대한 경험, 당시 그는 너무 나이가 많아서 공유하지 못한 경험이었음을 인정했다. 정치적 유산은 적을지 몰라도, 그 봉기는 적어도 뒤이은 수십 년 동안 두각을 나타낼 새로운 좌파 정치인 세대를 길러냈다.[226]

1968년 여름 유럽에서는 또 다른 일련의 극적인 사태가 전개되었다. 이번에는 공산국가 체코슬로바키아에서였다. 그해 초에 이 나라에서 강경 스탈린주의 지도자가 축출되고 프라하의 공산당을 알렉산드르 둡체크가 장악했다. 둡체크와 그의 동료들은 정권을 더 자유주의적이고 민주적인 방향으로 이끌어가기 시작했다. 그들의 개혁을 모스크바는 점점 더 격렬하게 비판했고, 결국 8월 21일 소련군이 동독을 비롯한 바르샤바 조약 체결국들의 병력 지원을 받으며 체코슬로바키아로 진군해 들어가 둡체크와 자유주의적인 공산당 지도부를 체포하고 강경 스탈린주의 통치를 강요했다(동독의 소련 지원은 30년 전 독일의 침공이라는 불행한 기억을 상기시켰다). 소련의 침공을 놓고 영국 공산당에서 벌어진 신랄한 논쟁에 에릭이 전혀 관여하지 않았다는 사실은 이 무렵 에릭과 당 지도부의 사이가 얼마나 멀었는지를 알려준다. 10년 후 에릭은 공산당의 지적인 잡지 《오늘날의 마르크스주의Marxism Today》에 기고한 장문의 글에서 둡체크 정권의 민주적 사회주의 모델을 분명하게 지지했다.[227]

이렇듯 1960년대 말과 1970년대 초에 에릭의 이데올로기적 입장은 결코 단순하지 않았다. 이 사실을 입증하는 풍부한 증거는 대부분 비학술적인 짧은 글들을 모아 바이덴펠트 & 니컬슨에서 펴낸 《혁명가들: 현대적 시론Revolutionaries: Contemporary Essays》(1973)에서 찾을 수 있다. 여기서 그는 정통 공산주의뿐 아니라 신좌파의 더 무모한 이론과도 거리를 두었다. 1969년에 발표한 한 에세이에서 에릭은 빌헬름 라이히가 명시적으로, 그리고 헤르베르트 마르쿠제가 암시적으로 설정한 연계, 즉 성적 방종과 사회정치적 혁명론 사이의 연계에 이의를 제기했다. 이것은 1968년의 반항적인 학생들이 1960년대 초에 도입된 피임약의 도움을 받아 이론에서 실천으로 매우 열렬히 전환한 연계였다. 에릭은 대부분의 혁명이 성에 청교도적으로 접근했다고 지적하며 이 발상에 찬물을 끼얹었다. 이와 비슷하게 《혁명의 시대》에서도 "로베스피에르파가 언제나 당통파에 승리한다"라고 말했다. 1968년 학생 반란이 시작되었을 무렵 부르주아 사회는 이미 성적 해방을 겪은 뒤였다. 성적 해방은 사회혁명과 무관한 문제였다.[228]

《혁명가들》은 두루 서평을 받았다. 일부 평자들은 에릭이 역사 저작에서보다 더 숨김없이 드러낸 정치적 입장에 반감을 보였다. 《이코노미스트》는 "인민위원의 호통이 저자의 교묘한 산문을 파고들 때 자세를 바로잡을" 독자는 거의 없을 것이라고 생각했다. 그리고 학생 혁명가들의 정치가 다른 무엇보다도 구식 무정부주의 운동의 정치를 닮았다는 것이 에릭의 견해라고 보았다.[229] 프랑스 경제사에 관한 다소 단순하지만 유용한 책들의 저자이자 게리 힐리Gerry Healy가 이끄는 트로츠키주의 극좌 집단의 일원인 헐대학의 톰 켐프Tom Kemp는 에릭이 정통 공산주의의 "세련된 옹호론자"라고 비난했다—이 집단은 힐리가 젊은 여성 추종자들을 일상적으로 학대했다는 사실이 드러난 뒤 여덟 개 내지 아홉 개의 소집단으로 갈라졌다. 켐프는 에릭에 대해 "영국 스탈린주의의 변색된

문장紋章에 달린 소중한 장식물"이라고 주장했다.[230] 그렇지만 미국 사회학자 데이비드 할레가 생각하기에

에릭은 분명히 마르크스주의자를 자처하지만, 그가 마르크스주의자로 의미하려는 바는 불분명하다. 그는 도그마와 분파주의를 거부하고, 러시아 혹은 다른 나라의 공산당이 어느 때나 고수하는 일군의 신념과 마르크스주의를 동일시하는 것도 거부한다. 그러면서도 그는 '올바른' 마르크스주의라고 불릴 만한 무언가가 있다고 암시한다. 그것이 무엇인지는 규정하기 어렵다.[231]

그러나 이데올로기로서의 정확한 성격이 아무리 불분명했을지라도, 톰 켐프를 뺀 모든 서평자는 에릭의 공산주의가 관례적 의미의 공산주의와 한참 다르다는 데 동의한 것으로 보인다.

반공산주의의 사도인 미국 언론인 아널드 바이흐만은 에릭이 "만약에 소련에서 살았다면 정신병원에서 자신의 탈선을 후회하거나 이스라엘행 출국 비자를 얻으려 했을 법한 유형의 공산주의자"라고 생각했다.[232] 그리고 훗날 에릭이 지적했듯이 실제로 "나의 저서는 소비에트 시절 러시아에서 단 한 권도 출간되지 않았다. (⋯) 헝가리에도 없었다. 슬로베니아에도 없었다. 정해진 노선대로 글을 써야 했고, 내가 쓴 것은 그 노선에 전혀 들어맞지 않았다."[233] 이와 비슷하게 옥스퍼드의 정치철학자 스티븐 룩스도 "홉스봄의 정치적 위치는 명백히 규준에서 벗어난 것이고 점점 더 벗어나고 있다"라고 생각했다.[234] 폴란드에서 탈출한 이후 점차 우파의 입장에 가까워지고 있던 마르크스 전문가 레셰크 코와코프스키는 《혁명가들》이 "역사 연구에서 고전적 마르크스주의의 접근법, 정치적 충성에서 고전적 레닌주의의 접근법, 그리고 지적 활동의 전통적

기준을 지키려는 결의, 이 세 가지를 결합하려는 사람의 거북한 입장"을 드러낸다고 생각했다.[235] 이 점에서 코와코프스키는 분명히 옳았다.

IO

《혁명의 시대》의 성공 이후 여러 출판사로부터 출간 제안이 쇄도하는 가운데 에릭은 아첨과 저작권 대리인의 설득에 넘어가 감당할 수 있는 수준보다 더 많은 제안을 받아들였다. 게다가 시간을 잡아먹는 편집 계획에 자진해 착수하기까지 했다. 1964년 에릭은 "섭정 시대부터 현재까지 영국 사람들의 사회사를 열 권 분량"으로 다루는 '영국의 시대들'이라는 시리즈를 바이덴펠트 측에 제안했다. 각 권은 비교적 짧은 기간을 다루고 6만 자를 넘지 않는 분량에 "전체 쪽수의 40퍼센트를 삽화로 채운다"는 구상이었다. 저자들은 "학계에서 현역으로 활동하지 않고 있는 가톨릭 배경의 젊은 역사가와 저술가"로 선정할 예정이었다.[236] 출판사와 논의하는 과정에서 시리즈의 애초 제목이 폐기되고 범위가 넓어져 결국 '영국 사회의 역사' 시리즈로 바뀌었다. 에릭이 끈덕지게 고집을 부린 저자 물색은 애초 그의 의도에도 불구하고 학계 사람들을 끌어들이는 쪽으로 결론이 났다. 이 시리즈에는 제프리 베스트Geoffrey Best의 성공작《중기 빅토리아 시대의 영국Mid-Victorian Britain》이 포함되었다. 특히 문제가 된 것은 구술사의 젊은 개척자 폴 톰슨Paul Thompson이 쓴 에드워드 시대에 관한 책이었다. 에릭은 이 책이 "너무 많은 인용을 지나치게 길게" 싣고 있다고 생각했다."[237] 이는 구술사 저술의 흔한 결점으로, 당시에는 역사적 사건의 목격자들을 공들여 인터뷰한 기록에 집착하는 경향이 강했다. 출판사는 이 책이 시리즈의 다른 책들과 비교해 교재로서 덜 유익하다고 판단해 양장본으로만 출간하자고 제안했다. 에릭은 분노했다. 1975년 4월 30일 조지 바이덴펠트에게 보낸 편지에 "당신의 출판사 측에서 내가 편집하는 사회사 시리즈에 속한 폴 톰슨의 에드워드 시대 책을 양장본**으로만** 10파운드 가격에 천 권을 내기로 결정했다는 소식을 듣고 기겁했습니다. (…) 그렇게 되면 소수의 도서관에서만 구입할 것입니다"라고 썼다. 학생들은 그 책을 구입할 여력이 없었다. 출판사는 학생 독자들을 염두에 두고 집필 중인 저자들에게 "엄청난 신용 사기"를 저지르는 셈이었다. "이 결정을 철회하지 않는다면, 나는 정말 시리즈 편집자 자리에서 공식적·공개적으로 사임하고 내가 그렇게 해야만 하는 이유를 알고자 하는 모든 사람에게 설명할 수밖에 없을 것입니다"라고 에릭은 경고했다.[238] 폴 톰슨의 책은 예정대로 페이퍼백으로 나왔다. 그렇지만 이런 모험이 흔히 그렇듯이, 당초 구상한 시리즈에서 결국 출간된 책은 몇 권뿐이었다.

1966년 에릭은 바이덴펠트와 선인세 4천 파운드의 조건으로 《혁명의 역사》라는 제목의 책을 쓰기로 계약했다.[239] 하지만 그 직후 더 나은 제안이 들어와 이 책의 집필을 보류했다. 역사의 핵심 측면들을 다루는 열두 권짜리 시리즈에 들어갈 혁명에 관한 비교 연구서를 써달라는 제안이었다.[240] 이 제안은 상당한 곤경을 야기했는데, (데이비드 하이엄의 말대로 "영향력이 크고 보수를 꽤 많이 받는 몇몇 저자를 포함하는") 해당 시리즈를 기획한 미국 출판사 측이 영국에서는 저작권 대리인 힐러리 루빈스타인Hilary Rubinstein을 통해 조너선 케이프 출판사에서 시리즈를 출간할 계획이었기 때문이다. 에릭은 조지 바이덴펠트에게 이렇게 계약하는 것을 꺼리는지 물었고, 하이엄의 기록에 따르면 바이덴펠트가 에릭의 고정 출판사이기 때문에 "조지는 그런 계약을 극히 꺼린다고 말한 다음 내게 전화를 했고, 이 시점에 우리는 그런 사정을 알게 되었다."[241] 케이프 출판사는 공동 출간 제안을 거부했는데, 시리즈의 나머지 모든 책은 케이프에서 단독으로 출간한다는 사실을 감안할 때 이상하게 보일 것이었기 때문이다. 그러자 바이덴펠트는 "그들의 협조 부족에 정말 충격을 받았습니다"라는 입장을 밝혔다. 이런 불화를 고려해 에릭은 시리즈에서 빠지기로 했지만, 혁명의 역사를 더 길게 논하는 책은 여전히 쓸 생각이었다(4년 안에 탈고할 것이라고 하이엄은 낙관적으로 예상했다).[242] 혁명에 관한 에릭의 책은 이제 《혁명의 패턴The Pattern of Revolutions》이라 불렸지만, 1968년 하이엄은 에릭과 통화한 뒤 "홉스봄이 그것을 쓰고 싶은지 확실하지 않다"라고 기록했다.[243]

그로부터 오래지 않아 에릭은 또 다른 미국 출판사 프렌티스-홀로부터 집필 제안을 받았다. 출판사 측은 에릭이 《1500년 이후의 유럽Europe Since 1500》이라는 공저 교재의 한 부분을 써주기를 원했다. 각 부분은 얇은 책의 분량이 될 예정이었다. 출판사의 목표는 책이 대학 교육에서 최대한 폭넓게 활용될 수 있도록 1500년 이후의 네 시기를 각각 주요 권위자에게 맡기는 것이었다. 이 책의 총괄 편집자는 근대 사상사에 관한 저술로 학계에서나 대중 영역에서나 상당한 영향력을 발휘했던 H. 스튜어트 휴스Stuart Hughes가 맡기로 했다. 그의 과제는 "그 책이 한 권으로서 조리를 갖추도록 만들고 필요하다면 영국 저자들이 대서양 양편을 고려하여 균형감을 갖추도록 돕는 것"이었다.[244] 중세 부분은 옥스퍼드의 저명한 중세학자 리처드 서던Richard Southern이 쓰기로 했다.[245] 16세기 부분은 영국과 유럽의 종교개혁을 연구하는 뛰어난 역사가 A. G. 디킨스Dickens가 맡았다. 집필을 계약한 나머지 한 사람은 윈스턴 처칠 경의 연구 조수를 지낸 모리스 애슐리Maurice Ashley였다. 서던과 디킨스는 이미 대표작을 쓴 데 반해 애슐리는 영국 내전에 관한 다소 단조로운 학생용 교재만을 썼을 뿐이었다.

에릭은 책에서 자기가 맡은 19세기와 20세기 부분의 분량을 350쪽에서 400쪽으로 어림했고, 저작권 대리인에게 연구 조수가 필요할 것이라고 말했다.[246] 프렌티스-홀은 새로운 액수에 동의했고, "집필 일정을 도와줄" 연구 조수를 에릭에게 붙여주기 위해 천 달러, 혹은 필요하다면 그 이상을 지불하겠다고 제안했다.[247] 그러나 1969년 8월 27일 에릭의 저작권 대리인은 출판사 측에 "홉스봄의 문제는 실은 프렌티스-홀의 책을 집필하기 전에 다른 두 권을 써야 한다는 것입니다. 현재로서는 1973년 말보다 이른 날짜에 원고를 전달한다고 약속할 수 없습니다"라고 알렸다.[248] 그럼에도 에릭은 1970년에 집필 계약을 맺었고 출판사는 에릭에게 "이 기획에 대한 우리의 열의와 당신을 저자로 모신 우리의 기쁨은 끝이 없습니다"라고 말했다.[249] 그렇지만 에릭은 1970년 10월 미국을 방문했을 때 뉴저지 잉글우드 클리프스에 있는 프렌티스-홀 본사를 찾아간 이후 의문을 품기 시작했다.[250] 하버드에서 만난 동료들은 에릭에게 출판사에서 제안한 선인세 1만 달러는 그가 받을 수 있는 액수보다, 혹은 하이엄이 적은 대로 에릭이 원고를 영국에서 단독 저서로 출간할 경우 벌 수 있는 액수보다 한참 적다고 알려주었다. 단독 저서로 내면 "그 자체로 개인 저작의 대표작"이 될 터였기 때문이다. 하이엄은 출판사에 이렇게 전했다.

에릭에게는 지금 당장 돈이 필요하지는 않습니다—그는 정말로 보수를 아주 잘 받는 학자 겸 저자입니다. 기존의 선인세는 아시다시피 분할 지급할 수 있습니다. 그가 현재 프렌티스-홀 측에서 보장해주기를 바라는 상당한 금액 역시 장기적으로 지급되는 금액입니다. 그가 보장받기를 원하는 금액은 10만 달러이며, 그는 이 금액을 1년에 1만 달러씩 받을 용의가 있을 것입니다.

극복하기 어려울 법한 다른 문제도 있었다. "이 책에서 그를 제외한 공저자들 중에 그는 애슐리라는 사람을 높게 평가하지 않습니다"라고 하이엄은 프렌티스-홀에 알렸다. "오히려 디킨스라는 사람을 더 높이 평가합니다. 그러나 현 시점에서 진짜 문제는 이 두 사람 모두 책에서 자신이 맡은 부분의 원고를 전달했고, 각 원고가 별개의 책으로 출간되고 있다는 것입니다." 하지만 에릭은 자신이 다룰 근현대 부분을 시작조차 하지 않은 상황이었다. 따라서 에릭이 집필을 끝마치고 나면 책이 그의 글과 이미 책으로 나온 다른 두 사람의 글로 이루어질 것이었다. 그렇게 되면 "이 책을 아주 폭넓게 판매할 가능성이 심각하게 줄어듭니다"라고 하이엄은 지적했다.[251]

1971년 2월 22일, 프렌티스-홀은 3만 5천 달러라는 더 나은 제안으로 대처했다.[252] 에릭은 이 제안이 "매우 매력적"이라고 생각해 수락할 마음이었다.[253] 그러나 저작권 대리인은 의견이 달랐다.[254] 3월 19일, 하이엄의 조언에 따라 에릭은 3만 5천 달러 제안을 거부하고 5만 달러를 요구했고, 출판사 측에서 이 요구를 받아들여 당분간 문제가 해결되었다.[255]

이와 별개로 바이덴펠트는 대성공을 거둔 《혁명의 시대》의 후속편을 쓰라는 압력을 가하고 있었다. 또 다른 계약이 정식으로 체결되었다. 1969년 10월 에릭은 "혁명 다음 책"의 진척 상황에 대한 바이덴펠트의 문의에 "대략 15개 장 가운데 3.5장의 분량을 끝냈고 사실 한창 집필 중에 있습니다"라고 답변했다. "책에 온전히 전념할 시간이 있다면 분명히 6개월 안에 끝낼 수 있지만, 당연히 학기 중에는 원고에 집중할 수 없을 것입니다." 그는 마감일을 미루는 것도 나쁘지 않겠다고 고백할 수밖에 없었다.[256] 마감일은 거듭 연기되었는데, 특히 1970년 11월 19일에 썼듯이 내싱턴 로드로 이사하는 일이 시간을 잡아먹었기 때문이다.

아내가 집을 매도/매입하고 개축하기로 결정하기 전까지 나는 작업을 아주 순조롭게 진행하고 있었습니다. 이사는 시간을 잡아먹었고, 나의 장서를 부득이 두 달 동안 창고에 보관해야 했을 만큼 복잡했습니다. 이 제야 장서를 막 꺼내기 시작했습니다. 책은 절반가량 썼지만, 1970년 말까지 끝내지 못할 것입니다. 여전히 3월 말까지 끝내기를 바라지만 아쉽게도 보장할 수는 없습니다. (…) 책이 1971년 말 이전에 나올 수 있을지 의문이며, 특히 아직까지 아무도 삽화에 대해 생각하기 않았기 때문에 더욱 그렇습니다.[257]

1971년 8월, 데이비드 하이엄의 조수 브루스 헌터는 에릭이 그해 말 까지 완성된 원고를 전달할 생각이라며 바이덴펠트 & 니컬슨의 줄리언 셔크버러를 안심시켰다.[258] 그러나 에릭이 이미 책의 선인세를 대부분 받았고 "저쪽에서는 원고를 대부분 썼다고 알고 있다"는 사실을 걱정 한 헌터가 거듭 재촉했음에도, 에릭은 1972년까지 원고를 끝마칠 기미 를 전혀 보이지 않았다.[259] 에릭의 신작을 1972년에 출간한다는 계획을 세워둔 바이덴펠트의 편집진이 데이비드 하이엄을 통해 전달한 요구 가 얼마나 집요했던지, 에릭은 한동안 그들의 편지에 아예 답장하지 않 았다.[260]

1971년 여름에 에릭은 분명히 심각한 과부하 상태였다. 데이비드 하 이엄은 7월 22일 에릭에게 "바이덴펠트의 줄리언 셔크버러가 '현재 집 필 일정이 어떻게 되고 있는지' 묻는 편지를 보냈습니다"라고 알리고 "자 신들이 의뢰한 세 권이 언제 끝날 것으로 예상해야 할지" 물어볼 수밖에 없었다. 프렌티스-홀과의 계약이 있었고, 그다음으로 "정치적-역사적" 에세이집인 《혁명가들》("정확히 5월에 원고를 넘긴"이라고 했지만 실은 1972년 에 넘겼다), 《혁명의 시대》의 후속편, 그리고 혁명에 관한 일반적인 책이 있었다("원고를 언제 넘길지 생각해둔 날짜가 있다면, 셔크버러가 그 소식을 듣고 기뻐할 것입니다—그리고 우리도 그러할 것입니다").[261] 에릭은 출판사로부터 원고를 달라는 재촉을 거듭 받았다.[262] 분명히 무언가를 주어야 했다. 결국 혁명에 관한 책은 끝내 쓰지 않았다. 프렌티스-홀의 책에 들어갈 부분도 쓰지 않았다—다만 데이비드 하이엄 저작권사는 1987년 2월 6일에야 에릭이 1970년에 서명한 이 책의 계약을 최종적으로 삭제했다. 저작권사는 프렌티스-홀 측에 "그 책을 에릭 홉스봄은 전혀 집필할 생각이 없고 오히려 계약을 확실하게 취소하기를 원합니다"라고 알렸다.[263] 그리하여 이 계약은 취소되었다.

이 시점이 오기 한참 전에 에릭은 저술가로서 성공하여 마침내 재정적 안정을 확보했다. 1961년 6월 22일 앞으로 나올 《산업과 제국》의 선인세로 200파운드를 받았고, 《노동하는 인간》의 선인세로 75파운드를 받았다. 곧 인세 수표가 들어오기 시작했음을 감안하면 《노동하는 인간》의 선인세는 사실 지나치게 약소한 액수였다. 예를 들어 1965년 6월에 거의 200파운드, 같은 해 11월에 또 234파운드가 들어왔고, 이듬해에 특히 일본판 덕에 166파운드, 1967년에 미국판이 나와 233파운드가 들어왔다. 이 책은 꾸준히 판매고를 올려서 1968년 한 해에만 1566부가 서점 책장에서 빠졌고, 1974년 페이퍼백으로 828부가 팔렸다. 에릭은 이 기간 동안 연구와 교육에서 노동사가 부상한 덕을 분명히 보았다. 그는 《산적의 사회사》의 선인세로 150파운드를 받았고, 《산업과 제국》의 외국어판과 그밖에 부수적인 권리로 이미 상당한 수입을 벌어들이고 있었다. 《산업과 제국》 출간 첫해인 1969년만 해도, 저작권 대리인이 수수료를 떼기 전이긴 했지만, 729파운드를 벌었다. 이 책은 계속 잘 팔렸는데, 특히 1960년대와 1970년대 초에 영어 사용권에서 급격히 늘어난 신규 대학들에서 경제사 교재로 널리 쓰인 덕택이었다. 1972년 후반기에

1만 부 넘게 팔렸고, 1975년 전반기에 6837부가 팔렸다. 저자로서 성공한 결과 에릭은 선인세를 더 많이 받게 되었는데, 여기에는 그의 책이 잘 팔릴 것이라고 자신하는 출판사들의 전망이 반영되었다. 뉴욕 판테온 출판사의 앙드레 쉬프랭은 1972년 에릭의 에세이집 《혁명가들》의 선인세로 2500달러를 지급했다. 이처럼 에릭이 받은 인세는 21세기의 기준으로는 그리 많지 않은 금액처럼 보일지도 모르지만, 1960년대에는 인세를 다 합치면 당시 대학 강사의 평균 연봉을 상회하는 액수였다.[264] "저서만으로 생활할 수 있는 저술가들의 수는 그리 넓지 않은 방 하나에 다 들어갈 정도다"라고 에릭은 1964년에 썼다. 저술가 대다수는 평균적인 타자수 이상의 수입을 벌지 못했다. 에릭은 가족을 부양하기 위해 버크벡의 봉급이 여전히 필요했다. 그러나 이제 적어도 재정 면에서는 안정적이었다.[265]

전체적으로 1960년대와 1970년대 초는 에릭이 주요 저서와 에세이집을 연달아 출간하며 놀라운 생산성을 보여준 시기였다. 《혁명의 시대》, 《산적의 사회사》, 《노동하는 인간》, 《산업과 제국》, 《혁명가들》, 《도리깨질 대장》을 펴낸 데 더해 《마르크스-엥겔스 전집》에 참여하고 하나의 시리즈를 편집했다. 다른 영국 마르크스주의 역사가들과 더불어 에릭은 영국 공산당 운동의 정치적·지적 제약에서 벗어나 분명히 해방감을 느꼈다. 또 마를린과 결혼하고 두 아이를 얻어 1950년대에 너무도 부족했던 안정을 찾고 행복과 만족을 누렸다. 에릭의 관심사는 특히 라틴아메리카의 최근 역사와 당대의 정치를 포괄할 정도로 눈에 띄게 넓어졌다. 그는 마르크스주의의 이론적 유산을 이전보다 더 면밀하게 검토했다. 생애 처음으로 학문적·개인적·재정적 성공을 경험하고 있었다. 에드워드 톰슨과 더불어 에릭은 로빈스 보고서* 이후 늘어난 대학들에 입학하던 젊은 역사가 세대에게 강력한 지적 영향을 미치기 시작했다. 그렇지만 공식적으로 탈당하지 않았을 뿐 공산당에서 이탈한 그는 정치적으로 표류했고, 1980년대에 가서야 영국 정치에 다시 한 번 직접적으로 관여하기 시작했다. 높아가는 명성, 저술의 영향력 덕에 에릭의 메시지는 사람들이 정중히 귀담아듣는 발언이 되었다. 그러나 그가 전하는 메시지는 영국 공산당의 교의나 신조와는 거리가 멀었다.

---

* 영국 고등교육의 개혁을 위해 1963년 로빈스 경Lord Robbins이 주도한 위원회가 간행한 보고서로 대학교와 학생 수의 증가를 통한 대학 교육의 확대를 가져왔다.

8

"지적인 구루"

1975-1987

I

에릭은《혁명의 시대》후속편의 원고를 끝마치기까지 오랜 시간이 걸렸다. 출판사에 원고를 넘긴 뒤에도 수많은 추가 사항과 변경 사항을 계속 보냈다. 이 책과 관련한 바이덴펠트 & 니컬슨의 서류철은 교체한 페이지, 삭제한 단락, 연필이나 녹색 잉크로 수정한 구절로 가득하다. 에릭은 각 장을 여는 명구名句들을 정말 막판에야 제공했다.[1] 새로운 담당 편집자 앤드루 위트크로프트는 주로《혁명의 시대》와 겹치는 내용을 줄이기 위해 초반부 장들의 많은 부분을 수정하기를 원했다(수많은 사례 중에 하나만 거론하자면, 초기 원고를 읽고서 에릭에게 "해당 장을 대략 24(b)쪽에서 시작할 수 있을지 알고 싶습니다"라고 썼다).[2] 저자와 편집자 양측 모두 원고를 고치는 가운데 책의 완성이 몇 번이나 연기된 것은 놀랄 일이 아니었다.

그 과정에서 어느 시점에 책의 제목이 바뀌었다. 애초 제목은《증기력의 시대》였지만, 1975년 6월 에릭이 교정을 볼 무렵에는 《자본의 시대 The Age of Capital》였다.[3] 제목 변경에는 아마도 1848년 혁명의 패배부터 1873년 경제 폭락과 뒤이은 불황까지, 유럽이 번영하고 팽창한 시대에 초점을 맞춘 사실이 반영되었을 것이다. 《자본의 시대》는 바이덴펠트의 야심찬 기획 '문명의 역사' 시리즈의 한 권으로 마침내 1975년 10월에 출간되었다. 초판으로 영국에서 양장본 4천 부를 찍었고, 미국 뉴욕의 스크리브너 출판사가 따로 2천 부를 찍기로 했다. 선인세는 영국판이 2천 파운드, 미국판, 이탈리아판, 프랑스판, 독일판, 스페인판이 각각 2350파운드였다. 페이퍼백은 1977년 10월 20일에 스피어 출판사에서 출간되어 에릭은 추가로 선인세 500파운드를 벌었다.[4] 인세는 상대적으로 높아서 초판 4천 부까지 12.5퍼센트, 1만 부까지 15퍼센트, 그 이상은 17.5퍼센트였다.[5] 《혁명의 시대》의 성공을 반영하는, 당시로서는 후한 조건이었다.

전작과 마찬가지로 《자본의 시대》도 일반 독자를 겨냥했다. 학생들이 이 책에서 아이디어를 찾아낼 수는 있었지만, 일부 서평자들이 보기에 학생들에게는 여전히 기본적인 예비 지식을 제공하는 구식 서사형 교재가 필요했다.[6] 미국 미시간주립대학의 경제사가 허버트 키시Herbert Kisch도 같은 의견이었다. 자기가 가르치는 미국 중서부 중간계급 학생들, 정치에 관심 없고 문화에 무지한 배경에서 자란 학생들이 어떻게 이 책의 숱한 문화적 암시와 통찰을 파악할 것으로 기대할 수 있겠는가?[7] 학생들은 이 책과 씨름하기 전에 무슨 사건이 언제 일어났는지를 마음속에서 정리하기 위해 먼저 진지한 참고도서부터 얼마간 읽을 필요가 있었다. 실제로 《자본의 시대》는 《혁명의 시대》처럼 확고한 주제별 구성을 갖추고 있었다. 전체 16개 장은 '전개'와 '결과' 두 부분으로 나뉘었고, 맨 앞에 1848~1851년의 사건들을 서술하고 분석하는 서론 격의 장이 붙었다. 역시 전작과 마찬가지로 이 책은 경제로 시작해 사회와 정치로 넘어간 다음 두 번째 부분에서 농촌과 도시의 세계, 사회계급, 과학, 문화와 예술을 다루었다. 책의 지리적 범위는 전작보다 넓었는데, 책이 다루는 기간 동안 확대된 '이중혁명'의 영향을 반영한 결과였다.[8] 빅토리아 시대 영국을 연구하는 역사가 J. F. C. 해리슨이 지적했듯이, 책의 초점은 유럽이지만 그 맥락은 전 세계였다.[9]

가장 탁월하고 전투적인 서평은 산업혁명기의 기술 혁신과 그 영향에 관한 뛰어난 연구서 《속박에서 풀려난 프로메테우스The Unbounded Prometheus》(1969)의 저자인 미국 경제사가 데이비드 란데스가 《타임스 리터러리 서플리먼트》에 기고한 장문의 논고였다. 그는 저돌적인 방식으로 시작했다.

나는 에릭 홉스봄의 글을 읽는 것을 좋아한다. 그는 아는 것이 정말 많고 읽지 않는 것이 없다. 그는 독일어 시를 영어의 운에 맞춰 번역한다. 그리고 무엇에 관해 쓰든 간에 무언가 중요한 말을 한다. 또 나는 그와 다르게 생각하는 점이 많아서, 그의 책이나 논문을 읽고 나면 마치 팽팽한 스쿼시 경기를 한 것 같다. 피곤하지만 기운이 나고 노력했다는 좋은 기분이 든다.[10]

란데스는 책에서 수많은 편견의 사례를 찾아냈다. 다른 사람이라면 긍정적으로 평가했을 만한 과정들, 이를테면 노동조합의 합법화 과정, 가난하고 박해받는 유럽인들이 대서양을 건너 아메리카 대륙으로 대규모로 이주한 과정 등을 이 책에서는 어떻게든 자본주의적 착취의 측면으로 설명하려 했다. 이상주의가 들어설 여지는 없었다. 홉스봄에 따르면 미국 남북전쟁은 노예제의 폐지나 인간의 자유와 존엄이라는 이상과는 무관하고 오로지 노동을 효과적으로 착취하고 자본주의를 위한 영토를 개방하려고 벌인 전쟁이었다. 사업적 이해관계가 전부였다. 유럽 외부 지역들로 확산된 자본주의는 더 많은 착취를 가져왔을 뿐이었다(란데스는 오늘날에는 동의하는 사람이 거의 없는, 식민주의의 경제적 효과를 긍정적으로 보는 견해를 표명했다).

다른 비판자들과 마찬가지로, 란데스는 무엇보다 프리드리히 엥겔스조차 인정했던 민족주의의 위력을 무시하거나 과소평가한 것을 책의 결점으로 꼽았다. 또 1848년 혁명의 실패를 프롤레타리아트의 반란에 대한 부르주아지의 두려움이라는 관점에서, 아울러 농지개혁에 손쉽게 매수당한 농민층이라는 관점에서 설명한 방식에도 이의를 제기했다(그렇지만 에릭의 주장은 시간의 검증을 견뎌냈다).[11] 란데스의 주장 중에 더욱 온당치 않은 것은 책에서 민족주의를 사회주의나 공산주의 같은 이데올로기로 다루는 데 반대한 것이었다(이데올로기가 아니라면 대체 뭐란 말인가?). 공장 고용인을 "노동자의 선량한 아버지와 부양자"로 보고 피고용인을 "유순"하거나 심지어 "고분고분하고 둔하고 멍청"한 존재로 보는 란데스의 장밋빛 관점은 노동자의 저항, 노동조합 조직, 파업, 반란에 관한 수많은 연구에 의해, 아울러 경영진의 무자비한 협박과 권위주의적 관행을 드러내는, 거의 앞의 연구들 못지않게 많은 실례들에 의해 이미 논파되고 있었다. 란데스 본인도 에릭과 정반대되는 여러 편견을 가지고 있었다. 그가 보기에 노동자들의 대중정치는 "공포의 평등"으로 귀결되는 반면에 공장 안팎의 부르주아 정치는 그저 "영향력의 불평등"으로 귀결될 뿐이었다.

"대체로 보아 《자본의 시대》는 불쾌한 사람들이 운영하는 불쾌한 체제에 대한 묘사다"라고 란데스는 결론지었다. 이 책은 "환원주의적"이었고 에릭은 "신조의 희생자"였다. 이 책은 체계적으로 편향되어 있었으며, 카를 마르크스를 진심으로 찬양하면서도 실증주의자 오귀스트 콩트 같은 다른 사상가들은 비꼬는 것이 그 실례였다. 또 책은 사회를 "지나치게 체계적으로, 어쩌면 지나치게 이지적으로" 다루었다. 에릭의 책에 나오는 "사람들은 공감 능력과 친밀함 같은 실체성이 부족"했다. 책은 결국 "심각하게 비역사적이거나 심지어 반역사적"이고, 설령 학생과 "지적인 비전문가"가 실제로 《자본의 시대》를 읽는다 해도 **취급 주의 표시를 붙일** 필요가 있었다. 란데스의 서평은 자본주의 비판자에 대한 자본주의 대변인의 대응으로 정당하게 간주할 수 있을 것이다. 그렇지만 보수적인 수사법 아래에서 그는 날카로운 타격을 가했다. 그가 지적했듯이 이 책은 젠더 및 여성과 가족의 역할을 충분히 다루지 않았다. 그리고 민족주의에 뚜렷한 적대감을 보이면서도 어쨌거나 19세기의 가장 중요한 정치 이데올로기 중 하나인 민족주의를 그다지 설득력 있게 설명하지 못했다. 에릭도 이 점을 깨달았고, 나중에 이 주제로 돌아와 민족주의를 더 체계적이고 만족스럽게 다루려고 시도했다.[12]

이 책의 마르크스주의가 "환원주의적"이라는 란데스의 평가에 대해 다른 서평자들은 동의하지 않았다. J. F. C. 해리슨이 보기에 에릭의 마르크스주의는 "실제로 아주 가볍게 걸친" 수준이었다. "그리고 대다수 사회주의자들과 다수 자유주의자들이 완전히 익숙하고 수용 가능하다고 생각하지 않을 만한 서술이 이 책에는 거의 없다." 책은 철저한 보수주의자만 아니라면 누구나 동의할 만한 일종의 합의된 좌파 견해를 제시했다.[13] 아사 브리그스는 에릭이 마르크스주의자일 것이라고 인정하면서도 "그의 견해는 조야한 수준의 결정론적 역사관이 아니다"라고 보았다. 부르주아지에 대한 공감이 부족하다는 의견과 관련해 브리그스는 에릭이 1848년 이후 시대의 물질적 성취를 생생하게 환기시킨다고 지적했다. "가장 미숙한 모험사업가들까지도 공평한 평가를 받는다." 예를 들어 19세기 라틴아메리카라는 거친 세계에서 활동한, 부패했지만 진취적인 기업가 헨리 메이그스Henry Meiggs* 같은 사람들이 그러했다. "페루의 중앙 철도를 이용해본 사람이라면 그 원대한 구상과 메이그스의 악랄하되 낭만적인 상상력의 성취를 과연 부정할 수 있겠는가?"라고 에릭은 수사적으로 물었다.[14]

책의 엄청난 규모와 범위 탓에 다른 비판도 피할 수 없었다. 19세기의 급진적 운동들을 연구하는 역사가 제임스 졸은 책이 종교를 일축한 점에 놀랐다. "내 생각에 글래드스턴과 비스마르크 둘 다 '세속적 이데올로기와 비교해 우리 시대의 종교는 상대적으로 그리 흥미롭지 않고 폭넓게 다룰 만하지 않다'라는 홉스봄의 단언에 동의하지 않을 것"이라고 졸은 논평했다.[15] 구술사의 개척자 폴 톰슨은 《자본의 시대》가 고급문화와 예술을 충분히 논하면서도 대중문화, 대중 스포츠, 노동계급의 사교생활 등은 간단히 언급할 뿐이라는 또 다른 빈틈을 발견했다.[16]

다수의 서평자들이 가장 공통으로 비판한 책의 결점은 유럽 중심주의였을 것이다. 웨일스의 좌파 역사가 권 앨프 윌리엄스는 "전 지구적 시각이 가끔씩 떨리고 일그러진다"고 생각했다.[17] 에릭이 유럽 자체를 가장 깊고도 넓게 안다는 것은 부인할 수 없는 사실이었다. 노예제를 연구하는 미국 역사가 데이비드 브라이온 데이비스는 에릭이 "미국사를 무신경하게 취급"한다고 비판했다.

미국 사회에 대한 홉스봄의 논의는 얕박하고 왜곡되었을 뿐 아니라 영국인의 흔한 경향을 반영하고 있기도 하다. 바로 19세기 미국을 너무

* 메이그스는 페루의 수도 리마와 인근의 항구 도시 카야오를 해발 4천 미터 이상의 안데스산맥 고산지대의 도시 및 광산과 연결하는 중앙 철도 건설사업에 참여했다.

크게 자란 기괴하고 다소 이국적인 옛 식민지로, 미쳐버린 오스트레일리아나 캐나다 정도로 여기는 경향이다. 홉스봄은 근래의 가장 뛰어난 역사 문헌 중 일부를 이따금 부정확하게 활용하면서도, 미국의 '황량한 서부'와 '강도 귀족'에 집착하는 영국인 특유의 진부하고 기묘한 관점을 고수한다.

정말이지 미국사는 이렇게 다루지 말았어야 했다. 에릭은 미국 대륙에서 발전하는 자본주의를 탐구할 황금 같은 기회를 놓쳤고, 이것이 책의 약점으로 남았다.[18] 물론 실제로 에릭의 관심사는 편협한 유럽 중심주의와는 거리가 멀었다. 그는 유럽과 라틴아메리카뿐 아니라 인도와 일본에 대해서도 썼다.[19] 또 19세기에 유럽의 경제 모델과 산업 모델을 전유한 일본의 방식에 관심을 기울였고,[20] 일본 사회가 위계적인 사회구조를 수용한 것을 애석해했다.[21] 그의 총괄적 역사의 유럽 중심주의는 산업화가 유럽에서 시작되었고 이 지역에서 나머지 세계로 확산되었다는 논지에서 비롯된 것이었다. 그러나 미국에 대한 그의 반감은 많은 이들로부터 지적받은 문제였다.

그럼에도 불구하고 당연하게도 《자본의 시대》는 절대다수의 서평자들로부터 압도적인 호평을 받았다. 이 책은 이미 전작에서 명백히 드러난 모든 장점을 보여주었다. 예리한 분석, 이해를 돕는 상세한 서술, 수준 높은 학식에 더해 폭넓은 독자층에게 호소하는 능력까지 갖춘 역사가라는 에릭의 세계적 평판을 더욱 굳건히 해주었다. 책은 곧장 이탈리아, 프랑스, 포르투갈, 독일, 헝가리, 네덜란드, 노르웨이, 스페인에서 번역되었고, 뒤이어 그리스어, 터키어, 아랍어를 포함하는 다른 여러 외국어판으로 나왔다. 브라질에서만 9만 6천 부가 팔렸다.[22] 이 책에는 에릭의 학문적 성숙함의 모든 특징 — 과감한 일반화, 관심을 끄는 세부 사항, 뛰어난 가독성, 때때로 경구처럼 표현하는, 시사하는 바가 많은 가정 假定, 넓은 범위, 현란한 박식, 설득력 있고 솜씨 좋은 설명—이 들어 있었다. 전작 《혁명의 시대》와 마찬가지로 《자본의 시대》도 금세 고전으로 인정받았다. 그리고 머지않아 저렴한 보급판으로 나왔고, 한 번도 절판되지 않았으며, 첫 출간 후 40년 넘게 지난 지금까지도 교육 과정에서 두루 활용되고 있다.

2

《자본의 시대》가 출간된 1970년대 중반까지 에릭은 상업적 성공은 물론 학문적 인정까지 받았다. 그가 기득권층의 신성한 전당에 진입했다는 사실은, 런던 팰맬에 있으며 고위 학자들과 성직자들이 자주 드나드는 애서니엄 클럽Athenaeum Club의 회원으로 1983년 선출된 일로도 확인되었다(전 세계에서 면적당 주교의 수가 바티칸을 뺀 다른 어떤 곳보다도 많다고 알려져 있었다). 클럽의 옛 회원들 중에 노벨상 수상자가 50명 이상이었다. 여성은 2002년까지 회원이 될 수 없었다. 선출은 기존 회원들 상당수의 지지에 달려 있었지만, 런던의 일부 클럽들에서처럼 단 한 명의 회원이 누군가의 가입 신청에 거부권을 행사할 수 있는 '배척blackballing' 제도는 없었다. 회원들은 심지어 조찬 모임 때조차 정장을 입어야 했고, 이는 지금도 마찬가지다. 1980년대 초반이면 명성이 워낙 대단했던 터라 에릭은 어렵지 않게 회원으로 선출되었다. 옥스퍼드 역사가 키스 토머스는 "내가 애서니엄의 회원이 되었을 때 술집에서 《타임스》로 얼굴을 반쯤 가린 채 어두운 색 양복 차림으로 앉아 있는 이 사람을 보고서" 깜짝 놀랐다. 바로 에릭이었다. "그는 무엇이 기득권이고 무엇이 아닌지에 대한 뚜렷한 감각이 있었고, 그 나름대로 약간은 알랑쇠, 확실히 지적인 속물이었다"라고 토머스는 썼다.[23] 프랑스 노동사가 미셸 페로가 케임브리지에서 에릭을 만난 뒤 예리하게 말했듯이, 에릭은 "기존 사회에 반대하는 동시에 자신을 품어준 영국 사회의 전통을 깊이 존중하는 마르크스주의자"였다.[24]

노동당 지도부의 저명한 고문인 경제학자 니콜라스 칼도어가 에릭에게 케임브리지 킹스칼리지의 명예펠로직을 주자고 제안한 덕에 에릭은 또다시 인정을 받았다. "우리 다수는 그를 영국에서 가장 뛰어난 경제사가로 여깁니다"라고 칼도어는 썼다. 에릭은 케임브리지 교수 임용에서 한 차례 이상 탈락했는데 "덜 뛰어난 후보자들이 선발되는 과정에서 이데올로기적 편견이 중요하게 작용했다는 것은 거의 의심할 나위가 없습니다." 그러므로 에릭에게 킹스칼리지의 명예펠로직을 수여하는 것은 "그의 비범한 지적 탁월함뿐 아니라 케임브리지가 그를 다소 홀대했다는 것까지 인정하는 셈"이 될 터였다.[25] 칼도어의 제안을 킹스의 펠로들이 수용해 에릭은 1973년 명예펠로로 선출되었다. 그로부터 2년 전에는 런던에서 활동하는 고대사가 아르날도 모밀리아노와 바이올린 연주자 예후디 메뉴인과 함께 미국 예술과학아카데미의 외국인 명예회원으로도 선출되었다.[26]

1976년, 에릭은 마침내 영국 학술원의 회원으로 선출되었다. 예나 지금이나 예술, 인문학, 사회과학 분야의 학자들에게 있어 영국 학술원은 과학자들의 영국 왕립학회에 해당하는 기구다. 이 위엄 있는 기구에 회원으로 선출되는 근대사 전문가는 해마다 한두 사람뿐이었다. 노엘 아난은 에릭에게 쓴 축하 편지에서 이 명예가 너무 늦게 찾아왔다는 의견을 피력했다.

전쟁 이후로 자네가 기득권층의 퇴짜에 대응해온 방식에 나는 언제나 감탄했어. 나는 자네가 케임브리지에서 조교수가 되지 못한 것은 어처구니없는 일이라고 생각했고, 자네가 옥스퍼드와 케임브리지 어느 쪽에서도 경제사 교수직을 제안받지 못한 것은 더욱 어처구니없는 일이라고 생각했고, 버크벡의 위선자가 자신이 은퇴할 때까지 자네에게 교수직을 주지 않은 것은 더더욱 어처구니없는 일이라고 생각했어. 그런데 놀랍게도 자네는 체념으로 대응했고, 흔들리지 않고 그저 경탄스러운 책과 논문을 계속 쓰는 방법으로 모든 동료들로부터 찬사를 받았지. 너무나 많은 사람들이 부당하다는 의식에 사로잡혀 스스로 허물어지고 말아. 그렇게 되지 않은 것은 무엇보다 자네의 신망과 유머 감각 덕분이야.[27]

아난은 기득권층 특유의 방식으로 에릭이 학술원 회원이 되었다는 공식 통지를 받기도 전에 이 편지를 보냈다. 에릭은 따뜻하게 답장했다.

구태여 지난날을 돌아보며 나를 위로할 필요는 없어. 나는 50년대 말부터 심각한 피해를 입었다고 생각하지 않아. 나를 괜찮게(어쩌면 나 스스로의 평가보다도 더 괜찮게) 생각한다고 확신할 수 있는 사람들이 언제나 충분히 많았기 때문이지. 한 명만 거론하자면 바로 자네가 그래. 나의 저술은 학생들 등등의 독자들뿐 아니라 학계에서도 높이 평가받았어. 지난 6~7년 동안 공식적으로 인정을 받기도 했고. 언젠가 교수직을 얻을 것을 정말 의심하지 않았고, 결국 영국 학술원 회원이 되리라는 것도 정말 의심하지 않았어. 사실 이런 일들은 일찍 경험하는 것보다 늦게 경험하는 편이 훨씬 나아. 마지막에 오르막길이 있음을 알아차리는 중년 초반에 자신이 용두사미라는 느낌을 피할 수 있기 때문이야. 물론 이런 지연을 너끈히 견뎌낼 수 있었던 것은 무엇보다 자네와 같은 사람들이 이를테면 도덕적 인정을 해준 덕분이야.

게다가 나 같은 사람은 손해볼 것이 없어. 아웃사이더로서 명성을 쌓은 사람에게는 기득권층으로부터 배제되는 것도 하나의 자산이야. 기득권층이 그 국제적인 품으로 나를 점점 끌어들이고 있는 지금—솔직히 말하면 나는 이런 식의 초기 수금을 좋아할 만큼 허영심을 가지고 있어—나의 문제는 옛 볼셰비키로서 어떻게 나의 진실성을 지켜나가느냐 하는 거야. 요즘 젊은 반란자들의 기준으로는 볼셰비키 자체가 아주 케케묵고 점잖은 역할이긴 하지만 말이야. 그렇다 해도 운명은 피할 수 없는 법이고, 상당한 보상이 있기도 해.[28]

키스 토머스에 따르면 에릭은 특히 "영국 학술원의 회원 자격을 무척 중시했다."[29]

회원들 간의 불화와 의견 차이가 영국 학술원과 그 업무의 학문적 평온함을 어지럽히는 경우는 거의 없었다. 한 가지 커다란 예외 사례를 꼽자면, 1979년 11월 5일 의회에서 대처 여사가 영국 학술원 회원이자 왕실 미술품 감정인이자 오늘날까지도 푸생에 관한 표준 연구로 평가받는 논문을 쓴 미술사가인 앤서니 블런트 경이 2차 세계대전 중에 소련의 스파이로 활동하며 블레츨리파크에서 해독한 독일의 무선통신을 러시아 측에, 특히 동부전선 관련 첩보를 넘겼다고 밝힌 후에 발생한 소동일 것이다. 이 행동으로 블런트가 야기한 위험은, 예를 들어 쿠르스크 전투 중에 소련 측의 첩보 활용으로 인해 독일 측이 자기네 비밀 메시지가 해독당한다는 사실을 알아채고서 기존의 암호를 바꾸고, 그리하여 영국 측이 그 암호를 해독하지 못하게 되었을 수도 있다는 것이다. 아마도 더 심각했던 위험은, 블런트가 존 케언크로스를 소련의 스파이로 포섭

했고, 가이 버지스가 역시 소련 정보기관을 위해 일한다는 것을 일찍부터 알고 있었으면서도 자신과 버지스가 무슨 일을 하는지를 아무에게도 밝히지 않았다는 사실일 것이다. 1963년, 마이클 스트레이트는 영국 보안정보국에 블런트가 소련의 스파이였다고 알렸다. 블런트는 기소 면제를 대가로 자백했다. MI5는 이 문제를 15년간 비밀에 부치기로 했다.

이 기간이 끝난 1979년, 블런트의 반역에 대한 소문이 돌기 시작하자 대처 여사는 하원에서 공식 성명을 발표해 블런트의 죄를 폭로했다. 블런트는 잠적에 들어가 옛 학생 브라이언 슈얼의 아파트에서 은신하다가 친구인 역사가 제임스 졸과 함께 지냈다. 졸은 이 사안에서 어떤 역할을 했는지 밝혀진 뒤 런던정경대의 교수직에서 사임할 수밖에 없었다.[30] 세 사람 모두 동성애자였으며, 영국 언론은 급증한 동성애 혐오증에 사로잡혔다. 에릭의 친구인 예술사가 프랜시스 해스컬의 집은 블런트를 숨겨주고 있다고 의심하는 기자들에 의해 포위되었다(해스컬은 얼마 전에 블런트의 강연을 주최한 바 있었고, 아내가 러시아인이었다). 블런트는 여왕의 명령에 의해 기사 작위를 박탈당했고, 케임브리지 트리니티칼리지의 명예펠로직도 빼앗겼다.[31] 기자들은 케임브리지 사도회를 동성애자 소련 스파이 일당이라고 부르며 손가락질했다.

마녀사냥의 불쾌한 가능성을 늘 경계하던 휴 트레버-로퍼는 언론의 블런트 몰이에 역겨움을 느꼈다. 그리하여 마녀사냥은 그 어떤 이로운 목적에도 이바지할 수 없다고 《스펙테이터》에 썼다.[32] 트레버-로퍼의 공개 입장에 고무된 에릭은 1980년 3월에 개인적으로 편지를 썼다. 물론 자신이 학술원에서 직접 발언할 수는 없다고 트레버-로퍼에게 말했다.

역효과를 내거나 편향적이라고 무시당하는 것은 차치하더라도, 나 같은 사람들은 자신의 과거를 변호하는 모양새로 비칠 수밖에 없습니다.

(…) 학술원이 스스로를 (그리고 우리를) 웃음거리로 만드는 행태를 멈추는 것은 당신 같은 사람들에 의해서만 가능합니다. '당신에 의해서만'이라고 말하기는 저어됩니다만, 당신의 개인적인 목소리가 큰 영향, 어쩌면 결정적인 영향을 줄 것이라고 확신합니다. 당신은 블런트의 과거 견해에 공감한다는 의심을 받을 리 없거니와, 그의 학문 외 활동을 비판하는 것으로 알려져 있기 때문입니다. 당신의 개인적인 입장은 말할 것도 없습니다.[33]

얼마 전 글래턴의 데이커 경Lord Dacre of Glanton이라는 세습되지 않는 보수당원 작위를 수여받았던 트레버-로퍼는 학술원 원장인 고전학자 케네스 도버Kenneth Dover 경에게 다음처럼 말한 에릭의 의견에 동의했다. "어떤 상황에서든 학술원 회원을 쫓아내는 것—그런 일이 예전에 우리 학술원에서 있었던가요?—은 심각한 조치입니다. (…) 학술원 회원 선출 기준과 전혀 무관한 이유로 그의 제명을 고려하는 것은 훨씬 더 심각한 조치이며 많은 자성을 필요로 합니다." 회원들은 블런트의 학문적 성과에 근거해 그를 선출했으므로 회원들이 동의할 수 있는 제명의 합당한 근거는 학문적 부정 행위(예를 들면 다른 사람의 저술을 표절하는 행위)뿐이었다. "블런트를 제명한다면, 그의 행동을 우리가 어떻게 보든 간에, 문명화된 행동을 지향하는 우리의 학술원과 나라의 명성이 떨어질 것이라고 생각합니다. 이렇게 보는 사람이 나 하나만은 아니라고 생각합니다."[34]

그럼에도 불구하고 영국 학술원 위원회는 근소한 표차(9 대 8)로 블런트 제명 안건을 1980년 7월 3일에 열리는 연례 회원 총회에서 발의하기로 결정했다. 총회에서 회원들은 블런트 제명을 거부했고, 제명 대신 견책을 하자는 이사야 벌린과 리오넬 로빈스의 제의도 받아들이지 않았다.

총회는 찬성 42표, 반대 20표, 기권 25표로 다음 안건으로 넘어가기로 결정했다. 그 안건은 도버가 1980년 8월 22일 회원들에게 말했듯이 "비학문적인 부정 행위를 고려하여 누군가가 회원으로 적합한지를 언명하는 행위를 절대적으로 확고하게, 분명하게, 단호하게 거부한다"는 것이었다.[35] 찬성과 반대 양측 모두 감정이 격해졌으며, 블런트에 반대하는 회원들은 이제 그에게 회원 자격을 포기하라고 강요하지 않는다면 자신들이 탈퇴하겠다고 위협했다. 특히 잭 플럼은 블런트의 제명을 거부한 학술원을 소리 높여 비난했고, 학술원의 결정을 뒤집기 위해 19세기 정치사가 노먼 개시Norman Gash와 함께 캠페인을 벌였다.[36] 그렇지만 에릭은 이 문제가 투표로 종결되어야 한다고 보았다. 에릭은 도버에게 편지를 보내 이제 상처를 치료할 때이며 실제로 탈퇴한 회원들—제명을 지지한 쪽과 반대한 쪽 모두—에게 탈퇴를 철회해달라고 호소해야 한다고 말했다.[37] 에릭의 편지에 대한 답장에서 도버는 회원들의 의견이 과거 어느 때보다도 극명하게 갈라져 있다고 지적했다.

지난 12월에 내가 (블런트 제명을) "강력히 주도해달라"고 요구받는 동시에 블런트를 제명하자는 제안이 추진되지 않도록 막아줄 것을 요구받은 이래, 나의 직무에 부합한다고 모든 회원이 생각할 만한 행동 방침이 내게 **없다**는 것을 나는 내내 알고 있었습니다.[38]

그렇지만 투표 이후 도버는 블런트에게 탈퇴를 고려해달라고 부탁할 정도의 재량권은 자신에게 있다고 생각했고, 전투에 지친 전직 스파이는 마지못해 요구에 응했다. 그러자 블런트가 탈퇴를 강요받을 경우 자신도 회원 자격을 포기하겠다고 맹세했던 A. J. P. 테일러는 학술원에 항의하며 탈퇴함으로써 자신의 약속을 지켰다.[39]

물론 에릭은 블런트와 마찬가지로 오랫동안 보안정보국의 감시를 받은 인물이었다. 그렇지만 블런트와 달리 에릭은 소련을 위해 스파이 활동을 한다고 여겨진 적이 없었고, 실은 그런 활동을 할 만한 위치에 있지도 않았다. 블런트와 마찬가지로 에릭은 상당한 학문적 명성을 얻은 상태였다. 그렇지만 높은 명성에도 불구하고 여전히 좌파로서의 평판에 민감했다. 에릭에 대한 MI5의 오랜 감시는 1980년대 중반에 흥미로운 결말로 이어졌다. 1986년에 존 르 카레(1950년대 후반과 1960년대 초반에 MI5와 MI6에서 정보요원으로 일한 데이비드 콘월의 필명)의 소설《완벽한 스파이》의 233쪽에, 에릭이 노엘 아난을 통해 알게 되어 이 작가에게 지적했듯이, "영국인 첩자 팀 가운데 CIA 대표단에게 말을 거는 '보안정보국에서 소속을 바꾼 홉스본Hobsbawn'이라는 인물이 있습니다. 다행히 이 인물은 다시 등장하지 않고 아무 말도 하지 않습니다." 그러나 그 함의는 명백했다.

그 이름—당신에게 단언할 수 있습니다—은 내가 아는 다른 어떤 이름보다도 더 꾸준하게 철자를 잘못 쓰는 이름입니다. 또 매우 적은 수의 실존 인물들과 완전히 동일시될 수 있는 이름입니다. (…) 어떤 H가 MI5의 가상 요원을 실제로 자신에 대한 명예훼손으로 간주할 것이라고 생각하진 않습니다만, 적어도 1942년부터(적어도 이때부터라고 친한 녀석에게 들었습니다) MI5의 감시를 받은 나로서는 다소 불편합니다. (…) 그렇다 해도 차후에 당신 책의 여러 판에서 그 남자를 다른 이름으로 부르는 방안을 고려해볼 수 있을 것입니다.

내 질문은 그저 이것입니다. 당신은 대체 어떻게 그 이름을 떠올렸습니까? 소수만 아는 농담, 혹은 잠재의식적 연상에서 끄집어낸 무언가입니까? 무슨 이유에서 그 이름이 여기서 딱 한 번만 언급됩니까? 아니면 아예 빼려다가 놓친 겁니까? 글을 쓰는 우리 모두는 의도하지 않은 뜻밖의 무언가가 우리의 글에 슬그머니 들어가 있음을 발견합니다. 나는 그런 무언가가 내 글에 어떻게 슬그머니 들어가는지는 어느 정도 알고 있습니다. 그것이 다른 누군가의 글에 어떻게 슬그머니 들어가는지 알아내는 것은 언제나 흥미로운 일입니다.[40]

에릭은 법적 조치를 취하겠다고 직접 압박하진 않았지만, 행간의 함의는 분명했다.

르 카레는 신속히 응답했다. 자신이 스파이 소설에서 사용한 이름을 가진 실제 인물을 맞닥뜨린 것이 이번이 처음은 아니지만, 홉스봄이라는 이름이 극히 드물고 따라서 철자가 똑같든 조금 다르든 간에 쉽게 알아볼 수 있는 이름이라는 지적은 아주 옳다고 말했다. 그러면서 소설에서 '홉스본'이라는 이름을 사용한 데에는 아무런 의도가 없다고 했다. 에릭에게 확언하기를

나는 당신이나 동명이인에 대해 의식적으로 들어본 적이 없기 때문에 당신과 비슷한 이름을 내가 왜 선택했는지 모르겠습니다. 은밀한 농담은 아니었습니다.[41]

이어서 르 카레는 등장인물의 이름을 그저 음악성과 시각적 영향을 고려해 선택한다고 말했다. '홉스본'은 인물을 부각시키는, 다른 인물들과 구별하는 방법이었다는 뜻이다. 그러면서도 르 카레는 법적 분쟁의 가능성을 우려해 만약 에릭이 특별히 괴로움을 느낀다면 해당 소설의 이후 판본에서 그 이름을 바꾸겠다고 제안했다. 다만 연락할 출판사가 50군데가 넘어서 "약간 서둘러야" 했다.

르 카레가 보안정보국에서 일하는 동안 보았던 절반쯤 기억나는 서류철에서 홉스본이라는 이름을 고른 것은 충분히 가능한 일이며, 에릭에 대해 들어본 적이 없다는 그의 항변은 액면 그대로 받아들일 수 없다.

답장에서 에릭은 소설의 향후 판본과 중쇄에서 문제의 이름을 삭제해 달라고 다시 요구했다.

그 인물은 실제로 나와 동일시되었고(노엘 아난이 《뉴욕 리뷰》에 게재한 책의 서평을 보십시오—그 역시 그것이 소수만 아는 농담이라고 생각합니다), 나는 MI5와 나의 추정상 관계에 대해 농담조의 대화를 하게 될 전망에 기분이 좋지 않습니다. 나와 이름이 비슷한 누군가를 당신 소설에 첩보원으로 집어넣은 것이 과연 소송을 걸 수 있는 문제인지 여부를 우리는 결코 알아내지 못할 것입니다. 그걸 알아내려는 것은 오만하고 우스꽝스러운 시도일 것이기 때문입니다. 하지만 나처럼 오래전부터 마르크스주의 좌파로 활동한 전적을 가진 누군가가 등장인물로 나오는 것은 다소 불편합니다. 그리고 나의 독자들 중에, 이를테면 (내가 대학생들 사이에서 꽤 유명한) 라틴아메리카 공화국들의 독자들 중에 당신과 나만큼의 소양을 갖추지 못한 이들이 얼마든지 있을 수 있습니다. 글을 문자 그대로 받아들이는 일부 독자들의 능력을 결코 과소평가해서는 안 됩니다.[42]

그렇지만 이 편지는 긍정적인 어조로 끝났다. 에릭은 르 카레의 작품에 감탄했고 "이 기회를 빌려 언젠가 써야겠다고 생각한 팬레터를 당신에게 보낼" 수 있었다며 소설가를 안심시켰다. 말할 필요도 없이 르 카레는 에릭이 요청한 문구 수정을 결코 하지 않았다.

3

제안받은 명예를 에릭이 모두 받아들였던 것은 아니다. 1987년 그는 옥스퍼드대학에서 매년 진행하는 명망 있는 포드 강연Ford Lectures을 맡아달라는 제안을 거절했다. 그것이 규정상 영국사에 관한 강연이고 자신은 지금 "비교사적 관점으로" 연구하고 있다는 이유였다.[43] 그가 이 강연 제안을 받았다는 사실은 이제 학계에서 영국을 대표하는 역사가 중 한 명으로 널리 인정받고 있음을 보여주었다. 물론 예상대로 에릭이 기득권층에 가까워지는 모습에 좌파 모두가 기뻐하지는 않았다. 당시 영국 학술원 간사였던 피터 브라운은 사우스켄싱턴의 프랑스 연구소에 에릭과 함께 강연하러 갔을 때의 일을 다음과 같이 회상했다.

> 강연 후의 연회에서 누군가 다가오더니 당신은 기득권층에 팔려갔다며 에릭을 매우 격렬하게 공격했어요. 그는 몹시 당황했고—누군들 그러지 않을 수 있겠습니까?—무언가를 변화시키기 위해서는 거기에 참여하는 것이 최선이라는 변변찮은 변명을 쭈뼛대며 중얼거렸어요. 그 광경에 나는 웃음이 나왔는데, 그를 주로 만났던 학술원과 애서니엄에서 내가 아는 한 그는 무언가를 변화시키려는 행동을 조금도 하지 않았기 때문이에요.[44]

에릭은 책략과 음모를 너무 싫어한 나머지 자신이 합류한 이 위엄 있는 기구들을 바꾸려는 시도를 전혀 하지 않았다.

에릭에게 이런 일보다 훨씬 더 중요했던 것은 안정적인 가정생활과 단란한 가족이 있다는 사실이었다. 버크벡의 동료이자 에릭 가족의 친구인 아일랜드 역사가 로이 포스터는 에릭과 관련한 마를린의 업적은

"그를 기운나게 하고, 필요할 때면 그를 아주 부드럽게 놀리고, 인생의 즐거운 일을 하도록 밀어붙이는 것"이라고 생각했다. "이를테면 에릭이 책을 써야 할 때 낮 공연을, 내 기억에는 트리스탄 공연을 보러 가도록 (…) 그를 설득하는 식이었죠. 그건 일종의 업적이었어요."[45] 에릭과 마를린의 햄스테드 집을 자주 방문한 손님들 가운데 《뉴스테이츠먼》의 문학 편집자로서 에릭에게 일을 의뢰한 뒤 알고 지낸 문인 전기작가 클레어 토멀린이 있었다.

내싱턴 로드에 초대받아 마를린을 만났어요. 나는 에릭을 대단히 존경했고 다소 경외하기까지 했죠. 그곳에 가서 보니 너무나 놀랍게도 아주 편안하고 친절하고 가지각색 친구들로 가득한, 내가 전혀 예상하지 못한 아주 멋진 부르주아 가정이었어요(나는 다소 엄한 가정을 예상했어요). 그리고 아주 건방지게도 (…) 나는 그에게 어떻게 공산당원이면서 햄스테드에서 온갖 편안함과 기쁨을 누리는 이런 종류의 삶을 살 수 있느냐고 물었죠. 그러자 그가 말했어요. (…) "침몰하는 배에 있더라도 일등석에서 여행하는 편이 낫지 않겠습니까."[46]

토멀린은 에릭의 "빈 사람 같은 매력, (…) 친구들을 잡아두고 결코 잊지 않고 따뜻함을 유지하고 그들을 서로 소개해주는 이 남다른 방식"에 감명받았다. 마를린에게도 같은 자질이 있었다. 토멀린이 보기에 두 사람은 "이상적으로 어울리는 부부였어요. (…) 그들은 많은 즐거움을 함께 나누었어요."

그녀가 그에게 일종의 온기, 아마도 지난날에는 그에게 없었던 온기를 주었다고 생각해요. 그녀는 손님들을 항상 즐겁게 해주었고, 정말이지 훌륭한 식사를 준비했고, "오, 일요일에 뭐 좀 드시러 오세요"라고 해서 가보면 엄청난 양의 음식이 있었어요. 그녀는 집 안을 정돈했고, 정원과 웨일스의 별장을 관리했고, 모든 책임을 도맡았고, 에릭이 생활하고 연구하고 행복하고 편안하게 지낼 수 있는 환경을 제공했어요.

에릭은 의리 있고 헌신적인 친구였다. 클레어 토멀린은 에릭이 자기 남편 마이클 프라이언Michael Frayn의 모든 연극을 보러 갔고 자기가 쓴 모든 책을 읽었다는 사실에 감명받았다.

에릭의 집을 찾는 방문객의 발길은 끊이지 않았다. 여기에는 여러 나라에서 온 동료들과 친구들이 포함되었다. 예를 들어 1976년에서 1977년 사이에 미국에서 칼 E. 쇼르스케, 유진 제노비스와 엘리자베스 폭스-제노비스, 마틴 버널, 찰스 틸리, 프랑스에서 마들렌 레베리우, 파트리크 프리덴송, 미셸 페로, 자크 레벨, 독일에서 디터 그로, 그 외에 이탈리아, 덴마크, 오스트리아, 아르헨티나, 칠레와 소련에서 손님들이 왔다.[47] 1980년과 1981년에는 에마뉘엘 르 루아 라뒤리(프랑스), 카를로 긴즈부르그(이탈리아), 한스 메디크(독일), 로밀라 타파르(인도), 아르노 메이어, 이매뉴얼 월러스틴, 에릭 포너(셋 모두 미국에서 따로따로 방문), 이반 베렌드(헝가리), 그리고 라틴아메리카에서 온 다양한 학자들을 비롯해 약 50명을 손님으로 맞이했다. 그 전부터 에릭과 마를린은 이렇게 외국에서 오는 손님과 지역의 친구 및 지인을 위해 저녁 파티를 열면서 내싱턴 로드의 집을 갖가지 유형의 좌파 방문객들이 모이는 국제적 집결지로 만들고 있었다. 저녁 파티 이후 에릭의 오랜 친구 엘리제 마리엔스트라스는 다른 수많은 사람들과 마찬가지로 에릭이 집안일을 못한다는 사실을 알아챘다. (식기세척기가 흔하게 쓰이기 전이라) 손님들이 부엌으로 그릇을 들고 갔는데 "그는 설거지하는 법을 모르고 접시 닦는 법만 알았어요."[48]

식사하기 전에 에릭은 부엌에 앉아 그곳에 있는 작은 텔레비전으로 "뉴스뿐 아니라 축구와 테니스도 봤어요. 그가 축구를 흥미롭게 시청하는 모습은 언제나 재미있었고, 그는 경기가 어떻게 흘러가는지 이해하면서 봤어요."

1970년대 중반에 에릭의 아이들은 10대에 접어들었고 심하진 않았지만 으레 그렇듯이 성장기의 반항 단계에 들어섰다.[49] 줄리아는 애초에 목표한 서식스대학에 들어가 영어를 전공할 수 있을 정도로 A레벨 시험을 잘 치르지 못해서 결국 센트럴런던 폴리테크닉 — 현재는 웨스트민스터대학 — 에 진학해 현대 언어를 전공했는데, 이 공부를 싫어했다. 줄리아는 학생회 일을 위해 1년을 휴학했고, 학생회장 알라릭 뱀핑과 사랑에 빠져 이후 그와 결혼했고, 끝내 복학하지 않았다. 에릭은 "완전히 경악"했다.[50] 줄리아는 아버지가 자신이 학업을 등진 데 화를 내기보다는 자신의 미래를 염려한다고 생각했다. 그녀는 텔레비전 방송국에 조사원으로 취직해 아버지의 근심을 덜어주었다. 앤디의 반항은 조금 더 심각했다. "나는 학업과 시험을 정말 싫어했지만 그냥 하곤 했어요. (…) 나는 정말 몹시 불행하고 혼란스러웠고 실제로 [학교를] 자주 빼먹기에 이르렀죠." 에릭과 마를린은 학교에서 면담을 했고 그 자리에서 그들이 앤디를 학교에서 빼내지 않으면 퇴학당할 공산이 크다는 것을 확인했다. 에릭은 친구 개리 런시먼Garry Runciman에게 조언을 구했고, 런시먼은 캐나다 몬트리올 인근에 있는 브랜슨이라는 학교를 추천했다. 앤디에 따르면 "부적응자들"을 위한 학교였다. 브랜슨은 야외 활동을 강조하는, 학비를 내는 기숙학교였지만, 에릭과 마를린은 이곳이 앤디의 상황에서 최선의 해법이라고 판단했고, 실제로 그런 것으로 밝혀졌다. 에릭은 몬트리올 근처에 사는 옛 학생 앨런 애덤슨에게 앤디의 상황을 지켜봐달라고 부탁하는 등 어려움을 풀어내려 애썼다. 하지만 나중에 드러났듯이 애덤

슨은 실제로 그럴 필요가 없었다.[51]

《혁명의 시대》의 성공과 그로 인한 세금 문제 때문에 에릭은 재정 상황을 관리하기 위해 회계사를 고용했다. 파운드 아래 단위를 반올림해서 프리랜서 작가, 저자, 방송인으로서 그의 수입은 1962~1963년에 1300파운드에서 1985~1986년에 1만 9098파운드로, 그리고 1989~1990년에 9만 1557파운드로 증가했다. 1978년까지는 봉급이 자영업 작가, 강연자, 방송인으로 버는 수입보다 많았지만 인플레이션이 다른 모든 사람 못지않게 그의 수입에 타격을 주었다. 그럼에도 이 수입은 대수롭지 않은 액수가 결코 아니었다.[52] 에릭이 프리랜서로서 벌어들인 수입의 대부분은 책 인세였다. 방송과 평론은 전체 수입에서 작은 부분에 그쳤다. 예를 들어 1987~1988년에 언론계에서 2천 파운드 살짝 넘게, 강연으로 2200파운드 조금 넘게 벌었고, 저서의 인세와 선인세로 거의 1만 8천 파운드를 벌었다.

에릭은 새로 얻은 재산이 특히 저작권 대리인 데이비드 하이엄의 활동력과 수완 덕택이라고 보았다. 그런데 하이엄은 짧게 병을 앓다가 1978년 3월에 예기치 않게 사망했고, 저작권사에서 에릭 관련 업무를 새로 맡게 된 브루스 헌터가 부고를 알렸다.[53] "가련한 데이비드! 에투알 식당의 구석 탁자에 앉아 있는 그를 더는 볼 수 없습니다"라고 에릭은 한탄했다. "그렇지만 그는 기억 속에 살아 있고—저작권 대리인이 적절한 시기에 원고를 전달할 수 없다면 누가 할 수 있겠습니까?—책 이외의 일까지 잘 처리했습니다. 다른 고참들이 남아 있나요?"[54] 브루스 헌터와 에릭의 관계는 처음에는 원만하지 않았다. 1983년 10월 헌터가 또 하나의 노동사 에세이집(처음 제목은 '더 많은 노동하는 인간'이었지만 나중에 《노동의 세계들Worlds of Labour》로 바뀌었다) 계약을 협상할 의사가 있다고 말했을 때, 에릭은 자신이 그 생각을 오래전에 제안했지만 출판사가

"뭉개고 있었다"고 부루퉁하게 대꾸했다. 왜 그렇게 오래 걸렸는가?

설상가상으로 헌터는 19세기를 다룬 에릭의 책들을 '경제사' 저술로 언급했다. 에릭은 이어서 이렇게 썼다.

친애하는 브루스, 나는 내 분야에서 전혀 유명하지 않았던 20년 전에 데이비드가 연락한 후로 쭉 하이엄 사와 일해왔습니다. 나는 데이비드에게 감사의 빚을 졌고, 당신이 하는 그리 많지 않은 일에 지불하는 수수료에 개의치 않았습니다. 운 좋게도 내가 감당할 수 있는 것보다 더 많은 저서 집필을 제안받았고, 해외에서 출간되는 저작들 전부 혹은 대부분에 너무나 의존하고 있기 때문입니다. 사실 지난 10여 년 동안 나는 하이엄 사가 애초에 얻어낼 수 있다고 생각한 것보다 더 나은 계약 조건을 얻어내라고 압박을 가했습니다. 하지만 저자는 대리인이 자신의 업무를 알고 있고 신경을 쓴다고 느껴야 합니다. 이번 경우에 당신의 편지를 보면 대리인이 그렇게 하고 있다는 느낌을 받을 수 없습니다.[55]

에릭은 하이엄 저작권사가 특히 자신이 한동안 책을 내지 않은 사이에 수익성이 더 좋은 다른 고객들을 많이 확보했고 그런 이유로 자신을 등한시했다고 생각했다(브루스 헌터에 따르면 사실 에릭은 수익을 가장 많이 가져다주는 고객 중 한 명이었다).[56] 출간 제안은 에릭이 저작권사에 했지 그 반대가 아니었다. "그리고 기존 출간 목록을 점검하는 것과 더불어 더 많은 책을 출간하는 것이 내게 더욱 긴급하고 중요한 문제가 되고 있는 지금, 나는 당신이 하고 있는 일을 크게 신뢰할 수 없습니다." 그래서 에릭은 자신의 이해관계를 한층 정력적으로 대변해줄 새로운 대리인을 찾으려 했다. 브루스 헌터는 에릭의 책들을 '경제사'로 언급한 일을 신속히 사과하고 '더 많은 노동하는 인간'이 진척되지 않는 상황을 출판사

탓으로 돌리며 자신을 변호했다.[57] 이 사과와 함께 기분 좋은 점심식사를 함께한 덕분인지 에릭은 성난 마음을 가라앉히고 하이엄 사에 남기로 했고, 결국 헌터의 조언에 크게 의존하게 되었다.

성공에도 불구하고 에릭의 유년 시절 가난의 상처는 사라지지 않았다. "책이 수백만 권이 팔린 후에도 (…) 내 생각에 그는 언제나 돈 걱정을 했어요"라고 로더릭 플로드는 말했다.[58] 엘리제 마리엔스트라스가 기억하기로 "그는 지독히 검소"했고 "잔돈 하나에도 주의했어요." 파리를 방문했을 때 매우 고령에 걷기가 힘든데도 "택시를 탈 리 만무했어요. 그는 지하철을 타야만 했죠." 햄스테드의 집에서 엘리제는 마를린이 값비싼 식재료를 산 일로 에릭이 불평하는 모습을 보았다. "이 제품이 얼마나 비싼지 봐요. 다른 식품점에 가면 더 싸게 살 수 있어요." 그러나 대개 한 번에 한 명 이상 자주 찾아와 부부와 함께 머물다 가는 동료들에게는 돈을 아끼지 않았다—"2층에 있는 여분의 두 침실에는 언제나 손님들이 있었어요."[59]

에릭의 회계사들은 훌륭한 회계사라면 누구나 하는 일을 했고, 수입에 대한 소득세 부담을 줄일 수 있을 다양한 제안을 했다. 1990년대까지 학자들은 강의에서 벗어나 연구를 수행할 수 있도록 영국 학술원과 리버흄 트러스트 같은 기구에 보조금을 신청할 기회가 상대적으로 적었다. 버크벡도 해외에서 여행하고 생활하는 데 필요한 연구기금을 제공할 만큼 부유한 기관이 아니었다. 그리하여 에릭은 회계사의 조언에 따라 연구비와 여행비를 프리랜서 저자, 작가, 강연자로서의 수입에 대한 공제 경비로 청구했다. 또한 프리랜서로서 전화, 우편, 문구류, 장비(예컨대 타자기)의 사용료도 공제 경비로 청구했다. 여기에 더해 다수의 학자들과 마찬가지로 집을 사무실로 사용하는 비용, 강의를 위한 도서 구입비, 연구 조수 고용비, 도서관과 정기간행물 구독 비용도 공제 청구했다.

프리랜서로서 에릭이 경비로 청구한 금액은 상당히 많았고 오랫동안 그의 총수입에 대한 세액을 줄여주었다. 이것은 그가 여행에 돈을 많이 지출했을 뿐 아니라 타자수, 비서, 연구 조수에게 정기적으로 보수를 지불했기 때문이기도 하다. 이 당시는 책의 최종 원고와 논문을 발표하기 위해 타자수가 필요한 시절이었으며, 버크벡의 빈약한 재원을 고려하면 대학 직원을 이 일에 동원할 수 없었다. 1984년과 1985년에 에릭은 R. 애버리 박사와 수전 해스킨스 여사를 연구 조수로, 팻 세인 박사를 대체 강사로 고용하여 총 1550파운드의 봉급을 지불했다.[60] 이것은 에릭의 작업 관행의 통상적인 일부분이었다. 에릭은 세금을 줄이기 위해 '미국 생활비'도 공제 경비로 청구했다. 여기에는 음식과 그밖의 기본 물품을 구입한 영수증이 포함되었는데, 번거로운 일이었지만 결국 할 만한 가치가 있었다. 예컨대 과세연도 1985~1986년의 비용 총액이 5885파운드로 적지 않은 금액이었기 때문이다.

에릭은 평소 주택금융조합, 은행, 생명보험사(생명보험과 연금을 위해)에 소액을 투자하고 있었지만, 외국에서 벌어들이는 수입을 처리하기 위해 1980년대 초에 프랑스와 스위스에서 은행계좌를 개설했고, 1984~1985년에 처음으로 세금신고서에 자신이 거래하는 스위스 은행을 통해 기업들에 투자한다고 적었다. 여기에는 하이드로-퀘벡Hydro-Quebec과 세 영국 기업(디스틸러스, M&G 제2종합신탁, 쉘 수송교역사)이 포함되었다. 해당 과세연도에 에릭이 이런 투자로 벌어들인 총수입은 5586파운드였다. 1989~1990년의 수입에는 부동산 임대로 벌어들인 8천 파운드도 있었다. 에릭은 여러 기업과 기관의 주식을 보유했다. 다만 이런 주식은 모두 기본적으로 예금계좌의 성격이었다. 당대의 카를 마르크스와 달리, 에릭은 주식을 사고팔거나 주식시장에 투기하지 않았다.[61]

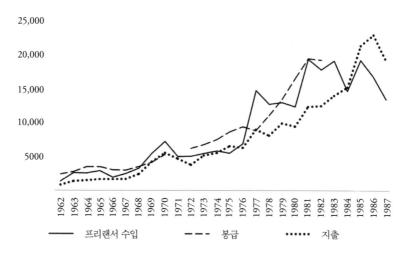

에릭 홉스봄의 프리랜서 수입, 봉급/연금, 지출 1962~1987(파운드화)

25,000

20,000

15,000

10,000

5000

1962 1963 1964 1965 1966 1967 1968 1969 1970 1971 1972 1973 1974 1975 1976 1977 1978 1979 1980 1981 1982 1983 1984 1985 1986 1987

——— 프리랜서 수입　　– – – 봉급　　•••••• 지출

4

이 기간 내내 에릭은 끊임없이 해외여행에 나섰다. 그는 경비로 처리
할 수 있도록 여행에서 쓴 비용을 꼼꼼히 기록했다. 1977~1978년 과
세연도에는 해외에서 55일을 보냈다. 파리에서 학술대회(4월 21~23일),
뉴욕시와 코넬대학(뉴욕주 남부)에서 강연(4월 27일~5월 25일), 슈투트가
르트, 콘스탄츠, 빈터투어에서 학술대회(6월 23~26일), 다시 파리에서
출판사들과 만나고 약간의 연구 수행(11월 2~8일), 빈에서 강연과 연구
(11월 14~19일), 피렌체에서 강연과 편집회의(12월 9~11일), 그리고 3월
31일부터 과세연도의 마지막 날인 4월 4일까지 남아메리카 체류였다.
1978년 4월 5일부터 22일까지 그는 "학술대회, 연구, 출판사, 만남, 강
연"을 위해 페루와 브라질에 머물렀다. 6월 11일부터 14일까지 베를린
에서 학술대회에 참석했다가 영국으로 돌아가 잠시 지낸 다음, 다시 독

일을 찾아 6월 21일부터 26일까지 이번에는 학술대회 및 출판사들과의 만남을 위해 괴팅겐과 프랑크푸르트에 머물렀다. 9월 15~18일에는 토리노와 제노바에서 출판 업무를 처리했고, 10월 5~7일에는 함부르크에서 학술대회에 참석했으며, 10월 20~22일에는 프랑크푸르트 도서전에 참가한 뒤, 12월 1~8일, 10~15일, 18~22일에는 파리 사회과학고등연구원에서 강연을 했다. 1979년 2월 9일부터 12일까지 피렌체에서 출판 관계자들을 만나고 3월 9일부터 11일까지 '교류'를 위해 재차 파리를 방문해 1978~1979년 과세연도에 해외에서 보낸 총 일수는 61일이었다.[62] 이 기간은 에릭에게 아주 전형적인 해였다. 이제 《인명사전Who's who》에 들어갈 정도로 유명해진 그는 기분전환을 위해 하는 일로 '여행'을 꼽았다. 친구들과 동료들은 천만뜻밖의 장소에서 그와 마주치곤 했다. 국제적 인맥이 두터운 버크벡의 저명한 결정학자結晶學者 앨런 매카이는 에릭과의 그런 만남을 다음과 같이 묘사했다.

1987년 여름에 휴가차 서울을 찾은 나는 일본인 친구와 서울 중부의 한 찻집에 앉아 있다가 바깥 도로를 휘청휘청 걸어가는, 한국인이 아닌 사람을 봤어요. 얼굴을 보진 못했지만 걸음걸이가 에릭 홉스봄과 비슷했죠. 급히 나가서 보니 정말로 에릭이었어요. 데려와서 잠시 차를 함께 마셨죠. 그는 출판사들의 초대를 받아 방문한 참이었어요. 출판사들이 그의 책을 해적 출판 했는데도 말이죠. 에릭은 서울에 대해 만약 부하린의 정책이 실행되었다면 소련이 이런 모습일 것이라고 말했어요.[63]

거의 끊임없이 여행하는 이 패턴은 삶의 종점에 가까워질 때까지 계속될 터였다.

에릭은 해마다 몇 번씩 파리를 방문했지만, 엘렌 베르하우어와의 관계가 끝난 후로는 프랑스 및 프랑스인과 개인적으로 교류하는 빈도와 기간이 급격히 줄어들었다. 반면에 이탈리아를 오랫동안 속속들이 경험한 데다 이곳에 친구도 많은 마를린과의 결혼을 계기로 에릭은 이 나라를 더 깊이 이해하고 이곳에서 중요한 인맥을 넓혀나갔다. 이 방향 전환에는 정치적 차원도 있었다. 프랑스 공산당은 에릭이 너무나 무미건조하고 혐오스럽다고 생각한 스탈린주의적 교조주의의 수렁에서 여전히 허우적거리고 있던 반면에, 1968년 소련의 체코슬로바키아 침공에 충격을 받은 이탈리아 공산당은 프라하에서 선도한 자유주의적이고 개혁적인 공산주의를 기반 삼아 그와 비슷한 일군의 신조를 제창했다. 스페인 공산당이 공유한 그 신조는 1970년대에 '유로공산주의'라고 알려지게 되었다. 더욱이 영국 공산당과 달리 이탈리아 공산당은 성공의 이야기였다. 이탈리아 공산당은 1950년대에 200만 당원을 보유하고 1960년대에도 그보다 약간 적은 당원을 거느린 대중운동이었다. 게다가 영국 공산당의 반지성주의를 조금도 공유하지 않았다.[64]

《원초적 반란자들》과 《산적의 사회사》는 이탈리아 민중을 다루었기 때문에 이 나라에서 상당한 관심을 불러일으켰다. 이 두 권은 이탈리아어로 번역되었고, 이후 《혁명의 시대》와 《자본의 시대》, 그리고 다른 책들도 번역되었다. 이탈리아어판을 펴낸 출판업자 줄리오 에이나우디 Giulio Einaudi는 에릭을 토리노로 초대했고 "나처럼 (인세를 받는) 저자들을 호화로운 캄비오 레스토랑으로 데려갔다. 그곳 테이블에서 카보우르가 사보이 왕국을 이탈리아 왕국으로 바꾼다는 계획을 세운 이래 레스토랑은 변한 것이 없었다."[65] 에이나우디는 자신과 함께 출간하는 모든 책이 공산당 계열 신문들을 비롯한 이탈리아 언론에서 집중적으로 논의될 것이라고 에릭에게 확언했다. 그 덕에 에릭의 이름은 공산당 독자들의 주목을 받았다. 1960년대 중반 에릭은 공산당의 월간지 《리나시타Rinascita》

에 이탈리아어로 기고문을 쓰기 시작했고, 당의 일간지 《루니타L'Unità》에 〈영국 노동조합의 환상과 좌절〉, 〈노동당: 무기력과 좌절〉, 〈윌슨 이후 벌어질 사태에 대한 런던의 생각〉, 혹은 단순히 〈영국 좌파에 대한 보고〉 같은 글을 썼다. 그가 영국 정치에 대해 적극적으로 논평한 것은 이번이 처음이었는데, 이내 논평에 맛을 들이기 시작했다. 그는 유럽 좌파의 현황, IRA의 테러리즘(배후의 가톨릭적이고 민족주의적 충동을 이유로 IRA에 전혀 공감하지 않았다), 이탈리아 공산당의 미래, 영국의 선거, 그밖에 많은 주제에 대해 자주 대담을 했다.[66]

1975년 10월 1일과 2일에 에릭은 이탈리아 공산당에서 문화와 경제 측면을 대표하는 인물인 조르조 나폴리타노와 일련의 대담을 녹음했고, 1977년 3월 19일 나폴리타노가 런던을 방문했을 때 전에 했던 대화를 이어갔다. 이 무렵 두 사람은 개인적인 친구 사이였고, 에릭의 말년까지 친밀한 관계를 유지했다. 그 사이에 탈공산주의 이탈리아에서 유력한 정치인으로 부상한 나폴리타노는 에릭의 말년에 두 차례 대통령을 역임했다. 이탈리아 공산당의 여러 주요 인물들처럼 나폴리타노도 전쟁 막바지에 반파시스트 투쟁을 벌이는 동안 당에 가입했다. 이름에서 알 수 있듯이 나폴리 태생인 그는 수십 년 동안 폭력과 빈곤, 부패에 허덕이던 이탈리아 남부를 재건하고 쇄신할 가장 유망한 가능성을 공산당에서 보았다. 파시즘의 유산은 한편으로는 토지개혁을 통해, 다른 한편으로는 민주적인 대규모 풀뿌리 정치운동의 창설을 통해 무솔리니 운동의 사회적 뿌리를 뽑아버림으로써 극복할 수 있다고 그는 생각했다.[67]

이탈리아 공산당원들은 전후의 첫 정부에 참여하고 지역의 정치와 행정에서 두드러진 역할을 했다.[68] 이렇게 국가 정치체제에 통합된 공산당은, 1956년 소련의 헝가리 침공에 다소 모호한 입장을 보이긴 했지만, 개혁주의적이고 점진적인 방향으로 나가갔다. 이탈리아에서 사회주의로 나아가는 길은 민주적인 길이라는 데 두 사람은 동의했다. 1973년 칠레 아옌데 정부가 폭력에 의해 전복된 사건에 충격을 받은 이탈리아 공산당은 그들의 표현대로 보수적인 기독교민주당과 '역사적 타협'을 하여 행정부를 뒷받침하고 이탈리아 민주주의를 위해 인민전선의 이상을 한 걸음 전진시켰다. 에릭은 특히 이탈리아 공산당 내 지식인들의 역할에 감명을 받았다. 공산당은 마르크스주의를 고수하면서도 이론을 도그마로 퇴보시키지 않았고, 프롤레타리아 혁명의 가능성이 극히 낮은 세계에서 공산주의를 전진시킬 방안을 신중하게 구상했다. 작은 책으로 나온 두 사람의 대담집은 이탈리아 공산당원들 사이에서 에릭의 명성을 크게 높여주었다.

몇 년 후 산적행위와 시칠리아 마피아에 관한 에릭의 저술이 갑자기 화제가 되면서 이탈리아에서 그의 평판은 더욱 높아졌다. 그 계기는 시칠리아 마피아의 경쟁 가문들 간에 발발한 폭력 사태인 마탄차mattanza('학살')로, 2년이 넘는 기간에 400명이 사망하고 140명이 '실종'되는 결과로 이어졌다. 이 사태는 경찰관, 판사, 검사를 암살하려는 활동으로 번졌는데, 그들 모두 경쟁 갱단들의 지도부를 체포하여 마탄차를 멈추려는 이탈리아 국가의 시도에 관여한 공직자였다. 이런 이유로 1981년 3월 에릭이 산적행위와 마피아에 관한 학술대회에서 연설하기 위해 팔레르모를 찾았을 때 《루니타》는 이렇게 보도했다.

그는 예상치 못한 관심과 주목의 대상이었다. (⋯) 나흘간 주로 젊거나 어린 청중과 시간을 보낸 결과 (⋯) 정치적 의미에서 극적인 화제거리가 된 일련의 논평이 나왔다. (⋯) 홉스봄은 시칠리아에서의 사회적 공존이라는 중대한 문제, 즉 헤로인 거래를 전문으로 하는 마피아의 갱단식 폭행과, 마피아와 당국 간의 새로운 관계라는 문제를 둘러싼 열렬한 논쟁에서 중심에 서게 되었다. (…) 영국 역사가는 (…) 줄리아노의 갱단 시절 새로운 [로빈] 후드라는 거짓 신화를 관찰하는 무대였던 그 섬[시칠리아]이 이제 마피아가 국가와 그 제도를 식민화하는 심각한 과정—이탈리아 상황의 전반적인 특징—으로 인해, 그리고 이 과정의 결과인 유혈 사태로 인해 황폐해졌다고 주장했다.[69]

달리 말하면, 에릭은 마피아를 견제하거나 더 나아가 진압하려 시도해온 검사, 경찰관, 변호사가 그들의 직종에서 소수였다고 주장하고 있었다. 부패가 만연해 그들 직종의 대다수가 마피아에게 매수되었다는 주장이었다. 이 점에서 에릭은 틀림없이 옳았다. 그러나 마피아가 사법 관리를 암살하는 활동을 계속하자 암살자들과 그들의 두목들에 대한 추적과 기소가 불가피해졌고, 그 결과 수백 명이 체포되고 1980년대 중반 일련의 중요한 재판에서 형을 선고받았다.[70]

에릭은 1920년대 이탈리아 공산당의 지도자 안토니오 그람시의 사상에 탄복했던 터라 이 당을 더욱 가깝게 느꼈다. 그람시의 저술은 1970년대에 이탈리아 공산당으로 하여금 정치적 지향을 재정립하도록 자극한 주요 요인 중 하나였다. 그람시는 파시스트 치하에서 투옥되었다가 1937년에 건강상 이유로 석방된 직후 사망했다. 투옥 중에 그람시는 약 4천 쪽 분량의 수고手敲에 정통 노선에서 뚜렷하게 벗어난 이론적 고찰을 남겼고, 이 수고가 1948년부터 1951년까지 이탈리아어로 여섯 권으로 출간되었다. 에릭은 이미 1950년대에 그람시의 수고를 연구했고 이것이 자신의 역사관 형성에 중요한 영향을 주었음을 인정했다.[71] 1974년 그람시의 옥중수고와 서신이 영어로 처음 출간되자 그 기회를 이용해 에릭은 그람시의 사상에 관한 장문의 기고문을 썼다.[72] 에릭은 그람시를 가리켜 "아마도 20세기 서구가 낳은 가장 독창적인 공산주의 사상가"라고 했다. 그람시는 시민사회에서 지식인의 핵심적 역할을 다른 어느 마르크스주의 사상가보다도 강조했다. 그람시가 보기에 지식인은 '헤게모니', 즉 지배계급이 시민사회에 행사하는 비강압적이고 비국가적인 지도력을 만들어내는 데 중요했으며, 이와 비슷하게 자본주의 체제의 지배계급을 전복하기 위해 도시와 농촌에서 혁명운동을 벌이는 '서발턴subaltern' 계급은, 대학에서 훈련받은 전문직이든 노동계급 자체에서 출현한 '유기적 지식인'이든 간에, 그들 자신의 지식인을 확보할 필요가 있었다. 그람시는 공산주의가 '관료제적 중앙집권주의'라는 스탈린주의적 체제를 새로운 '민주적 중앙집권주의'로 대체해야 한다고 믿었으며, 그람시의 영향을 받은 에릭도 1956년 위기 시에 영국 공산당에 동일한 요구를 했다. 그렇지만 애석하게도 이탈리아 대중은 오랫동안 수동적이었으며, 이탈리아 공산당과 지식인들의 임무는 대중을 각성시켜 부르주아지의 통치를 대체할 그들 자신의 사회주의적 헤게모니 형태를 만들어내도록 이끄는 것이었다.[73] 그람시를 향한 에릭의 열광은 이탈리아 공산당의 열광과 맞물렸다. 에릭과 이탈리아 공산당 모두 그람시의 사상을 유로공산주의를 추동하는 중요한 힘으로 여겼다.

이 무렵 에릭은 영국 공산당보다 이탈리아 공산당과 훨씬 밀접한 관계를 맺고 있었다. 이탈리아 공산당은 그를 중요한 지식인으로 대우한 반면에 영국 공산당은 그를 간혹 유용하긴 해도 거북한 인물로 취급했다. 그러나 에릭이 이탈리아어로 발표한 글의 중요성은 그가 이탈리아 좌파와 가깝다는 것을 입증하는 데 그치지 않았다. 그때까지 에릭은 영국 정치에 대해 공개적으로 논평한 적이 없었지만, 사실상 이탈리아 공산당의 영국 통신원이라는 새로운 역할을 맡으면서 집필의 새로운 국면에 들어섰고, 결국 영국 노동당의 정치에 직접 관여하게 되었다.

5

에릭이 1970년대 중반 정기적인 파리 방문을 재개했을 때, 그것은 개인적 또는 정치적 관심 때문이 아니라 학문적 관심 때문이었다. 에릭은 아날학파의 지도적 인물인 페르낭 브로델을 이미 알고 있었는데, 1973년 브로델은 에릭을 "나의 매우 드문 영국 <u>친구들</u> 중 한 명"으로 일컬었다.[74] 에릭은 브로델의 저술에, 특히 "순수한 호기심"에 감탄했다.

역사가는 눈에 보이는 모든 것에 정말로 호기심을 가져야 합니다. 특히 그리 분명하지 않은 것들, 문서고나 사료의 곁에 있는 것들에 호기심을 가져야 합니다. 위대한 역사가 브로델은 언젠가 내게 역사가에게는 휴일도 휴가도 없다고 말했습니다. 역사가는 말하자면 언제나 업무 중이라는 것입니다. 그는 기차를 탈 때마다 무언가를 배운다고 말했습니다. 나는 이 말이 매우 중요하다고 생각하는데, "새로운 현상에 열려 있으라"고 말하는 또 하나의 방식이기 때문입니다.[75]

그 이후 아날학파 역사가들과 에릭의 교류는 상당히 깊어졌다. 1974년, 홀로코스트 생존자로 공산국가 루마니아에서 망명한 사회주의 역사 연구자 조르주 하우프트Georges Haupt가 사회사에 관해 의견을 주고받는 국제 원탁 토론회를 정기적으로 연다는 구상을 떠올렸다. 파리의 인문학 연구소를 브로델과 공동으로 설립한 오스트리아계 미국 경제사가 클레멘스 헬러Clemens Heller는 독일 재단들로부터 자금을 조달했다(에릭은 클레멘스를 잘 알게 되었다. 두 사람은 보통 프랑스어가 아니라 독일어로 대화했다).[76] 세미나의 목표는 발표를 기대하지 않는 논문을 중심으로 자유로운 토론을 장려하는 것이었다.[77] 국제 모임이라는 포부에도 불구하고 이 토론회

는 적어도 초기에는 영국과 프랑스의 교류였으며, 에릭은 토론회의 가
치가 특히 자신을 비롯한 영국 역사가들(에드워드 톰슨과 차티즘을 연구하
는 그의 아내 도러시 톰슨을 포함)로 하여금 같은 분야의 연구자들, 예컨대
미셸 페로, 파트리크 프리덴송, 마들렌 레베리우, 모리스 아귈롱 같은
역사가들을 알게 해주는 데 있다고 생각했다. 미국 역사사회학자 찰스
틸리, 데이비드 몽고메리와 조앤 스콧 같은 미국 역사가들, 이탈리아를
연구하는 루이스 틸리(찰스 틸리의 아내), 사회민주주의를 연구하는 독일
역사가 디터 그로도 때때로 참석했다. 그들 모두가 프랑스어를 말하지
는 못해 에릭이 자주 통역자로 활약했다. 사회이론가 피에르 부르디외
는 에릭이 참여한다는 데 특히 흥분했고, 두 사람은 좋은 친구가 되었
다. 미셸 페로는 "톰슨과 홉스봄 사이에 일정한 반목, 약간의 경쟁이 있
었어요"라고 관찰했다. "에릭 홉스봄의 마르크스주의는 더 고전적이었
던 반면에 톰슨은 더 혁신적이었어요." 톰슨은 "에릭이 마르크스주의와
무엇보다 공산주의에 충분히 비판적이지 않다고 생각"한 반면에, 에릭
은 톰슨이 "다소 지나치게 논쟁적"이라고 생각했다. 페로가 보기에는 두
사람이 충돌한 순간이 세미나의 절정이었다. 그리고 토론회의 가장 큰
매력은 자발적이고 형식에 구애받지 않는다는 것이었다. 참가자들이 미
리 준비한 논문을 발표한 뒤 짧게 토론하는 대다수 콜로키움과 달리, 이
원탁 회의는 진정으로 자유롭고 유연하게 토론하는 장을 제공했다. "개
인적인 우정을 쌓은 것 외에도 나는 이 모임에 지적으로 상당한 빚을
졌고, 이 점에서 우리 대다수가 마찬가지라고 생각한다"라고 에릭은 적
었다.[78]

모임의 초기 주제는 노동사였고, 뒤이어 중간계급의 역사로 넘어갔
다. 한번은 노동계급 내 여성에 대해, 다른 한번은 산업화와 가족에 대
해 토론했다. 예술의 사회사에 초점을 맞춘 토론에는 19세기 말의 빈을

연구하는 미국 역사가 칼 E. 쇼르스케와 에릭의 친구인 예술사가 프랜시스 해스컬 같은 외부 전문가들을 초청했다. 1970년대 말에 이르러 괴팅겐의 막스플랑크 역사연구소에 적을 둔 일군의 독일 사회사가들, 특히 한스 메디크, 데이비드 세이빈David Sabean, 알프 뤼트케는 사회인류학의 요소를 토론에 도입했고, 그리하여 잭 구디와 메릴린 스트래선 같은 몇몇 영국 인류학자들의 참여를 이끌어냈다. 1970년대 말에 모임은 회원들이 학계의 높은 자리로 올라가고 부담이 큰 직무를 맡게 되면서 깨지기 시작했다. 디터 그로가 속한 콘스탄츠대학에서의 모임이 마지막이었는데, 특히 이 자리에서 집단 내 마르크스주의자들과 비마르크스주의자들이 계급의식이라는 쟁점을 놓고 벌여온 갈등을 해소할 수 없다는 것이 드러났기 때문이다. 에드워드 톰슨은 미셸 페로를 한쪽으로 데려가 "아직도 우리가 서로에게 말할 무언가가 남아 있다고 생각하세요?"라고 물었다. 분명히 톰슨에게는 할 말이 남지 않았다고 페로는 생각했다.

여기에 더해 모임을 지속하려는 의지는 조르주 하우프트가 1978년 50세의 나이에 로마 공항에서 심장마비로 갑자기 사망하는 바람에 심각하게 약해졌다. 연구회의 중심 인물인 그는 어쨌든 반드시 필요해 보였다. 파트리크 프리덴송이 회고하기를 "우리는 75년부터 77년까지 함께한 시절이 조르주 하우프트 없이는 결코 복구되지 않을 것임을 깨달았습니다." 그렇지만 에릭은 계속 파리를 자주 방문했고, 자신에게 책상과 사무실 공간을 제공하고 학자들을 만나 공동의 관심사를 토론하도록 해준 인문학연구소에 고마워했다.[79] 그곳은 "유럽에서, 아마도 세계에서 가장 중요한 지적 만남의 장소일 것이다. (…) 인문학연구소를 방문했다가 새로운 발상이나 새로운 연구 계획, 새로운 교제를 얻지 못한 채 떠나는 사람은 아무도 없다. 나의 경험은 그랬다."[80]

아날학파와 그 역사가들에게 탄복했다고 해서 에릭이 그들의 저술을 비판하지 않았던 것은 아니다. 일례로 에마뉘엘 르 루아 라뒤리의 책 《자스맹의 마녀Jasmin's Witch》(1987년 영어 번역판 출간)에 대해 에릭은 "비교적 전문적"이고 "비교적 가볍고" "급하게 쓴" 티가 난다고 평가했다. 그럼에도 이 책은 "탐정소설처럼 매력적인 작품이며 언제나처럼 잘 읽힐 뿐 아니라 비범하리만치 지적이고 자극을 줍니다. (…) 나는 이 위대한 역사가의 예찬자"이며 "다른 사람들이 놓치는 대목에서도 사자의 발자국을 찾아내고픈 마음이 있습니다."[81] 에릭은 적어도 개인적 수준에서는 루이 알튀세르에게도 똑같이 너그러웠다. 알튀세르는 1979년에 명목상으로는 세미나에 참석하기 위해, 실제로는 에릭의 훗날 회고대로 그를 "어떤 황당무계한 계획"에 끌어들이기 위해 런던을 잠시 방문해 에릭 부부의 집에 머물렀다. 에릭과 세미나 주최자가 업무로 바빴던 어느 오전에 마를린은 알튀세르를 돌봐야 했는데, 홉스봄 가족의 업라이트 피아노를 본 알튀세르는 자신이 그랜드피아노를 사러 왔다는 사실이 기억났다고 말했다. 그러더니 마를린을 시켜 가장 가까운 피아노 판매점을 알아본 다음 자신을 그곳에 데려가달라고 고집을 부렸다. 그는 엄청나게 비싼 연주회용 피아노를 구입하고서 점원에게 파리로 발송해달라고 했다. 세미나 주최자가 도착하자 알튀세르는 롤스로이스(또는 어쩌면 재규어)를 사야 한다며 메이페어의 자동차 전시장으로 데려가달라고 요구했다. 주최자는 자동차 매장 측에 알튀세르의 주문을 받지 말라고 설득하느라 꽤나 애를 먹었다. 파리로 돌아간 후 알튀세르의 정신 상태는 더욱 악화되었다. 1980년 11월 16일 그는 아내를 목 졸라 죽이는 바람에 정신병원으로 보내졌다. 이후 법원은 그가 재판을 받기에 부적합하다고 판결했다. 에릭은 "파리의 교살범, 가련한 알튀세르의 일은 정말 유감입니다. 정신이 완전히 나간 줄은 알았지만 살인이 아니라 자살을 할 것이라고 예상했습니다"라고 털어놓았다.[82]

6

1976년 에릭은 뉴욕주 남부 이타카에 자리한 주요 아이비리그 학교인 코넬대학의 앤드루 D. 화이트 특임교수직에 임명되었다. 이런 교수직을 만든 것은 2~3년에 한 차례 일주일씩 세계 최고 수준의 지식인들을 최대 20명까지 코넬대학으로 초청하기 위함이었으며, 그 지식인들의 임무는 그저 코넬의 지적·문화적 삶에 생기를 더해주는 것뿐이었다. 1977년 첫 방문길에 오른 에릭은 4월 하순에 뉴욕에 내린 뒤 더 작은 비행기로 갈아타고 캠퍼스가 있는 이타카로 향했다. "나는 어퍼웨스트사이드의 브로드웨이를 조금 걷고서 뉴욕에 온 기념으로 기막힌 소금빵 비프샌드위치를 사 먹었어요." 코넬은 "호수를 낀 언덕에 예쁘장하게 자리 잡고 있어요. 오스트리아의 경치와 어느 정도 비슷하지만 그렇게 말끔하진 않아요." 그는 음식은 "매우 끔찍했지만 시설은 꽤 세련된" 학생 기숙사에 묵었다.[83] 첫 방문 기간에 에릭은 사람들을 만나고, 점심시간에 '도시락' 강연을 하고, 학생들 및 동료들과 두루 어울리며 열심히 일하고 있다고 마를린에게 전했다. 캠퍼스는 훌륭했고 "건물 간 거리가 꽤 멀어서 어지간히 걸어야 해요. 다행히 웨일스에서 지낸 경험 덕에 언덕을 어렵지 않게 오르내리고 있어요."[84] 코넬대학은 외딴 시골의 문화적 섬과 같은 곳으로 "고립되어 있어 접근하기가 힘들고" 거의 자급자족을 했다. 그는 자살이 "학생들과 그밖의 사람들 사이에서 꽤 흔하다"는 사실에 놀라지 않았다.

그는 유럽에 대해 연구하는 미국 교수들과 어울렸고, 유럽에서 온 방문교수들과 두어 번 외출했다.

유럽에서 온 방문교수들은 미국인들이 가장 불가해한 존재 (…) 지구상에서 일본인들을 빼고 가장 이질적인 사람들이라는 데 동의해요. 미국인들은 자신들이 얼마나 이질적인지 모르고 스스로를 명예 영국인, 프랑스인, 이탈리아인으로 여기지만, 그건 정말 아니에요. 가장 쉽게 받아들일 수 있는 부류는 뉴욕의 유대인들인데(물론 그들은 남부의 선량한 미인이나 뉴잉글랜드의 개신교도와 결혼하는 경향을 보여왔어요) 그들이 마치 우디 앨런 같기 때문이에요.[85]

역시 뉴욕주 남부에 위치한 빙엄턴대학에서 이매뉴얼 월러스틴의 세미나에 참관한 것을 빼면, 에릭은 대부분의 시간을 도서관에서 보내면서 "머릿속에 떠오르는 것이면 무엇이든" 읽었다. 안내를 받아 지역 구릉지의 명소들을 구경했지만 웨일스와 비교해 "그리 야생적이지 않다"고 보았다. "세미나는 (…) 내 기억에서 전부 하나로 합쳐져요. 동료들과 술을 마시거나 식사한 시간도 (야외에서 한 경우를 빼면) 마찬가지예요." 그는 자신을 위해 마련된 여러 차례의 환영회, "정해진 방식으로 서서 미소를 짓고 전에 어디선가 만났던 사람들인지 기억하려 애써야 하는" 행사에 싫증을 내고 있었다. "내 생각에 환영회를 충분히 하려면 3주는 걸릴 것 같아요."[86] 두 번째 방문했을 때도 코넬의 생활은 여전히 "매우 따분"했다. "이타카의 시내는 가볼 만한 곳이 아니"고 "지난번에 왔을 때보다도 더 촌스럽고 허름하게 변해가는 듯해요. 그리고 여기 캠퍼스에는 별로 활동이 없어요"라고 에릭은 마를린에게 전했다.[87]

1981년 3월 미국을 다시 방문한 에릭은 우선 뉴욕에 잠시 들러 (아마도 생애 처음으로) 메트로폴리탄 오페라 극장에 가서("얼마나 큰지 오페라 극장이 아니라 축구 경기장이라고 하는 게 더 맞을 듯해요") "빅토리아풍에 지극히 화려한" 〈돈 카를로스〉 공연을 관람했다. 그런 다음 서부 캘리포니아로 날아가 우선 해변가에 자리한 "훌륭한" 라구나 호텔에 머문 뒤 "사흘

간 (…) 화가 날 정도는 아니지만 따분하고 짜증나는 학술대회, 강연, 동료 및 학생들과의 끝없는 대화, 만찬—학계의 지옥 같은 일정 전체"를 참아내야 했다. "그들은 선의로 행동했지만, 할리우드를 구경하러 가는 차 안에서도 끊임없이 이야기하고 질문했어요."[88] 이 모든 것에서 벗어나고자 에릭은 친구들로부터 추천받은 샌타바버라의 "거대한 모텔-리조트" 미라마를 직접 예약하고 그곳까지 차를 몰고 갔다. "허츠 사의 렌터카 문을 닫으면 내가 고르지 않은 음악이 자동으로 나오는 것처럼 이 장소도 내가 고른 것은 아니었지만, 이틀간 평온했어요." 그는 캘리포니아의 봄이 충분히 따뜻한데도 "아무도 바다에서 수영하지 않는다"는 사실에 놀랐다. "실제로 바닷새와 석유 굴착 장치를 감상할 수 있을 정도로 해변이 텅 비어 있어요. 사람들은 수영장에서 수영을 하는데, 물이 정말로 따뜻해서 나조차 떨지 않고 들어갈 수 있고 몇 시간이나 머물 수 있어요. 수영하고 컬러텔레비전을 보는 것 말고는 할 일이 없어요." 그는 차를 몰고 로스앤젤레스로 돌아와 샌타크루스에서 강연하기 위해 북쪽으로 가는 비행기를 탔다. 미국은 여전히 이질적으로 다가왔다.

운전하면서 로스앤젤레스의 의미 없는 거리, 온갖 공장, 홀리데이 인, 차고, 전반적인 혼란상을 스쳐 지나가고, 고속도로를 달리면서 이해할 수 없는 스포츠 평론과 그저그런 록음악을 듣는 것은 가장무도회에 참석하는 것과 비슷해요. 주유소에 들러 휘발유(1갤런에 70페니)를 채울 때는 웃기는 가면을 쓴 기분이었어요. 방금 기회를 잡아서 처음으로 셔츠와 양말, 바지를 세탁했는데, 그러자니 묘하게도 제대로 된 개인, 즉 일상에서 잠시 휴가를 보내는 사람이 아니라 다른 어딘가에 속해 있고 그저 방문하고 있을 뿐인 사람이라는 느낌이 들었어요. (…) 웃기는 장소, 웃기는 사람들이에요.

이후 그는 샌프란시스코로 가서 다시 차를 빌려 마린카운티의 작은 호텔에 묵었다. 이곳에서 절벽 아래쪽 바다를 지나가는 고래 떼를 보려다가 실패한 뒤 거대한 미국삼나무 숲을 찾아갔다. "이 거대한 나무들 사이에 있자니 (…) 더욱이 비포장도로를 32킬로미터나 달려야 나오는 곳이라 아무도 없이 혼자 있자니 특별한 기분"이었다. 미국인들에게 놀라는 일은 계속되었다. 에릭이 태워준 어느 텔레비전 프로그램 책임자는 런던이 "큰 도시인지 작은 도시인지" 물어보았고, 길을 가는 내내 "심리학 용어를 마구" 지껄였다.[89]

에릭은 라틴아메리카는 더 잘 알고 있다고 생각했지만, 다시 방문했을 때 이곳의 광경은 고무적이지 않았다. 1978년 4월 초, 그는 항공교통 시스템이 고장나고 환승 비행기를 놓치고 면세품 가방을 도난당하는 등 힘겨운 여정 끝에 학술회의가 열리는 리마에 도착했다.[90] 마를린에게 썼듯이 "리마는"

무너지고 있어요. 황폐하고 지저분하고 빈곤한 채로 방치되고 있어요. 미라플로레스[도시의 상류층 지구]는 조금 때가 탄 정도로 보이지만 도시 중심부는 끔찍합니다. 예전보다 주변에 차량이 줄고 낡았으며, 행색이 누추한 사람들이 많아졌고, 새로운 판자촌들이 생겼고, 전반적으로 희망이 없는 분위기예요. (…) 1971년을 돌아보면 그때는 아주 적당한 희망의 분위기가 느껴졌어요. (대농장의 기록을 전부 넣어둔) 농업문서고는 다 쓰러져 갑니다. 지붕은 (겨우) 있지만 창틀은 깨졌어요. (…) 전에 이 도시에서 종종 들렀던 오래된 부르주아 레스토랑마저, 아직 영업하고는 있지만, 치장 벽토가 벗겨지는데도 아무도 고치지 않고 있어요. 다들 돈이 없고 중간계급조차 몹시 힘들어요.[91]

10여 년에 걸친 군사독재정에서 민주정으로 막 이행하기 시작한 페루는 걷잡을 수 없는 인플레이션에 타격을 입었고, 이런 상황을 통제하기까지 몇 년이 걸렸다. 에릭은 "한때 런던에 있다가 논문을 끝내지 못한 채 귀국해야 했고 이제 상담을 원하는 페루 학생들에게 에워싸이는" 처지가 되었다.

그렇지만 남아메리카에는 상황이 더 나쁜 나라들도 있었다. 당시 아르헨티나는 잔혹한 군사독재 아래 있었으며, 미국의 은밀한 지원을 받은 독재정권은 무장 저항운동을 펼치거나 지지하는 것으로 의심되는 시민 수십만 명을 체포하고 고문하고 '실종'시켰다. 에릭이 적은 대로 리마에는 "서로를 불쌍히 여기는 아르헨티나 망명자들이 가득"했다. 군사독재가 거의 막바지에 이르렀지만 아직까지 군부가 권력을 쥐고 있던 브라질의 상황도 아르헨티나만큼이나 좋지 않았다. "브라질 출신인 내 오랜 지인 이울랄리아 로부Eulalia Lobo는 리우로 돌아가기 전에 안데스 지역 (라파스, 포토시)으로 장거리 여행을 가겠다고 했어요. '그런 고도까지 짧게 여행을 가는 건 조금 무서울 것 같은데요' 하고 나는 말했어요. 그러자 그녀는 '뭐, 감옥에서 고문당할 때 두통에 익숙해져서 견딜 수 있을 것 같아요'라고 말하더군요. 분명 이 대륙에서는 <u>블랙유머</u>가 필요한 시절이에요."

에릭은 1986년에 다시 남아메리카를 찾아 콜롬비아를 방문하고 보고타의 테켄다마 호텔에 묵었다. 마를린에게 보낸 편지에 썼듯이

(현지 기준으로) 호화로운 이 호텔은 방금 이스라엘 장관 아리엘 샤론을 손님으로 맞았고, 그래서 콜롬비아 군인과 경찰, 장관의 경호원으로 가득해요. 얼마나 가득한지 테러리스트라도 들어올 수 있을 정도예요. 분명히 군인과 경찰은 서로를 모를 테니까요. 이제 장관이 떠나

고 미스유니버스 대회 참가자들이 왔어요. 군인은 줄었지만 민간인 남
자들의 관심은 커졌어요. 내가 말할 수 있는 것이라곤, 이 여자들은 가
까이에서 봤을 때 런던 거리에서 볼 수 있는 여자들보다 전혀 나을 게
없다는 거예요.[92]

이 호텔과 전혀 딴판으로 거리에서는 "콜롬비아 사람들조차 놀랄 정
도의 속도로" 살인이 끊이지 않았다. 4년간 판사 57명이 총격으로 사망
했다. 준군사조직인 암살단들이 "경범죄자, 매춘부, 동성애자, 좌파를
살해하며" 거리를 활보하고 있었다.
    에릭이 콜롬비아국립대학의 학술대회에 참석하기 위해 다음으로 방
문한 메데인의 상황도 별로 낫지 않았다. 이곳은

마약사업과 암살단으로 유명한 도시예요. 암살단은 오토바이를 타고
돌아다니면서 자기들이 생각하는 '체제 전복자'는 말할 것도 없고 매춘
부, 동성애자, 거지까지 모조리 살해합니다. (…) 내가 참여한 '대학 주
간'의 마지막 사건은 수의학과가 교내에서 개최한 마술馬術 쇼에서 일
어났어요. 모두 알다시피 가장 열성적인 말 사육자와 소유자가 마약
거물들이라서 그들 중 한 사람—혹은 영화 대부처럼 보이는 매우 뚱
뚱한 인물인 그의 아버지—이 경호원 부대를 데리고 참석했죠. 그런
데 라틴아메리카의 사내다움을 잃지 않은 학생 무리가 그에게 반대하
는 시위를 벌였어요. 그러자 경호원들이 총을 꺼내 발사했죠. 다행히
허공에만 쐈어요. 학생들은 돌을 던지기 시작했어요. 대부는 생전에
이런 모욕을 당한 적이 없다면서 자기 말들을 쇼에서 빼겠다고 위협했
어요. 교무부처 차장(!)이 이마를 훔치며 상황을 진정시키려 노력했습
니다. 20여 분간 꽤 난처했어요. 차장은 적당히 뜸을 들인 다음 대학이

참가자들의 안전을 보장할 수 있는 입장이 아니라는 이유로 나머지 마술 쇼를 취소했어요. 버크벡칼리지와는 정말 딴판이에요.[93]

이곳에서 에릭은 멕시코로 갔는데, 그곳 역시 걱정스러울 정도로 폭력적이었다. "좌파든 우파든 중도파든 사람들이 특히 대학 내에서 살해당합니다." 비가 그치지 않아 에릭은 우산을 살 수밖에 없었다("멕시코 사람들은 우산이 없는 영국인이 있을 거라고는 생각하지 못하는 것 같아요"). 멕시코는 마를린과 아이들과 함께 와봤던 곳이라 가족이 몹시 그리웠다. 그렇지만 마를린에게 전했듯이 "데킬라는 여전히 훌륭"했다.[94] 전반적으로 1980년대의 라틴아메리카 경험은 이전 방문 기간들과 비교해 훨씬 덜 긍정적이었다. 라틴아메리카의 상황이 더 나은 쪽으로 변하려면 시간이 더 걸릴 터였다.

7

에릭은 외국 여행을 빈번히 다니면서도 영국 정치에 전보다 훨씬 더 긴밀하게 관여했다. 그의 정치 논평의 초점이 바뀐 것은 어느 정도는 이탈리아 공산당 기관지를 위해 영국에 대해 보도했기 때문이지만, 영국 공산당의 '이론적 잡지'인 《오늘날의 마르크스주의》와의 관계가 크게 심화되었기 때문이기도 하다. 분명 1950년대와 1960년대에 그는 이따금 이 잡지에 글을 기고했지만, 대부분 〈역사와 '악마의 맷돌'〉, 〈봉건제에서 자본주의로〉, 〈카를 마르크스와 영국 노동운동〉, 〈자본주의 발전: 몇 가지 역사적 문제들〉, 〈노동운동과 군사 쿠데타〉처럼 역사적 주제에 관한 글이었다.[95] 그런데 1977년에 마틴 자크가 편집장을 맡아 이 잡지를 영국 공산주의 내부의 유로공산주의 경향을 전달하는 매체로 활용하려 했다. 그러나 그는 곧 공산당 전체의 지향을 바꾸려던 희망을 상실하고서 《오늘날의 마르크스주의》를 영국 정치의 미래에 대해 논의하는 일반적인 매체로 바꾸기 시작했다. 기고자들의 범위를 넓히고 명사들에게 기고를 의뢰한 결과, 자크가 편집장을 맡았을 때 약 2천 부였던 발행 부수가 공산주의의 몰락 이후 1991년에 폐간할 무렵에는 2만 5천 부로 늘어났다.

이런 상황에서 자크는 당연히 에릭에게 기고를 부탁해야겠다고 생각했다. 훗날 회고하기를 "나는 어느 날 그에게 전화를 걸어 (…) 나를 소개했고 (…) 버크벡에서 만나 점심을 먹었어요." 자크는 에릭에게 1968년 사태 10주년에 대해 써달라고 부탁했고, 에릭은 그 사태를 "엄청나게 포괄적인" 관점에서 조망하는, 다른 누구도 쓸 수 없는 특유의 글을 보내왔다. 자크가 기고문을 의뢰한 다른 많은 필자들과 마찬가지로 에릭도 공산당의 표준 용어를 사용하지 않았고, 당의 표준 주제에 얽매이지도 않았다. 자크가 보기에 에릭은 "독립적인 정신의 소유자로 역사가로서의 능력과 저술가로서의 능력에 자신감이 넘쳤고, 또 정치적으로도 자신만만했어요. 아시다시피 그는 그 누구에게도, 혹은 그 무엇에도 구속되지 않았어요." 에릭은 사상가였지 활동가는 아니었다("나는 그가 지부 회합이나 당 기관지 판매 따위에 대해 이야기하는 것을 들어본 적이 없어요"). 자크는 1980년대 말까지 에릭에게 기고문을 계속 의뢰했다. "에릭은 내가 한 번도 교정하지 않은 유일한 필자였어요"라고 자크는 회상했다. 다른 많은 기고자들의 글과 달리, 에릭의 글은 언제나 완벽하게 다듬어진 상태로 도착했다.[96]

1958년부터 1976년까지 18년 동안 이 잡지에 글 10편을 기고했던 에릭은 그 이후 1991년까지 14년 동안 자그마치 30편을 기고했다. 《오늘날의 마르크스주의》가 1991년에 결국 발행을 중단했을 때 자크는 에릭에게 이렇게 말했다.

당신은 탁월한 글을 써주었습니다. (⋯) 당신이 없었다면 MT는 1급이 아니라 3급 잡지로 남았을 것입니다. 그리고 물론 당신은 나의 스승이자 조언자이자 후원자이자 영감이었습니다. (⋯) 처음 런던에 왔을 때 나는 당신을 거의 알지 못했고 단지 당신의 저술에 엄청나게 탄복했을 뿐입니다. 버크벡에서 당신을 처음 만나 함께한 점심, 당신이 글을 쓰고(첫 글은 68년에 관한 것이었죠?), 편집진에 들어오고, 글을 쓰고 또 쓰고, 대담을 진행하도록 설득하려던 나의 노력이 기억납니다. (⋯) 그리고 당신은 더할 나위 없었습니다.[97]

에릭은 《오늘날의 마르크스주의》를 통해 영국의 정치적 논쟁에서 제 역할을 확보했고, 그 과정에서 잡지는 지명도를 얻었다. 1978년, 자크는 《모닝 스타Morning Star》에 광고된 에릭의 '노동계의 전진은 중단되었는가?'라는 제목의 강연을 "우연히 발견"하고서 에릭에게 강연 원고를 달라고 부탁했다(사실 그것은 에릭이 1978년 3월 17일에 한 연례 마르크스 기념 강연이었다). "그 제목을 보자마자 이거야말로 내가 《오늘날의 마르크스주의》에 원하는 종류의 기고문이라고 생각"한 자크는 에릭에게 글을 잡지에 게재할 수 있을지 물었고, 에릭은 동의했다. 자크는 그 글이 논쟁을 불러일으킬 것을 알고 있었다.[98] 그람시로부터 단서를 얻은 에릭은 영국 노동운동의 '노동자주의'는 시대에 뒤진 것이라고 주장했다. 1960년대 후반과 1970년대 초반에 영국을 비롯한 국가들에서 대학 체계가 확대되고 젊은 강사 수천 명이 새로 생긴 일자리에 고용되어 자본주의 사회에 비판적인 새로운 지식인 집단이 출현했다. "양차 대전 사이 영국에서 노동계의 전형적인 후보는 광부 아니면 철도원이었다. 오늘날 노동계의 후보는 '강사'로 지칭되는 누군가일 가능성이 더 높다." 여기에는 부정적인 면도 있었다. 새로운 지식인들은 위험하게도 육체노동자를 깔보는 경향이 있었다. 그러나 그것은 바로잡을 수 있는 문제였다. 좌파가 5년 전에 석유 가격이 오르면서 시작된 자본주의 위기의 본질을 이해하고자 한다면, 어쨌든 지식인들이 꼭 필요했다.[99]

에릭이 지적했듯이, 19세기 후반에 산업자본주의가 계속 팽창하면서 영국을 포함한 도처의 사회주의자들은 결국 산업노동자가 인구의 다수를 점할 것이라고 믿게 되었다. 이 믿음은 수십 년 동안 노동조합과 노동운동의 자신만만한 성장을 뒷받침했다. 그러나 2차 세계대전 이후 사무직 노동자가 증가하고 서비스 부문이 팽창하면서 산업 노동계급의 세력은 상대적으로 쇠퇴했다. 그 결과 노동조합원의 수가 줄어들고 노동당의 득표수가 감소했다. "영국 노동계의 전진은 (⋯) 30년 전에 주춤거리기 시작했다." 이제 이런 현실을 인정하고 필요한 일을 해야 할 때였다. 에릭은 그것이 무엇인지 말하지 않았다. 그의 글에 행동을 위한 제언은 없었다. 그러나 노동운동과 노동계급이 다시 권력을 얻고자 한다면 이제 사회와 정치권의 다른 집단들과 전술적 동맹을 맺을 필요가 있다고 에릭이 암묵적으로 말한다는 것은 분명했다.[100]

에릭의 글은 잡지의 독자들 사이에서, 실은 훨씬 넓은 영역에서 폭풍처럼 몰아치는 논쟁을 야기했다. 이렇게 된 것은 특히 1978~1979년의 '불만의 겨울' 때문이었다. 이 시기에 노동조합은 일련의 장기 파업으로 호전성을 드러냈고, 여기에 일반 대중의 상당수가 소외감을 느꼈다. 1979년 5월 3일에 실시된 총선의 결과, 중도파 제임스 캘러헌이 이끄는 노동당 정부가 밀려나고 보수당 정부가 들어섰다. 마거릿 대처가 이끄는 새로운 정부는 경제에서 정부의 역할을 줄이고, 공공 지출을 삭감하고, 금융 규제를 완화하고, 노동조합의 권리를 축소하는 등 급진적인 정책을 도입했다. 전후의 합의는 깨졌고, 정책 수립에서 신자유주의 경제학이 우위를 차지했다. 노동당에서 캘러헌의 정책에 대한 불만이 높아지는 가운데 좌파는 크게 휘청거렸다. 그러므로 에릭의 강연은 어떤 의미에서는 노동운동이 한동안 깊은 위기에 빠져 자성할 것이라는 전조였고, 이것이 논쟁을 일으킨 한 가지 이유였다.[101]

달아오른 논쟁을 활용하기 위해 자크는 에릭을 동원해 노동당 좌파의 주요 인물로 부상한 토니 벤과의 장시간 대담을 진행했다. 벤은 에릭에 대해 들어본 적은 있었지만 그의 연구를 잘 알지는 못했다. 1980년 5월 21일자 일기에 벤은 이렇게 적었다. "마틴 자크가 전화를 걸어와 에릭 홉스봄이 버크벡칼리지(홉스봄이 학장으로 있는 곳)에서 세미나 형식으로 나와 대담하고 그것을 《오늘날의 마르크스주의》에 수록하는 데 동의했다고 말했다. 나는 그 대담을 정말 많이 기대하고 있다. 저명한 마르크스주의 철학자와 보조를 맞추는 것은 지극히 흥미롭고도 부담스러운 경험일 것이다."[102] (물론 에릭이 학장을 지낸 적이 없는) 버크벡에서 1980년 7월 15일에 진행되고 10월에 잡지에 9쪽 분량으로 실린 대담에서 두 사람은 정치 상황을 폭넓게 논의했다. 에릭이 올바로 지적했듯이, 2차 세계대전 이후 쌓아온 영국의 정치적·사회적 질서 전체가 위기에 빠져 있었다. 벤은 노동당이 전후 합의와 복지국가를 변호하는 데 만족했을 뿐, 이를 도약대 삼아 더 많은 변화를 이루어내지 못했다고 비판했다. 노동당 전체를 옥죄는 노동조합과 의회 지도부, 즉 노동당이 전후 시대의 정치 너머로 나아가지 못하도록 막는 이들의 손아귀에서 벗어나려면 민주적인 풀뿌리 운동이 필요했다.[103]

그람시의 영향과 마르크스 기념 강연에서 주장한 바를 고려하면 놀랍지 않게도, 에릭은 육체노동자의 3분의 1이 대처에게 투표했고, 그들의 지지를 되찾으려 노력해야 할 뿐 아니라 "중간계급 지식인들"을 포함해 사회의 훨씬 더 많은 사람들에게 호소해야 한다고 지적했다. 그렇지만 당원 수가 줄어든 책임이 특히 1960년대 노동당 정부에 있다는 데에는 동의했다. "내 생각에 윌슨의 취임은 노동당에 일어난 거의 최악의 사건이었어요"라고 에릭은 말했다. 에릭에 따르면 해럴드 윌슨은 실제로 일관된 정책이 없었고 그의 정부는 위기에서 위기로 갈지자 행보를 거듭했다. 윌슨 정부의 주요 업적은 내무장관 로이 젠킨스를 통해 사회적 자유화를 추진한 것이었다. 그것은 다음번 노동당 정부가 진정으로 급진적인 정부가 되는 데 필요한 정책이었다. 에릭은 벤에게 "이 나라에서 일어날 가능성이 있는 사회적 변화는 우선 노동당을 통해서, 그리고 주로 노동당 정부를 통해서 이루어질 것입니다"라고 말하면서 1930년대 중반부터 간직해온 신념을 다시 드러냈다. 벤은 그 나름대로 사회적 전환은 권력의 분권화와 핵심 기구들의 민주화를 통해 일어날 것이라고 주장했지만, 에릭은 그런 구상을 구체적으로 말해달라고 압박했다. 벤은 "퍽 곤란한 질문을 하시는군요"라고 애처로운 반응을 보이면서도 자신은 혼합경제를 선호한다고 말했다. 이는 대기업들을 "공적으로 소유하거나 공적으로 통제"하고 법으로 정한 사전 합의에 따라 "100개 주요 기업들"에 공적 책임을 강제하는 경제였다. 에릭은 동의했다.

대담 내용이 발표된 직후 노동당의 좌파는 캘러헌의 사임에 뒤이어 1980년 11월 마이클 풋이 당수로 선출되는 중요한 승리를 거두었다. 풋은 노동당 우파의 경쟁자(그리고 캘러헌이 선호한 후보)인 데니스 힐리를 10표 차이로 이겼다. 이런 전개에 대응해 1981년 3월 26일 로이 젠킨스가 이끄는, 그렇지만 힐리 본인은 제외한 노동당 주요 온건파 네 명이 노동당을 탈당하고 사회민주당을 창당했으며, 신당은 곧 여론조사에서 노동당과 같은 수준의 지지율을 기록했다. 이 위기 국면에서 노동당 좌파는 1981년 9월 27일 당의 부대표 후보로 토니 벤을 내세웠다. 부대표 선거에서 힐리가 1퍼센트도 안 되는 차이로 이겼지만, 이 승리는 '벤 지지파'를 자극하기만 했던 것으로 보인다. 풋이 통제력을 전혀 발휘하지 못하는 가운데 급진파와 온건파가 권력 다툼을 벌이면서 노동당은 내부 정쟁에 휩싸였다.

1980년 에릭과의 대담에서 벤은 1930년대 영국과 1980년대 영국의 결정적인 차이점 중 하나는 "경기 침체 문제의 해결책으로 전쟁이라는 선택지가 핵무기 개발로 인해 불가능하지는 않더라도 터무니없는 방안이 되었다는 것"이라고 단언했다. 그렇지만 경기 침체 문제의 해결책이든 아니든 간에, 전쟁은 곧 인기 없는 보수당을 돕는 예상치 못한 구제책이 되었다. 1982년 4월 2일, 레오폴도 갈티에리 장군 치하의 아르헨티나 군사독재 정권은 국내의 곤경을 반전시키기 위해 포클랜드 제도(또는 말비나스 제도)에 대한 야심찬 침공을 감행했다. 아르헨티나 연안에서 얼마간 떨어져 있는 남대서양의 포클랜드 제도는 더 멀리 떨어진 사우스조지아, 사우스샌드위치 제도와 더불어 영국이 영유권을 가진 영토였다. 아르헨티나는 오래전부터 이 모든 섬에 대한 권리를 주장했으며, 이 영토를 넘겨받는 것은 국내에서 인기 있는 대의였다. 총독 렉스 헌트 경이 이끄는 포클랜드 제도 주민 1680명은 저항하는 시늉만 한 뒤 항복했다. 대처 정부는 즉각 해군의 무장 소함대를 편성해 포클랜드 제도로 파견했다. 4월 말에 실전이 시작되어 전투기들이 해상에서 공중전을 벌였고, 아르헨티나 순양함 제너럴 벨그라노호와 영국 구축함 셰필드호가 침몰해 상당한 인명 손실이 발생했다. 영국군은 5월 21일 포클랜드 제도에 상륙했다. 격렬한 지상전 끝에 영국군은 6월 14일까지 포클랜드 제도를 탈환했고, 며칠 후 사우스조지아와 사우스샌드위치 제도까지 되찾았다. 양측의 총 인명 손실은 900명이 조금 넘었다.

노동당 대표 마이클 풋은 본능적으로 이 전쟁을 지지했다. 그의 관점에서 이것은 군사독재 정권에 의한 정당한 이유 없는 침략, 지난 1939년에 히틀러의 침략에 맞서 싸워야 했듯이 대항해야 하는 침략이었다. 에릭은 대처 정부가 의도적으로 2차 세계대전과 '전시 내각'의 이미지를 사용하고 처칠(또는 대처 여사가 친근하게 부른 '윈스턴')을 거듭 들먹이는 방식에 속아 넘어가지 않았다. 그리고 풋이 수십 년 전에 히틀러에 대한 유화책에 반대하며 처음으로 옹호했던 민주적 애국주의의 수사법을 경솔하게 되살리는 방식에도 찬성하지 않았다. 1982년 말에 《오늘날의 마르크스주의》에 기고한 '좌파의 감동적인 쇼'라는 글에서 에릭은 자국 연안 앞바다에 위치한 포클랜드 제도에 대한 아르헨티나의 영유권 주장이 수천 킬로미터 떨어진 곳에 위치한 영국의 영유권 주장보다 더 설득력이 있다고 주장하며 의회 정치인들의 가식적인 태도를 논파했다. 대처 정부는 이 제도의 방어를 경시하고, 이곳에 주둔하고 있던 무장 함정 한 척을 비용을 이유로 철수시키고, 정보기관이 거듭 경고했음에도 침공을 예측하지 못해 위기를 자초했다.[104] 물론 에릭은 "전반적인 분노와 굴욕의 감정"이 노동당 좌파를 포함해 영국을 온통 사로잡았다는 것을 알고 있었다. 그러나 그의 말마따나

이렇게 고조된 감정은 포클랜드 제도 그 자체와는, (…) 혼곶 연안의 안개에 둘러싸인 머나먼 나라, 우리가 아무것도 모르고 신경은 더욱 쓰지 않은 나라와는 아무런 관련도 없었다. 그 감정은 이 나라의 1945년 이후 역사, 그리고 1960년대 말부터 눈에 띄게 빨라진 영국 자본주의의 위기와 특히 70년대 말과 80년대 초의 경기 침체와 모든 면에서 관련이 있다. (…) 이것은 우리가 아주 오랫동안 예견했던 영국 제국의 쇠퇴 그 자체에 대한 반발이었다.

그리고 에릭은 "영국은 한때 제국을 건설하고 세계의 4분의 1을 통치했던 국가가 더 이상 아니다"라고 생각하는 "갈팡질팡하고 심약한 사람들"을 비난한 대처 여사의 발언을 인용했다. "글쎄요, 그들은 틀렸습니다"라고 대처는 주장했다. 반면에 에릭은 전쟁이 "이런 주장을 전혀 입증하지 않았다"라고 결론지었다. 교전이 발발하기 전에 아르헨티나와 얼마든지 합의할 수 있었지만, 대처는 그런 방안을 즉각 거부했다.

에릭은 특유의 방식으로 영국의 군사행동을 해협 맞은편 유럽 대륙에서는 도통 이해하지 못했다고 지적했다. "대다수 유럽인들은 이 모든 소란이 무엇 때문인지 이해할 수 없었다." 포클랜드 전쟁은 국제 현실정치나 현실적인 물질적 또는 전략적 이해관계와 아무런 관련도 없었다. 오로지 영국의 국내 정치와 관련된 문제였다. 이 전쟁이 호응을 얻은 것은 암울한 경제 상황에서 "마치 총으로 월드컵에서 우승한 것처럼" "국민들의 기운을 북돋웠기" 때문이었다. 그 결과는 1983년 6월 9일 열린 총선에서 분명하게 드러났는데, 보수당이 하원 의석의 60퍼센트 이상을 차지하며 과반수로 승리했다. 보수당이 승리한 것은 어느 정도는 노동당이 강경 좌파의 공약을 내걸고 선거에 뛰어들었기 때문이다. 일방적인 핵무기 감축, 핵심 산업과 은행의 국유화, 큰 폭의 세금 인상, 상원의 폐지, 장차 유럽연합으로 발전할 기구에서의 탈퇴 등을 요구한 그 공약은 어느 하원의원의 표현대로라면 "역사상 가장 긴 자살 유서"였다. 물론 대처는 '포클랜드 효과'의 혜택을 여전히 누리고 있었지만, 에릭이 지적했듯이 보수당이 승리한 것은 무엇보다도 사회민주당이 총 투표수의 25퍼센트를 가져가 28퍼센트를 얻은 노동당과 함께 야당의 표를 양분했고, 그리하여 '최다 득표자 당선'이라는 영국 선거제도에서 보수당 후보들이 선거구를 차지할 길을 열어주었기 때문이다.[105]

마이클 풋은 선거에서 참패하자 노동당 대표직에서 곧장 물러났고,

1983년 10월 2일 웨일스 하원의원으로 훨씬 젊은 닐 키녁이 그 자리를 물려받았다. 키녁은 좌파였으나 벤의 파벌은 아니었다. 부대표로는 중도파 로이 해터슬리가 선출되었다. 에릭은 《오늘날의 마르크스주의》에 기고한 〈노동당이 잃어버린 수백만 표〉라는 글에서 선거 결과를 분석하면서 "희미한 위안거리마저" 찾지 못했다. 노동당의 득표는 모든 사회계층에서 급감했다. 노동계급의 다수는 더 이상 노동당 유권자가 아니었다. 노동운동에서 너무나 많은 사람들이 "우파와 싸우기보다 자기들끼리 내전을 벌이고" 있었다. "잔인하게 말하자면, 〔좌파의〕 다수는 노동당의 개혁적인 정부보다 대처 정부를 선호했다." 대처주의는 영국 자본주의를, 더 나아가 영국 정치체제를 반동적으로 전환하는 데 전념했으며, 대처주의를 패배시키는 것이 "품위 있는 영국의 생존을 위한 조건"이었다. 따라서 사회민주당, 자유당, 노동당 사이의 선거 협정이 반드시 필요했으며, 노동운동 역시 호소력을 넓히고, "계급정당 이상"이 되고, 분파주의를 단념하고, 1983년 공약이 노동계급의 다수에게도 호소하는 데 실패했음을 인정할 필요가 있었다. 특유의 방식으로 에릭은 프랑스와 스페인의 사례를 살펴볼 것을 영국 노동당에 촉구했다. 프랑스에서는 사회당 지도자 프랑수아 미테랑이 1981년 대통령으로 선출되었고, 스페인에서는 사회노동당 지도자 펠리페 곤살레스가 1982년 총선에서 승리했다. 이런 신사회주의 정당들은, 그리고 어느 정도는 이탈리아 공산당까지도 특히 다른 정당들과 협력하는 선례를 보여주었다. 대처의 보수적 혁명을 저지하려면 진보와 민주 진영의 모든 세력이 단결할 필요가 있었다.[106]

다시 한 번 에릭은 노동운동 내에서 격렬한 논쟁을 촉발했다. 에릭의 주장은 거센 반대에, 특히 마르크스주의 사회학자이자 신좌파의 저명한 인물인 랠프 밀리밴드의 반대에 부딪혔다. 1984년 1월 밀리밴드는 에릭에게 "좌파에 대한 당신의 공격은 잘못되었고 당신이 아무런 공통점도 가질 수 없는 사람들의 계략에 놀아나는 것"이라고 말했다. 밀리밴드가 보기에 에릭은 "과거에 항상 해온 대로 확실히 좌파에게 가끔씩 떡고물을 던져주면서 실은 좌파의 입을 막고 우파와 중도파가 노동당을 운영할 것을 요구하고" 있었다. 에릭이 "퇴각 나팔을 부는" 것은 완전히 잘못된 행동이었다.[107] 그에 대응해 에릭은 1978년부터 자신이 이 영역에서 저술하고 강연한 효과에 대해 다음과 같이 주장했다.

1) 좌파 측에서 훨씬 일찍 논의했어야 하는 문제들이 수면 위로 올라왔고, 그리하여 유익한 토론을 시작하는 데 기여했습니다. (⋯) 덧붙이자면, 상황이 이렇게 된 것은 내가 정치적 캠페인에 착수했기 때문이 아니라—1978년에 모든 논쟁을 촉발한 강연을 할 때 나는 그럴 의도가 전혀 없었습니다—**분파주의자들**이 나의 견해에 격분하여 반박해야 한다고 주장했고, 그러자 **좌파**의 다른 사람들이 "잠깐, 그 사람이 우리 일을 어렵게 만드는 몇 가지 아주 실질적인 문제들을 지적했네"라고 말했기 때문입니다. 나의 기여는 비분파적인 좌파를 동원하는 데 도움을 주었다는 것입니다. 2) 나의 견해를 안도하며 받아들인 쪽은 노동당의 우파가 **아니라** '유연한 좌파'의 지도적 인물들, 특히 키녁이었습니다. 키녁은 내 견해를 1982년 노동당 전당대회에서 인용했고, 1983년 전당대회에서 다시 인용했습니다. 나는 "키녁이 좋아하는 마르크스주의자"라고 불렸지만, 내가 아는 한 힐리와 해터슬리는 나를 좋아하지 않습니다. 좌파에서 꽤 오랫동안 활동해온 누군가로부터 유래하는 내 견해는 현재 '좌파'라는 단어를 1980~1983년의 '강경 좌파'가 독점할 수 없다는 것을 의심할 나위 없이 입증하고 있습니다. 그리고 **유일한** 좌파는 이를테면 부대표 선거에서 벤의 주위에 집결했던 좌

파라는 견해(아주 많은 사람들과 마찬가지로 나도 분별없고 불필요하고 끔찍한 견해로 간주했습니다만)를 취하지 않는 사람의 입장에서 보자면, 현재 상황은 좌파 **전체**에게 해로운 것이 아니라 좌파의 특정한 부류에게만 해로울 뿐입니다. 게다가 나는 어떤 의미에서도 '퇴각 나팔을 불지' 않았습니다. 오히려 나는, 나중에 정확한 예측으로 판명되었듯이, 노동당이 참패로 향하고 있다고 예측하여 당을 다시 전진의 길로 **이끌 수 있는** 다른 정책을 선호했을 뿐입니다. 그리고 실제로 키녁의 당선으로 당은 부흥의 조짐을 보였습니다.[108]

밀리밴드는 키녁을 "해럴드 윌슨 2호"라고 지칭하며 반박했다. 벤이 노동당 부대표 경선에서 승리했다면 적어도 "당신이 환영한 왼쪽으로의 전환이 더 확실해졌을" 것이라고 했다.[109] 훗날 2002년에 한 박사 과정 학생의 질문에 답하면서 에릭은 "나는 노동당의 특별회의 이후 1981년 1월에 토니 벤이 단결한 노동당을 이끌어갈 기회를 허비할 때까지는 그를 지지했습니다"라고 설명했다. 에릭은 자신의 기고문이 "상당한 영향을 끼쳤는데, 왜냐하면 내가 노동당의 곤경을 맨 먼저 예측한 사람들 중 하나였고, 또 내가 벤 지지파의 열렬한 반대자인 동시에 부인할 수 없는 극좌파의 기록을 가진 사람이었기 때문입니다. 그래서 내 이름과 글은 키녁에게 유용했습니다."[110]

기회를 놓칠 사람, 특히 〈노동당이 잃어버린 수백만 표〉를 둘러싼 논쟁 덕에 생긴 기회를 놓칠 사람이 결코 아니었던 마틴 자크는 에릭이 《오늘날의 마르크스주의》를 위해 키녁을 인터뷰하게 해달라고 노동당 신임 대표의 사무실에 요청했다. 키녁의 언론비서관 퍼트리샤 휴잇은 대표에게 이번 인터뷰가 "당신의 생각을 펼쳐 보일 훌륭한 기회"가 될 것이라고 말했고, 또 노동당 전당대회가 열리는 월요일에 맞춰 인터뷰

발췌록을 실어줄 것을 《가디언》에 요청했다.[111] 장시간의 인터뷰는 키녁이 당수로서 처음 연설하기로 되어 있는 노동당 전당대회가 열리기 한 달 전인 1984년 9월 3일에 이루어졌고, 전당대회 도중에 발표되었다. 에릭이 보건대 노동당은 "특정한 유형의 영국"에 대한 비전, 일관된 구상이 필요했고, 키녁도 인정했듯이 아직 그런 비전을 제시하지 못한 처지였다. 키녁은 만만찮은 수다쟁이라는 평판에 걸맞게 연달아 매우 길게 답변하는 가운데, 마거릿 대처의 정책이 퇴행적이고 반동적이라고 거듭 공격하는 방법으로 에릭이 던진 질문의 요점을 비켜갔다. 녹음기를 들고 인터뷰 자리에 동석했던 마틴 자크는 훗날 회고하기를 "에릭이 어느 순간 내 눈길을 붙잡았고, 우리 둘 다 이 인터뷰가 매우 지루하고 건질 것 없는 경험이 될 것 같다고 직감했어요."[112] 질문 비켜가기에 대응해 에릭은 대처주의가 전후 합의의 해체와 시장에 대한 거의 전적인 의존—"일종의 부르주아 무정부주의"—을 의미한다고 지적한 뒤 노동당 대표로서 계획, 공적 소유, 사기업을 어떻게 조합하기를 원하는지 알고 싶다고 말했다.[113]

키녁은 핵심 산업을 다시 국유화하고, 계획을 중앙에 집중하고, 국영 투자은행을 설립하겠다는 노동당의 공약을 반복했다. 에릭이 지적했듯이 문제는 석탄산업이나 철강산업처럼 대처가 파괴해버린 핵심 산업을 복구하기가 불가능할지도 모른다는 것이었다. 특유의 방식대로 에릭은 노동당 정부가 영감을 얻기 위해 프랑스나 스웨덴 같은 다른 유럽 국가들의 사례를 살펴볼 수 있지 않겠느냐고 물었다. 키녁은 다른 국가들을 좋은 본보기로 여기지 않았다. 에릭은 노동당과 노동조합들 간의 관계 문제, 특히 당시 정부와 격렬하게 대립하다가 결국 완패한 광부 노동조합과의 관계 문제를 꺼냈다. 에릭이 너무 민감한 문제라고 생각한다면 녹음기를 끄겠다고 제안까지 했지만, 키녁은 광부 노조를 비판하는 발언을 일절 하지 않으려고 조심했다. 그러나 노동당 대표가 노동조합의 호전성 문제를 다루기 거북해한다는 것은 분명했다. 이미 그런 효과를 노리고 보수당 정부에서 활용한 문제였다.[114] 이와 관련해 에릭은 사적인 자리에서 광부 노조의 지도자 아서 스카길을 신랄하게 비판했고, 스카길의 비타협적인 태도와 자기 권력 확대가 파업자들의 패배를 불러오고 노동조합 운동 전반을 파국으로 몰아갔다고 보았다. 에릭의 학생들 중 한 명은 "스카길에 대한 그의 경멸감은 (…) 〔존〕 새빌과 언쟁하는 30분 내내 울려퍼졌고, 그 바람에 1985년 1월 3일 래피얼 새뮤얼을 위한 깜짝 파티가 사실상 끝나버렸다"라고 기억했다.[115]

전반적으로 이 인터뷰는 노동당 대표로부터 아주 구체적인 발언을 끌어내는 데 실패했다. 눈에 띄는 점은 에릭이 키넉 인터뷰에서 노동당에 대해 말할 때 줄곧 1인칭 복수형—'우리', '우리를', '우리의'—을 사용했다는 것이다. 에릭은 노동당과 자신을 완전히 동일시하고 공산당을 잊은 것으로 보였다. 이 무렵 그는 자신을 비판하는 이들에게 정치적 현실주의가 부족하다고 비판하면서 노동운동 일각의 "극단주의로의 후퇴"를 전면 공격하기 시작한 터였다(그들이 과연 "우리 대다수와 같은 나라에, 아니 같은 행성에 살고는 있는가?"라고 물었다). 그리고 1930년대 프랑스와 스페인의 인민전선 정부 사례를 언급하면서 정치적 동맹이 곧 사회주의의 포기를 함축하는 것은 아니라고 단언했다. 영국 노동운동은 이제 지나친 편협함에서 벗어날 때였다.[116]

1987년 총선이 얼마 남지 않았을 때, 에릭은 노동운동 파괴라는 전례 없는 목표를 추구하는 대처주의를 패배시키는 것이 최우선 순위라는 자신의 신념을 더욱 힘차게 강조했다. 전략적 투표가 반드시 필요했다. 자유당이나 사회민주당 후보가 보수당 후보를 이길 가능성이 가장 높은 곳에서 노동당 유권자는 전자에게 표를 주어야 했다. 사회민주당은 지식계급과 전문직계급의 정당이었고, 특히 당시 닉 키넉이 노동당을 다시 중도 노선으로 이끌고 있던 터라 자연히 노동당보다 보수당에 더 적대적이었다. 다른 중도 정당들의 유권자는 노동당의 핵심인 노동계급 유권자와 반드시 사회적 동맹을 맺어야 했다. 경제의 사회적 관리, 교육의 개선, 무너지는 기반시설의 현대화에 몰두하는 중도 정당들은 노동당과 연립정부를 구성할 경우 뛰어난 성과를 낼 가능성이 가장 높았다.[117] 이 주장은 노동운동의 미래 전체에 아주 중요했고 길게 보면 엄청난 영향을 주었다. 그렇지만 1987년에는 아무런 영향도 끼치지 못했다. 전략적 투표는 널리 행해지지 않았다. 반보수당 유권자들의 지속적인 분열과 뚜렷한 경제 회복이 맞물려 지난 1983년 대처가 집권했던 때와 거의 같은 선거 결과가 나왔다.

노동당과 그 미래에 대한 에릭의 기고문은 《합리적 좌파를 위한 정치: 정치 논평 1977~1988 Politics for a Rational Left: Political Writing 1977-1988》이라는 책으로 묶여 1989년 5월 버소 출판사(뉴레프트북스)에서 나왔다. 20세기 영국 역사를 전공하는 옥스퍼드 역사가로 노동당의 정치를 날카롭고 통찰력 있게 관찰하던 로스 매키빈Ross McKibbin은 책에 대한 긴 서평에서 이렇게 지적했다. "홉스봄의 사고에 따르면 이제 교육받은 계급들이 지난날 노동계급이 수행했던 역할을 한다고 결론 내리지 않기가 어렵다." 연대순으로 실린 에세이들은 책의 주장이 갈수록 최소주의적이고 전술적인 주장으로 변해감을 보여준다고 매키빈은 생각했다. 특별히 마르크스주의적인 주장이라고 할 만한 것은 없었다. "그가 정치적·지적 삶을 대부분 투자했던 고전적 노동운동이 붕괴하자 그의 마르크스주의가 일시적으로 방향타를 잃어버린 것 같다." 사실 이 에세이들은 "오늘날 홉스봄은 '사회주의'를 국가가 경제 전반을 감독하고 규제하는 기능을 갖는 혼합경제—케인스가 《일반 이론》에서 구상한 것으로 보이는 사회조직의 유형과 거의 차이가 없는─로 본다"는 증거였다. 이와 비슷한 관점에서 정치 평론가 R. W. 존슨은 "뚜렷한 마르크스주의적 분석이 전혀 없다"고 지적했다. 그렇지만 마르크스주의적이든 그렇지 않든 간에, 더 길게 볼 때 에릭의 주장은 승리를 거두었다. 트로츠키주의자들의 '투사 성향'으로 조직된 강경 좌파는 패배했고, 키녁은 유권자들을 돌아서게 한 정책, 이를테면 나토와 유럽공동체 탈퇴, 세금 인상, 핵무기 포기 같은 정책을 중단하도록 노동당을 설득했다. 1987년의 선거 참패로 잇달아 세 번째 패배를 당한 뒤 노동당은 당면한 문제들과 근본적으로 대결하는 과제를 더 이상은 피할 수 없었다. 노동당이 패배하는 동안 대처는 영국을 전환하고 전통적인 노동운동을 파괴한다는 사명에 대한 신임을 새로이 얻었다. 에릭은 대처가 자신의 정부가 아니라 '체제 regime'에 대해 말하기 시작했다고 지적했다. 이것은 "'신질서'의 언어 (…) 그런 방식을 유지하기 위한 조건을 체계적으로 만들어내고 있는 권위주의 일당─黨 정부의 언어"라고 그는 말했다. 그 질서를 물리치는 것이 전보다 훨씬 더 긴급한 과제가 되었다.[118]

그렇지만 1987년 총선이 끝나고 얼마 지나지 않아 대처의 정부는 곤경에 빠지기 시작했다. 보수당 정부는 런던 거리에서 대규모 시위를 촉발한 '인두세' 도입 같은 인기 없는 정책들을 추진했는가 하면 유럽 통합 문제로 내부에서 반목한 결과, 여론조사에서 노동당에 한참 뒤지게 되었다. 에릭은 다음번 선거에서 노동당이 승리할 가능성을 더 낙관했다.[119] 대처는 유럽 통합에 점점 더 요란하게 반대하다가 1990년 11월 보수당 하원의원들에 의해 권좌에서 끌려 내려왔다. 대처의 후임 존 메이저는 1992년 4월 총선에서 유권자들에게 현실적으로 호소한 반면에 키녁은 특히 노동당이 비틀거릴 때 지나치게 번드르르하고 전문적으로 선거운동을 벌여 유권자들을 멀어지게만 했다. 과반에는 못 미치지만 견실하게 다수표를 획득한 보수당은 정권을 유지한 반면에 키넉은 사임해야 했다. 짧은 휴지기 이후 토니 블레어와 고든 브라운의 양두정치는 노동당을 '신노동당'으로 쇄신하고, 지지층을 넓히고, 사회민주당(현재 자유민주당)으로 넘어갔던 유권자를 되찾아 총선에서 연달아 승리함으로써 1997년 집권한 뒤 2010년까지 정권을 유지했다.

"신노동당의 지적인 창시자들을 찾는다면", 해럴드 윌슨의 전기작가 벤 핌롯이 결론 내렸듯이, 에릭은 "확실히 그들 중 하나라고 주장할 수 있었다."[120] 《뉴레프트 리뷰》의 창간인들 중 한 명인 페리 앤더슨Perry Anderson은 노동운동 내부의 복잡한 변화 과정에 끼친 영향에 관한 한, 에릭은 좌파의 재앙적 패배를 불러왔다고 생각했다. 그러나 앤더슨은 요점을 놓치고 있었다. 에릭은 노동당 좌파의 패배에 일조한 것이 아니라—그 책임은 무엇보다 키넉에게 있었다—노동당이 전통적인 기반인 육체노동 계급뿐 아니라 가장 넓은 의미의 지식인, 전문직, 도시 중간계급에게도 호소하도록 당의 방향을 재정립하는 데 일조했다. 이 점에서 에릭의 영향은 부정할 수 없었다. 로더릭 플로드에 따르면 1980년대 초에 에릭은 "어떤 의미에서도 정치 활동가는 아니었다고 나는 말하고 싶어요. 무슨 말인가 하면, 그는 물론 글을 쓰고 있었고, 확실히 좌파의 다양한 집단에게 구루가 되어가고 있었어요. 이미 구루였을 수도 있고요. 하지만 그의 정치적 행동주의는 그 정도였어요."[121] 이 평가는 옳았지만 역시 어떤 의미에서는 요점을 놓치고 있었다. 에릭의 영향력은 글을 통해, 무엇보다 《오늘날의 마르크스주의》를 위해 쓴 글을 통해 발휘되었다. 마틴 자크가 결론지었듯이 "이 무렵 에릭은 (…) 노동당의 지적인 구루로 (…) 보였어요. (…) 공산당의 지식인에서 벗어나 좌파를 **대표하는** 지식인이 되었어요."[122]

8

1980년 11월 에릭은 제자 앨런 애덤슨에게 "언제 세월이 이렇게 지났는지 18개월 후면 은퇴인데, 그때가 되면 마음이 아플 것 같아요. 앞으로 할 만한 일이나 갈 만한 장소가 부족하진 않겠지만요"라고 말했다.[123] 당시 법정 은퇴 연령인 65세에 도달한 에릭은 1982년 7월 30일 버크벡을 떠났고, 그 즉시 경제사회사 명예교수에 임명되었다. 에릭의 학문적 탁월함과 35년의 재직을 인정하는 순전한 명예직으로 아무런 의무도 수반하지 않았다.[124] 에릭은 우편물을 수령하고 오랜 친구와 동료를 만나기 위해 은퇴 후에도 버크벡을 계속 방문했다. 하지만 그는 가르치는 일을 좋아했고 그것을 포기해야 한다는 데 낙담했다. 그런 이유로 1984년 초에 아이라 카츠넬슨Ira Katznelson이 뉴욕 신사회연구소New School for Social Research에서 강의를 제안했을 때, 에릭은 진지하게 관심을 보였다. 신사회연구소는 미국의 1차 세계대전 참전에 반대한다는 이유로 뉴욕 컬럼비아대학에서 해임된 학자들이 설립한 시기까지 거슬러 올라가는 급진주의의 역사를 자랑했다. 1930년대에 연구소는 나치를 피해 망명할 수밖에 없었던 독일 사회과학자들에게 피난처가 되어주었다. 개인들의 후원에 의지하던 연구소는 1970년대에 어려움을 겪었지만, 부유한 미망인 도러시 히어숀Dorothy Hirshon(언론 거물 윌리엄 랜돌프 허스트의 아들과의 짧은 결혼을 통해 재산을 모았다)의 넉넉한 지원 덕택에 당시 재정을 회복하고 있었다.

정치학, 사회학, 역사학을 아우르는 사회과학자 카츠넬슨은 시카고대학에 있다가 신사회연구소의 학장으로 초빙되었다. 그의 임무는 역사학과 사회과학의 교차점에 있는 교수진을 꾸리는 것이었다. 카츠넬슨의 주도로 연구소는 1984년에 저명한 역사사회학자 찰스 틸리와 루이스 틸리를 채용했고, 이 부부에 비견할 만한 다른 학자를 물색하고 있을 때 카츠넬슨이 최근에 "정신이 노쇠해서가 아니라 나이 때문에 버크벡에서" 은퇴한 에릭을 떠올렸다. 영국과 달리 미국에는 학자가 의무적으로 은퇴해야 하는 연령이 없었고, 그래서 카츠넬슨이 에릭을 초빙하는 데 문제될 것이 없었다. 두 사람은 모두 랠프 밀리밴드를 알기는 해도 서로를 알지는 못했다. 그렇지만 카츠넬슨은 굴하지 않고

거의 즉석에서 그에게 전화를 걸었어요. (…) 나는 "안녕하세요! 저는 …의 새로운 학장입니다"라고 말했죠. 그는 연구소 이름에 완전히 무관심하지는 않았지만, 전화했을 때 내가 신사회연구소에 있다는 것조차 몰랐던 것 같아요. 그래서 나는 계획—연구소에 합류하고 있는 새로운 무리의 야망—의 성격을 설명하고 "함께하실 의향이 있나요?"라고 물었어요. 그러자 조건도 따지지 않고, "내게 얼마를 주실 건가요?"라고 묻지도 않은 채 [그는] "매우 관심이 갑니다"라고 말했고, 우리는 아주 빠르게 그를 (…) 연구소에 아주 정기적으로 (…) 데려오는 관계를 완성했습니다.[125]

에릭은 카츠넬슨에게 늦깎이 대학생과 대학원생에 대한 교육에 확실히 집중하는 것을 포함해 "특히 버크벡의 특징을 많이 공유하는 기관에서 강의를 계속한다면 기쁠 것입니다"라고 말했다.[126]

에릭은 매년 9월부터 크리스마스 직전까지 가을학기에 석사 과정과 박사 과정 학생을 가르치기로 했다(영국과 달리 미국에서 대학원생은 수업을 들어야만 했다). 연구소는 해마다 아파트를 바꾸기는 했지만 어쨌든 에릭이 머물 아파트를 제공했다. 카츠넬슨이 회고하기로 어느 해에 에릭은 이스트강이 내려다보이는 고층 아파트에서 지냈다. 그 단지는 "워터사

이드였는데, 내 기억에 그는 아래쪽으로 배들이 지나가는 서재를 무척 좋아했어요. (…) 그는 대개 안식년인 사람을 위해 가구를 미리 갖춘 여러 숙소에서 지냈어요." 1986년 9월 뉴욕에 도착한 에릭은 워터사이드 아파트, "이스트강의 경치와 더불어 모든 것이 훌륭한" 아파트에 감동받았다. 워터사이드 플라자는 "모든 것을 갖춘 일종의 외딴 섬 같아요. 앉아 있을 만한 아름다운 광장, 크라이슬러 빌딩과 유엔 본부의 경관, 공간에 가득한 작은 아이들, 기본적인 상점 등이 전부 있어요." 아파트에서 신사회연구소까지 걸어서 한 시간 반이 걸리고 "버스로도 거의 같은 시간"이 걸렸지만, 에릭은 개의치 않았다.[127]

에릭은 연구소에서 역사 연구와 사회 연구를 결합하기 위해 조직한 두 개의 학제 간 위원회에 임명되었다. 하나는 찰스 틸리가 이끄는 사회변화연구센터Center for Studies of Social Change였고, 다른 하나는 역사연구위원회Committee on Historical Studies였다. 그의 활동은 보통의 초빙교수를 훌쩍 넘어섰다.

그는 앞으로 해마다 초빙될 교수로 알려졌고, 그래서 교수진의 지위를 가지고 있었어요. 그는 교수 회의에 참석했어요. 신사회연구소에서 일한 시기에 에릭의 큰 특징 중 하나는 거의 버크벡에서 했던 것처럼 제도적 업무에 무척 헌신했다는 것입니다. 그리고 버크벡과 신사회연구소가 매우 유사하다고 이야기했어요. 또 그는 연구소의 훌륭한 구성원이었어요. (…) 총 70명가량인 교수진—그가 처음 왔을 때는 45명에서 50명 정도였지만 70명대 중반까지 늘었어요—은 한 달에 한 번 만나서 (…) 현안에 대해 토론했어요. 에릭은 뉴욕에 머물 때면 언제나 회의에 참석하고 적극적으로 의견을 냈어요. 또 사회변화연구센터의 운영을 돕기도 했습니다.[128]

격식을 덜 차리는 자리에 대해 말하자면, 에릭은 금요일 오후에 열리는 '생각하고 나서 마시자'라는 연구회에 대개 참석하여 역시 적극적으로 활약했다.

카츠넬슨이 말했듯이, 에릭은 사교 활동을 꽤 많이 했다. 특히 뉴욕에 비교적 짧게 머물다 가는 마를린이 없을 때 그러했다─"교수나 학생과 점심을 함께 먹는 데 매우 열심인 사람─좋은 의미에서 진짜 선수"였다. 매년 11월 넷째 목요일에 에릭과 마를린은 에릭 포너가 마련하는 추수감사절 파티에 초대받았다. 컬럼비아대학의 미국사 교수인 포너는 오래전에 런던에서 연구할 때 에릭의 보살핌을 받은 적이 있었고, 그때 에릭의 세미나에서 사회사를 어떻게 연구하는지 배웠다고 회고했다. 포너 가족은 외국에서 온 사람들이나 같은 미국인이지만 뉴욕에서 아주 멀리 떨어진 지역의 출신들을 "전형적인 미국식 만찬─칠면조 등(아울러 내 아내의 이탈리아 전통에 경의를 표하는 뜻에서 약간의 이탈리아 요리)"에 초대했다. "물론 에릭이 참석했으니 정치에 대한 흥미로운 토론이 많았어요." 역사도 토론 주제였다. 포너는 특히 어느 해에 잘 알려진 안무가이자 춤 역사가로 스트라빈스키의 〈봄의 제전〉 첫 공연을 위해 니진스키의 안무를 복원한 것으로 유명한 밀리센트 허드슨과 에릭이 여성 산적에 대해 나눈 대화를 기억했다.[129]

금세 친구가 된 찰스 틸리와 함께 에릭은

유명하면서도 일선에서 활동하는 방법의 뚜렷한 본보기를 학생들에게 제시했어요. 장인이 무슨 의미인지를 말보다는 실제 예시로 보여준 거죠. 어떻게 높은 기준을 설정하는지, 그리고 (…) 어떻게 분석적 역사를 하는지 보여주었어요. (…) 그는 매우 다른 시각을 가진 사람과 학생에게 열려 있었고, 그들에게 관대했어요. (…) 그는 모든 것에 대해 어느 정도 알았고, 아는 게 많았어요. 어떤 대학원생이나 당시 교수가 연구하고 있는 주제들 중에서 여하튼 에릭이 지식과 의견을 모두 가진 무언가를 다루지 않는 주제는 찾기 어려웠어요.[130]

에릭은 라틴아메리카에서 신사회연구소에 온 학생들에게 특히 관심을 쏟고 "그들이 마음 편히 공부하도록 도왔습니다." 카츠넬슨은 에릭이 "자신을 매우 따뜻하게 대했"다고 말했다. "아시다시피 그는 매우 따뜻하고 배려하는 친구였습니다." 에릭은 예전에 자주 다녔던 뉴욕의 재즈 클럽과 술집에 가는 것을 좋아했다. 때로는 가볍게 한잔하려고 혼자 들렀고, 때로는 친구와 동료를 데려갔다. 그런 장소에서 그는 향수에 젖어 "같은 과거를 가진 사람들하고만 공유"할 수 있는 기억을 떠올렸다. "그리고 바에 홀로 앉아 술잔을 기울이며 음악을 듣는 나이 지긋한 재즈 팬을 (평범한 일본인 아니면 한국인 너머로) 바라볼 때 사촌 데니스와 같은 누군가가 계속 생각났어요."[131] 그렇지만 특히 마를린과 동행할 때면 메트로폴리탄 오페라 극장을 자주 찾았다.[132] 에릭은 자기 책을 내는 출판업자 앙드레 쉬프랭 및 그의 가족과 자주 어울렸고, 뉴욕을 끊임없이 방문하는 친구와 지인을 대접했다. 역시 신사회연구소에서 가르치고 있던 페리 앤더슨은 한동안 에릭과 같은 아파트 단지에 살았고 자주 아침을 함께 먹었다.

에릭은 밥 실버스의 집에서 열리는 저녁 파티의 단골 손님이었다. 이 파티에는 보통 문학계와 문화계의 저명한 인물들이 참석했고, 그중 다수는 《뉴욕 리뷰 오브 북스》의 기고자였다. 한번은 뉴욕의 어느 호텔에서 조지 바이덴펠트가 주최한 파티가 끝난 뒤 에릭은

잭 (존) 플럼 경에게 인사했어요. 예전에 크리스토퍼와 나에게 펭귄에

서 펴낼 책(《산업과 제국》)을 써달라고 의뢰했던 사람인데, 지금은 부유하지만 불행한 나이 들고 반동적이고 외로운 동성애자랍니다. 그는 칼라일 호텔에 머물면서 상원의원 대니얼 모이니핸 부부와 술을 마시고 있었어요. 흔치 않은 뜻밖의 만남이었죠. 그 상원의원은 텔레비전 화면보다는 덜해도 실제 외모가 비대했어요. 조지도 비대해 보이긴 마찬가지였죠. 우리는 쓸데없는 이야기를 하며 시간을 보냈어요. 나는 조지에게 실제로 구체적인 제안을 때때로 하지 않은 이유를 물었어요. 우리는 오래된 막역한 친구들처럼 헤어졌어요.[133]

1980년대 중반 이전의 뉴욕은 도시를 정화하고, 경찰 조직 내 부패를 근절하고, 큰 지역들을 '고급 주택화' 하기 전이라 여전히 위험한 장소였다. 에릭은 이렇게 썼다.

나는 뉴욕의 더 많은 이야기들을 계속 수집하고 있어요. 최고의 이야기는 밥 실버스의 파티에서 누군가 내게 말해준 것이에요. 뉴욕 경찰은 시체를 발견하면(이번 경우에는 자기 아파트에서 죽은 고령의 중간 계급 여성이에요) 상습적으로 고인의 신용카드를 50달러나 100달러에 팔아넘기고, 구매자는 그 카드로 빚을 늘리며(이번 경우에는 약 700달러랍니다), 그러면 신용카드사를 빼고 모두가 만족한다고 해요. (⋯) 뉴욕의 일화는 더 있어요. 한번은 여성들이 버스에서 이런 이야기를 나누고 있었어요. "그저 술에 취해 코를 곤다고 해서 사람을 버스 밖으로 내던질 수는 없죠." "그러게요, 그는 아무런 해도 끼치지 않았어요. 문제를 일으키는 사람들은 취해 있지 않아요. 남편이 브루클린에서 강도를 당했는데, 강도들은 취해 있지 않았어요." "그건 아무것도 아니에요. 나는 바로 여기 20번가에서 강도를 당했죠." 나는 지금까지는 안

당했어요. 행운이 이어지기를.[134]

뉴욕의 거리를 안전하게 걸어다닐 수 있기까지는 상당한 시간이 걸릴 예정이었다.

1988년에 에릭은 신사회연구소에서 다시 가르쳤지만 이전만큼 즐기지 못했다. 어느 정도는 몸 상태가 썩 좋지 않았기 때문이고, "또는 많은 일을 끝마칠 수 없기 때문이거나, 어쩌면 그저 지하철 계단의 오줌 냄새가 훨씬 더 거슬렸기 때문"이다. 쉬프랭 부부가 연 파티에서 에릭은 앙드레가 의뢰한 장-폴 사르트르의 전기를 막 출간한 젊은 작가 애니 코언-소랄Annie Cohen-Solal을 만났다. "마르고 인상이 날카롭고 다소 신경과민이며 매우 영리한 북아프리카 유대인 여성, 극렬한 반시온주의자로, 사르트르의 옛 연인들 중 한 명과 함께(그리고 앙드레 브르통의 옛 연인들 중에서 보부아르가 미친 듯이 시기했던 사람과 함께) 뉴욕에 며칠 머물고 있어요." 이튿날 에릭은 아마도 프랑스어로 말하며 오전을 보낼 기회를 즐기기 위해서였는지 이 작가를 뉴욕 현대미술관에 데려갔다. 또 에릭은 애넌데일-온-허드슨에 있는 바드칼리지에서 강연을 했고, 이곳에서 "노령의 평범한 독일인, 하버드에서 종신 재직권을 얻지 못해 훨씬 더 과격해진 평범한 교수, 런던의 문화적 분위기에 대해 토론하고 싶어 안달하는 평범한 여성 교수"를 만났다—좌절된 야망의 기운이 그들 모두를 덮고 있었다.[135] 분명히 신사회연구소와는 다른 기운이었다. 에릭은 연구소의 지위에 따르는 기회를 즐겼다. 거기에는 학생을 가르칠 기회뿐 아니라 뉴욕의 사교 무대에서 미국을 대표하는 지식인들 중 일부와 어울리는 기회까지 포함되었다. 그는 1990년대 들어서도 계속 연구소를 찾아올 터였다.

9

이 기간 내내 에릭은 종전처럼 《과거와 현재》의 편집진에서 핵심적인 역할을 했다. 1952년에 잡지를 창간하며 정한 전통, 즉 편집진 전원이 잡지에 투고된 모든 논문을 읽는다는 전통은 유지되었다. 애초 모든 논문을 마르크스주의자 편집진과 비마르크스주의자 편집진 양편의 찬성을 얻어 게재하기 위해 고안한 이 전통은, 논문 투고자에게 그의 연구에 대한 다양한 견해와 비평을 제공하는 장점이 있었다. 투고 논문에 대한 에릭의 평가는 언제나 예리했다. 그는 마르크스주의 전문용어라 할지라도 전문용어로 가득한 논문을 싫어했다. 그는 개념화를 원하는 동시에 개념화를 정당화할 수 있을 만큼 탄탄한 경험적 연구를 원했다. 그리고 비교의 차원을 지닌 논문을 좋아했다. 제기하는 문제는 명확히 표현해야 하고 독창적이어야 하며, 무엇보다 사회 변화의 논점을 다루어야 했다. 그리고 인과관계를 다루어야 했다. 에릭은 자신의 관심 분야 밖의 논문을 포함해 사실상 모든 투고 논문을 읽었고, 나중에 편집진에 참여한 조애나 이네스Joanna Innes가 말한 "편집자의 사고방식, 즉 편집진의 다른 누군가가 어떤 논문을 읽어야 하는지, 혹은 편집진의 반응을 고려해 저자에게 어떻게 말해야 하는지 제안하는 사고방식"을 가지고 있었다. 키스 토머스의 회고에 따르면

에릭은 《과거와 현재》를 좌우하는 인물로, 모든 주제에 박식하고 뚜렷한 견해를 가진 것으로 보였다. 그는 볼셰비키 모자를 쓰고 다녔고 진짜 혁명가처럼 보였다. 무언가 중요한 말을 하고 나서 "그렇지 않나요?"라며 동의를 구하는 듯한 그의 기묘한 에드워드 시대 습관에 나는 감명을 받았다.

친구 프랜시스 해스컬이 편집진에 참여한 뒤로 에릭은 다른 편집자들과 점심 먹기를 중단하고 옥스퍼드 월턴가에 있는 해스컬 부부의 집으로 가서 점심을 먹었지만, 그것 말고는 《과거와 현재》에 계속 열심히 관여했다.[136]

1987년, 70세가 된 에릭은 로드니 힐턴과 함께 편집진에서 물러났다. 그러자 에드워드 톰슨이 항의했다.

> 당신은 《과거와 현재》 그 자체입니다. 우리는 다른 **누구든** 뺄 수 있지만 당신은 안 됩니다. 당신은 전례를 생각하기 어려운 놀라운 작업을 해왔습니다. (…) 이번 일이 진실이 아니고 그저 형식적인 '은퇴'이기를 희망합니다.[137]

실제로 그랬다. 1990년대에 은퇴 연령 70세가 도입되기 이전에 임명된 편집진의 다른 구성원들과 마찬가지로, 에릭은 2000년대 들어서도 편집진의 연례 여름 회의에 참석하고 편집진의 심의에 적극적으로 기여했다. 그리고 편집진에서 물러나고 한참 후까지 다양한 시기와 주제를 다루는 투고 논문들에 대한 논평을 이어나갔다. 전형적인 논평에서 그는 의학사 분야의 한 논문을 "재구성"할 것을 요청하면서 "비전문가를 위한 주제에 너무 가깝다"는 이유를 들었다. 그런가 하면 또 어떤 논문은 "매우 일반적인 저널리즘 (…) 축약해서 《프로스펙트Prospect》[시사 주간지]에 실으면 적절할 것"이라는 이유로 《과거와 현재》에 싣지 말 것을 권했다. 그는 엄청나게 폭넓은 지식을 바탕으로 숱한 투고 논문에 독창적이지 않다는 이유로, 놀랍지 않다는 이유로, 수십 년 전에 제기된 논쟁을 되풀이한다는 이유로 퇴짜를 놓았다. 순전히 경험적인 논문에는 역사적 문제를 제기하지 않는다고 논평하며 거부권을 행사했다. 포스트

모더니즘의 냄새가 나는 논문에도 똑같이 퇴짜를 놓았다(그런 논문 중 하나를 "세미나 방법론을 연습하는 요령부득의 글"이라고 평가했다).[138] 지나치게 길다고 판단한 논문은 과감하게 줄일 것을 촉구했다(어떤 논문에 대해 "마지막 두 쪽은 주장에 별로 도움이 되지 않는다"라고 논평했다). 전통적인 외교사 논문은 매번 그의 비판력을 발동시켰다(어느 논문을 "전쟁 책임 논쟁의 역사에 붙이는 하나의 각주"라고 평가했다).[139]

에릭의 가장 영향력 있는 책 중의 하나는, 당시 《과거와 현재》의 발행을 감독하던 기구인 '과거와 현재 협회'가 주최한 학술대회에서 발표된 논문들을 묶은 책이었다. 이 무렵 《과거와 현재》는 케임브리지대학 출판부를 통해 총서를 발행하기로 협의해둔 상태였다. 에릭과 맨체스터대학 소속 아프리카계 역사가 테리 레인저Terry Ranger(편집진의 또 다른 구성원)가 함께 편집한 《만들어진 전통The Invention of Tradition》이라는 그 책은 《과거와 현재》의 편집장 트레버 애스턴Trevor Aston의 추천을 받아 1978년 4월 케임브리지대학 출판부 평의회의 심사를 통과했다. 이 책의 계약은 에릭이 해온 상업적인 출판 계약과는 정말 차이가 컸다. 1000부까지는 인세가 전혀 없었고, 1001부부터 5000부까지는 10퍼센트, 그 이상은 15퍼센트였으며, 페이퍼백은 7.5퍼센트였다.[140] 인세는 저자들이나 편집자들이 아니라 전액 '과거와 현재 협회'에 직접 지불되었다.[141] 책을 편집하는 과정은 더뎠다.[142] 에릭과 레인저 모두 직접 색인을 만들어달라는 출판사의 요청을 거절했다(레인저는 색인이 짧고 간단해도 괜찮다면 만들겠다며 결국 요청에 동의했지만, 에릭은 "나는 거의 한 세대 동안 저자로든 편집자로든 색인을 직접 만들어달라는 요청을 받아본 적이 없습니다"라고 말했다).[143] 계약서는 1982년 4월 26일에야 작성되었는데, 1000부에서 1500부까지의 인세는 5.5퍼센트로 줄어들고 5000부 이상에 지급하기로 했던 더 높은 인세는 사라진 조건이었다.[144] 책은 마침내 1983년에 출간되었고 보급판은

1984년 4월에 나왔다.

에릭은 훗날 회상하기를 케임브리지 킹스칼리지 학생 시절에 유명한 크리스마스 예배인 '아홉 가지 교훈과 캐럴'이 그가 1930년대 중반에 영국에 도착하기 불과 몇 년 전에 고안되었다는 사실을 알고서 《만들어진 전통》의 단초가 되는 아이디어를 떠올렸다고 했다.[145] 학술대회 발표문에 기초하는 학술 논문집으로는 드물게도 《만들어진 전통》은 언론에서 두루 서평을 받았는데, 어느 정도는 책의 공저자 몇 명이 학계 밖에서도 유명했기 때문이고, 또 어느 정도는 틀림없이 책 제목이 눈길을 잡아끌었기 때문이다. 거의 모든 서평자들이 책에 실린 에세이들에 만족하며 놀라움과 기쁨을 표현하고 몇 가지 핵심 주장과 사례를 자세히 이야기했다. 책의 핵심 전제를 뒤집으려 시도한 서평자는 아무도 없었다. 다만 에릭이 수십 년 전에 사도회에 충원했던 문인 전기작가이자 대니얼 디포 전집의 편집자 P. N. 퍼뱅크가 책에 사용된 '전통' 개념에 대해 얼마간 회의적인 목소리를 냈다. 분명히 에릭과 공저자들은 크리스마스 라디오 방송의 사례에서처럼 전통과 관습을 혼동하고 있었다. 만들어진 전통의 사례로 더 타당한 후보는 18세기에 발명되었지만 당시 적어도 암묵적으로는 희뿌연 고대까지 거슬러 올라간다고 주장하던 스코틀랜드의 체크무늬 킬트였다—휴 트레버-로퍼가 흥겨운 에세이에서 폭로한 주제였다.[146] 그렇지만 책의 근저에는 자국의 정체성을 먼 과거까지 소급하려는 국가들의 주장에 대한 깊은 회의론이 있었고, 그와 관련해 책의 독창적인 점은 특히 국가들이 이런 주장을 구체화하기 위해 사용하는 상징적인 수단들에 초점을 맞춘다는 것이었다.[147] 민족주의라는 문제는 1980년대 초에도 여전히 에릭을 사로잡고 있었다. 에릭은 얼마 후인 1985년의 와일즈 강연에서 민족주의를 더 길게, 그리고 더 폭넓게 분석할 터였다.

에릭은 학문 경력을 시작한 분야인 영국 노동사를 떠난 지 오래였음에도 여전히 그 분야에 기여할 무언가가 있다고 생각했고, 《노동하는 인간》에 이어 노동사에 관한 에세이들을 모은 두 번째 선집인 《노동의 세계들》을 1984년에 펴냈다. 이 책의 출간으로 서평자들은 에릭이 영국 노동사에 미친 영향을 평가할 기회를 잡았다. 로이 포스터는 "홉스봄의 저술은 그가 이름을 떨치기 전에 우세했던 노동사 서술과 확연히 다르"며 특히 "세계주의와 지성주의를 결합"했다는 점에서 다르다고 올바로 지적했다. 이것은 "에릭 이전에 영국 노동사를 지배했던 저자들의 특징이 아니"었다. 그 저자들은 길드 사회주의자이거나 급진적 자유주의자이거나 기독교 도덕론자였고 그 저술—예컨대 해먼드 부부의 저술—은 "분석은 산만하고 감정적이며 어조는 문학적"이었다. 에릭의 초기 저술은 "이런 종류의 역사에 강한 영향을 주었다." 그것은 산업혁명기의 착취와 생활수준 문제를 다시 제기했고, 마르크스주의가 어째서 스탈린주의적 교리의 도구가 아니라 19세기 중후반의 산물인지를, "다른 대다수 경제 분석가들의 처방보다 더 위협적이지도 종말론적이지도 않은" 산물인지를 보여주었다. 에릭은 당시만 해도 빅토리아 시대부터 현재까지 노동조합주의의 법적·제도적 성장 이야기나 마찬가지였던 노동조합의 역사를 그 목적론에서 빼내고 당대의 영국 경제와 관계를 맺는 역사로 바꾸었다. 에릭이 보기에 기존의 노동조합 역사는 여러 면에서 구태의연했고, 이런 특징이 노동조합들의 분권화된 구조와 고질적인 개혁주의에도 반영되어 있었다.[148]

노동조합 역사를 연구하는 젊은 역사가 앨러스테어 리드Alastair Reid는 영국 사회 내에서 계급 분리가 명확하다는 책의 주장이 "시대에 뒤졌다"

고 비판하면서도, 포스터와 마찬가지로 노동사 분야에 미친 에릭의 영향에 경의를 표했다. 그러나 에릭의 영향을 "노동사가들 자신은 아직까지 충분히 이해하지 못하고 있고, 노동계의 제도와 사건을 다소 지나치게 고답적으로 연구하고 그 결과로 탐구의 더 넓은 맥락을 무시하는 경향"이 있었다.[149] 더 심각한 점은 노동사가 이제 분명히 위기의 시기로 접어들고 있다는 것이었다—결국 절망적인 위기로 판명되었다. 역사의 대다수 갈래들 그 이상으로 노동사는 특정한 이데올로기—사회주의—및 그 이면의 문화적·지적 가정과 연결되어 있었다. 노동계의 전진은 멈추었고, 그와 더불어 노동사의 전진도 멈추었다.[150]

이 무렵 에릭은 마감시한을 맞추는 데 여유가 생겨 새로운 출판 계획을 구상하고 있었다. 1977년에 브루스 헌터에게 말했듯이, 여러 가능성이 있었지만 모두 추진할 마음이 있는지는 확실치 않았다.

조지 W.와 계약한 '혁명'에 관한 책이 아직 남아 있습니다. 그 후에는 《원초적 반란자들》과 《산적의 사회사》에서 논한 내용을 일반화해 '정치의 발명 이전의 민중 정치'에 관한 책을 쓰고 싶다는 계획을 대강 세워두었지만, 이걸 하자면 얼마간 시간이 걸릴 것입니다. 그에 앞서 '혁명가들'의 연장선상에서 다양한 역사적 주체들에 관한 또 다른 에세이집을 한두 권 작업할 수도 있습니다만, 서두르고 싶지는 않습니다.[151]

사실 그는 전혀 서두르지 않아서 위에서 언급한 두 권은 아예 쓰지도 않았고, 에세이집은 1998년에야 나왔다. 그가 더 관심을 기울인 문제는 기존 저서들의 판매량이었다. 브루스 헌터의 의견에 동의했듯이 《산업과 제국》은, 미국에서는 아니지만, 여전히 팔리고 있었다. 펭귄 출판사는 영국에서 해마다 중쇄를 찍고 있었고, 독일어판과 프랑스어판도 여전히 나오고 있었다. 특히 에릭은 프랑스어판이 "근대 영국이 교수 자격 시험 범위에 속한다"는 사실의 덕을 보기를 희망했다. 이 희망은 실현되지 않았다. 《산업과 제국》은 프랑스에서 실패작이었고, 근대 영국 사회사를 다룬 프랑수아 베다리다François Bédarida의 책에 순식간에 밀려났다. 당시 프랑스 제도권에서 인기 있는 스타일을 거의 그대로 따른 베다리다의 책은 사회사만큼이나 역사지리학에 가까울 정도로 지도와 도표로 가득했다.[152] 더욱이 에릭이 알아채기 시작했듯이 《산업과 제국》은 낡아가고 있어 개정이 필요했다. 에릭은 옛 박사 과정 학생 크리스 리글리에게 책을 통독하면서 통계를 수정하고 기존 텍스트를 검토해달라고 부탁했다(리글리의 의견은 통계는 확실히 개선할 필요가 있지만 텍스트는 그렇지 않다는 것이었다). 또 리글리는 최근 시기를 다루는 마지막 장이 추가로 필요하다고 생각했다. 에릭은 마지막 장에 무엇을 넣을지 제자와 의논하다가 리글리의 말마따나 "'당신이 써보세요'라고 말해서 아주 내 간이 떨어질 뻔했어요. (…) [하지만] 그는 그것을 읽더니 '정말 훌륭합니다'라고 말했고, 나는 놀라서 거의 죽을 뻔했죠!"[153] 개정판 《산업과 제국》은 '산업혁명의 탄생'이라는 부제를 달아서 초판이 나왔을 때 지적받은 내용 분배의 불균형을 인정했다. 이 책은 오랫동안 영국 전역의 대학 경제사와 사회사 강의에서 계속 쓰였고 지금도 쓰이고 있다.

에릭은 《산적의 사회사》의 판매량에는 덜 만족했고, 펭귄 출판사가 중쇄 발행을 중단했다고 생각했다. 그는 "《원초적 반란자들》이 1959년부터 그랬듯이, 이 책도 적당한 부수를 꾸준히 판매할 수 있는 시장을 가지고 있다"고 믿었다. 그래서 브루스 헌터가 이 책을 되살릴 수 있을지 알아보기를 원했다. "이 책은 아쉽게도 학생들의 고정 판매량을 확보하지 못했지만 그래도 잘 읽힙니다." 미국을 빼면 《산적의 사회사》의 외국어판들은 잘 팔리고 있었고, 《혁명가들》의 외국어판들도 마찬가지였다

(실제로 펭귄의 영국판은 여전히 발행되며 1년에 최대 2천 부씩 팔리고 있었고, 재고로 약 6천 부가 있었다).[154] "최근에 나온 (번역이 형편없는) 독일어판은 좌파 저술을 읽는 대중이 줄어들어 아마 고전할 겁니다." 에릭에게는 실망스럽게도 《자본의 시대》의 경우 개방대학Open University(10만 명이 넘는 학생들을 보유한 영국의 원격 고등교육 기관)의 교재로 채택되지 않았지만, 역시 외국어판들은 잘나가고 있었다. 주된 문제는 미국에 보급판이 없다는 사실이었다. "그 책은 페이퍼백으로 나와야만 대학들에서 교재로 지정될 겁니다. 결국 그것이 내가 미국에서 실제 독자층을 얻는 유일한 방법입니다." 필요한 일은 "홉스봄을 지정할 만한 30세에서 35세의 여러 급진적인 강사들과 관계"를 맺고 있는 출판사를 찾는 것이었다.[155] 결국 《자본의 시대》는 랜덤하우스 제국의 일부인 빈티지북스를 통해 미국에서 보급판으로 나왔다.

에릭이 브루스 헌터에게 언급한 새로운 계획들을 제쳐놓은 한 가지 이유는 헌터와 연락을 주고받으면서도 새로운 주요 저서에 착수했다는 데 있다. 1974년, 《자본의 시대》가 출간되기도 전에 바이덴펠트의 역사 부문 책임 편집자 앤드루 위트크로프트는 에릭에게 그다음 책 이야기를 꺼냈다.

문명의 역사 시리즈에서 19세기 세 권 가운데 마지막 한 권이 아직 채워지지 않았습니다. (…) 《자본의 시대》에서 내가 인상 깊게 읽은 점은 이 책과 《혁명의 시대》가 이어진다는 느낌이었습니다. 따로 분리된 연구들보다 이 시대를 훨씬 잘 이해하도록 돕는 하나의 통일된 그림이 제시된다고 느꼈습니다. 그래서 당신에게 1875년부터 1914년까지 다루는 세 번째 책에 착수할 의사가 있는지 궁금해졌습니다. 19세기 전체를 조망하고 재현하는 저술의 연속성은 분명히 독자들에게 굉장히 매력적으로 보일 것입니다. 당신의 관점에서 보면 이미 두 권을 끝낸 마당에 세 번째 책을 쓴다는 전망이 공포로 다가올 수도 있음을 잘 알고 있습니다. 그렇지만 말씀드린 그 기간은 상대적으로 성기게 다루어진 매력적인 시기로 보입니다. 물론 전문가들의 연구는 넘쳐나지만, 적절한 통합적인 연구는 한 번도 접하지 못했습니다.[156]

위트크로프트의 제안에 응답하며 에릭은 이렇게 털어놓았다. "당신의 제안을 조금 더 생각해보겠습니다. (…) 사실 1914년까지 쓴다는 생각은 해보지 않았습니다."[157] 하지만 에릭이 훗날 회상했듯이, 《자본의 시대》를 집필하다 보니 "내가 19세기 역사를 큰 틀에서 분석적으로 종합하는 작업을 이미 하고 있다는 것이 분명해졌다." 후속작 "《제국의 시대The Age of Empire》는 사실상 내가 처음으로 의식적으로 계획한 책"이 될 예정이었다.[158]

사실 위트크로프트는 바이덴펠트의 '문명의 역사' 시리즈의 19세기 후반 역사를 쓸 저자로 처음부터 에릭을 선택한 게 아니었다. 위트크로프트는 보수당 하원의원으로 처칠에 관한 비판적인 책을 쓴 로버트 로즈-제임스Robert Rhodes-James에게 먼저 연락했지만, 로즈-제임스는 거절했다—영국사와 실은 정치사를 빼면 아는 역사가 별로 없었고 어차피 보수당 하원의원으로 활동하느라 이 정도 규모의 계획을 실행에 옮길 시간이 없었으므로 현명한 결정이었다.[159] 에릭은 확실히 영국사와 정치사 이외의 역사를 알고 있었지만, 이번에도 집필에 느긋한 태도를 보였다. 특히 에릭의 경력에서 이 무렵이면 더 이상 돈이 급하게 필요하지 않았으므로 서둘러 쓸 필요가 없었다. 브루스 헌터에게 말했듯이, 에릭은 1977년에 집필 준비를 시작했다.

나는《혁명의 시대》와《자본의 시대》의 뒤를 이을 19세기 세 번째 책과 관련해 얼마간 독서와 생각을 했지만, 급하게 집필할 생각은 없습니다. 지금 내가 받는 인세는 매우 만족스럽고—《자본의 시대》의 여러 외국어판이 올해 나왔습니다—나의 다른 저서 대부분이 여러 나라에서 발행되고 있습니다. 나는 서두르고 싶지 않습니다. 3년 후면 대학에서 은퇴할 텐데 바로 그때가 연금 외 수입을 늘릴 가장 좋은 때일 것입니다. 출판사에서 재촉할 테지만, 당신은 내가 작업하고 있다고 말해도 되고, 그건 사실입니다. 그 책이 다음번 주요 작업입니다.[160]

그럼에도 처음부터 에릭은 "19세기 세 번째 책이《자본의 시대》보다 더 재미있는, 실제로 매우 흥미진진한 제안"이라고 생각했다. 그리고 세 번째 책이 나오면 아마도 처음 두 권의 개정판과 함께(실제로는 끝내 개정하지 않았지만) 한 세트로 묶을 수 있을 것이라고 생각했다.[161] 그는《제국의 시대》를 1980년 5월에 쓰기 시작했고[162] 1980년대 전반기 동안 꾸준히 작업했지만 진척이 더뎠으며, 집필 준비를 시작한 지 거의 10년 후에야 끝마칠 수 있었다. 그는 헬싱키에 있는 국제연합대학 세계개발경제연구소에서 제임스 S. 맥도널 재단의 후원을 받는 '뛰어난 대학 학자'로서 몇 차례 공식·비공식 세미나를 하는 동안 집필을 끝마쳤고, 1986년 크리스마스 직전에 바이덴펠트의 담당 편집자 줄리엣 가디너_{Juliet Gardiner}에게《제국의 시대》원고를 넘겼다.[163]

이 책은 앞서 나온 두 권과 달리 주제를 '전개'와 '결과'로 나누어 구성하지 않고 전체를 연이은 장들로 구성했다. 그렇지만 경제에서 시작해 정치, 사회, 문화로 나아가며 감탄이 나올 만큼 다각도로 폭넓게 서술하는 패턴을 똑같이 보여주었다. 또한 시리즈의 이전 두 권과 마찬가지로, 이제 에릭의 장점인 가독성, 분석적 통찰, 생생한 세부 서술을 결합해 절대다수의 서평자들에게 20세기의 위대한 역사 저술 시리즈를 완성하는 고전으로 곧장 환영받았다. 완전히 새로운 한 가지 특징은 여성에 관한 장을 포함했다는 것이다. 1970년대에 등장한 여성사를 에릭은 받아들일 수밖에 없다고 생각했다. 그러나 프랑스에서 여성사를 개척한 미셸 페로가 지적했듯이, 이 주제에 에릭이 정말로 관심을 기울인 것은 아니었다. 사실 여성사는 "그를 불편하게 했는데, 페미니즘이 노동운동과 마르크스주의에 도전한다고 생각했기 때문"이다.[164] 마르크스주의 전통에서 독립적인 페미니즘 운동은 사회혁명을 위한 투쟁에서 '부르주아적' 이탈이었으며, 진정한 여성의 평등을 성취할 방도는 사회혁명의 승리였다. 에릭은 결국 여성사에 접근하는 이런 방식에서 벗어나지 못했다.[165] 여성사를 연구하는 역사가들은 에릭의 그 장에 결코 만족하지 않았다. 이 분야의 전문가 마틴 퓨는 다음과 같이 지적했다.

홉스봄은 역사가 일하러 나가는 사람들에 의해 만들어진다고 여전히 확신한다. 그에게 여성은 노동력의 일부분일 경우에만, 가급적 조직된 노동력의 일부분일 경우에만 중요하다. 그가 인정할 만한 최대치는 이 시기에 중간계급 여성의 운동이 있었으나 그 운동은, 소수의 구성원들이 전 세계적인 사회주의 운동에 참여한 일을 빼면, 아무것도 이루지 못했다는 것이다. 그리하여 홉스봄은 여성이 "19세기 역사의 외부에" 머물렀다고 결론짓는다. 만약 A. J. P. 테일러가 이렇게 썼다면 독자는 그가 재미를 주려 한다고 이해할 테지만, 홉스봄 교수의 빅토리아 시대풍 소년용 역사에서는 분명히 진지한 평가다.[166]

심지어 노동당의 전 당수이자 오랜 경력의 사회주의자인 마이클 풋마저 이 책이 페미니즘 운동을 충분히 담아내지도, 여성의 독립과 자기주장의 성장을 충분히 기술하거나 설명하지도 않았다고 불평했다. "정중하지만 시대에 뒤진 후원자는 신여성을 여전히 다소 당혹스럽게 소개한다."[167] 사회주의자이자 페미니스트 역사가인 캐서린 홀은 에릭이 젠더에 관한 최근의 학문적 성과에 무지하다고 더 혹독하게 비판하고, 여성은 하나의 장을 별도로 배정받은 "반면에 남성은 나머지 분량 전체에서 전진하며 제국을 정복하고 혁명을 일으키고 세계를 재개념화한다"라고 탄식했다.[168] '아래로부터의 역사'의 개척자인 에릭은 그가 저술하는 시대에 여성이 수행했던 역할을 사뭇 다른 관점에서 다룰 것이라는 기대를 받았을 것이다.

에릭이 페미니스트 역사가들로 인해 곤경에 처한 것은 이번이 처음이 아니었다. 《제국의 시대》의 여성에 관한 장을 집필하는 동안 그는 《역사 공방 저널》에 '사회주의적 도상학에서의 남성과 여성'에 관한 논문을 게재했고, 여기서 여러 삽화 중에 19세기 벨기에 예술가 펠리시앙 롭스Félicien Rops의 반쯤 외설적인 나체 여성 에칭화를 사용했다(나중에 《제국의 시대》에도 재수록했다). 에릭은 이 에칭화를 사회주의에서 영감을 받은 "민중"의 "강력한" 이미지로 묘사했다. 그러나 롭스는 사회주의자가 아니었으므로 주요 페미니스트들은 대체 왜 그 삽화를 사용했느냐고 따졌을 뿐 아니라 에릭이 분명히 삽화를 잘못 해석했다고 보았다. 《역사 공방 저널》의 바로 다음 호에서 세 명의 페미니스트 역사가들(여기에는 대학원생 시절 에릭에게 지도를 받은 애나 다빈Anna Davin과 실라 로버텀Sheila Rowbotham이 포함되었다)은 반대 의견을 표명했다. 에릭은 자신이 쓰기로 선택한 해당 주제에 관한 최근 문헌을 전혀 따라가지 못하고 있다고 그들은 단언했다. 몇 호 후에 19세기 해부법法에 관한 중요한 책의 저자인 루스 리처드슨은 에릭의 논문을 가차 없이 비판하며 그것 때문에 몹시 화가 났다고 말했다.

롭스의 이미지는 '강력'하지 않다. 그것은 터무니없고 음란하고 천박하고 경멸스럽다. 홉스봄 교수의 논문에서 몹시 화가 나는 점은 사회주의적 도상학을 성차별적이지 않은 방식으로 검토하려 의도했다는 것이다. 오히려 그 논문은 적어도 하나의 몹시 성차별적인 이미지, 사회주의적이라고 말할 수도 없는 이미지를 수록했다. 그 이미지를 무비판적으로 수록했을 뿐 아니라 해설을 붙여 성차별을 더 심화하기까지 했다.[169]

에릭이 여성에 관한 장을 불충분하게, 그리고 내심 진실하지 않게 썼다는 서평자들의 지적은 옳았다. 에릭으로서는 이들의 비판이 마르크스주의적 역사 접근법에서 너무 급진적으로 이탈하는 것이었기에 진지하게 받아들일 수 없었다. 에릭은 리처드슨을 비롯한 페미니스트 비판자들에게 응답하지 않았고, 나중에 해당 논문을 논평이나 수정 없이 저서에 재수록했다.

제국의 시대는 또한 제국주의의 시대였다. 다수의 서평자들은 이 책이 레닌이나 로자 룩셈부르크의 고전적인 제국주의 이론을 따르지 않는다는 데 주목했다. 그 이론에 따르면 유럽 국가들이 '아프리카 쟁탈전'을 벌이며 공식 제국을 확장하고 뒤이어 나머지 세계와 관계를 맺은 이유는 자본의 과잉생산, 아니면 절박한 원료 확보에 있었다. 더욱이 캐서린 홀이 논평했듯이

《제국의 시대》를 떠받치는 고전적 마르크스주의는 예전만큼 고전적이지 않다. (…) 계급을 전적으로 경제적 관점에서 개념화하던 시절은 지나갔다. 《제국의 시대》 속 부르주아지는 골프장과 테니스장에서 자기들이 하나의 계급임을 선명하게 의식한다. 그들은 서로 공유하는 생

산관계보다 특수한 계급 문화를 통해 서로를 알아본다. 이와 비슷하게 세계의 노동자들은 서로 공유하는 상징인 납작한 모자를 통해 단결한다.[170]

그런데 빅토리아 시대 문화를 연구하는 미국의 보수적인 역사가 거트루드 힘멜파브가 지적했듯이 이 책은 "프롤레타리아트에는 별로 주목하지 않았다." '세계의 노동자들'에 관한 장은 대부분 노동계급의 생활이 아니라 조직에 할애되었다. 민중문화를 다루는 방식도 마찬가지였다— 전작 《자본의 시대》도 비슷했다. 또 힘멜파브는 노동계급의 생활수준에 관한 실질적인 논의가 전혀 없다고 지적하면서 아마도 "이 책이 다루는 기간에 적어도 서구의 대다수 나라들에서는 민중의 조건이 유의미하게 개선되어 프롤레타리아트의 '궁핍화'에 대한 마르크스주의 이론이 거짓임을 보여주기" 때문일 것이라고 신랄하게 논평했다.[171]

《제국의 시대》는 여전히 계급 구조와 계급 적대를 사회 변화의 근본 원리로 기술했지만, 미국 역사가 제프리 필드는 이 책이 산업시대 이전 귀족 엘리트층의 권력과 영향력을 충분히 고려하지 않았다고 주장했고, 제임스 졸 역시 《뉴욕 리뷰 오브 북스》에서 같은 지적을 했다. 에릭은 자신의 관심이 "역사에서 새로운 것의 징후를 감지하려는 데" 있다고 답변했다. 바로 이것이 시리즈의 이전 두 권과 달리 《제국의 시대》에서 농업에 대해 거의 이야기하지 않은 이유였다.[172] 다른 비판자들은 모더니즘 문화에 대한 에릭의 적대감에 집중했다. 졸은 《제국의 시대》가 피카소의 인기를 상당히 과소평가했다고 생각했다. 세계 곳곳에서 엄청난 군중이 피카소 전시회에 다녀온 터였다. 따라서 모더니즘 예술을 소수 엘리트의 대체로 이해할 수 없는 취향으로 업신여기는 에릭의 경멸감은 잘못된 것이었다.[173]

시기 구분은 또 다른 문제였다. 1875년이라는 시작 연도가 다소 자의적으로 보였다면, 일각에서는 1914년이라는 종점을 그렇게 보았다. 장차 에드워드 히스, 마거릿 대처, 로이 젠킨스의 전기로 이어질 정치인 전기작가로서의 경력을 막 시작한 존 캠벨이 보기에 《제국의 시대》가 내포하는 실질적인 종료 연도는 1914년이 아니라 1917년이었다. 책에 실제로 1917년이 나오지는 않지만, 캠벨은 책의 종점에서 지평선 너머로 1917년이 흐릿하게 보인다고 생각했다. 이 책의 출간으로 "하나의 절정에서 19세기 중엽의 부르주아 대평원을 가로질러 다른 절정까지 이어지는 신념의 아치"가 완성되었다.

이 책의 종점에서 앞으로 부르주아 유럽의 홀로코스트를 보게 될 것을 알기에 홉스봄의 분석에서는 음침한 만족감이 느껴진다. 그의 주제는 이제 긴장과 모순, 외견상 단일체의 '균열', '좋은 시절'에 앞날을 의심하지 않는 중간계급을 위해 역사가 준비해둔 아이러니다—홉스봄은 역사의 비인격적인 힘의 신봉자다. 《제국의 시대》는 《자본의 시대》에 묘사된 오만한 사회가 응당한 벌을 받는 모습을 본다.[174]

그러나 부르주아의 자유주의적 헤게모니가 허물어지고 있다는 인상은 '부르주아'를 상층 부르주아로, 자유주의를 고전적 자유주의로 좁게 규정할 경우에만 생겨나는 것이라고 캠벨은 주장했다. "홉스봄은 '진정한' 자본주의의 패러다임을 설정한 다음 그 모델로부터 이탈하는 모든 현상을 발전이 아닌 해체와 쇠퇴로 치부한다." '허수아비'의 무덤 위에서 춤추기 위해 그것을 만들어냈다는 말이다. 비슷한 맥락에서 데이비드 캐너다인은 "당대의 가장 세계주의적이고 박식한 마르크스주의 역사가가 사실상 중기 빅토리아 시대 중간계급 자유주의를 애도하는 노래를

쓰다니, 얼마나 흥미로운 광경인가"라고 말했다.[175]

캠벨이 19세기 후반 유럽 대륙의 역사를 더 많이 알았다면, 좌파 쪽에서 부상하는 사회주의와 우파 쪽에서 출현하는 민족주의적 포퓰리즘 및 가톨릭 정치의 영향 아래 자유주의 정치와 문화가 해체되는 과정을 기록한 에릭이 옳았음을 이해했을 것이다. 사회주의, 민족주의적 포퓰리즘, 가톨릭 정치는 나라마다 서로 다른 형태로 나타났지만, 1914년까지 자유주의적 중도파 대부분을 정치권력에서 몰아냈다. 미술에서 사실주의의 확실성과 음악에서 조성調性의 확실성을 쫓아버린 모더니즘 문화의 분열적 영향은 부르주아 문화의 조종을 울린 또 다른 요인이었다. 물론 이런 변화가 부르주아지가 전부 사라진다거나 자본주의가 곧 폐물이 될 것이라는 의미는 아니었다.[176] 그렇지만 그 변화는 자본주의, 중간계급 헤게모니, 부르주아 문화가 오랫동안 이어질 극심한 위기의 시기로 들어서고 있음을 의미했다. 이것들은 수십 년 후에, 20세기 중반에 완전히 달라진 형태로 다시 등장할 터였다.

한편 《제국의 시대》 출간을 계기로 이제 1789년부터 1914년까지 '장기 19세기'의 유럽사 3부작이 된 이 시리즈를 평가할 기회가 생겼다—에릭이 고안해낸 '장기 19세기'는 이후의 역사 연구에 강력한 영향을 미친 또 하나의 개념이다. 페리 앤더슨은 3부작에 대한 가장 통찰력 있는 서평 중 하나를 썼다. 다른 서평자들과 마찬가지로, 그는 에릭의 성취에 굉장히 감명받았다. 세 권 모두

다음과 같은 여러 재능의 놀라운 융합을 똑같이 보여준다. 효율적인 종합, 생생한 세부, 전 세계를 아우르면서도 지역별 차이를 민감하게 의식하는 시야, 농작물과 증권시장, 민족과 계급, 정치인과 농민, 과학과 예술을 똑같이 편안하게 느끼는 거침없는 박식함, 상이한 사회

적 행위자들에 널리 공감하는 마음, 분석적 서사의 힘, 그리고 무엇보다 냉정하고 날카로운 주장의 겉면에서도 별안간 번뜩이는 은유를 특징으로 하는 놀랍도록 명료하고 기운찬 문체. 인상적인 점은 그가 어린 시절 아주 가깝게 느꼈다고 하는 자연계에서 다음과 같이 번뜩이는 은유를 몇 번이고 끄집어낸다는 것이다. "종교는 하늘과 비슷한 무언가에서, 아무도 달아날 수 없고 지상 위의 모든 것을 포괄하는 무언가에서 구름층과 비슷한 것, 인간계의 창공에서 하나의 크지만 한정되어 있고 변화하는 특징이 되었다."

앤더슨은 3부작에서 "이론적 무기가 짤그랑거리는 소리는 나지 않는다"면서도 경제에서 시작해 정치, 사회계급, 문화적·지적 생활로 나아가는 각 권의 방식이 "논리상 고전적 마르크스주의"의 방식이라고 생각했다. 3부작은 분명히 정치적으로 좌파에 공감했지만 "특정한 판단에서는 언제나 독특한 맛을 낸다."[177]

그렇지만 이어서 앤더슨은 에릭이 이루어낸 성취의 엄청난 규모 때문에 그동안 비판을 덜 받았다면서 "이렇게 멋들어지게 윤을 낸 표면에서 튕겨나오는 (…) 몇 가지 느슨한 생각"을 지적했다. 그는 3부작의 설명력이 뒤로 갈수록 떨어진다고 보았다. 에릭은 인도에서 영국 제국이 수행한 역할을 거론함으로써 영국 산업혁명을 아주 강력하고 독창적으로 설명했다. 그러나 그다음 책에서는 경제를 더 산만하고 설득력이 떨어지는 방식으로 설명했다. 게다가 《혁명의 시대》에서 1830년의 혁명을 설명하면서 이 혁명이 "서유럽에서 귀족 권력이 부르주아 권력에 결정적으로 패배했음을 보여주었다"고 주장한 것은 분명히 너무 성급한 판단이었다. 만약 1830년에 귀족이 명백히 패했다면 "1848년의 격변이 왜 필요했겠는가?"라고 앤더슨은 물었다. 이외에도 앤더슨은 에릭이 《자본의 시대》에서 1848년부터 1875년 사이에 "대다수 나라들에서 부르주아지는, 이들을 어떻게 규정하든 간에, 명백히 정치권력을 통제하거나 행사하지 못했다"라고 주장한 이유를 따졌다. 자본의 승리는 정치 영역에서 부르주아지의 승리를 수반하지 않았다는 말인가? 앤더슨에 따르면 《자본의 시대》의 설명 회피는 이 시대의 정치적 대격변들—독일의 통일과 이탈리아의 통일, 메이지유신, 미국 남북전쟁 등—을 서로 연결되지 않는 개별 장들에 분산해놓은 탓에 더 심해졌다. 또 에릭은 그람시의 '헤게모니' 개념을 사용했음에도 실제로는 간극을 메우지 못했다. 《제국의 시대》에서 자유주의, 자본주의, 부르주아지는 분석적으로 별개의 범주였다. 자본주의는 부르주아의 통치를 필요로 하지 않았고, 부르주아지는 더 이상 자유주의를 필요로 하지 않았다.[178]

앤더슨의 비판은 에릭의 3부작에서 고전적 마르크스주의 이론과 경험적·기술적 요소가 단절된 지점을 겨냥한 것이었다. 근본적으로 앤더슨은 에릭이 역사가로서 기술하는 내용이 마르크스와 엥겔스가 정치이론가로서 예측한 내용에 합치하지 않는다고 말하고 있었다. 하지만 이것은 에릭이 반드시 틀렸다는 의미는 아니었다. 오히려 마르크스와 엥겔스가 틀렸다는 의미일 수도 있었다. 역사가로서 경력을 쌓는 내내 에릭은 한편으로는 공산주의자, 더 넓게 보면 마르크스주의자로서의 신념에 이끌렸고, 다른 한편으로는 사실, 문서 기록, 자신이 인정하고 존경하는 다른 역사가들의 발견과 주장을 존중하는 마음에 이끌렸다. 3부작의 몇몇 지점에서는 전자가 후자에 승리를 거두지만, 전반적으로 보면 후자가 우세하다.

유럽에만 집중한다는 비판에 맞서 스스로를 변호하면서 에릭은 "19세기 3부작에서 대부분의 지면을 유럽에 할애할 수밖에 없었지만, 협소한 유럽적 견해가 아니라 세계적 견해를 취하려고 언제나 노력했다"라고 주장했다. 어쨌거나 그는 2차 세계대전 이전에 연구차 북아프리카를 방문한 이래 비유럽 세계에 익숙했다.

> 《혁명의 시대》에서도 나는 이슬람의 팽창에 주목했다. (…) 기본적으로 내 책들은 대서양 연안의 유럽 국가들이 개척한 체제가 나머지 세계에 침투해 그 세계를 사로잡고 변형한다는 가정에 기반한다. 경제적으로 말해 영국이 핵심 국가인 이 기간에 비유럽 세계는 없어서는 안 되는 존재였는데, (내가 보기에) 영국 산업화의 특수성은 비유럽 경제와의 특권적 또는 공생적 관계를 맺은 데 있기 때문이다.[179]

아마도 더 심각한 비판은 에릭이 민족주의의 힘을 충분히 중시하지 않았다는 반복된 지적일 것이다. 그는 이 결함을 의식했고, 《제국의 시대》를 집필할 당시 이미 이 문제를 더 깊이 생각하고 있었다. 그의 숙고는 머지않아 가장 영향력 있는 저서 중 하나인 《1780년 이후의 민족과 민족주의Nations and Nationalism since 1780》로 결실을 맺을 터였다.

《제국의 시대》가 출간된 해에 에릭은 70세 생일을 맞았다. 닐 애셔슨의 말마따나 오랜 세월 동안 에릭은 "거의 변하지 않았다. 멀쑥한 체격, 안경, 풍성한 회색빛 머리칼, 넥타이 없이 셔츠를 입는 성향 등이 모두 예전과 거의 다를 바 없었고, 호기심 강하고 설득력 있는 목소리도 마찬가지였다. 옛날식의 느릿한 블룸즈버리 말투에 중부유럽의 억양이 가미된 목소리였다."[180] 그의 생산성은 전혀 낮아지지 않았다. 1970년대 중반부터 1980년대 중반까지 두 주요 저서인 《자본의 시대》와 《제국의 시대》, 에세이집 《노동의 세계들》, 편집인으로서 엄청난 영향을 미친 《만들어진 전통》, 그리고 당시 기준으로는 대부분 학문적이라기보다 대중적이었던 수많은 논문을 발표했다. 영국에서 '노동계의 전진은 멈추었는가?라는 물음을 둘러싼 논쟁으로 대표적인 공적 지식인이 되었고, 개혁주의적인 공산당에서 마음에 맞는 정치적 안식처를 발견한 이탈리아에서도 어느 정도 공적 지식인이 되었다. 이제 개인적인 일보다는 학문적인 일로 관여하긴 했지만, 프랑스와도 다시 관계를 맺었다. 버크벡에서 은퇴했지만 뉴욕 신사회연구소의 꽤 비슷한 환경에서 계속 강의를 했다. 예전처럼 여기저기 폭넓게 여행하면서 특히 라틴아메리카에 대한 지식을 심화했고, 그 과정에서 과거에 이곳을 방문해 품었던 환상에서 벗어났다. 마를린과 아이들과 함께하는 가정생활은 유쾌하고 안정적인 일상으로 자리 잡았다. 그는 경제적 안정과 학문적·대중적 인정을 획득했고 기득권층에 들어갔다. 그러나 멈추기는커녕 속도를 늦출 생각조차 전혀 없었다. "그는 특권을 쌓았지만 아웃사이더 위치를 좋아했어요"라고 버크벡의 동료 로이 포스터는 회상했다.[181] 이후 10년 동안 에릭은 한 차례 이상 남의 화를 돋우는 능력, 열띤 논쟁을 불러일으키고 정설에 도전하는 능력을 발휘할 터였다.

9

"예레미야"

1987-1999

I

1988년, 브라질 신문 《이스타두 지 상파울루Estado de São Paulo》 측과 장시간 인터뷰하면서 에릭은 3년 전 공산당 서기장에 임명된 미하일 고르바초프가 소련에 도입한 정책에 대해 열변을 토했다. 고르바초프의 정책 글라스노스트(개방)와 페레스트로이카(개혁)는 소련이 전체주의 국가라는 주장이 틀렸음을 입증한다고 에릭은 단언했다. 스탈린과 흐루쇼프 시대의 격변 이후 레오니트 브레즈네프는 오랜 기간 집권하면서 적어도 환영할 만한 안정을 확립했지만, 뒤이은 부패와 경기 침체로 인해 개혁이 불가피해졌고, 고르바초프의 정책은 공산주의 체제도 진정으로 변화할 수 있음을 마침내 입증해 보였다.[1] 그렇지만 에릭의 낙관론은 이내 무너지고 말았다. 얼마 지나지 않아 고르바초프의 정책으로 극복할 수 없는 경제적 곤경이 닥치는 바람에 이 소련 지도자는 결국 기존의 외교정책을 완전히 뒤집는 '시나트라 독트린'—동유럽 위성국가들이 "그들의 길을 가도록 한다"—을 선포하기에 이르렀다. 위성국가들이 공산주의에서 벗어나고자 한다면 러시아는 반대하지 않을 것이라는 뜻이었다. 1989년 이른 봄, 저항하는 민중은 동유럽의 모든 국가에서 공산당 정권을 교체하고 있었다. '철의 장막' 도처에서 시민들의 자유로운 이동을 막는 장벽을 허물기 시작한 물결은, 독일 역사에서 중대한 사건이 아주 많이 일어난 날인 11월 9일 베를린 장벽의 평화적인 붕괴로 절정에 달했다.

나중에 밝혀졌듯이 이것은 단지 시작에 불과했다. 자유선거는 어디서나 공산당을 권좌에서 축출했다. 동유럽 전역에서 시장의 힘이 계획경제를 대체하기 시작했다. 1990년, 대중의 압력으로 동독과 서독이 한 나라로 합쳐졌다. 고르바초프를 실각시키려던 강경 공산당원들의 시도는 소련 공산당이 해체되고 보리스 옐친이 고르바초프 대신 권력을 잡는 결과를 가져왔을 뿐이다. 1991년 말에 이르러서는 소련 자체가 사라졌고, 소련의 이전 영토에서 11개의 새로운 국가가 출현했다. 라트비아, 리투아니아, 에스토니아는 독립을 되찾았으며, 유고슬라비아는 급속히 강화되는 민족주의의 원심력 아래 해체되기 시작해 결국 새로운 5개국이 되었다. 1992년, 체코슬로바키아는 체코공화국과 슬로바키아로 갈라졌다. 에티오피아부터 캄보디아에 이르기까지 세계 곳곳의 다른 국가들도 공산주의 이데올로기를 폐기했다. 이것이 75년 전, 1917년 볼셰비키 혁명으로 시작된 드라마의 종막이었다. 이 종막은 믿기 힘들 만큼 빠르게 내려갔다.

이렇게 깜짝 놀랄 만한 사건들이 전개되는 동안 에릭은 웁살라에서 열린 학술대회장에 있었다. 점심식사 중에 스웨덴의 젊은 사회사가 몇 명이 에릭에게 공산주의 붕괴의 결과에 대해 어떻게 생각하는지 물었다. 그 자리에 있었던 프랑스 역사가 파트리크 프리덴송은 에릭의 반응과 그에 따른 충격을 선명하게 기억했다.

그들은, 평소 에릭의 사상의 자유를 고려할 때, 에릭이 지금 일어나는 사태를 지지할 것이라고 예상했어요. 그런데 에릭은 얼음처럼 차가웠죠. 그 모습을 죽을 때까지 잊지 못할 겁니다. (…) 그는 이렇게 말했어요. "소련이 있었기에 여러분에게 평화가 있었던 겁니다. 여러분은 전쟁을 치르게 될 겁니다." 그러더니 15분쯤 연이어 말했는데, 식사 자리에서는 매우 긴 시간이죠. 에릭을 찬미하던 스웨덴 청년 역사가들은 화가 머리끝까지 났어요. 그래도 감히 에릭의 말을 반박하진 않았지만, 에릭은 자신과 스웨덴 역사가들 사이에 틈이 벌어진다는 것을 (…) 알 수 있었죠. 나는 완전히 충격을 받았어요. (…) 하지만 당연히 그가 옳았어요. 우리는 전쟁을 치렀습니다. 동유럽에서 많은 전쟁을 치렀죠.[2]

에릭은 "10월 혁명으로 탄생한 사회주의는 죽었다"라고 즉시 인정했다. 사회주의와 자본주의의 전 세계적 투쟁은 끝났다. 자본주의가 승리했다. 좌파는 총퇴각했다. "어떠한 환상도 남지 않은 소비에트식 체제의 몰락보다 더 중요한 것은 악몽 버전이었던 그 체제의 꿈이 확실히 끝났다는 것이다"라고 1990년에 썼다. 그것은 레닌주의의 종말이지 마르크스주의의 종말은 아니라고 그는 희망적으로 단언했다.[3] 그러나 어디서나 마르크스주의 정당들은 무너지거나 사회민주주의의 온건한 형태로 변신을 꾀했다. 이탈리아 공산당은 1991년에 새로운 상황에 적응해 당명을 '좌파민주당'으로 바꾸었고, 그 대가로 강경 지지자 다수를 잃었다. 2010년 에릭이 지적했듯이, 장기적으로 봤을 때 이탈리아 공산당은 "과거 의식과 미래 의식을 모두 상실했다."[4] 이미 유로공산주의 집단과 스탈린주의 집단으로 갈라져 있던 영국 공산당은 이제 사실상 소멸했고,

그로써 에릭이 평생 지켜온 당원 신분도 끝이 났다.《오늘날의 마르크스주의》역시 재정 기반이 무너지고 돈이 바닥나 해체를 맞았다.

중동유럽과 동유럽 신생 독립국들의 정치 질서는 본질적으로 불안정하다고 에릭은 생각했다. "이 지역에서 자유민주주의의 전망은 매우 어둡거나 적어도 불확실하다. 사회주의로 되돌아갈 가능성이 낮다는 것을 고려하면, 가장 가능성 높은 대안은 군사 정권이거나 우파 정권이거나 둘 다일 것이다." 비록 예측이 현실화되기까지 몇 년이 걸리긴 했지만, 에릭의 정치적 예측 가운데 이보다 더 정확한 선견지명은 거의 없었다. 25년 후에 폴란드와 헝가리는 우파 권위주의 정권의 수중에 있었고, 체코공화국을 포함하는 다른 국가들도 같은 길을 갈 가능성이 다분해 보였다. 과거 공산당 정권들이 지배했던 지역에서 "민족주의적 경쟁과 갈등"으로 전쟁이 발발할 것이라는 에릭의 예측도 보스니아에서 우크라이나까지, 조지아에서 몰도바까지 동유럽 곳곳에서 폭력적 충돌이 일어나면서 정확한 예측으로 판명되었다. 그렇지만 세 번째 예측은 덜 정확했다. 아마도 1930년대와 1940년대 초의 기억 때문이었는지 에릭은 이제 유럽 대륙의 유력한 세력인 독일이 평화에 위협이 된다고 생각했다. "독일 민족주의에 위험한 미완의 과제, 즉 1945년에 폴란드와 소련에 빼앗긴 넓은 영토를 회복하는 과제가 있기 때문"이었다. 그러나 이런 사태는 결코 발생하지 않았다. 독일과 독일인은 옛 동독의 파산한 경제를 흡수하려다가 둔화된 경제 성장을 회복하는 일 말고는 그 무엇을 회복하는 데에도 관심이 없었다.

반면에 "모험주의"가 "또다시 문제가 되는" 중동에서 충돌이 발발할 것을 우려한 에릭의 전망은 더 정당한 것으로 판명되었다. 실제로 에릭이 우려를 표명한 직후인 1990년 8월에 이라크의 독재자 사담 후세인이 작은 석유 부국 쿠웨이트를 침략했고, 미국이 주도하는 연합 병력이 결국 1991년 2월 말에 후세인의 군대를 쿠웨이트에서 몰아냈다.[5] 에릭은 평화주의자는 아니었지만, 생애 마지막 20여 년 동안 서구 열강이 관여한 모든 전쟁에 반대했다. 걸프전은 그를 절망감으로 가득 채웠다.

그 전쟁은 끔찍합니다. 나는 [노동당] 간부 의원들이 [1982년 포클랜드 전쟁에 이어] 다시 한 번 영국 국기가 노동당의 수의가 될 것을 두려워하고 정부보다 덜 애국적으로 여겨질 만한 어떠한 발언도 피하려는 이유를 이해할 수 있어요. (이 비참한 현 상황의 기조는 "나의 전쟁은 당신의 전쟁만큼 신성하다"입니다.) 그렇다 해도 그들이 실제로 '나도 전쟁에 찬성한다'라고 그렇게 무비판적으로 말할 필요는 없어요. 특히 그들이 신뢰하지 않는 전쟁, 믿기 어려운 고통을 대가로 아무것도 해결하지 못할 전쟁, '사상자를 최소화한다'는 구실을 내세워 우발적으로 강요한 전쟁에는 그럴 필요가 없어요.[6]

세계 전역에서 더 넓은 사회주의적 비전이 "더 나쁜 비전과 더 위험한 꿈, 이를테면 종교적 근본주의, 민족주의적 열성, 그리고 더 일반적으로는 세기말의 주요한 대중 이데올로기가 되어가는 듯한, 인종적 색채가 가미된 외국인 혐오증"으로 대체되고 있다고 에릭은 음울하게 생각했다. 사회주의자들은 그토록 오랫동안 추구해온 유토피아적 사고를 포기한 터였다. 그럼에도 에릭은 사회주의가 20세기의 마지막 10년 동안 세계가 직면한 두 가지 중대한 문제의 해답이거나, 해답이 되어야 한다고 보았다. 한 가지 문제는 걷잡을 수 없고 억제되지 않는 자본주의가 초래한 "생태 위기"였고, 다른 문제는 전 세계적 차원에서 볼 때 부자와 가난한 사람 간에 "극적으로 확대되는 격차"였다.[7] 2년 후 에릭은 브라질에서 공산주의 붕괴의 결과를 재차 논의하면서 소련의 종말은 곧 서구에서 사회적 진보가 위험에 처한다는 것을 의미한다고 단언했다. 그는 서구가 공산주의의 부상에 대응해 복지국가를 건설했다고 생각했는데, 이는 복지국가 건설의 주요한 이유, 즉 서구 사회들의 결속을 유도한 두 차례 세계대전이라는 이유를 일축하는 듯한 주장이었다. 그렇지만 공산주의 붕괴의 결과가 어떻든 간에, 에릭으로서는 그 결과를 불길하게 여길 수밖에 없었다.[8]

1990년, 《인디펜던트 온 선데이》의 언론인 폴 바커와의 대담에서 에릭─바커의 표현에 따르면 "거의 앙상할 정도로 마르고 자기주장을 재치 있는 말과 갑작스러운 웃음으로 감싸기를 좋아하는" 사람─은 더 부드럽고 앞날을 덜 걱정하는 관점을 취했다. 동유럽에서 공산주의의 붕괴를 체코인과 동독인은 환영할 것이고 헝가리인은 약간의 단서를 붙여 환영할 것이라고 에릭은 말했다. 그러면서도 다시 한 번 앞날을 내다보듯이 "나는 최대 70년까지 동결되었다가 풀려난 온갖 힘들이 과연 나머지 세계가 환영할 만한 무언가가 될지 확신하기 어렵습니다"라고 덧붙였다. 1918년 오스트리아-헝가리 제국의 붕괴는 "거의 완전히 부정적인 결과"만을 가져왔다. 사람들은 소련의 붕괴에 대해서도 똑같이 생각할 수 있었다. 혼란이 뒤따를 수 있었다. 공산주의의 성취라고 할 만한 것이 있느냐는 더 일반적인 질문을 받았을 때, 에릭은 공산주의가 막다른 골목은 아닐지라도 적어도 역사의 우회로였다고 인정했다. 그렇지만 여러 나라에서 공산주의는 경제의 성장과 발전을 촉진했다. 하지만 한 나라─러시아─에서 사회주의는 좋은 생각이 아니었다. "지난날을 돌아보건대, 러시아는 다른 길을 택하는 편이 나았을 것입니다." 스탈린이 급속히 추진한 산업화는 "자본가와 사회주의자를 막론하고 20세기에 시도한 최악의 일들 중 하나"였다. 그러나 러시아는 시민사회가 없었기에 "그 길을 걸어갈 수밖에 없었습니다." 1989~1990년 공산주의의 몰락을 1848년 혁명과 비교해달라는 질문에 에릭은 전자를 "민중의 봄이라기보다는 민중의 가을"로 묘사했다. 그렇지만 과연 그 결과로 민족주의가 대두할 것인지를 의심했고, 적어도 러시아에서는 민족주의가 "완전히 비이성적"이고 몽매주의적인 힘이라고 보았다.[9]

영국 공산당이 해체되기 한참 전에 탈당하지 않는 이유를 묻는 바커의 질문에 에릭은 이렇게 말했다.

공산당을 떠나 반공산주의자가 되어가는 사람들을 보았는데, 그런 사람들의 무리에 끼고 싶지 않았습니다. 내가 속하고 싶지 않은 특정한 클럽들이 있습니다. 나는 나의 과거, 나의 친구들과 동지들에 대한 신의를 저버리고 싶지 않습니다. 그들 중 많은 이들이 죽었고, 일부는 같은 편에게 살해되었습니다. 나는 그들을 존경했고, 그들의 이타심과 헌신은 여러 면에서 따라야 할 본보기입니다. 이건 개인적인 견해입니다. 1931년과 1932년에 베를린에서 정치화되었고 그 시절을 결코 잊지 않은 사람의 견해입니다.

공산주의는 "보편적인 해방, 인류의 해방, 빈민의 해방이라는 꿈"이었다. 그 이상은 진정으로 선량한 많은 사람들을 끌어당겼다. 그것은 수호할 만한 가치가 있는 이상이었다. 개리 런시먼의 표현대로 그는 "신념을 잃어버린 사람으로 낙인찍힐 수 있는 입장"이 되는 것이 **정말로 내키지 않았다.**"[10]

전후의 합의가 계속 헝클어지면서 미래에 대한 에릭의 근심은 더욱 깊어졌다. 1992년 5월, 그는 이렇게 말했다.

세계의 상황은 줄곧 어두워져가는 것으로 보입니다. 세계의 큰 지역들에서 사람들이 또다시 굶주리고 서로를 죽이고 있습니다. 현재 우리가 핵 재앙을 한 번도 겪지 않았다고 해서 더 원시적인 방법들로 얼마나 많은 이들이 살해되고 고문당하고 어떻게든 죽임을 당할 수 있는지를 잊어서는 안 됩니다. 유럽과 아시아의 큰 지역들에서 그런 방법들이 또다시 유행하는 것으로 보입니다.[11]

벌써 1991년 여름에 세르비아와 크로아티아가 특히 보스니아를 둘러싸고 극히 민족주의적인 영토 주장을 하며 충돌했다. 학살과 '종족 청소'—제노사이드의 완곡한 표현—를 동반한 이 충돌은 1990년대 말과 그 이후까지 지속되었다. 모든 진영을 통틀어 13만 명 넘게 사망한 것으로 추정되었고, 400만이 넘는 사람들이 거주지에서 쫓겨났다. 나중에 인터뷰에서 에릭은 발칸반도에서 전쟁이 발발할 위험을 인식하지 못한 세계 공동체를 비판했고, 세르비아에 위협당하는 보스니아인을 방어하기 위해 무기를 드는 것은 도덕적으로 충분히 변호할 수 있는 행위라고 단언했다.[12]

역사가들은 "민족 신화, 종족 신화, 그밖의 신화가 형성될 때 그것들에 저항해야 한다"라고 에릭은 경고했다. 동유럽과 발칸의 사태 역시 민족주의는 결코 이로운 힘이 아니라는 그의 확신을 뒷받침하는 것으로 보였다. 이미 1988년 5월 13일에 스코틀랜드의 좌파 민족주의자이자 노동사가인 제임스 D. 영이 아일랜드 민족주의에 부정적인 듯한 에릭의 태도에 대해 물었을 때 그는 이렇게 답변했다.

나는 어쩌면 1970년대 이상으로 **그 어디에** 존재하는 민족주의든 싫어하고 불신하고 찬성하지 않으면서도 그 엄청난 힘을 인정하고 가능하다면 진보를 위해 그 힘을 활용해야 한다고 생각하는 기묘한 입장을 유지하고 있습니다. 그리고 때로는 그렇게 활용하는 것이 가능합니다. 우리는 우파가 민족주의의 깃발을 독점하도록 내버려두면 안 됩니다. 어떤 일들은 민족주의적 감정을 동원함으로써 이루어낼 수 있습니다. 좌파의 몇몇 위대한 승리, 특히 반파시즘 기간이라든지 중국과 베트남에서 거둔 승리는 **진보**를 위해 민족 감정을 동원하지 못했다면 불가능했을 것입니다. 나는 몇몇 민족을 좋아하고 그들의 민족 감정에 공감하기도 합니다만, 그건 개인 취향의 문제입니다. 예컨대 에스토니아인과 핀란드인 같은 작은 민족들과, 별개의 문화를 구축하거나 유지하고자 노력하는 그들의 활동에서 나는 기분 좋은 무언가를 발견합니다. 그렇지만 나는 민족주의자일 수 없고, 이론상 그 어떤 마르크스주의자도 민족주의자일 수 없습니다.[13]

이미 에릭은 1985년에 벨파스트 퀸스대학에서 행한 와일즈 강연에 기초해 민족주의에 대한 생각을 《1780년 이후의 민족과 민족주의: 강령, 신화, 현실》(1990)이라는 얇은 책에 정제하여 담아내고 있었다. 《제국의 시대》를 끝내느라 민족주의 책의 집필을 중단했던 에릭은 영에게 편지를 보낼 무렵부터 다시 쓰기 시작해 헬싱키 국제연합대학 세계개발경제연구소에 두 번째로 체류하는 기간에 완료했다.[14]

장기간에 걸쳐 민족주의에 대한 그의 이해는 민족주의를 부르주아 계급정치의 한 형태로 보는 관점에서 일종의 '정체성 정치'로 보는 관점으로 진화했는데, 여기에는 계급에 대한 충성이 분명해지기는커녕 무너져 내린 변화가 반영되어 있었다.[15] 1990년의 사태는, 그 이후의 사태는 말할 것도 없고, 에릭이 옳다는 것을 입증하는 듯했다. 출간 직전에 에릭이 케임브리지대학 출판부의 담당 편집자 빌 데이비스Bill Davies에게 말했듯이, 이 책은 "역사의 우연인지, 동유럽과 소련을 분명히 삽시간에 변혁한(그렇게 보입니다) 힘에 대해 글을 아는 사람이면 누구나 절박하게 관심을 쏟을 법한 바로 그 순간에 나오는 모양새입니다. 이런 이유로 책은 이례적으로 잘 홍보되고 판매될 것입니다."[16] 실제로 민족 건설은 1990년대 초에 시대의 풍조였다. 그러나 19세기 초 이탈리아 민족주의자 주세페 마치니까지 거슬러 올라가는 주장, 즉 모든 민족은 제각기 하나의 국가를 형성해야 한다는 주장은 종족적-언어적 관점에서 보면 당시 실행 불가능한 주장이었고, 그 전에도 줄곧 마찬가지였다. 몇몇 섬나라 소국들을 빼면, 전 세계를 통틀어 언어와 종족의 측면에서 동질적이라고 정당하게 주장할 수 있는 나라는 10여 개에 불과했다. 그렇다 해도 정체성 정치는 동유럽 사람들에게 거칠지만 강력한 호소력을 발휘했다. 수십 년 동안 공산당의 통치 아래 정치적 교육과 경험을 할 수 없었던 그들은 방향을 상실한 세계에서 확실성을 찾고 있었다. 언어가 시민권과 헌법 같은 개념들을 대체하기 시작했다. 이런 전개는 민주주의를 위협하고 폭력을 조장할 공산이 크다고 에릭은 생각했다.[17] 구속받지 않는 민족주의의 위험에 대해 숙고하는 기간이 분명히 필요했고, 에릭은 자신의 책이 그 과정에서 도움이 되기를 희망했다.

물론 에릭이 1991년 미국 인류학회 강연에서 인정했듯이, 대체로 보아 역사가들은 민족주의의 성장을 억제하는 역할을 거의 또는 전혀 하지 않았다. 오히려 항상 민족주의 성장에서 핵심적 역할을 했다. "한 민족을 만드는 것은 과거이고, 한 민족을 다른 민족들에 대해 정당화하는 것도 과거인데, 역사가들은 그 과거를 생산하는 사람들입니다." 문제는 이런 활동에 관여하는 역사가들이 진지한 과거 연구자라기보다 신화 창작자라는 것이었다. 에릭이 보기에 종족이 먼 과거에 깊이 뿌리박고 있다는 관념, 민족주의 역사가들이 상정하는 관념은 만들어진 전통의 또 다른 사례였다. 종족을 꼭 민족주의와 연관지을 필요는 없었지만(일례로 미국에서는 그렇지 않았다), 종족이 고정되어 있지 않고 변화할 수 있음을 깨닫는 것은 중요했다. 이런 가변성에도 불구하고 "민족"은 공산주의가 붕괴했을 때처럼 사회가 실패했을 때 "최후의 보증인"으로서 등장했다. "민족은 좋은 결과를 전혀 낳지 못할 것이고, 영원히 지속되지도 않을 것이다"라고 에릭은 단언했다.[18]

에릭이 민족주의와 정체성 정치에 비판적이었던 것은 스스로 역설한 대로 "좌파의 정치적 기획은 보편주의적"이었기 때문이다.[19] 민족은 인공적 구성물이었다. 이 책은 민족이 인공적 구성물이 아니라는 생각을 지지했던 이전의 모든 주장을 무너뜨렸다. 하나의 특정한 민족 집단이나 언어 집단이 지배하는 모든 국가에서 소수민족을 탄압한 사례들 역시, 특히 소수집단의 입장에서 보면 민족국가가 시민적·정치적 권리를 보장하는 최선의 방법이 아닐 수도 있음을 입증해 보였다. 이 점은 1919년에 열린 전후 강화회의에서 민족자결 원칙이 승리한 뒤 1920년대와 1930년대에 유럽에서 '민족국가들'이 건설되는 과정에서 특히 분명하게 드러났다.[20] 아일랜드 정치학자 브렌던 올리리Brendan O'Leary가 런던정경대 강사 시절에 에릭이 민족주의에 대해 발언할 때마다 평소의 학문적 기준에서 벗어난다고 생각한 것은 별로 놀랄 일이 아니었다. "홉스봄 교수는 자신이 민족주의를 혐오한다는 것을 분명히 했다." 이 입장에 맞서 올리리는 스탈린과 히틀러의 제국과 같은 세계제국의 민주적 대안이 될 수 있는 유일한 원칙이 민족자결이라고 주장했다(물론 이것은 그릇된 대안이었다. 가장 성공적인 초국가 기구는 국가 주권을 없앤 기구가 아니라 19세기의 유럽 협조 체제나 20세기의 유럽연합처럼 국가 주권을 공유한 기구였다).

이렇게 볼 때, 민족 관념은 이전의 종족에 반드시 의존하는 것은 아닌 근대의 발명품이었다. 민족은 사회적·정치적 근대화에서 핵심 역할을 수행했다. 유럽 소국들 사이의 민족주의에 관한 미로슬라프 흐로흐

Miroslav Hroch의 연구에 의지하여 에릭은 민족 건설 과정을 폭넓게 살펴보았고, 이 과정이 세 단계를 거친다고 보았다. 바로 문학·역사·민속 운동의 단계, 종족의 정치화 단계, 대중의 지지를 얻는 단계였다. 19세기에 자유주의자들은 민족 건설이 시민권과 의회 통치를 획득하는 가장 빠른 방법이라고 보았고, 특히 권위주의적인 제국이 방해를 하거나 지역의 작은 전제정이 걸림돌이 될 때 그렇다고 생각했다. 하지만 오직 큰 규모의 민족국가들만이 생존할 수 있었는데, 이 견해를 에릭은 존 스튜어트 밀 같은 자유주의자들과, 그리고 실은 마르크스, 엥겔스와 암묵적으로 공유했다.[21]

민족주의가 마르크스주의자들에게 언제나 제기했던 근본적인 문제는, 민족주의를 역사유물론의 관점에서 설명하기 힘들고 어떠한 종류의 일관성 있는 계급 분석으로도 환원하기 어렵다는 것이었다. 오스트리아의 마르크스주의자 오토 바우어Otto Bauer는 두 원리를 조화시키려 했지만 별다른 성과를 거두지 못했다. 미국 정치철학자 마이클 왈저Michael Walzer는 에릭의 《민족과 민족주의》 역시 이런 이론적 문제를 극복하지는 못했다고 주장했다. 이 책은 확장된 이야기를 들려주지도, 어떤 민족주의 운동을 깊게 검토하지도 않았으며, 오히려 책의 "사례들은 법정에 불러 증인석에 세우고 몇 가지 질문을 한 다음 급하게 내보내는 증인과도 같다. 그 사례들은 이를테면 자기 생각을 말하는 것이 허용되지 않는다. 이 책은 논쟁적인 목적을 가진 역사 연구서다. 홉스봄은 우리가 민족주의에 판결을 내리기를 원한다. 민족주의의 강령은 틀렸고 그 신화는 위험하며 그 실체는 추악하다는 판결을." 예를 들어 민족주의가 "**실제**인간 공동체들의 (…) 쇠퇴나 해체로 인해 생긴 감정적 공백을 채우기 위해" 등장했다는 주장을 에릭이 개진하는 이유는 무엇인가? 그는 이런 실제 공동체들이 무엇인지 말하지도 않았고, 그들이 어떻게, 혹은 왜 해체되었다고 생각하는지 설명하지도 않았다. 결국 모든 공동체는 인위적이고 상상된 것이며, 민족 공동체도 마찬가지라고 말하는 것은 비하 발언이 아니었다. 모든 신화를 떨쳐버림으로써 이 책은 민족주의 현상을 이해할 수 없는 현상으로 만들었다.

이탈리아가 통일된 이후에 어느 이탈리아 정치인은 이렇게 말했다. "우리는 이탈리아를 만들었고, 이제 이탈리아인을 만들어야 한다." 왈저는 물었다. 그렇다면 어째서 이탈리아는 토스카나인과 시칠리아인을 비롯한 반도의 주민들, 대부분 이탈리아어를 할 줄도 모르는 사람들을 하나의 민족으로 만들어내는 데에는 성공한 반면에 리비아인과 에티오피아인을 이탈리아인으로 만들어내는 데에는 실패했을까? (이것은 타당한 질문이 아니었는데, 다른 모든 백인 유럽인과 마찬가지로 이탈리아인도 검은 피부의 아프리카인을 인종주의를 통해 인식했음을 무시하는 질문이기 때문이다. 사실 이탈리아인은 자기네 식민지의 주민들을 종속 인종 이외의 존재로 대하는 데 조금도 관심이 없었다.)[22] 이어서 왈저는 책에서 민족주의와 쇼비니즘을 동일시한다며 의문을 제기했지만, 이 역시 잘못 짚은 비판이었다. 에릭은 민족주의의 자유주의적이고 관용적인 측면을 명확하게 인식할 만큼 19세기 유럽사에 정통했다. 결국 그런 측면이야말로 민족주의와 외국인 혐오증을 구별하기 위해 쇼비니즘 개념을 고안해낸 이유였다. 게다가 인도와 인도네시아 같은 유럽 식민지의 해방 그 자체가 무엇보다 민족주의 이데올로기에 기반한 것이었다. 비록 책의 내용이 거의 유럽에 한정되긴 했지만, 에릭은 민족주의가 식민지의 해방에 미친 영향도 분명히 알고 있었다. 《민족과 민족주의》는 왈저를 비롯한 많은 이들이 생각한 것만큼 이 주제를 노골적으로 적대하지 않았다. 다시 한 번 에릭은 현재의 문제를 바라보는 자신의 역사적 시각으로 논쟁을 불러일으킬 수 있음을 보여주었으며, 이 책은 민족주의에 관한 다른 주요 문헌들과 함께

근대 역사의 중심 문제에 비교론적·역사적 방법으로 접근하는 대표적인 문헌으로 자리 잡고 있다.[23]

와일즈 강연의 규칙에 따라 케임브리지대학 출판부에서 출간된《민족과 민족주의》는 에릭에게 큰 수입원은 아니었지만, 한 번도 절판된 적이 없고 거의 나오자마자 프랑스어로 번역되어 갈리마르 출판사에서 나왔다. 갈리마르가 제시한 조건은 "그리 후해 보이지 않고, 이는 다른 프랑스 출판사들의 경우도 마찬가지로 보입니다. 갈리마르 측은 자기네 출판사에서 책이 나온다는 명예가 인색함을 보상한다고 생각하는 것이 틀림없습니다"라고 에릭은 불평했다.[24] 그는 계약 조건을 전혀 개선하지 못했고, 책은 1992년 1월에 프랑스어로 출간되었다. 그렇지만 독립 학술 출판사인 캄푸스 출판사가 제시한 독일어 판권의 조건은 더욱 박했다. 케임브리지대학 출판부의 저작권 담당자 크리스틴 오람Christine Oram 이 "이만큼 저명한 저자의 조건으로는 **극히** 박하고, 다른 언어권에서 받은 조건보다도 훨씬 박합니다"라고 말할 정도였다. 이 조건은 적당히 개선되었고, 책은 1992년 가을에 독일어로 나왔다.[25] 이 무렵 이탈리아어 판도 나와서 언론과 에릭의 대담을 통해 홍보되고 있었다.[26] 책은 스페인(1991), 인도네시아(1992), 크로아티아(1993), 핀란드, 그리스, 한국, 스웨덴(1994), 알바니아와 불가리아(1996), 헝가리, 몰도바, 타이완(1997)에서도 출간되었다. 뒤이어 1998년에 포르투갈어, 1999년에 아랍어, 2000년에 체코어와 중국 간자체, 2001년에 일본어와 네덜란드어, 2006년에 히브리어, 그리고 터키어(연도 불명)로 나왔다.《민족과 민족주의》는 에릭의 가장 영향력 있고 널리 논의된 책들 중 하나였고, 지금도 민족주의를 주제로 가르치고 논쟁하는 모든 곳에서 핵심 텍스트로 쓰이고 있다.

민족주의에 관해 생각하고 집필하던 무렵, 에릭은 순전히 개인적인 차원에서도 민족주의에 직면했다. 1980년대에 에릭 가족이 별장을 임차하고 있던 스노도니아의 웨일스어 사용 지역들을 중심으로 급진적인 웨일스 민족주의가 부상하는 바람에 홉스봄 가족처럼 연중 태반 동안 별장을 비워두던 사람들은 갈수록 웨일스에서 지내기가 어려워졌다. 지역 경제가 계속 쇠락했으므로 별장들을 임대하지 않고 방치했다면 십중팔구 폐가처럼 낡아갔을 테지만, 극단적인 민족주의자들은 휴가용 별장 때문에 청년층이 합리적인 가격의 주거지를 찾지 못해 지역 공동체가 파괴되고 있다고 주장했다. 그중 가장 극단적인 사람들은 지난 15세기 초에 웨일스인이 잉글랜드인에 대항해 일으킨 마지막 봉기의 지도자 이름을 따서 메이비온 글린두르Meibion Glyndŵr라는 비밀 집단을 조직해 연중 대부분 웨일스에 없는 잉글랜드 사람들이 소유하거나 임차한 휴가용 별장을 노리는 방화 운동을 개시했다. 1979년부터 1991년까지 12년 동안 대부분 북웨일스 해안의 앵글시와 스노도니아에 있던 무려 228채의 휴가용 별장이 공격받았다. 일부 지역 경찰관들이 방화 운동의 대의에 동조한다는 소문이 돌았다. 방화 운동이 벌어진 전 기간을 통틀어 체포된 사람은 단 한 명에 불과했다.[27]

에릭과 마를린은 이런 상황을 걱정했다. 별장 주인 리처드 윌리엄스- 엘리스도 당연히 이런 사태를 우려하며 신중한 태도를 보였고, 자신의 부동산을 가급적 웨일스어 사용자들에게 임대하기 시작했다. 에릭 부부는 더 안전한 곳을 찾아 크로서 계곡을 떠나라는 압박을 받았다. 1991년에 그들은 15년 만에 파르크 팜하우스의 임차 계약을 끝냈고, 에릭의 다음번 책의 선인세를 보태 다른 별장 홀리부시Hollybush를 매입했다. 별장은 훨씬 더 남쪽인 와이 계곡에서 어우드에 위치한 촌락 퀜두르에 있었고, 근처에는 매년 도서 축제를 열어 도처의 작가들을 불러모으는 헤이가 있었다. 부동산 중개회사 나이트 프랭크 러틀리의 중개인 조너선 러브그로브-필든이 에릭에게 보낸 편지에서 인정했듯이 "당신의 관점에서 보기에 그곳은 얼마간 덜 민족주의적이고, 따라서 별장으로 좀 더 안전합니다!"[28] 새 별장은 완만한 구릉지에 있어서 크니흐트산의 가파르고 극적인 경사지보다 걸어가는 데 덜 힘들었고, 시설을 잘 갖추고 있어서 파르크 팜하우스보다 단연 편안하고 외풍이 훨씬 덜하고 중앙난방을 할 수 있었다. 이때부터 에릭과 마를린은 새 별장에 때때로 머물렀을 뿐 아니라 근처 헤이온와이에서 매년 열리는 도서 축제에도 꼬박꼬박 갔다. 시간이 지나면서 에릭은 축제의 고정 참가자가 되었고, 부부가 손님들을 선별해 여는 저녁 파티도 정기 행사가 되었다. 축제의 책임자 피터 플로렌스는 2012년에 다음과 같이 술회했다.

헤이 축제에서 에릭의 행사는 언제나 짜릿했다. 특히 크리스토퍼 히친스, 사이먼 샤마와 전투적인 대화를 할 때면 기지와 재치가 불타올랐다. 에릭이 니얼 퍼거슨과 빈 회의의 유산에 대해 벌인 눈을 뗄 수 없는 논쟁은 역사학계의 피셔 대 스파스키 시합*이라 할 만했다. 에릭은 세고비아에서 스페인어를, 만토바에서 이탈리아어를 완벽하게 구사했고, 포르투갈어 역시 매우 높은 수준이었다. 헤이와 에릭의 오랜 관계는 그가 가족과 함께 길 저편의 어우드에 뿌리를 내리려다가 시작되었는데, 에릭은 우리가 라틴아메리카와 우호적인 관계를 시작할 수 있게 해주었고, 오늘날 콜롬비아와 멕시코에서 열리고 있고 2년 후에 칠

* 피셔와 스파스키는 1972년에 세계 체스 챔피언 자리를 놓고 겨루었다.

레와 페루로 넓혀갈 준비를 마친 헤이 축제에도 간접적으로 도움을 주었다.[29]

결국 플로렌스는 에릭을 축제 의장으로 임명했다. 대체로 명예직인 이 지위에는 에릭의 긴밀하고 오랜 헌신뿐 아니라 역사학계는 물론 출판계에서도 저명한 특별한 위치까지 인정하는 의미가 담겨 있었다.

에릭은 매년 7월 마지막 토요일에 열리는 퀜두르 축제에 깊은 관심을 보였고 "천막 안에서 농부들과 함께 앉아서 맥주를 마시는" 모습이 자주 목격되었다.[30] 1997년, 에릭은 자신의 여든 번째 생일을 퀜두르에서 축하했다(다양한 장소에서 여러 차례 열린 생일 축하 행사 중 하나였다). 이웃 리처드 래스본은 다음과 같이 회상했다.

농사꾼으로 거친 손을 가진 윈스턴이라는 사람이 있었는데—윈스턴과 에릭은 예상 밖의 조합이었죠—그들은 버트 경과 버트 여사, 제인 버트가 살았던 집에서 함께 생일을 맞았고, 발코니에 있는 연단을 함께 썼어요. 에릭은 장수와 장기 지속, 인생 등에 대해 긴 연설을 했고, 윈스턴은 비교적 짧은 연설을 했어요. 하지만 매우 친밀해 보였고 두 사람은 정말이지 가까운 친구였어요.[31]

버크벡에서는 로이 포스터와 나 자신을 포함하는 역사학과의 전직과 현직 구성원들이 하루 일정의 학술대회를 열어 에릭이 오랫동안 매우 폭넓게 조명한 주제들에 관한 논문을 발표했다. 일찍이 1992년 에릭은 버크벡 역사학과에 연락해 갈수록 늘어나는 편지와 우편물, 복사물 등을 처리하는 데 도움이 될 사무실과 관련 설비를 사용하게 해달라고 요청했다. 버크벡의 학장이자 노동당 1대 귀족인 테사 블랙스톤Tessa

Blackstone 여남작은 (내게 말한 대로) "그가 역사학과의 더 젊은 구성원들과 이야기를 한다"는 조건으로 요청을 들어주었다. 학장은 합의문에 이 단서 조항을 집어넣을 필요가 없었다. 1998년 버크벡에 조교수로 합류한 젊은 경제사가 프랭크 트렌트만의 회고에 따르면

세계 도처에서 온 영예로운 초대장, 서신, 책, 발췌 인쇄물 등이 담긴 우편가방이 얼마나 크든 간에, 그의 문은 언제나 열려 있었다. (⋯) 에릭은 역사를 진지하게 생각하는 사람이라면 후배 동료든 학생이든 개의치 않았다. 역사는 사명이지 직업이 아니었으며, 그는 자신의 명성이 역사를 방해하지 않도록 했다. (⋯) 학생들이 에릭에게 와서 이야기를 해달라고 청하면, 그는 은퇴 후에도 오랫동안 그렇게 했다. 논쟁은, 역사 그 자체와 마찬가지로, 결코 멈추지 않았기 때문이다. 에릭과 이야기하며 걸을 때면 역사의 정신에 이끌려 쌩쌩 전진하는 것만 같았다. 그가 스카프를 바람에 흩날리며, 때로는 바람에 날려보내며 인파보다 빠르게 걸어갈 때처럼.[32]

2002년, 버크벡에 대한 에릭의 오랜 헌신은 총장에 임명되는 것으로 인정받았다. 명예직인 총장의 의무 중 하나는 매년 졸업식에서 학위를 수여하는 것이었다.

에릭의 80세 생일을 기념해 이탈리아에서는 9월 말 어느 저녁에 "사람들이 가득 들어찬 제노바 카를로 펠리체 극장"에서 조르조 나폴리타노를 비롯한 사람들과의 단상 토론회를 열었다. 토론은 세계화와 이탈리아 북부의 분리주의 운동 같은 쟁점들에 초점을 맞추었다. 에릭은 세계화를 피할 수는 없지만 신자유주의의 후원을 받으며 진행할 필요는 없다고 단언했고, 북이탈리아의 분리주의 운동은 이를테면 스코틀랜드

의 민족주의 운동과 달리 역사적 근거가 없다고 생각했다.[33] 영국 언론도 기고문으로 에릭의 80세를 기념했다. 《가디언》에 기고한 키스 토머스는 에릭을 가리켜 "아마도 영국의 가장 유명한 생존 역사가일 것이고, 확실히 대부분의 언어로 저술이 번역된 역사가다"라고 말했다. 에릭은 분명 "문서고를 파고드는 연구자"는 아니었지만 "우리 시대의 가장 강력한 지성 중 한 명"으로서 "역사 저술에 영속적인 흔적을 남기는 새로운 개념들을 고안하거나 전파하는 진귀한 능력"을 지니고 있었다. 그는 "본인이 너무도 인상 깊게 해부한 부르주아 문화의 최상의 본보기"였다.[34] 근대 러시아사 전문가이자 조만간 버크벡의 교수로 취임할 젊은 역사가 올랜도 파이지스Orlando Figes는 더 보수적인 입장에서 같은 의견을 보였다. 에릭은 "아마도 세계에서 가장 유명한 생존 역사가"로 "수백만 명"의 독자를 두었으며 마르크스 본인까지도 감명을 받을 만한 "박식함"과 "탁월하고 예리한 분석"을 보여주었다. 파이지스는 에릭의 일부 견해는 "받아들이기 어렵다"고 생각했다. 예를 들어 1917년 10월에 볼셰비키에게 다른 대안이 없었다고 주장하거나 그로부터 몇 달 후에 그들이 자행한 테러가 역사적으로 불가피했다고 변호한 것은 "명백히 틀린" 견해였다. 그래도 파이지스는 에릭의 놀라운 연구 범위에 감명받았고, 당시 대학들의 인문학부에서 영향력이 최고조에 달했던 포스트모더니즘적 상대주의를 거부한 에릭의 입장을 수긍했다.[35]

에릭이 여든 살이 되기 한 달쯤 전에 토니 블레어가 이끄는 신노동당이 총선에서 압승을 거두었다. 도널드 서순은 선거 직후 내싱턴 로드에서 열린 저녁 파티에 니나 피시먼(에릭의 옛 박사 과정 학생)과 그녀의 이탈리아인 남편과 함께 참석했다. "그리고 우리는 토니 블레어의 당선에 축배를 들었어요"라고 서순은 회상했다. "그런데 에릭은 축배를 거부했어요. (…) 나 아니면 니나가 말했죠. '이제 토리 정부 시절이 끝났는데 왜 그러세요?' '아, **그대들은** 잔을 들어요.' (…) 우리는 모두 기본적으로 토리 정부의 오랜 집권이 마침내 끝났다고 안도했어요. 하지만 그는 속지 않았습니다."[36] 그럼에도 분명히 블레어는 신노동당의 지적 토대를 놓는 역할을 한 에릭에게 빚을 졌다고 생각했다. 지금이야말로 영국에서 국제적으로 가장 유명하고 영향력이 있으며 널리 읽히는 역사가로서의 성취에 합당한 일종의 공식 인정, 보수당 정권에서는 가망이 없었던 인정을 받을 적기였다. 1993년부터 1997년까지 영국 학술원 원장을 지낸 키스 토머스는 에릭에게 기사 작위를 수여하자고 추천한 여러 고위 원로 중 한 명이었다. 그렇지만 에릭이 기사 작위를 수락하지 않을 수도 있다고 생각한 토니 블레어 총리는 그 대안으로 명예훈작도 제안했다. 이것은 영연방에서 예술, 과학, 정치, 산업, 종교 등에 탁월한 기여를 한 개인 50명(나중에 65명으로 확대)의 업적을 기리기 위해 1917년에 신설한 훈장이다. 에릭은 명예훈작을 수락하면서 어머니가 원했을 것이기 때문이라고 말했다. 하지만 에릭은 좌파 노동조합원이자 스페인 내전에서 국제여단의 전사였던 잭 존스가 명예훈작을 수락한 사실에 깊은 인상을 받기도 했다. "나는 기사 작위를 받을 수는 없어요"라고 에릭은 그 당시 나에게 말했다. "그걸 받았다가는 오랜 동지들을 대할 낯이 없을 겁니다. 명예훈작은 비협조적인 무리를 위한 것이죠. 잭 존스를 포함하는 훈장이라면 내게 충분하지 않을까요?" 버킹엄궁에서 열린 공식 수여식에서 명예훈작 훈장을 목에 걸어주는 여왕을 위해 마련된 발판에 에릭이 무릎을 꿇었을 때 천장의 석고 조각 하나가 바닥으로 떨어졌는데, 많은 이들이 이 사실이 상징하는 바를 지적했다.[37]

에릭이 명예훈작 수훈자가 되자 예상대로 정치적 우파 쪽에서 항의하며 아우성을 쳤다. 《데일리 텔레그래프》에 간략한 의회 기사를 쓰다가 얼마 전 퇴직한 앤드루 김슨은 폴 존슨의 아들 대니얼이 편집하는 보수적인 잡지 《스탠드포인트》에 기고한 글에서 에릭이 공산주의자가 아니라 파시스트였다면 그렇게 우호적으로 대접받지 못했을 것이라며 "불명예훈작"을 운운했다(덧붙일 필요도 없는 말이지만, 공산주의와 달리 파시즘은 반지성주의를 특징으로 하는 정치적 신조이며 역사 지식 및 이해에 전혀 기여한 바가 없다).[38] 에릭이 가장 경멸한 정치적 부류, 즉 헌신적인 공산주의에서 메스껍고 반동적인 보수주의로 전향한 부류에 속하는 앨프리드 셔먼도 에릭을 거리낌 없이 비판했다(스페인 내전에서 국제여단에 속해 싸웠던 셔먼은 마거릿 대처의 고문이 되어 그 공로로 기사 작위를 받았다). 1983년에 셔먼은 인종주의적이고 전반적으로 괴팍한 언행 때문에 우파의 주요 싱크탱크인 정책연구센터에서 해임되었고, 1990년대에 발칸 전쟁에서 세르비아의 대의를 옹호하는 대표적 인물이 되었다.[39] 셔먼은 에릭의 수훈이 "놀라움과 분노를 자아냈다. (…) 홉스봄이 제시하는 것이라곤 왕년의 구호뿐이다"라고 고함을 질렀다.[40] 당연히 좌파 쪽에서는 에릭이 기득권층에 팔려간다고 비난했다. 제임스 D. 영은 훈작 수훈이 "유럽중심주의적인 백인 스탈린주의"와 다를 바 없으며 에릭이 근본적으로 기존 질서의 세력에 들러붙고 "어수선한" 반란이나 봉기라면 그게 무엇이든 거부한다는 것을 입증하는 또 하나의 증거라고 비난했다. 에릭의 저술에 장문의 전면 공격을 가한 영은 에릭의 국적을 언급할 때마다 따옴표를 붙여 '영국인'이라고 쓰는 등 극좌파의 전통적인 반유대주의를 활용하는 행태까지도 서슴지 않았다.[41]

3

에릭은 이미 1980년대 말부터 20세기를 다루는 역사책의 집필을 구상하기 시작했다. 20세기는 "세계의 기록된 역사에서 가장 혁명적인 시대"로 드러났지만, 에릭 본인처럼 그 시대를 살아간 사람들은 아직까지 "무슨 일이 일어나고 있는지를 완전히 이해하는 데에도, 심지어ー정치인들마저ー충분히 인식하는 데에도 명백히 실패"하고 있었다. 20세기를 역사적으로, 그리고 진정으로 세계적인 시각에서 이해하는 것은 중요한 일이었다. 그리고 누구든 20세기 역사를 쓰는 사람은 물질생활의 생산양식부터 다룰 필요가 있었다("다른 방식으로 시도하려면 해보고 어떤 결과가 나오는지 보라").[42] 에릭의 저작권 대리인 브루스 헌터는 기존에 서술한 1789~1914년의 역사를 확장해 "단기 20세기"를 다루는 것이 논리적이라는 데 동의했다.[43] 조지 바이덴펠트는 일찍이 이 제안에 대해 듣고서 1987년에 에릭에게 이렇게 말했다.

> 당신이 대가다운 시야로 지난 100여 년을 다루면서 '우리 시대'를 정치적 측면만이 아니라 문화적·사회적 측면에서도 평가하게 될 이 중요한 저작의 집필을 아주 진지하게 고려해주시면 좋겠습니다. 지금은 책의 내용을 정하거나 기술할 때가 아니지만, 나는 그 책이 전 세계에서 엄청난 성공을 거두리라 확신하며, 우리가 내용의 분량과 범위에 동의한다면 해외 판권에 10만 파운드의 선인세를 제시하는 것으로 나의 확신을 뒷받침하려 합니다.[44]

그 이후 몇 달에 걸쳐 에릭은 새 책의 개요를 준비해 1988년 4월 28일에 대리인에게 보냈다.[45]

그렇지만 브루스 헌터는 바이덴펠트 출판사를 고수하지 않고 에릭의 동의를 얻어 해당 저서의 판권 경매를 여러 출판사에 제안하기로 결정했다. 분명히 책이 대성공을 거둘 가능성이 있었기 때문이다. 헌터는 그들에게 지금 경쟁 중이라고 말했습니다. (…) 해미시 해밀턴 출판사는 노먼 스톤Norman Stone에게 20세기 역사를 의뢰했기 때문에 경쟁에 참여하지 않을 것입니다. 스톤의 책은 분명히 당신의 책과 다를 테지만, 그들은 같은 목록에 있는 두 권을 동시에 제대로 다룰 수는 없다고 생각하고, 내 생각에도 그게 맞습니다. 바이덴펠트와 경쟁하려는 출판사들은 다음과 같습니다. 케이프, 사이먼 & 슈스터, 콜린스, 시드윅 & 잭슨, 하이네만, 마이클 조지프, 센추리 허친슨. 나는 이 모든 출판사에 개요와 평가 의견을 보냈습니다.[46]

이 움직임에 바이덴펠트는 경악했다. 헌터가 에릭에게 전했듯이 바이덴펠트의 역사 편집자 "줄리엣 가디너는 우리가 시장을 시험한다는 데 꽤 화가 난 것으로 보이고, 우리가 그들보다 더 좋은 조건을 제시할 출판사를 찾지 못할 것이라고 말했습니다."[47] 조지 바이덴펠트는 브루스 헌터에게 "경매에 참여하지 않고 포기할 것"이라고 말했다.[48] 또 전화로 헌터에게 화를 내며 "이건 큰 실수입니다. 역사가들은 현재에 대해 쓸 권리가 없습니다. 그는 역사가입니다. 자신이 아는 것에 집중해야 합니다"라고 말했다.[49]

그렇지만 바이덴펠트는 에릭과 아주 오랫동안 유익한 관계를 맺어왔기에 배신감을 느끼긴 했지만, 아직까지 승산이 있었다. 헌터는 이상적인 편집자라고 생각하는 스튜어트 프로피트Stuart Proffitt에게 연락했지만, 프로피트는 당시 루퍼트 머독이 소유한 하퍼콜린스 출판사에서 일하고 있었고 "에릭이 루퍼트 머독의 출판사에서 책을 낸다는 생각은 그야말로 불가능했다." 센추리 허친슨은 12만 5천 파운드로 제안 금액을 올렸으나 케이프, 콜린스, 하이네만의 상한은 10만 파운드였다.[50] 그렇지만 다른 선인세 제안과 마찬가지로 허친슨의 제안도 해외 판권을 달라는 내용이었는데, 이 무렵 에릭은 여러 나라의 출판사들로부터 번역 판권으로 상당한 수입을 기대할 수 있는 주요 저자였다. 이 점을 고려할 때 최상의 제안은, 나머지 해외 판권은 데이비드 하이엄 사가 따로 계약하도록 남겨두고 국내 판권만 6만 5천 파운드에 달라고 한 마이클 조지프와 그 보급판 임프린트인 스피어 측의 제안이었다. 그러자 헌터는 영국과 영연방의 판권만 경매에 부친다고 다시 제안했다.[51] 마이클 조지프는 제안 금액을 9만 파운드로 올렸다. 조지 바이덴펠트는 보급판의 인세를 전액 지불할 수 있는 페이퍼백 계열사가 없었으므로 이 액수를 감당할 수 없었다. 게다가 어차피 자신의 이전 제안을 영국과 영연방에 국한하기를 거부했다.[52]

결국 에릭은 1988년 12월에 마이클 조지프와의 계약을 제안받았다. 헌터는 그것이 금액 면에서 협상 테이블에 오른 최상의 제안이라고 판단했을 뿐 아니라 마이클 조지프 사에서 에릭의 책을 담당하게 될 편집자 수전 와트Susan Watt를 존중하기도 했다. 수전은 "지적인 언론인" 데이비드 와트와 결혼했을 뿐 아니라 "적어도 에릭과 그의 저술이 왜 중요한지를 제대로 파악할 만한" 사람이었다.[53] 신중하게도 출판사는 에릭의 나이를 고려해 계약서에 '사망 조항'을 집어넣어 에릭이 집필을 끝마치지 못할 경우에 대비하자고 고집했다. 에릭은 "마를린이 갑자기 수천 파운드를 돌려주어야 하는 상황에 처해서는 안 됩니다. 그게 신경이 쓰이네요. 내가 중단할 경우 나 대신 쓸 수 있는 저자를 생각해보는 편이 좋겠습니다"라며 걱정했다. 그는 1988년 12월 5일 계약서에 서명했다. 다른 한편 그는 자신의 친구 앙드레 쉬프랭이 운영하는 미국 출판사 판테온에서 미국판을 내야 한다고 고집했고, 당연히 판테온은 그렇게 했다.[54]

자기 시대의 역사를 쓰는 일은 어렵기로 유명하다. "역사에서 기본은 바로 거리를 두는 것입니다"라고 에릭은 1994년 11월 1일 BBC 라디오3 과의 대담에서 말했다. 그럼에도 자신이 살아온 시대에 대해 쓴다면 "거리가 너무 가깝게" 되고 "자신의 행동과 당대의 의견을 구별하기가 아주 어려워집니다. (…) 자신의 시대에 대해 쓰는 것은 곧 자신이 감정적으로 열중한 무언가에 대해 쓰는 것입니다."[55] 1993년, 런던대학의 주요 역사 강연인 크레이턴 강연—빅토리아 시대 런던의 주교인 동시에 뛰어난 역사가였던 맨델 크레이턴Mandell Creighton이 죽은 뒤 그의 아내가 대학에 기부한 돈을 바탕으로 시작되었다—에서 에릭은 현대사 집필에 관한 생각을 개진했다. 런던대학의 세넛하우스에서 가장 큰 강연장인 베버리지홀을 가득 메운 청중에게 '역사로서의 현재: 자기 시대의 역사 쓰기'라는 주제로 강연하면서 에릭은 자신이 언론 기고문에서는 아니지만 직업적 저술에서는 일부러 20세기와 거리를 두었다고 말했다. 그리고 자신의 전반적인 세계관을 형성한 시절의 시각에서, 즉 1920년대의 빈과 1930년대의 베를린과 케임브리지라는 특정한 시각에서 20세기에 접근한다고 했다. 1940년에 라디오를 통해 영국 국민의 저항 의지를 표명하는 처칠의 목소리를 일반 병사로서 들었을 때 처칠이 옳았으며, "그 순간에는 겸허한 위엄이 깃들어 있었다"고 생각했다. 자기 시대의 역사를 대할 때는 개인적인 경험과 기억이 역사적 판단에 영향을 줄 수밖에 없다.[56]

통상 사례비 300파운드의 대가로 런던대학은 크레이턴 강연의 저작권과 강연을 출판할 독점권을 보유했다.[57] 에릭은 이 조건을 달가워하지 않았다. 에릭은 1993년 11월 13일 런던대학의 총장에게 보낸 편지에서 자신이 저작권을 보유하겠다고 주장하면서 이렇게 덧붙였다. "이 주장을 대학 측에서 받아들일 수 없다면, 나는 당연히 사례비를 돌려드릴 것입니다. 이 경우에 내가 런던대학의 은퇴한 교수가 아니라 직업 저술가 겸 강연자로서 편지를 쓰고 있더라도 부디 양해해주십시오. 나는 둘 다이지만, 근래에 내 수입원은 하나뿐입니다."[58] 사실 1907년에 크레이턴 강연을 시작한 이래 누군가 저작권 문제를 제기한 것은 이번이 처음이었다.[59] 런던대학은 답장에서 에릭에게 그가 적절하다고 생각하는 대로 강연 내용을 재발표할 권리가 있고 그것을 방해하지 않을 것이라고 보장했다.[60]

19세기 3부작과 마찬가지로 에릭은 새 책에서도 단호히 주제별 분석적 접근법을 채택했다. 에릭은 하퍼콜린스 출판사가 1997년에 출간할 예정인 마틴 길버트 경의 《20세기의 역사History of the Twentieth Century》와 같은 연대순 구성을 거부했다. 에릭은 이렇게 결론지었다. "'사실들'은 그것이 무엇이든 간에 충분하지 않고, 촘촘하게 연대순으로 배열되어 있을 때 가장 그렇다. 사실들은 개관과 설명을 절실히 필요로 한다."[61] 에릭은 자신의 20세기 역사를 어떻게 구조화할지 고려할 때 처음에는 "일종의 2폭 제단화처럼" 1945년경을 중심으로 20세기를 이등분해 파국적인 전반부와 평화롭게 번영하는 후반부로 구성하려 했다. 그러나 1980년대 말에 2년간 집필한 뒤 1989년 공산주의의 붕괴에 영향을 받아 1973년 이후의 사태를 더 음울하게 바라보게 되면서 마음을 고쳐먹었다.[62] 그리하여 20세기를 세 부분으로 나누었다. 1914년부터 1945년까지 '파국의 시대', 1945년부터 1973년까지 '황금시대', 그리고 산유국들에 의해 국제 석유 가격이 급등해 경기가 급격히 하강한 데 이어 "세계가 방향을 잃어버린" 1973년부터 1991년까지의 '산사태'로 구성되었다.

책을 다시 쓰는 작업에서 도움을 얻기 위해 에릭은 리즈 그란데Lise Grande를 고용했다. 팔레스타인해방기구의 지부 중 한 곳에서 일한 뒤 1992년 신사회연구소에서 석사과정을 시작한 학생이었다. 그란데는 에릭의 마지막 조수로서 무보수임에도 열심히 일했다. 훗날 그녀는 이렇게 회상했다.

그는 내게 두 가지를 요구하곤 했어요. 나를 출장 보내며 자기 책에 필요한 통계와 문서고 자료를 확인하라고 했고, 또 "1920년에 인도의 무슬림 운동에 무슨 일이 있었는지 알아봐요"라는 식으로 말하곤 했어요. (…) 그런 다음 "그리고 일주일 후에 봤으면 해요"라고 말하곤 했죠. 그러면 나는 전혀 익숙하지 않은 분야에서 자료를 뽑아내곤 했어요.[63]

그런데가 일을 시작할 때 에릭은 아무런 질문도 하지 말라고 당부했고("이제, 성가시게 하지 마세요"), 에릭과 3년 동안 일하면서 그런데는 실제로 아무런 질문도 하지 않았다. 에릭이 원한 것은 연구원이었지 공저자가 아니었다. 그런데에게 에릭과 일하는 것은 여러 면에서 도전이었다. 이 시기는 인터넷과 월드와이드웹이 정보 검색을 혁신하기 전이었다. 사실과 수치는 책과 논문에서 얻어야 했거니와, 대개 불분명하고 찾기가 어려웠다.

이외에도 그런데가 보기에 에릭은 20세기를 새롭게 사유하느라 매우 힘들어하고 있었다.

우리는 작고 아담한 사무실을 같이 썼어요. (…) 기다란 책상 하나, 기다란 탁자 겸 책상 하나가 있었고, 나는 벽에 붙은 이쪽 끝에 앉았고 그는 여기에 앉아서 타이핑을 했어요. 그는 마음에 들지 않을 때면 종이를 빼내 뭉치곤 했어요. (…) 뭉친 종이를 쓰레기통에 던지다가 당연히 나를 맞히곤 했죠! 그래서 내가 쳐다보면 고개를 뒤로 젖힌 채

〔손가락으로〕 책상을 두드리곤 했어요. (…) 정말이지 그는 이런 유형의 괴짜 같고 짜증을 잘 내는 사람이었어요.

에릭을 만나본 거의 모든 사람과 마찬가지로, 그란데도 그의 교우 관계가 다양하고 넓다는 데 놀랐다. 한번은 에릭이 폴란드로부터 얼마나 많은 사람들이 이주했는지에 관한 통계를 찾아오라며 그란데를 출장 보내면서 "당연히 어떻게 해야 하는지 알려주지 않았다." 그래서 그녀는 뉴욕 공공도서관의 슬라브, 발트, 동유럽 자료실로 갔다.

나는 문서고 담당자를 찾았고, 우리는 몇 시간 동안 문서들을 샅샅이 뒤진 끝에 원하던 자료를 얻었어요. 그랬더니 에릭이 매우 초조해하며 "이제 자료를 찾았으니 빨리 가져오세요"라고 말했죠. 그래서 사무실에 아마 밤 9시경에 도착했는데, 거기에 누군가 매우 흥미롭게 생긴 사람이 있었어요. 내가 문서를 가져가자 에릭은 "아, 고마워요"라고 했고, 그 매우 흥미롭게 생긴 사람이 "커피 한잔하고 가세요"라고 해서 에릭을 쳐다보니까 분명히 원하지 않는 눈치라서 "아뇨, 아뇨, 아뇨, 괜찮습니다, 안녕히 계세요"라고 했죠. 다음 날 에릭에게 "그분 누구예요?"라고 물었어요. 바로 가브리엘 가르시아 마르케스였죠.[64]

3년 후에 에릭은 그란데에게 천 달러짜리 수표를 주었고 책의 감사의 말에서 "비범한 그란데 양"의 공로를 거창하게 치하했다. "누군가 내게 에릭이 나를 그 정도로 생각한다고 말했더라도, 나는 몰랐을 거예요." 그렇지만 리즈 그란데는 학계에서 경력을 쌓지 않고 팔레스타인으로 가서 일해달라는 유엔의 제안을 받아들였다. 그란데는 이것이 괜찮은 결정일지 에릭에게 물었다. "그러자 그는 '글쎄요, 당신은 역사가로 **아주**

잘되지는 못할 겁니다. (…) 괜찮기는 하지만 정말 뛰어나지는 못할 테니 그 일을 잡았으면 합니다'라고 하더군요." 그녀는 유엔을 위해 콩고, 앙골라, 남수단과 그밖의 분쟁 지역들에서 일하면서 점점 더 높은 직책을 맡았고, 이라크를 위한 유엔 원조사절단의 특별대표 대리로 근무했다. 그란데는 세계 각지에서 에릭에게 장문의 편지를 보내고 런던에 있을 때면 내싱턴 로드의 집을 방문하는 등 에릭과의 관계를 유지했다.

20세기 역사서 집필에 보탬이 되도록 에릭은 신사회연구소에서 강좌를 하나 맡았다. 리즈 그란데는 그 강좌를 수강했다.

당시 그는 분명히 두 가지 커다란 문제를 다시 생각하고 있었고, 어떤 면에서는 자기 강의를 활용해 그런 문제를 탐구하려 했어요. 그렇게 그가 완전히 몰두한 문제 중 하나는 어떻게 해서 20세기가 그토록 야만적인 방식으로 끝났는가, 왜 고문이 다시 등장하는가, 왜 대량 파괴가 일어나는가, 왜 살인과 대량 학살이 용인되는가 하는 것이었죠. (…) 그런 다음 그는 기존의 실제 사회주의가 붕괴한 방식을 되짚어봤어요. (…) 그 강좌는 정말 그런 내용에 매달렸어요—물론 그는 모든 것에 대해 이야기했지만, 그가 실제로 몰두한 것은 그런 내용이었죠. (…) 그는 어긋나버린 모든 사태에 도덕적으로 실망했고 어떤 면에서는 분개했어요. (…) 그건 중립적인 강좌가 아니었고—뭐, 그는 결코 중립적이지 않았죠—중립적으로 진행되지 않았고, 신랄하고 끊임없이 분노하고 실망감이 감도는 방식으로 진행되었어요. 내 기억에 그는 자신이 가르치는 내용에 무척 화를 내고 있었어요. (…) 그가 학생들에게 역설한 또 다른 점은 알다시피 여러분이 어떤 편을 선택해야 하고 정직해야 한다는 것이었어요. 그리고 고등교육이라는 특권의 수혜자로서 여러분이 올바른 편을 선택해야 한다고도 했어요. 이렇게 그는 무척이나 전사 같기도 했어요. 괴짜에 전사 같고 단호한 사람이었죠.

그란데는 과거에 고문을 폐지했던 나라들에서 통치의 수단으로 고문이 재등장한 일에 에릭이 얼마나 격분하는지를 느꼈다. "그는 **모욕감**을 느꼈어요. 모든 국가가 나쁘게 행동하고, 이건 예상된 일이고, 우리는 언제나 서로에게 그렇게 한다는 식의 심드렁한 감정이 결코 아니었죠."

그란데는 에릭과 함께 작업하고 그의 세미나와 강의에 참석한 것이 나중에 자신의 경력에 도움이 되었다고 생각했다. 에릭은 "이데올로기가 어떻게 작동하고 그 모든 것이 무엇을 의미하는지" 이해하는 법을 알려주었다. "나는 에릭의 학생이 아니었다면 그 모든 일을 결코 해내지 못했을 거예요." 에릭에게 배우지 않았다면 그란데는 분쟁 지역에 원조 호송대를 보내려다가 직면한 내전과 폭력적 충돌에 대처할 수 없었을 것이다.

알다시피 이 세계는 겉으로 보기에는 완전히 혼돈 상태이지만, 실은 그렇지 않습니다. 이 세계는 이해할 수 있는 곳이에요. 그리고 그것이 에릭의 학생으로서 얻은 놀라운 자신감 (…) 세계를 살펴볼 수 있고 알 수 있다는 자신감이었어요. 세계를 이해하려면 체계와 사유와 시각을 체계적으로 적용할 필요가 있었어요. 그리고 그는 바로 그 방법을 학생인 우리에게 전수했죠. 그건 엄청난 선물이었어요. (…) 이제 나이든 사람으로서 이해하건대 당시에는 굳건한 정신력과 활력이 있었고, 그는 자신의 기획 전체가 무너져내린 아주 늙은 사람이었는데도 대단한 정신력과 활력을 지니고 있었어요. 그리고 에릭의 마지막 학생들 중 한 명으로서 그와 함께 작업하는 상황에는 커다란 비애도 있었습니다. 그가 패했고 그의 편이 이기지 못했기 때문이죠.

그렇지만 에릭은 크레이턴 강연에서 통속적이고 무지하지만 너무도 흔한 주장, 즉 역사는 승자의 기록이라는 주장을 단 하나의 구절로 깨버렸다. "패배자들이 최고의 역사가들을 만들어냅니다."[65]

1993년 막바지에 에릭은 최종 원고를 완성했다. 브루스 헌터는 그것이 "정말 매우 좋다"고 생각했지만 제목은 그만큼 확신하지 못했다. 그는 '격변의 시대' 아니면 '분열의 시대'를 제안했다. 그리고 여하튼 '단기 20세기 1914~1991'이라는 부제가 들어가야 한다고 보았다.[66] 그러나 제목은 '극단의 시대Age of Extremes'로 바뀌었다(19세기 3부작과 맞추기 위해 나중에 재판을 찍을 때 제목에 정관사 the를 집어넣었다). 출판사는 1994년 초에 원고를 교열자에게 보냈다. 크리스마스 책 시장에 맞추어 10월로 정한 출간 기한을 우려해 에릭은 마이클 조지프 측에서 책에 추가로 인력을 투입할 것을 요청했는데, 특히 그가 보기에 출판사가 고른 삽화가 부적절한 데다 손볼 필요까지 있었기 때문이다.[67] 책은 일정대로 제때 나왔다.

《극단의 시대》는 에릭의 다른 어떤 책보다도 서평을 많이 받았을 것이다. 서평들을 요약한 에릭의 메모는 작은 글씨로 8쪽에 달한다.[68] 에릭의 옛 제자 닐 애셔슨은 많은 이들을 대변하여 책의 놀랄 만큼 폭넓은 지식을 칭송했다. 일찍이 60년 전 학부생 시절에 박식함으로 다른 학생들의 혀를 내두르게 했던 에릭은 《인디펜던트 온 선데이》에 기고한 애셔슨으로부터 그런 경외감 어린 평가를 이끌어냈다.

오늘날 영어로 글을 쓰는 역사가치고 사실과 사료를 압도적으로 장악하는 홉스봄에 필적할 만한 사람은 없다. 핵심어는 '장악력'이다. 세부 자료를 저장하고 다시 꺼내는 홉스봄의 능력은 보통 많은 직원을 둔 큰 규모의 문서고에서나 다다를 수 있는 경지에 이르렀다. 적절하게도 알렉산드리아에서 태어난 그는 무엇보다 19세기와 관련해서는 걸어다니는 알렉산드리아 도서관이다. 그러면서도 학자연하는 티를 전혀 내지 않는다. 오히려 정반대다. 해가 갈수록 자신의 자료를 놀랍고 대개 매혹적으로 일반화하는 에릭 홉스봄의 재능은 성장하기만 했다. 그는 역사가이지 소설가가 아니지만, 좌우로 폭이 좁은 그의 머리 내부의 엔진은 롤스로이스급 상상력이다.[69]

이 무렵 에릭의 명성은 역사 분야를 훌쩍 넘어 독서 대중 전체에게 알려져 있었으며, 그런 이유로 《극단의 시대》는 여러 저명한 공적 지식인들로부터 서평을 받았다. 그중 가장 주목할 만한 인물은 1978년에 출간된 저작 《오리엔탈리즘》으로 탈식민 연구를 개척했고 당시 뉴욕 컬럼비아대학에서 가르치던 팔레스타인 사람 에드워드 사이드였을 것이다. 사이드는 《극단의 시대》를 특히 문학 작품으로 여겼다. 그렇지만 예상할 수 있었듯이 그는 책의 접근법이 지나치게 유럽중심적이며 나머지 세계의 정치적 전개를 유럽에서 일어나는 사태의 모방으로 본다고 생각했다. 비유럽 사상가들은 경시되거나 무시되었다고 그는 비판했다. 이렇게 시야가 좁은 탓에 《극단의 시대》는 그 시대를 경험한 사람들—억압받거나 위기에 처한 공동체들, 인종적 또는 사회적 차별을 당한 사람들, 책에서 전혀 언급하지 않는 이슬람 운동처럼 특히 종교에서 영감을 얻어 저항을 시작한 사람들—이 표명했던 "내부로부터의 견해"와 더불어 "특정한 시대 근저의 동력 내지 추진력"을 전달하지 못하는 것으로 보였다. 또 책은 문화를 상대적으로 자율적인 영역이 아니라 그저 정치와 경제의 산물로 간주하는 등 환원주의적으로 다루었다. 모더니즘에 대한 에릭의 견해는 "캐리커처"에 지나지 않았다. 그렇지만 이런 결점들에도 불구하고 종합적으로 볼 때 책은 걸작이라고 사이드는 평가했다.[70]

사이드의 긴 분석이 시사하듯이, 이 책은 특히 좌파 저술가들과 사상가들에 의해 세세하게 검토되었다. 《뉴레프트 리뷰》에 기고한 40쪽이 넘는 글에서 스웨덴의 마르크스주의 사회학자 예란 테르보른Göran Therborn은 책의 경이로운 범위에 찬사를 보내면서도, 민주주의를 지키는 힘으로서의 민족주의(예컨대 전간기의 스페인과 전시의 노르웨이를 비롯한 나라들에서의 민족주의)에 대한 과소 평가, 사회 변화에 대한 과장된 분석("이 위대한 역사가의 반짝이는 서사 산문이 낙제점을 받는 영역"), 그리고 역시 완고한 유럽중심주의를 비판했다. 비교정치사회학자 마이클 만Michael Mann의 기고문은 더 비판적이었다. 만은 책을 대단히 인상적이라고 보면서도("이것에 비하면 다른 20세기 통사들은 단조롭거나 단편적이거나 이데올로기적으로 보인다") 책의 큰 그림과 에릭 본인의 삶의 경험을 더 긴밀하게 엮었다면 더 유익했을 것이라고 생각했다. 또한 책은 민주적 사회주의에 지면을 너무 적게 할애했고, 파시즘을 젠더화된 현상으로, 투박하게 말하자면 불만에 찬 남성성이 폭발한 현상으로 적절하게 다루지 못했다. 소비에트 러시아와 관련해 만은 에릭이 볼셰비키 혁명과 그 직후의 여파를 지나치게 장밋빛으로 본다고 생각했다. 다른 비판자들과 마찬가지로 만은 에릭의 음울한 미래 예측에 적잖이 당황했다. "그와 20세기는 늙어가고 있으며 그는 그것을 좋아하지 않는다." 마지막으로 만은 책의 시기 구분이 도움이 되지도 않고 설득력도 없다고 생각했다. "홉스봄은 역사가가 유독 좋아하는 시대 은유에 사로잡힌 듯하다."[71]

영국 노동당 좌파의 잡지 《트리뷴》에 쓴 글에서 케빈 데이비도 2차 세계대전 이후의 시와 회화, 음악, "고급 예술과 문학의 고전적 장르들의 쇠퇴"에 혀를 차는 책의 "문화적 보수주의"를 비판했다. "당대의 예술이 그 후에 일어난 사회적 붕괴를 예상했다는 그의 어설프고 다소 관습적인 정식화에 약간의 진실"이 담겨 있기는 하지만, 그것은 결코 전체 이야기를 말한 것이 아니었다.[72] 이와 비슷하게 스코틀랜드의 좌파 작가이자 편집자인 앵거스 칼더는 "록 음악과 텔레비전, 1945년 이후의 회화와 문학을 무시하는 홉스봄의 견해" 이면에서 "사실주의 소설과 교향곡이 문명의 근간이었던 시절을 그리워하는 억누를 수 없는 향수"를 감지했다. 그리고 "한때 재즈에 관해 그토록 잘 썼던 사람이 문학으로 진지하게 받아들일 수 있는 탐정소설 작가는 심농뿐이라고 단언하다니 실망스럽다—레이먼드 챈들러는 어떤가? 체스터 하임스는 어떤가?"라고 물었다. 다른 사람들과 마찬가지로 칼더도 에릭의 서술에서 빈틈을 쉽사리 지적할 수 있었다—이 경우에는 누구나 뛰어나다고 생각할 만한 "마푸모Mapfumo*의 음악과 세로테Serote**의 시"였다.[73]

《타임스 리터러리 서플리먼트》에 쓴 글에서 로스 매키빈은 특히 에릭의 초기 공산주의자 시절과 현재 사이의 이데올로기적 거리를 지적했다. "이 책에는 마르크스주의적 목적론이 없다. 적어도 변증법적 목적론은 없다." 그렇다 해도 책을 하나의 '전체사'로 묶어내는 것은 근본적으로 마르크스주의적인 접근법, 즉 모든 것이 서로 연결되어 있고 결국에는 "자본주의와 그 무시무시한 동력"의 역사로 귀결된다는 접근법이었다. "전체 구조를 필연적으로 결정하지는 않았을지라도 그 뼈대를 세운 것은 사회의 물질적 기반이었다." 정치 스펙트럼에서 더 왼쪽에 있는 페리 앤더슨은 "《극단의 시대》는 홉스봄의 걸작"이라는 데 동의했다. 이전의 19세기 3부작과 이번 책의 두드러진 차이점은 "부르주아지가 시야에

---

* 음악뿐만 아니라 짐바브웨의 무가베 대통령에 대한 날카로운 비판으로 유명한 짐바브웨 음악가.
** 아프리카국민회의(ANC)에 가담하여 아파르트헤이트 정책에 반대한 남아프리카공화국의 시인이자 작가.

서 완전히 사라졌다는 것으로, 체스나 마약, 축구와 달리 부르주아지는 색인에 들어가 있지도 않다"라고 앤더슨은 지적했다. 그러면서 "부르주아지는 1914년 8월에 역사적으로 사라졌는가?"라고 수사적으로 질문했다. 이런 생각을 남겨둔 채 앤더슨은 책의 시기 구분 문제로 넘어갔다. 그가 보기에 '극단의 시대'는 본질적으로 경제적 관점에서 세 시기로 나누었는데, 첫 번째 시기는 불충분한 수요, 두 번째 시기는 효과적으로 관리된 수요, 세 번째 시기는 과도한 수요를 특징으로 했다. 이런 세 시기 구분에 근본적인 이의를 제기하지 않으면서도, 앤더슨은 이것이 세계의 특정한 지역들에만 적용되고 예컨대 중국에는 적용되지 않는다고 지적했다. 손쉽게 주장할 수 있듯이 중국에서 '황금시대'는 실은 내전으로 시작해 파멸적인 대약진운동을 거쳐 '문화혁명'의 참사로 이어진 인위적인 기근과 경제 재앙의 시대였고, 1970년대 초 이후 수십 년은 불경기의 시대가 아니라 유례없는 경제 성장의 시대였다. 1950년대부터 1970년대까지 한국, 베트남, 중동, 인도네시아, 아프리카에서는 전쟁과 국내 갈등으로 대략 3500만 명이 목숨을 잃었다. 에릭의 세 번째 시기인 "산사태 동안 전 세계의 살상률은 급감"하여 대략 500만 명이 사망했다. 에릭의 "빈, 베를린, 런던 (⋯) 에서의 시각"은 아쉽게도 동아시아를 경시하는 결과로 이어졌다.[74]

앤더슨이 보기에 에릭은 이렇게 근본적으로 유럽에 치우친 시각을 반영하며 미국의 20세기 역사를 경시하기까지 했다. 게다가 서구 사회 전체를 횡단면으로 살펴보지도 않았고, 특히 서구 부르주아지에 대해 전혀 서술하지 않았다. "색인에 소련 항목이 미국 항목보다 두 배 많지만, 사실 이보다 더 부각되는 것은 관심의 차이다"라고 앤더슨은 비판했다. 소련은 세 차례에 걸쳐 충분히 분석하면서도 미국은 한 번도 분석하지 않았기 때문이다. 이런 이유로 에릭의 20세기 서술에서는 "패자가 중심을 차지하고 그에 따라 승자가 상대적으로 주변화되는 측면이 더욱 두드러진다." 부르주아지, 특히 미국 부르주아지를 생략함으로써 "《극단의 시대》는 현대 사회를 목이 잘린 초상화처럼 묘사한다." 더구나 세계사의 최근 시기를 부정적으로 보는 에릭은 민주주의가 세계 전역으로 확산된 명백히 긍정적인 전개, 1973년부터 2000년까지 지구상 민주국가의 수가 두 배로 늘어난 전개를 무시했다. 이 과정은 에릭이 책을 쓰던 시기에 특히 라틴아메리카에서 확실하게 진행되고 있었으므로, 적어도 에릭은 이에 대해 잠시나마 숙고하는 시간을 가졌어야 했다. 에릭은 양차 대전 사이에 민주주의가 붕괴하고 전체주의의 여러 형태가 부상한 과정을 탁월하게 서술했지만, 전후에 민주주의가 재건되고 확산된 과정은 앞의 과정과 비슷하게 다루지 않았다.[75]

정치 스펙트럼에서 중도우파에 가까운 미국 언론인 크리스토퍼 콜드웰은 이 책을 A. J. P. 테일러와 E. P. 톰슨을 비롯한 역사가들의 전통 안에 자리매김하고 에릭을 가리켜 "가르치기 위해서만이 아니라 논쟁하기 위해서도 글을 쓰는 위대한 영국 역사가들 중 한 명"이라고 했다. "이 전통의 방식은 계몽하기보다 활력을 불어넣고, 참을성 있는 관심뿐 아니라 기민한 참여까지 요구한다—그리고 홉스봄의 20세기 역사서는 그 위엄 있는 전통에서 나올 만한 마지막 주요 저작 중 하나다."[76] 에릭의 오랜 친구 유진 제노비스는 미국 잡지 《뉴리퍼블릭》에 쓴 장문의 서평에서 에릭을 "우리 세기의 몇 안 되는 진정으로 위대한 역사가들 중 한 명"으로 칭송했다. 갈수록 보수화된 제노비스의 정치적 입장은 "오늘날 개인 해방의 대유행"에 대한 에릭의 공격에 갈채를 보낸 것에 반영되었다. 제노비스가 보기에 에릭의 책은 좌파의 표식을 잇달아 파괴했으며, 그런 표식 중에는 "급진적 페미니즘 이론의 비합리성과 그 연장선상에서 오늘날 급진적 사회이론으로 통하는 허튼소리 태반의 비합리성"이 포함되었다. 역설적이게도 제노비스는 이런 측면들을 부각시킴으로써 《극단의 시대》를 오히려 보수적인 책으로 보이도록 했다.[77]

아마도 가장 비판적인 서평자는 20세기 프랑스 사회주의 전문가인 토니 주트였을 것이다. "에릭 홉스봄의 20세기 역사는 문명이 쇠퇴하는 이야기, 19세기의 물질적·문화적 잠재력을 완전하게 꽃피우기도 했지만 그 희망을 저버리기도 한 세계의 역사다. (…) 홉스봄의 서술의 태반에는 종말이 임박했다는 예레미야 같은 분위기가 서려 있다."[78] 주트는 에릭이 책의 여러 대목에서 지난날 사태를 잘못 판단했다고 인정하는 모습에 경의를 표했다. 그러나 중요한 쟁점들과 관련해 에릭은 1930년대 이래로 생각을 바꾸지 않은 것으로 보였다. 에릭은 스페인 내전기의 공화정 수호를 순수하고 진실한 대의로 묘사하면서 그 대의를 손상시킨 공산주의자들의 해로운 역할을 무시했다. 그리고 1917년 러시아의 10월 혁명이 대규모 민중 봉기였다고 역설하면서 그것이 소규모의 결연한 집단이 주도한 쿠데타였음을 입증하는 모든 연구를 무시했다. 또한 파시즘이 특히 전시에 보여준 혁명적 특징, 더 나아가 혁명적 영향을 간과했다. 책은 전후 동유럽에 "실존한 사회주의"에 전체 600쪽 중에서 겨우 6쪽을 할애했고, 1950년대의 여론조작용 재판에는 단 한 문단만 할애했다. 헝가리, 폴란드, 루마니아, 체코슬로바키아 같은 국가들을 경시한 탓에 에릭은 스탈린이 1940년대 후반과 1950년대 초반에 이들 국가에서 권력을 잡은 무자비하고 무시무시한 과정을 사실상 무시했다. 마지막으로 주트는 에릭이 1930년대 스탈린의 공포정치를 경시했다고 비판했다. 전반적으로 에릭은 "그를 19세기 역사의 필수적인 안내자로 만들어준 가차 없이 캐묻는 시선을 20세기 역사에서는 상실했다."

니얼 퍼거슨은 좌파는 20세기 역사를 개관하는 이 탁월한 저서를 가진 반면에 우파―퍼거슨은 우파에 충성한다고 확실하게 선언했다―는 그에 상응하는 저작을 갖지 못했다며 유감을 표했다("**우리의** 20세기 역사는 어디에 있는가? **우리의** 홉스봄은 어디에 있는가?").[79] 덜 너그러운 영국 우파 역사가이자 전기작가인 앤드루 로버츠는 책이 너무 편향되어서 "일반 독자에게는 쓸모가 없다"고 보았고 "극단주의자"가 쓴 "허튼소리"에 불과하다고 생각했다. 그리고 《데일리 텔레그래프》의 독자들조차 이런 식의 소란스러운 논변은 너무 조잡하다고 여길 것 같다고 말했다.[80] 대처 세대의 또 다른 젊은 네오콘 대니얼 존슨은 로버츠와 비슷하게 확고한 어조로 《극단의 시대》가 "일면적"이고 "터무니없는 궤변"에 기반한다고 비판했다. 존슨은 처칠의 공식 전기작가인 마틴 길버트가 이데올로기를 덜어낸 관점에서 20세기 역사를 서술하기를 희망했는데, 결국 길버트의 저작은 에릭이 서평에서 지적했듯이 역사라기보다 연대기가 되고 말았다.[81] 캐나다의 포스트모더니스트 보수주의자 모드리스 엑스타인스는 다음과 같이 불평했다.

> 홉스봄의 가장 신랄한 평가는 우리 세기의 대량 학살자인 히틀러나 스탈린이나 마오나 폴 포트의 몫이 아니라 존 F. 케네디("가장 과대평가된"), 헨리 키신저("잔인하리만치 가식적인"), 리처드 닉슨("가장 불쾌한"), 그리고 미국 전체의 몫이다. 놀랄 것도 없이 미국은 냉전과 그에 따른 세계 여러 지역의 정치적 불안정, 환경 악화, 유례없는 저속함과 관련해 비난을 받는다. 우리의 세기에 악의 제국이 있었다면 그것은 현대 자본주의의 본산인 미국이었다고 홉스봄은 말하는 듯하다.[82]

브루스 헌터는 전문 저작권 대리인의 관점에서 이런 적대적인 반응들이 꼭 달갑지 않은 것만은 아니라고 보았다. 책을 둘러싼 공개 논쟁은 언제나 판매량을 대폭 늘려주었기 때문이다.[83]

상술한 비판에 대응해 에릭은 자신의 책이 "우리 시대의 여러 입장을 정당화하려는 것이 아니라 **다시 생각하려는** 시도"라고 주장했다. "이 책이 주로, 또는 어떤 유의미한 방식으로 공산주의적 입장을 옹호한다고 보는 것은 기이하고 거의 터무니없는 오해이며, 친소비에트적 입장을 옹호한다고 보는 것은 더더욱 터무니없는 오해다." 이런 노선을 따르는 혹평들은 의도적인 텍스트 오독에 기반하고 있었다. 에릭은 스탈린의 소련이 서구를 구했다는 자신의 주장을 변호하면서 연합국의 동맹은 일시적일 뿐이었다고 지적했다. 이는 대다수 독자들이 받아들인 입장이었다. 아우슈비츠를 충분히 다루지 않았다는 지적과 관련해 에릭은 자신이 그런 참상을 충분히 상상할 수 있다고 생각하지 않기 때문에 그 정도로 다룬 것이라고 역설했다. 그가 "히틀러가 저지른 참상보다 스탈린과 마오가 저지른 끔찍한 일"에 지면을 더 할애한 것이 아이러니로 보일지도 모르지만, 그것은 "유대인 역사가가 나치의 집단학살을 어떻게 느끼는가 하는 점은 의심할 여지가 없는 반면에, 마르크스주의 역사가는 그가 따르는 대의의 이름으로 자행된 참상에 반대한다는 뜻을 기록으로 명확히 남기지 않을 경우 오해를 받을 수도 있기" 때문이었다. "그럼에도, 특히 평범한 독일인들이 집단학살에 관여했음을 보여주는 최근 연구를 고려하면, 스탈린을 비난한 것만큼 히틀러도 비난하는 편이 더 나았을 것"이라고 에릭은 인정했다.[84]

서평자들의 평가가 얼마나 엇갈렸든 간에 책은 곧장 상업적 성공을 거두었으며, 에릭도 출간 전에 라디오와 텔레비전에 출연해 홍보에 힘을 보탰다.[85] 독자들은 이 책이 곤혹스럽고 혼란한 시대를 이해하게 해줄 것으로 보았다. 책에서 발췌한 부분이 《인디펜던트 온 선데이》에 연재되었고, 북클럽 판권이 1만 파운드에 팔렸다. 신기술의 출현에 항상 민첩하게 반응한 에릭은 브루스 헌터에게 "인터넷(국제 컴퓨터 네트워크)

에 책을 광고하고 발췌문을 발표할 수 있을지" 문의했다―에릭은 인터넷과 이메일 사용법을 막 배우기 시작한 터였다.[86] "영국에서의 출간 전 기념행사는 기대 이상입니다"라고 에릭은 브루스 헌터에게 1994년 10월 12일에 말했다.[87] 마이클 조지프 사가 주최한 출판 기념회 손님 명단에는 다양한 정치적 신념을 가진 역사가와 지식인, 언론인, 방송인, 원로 좌파 인사 등이 포함되었다.[88] 출간일인 1994년 10월 27일에서 며칠 지나지 않아 《극단의 시대》는 《선데이 타임스》의 베스트셀러 6위에 올랐다.[89] 출판업계 잡지 《북셀러Bookseller》의 1994년 11월 28일자 공식 베스트셀러 목록에서 이 책은 14위를 기록했다.[90] 책은 비소설 부문에서 실버펜 Silver PEN 상을 받았으며, 에릭은 1997년에 자신의 전체 저작에 대한 울프슨 재단 역사상을 받았다. 이 역사상의 일곱 차례 시상식 중에서 저작 전체에 수여한 경우는 이번뿐이었다(심사위원장 키스 토머스는 최종 결정권을 가진 재단 이사장 레너드 울프슨을 설득해 그와 정반대되는 정치적 견해를 가진 에릭에게 시상하자는 동의를 받아내느라 꽤 애를 먹었지만, 결국 설득해냈다).[91]

몇 년 내에 《극단의 시대》는 30여 개 언어로 번역되었다. 에릭은 이탈리아어 번역을 세심히 검토한 뒤 출판사에 긴 수정 목록을 보냈다.[92] 또한 독일어판의 번역도 검토했는데, 독일어판은 영국판을 비롯해 다른 어떤 나라의 판본보다도 더 폭넓고 긴 서평들을 받았고, 독일 라디오 방송에서 10여 차례 이상 토론과 서평의 주제가 되었다.[93] 많은 독일 서평자들은 책의 비관적인 어조에 놀랐는데, 최근에야 재통일되었고 1950년대부터 평화롭고 번창하는 길을 걸어온 이 나라에서는 이상한 어조로 비쳤던 것이다.[94] 다른 무엇보다 서평자들은 에릭의 이전 저작들 대다수보다 이 책에서 마르크스주의적 성격이 상당히 약해졌다고 두루 지적했다. 언론인 프란치스카 아우크슈타인은 이렇게 지적했다. "《극단의 시대》에서 그는 평생 생각해온 범주들을 버렸다. 예컨대 그는 20세기를 묘사하면서 '계급' 범주를 사용하지 않는다. (…) 사회문화적 이론으로 보강된 계급투쟁이라는 관념조차 최근 저서에서는 거의 아무런 역할도 하지 않는다."[95] 독일어판은 출간 첫 달인 1996년 1월에 1만 1천 권이 팔렸고 그 후 몇 달에 걸쳐 수천 권이 더 팔렸다.[96]

하지만 《극단의 시대》가 가장 성공을 거둔 곳은 브라질이었다. 1980년대 말부터 에릭은 브라질과 특히 긴밀한 유대 관계를 맺었다. 그는 브라질의 섭정 도나 이자벨이 노예를 해방한 지 100년이 된 것을 기념하는 1988년의 학술대회에 초대받은 적이 있었다. 브라질에서 에릭의 명성은 특히 1985년에 민주주의를 되찾은 이래로 아주 높아서, 1988년 6월 8일 그가 도착했다는 소식이 일간지 《폴랴 드 상파울루Folha de S. Paulo》의 1면 표제를 장식할 정도였다. 마를린과 동행한 에릭은 리우데자네이루와 상파울루에 가서 19세기 유럽의 인종주의와 노동운동에 대해 강연했다 (《제국의 시대》가 1988년 8월에 브라질에서 출간되었다). 에릭은 자신의 책을 내는 마르쿠스 가스파리앙Marcus Gasparian과 함께 그의 상파울루 자택에서 지냈다. 훗날 마르쿠스가 술회했듯이, 한번은 그가 에릭과 마를린을 차에 태우고 상파울루주의 해변 바하두사이로 가고 있었다. 그 과정에서 한 경찰관이 특별한 이유 없이 그들을 멈춰 세웠는데, 마르쿠스는 하필이면 운전면허증을 깜빡하고 가져오지 않은 터였다. 그렇지만 1면에 에릭의 사진이 큼직하게 실린 《폴랴 드 상파울루》가 차 안에 있었다. 그는 에릭이 누구인지 설명했고, 경찰관은 혼동할 여지가 없는 에릭의 이목구비를 힐긋 보고는 잠자코 그들을 보내주었다. 에릭의 말마따나 역사가라는 이유로 경찰관으로부터 어떤 호의를 받은 것은 이번이 처음이었다.

에릭은 1992년에 다시 브라질을 찾아 사회주의 노동조합의 지도자이자 장차 대통령이 될 룰라 다 실바를 만났다.[97] 두 사람은 곧장 친분을 쌓았고, 룰라는 에릭의 책이 포르투갈어로 번역되어 나올 때마다 전부

사서 읽었다. 또 다른 친구는 페르난두 엔히키 카르도주Fernando Henrique Cardoso였다. 역사사회학자이자 공적 지식인인 카르도주는 1960년대 말에 파리 사회과학고등연구원의 연구원을 지낸 적이 있었다. 그는 어느 인터뷰에서 "나는 에릭과 알랭 투렌이 1968년 5월에 파리의 '바리케이드'를 헤매고 다니던 모습을 기억합니다(유네스코에서 마르크스에 관한 대규모 학술대회를 열었고 우리 모두 참석했어요)"라고 말했다. 1994년에 카르도주는 큰 표차로 브라질 대통령에 당선된 뒤 수도 브라질리아에서 여는 세미나에 참석해달라며 에릭을 초청했다.[98] 1995년 공식 대통령 취임식에도 초청했고, 그 이후 영국 여왕의 내빈으로 영국 버킹엄궁에 갔을 때나 옥스퍼드대학의 셸도니언 극장에서 명예학위를 받을 때에도 에릭을 초대했다. 카르도주는 에릭이 자신의 사고에 중요한 영향을 주었다고 말했고, 몇 년 후에 후임 대통령 실바도 에릭의 영향을 공개적으로 인정했다.[99]

《극단의 시대》의 브라질판을 출간한 출판사는 1995년 "이곳에서 그의 책을 크게 성공시키기 위해" 에릭과 마를린의 동반 브라질 여행 계획을 짰다.[100] 대통령의 공개 추천을 받은 책은 확실히 대성공을 거두었다. 1995년에 《극단의 시대》는 비소설 부문만이 아니라 전체 부문을 통틀어 베스트셀러 목록에서 수위를 차지했다. 브라질에서 책의 총 판매량은 26만 5천 부에 달했다. 《극단의 시대》 이전에도 브라질에서 에릭의 저작 전체의 판매량은 약 60만 부로 추산되었다. 이 책이 이례적인 성공을 거둔 덕에 에릭은 브라질을 방문할 때마다 유명인사 대접을 받았다.[101] 몇 년 후에 브라질을 방문한 피터 플로렌스는 이렇게 회상했다.

나는 거대한 블룸즈버리 출판사의 리즈 칼더Liz Calder가 준비하는 FLIP 축제를 돕기 위해 아마존 우림 해안의 도시 파라티까지 갔다. 나는 지역 서점에 들어가 관광객의 더듬거리는 포르투갈어로 브라질에서 가장 잘 팔리는 영미권 저자가 누구냐고 물었다. 서점 주인은 환하게 웃으며 "엔리케 홉스봄"이라고 말했다. 어리둥절한 나는 "그럴 리가요" 하고 말했다. 내가 단어를 잘못 사용한 것이 틀림없다고 생각했다. "죄송하지만 내 말은 브라질에서 누구의 책이 제일 많이 팔리느냐는 겁니다." 같은 미소에 같은 대답이었다. 어안이 벙벙했지만 기뻤다. (…) 브라질 독자들은 에릭에게 열광하고 있었다. 그래서 나는 시내의 인터넷이 되는 카페에서 에릭에게 이메일을 보내 내가 어디에 있는지 설명하고 그가 올 수 있을지 물었다. (…) 대통령은 문화부 장관 지우베르투 지우를 보내 도시에 도착한 에릭을 환영하고 브라질의 매체 전부를 동원한 채 축제를 개시했다. 그곳에는 음악과 연설, 이념이 있었다. 그리고 일이 되게끔 하고 삶을 바꾸는 일종의 슈퍼스타가 있었다.[102]

전반적으로 보아 《극단의 시대》는 에릭의 가장 성공한 책이었고, 다른 어떤 책보다도 세계적 차원에서 그의 명성을 높여주었다. 이 책은 확실히 다른 어떤 저서보다도 더 많은 언어로 번역되었다. 대체로 이미 에릭의 이름에 익숙한 서유럽에서 번역본들이 먼저 나왔다. 그러나 프랑스어로는 나오지 않았는데, 이 사실은 머지않아 프랑스뿐 아니라 다른 나라들에서도 중요한 공개 논쟁을 촉발했다.

4

그 논쟁은 어떻게 보면 프랑스가 아니라 미국에서 시작되었다. 1989년, 에릭은 프랑스 혁명 200주년을 맞아 뉴저지 러트거스대학에서 세 차

례 강연을 했다. 이듬해 강연 내용을 책으로 확대해《마르세유의 메아리
Echoes of the Marseillaise》를 출간한 에릭은 프랑스 혁명에 대한 전통적인
마르크스주의 해석을 열렬히 옹호했다. 프랑스 혁명, 그 기억과 결과
는 19세기 유럽의 정치를 지배했을 뿐 아니라 전 세계에 영향을 주었다
고 주장했다.[103] 트로츠키의 볼셰비키 혁명사가 보여주었듯이, 러시아
의 1917년은 프랑스 혁명과 유사한 사건들로 가득했다. 1793~1794년
의 자코뱅 공포정치, 테르미도르의 반동, 나폴레옹의 군사독재 출범 등
을 회피하거나 모방하려는 욕구는 이후의 혁명들에 관여한 사람들의 정
치적 행동에 중대한 영향을 주었다.[104] 조르주 르페브르 세대의 프랑스
역사가들은 파시즘에 맞선 투쟁, 나치의 점령과 비시 정권에 대한 저항,
민주주의를 위한 싸움이 1789년의 혁명을 기념하면서 자양분을 얻었다
고 생각했다.[105]

  본인도 한때 공산당원이었던 프랑수아 퓌레를 비롯한 저술가들은
1980년대와 1990년대에 바로 이 전통에 반발했다. 일찍이 1970년대부
터 일련의 출간물을 통해 퓌레는 프랑스 혁명에 장기적인 사회적·경제
적 기원을 부여하고, 이 혁명을 계급투쟁의 관점에서 보고, 혁명을 추동
한 민중의 봉기를 칭송하는 표준적인 마르크스주의적 또는 신자코뱅적
서술, 즉 이른바 '혁명가의 교리문답'을 거부했다. 1793~1794년의 공
포정치는 혁명의 초기 단계로부터 이탈한 것이 아니라 그것의 논리적
귀결이라고 그는 주장했다. 전반적으로 보아 혁명은 프랑스의 경제와
사회를 수십 년 역행시켰다. 설령 혁명의 장기적인 효과가 있었다 한들
그것은 압도적으로 부정적인 효과였다.《마르세유의 메아리》에서 에릭
은 "프랑스 혁명은 영원한 프랑스가 오랫동안 느리게 행진하던 중에 그
저 발을 헛디딘 격이라는 가정의 부조리"를 호되게 비판했다.[106] 전후에
뒤늦게 이루어진 프랑스의 경제 근대화는 프랑스 혁명 이전의 사회현실

을 파괴하고 새로운 세대의 역사가들을 1789년과 무관하게 만들었다. 르페브르 같은 사람들은 변변찮은 출신이었고 자신들의 뿌리가 18세기와 그 이전까지 거슬러 올라가는 "재건되지 않은, 오래된, 기술시대 이전의 프랑스"에 있음을 잊지 않았다. 그에 반해 수정주의자들은 경제 근대화로 생겨난 새로운 중간계급 상층을 대변했다. 그들이 1789년의 이념을 거부하고 엘리트주의와 신자유주의를 지지하는 것은 놀랄 일이 아니었다.[107]

혁명 200주년은 프랑스에서 마땅히 거창하게 기념되었지만, 공산주의가 쇠퇴하고 몰락한 이상 혁명이 과거에 지녔던 중요성을 이제 지니지 않는 것처럼 보인다는 사실을 감출 수는 없었다. 더구나 에릭이 보기에 퓌레는 1789년만이 아니라 1917년까지도 거부하고 있었다. 이 점에서 에릭은 곧 옳다고 판명되었는데, 1995년에 퓌레가 공산주의에 대한 전면 공격인 《환상의 소멸: 20세기 공산주의 이념Le Passé d'une illusion: essai sur l'idée communiste au XXe siècle》을 출간했기 때문이다(영역본은 1999년에 시카고대학 출판부에서 나왔다). 이 책이 나오자마자 1977년부터 아날학파의 본산인 사회과학고등연구원의 연구주임 교수이며 프랑스에서 역사적 기억 연구를 개척한 피에르 노라Pierre Nora는 책의 중심 테제를 놓고 잡지 《르데바Le Débat》에서 진행하는 논쟁에 참여할 것을 에릭에게 권했다. 노라와 에릭은 수년 전에 파리에서 열린 세미나에 참석하며 알게 된 사이였다.

이 시점에 에릭은 아직 퓌레의 책을 읽지 않은 상태였고, 서면 논쟁에 참여할 것을 제안받은 다른 사람들에게 의문을 품고 있었다. 그중에는 에릭이 극보수주의적인 "파시즘 옹호자"로 간주한 에른스트 놀테와 렌초 데 펠리체도 포함되어 있었다. 에릭은 참여자 명단에 두 명의 "자유주의자"를 추가하자고 제안했다. 그러면서도 에릭은 노라에게 "나는 원

칙적으로 참여하겠습니다en principe, je marche"라고 말했다.[108] 실제로 에릭
은 퓌레에 대한 반박문을 썼다. 그 글은《르데바》제89호에 실렸다. 퓌
레는 공산주의와 파시즘을 등식화하려 시도했지만 단서를 너무 많이 붙
이는 바람에 결국 남는 것이 별로 없다고 에릭은 말했다. 또 반파시즘과
관련해 에릭은 퓌레의 비판이 파시스트 위협의 실존적 성격, 즉 1930년
대와 1940년대 초에 좌파와 자유주의적 중도파로 하여금 서로 동맹을
맺도록 하고 각국 공산당에 수백만 명의 새로운 지지자들을 안겨준 위
협의 성격을 무시하고 있고, 당시 공산당들이 지지를 얻은 것은 파시즘
에 맞서는 단연 헌신적이고 적극적인 반대 세력이었기 때문이라고 지적
했다. 에릭은 "공산주의 운동은 실제로 환상에 기반하고 있었다"라고 인
정하면서도, 이것이 1930년대에 반파시즘 인민전선을 구축한 공산주의
운동이 틀렸음을 입증하는 것은 아니라고 주장했다.[109]

　노라는 갈리마르 출판사에서 차지하는 위치 때문에 보조금을 받지 않
는 프랑스 역사서 출판에서 단연 중요한 인물이었다. 둘 다 노라가 편집
하는 '사회과학 문고'나 '역사 문고' 중 한쪽이《극단의 시대》를 프랑스
어로 펴내기에 안성맞춤인 자리였을 것이다. 이들 문고에는 다른 번역
서가 많이 있었고 몇몇은 매우 두꺼웠기 때문이다. 노라는 이미《민족과
민족주의》의 프랑스어판 출간을 추진한 적이 있었으며, 에릭은 영국에
서 심지어 보수적인 언론까지도《극단의 시대》에 열광적인 반응을 보였
다고 노라에게 알리면서("고백하자면 나는 '이 경탄스러운 책'으로 시작하는
서평들에 익숙해지느라 꽤 애를 먹어야 했습니다") 책이 유럽연합의 모든 언
어로 번역되고 있건만 프랑스 판권은 아직까지 누구든 차지할 수 있다
고 지적했다. 그런 이유로 에릭은 저작권 대리인을 시켜 노라에게 한 부
를 그저 "우정의 선물"로 보냈지만, 분명히 노라가 책의 프랑스어판 출
간을 추진하기를 바라는 마음에서 보낸 것이었다.[110] 노라는 책을 받고서

1995년 5월과 다시 7월에 에릭에게 편지를 보내 "대단히 흥미롭게 감탄하며" 읽고 있다면서 "번역이 작은 일은 아닐 것"이지만 상응하는 프랑스어 역사서가 없으므로 확실히 시장성이 있을 것이라고 말했다.[111] 그러나 확약하지는 않으려 했다. 몇 달이 지나도록 공식 제안이 오지 않자 에릭은 인내심을 잃기 시작했다. 그는 프랑스 공산당 측의 지원 제안을 거부했다("내 생각에 지금 《극단의 시대》를 프랑스어로 출간하는 데 결코 도움이 되지 않는 일은 공산당과 공식 제휴하는 것입니다"). 그러나 1996년 1월경에도 에릭은 "노라가 여전히 내 속을 뒤집고 있습니다"라고 불평했다. "그는 일전에 전화를 걸어와 마를린과 그 모든 일이 얼마나 어려운지/어려울 수 있는지에 대해 길게 이야기했습니다. 책이 나오면 비판자들에게 사정없이 물어뜯길 것이라는 둥 자기들이 결코 제작비를 회수하지 못할 것이라는 둥…. 이제 그에게 과연 책을 공식적으로 거절할 배짱이 있을지 봅시다. 나는 그가 그렇게 한다면/그렇게 할 때 실제로 양심의 가책을 느낄지 의문입니다."[112]

노라는 실제로 책을 거절했다. 1996년 1월 24일에 설명하기를, 번역해서 출간할 만한 높은 수준의 책이긴 하지만 이 목표를 가로막는 두 가지 심각한 장애물이 있었다. 하나는 책의 가격을 판매하기 어려운 수준까지 높일 만한 번역 비용이었다. 다른 하나는 이데올로기적인 문제였다. "당신은 다름 아닌 **좌파**로부터 안 좋은 서평을 받을 위험이 있는데, 시대의 기조―공산주의자들에 관한 한!―가 당신의 책에서 보이지 않기 때문입니다." 노라가 우려한 것은 역사가들의 비판이 아니라 정치적으로 에릭과 가까운 사람들의 비판이었다. 노라는 《르데바》의 지면에서 퓌레와 책에 대해 토론할 수는 있을 것이라고 했다.[113] 그렇지만 에릭은 이 발상을 거부했다. "이런 국면에서 나의 책이 그저 퓌레에 반대하는 책으로 여겨지는 것을 (…) 나는 기필코 피하고 싶습니다. 어쨌든 나의 책은 공산주의 옹호와는 거리가 멉니다."[114] 그러는 동안 《극단의 시대》의 프랑스어 번역본 출간은 출판사들로부터 연이어 거절당하고 있었다. 알뱅 미셸 출판사는 아날학파의 주요 현대사가인 마르크 페로와 20세기 역사서를 막 계약했다는 이유로 에릭의 책을 거절했다(페로의 책은 끝내 나오지 않았다).[115] 출판사들은 프랑스에서 3700부에 그친 《혁명의 시대》의 낮은 판매량을 거론했다. 비슷한 종류의 다른 사례들도 있었다. 그러나 오직 에릭의 경우에만 출간 거부에 "이데올로기적 분파주의"의 측면이 있었다.[116] 1990년대에 홀로코스트가 공적인 문화적 기억의 중심에 자리 잡았건만, (유대인인) 노라가 엘리제 마리엔스트라스에게 말했듯이 《극단의 시대》는 아우슈비츠를 단 한 번 언급할 뿐이었다. 엘리제는 에릭이 "홀로코스트에 전혀 관심이 없었어요. 그는 굴라크*와 꼭 마찬가지로 홀로코스트도 한쪽으로 치웠어요"라고 말했다. 전 세계를 포괄하는 시야를 가진 에릭에게 유대인은 2천만 명 넘게 살해당한 전쟁에서 한 부류의 희생자일 뿐이라고 엘리제는 덧붙였다.[117]

파야르 출판사도 책을 거부했다. 에릭은 노라의 행동에 짜증낸 것 이상으로 이 출판사의 행동에 짜증을 냈다. "오랫동안 자기네 결정에 관한 그 무엇도 [종이에] 쓰기를 거부하고 심지어 어떤 결정을 내렸다고 인정하는 것마저 거부한 뒤, 이제 우리에게 똑같이 신빙성 없는 두 가지 설명을 내놓았습니다"라고 1999년에 에릭은 썼다. 하나는 "책을 영어로 읽지 않은 것이 거의 확실한" 익명의 편집자가 "책이 좋지 않다"고 판단했다는 것이었고, 다른 하나는 출판사의 국장이 번역 비용이 너무 많이 들 것이고 설령 누군가 이 비용을 부담한다 해도 출간하면 결국 손해를 본다고 단언했다는 것이었다. "국장의 수치를 받아들여 내가 계산해보니

---

* 1930년대부터 1950년대까지 운영된 소련의 강제수용소.

그 출판사가 예상하는 적자는 추가로 400부를 팔면 메워질 액수다"라고 에릭은 지적했다.[118]

에릭의 에이전시인 데이비드 하이엄 사의 직원 아니아 코레스Ania Corless는 파야르의 2인자 올리비에 베투르네Olivier Bétourné와 이 문제를 논의하기 위해 파리를 방문했다. 코레스에 따르면 베투르네는 "당황"하면서도 번역비와 제작비가 너무 많이 들 것이라고 재차 주장했다.[119] 파야르는 에릭의 이전 저서들을 펴낸 출판사였음에도 베투르네와 편집장 드니 마라발Denis Maraval 모두 《극단의 시대》를 받아들이지 않았으며, 이런 상황에 어느 논평자는 파야르와 퓌레의 공모를 암시하기까지 했다.[120] 에릭의 입장에서 울화가 치민 것은 별반 놀랄 일이 아니었다. 에릭은 노라에게 보낸 편지에서 퓌레와 논쟁하자는 제안을 거부하며 다음처럼 퍽 신랄하게 따진 터였다. "독자들이 자기네 언어로 읽을 가능성이 없는 책, 영어, 독일어, 이탈리아어, 스페인어, 포르투갈어, 네덜란드어, 덴마크어, 스웨덴어, 그리스어, 중국어, 일본어, 한국어, 러시아어, 하물며 알바니아어까지 다른 언어로만 읽을 수 있는 책을 《르데바》에서 소개하고 토론한다면 조금 황당하지 않을까요?"[121]

결국 《르데바》에 토론이 실리긴 했지만, 에릭의 책을 주제로 하는 토론은 아니었다. 1996년 3~4월호와 1997년 1~2월호에서 에릭은 《극단의 시대》의 핵심 주장을 요약했고, 퓌레는 나치즘과 스탈린주의는 차이점보다 유사점이 더 많다고 반박했다. 1997년 심포지움에 기고한 글에서 노라는 프랑스 지식인들이 "혁명의 대의"를 지지하는 에릭의 당파성에 당황해 결국 그것을 무시하는 편을 선택하기도 했지만, 《극단의 시대》를 프랑스어로 출간하지 못한 것은 재정적 어려움 때문이라고 주장했다. 이 소동은 프랑스 언론에까지 실렸다. 20개 이상의 외국판으로도 발행되는 좌파 월간지 《르몽드 디플로마티크》는 프랑스 출판계를 특히 직설적으로 비판했다. "반체제적 관점의 신참자들은 영어를 배워야 할 것이다. 그렇지 않으면 아직까지 편집자의 매카시즘에 오염되지 않은 다른 19개 언어 중 하나를 배워야 할 것이다." 에릭도 반어적인 표현으로 프랑스 출판계를 비꼬았다. "그들은 도개교跳開橋를 올리면서 스스로를 공세에 시달리는 문명의 중심으로 상상하고 있다. 내 책을 번역하지 않는 것은 그저 프랑스인들의 독특함을 뚜렷하게 보여줄 뿐이다."[122]

결국 브뤼셀을 기반으로 역사책과 문학책을 전문으로 펴내는 작은 독립출판사 에디시옹스 콤플렉스가 판권 계약을 맺었다.[123] 이 출판사의 임원 앙드레 베르사유는 "파리에서 오는 소문을 듣고서 나는 한순간도 주저하지 않았다"라고 말했다. 그리고 프랑스 사람들이 그 책을 내기를 거부하는 이유를 묻고서 스스로 답변했다.

나는 검열보다는 관습적이고 정치적으로 올바른 파리 출판계 사람들에게 흔한, 시대에 뒤진 불관용을 거론하고 싶다. 사실 그 문제는 오늘날 어떤 사람이 마르크스주의자인 동시에 역사가일 수 있다고 생각하느냐는 것이다. 그 문제에 대해 프랑스의 책임 있는 편집자들은 마르크스주의가 오늘날의 분위기에 더 이상 어울리지 않는다고 답변한다. 더 정확하게 말하면 **그들의** 분위기에 어울리지 않는 것이다! 그렇다 해도 소수의 지적 엘리트들이 프랑스 대중에게 무엇이 좋고 무엇이 좋지 않은지를 결정하는 모습은 다소 충격적이다.[124]

파리를 기반으로 활동하는 이탈리아 역사가 엔초 트라베르소Enzo Traverso가 지적했듯이 "시대의 분위기에 저항하는" 것도 분명히 출판사의 의무였다. 그렇지 않다면 판테온 출판사는 1950년대 초에 매카시즘을 비판하는 책을 결코 내지 못했을 것이고, 에이나우디 출판사는 이탈리아의 파시스트 정권 시절에 침묵을 지켰을 것이며, 독일 망명자들은 1933년부터 1945년까지 단 한 글자도 발표하지 못했을 것이다.[125] 《르몽드》에 기고한 글에서 비평가 필리프-장 카탱치는 실로 《극단의 시대》가 "갈리마르의 편집자이자 월간지 《르데바》의 임원인 피에르 노라가 몸소 구현하고 있는 [프랑스 출판계의] 이데올로기적 장악력에 맞서는 저항의 상징"이 되었다고 선언했다.[126] 게다가 퓌레가 노라의 매부라는 사실도 무관하지 않았다. 언론인 로베르 베르뒤상은 확실히 《극단의 시대》는 공산주의에 대한 어느 정도의 관용을 특징으로 하며 이 측면에서 비판자들이 항상 틀린 것은 아니라고 지적했다. 그렇지만 책은 자본주의와 소비주의를 놀랍도록 적절하게 분석했고, 이것 하나만으로도 읽을 가치가 있었다.[127]

에릭이 세심하게 검토하고 《르몽드 디플로마티크》가 일부분 후원한 프랑스어 번역판은 마침내 1999년 10월에 출간되었다.[128] 10월 말에 파리에서는 에릭이 출연하는 라디오와 텔레비전 프로그램을 공들여 준비했는데, 여기에는 마르크 페로와 알랭 핑켈크로트 같은 프랑스 주요 지식인들과의 공개 토론뿐 아니라 황송하게도 피에르 노라와의 논쟁까지 포함되었다.[129] 10월 29일, 《르몽드 디플로마티크》가 주최한 공식 출간 기념회에서 에릭은 소르본대학 대강당을 가득 메운 청중을 상대로 브루스 헌터에 따르면 "다소 구식이지만 아름답고 완벽하고 쉽게 알아들을 수 있는 프랑스어"로 평소처럼 유창하게 연설하면서 프랑스의 지식인 기득권층을 맹렬하게 쏘아붙였다.[130] 《극단의 시대》는

한 언어를 빼고 유럽연합의 나머지 모든 언어로 출간되었습니다. 그리고 중부유럽과 동유럽의 옛 공산주의 국가들의 언어로도, 그러니까 폴란드어, 체코어, 마자르어, 루마니아어, 슬로베니아어, 세르보크로아

티아어, 알바니아로도 출간되었습니다. 그러나 오늘날까지 프랑스어로는 나오지 않았습니다. 리투아니아(인구 370만), 몰도바(430만), 아이슬란드(27만)의 편집자들과는 대조적으로 프랑스(6천만)의 편집자들은 이 책을 자기네 언어로 번역하는 것이 가능하거나 바람직하지 않다고 생각하는 모양입니다.[131]

그러나 에릭이 지적했듯이 그의 이전 저작은 대부분 프랑스어로 나왔고 몇 종은 페이퍼백으로 나오기까지 했다. 그렇다면 이번 책은 왜 나오지 않았는가? 에릭은 프랑스의 공산주의가 다른 어떤 공산주의보다도 오랫동안 스탈린주의적이었기 때문에 현재 프랑스 내의 반공산주의에 저항할 수 없다는 노라의 주장에 경멸을 퍼부었다. 에릭은 과거를 돌아보며 공산주의의 대의에 충성하는 자신의 태도가 현 시대의 분위기에 잘 들어맞지 않는다는 견해를 거부했다. 이미 부질없이 지적했던 것처럼, 《극단의 시대》는 공산주의를 옹호하는 책이 아니라 20세기 역사서로 구상된 책이었다. 마지막으로 에릭은 자신의 출판사와 번역자뿐 아니라 "90년대에 유행한 여러 정설의 지지를 얻지 못한 저자들의 책을 동포들이 읽을지도 모른다는 사실을 프랑스 지식인 모두가 아니꼽게 여기는 것은 아님을 지난 몇 년간 입증해준 파리의 친구들"에게도 감사를 표했다.[132]

프랑스 국경 밖에서도 논평을 이끌어낸 이 소동[133]은 에릭이 벨기에 출판사와 계약하고서 한 이탈리아 신문에 말했듯이 분명히 돈 때문은 아니었다. "그 책은 파리의 서점들을 가득 채워 (…) 영국이나 독일, 이탈리아의 출판사가 번 것과 얼추 같은 돈을, 그러니까 많은 돈을 벌어들일 겁니다." 그러면서 믿기 어렵다는 듯이 "냉전 시대의 이야기처럼 들리지만 이번 세기의 끝자락에 일어난 일입니다"라고 덧붙였다.[134] 그리

고 공개적으로 오랫동안 소동—어느 신문은 빈정대듯이 '홉스봄 사건'
으로 명명했다[135]—이 이어져 출간되기도 전에 상당한 홍보가 이루어진
셈인 이 책은 프랑스에서 성공할 수밖에 없었다. 특히 《르몽드 디플로
마티크》가 사전 예약을 받자 5천 명이 책이 나오기도 전에 신청했던 터
라 성공은 예정되어 있었다. 책은 곧장 베스트셀러 목록에 진입하고 몇
주 만에 세 차례 중쇄를 찍어 11월 중순까지 4만 부가 팔렸으며, 이에
신이 난 벨기에 출판사는 에릭의 다른 저서 몇 종의 프랑스어 번역을
의뢰했다.[136]

예상대로 많은 비판이 있었으며 대부분 공격적이거나 심지어 경멸적인
어조였다. 어느 서평자는 에릭이 공산당원으로서의 이력을 길게 정당화
한 데 지나지 않는다고 비판하고, 퓌레와 노라에 대한 논박을 1950년대
의 여론조작용 재판을 연상시키는 "문화적 테러리즘" 행위로 묘사했다.[137]
다른 서평자는 모든 공산당은 모스크바의 도구라고 선언한 다음 독자들
에게 "우리의 새롭고 오래된 진보주의자들에게 그들의 궁색한 정당화
에 걸맞은 아이러니한 관용을 베풀라"고 조언했다.[138] 그렇지만 다른 서
평자들은 더 긍정적이었으며, 에릭의 출판사는 몇몇 신문과 잡지를 설
득해 책의 발췌문을 싣는 중요한 일을 해냈다.[139] 하지만 몇 년 후에 앙드
레 베르사유가 콤플렉스 출판사를 떠나 자기 출판사를 차리고 콤플렉스
사가 더 이상 팔지 않는 《극단의 시대》를 가져가려고 하는 바람에 프랑
스어판은 다른 종류의 문제에 직면했다. 아니아 코레스가 2008년 6월에
지적했듯이, 책을 베르사유의 새로운 출판사로 넘기려는 시도에 콤플렉
스 출판사는 초기에 그녀를 "악의적인 계약 위반"으로 고소하겠다는 경
고 외에는 아무런 반응도 보이지 않았다. 에릭은 2000년부터 콤플렉스
출판사로부터 전혀 인세를 받지 못했다. 그럼에도 콤플렉스 사는 에릭
이 책을 새로운 출판사로 넘기는 것을 승인했다는 이유로 이제 에릭 본

인에게 배상을 요구하고 있었다. 아니아 코레스가 콤플렉스에 보내는 편지에 가시 돋친 어조로 "내가 보기엔 저자에게 배상금 지불을 요구할 게 아니라 에디시옹스 콤플렉스가 마땅히 인세를 지불해야 하는 상황인 것 같습니다"라고 썼다. 코레스의 표현대로 이 "어처구니없는 상황"은 결국 베르사유가 너그럽게도 에릭이 그동안 받지 못한 인세를 지불함으로써 해결되었다.[140]

5

영국에서 《극단의 시대》의 출간을 계기로 에릭은 출판사 측에서 준비한 것이 분명한 라디오 방송에 두 차례 출연하게 되었다. 첫 번째는 1942년부터 방송 중인 대중적이고 인기 많은 시리즈물 〈무인도에 가져갈 음반들Desert Island Discs〉로, 저명한 인물이 축음기 한 대와 음반 여덟 장과 함께 무인도에 조난당한다고 상상하는 설정의 프로그램이었다. 출연자는 음반 여덟 장뿐 아니라 책 한 권(조난자가 이미 가지고 있다고 가정하는 성서나 셰익스피어 작품은 제외)과 사치품 한 개도 직접 골라야 했고, 그렇게 고른 음반의 곡을 트는 사이사이에 자신의 삶과 일에 대한 이야기를 나누었다. 에릭이 출연한 프로그램은 1995년 1월 24일에 녹음되고 책의 출간에 맞추어 3월 5일에 방송되었다. 그의 선택은 재즈 음반 석 장과 클래식 다섯 곡이었다. 구체적으로 보면 재즈는 찰리 파커의 〈파커의 기분Parker's Mood〉, 빌리 홀리데이의 〈그는 그런 식으로 웃기지He's Funny That Way〉, 케니 배런 트리오의 음반이었으며, 클래식은 곡의 전투적이고 낙관적인 성격 때문에 고른 바흐의 칸타타 80번 〈내 주는 강한 성城이요〉, 슈베르트의 5중주 C장조 중 1악장, 오펜바흐의 오페레타 〈지옥의 오르페우스〉의 마지막 막의 미뉴에트, 벨리니의 오페라 〈노르마〉의 아리아 '정결한 여신', 말러의 〈대지의 노래〉 중 알토의 목소리가 영원으로 사라지는 마지막 악절이었다.[141] 이렇듯 재즈는 늘 그랬듯이 여전히 중요했지만, 에릭의 음악 생활에서 비교적 적은 부분을 차지했다. 사치품으로는 조류를 관찰하기 위해 쌍안경을 선택했고, 책으로는 여러 해 전에 칠레에서 알게 된 파블로 네루다의 시집을 골랐다.

방송 진행자 수 롤리Sue Lawley는 에릭을 거리감이 느껴지는 '홉스봄 교수'라고 호칭하며 무엇보다 그의 정치적 신념에 초점을 맞추었고, 역사가로서의 저술은 전혀 언급하지 않았다. 롤리는 에릭의 정치적 행적을 끊임없이 집요하게 캐물었고, 그 바람에 프로그램은 대담에서 심문으로 바뀌었다. 공산주의 유토피아를 실현할 기회가 있었다면 수백만 명을 희생시킬 가치가 있었겠느냐고 진행자는 물었다. 그렇다고 에릭은 주저 없이 답변했다. 2차 세계대전에서 히틀러에게 승리하기 위해 수백만 명이 희생할 가치가 분명히 있었던 것과 마찬가지라고 했다. 그러나 에릭은 1930년대에 스탈린이 자행한 잔혹한 숙청의 진짜 규모를 알지 못했고, 설령 숙청에 대한 어떤 보도를 접했더라도 어차피 믿지 않았을 것이다(실제로 당시 월터 듀런티가 우크라이나 기근을 부정한 보도를 받아들였다). 공산주의 유토피아라는 꿈은 실패한 것이 분명했다. 질문은 이어졌다. 영국 공산당이 믿는 것과 과거에 행한 것의 대부분에 찬성하지 않았다면, 어째서 1956년 이후에도 공산당에 남아 있으려 했는가? 보통은 온건한 롤리가 갈수록 적대적으로 쏟아내는 질문에 에릭은 최선을 다해 답변했고, 음반을 소개할 때 파리와 이탈리아에서 보낸 시절을 회상하기도 했지만, 방송 분위기는 냉랭했고 청취자들은 에릭이나 그의 삶에 대해 거의 아무것도 듣지 못했다. 경제사가 맥신 버그는 "이 프로그램이 (…) 당신의 역사 저술에 대해서는 너무나 적게 질문하고 당신의 정치에 대해서는 너무나 많이 질문한 것이 정말 유감입니다"라고 에릭에게 말했다.[142] 결국 청취자들은 대체 무슨 이유로 에릭을 프로그램에 초대한 것인지 의아하게 생각할 수밖에 없었다.

에릭은 캐나다 작가이자 공적 지식인인 마이클 이그나티에프Michael Ignatieff가 몇 달 전에 길게 진행한 텔레비전 대담의 상대이기도 했다. 이 자리에서도 에릭은 공산주의 유토피아가 그것의 이름으로 살해된 수백만 명의 목숨만큼 가치가 있다는 생각을 거의 고백할 뻔했다. 그 대목은 주의해서 읽을 필요가 있는데, 에릭이 말한 것만큼이나 말하지 않은 것 때문이기도 하다.

> 이그나티에프: 1934년에 수백만 명이 소비에트의 실험으로 인해 죽어 갔습니다. 그것을 알았다면, 당시의 당신에게 변화가 생겼을까요? 당신의 헌신이 변했을까요? 공산당원 신분에 변화가 있었을까요?
>
> 에릭: ⋯아마 그렇지 않았을 겁니다.
>
> 이그나티에프: 왜죠?
>
> 에릭: 당신도 상상할 수 있겠지만, 대규모 학살과 대규모 고통이 완전히 보편적인 시기에는, 극심한 고통 속에서 새로운 세계가 태어날 가능성이 아직까지 지지할 가치가 있는 것이었기 때문입니다. (⋯) 희생은 엄청났습니다. 거의 어떤 기준으로 보더라도 희생은 과도했고 지나치게 컸습니다. 하지만 지금 내가 그때를 돌아보면서 이렇게 말하는 것은 소련이 세계 혁명의 시작이 아니었던 것으로 드러났기 때문입니다. 소련이 세계 혁명의 시작이었다면 어땠을지, 나는 잘 모르겠습니다.
>
> 이그나티에프: 그 말은 실제로 찬란한 내일이 실현되었다면 1500만,

2천만의 인명 손실이 정당화될 수도 있다는 건가요?

에릭: 그렇습니다.

물론 에릭이 인정했듯이, 찬란한 내일은 실현되지 않았다. 스탈린의 이름으로 자행된 대량학살에 대한 에릭의 명백한 옹호는 실제로 일어난 일이 아니라 가설에 근거한 것이었다.[143]

에릭은 마이클 이그나티에프의 텔레비전 대담이 "심히 적대적"이라고 생각했다.[144] 이 견해를 공유한 프로그램 프로듀서 데이비드 허먼은 에릭에게 사과 편지를 보내 "애초 대담보다 최종 방송에서 대립이 더 부각되어 유감"이라고 말했다. 《타임스》는 그 프로그램이 매우 거칠었지만 에릭이 잘 벗어났다고 논평했다. 그러나 프로듀서는 당연히 텔레비전을 최대한 활용하기 위해 원래 훨씬 더 길게 진행된 토론에서 가장 극적인 장면들, 달리 말하면 가장 공격적인 장면들을 편집해 내보냈다. 에릭은 허먼에게 "그 프로그램의 의도는 투우가 아니었고, 소가 공격을 견디는 싸움도 아니었습니다. 나는 프로그램이 표면상 주제였던 책은 말할 것도 없고 마이클에게도 나에게도 공정하지 않았다고 생각합니다"라고 말했다. "그럼에도 놀랍도록 많은 사람들이 방송을 보았고 일부는 책을 사러 갔으니, 꽤 효과적인 홍보를 해준 당신에게 감사를 전해야겠습니다. 게다가 자기를 선전하려는 사람은 대가를 치러야 하는 법입니다."[145]

상술한 두 차례 대담에는 냉전 이후에 언론인들 사이에서 갈수록 심해진, 공산주의 대의에 대한 새로운 적대감이 반영되어 있었다. 공산주의 대의가 패배한 만큼 이제는 그것을 비판하기가 아주 쉬웠다. "요즘 나는 '인터뷰 피로'라고 말할 수 있을 정도로 인터뷰에 많이 응하고 있습니다"라고 에릭은 1997년 6월에 불평했다.[146] 그럼에도 에릭은 롤리와 이그나티에프 같은 인터뷰어들에게 한결같이 정중하게 응답하면서 자

신이 한평생 충성해온 공산주의의 원리―실천은 아니었지만―를 옹호
했다. 그는 공산주의 대의에 대한 신념 때문에 그것을 비판하기가 꺼려
진다고 털어놓았다.

　나는 죄책감이 드는 소련에 대해 그 무엇도 쓰거나 말하지 않기를 바라
는 마음에 소련을 직접 다루는 일을 피하려 했다. 소련을 직접 다룬다
면, 공산주의자로서 나의 정치 활동과 동지들의 감정에 영향을 주지 않
기가 어려운 것들에 대해 써야 한다는 것을 알고 있었기 때문이다. 이
것은 내가 20세기 역사가가 아니라 19세기 역사가가 되기로 선택한 이
유이기도 하다. 요컨대 나는 나를 반대편으로 넘어가게 하거나 학자로
서 나의 양심과 갈등을 일으킬 만한 논쟁에는 관여하고 싶지 않았다.[147]

　그러나 에릭은 스탈린이 초래한 고통과 죽음은, 특히 약속했던 유토
피아가 결코 도래하지 않았고 앞으로도 결코 도래하지 않을 것 같은 현
실을 고려하면, "정당화는 고사하고 참작할 수도 없는 수치스러운 일에
불과하다"고 인정했다.

　비록 학살의 엄청난 규모를 알지는 못했지만, 나는 러시아에서 일어
난 끔찍한 일들을 결코 축소하려 하지 않았다. (…) 초기에 우리는 피
와 눈물과 공포의 한가운데서, 혁명과 내전과 기근의 한가운데서 새로
운 세계가 탄생하는 중이라고 알고 있었다―30년대 초반은 아니더라
도 20년대 초반의 볼가 기근은 알고 있었다. 서구가 무너진 탓에 우리
는 이 잔혹하고 실험적인 체제가 서구보다 잘 작동하고 있다는 환상을
품었다. 그 환상 말고는 아무것도 없었다.

그것은 실제로 환상이었지만, 사람들은 1930년대의 어두운 시절을 되돌아볼 필요가 있었다. 그 시절에는 갈수록 공산주의 아니면 파시즘을 선택해야 할 것으로 보였고, 그 상황에서 이성적으로 생각하는 사람이라면 전자를 선호할 수밖에 없었다.

6

《극단의 시대》를 끝마친 뒤 에릭은 신사회연구소의 강의 주제를 20세기 역사에서 다른 주제들로 바꾸었다. 1993년 가을학기에는 조교수 알도 로리아-산티아고Aldo Lauria-Santiago와 함께 '역사서술과 역사적 실천: 혁명: 역사가들의 의미와 방법'이라는 강좌를 맡았다. 이 강좌는 17세기이래 유럽과 라틴아메리카에서 일어난 이런저런 혁명을 역사가들이 어떻게 설명하고 개념화했는지를 탐구하려 했다. 예전에 계약했다가 집필하지 않은 혁명에 관한 책에서 다루었을 만한 주제였다. 수강생들은 지정 도서에 대한 비판적인 서평을 쓰고 또 그것을 확장한 역사서술 에세이도 써야 했다. 에릭은 루이스 틸리와 함께 역사적 인식론과 방법론을 다루는 강좌도 맡았고, 참고도서로 마르크스주의적 분석, 역사사회학, 민족지학, 노동사, 가족사 등의 주제에 관한 E. H. 카, 막스 베버, 페르낭 브로델, 조르주 르페브르 등의 저술을 지정했다. 강의 평가를 제출한 10명의 수강생들은 최고 5점 중에서 일반적인 3점보다 높은 평균 4점을 매기면서 동료 학생들에게 이 강좌를 추천할 용의가 있다고 밝혔다. 한 학생은 강좌가 다소 단편적이지만 "강사들은 제법 훌륭한 학자들이다"(매우 훌륭한 학자들이라는 의미)라고 평가했다.[148] 1994년 에릭은 과학사가 마거릿 제이콥Margaret Jacob과 함께 두 개의 강좌를 섞은 듯한 강

좌를 개설했다.[149]

또한 에릭은 찰스 ('척') 틸리와 함께 사회변화연구센터에서 주례 연구 세미나를 운영했다. 에릭의 연구 조수로서 그 세미나에 꼬박꼬박 참석한 리즈 그란데는 이렇게 회상했다.

> 많은 사람들이 에릭과 함께하기 위해 신사회연구소로 왔어요. 이를테면 우리가 놀리는 투로 NYU〔뉴욕대학〕 유형이라고 부른 사람들〔역사사회학자들〕, 그러니까 척 주변의 온갖 사람들이 세미나에 왔어요. 제프 굿윈〔뉴욕대학 사회학자〕도 오고 테다 스카치폴〔하버드대학 사회학자〕도 케임브리지〔매사추세츠주〕에서 오고, 아무튼 그런 부류의 무리가 세미나에 참석했죠. 그런가 하면 페루에서, 또 말라위 등지에서 온갖 부류의 좌파 학생들이 에릭과 함께 연구하기 위해 왔어요. 교수진의 다른 집단은 인류학자들이었는데, 모두 포스트모더니즘과 기표 같은 것들에 몰두하고 있었죠. 에릭은 그런 것을 매우 조롱했어요. 그들 중에 누군가가 자신의 세미나에 들어오려고 하면 그는 "당신이 진지하고 무언가 실질적인 것에 대해 말하고 싶다면, 들어와도 좋습니다"라고 말하는 식이었죠. 그래서 그런 사람들을 저지하긴 했지만, 실제 전투는 그가 보기에 지나치게 제도에 집중하는 중립적인 〔척 틸리가 구현한〕 사회학과의 전투였어요—에릭은 척을 굉장히 존중했지만, 그 사회학이 당대의 중대한 문제들을 축소한다고 생각했어요. (…) 세미나에 참석하는 것은 엄청난 선물이었습니다.[150]

"너무나 많은 사람들이 참석하고 싶어 해서 세미나는 꽉 찼어요"라고 그란데는 회상했다. 에릭의 기준은 악명이 자자할 정도로 높았다. 그는 어리석은 말을 용인하지 않았고, 기대에 미치지 못하는 수강생을 엄하게 대하기도 했다. 그렇지만 사적으로는 부족한 학생들에게 무척 공을 들였다. "그는 매우 높은 공적 기준을 유지하기 위해 남달리 노력하면서도 매일같이 상대하는 사람들에게는 관대하고 친절한 모습을 보였습니다."

1995년, 에릭은 한 학기만 더 하고 신사회연구소 강의를 그만두겠다고 선언했다.[151] "한 학기 내내 머무는 것이 최근에 꽤 부담이 되었습니다. 특히 자기 일을 중단하고 뉴욕에 와서 넉 달 동안 지낼 수 없는 마를린에게 그랬습니다. 이제 나는 78세이고 의사들은 일을 조금 줄이라고 합니다. 그래서 그렇게 하려고 합니다."[152] 학장 주디스 프리들랜더Judith Friedlander는 3년 동안 매 가을학기마다 3~4주로 줄여서 근무하면서 학기당 한 차례의 공개 강연과 하나의 대학원 세미나를 맡고 총 2만 달러에 추가로 경비를 받는 방안을 제시했다.[153] 에릭은 동의했다.[154] 1995년부터 에릭은 신사회연구소에서 '지구적 시각으로 본 서구'라는 축소된 강좌를 맡았다. 그 후로 2년 더 같은 강좌를 맡은 다음 마침내 완전히 퇴직했다.[155]

에릭은 뉴욕에 있는 동안 줄곧 사교생활에 적극적이었다. 멕시코 소설가 카를로스 푸엔테스Carlos Fuentes가 자신의 70세 생일에 연 저녁 파티는 특히 재미있는 자리였다. 다른 손님들로는 평론가 겸 에세이스트 수전 손택, 역사가 프리츠 스턴, 극작가 아서 밀러, 정치학자 리처드 세넷 등이 있었다.[156] 1930년대 후반에 함께 케임브리지에 다니던 시절부터 에릭과 알고 지낸 아서 슐레진저 2세도 파티에 참석해 그날의 일을 일기에 적었다.

월요일 밤 진정으로 훌륭한 만찬이 열렸다—카를로스 푸엔테스와 (…) 실비아, 에드나 오브라이언, 머리 켐프턴과 바버라 엡스타인, 오브리(아바)와 수지 에반, 에릭 홉스봄, 브라이언과 시드니 어쿼트, 로널드와 베치 드워킨. 엄청난 성공이었다. 일반적인 대화를 많이 했다. 에반은 이스라엘과 팔레스타인에 대해 "하나를 해결하면 또 다른 난관이 있습니다"라고 했다. (⋯) 에릭은 20세기의 세 차례 붕괴, 1918년, 1945년, 1989년의 붕괴를 묘사하고 그중 마지막이 최악이라고 주장했다. 그의 척도는 산업생산량으로 보이는데, 오늘날의 회복세보다 양차 대전 이후의 회복세가 더 빨랐다고 말했다. 나는 심리적 충격의 면에서 1918년이 더 나빠 보인다고 말했다 — 유럽의 자신감이 끝장났고, 민주주의에 대한 의심이 늘었고, 파시즘과 공산주의가 부상했기 때문이다. 에릭은 1989년이 최악이라는 주장을 굽히지 않았다. 머리 켐프턴이 내게 "최후의 스탈린주의자네요"라고 속삭였다. 어느 정도 사실이지만, 그래도 나는 에릭을 좋아한다.[157]

1998년 이후 에릭이 신사회연구소와 계약 갱신을 시도하지 않은 것은 나이 말고도 여러 이유가 있었다. 우선 학계의 분위기가 더 이상 에릭의 성미에 맞지 않았다. 적어도 미국에서는 그랬다. 주디스 프리들랜더는 에릭이 "정치적 올바름을 전혀 참아내지 못했습니다. 그는 돌려서 말하지 않았어요"라고 지적했다.[158] 이런 태도로 인해 가끔 그는 곤경에 빠졌다. (말할 필요도 없이 익명으로) 어떤 학생은 에릭이 민족주의, 종족, 국가에 관한 수업에서 "인종주의적 유머"를 구사한다고 프리들랜더에게 불평했다. 에릭이 "자, 까놓고 말해봅시다let's call the spade[아마 call a spade a spade를 말하려 했을 것이다]. 이 소소한 농담을 여러분이 용서해주기를 바랍니다만, 아프리카계 미국인에 대해 말하자면⋯"이라고 발언했다는 내용이었다.* 익명의 학생은 이것이 "소름 끼치는" 발언이며 "지적인 특권과 정당성의 노골적인 남용"이라고 맹비난했다. 몇 줄 아래에서는, 비록 실례를 들지는 않았지만, 단수형 remark가 복수형 comments로 바뀌었다("인종적으로 모욕적인 발언들racially insulting comments").[159] 그렇지만 'spade'라는 어휘가 에릭이 이 표현을 배운 1950년대 재즈계에서 어떻게 쓰였는지를 고려하면, 위의 불평 사례에서 에릭이 인종적 비방을 의도 했다고 보기는 어렵다. 이 불평 사례(성과가 없었다)는 1990년대 미국의 인종 정치라는 지뢰밭에서 얼마나 조심스럽게 발걸음을 옮겨야 했는지 를 보여준다. 에릭이 이것 때문에 특별히 괴로워했던 것은 아니다. 프 리들랜더가 술회했듯이 "계급 분석을 통해 세계를 역사적으로 본다는 그의 강력한 신념은 헤게모니를 키워가던 '문화적 상대주의'의 본질주 의에 구멍을 숭숭 냈어요. 문화적 상대주의를 받아들일 정도로 어리석 은 사람들은 그렇게 구멍이 나자 화들짝 놀랐죠."[160]

1997~1998년에 에릭은 신사회연구소가 10년 전에 합류했을 때와 같은 기관이 더 이상 아니라고 생각했다. 1990년대 중반에 연구소는 상 당한 재정난을 겪어 예산을 절감해야만 했다. 경영진은, 낡아빠졌지만 알맞은 건물에 있던 역사연구위원회를 출입 시간이 제한되는 볼품없 는 신축 건물로 옮겼다. 찰스 틸리는 그의 아내 루이스의 말에 따르면 "센터[사회변화연구센터]와 역사연구[위원회]에 대한 지원이 부족해지 자 너무 화가 나서 1996년에 사임하고 컬럼비아대학의 교수로 취임했어 요. 마거릿 제이콥도 펜실베이니아대학으로 떠났죠." 이렇게 되자 역사 연구위원회 위원장인 루이스 틸리는 강좌를 맡을 사람들을 절박하게 찾 아야 했다.[161] 사실 루이스가 에릭에게 말했듯이 위원회는 "극적으로 축 소되고 있고, 내가 적은 예산이라도 계속 확보할 예정이긴 하지만 기본 적으로 예산이 한정되어 있습니다." "우리가 보기에 교수진은 역사연구

---

* spade는 '검둥이'라는 뜻으로 쓰이기도 한다.

위원회를 별로 지원하지 않는 것"이 분명했다.[162] 게다가 교수 한 명이 급사하는 바람에 교수진이 더욱 부족해졌다. 루이스 틸리는 1996년 초에 공백의 일부나마 메울 셈으로 에릭에게 연락했고, 에릭은 당분간 강의를 계속 맡아달라는 학장의 공식 요청에 동의했다.[163]

친구들에 대한 의리가 남달리 강한 에릭은 연구소의 이런 변화에 분개했다. 1997년에 연구소가 에릭의 80세 생일을 맞아 파티를 열었을 때, 총장 조너선 팬턴Jonathan Fanton과 학장 주디스 프리들랜더는 그에게 존경을 표하는 짧은 연설을 했다. 프리들랜더는 어쩌면 부주의하게도 에릭이 "언제나 본심을 말하고 규칙대로 행동하기를 거부한다"고 칭찬했다. 에릭에게는 도저히 놓칠 수 없는 좋은 기회였다. 프리들랜더가 회상하기를 "내가 연설을 마치자"

에릭이 일어나 조너선과 내가 역사연구위원회를 망쳤고 자신의 소중한 친구 찰스 틸리를 연구소에서 쫓아버렸다고 힐난했습니다. (…) 그자리는 척의 매우 심란한 이탈을 논의하는 관례적인 회의 자리가 아니었을뿐더러, 말할 필요도 없이 척의 결정을 둘러싼 상황은 에릭의 비난이 함축하는 것보다 훨씬 더 복잡했어요. (…) 에릭, 의리 있는 에릭은 나 또는 조너선을 만나 대화해보지도 않고서 척의 입장을 받아들였어요. 그리고 80세 생일 파티를 이용해서 자신이 그 일을 어떻게 생각하는지 우리에게 알렸죠.[164]

실제로 찰스 틸리의 동기는 전혀 단순하지 않았다. 다른 무엇보다도 그가 컬럼비아대학으로 옮긴 동기 중 하나는, 아내와 같은 학과에서 계속 함께 일하기가 어려울 것이라고 판단해 서로 떨어지기로 결정했다는 것이었다. 그리고 역사연구위원회와 그 교수진은 존속했다. 현재 교수

아홉 명에 더 많은 수의 연계 강사들이 있다.

에릭의 의리는 미국 마르크스주의 역사가 유진 D. 제노비스와의 우정을 이어간 사실로도 확인할 수 있다. 제노비스는 안토니오 그람시의 이론을 적용해 남북전쟁 이전 남부의 노예제와 노예 소유에 관한 탁월한 저작을 쓴 역사가로, 이 무렵 우파로 급격히 전향하고 심지어 가톨릭으로 개종했음에도 에릭은 그와의 우정을 끊지 않았다. 제노비스의 입장 변화에 영향을 준 핵심 사건은 그의 아내 엘리자베스 ('베치') 폭스-제노비스가 관여한 격렬한 논쟁이었다. 역시 역사가인 엘리자베스도 당시 남편과 비슷한 입장 변화를 겪고 있었고, 결국 미국의 주요 '보수적 페미니스트'라고 할 만한 인물이 되었다. 1992년 그녀는 자신이 설립한 에모리대학 여성연구소 소장직에서 해임되었다. 유진이 불평했듯이, 이제 연구소는 "정치적으로 올바르다고 여겨지는 자들의 수중으로 넘어가고" 있었다.[165] 대학 측이 폭스-제노비스를 지지하지 않는다는 소식을 듣고 에릭은 분개했다.

내가 바란 것은 a) 베치와 의견이 다른 페미니스트들일지라도 그녀의 뛰어남은 말할 것도 없고 공헌까지 인정하고, b) 에모리 측이 정치적 올바름의 극단에 저항하는 용기를 보여주는 것이었습니다. 페미니즘과 관련한 문제, 또는 현재 페미니즘 내에서 정설로 통하는 추세가 무엇이든 간에 그것과 관련한 문제는, 우파든 좌파든 민주국가에서 유권자의 절반에게 밉보이고 싶은 사람이 아무도 없다는 것입니다. 여성의 이름으로 말한다고 주장하는 사람들의 견해가 아무리 어이없다 할지라도—내가 아는 정계의 총명한 인사들이라면 누구나 사석에서는 그런 주장의 태반이 명백히 어리석다고 인정할 것입니다—여성의 적이라는 꼬리표가 붙는 위험을 감수하려는 이는 아무도 없습니다. (…) 당신은 여성의 과반이 강제적인 한부모 레즈비언주의에, 또는 그런 류의 어떤 구호에 투표하는 일은 없을 것이라고 현실적으로 말할지도 모릅니다―나 자신도 전술적으로 그렇게 말해왔습니다(하지만 '반페미니스트'라는 꼬리표를 피할 만큼 충분히 전술적으로 말하지는 않았습니다). 그렇지만 정치 참여율이 낮기로 악명 높은 민주국가에서는 (…) 광적인 페미니스트들마저도 두려운 존재인데, 그들이 당락을 가르는 투표함을 실제로 통제할 수도 있기 때문입니다. (…) 그렇다 해도 베치에게 일어난 일은 도처히 참을 수 없는 것입니다. 나는 베치의 입장에 마음 깊이 공감합니다.[166]

에릭은 베치를 비판하는 자들이 대변하는 종류의 페미니즘이 궁극적으로 1968년의 소산이라고 보았다. 그리고 1968년 사태가 유감스럽게도 전통적인 좌파를 새로운 사회운동들("페미니즘, 녹색운동, 무지개연합, 게이/레즈비언 등")로 대체했다고 생각했다. 이들 운동은 "마르크스주의와 정반대"였는데, "분별없고 자유지상주의적이고 대개 기본적으로 개인주의적인(즉 반사회적인) 급진화"를 제시했기 때문이다. "1968년의 급진주의는 진보 정치를 위한 기반을 전혀 제공하지 않았고 지금도 제공하지 않고 있다"고 그는 결론지었다.[167] 이것이 신사회연구소에서의 시간을 끝내기로 결정한 또 다른 이유였다.

7

영국으로 돌아온 에릭은 그 무렵 규칙적인 일과로 굳어진 생활을 이어갔다. 80대에 들어서도 한참 동안, 시간의 대부분은 아닐지라도 상당 부분을 집필에 썼다. 1997년, 미국 마셜대학의 교수로 저서《과거와의 교전: 2차 세계대전 역사가 세대Engagement with the Past: The World War II Generation of Historians》(2001)를 준비하고 있던 윌리엄 팔머William Palmer의 질문에 답변하면서 에릭은 자신의 집필과 연구 과정을 소개했다. 런던에 훌륭한 도서관들이 유독 많긴 하지만 강연이나 학술대회를 위해 국외에 있을 때에도 대개 근처에서 훌륭한 도서관 자원을 찾을 수 있다고 에릭은 팔머에게 말했다—이 말은 에릭이 해외에 있을 때 자유시간을 어떻게 썼는지 알려주는데, 그가 여행한 시간을 감안할 때 어떤 책이든 끝마치려면 해외 도서관이 반드시 필요했을 것이다. 마감일은 긴박감을 가지고 저서를 준비하는 데 도움이 되었고, 때로는 연구 조수를 활용할 수 있었다. "나는 주로 학생을 대상으로 하는 강의에 관한 책을 많이 썼습니다."

나는 정리용 카드 세대에 속하지만, 카드를 편하게 느껴본 적이 없습니다. 연구를 위해 나는 특정 주제에 관한 서류철, 매우 정교하게 색인을 붙인 공책, 그리고 최근까지 꽤 괜찮았던 기억력의 조합을 활용했습니다. 책을 준비할 때는 오래된 연구 서류철에서 관련 자료를 꺼내 그 자리에서 한참 읽은 다음 책과 공책 더미에 둘러싸인 채로 집필을 시작하곤 합니다. 보통 초고를 일찍 쓰기 시작하고, 지식이나 논증의 빈틈을 메우기 위해 읽어나갑니다. 장들의 최종 순서대로 초고를 쓰는 경우는 거의 없습니다. 각 장을 쓰는 순서는 책에 따라 다릅니다.[168]

집필 중에는 삭제하고 고치는 부분이 많았다. "학부생 시절부터 해온 대로 타자기로 글을 쓸 때면, 우선 한 페이지의 반 정도를 쓰고는 찢어버리곤 했습니다. 보통 그랬어요."

수십 년 전부터 교내 잡지를 시작으로 매체에 기고해온 덕에 에릭은 정해진 분량에 맞추어 글을 써나가는 감각을 익힐 수 있었다.

분량 감각을 익히면 좋은 글을 쓰는 데 도움이 됩니다. 많이 써보는 것이 핵심입니다. 그리고 내 생각에는 전문가가 아닌 독자들에게 자기말을 이해시키려고 노력하는 것이 아주 중요합니다. 다른 학자들에게 좋은 인상을 주기 위해 글을 쓰는 것은 쉽습니다. 나도 때때로 그렇게 쓰려고 애썼지만, 확실히 자리 잡은 후에는 더 이상 그럴 필요가 없습니다.

에릭이 존경한다고 인정한 역사가들은 대부분 프랑스인—마르크 블로크, 중세사가 조르주 뒤비, 조르주 르페브르, 페르낭 브로델—이었지만 영국 법제사가 F. W. 메이틀랜드Maitland의 위대함도 인정했다. 그렇지만 문체와 관련해 "영국에 문체가 빼어난 역사가가 몇 명 있긴 하지만, 나는 역사가들을 읽으면서 산문 문체를 갈고닦지 않았습니다. 나는 언제나 버나드 쇼를 지성인이 갖추어야 할 산문의 모범으로 생각했습니다. 나는 박사 논문을 위해 쇼의 모든 저술을 읽어야만 했습니다"라고 털어놓았다. 그리고 운 좋게도 버크벡에 재직하면서 저녁 6시부터 9시까지만 가르친 덕에 낮시간을 집필과 연구에 자유롭게 쓸 수 있었다.

나는 도서관이나 문서고가 열려 있거나 책을 구할 수 있는 시간에는 아무때나 읽지만, 보통 저녁에는 너무 피곤해서 글을 쓸 수 없습니다. 오전이 최적의 시간인데, 내가 일찍 일어나지 않는다는 문제가 있습니다. 그렇지만 어차피 책이 궤도에 오르기까지는 몇 주가 걸립니다. 내가 최고 속도를 내는 때가 밤까지 글을 쓸 수 있는 유일한 기간일 겁

니다. 예전에는 파이프 담배를 피우면서 글을 쓰곤 했습니다만, 그것
도 오랫동안 피우진 않았습니다. 지칠 때면 산책을 나가거나 도서관에
가거나 이튿날까지 집필을 중단합니다.

저녁 시간에는 사람들과 어울리거나, 텔레비전 앞에서 쉬거나, 책을
읽거나, 내싱턴 로드에서 마를린과 주기적으로 파티를 열었다.
1960년대에 출생한 두 자녀 줄리아와 앤디는 이제 다 자라서 경력
을 쌓고 자기 삶을 꾸려가고 있었다. 줄리아는 텔레비전 조사원으로 일
한 뒤 1993년 오랜 친구 세라 매콜리Sarah Macaulay와 함께 홍보회사를 차
렸다.[169] 이 회사 '홉스봄 매콜리 커뮤니케이션스'의 고객은 노동당, 《뉴
스테이츠먼》, 몇몇 노동조합을 포함해 대부분 좌파였다. 세라 매콜리는
여기서 일하다가, 1990년대 거의 내내 노동당 예비내각의 재무장관 후
보였고 1997년 노동당이 총선에서 승리하자마자 재무장관이 된 정치인
고든 브라운을 만나 연인 사이가 되었다. 이런 인연으로 두 사람은 에릭
과 마를린의 사교 집단에 속하게 되었다. 어느 날 저녁, 신사회연구소에
서 에릭의 학생이자 연구 조수였던 리즈 그란데가 유엔을 위해 일한 타
지키스탄에서 날아와 내싱턴 로드의 만찬에 뒤늦게 참석했다. 그란데가
도착했을 때 식사 자리에서는 통화 통합을 포함해 앞으로 유럽 통합을
앞당길 토대를 놓은 마스트리흐트 조약(1992)에 대한 대화가 한창이었
다. 그란데는 특히 박식하고 적절한 의견을 내는, 모두가 고든이라고 부
르는 스코틀랜드인에게 매료되었다.

그는 유로화와 통화 등등에 대해 설명하고 있었는데 전부 흥미진진한
설명이라서 결국 나는 이렇게 말했어요. "세상에, 정말 대단하네요. 나
는 전혀 몰랐던 내용이에요. 어떤 일을 하시나요, 고든?" 그러자 에릭

을 포함해 식탁에 있던 모두가 웃음을 터뜨렸고 (…) 고든 브라운은 "재무장관입니다"라고 말했어요. 그러자 에릭이 재치 있게 받아쳤죠. "자, 누군가 재무장관에게 유능하다고 말한 것은 몇 년 만에 처음이라고 해도 과언이 아니겠습니다!"[170]

세라 매콜리와 고든 브라운은 2000년에 결혼했고, 브라운은 2007년에 토니 블레어의 뒤를 이어 총리가 될 때까지 재무장관으로 일했다. 줄리아는 지식 네트워킹 회사 에디토리얼 인텔리전스를 창립하기 위해 이직했다.

앤디 홉스봄은 학교를 졸업한 뒤 '틴 가즈Tin Gods'라는 록밴드에 들어갔고, 이후 잡지 출판사에서 일한 다음 1995년 디지털 미디어 회사 '온라인 매직'을 설립했다. 이 회사가 에이전시 닷컴(Agency.com)에 흡수된 후 그는 새로운 소유주를 위해 일하며 유럽 지부의 책임자가 되었다. 그런 다음 얼마 후에 지속 가능한 비영리 회사 두더그린씽Do the Green Thing 과 IT 소프트웨어 회사 에브리씽Everything을 공동으로 창업했다. 에릭은 1990년 초에 앤디를 위해 3만 파운드짜리 아파트를 매입했고, 증여세를 최소화하는 방법, 어쩌면 "매년 공제 가능한 증여액만큼 줄일 수 있는 무이자 대출" 같은 방법을 찾으려 했다.[171] 앤디는 에릭에게 매달 100파운드씩 갚으면서도, 새로 시작한 진로에서 성공하기 전까지는 이따금 아버지에게 세금을 납부할 돈을 부탁해야 했다.[172] 앤디와 줄리아 둘 다 글을 썼다. 앤디는 한동안 《파이낸셜 타임스》의 뉴미디어 통신원으로 일했고, 줄리아는 일과 삶의 균형, 소통, 네트워킹에 관한 세 권의 책을 펴냈다.

한편 에릭과 매리언 베너던 사이에서 태어난 아들 조스는 대학 입학시험을 마치고 서식스대학에서 미국학 학위를 취득한 뒤 필라델피아에서 연기를 공부한 다음 영국으로 돌아와 연극 교사 훈련을 받았다. 그는 학생들과 밀접한 관계를 유지하며 연극 제작과 교육 분야에서 성공적인 경력을 쌓아나갔고, 특히 런던 이스트엔드에서 연극 실험실Theatre Lab을 창설하고 프레즌트 모먼트 사Present Moment를 설립했다.[173] 이런 성취를 이루기 전에 조스는 10대 시절을 힘겹게 보냈다. 그는 열네 살에 친아버지가 에릭이라는 이야기를 듣고서 한동안 탈선했던 것으로 보인다. 그는 열여섯 살에 가출해 동갑내기 애인 제니 코릭Jenny Corrick과 동거하다가 1976년에 결혼했다. 아이가 생기면 학업에 지장을 받는다는 이유로 에릭이 아이를 나중에 가지라고 강력히 충고했음에도, 두 사람은 딸 엘라와 아들 마티아스를 얻었다. 그러나 그들의 결혼생활은 지속되지 못하고 이혼으로 끝났다. 1991년, 조스는 에릭에게 편지를 보내 아이들에게 자신의 아버지가 누군지 알렸다고 말했다. "매티와 엘라가 나의 생물학적 아버지가 누구인지 아느냐고 묻기에 이야기해주었어요. 과거에 당신이 아이들을 보고 싶어 했다는 것을 알고 있습니다. 어머니가 그랬듯이 나도 아이들이 당신과 나의 비슷한 생김새를 알아챌 수 있다고 걱정했습니다." 그들은 에릭의 첫 손주였다. 이제는 에릭과 그들의 연락을 막는 장애물이 전혀 없었다. 그렇다 해도 에릭은 어쨌든 손주들에게 책임감을 느낄 필요가 없었고, 그들도 기존의 할아버지를 대신할 존재를 필요로 하지 않았다. "아이들은 당신의 자식들이 나에 대해, 또는 자신들에 대해 모르는 사정과 이유를 이해하고 있어요"라고 조스는 덧붙였다.[174]

그리고 이어서 말했다.

내가 진실을 알게 된 나이와 얼추 같은 나이에 내 아이들이 진실을 마주하다니 참 얄궂기도 하네요. 그렇지만 그 진실은 분명히 나보다는 아이들에게 덜 중요한 의미로 다가올 거예요. 제니와 함께 많이 생각하고 상의한 후에 여러 이유로 아이들에게 진실을 말했어요. 아이들이 우연히 진실을 알게 된다고 생각하니 상상할 수 없을 만큼 끔찍했거든요. 아울러 그 진실은 우리 모두가 부모의 어린 시절과 경험에 대해 아는 것과 마찬가지로 그들도 마땅히 알아야 하는 나에 관한 무언가로 보입니다. 어느 정도는 나를 위한 일이기도 했고요. 진실을 감추고 비밀로 하다 보니 죄책감과 수치심이 생겼고, 그런 감정을 받아들이기까지 오랜 시간이 걸렸어요(그런 감정은 비이성적인 것이었고 지금도 그렇지만, 그건 요점이 아니에요. 물론 내 엄마와 아빠는 나에게 그런 감정을 느끼게 하려는 의도가 전혀 없었어요. 당연히 당신도 그럴 의도가 없었고요). 엘라와 매티에게 진실을 말한 것은 나의 치유 과정의 일부이며, 이 주장을 나는 전혀 부끄러워하지 않아요. 그 진실은 아이들의 조부모 두 사람의 특수한 관계와 더 관련이 있는 것으로 생각해야 한다고 아이들에게 말했어요.

조스 베너던은 2014년 56세에 암으로 사망했다. 그는 다른 무엇보다 저서 《연극 제작: 기진맥진한 연극 교사의 공동창작 안내Making Theatre: The Frazzled Drama Teacher's Guide to Devising》(2013)를 통해 연극 교육 분야에 뚜렷한 유산을 남겼다.[175]

에릭의 여동생 낸시와 그의 남편 빅터는 여러 해 전에 잉글랜드 남서부 웨스트컨트리로 이주했고, 그곳에서 낸시는 보수당 의원으로 한때 장관을 지낸 피터 워커의 비서로 일했다. 그 이후 부부는 은퇴 생활을 위해 메노르카섬으로 이주했다.[176] 골초인 낸시는 한동안 폐에 문제가 있어 고생하다가 1990년에 중병에 걸렸다. 빅터는 딸 앤을 불러 어머니 간병을 맡겼지만, 낸시의 상태는 더 악화되어 몇 달 만에 사망했다.

부부의 아들 로빈은 부고를 전하러 에릭에게 전화했던 일을 기억했다. "어머니가 돌아가셨다는 소식을 내가 외삼촌에게 알려야 했습니다. 그는 울음을 터뜨렸어요. 망연자실한 심정으로 공중전화 부스로 가서 '어머니가 돌아가셨어요'라고 하자 그가 눈물을 펑펑 흘렸던 걸로 기억해요." "그리고 우연찮게도 우리는 같은 비행기를 타고 장례식장으로 향했어요. 다만 그는 일등석이었죠. (…) 팔마에서 두어 시간 여유가 생겼을 때 내가 '오, 일등석에 타셨네요, 에릭'이라고 말하자 그는 "일반석을 구할 수 없었네!"라고 했어요." 마침 부활절 휴가 기간이라 일반석 예약이 꽉 찼던 것이다. 그들이 도착하자 앤은 에릭에게 와주어서 고맙다고 했다. "동생과 작별 인사는 해야지"라고 에릭은 말했다. 남매는 매우 다른 삶의 궤적을 그리긴 했지만, 유년기와 부모의 이른 죽음을 함께 겪는 동안 둘 사이에 생겨난 끈끈한 정서적 유대감으로 여전히 묶여 있었다.[177]

8

매우 적절하게도 에릭은 버소 출판사(뉴레프트북스)에서 《공산당 선언》 초판 출간 150주년을 기념해 발행한 새로운 판본에 장문의 해설을 싣는 것으로 자신의 80세 생일을 축하했다. 이 판본은 평범한 재판과는 달랐다. 보기에 따라 놀랍게도 이 판본은 곧장 엄청난 관심을 끌었고, 뉴욕 그리니치빌리지에서 발행하는 지역 잡지 《빌리지 보이스Village Voice》의 베스트셀러 3위에 올랐다. 아마도 이런 성공은 책이 "카를 마르크스와 프리드리히 엥겔스를 최신 래디컬 시크radical chic로 만들기" 위해 "멋들어진 새 판본"으로 나왔기 때문일 것이다. 책은 깔끔한 검은색 무광 표지에 전체 공간을 대부분 채우는 빨간색 유광 깃발이 들어가고 제목과 저자, 해제 필자(에릭)의 이름이 우아한 흰색 글자로 적힌 외형이었다.[178] AP 통신사는 250곳이 넘는 미국 신문사와 잡지사에 보낸 비꼬는 듯한 보도자료에서 책이 2만 부 인쇄되었고 "파티가 영원할 수는 없다는 월스트리트의" 분위기를 이용하려 한다고 지적했다.

"손잡이를 붙이면 디자이너 드레스의 맵시 있는 액세서리가 될 수 있는 책입니다"라고 바니스 사의 크리에이티브 디렉터 사이먼 두난Simon Doonan은 말한다. "마르크스와 엥겔스의 19세기 저술을 한쪽에 매단 채로 새천년을 향해 사뿐사뿐 걸어갈 수 있습니다." 두난은《선언》을 '개념 미술'로서 진열창에 배치하는 발상—빨간 립스틱과 함께—을 만지작거리고 있다. 그의 조수들은 알맞은 립스틱을 찾고 있다. 러시아어처럼 들리는 이름을 가진 립스틱이라면 좋을 것이다. 공산주의가 세계 곳곳에서 숨을 헐떡거리는 상황에서 "그 책을 과장된 예술적 표현으로 보더라도 괜찮습니다"라고 두난은 말한다. 자본주의의 수도인 월스트리트 인근 세계무역센터에 자리한 보더스 서점은 그 책을 매장 입구의 중앙 전시대에 배치할 계획이다. 반스앤드노블도《선언》을 483개 점포에서 '매장 전면 특매품'으로 판매할 것이다. 새 판본의 디자인은 소비에트 태생으로 유행에 민감한 두 명의 뉴욕 예술가 코마Kormar와 멜라미드Melamid가 맡았다. 진홍색 면지와 같은 색 가름끈을 가진 "책은 커피 탁자를 장식할 수 있을 만큼 우아합니다"라고〔버소 출판사의 콜린〕로빈슨은 말한다. 두 저자가 염두에 두었던 책의 꼴은 아니다.[179]

로빈슨은 다른 기자에게 "그 책은 도나 캐런Donna Karan이 디자인한 드레스의 주머니에 '선을 망치지 않고서' 들어갈 정도로 얇습니다"라고 말했다. 기사 제목은 "만국의 소비자들이여, 단결하라!"였다. "우리가 잃을 것은 신용카드밖에 없다."[180] 또 다른 기자는 "카를 마르크스가 껴안고 싶고 키치적이고 무해한, 재미와 향수, 풍자의 대상"이 되었다고, 한때 모든 학생의 벽에 걸려 있었지만 이제는 다른 무엇보다 스와치 시계와 스키 등을 홍보하는 데 쓰이는 체 게바라의 포스터와 다르지 않은 대상이 되었다고 단언했다.[181]

좌파 비평가들은 달가워하지 않았다. 새 판본이 혁명 이념을 상업화하고 하찮게 만들었으며, 그 과정에서 이념의 급진주의를 거세해버렸다고 비판했다. 로자 룩셈부르크의 전기를 쓴 바버라 에런라이크는 뉴욕에서 "디자이너 의상 짝퉁 차림으로 쏘다니는" "쾌락에 빠진 무리"를 헐뜯었다. 그리고 《공산당 선언》이 "액세서리, 크리스마스 선물, 완전한 자본주의적 쿨함의 표지"가 되었다고 단언했다. 그래도 "96쪽에 불과한 그 책을 당신의 인생에서 특별한 사람, 이를테면 당신의 상사를 위한 연하장으로, 혹은 일종의 각성의 계기로 생각할 수도 있겠다."[182] 어째서 좌파는 그 사상을 전파하기 위해 현대의 상업주의를 이용하면 안 되는가? 다른 사람들은 이렇게 물었다. "마르크스는 지하의 정치학 구역에서 헤르베르트 마르쿠제와 찰스 머피 사이에 낀 누군가의 사슬을 깨부수는 일을 거의 하지 않고 있었다. 오히려 빌어먹게도 **위엄** 있게 먼지를 뒤집어쓰고 있었다." 어쩌면 마르크스의 먼지를 털어내고 그를 다시 사상의 시장에 내놓을 적기일 수도 있었다.[183] 서평자들은 실제로 새 판본이 당대에 반향을 일으킨다는 데 놀랐다.

《선언》에서 묘사하는 세계는 전자금융 거래와 마킬라도라의 세계, 은행들을 합병하고 인도네시아의 노동력 착취 공장에서 반누이스로 나이키 사의 제품을 보내는 세계, 국제통화기금이 한국에 노동자 해고를 강요하는 세계, 메르세데스 사의 경영진이 비용이 덜 드는 지역으로

공장을 옮기는 세계, 독일에 임금 인하를 강제하는 세계다. 간단히 말해 1998년의 세계다.[184]

달리 말하면, 베를린 장벽의 붕괴에 뒤이어 밀어닥친 거대한 세계화 물결의 정점에서 《선언》은, 세계 자본주의의 새로운 구조에 맞추어 그 원칙을 조정한다면(너무 어려운 과제는 아니다), 지금도 새롭고 부인할 수 없는 적실성을 보여줄 수 있다는 주장이었다.[185]

새 판본에 세간의 관심이 쏟아지자 일간지 《새크라멘토 비》는 '마르크스에 관한 열 가지 신화' 목록을 게재할 필요가 있다고 생각했다. 이 목록은 신문사 측에서 틀림없이 통념이라고 생각한 '마르크스는 러시아인이었다'부터 '마르크스는 러시아 혁명을 개시하기 위해 스파이를 보냈다' 같은 다른 오해까지 망라했다.[186] 미국의 주요 출판사 W. W. 노턴과 새로운 계약을 맺은 데 힘입어 《선언》 판본은 버소의 수익을 대폭 높여주었으며, 역시 버소에서 펴낸 체 게바라의 《모터사이클 다이어리》의 판본도 베스트셀러 목록에 진입했다.[187] 아마도 일부 사람들은 《선언》을 구입해 구찌 핸드백 위로 삐져나오도록 놔두는 데 그치지 않고 실제로 읽고서 그 사상에 관해 생각했을 것이다. "마르크스의 주가가 150년 만에 급등하고 있다"라고 《뉴욕 타임스》는 선언했다.[188] 《선언》 150주년과 새 판본 출간에 따른 홍보 효과는 마르크스의 자본주의 분석이 1990년대라는 시점에 얼마나 적실한지 보여주는 데 크게 기여했으며, 어쩌면 새천년이 다가올수록 커져가던 불안감을 더욱 부채질했을 것이다. "자유기업에 대한 마르크스의 견해에 오늘날 많은 기업가들이, 마르크스주의자로 불리느니 차라리 채찍질을 당하는 편이 낫다고 할 만한 기업가들이 공감하고 있다"라는 논평도 등장했다.[189]

책은 미국뿐 아니라 영국에서도 대단한 성공을 거두었다. 그렇지만 에릭의 대리인은 책이 나오고 12년이 넘게 지난 시점에 버소 측이 에릭에게 마땅히 지불해야 하는 인세를 전혀 지불하지 않았다는 사실을 발견했다. 버소의 출간 목록에서 유의미한 수익을 내는 책이 거의 없었기 때문에 어쩌면 그저 에릭의 인세를 간과했을 수도 있다. 데이비드 하이엄 저작권사는 "출판사가 성공을 거둘 때마다 저자를 난처하게 만드는 것이 버소의 유감스러운 습관처럼 보입니다"라고 말했다. 2011년 6월에 버소는 적잖이 당황한 어조로 답변했다. "이번 건은 당연히 버소 측의 큰 착오이며 우리는 이를 바로잡고자 합니다. 액수가 상당히 많습니다(2만 678.19파운드). 불행히도 버소는 전액을 즉각 지불할 만한 처지가 아닙니다." 버소는 혹시 에릭이 먼저 1만 파운드만 받고 나머지 액수를 분할로 받을 수 있을지 물었다. 에릭의 대리인은 회의적이었다. "총액을 한꺼번에 지불할 수 없는 이유를 대는 뻔한 우는 소리를 들었습니다"라고 에릭에게 말했다. 그러나 버소의 재정난을 잘 알고 있던 에릭은 한 번에 5천 파운드를 살짝 넘는 금액을 네 차례에 걸쳐 받는 방안을 제시했고, 이 제안을 버소 측은 안도하며 받아들였다.[190]

한편 에릭은 역사서술에 관한 논문 21편을 모아 《역사론On History》이라는 제목으로 출간했다—신사회연구소에서 맡은 마지막 강좌들은 어느 정도는 이 책을 준비하는 과정이었다. 에릭은 옛 출판사 바이덴펠트 & 니컬슨과 계약을 맺었다. 다만 페이퍼백 판권은 리틀브라운 그룹에 속한 아바쿠스 출판사에 넘겼다. 책에는 마르크스주의와 역사, 아날학파, '정체성 역사', 포스트모더니즘에 관한 여러 논의가 포함되었다. 이 책에 대한 가장 길고 예리한 서평은 에릭의 오랜 맞수로 이제 80대 중반인 휴 트레버-로퍼가 썼다. 트레버-로퍼는 에릭의 박식과 교양뿐 아니라 역사가들 일반에 영향을 준 마르크스의 사상에도 경의를 표했다.

마르크스는 우리의 주제인 역사에 새롭고 체계적인 철학을 그것을 가
장 필요로 하던 시기에 제시했다. 그때는 역사의 자료가 넘쳐나고 종
전의 역사철학들이 말라가던 시기였다. 마르크스의 영향은 막대했고
결실을 맺었다. 가장 흥미로운 현대 역사가들 중 일부는 직접적으로든
간접적으로든 그 영향에 반응했다.[191]

물론 마르크스는 아날학파와 마찬가지로 독일의 역사적·철학적 사
유의 더 폭넓은 조류들을 알고 있었고 어떤 면에서는 그 조류들을 왜곡
했으며, 《역사론》은 이 점을 마땅히 너그럽게 인정하면서도 토크빌이나
베버 같은 사상가들은 인정하지 않는다고 트레버-로퍼는 덧붙였다. 그
러나 소비에트 공산주의는 마르크스주의 전통을 무익한 정통 신조로 응
고시킨 데 반해 "서구에서는 마르크스주의 전통이 자유롭게 흐르며 다
른 조류들과 뒤섞여 비옥한 흐름이 되었다." 결국 트레버-로퍼는 에릭
의 공산주의와 마르크스주의를 분리할 수 있고 분리해야 하며, 후자는
"그의 역사철학에 기여하는 사상으로서" "우리의 연구를 풍요롭게 하기
위해 수정되고 변형된 형태로 이어갈" 수도 있다고 생각했다.
  역사 연구와 저술의 이론과 실천에 대한 《역사론》의 접근법을 더 비
판적으로 분석한 이는 중세사가 존 아널드였다. 아널드는 에릭이 책에
서 (민족주의적인 신화 만들기와 공격을 위해 역사를 오용하는 사례를 언급하며)
"명백히 악의 없는 자판으로 타이핑한 문장이 사형선고가 될 수도 있
다"라고 한 주장이, 그가 그토록 많은 지면을 할애해 조롱한 포스트모
더니즘적 주장, 즉 언어가 현실을 구성한다는 주장의 한 예시라고 지적
했다.[192] 사실 에릭은 평생 언어에 매료되었고, 자신이 발견해나가는 새
로운 세계에 속한 단어들의 목록을 자주 제시했으며, 민족의식을 형성
하기 위한 도구로서 발명된 민족언어를 분석했다. 언어에 관한 에릭의

이 모든 연구는 그가 담론에 기반하는 역사 저술을 비판하면서 포스트모더니즘의 극단적인 형태와 온건한 형태를 싸잡아 비난했음을 가리킨다. 그렇지만 에릭은 정작 역사가로서 자신의 실천을 통해 언어가 현실을 대체하지는 않을지라도 구성한다는 것을 거듭 입증해 보였다.

이 논문집은 15개 언어로 번역되었다. 독일어판에 대한 서평에서 위르겐 코카는 "역사가로서 홉스봄은 공산당의 당파적 마르크스주의로부터 멀리 떨어져 있다. 책에서 교조주의의 흔적조차 찾기가 어려울 것이다"라고 말했다. 이어서 코카는 에릭이 토대-상부구조 도식을 오랫동안 "속류 마르크스주의"로 일축했다고 말했다—많은 서평자들이 공유한 견해였다. 실제로 영국 역사가 폴 스미스가 《타임스 리터러리 서플리먼트》에서 《역사론》을 논한 글의 제목은 '속류 마르크스주의자가 아니다'였다.[193] 코카가 지적했듯이, 에릭은 문화사에 워낙 매료된 터라 조야한 경제결정론을 과거에 적용하지 않았다. 종전까지 에릭은 언제나 사실을 존중하면서도 사실에 집착하는 역사학을 뒤떨어진 학문으로 보는 비판적인 입장이었다. 그러나 포스트모더니즘의 과도한 상대주의가 도래하자 에릭은 1990년대 들어 역사적 조사는 역사적 증거에 근거해야 한다는 입장으로 점차 바뀌어갔다.[194]

이런 견해는 《비범한 사람들: 저항, 반란, 그리고 재즈Uncommon People: Resistance, Rebellion, and Jazz》(1998)에서도 나타나는데, 오래전부터 《혁명가들》의 후속작으로 구상해둔 이 책은 바이덴펠트 & 니컬슨에서 출간했고 페이퍼백은 다시 아바쿠스에서 나왔다. 비학문적 에세이를 모은 두 번째 책인 이 책은 에릭이 1968년의 학생 반란을 멀리한다는 것, 섹스에 사로잡힌 청년 급진주의자들을 못마땅해한다는 것, 비틀스가 등장한 이후로 발달한 대중문화를 거부한다는 것을 다시 한 번 보여주었다.[195] 책을 하나로 묶는 실질적인 주제가 없고 이것저것 여러 내용을 다룬 탓인지 이 책은 이전 저작들만큼 성공을 거두지 못했고, 겨우 여섯 개 언어로만 번역되었다. 물론 여섯 개도 영국에서 나오는 역사책 절대다수보다 많은 수이긴 했다. 더블린에서 근대 프랑스를 연구하는 역사가 존 혼John Horne이 지적했듯이 《비범한 사람들》은 "영국 노동계급 운동사의 고전에 경의를 표하면서도 그것과 거리를 두는" 제목이었다(여기서 말하는 고전은 G. D. H. 콜과 레이먼드 포스트게이트의 《평범한 사람들The Common People》(1938)이다). 에릭의 새 책은 평범한 사람들과 민중운동이 영국사의 진정한 서사라는 이 고전의 핵심 주장을 새로운 틀에 담아냈다.

많은 서평자들은 아방가르드 미술과 음악에 대한 에릭의 적대감에 깜짝 놀랐다. 이 적대감은 에릭이 20세기 아방가르드의 쇠퇴와 몰락에 관해 말한 1998년의 월터 노이라트Walter Neurath 기념 강연에서도 드러났다. 여기서 에릭은 현대 회화가 길을 잃었다고 주장하면서 회화가 전통적인 생산 방식, 특히 한 명의 창작자가 하나의 작품을 생산한다는 생각에 여전히 매여 있는 동안 진정한 예술 혁명이 대중광고와 영화에서 일어났다는 이유를 들었다. "실제 세계, 깨어 있는 모든 시간이 혼란스러운 소리, 이미지, 상징, 공통 경험에 대한 추정으로 넘쳐나는 세계는 특별한 활동으로서의 예술을 망하게 했습니다." 양차 대전 사이에 생산된 가장 독창적인 예술 작품은 런던의 지하철 노선도라고 그는 잘라 말했다.[196] 이 강연은 에릭의 정신세계와 감정세계의 만성적인 맹점, 지난날 피카소를 위대한 예술가로 여긴 이래 더욱 뚜렷해진 듯한 맹점을 드러냈다.

《비범한 사람들》이 출간되었을 무렵 20세기는 저물어가고 있었으며, 1999년 1월 언론인 안토니오 폴리토Antonio Polito는 에릭에게 이탈리아어로 '20세기의 끝'에 대해 긴 대담, 또는 일련의 대담을 하자고 제안했다.[197] 이 제안 직후에 대담이 진행되었고 이듬해 영어로 《새로운 세기The New Century》라는 제목으로 출간되었다. 에릭은 이 기회를 이용해 사회적 불평등의 심화, 국제기구들의 약화, 정치 이데올로기의 쇠퇴, 환경의 퇴화, 좌파·탈정치화된 사람들·청년층의 방향 상실, 사회적 유대감의 상실로 인한 고립, 그밖의 많은 것을 신랄하게 비판했다. 그리고 공공 영역의 미래가 "불확실하다"고 결론 내렸다. "이것이 이번 세기의 끝에 내가 미래를 크게 낙관할 수 없는 이유입니다."

에릭의 시각은 어느 정도로 마르크스주의라는 틀을 여전히 두르고 있었을까? 마르크스주의가 무엇이냐고 폴리토가 물었을 때, 에릭은 무엇보다 마르크스주의는 "특정한 역사적 단계가 영원하지 않다는 것을 이해했을 때 인간 사회가 성공적인 구조물인 이유는 그것이 변화할 수 있기 때문이라는 것과 따라서 현재가 종점이 아니라는 것을 알려줍니다"라고 답변했다. 노엘 맬컴은 《선데이 텔레그래프》에 쓴 긴 서평에서 다음처럼 부당하지 않게 지적했다. "대다수의 평범한 독자들은 이 발언을 보고 눈을 끔뻑거릴 텐데, 너무 뻔한 말이거나 분명히 아무것도 의미하지 않는 말이기 때문이다." 계급투쟁은 어떻게 되었는가? 경제결정론은 어떻게 되었는가? 하고 맬컴은 물었다. 오히려 《새로운 세기》는 역사의 추동력을 다른 무엇보다 이데올로기의 힘으로 묘사했다. 만약 에릭이 미국을 제국주의 국가로 비난하고 그 원인을 독립선언문에 담긴 혁명 이데올로기의 장기적인 영향에서 찾는다면, 그것은 "철저히 비마르크스주의적인 방향에서" "마르크스주의적인 결론에 도달하는" 셈이며, 21세기 미국의 정책을 "자본주의 선진 단계의 긴급한 경제적 과제"가 아니라 "1770년대에 가발을 쓴 다양한 신사들의 머릿속에서 맴돌던 생각"에서 끄집어내는 셈이라고 맬컴은 지적했다. 에릭은 "자신의 이데올로기적 방향을 잃은" 것으로 보였다. "그러므로 우리는 앞으로 닥칠 사태에 대한 지침을 그가 실제로 얼마나 제시할 수 있는지 의심할 수밖에 없다."[198]
실제로 이 책은 앞을 내다보는 것만큼이나, 어쩌면 그보다 더 많이 뒤를 돌아보았다. 또다시 에릭은 자신이 평생 헌신해온 공산주의 이념과 타협해야 했다.

다른 많은 공산주의자들과 마찬가지로 나는 [소비에트] 체제에서 일어난 끔찍한 일들에 결코 동의하지 않았습니다. 그러나 공산주의란 공산주의자들이 실제로 권력을 잡은 후진국들의 역사보다 더 위대한 무언가라고 생각하는 사람에게 역사는 그가 선택한 대의를 포기할 충분한 이유가 되지 못합니다. 나더러 후회하냐고요? 아뇨, 나는 후회하지 않습니다.[199]

에릭은 1990년대의 많은 시간을 책과 기고문과 대담에서, 라디오와 텔레비전에서 자신의 정치적 선택을 정당화하는 데 썼다. 20세기가 끝나감에 따라 그는 자신의 생애와 경력을 더 길게 돌아볼 때가 되었다고 생각했다. 친구들과 동료들의 성화에 못 이겨 그가 다음으로 쓸 책은 자서전이었다.

IO

"국보"

1999-2012

I

"내가 자서전을 써야 한다고 편집자가 완강히 고집을 부려서 어떻게 써야 할지 모르면서도 좋다고, 쓰겠다고 했어요"라고 에릭은 1990년대 말에 파리를 방문했을 때 엘리제 마리엔스트라스에게 말했다.[1] 그렇지만 그는 공식 제안서를 작성해 브루스 헌터에게 보냈다. 상당한 협상 끝에 에릭의 회고록 계약은 1985년부터 펭귄 출판 제국의 임프린트였던 마이클 조지프 사가 선인세 9만 파운드에 따냈다. 마이클 조지프는 이미 《극단의 시대》를 출간하여 바이덴펠트 & 니컬슨 사의 짜증을 크게 돋운 적이 있었고, 이 책으로 대성공을 거둔 터라 에릭의 회고록까지 확보하고자 열을 올렸다. 조지 바이덴펠트는 에릭의 마음을 돌려보려 다시 한 번 노력했다. 하지만 브루스 헌터가 보고했듯이 "바이덴펠트는 결국 마이클 조지프와 경쟁할 수 없다고 생각"했다.[2] 이로써 조지 바이덴펠트와의 오랜 관계는 사실상 끝이 났다. 1990년대에 저자로서 명성을 얻은 에릭을 바이덴펠트는 더 이상 붙잡아둘 수 없었다.

계약서는 적절하게 작성되었다. 그러나 2000년 5월 브루스 헌터는 마이클 조지프로부터 자신들은 더 이상 이 책에 적합한 출판사가 아니라는 통보를 받았다. 마이클 조지프는 회고록을 계속 시장에 내놓긴 했지만, 이제 상업적으로 더 수익을 거둘 수 있는 연예계와 스포츠계 스타들의 회고록에 더 집중하고 있었다. 에릭은 이 결정에 불만이 없었는데, 《극단의 시대》의 출간을 담당했던 편집자 수전 와트가 이제 마이클 조지프 사에 없었던 데다 그 후배급 편집자와는 일하고 싶지 않았기 때문이다. 게다가 근래에 한 편집자가 언론의 주목을 받으며 에릭의 감탄을 자아내고 있었다. 당시 펭귄 출판사에서 일하는 스튜어트 프로피트였다. 사실 그는 헌터가 처음에 《극단의 시대》의 이상적인 편집자로 생각했으나 당시 루퍼트 머독이 소유한 하퍼콜린스에서 일하고 있던 터라 포기했던 인물이었다. 1998년에 30대 중반인 프로피트는 하퍼콜린스에서 사직했는데, 머독이 홍콩의 마지막 식민 총독인 크리스 패튼의 회고록을 내지 말라고 강요했기 때문이다. (머독이 인정하진 않았지만) 머독이 그랬던 이유는 좋은 관계를 유지하고 싶은 중국인들을 패튼의 회고록이 지나치게 비판한다는 것이었다. 프로피트는 패튼의 편집자였고, 출판사 사주의 배반이라고 생각한 조치에 직면해 분노하고 아주 공개적으로 사직함으로써 언론에서 큰 파장을 일으켰다. 자신의 회고록을 편집해달라는 에릭의 요청에 프로피트는 선뜻 응했다. 그것은 좋은 선택이었다. 프로피트는 꼼꼼한 편집자로 뒤이은 몇 달 동안 에릭과 여러 차례 장시간 회의를 하고 서신을 주고받으면서 책을 개선하는 데 크게 기여했다.

에릭은 회고록의 초고 집필을 비교적 빠르게 끝마쳤다. 그 무렵에는 더 이상 강의를 하지 않았고 과거에 집필 속도를 늦추게 했던 다른 많은 책무로부터 벗어나 있었기 때문이다. 회고록을 쓰기 위해 따로 많이 조사할 필요는 없었다. 회고록에 포함되는 대부분의 시기와 관련해 에릭은 기억력에 의지하는 한편 예전에 써둔 일기와 그밖의 문서들을 참조해 기억력을 보완할 수 있었으며, 어쨌거나 회고록과 같은 시기를 다루고 폭넓은 독서와 조사에 기반하는 《극단의 시대》를 얼마 전에 끝마친 터라 이미 가지고 있는 배경 자료를 사용하면 되었기 때문이다. 그런데 에릭은 집필을 빠르게 끝마쳤으면서도 "가장 쓰기 힘든 책이었다"라고 생각했다. "특별할 것 없는 학자의 삶으로 어떻게 독자들의 관심을 끌 수 있을까?" 그래서 "역사상 가장 유별난 세기"를 얼마간 알고자 하는 젊은이들과 "그 세기의 열정과 희망, 환상, 꿈을 얼마간 경험했을 정도로 나이 든 독자들"을 염두에 두었다.[3]

적절하게도 스튜어트 프로피트는 회고록의 초고를 "어떤 면에서는 《극단의 시대》를 개인적인 관점에서 다시 쓴 것"이라고 보았다.[4] 그는 회고록에서 말하는 에릭의 개인적인 견해, 감정, 경험이 너무 적다고 생각했다. "그것은 저자의 내면을 바라보기보다 외면을 바라보는 책이었다." 따라서 프로피트는 에릭의 편집자로서 자신의 과제가 "**내면**을 조금 더 반영해달라고 요구하는 것"이라고 생각했다. 이 책은 "공적인 사람과 공적인 삶"에 관한 것이었다. "그래서 나는 에릭에게서 더 내밀한 이야기를 조금이라도 더 끌어내려고 노력했어요. 그리 성공하진 못했지만요. (…) 에릭과 내밀한 대화를 하기란 그리 쉽지 않았어요. 전혀 쉽지 않았죠."[5] 또 프로피트가 보기에 초고는 에릭이 한평생 공산주의자였던 이유를 독자들에게 정확히 전달하지 못했다. "**왜** 사회주의가, 실은 공산주의가 세계를 조직하는 최선의 방식입니까?"라고 그는 에릭에게 물었다. "실질적인 이데올로기적 진술을 할 기회가 여기에 있습니다. 분명히 당신은 어느 누구보다도 그런 진술을 할 자격이 있고, 그렇게 하기에 자서전보다 더 적절한 장場은 없습니다." 에릭이 자신의 신념과 관련해 너무 방어적이라고 프로피트는 생각했다. 에릭은 "중요한 **적극적인** 진술을 할" 필요가 있었다. "이런 상황에서는 정말 공격이 최선의 방어일 수도 있습니다!"[6] 프로피트는 에릭에게서 그가 평생 공산주의를 고수한 것이 다른 무엇보다도 "부족部族의 문제a tribal matter"였음을 인정하는 발언을 이끌어냈다. 에릭은 10대 시절에 10월 혁명의 이상에 헌신한 뒤 평생 그 이상에 충실했다. "나는 그 시점에 내가 정말 이 사람의 본심을 알게 되었고, 그가 자기 삶이 어떠했는지 말하고 있으며 그것이 분명 그의 신념 깊숙한 곳의 핵심이라고 생각했어요. 그리고 그것을 책에 담아내기를 희망했죠"라고 프로피트는 말했다.

한편 프로피트는 추가 설명이 필요하다고 생각하는 진술이나 "자화자찬"처럼 들리는 진술과 관련해 에릭에게 수많은 질문을 하고 명확히 수정해달라고 요청했다. 자기 자랑은 프랑스에서는 잘 넘어갈 수도 있지만 영국에서는 겸양이야말로 존중을 받는 방법이라서 잘 넘어가지 않을 수도 있다고 생각했다. 또 마를린의 배경에 대해 더 쓰기를 원했고, 에릭이 만찬을 "기분 좋은" 자리라고 묘사한 대목에서 "당신의 말은 로이 젠킨스의 말처럼 들립니다!"라고 지적했다. 프로피트는 더 내밀한 개인적인 일들을 써달라고 요구했다가 에릭이 "마를린에게 피임기구와 피임약을 둘 다 소개했다"라고 고백한 대목에서 "사람들이 이런 것까지 알고 싶을까요?"라는 수사적인 질문으로 다시 저자를 나무랐다. 또한 에릭이 혼외 아들 조스 베너던을 언급한 것도 걱정했다. "내 본능에 따르면 아예 말하지 말든지 더 말해야 할 것 같습니다. 지금 이대로라면 그저 억측을, 그리고 어쩌면 언론의 취재를 자극할 것입니다." 프로피트는 여기저기서 텍스트를 "압축"하고 더 나아가 몇 군데를 잘라낼 필요가 있다고 보면서도, 특히 조지 W. 부시 미국 대통령이 이라크를 침공할 것 같았기 때문에(실제로 미국은 영국과 함께 2003년 3월 20일 이라크를 침공했다) 미국과

이 나라의 현재 정책을 더 길게 논해달라고 요구했다. 또 몇몇 장을 얼마간 재구성하기를 원했고, 에릭의 가족과 친척에 관한 자료를 상당 부분 덜어내자고 요구했다(결국 이 주제에 관한 장 전체가 삭제되었다). 에릭은 특히 전시에 영국 당국에 의해 소외되었던 시절을 회고하는 대목을 비롯해 원한이 가득 담긴 "고약한 마음보"를 너무 자주 드러냈는데, 이런 면은 독자들에게 좋은 인상을 주지 않을 것이라고 프로피트는 지적했다. 또 여러 대목에서 에릭은 "당의 노선"에 대한 입장을 더 분명하게 밝힐 필요가 있었다. 더 과감한 조치로 프로피트는 초고의 결론부를 도입부로 옮기기를 원했는데, 이 책을 왜 읽어야 하는지를 독자들에게 알려주는 내용이었기 때문이다. 그 부분을 책의 끝에 두는 것은 전혀 의미가 없었다("거기까지 읽은 독자들에게 그 부분을 들려줄 필요는 없을 것입니다").[7] 에릭은 마땅히 동의했다.

에릭은 표지 디자인과 도판 문제로 프로피트를 적잖이 괴롭혔다. 출판사는 으레 자서전의 앞표지에 저자 사진을 넣고 싶어 했지만, 에릭은 자신이 못생겨 보인다고 생각해 사진을 전부 거부했다(10대 시절 일기에 처음으로 토로했던 외모에 대한 당혹감은 생의 마지막까지 없어지지 않았다). 책의 주제와 아무런 관련도 없어 보이는 파울 클레의 그림을 쓰자는 에릭의 제안을 프로피트는 거부했다. 결국 프로피트는 에릭이 말년에 찍은 흑백사진을 선택했다. "우리가 살펴본 모든 사진 중에서 이 사진이 단연코 가장 좋은 반응을 얻었습니다"라고 에릭에게 말했다. "프랑크푸르트 [도서전의] 판매대에 이 사진을 (매우 크게!) 전시했을 때 호의적인 평가가 많았습니다. 특히 반半그림자 효과와 당신이 얼굴을 비스듬히 돌린 모습이 마음에 들어요. 전반적인 효과가 매우 인상적이라고 생각합니다." 프로피트는 에릭이 표지에 사진을 넣고 싶어 하지 않는다는 것을 인정하면서도 "이것이 우리가 책을 내고 판매하는 최선의 방법입니다"

라고 고집했다.[8] 이런 문제에서 최종 결정권은 보통 출판사가 갖는다. 그리고 아직 생존한 사람들을 언급하는 책의 경우에도 법적인 이유로 책에서 빼야 하는 내용에 대한 최종 결정권은 으레 출판사에 있다. 당시 홀로코스트를 부인하는 데이비드 어빙David Irving이 제기한 명예훼손 송사에 휘말려 있던 펭귄 출판사의 법무팀은 혹시 있을지 모를 명예훼손 소송을 평소보다 더 우려했고, 책에서 언급하는 많은 사람들 중에서 아직 살아 있는 이들이 누구인지 확인했다. 변호사들은 원고에서 케네디 가문과 마피아의 연계, 전 시카고 시장 데일리가 저지른 것으로 추정되는 부패(그리고 그의 아들인 현 시카고 시장의 부패 연루 가능성)를 거론한 대목을 문제 삼았고, 책의 말미에 실린 이라크 침공에 관한 서술에 한정적 표현(이를테면 "~인 것처럼 보인다")을 넣을 것을 제안했다. 하지만 전반적으로 법무팀은 걱정할 것이 별로 없다고 판단했으며, 법적인 문제로 인한 수정은 최소한으로 이루어졌다.[9]

책은 2002년에 《흥미로운 시대: 20세기의 삶Interesting Times : A Twentieth Century Life》이라는 제목으로 출간되었다. 이 제목은 에릭이 출간 과정에서 비교적 늦은 단계에 제시했는데,[10] 고대 중국의 악담이라는 "흥미로운 시대를 살아가소서"를 암시하는 표현이었다(이 악담은 1930년대에 중국 주재 영국 대사가 처음으로 소개했지만, 중국 문헌에서도 다른 어떤 문헌에서도 전거를 찾을 수가 없다). 독일에서는 이 제목의 아이러니를 없애고 책을 《위험한 시대》라고 불렀다.[11] 원래는 자서전의 장들을 연대순으로 배치하고 '주저하는 영국인의 초상(런던 1933~36)', '흥미롭지 않은 전쟁', '역사 쓰기: 유명해진 이유', '존경받는 교수(1970년대)', '파트타임 뉴요커(1980년대와 1990년대)'와 같은 제목을 붙일 생각이었다. 그리고 이 구조에 '프랑스와 프랑스인(생애 전반, 그러나 1950년대에 집중)', '원초적 반란자들을 찾아서: 이탈리아와 스페인(1951~60)' 같은 개별 국가에 관한 장들을 통합할 예정이었다.[12] 그렇지만 막바지에 에릭은 생각을 바꾸어 책의 종반부를 주제별로 구성했으며, 그리하여 자신이 잘 알게 된 나라들을 연대순 구조를 택했을 때보다 잘 분석할 수 있었다.

프로피트는 책의 구성에 만족하고 자서전이 큰 성공을 거두리라 예상했다. 분명히 책을 홍보하기 위한 온갖 노력이 이루어졌다. 펭귄은 2002년 10월 1일 런던 스트랜드 80번지 건물의 한 층에 있는 웅장한 사무실에서 파티를 열어 이 책을 소개했으며, 다수의 친구와 지지자, 신문과 잡지의 기자들이 참석한 이 파티에서 저자와 편집자 둘 다 연설을 했다. 에릭은 열흘 후 첼튼엄 도서 축제에서 책을 소개했고, 10월 16일에 런던 사우스뱅크 센터의 퍼셀룸에서 피터 헤네시Peter Hennessy와 대담을 하면서 다시 소개했다. 또 홍보를 위해 10월 24일 케임브리지의 헤퍼스 서점으로 갔는가 하면 BBC2의 〈뉴스나이트〉, 라디오3의 〈나이트웨이브스〉, 라디오4, 라디오2, 그리고 월드서비스에서 인터뷰에 응했다.[13] 2002년 12월 5일까지 책은 중쇄를 몇 차례 거듭해 양장본으로 1만 3천 부가 팔렸다.[14] 자서전은 16개 언어로 출간되었고, 이 무렵 에릭의 책이 으레 그랬듯이 브라질에서 2만 7천 부를 상회하는 최고의 판매량을 기록했다.[15]

《흥미로운 시대》는 특히 《극단의 시대》의 엄청난 성공으로 에릭이 얻은 명성 덕분에 신문과 언론에서 아주 폭넓게 서평을 받았다.[16] 서평자들이 공히 지적한 점은 에릭이 대부분의 서사를 비교적 비개인적인 어조로 썼다는 것이다. 결국 책을 더 내밀하게 만들지 못했다는 스튜어트 프로피트의 고백은 진실한 평가였다. 에릭의 속내가 가장 많이 드러난 부분은 유년기와 사춘기를 다룬 장이었고, 케임브리지에 입학한 후부터는 비개인적인 어조가 강해졌다. 페리 앤더슨이 통찰력 있는 서평에서 지적했듯이, 특히 공산당원으로서의 이력을 서술하는 부분에서 '나' 대신 '우리'를 사용하는 경향이 나타나며, 이는 에릭이 일종의 "내적인 종합"

을 통해 공산주의에 대한 헌신의 본질을 밝혀야 했음에도 "주관성을 억압"했다는 것을 뜻했다. 물론 공산주의는 인간의 개성을 당과 대의에 대한 헌신으로 승화해야 하는 집단적 운동이며, 따라서 서사의 이 단계에서 '우리'가 더 자주 쓰이는 것은 놀랄 일이 아니라고 대꾸할 수도 있을 것이다.[17] 그렇다 해도 앤더슨의 지적은 일리가 있다.

토니 주트는 에릭을 바이마르 시대 베를린에서 경험한 공산주의 운동의 기백을 그리워하는 마음으로 공산주의에 관한 집필을 채색한, 심지어 음울할 정도로 소련에 순응했던 동독에 관한 집필까지 채색한 낭만주의자로 분류했다. 주트는 공산당을 떠나지 않은 에릭의 일관성에 탄복하면서도 거기에는 대가가 있었다고 생각했다. "가장 명백한 손실은 그의 산문이다. 홉스봄은 정치적으로 민감한 영역에 들어설 때마다 공산당의 대변인을 생각나게 하는, 속내를 숨기는 뻣뻣한 언어로 후퇴한다." 그리고 에릭의 헌신은 그의 역사적 판단도 손상시켰다고 주트는 지적했다. 예를 들어 에릭은 흐루쇼프의 1956년 연설을 가리켜 "스탈린의 비행에 대한 잔인하리만치 가차 없는 힐난"이라고 말하면서도, 스탈린의 비행 자체는 잔인하고 가차 없는 행위로 일컫지 않았다. 공산주의의 과오를 인정하는 것과 별개로, "홉스봄은 악을 정면으로 응시하며 그것을 호명하기를 거부한다. 홉스봄은 스탈린과 그의 저술의 정치적 유산뿐 아니라 도덕적 유산과도 결코 싸우지 않는다"라고 주트는 비판했다.

에릭은 특히 1980년대 후반과 1990년대에 뉴욕에 머무는 동안 주트와 알고 지냈다(이 시기에 주트는 뉴욕대학의 교수였다). 에릭이 주트를 "학계의 싸움꾼", 냉철한 학자가 아니라 격정적인 옹호자로 특징짓긴 했지만, 두 사람은 서로의 연구를 높이 평가했다.[18] 그러나 에릭에게 신념을 철회하고 잘못을 실토할 것을 요구하는 주트의 신랄한 다그침에는 종교재판의 분위기가 서려 있었다. '영국의 현황' 문헌 연구의 대가 앤서니

샘슨은 더 균형 잡힌 평가를 내렸다. "이 책에 놀라움과 활력을 끊임없이 더해주고 책을 비범한 정치적 회고록으로 만들어주는 요소는 홉스봄의 자기 성찰이다."[19] 실제로 《극단의 시대》에서도 《흥미로운 시대》에서도 우리는 평생 공산주의자로 살아온 노학자가 생애의 대부분 동안 헌신했던 대의의 정치적 실패를 받아들이기 위해서만이 아니라, 그것이 왜 실패했고 얼마나 많은 해악을 끼쳤는지를 얼마간 이해하기 위해서도 분투하는 흥미진진하고 감동적인 모습을 볼 수 있다.

자서전에 대한 여러 서평에서 에릭은 1990년대 중반부터 되살아난 냉전식 사고를 감지했다. 대체로 그 원인은 2001년 9월 11일 이슬람 근본주의 테러리스트들이 뉴욕의 쌍둥이 빌딩을 파괴한 뒤 유행하게 된 새로운 "절대선과 절대악에 대한 도덕적 담론"에 있었다.

몇 년 전만 해도 나의 '단기 20세기' 역사서를 보수주의자들일지라도 선전이나 이데올로기적 정당화를 위한 저술로 받아들이지 않았다— 여하튼 프랑스 밖에서는 그랬다. 오늘날의 상황은 다르다. 지난 몇 주 동안 누군가는 나의 자서전을 읽고서 "우리는 에릭 홉스봄에게 메스꺼움을 느껴야 한다"(《인디펜던트 온 선데이》의 요한 하리)라고 결론 내렸고, 다른 누군가는 (…) 나를 악을 정당화하는 전형적인 사람으로 일컬었다. "예를 들어 자신이 찬동하는 공산주의 이상의 이름으로 수백만 명이 살해당한 사태를 정교하게 합리화하는 에릭 홉스봄"(《타임스》 2, 13/1/03). 나는 이런 의견에 대해 구태여 발언하지 않을 것이다. 이런 의견은 공산주의 및 이와 연관된 모든 것을 너무나 명백하게 절대적인 악으로 간주하는 이야기가 되살아나고 있음을 말해준다. 누구든 공산주의에 동조했던 사람은 일부러 신의 대의가 아닌 사탄의 대의를 선택하는 악한 사람이거나, 아니면 두 대의의 차이를 모를 정도로 무

식하거나 얼빠진 사람이라는 것이다. 요컨대 악한 아니면 바보라는 것
이다.[20]

그러나 몇몇 서평은 더 신중했다. 프랑스사 전공 역사가로 출발했지
만 근대 영국사에 관한 저서 집필로 전환한 런던대학의 교수 리처드 비넨
Richard Vinen은 우선 "정치적 견해 때문에 일자리를 얻지 못한 주변부 인
물"이라는 에릭의 자기 소개에 의문을 표했다. 에릭이 얻지 못했다고 암
묵적으로 가리키는 일자리는 옥스브리지의 교수직뿐이었다. 물론 실제
로 에릭은 버크벡에서 1947년부터 은퇴할 때까지 줄곧 전임 교수였다.
다만 버크벡이 시간제 학생들을 위한 야간대학이라서 수십 년 동안 학
계의 주류에 거의 속하지 못했다고 주장할 수는 있었다. "20세기 영국
역사학계는 기존의 제도권 밖에서 활동한 고독한 학자들에 의해 좌우되
었다"라고 비넨은 지적했다. "최고의 역사가들—경력 초기의 루이스 네
이미어, 경력 후기의 A. J. P. 테일러, 그리고 거의 경력 내내 뛰어났던
E. P. 톰슨—은 대개 대학 일자리조차 얻지 못했다." 물론 이것은 비넨
이 가려 뽑은 명단이었다. 우리는 베일리얼칼리지의 학장이 된 크리스
토퍼 힐을 비롯해 대학에 자리 잡은, 똑같이 훌륭한 역사가들을 여럿 거
론할 수 있다. 옥스퍼드 역사가 에이드리언 그레고리는 조금 다르게 에
릭이 "결국에 가장 편안하게 느낀 곳은 학계의 외부나 심지어 기득권층
의 외부가 아니라 학계의 가장자리였다. 다만 스스로 정한 거리를 두었
을 뿐이다"라고 말했다. 따지고 보면 그런 가장자리가 역사가에게 이상
적인 위치라고 그레고리는 생각했다.[21]
　에릭이 "언제나 제도권"에 속했다는 비넨의 주장에는 얼마간 진실이
담겨 있었다. "그는 성년의 거의 전부를 대학에서 보냈다. 그는 분명 영
국에서 처음으로 박사 과정을 끝마치기 위해 애를 쓴 주요 근대사 역사

가들 중 한 명이며, 학술대회에 자주 성실하게 참석했다." 그는 사도회, 영국 학술원, 애서니엄 클럽 같은 신사 클럽들에 속한, "이상한 방식으로 매우 영국적인 인물"이었다.

홉스봄이 한껏 자랑한 세계시민주의마저도 영국인 정체성에 잘 들어 맞는다. 영국 기득권층은 홉스봄의 친구 이사야 벌린처럼 낯선 사상을 우아한 영어 산문으로 설명할 수 있는 사람들을 언제나 무척 좋아했다. 홉스봄이 영국 중간계급에게 호소하는 매력—포괄적이고 자신만만한 주장, 무심한 듯 동원하는 엄청난 박식, 흥미를 자아내는 이국적인 유럽 문화—은 엘리자베스 데이비드Elizabeth David의 매력과 비교할 수 있을 것이며, 그렇게 해도 완전히 경솔한 짓은 아닐 것이다.

두 사람을 비교한 것은 뛰어난 시도였다. 엘리자베스 데이비드는 아름답게 쓴 일련의 저술을 통해 프랑스 요리와 이탈리아 요리의 조리법을 기술적으로 타협하지 않는(그래도 온전히 실행할 수 있는) 방식으로 전후의 영국에 소개한 인물인데, 외국의 정통 조리법을 제시하고 때로는 구하기 어려운 원래 재료까지 고집하는 것이 특징이었다. 이런 면에서 엘리자베스의 요리 저술과 에릭의 역사 저술은 서로 닮은 구석이 있었다.
또한 비넨은 에릭의 재능을 대학 출판부보다 상업 출판사가 더 빨리 알아차렸다고 지적했다. 저자로서 에릭의 명성은 빠르게 퍼져나갔으며, 《원초적 반란자들》은 톰 울프의 《허영의 불꽃》(1980년대 뉴욕에 관한 방대한 풍자소설)에서 한 등장인물에 의해 인용되기까지" 했는데, 뉴욕 민권운동의 한 지도자를 '원초적 반란자'로 지칭하는 대목에서였다. "홉스봄은 정치사에서 제기될 수도 있는 거북한 문제들을 피하려다가 사회사와 흥미로운 관계를 맺게 되었다"라고 비넨은 생각했다. "상대적으로 중요

하지 않은 영국 공산당은 홉스봄이 중요해지는 데 도움이 되었다"라는
비넨의 의견은 근거가 약하다고 보아야 할 것이다. 비넨은 "지식인들이
당에 유일한 실질적 영향력을 제공했다"고 주장했지만, 공산당은 그렇
게 생각하지 않았다―사실 공산당은 지식인들을 경멸했으며, 당과 에
릭의 관계는 언제나 어려움으로 가득했다. 결국 정치가 책 전체를 관통
하는 주제이므로 에릭의 개인적·정서적 삶을 대부분 생략한 것은 별로
놀랄 일이 아니었다. 마를린은 그것 때문에 실망하지 않았다. "쓰지 않
은 부분들이 언제나 가장 좋네요"라고 마를린은 결혼기념일을 맞아 뉴
욕에 있는 에릭에게 보낸 엽서에 적었다.[22]

2

새로운 세기가 시작될 무렵, 에릭의 생활은 일정한 패턴으로 굳어진
지 오래였다. 언제나처럼 열렬히 읽고 논문과 에세이, 언론 기고문을 연
이어 쓰면서 대부분의 시간을 내싱턴 로드에서 보냈다. 2008년, 매주
작가들의 작업실을 다루는 《가디언》 토요일판 특집기사에 에이먼 매케
이브Eamonn McCabe가 찍은 에릭의 서재 사진이 에릭이 직접 쓴 설명글
과 함께 실렸다. 빌리 홀리데이 사진을 걸어둔 빈 공간을 빼면, 서재에
는 바닥부터 천장까지 책들이 빼곡히 쌓여 있었다. 책상 위의 평평한 공
간마다 꽤 많은 문서 더미들이 위태롭게 자리를 잡은 터라 그 무렵 에릭
이 글을 쓸 때 항상 사용하던 노트북이 좁은 구석으로 밀려났고, 그 위
로 높낮이를 조절할 수 있는 스탠드가 있었다. 작업을 방해하는 것은 거
의 없다고 에릭은 매케이브에게 말했다. 서재에 전축이 있긴 하지만 "나
는 거의 듣지 않는다. 음악은 자기주장이 너무 강하다."

나는 햄스테드 주택에서 예전에 아들 앤디가 썼던 꼭대기층 방에서 일
한다. 그 방은, 기존과 다른 방식으로 여전히 혼란스러워 보인다는 점
만 빼면, 10대가 쓰다가 노인이 쓰게 되면서 극적으로 바뀌었다. 실제
로 대부분의 공간이 혼란스럽다. 연구 노트, 인쇄물, 원고, 답장하지
않은 편지, 현금, 새로 도착한 책 등이 쌓여 있는데, 모두 더 이상 의지
할 수 없는 나의 기억력이 꺼내놓은 것들이다. 나는 여러 서류에 둘러
싸인 채 일하는 역사가이기 때문에 그것들은 두 개의 책상에서 노트북
주위에 쌓이는 경향이 있다. 지금은 노트북이 없으면 작업할 수 없는
데, 1980년대 말에 뉴욕에서 학생들에게 창피를 당하고서 컴퓨터의 시
대로 진입했다.

  이곳은 사교를 위한 공간 따위 없는 철저한 작업실이었다. 책상 뒤편
의 책장을 가득 메운 책들은 대부분 에릭 본인 저서의 외국어 번역본으
로 "의욕이 꺾이는 순간에 늙은 세계시민주의자가 지난 50년간 세계의
독자들에게 역사를 전하는 데 완전히 실패한 것은 아님을 상기시키는
역할을 한다. 그리고 할 수 있는 한 계속 나아가도록 나를 격려해준다."[23]
  에릭과 마를린은 이제는 전설이 된 내싱턴 로드의 저녁 파티를 계속
열었다. 닉 제이콥스는 이렇게 기억했다. "그는 진토닉과 브랜디를 든
채로 문을 열곤 했고 나무랄 데 없는 주인이었어요. (…) 마를린은 요리
를 했고, 에릭은 옆에서 돕고 음식을 나누어주고 파티가 끝나면 언제나
설거지를 하는 것 같았어요. (…) 에릭은 항상 커피를 준비하고 예전부
터 해오던 대로 설거지와 식기세척기 돌리는 일을 했어요."[24] 일부 손님
들은 에릭과 마를린의 매우 전통적인 역할 분담에 눈을 흘기고 그것을
꽤 "독일적인" 특징으로 생각했다.[25] 그러나 여성을 대하는 에릭의 태도
는 실은 독일적인 태도가 아니었다. 독립 작가이자 번역가였던 어머니

의 영향도 독일적인 특징이라는 견해를 뒷받침하지 않는다. 오히려 여성을 대하는 에릭의 태도는, 뮤리얼 시먼과의 관계에서 파국으로 이어진 동지들의 정치적 결혼이라는 생각을 극복한 이후, 재즈계의 경험에서 영향을 받았을 가능성이 더 높다. 재즈계에서 여성은 '아가씨', 연주자의 부속물('고양이')이지 동등한 존재가 아니었다. 여하튼 에릭이 마를린에게 끌렸던 것은, 그녀의 미모와 매력, 지성을 빼고 말하자면, 무엇보다 그녀의 폭넓은 문화적 관심, 세계시민주의, 능숙한 프랑스어와 이탈리아어 실력, 콩고에서 유엔을 위해 일했던 도전적인 경험 때문이었지 그녀가 작가 집단이나 기득권층의 확실한 일원이 아니라는 사실 때문이 아니었다. 저녁 파티에 대해 말하자면, 에릭은 평생 악명이 자자할 정도로 손재주가 없어서 음식을 만들거나 준비하는 역할에서 배제된 것이었다.

저녁 식탁에서의 대화는 닉 제이콥스에 따르면 "말하자면 정치 가십"에 집중되었다. "에릭은 저녁 파티에서 진지한 이야기를 하고 싶지 않았던 것 같아요."[26] 그러나 역시 이런 파티에 참석했던 펭귄 사의 편집자 스튜어트 프로피트의 생각은 달랐다.

에릭은 잡담을 많이 하지 않았어요. (…) "어떻게 지내세요?" 같은 인사를 20초쯤 한 다음 "그래서 우리가 처한 이 곤경에서 어떻게 벗어나야 할까요?"라고 묻곤 했죠. 그는 본론으로 곧장 들어가기를 원했어요. 현재의 정치, 세계의 정치에 대해 이야기하고 싶어 했습니다. 세계 전역에 대한 정보의 수준이, 극히 고령인데도—분명히 93세, 94세 즈음이었을 거예요—세계 곳곳에서 무슨 일이 벌어지는지를 정확히 알고 있을 정도였어요. 일종의 1인 이코노미스트 인텔리전스 유닛* 같았다고 할까요. 그는 정말로, 정말로 비범했어요. 그리고 다른 사람들이 그

수준으로 대화에 즉각 참여하기를 기대했죠. 그래서 꾸물거릴 틈이 없었어요![27]

로이 포스터는 조금 다르게 말했다. 대화의 초점은 대체로 "가십 (…) 사회적 혹은 성적 가십, 프루스트적 가십이 아니라 문학 작품, 사람들이 받은 나쁜 서평에 대한 가십"이었다. "그곳은 대도시적이고 문학적이고 (…) 전형적인 런던 북부였지만, 세계시민주의가 가미되어 있었죠."[28] 인도 역사가 로밀라 타파르의 회상에 따르면 "그들의 집은 세계 곳곳에서 급진적인 성향의 사람들이 찾아오는 일종의 중심지가 되었다." — 여기서 급진적이라는 표현은 대개 구식 마르크스주의자를 의미했다. "어떤 저녁도 지루하지 않았다."[29] 로이 포스터는 이렇게 기억했다. "마를린은 크리스마스 무렵에 평소보다 저녁 파티를 크게 열 때면 거실이든 식당이든 사람들이 주로 모여 있는 곳에 들어와서는 '환멸에 빠진 공산주의자들에게 둘러싸이는 상황에 신물이 나요! 나는 다른 얘기를 하고 싶어요!'라고 말하곤 했어요. 분명히 환멸에 빠진 공산주의자들은 다른 방에 모여 있었기 때문에 마를린은 더 경박한 자유주의자들이 있는 방으로 들어오곤 했고, 그러면 나는 우리가 경박한 자유주의자들이구나 하고 짐작했어요."[30]

이 무렵 에릭은 동년배들보다 오래 살고 있었다. "요즘은 추도식에 가는 일밖에 하지 않는 것 같아요"라고 에릭은 이 무렵 내게 말했다. "나는 이제 역사적 기념물이 된 듯한 기분이 들어요"라고 프랑스사 전문가 더글러스 존슨에게 2002년 6월 19일에 말하기도 했다. 에릭은 그해 6월 7일 로드니 힐턴의 사망에 특히 낙담했다. "1930년대의 마르크스주의

---

* 영국의 시사경제 주간지 《이코노미스트》의 계열사로 1946년에 설립되었다.

역사가 세대가 꽤 장수한 것은 사실이지만, 이제 그 세대도 얼마 남지 않았다"라고 그는 썼다. 에드워드 톰슨은 1993년에 죽었고, 크리스토퍼 힐은 10년 후에 죽었다. 에릭의 친구인 미술사가 프랜시스 해스컬은 2000년에 죽었다. 에릭보다 몇 살 많은 빅터 키어넌은 에릭만큼 장수하여 2009년에 95세로 사망했다. 래피얼 새뮤얼은 1996년 훨씬 젊은 나이에 암으로 쓰러졌다. 유명한 음반 제작자인 에릭의 사촌 데니스 프레스턴은 오래전인 1979년 10월 21일에 브라이턴에서 세상을 떠났고, 그로써 함께 재즈를 사랑하며 키워온 오랜 우정에 마침표를 찍었다.[31] 또 다른 사촌 론 홉스바움은 2004년에 죽었다. 론은 1990년대에 런던으로 돌아와 에릭과 마를린의 집에서 멀지 않은 곳에서 살았기 때문에 두 가족은 이전보다 더 자주 만나며 관계를 회복했다.[32] 에릭은 고인들이 남기고 간 공백을 더 젊은 친구들과 그 파트너들로 어느 정도 메웠다. 레슬리 베델, 로더릭 플로드, 로이 포스터, 마틴 자크, 닉 제이콥스, 스튜어트 프로피트, 리처드 래스본 등이 그들이었다.

어쩌면 놀랍게도 에릭은 니얼 퍼거슨과 친하게 지냈다("우파이지만 유감스럽게도 멍청하지 않습니다"라고 편지에 퍼거슨을 가리켜 적었다).[33] 다른 편지에는 "그는 엄청나게 재능 있는 사람으로 극히 흥미로운 저작을 썼지만 선동가가 되고 싶은 충동에 끝내 저항하지 못했습니다"라고 썼다. 퍼거슨의 최근 저서 《세계의 전쟁: 증오의 세기The War of the World: History's Age of Hatred》(2006)는 에릭이 보기에 특히 "위험한 아마추어 사회생물학" 때문에 "망신스러울" 지경이었다. "그는 영리하고 매력적인 사람이며 나는 그와 아주 잘 지내고 있기 때문에 애석한 마음입니다"라고 에릭은 덧붙였다.[34] 두 사람이 만난 것은 에릭처럼 퍼거슨도 경제결정론의 문제들에 매료되어 있었기 때문이다. 에릭은 퍼거슨과의 여러 차례 만남 중에서 2004년 6월 23일의 저녁식사를 휴대용 일기장에 기록했다.[35] 에릭이 웨일스에서 이웃으로 만난, 런던을 중심으로 활동하는 아프리카 역사 전문가 리처드 래스본은 두 사람이 서로를 높이 평가한다는 데 놀랐는데, 에릭의 저술을 아낌없이 칭찬하는 퍼거슨에게 에릭이 감사해하는 모습을 보고 그렇게 생각했다. 에릭이 찰스 왕세자가 자선활동을 한다는 이유로 그에 대해 긍정적으로 이야기하고 자기 생각에 영국에 가장 알맞은 체제는 군주제라고 말하자 래스본은 더욱 놀랐다. 또 에릭은 보수당의 실용주의와 묵묵히 맡은 일을 해내는 태도를 칭찬했다. "숨겨진 결점이 위엄 있는 예복 밖으로 때때로 삐져나왔어요"라고 결연한 좌파 래스본은 신랄하게 지적했다.[36]

에릭과 마를린은 예전처럼 웨일스의 별장에 연중 두세 번은 찾아가 한 번에 일주일씩 머물렀고, 헤이 도서 축제에 빠짐없이 참석했다. 훗날 줄리아가 회상했듯이, 부부는 헤이 축제 기간에 "그곳에 들르는 평생지기 저자들—아마르티아 센과 에마 로스차일드, 클레어 토멀린과 마이클 프라이언, 존 매덕스 경과 그의 아내인 작가 브렌다 매덕스, 그리고 희곡 〈로큰롤〉에서 내 아버지를 바탕으로 케임브리지의 좌파 교수를 창조한 듯한 톰 스토파드—을 위해" 연례 점심 파티를 열었다.[37] 에릭은 결국 별장이 있는 렌두르 촌락을 포함하는 브레콘-래드너셔 선거구로 투표권을 옮겼다. 2005년 에릭이 프리츠 루스티히에게 말했듯이, 그곳은 "여전히 중요하지 않은 선거구이지만, 그곳에서 토리당에 반대하는 표는 사실상 자유민주당 표이기 때문에 나는 어떤 식으로든 블레어에게 투표할 필요가 없어요. 햄스테드에서 글렌다 잭슨에게 투표하는 마를린도 문제가 없어요. 글렌다의 의정 활동은 전쟁[이라크 전쟁]과 그밖의 모든 사안에서 좋아요." 이 무렵 햄스테드는 노동당의 텃밭이었으므로 에릭은 그곳에서 투표할 필요가 없었다.[38] 그 한 표는 브레콘-래드너셔에서 더 중요했으며, 실제로 1992년에 보수당에 의석을 주었던 이 선거

구는 5년 후에 자유민주당의 차지가 되었다.[39]

이 투표가 시사하듯이, 에릭은 토니 블레어의 신노동당 정부에 환멸을 느낀 지 오래였다. 사실 에릭은 처음부터 블레어 정부의 급진주의에 회의적이었다. 블레어는 "정부를 체계적으로 오른쪽으로, 즉 시장사회의 방향으로 옮기려 계획하고" 있다고 에릭은 2005년에 편지에 썼다. "대다수 당원들은 더 사회민주적인 전통을 대변하는 브라운을 선호할 테지만, 그는 힘이 부족합니다."[40] 블레어는 "바지를 입은 대처"라고 에릭은 언젠가 내게 말했다. 에릭은 개인적인 친구 고든 브라운이 토니 블레어를 대신해 총리직에 오른 직후에 응한 2007년 인터뷰에서 평소답지 않게 정치적 낙관론을 표명했다.

블레어의 최악의 잘못은 이라크입니다. 뛰어난 직관력으로 선거에서 이기는 정치인으로 시작한 이 남자는 어느 시점엔가 무력 개입으로 세계를 구하는 것이 자신의 소명이라고 생각했고, 미국 측과 상의하기도 전에 그 소명을 받아들였습니다. 두 번째 최악의 잘못은 정부가 보통 사람들을 위한 기관임을 완전히 망각한 것입니다. 유일하게 중요한 것은 어떻게든 자유시장에서 기회를 붙잡아 부유해지고 유명해지는 사람들, 그리고 그것을 바탕으로 사회의 가치를 쌓아나가는 사람들이라는 관념—나는 이 관념이 블레어의 잘못이라고 생각합니다. 어쩌면 블레어는 자기도 모르는 사이에 이런 식으로 편향되었을 겁니다. 고든 브라운은 훨씬 더 나을 겁니다. 적어도 블레어 말기의 노동당을 도저히 지지할 수 없다고 생각했던 우리에게는 그렇습니다. 브라운은 노동운동의 전통에 대한 의식, 그리고 무엇보다 사회정의와 평등에 대한 의식을 갖추고 있습니다.[41]

그렇지만 브라운의 선택지는 세계화의 속박으로 인해 제한되었다. 나머지 세계로부터 비교적 고립된 채로 경제정책과 사회정책을 펴는 구식 사회민주당 정부나 노동당 정부로 돌아가는 것은 더 이상 가능하지 않았다. "고든과 다른 모든 사람에게 진짜 문제는 이 세계화를 완전히 자유로운 자본주의로부터, 틀림없이 엄청난 곤경으로 귀결될 자본주의로부터 정확히 어떻게 떼어낼 수 있느냐는 것입니다."

나이가 들어가면서 에릭은 인터뷰를 거절하기 시작했다. 《흥미로운 시대》를 홍보하기 위한 인터뷰는 원만하게 진행되었지만, 아마도 1990년대에 수 롤리와 마이클 이그나티에프에게 시달렸던 불쾌한 경험을 떠올렸을 것이다. 2007년, 30분간 일대일로 질문하고 답변하는 코너를 포함하는 BBC 프로그램 〈더 인터뷰〉에 출연할 의사가 있느냐는 연락을 받았을 때 에릭은 너무 바쁘다고 말했다. 이전 출연자들 중에 유엔 사무총장 코피 아난, 음악가 다니엘 바렌보임, 소설가 토니 모리슨처럼 국제적으로 유명한 인물들이 있었음에도 에릭은 거절했다.[42] 그에 반해 얼마 전 라디오4의 청취자들이 모든 시대를 통틀어 가장 좋아하는 철학자로 꼽은 카를 마르크스에 대해 강연해달라는 유대인 독서주간 행사의 요청에는 기꺼이 응했다.[43] 종전처럼 자신이 민감하게 느끼는 쟁점과 관련한 영국 정치, 더 나아가 국제 정치에 대해서는 이따금 견해를 밝혔다. 에릭은 페리 앤더슨 및 래피얼 새뮤얼과 함께 1967년 6일 전쟁 이래 이스라엘이 점령한, 서안지구 라말라에 있는 팔레스타인 비르제이트대학에 다녀온 적이 있었다. 군사 점령지에서 사는 것은 정신이 번쩍 드는 경험이라고 그는 썼다. 총을 든 이스라엘 군인과 정착민이 어디에나 있었다. "총은 (…) 누가 통치하는지를 알려주는 표식이다." 어디에나 자의성과 공포가 있었다. 사람들은 어둠이 내리면 거리에서 사라졌다. 학생들과 이따금 교수들이 체포되어 재판도 없이 비공개 장소에 구금되었다. "끊임없는 괴롭힘은 자의적 통치에서 일상다반사다." 이스라엘 정권은 "팔레스타인 사람들에게 몰수나 이주, 종속 외에 무언가를 제공하겠다고 주장"하지도 않았다. 더욱 암울한 것은 이스라엘의 팽창과 아랍인 추방을 신이 정한 과업으로 여기는 이스라엘 정착민들의 극단적인 광신이었다. 몇 년 후에 나와 대화하던 중에 에릭은 팔레스타인에서 1948년부터 진행되어온 사태를 가리켜 "낮은 수준의 종족 청소"라는 표현을 사용했다.[44]

에릭은 오래전부터 시오니즘을 우려했는데, 특히 그것을 민족주의의 한 형태로 여겼기 때문이다. 시오니즘은 그 자체의 노력으로 성공한 것이 아니었다. "히틀러가 없었다면, 독립 이스라엘은 존재하지 않았을 것이다"라고 1987년에 썼다.[45] 2003년 2월 13일 《타임스 리터러리 서플리먼트》에 보낸 편지에서 에릭은 아리엘 샤론이 이끄는 이스라엘 우파 정부의 정책을 비판했다. 에릭은 "우리 유대인 공동체에 속한다고 해서 곧 이스라엘의 정책을 지지하고 더 나아가 그 이면의 민족주의 이데올로기를 지지하는 것은 아님을 시오니스트가 아닌 유대인들이 공개적으로 말하는 것이 중요하다"고 생각했다.[46] 2년 후 에릭은 다른 74명의 학자들과 함께 이스라엘이 서안지구에서 저지른 "학문의 자유 침해"를 비롯한 "장기간의 잔혹한 팔레스타인 점령"을 비난하는 편지에 서명하여 《가디언》에 보냈다. 서명자들은 팔레스타인 학자들이 요구하는 이스라엘 고등교육기관 보이콧에 반대하지 않으면서도 그것을 "더 신중하게 숙고할 필요가 있다"고 생각했다. 편지는 팔레스타인 학자들을 돕자고 호소하고 "이스라엘 학계는 이런 상황에서 그들의 역할을 고려해야 한다"라고 요구하는 것으로 끝을 맺었다.[47]

그렇지만 에릭은 이스라엘 국가를 무턱대고 적대시하는 입장과는 거리가 멀었다. 아이라 카츠넬슨이 보기에 "그는 맹렬한 비판자이면서도

어느 정도 유대인다운 본인의 충성심을 가지고 있었어요." 에릭은

온갖 비판을 하면서도 이해심을 가지고 있었어요. 마땅한 장소가 거의
없던 시기에 그곳이 구조 현장이었다는 것, 말하자면 선택지가 별로
없었다는 것을 이해하고 있었죠. 그래서 내가 보기에 그는 팔레스타
인-이스라엘 경험의 그런 측면을 받아들였고, 그곳에서 살고 있는 공
동체가 어느 정도는 역사의 산물임을 인정하지 않으려는 사람은 일종
의 도덕적 백치—그러면 사용하지 않았을 표현입니다만—라는 의식
을 가지고 있었어요. 그 역사를 그는 겸손한 방식으로, 그러니까 이스
라엘 공동체와는 다른 방식으로 공유했어요.[48]

2008년 말 아랍과 이스라엘 사이의 긴장은 가자지구에서 다시 한 번
공개 전쟁으로 폭발했다. 하마스 통치조직이 국경 건너편의 민간 목표
물을 향해 끊임없이 발사하는 로켓탄에 대응해 이스라엘 정부는 가자지
구를 폭격하고 지상군을 투입해 로켓 기지를 쓸어버렸다. 그 과정에서
민간인이 불가피하게 '부수적 피해'를 입었다. 에릭은 좌파의 다른 사람
들과 함께 이스라엘 측 군사행동의 "야만성"을 비난했다. 그 조치 때문
에 팔레스타인-이스라엘 문제의 영구적인 해결이 더 어려워졌다고 생
각했다. 그리고 그 조치가 더 큰 파장을 불러올 것으로 내다보았다.

가자는 이스라엘의 미래 전망을 어둡게 했다. 또한 디아스포라 상태로
살아가는 유대인 900만 명의 전망도 어둡게 했다. 에둘러 말하지 않겠
다. 이스라엘에 대한 비판은 반유대주의를 함축하지 않지만, 이스라엘
정부의 조치는 유대인들로 하여금 수치심을 느끼게 하거니와, 다른 무
엇보다 오늘날 반유대주의를 낳고 있다. 1945년 이래 이스라엘 내부와

외부의 유대인들은, 학살이 자행되거나 학살을 저지하지 못하는 사태가 벌어지기 이전인 1930년대에 유대인의 이주를 거부했던 서방 세계가 느끼는 양심의 가책 덕에 엄청난 혜택을 입었다. 서방에서 지난 60년간 사실상 반유대주의를 없애고 디아스포라의 황금기를 가져온 그 양심의 가책은 오늘날 과연 얼마나 남아 있을까?[49]

중동의 분쟁에 대해 의견을 낸 이 경우처럼 에릭이 유대인으로서 명확하게 공개적으로 발언하는 것은 드문 일이었다. 그러나 엘리제 마리 엔스트라스가 지적했듯이 "그는 자신이 유대인이라는 사실을 결코 감추지 않았습니다. 자신이 유대인이라는 사실은 그에게 매우 정상적인 것이었고 삶의 일부였어요. 하지만 동시에 그에게 유대인이라는 것은 그저 부모가 유대인이라는 사실, 그리고 빈과 베를린에서 유대인 아이로서 살았다는 사실을 의미할 뿐이었죠." 에릭의 친구들 중 상당수가 유대인이었지만, 그에게 유대인이라는 것은 다른 사람들이 가톨릭교도나 개신교도로 태어나고 자라는 것과 마찬가지로 그저 정체성의 일부였다고 엘리제는 덧붙였다. 결국 유대인 정체성은 에릭에게 그리 중요하지 않았을 것이다. 에릭은 민족적 또는 종교적 소수집단에 별로 신경 쓰지 않았고, 동유럽 배경을 가진 엘리제와 그녀의 남편이 몰두한 언어인 이디시어 같은 소수 언어의 존속에도 별반 관심이 없었다. "이디시어가 사라진들 문제가 될까요?"라고 에릭은 엘리제에게 수사적으로 물었다. "수많은 소수 언어가 사라지고 있고, 그게 정상입니다." 엘리제가 보기에 에릭이 중시한 것은 민족이나 종교가 아니라 계급이었다. 모든 사람이 개인으로서 같은 권리를 갖는 평등 사회를 건설하는 것이 중요했다.[50]

3

런던에서 에릭은 활발한 문화생활을 이어갔다. 재즈 팬이라는 대중적 이미지에도 불구하고 그는 오페라, 특히 이탈리아 오페라를 사랑했다. 로이 포스터는 에릭이 "이탈리아식 테라스에서 〈정결한 여신〉을 듣는 순간을 서정적으로 묘사"했다고 기억했다. 에릭은 피아노 연주자 알프레트 브렌델의 이웃이었는데 포스터가 기억하기로 "홉스봄 가족은 브렌델의 연주회에 가곤 했고, 때로 연주회가 끝난 뒤 브렌델의 집을 방문했어요." 1950년대에 파리에서 처음 알게 된 위대한 사진작가 앙리 카르티에-브레송과 쌓은 우정의 배경에는 시각예술에 대한 공통의 관심이 있었다. 에릭의 일정 수첩을 보면 2011년 1월까지 런던에서 으뜸가는 실내악 공연장인 위그모어홀을 마를린과 함께 자주 방문했음을 알 수 있다. 실은 로니 스콧의 재즈 클럽과 코번트가든의 왕립 오페라하우스보다 더 자주 방문했다. 2010년 3월 9일에는 영빅 공연장의 연극, 2008년 10월 27일에는 테이트 갤러리의 전시회, 2006년 2월 22일에는 왕립 페스티벌홀의 연주회를 보러 갔다.[51] 하지만 이제 이런 외출에 전보다 피곤함을 느꼈다. 2005년 닉 제이콥스는 내싱턴 로드의 집에 있다가 불현듯 에릭에게 그리니치의 국립해양박물관에서 나폴레옹과 웰링턴에 관한 전시회를 하는데 같이 가지 않겠느냐고 물었다.

내가 보기에 그는 동행자 없이는 외출하지 않을 작정이었어요. 내 제안에 그는 "딱히 내 취향은 아닌 것 같은데요"라더군요. (…) 그러자 마를린이 "하지만 당신은 역사가잖아요? 당신이라면 봐야 하는 전시회 아닌가요?"라고 했어요. 그러자 에릭이 "아, 그래요"라고 했죠. 우리는 그곳까지 배를 타고 갔는데 그는 선상 여행을 제대로 즐기는 듯했고,

전시회에 매료되었어요. 훌륭한 전시회였고, 예를 들면 나폴레옹이 마렝고 전투에서 입었던 제복—아름다운 파란색 제복—이 있었어요. 놀라웠죠. 확실히 드라이크리닝이 되어 있었어요! 그런 다음 그가 "있잖아요, 이제 충분한 것 같아요"라고 했어요. 내 생각에 그는 지적으로 힘든 게 아니라 육체적으로 힘든 상태였어요. 그래서 우리는 배를 타고 돌아왔습니다. 하지만 제대로 즐긴 날이었고, 에릭과 편하게 다녀왔다고 말하고 싶네요.[52]

에릭은 《런던 리뷰 오브 북스》의 크리스마스 파티에 계속 참석했고, 마지막으로 참석한 2010년에는 북적거리는 잡지사 서점의 한쪽 구석에 놓인 의자에 꽤 당당하게 앉은 자세로 자신과 이야기하고 싶어 하는 많은 이들을 누구든 상대해주었다.

에릭은 외국 여행을 간헐적으로 계속했지만, 이제 길어야 며칠일 정도로 대부분 매우 짧게 다녀왔다. 비교적 자주 가는 곳은 여전히 파리였다. 이제 언제나 마를린과 동행했고, 보통 자코브가의 랑글르테르 호텔에 묵었다. 2000년 3월과 10월, 2003년 6월, 2004년 6월과 11월에 이곳에 있었다. 나이가 들고 기운이 떨어졌음에도 에릭은 보통 강연을 위해 더 멀리까지 여행하는 것도 마다하지 않았다. 2000년 5월 토리노, 2000년 8월 잘츠부르크 축제, 2000년 9월 만토바, 2002년 1월에 로잔에 갔고, 2002년 5월에 뉴욕에서 일주일을 보냈으며, 2002년 11월 이탈리아에서 5일을 보낸 뒤 이듬해 3월과 4월에 다시 더 길게 보냈고, 2003년 2월 베네치아, 2003년 4월 스페인, 2003년 7월 이탈리아, 2003년 10월 브뤼셀, 2003년 11월에 뮌헨과 베를린을 찾았다. 또 이듬해 1월에 피사에 갔다가 거의 곧바로 로스앤젤레스로 가서 2주간 머물렀다. 2005년 6월 14일 에릭은 브루스 헌터에게 "나이 때문에 외국에 강연하러 가는 여행이 이제 매우 제한되고 있습니다"라고 토로했다.[53] 특히 대서양을 건너는 여행이 그랬다. 2005년 5월 에릭은 캐나다계 독일인 역사가이자 재즈 음악가인 마이클 케이터Michael Kater에게 "나도 꽤 나이가 들어서(6월이면 88세입니다) 완전히 붙박여 있는 건 아니지만 이제 대양을 건너는 여행은 줄이고 있습니다"라고 말했다.[54]

대양을 건너는 마지막 여행은 2004년 12월 "상상할 수 있는 한에서 가장 매력적이면서도 가장 비참한 나라" 인도로 가는 여행이었다. 인도에서 부유층과 빈민층의 격차는 과거 어느 때보다도 확연했다. "현 정부도 격차를 부추기고 있습니다(신임 총리는 자신이 1950년대에 케임브리지에 있을 때 내가 그의 경제사 논문을 심사했다고 알려주었습니다)."[55] 에릭은 여러 차례 강연을 했고, 12월 14일 인도 국제센터에서 로밀라 타파르가 사회를 맡은 인도 역사가들과의 연단 토론에 참석했다. 샤히드 아민Shahid Amin은 "우리들 대다수와 마찬가지로 이곳에 있는 중년의 역사가들은 펭귄 문고와 크리스토퍼 힐, 에릭 홉스봄, 에드워드 톰슨의 책을 읽으며 성장했습니다"라고 말했다.[56] 그리고 에릭은 2008년 9월 22일 프랑스 상원에서 '유럽: 역사, 신화, 현실'이라는 주제로 프랑스어로 강연을 해달라는 초대를 받았다—영국 역사가는 물론 다른 어떤 역사가에게도 귀중한 영예인 이 자리는 에릭이 프랑스에서 마지막으로 모습을 드러낸 주요 공식석상이었다.[57] 강연은 대성공이었고 에릭은 기립 박수를 받았다.[58] 이튿날 아침 편집된 강연 내용이 프랑스 일간지 《르몽드》에 실렸다.

2005년 에릭은 미하일 고르바초프가 후원하는 원로 정치인들의 회합에 참석하기 위해 토리노로 갔다. 3월 4일부터 6일까지 은퇴한 세계 지도자들과 정치인들이 100명 넘게 토리노에 있었다. "나는 이번과 같은 경험을 해본 적이 없다"라고 에릭은 단언했다. "역사가는 자신의 주제들을 한꺼번에 마주할 기회가 거의 없다. (…) 마치 마담 투소 박물관을 찾았다가 그곳에 밀랍인형들 대신 실제 인물들이 있음을 발견했을 때처럼 예상치 못한 광경이다."[59] 그달 말에 에릭은 포츠담에 갔다가 다시 축제를 위해 잘츠부르크로 향했고, 10월에 베네치아, 11월에 로마를 방문했다. 그리고 2010년 11월 18일부터 21일까지 로마에서 체류했는데, 이것이 그의 마지막 해외여행이었다. 에릭과 마를린은 대개 크리스마스 휴가 기간에 몇 차례 파리로 가서 이틀이나 사흘 동안 모리스 아이마르 Maurice Aymard와 그의 가족, 그리고 엘리제 마리엔스트라스와 그녀의 남편과 함께 지냈다. 에릭은 비행기보다 더 편리하고 마음에 드는, 영국 해협 터널을 지나는 유로스타 열차를 이용했고, 2002년 12월 13일부터 15일까지, 2005년 12월 21일부터 25일까지, 그리고 2007년 12월 7일부터 11일까지 파리에 머무르며 마리엔스트라스 가족과 많은 시간을 보냈다.[60] "우리는 한 가족이었어요"라고 엘리제는 회상했다. "우리 넷뿐이었죠. (…) 정말 가족 같았어요. 나이를 먹어가고, 이번 생애를 다 지나왔고, 아주 오랫동안 알고 지냈다는 느낌, 그리고 서로를 그렇게 따뜻하게 대하는 느낌…. 그게 좋았어요."[61]

마를린과 함께 에릭은 아주 작은 손주들의 할아버지라는 새로운 역할을 즐기고 있었다. "우리는 이 작은 아이들과 좋은 시간을 보내고 있답니다"라고 7월에 말했다.[62] 줄리아는 이렇게 회상했다.

아버지는 우리 모두의 삶에, 그러니까 아들 둘과 딸 하나, 손주 아홉, 그리고 어린 증손녀의 삶에 참여했다. 아버지는 방문할 때마다 "사업은 어떠니?"라고 열심히 묻고 자본주의의 최전선에서 들려주는 나의 이야기를 재미있어했다. 내 사업이 한 걸음씩 나아갈 때마다 축하했지만 언제나 조금 불안해하며 자동응답 전화에 메시지를 남기곤 했다.

"아빠다. 그냥 어떻게 지내는지 궁금해서 전화했다. 너무 애쓰지 마라. 키스, 키스." 나의 아빠, 역사학자이자 '좌파'의 거두, 그리고 나, 학위가 없고 정치적으로 다원적이며 사업을 좋아하는 그의 딸.

2007년 6월, 에릭은 90세 생일을 맞았다. 그는 최상의 컨디션으로 얼마 전 히드로 공항에서 출국 전광판에 뜬 '지연' 통지를 보고 안도했다가 '취소'로 바뀌자 더욱 안도했던 일을 떠올렸다. 런던의 오스트리아 대사관은 그의 생일을 축하하는 연주회를 열었고, 현악 사중주단이 모차르트와 하이든, 멘델스존, 슈베르트, 그리그, 쇼스타코비치의 곡을 연주했다.[63]

클레어 토멀린이 회고했듯이, 2012년 6월 95번째이자 마지막 생일 파티에서 "에릭은 당시 우리에게 활기차고 재치 있게, 육체의 고통에도 정신을 온전히 유지하면서 길게 이야기했어요. 그가 생전에 자본주의의 실패를 다 본다고 농담할 때 주위를 둘러보니 그가 얼마나 영국 기득권 층의 일부가 되었는지 알겠더라고요. '에릭은 마법사야'라고 속으로 생각했죠."[64] 이 자리에서 엘리제 마리엔스트라스는 에릭이 "육체적으로 매우 약해졌다"고 생각했다. 그는 "왕좌에 앉아 있는 듯했어요. 뒤에서 밀어주는 휠체어에 앉아 여기저기 돌아다녔고, 그를 포옹하기 위해 줄을 서서 기다려야 했어요." 파티는 포틀랜드 플레이스의 왕립영국건축가협회 본부에서 열렸다. "테이블마다 오페라의 이름이 붙어 있었어요. 연회장에 들어가기 전에 좌석 배치도를 봐야 했죠." 식사는 호화롭게 나왔다. 그러나 "우리는 그의 마지막이 가까워졌다는 것을 잘 알고 있었기에 그에게 경외감을 느꼈어요. 아주 묘한 감정이었죠."[65]

영예와 상은 계속 쏟아졌다. 에릭은 (독일 대사에 따르면 "당신의 저술을 대단히 존경하는") 독일 외무장관 요슈카 피셔로부터 감사의 말을 들었다.[66]

2008년, 에드워드 톰슨의 사망 이후 회장직을 맡았던 노동사연구회의 명예회원이 되었다.[67] 2006년, 매우 뒤늦게 왕립문학회의 회원으로 선출되었다. 2000년, 철학에 기반해 유럽 문화에 뛰어난 기여를 한 공로로 루트비히스하펜시가 수여하는 에른스트 블로흐 상을 받았다. 2008년, 빈의 명예시민권과 보훔 사회경제사 역사상을 받았다. 또한 몬테비데오대학부터 프라하대학까지 일일이 거론하기 어려울 정도로 많은 대학들로부터 명예학위를 받았다. 그리고 아마도 가장 중요한 상으로 유럽사에 뛰어난 기여를 한 학자에게 주는 발찬 상을 2003년에 받았다. 키스 토머스는 이렇게 기억했다.

나는 에릭이 발찬 상을 받는 데 일정 부분 관여했다. 결정 과정에서 엄청난 논쟁이 벌어졌고 일부 위원들은 끝내 결정을 받아들이지 않았다. 에릭이 얼마간 호의적으로 말해온 동독에 대한 기억을 갖고 있는 사람들이 특히 격분했다. 에릭은 몸 상태가 너무 안 좋아서 시상식에 오지 못하고 줄리아가 여봐란듯이 선홍색 구두를 신고 상을 받으러 베른에 왔을 때, 그들은 실망했다.[68]

시상금은 75만 스위스 프랑이었고 이 금액의 절반을 연구 계획에 써야 했다. 에릭은 버크벡에서 박사후 연구원 두 명이 수행하는 '2차 세계대전 직후의 재건: 유럽 비교 연구, 1945~50'에, 그리고 네 차례의 워크숍 또는 학술대회에 상금을 쓰기로 했다. 그의 관여는 제한될 수밖에 없었지만, 연구 계획은 잘 진행되어 이후 몇 년간 여러 중요한 연구가 발표되었다.[69]

4

85세에 출간한 《흥미로운 시대》가 에릭의 마지막 저서였다. "더 이상 책을 쓸 수 없어요"라고 그 무렵 에릭은 나에게 말했다. "지적인 체력이 없어요." 본인 말대로 지적인 체력이 부족했을 테지만, 체력이 있든 없든 간에 90세에 가까워지는 나이에는 두꺼운 책을 연구하고 집필하는 계획, 보통 5년이 넘게 걸리는 계획에 필요한 장기적인 시각을 유지하기가 어려운 법이다. 아흔 줄에 접어들 무렵인 2006년 6월에 에릭은 빅터 키어넌에게 "여전히 틈틈이 강연문, 논문, 서평을 쓰고는 있지만 속도가 눈에 띄게 떨어지고 있어. 이제 다른 책을 쓸 기운이 없는 건 아닌지 두렵지만, 여러 발표 글과 미발표 글을 모으고 가능하다면 새로 짧은 글을 써서 따로 책으로 펴내고 싶어"라고 말했다.[70] 학술지와 언론에 기고문을 많이 쓴 에릭은 짧은 글들을 아주 많이 모아두었고, 이제 그 글들을 책 분량으로 모아서 다시 발표하는 데 집중하기로 마음먹었다. 90대에 접어들어 실제로 죽음의 손길을 느끼고 있던 에릭은 이 모음집들이 자기 사후에도 오랫동안 나오기를 바랐다. 원래 크리스 리글리와 함께 닉 제이콥스에게 유고 관리자 역할을 부탁했지만, 이제 출간의 사업적 측면을 다룰 수 있는 사람이 필요하다고 생각해 브루스 헌터에게 부탁을 했고, 헌터도 동의했다. 헌터는 리글리가 "역사/편집 기술을 제공할 것이고, 나는 예상하건대 책들이 팔릴 수 있도록 출간 간격을 충분히 둔다는 의미에서 리글리의 속도를 늦추고, 책들을 어떤 순서로 출간할지 검토하고, 리글리에게 단편들 전부를 빠짐없이 내려고 하지 말고 일급의 글만 출간하라고 권고할 것입니다"라고 에릭에게 자기 구상을 전했다.[71] 에릭은 동의했다. "당신 편지를 받고 한시름 덜었습니다. 마를린도 나도 당신에게 무척 고마워하고 있습니다."[72]

에릭은 논문과 에세이를 모아 일련의 책으로 펴낸다는 생각에 고무되었다. 리글리에 따르면

그의 출간 계획은 꽤 거창했습니다—아홉 권 내지 열한 권의 에세이 모음집을 말했던 것 같아요. 나는 정말 기겁했죠. 에릭에게 충직하긴 했지만 나는 일곱 권도 무리일 거라고 생각했고, 브루스는 다섯 권도 무리라고 생각했던 것 같아요. (…) 미발표 글을 모두 읽고 목록을 작성했는데 (…) 매우 빠른 속도로 며칠 만에 전부 읽고 나니 중복되는 내용이 확연히 드러났어요. 내가 보기에 그가 아주 좋아한 글들 중 일부는 분명히 다시 발표하기에 적당하지 않았습니다.[73]

에릭이 말년에 출간한 일련의 에세이집은 리글리의 의견이 정확했고 헌터에게 선견지명이 있었음을 입증한다. 그 책들은 전반적으로 서술의 질이 고르지 않았고, 대개 실질적인 일관성이 없었다. 그렇지만 진짜 보석이 들어 있기도 했으며, 그중 일부는 세상의 빛을 본 적이 없는 글이었다. 《역사론》과 《비범한 사람들》을 포함해 에릭의 이전 에세이집들은 바이덴펠트 & 니컬슨에서 나온 반면에 이 후기 에세이집들은 리틀브라운 출판사에서 나왔는데, 주된 이유는 리틀브라운이 계열사 아바쿠스를 통해 페이퍼백을 발행할 수 있어서 브루스 헌터가 페이퍼백 계약을 따로 협상할 필요가 없다는 데 있었다.[74]

맨 먼저 나온 새로운 에세이집 《세계화, 민주주의, 테러리즘》(2007)[*]에 에릭은 미발표 강연 원고를 포함해 대체로 최근에 쓴 글들을 재수록했다. 여기서 그는 세계화가, 불평등을 심화할 뿐 아니라 인권과 민주주

---

[*] 한국에서는 《폭력의 시대》라는 제목으로 출간되었다(2008).

의를 운운하며 실상을 호도하는 수사법으로 걸핏하면 미국 외교정책의 "과대망상증"을 은폐하는 기능을 한다고 비판했다. 급속히 확산하는 초국적 자본주의와 전 세계적 미디어는 민족국가들에게 전례 없는 도전을 제기하고 있었다. 자유민주주의는 특히 20세기 후반기에 (적어도 아프리카와 라틴아메리카에서) 군사독재를 밀어내긴 했지만, 세계화의 힘을 저지하기에는 역부족이었다.[75] 다소 급하게 엮은 내용에도 불구하고 이 책은 11개 언어로 신속히 번역되었으며, 언제나처럼 브라질에서 가장 높은 판매고를 기록했다.

《제국에 관하여: 미국, 전쟁, 세계 패권On Empire: America, War, and Global Supremacy》은 에릭의 친구 앙드레 쉬프랭이 수익 목표를 채우지 못했다는 이유로 모회사에 의해 판테온에서 쫓겨난 뒤 1990년대 초에 차린 비영리 출판사인 뉴프레스에서 2008년에 나왔다. 전부 2000년에서 2006년 사이에 쓴 고작 10편의 글을 수록한 이 책은 100쪽에 조금 못 미치는 분량으로 에릭의 후기 에세이집 중에서 가장 짧다. 여기서 에릭은 통제 불능인 세계 자본주의에 의해 선거 제도로서의 민주주의가 무효화되고 쇠퇴하는 추세에 다시 한 번 초점을 맞추었다. 이 상황에서 관습적인 제도들은 무력했다. "오늘날 서구에서 민주주의에 대한 공적 담론에서는, 그중에서도 기적과도 같은 자질—산술적 다수의 유권자들이 경쟁 정당들 사이에서 선출하는 정부에 있다고들 하는—에 대한 담론에서는, 터무니없고 무의미한 헛소리가 거의 다른 어떤 단어나 정치적 개념보다도 더 많이 들리고 있다."[76] 예를 들어 소비에트 이후 우크라이나에서, 또는 분쟁으로 찢긴 콜롬비아에서 민주정부는 생활수준 면에서나 국내 질서 면에서나 눈에 띄는 개선을 이루어내지 못했다.[77] 이 책에서 말년의 홉스봄은 미래를 어둡게만 보는 가장 비관적인 견해를 취했다.[78]

에릭 생전에 나온 마지막 책은《세상을 어떻게 바꿀 것인가: 마르크스와 마르크스주의 1840~2011How to Change the World: Marx and Marxism 1840-2011》이었다. 이전 수십 년간 마르크스주의에 관해 쓴 에세이들을 모은 책으로 역시 리틀브라운에서 출간되었다. 원래는 에릭의 정치사상을 비판적으로 평가했던 저자인 그레고리 엘리엇Gregory Elliott이 오랜 마르크스주의자인 버소 출판사의 이사 타리크 알리에게 이 책을 내자고 제안했다. 타리크는 에릭에게 연락해 버소의 모든 사람이 "이 제안에 흥분했는데, 내년에 베를린 장벽과 공산주의의 붕괴 20주년을 맞아 (유럽 연합과 그 문화적 기구들이 연출하여) 틀림없이 자축하고 승리를 뽐내는 잔치를 열 때 이 책이 강력한 대응책이 될 것이라고 생각하기 때문입니다"라고 말했다.[79] 그러나 에릭이 "열광적인" 반응을 보였다고는 해도 버소의 금전적 제안은 "수용 가능한 수준에 한참 못 미쳤다." 버소는 돈이 워낙 없어서 더 상업적인 출판사들과 경쟁하지 못했다(실제로 이 무렵 저자들에게 출판사가 빚을 지지 않도록 인세를 아예 포기해달라고 부탁하는 지경이었다).[80] 책은 결국 리틀브라운에서 2011년에 나왔다. 부제는 원래 '마르크스와 마르크스주의 이야기들'이었지만, 에릭이 좋아하지 않았다. 에릭의 대리인은 "그의 견해는 책이 픽션임을 시사하는 '이야기들'에 자신이 서술자로서 결코 열중하지 않았다는 것입니다"라고 알렸다.[81]

책의 발행은 출판사에 전달된 애초 원고의 상태 때문에 지체되었는데, 리틀브라운에서 에릭을 담당한 편집자 리처드 베스윅이 불평했듯이 그 원고는 "갖가지 형태의 출간물에서 복사한 페이지들과 전자식 타자기로 친 페이지들로 이루어진 데다 다수의 오타, 손으로 쓴 수정 사항, 누락된 텍스트 덩어리, 각 장마다 다른 각주 양식, 각주에서 빠진 세부 정보나 추가해야 할 각주 등등"의 문제가 있었다.[82] 게다가 편집자가 정리한 원고와 교정쇄에 에릭이 수많은 교정과 수정을 했고, 그것이 결국 조판 비용을 거의 절반이나 잡아먹었다. 에릭은 추가 비용으로 740파운드를 부담하기로 했는데, 당시 상황에서는 충분히 합리적인 타협이었다.[83] 미국의 한 출판사는 "이곳에서 그를 다시 판촉해야 한다는 점을 감안하면 《세상을 어떻게 바꿀 것인가》는 어려운 임무"라고 생각했다.[84] 에릭은 미국에서 책의 독자층이 "분명히 거의 대학들에만 한정될 것"이라고 보았다.[85] 미국의 베이직북스, 퍼블릭어페어스, 판테온, 사이먼 & 슈스터가 책을 거절했지만, 마침내 예일대학 출판부가 제안을 받아들여 (에릭에게는) 비교적 수수한 선인세인 1만 달러를 지불하기로 했다.[86]

그렇지만 책이 세상에 나온 2010년의 상황은 애초에 타리크 알리가 간략히 묘사했던 상황과는 완전히 딴판이었다. 2008년 9월 15일 뉴욕 리먼브라더스 은행이 파산하자 전 세계에서 엄청난 경기 침체가 뒤따랐기 때문이다. 1989년 공산주의의 종언에 대한 승리의 환희는 이제 사람들의 안중에 없었다. 전 세계가 경제적·재정적 위기에 처한 지금이 마르크스를 다시 진지하게 받아들일 때라고 에릭은 선언했다. 그렇지만 제목은 오해의 소지가 있었다. "혁명을 어떻게 조장할지, 또는 그저 다음번에 어떻게 투표할지에 대한 조언을 구하는 사람은 이 책에서 그런 조언을 찾지 못할 것이다"라고 철학자 앨런 라이언은 지적했다.[87] 그렇다 해도 책은 몇 가지 중요한 질문을 제기했다. 이를테면, 자본주의 몰락의 원인에 대한 마르크스의 분석이 결국 옳았던 것 아닐까? 세계에서 가장 유명하고 가장 널리 읽히는 역사가가 쓴 이 주제에 관한 새 책이 몇 가지 답을 제시할지도 모를 일이었다. 그리고 실제로 많은 사람들이 그 답을 얻으려 했다. 책은 2011년 1월 《가디언》의 온라인 서점 베스트셀러 1위에 올라 앤드리아 레비Andrea Levy의 소설 《스몰 아일랜드Small Island》를 10위로 밀어냈다.[88]

95세 생일이 겨우 몇 달 남은 시점에도 에릭은 여전히 두 권의 책《쓰나미가 닥쳤을 때: 서구 문화에 무슨 일이 일어났는가When the Tsunami

Struck: What Happened to Western Culture?》와, 글 몇 편을 독일어에서 영어로 번역하는 내키지 않는 작업을 포함하는 에세이집《정치 이전의 정치 Politics before Politics》를 준비하고 있었다. 전자는 유럽 부르주아 문화, 그리고 에릭이 보기에 20세기에 도래한 그 문화의 종말을 다루었다. 이 책의 제목은《파열의 시대Fractured Times》로 바뀌었다. 후자는 '원초적 반란자들' 분야의 글들을 추가로 묶는다는 구상이었다.[89] 에릭은 2012년 3월에 썼듯이 병원에서 꼼짝달싹 못하는 신세이면서도 앞의 책에 공을 들였다. 그 책은 마침내 2013년에 출간되었다.[90] 여기서 에릭은 지난날 청년기의 문화계뿐 아니라 그 문화계에서 자신을 매료시켰던 유대인들의 유산까지 되돌아보았다. 전에도 중부유럽의 정치와 문화에서 유대인들이 어떤 역할을 했는지에 대해 가끔 글을 썼던 에릭은, 다른 후기 에세이집들과 마찬가지로 서술의 질이 다소 고르지 않은 이 책에서 가장 뛰어난 글들을 통해 19세기와 20세기 초의 중부유럽 유대인 문화에 대한 깊은 지식과 사랑을 명확히 드러냈다.[91] 오스트리아의 풍자작가 카를 크라우스가 가장 부각되었지만 다른 많은 유대인들도 등장했다. 부르주아 문화는 민주화, 기술 변화, 소비주의의 도래로 인해 약화되었지만, 19세기에 정치적·사회적 해방의 과정에서 부르주아 문화를 만들어내는 중추적 역할을 한 유대인들이 히틀러에 의해 절멸된 사태에 의해서도 파괴되었다고 에릭은 주장했다. 따라서 대체로 보아《파열의 시대》는 사라진 세계를 위한 진혼곡이었다.

이후 몇 년 동안 다른 에세이집들이 간간이 나왔지만,[92] 한 권은 끝내 결실을 맺지 못했다. 2006년부터 2012년까지 스위스 예술사가이자 런던 서펜타인 갤러리의 미술감독인 한스-울리히 오브리스트Hans-Ulrich Obrist는 건축가 자하 하디드, 가수 겸 화가 오노 요코를 포함하는 문화계의 주요 인물들을 폭넓게 인터뷰하는 프로그램을 진행했고, 그 일환으로 에릭과 일련의 대담을 했다. 인터뷰 중 일부는 책으로 나왔고 다른 일부는 베를린의 문화잡지 《032c》에 실렸다. 오브리스트가 에릭과의 대담을 책으로 내는 데 관심을 보였을 때, 크리스 리글리는 대담 원고를 통독한 뒤 썩 내키지 않는다는 반응을 보였다. "우선 충분히 재미있는 읽을거리입니다. 저녁식사 자리에서 에릭과 최상의 대화를 나누는 것 같습니다"라고 리글리는 말했다. 그러나 도입부를 지나면 "내리막길입니다." 반복되는 내용이 너무 많고 에릭이 다른 글에서 더 낫게 설명한 논점도 여럿 있었다. "48쪽부터는 대중이 관심을 갖지 않을 내용이며 내 생각에 책으로 내기에는 에릭의 기억력이 그리 좋지 않을 것입니다." 2만 5천 개 단어 중에서 절반 이상을 삭제해야 할 판이었다. 리글리는 버소의 출간 제안을 거부하라고 브루스 헌터에게 권고했다. 결국 대폭 축약된 대담이 《032c》에 게재되었다.[93]

5

에릭의 건강은 1990년대 내내 괜찮았다. 1994년 6월 14일에 《이브닝 스탠더드》에 다음처럼 불평하는 편지를 보내야 했지만 말이다. "귀사는 줄리아 홉스봄(6월 10일, 런던의 유력인사 400인 중 한 명)이 "작고한 역사가 에릭"의 딸이라고 보도했습니다. 귀사의 보도가 맞다면, 죽음 이후에도 살아 있음을 입증하는 이 편지는 헤드라인 뉴스가 될 것입니다."[94] 책임 편집자 에마 소엄스Emma Soames는 즉각 "당신을 죽은 사람으로 만든 것에 대해 깊이 사과드립니다"라는 답장을 보냈다.[95] 그러나 말년에는 노쇠가 갈수록 뚜렷해졌다. 마를린의 말마따나 "병원 신세를 지는 시기"였다. 에릭의 건강 문제는 2001년에 시작되어 햄스테드의 로열프리 병원에서 9월 6일과 11월 2일 두 차례 왼쪽 다리 아랫부분에서 암종을 제거하는 수술을 받았다.[96] 수술은 성공적이었지만 이제 전립선이 문제를 일으키기 시작했고, 억제되긴 했으나 아직 우려스러운 상태였다.[97] 그는 병에서 회복해 다음 몇 년 동안 더 낙관적으로 지냈다. "우리가 의료 체계의 역량을 온갖 방식으로 시험하고 있는데도 의료 체계는 시험을 꽤 잘 통과하고 있습니다—세월의 흐름을 고려할 때 우리는 전반적으로 충분히 괜찮은 상태입니다"라고 에릭은 2005년 7월에 썼다.[98] 2007년 에릭은 느리게 진행되는 혈액 질환인 만성 림프성 백혈병에 걸렸고, 병을 억제하기 위해 항암 화학요법을 받아야 했다. 그럼에도 2007년 6월 "나는 항암 화학요법을 꽤 잘 견디고 있는 듯해요"라고 소식을 전했다.[99] 항암 화학요법은 장기간 지속되었다. 2009년 6월 에릭은 "올해 초에 두 달 동안 내가 앓는 백혈병—만성이지만 원리적으로 통제 가능한—이 악화된 이후로 내 의료 문제는 관리 가능한 상태로 돌아왔어요"라고 편지에 썼다. "이제 상태가 안정되었고 전망이 좋아 보이긴 하지만 해외여행 같은 활동은 전보다 조금 더 자제해야 할 것 같아요. 최근까지 불평할 것이 그리 많지 않다고 생각했던 터라 이렇게 되니 조금 울적하네요."[100]

에릭은 자신의 방대한 문서가 사후에 어떻게 될지 생각하기 시작했다. 당시 모든 문서를 상자, 폴더, 서류철, 공책, 링바인더에 모아 내싱턴 로드의 꼭대기층 방 하나에 문을 열고 들어가기 어려울 정도로 가득 채워넣은 상황이었다. 2006년 에릭은 브루스 헌터에게 문서를 어떻게 하면 좋을지 조언을 구했다. "문서에 상당한 액수의 가치가 있다면 최선은 상속세를 피하거나 다소 줄이기 위해 기증하는 방법이 아닐까 싶습니다. (⋯) 그동안 내가 출간한 저서들로 이루어진 완전한 저작 목록을 준비했습니다."[101] 헌터가 보기에 핵심은 에릭의 작업용 개인 장서, 모든 저서, 문서를 한 장소에 모아두는 것이었다. "문서고와 장서는 완전하지

않을 경우 그 가치가 크게 떨어집니다." 이에 더해 헌터는 이렇게 조언
했다.

> 모든 문서를 가급적 당신이 통제해야 합니다. 애초에 기증자나 판매자
> 가 어떤 조건을 정하든 간에 문서고가 일단 어떤 기관 내에 자리 잡고
> 나면, 호기심 어린 눈길을 완전히 막아내기란 불가능합니다. 나는 공
> 인된 전기작가가 작업을 끝마칠 때까지 문서에 대한 모든 학자의 접근
> 을 차단하고, 그 후에야 문서를 외부 연구에 개방할 생각입니다. 그리
> 고 나는 당신이나 마를린의 생전에는 어떠한 전기도 나오지 않도록 해
> 달라는 당신의 뜻에 유의하고 있습니다.[102]

이번 건은 에릭이 아내의 의중을 잘못 판단한 몇 안 되는 경우 중 하
나였다. 마를린은 에릭의 생애를 거의 속속들이 알고 있었고, 문서에 무
엇이 담겨 있든 전기작가가 무엇을 드러내든 그녀의 생전에 나오더라도
충격받지 않았을 것이다.

에릭은 이 문제를 한동안 묵혀두었다가 2010년에 재차 심각하게 앓
은 후에 다시 관심을 기울였다. 하지만 이제는 데이비드 하이엄 저작권
사의 브루스 헌터가 이 문제를 직접 처리할 수 없었다. 2010년 10월 헌
터는 에릭에게 자신이 2011년 1월에 은퇴할 것이라고 알렸다. 에릭은
"당신의 편지는 예상 못한 바는 아니지만 다소 충격입니다"라고 답장했
다. "어쨌거나 우리는 아주 오랜 시간을 함께 일해왔지요. 당신의 협상
수완과 경험뿐 아니라 판단력과 조언까지 그리울 겁니다. 특히 나의 향
후 출간물과 관련해서요."[103] 헌터는 자신의 후임자로 앤드루 고든Andrew
Gordon을 추천했다. 그는 에릭의 주요 출판사인 리틀브라운에서 일했다
가 사이먼 & 슈스터의 비소설 부문 책임자를 거쳐 얼마 전 데이비드 하

이엄 저작권사에 합류한 인물이었다.[104] 한편 에릭은 자신의 문서를 주요 노동조합들과 노조원들의 문서고를 보유한 워릭대학의 현대기록물센터에 기증하기로 결정했다. 센터는 에릭의 자료를 받는 데 동의하고 순차적으로 넘겨받기로 했다. 또한 절세 효과가 있을 경우 에릭의 자료를 기증물로 전환하기로 했다.[105] 에릭은 일부 자료를 아직 사용하고 있었기 때문에 생전에는 자료를 간직할 생각이었다.[106] 2010년 11월 4일, 에릭은 자료를 목록으로 정리할 사람이 필요하다고 고든에게 말했다. 고든은 젊은 좌파 언론인으로 《가디언》에 기고하는 오언 존스Owen Jones를 추천했다. 에릭은 동의했고 존스는 이 과제를 맡았다.[107] 에릭의 문서를 분류하기 시작한 존스는 내싱턴 로드 꼭대기층 방의 혼돈을 일종의 질서로 바꾸어갔다. 아직 할 일이 많긴 했지만 말이다. 2016년까지 대부분의 문서가 워릭대학에 보내졌고 그곳 문서고 담당자들에 의해 더 정교하게 목록화되었다.

2010년 2월 초 에릭은 고령자에게는 위험한 질병인 폐렴에 걸렸다. 줄리아는 2월 12일 내싱턴 로드에서 아버지를 차에 태워 병원으로 가던 때를 이렇게 회상했다.

아버지는 간신히 숨만 붙어 있는 듯 보였고 스스로 이번을 넘기기 어려울 것이라고 생각했다. 내가 "어떠세요?"라고 묻자 아버지는 "아주 안 좋아"라고 대답했다. 우리는 가까스로 아버지를 아래층까지 데려갔다. 하지만 다 내려오자 아버지는 늑장을 부렸다. 심하게 비틀거리는 몸짓으로 거실의 가장 높은 책장, 재즈 LP판 위쪽의 책장에서 책을 한 권 꺼냈다. 이 비상 읽을거리는 여느 때처럼 주머니에 들어갈 크기였고, 붉은 가죽 장정이었으며, 활자가 촘촘하고 우아했다. 그것은 80년 전 소년 시절에 빈에서 사랑하는 '엄마'가 준 책이었다. 그런데 아버지는 항생제를 맞고 이틀이 지나니 활력이 넘쳤다. 나는 상태를 확인하기 위해 아버지의 휴대전화로 연락해 뭐 필요한 게 있는지 물었다. 아버지는 단것을 무척 좋아했으므로 나는 제일 좋아하는 과일 젤리나 어쩌면 다크초콜릿을 부탁할 것이라고 예상했다. 하지만 아버지는 "어쩌다 보니 가장 따분한 책을 가져왔지 뭐니"라고 변명하듯이 말했다. "더 괜찮은 책을 가져다주겠니?" 아버지가 이번이 마지막이라고 생각하고 집어든 책은《카라마조프가의 형제들》의 독일어판으로 밝혀졌는데, 위기가 지나간 이상 그걸 읽고 싶지 않았던 것이다. 아버지가 스릴러라면 사족을 못 쓴다는 것을 알았기에ㅡ벽 한 면이 예전 에드 맥베인의 작품과 더 근래에 나온 엘모어 레너드의 작품 등 책등이 녹색인 펭귄 범죄소설 페이퍼백으로 뒤덮여 있다ㅡ나는 스티그 라르손의《용 문신을 한 소녀》*를 가져다주었다. 아버지는 그 책을 읽고 병원의 지루함을 견뎌냈을 뿐 아니라 혼외 성관계가 얼마나 많이 나오는지를 활기차게 거론하기까지 했다. "너무 많이 나와" 하고 아버지는 말했다.[108]

에릭은 회복해 3월 3일에 퇴원했다. 그러나 질병으로 약해져 있었다. 이제 걸으려면 두 개의 지팡이가 필요했다. 2010년 6월 22일 런던 북부의 위팅턴 병원에 가서 물리치료와 여러 가지 검사를 받았다. 몸 상태는 괜찮아서 4월 첫째 주와 이듬해에 웨일스를 찾았고, 11월 18일부터 21일까지 며칠간 로마를 여행하기까지 했다.[109] 2010년 8월에는 최근에 카타르 도하에서 개관한 이슬람 미술관에 와달라는 초대를 받아들일 정도로 몸이 괜찮다고 생각했다. 2년 전 팔레스타인 문학 축제를 시작한 이집트 소설가 겸 사회평론가 아흐다프 수에이프Ahdaf Soueif는 유명한 지

* 한국에서는《여자를 증오한 남자들》이라는 제목으로 출간되었다(초판 2011).

식인 몇 사람에게 미술관을 방문해 미술관의 건축이나 소장 중인 그림, 보물, 전시물에 대해 글을 써달라고 요청했다. 그들이 쓴 에세이는 한데 묶어 블룸즈버리 출판사에서 책으로 펴낼 예정이었다. 카타르까지 비행기로 일곱 시간이 걸렸고 날씨가 무척 더울 터였다. 브루스 헌터는 "마를린이 동행한다면, 그가 이번 여행을 감당할 수 있다고 생각합니다"라는 의견이었다. "그는 얼마 전에 강연을 위해 기차로 파리까지 갔습니다. 그리고 이번 겨울 눈이 내리는 날에 높은 언덕에 있는 햄스테드의 자택에서 버스를 타고 런던 도서관까지 갔습니다."[110] 그리하여 에릭과 마를린은 카타르 항공의 일등석을 타고 도하까지 갔고, 다른 모든 방문객과 마찬가지로 냉방이 되는 차로 이동하고 역시 냉방이 되는 숙소에 머무르는 방법으로 더위를 피했다.

그렇다 해도 에릭의 몸은 누가 보더라도 쇠약해지고 있었다. 아마 본인만 몰랐을 것이다. 그는 이란 이스파한에 가서 자신이 좋아하는 이슬람 예술의 비할 바 없는 보물들을 본다는, 오래전부터 품어온 갈망을 이루고 싶어 안달했다. 이란에 아는 학자가 몇 명 있었고(세계 어디에나 학계 인맥이 있었다) 그들이 구경시켜줄 수 있었지만, 마를린은 남편이 너무 허약하다고 생각해 단호히 반대했다. 에릭은 몹시 실망하고 짜증을 냈다. 하지만 이 무렵 에릭의 입원은 갈수록 잦아지고 있었다. 나중에 줄리아는 이렇게 썼다.

2010년, 2011년, 2012년의 태반에 나는 '마지막'을 생각하며 마음의 준비를 하다가 아버지가 기운을 되찾고 정신력—본인의 정신력과 어머니의 정신력 둘 다—과 현대 의학 덕택에 되살아나면 안도하는, 그런 우울한 일상을 되풀이했다. 그러나 내 정신의 언저리에는 실망감과 조금 비슷한 쓸쓸한 감정이 어려 있었다. 이 불안이 다시 돌아온다는

것, 아버지의 죽음이 불가피하다는 것, 그때까지 무력하게 기다려야 한다는 것을 알았기 때문이다.[111]

2011년 3월, 에릭은 지팡이를 사용하고도 왼쪽 다리로 몸무게를 버티지 못하고 넘어졌다. 10년 전 수술로 생긴 왼쪽 다리의 상처가 벌어져 궤양이 생기기 시작했다. 2011년 5월 5일에 입원한 그는 가벼운 심부정맥혈전증을 앓아 얼굴 왼쪽이 약간 손상되었다. 글쓰기는 입원 기간 내내 계속했다.[112] 5월 10일에 퇴원했다. 5월 13일, 왼쪽 다리의 혈관을 넓히는 혈관성형술을 받아 어느 정도 나아졌다.[113] 2011년 7월경에는 "지팡이 두 개(나의 평소 이동수단)로 하는 보행은 수십 야드를 넘는 거리를 가기에는 너무 느리기 때문에" 걸을 때 보행보조기를 사용해야 했다. 또 에릭을 1층으로 데려오기 위해 내싱턴 로드의 집에 계단 리프트를 설치했으며, 에릭이 작업을 이어갈 수 있도록 줄리아의 남편 알라릭이 꼭대기층의 서재에서 꼭 필요한 문서와 책을 1층으로 옮겼다.[114] 악화되는 건강에도 불구하고 에릭은 마크-앤서니 터니지의 오페라 〈애나 니콜〉을 관람하기 위해 2011년 11월 16일 코번트가든에 갔는데, 그것이 문화생활을 위한 마지막 나들이였다.[115]

그는 헤이 도서 축제에 거의 삶의 마지막까지 참석했다. 축제의 명예의장직을 한껏 즐겼고, 대규모 청중에게 연설해달라는 초대를 받으면 기운을 냈다. 줄리아는 이렇게 술회했다.

아시다시피 이 멋진 순간에 아버지는 죽음에 **매우** 가까웠어요. 그런데⋯ 아버지는 헤이의 바클레이스 웰스* 천막에 모인 천 명 앞에서 연

---

* 영국 바클레이스 은행의 투자회사.

설을 했고, 엄마와 나는 아버지가 육체적으로 견딜 수 있도록 사실상 그를 붙들고 있었어요. 아시다시피 아버지는 상태가 정말 안 좋았어요. 그런데 아버지는 일어섰고—트리스트럼 헌트Tristram Hunt와 대화하는 중이었어요—천 명의 사람들이 홀을—그러니까 바클레이스 웰스 천막이라는 어울리지 않는 이름을 가진 공간을—가득 메우고 있었어요. 그런데 마치 일종의 괴담처럼 아버지가 마흔다섯 살의 남자가 되어서는 우리 앞에, 무대에 섰어요. 그러더니 완전무결한 공연을 펼치지 뭐예요. 완벽하게 훌륭했어요. 아버지는 헤이에서 정말로, 정말로 사랑을 받았어요.[116]

버크벡에서 에릭은 교육연구소의 로건홀에서 열리는 학위 수여식을 관장하는 역할, 즉 무대 위 의자에 앉아 졸업 예정자들과 악수하는 역할을 최대한 오랫동안 수행했다. 이 역할의 후임자로 거론된 조앤 베이크웰은 에릭을 대면하고 "후임자로서 일종의 심사"를 받았다. "그들은 에릭이 좋아할지 알고 싶어 했어요"라고 조앤은 훗날 회상했다. 조앤이 학부생 시절에 에릭에게 지도를 받은 이후로 두 사람은 만난 적이 없었다.[117]

리처드 래스본이 기억하기로 에릭은 샴페인 병의 코르크 마개를 능숙하게 뽑는 데 실패하는 법이 없었다. 2011년 혹은 2012년에 그는 내싱턴 로드의 만찬에 참석했다.

그리고 샴페인을 땄는데, 내 기억에 그때 마를린이 따라준 건 진토닉이었어요. 그런 다음 에릭이 마를린의 귀에 대고 뭐라고 속삭이고는 피곤해서 올라가야겠다고 말하더니 스타나 사의 계단 리프트를 타고 위층으로 갔어요. 에릭이 속삭인 말은 선반에 있는 책 하나를 우리에게 주고 싶다는 것이었죠. 그리고 당연히 마를린이 어떤 책을 꺼냈어요. 그게 《제국의 시대》였는지 다른 어떤 책이었는지 기억나진 않아요 ─어쨌든 일종의 죽기 전 선물이었죠. (…) 하지만 우리는 다시 만났고 에릭은 또 선물을 주었는데, 이번에는 팸플릿 형태로 아주 난해하게 써서 나로서는 이해할 수 없는 어떤 책이었지만 (…) 그가 작별을 의식했다는 건 틀림없어요.[118]

줄리아가 회상한 대로 에릭은 죽기 직전까지 지식을 갈망했다. 그는 평생 끊임없이, 심지어 몹시 아플 때에도 쉬지 않고 읽었다. 한번은 책없이 병원에 내원한 적이 있었다. 그는 뭘 했을까? 나중에 줄리아가 술회했듯이

얼마 전에 에드먼드 드 왈의 《호박색 눈을 가진 토끼》를 내 아이패드에 내려받아둔 터였다. 그래서 터치패드 다루는 법을 아버지에게 보여주었다. 아버지는 긴 손가락으로 단어를 짚어가며 경이롭다는 의미에 가까운 말을 나직이 중얼거렸다. 세상의 현대성을 이상하리만치 낯설어하는 고대의 외계생명체 같았다. 우리는 마지막이 머지않은 일요일이면 부모님 댁을 찾았고, 그럴 때 나는 마치 밀수품처럼 《선데이 텔레그래프》나 《선데이 타임스》, 《스펙테이터》 같은 '우파 쪽' 신문들을 가져가곤 했다. 아이들이 정원에서 스윙볼 놀이를 하는 동안 아버지는 《옵서버》를 내려놓고 내가 가져간 신문들을 허겁지겁 읽어가며 우파 정치에 대한 자신의 반감을 즐기고 대개 바보 취급하는 투로 데이비드 캐머런을 가장 심하게 비판하곤 했다. "시시한 양반이야."

그는 적들이 무슨 일을 꾸미는지 알아내는 데 언제나 열심이었다.

2012년 7월 리즈 그란데가 에릭을 방문했을 때, 에릭은 살 날이 얼마 남지 않았음에도 예전과 다름없는 호기심을 보였다. 얼마 전 유엔의 인도 인도주의 파견단의 책임자로 임명된 그란데가 그 사실을 전하자 에릭은 "인도 국민회의의 역할과 그 거대한 아대륙의 실정과 근대화 등등에 대해 무척 이야기하고 싶어" 했다.[119] 그는 계속 열성적으로 《파열의 시대》를 준비하는 중이었다. 그러나 2012년 늦여름에 분명히 죽어가고 있었다. 2012년 8월 "이제 나는 육체적으로 매우 무력하네"라고 60년 전 인상적인 스페인 항해 여행을 함께했던 옛 학생 티럴 마리스에게 마지막 편지라고 할 만한 글을 썼다. "그리고 프랑스의 대성당들을 보는 것조차 더 이상 가능하지 않아. 실은 몸을 많이 움직일 수도 없네."[120] 에릭은 거의 2년간 음식을 삼키는 데 어려움을 겪고 있었다. 이 문제가 심각해졌지만 그는 인공적인 음식물 섭취를 거부했고, 그래서 마를린의 말대로 "결국 체중이 줄어 질병과 더는 싸울 수 없었어요."

2012년 9월 24일, 마를린은 에릭이 백혈병 치료를 위해 정기 수혈을 받을 때가 되어서 로열프리 병원에 남편을 데려갔다—수혈 도중에 책을 읽을 수 있고 수혈을 받고 나면 언제나 몸이 나아져서 에릭은 이 과정을 편안하게 느꼈다. 평소에 마를린은 수혈을 받고 나아진 에릭을 오후 6시경에 데리러 갔지만, 이날은 직감에 따라 점심시간에 남편을 보러 갔더니 상태가 악화된 듯 보였다. 간호사가 "오늘은 집으로 모셔가지 마세요. 상태가 그리 좋지 않습니다. 오늘 밤은 여기서 지내셔야겠어요"라고 말했다. 마를린은 병동에 딸린 별관에서 남편과 밤을 보냈지만, 평소와 달리 이튿날 오전이 되어도 주치의가 나타나지 않았고, 에릭이 말기 환자를 위한 완화치료를 받는다는 것이 분명해졌다. 훗날 마를린은 이렇게 회상했다.

의사는 "우리는 환자를 최대한 편안하게 지내도록 하고 매일 상태가 어떤지 확인할 겁니다"라고 했어요. 병동으로 올라간 뒤 앤디와 줄리아에게 전화해서 이제 며칠 안 남았다고 말했어요. 그런 다음 남편이 가장 좋아하는 간병인 베니, 공산주의와 예수를 모두 사랑하는 인도 여성에게 전화했어요. 그녀가 남편의 면도를 해주었어요(간호사들은 그럴 시간이 없었죠). 남편은 6일을 더 살았고 아주 좋아 보였어요. 조금 불편해했지만 실제로 통증은 없었어요—통증을 모두 없앴거든요. 당연히 손자들이 왔고 나는 몇몇 친구들에게 전화를 하고 최선을 다해 그들의 방문을 조정했어요. 다행히 남편과 막역한 친구로 리우데자네이루에 사는 레슬리 베델이 마침 런던에 있었어요. 이들의 병문안을 남편은 좋아했어요. 의식이 명료하고 평소와 다를 바 없었죠. 남편은 2012년 10월 1일 병원에서 숨을 거두었어요.

"평화로운 죽음이었고 남편은 마지막까지 의식이 명료했어요"라고 마를린은 편지에 적었다. "하지만 나는 우리가 예상되는 일을 실제로 예상하지 못한다는 것을 깨달았어요. 그렇게 우리 셋 다 완전히 충격에 빠졌어요."[121]

에릭의 죽음은 전 세계에 보도되었으며, 당일 여러 나라에서 주요 라디오와 텔레비전을 통해 속보로 전해졌다. 그는 상당한 세월 동안 영국에서 존경받는 공적 지식인이었을 뿐 아니라 세계에서 가장 유명하고 널리 읽히는 역사가이기도 했다. 세계 도처의 신문과 잡지에서 장문의 기사로 그를 추모했다. 그의 죽음을 BBC는 주요 텔레비전 뉴스로 전하고 런던 《타임스》는 논설로 다루었다. 노동당 지도자 에드 밀리밴드는 당대회 연설에서 에릭을 추모했다. 키프로스 공화국의 대통령은 공식 조의 서한을 보냈다. "그의 중요한 저술은 가장 수수한 가정에서마저 자랑스럽게도 널찍한 공간을 차지하고 있습니다. 전 세계의 각계각층을 감동시키고 가르치는 재능이 그에게 있었기 때문입니다."[122] 영국 언론은 에릭이 평생 고수한 마르크스주의와 후회하지 않는 듯한 공산주의에 대한 충성에 초점을 맞추었고, 특히 라디오와 텔레비전 토론은 사실상 에릭의 역사 저술을 배제한 채 그렇게 했다. 후회를 모르는 한 줌의 냉전의 전사들, 서구의 대의를 위해 용감하게 싸운다고 상상하는 자들은 이제 자신들을 위협하는 실질적인 적이 없다고 보고서 에릭의 무덤에 독설을 퍼부었다. 작가 A. N. 윌슨은 전형적으로 충동적인 글에서 증거를 제시하기는커녕 무슨 주제에 대해 쓰는지 생각조차 하지 않은 채 에릭이 "영국을 증오"했다고 주장하고 그가 소비에트의 첩자였을지도 모른다고 암시했다. 에릭의 책들은 선전물에 불과하며 미래에 읽히지 않을 것이라고 했다. 또 에릭의 명성은 "흔적도 없이 사라질" 것이라고 했다.[123]

진지한 역사가들의 추모글은 온당하게도 에릭의 역사 저작과 역사적 이해에 대한 기여에 초점을 맞추었다. 그중에는 좌파뿐 아니라 우파 인사들도 있었다. "유럽의 다수 좌파 지식인들과 달리 역사가 홉스봄은 마르크스-레닌주의 교리의 노예가 결코 아니었다"라고 니얼 퍼거슨은 썼다. "그의 가장 뛰어난 저술은 지식의 놀라운 폭과 깊이, 우아한 분석적 명확함, '변변찮은 사람'에 대한 공감, 세부 서술에 대한 사랑을 특징으로 한다." 네 권의 '시대' 시리즈는 20세기의 진정으로 위대한 역사 저술 중 하나라고 퍼거슨은 평가했다. 몇몇 보수당 정치인들도 에릭을 인정했다. 에릭의 사망 이후 줄리아는

보리스 존슨이 직접 손으로 쓴 매우 친절한 편지를 받았는데, 거기서 보리스는 얼마 전 헤이 축제 때 그린룸에서 아버지와 나눈 대화를 떠

올렸다. 보리스는 아버지가 휠체어에 앉아 그를 올려다보던 모습이 "나무 하나를 가득 채우는 올빼미들만큼이나 현명해" 보였다고 말했다. 내가 두 사람을 소개했기 때문에 나는 그때의 대화를 명확히 기억한다. 아버지는 보수당의 런던 시장에게 "당신 당의 그토록 많은 사람들을 그토록 오랫동안" 짜증나게 해서 즐겁느냐고 직설적으로 질문하여 그를 다소 불편하게 했다. 나는 아버지가 보리스 존슨의 정치는 아닐지라도 책에 대한 사랑은 높이 평가했을 것이라고 생각한다.[124]

줄리아가 《타임스》에 부고 소식을 전화로 알렸을 때 "통화 내용을 받아적는 젊은이는 스트레스를 받는 듯한 목소리였다. 그는 내게 신용카드 번호를 몇 차례 되풀이해 물어본 다음 갑자기 자기가 대학에서 역사를 전공했고 아버지의 책을 좋아했다고 불쑥 말했다." 세계 도처에서 에릭의 옛 학생들이 전화를 걸어왔다. 그 바람에 마를린은 몇 주 동안 꼼짝없이 전화기를 붙들고 있어야 했다. 천 통이 넘는 애도 편지도 내싱턴로드에 도착했다. 가족이 외출 중일 때 집에 들른 우체부는 그 편지들을 직접 전할 수 없었다는 안내문과 함께 "저도 그분의 저술을 좋아했고 그저 저의 애도를 전하고 싶었습니다"라고 쓴 쪽지를 남겨두었다.

언론인이자 라틴아메리카 연구자인 리처드 고트Richard Gott의 말마따나 에릭은 "고국보다 외국에서 더 인정받은 선지자였다. (…) 그는 세계의 여러 지역에서 경기장을 채울 수 있었지만, 영국에서는 강연장으로 만족해야 했다. 그는 런던보다 유럽이나 (남북) 아메리카에서 문예란에 더 자주 등장했다. BBC보다 이탈리아 라디오에서 그의 의견을 더 많이 구했다." 에릭이 브라질에서 베스트셀러 《극단의 시대》의 저자로 얻은 명성 덕에 그의 말년 저작들도 높은 판매고를 기록했다. 그중에서 에세이집 《역사론》이 4만 700부로 수위를 차지했고, 둘 다 2만 7200부가 팔린 《흥미로운 시대》와 《새로운 세기》가 그 아래 자리를 차지했다. 《세계화, 민주주의, 테러리즘》은 2만 7천 부, 《세상을 어떻게 바꿀 것인가》는 1만 3천 부, 《파열의 시대》는 1만 부, 《마르세유의 메아리》는 6천 부가 팔렸다.[125] "브라질에서 대학생들은 '홉스봄 만세'라고 적힌 현수막을 내걸었다"라고 줄리아는 적었다.[126] 전 대통령 룰라 다 실바는 마를린에게 애도 서한을 보냈다.

방금 당신의 남편이자 나의 친애하는 친구인 에릭 홉스봄이 임종했다는 몹시 슬픈 소식을 들었습니다. 그는 20세기의 가장 명석하고 뛰어나고 용감한 지식인들 중 한 명이었습니다. 오래전에 에릭을 처음 만난 후로, 그가 에릭으로 불러주기를 좋아했으니 이렇게 부르겠습니다만, 나는 브라질의 부와 혜택에서 일정한 몫을 노동자들에게 주는 정책을 수립하는 데 필요한 용기를 그로부터 수없이 얻었습니다. (⋯) 에릭 홉스봄과 같은 시대를 살고 몇몇 순간을 함께한 것은 내게 특권을 넘어 영광이었습니다.[127]

당시 우파에 훨씬 가까워진 신문 《VEJA》만이 브라질 대학들의 이른바 "마르크스주의 주입"에 반대하는 운동을 벌이며 에릭을 스탈린을 옹호하는 "도덕적 백치"라고 비난했다. 이 비난에 브라질 역사가협회는 에릭이 "어떻게 글을 쓰는지 알지 못했던 남녀, 자신들의 파업이나 봉기, 심지어 정당마저 역사의 일부라고 상상하지 못했던 남녀에게 목소리를 주었다"라고 변호하며 품위 있게 대응했다. 그리고 에릭을 "20세기의 가장 중요한 인물 중 한 명"이라고 평가했다.[128]

에릭의 사망 소식은 인도아대륙에서 일간지들의 1면을 장식했다. 이 무렵 인도 역사학계의 원로였던 로밀라 타파르가 기억하기로 에릭은 인도에서 다양한 연령대와 학파의 역사가들에게 우상이었다. 어느 정도는 그의 책들이 당시 교과 과정의 필독서였기 때문이고, 그가 인도에서 일어나는 변화를 포함해 세계의 사건들에 대해 논평했기 때문이기도 하다. (…) 여러 면에서 그의 저술은 우리가 역사학을 사회과학에 포함해야 할 필요성에 대해 말할 때 참고하는 종류의 저술이었다. 이는 중요한 변화였는데, 식민지 시절 인도에서 역사학은 인도학의 일부로 취급되었고 정보를 분석하려 애쓰기보다 정보를 모으는 데 초점을 맞추었기 때문이다.[129]

인도에서 에릭의 명성은 실로 대단했고 역사학계의 울타리를 훌쩍 넘어섰다. 에릭을 마지막으로 만난 다음 리즈 그란데는 곧바로 인도로 갔다. 처음에 인도에서 그란데는 유엔 인도주의 파견단의 단장임에도 가장 영향력 있는 정치인과 고위 관료를 만나는 데 어려움을 겪었다. 그러나 그란데가 에릭의 지인이라는 사실이 그들에게 알려지자 모든 것이 바뀌었으며, 그녀는 에릭의 마지막 학생이었다는 사실을 언급하기만 해도 총리의 문을 포함해 모두의 문을 열 수 있었다. 그란데는 에릭이라는 이름의 중요성을 곧장 알아차렸다. "누군가를 만나서 먼저 '에릭의 학생이었다'고 말하면 쉽게 들어갈 수 있었어요." 그란데는 인도 델리에 유엔 인간개발국제센터를 설립하는 방안에 대한 지지를 노벨상 수상자인 개발경제학자 아마르티아 센에게서 얻어냈는데, 센터 개소식에서 센은 "내가 이곳에 있는 유일한 이유는 (…) 그녀가 에릭을 안다는 것입니다"라고 말했다. 리즈 그란데가 인도 남부 케랄라주를 통치하는 공산당 당수와의 만찬 자리에 초대받았을 때, 당수는 자신이 아는 유명한 공산당원들에 대해 이야기하기 시작했고, 그란데가 에릭의 학생임을 알지 못한 채 내빈들에게 이렇게 말했다.

"나는 런던으로 순례를 갔다가 내싱턴 로드 10번지까지 갔습니다." 그
래서 고개를 돌려서 그를 봤어요. "에릭 홉스봄이 어디에 사는지 보고
싶어서 문 밖에 서 있었습니다"라고 하더군요. 멋진 이야기였어요. 게
다가 그는 내가 누구인지 전혀 모르고 있었어요. 그저 탁자에 둘러앉
은 사람들, 동지들에게 하는 이야기일 뿐이었죠. 그런 다음 내가 말했
어요. "저기, 그게, 사실은 내가 그 집에서 저녁식사를 함께했어요. 나
는 그를 안답니다."[130]

다른 많은 나라들에서도 똑같은 일이 있었다.

에릭은 2009년 11월 23일에 자신의 장례를 위한 지시 사항을 전달하
며 "이것이 내 유족을 구속하지 않았으면 합니다"라고 적었다. 닉 제이
콥스와 크리스 리글리, 레슬리 베델을 비롯한 가까운 친구들, 영국과 칠
레에 사는 모든 가족, 그리고 매리언 베너던, 조스와 그의 자녀에게 임
종 사실을 알릴 생각이긴 했지만, 에릭은 사적인 장례식을 원했다. 부고
는 《가디언》과 가능하다면 《타임스》에 싣고, "생존해 있는 구세대 공산
당원들을 위해 《모닝 스타》는 어떨지" 생각했다(《모닝 스타》는 영국 공산당
좌파의 잔여 세력, 더 정확히 말하면 그 후속 조직이 펴내는 일간지다). 장의사로
는 70년 넘게 거슬러 올라가 "벨사이즈파크의 레버톤스가 그레틀의 장
례를 잘 치렀다"면서 이 업체를 고려했고, 매우 적절하게도 레버톤스는
프랑스 혁명이 일어난 1789년 이래 사업을 이어오고 있었다. 이 업체의
주관으로 1902년 문을 연 비종교 시설인 골더스그린 화장장에서 화장을
한 다음 마를린이 하이게이트 묘지에 마련해둔 자리에 유골을 안치하라
는 것이 에릭의 지시였다. 장례식은 "비종교적으로 하되 유대인이 죽었
을 때 낭송하는 카디시를 누군가 낭송해주면 좋겠다. 아이라 카츠넬슨
이 적임자다." 삶의 끝자락에 에릭은 그저 남아 있는 것 이상인 유대인

정체성을 다시 한 번 인정하고 있었다. 장례식에서 애도 연설을 너무 많이 하는 것은 원하지 않았다. "번잡함을 피하기 위해 자녀 중에서는 한 명만 연설했으면 한다. 앤디가 해야겠다. 닉 제이콥스도 연설하면 좋겠다. 에마 로스차일드도? 마를린이 이런 자리에서 사람들 앞에 나서려고 할지는 의문이다." 음악은 단연코 세속 음악이어야 했다. 에릭의 선택은 모차르트의 오페라 〈여자는 다 그래〉에서 마음이 녹아내릴 만큼 아름다운 삼중창 〈바람이 부드럽기를〉—"당신의 항해 중에 바람이 부드럽기를, 파도가 잔잔하기를, 모든 비바람이 당신의 소망에 응답하기를"—과, 똑같이 감동적이고 숭고한 슈베르트의 현악 사중주 2악장의 일부분이었다. 둘 다 고별사 성격의 곡이었는데, 모차르트의 곡은 두 여성이 (추측하건대) 전장으로 떠나는 연인에게 작별을 고하는 내용이고 슈베르트의 곡은 중병에 걸린 작곡가가 생사의 경계에서 삶에 작별을 고하는 내용이었다. 이와 현저히 대조적으로 에릭은 평생에 걸친 정치적 헌신을 마지막으로 상기시키려는 뜻에서 "내 관이 나갈 때는 인터내셔널가歌 음반이 좋겠다"라고 썼다.[131]

에릭의 장례식은 2012년 10월 10일 런던 북부 골더스그린 화장장에서 거행되었다. 먼저 로이 포스터가 추도사를 낭독한 뒤 슈베르트의 곡을 대신해 바이올린, 첼로, 피아노를 위한 베토벤의 삼중주 97번 '대공'의 음반을 틀었다. 그다음으로 닉 제이콥스가 브레히트의 시 〈후손들에게〉에서 첫 행 "참으로 나는 어두운 시대를 살고 있구나"와 "목표는 아득히 먼 곳에 있었다. 분명히 보였지만 나로서는 닿을 수 없었다"라고 애석해하는 구절을 낭송했다. 이어서 에릭의 손자 로먼 홉스봄 뱀핑Roman Hobsbawm Bamping이 《흥미로운 시대》에서 한 구절을 읽은 뒤 〈여자는 다 그래〉의 삼중창 음반을 튼 다음 앤디가 활기차게 연설을 했다. 결혼을 통해 마를린과 친척이 된 스코틀랜드의 좌파 변호사이자 노동당 귀족

헬레나 케네디Helena Kennedy는 1950년대에 재즈 평론가로 활동하던 시절을 회상한 에릭의 2010년 추억담을 낭독했다. 뒤이어 에릭의 재즈 사랑을 기리는 뜻에서 지난날 〈무인도에 가져갈 음반들〉 프로그램에 출연했을 때 골랐던 케니 배런 트리오의 연주곡 〈슬로 그라인드Slow Grind〉를 틀었다.[132] 마지막으로 아이라 카츠넬슨이 관에 다가갔다. "'이제 나는 에릭의 요청에 따라 유대교의 정통 기도문인 카디시를 낭송하려 합니다'라고 내가 말했어요. 그러자 몇 사람이 숨을 삼키는 듯한 모습을 보였고, 나는 평이하게 기도문을 낭송했습니다."[133] 이 절차가 장례식 일정에 들어 있었으므로 놀란 사람은 없었을 것이다. 그래도 참석자들은 에릭이 비종교적으로 해야 한다고 단호히 고집했던 장례식에서 유대교 기도문을 듣게 되자 어리둥절했을 것이다. 본래 카디시는 신에게 히브리어로 바치는 기도문이지만, 에릭의 장례식에 쓰인 자유주의적 버전의 기도문은 신의 자비를 "아담의 모든 자손에게" 베풀어줄 것을 간청하는 구절이 들어 있었다. 에릭은 일찍이 자신의 죽음을 처음 준비하던 2007년에 카츠넬슨에게 카디시를 낭송해달라고 부탁했다. 카츠넬슨은 그때를 회고하며 "매우 감동하고 영광으로 생각하고 또 놀랐던 기억이 나는데, 짐작하실 수 있듯이 그가 장례식에서 그런 일을 원할 거라고는 예상하지 못했기 때문입니다"라고 말했다. 카디시 낭송은 오래전 어린 시절에 유대인이라는 사실을 부끄러워하는 그 어떤 언행도 절대로 하지 말라고 당부했던 어머니를 추억하는 일이었다. "그리하여 맨해튼에서 야간 비행기를 타고 막 도착한 아이라가 맨 마지막에 유대인의 가장 중요한 기도문을 낭송할 때, 나는 아버지—생전에 어떤 식으로도 유대교 신앙을 준수하지 않은—가 어머니의 소망과 기억을 어쩌면 가장 중요한 순간에 충실히 따르고 있음을 알게 되었다"라고 줄리아는 썼다.[134]

참석자들 중에는 에릭의 옛 연인 조도 있었다. 1960년대 중반에 에릭과 연락을 재개한 조는 자리를 잡고 자기 가정을 꾸렸다. 조는 클래펌과 이후 햄스테드의 에릭 부부 자택을 여러 번 방문했으며, 에릭은 언제나 돈이 부족한 조를 특히 크리스마스 시기에 금전적으로 도와주었다. 재즈에 대한 애정이 두 사람의 우정을 이어주는 연결고리였다. 마를린은 조를 떠올리며 "결코 스스로를 불쌍하게 여기지 않았고 많이 웃었어요. 언제나 좋은 친구였고 앤디와 줄리아에게 살갑게 대했어요. 앤디와 줄리아는 그들 나름대로 조의 가족과 유대감을 쌓았죠. 에릭이 죽었을 때 줄리아가 조에게 연락했어요"라고 말했다.[135] 가족과 조문객들이 줄지어 따라가고 인터내셔널가가 울려퍼지는 가운데 에릭의 시신은 화장장의 화염 속으로 들어갔다. 유골은 안장을 위해 가족에게 전해졌다.

　며칠 뒤, 가족과 조문객들은 하이게이트 묘지에 모였다. 줄리아는 이렇게 썼다.

나중에 남편 알라릭이 비꼬듯이 지적한 대로, 묫자리는 "카를 마르크스의 무덤 바로 오른쪽", 흙을 막 파낸 곳이었다. 우리는 보슬비가 계속 내려 미끄럽고 질척해진 좁은 길을 걸어갔다. (…) 어머니 마를린이 몇 해 전에 값비싸고 넉넉한 사랑의 행위로 그 묫자리를 구입해둔 터였다. (…) 아버지는 그곳에 묻힐 것을 알고서 좋아하셨다. 하이게이트 묘지의 동편은 지식계급 가운데 인습을 타파한 인물들로 가득하다. 나는 아버지가 넓은 이마까지 안경을 밀어올리고서 하이게이트 묘지 신탁협회가 만들어놓은 그곳 역사 안내문을 저 멀리 내다보는 시선으로 응시하여 숙지한 다음 우리를 위해 핵심만 추려서 정확하고 간결하게 알려주는 모습을 상상할 수 있다. 아버지라면 방금 읽은 안내문에서 기운을 얻어 마치 새로 충전된 배터리처럼 활기차게 "아 그래, 이 글에서 정말 흥미로운 점은 말이야…" 하고 말할 것이다. 일전에 나는 무덤

에 놓을 작은 꽃다발을 사다가 문득, 아버지에게 마지막 읽을거리를
드려야겠다는 감정적 충동에 휩싸였다. 아버지가 이제 이념을 빨아들
이지 못한다니, 도무지 믿기지 않았다. 나는 《런던 리뷰 오브 북스》를
구입했다. 아버지가 생전에 자주 기고한 이 잡지에는 때마침 아버지
의 친구 칼 밀러가 쓴 아버지 부고 기사가 실려 있었다. 우리가 그 잡
지의 최신호를 접어 묏자리에 올려놓자 무덤 파는 사람이 자기 일을
마무리했다.[136]

맺음말

  장례식 이후 마를린은 "에릭에게는 항상 '너무나 온전한' 무언가가 있었고 그게 가장 그리워요. 그리고 사랑스러운 목소리도. 죽음과 장례식의 드라마가 사라진 지금이 더 안 좋네요. 그래도 그의 존재를 느낄 수 있는 이 집에 혼자 있는 것이 싫지는 않습니다"라고 썼다.[1] 한편 에릭의 유산을 정리하는 과제가 남아 있었다. 로더릭 플로드의 말대로 에릭은 "자신이 마를린보다 한참 연상이라는 것을 언제나 매우 의식했고, 그래서 아내가 잘 지낼 수 있도록 자기 유산을 정리해두어야 한다는 책임감"이 있었다.[2] 에릭은 1962년에 "마를린 슈바르츠와의 결혼에 앞서" 모든 것을 그녀에게 남기고 그녀를 유일한 유언 집행자로 지정한다는 유언장을 작성했다.[3] 그렇지만 반세기 후인 2012년 6월 27일, 죽음에 임박한 에릭은 첫 유언장보다 더 사려 깊고 상세한 새로운 유언장을 작성했다. 이번에는 마를린과 더불어 그녀의 사촌인 페이스티 블레어Pasty Blair를 유언 집행자로 지정하고, 여기에 친구 개리 런시먼을 추가했다. 에릭은 오래전인 1995년에 런시먼에게 이 역할을 부탁했다. 런시먼이 회상하기로 에릭과 마를린은 당시 버크셔 교외에서 그의 가족과 함께 지내고 있었는데 "에릭이 느닷없이 '고려해주실 수 있을까요…' 하고 말했어요." 런시먼은 놀랐지만 "당신이 부탁한다면 할게요"라고 답했다. 세습 귀족이자 한때 영국 재정청의 전신에서 일했고 2001년부터 2005년까지 영국 학술원 원장을 지낸 런시먼은 "공적 생활의 경험, 말하자면 세상 물정을 경험한 사람"이었고, 에릭은 "그런 이유로 유용한 사람, 그러니까 변호사와 회계사를 상대하는 사람이 될 것"이라고 생각했다.[4] 브루스 헌터와 크리스 리글리는 유고 관리자로 확정되었다.

에릭은 재산의 대부분을 마를린에게, 아내의 사망 후에는 자식들에게 남기기로 했다. 소소한 유산도 있었다. 에릭은 일본 조각상을 매리언 베너던에게, 원래 어머니로부터 받은 카를 크라우스의 《인류 최후의 나날》 초판을 닉 제이콥스에게, 그리고 작은 유산을 조에게 남겼다. 또 에릭은 에스라 베너던과 상의한 뒤 조스 베너던과 그의 자녀를 위한 유산을 공동으로 준비했다. 별장에 머무는 동안 에릭이 빠짐없이 참가하고 명예 의장으로 뽑히기까지 했던 7월 퀜두르 축제의 주최자들은, 우연찮게도 앤디의 딸 이브가 6개월 이하 최고 우량아 상을 받은 해에, 축제를 지속하는 데 도움이 되는 약간의 돈을 받았다.[5]

에릭은 친구들이 자신을 기리는 행사를 열고 싶을 것이라고 생각해 몇 가지 지시 사항을 남겨두었다.

엄격하게 비종교적인 행사로 할 것. 버크벡칼리지 측과 상의할 것. 예상하건대 버크벡 측은 무언가 하고 싶어 할 것이고 아마 홍보부에서 도움을 줄 것이다. **그러나 버크벡에는 적당한 장소가 없으므로 버크벡 내부의 어떤 장소도 받아들이지 말 것.** 킹스 측에서 무언가 해주기를 원한다면 나는 좋지만, 예배당에서 하는 대규모 행사는 우리 스타일이라고 생각하지 않는다. 이 문제는 로이 포스터와 상의할 것. 가능한 연사들: 닐 애셔슨, 수락할 경우 키스 토머스. 그리고/또는 이언 커쇼 (경). 트리스트럼 헌트? 고든 브라운이 한두 마디 말하거나 메시지를 보내오면 좋겠다.

결국 에릭을 위한 기념식은 2013년 4월 24일 런던대학의 세넛하우스에서 열렸다. 에릭의 가족들, 그리고 로더릭 플로드, 레슬리 베델, 닐 애셔슨과 도널드 서순, 클레어 토멀린, 사이먼 샤마, 프랭크 트렌트만, 마틴 자크, 그리고 녹음한 헌사를 보내온 조르조 나폴리타노를 비롯한 친구들이 헌사를 바쳤다. 뉴욕의 신사회연구소도 2013년 10월 25일 오후 4시부터 6시까지 다른 기념식을 열었다. 버크벡에서는 친구들과 옛 동료들이 에릭의 이름으로 수여하는 대학원생 장학금을 위해 기금을 조성했으며, 2014년 4월 29일부터 5월 1일까지 에릭의 유산을 평가하는 대규모 국제학술대회를 열었다. 그리고 여기서 발표한 논문들 중 일부를 모아 학술대회의 이름과 같은 《홉스봄 이후의 역사History after Hobsbawm》라는 제목으로 2017년 옥스퍼드대학 출판부에서 책으로 냈다. 존 아널드, 매슈 힐턴, 얀 뤼거가 편집한 이 책은 에릭의 연구의 성격과 영향—제프 일리가 쓴 예리한 에세이의 주제—을 탐구하는 한편 21세기에 다른 학자들이 더욱 발전시킬 것으로 예상되는, 역사가 홉스봄의 기교의 여러 측면을 논의했다. 에릭이 너무나 자주 했던 것처럼, 이 책에서 역사는 과거, 현재, 미래 사이의 간극을 메우고 있었다.

에릭이 역사가로서 미친 영향의 성격과 중요성에 대한 평가 중에 말년에 본인 스스로 내린 평가보다 더 정직하고 균형 잡힌 평가는 거의 없었다. 90세 생일이 얼마 남지 않은 때에 자기 삶을 돌아보며 에릭은 고마움을 느꼈다.

나는 지난 세기의 30년대부터 70년대의 역사서술 전환기까지 역사 쓰기에 혁명을 일으킨 전 세계의 역사가 세대에 속하는 행운을 누렸다. 그들은 하나의 이데올로기 학파가 아니라, 경제사의 깃발 아래 있었든, 아날학파처럼 프랑스 사회학과 지리학의 깃발 아래 있었든, 마르크스주의 또는 막스 베버의 깃발 아래 있었든 간에, 기존의 랑케식 역사서술에 대항해 역사서술의 '현대성' 투쟁을 벌인 이들이었다. 어째서 마르크스주의자들이 잉글랜드에서 그토록 중추적인 역할을 했는지 아직까지 설명되지 않았지만, 그들이 창간한 학술지 《과거와 현재》의 기여와 영향력은 프랑스의 아날학파와 사회사를 연구하는 독일의 '빌레펠트 학파'에 필적했다. 이들 모두 서로를 동맹으로 여겼다. 나의 역사서술은 옛 스승 무니아 포스탠의 경제사학회, 유명한 공산당 역사가 그룹, 《과거와 현재》 공동 창간인, 그리고 프랑스 역사가들이 주도해 설립한 국제역사학위원회의 사회사 분과에서 일찍이 1950년부터 회원으로 활동한 시절 등을 거치며 발전했다. 역사가로서 나의 작업은 이런 동료 집단, 동지 집단, 친구 집단에 뿌리박고 있으며, 나의 기여, 즉 이른바 사회사의 부상에 대한 기여는 이 집단들의 기여와 분리할 수 없다.[6]

에릭은 자신의 개인적인 기여가 무엇보다 저서를 통해 여러 나라의 비전문 역사가들에게 가닿는 능력 덕분이라고 생각했다. 그리고 "나는 적어도 아널드 토인비 이후로는 내가 국제적으로 가장 유명한 영국 역사가가 되었을 것이라고 믿는다"라고 자랑스럽게 말했다.

나는 무엇보다 스스로를 일종의 게릴라 역사가로, 이를테면 포격을 퍼붓는 문서고의 뒤편에 놓인 목표물을 향해 곧장 진격하기보다는 측면의 덤불에서 사상의 칼라시니코프 소총으로 목표물을 공격하는 역사가로 묘사하고 싶다. 기본적으로 나는 새로운 질문을 제기하고 새로운 영역을 열어젖힘으로써 기존의 논의에 신선한 시각을 적용하려고 노력하는 호기심 많은 역사가, 또는 문제 지향적인 역사가다. 이 점에서 나의 테제들은 대부분 성공하지 못했지만, 때로는 성공을 거두었다. 중요한 것은 사회적 반란에서 산적이 수행한 역할에 관한 나의 연구가 사회적 산적행위의 역사에 관한 방대하고 대부분 비판적인 문헌을 속박에서 풀어냈다는 것이다. 내가 역사에 많은 계획 없이, 직관적으로 접근한다는 사실이 이 측면에서 도움이 되었다. 이 접근법 덕에 때때로 특정한 문제가, 말하자면 역사학의 의제로 올라온 순간을 직관적으로 인식할 수 있었고, 때때로 그런 의제를 간명하게 표현할 수 있었다. 이런 이유로 사회적 반란자들에 관한 나의 연구는 거의 발표하자마자 젊은 역사가, 사회학자, 인류학자 사이에서 국제적 평판을 얻었다. 나의 간결한 표현인 '만들어진 전통'과 이 제목으로 나온 책이 오늘날까지 논의되는 것도 십중팔구 같은 이유일 것이다. 그리고 나의 얇은 책 《민족과 민족주의》가 명백한 오류에도 불구하고 24개 언어로 판매되는 배경에도 같은 이유가 있다.[7]

1950년대부터 출간한 모든 저서가 이런저런 장소에서 여전히 발행되고 있다고 에릭은 자랑스럽게 썼다. 하지만 그런 상황이 얼마나 오랫동안 이어질지에 대해서는 신경 쓰지 않았다. "저술이 진부해지는 것은 역사가의 불가피한 운명이다." 에드워드 기번이나 토머스 배빙턴 매콜리, 쥘 미슐레처럼 저술이 문학의 지위를 획득한 역사가들만이 아주 오래도록 읽히지만 자신은 그런 무리에 속하지 못한다고 생각했다. 다만 앞날은 아무도 알 수 없었다. "오직 미래만이 판가름할 수 있다."[8]

에릭의 지식에는 불가피하게 맹점이 있었다. 우선 학부 졸업 논문의 주제인 알제리와 튀니지, 그리고 아파르트헤이트 시기의 남아프리카공화국을 빼면 아프리카를 많이 알지도 못했고 별로 신경 쓰지도 않았다. 사하라 이남 아프리카의 경우에는 확실히 그랬다. 리즈 그란데는 자신이 남수단에서 하는 일과 사하라 이남에서 활동하는 유엔 인도주의 파견단에 대해 에릭에게 말했을 때 "그는 별로 관심이 없었어요. (…) 그곳이 중요하다고 생각하지 않았죠. (…) '뭐, 알다시피 모든 장소가 똑같이 중요하진 않아요. 어떤 장소는 분명히 중요하지 않습니다'라고 했어요. 그에게 그 장소는 틀림없이 아프리카였죠"라고 지적했다.[9] 또한 에릭은 중부유럽, 특히 오스트리아의 고급문화 전통 속에서 성장했고, 주로 그 전통에서 문화적 태도를 흡수했다. 그리하여 그가 조사한 19세기와 20세기의 역사에는 대중문화에 대한 서술, 특히 거의 이 기간 내내 유럽인의 태반이 애착을 보인 민속문화에 대한 서술이 없다시피 했다. 그는 팝 음악과 1968년 이후 청년문화에 대한 불쾌감을 거듭 드러냈다. 현대의 아방가르드 예술, 실은 모더니즘 전반에 대한 적대감도 숨기지 않았다. (잘츠부르크 축제에서 행한 도발적인 강연을 포함해) 저술을 통해 고전음악은 익숙한 것을 끝도 없이 빈약하게 반복하고 현대 음악은 이해할 수 없고 뜬금없다고 싸잡아 비판하긴 했지만, 사실 그는 고전음악의 레퍼토리 음반을 꽤 많이 보유했고 오페라와 연주회를 자주 관람하러 갔다. 시각예술은 10대 시절에 런던의 훌륭한 박물관과 미술관을 탐방한 이후로 그에게 평생 영감을 주었지만, 그의 관심은 1920년대의 어느 시점에 멈추었던 것으로 보인다. 에릭의 세 번째 맹점은 여성사로, 그 원인은 무엇보다 젠더보다 계급을 우선시하고 페미니즘을 장차 여성의 평등을 가져올 사회혁명을 위한 투쟁과 무관한 이탈로 간주하는 마르크스주의의 영향에 있었다. 《제국의 시대》에서 이 결점을 메우고자 최선을 다하긴 했지만, 그의 노력은 마지못해 하는 수준을 넘지 못했고, 이 주제를 다룰 때면 대개 평소처럼 자신감 있게 쓰지 못했다.

에릭은 1930년대 초에 베를린에서 마르크스주의 이론과 공산주의 이상을 접했다. 당시 베를린의 많은 청년들은 나치즘을 물리치고 더 나은 세계를 건설할 유일한 희망이 공산당에 있다고 보았다. 공통의 이상으로 똘똘 뭉친 대규모 대중운동의 일원이라는 황홀감은 풍비박산이 난 가정생활을 대신하는, 평생 지속될 본능에 가까운 정서적 소속감을 그에게 선사했다. 공산당 운동 이전에는 짧게나마 보이스카우트 운동이 비슷한 기능을 했다. 이 소속감은 나머지 생애 내내 그의 영혼 깊숙한 곳에서 유지되었다. 전쟁 직후에 이 소속감은 역사의 조류를 따라 나아가는 노동운동의 행진을 재구성하려던 그의 학문 연구의 동력이었다. 그러나 그는 공산주의의 실체에 환멸을 느끼게 되면서 학문적 관심을 정상에서 벗어난 주변부의 사람들에게로 돌렸다. 첫 번째 아내 뮤리얼 시먼과 동지로서 맺었다고 생각한 정치적 결혼관계가 끝난 후로는 학문뿐 아니라 사생활에서도 그런 사람들에게 관심을 기울였다. 그는 가족에 상응하는 일종의 정서적 공동체를 찾다가 한동안 재즈계에서 시간을 보냈지만, 결국 재즈계에도 환멸을 느끼게 되었다. 바로 그 시기에 에릭은 마를린 슈바르츠와 두 번째 결혼생활을 시작했고, 그녀와 더불어 진실하고 안정적이며 정서적으로 힘이 되는 가정생활을 꾸릴 수 있었다. 이 새롭고 견고하고 영속적인 정서적 기반은 그를 유명하게 만들어준 광범한 역사적 종합으로의 전환을 뒷받침해주었다.

그 이후의 생애 내내 에릭은 의식적으로 국제 좌파 지식인 네트워크의 일원으로 남아 있으면서도, 점차 재정적·사회적 성공의 수단을 갖추어 영국 기득권층으로 올라갔다. 공산당원 투사나 활동가가 아니라 공산주의자 지식인이라는 그의 자아상은 독일 공산당의 대중운동과 비교해 영국 공산당의 운동이 미미하다는 환멸감을 느끼는 가운데 아주 일찍부터 형성되었다. 공정하고 평등한 사회를 실현하기 위해 국제적인 대중운동에 속한다는 공산주의 이념은 그의 생애 내내 살아남았지만, 성년기 동안 그는 영국 공산당의 노선을 기꺼이 따른 적이 거의 없었으며, 무엇보다 1950년대의 파리에서 반체제적이고 비정통적인 형태의 마르크스주의를 흡수한 후로는 1956년에 당과 완전히 결별하기 전부터 당의 정통 노선을 거부했다. 하지만 그는 결별 직전까지 공산당원 자격을 유지했는데, 무엇보다 그것이 청소년기에 형성한 정체성의 핵심 부분이었기 때문이다. 실제 정치의 측면에서 보면 그는 언제나 영국 노동당에 더 가까웠고, 심지어 공식적인 정치적 충성의 대상을 영국 공산당에서 이탈리아 공산당으로 바꾼 후에도 그러했다. 그는 결코 스탈린주의자가 아니었으며, 좌파가 스탈린주의의 범죄와 실책을 인정해야 한다는 그의 신념은 1956년에 영국 공산당과 이데올로기적으로 갈라선 핵심 이유였다. 그의 마르크스주의는 나이를 먹어가면서 산만해졌지만 결코 완전히 사라지지 않았고, 그가 케임브리지 시절부터 역사가로서 수련하며 흡수한 다른 여러 영향과 뒤섞여 독특한 지적 혼합물을 이루었다.

무엇보다 에릭은 역사를 직업으로 선택하기 한참 전부터 글쓰기 기교를 익힌 작가였다. 그의 가장 생생한 글 중 일부는 에세이와 단편뿐 아니라 일기와 편지에도 기록한 개인 경험담이었다. 그는 몇 개 언어로 쓰인 엄청나게 많은 고전 시와 소설을 읽는 등 문학을 통해 역사를 수련했고, 이 점은 분명 그가 세계적으로 호소력을 발휘한 주된 이유였다. 물론 광범한 지식의 폭, 당대의 일화와 인용문으로 역사적 주장을 설명하는 능력, 눈길을 끄는 짤막한 글과 인상적인 구절을 사용하는 재능도 그의 매력이었다. 이런 측면이야말로 다른 어떤 이유 못지않게 그의 저술이 오래도록 살아남는 이유다.

에릭이 80세 생일을 기념해 버크벡에서 열린 학술대회에서 말했듯이 '홉스봄주의'나 '홉스봄주의자들', 또는 그를 중심으로 모인 특정한 역사가 학파 따위는 결코 없었다. 에릭보다 겨우 며칠 먼저 사망한 미국 역사가 유진 D. 제노비스는 죽기 몇 년 전에 친구 에릭을 가리켜 "이론적 명료함, 뛰어난 일반화 능력, 함의가 풍부한 세부 사실을 알아보는 예리한 안목을 겸비한 데다 여러 국가와 대륙, 세기를 넘나들며 갖가지 언어로 믿기 어려울 만큼 폭넓은 참고문헌을 동원하는 까닭에 그의 선례를 따라 하기란 불가능하진 않더라도 어렵다"라고 말했다.[10] 그러나 토니 주트가 지적했듯이 "에릭 홉스봄의 저술로부터 돌이킬 수 없는 영향을 받아 가까운 과거에 대한 관심을 형성한 역사가 세대", 에릭이 쓴 모든 글을 읽고 논하고 흡수하고 반박하고 자양분으로 삼은 세대는 있었다.[11] 에릭이 미친 영향은 매우 폭넓지만, 그런 만큼 매우 많은 분야에 걸쳐 있고 다면적이기 때문에 명확히 규정하기가 어렵다. 이 모든 특징이 에릭의 책과 에세이가 오늘날에도 여전히 읽히고 논의되는 이유이자, 미래에도 오랫동안 읽히고 논의될 이유다.

옮긴이의 말

I

    19세기 유럽 역사 3부작《혁명의 시대》,《자본의 시대》,《제국의 시대》의 저자인 에릭 홉스봄은 내가 서양사 연구에 처음 발을 내딛기 시작했던 대학원 시절 경외의 대상이었다. 일단 19세기 유럽 역사의 흐름을 '혁명', '자본', '제국'이라는 주제어를 통해 기술하는 홉스봄의 탁월한 식견에 감탄했다. 학문의 세계에 갓 진입한 초심자에게 복잡다단한 19세기 유럽 역사를 세 개의 핵심 단어로 정리한다는 발상 자체가 놀라움의 대상이었다. 지금은 지적할 수 있는 홉스봄의 역사서술이 가지는 한계, 즉 유럽 중심주의적이라는 비판적 시각은 학문적으로 미숙했던 초심자에게는 떠오르지 않았다. 더구나 엄혹했던 당시 한국 사회에서 금기시되

---

* 〈옮긴이의 말〉 작성 과정에서 나의 논문 〈'공산당원' 홉스봄 다시 돌아보기〉, 《역사와 세계》 59, 2021, 447~479쪽의 내용을 일부 참고했다.

었던 '혁명'이라는 주제어는 서양의 역사 경험에서 우리 사회의 변혁을 위한 실마리가 될 수 있다는 치기 어린 생각까지 더해져서 홉스봄 저서에 대한 열정을 불태우는 계기가 되었다.

생애 말년까지 역사 연구의 열정을 유지했던 홉스봄이 19세기 유럽 역사의 3부작만으로 만족할 수는 없었다. 3부작을 통한 '장기 19세기'의 역사 전개의 서사를 마무리한 이후 '단기 20세기'의 역사를 '파국시대, 황금시대, 산사태'로 구분한 《극단의 시대》를 내놓았다. 이로써 홉스봄은 21세기 현 시점의 우리에게 가장 근접한 19세기와 20세기의 정치사회적 변화, 문화적 양상 등에 관한 다채로운 역사상을 훌륭하게 정리한 셈이었다.

이렇게 역사의 긴 흐름을 서술하는 홉스봄의 저작물들은 역사가로서의 실천을 멈추지 않는 그의 방식이었다. 즉 전문 역사가들의 연구 성과 교류를 위한 학술지에 논문을 게재하는 것도 중요한 활동 영역이었지만 동시에 일반 독자들이 보다 쉽게 다가갈 수 있는 저서의 출판에도 홉스봄은 많은 노력을 기울였던 것이다. 이러한 실천을 통해 그는 유럽의 장기적 역사의 흐름에서 지배적인 경제체제로 자리 잡은 자본주의 체제의 복잡한 문제 해명을 위한 단서를 제공하려고 했다. 자신이 속해 있는 체제를 더 나은 상태로 만들기 위한 학문적 실천을 홉스봄은 결코 소홀히 하지 않았다.

홉스봄의 학문적 실천은 해양제국으로서 세계사를 주도했던 그의 조국 영국의 진보만을 목표로 하지 않았다. 유럽의 식민지로서 300여 년 이상 수탈의 아픔을 겪었던 라틴아메리카 여러 나라의 발전적 이행을 위해서도 그는 다양한 활동을 벌였다. 홉스봄은 라틴아메리카의 민주적 정치제도의 정착과 극심한 불평등의 해소를 위한 자신의 견해를 해당 지역 학자들은 물론 학생들에게 여러 해에 걸쳐 피력했다. 이러한 그의 활동은 특히 브라질에서 돋보였는데, 2003년 대통령으로 선출된 룰라 다 실바는 그의 역사서를 섭렵하여 얻은 통찰을 브라질의 획기적 전환에 활용하기도 했다. 브라질에서 홉스봄의 저서들은 베스트셀러 목록에서 오랜 기간 사라지지 않았다.

학문적 역량이나 실천의 측면에서 이렇게 광범위한 역량을 가졌던 홉스봄은 분명 유럽 역사에 관심을 가지는 한국의 연구자들이 본받고 싶은 대상이다. 홉스봄이 살아 있을 때에는 물론 사후에도 그의 저서들이 한국어로 번역·출간된 것은 연구자들의 이러한 동경이 반영된 결과라고 할 수 있을 것이다. 홉스봄의 역사서술과 역사관에 대한 분석을 통해서 그를 보다 깊이 있게 이해하려는 시도도 이어졌다. 홉스봄은 마르크스주의자임을 스스로 인정했지만 제국주의로부터 수탈을 경험한 '제3세계'에 대해서는 유럽의 근대화 과정을 따라갈 수밖에 없다고 규정함으로써 '유럽 중심주의적' 시각을 버리지 못했다는 비판*과 홉스봄의 마르크스주의는 교조주의적 이념의 상태로 머물러 있지 않고 상황의 변화에 적응하는 유연성을 보이며 진화했다는 시각**이 이런 맥락에서 제시되었다. 또한 홉스봄은 그람시의 서발턴 개념을 전유하여 전 산업시대의 민중의 저항이 갖는 의미를 새로운 시각에서 제시하려고 노력했지만 민중의 의식 안에 존재하는 정치적 의미를 적극적으로 읽어내지는 못했다는 평가도 받았다.***

역사가로서 홉스봄의 공적인 삶은 그의 저서, 학술 논문, 학계에서의 평판 등으로 어느 정도 파악이 가능했다. 그러나 그가 구체적으로 어떠

*   김택현, 〈홉스봄의 시선: 제국주의와 '제3세계'〉, 《영국연구》 30, 2013, 305~335쪽.
** 강성호, 〈'극단의 시대'와 에릭 홉스봄: 정치 노선과 유럽 중심주의에 대한 입장 변화를 중심으로〉, 《역사와 문화》 30, 2015, 83~109쪽.
*** 김헌기, 〈마르크스주의 역사학의 그람시적 계기〉, 《역사와 경계》 98, 2016, 249~271쪽.

한 삶의 과정을 겪었으며 내면적으로 어떠한 문제들을 간직하고 있었는 지에 대해서는 많은 정보가 없었다. 홉스봄 자신도 이러한 주변의 아쉬 움을 받아들여 자서전 집필에 착수했는데, 그 결과물이 2002년에 출간 된《흥미로운 시대: 20세기의 삶》이다.* 그러나 이 자서전에는 부제에서 추론할 수 있듯이 홉스봄 자신을 둘러싼 다양한 경험과 내면의 모습보 다는 그가 살았던 20세기의 상황적 배경에 대한 서술이 많았다.《흥미로 운 시대》는 "기묘한 혼성물, 비개인적인 자서전이다. 우리는 이것을 통 해 에릭 홉스봄의 내면적 삶보다 20세기의 사회와 정치에 대해 더 많은 것을 알게 된다"라는 평가**는 자서전의 이러한 구성에 대한 아쉬움의 표 현이었다. 에릭 홉스봄의 공적인 삶은 물론 사적인 삶의 모습까지 복원 해내면서 홉스봄을 새롭게 조명하려는 시도도 필요했다.

학부 시절에 홉스봄의 지도를 받은 바 있으며 독일 제3제국 연구와 역사 이론 분야에서 주목할 만한 성과를 낸 리처드 에번스가 바로 이러 한 필요에 부응하는《에릭 홉스봄: 역사 속의 삶》을 2019년에 출간하여 지금 우리가 만나는 번역서로 이어지는 계기를 제공했다. 홉스봄의 개 인사, 예를 들어 역사학자의 길을 선택한 계기, 타의 추종을 불허하는 연구 실적에도 모교인 케임브리지의 교수로 임용되지 못한 이유, 아버 지이자 남편으로서의 면모 등은 내가 홉스봄을 처음 접한 이후로 지속 적인 호기심의 대상이었다. 또한 마르크스주의자이면서 영국의 공산당 원이라는 정체성을 생애 말년까지 버리지 않았던 그가 사회주의 체제의 몰락 이후 어떠한 생각을 가졌으며 미래 사회를 어떻게 전망했는지도 궁금했다. 이 번역서는 일차적으로 나의 이러한 궁금증에서 출발했다.

---

*   한국어판 제목은《미완의 시대: 에릭 홉스봄 자서전》(민음사, 2007)이다.
** Stefan Collini, "The Saga of Eric the Red," *Independent Magazine* (September 14, 2002).

아울러 홉스봄의 총체적 삶의 모습을 한국 독자들에게 제시하려는 도서
출판 책과함께의 진지한 의도도 책의 출판을 가능케 했다. 이제 이 책을
통해 만나게 되는 홉스봄의 내면을 보다 상세히 들여다보자.

2

세계 각지에 식민지를 거느린 대영제국의 시민으로서 홉스봄은 마르
크스주의자이자 공산당원으로서의 정체성을 생애 말년까지도 버리지
않았다. 마르크스가 그랬듯 자본주의 체제의 작동 방식에 대한 오랜 연
구와 체험을 통해 홉스봄이 이러한 신념에 도달한 것은 아니다. 이른 나
이에 부모를 여의고 삼촌의 가족들과 1931년 여름 베를린으로 이주한
홉스봄이 접한 베를린의 정치사회적 환경은 암울했다. 히틀러의 파시
스트 정당이 바이마르 공화국을 무너뜨리고 권력을 장악하기 직전이었
다. 1919년부터 드러난 독일 공산당과 사회민주당의 갈등으로 인해 파
시스트 권력 장악의 저지를 위한 연합전선의 형성은 어려워 보였다. 열
다섯 살의 고아 홉스봄에게 공산당의 젊은 투사들의 열정, 즉 공산주의
혁명의 성취라는 목표가 파시스트 권력 장악의 저지라는 목표보다 훨씬
활기가 있으며 가슴을 뛰게 하는 목표였다. 자본주의가 세계 전반, 특히
독일의 경제를 파국적 상황으로 몰고 간 반면 공산주의 운동의 국제주
의는 역동성과 희망을 제시하는 듯 보였고 이는 어린 홉스봄에게 매력
적으로 다가왔다.
　홉스봄이 어린 시절 겪었던 경제적 어려움 또한 그를 공산주의에 다
가가게 하는 요인이었다. 그가 빈과 베를린의 중등학교를 다닐 때 어울
렸던 친구들 대부분이 대공황이 심해졌을 때조차 적어도 어려움 없이

살아가는 경제 수준의 가정 출신이었다. 반면 그의 가족은 아버지가 살아 있을 때에도 하루하루를 연명하는 데 급급했다. 가족의 가난을 그는 부끄러워했다. "이 부끄러움을 완전히 뒤집어 자랑스럽게 여기고 나서야 나는 부끄러움을 극복했다."(57쪽) 즉 프롤레타리아 계급의식을 성장시켜 나갈 수 있는 공산주의자가 됨으로써 가난은 더 이상 부끄러운 것이 아니게 되었다. 공산당원으로서의 자긍심은 가족의 울타리를 상실한 그에게 새로운 소속감을 제공했다.

영국으로 이주해 케임브리지에 입학한 홉스봄에게 사회주의 이념, 더 나아가 공산당원으로서의 활동은 삶의 중요한 기준이었다. 케임브리지의 역사협회, 영문학협회, 정치협회 등 다양한 학생단체에 가입했지만, 그가 가장 열의를 보였던 단체는 사회주의자 클럽이었다. 400명가량의 회원을 보유하고 있던 사회주의자 클럽은 케임브리지에서 가장 강력하고 활동적인 학생 조직이었으며 클럽 구성원의 절대다수는 공산주의자였다.

사회주의자 클럽 활동에 대한 홉스봄의 열의가 어린 시절 베를린에서 공산당을 통한 정치적 투쟁과 맥을 같이하는 것으로 보일 수도 있다. 그러나 클럽의 지도부가 영국 사회의 변혁을 위해 말 그대로 정치 투쟁에 집중해야 한다고 생각한 반면, 홉스봄은 예술과 음악이 그러한 정치 투쟁을 효과적으로 만드는 수단이라고 생각했다. "문학의 문제, 예술의 문제, 성에 대한 이런저런 문제"(186쪽)에 대한 토론 또한 홉스봄이 보기에 케임브리지 학생 공산당원의 자질 향상을 위해 필요한 수단이었다. 이런 홉스봄에 대해 클럽의 지도부는 학생 공산당을 토론 단체로 만들려 한다고 비판했지만, 그 시절부터 무르익기 시작한 그의 다양한 지적 관심은 지도부의 편협한 시각과 대립되었다.

편협한 정치 투쟁을 거부했지만 당시의 홉스봄은 영국의 공산당원으로서 사회주의 종주국 소련에 대해 비판을 자제하려고 했다. 스탈린은 여론 조작용 재판을 통해 러시아 혁명 1세대인 그리고리 지노비예프, 레프 카메네프 등을 반역 혐의로 기소했다. 스탈린의 당 독재를 강화하기 위한 무고한 기소였음이 이후의 연구들을 통해 밝혀졌지만, 당시 영국 공산당 지도부는 재판의 정당성을 의심하지 않았다. 홉스봄 또한 "재판은 합법적이고 이해할 만한 일"이며 "재판 절차에서 매우 의심스러운 것은 아무것도 없다"라고 생각했다. 스탈린 체제에 대한 전면적인 비판을 자제하면서도 그는 자신의 이성적 사고를 통해 제기되는 의문을 회피하지 않았다. 즉 여론 조작용 재판은 "피고인들이 그들의 자백대로 아주 일찍부터, 심지어 혁명 이전부터 소련에 반대했음에도 당의 최고 직위에 반복해서 임명된 이유가 무엇이냐는 곤란한 의문"을 제기했다. 홉스봄의 답변은 "당장 그런 직무에 적합한 경험자가 충분하지 않아서", 혹은 "그들이 마르크스주의자라는 이유로 그들의 진실성에 대한 순진하고 그릇된 믿음에 이끌려서 계속 포용"(200쪽)했다는 것이었다. 스탈린의 숙청을 둘러싼 현재의 연구 성과를 돌아볼 때 홉스봄의 이러한 결론은 쉽게 납득하기 어렵지만 그는 1930년대 소련이 1차 세계대전과 대공황으로 붕괴된 자유주의·자본주의 체제의 대안이라는 인식을 가지고 있었다. 진보적 지식인 그룹의 일원으로서 홉스봄은 스탈린의 잔인한 숙청에 비해 소련이 제시하는 듯 보이는 유토피아적 희망을 더 크게 부각하고 싶었던 것이다.

홉스봄은 2차 세계대전 발발로 군대에 징집되었는데 당시 그는 영국의 자유주의적 지식인의 관점과 대립되는 사상을 가지고 있었기에 군대 내의 좌파 지식인으로서 감시의 대상이었다. 군 복무 기간 중에도 사고의 폭을 확대할 수 있는 수단이라고 생각한 장교 지원은 그리하여 좌절되었다. 육군 교육단으로의 재배치는 그에게 지적 능력을 조금이나마 발휘할 수 있는 여건을 제공해 위안이 되었지만 여전히 영국 정보부의 감시를 받았다. 그럼에도 불구하고 홉스봄은 공산당원으로서의 정체성을 군 복무 기간 중에 다져나가고 싶었는데 뮤리얼 시먼과의 관계가 그러한 계기를 제공했다. 런던정경대의 학생이자 한때 공산당원이었던 시먼은 홉스봄과의 관계 유지를 위해 공산당에 재입당했다. 홉스봄은 케임브리지 내 다양한 성향의 지적 인물들과 교류했지만 공산당원으로서의 열정은 그가 여전히 중시하는 사항이었다. "당원이 아니거나 당에 들어올 (또는 복귀할) 생각이 전혀 없는 사람과 진지하게 사귄다는 것은 상상도 못할 일이었다."* 육체적 갈망을 해소하기 위해 시먼과의 관계가 필요하기도 했지만 홉스봄은 또한 공동의 이상 실현을 위한 동지애적 결합으로 그들의 결혼을 규정하기도 했다. 그렇지만 홉스봄의 기대와 달리 두 사람의 관계는 발전하지 못했다. 홉스봄의 정치적 성향으로부터 시먼은 시간이 지날수록 멀어져갔고 부부관계에서도 불만족스럽다며 다른 남성과의 관계를 드러내는 것도 주저하지 않았다. 시먼은 "우리 결혼생활에는 너무나 많은 갈등—사적인 관계에 대한 당신의 불신과 나의 감상벽, 결혼생활에서 당신이 원한 지적인 동지애와 내가 기대한 단조로운 안락함 등 감정적인 갈등과 그렇지 않은 갈등—이 있었고, 나는 그 어떤 낙관론으로도 우리의 갈등을 다시 마주할 수가 없어요"(373~374쪽)라고 고백하며 부부관계의 파탄을 선언했다. 동지애적 결합을 통해 자신의 신념을 강화하려고 했던 첫 번째 결혼은 1953년에 종지부를 찍었다.

1946년 초 28세로 동원 해제될 무렵 홉스봄은 작가나 언론인보다는 역사학자가 자신이 가장 잘할 수 있는 일이라고 생각하고 연구에 정진

---

* 홉스봄, 《미완의 시대》, 228쪽.

하여 1951년에 박사학위를 취득했다. 전문가로서 일차적인 자격 요건을 확보한 상태여서 이혼만 없었다면 그는 안정적인 환경 속에서 더욱 연구에 전념할 수 있었을 것이다. 이혼 이후 외로움을 달래기 위해 여행을 자주 떠났고, 케임브리지 학생들과의 관계를 돈독히 하는 데도 많은 노력을 기울였다. 영국 공산당원으로서의 삶도 여전히 유지했지만 보통의 당원들과 같은 정치활동이나 정치 투쟁에 몰두하지 않았다. 그는 '공산당 역사가 그룹'의 다른 주요 구성원과 더불어 "노동운동의 전 영역에서 역사를 대중화하여 사회주의를 성취하기 위한 투쟁의 모든 부분에 역사적 시각을 부여"(402쪽)하기 위한 활동을 더 중시했다. 홉스봄, 크리스토퍼 힐, 존 모리스 등 영국 역사학계의 중심인물로 성장하게 되는 이들 역사가 그룹은 학술대회, 독서 토론 등의 행사를 통해 당원들의 마르크스주의에 대한 이해를 증진시키고 영국 노동운동에서 당의 역사적 기원을 이해하는 것이 중요하다고 생각했다. 그렇다고 마르크스주의에 경도된 역사 연구만을 중시하지는 않았다. 오늘날까지도 그 권위를 인정받고 있는 역사가 그룹의 창간 학술지 《과거와 현재》가 선언했듯이 이들은 "새로운 역사가 세대의 대변인을 자처했다. 그 세대는 마르크스주의자든 아니든 간에 역사의 경제적·사회적 차원을 이전보다 더 중시했고, 정통적인 정치-제도 문서고라는 테두리에서 벗어나 새로운 사료와 기법, 발상을 활용할 준비가 되어 있었다."(411쪽) 마르크스주의적 시각만을 중시하는 역사적 방법론을 고집하지 않고 프랑스의 아날학파와 같이 역사를 총체적으로 바라보아야 한다는 의지의 표명이었다.

교조적 공산주의자들에 대한 홉스봄의 비판적 입장은 역사학자의 길에 들어설 무렵 더욱 뚜렷해졌다. 소련 공산당에 대한 맹목적 지지와 같은 영국 공산당의 공인된 활동은 자신의 성향 혹은 기질과 맞지 않는다고 홉스봄은 생각했다. 특히 흐루쇼프가 20차 당대회의 비밀 연설을 통해 스탈린을 필두로 한 소련 공산당의 과오를 시인했음에도 불구하고 이에 대한 공개적인 논의를 거부하는 영국 공산당의 태도를 홉스봄은 수용하기 어려웠다. 더 나아가 영국 공산당은 1956년, 헝가리의 자유화 요구를 짓밟은 소련의 침략을 지지했다. 공산당 역사가 그룹의 비판적 지식인은 물론 평당원의 상당수도 영국 공산당에 실망하여 당을 떠났지만 홉스봄은 당원으로서 당에 대한 비판적 입장을 멈추지 않았다. 한편으로 그는 매우 깊은 감정적 차원에서 공산당 운동에 속해 있다는 이념을 버리지 못했고, 다른 한편으로 당이 요구하는 규율에 맹목적으로 복종하고 싶지 않았다. 공산주의를 고취한다는 이념에 계속 충성할지의 여부가 핵심 문제였고 당원 자격의 유지는 형식적인 문제에 불과하다고 생각했기 때문에 그는 당을 떠나지 않았다. 홉스봄은 당내의 이단자로서 사회 변혁을 지향하는 '운동 내 아웃사이더'였다.

학문적 역량 면에서 서서히 두각을 나타내고 있었지만 홉스봄의 이러한 신념은 모교인 케임브리지의 교수가 되는 데 장애 요인이었다. 매카시즘의 광풍이 미국뿐 아니라 영국의 대학 사회에도 휘몰아쳤던 냉전체제에서 마르크스주의자이자 공산당원임을 공공연하게 드러냈던 홉스봄을 케임브리지의 보수적인 교수진은 포용하지 못했다. 그리하여 홉스봄은 학계의 성공적 진입을 위해 필수적이었던 박사 논문의 출판마저 좌절된 채 케임브리지의 펠로로 몇 년을 보내야 했다. 불안정한 케임브리지의 생활을 1954년에 마무리하고 런던대학의 분교인 버크벡칼리지 인근의 거처로 옮김으로써 새로운 삶의 전기를 마련했다.

버크벡칼리지는 대학 교육을 받지 못한 노동자들을 위해 야간에만 강좌가 열리는 학교였다. 1950년에 홉스봄은 이미 버크벡칼리지의 정규직에 임명되었지만 케임브리지 펠로로서의 역할도 수행하기 위해 런던과 케임브리지를 오가는 생활을 하고 있었다. 그러다 런던에 정착하자 야간 강좌의 의무만을 지고 있는 버크벡의 장점을 활용해 낮시간에 연구에 몰두할 수 있었다. 또한 그는 어느 정도의 배경지식과 역사에 대한 관심을 가지고 있는 버크벡 학생들을 가르치면서 폭넓은 독서 대중을 위한 저서의 집필이 추구해야 할 지향점을 체득했다. 일반 대중의 높아진 역사 인식에 부응하면서 그들에게 진지한 사유를 위한 기회를 자신의 강의가 제공하는지를 수업 현장에서 확인하고, 그러한 내용을 자신의 저서에 반영하려고 노력했던 것이다. 19세기를 다룬 그의 3부작이 장기 유럽 역사의 흐름을 알고자 하는 대중적 욕구에 부응하면서 19세기 유럽 역사를 다루는 대학의 강좌에 참고도서로 여전히 활용되는 이유가 여기에 있다.

홉스봄이 영국을 대표하는 역사학자로 성장할 수 있었던 것은 그의 탁월한 분석력, 광범한 자료의 처리 능력, 역사의 장면을 생생히 묘사하는 문장력 등 그의 개인적 자질에 힘입은 바 컸다. 그러나 이에 못지않게 그가 안정적으로 교육과 연구에 전념하도록 가정환경을 조성해준 두 번째 부인 마를린 슈바르츠의 기여를 거론하지 않을 수 없다. 슈바르츠는 홉스봄과 같은 빈 출신으로 프랑스 문화의 애호가였을 뿐만 아니라 이탈리아에 대한 지식과 사랑도 그와 공유할 수 있었다. 그녀는 공산당원은 아니었지만 좌파 성향이었기 때문에 이념적 측면에서도 그와 공유할 여지가 많았다. 홉스봄이 고령의 나이에 접어들어 그리니치의 국립 해양박물관에서 열린 나폴레옹과 웰링턴의 전시회에 다녀오기를 꺼려했을 때도 그녀는 역사가로서 당연히 관람해야 하는 전시회가 아니냐고 독려할 정도로 홉스봄의 학문적 열정의 유지에 기여했다. 크리스마스 휴가 때에는 대영박물관 이외에 갈 곳이 없는 영국의 학자들을 집으로 초대해 그들과 홉스봄의 관계를 증진시켰다. 또한 영국을 방문한 세계 각지의 학자들을 초대하는 것도 마다하지 않아 홉스봄이 전 세계적인 관계망을 형성하도록 도왔다. 홉스봄의 업적과 명성은 슈바르츠의 이러한 지원이 있었기에 가능했다.

학문적 업적이나 역사학자로서의 명성을 고려할 때 홉스봄은 분명 학계에서 성공했다. 모교인 케임브리지의 교수로 임용되지는 못했지만 1973년에 모교의 명예교수로 추대되었다. 더 나아가 그는 1976년에 영국 학술원 회원으로, 1983년에는 고위 학자들과 성직자들이 자주 드나드는 애서니엄 클럽의 회원으로 선출되었다. 그는 또한 영국과 영연방에서 예술, 과학, 정치, 산업 혹은 종교에 뚜렷한 기여를 한 사람들에게 주는 명예훈작을 받기 위해 여왕 앞에서 무릎을 꿇었다. 이러한 사회적 지위의 수용을 부각한다면 홉스봄을 "기존 사회에 반대하는 동시에 자신을 품어준 영국 사회의 전통을 깊이 존중하는 마르크스주의자"(617쪽)라고 평가하는 것도 가능해 보인다.

어떤 의미에서 그의 학문적 치열함에 대한 보상이라고 할 수 있을 이러한 영예를 홉스봄이 수용했다고 해서, 사회 변혁을 위한 이념을 그가 인생 말년에 철 지난 구호로 간주했다고 얘기할 수는 없다. 공산주의의 사도를 자처하다가 완전히 전향해 공산주의를 극렬히 반대하는 무리에 편입되기 싫다는 의지를 그는 분명히 드러냈다. "공산당을 떠나 반공산주의자가 되어가는 사람들을 보았는데, 그런 사람들의 무리에 끼고 싶지 않았습니다." 1930년대 초반 베를린에서 정치화되면서 체득한 신념이라고 할 수 있는 공산주의는 그에게 "보편적인 해방, 인류의 해방, 빈민의 해방이라는 꿈"이었다. 자신의 사회적 성취를 근거로 "신념을 잃어버린 사람으로 낙인찍힐 수 있는" 상황으로 몰리는 것을 그는 정말 싫어했다(703쪽).

1991년 사회주의 체제의 붕괴는 홉스봄이 평생 간직했던 이념의 유효성에 대한 공격의 빌미를 제공했다. 1994년 《극단의 시대》 출간으로 더욱 유명세를 타며 방송에 출연할 기회가 많았는데, 그는 책의 내용보다는 심문조의 질문을 더 많이 받았다. 공산주의 유토피아의 실현을 위해 수백만 명의 희생을 강요한 소련의 실험이 정당했는지가 질문의 핵심이었다. 홉스봄은 이에 대해 사회주의 체제의 역사적 경험이 있었기에 시장 자본주의의 폐해를 완화하려는 시도도 가능했고, 그로 인해 20세기 중반 자본주의의 황금기도 가능했다고 대답했다. 또한 스탈린의 숙청은 정당화될 수 없지만 그것은 소련 내부의 문제로 한정되는 것이었다. 반면에 히틀러의 침략은 지금까지 인류가 성취한 보편적 대의와 문명에 위협을 가하는 것이었다. 1930년대 유럽의 공산당들은 근대성이 이룩한 문명을 방어하고 사회체제의 해체를 막기 위해 반파시즘의 기치를 내걸었다. 공산당의 이러한 역사적 역할을 상기하면서 사회주의 체제가 몰락했다 하더라도 홉스봄은 공산주의의 대의를 폐기해야 될 유물로 간주하지 않았다.

홉스봄의 이러한 태도는 그가 간직했던 마르크스주의와도 관련성이 있다. 마르크스주의가 무엇이냐는 질문에 대해 마르크스주의는 "특정한 역사적 단계가 영원하지 않다는 것을 이해했을 때 인간 사회가 성공적인 구조물인 이유는 그것이 변화할 수 있기 때문이라는 것과 따라서 현재가 종점이 아니라는 것을 알려줍니다"(777쪽)라고 대답했다. 사회주의 체제가 무너진 상황에서 자본주의 체제만이 영속할 것이라는 생각은 변화의 가능성을 신뢰하는 마르크스주의자 홉스봄이 받아들이기 어려운 주장이었다. 홉스봄은 패배한 사회주의 이념이라고 해서 그것과 연관된 모든 것들을 절대악으로 간주하거나, 반대편의 이념을 절대선으로 바라보지 않으려고 했다. 역사가로서 이러한 그의 열린 사고는 현 시점에서 마르크스주의 역사가로 규정될 때 일반적으로 떠올릴 수 있는 부정적 평가를 그에게 적용할 수 없도록 만든다. 홉스봄은 역사 무대에서 확인되었던 두 체제의 장단점을 모두 검토하여 새로운 시대의 대안을 열린 사고로 모색할 필요성을 생의 마지막 순간까지 간직했다. 역사가로서 새로운 질문들을 제기하고 새로운 영역을 개척함으로써 전통적 논의에 신선한 관점을 제공하려는 그의 열정을 21세기의 현 시점에 살아나도록 해야 하는 이유다.

3

이 책의 지은이 에번스는 지금까지 알려지지 않았던 홉스봄의 사적인 측면을 풍부하게 재구성함으로써 그의 총체적 삶을 다시 그려내고 있다. 에번스는 이를 위해 유족들이 보관하고 있던 홉스봄의 일기, 편지, 미간행 원고뿐만 아니라 워릭대학의 현대 기록물 센터, 킹스칼리지 문서고 센터 등 공적 기구의 기록물까지 광범위하게 활용했다. 에번스의 노력 덕택에 우리는 홉스봄이 학자로서 안정적 삶을 확보하기 이전 그의 다양한 인생 편력을 살펴볼 수 있다.

한국의 역사학계에서 홉스봄과 같은 위치의 역사학자가 있었고 그에 대한 평전을 기술하려는 후대의 역사학자가 있다고 가정해보자면 우리 학계의 분위기에서 에번스와 같이 평전의 내용을 채워가기는 힘들지 않을까 생각한다. 홉스봄과 같이 자신의 내면적 모습을 여과 없이 드러내는 사적인 기록을 남겨놓는 기록의 문화가 연구자들 사이에서 아직 활발하지 않기 때문이다. 설사 그러한 기록이 충분하게 남아 있다 하더라도 이 책에서와 같이 청년 시절의 충동적인 성관계, 첫 번째 결혼에 실패한 이후 유부녀 매리언 베너던과의 관계에서 태어난 혼외자의 존재 등을 평전에 수록하는 것을 유족이 허락하지 않았을 것이다. 이런 측면에서 홉스봄 평전은 유럽 문화와 우리의 차별성을 한 개인의 일생을 통해 체감하게 해준다.

이 책을 통해 우리는 학자로서 성공한 홉스봄이 자신의 학문적 성과의 대가인 인세를 보다 유리하게 책정하기 위해 적극적으로 행동했다는 것도 알 수 있다. 홉스봄은 자신의 저서 대부분을 바이덴펠트 출판사에서 출간해 세계적인 명성을 획득했다. 그렇지만 《극단의 시대》와 같이 그의 인생 후반부에 나오는 책들에 대해 상업적 성공 가능성을 확신한 출판사들이 좀 더 유리한 조건을 제시하자 관계를 장기간 유지해왔던 바이덴펠트 & 니컬슨이 아닌 새 출판사와 계약을 맺었다. 어찌 보면 자신의 성장에 도움을 준 출판사와의 의리를 매정하게 저버린 처신이라고 생각할 수도 있지만 자신의 노력을 정당하게 보상해주지 못하는 출판사와의 관계를 정리한다는 적극적 의지의 표현이라고 생각한다. 세계적 명성을 이미 확보한 역사가로서 홉스봄은 경제적 이해를 극대화시킬 수 있다면 새로운 관계를 맺는 것을 주저하지 않았다.

우리나라와 관련해 자세히 언급하고 있지 않지만 가볍게 지나갈 수 없는 대목도 있다. 홉스봄은 1987년에 한국 출판사의 초청을 받아 한국을 방문한 적이 있었다. 그렇지만 에번스는 여기서 홉스봄이 자신의 책이 한국에서 해적 출판이 되었음에도 그가 초대에 응했다고 서술하고 있다. 《혁명의 시대》 한국어판이 출간되었을 당시 저작권에 대한 인식의 부재를 은근히 꼬집는 듯 보였다. 또한 소련의 신경제정책이 성공적으로 추진되었다는 가정하에 당시의 서울을 1920년대 소련과 비교하는 문장도 러시아 현대사 전공자인 나로서는 가볍게 지나칠 수 없는 대목이었다. 한국을 처음 방문한 홉스봄에게 아직 민주주의적 절차가 확고하게 뿌리내리지 못한 한국 사회가 1920년대 소련의 권위주의적 체제와 유사하게 보였지만 자본주의적 시장 관행은 적극적으로 시행하고 있는 사회로 비쳤던 것이다. 또한 소련에서 1920년대 신경제정책을 적극적으로 추진했더라면 소련의 역사가 우리가 알고 있는 바와 같이 전개되지 않았을 수도 있다는 홉스봄의 견해가 암묵적으로 드러나는 대목이었다.

홉스봄의 이러한 다양한 측면을 충실하게 복원해내려고 하다 보니 에번스 본인도 인정하듯이 이 책의 분량은 엄청나게 늘어났다. 엄청난 분량의 책을 우리말로 옮기는 작업은 나에게 작지 않은 도전이었다. 또한 에번스는 홉스봄이 직접 남긴 문학적 표현을 상당히 많이 인용하고 있는데 건조하고 분석적인 문체의 역사 연구서에 익숙한 내가 그러한 표현들을 우리말로 옮겼을 때 원문의 맛을 최대한으로 구현하는 것은 한계가 있어 보였다. 한국어판의 완성도를 혼자만의 역량으로 감당하기는 어렵다고 판단해 전문 번역가와의 협업을 결정했다. 1차 번역 원고를 완성한 이후 원고 전체에 대한 이재만 선생의 수정 과정이 있었고, 이를 다시 내가 마지막으로 검토했다. 이런 과정을 통해 우리는 홉스봄의 전반적 생애를 재구성한 이 책이 한국의 독자들에게 최대한 쉽게 읽히는 것은 물론, 홉스봄이 남긴 다양한 문학적 표현의 맛을 독자들이 음미할 수 있기를 희망했다. 우리의 이러한 노력에도 불구하고 미흡함이 있다면 아무쪼록 독자들의 너그러운 양해를 구한다.

정보통신 기술의 발달로 다양한 정보가 빠르게 유통되는 21세기에 이렇게 묵직한 책을 한국의 독자들에게 제공해 홉스봄의 "역사 속의 삶"을 생생하게 전달하려는 출판사의 의지가 없었다면 이 번역서는 빛을 보지 못했을 것이다. 도서출판 책과함께의 류종필 대표는 이 책의 출판에 없어서는 안 될 존재였다. 정보 홍수의 시대에 무게감 있는 역사책의 출간으로 한국 사회의 양식을 한 단계 끌어올리려는 류종필 대표의 노고에 다시 한 번 감사를 표한다. 아울러 책의 편집과정에서 수고를 아끼지 않은 모든 작업자들께도 깊은 사의를 표한다. 마지막으로 번역의 지루하고 힘든 과정을 묵묵히 지켜보며 지칠 때마다 다시 힘을 내게 해준 아내에게도 감사를 전하고 싶다. 책의 번역은 이와 같은 여러 사람의 이해와 노력이 있었기에 가능하다는 것을 재차 인식하는 과정이었다.

2022년 임인년 벽두에
박원용

미주 약어 목록

AEC   Army Educational Corps / 육군 교육단

BBC WAC   British Broadcasting Corporation Written Archives Centre(Caversham)
/ 영국 방송협회문서고센터(케이버샴)

BULSC   Bristol University Library Special Collections
/ 브리스틀대학 도서관 특별장서

CCAC   Churchill College Archives Centre(Cambridge)
/ 처칠칼리지 문서고센터(케임브리지)

CH   Companion of Honour / 명예훈작

CP   Communist Party / 공산당

CPGB   Communist Party of Great Britain / 영국 공산당

CUL   Cambridge University Library / 케임브리지대학 도서관

DHAA   David Higham Associates Archive(London)
/ 데이비드 하이엄 저작권사 문서고(런던)

EJH   Eric J. Hobsbawm / 에릭 J. 홉스봄

FLA   Fritz Lustig Archive(London) / 프리츠 루스티히 문서고(런던)

FLN   Front de libération Nationale / 민족해방전선

HFA   Hobsbawm Family Archive(London) / 홉스봄 가족 문서고(런던)

HRC   Harry Ransom Center(University of Texas at Austin)
/ 해리 랜섬 센터(텍사스대학 오스틴 캠퍼스)

IT   *Intresting Times* / 《흥미로운 시대》

KCAC   King's College Archive Centre(Cambridge)
/ 킹스칼리지 문서고 센터(케임브리지)

LBA   Little, Brown Archive(London) / 리틀브라운 출판사 문서고(런던)

LHA   Labour History Archive and Study Centre, People's History Museum
(Manchester) / 민중사 박물관 노동사 문서고 연구 센터(맨체스터)

LSE   London School of Economics / 런던정치경제대학

MRC   Modern Records Centre(University of Warwick)
/ 현대기록물센터(워릭대학)

NATO   North Atlantic Treaty Organisation / 북대서양조약기구

OAS	Organisation armée secrète / 군사비밀조직
PBA	Penguin Books Archive(London) / 펭귄북스 문서고(런던)
RJE	Richard J. Evans / 리처드 J. 에번스
SMGS	St Marylebone Grammar School / 세인트메릴본 중등학교
TB	Tagebuch / 일기
TNA	The National Archives(Kew) / 영국국립문서고(큐)
UMA	University of Manchester Archive / 맨체스터대학 문서고
UNESCO	United Nations Educationl, Scientific and Cultural Organisation / 국제연합 교육과학문화기구
WNA	Weidenfeld & Nicolson Archive(London) / 바이덴펠트 & 니컬슨 문서고(런던)
WSA	World Student Associaiton / 세계학생연맹

미주

머리말

#1. EJH, *Interesting Times. A Twentieth-Centiry Life* (Penguin/Allen Lane, 2002, 이후 *IT* 로 표기), pp. xii, xiv. **#2.** Entretien entre Elise Marienstras et Charlotte Faucher, 27.6.2016 à Paris. **#3.** MRC 937/8/2/35: Stefan Collini, 'The age of Eric the Red', *Independent* 잡지, 14.9.02 **#4.** *IT*, p. xiii. **#5.** MRC 937/7/8/1: 'Rathaus/history', Jan. 2008.

1. "영국 소년"

#1. Jerry White, *London in the Nineteenth Century: 'A Human Awful Wonder of God'* (London, 2007), p. 154. 이 시기 폴란드에서의 끔찍한 생활조건에 대해서는 David Vital, *A People Apart: The Jews in Europe, 1789-1939* (Oxford, 1999), pp. 299-309를 보라. **#2.** Interview with Robin Marchesi, 6.12.2016. **#3.** EJH, *The Age of Empire 1875-1914* (London, 1987), pp. 2-3. **#4.** HFA: *Daily Telegraph*, 1 July 2005. 필립의 아들들 중에서 루벤 옵스본(Reuben Osborn)은 1937년 레프트북 클럽에서 출간한 선구적인 연구 《프로이트와 마르크스(Freud and Marx)》의 저자다. 에릭은 부모의 가족사를 《흥미로운 시대》에서 하나의 장에 담았지만, 담당 편집자 스튜어트 프로피트가 "서사의 속도를 늦춘다"는 이유로 책에서 빼자고 설득했다. 에릭은 부모의 가족사를 친척 독자들을 위해 확대해 썼지만, 그 글은 발표되지 않았고 현재 '두 가족(Two Fammilies)'이라는 제목의 62쪽짜리 타이핑 원고의 형태로 홉스봄 가족 문서고에 남아 있다. 루벤 오스본에 대해서는 《프로이트와 마르크스》 42쪽을 보라. **#5.** HFA: 'Family Tree', 또한 이어지는 서술. **#6.** MRC 937/1/6/7: EJH to Brian Ryder, 29.4.96. **#7.** EJH, *The Age of Empire*, p. 2: 'Two Families', p. 35. **#8.** HFA: 1901년 인구조사에서 발췌. **#9.** 이 배경에 대해서는 David Feldman, *Englishmen and Jews: Social Relations and Political Culture, 1840-1914* (London, 1994)를 보라. **#10.** HFA: 'Family Tree'; Lanver Mak, *The British in Egypt* (London, 2012). **#11.** HFA: 넬리 그륀의 졸업증서와 기타 성적표. **#12.** EJH, *The Age of Empire*, p. 2; HFA: 'Family Tree'; *IT*, pp. 2-4, 37-40; MRC 937/7/1/8: letter from (indecipherable) to EJH, 23.11.2001; Archiv der israelitischen Kultusgemeinde, Wien : Geburts-Buch für die Israelitsche Kultusgemeinde in Wien, p. 101, Nr. 1006. **#13.** MRC 937/7/1/2: Nelly Grün (Hobsbaum) letters, 16.4.15 and 20.4.15; Archiv der israelitischen Kultusgemeinde, Wien : Geburts-Anzeige Nancy Hobsbawm, Nr. 2238; MRC 937/7/1/1: 모리츠 그륀과 에르네스트네 프리트만이 보유했던 퍼시 홉스바움과 넬리 그륀의 결혼증명서(1915년 4월 9월 발행), 그리고 스위스 취리히 영국 총영사관의 1917년 5월 1일자 결혼 등록 증명서. **#14.** MRC 937/7/1/2: 8.5.15; Nelly to sisters, 9.5.15. **#15.** *IT*, p. 2; MRC 1215/17: TB 8.6.35: 'Today's my birthday'. 다음도 보라. MRC 937/1/6/6: 에릭의 아들 앤디 홉스봄이 아버지에게 보낸 생일축하 편지, 9.6.1995: "하루 늦었다는 것을 알지만, 올해는 공식적인 날짜를 따랐어요. 아버지의 생일 6월 9일 말이에요!" 대부분은 아닐지라도 상당수의 에릭 관련 기사와 짧은 전기가 여전히 그의 생일을 6월 9일로 기록하고 있다. 나의 회고록 'Eric John Ernest Hobsbawm', *Biographical Memoirs of Fellows of the British Academy*, XIV(2015), pp. 207–60도 마찬가지다. 에릭의 이름에 대해서는 EJH, 'Two Families', pp. 44–6을 보라. **#16.** 친절하게도 아버지의 학교 명찰을 나에게 보여준 론의 딸 앤절라 홉스바움에게 감사드린다. 에릭의 출생증명서에는 부모의 성도 'u'가 아닌 'w'로 적혀 있지만, 물론 퍼시의 출생은 전쟁이 나기 한참 전에 올바른 철자로 공식 등록되었다. HFA : Certified copy of an entry of birth within the district of the British Consul-General at Alexandria, Egypt. **#17.** *IT*, p. 3. **#18.** MRC 937/7/1/3: Nelly to parents, n.d. (May 1919). **#19.** 'Stories my country told me : On the Pressburgerbahn', *Arena* (1996). **#20.** *IT*, pp. 3–7. 골드 가족은 1930년에 페르시아로 이주했고, 그곳에서 프란츠 골드는 국립은행에서 일했다. 그 덕분에 나치의 박해를 피해 살아남았다. 전후에 골드 가족은 빈으로 돌아왔고, 네 자녀 모두 배우로 활동했다. MRC 937/7/8/1: Melitta Arnemann to EJH, 8.12.2000. **#21.** MRC 937/7/1/3: Nelly to Gretl, 17.4.31. **#22.** Archiv der israelitischen Kultusgemeinde Wien : Geburts-Buch für die isr. Kultusgemeinde in Wien, Nr. 2463; ibid, Trauungsbuch für die israelitische Kultusgemeinde in Wien, 1. Bezirk (Innere Stadt), 228. **#23.** TNA KV2/3980, 14a: Metropolitan Police, 17.8.42. **#24.** *IT*, p. 11. **#25.** Archiv der israelitischen Kultusgemeinde Wien : Geburts-Buch für die isr. Kultusgemeinde in Wien, Nr. 407. **#26.** *IT*, p. 15. **#27.** Archiv der israelitischen Kultusgemeinde, Wien : Geburts-Anzeige Nancy Hobsbawm, Nr. 2238. **#28.** MRC 937/7/8/1: 'Wien 2003 5 Mai. Dankeswort' (빈시의 최고 금메달 수여식에서의 연설). 1990년대 말에 내가 에릭과 함께 공동으로 《오스트리아 역사학 저널》의 인터뷰에 응하다가 알게 된 대로, 에릭의 빈 억양은 가벼운 정도가 아니었다. 'Die Verteidigung der Geschichte. Ein Gespräch zwischen Richard Evans, Eric Hobsbawm und Albert Müller', *Österreichische Zeitschrift für Geschichtswissenschaften*, Vol. 9, No. 1 (April, 1998), pp. 108–23을 보라. 1968년

베를린의 행사에서 에릭의 연설을 들은 닐 애셔슨도 그의 "강한 오스트리아 억양"에 놀랐다(닐 애셔슨과의 인터뷰, 26. 7. 2016). **#29.** *IT*, pp. 9-11. 낸시의 출생일에 대해서는 TNK KV2/3980, 14a, Metropolitan Police, 17.8.42도 보라. **#30.** Archiv der Fichtnergasse-Schule, Wien, Hauptkataloge der Jahrgänge 1927/28 und 1928/29. **#31.** *IT*, pp. 20-5. **#32.** *IT*, pp. 12-25. Peter Pulzer, *The Rise of Political Anti-Semitism in Germany and Austria* (London, 1964)를 보라. **#33.** MRC 937/7/1/3 : Nelly to Gretl, 13.8.24, 19.9.24. **#34.** Ibid : Nelly to Gretl, 23.3.25. **#35.** MRC 937/7/1/2 : Nelly to Gretl, 7.3.25 and 18.3.25. **#36.** *IT*, p. 3, Nelly to Gretl, 5.12.28에서 인용. **#37.** *IT*, p. 31. **#38.** *IT*, pp. 30-1 ; Peter Eigner and Andrea Helige, *Österreichische Wirtschafts-und Sozialgeschichte im 19. und 20. Jahrhundert* (Vienna, 1999). **#39.** 예를 들어 Martha Ostenso, *Die tollen Carews. Roman* (Deutsch von Nelly Hobsbaum (Wien, 1928))을 보라. 이 소설은 한 해 전에 영어로 *The Mad Carews*라는 제목으로 출간되었다. 넬리의 번역본은 1928년 말까지 이미 1만 부가 팔렸다. **#40.** *IT*, p. 27 ; Wiener Stadt- und Landesarchiv, BG Hietzing, A4/1-1A : (Leopold) Percy Hobsbaum, Nr. 3543040320 : Meldezettel für Haupt (Jahres und Monats) wohnparteien, date stamp 13.5.26. **#41.** *IT*, p. 14. **#42.** *IT*, p. 9. **#43.** *IT*, pp. 30-1. **#44.** MRC 937/7/1/3 : Nelly to Gretl, 11.1.29. **#45.** *IT*, p. 15. 아마도 이런 이유로 에릭은 그 지도책을 평생 간직했을 것이다. **#46.** MRC 937/7/1/3 : Nelly to Gretl, 5.2.29. **#47.** Archiv der Fichtnergasse-Schule, Wien : Bundesgymnasium und Bundesrealgymnasium Wien 13, : Hauptkataloge der Jahrgänge 1927/28 und 1928/29. 에릭의 성적표에는 이름이 'Erich Hobsbawn'으로 적혀 있다. Landesgymnasium in Wien, 13. Bezirk, Jahreszeugnis Schuljahr 1927/29 : Hobsbawn, Erich도 보라. **#48.** MRC 937/1/5/2 : EJH to Christhard Hoffmann, 18.7.88. **#49.** Archiv der Fichtnergasse-Schule, Wien : Bundesgymnasium und Bundesrealgymnasium Wien 13 : Hauptkataloge der Jahrgänge 1927/28 und 1928/29. **#50.** *IT*, p. 34. **#51.** *IT*, p. 2. **#52.** *IT*, pp. 26-31 ; MRC 937/7/1/8 : Merkbuch für Bekenntnisse. **#53.** *IT*, pp. 26-9. **#54.** *IT*, p. 28. **#55.** Ibid, notes ; Nelly to Gretl, 5.2.29, 1.3.29. **#56.** MRC 937/7/1/2 : Nelly to Gretl, 5.2.29. **#57.** *IT*, p. 27 ; Wiener Stadt- und Landesarchiv, BG Hietzing, A4/1-1A : (Leopold) Percy Hobsbaum, Nr. 3543040320 : Meldezettel für Haupt (Jahres und Monats) wohnparteien, date stamp 13.5.26. **#58.** 로빈 마르체시와의 인터뷰, 6.12.16. **#59.** MRC 1215/15 : TB 28.11.34. **#60.** Archiv der israelitischen Kultusgemeinde Wien : Matrikenamt der IKG Wien, Sterbe-Buch über die in Wien bei der israelitischen Kultusgemeinde vorkommenden Todesfälle, Fol.173, Nr. 392. **#61.** MRC 937/7/1/2 : Nelly to Gretl, 15.2.29. **#62.** Ibid : Nelly to Sidney, 13.3.29. **#63.** Ibid : Nelly to Gretl, 24.3.29. **#64.** Wiener Stadt- und Landesarchiv MA 8 : BG Hietzing A4/1-1A :

(Leopold) Percy Hobsbaum, gest. 8.2.1929: Meldezettel für Haupt (Jahres- und Monats) wohnparteien, date stamp 13.5.26. **#65.** MRC 937/7/1/2: Nelly to Gretl, undated. **#66.** *IT*, pp. 31-2. **#67.** MRC 937/7/1/2: Nelly to Gretl, 28.4.29; EJH to Sidney, 26.4.29. 오토와 발터는 베를린에 거주하는 10대의 사촌이었다. **#68.** Ibid: Nelly to Gretl, undated; EJH to Gretl, undated (both June 1929). **#69.** MRC 937/7/1/3: Nelly to Gretl, 24.5.29; MRC 937/7/1/2: Nelly to Gretl, 1.3.29. **#70.** MRC 1215/21: TB 24.6.40. **#71.** TNA KV2/3980, 14a: Metropolitan Police, 20.8.42, p. 2. **#72.** HFA: EJH, 롤런드 매슈 홉스바움의 장례식에서의 추도사, 날짜 없음. **#73.** *IT*, p. 35. **#74.** MRC 937/7/1/2: Nelly to Gretl, 21.7.29. 이 일기장은 에릭이 1934년 이전에 간직했던 다른 모든 일기장과 마찬가지로 현재 남아 있지 않다. **#75.** Ibid: Nelly to Gretl, 5.8.29. **#76.** *IT*, p. 35. **#77.** MRC 937/7/1/3: Nelly to Gretl, 24.2.30. **#78.** Ibid: Nelly to Gretl, 15.5.29. **#79.** MRC 937/7/1/2: Nelly to Gretl, 6.11.29; MRC 937/7/1/3: Nelly to Gretl, 3.5.29; *IT*, pp. 31-2. **#80.** MRC 937/7/1/2: Nelly to Gretl, 6.11.29. **#81.** Ibid: Nelly to Gretl, 9.4.30, 15.4.30, 23.4.30. **#82.** MRC 937/7/1/3; Nelly to Gretl, 17.1.30. **#83.** Ibid: 2.3.30, 5.5.30. **#84.** Ibid: 9.4.30, 11.4.30, 25.4.30. **#85.** Ibid: 18.4.30. **#86.** *IT*, p. 33. **#87.** MRC 937/7/1/3; Nelly to Gretl: 28.4.30, 5.5.30. **#88.** Ibid: Nelly to Nancy, 3.11.30. **#89.** *IT*, p. 13. **#90.** Ibid: 5.9.30. **#91.** MRC 937/7/1/2: Nelly to Mimi, 14.9.30. **#92.** Ibid: Nelly to Mimi, 28.9.30. **#93.** Ibid: Nelly to Gretl, 19.9.30, 23.9.30; MRC 937/7/1/3: Nelly to Gretl, 17.1.30. **#94.** MRC 937/7/1/2: Nelly to Sidney, 11.9.30. **#95.** *IT*, pp. 35-7. MRC 937/7/1/2: Nelly to Gretl, 20.4.21도 보라(잘못된 날짜. 정확한 날짜는 불확실); ibid: Nelly to Gretl, 19.3.31, 낸시의 베를린으로의 이주에 대해서는 MRC 937/7/1/3: Nelly to Gretle, 30.8.30을 보라. **#96.** http:// adresscomptoir.twoday.net/stories/498219618/ 접속일 2.11.2015. **#97.** *IT*, p. 36. **#98.** MRC 937/7/1/3: Nelly to Gretl, 19.9.30. **#99.** MRC 937/7/1/2: Eric to Gretl and Sidney, 6.2.31. **#100.** Ibid: Nelly to Gretl, 24.11.30. **#101.** *IT*, p. 42. **#102.** MRC 937/7/1/2: Nelly to Gretl, 27.10.30; MRC 937/7/3: Nelly to Gretl, 20.10.30, 27.11.30. **#103.** Ibid: Nelly to Gretl, 12.12.30. **#104.** Ibid: Nelly to Gretl, 4.12.30. **#105.** Ibid: Nelly to Gretl, 12.12.30. **#106.** Ibid: Nelly to Gretl, 20.12.30. **#107.** Ibid: Nelly to Gretl, 20.12.30. **#108.** Ibid: Nelly to Gretl, 20.10.30. **#109.** *IT*, p. 36. **#110.** MRC 937/7/1/2: Nelly to Gretl, 1.1.31; MRC 937/7/1/3: Nelly to Gretl, 20.12.30. **#111.** Ibid: Nelly to Sidney and family, 24.4.31. **#112.** MRC 937/7/1/3: Nelly to Gretl and Sidney, 6.5.31. **#113.** *IT*, p. 37. **#114.** Archiv der israelitischen Kultusgemeinde Wien: Matrikenamt der IKG Wien, Sterbe-Buch über die in St. Polten bei der israelitischen Kultusgemeinde vorkommenden Todesfälle, Fol. 24, Nr. 145. 공

식 매장 기록에는 사망일이 7월 16일로 잘못 적혀 있다. 에릭은 그 날짜를 7월 12일로 잘못 기억했다. **#115.** *IT*, pp. 26-34, 37-41. **#116.** MRC 937/7/1/4, *passim*. **#117.** *IT*, pp. 39-40. **#118.** MRC 1215/16: TB 13.4.35. **#119.** *IT*, p. 39. **#120.** MRC 1215/16: TB 2.5.35: *IT*, p. 39. **#121.** MRC 1215/17: TB 4.6.35. **#122.** Ibid: TB 12.7.35. **#123.** *IT*, p. 41. **#124.** Wiener Stadt- und Landesarchiv, BG Landstrasse, A4/4/4A: Nelly Hobsbawm, gest. 15.7.1931, Nr. 8066691950: Todesfallaufnahme, 24.7.31. 기록 담당 공무원은 분명히 에릭의 성을 보고 넬리의 성을 추정했을 것이다. ibid.: BG Hietzing, A4/1-1A: Leopold (Percy) Hobsbaum, gest. 8.2.1929, Nr. 3543040320: Meldezettel für Unterparteien, date stamped 16.11.30도 보라. 특이하게도 이 문서에는 에릭의 출생일이 올바로 기록되어 있다. **#125.** HFA: EJH, 'Two Families', p. 58. **#126.** Wiener Stadt- und Landesarchiv.: BG Hietzing, A4/1-1A: Leopold (Percy) Hobsbaum, gest. 8.2.1929, Nr. 3543040320: Meldezettel für Unterparteien, date stamped 16.11.30. **#127.** *IT*, pp. 33-5, 51; MRC 937/7/1.2: Nelly to Sidney, 4.3.31. **#128.** *IT*, p. 48. **#129.** *IT*, p. 59. **#130.** *IT*, pp. 49-55. **#131.** Fritz Lustig Archive (FLA): Fritz Lustig memoirs: 'The Prinz-Heinrichs-Gymnasium'. **#132.** Ibid. **#133.** *IT*, p. 54. 그렇지만 교사들은 에릭이 회고록에서 주장한 것처럼 '교수'라는 직함으로 불리지는 않았다. 이 점에서 틀렸다는 지적을 듣고서 에릭은 프리츠 루스티히에게 이렇게 말했다. "그건 자료에 의해 뒷받침되지 않는 기억에 의지할 수 없다는 걸 보여줄 뿐이야." FLA: EJH to Fritz Lustig, 5.3.2003; and *IT*, p. 54를 보라. **#134.** Fritz Lustig, 'PHG-Erinnerungen', *Prinz-Heinrichs-Gymnasium Vereinigung ehemaliger Schüler*, Rundbrief Nr. 45, August 1982, pp. 12-18, at p. 17; FLA: Fritz Lustig, memoirs: 'The Prinz-Heinrichs-Gymnasium'. **#135.** 'Karl-Günther von Hase', *Prinz-Heinrichs-Gymnasium Vereinigung ehemaliger Schüler*, Rundbrief Nr. 49, Feb. 1982, pp. 2-12, at p. 7 (reprint of Hase's contribution to Rudolf Pörtner (ed.), *Mein Elternhaus: ein deutsches Familienalbum* (Berlin, 1984). *IT*, p. 49도 보라. **#136.** *IT*, p. 55. **#137.** Ibid. **#138.** Lustig, 'PHG-Erinnerungen', p. 17. **#139.** Ibid, pp. 13-14. **#140.** Margret Kraul, *Das deutsche Gymnasium 1780-1980* (Frankfurt, 1984), pp. 127-44. **#141.** 프리츠 루스티히와의 인터뷰, 30.5.2016. **#142.** 프리츠 루스티히와의 인터뷰, 30.5.2016; Heinz Stallmann, *Das Prinz-Heinrichs-Gymnasium zu Schöneberg 1890-1945: Geschichte einer Schule* (privately printed, Berlin, 1965), pp. 44-55; *IT*, pp. 49-54. 에릭은 당시에, 아니 그 후로도 오랫동안 쇤브룬이 사회민주당원이라는 사실을 알지 못했다. FLA : EJH to Fritz Lustig, 5.3.2003. 내게 자신이 소유하고 있는 슈탈만(Stallmann)의 학교 역사서 복사본과 다른 관련 출간물, 그리고 미출간 자료를 제공해준 프리츠 루스티히에게 깊이 감사드린다. **#143.** MRC 937/1/3/11: *Extract from the memoirs of Theodore H ('Ted') Lustig (1912-2001)* [privately printed], pp. 47-8.

#144. 프리츠 루스티히와의 인터뷰, 30.5.2016. **#145.** Lustig, 'PHG-Erinnerungen', p. 13. **#146.** MRC 1215/17: TB 12.7.35. **#147.** MRC 1215/21: TB 16.3.40. **#148.** *IT*, p. 52; Lustig, 'PHG-Erinnerungen', p. 18. **#149.** MRC 937/1/3/11: *Extract from the memoirs of Theodore H ('Ted') Lustig (1912-2001)* [privately printed], pp. 32-6. **#150.** FLA: Fritz Lustig to EJH, 24.4.95. **#151.** FLA: Fritz Lustig to EJH, 26.2.2003. **#152.** Lustig, 'PHG-Erinnerungen', p. 16. **#153.** FLA: Fritz Lustig memoirs: 'The Prinz-Heinrichs-Gymnasium'. **#154.** *IT*, p. 53; N. Blumental (ed.), *Dokumenty i materialy*, Vol. 1, *Obozy* (Lodz, 1946), p. 117; Martin Löffler, 'PHG-Lehrer: Jüngere Generation', *Prinz-Heinrichs-Gymnasium Vereinigung ehemaliger Schüler*, Rundbrief 47 (September 1983), pp. 17-19. 또 다른 유대인 교사 루벤스존(Rubensohn)은 이민을 갔다. Stallmann, *Das Prinz-Heinrichs-Gymnasium*, pp. 131-5. **#155.** 'Karl-Günther von Hase', p. 7; 프리츠 루스티히와의 인터뷰, 30.5.2016. **#156.** *IT*, p. 52. 이 관구장 빌헬름 쿠베(Wilhelm Kube)는 전시에 점령지 벨라루스를 관리하는 직책에 임명되었고, 1943년 그의 집에서 가정부로 일하게 된 빨치산이 그의 침대 아래에 설치한 폭탄에 의해 살해되었다. Ernst Klee, *Das Personenlexikon zum Dritten Reich* (Frankfurt, 2005), p. 346을 보라. **#157.** *IT*, pp. 56-7. **#158.** Fritz Lustig to EJH, 26.2.2003 (also in MRC 937/1/3/11); FLA: EJH to Fritz Lustig, 5.3.2003; *IT*, pp. 56-7. **#159.** *IT*, p. 57. **#160.** 상세한 서술은 Richard J. Evans, *The Coming of the Third Reich* (London, 2003)를 보라. **#161.** Klaus-Michael Mallmann, *Kommunisten in der Weimarer Republik. Sozialgeschichte einer revolutionaren Bewegung* (Darmstadt, 1996), pp. 94-106. 더 일반적인 서술로는 Eric D. Weitz, *Creating German Communism, 1890-1990: From Popular Protests to Socialist State* (Princeton, NJ, 1997), pp. 100-87; and Eve Rosenhaft, *Beating the Fascists? The German Communists and Political Violence, 1929-1933* (Cambridge, 1983)을 보라. **#162.** Evans, *The Coming of the Third Reich*. **#163.** Nicolau Sevcenko, 'Hobsbawm chega com "A Era dos Impérios"', *Folha de São Paulo*, 8.4.1988. **#164.** *IT*, p. 54. **#165.** *IT*, p. 54. **#166.** *IT*, p. 47. **#167.** *IT*, p. 62. **#168.** *IT*, pp. 56-65. **#169.** Karl Corino, 'DDR-Schriftsteller Stephan Hermlin hat seinen Lebensmythos erlogen. Dichtung in eigener Sache', *Die Zeit*, 4 October 1996; Karl Corino, *Aussen Marmor, innen Gips. Die Legenden des Stephan Hermlin* (Düsseldorf, 1996); Stephan Hermlin, 'Schlusswort', *Freibeuter* 70 (1996); Christoph Dieckmann, 'Das Hirn will Heimat. DDR im Abendlicht – Blick zurück nach vorn. Ein aktueller Sermon wider die Kampfgruppen der Selbstgerechtigkeit', *Die Zeit*, 25 October 1996, p. 57; Fritz J. Raddatz, 'Der Mann ohne Goldhelm. Ein Nachwort zum Fall Stephan Hermlin', *Die Zeit*, 18 October 1996, p. 63. **#170.** *IT*, p. 64; MRC 937/1/5/2: EJH to Stephan Hermlin, n.d.; MRC 937/7/8/1: Stephan Hermlin to EJH, 16.3.65. **#171.** MRC

937/1/5/2: Karl Corino to EJH, 28.6.2007. **#172.** 여러 유익한 개관 중에서 Archie Brown, *The Rise and Fall of Communism* (London, 2009), pp. 56-100, and David Priestland, *The Red Flag: Communism and the Making of the Modern World* (London, 2009), pp. 103-81을 보라. **#173.** *IT*, p. 42. **#174.** *IT*, p. 60. **#175.** *IT*, p. 58; MRC 1215/15: TB 27.11.34. 또한 Felix Krolikowski, 'Erinnerungen: Kommunistische Schülerbewegung in der Weimarer Republik', copy in MRC 937/7/8/1, and Knud Andersen, 'Kommunistische Politik an hoheren Schulen: Der Sozialistische Schülerbund 1926-1932', *Internationale Wissenschaftliche Korrespondenz zur Geschichte der deutschen Arbeiterbewegung* 42 (2006), 2/3, pp. 237-55를 보라. **#176.** MRC 937/1/3/11: Theodore H ('Ted') Lustig(1912~2001)의 회고록[개인적으로 인쇄], pp. 52-3에서 발췌. **#177.** MRC 937/1/6/2; EJH to Bergmann, n.d. **#178.** MRC 937/6/1/1: *Der Schulkampf*, Oct. 1932. 편집자는 12월호를 위해 기고를 부탁했지만, 실제로 이 호가 발행되었는지는 불분명하다. **#179.** *IT*, p. 59. **#180.** *IT*, p. 60. 이 파업은 공산당과 나치당의 암묵적인 협력으로 악명이 높았다. 간결한 서사로는 Heinrich August Winkler, *Der Weg in die Katastrophe. Arbeiter und Arbeiterbewegung in der Weimarer Republik 1930-1933* (Bonn, 1990), pp. 765-73을 보라. **#181.** *IT*, p. 60. **#182.** MRC 1215/17: TB 9.5.35. **#183.** Annemarie Lange, *Berlin in der Weimarer Republik* (East Berlin, 1987), pp. 1064-7. **#184.** Hermann Weber et al. (eds), *Deutschland, Russland, Komintern: Nach der Archivrevolution: Neuerschlossene Quellen zu der Geschichte der KPD und den deutsch-russischen Beziehungen* (Berlin, 2014), pp. 912-13에서 인용. 두 시위에 대한 다른 서술로는 Ronald Friedmann, *Die Zentrale Geschichte des Berliner Karl-Liebknecht-Hauses* (Berlin, 2011), pp. 71-83을 보라. **#185.** *IT*, pp. 73-4. **#186.** "히틀러가 독일 총리가 된 베를린의 그날을 기억할 수 있다고 미국 학생들에게 말했을 때, 그들은 마치 1865년 링컨 대통령이 포드 극장에서 암살당했을 때 내가 그 자리에 있었다는 말을 듣는 것처럼 나를 바라보았다. 그들에게는 두 사건 모두 똑같이 선사시대의 사건인 것이다. 그러나 나에게 1933년 1월 30일은 여전히 나의 현재를 구성하는 과거의 일부다"라고 에릭은 1994년에 썼다. (EJH, 'The time of my life', *New Statesman*, 21.10.94, p.30). EJH, 'Diary', *London Review of Books*, 24.1.2008도 보라. **#187.** Ben Fowkes, *Communism in Germany under the Weimar Republic* (London, 1984), pp. 168-9. **#188.** MRC 937/4/3/4/1: 'I do not know about Chicago', 미발표 단편, 아래 문단들도 이것을 참조. **#189.** *IT*, pp. 75-7. **#190.** MRC 1215/13: TB, 24.7.34. **#191.** 로빈 마르체시와의 인터뷰, 6.12.2016. **#192.** Fowkes, *Communism*, pp. 169-70. **#193.** 'Diary', *London Review of Books*, 24.1.2008. **#194.** Hermann Weber, *Die Wandlung des deutschen Kommunismus. Die Stalinisierung der KPD in der Weimarer Republik* (Frankfurt, 1969), pp. 265-6에서 인용. **#195.** 'The Guru Who Retains Neil

Kinnock's Ear', *Observer*, 9 September 1985. **#196.** *IT*, pp. 65-75. **#197.** 대다수의 "독일 유대인들"과 달리 에릭이 "히틀러가 독일을 장악했을 때 남달리 운이 좋게도 영국 비자를 획득했다"라는 그릇된 가정의 전형적인 예로는 Richard Grunberger, 'War's aftermath in academe', *Association of Jewish Refugees Information*, September 1997, copy in MRC 937/1/6/11을 보라. 그룬베르거 본인이야말로 빈에서 태어난 유대인으로, 2차 세계대전 전야에 나치가 통치하는 독일과 오스트리아에서 유대인 아이들을 빼내려는 계획의 일환인 '어린이 수송작전(Kindertransport)'을 통해 영국으로 왔다. 케임브리지 킹스칼리지에서 에릭에게 배운 제자들 중 한 명인 닐 애셔슨도 이와 비슷하게 오해를 하고서 에릭의 생애를 약술하다가 "에릭은 히틀러를 피하기 위해 영국으로 보내졌다"라고 그릇되게 주장했다(MRC 937/8/2/22/2 : Neal Ascherson, 'The Age of Hobsbawm', *Independent on Sunday*, 2.10.94, p. 21). 케임브리지에서 에릭의 학부생 시절 친구인 노엘 아난도 에릭을 "히틀러 시절의 망명자"로 잘못 일컬었다(Noel Anna, *Our Age. Portrait of a Generation* (London, 1990), p. 267). 특히 실수하기 쉬운 서술에 대해서는 MRC 937/8/2/35 : Richard Gott, 'Living through an age of extremes', *New Statesman*, 23.9.02, pp. 48-50을 보라. **#198.** HFA : 'Two Families', p. 57.

2. "지독하게 못생겼지만 똑똑해"

#1. TNA KV2/3980, 14a : Metropolitan Police, 20.8.42, p. 2. **#2.** HMC 937/7/8/1 : EJH, speech to the Old Philologians, October 2007. 에지웨어는 메릴본에서 북쪽으로 수 킬로미터 떨어져 있고, 어퍼노우드는 강 너머 남동쪽으로 더 멀리 떨어져 있다. **#3.** 학교 잡지 《필로로지언The Philologian》에서 홉스봄을 지칭하는 모든 경우에 철자가 w가 아닌 u로 적혀 있다. **#4.** 앤절라 홉스바움과의 인터뷰, 30.3.17. **#5.** HFA : EJH, 'Two Families', p. 53. **#6.** MRC 937/7/8/1 : EJH, speech to the Old Philologians, October 2007, 아래 서술도 이것을 참조. **#7.** 예나 지금이나 로즈 크리켓 그라운드에 있는 메릴본 크리켓 클럽의 본부는 현대 크리켓의 규칙을 정한 단체다. 후방 야수(longstop)는 크리켓 경기장에서 타자 뒤편의 경계선에 자리하며, 간혹 타자와 위켓키퍼를 지나쳐 오는 공을 멈추고 경계선까지 가져다놓는 경우를 빼면 할 일이 거의 없는 역할이다. 보통 학교 크리켓에서 경기에 관심이 없고 운동능력이 떨어지는 학생에게 맡긴다. 나도 학창시절에 후방 야수 역할을 수없이 맡았다. **#8.** HFA : certificates. **#9.** MRC 1215/13 : TB 14.5.34. **#10.** Ibid : TB 27.7.34. **#11.** MRC 1215/14 : TB 5.8.34. **#12.** MRC 1215/15 : TB 26/28.10.34; 에릭이 읽은 책은 엘리엇의 *Selected Essays 1917-1932* (1932)였다. **#13.** MRC 1215/13 : TB 10.4.34, 23.6.34. 학창시절 리비스의 후기 제자들 중 한 명인 가이 디턴(Guy Deaton)에게 영어를 배운 나도 D. H. 로런스로 끝나는 정확히 똑같은 독서 과정을 1960년대 중반에 거쳤다. 최근

에 나온 유익한 리비스 전기로는 Richard Storer, *F. R. Leavis* (London, 2010)을 보라. 디턴에 대해서는 나의 동창생인 군사사가 리처드 홈스(Richard Holmes)의 회고록 'My Mentor', *Guardian*, 26 August 2006 (online)을 보라. **#14.** MRC 1215/15: TB 18-23.11.34. **#15.** *The Philologian*, Vol. 7, No. 1 (Autumn Term, 1934), pp. 25-6. **#16.** 에릭의 회원 자격에 대해서는 *The Philologian*, Vol. 8, No. 1 (Autumn Term, 1935), p. 22를 보라. **#17.** HFA: EJH, 로널드 매슈 홉스바움의 장례식에서의 추도사, 날짜 없음. **#18.** 'Debating Society', *The Philologian*, Vol. 6, No. 2 (Spring Term, 1934), p. 56. **#19.** *The Philologian*, Vol. 7, No. 2 (Spring Term, 1935), p. 57. **#20.** Jonathan Haslam, *The Soviet Union and the Struggle for Collective Security in Europe, 1933-1939* (London, 1984), p. 66을 보라. **#21.** MRC 1215/18: TB 12.9.35. **#22.** *The Philologian*, Vol. 8, No. 1 (Autumn Term, 1935), p. 21. **#23.** *The Philologian*, Vol. 8, No. 3 (Summer Term, 1936), p. 83. **#24.** MRC 1215/16: TB 12.7.35. **#25.** MRC 937/4/3/5/1/1: *The Philologian*, Vol. 7, No. 2 (Spring Term, 1935), pp. 46-7. J. 도버 윌슨은 널리 쓰이는 셰익스피어 희곡집을 편집했다. A. C. 브래들리가 1904년에 출간한 《셰익스피어 비극론Shakespearean Tragedy》은 30년이 지난 당시에도 여전히 가장 뛰어난 셰익스피어 비평집으로 평가받고 있었다. '베이컨 추종자들'은 엘리자베스 시대의 박식가 프랜시스 베이컨 경이 셰익스피어의 이름으로 나온 희곡들을 썼다고 생각한 사람들이다. 《맥베스》에서 셰익스피어는 맥베스 부인에게 아이가 하나 있었다고 밝히지만, 그 아이가 몇 살인지, 혹은 그녀에게 다른 아이가 있었는지에 대해서는 말하지 않는다. **#26.** MRC 937/4/3/5/1/1: *The Philologian*, Vol. 7, No. 2 (Spring Term, 1935), p. 62; *The Philologian*, Vol. 8, No. 1 (Autumn Term, 1935), p. 24에 실린 에릭의 간략한 보고서는 스포츠 문제에 한정된 잡지의 내용에 그가 관심이 없었다는 것을 드러낸다. 또한 *The Philologian*, Vol. 8, No. 3 (Summer Term, 1936), p. 85의 다섯 줄 참조. **#27.** MRC 937/4/3/5/1/2: *The Philologian*, Vol. 8, No. 3 (Summer Term, 1936), p. 89. **#28.** MRC 1215/16: TB 22.6.35. **#29.** MRC 937/7/8/2: EJH, speech to the Old Philologians, October 2007. **#30.** Miriam Gross, 'An Interview with Eric Hobsbawm', *Time and Tide*, Autumn 1985. **#31.** MRC 937/7/8/2: EJH, speech to the Old Philologians, October 2007. **#32.** Ibid; 《필로로지언》에 실린 루엘린 스미스에 대한 추도사, 1975/77, pp. 43-6; MRC 937/1/1/4: EJH to James D. Young, 13.5.88. **#33.** MRC 937/7/8/1: EJH, speech to the Old Philologians, October 2007. 2004년에 초연된 앨런 베넷의 연극 〈히스토리 보이스〉에는 동성애자 역사교사가 등장했다. 이 연극은 2006년에 리처드 그리피스 주연의 영화로 만들어졌다. **#34.** *IT*, p. xiii. **#35.** MRC 1215/14: TB 8-10.11.34. **#36.** MRC 1215/13: TB 4.10.34. **#37.** MRC 937/7/8/1: *Radical History Review*와의 두 번째 인터뷰 원고. ibid: Rathaus/history, Jan. 2008도 보라. 여기

서 에릭은 자신이 《공산당 선언》을 읽었을 때 역사가가 되었다고 말했는데, 앞으로 볼 것처럼 이 발언은 그가 실제로 1946년에 역사가가 되기 전까지 겪은 인생의 여러 우여곡절을 생략한 말이었다. **#38.** MRC 1215/15: TB 14/17.1.35. **#39.** MRC 1215/16: TB 18/20.1.35. **#40.** Ibid. **#41.** MRC 937/7/8/2: EJH, speech to the Old Philologians, October 2007. **#42.** MRC 1215/13: TB 29/30.7.34; MRC 1215/15: TB 29.11.34. **#43.** MRC 1215/13: TB 15.4.34. 그 책은 로런스 스턴의 *The Life and Opinions of Tristram Shandy, Gentleman* (London, 1759-67)이었다. **#44.** MRC 1215/13: TB 27.5.34. 〈예언선 애니〉는 1933년에 개봉한 미국 코미디 영화로 마리 드 레슬러와 월리스 비어리가 주연으로 나왔다. **#45.** Ibid: TB 20.6.34. **#46.** Ibid: TB 12.4.34. **#47.** Ibid: TB 27.11.34, 15.4.34; MRC 1215/15: 29.11.34; MRC 1215/16: 5.5.35; MRC 1215/17: 17.5.35. **#48.** MRC 1215/13: TB 10.4.34. **#49.** ʻEric Hobsbawm's *Interesting Times*: An interview with David Howell', *Socialist History* 24 (2003), pp. 1-15. **#50.** MRC 1215/13: TB 15.6.34. **#51.** Ibid: TB 23 and 27.6.34. **#52.** Ibid: TB 1.7.34. **#53.** Ibid: TB 14.4.34. **#54.** MRC 1215/14: TB 9.7.34. **#55.** Ibid: TB 29.8.34. **#56.** MRC 1215/13: TB 9.5.34. **#57.** Ibid: TB 17.4.34. **#58.** Ibid: TB 14.4.34, 28.5.34. **#59.** MRC 1215/14: TB 5.9.34. **#60.** MRC 1215/15: TB 23.10.34. 밑줄은 원문 그대로다. "Dies irae, dies illa(심판의 날, 바로 그날이)"는 망자를 위한 라틴어 미사에서 인용한 표현으로 심판의 날, 문자 그대로는 '진노의 날'을 가리킨다. **#61.** Ibid: TB 12/17.11.34. **#62.** 여러 마르크스주의 전통들에 관한 수많은 문헌 중에서 George Lichtheim, *Marxism* (London, 1961)은 가장 지적으로 설명하는 책 중 하나이고, David McLellan, *Marxism after Marx* (London, 1979)는 더 유용한 책이다. **#63.** MRC 1215/13: TB 15.5.34. **#64.** MRC 1215/14: TB 15/16.7.34. **#65.** MRC 1215/13: TB 28.6.34. **#66.** ibid: TB 26.5.34. **#67.** Ibid: TB 14.4.34. **#68.** MRC 1215/15: TB 8.12.34. **#69.** MRC 1215/13: TB 23.5.34. **#70.** MRC 1215/14: TB 27.7.34. Sally J. Taylor, *Stalin's Apologist: Walter Duranty: The New York Times's Man in Moscow* (New York, 1990)을 보라. 나중에 듀런티가 이 기근으로 천만 명이 사망했다고 주장하는 편지를 모스크바 주재 영국 대사관에 개인적으로 보냈다는 주장이 제기되었다(특히 발신자가 듀런티임을 감안하면 깜짝 놀랄 만큼 부풀린 수치였다). 훗날 듀런티의 퓰리처상을 철회해야 한다는 요구가 있었다. 이 기근의 실제 영향에 대해서는 Robert Conquest, *The Harvest of Sorrow: Soviet Collectivization and the Terror-famine* (Oxford, 1986)을 보라. **#71.** MRC 1215/13: TB 23.1.34. **#72.** MRC 1215/17: TB 21.9.35. **#73.** MRC 1215/15: TB 12.11.34. **#74.** MRC 1215/13: TB 21.4.34; TB 12.5.34; TB 28.4.34. **#75.** MRC 937/7/8/1: *Radical History Review*와의 두 번째 인터뷰 원고, p. 4. 《레프트 리뷰》는 코민테른의 후원을 받은 작가 인터내셔널의 영국 지부가 1934년에 창간한 문화잡지였다. 1938년에

폐간되었다. **#76.** MRC 1215/18: TB 25.9.35. **#77.** MRC 937/4/3/5/1/2: *The Philologian*, Vol. 8, No. 3 (Summer Term, 1936), pp. 68-9. **#78.** Ibid, pp. 74-5. **#79.** MRC 1215/18: TB 27.8.35. **#80.** MRC 1215/14: TB 6.9.34. **#81.** http:// www.themillforestgreen.co.uk/memory-lane. 2016년 4월 22일 접속. **#82.** 앤절라 홉 스바움과의 인터뷰, 30.3.17. **#83.** Angela Hobsbaum to RJE, 5.5.17. **#84.** MRC 1215/15: TB 5.1.35. **#85.** 앤절라 홉스바움과의 인터뷰, 30.3.17. **#86.** HFA: EJH, 로널드 매슈 홉스바움의 장례식에서의 추도사, 날짜 없음. **#87.** 'In Camp', *The Philologian*, Vol. 7, No. 3 (Summer Term, 1935), pp. 82-3. **#88.** HFA: EJH, 로널드 매슈 홉스바움의 장례식에서의 추도사, 날짜 없음. **#89.** 'Devon Fishing', *The Philologian*, Vol. 7, No. 1 (Autumn Term, 1934), pp. 7-9. **#90.** MRC 1215/16: TB 18/20.1.1935. **#91.** Christine L. Corton, *London Fog: The Biography* (London, 2015) 를 보라. **#92.** MRC 1215/15: TB 18-23.11.34. 그리스 신화에서 니오베는 자신에게 재능 있는 자식이 많다고 경솔하게 자랑했다가 아르테미스에 의해 돌로 변한다. 익시온 은 자신의 장인을 살해한 왕이다. 이 행위로 익시온은 미쳤지만, 제우스가 그를 불쌍히 여겨 올림포스에서 살게 했다. 그렇지만 익시온은 그곳에서도 행실이 좋지 않았고, 제 우스의 아내 헤라(그리스 신화의 로마 버전에서는 유노)를 범하려 했다. 그리하여 제우 스는 헤라의 형상을 구름으로 만들고 익시온을 속여 그 환영과 관계를 맺도록 했다. 이 결합에서 결국 켄타우로스가 탄생했다. 익시온 자신은 올림포스에서 추방되고 불타는 수레바퀴에 영원히 묶여 있는 처지가 되었다. 모사사우루스는 17미터 길이의 수생 공 룡이다. 도체스터와 그로스베너는 대형 호텔이었다. **#93.** MRC 1215/13: TB 29.7.34. **#94.** MRC 1215/15: TB 23.10.34. **#95.** MRC 1215/16: TB 28.11.34. **#96.** MRC 1215/13: TB 10.4.34. **#97.** Ibid: TB 23.6.34; MRC 1215/15: 28.11.34, 30.11.34. **#98.** MRC 1215/13: TB 15.4.34, 15.6.34; MRC 1215/15: 28.10.34. **#99.** MRC 1215/13: TB 28.5.34. **#100.** Ibid: TB 21.4.34. **#101.** Ibid: TB 20.7.34. **#102.** MRC 1215/15: TB 30.4.34, 28.11.34. **#103.** Ibid: TB 3.12.34. 윌리엄 스탠리 제번스(1835~82)는 마르크스가 옹호한 노동가치론의 대안으로 한계효 용의 개념을 발전시켰다. **#104.** MRC 1215/13: TB 10.4.34. 이 시기와 그 이전의 영 국 공산당의 상황에 대해서는 Henry Pelling, *The British Communist Party. A Historical Profile* (London, 1958), pp. 1-72를 보라. **#105.** MRC 1215/13: TB 21.4.34. **#106.** Ibid: TB 30.4.34. **#107.** Ibid: TB 5.5.34. **#108.** Ibid: TB 30.4.34. **#109.** Ibid: TB 15.5.34. **#110.** Ibid: TB 30.5.34. 올림피아 스타디움의 집회에 대해서는 Stephen Dorrill, *Black Shirt. Sir Oswald Mosley and British Fascism* (London, 2006), pp. 295-7 을 보라. **#111.** MRC 1215/15: TB 28.11.34. **#112.** 해당 편지는 MRC 1215/16: TB 7.4.35를 보라. **#113.** MRC 1215/13: TB 5.5.34. **#114.** Ibid: TB 14.4.34. **#115.** Ibid: TB 29.5.34. **#116.** Ibid: TB 13.4.34. **#117.** Ibid: TB 1.6.34. **#118.** Ibid: TB

31.5.34. **#119.** Ibid: TB 31.5.34. **#120.** Ibid: TB 1.6.34, 밑줄은 원문 그대로다. **#121.** Ibid: TB 31.5.34. **#122.** Ibid: TB 1/64, 1.6.34. **#123.** Ibid: TB 15.6.34. **#124.** Ibid: TB 31.5.34. **#125.** Ibid: TB 1.6.34. **#126.** Ibid: TB 2/3.6.34. **#127.** Ibid: TB 1.6.34. **#128.** Ibid: TB 9.6.34. **#129.** MRC 1215/15: TB 3.12.34. **#130.** MRC 1215/16: TB 7.4.35. **#131.** MRC 1215/14: TB 26.9.34. **#132.** MRC 1215/15: TB 26-28.10.34. 코민테른은 '공산주의 인터내셔널'의 약칭이다. **#133.** MRC 1215/13: TB 9.5.34. **#134.** MRC 1215/15: TB 29.10.34-1.11.34. **#135.** MRC 1215/14: TB 30.10.1934. **#136.** Alan Willis and John Woollard, *Twentieth Century Local Election Results, Volume 2: Election Results For London Metropolitan Boroughs* (1931-1962) (Plymouth: Local Government Chronicle Elections Centre, 2000). **#137.** MRC 1215/13: TB 5.5.34. **#138.** Ibid: TB 18.6.34. **#139.** MRC 1215/15: TB 30.8.34. **#140.** MRC 1215/17: TB 18.6.35. **#141.** Ibid: TB 24.7.35. **#142.** *IT*, p. 42. **#143.** MRC 1215/15: TB 12.10.34. **#144.** Stefan Slater, 'Prostitutes and Popular History: Notes on the "Underworld" 1918-1939', *Crime, History and Societies*, Vol. 13, No. 1 (2009), pp. 25-48; Julia Laite, *Common Prostitutes and Ordinary Citizens: Commercial Sex in London, 1885-1960* (London, 2012), p. 255 n. 95. **#145.** MRC 1215/16: TB 27.3.35, at midnight. **#146.** 'How sad youth is.' **#147.** Ibid: TB 27.3.35, 아래 서술도 이것을 참조. **#148.** Ibid: TB 28.3.35. **#149.** MRC 1215/15: TB 12.10.34. **#150.** Ibid: TB 27/28.11.34. **#151.** MRC 1215/13: TB 1.7.34, 3.7.34. **#152.** MRC 1215/14: TB 8/9.10.34. **#153.** MRC 1215/15: TB 5.1.35. **#154.** MRC 1215/16: TB 6/7.1.35. **#155.** Ibid: TB 8/11.1.35. **#156.** Ibid: TB 14/17.1.35. **#157.** Ibid: TB 23/28.1.35. **#158.** Ibid: TB 1-14.2.35, 15-17.2.35, 28-14.2.35. **#159.** Ibid: TB 18-24.2.35. **#160.** Ibid: TB 22.1.35. ibid: TB 2-6.2.35도 보라. 폴 비노그라도프(Paul Vinogradoff) 경은 러시아 태생의 역사가로 차르 치하에서 진보적인 견해 때문에 추방된 뒤 영국에 정착해 영국 중세 농업사의 주요 전문가가 되었다. **#161.** Ibid: TB 31.1/4.2.35. **#162.** Ibid, 아래 서술도 이것을 참조. **#163.** EJH, 'How to Plot Your Takeover', *New York Review of Books*, 21.8.69. **#164.** MRC 1215/16: TB 18.2-3.3.35. **#165.** Ibid: TB 13.3.35. **#166.** Ibid: TB 16.3.35. **#167.** Ibid: TB 7.5.35. **#168.** Ibid: TB 13.3.35. **#169.** Ibid: 29/30.1.35. 인용문과 관련해서는 Virginia Spencer Carr, *Dos Passos: A Life* (Chicago, 2004), p. 289 를 보라. 또한 소련에 대한 우호적인 서술을 포함하는 책 John Dos Passos, *In All Countries* (New York, 1934)를 보라. **#170.** MRC 1215/16: TB 7.4.35, 아래 서술도 이것을 참조. **#171.** MRC 1215/17: TB 29.5.35. **#172.** MRC 1215/16: TB 31.3.35. **#173.** Ibid: TB 13.4.35. **#174.** HFA: EJH, address at the funeral of Roland Matthew Hobsbaum, n.d. **#175.** MRC 1215/16: TB 21-28.4.35. **#176.** MRC 1215/17: TB

7.8.35. **#177.** 로빈 마르체시와의 인터뷰, 6.12.2016. **#178.** MRC 1215/17: TB 7.8.35, 아래 서술도 이것을 참조. **#179.** TNA KV2/3980, 14A: Metropolitan Police, 20.8.42. **#180.** MRC 1215/16: TB 5.5.35. **#181.** MRC 1215/17: TB 4.6.35. **#182.** Ibid: TB 24.7.35. **#183.** MRC 1215/18: TB 20.9.35. **#184.** HFA: 앤절라 홉스바움 소유의 복사본. **#185.** Angela Hobsbaum to RJE, 31.3.17에서 인용. **#186.** MRC 1215/10: 'Listening to the blues'; Val Wilmer, 'Denis Preston' in H. C. G. Matthew and Brian Harrison (eds), *Oxford Dictionary of National Biography*, 45 (Oxford, 2004), pp. 255-6. **#187.** MRC 1215/15: TB 29.11.34. **#188.** MRC 1215/17: TB 4.6.35. **#189.** HFA: Richard Preston to Marlene Hobsbawm, 25.4.2016 (email). **#190.** MRC 1215/18: TB 25.9.35. **#191.** Ibid: TB 8.11.35. **#192.** A. H. Lawrence, *Duke Ellington and his World. A Biography* (London, 2001), pp. 206-25. **#193.** MRC 1215/10: 'Listening to the blues'. **#194.** MRC 1215/16: TB 24/28.1.35. **#195.** MRC 1215/17: TB 10/11.5.35. **#196.** Ibid: TB 10/11.5.35, 20.5.35. **#197.** Ibid: TB 20.5.35, 23.5.35, 29.5.35, 8.6.35. **#198.** Ibid: TB 4.6.35. **#199.** Ibid: TB 3.7.35. **#200.** Ibid: TB 12.7.35. **#201.** Ibid: TB 20.7.35. **#202.** Ibid: TB 24.7.35. **#203.** MRC 1215/18: TB 18.8.35. **#204.** Ibid: TB 13.9.35. **#205.** Ibid: TB 18.11.35. **#206.** Ibid: TB 24.11.35. **#207.** MRC 1215/15: TB 3.12.34. **#208.** Ibid: TB 4.12.34. **#209.** HFA: University of London, Higher School Certificate. **#210.** EJH, speech to the Old Philologians, October 2007. 그 탐험가는 스벤 헤딘(Sven Hedin)으로 *Abenteuer in Tibet* (*Adventure in Tibet*, Leipzig, 1904)을 비롯해 티베트 여행기를 여러 권 썼다. **#211.** MRC 1215/18: TB 6.11.35. **#212.** MRC 1215/17: TB 3.8.35. **#213.** MRC 1215/18: TB 25.9.35. **#214.** HFA: 'Eric Hobsbawm's Interesting Times', p. 3. **#215.** MRC 1215/18: TB 25.9.35. **#216.** Ibid.: 'Es kann losgehen.' **#217.** MRC 937/7/8/1: 'Scholarships at Cambridge' (newspaper clipping); *IT*, pp. 106-7. **#218.** MRC 1215/18: TB 29.9.35. **#219.** Ibid: TB 6.10.35. **#220.** MRC 1215/19: TB 9.1.36, 아래 서술도 이것을 참조. **#221.** Ibid: TB 9.1.36. **#222.** MRC 1215/18: TB 25.8.35. **#223.** Ibid: TB 2-8.9.35. **#224.** *The Philologian*, Vol. 8, No. 1 (Autumn Term, 1935), p. 10. 아래 서술도 이것을 참조. **#225.** MRC 1215/18: TB 2-8.9.35. 아래 서술도 이것을 참조. **#226.** *IT*, p. 83. **#227.** MRC 1215/1: EJH to Ron Hobsbaum, 5.7.36. 아래 서술도 이것을 참조. **#228.** Ibid: EJH to Ron Hobsbaum, 13.7.36. 아래 문단도 이것을 참조. 바이마르 공화국 시기 독일 공산당의 인기 있는 지도자 에른스트 텔만은 1933년부터 줄곧 강제수용소에 갇혀 있다가 종전 직전에 나치에 의해 살해되었다. 군중의 구호는 "소비에트를 모든 곳에"와 "도리오를 처단하라"였다. 카르마뇰은 혁명 이전 프랑스 체제를 조롱하는, 춤을 추며 부르는 프랑스 혁명가였고, 〈괜찮을 거야〉는 "가로등 기둥에 부르주아를 목매달아라"라는 경고를

포함하기 위해 가사를 바꾼, 1790년대 초부터 불린 또 다른 노래였다. **#229.** Ibid: EJH to Ron Hobsbaum, 20.7.36, 아래 문단들도 이것을 참조. **#230.** 상의군인들. **#231.** Ibid: EJH to Ron Hobsbaum, 20.7.36 and 25.7.36. **#232.** Ibid: EJH to Ron Hobsbaum, 5.8.36, 아래 문단들도 이것을 참조. **#233.** Ibid, also Alfred H. Barr (ed.), *Fantastic Art, Dada, Surrealism* (New York, 1936). 윌체에 대해서는 Martin Wiehle (ed.), *Magdeburger Persönlichkeiten* (Magdeburg, 1993)을 보라. 윌체의 성격에 대한 예리한 묘사로는 Wieland Schmied, 'Schweigende Bilder', *Die Zeit*, 13.6.80을 보라(온라인으로도 볼 수 있다). 보토 슈트라우스(Botho Strauss)의 희곡《재회 삼부작Trilogie des Wiedersehens》의 한 등장인물은 윌체의 그림 전시회를 여는 데 집착하지만 끝내 성공하지 못한다. 윌체에 관해 쓴 사람들 중 어느 누구도 그의 알코올 중독이나 마약 중독에 대해 언급하지 않는다. **#234.** Ibid: EJH to Ron Hobsbaum, 5.8.36. **#235.** MRC 1215/10: 'I always wanted to go to the South of France', and MRC 1215/1: EJH to Ron Hobsbaum, late August 1936. 에릭은 프랑스와 독일 여행에 관한 짧은 서사도 썼으며 같은 파일에서 찾을 수 있다. 이 파일에는 여러 언어로 쓴 여행 기록들도 들어 있다. 아래 서술은 영어로 쓴 기록을 바탕으로 했다. **#236.** 비르는 적포도주, 미스텔, 퀴닌으로 만드는 가향 식전 반주다. 타르브는 마을의 이름이었다. **#237.** *IT*, p. 234. **#238.** MRC 1215/10: 'I always wanted to go to the South of France'. **#239.** Ibid, and HFA Miscellaneous I: 22.1.43. **#240.** MRC 1215/10: 'I always wanted to go to the South of France'. **#241.** *IT*, pp. 338-42. **#242.** MRC 1215/1: EJH to Ron Hobsbaum, late August 1936. 아래 문단도 이것을 참조. **#243.** 전설에 대해서는 Hugh Thomas, *The Spanish Civil War* (London, 1986 edition), p. 653; 실제 이야기에 대해서는 Paul Preston, *The Spanish Holocaust: Inquisition and Extermination in Twentieth-Century Spain* (London, 2012), pp. 399-400. **#244.** MRC 1215/1: EJH to Ron Hobsbaum, late August 1936. **#245.** Ibid: EJH to Ron Hobsbaum, 12.9.36. **#246.** *IT*, p. 133. **#247.** MRC 1215/1: EJH to Ron Hobsbaum, 12.9.36. **#248.** *IT*, p. 105.

3. "뭐든지 아는 신입생"

#1. MRC 1215/1: EJH to Ron Hobsbaum, 21.10.36. 문단의 나머지도 이것을 참조. **#2.** *IT*, pp. 103-5. **#3.** MRC 937/7/8/1: EJH to Hiroshi Mizuta, n.d. (March 1998). 아래 서술도 이것을 참조. **#4.** Noel Annan, *Our Age. Portrait of a Generation* (London, 1990), p. 174; Thomas E. B. Howarth, *Cambridge Between Two Wars* (London, 1978), pp. 156-8. **#5.** MRC 937/7/8/1: 'Private Lives' (typescript): 발표한 글은 'Tinker, tailor, soldier, don', *observer*, 21.10.1979에 수록; MRC 1215/1: EJH to Ron Hobsbaum, 21.10.36; *IT*, pp. 108-9. **#6.** *IT*, pp. 102-3. '식기실(gyp room)'은 칼리

지의 직원으로 학생들의 침구를 정리하고 방을 청소하는 'bedder'가 관리한 작은 공간
이었다. **#7.** KCAC: fiftieth anniversary toast by Stuart Lyons CBE, 2012. '깁스'는 건
축가 제임스 깁스(James Gibbs)의 이름을 딴 커다란 18세기 건물이었다. 예배당과 직각
을 이루는 위치에 있었다. **#8.** KCAC: information from Dr Patricia McGuire. 1960년
대에 '드레인'은 흉측한 근대식 건물인 케인스 빌딩으로 바뀌었다. **#9.** MRC
937/1/1/5: EJH to Diana Rice, 23.8.2002. **#10.** 케임브리지에 대한 동시대인의 기억
으로는 Ralph Russell, *Findings, Keepings: Life, Communism and Everything* (London,
2001), pp. 115-16을 보라. **#11.** TNA KV2/3980: cover sheet and file number 73a,
'Extract from Army Paper' (1940). 입대 시 육군은 에릭의 신체 상태를 최상등급인
'A1'으로 기록했다. **#12.** Annan, *Our Age*, p. 267. **#13.** *IT*, p. 112; Henry Stanley
Ferns, *Reading from Left to Right: One Man's Political History* (Toronto, 1983), p. 101.
#14. Pieter Keuneman, 'Eric Hobsbawm: A Cambridge Profile 1939', reprinted in
Raphael Samuel and Gareth Stedman Jones (eds), *Culture, Ideology and Politics. Essays
for Eric Hobsbawm* (History Workshop Series, London, 1982), pp. 366-8, at p. 366
(originally Pieter Keuneman, 'In Obscurity', *The Granta May Week Number*, 7.6.39).
'In Obscurity' (무명인)라는 제목은 《그란타》에서 물러나는 편집장들의 됨됨이를 묘사
하면서 케임브리지의 더 저명한 인물들에 대한 잡지의 특집기사와 대비하기 위해 사용
한 얄궂은 표현이었다(*IT*, p. 106). 케임브리지 유니언은 1815년에 창립된, 세계에서
가장 오래된 토론회다. **#15.** Keuneman, 'Eric Hobsbawm', p. 367. **#16.** HFA TB
1.8.40. **#17.** MRC 937/4/3/1/5: EJH 'Mr. Rylands Lectures', *The Granta*, 10.11.37.
#18. HFA TB 11.7.40. 더 호의적인 묘사로는 Noel Annan, *The Dons. Mentors,
Eccentrics and Geniuses* (London, 1999), pp. 170-82를 보라. **#19.** KCAC
NGA/5/1/452: Noel Annan to EJH, 21.5.76. **#20.** Annan, *Our Age*, p. 189 **#21.**
MRC 937/4/3/1/5: Keuneman, 'Eric Hobsbawm'. **#22.** MRC 937/1/1/4: Noel
Annan to EJH and Marlene Hobsbawm, 6.2.87. 경제사 교수인 클래펌은 킹스칼리지
의 부학장이었다. **#23.** Annan, *Our Age*, p. 189. **#24.** MRC 1215/1: EJH to Ron
Hobsbaum, 5.5.37. 아래 서술도 이것을 참조. **#25.** Ibid: EJH to Ron Hobsbaum,
3.2.37. **#26.** 비잔티움 연구자 스티븐 런시먼에 대한 에릭의 칭찬에 대해서는 Minoo
Dinshaw, *Outlandish Knight: The Byzantine Life of Steven Runciman* (London, 2016),
pp. 85-6, 592를 보라. 런시먼은 트리니티칼리지의 펠로였으나 상당한 유산을 상속받
고서 1938년 사직했다. 그런 다음 20세기의 위대한 역사 저술 중 하나인 세 권짜리 십
자군 전쟁사를 썼다. 스티븐의 아버지 월터 런시먼은 영국 상무부 장관이었다. **#27.**
Howarth, *Cambridge Between Two Wars*, p. 141. **#28.** MRC 1215/1: EJH to Ron
Hobsbaum, 3.2.37. **#29.** MRC 937/4/3/1/5: EJH: 'Mr. Willey Lectures', *The Granta*,
17.11.37, p. 113. **#30.** *IT*, pp. 106-7; Noel Annan, 'Obituary: Christopher Morris',

Independent, 1.3.93. **#31.** *IT*, p. 107. 강사로서의 솔트마시에 대해서는 Ferns, *Reading from Left to Right*, p. 122를 보라. **#32.** MRC 937/1/8/1 : EJH to Hiroshi Mizuta, n.d. (March 1998). **#33.** *IT*, p. 107. 학위 과정 시험을 가리키는 'Tripos'라는 용어는 중세 대학의 학생들이 다리가 셋 달린 의자에 앉아 구두시험을 치른 관습에서 유래했다. 학위 과정 시험은 세 부분이 아니라 두 부분으로 이루어졌으며, 따라서 'double starred First'는 각 부분에서 최우등 성적을 받았다는 의미다. **#34.** Maxine Berg, *A Woman in History: Eileen Power, 1889-1940* (Cambridge, 1996), pp. 187-90. **#35.** Howarth, *Cambridge Between Two Wars*, p. 200. **#36.** MRC 937/8/2/35: EJH, 'Old Marxist still sorting out global fact from fiction', *Times Higher Education Supplement*, 10/2 (12.7.02). **#37.** MRC 1215/1: EJH to Ron Hobsbaum, 3.2.37. **#38.** Ibid: EJH to Ron Hobsbaum, 5.5.37. **#39.** Ibid: EJH to Ron Hobsbaum, 20.8.40. **#40.** MRC 937/1/1/3: EJH to Thomas E. B. Howarth, n.d. (1978). **#41.** Howarth, *Cambridge Between Two Wars*, p. 200에서 인용. **#42.** M[ichael] M. Postan, *Fact and Relevance. Essays on Historical Method* (Cambridge, 1971), p. ix. 마르크스에 비판적이면서도 박식한 포스탠의 견해를 더 전체적으로 알려면 ibid, pp. 154-68을 보라. **#43.** MRC 937/8/2/35: EJH, 'Old Marxist still sorting out global fact from fiction', *Times Higher Education Supplement*, 10/2 (12.7.02); 'Panel Discussion: Conversations with Eric Hobsbawm', *India Centre International Quarterly* 34/1 (Spring, 2005), pp. 101-25. **#44.** MRC 937/1/3/11: EJH to Victor Kiernan, 29.3.2003. **#45.** Ibid: Victor Kiernan to EJH, 26.2.2003. 키어넌은 1933년에 가이 버지스를 통해 공산당에 가입했다. 키어넌의 강의에 대해서는 Ferns, *Reading from Left to Right*, pp. 76-8을 보라. 쿠마라만갈람 또한 케임브리지 유니언의 회장이 되었다. **#46.** MRC 937/1/3/11: EJH to Victor Kiernan, 29.3.2003. **#47.** Isaiah Berlin to Noel Annan, 13.1.54, in Isaiah Berlin, *Enlightening: Letters 1946-1960*, ed. Henry Hardy and Jennifer Holmes (London, 2009), p. 422. **#48.** Carole Fink, *Marc Bloch: A Life in History* (Cambridge, 1989), pp. 103 and 179. **#49.** Berg, *A Woman in History*, pp. 210-15; Stuart Clark (ed.), *The Annales School: Critical Assessments* (London, 1999); Peter Burke, *The French Historical Revolution: The Annales School, 1929-1989* (Stanford, CA, 1990). **#50.** MRC 937/4/3/1/5: EJH, 'Prof. Trevelyan Lectures', *The Granta*, 27.10.37. 당시 30대였던 조지 킷슨 클라크는 19세기 영국사를 강의했고, 훗날 곡물법과 관련해 수정주의 역사가로 유명해졌다. **#51.** MRC 937/4/3/1/5: 'E.J.H. Observes', *The Granta*, 17.11.37. **#52.** MRC 1215/1: RJH to Ron Hobsbaum, 21.10.36. **#53.** MRC 937/4/3/1/5: 'Union United', *The Granta*, 9.6.37, p. 486. **#54.** *IT*, p. 111. **#55.** MRC 1215/1: RJH to Ron Hobsbaum, 21.10.36. **#56.** Kevin Morgan, Gidon Cohen and Andrew Flinn, *Communists and British Society 1920-1991* (London, 2007), pp. 80-3; Kenneth

Newton, *The Sociology of British Communism* (London, 1968), p. 76. 'Donkey-jacketism'이라는 표현은 이 시기 노동자들이 입던, 어깨에 가죽을 댄 울 재질의 재킷에서 유래했다. Raphael Samuel, *The Lost World of British Communism* (London, 2006), pp. 203-14를 보라. **#57.** Newton, *The Sociology of British Communism*, pp. 67-76; Pelling, *The British Communist Party*, p. 81; Andrew Thorpe, *The British Communist Party and Moscow, 1920-43* (Manchester, 2000), p. 231; C. Fleay and M. Sanders, 'The Labour Spain Committee: Labour Party Policy and the Spanish Civil War', *Historical Journal*, Vol. 28 (1985), pp. 187-97. **#58.** MRC 937/1/3/11; EJH to Victor Kiernan, 29.3.2003. **#59.** EJH, 'War of Ideas', *Guardian* Saturday Review section, 17.2.07, pp. 1-6. 아래 서술도 이것을 참조. **#60.** HFA: 앤절라 홉스바움이 소유한 복사본. **#61.** MRC 1215/21: TB 21.6.40. **#62.** Ibid. Martin Kettle, 'Jon Vickers', *Guardian*, 23 June 2008도 보라. **#63.** MRC 937/1/1/4: EJH to Ms Wells, n.d.; 'Cambridge Communism in the 1930s and 1940s', *Socialist History* 24 (2003), pp. 40-78. 크리스토퍼 힐과 로드니 힐턴 둘 다 1930년대에 옥스퍼드에 있었다. **#64.** MRC 937/1/6/3: EJH to Brian Simon, n.d. (November 1993); *IT*, p. 112도 보라. **#65.** MRC 937/7/8/1: EJH to Jason Heppell, 30.6.97. **#66.** *IT*, p. 122. **#67.** TNA KV2/3981, 136b; Extract, 20.5.49. **#68.** David Margolies and Maroula Joannou (eds), *Heart of the Heartless World: Essays in Cultural Resistance in Memory of Margot Heinemann* (London, 2002)을 보라. 이 책에서 에릭의 글은 pp. 216-19에 있다. 버널에 대해서는 EJH, 'Red Science', *London Review of Books*, 9.3.2006을 보라. **#69.** Geoff Andrews, *The Shadow Man. At the Heart of the Cambridge Spy Circle* (London, 2015), pp. 74-9. **#70.** Vasiily Mitrokhin and Christopher Andrew, *The Mitrokhin Archive*, Vol. I (London, 1999), pp. 82-5; *IT*, pp. 122-4. **#71.** *IT*, pp. 100-114. **#72.** Ian Buruma, 'The Weird Success of Guy Burgess', *New York Review of Books*, LXIII/20, 22.12.2016, pp. 77-9. **#73.** *IT*, pp. 100-114. '케임브리지의 스파이들'에 관한 방대하고 대개 선정적인 문헌 중에서 가장 신뢰할 만한 정보를 제공하는 책은 Christopher Andrew의 *The Defence of the Realm. The Authorized History of MI5* (London, 2009)다. **#74.** 에릭의 자리는 훗날 영국 제국주의를 연구하는 영향력 있는 역사가가 되는 잭 갤러거(Jack Gallagher)가 이어받았다. **#75.** MRC 937/6/1/2: *Cambridge University Socialist Club (CUSC) Bulletin*, 30.11.37; MRC 937/6/1/3: EJH to Brian Simon, n.d. (November 1993); *IT*, pp. 112-13. **#76.** MRC 937/6/1/2: *Cambridge University Socialist Club (CUSC) Bulletin*, 18.1.38. **#77.** Ibid, 1.2.38. **#78.** MRC 937/6/1/2: *Cambridge University Socialist Club (CUSC) Bulletin*: 'How about films?', by EJH. **#79.** Ibid, 22.2.38: 'The fight about realism in art'. **#80.** Ferns, *Reading from Left to Right*, pp. 109-10. **#81.** MRC 1215/21: TB 22.3.40. 독서 모임에 대해서는 Ferns, *Reading from*

Left to Right, pp. 102-3을 보라. **#82.** MRC 1215/1: EJH to Ron Hobsbaum, n.d. (October 1937). **#83.** Ferns, *Reading from Left to Right*, p. 114. **#84.** MRC 937/4/3/1/5: Pieter Keuneman, 'Eric Hobsbawm'. **#85.** Ibid: 'Cambridge Cameos-Another Local Figure', *The Granta*, 3.3.37, p. 3: EJH to Diana Rice, 18.8.2002. 내가 보기에 에릭은 회고록에서 이 당시의 《그란타》를 부당하게 폄하한다(*IT*, p. 113). **#86.** R. E. Swartwout, *It Might Have Happened. A sketch of the later career of Rupert Lister Audenard, First Earl of Slype, etc.* (Cambridge, 1934). **#87.** MRC 937/4/3/1/5: 'Cambridge Cameos: The Oldest Inhabitant', *The Granta*, 10.3.37 (clipping). **#88.** Ibid: 'Cambridge Cameos: Nothing Over Sixpence: Woolworth's', *The Granta*, 21.4.37, p. 351. **#89.** Ibid: 'Cambridge Cameos: Ties With a Past: Ryder and Amies', *The Granta*, 26.5.37, p. 438. **#90.** Ibid: Pieter Keuneman, 'In Obscurity', *The Granta May Week Number*, 7.6.39. **#91.** Ibid: EJH, 'New Writing and a New Theatre: Christopher Isherwood', *The Granta*, 17.11.37, p. 121. 당시 페티커리 가는 케임브리지 중심부에서 황폐하고 다소 평판이 나쁜 거리였다. **#92.** Ibid: EJH, 'The Stars Look Down, I. Professor Laski', *The Granta*, 26.1.38, p. 215. 아래의 인용도 이것을 참조. 에릭은 오랜 세월 후에 'The Left's Megaphone', *London Review of Books*, Vol. 15, No. 13 (8.7.93), pp. 12-13에서 해럴드 래스키를 다시 다루었다. 또한 Michael Newman, *Harold Laski: A Political Biography* (London, 1993)을 보라. **#93.** Nigel Nicolson (ed.), *The Harold Nicolson Diaries 1907-1963* (rev. edn, London, 2004). **#94.** MRC 937/4/3/1/5: EJH, 'The Stars Look Down, II. Harold Nicolson', *The Granta*, 2.2.38. **#95.** Ibid: EJH, 'The Stars Look Down, III. Herbert Morrison', *The Granta*, 9.2.38. 이어지는 문단도 이것을 참조. 조지 로비는 유명한 뮤직홀 가수이자 희극인이었다. **#96.** Ibid: EJH, ; The Stars Look Down, IV. J. B. S. Haldane', *The Granta*, 23.2.38, p. 285. 이 문단의 나머지도 이것을 참조. **#97.** MRC 1215/1: EJH to Ron Hobsbaum, 3.2.37. **#98.** *IT*, p. 113 **#99.** MRC 937/4/3/1/5: EJH, 'Crime at Châtiment', *The Granta*, 19.10.38, p. 33. **#100.** Ibid: EJH, 'The Film Editor Speaks: Guirty', *The Granta*, 2.11.38, p. 69. **#101.** Ibid: EJH, 'The Film Editor Speaks: Friuz Lang', *The Granta*, 9.11.38, p. 89; and 'The Marx Brothers', *The Granta*, 18.11.38. **#102.** Ibid: EJH, 'The Year of Films', *The Granta*, 30.11.38, p. 157. **#103.** Ibid: EJH (ed.), *The Granta New Statesman and Nation: The weekend Review*. **#104.** Ibid: EJH (ed.), 'Fifty Years On Perhaps *The National Granta: For a Pure Cambridge*', 8.3.1989(즉 1939). 또한 'Leaves from the Nazigranta', 26.4.39를 보라. **#105.** Ibid: *CUSC Bulletin*, 14.10.38, 18.10.38. **#106.** Ibid: 1939년 10월 날짜의 전단. **#107.** Ibid: *CUSC Bulletin*, 14 and 18.10.38. **#108.** Ibid: *CUSC Bulletin*, 1.11.38. **#109.** 이에 대한 고전적 서술은 여전히 Robert Conquest, *The Great Terror: Stalin's Purges of the 1930s*

(London, 1968)다. 추가 증거로는 같은 저자의 *The Great Terror: A Reassessment* (Oxford, 1990)를 보라. **#110.** Joseph E. Davies, *Mission to Moscow* (Garden City, NJ, 1941). **#111.** Vadin Z. Rogovin, *1937: Stalin's Year of Terror* (Oak Park, MI, 1998)를 보라. **#112.** Joseph Redman [i.e. Brian Pearce], 'The British Stalinists and the Moscow Trials', *Labour Review*, Vol. 3, No. 2 (March-April 1958), pp. 44-53; Thorpe, *The British Communist Party and Moscow*, p. 237. 더 전반적인 서술로는 Giles Udy, *Labour and the Gulag. Russia and the seduction of the British Left* (London, 2018)를 보라. **#113.** MRC 1215/1: EJH to Ron Hobsbaum, 3.2.37. 아래 서술도 이것을 참조. 스탈린은 레닌그라드의 서기장 세르게이 키로프 암살 사건을 숙청을 시작할 구실로 삼았다. **#114.** Sidney and Beatrice Webb, *Soviet Communism: A New Civilisation?* (2 vols, New York, 1936)을 보라. 자백의 타당성을 받아들인 영국 공산당원들의 서술로는 Saville, *Memoirs from the Left*, pp. 34-6; Russell, *Findings, Keepings*, pp. 145-8; and Claud Cockburn, *I, Claud* (London, 1957, rev. edn 1967), pp. 262-4를 보라. **#115.** MRC 1215/1: EJH to Ron Hobsbaum, 5.5.37; Chris Wrigley, 'May Day in Britain', in Abbey Paterson and Herbert Reiter (eds), *The Ritual of May Day in Western Europe: Past, Present and Future* (London, 2016), pp. 133-59, at p. 148. **#116.** MRC 1215/1: EJH to Ron Hobsbaum, 5.5.37. **#117.** MRC 937/4/3/4/1: 'A Non-Political Affair' (typescript). 아래 서술도 이것을 참조. **#118.** Ibid: 'Passport, Love', by J. Share (EJH). 아래 서술도 이것을 참조. **#119.** Ibid. 그 여성의 진짜 이름은 제냐였다(HFA Diary Notes: In German, 'Interim Report', 12.11.50, p. 2). 에릭은 1950년 8월 파리에 갔을 때 그녀를 다시 만나려 했지만 그럴 수 없었다("모두가 휴가 중인 8월의 파리에서 누군가를 찾는 것은 얼마나 바보 같은 짓인가"라고 적었다). MRC 1215/10, 프랑스 남부에 관한 기록도 보라. **#120.** MRC 937/7/2/1, *passim*. 아래 서술도 이것을 참조. **#121.** MRC 1215/1: EJH to Ron Hobsbaum, 22.8.37. 이 문단의 나머지도 이것을 참조. **#122.** MRC 937/6/1/4: International Conference of the World Student Association. **#123.** Julian Jackson, *Popular Front in France: Defending Democracy 1934-1938* (Cambridge, 1988)을 보라. **#124.** MRC 1215/1: EJH to Ron Hobsbaum, n.d. (October 1937). **#125.** MRC 937/4/3/4/1L: 'The Defeatist' by J. Share (EJH). 아래 서술도 이것을 참조. **#126.** *IT*, p. 315. **#127.** 'The Defeatist'. **#128.** KCAC: information from Dr Patricia McGuire. **#129.** 앤절라 홉스바움과의 인터뷰, 30.3.17. **#130.** MRC 1215/1: EJH to Ron Hobsbaum, n.d. (October 1937). 아래 서술도 이것을 참조. **#131.** Ibid: EJH to Ron Hobsbaum, 6.12.37. **#132.** 에릭이 케임브리지에서 참여했던 활동과 흡사한 옥스퍼드의 학생 공산주의자 활동에 관한 훌륭한 서술로는 Denis Healey, *The Time of My Life* (London,1989), pp. 32-8을 보라. **#133.** MRC 1215/1: EJH to Ron Hobsbaum, 6.12.37. **#134.** Ibid: EJH to Ron Hobsbaum, 28.1.38. 아래 서술도 이것

을 참조[이든은 2월까지 사임하지 않았기 때문에 이 날짜는 오류임이 틀림없다. 따라서 이 편지의 날짜는 1월이 아니라 2월이 되어야 한다]. **#135.** *IT*, pp. 121-2. 당시 엘리아스는 독일에서 망명한 사회주의자 프란치스 카르슈텐(Francis Carsten)과 같은 숙소에서 지내고 있었다. 카르슈텐은 전시에 비밀기관인 정치전 집행국(Political Warfare Executive)에서 일했고 후일 저명한 역사가가 되었다. 내게 말해준 대로, 전후에 엘리아스의 부탁을 받아 스위스 출판사를 방문한 카르슈텐은《문명화 과정》이 그곳 서가에 여전히 줄지어 꽂혀 있는 것을 보았다. 이 책은 단 한 부도 팔리지 않은 터였다. **#136.** MRC 1215/1: EJH to Ron Hobsbaum,28.1.38 [i.e. 28.2.38]. **#137.** Ibid: EJH to Ron Hobsbaum, 29.4.38. **#138.** Ibid: EJH to Ron Hobsbaum, 13.6.38. **#139.** Centre des Archives Diplomatiques de Nantes, 1 TU/701, Service des Renseignements Généraux de Tunisie, Dossiers Nominatifs, numéro 96: Hobsbawm, Eric Ernest, 24754. 아래 서술도 이것을 참조. 이 문서를 사용할 수 있게 해준 다니엘 리(Daniel Lee) 박사에게 감사드린다. **#140.** MRC 1215/1: EJH to Ron Hobsbaum, 3.9.38. 아래 서술도 이것을 참조. **#141.** 앙드레 비올리(Andrée Viollis)는 비공산당원 페미니스트 언론인으로, 시인 루이 아라공(Louis Aragon)을 수장으로 하는 석간식문《세수아》의 편집국에서 일하고 있었다. **#142.** 함마메트는 튀니스에서 해안을 따라 바로 남쪽에 자리한 작은 마을이었다. **#143.** MRC 1215/1: EJH to Ron Hobsbaum, 9.9.38 (postcard). **#144.** TNA KV2/3980, cover sheet and file 20x: Eric to D[epartment] E[ducational] Office, 8.11.42. **#145.** MRC 937/7/4/1: 'Land and Colonisation in North Africa. A Paper read to the Political Society, King's College, on November 28th, 1938. By E. J. Hobsbawm, King's College'. **#146.** Ibid, p. 16. **#147.** Ibid, pp. 22-3. **#148.** Ibid, p. 23. **#149.** MRC 937/7/4/1: 'Report on a Journey to Tunisia and Algeria made under the Political Science Travel Grant: Some notes of French administration in North Africa' (1938), pp. 1-2. **#150.** Ibid, p. 22. **#151.** Ibid, p.36. **#152.** 연설문은 Max Domarus (ed.), *Hitler: Speeches and Proclamations 1932-1945. The Chronicle of a Dictatorship, II: The Years 1935-1938* (London,1992), pp. 1183-94를 보라. **#153.** MRC 937/7/2/2: TB 2.7.40. **#154.** Ibid: CPGB 'Political Letter to the Communist Party Membership', 25.4.39. **#155.** HFA 'Family Tree'; 로빈 마르체시와의 인터뷰, 6.12.2016. **#156.** MRC 1215/1: EJH to Ron Hobsbaum, 12.6.36. **#157.** Ibid: EJH to Ron Hobsbaum, 1.7.40. **#158.** Ibid: EJH to Ron Hobsbaum, 7.4.41. **#159.** MRC 937/7/8/1: EJH, 'As usual during a World Crisis, a superb day'. 로널드 설은 나중에 유명한 만화가가 되었다. **#160.** MRC 1215/1: EJH to Ron Hobsbaum, n.d. [12 June 1939]. 아래 서술도 이것을 참조. **#161.** Wiener Stadt-und Landesarchiv: Bez. Ger. Hietzing Abt. 1 P52/1929, dated 24.7.41. **#162.** MRC 937/6/4/6: Eric to Brian Simon, 15.1.79. 옥스퍼드의 공산주의자 학부생 아이리스 머

독은 이후 철학 교수이자 유명한 소설가가 되었다. **#163.** Peter J. Conradi, *Iris Murdoch: A Life* (London, 2001), p. 98. **#164.** MRC 937/6/1/6: Communist Student Party School 1939: Eric Hobsbawm. **#165.** HFA: Degree Certificate. **#166.** *IT*, pp. 119-21. **#167.** MRC 937/6/1/5/1-2: Third International Conference of the World Student Association on Democracy and Nation, Paris, 15-19 August 1939; MRC 1215/1: EJH to Ron Hobsbaum, 12.8.39. **#168.** MRC 937/1/6/3: EJH to Brian Simon, n.d. (November 1993); MRC 937/7/8/1: 'As usual, during a World Crisis, a superb day'. P. N. 학사르는 런던정경대에서 공부했고, 독립 이후 인도 외무부에 들어가 오스트리아 대사와 나이지리아 대사가 되었으며, 이후 인디라 간디 총리의 비서실장과 자와할랄 네루 대학의 제1대 부총장으로 일했다. 학사르의 회고록 *One More Life* (1990)를 보라. **#169.** MRC 937/7/8/1: 'As usual during a World Crisis, a superb day'. **#170.** *IT*, pp. 117-25 (quote on p. 124). **#171.** MRC 1215/1: EJH to Ron Hobsbaum, n.d. (postcard, postmarked 31.7.39). **#172.** Ibid: EJH to Ron Hobsbaum, 28.8.39. **#173.** Ibid: EJH to Ron Hobsbaum, 28.8.39. **#174.** Ibid: EJH to Ron Hobsbaum, 8.9.39. **#175.** HFA Miscellaneous I: 1.9.42. **#176.** MRC 937/7/8/1: 'As usual during a World Crisis, a superb day'. 에릭은 소설가 겸 화가인 윈덤 루이스를 다른 사람과 착각했을지도 모른다. 루이스의 전기작가에 따르면 그는 당시 프랑스에 있지 않았고, 1939년 9월 2일에 사우샘프턴에서 퀘벡으로 가는 배편을 자신과 아내의 이름으로 이미 예매해둔 상태였다(Paul O'Keeffe, *Some Sort of Genius: A Life of Wyndham Lewis* (London, 2000), p. 400). **#177.** *IT*, p. 126. **#178.** HFA Miscellaneous I: 10.9.42. 아래 서술도 이것을 참조. **#179.** MRC 1215/1: EJH to Ron Hobsbaum, 8.9.39. 아래 서술도 이것을 참조. **#180.** 베르사유 조약에 의해 독일에 강요된 징벌적 조항들은 나치즘의 부상과 승리의 원인이었다고 널리 비난받았다. **#181.** 나치-소비에트 조약이 영국 공산당 지도부 내에서 야기한 논쟁에 대해서는 Francis Beckett, *Enemy Within. The Rise and Fall of the British Communist Party* (London,1995), chapter 6을 보라. **#182.** Neil Redfern, *Class or Nation. Communists, Imperialism and Two World Wars* (London, 2005), p. 97에서 인용. **#183.** 당 최고위층의 주장과 분열에 대해서는 Francis King and George Matthews (eds), *About Turn. The British Communist Party and the Second World War. The Verbatim Record of the Central Committee Meetings of 25 September and 2-3 October 1939* (London, 1990); and John Attfield and Stephen Williams (eds), *1939: The Communist Party of Great Britain and the War. Proceedings of a Conference held on 21 April 1979, Organised by the Communist Party History Group* (London, 1984)을, 특히 부록의 문서를 보라. 이 격변기에 모스크바의 역할에 대해서는 Thorpe, *The British Communist Party and Moscow*, pp. 246-9, 256-60을 보라. **#184.** Robert Edwards, *White Death: Russia's War on Finland 1939-40* (London, 2006)을 보라. **#185.** *IT*, p.

154; Raymond Williams, *Politics and Letters: Interviews with New Left Review* (London, 1979), p. 43. **#186.** MRC 937/6/1/2: *War on the USSR?* Produced by the University Socialist Club, Cambridge. Published by the University Labour Federation. **#187.** *IT,* pp. 152-3.

4. "영국군의 좌파 지식인"

#1. Roger Broad, *Conscription in Britain 1939-1963: The Militarization of a Generation* (London, 2006)을 보라. **#2.** TNA KV2/3980: cover sheet and file number 73a: Extract from Army Paper. **#3.** MRC 1215/28: Introduction to British Army, Cambridge, February 1940. 아래 서술도 이것을 참조. **#4.** Ibid. 어깨총 자세로 서라는 뜻. **#5.** MRC 1215/21: TB 6.3.40, 8.3.40. **#6.** Ibid: TB 12.3.40. **#7.** Ibid: TB 15.3.40. 하층계급에 시골 출신으로 에릭과 같은 시절에 케임브리지를 다닌 랠프 러셀 (Ralph Russell)은 "총기 훈련은 성적이고 외설적인 암시로 가득했다"라고 기록했다. (Russell, *Findings, Keepings,* p. 171). **#8.** MRC 1215/21: TB 10.3.40. **#9.** Ibid: TB 14.3.40. **#10.** Ibid: TB 15.3.40. **#11.** Ibid: TB 18/19.3.40. **#12.** Ibid: TB 8.3.40. **#13.** Ibid: TB 6.3.40. **#14.** Ibid: TB 6.7.40. **#15.** Ibid: TB 29.4.40. **#16.** Ibid: TB 6.3.40. **#17.** Ibid: TB 10.3.40, 24.3.40. **#18.** Ibid: TB 8.3.40. **#19.** Ibid: TB 8.3.40. **#20.** Ibid: TB 15.3.40. **#21.** Ibid: TB 6.3.40. **#22.** MRC 1215/28: May-June 1940, numbers 12-14. **#23.** MRC 1215/21: TB 8.3.40. **#24.** Ibid: TB 12.3.40, 14.3.40, 8.4.40. **#25.** Ibid: TB 16.4.40; MRC 1215/22: TB 26.2.41. **#26.** Ibid: TB 11.2.41, 26.2.41. **#27.** Ibid: TB 19.2.41. **#28.** Ibid: TB 20.2.41. **#29.** MRC 1215/28: 군대 언어에 대한 기록. 노츠는 노팅엄셔의 줄임말이다. **#30.** Ibid: 운을 맞춘 속어. **#31.** Ibid: 다른 속어 표현. **#32.** Ibid: 당시 중대에서 쓰던 표현. **#33.** Ibid: 외설적인 속어. **#34.** MRC 1215/21: TB 9-12.4.40. **#35.** Ibid: TB 15.3.40. **#36.** MRC 1215/22: TB 12.2.41. 새도는 월터 깁슨이 창작한 미국 탐정이었다. 이 캐릭터는 오손 웰스가 주연한 1930년대의 인기 라디오 시리즈물에 등장했고, 1940년부터 1942년까지 발행된 만화책의 주축을 이루었다(1942년에 종이 부족으로 발행이 중단되었다). Thomas J. Shimfield, *Walter B. Gibson and The Shadow* (Jefferson, NC, 2003)를 보라. **#37.** MRC 1215/21: TB 20.4.40. **#38.** Ibid: TB 20/21.3.40. **#39.** Ibid: TB 25.3.40. **#40.** Ibid: TB 23.3.40. **#41.** Ibid: TB 2.4.40. **#42.** Ibid: TB 3.4.40. **#43.** Ibid: TB 3.4.40. **#44.** Ibid: TB 4-7.4.40. **#45.** Ibid: TB 6.3.40. **#46.** Ibid: TB 23.3.40. **#47.** Ibid: TB 29.4.40. **#48.** Ibid: TB 27.3.40. **#49.** Ibid: TB 31.3.40. **#50.** Ibid: TB 16.3.40. **#51.** Ibid: TB 11.3.40. William L. Trotter, *The Winter War: The Russo-Finnish War of 1940* (5th edn, Stanford, CA, 2002), pp. 235-9. 이 시기의 '당 노선'에

대해서는 Neil Redfern, *Class or Nation: Communists, Imperialism and Two World Wars* (London, 2005), pp. 95-9와 Thorpe, *The British Communist Party and Moscow*, pp. 159-61을 보라. **#52.** MRC 1215/21: TB 11.3.40; 유사하지만 훨씬 더 간략한 언급 은 TB 29.3.40을 참조. **#53.** Ibid: TB 12.3.40. **#54.** Ibid: TB 9.4.40. **#55.** Ibid: TB 29.4.40. **#56.** Ibid: TB 9-12.4.40. **#57.** Ibid: TB 29.4.40. **#58.** Ibid: TB 9-12.4.40. **#59.** MRC 1215/22: TB 11.2.41. **#60.** MRC 1215/21: TB 16.4.40. **#61.** Ibid: TB 17-18.4.40. **#62.** Ibid: TB 19.4.40. **#63.** Ibid: TB 22-28.4.40. **#64.** MRC 1215/22: TB 12.2.41. **#65.** 군대의 음식은 보통 접시에 담아 먹는 것이 아 니라 통조림 상태로 먹었다. **#66.** MRC 1215/21:TB 2-3.5.40. **#67.** Ibid. 이후 에릭 은 자신이 공산당원이라서 거부되었다고 주장했지만, 당원으로 알려진 다른 사람들, 특 히 동료 역사가 크리스토퍼 힐은 어렵지 않게 정보병과에 배치되었다(FLA: Fritz Lustig to EJH, 11.6.2003). **#68.** *IT*, p. 111. **#69.** MRC 1215/21: TB 2-3.5.40. 3-9.5.40; 또한 TB 17.5.40 참조. **#70.** Ibid: TB 5.5.40. **#71.** Ibid: TB 10.5.40. **#72.** MRC 1215/1: EJH to Ron Hobsbaum, n.d. (late September 1940). **#73.** Ibid: EJH to Ron Hobsbaum, n.d. ('Monday evening'). **#74.** MRC 1215/21: TB 11.5.40. **#75.** Ibid: TB 25.5.40. **#76.** Ibid: TB 17.5.40, 25.5.40. **#77.** MRC 937/4/3/4/1: 빨간 잉크로 타이핑한 미발표 원고. 이어지는 문단도 이것을 참조. 날짜가 적혀 있지 않지만 소택지 와 제방 등을 언급하는 것으로 보아 장소는 분명히 노퍽이었고 따라서 연도는 1940년 이다. **#78.** MRC 1215/1: EJH to Ron Hobsbaum, n.d. ('Monday evening'). **#79.** MRC 1215/21: TB 17.5.40. **#80.** Ibid: TB 17.5.40; *IT*, pp. 159-60. **#81.** MRC 1215/28: 'Very often one doesn't notice' (typescript). **#82.** *IT*, pp. 159-60; MRC 1215/21: TB 17.5.40. **#83.** Ibid: TB 15.6.40, 24.7.40. **#84.** MRC 1215/1: EJH to Ron Hobsbaum, 10.6.40. **#85.** MRC 1215/21: TB 17.6.40. **#86.** MRC 1215/1: EJH to Ron Hobsbaum, 10.6.40. **#87.** MRC 1215/21: TB 15.6.40, 17.6.40. **#88.** Ibid: TB 17.6.40. **#89.** MRC 1215/1: EJH to Ron Hobsbaum, 1.7.40. 아래 서술도 이것을 참조. **#90.** Thorpe, *The British Communist Party and Moscow*, pp. 265-7. **#91.** MRC 937/8/2/22/2: Martin Walker, 'Old comrades never say die', *Guardian*, 15.10.94, p. 29. **#92.** MRC 1215/1: EJH to Ron Hobsbaum, 1.7.40. **#93.** MRC 937/7/2/2: TB 26.6.40. **#94.** Ibid: TB 2.7.40. **#95.** Richard J. Evans, *The Third Reich at War* (London, 2008), pp. 231-4를 보라. **#96.** MRC 937/7/2/2: TB 24.6.40. **#97.** MRC 1215/1: EJH to Ron Hobsbaum, 1.7.40. **#98.** MRC 937/7/2/2: TB 6.7.40. **#99.** Ibid: TB 2.7.40. **#100.** Ibid: TB 6.7.40. **#101.** Ibid: TB 26.6.40. **#102.** Ibid: TB 2.7.40, 8.7.40, 4.8.40. **#103.** Ibid: TB 4.8.40. **#104.** MRC 1215/1: EJH to Ron Hobsbaum, 20.8.40. 헤르만 괴링은 독일 공군 루프트바페(Luftwaffe)의 수장이었다. **#105.** MRC 1215/21: TB 1.4.40. **#106.** Ibid: 12-14.4.40. **#107.** MRC

1215/23: TB 22.1.43. **#108.** MRC 937/7/2/2: TB 2.7.40. **#109.** MRC 1215/28:
TB 15.3.41 and MRC 937/4/3/4/1: 'On the same side of the road he saw Taylor',
부상을 입어 신체가 훼손된 병사를 다룬 미발표 단편; 'A Very Dishonest Guy', 촘촘하
게 구성된 미발표 대화록으로, 결정적인 대목에서 한 병사의 침대 옆에 놓인 사진 속의
아름다운 여성 세 명이 막사 병사들이 추측하듯이 그의 여자친구들이 아니라 누이들이
라는 것이 밝혀진다; 'The Armed Guard', 무단으로 탈영한 병사를 다룬 다소 산만한
미발표 이야기; 'Ted', 꾀병을 부리는 사람과 사기꾼에 관한 이야기를 쓰다가 포기한 원
고로, 에릭의 1941년 일기에서 찢어낸 것으로 보인다(pp. 55-71, 143-9); 'The Letter',
집으로 보내는 편지들로 이루어진 더 일관된 원고로 일기장 종이에 썼다; 'Guard in
Winter', 보초 근무의 지루함을 묘사하는, 이 시기에 완성한 또 다른 원고; 이 글들은
모두 일관성이 다소 떨어지는 초고다. **#110.** MRC 1215/29: 'Pause im Krieg';
'Kriegspause II'; 'Ritter Tod und Teufel, oder Die Unmilitärischen'. ('43') - "겁먹고
초조해하는 우리 앞에 걸려 있네 / 그럴듯한 용기의 군복이 / 그들이 자주 우리에게 강
제로 입히는 (…) 우리는 보잘것없고 / 현 시대는 위대하다." **#111.** MRC 1215/29:
'Pause im Krieg' I and II (April 1942). **#112.** Ibid: 'Bedingtes Gedicht'; 'Anfang
1942' ('Die Zukunft rettet uns'); 'Halb Weiss halb rot', 24.1.43; 'Uebergang'. **#113.**
Ibid: 'Theorie ohne Praxis'; 또한 'Predigt'. 이 글에서 에릭은 꾸벅꾸벅 반쯤 조는 상태
로 이론과 실천의 일치를 상상한다. **#114.** Ibid: 'Am ersten Mai / An unsern Kleidern
wieder rote Nelken. / Die Augenzeugen von Geburt und Tod, / Das letzte und das erste
Aufgebot.' ('Die Strasse'); 'Lied' ('노래')에서 에릭은 "의심스러운 평화"가 찾아올 때
"힘겨운 시절이 시작된다"라고 썼다. **#115.** Ibid: 'Nazis im Fruehjahr'. **#116.** MRC
937/7/2/2: TB 11.7.40. **#117.** MRC 1215/1: EJH to Ron Hobsbaum, 1.2.41.
#118. Ibid: EJH to Ron Hobsbaum, 7.4.41; MRC 1215/22: TB 15.2.41. **#119.**
MRC 1215/1: EJH to Ron Hobsbaum, 6.11.40. **#120.** Ibid: EJH to Ron Hobsbaum,
1.2.41. **#121.** MRC 1215/22: TB 10.2.41. **#122.** Ibid: TB 11.2.41. **#123.** Ibid: TB
4.3.41. **#124.** MRC 1215/1: EJH to Ron Hobsbaum, n.d. (March 1941, with
addendum 7.4.41). **#125.** MRC 1215/22: TB 8.3.41, 11.3.41, 12.3.41, 14.3.41.
#126. Ibid: TB 10.2. 41. **#127.** Ibid: TB 20.2.41. **#128.** Ibid: TB 27.2.41. **#129.**
Ibid: TB 25.2.41. **#130.** Ibid: TB 17.3.41, 21.3.41, 22.3.41, 25.3.41, 25.3.41,
7.4.41 and MRC 1215/1: EJH to Ron Hobsbaum, n.d. (March 1941, with
addendum 7.4.41). 이 소설들 중에 특별히 읽기 쉬운 작품은 없었다. 아마 이 무렵에
《전쟁과 평화》를 다 읽었을 것이다. **#131.** MRC 1215/22: TB 23.2.41, 1.3.41. **#132.**
Ibid: TB 18.2.41. **#133.** Ibid: TB 19.2.41. **#134.** Ibid: TB 22.2.41. **#135.** Ibid: TB
23.2.41. **#136.** Ibid: TB 7.4.41. **#137.** Ibid: TB 19.2.41, 20.2.41. **#138.** Ibid: TB
22.2.41. **#139.** MRC 1215/1: EJH to Ron Hobsbaum, n.d. (March 1941, with

addendum 7.4.41). **#140.** MRC 1215/22: TB 23.2.41. **#141.** MRC 1215/1: EJH to Ron Hobsbaum, n.d. (March 1941, with addendum 7.4.41); John Macleod, *River of Fire: The Clydebank Blitz* (London, 2010). **#142.** MRC 1215/22: TB 12.3.41. **#143.** MRC 1215/1: EJH to Ron Hobsbaum, n.d. (March 1941, with addendum 7.4.41) and 25.4.41. **#144.** Ibid: EJH to Ron Hobsbaum, n.d. (May 1941, headed '560' Field Coy Reg, Croxteth Hall ,West Derby, Liverpool 12'). **#145.** Richard Whittington-Egan, *The Great Liverpool Blitz* (Liverpool, 1987). **#146.** MRC 1215/1: EJH to Ron Hobsbaum, n.d. (May 1941, headed '560 Field Coy Reg, Croxteth Hall, West Derby, Liverpool 12'). 아래 서술도 이것을 참조. **#147.** Ibid: EJH to Ron Hobsbaum, 8.7.41. **#148.** MRC 937/1/1/4: EJH to Tom Pocock, 14.7.81. **#149.** MRC 1215/1: EJH to Ron Hobsbaum, 8.7.41. 아래 서술도 이것을 참조. **#150.** Richard Bennet (ed.), *The Bedside Lilliput* (London, 1950)에는 1937~49년에 기고된 글들의 선집이 담겨 있다. **#151.** EJH, 'Battle Prospects', *Lilliput*, 1 January 1942, pp. 43-4. **#152.** EJH, 'It Never Comes Off', *Lilliput*, 1 March 1942, p. 212-14. **#153.** MRC 1215/1: EJH to Ron Hobsbaum, 13.8.41. **#154.** MRC 1215/23: TB 1.9.42. **#155.** *IT*, pp. 156-7. **#156.** MRC 1215/1: EJH to Ron Hobsbaum, n.d. (March 1941, with addendum 7.4.41). **#157.** Ibid: EJH to Ron Hobsbaum, 18.9.41. 아래 서술도 이것을 참조. Archie White, *The Story of Army Education, 1643-1963* (London, 1963). Archie White에 대해서는 *IT*, p. 164를 보라. **#158.** MRC 1215/1: EJH to Ron Hobsbaum, 18.9.41. **#159.** Ibid: EJH to Ron Hobsbaum, 18.9.41, 음유시인 예술제는 음악과 시 위주의 웨일스어 문화축제다. 전시에 영국군에서는 이런 행사가 놀랍도록 흔했다. 나의 아버지도 1945년 이탈리아 남부의 영국 공군에서 개최한 예술제에서 음유시인의 역할을 맡았다. **#160.** Ibid: EJH to Harry Hobsbaum, 27.9.42. **#161.** Helen Fry, *The King's Most Loyal Enemy Aliens: Germans Who Fought for Britain in the Second World War* (Stroud, 2013)를 보라. 여기에는 프리츠 루스티히와의 인터뷰도 수록되어 있다. **#162.** 프리츠 루스티히와의 인터뷰, 30.5.2016. **#163.** Ibid. MRC 937/1/6/6: Fritz Lustig to EJH, 24.4.95, and EJH to Fritz Lustig, 30.4.95도 보라. 아래 서술도 이것을 참조. **#164.** 'The Germans who bugged for Britain', *Jewish Chronicle*, 10.5.2012. **#165.** MRC 937/6/4.2: *Dieppe and the Don* (London, August 1942); *The Second Front: Six Objections answered by the Daily Worker* (London,1942). **#166.** TNA KV2/3980, 12a: Eric to John (Gollan), 3.8.42. 아래 서술도 이것을 참조. **#167.** MRC 1215/1: EJH to Harry Hobsbaum, 27.9.42. **#168.** S. P. Mackenzie, 'Vox populi: British army newspapers in the Second World War' *Journal of Contemporary History*, Vol. 24 (1989), pp. 665-82; and MRC 1215/18, 31: 'Wall-Newspapers. By Sgt. Inst. E. Hobsbawm A. E. C.' 벽보에 대해 조사한 글로, 벽보를 어떻게 만들고 제

시할 것인가에 관한 제안이 담겨 있다. **#169.** TNA KV2/3980, lla: Col. Alexander to Special Branch, 17.7.42. **#170.** Ibid: 8a, Complaints against Instructors A.E.C., 10.7.42. **#171.** Ibid: 65: 'Note on the Case of No. 2003227 Sgt. Eric John HOBSBAWM, A.E.C.' **#172.** Ibid: 12a, Eric to John (Alexander?), 3.8.42. 아래 서술도 이것을 참조. **#173.** Ibid: 65: 'Note on the Case of No. 2003227 Sgt. Eric John HOBSBAWM, A.E.C.'; also 73a: Extract from Army Paper, and 8a: Complaints against Instructors A.E.C. **#174.** Ibid : 16x: Extract Y Box 2128, 24.8.42. 아래 서술도 이것을 참조. **#175.** TNA KV2/3980: 65: 'Note on the Case of No. 2003227 Sgt. Eric John HOBSBAWM, A.E.C.' **#176.** MRC 1215/23: TB 30.8.42. **#177.** Ibid: TB 10.9.42. **#178.** Ibid: TB 12.9.42. 아래 서술도 이것을 참조. **#179.** 펠릭스 제르진스키는 소비에트 정치경찰 체카의 초대 수장이자 혁명 이후 러시아에서 '붉은 테러'의 집행자였다. **#180.** TNA KV2/3980: 25a, 30.9.42. **#181.** MRC 1215/1: EJH to Ron Hobsbaum, 10.10.42. **#182.** Andrew, *The Defence of the Realm*, p. 173. MI5의 사회적 태도와 억측에 대한 통렬한 평가로는 Hugh Trevor-Roper, *The Philby Affair: Espionage, Treason, and Secret Services* (London, 1968)를 보라. **#183.** TNA KV2/3980: 21/22, 13.9.42. **#184.** MRC 1215/1: EJH to Ron Hobsbaum, 13.8.41. **#185.** TNA KV2/3980: 23a, 16.9.42. **#186.** Ibid : 31a, 14.12.42. **#187.** Ibid : 20x: Eric to D[epartment] E[ducational] O[ffice], 8.11.42. **#188.** Ibid : 34, 12.2.43, p. 2. **#189.** Ibid : 29y, 23.11.42 and 39z, 25.11.42. **#190.** Ibid : 33, 20.12.42. **#191.** MRC 1215/28: Wartime Notes: 'Very often we don't notice' (typescript). '캡스턴'은 값이 싸고 니코틴 함량이 매우 높은 유명 상표의 담배였다. **#192.** MRC 1215/23: TB 22.1.43. **#193.** MRC 1215/1 : EJH to Ron Hobsbaum, 9.1.43. 아래 서술도 이것을 참조. **#194.** Ibid: EJH to Ron Hobsbaum, 21.2.43; HFA: Degree Certificate, 6.2.43. 또한 TNA KV2/3981, 149b : Confidential report, 22.11.50을 보라. **#195.** TNA KV2/3980 : 371, Extract from file number PF 211, 764, 19.3.43. '잭'은 스페인 내전에 참전했던 스코틀랜드 공산당원 데이비드 ('대니') 기번스의 가명이다. '잭'은 전년도에 영국군 내에서 당의 업무를 조직하는 직책에 임명된 터였다. **#196.** Ibid, p. 2. **#197.** MRC 1215/1: EJH to Ron Hobsbaum, 18.4.43. **#198.** TNA KV2/3980: 65: 'Note on the Case of No. 2003227 Sgt. Eric John HOBSBAWM, A.E.C.' **#199.** MRC 1215/1: EJH to Ron Hobsbaum, 18.4.43. **#200.** Ibid: EJH to Ron Hobsbaum, 21.2.43. **#201.** Beckett, *Enemy Within*, pp. 94-5. **#202.** Copies in MRC 937/6/1/2; also MRC 1215/1: EJH to Ron Hobsbaum, 30.6.43. **#203.** http://www.andrewwhitehead.net/blog/category/ram-nahum; *IT*, p. 112; Sally Vickers, 'I felt he wasn't my real father', *Guardian*, Family Section, 12 November 2012. 프레디는 딸 샐리가 어렸을 때 과거 람 나훔과의 연애에 대해 말했고, 그래서 샐리는 자신의 친아버지

가 람 나훔이라고 확신했지만 사실은 그렇지 않았다. '마우스'는 2008년에 죽었다. 당시 폭격을 목격한 사람의 기록으로는 Theodor Prager, *Bekenntnisse eines Revisionisten* (Vienna, 1975), pp. 56-8을 보라. **#204.** TNA KV2/3981, 152a: Special Branch, 5.12.51. **#205.** *IT*, pp. 166, 176-7. **#206.** MRC 1215/23: TB 31.1.43. **#207.** MRC 1215/23: 1.9.42. **#208.** Ibid: 2.9.42. **#209.** Ibid: 7.9.42, p. 2. **#210.** MRC 1215/23: TB 29.11.42. **#211.** MRC 1215/1: EJH to Ron Hobsbaum, 21.2.43. **#212.** MRC 1215/29: Poems: 'Lied'. **#213.** Ibid: Poems: 'Du bist wie eine blanke schwarze Strasse' (Mitte July 43). **#214.** Ibid: Poems: 'Das Mädchen' (7/42). **#215.** Ibid: Poems: 'Im Frieden' ('At Peace'): 'Nur zwischen unsern engen Koerpern lag, / Betaeubend und gereizt wie junges Heu, / Der Friede, die Erinnerung, die Zukunft' **#216.** MRC 1215/23: TB 23.2.43. **#217.** Ibid: TB 7.7.43 [correct date: 7.5.43]. 아래 서술도 이것을 참조. **#218.** MRC 1215/1: EJH to Ron Hobsbaum, 18.4.43. **#219.** TNA KV2/3980: 73a: Extract from Army Paper. **#220.** MRC 1215/1: EJH to Ron Hobsbaum, 4.5.43. **#221.** Ibid: EJH to Ron Hobsbaum, 30.6.43. **#222.** 앤절라 홉스바움과의 인터뷰, 30.3.17; HFA Angela Hobsbaum, 'R M Hobsbaum Naval Career' (typescript). **#223.** MRC 1215/1: EJH to Ron Hobsbaum, 30.6.43. **#224.** Ibid: EJH to Ron Hobsbaum, 7.8.43. **#225.** TNA KV2/3980: 65: 'Note on the Case of No. 2003227 Sgt. Eric John HOBSBAWM, A.E.C.' **#226.** Ibid: 47a: Secret and Personal, 1.5.44. **#227.** Ibid: 50a: Sgt. Instructor Eric John Ernest HOBSBAWM. **#228.** MRC 1215/1: EJH to Ron Hobsbaum, 30.6.43. **#229.** MRC 1215/29: 'Verne Citadel, Portland, 1943'. 섬의 가장 높은 곳에 위치한 베른 요새는 포좌와 포대를 위해 사용되었다. **#230.** Ibid: 65: 'Note on the Case of No. 2003227 Sgt. Eric John HOBSBAWM, A.E.C.' **#231.** Ibid: 43d: From Col. R. E. Pickering, Commander IOW Sub-District, 31 May 1944. **#232.** TNA KV2/3980: 78/79, 8/12.1.45. **#233.** Ibid: 55d: Holborn 4079, 29.8.44. **#234.** Ibid: 43d, Holborn 4071, 2.7.44. **#235.** MRC 1215/28: 'The foreigner', pp. 1-2. **#236.** Ibid, pp. 4-5. 아래 서술도 이것을 참조. **#237.** Ibid, pp. 6-7. **#238.** TNA KV2/3980: 61, 17.11.44. **#239.** Ibid: 61a, Milne report, 17.11.44. 공산주의자들과 트로츠키주의자들이 중요한 역할을 한 카이로 군대평의회는 은행의 국유화를 포함해 전후에 시행되기를 원하는 여러 사회주의적 조치에 찬성표를 던졌다. Andy Baker, *The Cairo Parliament, 1943-4: An Experiment in Military Democracy* (Leigh-on-Sea, Essex, 1989)를 보라. **#240.** TNA KV2/3980: 62, 18.11.44. **#241.** Ibid: 67, 24.11.44. **#242.** Ibid: 69, 4.12.44. **#243.** Ibid: 94, phone tapping report of the Labour Research Department, 31.5.45. **#244.** Ibid: 78/79, 8/12.1.45. **#245.** Keith Jeffery, *MI6. The History of the Secret Intelligence Service 1909-1949* (London, 2010), p. 561. **#246.**

MRC 937/1/1/4 : EJH to Tom Pocock, 14.7.81. 모스 테일러-새뮤얼스는 오랫동안 보수당의 차지였던 의석을 빼앗았고, 1957년 사망할 때까지 세 차례 선거에서 의석을 지켜냈다. 그 의석은 1970년 총선에서 보수당이 승리할 때까지 줄곧 노동당의 몫이었다. 이탈리아에 주둔하고 있던 나의 아버지는 전쟁이 끝나자마자 동원 해제되지 않는 상황에 짜증이 난 병사들이 노동당에 투표했다고 언제나 주장했다. **#247.** LHA CP/IND/MISC/12/1 : Papers of Christopher Meredith : EJH to Meredith, 23.8.45, 13.12.45. 아래 서술도 이것을 참조. **#248.** CUL UA BOGS 1/1951, File 123 : W. J. Sartain to EJH, 8.12.45. **#249.** Ibid : Morris to Sartain, 26.12.45. **#250.** Ibid : Postan to Sartain, 22.12.45. **#251.** HFA : Certificate of Transfer to the Army Reserve, 3.4.46. **#252.** TNA KV2/3981, 115a, 16.1.46, 117a, 28.1.46 and handwritten letter from George Cholmondley, Commander, 10 Civil Resettlement Unit, to Bailey, 16.1.46 ; CUL UA BOGS 1/1951, File 123 : EJH to the Secretary, Board of Research Studies, Univ. of Cambridge, 15.1.46.

5. "운동 내 아웃사이더"

#1. MRC 937/7/8/1 : 'Paperback Writer' (typescript, 2003), p. 1. **#2.** MRC 937/1/1/4L EJH to Graziano, 1.12.80. 아래 서술도 이것을 참조. **#3.** 'Panel Discussion : Conversations with Eric Hobsbawm', *India Centre International Quarterly* 34/1 (Spring, 2005), pp. 101-25. **#4.** EJH, interview with Pat Thane and Elizabeth Lunbeck, in *Visions of History* (Mid-Atlantic Radical Historians' Organization, New York, 1983), pp. 29-44. **#5.** *IT*, p. 121. **#6.** CUL UA BOGS 1/1951, File 123 : Postan to W. J. Sartain, 29.1.46 ; Eric Hobsbawm, 'Fabianism and the Fabians 1884-1914' (University of Cambridge Ph.D., 1950), Preface. **#7.** Ibid, p. 2. **#8.** Ibid, p. 1. **#9.** Ibid, p. 7. **#10.** Ibid, p. 166. **#11.** Ibid, p. 103. **#12.** Ibid, pp. 109, 112-14, 155-7. **#13.** Ibid, pp. 43, 168. **#14.** CUL UA BOGS 1/1951, File 123 : EJH to W. Sartain, Secretary of the Board of Research Studies, 15.1.50. 아래 서술도 이것을 참조. **#15.** Ibid : W. J. Sartain to EJH, 24.12.49. **#16.** Ibid : Postan to Sartain, 8.3.50. **#17.** Ibid : W. J. Sartain, Secretary of Board of Research Studies, to EJH, 3.4.50 ; EJH to Sartain, 1.4.50. **#18.** Ibid : Examiners' Reports on thesis submitted for the degree of Ph.D. entitled 'Fabianism and the Fabians, 1884-1914', by E. J. E. Hobsbawm, 24.11.50 : (1) : By Mr. R. C. K. Ensor. **#19.** Ibid : (2) : By Professor D. W. Brogan. **#20.** Ibid : Brogan and Ensor report, n.d. 브로건과 엔서 둘 다 이후 학문에 기여한 공로로 기사작위를 받았다. **#21.** Ibid : Recommendation by Degree Committee, 1.12.50. **#22.** HFA : Degree Certificate, 27.1.51. **#23.** CUL UA BOGS 1/1951, File 123 :

Sartain to R. J. L. Kingsford, Cambridge University Press, 18.12.50; Kingsford to Sartain, 16.12.50. **#24.** LSE Library, Tawney papers, 6/11. Lawrence Goldman, *The Life of R. H. Tawney: Socialism and History* (London, 2013), pp. 280-1을 보라. **#25.** Goldman, *The Life of R. H. Tawney*, pp. 276-7. **#26.** MRC 1215/21: TB 22.3.40. **#27.** KCAC NGA/5/1/452: Note by Noel Annan on Eric Hobsbawm. **#28.** MRC 937/7/8/1: 'Rathaus/history', Jan. 2008, pp. 3-4. **#29.** KCAC/4/11/1/Hobsbawm. **#30.** KCAC/4/11/2/8/3-5: Professor R. H. Tawney's and Professor T. S. Ashton's Reports on Mr. E. J. E. Hobsbawm's Dissertation 1949 'Studies in the "New" Trade Unionism (1889-1914)': Professor Tawney's Report. 아래의 서술도 이것을 참조. **#31.** MRC 937//2/11: Herbert Kisch, 'Hobsbawm and *The Age of Capital*' *Journal of Economic Issues*, XVI/1 (March 1982), pp. 107-30, at p. 107에서 이 필자는 "신입생이자 전쟁에서 막 돌아온 참전용사로서" 참석했던 애슈턴의 취임 강연을 회상한다. **#32.** KCAC/4/11/2/8/3-5: Professor Ashton's Report. **#33.** EJH, 'Trends in the British Labor Movement since 1850', *Science and Society*, XIII/4 (Fall, 1949), pp. 289-312. **#34.** John Saville (ed.), *Democracy and the Labour Movement. Essays in Honour of Dona Torr* (London, 1954), pp. 201-39. **#35.** EJH, 'The Labour Aristocracy: Twenty-Five Years After', *Bulletin of the Society for the Study of Labour History*, Vol. 40 (1980), revised and expanded in EJH, 'Debating the Labour Aristocracy', in his *Worlds of Labour: Further Studies in the History Labour* (London, 1984), pp. 214-26; also 'The Aristocracy of Labour Reconsidered', ibid, pp. 227-51, and 'Artisans and Labour Aristocrats', ibid, pp. 252-72. **#36.** MRC 937/1/6/1: Tawney to EJH, 4.11.49; EJH to Tawney, 8.11.49. **#37.** MRC 937/1/3/11: EJH to Victor Kiernan, 19.3.2003. **#38.** KCAC/39/1/17: Minute Book of the Cambridge Conversazione Society, 11.11.39. **#39.** MRC 937/7/8/1: 'Apostles' (typescript). **#40.** William C. Lubenow, *The Cambridge Apostles, 1820-1914: Imagination and Friendship in British Intellectual and Professional Life* (Cambridge, 1998). **#41.** KCAC/39/1/17: Minute Book of the Cambridge Conversazione Society, 11.3.39, 17.7.43. **#42.** MRC 937/1/6/5: EJH to Miranda Carter, 11.7.94, in response to Miranda Carter to EJH, 5.7.94. Miranda Carter, *Anthony Blunt: His Lives* (London, 2001); MRC 937/7/8/1: 'Apostles' (typescript)를 보라. **#43.** Annan, *Our Age*, p. 236. **#44.** MRC 937/7/8/1: 'Apostles' (typescript). 아래 서술도 이것을 참조. **#45.** *IT*, pp. 186-90. **#46.** Annan, *Our Age*, p. 236. **#47.** MRC 937/7/8/1: 'Apostles' (typescript, undated). **#48.** KCAC/39/1/17: Minute Book of the Cambridge Conversazione Society, 29.6.46, 21.10.46, 4.11.46, n.d., 2.12.46, 3.2.47, 17.2.47; *IT*, pp. 186-90; MRC 937/7/8/1: 'Apostles' (typescript, undated). **#49.** KCAC NGA/5/1/452: EJH to Noel Annan, n.d. (February 1948).

#50. HFA: 'Two Families' (unpublished typescript), pp. 23-6. **#51.** *IT*, pp. 177-8.
#52. International Tracing Service (ITS) archive, US Holocaust Memorial Museum TID 525.312-3: Ministère des Anciens Combattants et Victimes de la Guerre, Bureau des Déportés to ITS (Bad Arolsen), 9.1.59; Viktor Moritz Friedmann, Elsa Friedmann; Serge Klarsfeld, 'Memorial to the Jews Deported from France 1942-1944: Convoy 62, November 20, 1943'; Etan Dror to ITS, 26.7.57; Serge Klarsfeld, *Memorial to the Jews Deported from France, 1942-1944* (Paris, 1983), 'Convoy 62, November 20, 1943'; EJH, 'Two Families', pp. 23-5. **#53.** MRC 937/1/1/1: Gertruda Albrechtová to EJH, 29.3.64; MRC 937/1/5/2: Gertruda Albrechtová to EJH, 10.10.64. **#54.** Val Wilmer, 'Denis Preston' in H. C. G. Matthew and Brian Harrison (eds), *Oxford Dictionary of National Biography*, 45 (Oxford, 2004), pp. 255-6; HFA: Richard Preston to Marlene Hobsbawm, 14.9.2016 (email). **#55.** 로빈 마르체시와의 인터뷰, 6.12.2016; 'Captain Victor Marchesi', *Daily Telegraph*, 13.2.2007. **#56.** 로빈 마르체시와의 인터뷰, 6.12.2016. 아래 서술도 이것을 참조. Stephen Haddesley (with Alan Carroll), *Operation Tabarin. Britain's Secret Wartime Expedition to Antarctica 1944-46* (London, 2014)을 보라. 빅터는 전쟁 이후에도 한동안 생화학전 분야에서 계속 일했다 (ibid, p. 227). **#57.** 제러미 마르체시와의 통화, 21.11.2016. **#58.** John L. Gaddis, *The Cold War: A New History* (London, 2005). **#59.** TNA KV2/3981: Walter Wallich to EJH, 4.7.45. **#60.** BBC WAC RCONT 1: EJH to Far Eastern Talks Dept, 1.8.47. **#61.** *IT*, pp. 174-9. **#62.** TNA KV2/3981, 129: 12.7.48. **#63.** MRC 937/1/1/4: EJH to Arno Mayer, n.d. (Nov. 1987/Jan. 1988). 아래 서술도 이것을 참조. 영어로 *The Theory and Practice of Hell* (New York, 1950)로 번역된 오이겐 코곤(Eugen Kogon)의 *Der SS-Staat. Das System der deutschen Konzentrationslager* (Munich, 1946)는 개인적 경험과 역사적 성과를 종합한 나치 강제수용소에 관한 최초의 중요한 연구였다. 에릭은 분명히 출간 즉시 이 책을 읽었다. **#64.** MRC 1215/1: EJH to Ron Hobsbaum, 7.4.41. **#65.** TNA KV2/3980: 94a, E. Shelmerdine to Mr Sams, MI5, 2.5.45. **#66.** Ibid: 94a, 12.5.45. 해당 자리에 대해서는 BBC의 직원 관리 책임자 E. Shelmerdine이 MI5에 보낸 26.4.45를 보라. 같은 번호의 파일에 들어 있다. **#67.** Ibid: 89, D. Osborne to Miss Shelmerdine (BBC), 23.4.45. **#68.** Ibid: cover sheet number 93, 8.5.45. **#69.** BBC WAC RCONT 15: note: 'Please keep this on top'. **#70.** BBC WAC RCONT 1: EJH to Director of Talks, Third Programme, 11.12.46. **#71.** Asa Briggs, *Sound and Vision: The History of Broadcasting in the United Kingdom* IV (Oxford, 1979), pp. 65-7. **#72.** Isaiah Berlin (ed. Henry Hardy and Jennifer Holmes), *Enlightening. Letters 1946-1960* (London, 2009), p. 794. 칼린은 아사 브리그스의 BBC 공식 역사에서 언급되지 않는다. **#73.** BBC WAC RCONT 1: Talks Booking Requisition (Anna Kallin to A. A.

Talks, 13.1.47). **#74.** Ibid: EJH to Anna Kallin, 13.2.47. **#75.** Ibid: Anna Kallin to EJH, 20.2.47. 아래 서술도 이것을 참조. **#76.** Ibid: N. G. Luker to EJH, 9.7.47. **#77.** Ibid: Anna Kallin to EJH, 20.2.47. **#78.** Ibid: Talks Booking Requisition, Anna Kallin to A. A. Talks, 17.3.47. **#79.** Ibid: EJH to Anna Kallin, n.d.; Anna Kallin to EJH, 14.5.47; EJH to Anna Kallin, n.d. (June 1947). **#80.** Ibid: Talks (Live or Recorded) Retrospective, 25.11.47. **#81.** Ibid: Lionel Millard to Mr Boswell, Talks Booking Manager, 15.5.48. **#82.** Ibid: Ronald Boswell to EJH, 10.6.47. **#83.** Ibid: EJH to Anna Kallin, n.d. (July 1947). **#84.** *IT*, p. 424 n.11. **#85.** House of Lords Debates, 29 March 1950, vol. 166 cc607-61, at 611-12. **#86.** BBC WAC RCONT 1: Talks Booking Requisition: Mr Steedman to Eur. Prog. Ex., 20.1.53. 불행히도 이 방송은 문서로도 녹음으로도 남아 있지 않다. **#87.** Ibid: Michael Stephens to EJH, 4.2.53; Talks Booking Requisition, Michael Stephens to Talks Booking Manager, 26.2.53. **#88.** Ibid: Mary Somerville to Michael Stephens, 16.2.53. **#89.** Ibid: Michael Stephens to EJH, 17.2.53. **#90.** Ibid: Lorna Moore to C. T. 'Confidential', 10.3.53. **#91.** Ibid: Anna Kallin to EJH, 6.10.53. **#92.** Ibid: J. C. Thornton note 'D. S. W.' 22.3.54. 아래 서술도 이것을 참조. **#93.** Ibid: Anna Kallin to EJH, 26.3.54. **#94.** Ibid: Ronald Boswell to EJH, 30.3.54. **#95.** Ibid: EJH to Anna Kallin, 8.4.54. **#96.** Ibid: Ronald Boswell to Talks Booking Manager, Talks Booking Requisition, 30.9.54. 이런 강연은 대개 음악회 생중계의 중간 휴식시간에 맞추어 제작되었다. 에릭은 네스트로이 강연의 대가로 20기니를 받았다: Ronald Boswell to EJH, 27.1.55. **#97.** MRC 937/4/3/1/8: EJH, 'The Viennese Popular Theatre', *Times Literary Supplement*, 11.2.55, pp. 81-2. **#98.** Ibid: EJH, 'Little Man on Guard', *Times Literary Supplement*, 27.4.51. **#99.** *IT*, p. 176; 주민들을 빼면 근본적으로 변화가 없는 1980년대 글로스터 크레센트의 삶에 대해서는 Nina Stibbe, *Love, Nina: Despatches from Family Life* (London, 2013)를 보라. **#100.** BBC WAC RCONT 1: EJH to Anna Kallin, n.d.; Anna Kallin to EJH, 14.5.47("당신과 아내분이 아름다운 집에 정착했기를 바라 마지 않습니다"); FLP: EJH to Fritz Lustig, 30.4.95; KCAC NGA/5/1/452: EJH to Noel Annan, n.d. (February 1948). **#101.** Eric Hobsbawm, 'Portrait of a Neighbourhood', *Lilliput*, 1.4.47, pp. 310-16. LNER은 London and North-Eastern Railway, LMS는 London, Midland and Scottish Railway였다. **#102.** Ibid. 전후에 에릭이 이 잡지에 기고한 다른 글은 동물에 대한 잔혹행위를 금지하는 법안의 선구자인 섭정시대의 정치인 '자비로운 딕' 마틴('Humanity Dick' Martin)의 간략한 일대기였다. EJH, 'Dumb Friends' Friend', *Lilliput*, 1.5.48, pp. 64-5. 'Spiv(건달)'은 화려한 차림으로 암시장에서 활동하거나 장물을 거래하는 남성을 가리키는 당시의 속어였다. **#103.** TNA KV2/3981, 148a: Cambridge. **#104.** *IT*, pp. 181-2; EJH, 'Red Science', *London*

Review of Books, 9.3.2006. **#105.** CUL UA BOGS 1/1951, File 123 : EJH to Sartain, n.d. (August 1947) ; Sartain to EJH, 21.7.47. **#106.** Ibid : Sartain to EJH, 8.10.47. **#107.** Ibid : Postan to Sartain, 29.10.47. **#108.** Ibid : Oakeshott to Sartain, 26.11.47 ; Sartain to EJH, 8.10.47 ; EJH to Sartain, 19.10.47 ; Sartain to EJH, 22.10.47 ; Sartain to Postan, 22.10.47 ; Postan to Sartain, 29.10.47 ; EJH to Sartain, n.a. [November 1947]. **#109.** HFA Diary Notes : in German, 13.1.51. 아래 서술도 이것을 참조. **#110.** Ibid : 'Interim Report', 12.11.50, p. 2 ; Marlene Hobsbawm email, 4.7.17. 에릭은 일기의 '중간 보고'에서 낙태를 언급하지 않았는데, 아마 당시 낙태 사실이 알려지면 자신과 뮤리얼이 기소될 수도 있었기 때문일 것이다. **#111.** HFA Diary Notes : in German, 'Interim Report', 12.11.50, p. 3. 아래 서술도 이것을 참조. **#112.** MRC 937/1/3/11 : Evelyn Pear to EJH, 21.1.2003. **#113.** Ibid : EJH to Evelyn Pear, 29.1.2003. **#114.** *The Great Soviet Encyclopedia* (Moscow, 1979), 'Historical Congresses : International' 항목. **#115.** MRC 937/8/2/35 : EJH, 'Old Marxist still sorting out global fact from fiction', *Times Higher Education Supplement*, 10/2 (12.7.02). **#116.** HFA Diary Notes : in German, 'Interim Report', 12.11.50, p. 4. **#117.** HFA Diary Notes : in German, 14.12.50. 아래 서술도 이것을 참조. **#118.** Ibid, 16.12.50. **#119.** KCAC : information from Dr Patricia McGuire. 현재 이 숙소에 사는 제임스 트레비치크(James Trevithick) 씨는 고맙게도 나에게 방들을 보여주고 전쟁 직후에 숙소가 틀림없이 어떠했을지를 설명해주었다. **#120.** HFA Diary Notes : in German, 14.12.50. 아래 서술도 이것을 참조. 학장은 1954년에 이 직책에서 물러난 고전학자 존 트레시더 셰퍼드 경이었는데, 에릭은 이 사람을 진심으로 경멸했다("내가 살면서 진심으로 증오한 몇 안 되는 사람들 중 한 명", *IT*, p. 108) ; 도널드는 프랑스어 튜터 도널드 비브스(Donald Beves)로, 그는 "방학 동안 자신의 롤스-벤틀리를 타고 친구들과 함께 레스토랑들을 순회함으로써" 프랑스와의 관계를 유지했다(ibid) ; 스콜필드는 대학 도서관 관리자로 일하다가 은퇴한 알윈 파버 스콜필드(Alwyn Faber Scholfield)였다 ; 존 솔트마시는 저명한 중세 경제사회사가였다 ; 1950년대에 아서 세실 피구(Arthur Cecil Pigou)는 건강이 좋지 않아 경제학 교수직에서 퇴직하고 은둔자로 지냈다고 한다. 이들은 모두 결혼하지 않았고 칼리지 내에서 살았다. **#121.** HFA Diary Notes : in German, 28.12.50. **#122.** Neil O'Connor, 'Tizard, Jack', *Oxford Dictionary of National Biography*. **#123.** HFA Diary Notes : in German, 31.12.50, p. 3. **#124.** Augustine of Hippo, *The City of God*, Part V, Chapter 18. **#125.** HFA Diary Notes : in German, 30.12.50, p. 1. **#126.** Alan Rusbridger, 'Hedi Stadlen. From political activism in Colombo to new insights on Beethoven', *Guardian*, 29.1.2004. **#127.** HFA Diary Notes : in German, 6.1.51. **#128.** Ibid, 2.1.51, p. 1 ; ibid, 3.1.51, p. 2. 나의 부모님도 《데일리 텔레그래프》를 구독했고 나는 스태들런의 글이 지닌 지적인 힘에 감명받았던

기억이 있다. **#129.** Ibid, pp. 2-3. 아래 서술도 이것을 참조. J. D. 버널은 버크벡에서 결정학(結晶學)을 가르치고 연구하던 적극적인 공산당원이었으며, 모리스 돕은 케임브리지의 공산당원 경제학자였다. **#130.** Ibid, 12.1.51, pp. 1-2. **#131.** Ibid, 11.1.51, p. 1. **#132.** 로빈 마르체시와의 인터뷰, 6.12.2016. **#133.** HFA Diary Notes: in German, 12.1.51, p. 2. **#134.** TNA KV2/3981, 163: report on Eric HOBSBAWM 23.5.51. **#135.** TNA KV2/3981, 165a: Extract from file PF 211.764. 한참 전부터 이 잡지의 공식 명칭은 '뉴스테이츠먼 앤드 네이션'이었지만 보통 '뉴스테이츠먼'으로 불렸다. **#136.** MRC 937/7/2/3. Spanish notebook; pp. 1-2. **#137.** Ibid, pp. 9-10. **#138.** Ibid, p. 11. **#139.** Ibid, 20.3.51, 25.3.51 (bullfight), 27.3.51 (beggars, Boy Scouts). **#140.** Ibid, 20.3.51. **#141.** Ibid, 21.3.51. **#142.** Ibid, 22.3.51. **#143.** Ibid, 23.3.51. **#144.** Ibid, 27.3.51. **#145.** Ibid, 24.3.51. **#146.** Michael Richards, 'Falange, Autarky and Crisis: The Barcelona General Strike of 1951', *European History Quarterly*, Vol. 29 (1999), No. 4, pp. 543-85. **#147.** TNA KV2/3983: S.B. report (1953)는 공산당 동조자로 의심받은 Winifred Thelme VENESS와 관련해 홉스봄을 언급한다. **#148.** Archivio della Sculoa Normale di Pisa: EJH to Delio Cantimori, 27.6.51 (in French). EJH, 'Obituary: Delio Cantimori 1904-1966', *Past & Present*, No. 35 (Dec. 1966), pp. 157-8을 보라. **#149.** Archivio della Scuola Normale di Pisa: EJH to Delio Cantimori, 4.8.51. **#150.** Ibid: EJH to Delio Cantimori, 12.9.51. **#151.** EJH Wartime Notes: 'The foreigner' (typescript), p. 3. **#152.** *IT*, p. 346. 여기에는 1952년에 이탈리아를 방문했다고 적혀 있지만, 칸티모리와 주고받은 편지를 보면 1951년에 여행한 것이 분명하다. **#153.** HFA: Muriel Hobsbawm to EJH, 12.6.52. **#154.** Victoria Brittain, 'Jack Gaster', *Guardian*, 13 March 2007. **#155.** HFA: EJH to Jack Gaster, n.d., (June 1952). **#156.** TNA KV2/3982: 1953년 1월 6일 개스터가 홉스봄에게 보낸 편지를 가로채 복사한 사본. MI5는 자주 그랬듯이 상황을 제대로 파악하지 못하고 1953년 10월에 "정황상 홉스봄 부인은 더 이상 공산주의에 동조하지 않는다"라고 보고했다(TNA KV2/3982: David H. Whyte, copy of report on Thistlethwaite, 19.10.53). **#157.** HFA: Certificate of making Decree Nisi Absolute (Divorce), 9.3.53. **#158.** Maya Jaggi, 'A Question of Faith', *Guardian*, 20 September 2002. 대부분의 글은 이혼 연도를 1951년으로 잘못 전달한다. **#159.** Tyrrell G. Marris, 'Letter: Peter Marris', *Guardian*, 21.7.2007. **#160.** MRC 937/1/6/23: EJH to Tyrrell Marris, n.d. (August 2012, 에릭이 사망 전에 마지막으로 썼다고 알려진 편지), and Tyrrell Marris to EJH, 4 and 17.8.2012. **#161.** MRC 937/4/3/4/1: 'On the river' (파란색 종이에 영어로 타이핑). 아래 문단들도 이것을 참조. **#162.** 이 서술은 에릭이 이야기로 고쳐 쓴 여러 경험담 중 하나다. 에릭은 경우에 따라 일부 사람들의 이름을 포함해 세부 사실을 바꿔 썼다. 아마 자신의 문서에서 그런 사실들이 발견되었거나 언젠가 글을 발표할

생각이었기 때문일 것이다. 그렇더라도 나의 판단으로 에릭은 실제 사건들의 순서와 세부 사실을 충실히 지키며 썼다. 에릭이 이 여행 중에 작성해 이야기의 기본 자료로 사용한 일기도 보라. 여기서 에릭은 두 여성의 이름으로 마리와 살루드를 사용하지만 두 스페인 청년은 파코와 안토니오로 부른다(MRC 1215/25: Seville). **#163.** 루이-앙투안 드 부갱빌은 18세기 프랑스의 항해자이자 탐험가로 1767년 타히티섬에 상륙해 그곳이 프랑스 영토라고 주장했다. 부갱빌은 이 섬을 고결한 야만인들이 사는 자연의 낙원으로 묘사했다. **#164.** MRC 937/1/6/23: EJH to Tyrrell Marris, n.d., and Tyrrell Marris to EJH, 4 and 17.8.2012; MRC 1215/25, 'Segelfahrt' and diary notes (일기의 제목은 '키로스(Quiros)'이지만 이것은 분명히 살루드가 일하던 사창가를 가리키는 말이었다. 에릭과 청년들은 이베리아반도에서 한참 떨어진 아스투리아스 지방에 있는 키로스에 가지 않았다). **#165.** Marlene Hobsbawm email, 4.7.2017. **#166.** 'Eric John Ernest Hobsbawm', *King's college, cambridge, Annual Report* 2015, pp. 81-6. **#167.** TNA KV2 / 3983: 'Lascar': Meeting of the National Student Working Committee, 3.4.56 (transcript of monitored conversation at Communist Party headquarters). **#168.** MRC 937/4/3/1/7: EJH, 'The New Threat to History', *New York Review of Books*, 16.12.93, pp. 62-4. **#169.** 'Eric John Ernest Hobsbawm', *King's College, Cambridge, Annual Report* 2015, pp. 81-6. **#170.** 조앤 베이크웰과의 인터뷰, 22.7.16. 아래 서술도 이것을 참조. **#171.** MRC 937/1/1/6: Tam Dalyell to EJH, 14.4.2005. 또한 Tam Dalyell, *The Importance of Being Awkward: The Autobiography of Tam Dalyell* (London, 2011)을 보라. 훗날 디엘은 하원에서 노동당의 저명한 평의원이 되었다. **#172.** Nicholas Wroe, 'Romantic Nationalist', *Guardian*, 12 April 2003. **#173.** 닐 애셔슨과의 인터뷰, 26.7.2016. 아래 서술도 이것을 참조. **#174.** Tom Wells, *Wild Man: The Life and Times of Daniel Ellsberg* (London, 2001)를 보라. **#175.** 'The *SRB* Interview: Neal Ascherson', *Scottish Review of books*, 3.8.2014. **#176.** 닐 애셔슨과의 인터뷰, 26.7.2016. 아래 서술도 이것을 참조. **#177.** MRC 937/1/3/11: EJH to Ivan Avakumovic, 21.1.2004. **#178.** Ibid. 데이비드 캐너다인의 탁월한 부고 에세이 'John Harold Plumb, 1911-2001', *Proceedings of the British Academy 124, Biographical Memoirs of Fellows* III (2005)을 보라. **#179.** 제프리 로이드 경과의 인터뷰, 22.3.17. 아래 서술도 이것을 참조. **#180.** 닐 애셔슨과의 인터뷰, 26.7.2016. **#181.** MRC 937/7/8/1: 'Apostles' (typescript, undated). **#182.** Ibid: *Guardian* 'Diary' 7.5.85; ibid, 'Apostles' (typescript, undated). **#183.** *IT*, p. 101. **#184.** TNA KV2/3981, 181: report on Dr E. HOBSBAWM. **#185.** Ibid, 152a. **#186.** Ibid, 87: Ext. from B.L.F. source report, 20.6.52. **#187.** TNA KV2/3982: General Headquarters Middle East Land Headquarters 'Extract' 19.10.53. 메이에 대해서는 *Oxford Dictionary of National Biography*의 항목을 보라. 이 보고서는 "에릭의 여자친구"로 "페이스(FAITH)"를 언급

한다. 이 여성은 퍼트넘 그룹의 일부인 카워드-매캔(Coward-McCann) 출판사에서 저자를 발굴하던 페이스 헨리(Faith Henry)였다. 페이스가 확보한 책들 중에는 존 르 카레의 《추운 나라에서 온 스파이》(1963)가 있었다. 30대에 페이스는 매력적이었지만, 에릭과 수차례 만나고도 아무런 저작권도 확보하지 못했다. 페이스 주변의 생존자들과 후손들에게 폭넓게 물어보았으나 성적 관계를 암시하는 발언조차 듣지 못했고, 에릭의 문서에도 페이스에 대한 언급이 전혀 없다(브루스 헌터와의 인터뷰, 26.7.2016). 이것은 MI5가 부당한 결론을 내린 수많은 사례 중 하나로 보인다. MI5의 다른 보고서(TNA KV2/3982: 'Secret... from an established and reliable source', 16.12.52)는 에릭을 "네덜란드계 유대인"으로 묘사했다. **#188.** TNA KV2/3981, 152b: B.1, 28.12.50. **#189.** HFA Diary Notes: in German, 14.12.50. **#190.** *IT*, p. 183 and n.10. **#191.** MRC 937/7/8/1: EJH to David Howell, 25 April 2003, and enclosure. MI5의 한 요원은 장기 작전(Operation Party Piece)의 일환으로 세입자로 가장하여 에릭의 당 자서전의 사본(아울러 다른 많은 자서전의 사본)을 보관하고 있던 가정에 침입함으로써 이 기록을 확보하는 데 성공했다. 이 자서전은 MI5의 에릭 서류철에서 찾아볼 수 있다. TNA KV2/3983: 'Autobiography'; Andrew, *The Defence of the Realm*, pp. 400-1을 보라. **#192.** TNA KV2/3981, 140a: Extract, 28.9.49. **#193.** HFA Diary Notes: in German, 28.12.50. **#194.** *IT*, pp. 191-6. **#195.** MRC 937/4/6/1: *Listener*, 27.1.49. **#196.** 닐 애셔슨과의 인터뷰, 26.7.2016; 제프리 로이드 경과의 인터뷰, 22.3.2017. **#197.** Gioietta Kuo, *A Himalayan Odyssey* (Milton Keynes, 2002); 지오이에타 쿠오와의 인터뷰, 28.7.2018. **#198.** TNA KV2/3982: J. H. Money to D. N. Whyte (copy), 19.10.53. **#199.** Doris Lessing, *Walking in the Shade* (London, 1997), p. 23. **#200.** TNA KV2/3981, 127a: Extract, 5.5.48. **#201.** Ibid, 180: Extract from file PF 211764, 29.5.52. **#202.** *IT*, p. 190. **#203.** MRC 937/4/6/1: Letter to *Manchester Guardian*, 29.7.1950, and letter to Arthur Clegg (draft), 8.5.1953; letter to *The Times*, 21.5.1960. **#204.** TNA KV2/3982: N. Dabell to Miss N. E. Wadeley (copy), 14.4.53. **#205.** TNA KV2/3981, 128c, 27.9.48. **#206.** Ibid, 130a, 5.1.49, and 128d, 8.12.48. **#207.** Ibid, 152b: B.1, 28.12.50 and 144a, Extract P.F.211764, 18.4.50. **#208.** Ibid, 166a: EJH to Dorothy Diamond, 23.6.51. **#209.** Ibid, 172a: J. L. Vernon to Col. M. F. Allan, 3.1.52. **#210.** Ibid, Vernon to Allan, 10.6.52. **#211.** *IT*, p. 101. **#212.** Straight, *After Long Silence*, pp. 102-7, 229-30. 스미스법, 혹은 정식 명칭인 외국인 등록법은 1940년에 통과되었다. 이 법은 미국 정부 전복을 옹호하는 행위를 범법행위로 규정했고, 1949년 공산당의 지도부 11명을 기소하고 투옥하는 근거가 되었다. 이후 이 법은 법은 폐지되었고, 연방대법원은 이 법에 의한 여러 유죄 선고가 헌법에 위배된다고 판결했다. Richard W. Steele, *Free Speech in the Good War* (New York, 1999)를 보라. **#213.** TNA KV2/3981, 146: Extract P.F.211763, 26.7.50. 이사야 벌

린도 마이클 스트레이트와 갈등을 빚었고, 특히 스트레이트가 헛소문을 악의적으로 퍼 뜨린다고 생각했다. 'Straight his name but not his nature' (Isaiah Berlin to Arthur Schlesinger, 27.8.53, in Berlin, *Enlightening*, pp. 386-7). **#214.** *IT*, pp. 192-4. **#215.** MRC 937/8/2/23/1: Didier Eribon, 'Ma passion du XXe siècle', *Le Nouvel Observateur*, 22-27/10/99, pp. 136-8 [interview with EJH]. **#216.** LHA CP/CENT/ CULT/05/11: Committee minute book 1946-51: minute 10.4.48. **#217.** John Saville, Christopher Hill, George Thomson and Maurice Dobb (eds), *Democracy and the Labour Movement. Essays in honour of Dona Torr* (London, 1954). **#218.** MRC 937/1/3/11: EJH to Susan Edwards, 12.12.2003. **#219.** Ibid, 또한 Dokumentati- onsarchiv des österreichischen Widerstandes, 50120: Korrespondenz Steiner: Hobsbawm, Eric, 1957-1994: EJH to Herbert Steiner, 6.3.57. **#220.** 토르에 대한 더 상세한 서술은 Antony Howe, 'Dona Torr', *Oxford Dictionary of National Biography* 를 보라. **#221.** MRC 937/6/2/1: Lines of Development: Statement and discussion on the Content of the History Course in the Secondary School (1948). **#222.** MRC 937/6/2/2: The Communist Party Historians' Group - a statement on the present position (January 1952). 이 문단의 나머지도 이것을 참조. **#223.** LHA CP/CENT/ CULT/05/11: Committee minute book 1946-1951: minute of 26.9.47. **#224.** MRC 937/1/6/6: EJH to Raphael Samuel n.d. (August 1994). 또한 Saville, *Memoirs from the Left*, pp. 87-9를 보라. **#225.** Ibid: Historian's [*sic*] Group. 16th and 17th Century Section 8.9.48. **#226.** MRC 937/6/2/2: Historians' Group (19th Cent.) Conference to be held at Marx House Sunday, June 6th, 1948; EJH 'A note on Kuczynski' s Statistics' and covering letter, undated, to Dona Torr. Jürgen Kuczynski는 1946년 에 *Short History of Labour Conditions under Capitalism in Great Britain*을 출간했다. **#227.** MRC 937/6/2/1: Notes for Discussion on 'A People's History of England', p. 18. **#228.** MRC 937/6/2/2: three sets of typescript notes on 'Reformism and Empire' and 'Suggestion for Conference on "Labour and Empire"'. 19세기 급진주의 에 대한 에릭의 관심에 힘입어 1953년 6월 28일 버밍엄에서 특별회의가 열렸다 (MRC 937/6/2/2: Discussion on Radicalism'). **#229.** LHA CP/CENT/CULT/05/11: Committee minute book 1946-1951: minute of 14.1.50. **#230.** Ibid: minute of 3.9.52. **#231.** Ibid: minutes of 14.11.54 and 20.2.55. **#232.** LHA CP/CENT/ CULT/08/02: Report on the work of the Historians' Group, December 1954. **#233.** MRC 937/6/2/3: 'Introduction - The General Law of Capitalist Development', p. 1; and additions; 타이핑한 전문과 손으로 쓴 메모. **#234.** MRC 937/6/2/3: Section XI: Changing Character of the empire after 1880. **#235.** Ibid: Session Thirteen: Concluding report and discussion (Friday afternoon, 16th July. 1954). Further copies of the lectures by EJH in LHA CP/CENT/CULT/10/01: Papers of Bill Moore. **#236.** MRC 937/1/2/12: Edward Thompson to EJH, 23.11. no year (1963). **#237.** Ibid: Edward Thompson to EJH, 25.10. (1975). David Parker (ed.), *Ideology, Absolutism and the English Revolution: Debates of the British Communist Historians, 1940-1956* (London, 2008); EJH, 'The Historians' Group of the Communist Party', in Maurice Cornforth (ed.), *Rebels and their Causes* (London, 1978); Harvey J. Kaye, *The Education of Desire: Marxists and the Writing of History* (London, 1992); Raphael Samuel, 'British Marxist Historians', *New Left Review* 120 (1980), pp. 21-96을 보라. **#238.** TNA KV2/3982: Pierre Vilar to EJH, 18.10.52 (가로챈 편지의 사본). **#239.** Archivio della Scuola Normale di Pisa: EJH to Delio Cantimori, 13.7.52. **#240.** TNA KV2/3982: 'Note', 12.11.53. **#241.** LHA CP/CENT/CULT/05/11: Committee minute book 1946-1951: minute of 29.8.54. **#242.** MRC 1215/26: Moscow Diary. 에릭은 회고록에서 스탈린의 왜소함을 더 강조하면서 어떻게 그렇게 작은 사람이 그렇게 큰 권력을 휘두를 수 있었는지 의아해했다. **#243.** *IT*, pp. 197-201; TNA KV2/3983: 'British Historians in Moscow', Extract from Summary of World Broadcasts — Part I — USSR. **#244.** HFA Diary Notes: in German, 6.1.50. **#245.** 이 정보를 알려준 앤드루 모리스 씨에게 감사 드린다. **#246.** EJH, Christopher Hill and Rodney Hilton, 'Past & Present: Origins and Early Years', *Past & Present* 100 (August 1983), pp. 3-14. 아래 서술도 이것을 참조. **#247.** Archivio della Scuola Normale di Pisa: EJH to Delio Cantimori, 31.1.52. **#248.** Ibid: EJH to Delio Cantimori, 8.1.52; TNA KV2/3982: Cantimori to EJH, 18.11.52 (가로챈 편지의 복사본)도 보라. **#249.** Archivio della Scuola Normale di Pisa: EJH to Delio Cantimori, August 1955. **#250.** MRC 937/7/8/1: EJH to unnamed correspondent, n.d. **#251.** HFA Diary Notes: in German, 16.12.50. **#252.** MRC 937/8/2/23/1: Didier Eribon, 'Ma passion du XXe siècle', *Le Nouvel Observateur*, 22-27/10/99, pp. 136-8. 또한 'Panel Discussion: Conversations with Eric Hobsbawm', *India Centre International Quarterly*, 34/1 (March 2005)를 보라. 여기서 에릭은 아 날학파를 영국 마르크스주의자 역사가 그룹의 프랑스적 등가물로 묘사한다. **#253.** 'Introduction'. *Past & Present* 1 (February 1952), p. i. **#254.** MRC 937/8/2/23/1: Pierre Goubert, 'Marxiste à l'anglaise', *Le Monde*, 28.10.99, p. 32. **#255.** Jacques Le Goff, 'Past & Present: Later History', *Past & present* 100 (August 1983), pp. 14-28. **#256.** MRC 937/7/8/1: EJH to unnamed correspondent, n.d., pp. 3-4. **#257.** EJH, 'The Machine Breakers', *Past & Present* 1 (February 1952), pp. 57-70. **#258.** MRC 937/6/2/2: Communist Party Historians' Group, Sixteenth and Seventeenth Centuries Section, 8.3.52. 에릭은 이 분과에 속하지 않았지만 때때로 분과 회의에 참석했다. 또 한 Parker (ed.), *Ideology, Absolutism and the English Revolution*을 보라. **#259.** EJH, 'The

General Crisis of the European Economy in the 17th Century', *Past & Present* 5 (May 1954), pp. 33-53, and 6 (November 1954), pp. 44-65. **#260.** MRC 937/8/2/1: Frédéric Mauro, 'Sur la "crise" du XVIIe siècle', *Annales ESC*, XIV/1 (1959), pp. 181-5. 이 일을 계기로 에릭은 파리 아날학파의 제도적 본산인 사회과학고등연구원에서 논문을 발표해달라는 초대를 받았고, 그 이후 논문은 《아날》에 게재되었다: 'En Angleterre: Révolution industrielle et vie materielle des classes populaires', *Annales ESC*, 17 (1962). **#261.** H. R. Trevor-Roper, 'The General Crisis of the 17th Century', *Past & Present* 16 (November 1959), pp. 31-64; Trevor Aston (ed.) *Crisis in Europe 1560-1660: Essays from Past & Present* (Oxford, 1965); Geoffrey Parker and Lesley Smith (eds), *The General Crisis of the Seventeenth Century* (London, 1978). **#262.** MRC 937/7/8/1: 'The Cold War and the Universities' (typescript, New York, 13.11.97), p. 4. **#263.** Postan to Tawney, 3.1.51, Goldman, *The Life of R. H. Tawney*, p. 280에서 인용. **#264.** EJH, Christopher Hill and Rodney Hilton, 'Past & Present: Origins and Early Years', *Past & Present* 100 (August 1983), pp. 3-14. **#265.** MRC 937/8/2/22/2: Neal Ascherson, 'The Age of Hobsbawm', *Independent on Sunday*, 2.10.94, p. 21. **#266.** HFA: Troup Horne to EJH, 16.2.50.

6. "위험한 인물"

#1. *The Great Soviet Encyclopedia* (Moscow 1979), entry on 'Historical Congresses: International'. **#2.** Archivio della Scuola Normale di Pisa: EJH to Delio Cantimori, 16.11.54. **#3.** Maxine Berg, 'East-West Dialogues: Economic Historians, the Cold War, and Détente', *Journal of Modern History*, Vol. 87, No. I (March 2015), pp. 36-71. **#4.** EJH. 'George Rudé: Marxist Historian', *Socialist History Occasional Pamphlets* 2 (1993), pp. 5-11, at p. 11. **#5.** Archivio della Scuola Normale di Pisa: EJH to Delio Cantimori, Summer 1955. 이 편지의 연도는 1952년으로 수정되어 있다. 그렇지만 1952년에 에릭은 편지의 맨 위에 적힌 주소인 고든맨션이 아니라 케임브리지 킹스칼리지에서 살고 있었다. 에릭은 킹스에서 펠로직이 끝날 때까지 줄곧 살다가 1954년 늦여름에야 고든맨션으로 이사했다. **#6.** 로빈 마르체시와의 인터뷰, 6.12.2016. 아래 서술도 이것을 참조. **#7.** 앤절라 홉스바움과의 인터뷰, 30.3.17. **#8.** Val Wilmer. 'Denis Preston' in H. C. G. Matthew and Brian Harrison (eds), *Oxford Dictionary of National Biography*, 45 (Oxford, 2004), pp. 255-6. 나는 1950년대 초에 어린아이였을 때 이 책으로 읽기를 배운 기억이 있다. **#9.** TNA KV2/3983: Extract from Special Branch Report on Louis Frank MARKS; *IT*, p. 219. **#10.** Ibid: Metropolitan Police (Special Branch) report, 27.5.55, 에릭이 파리로 출발했음을 보고("그의 여권에는 여러 개의 '철

의 장막' 비자가 들어 있는 것으로 확인되었다"). **#11.** *IT*, p. 329. **#12.** MRC 937/1/2/10: Hélène Berghauer to EJH, 18 May (연도 없음, 아마도 1953년). **#13.** Dan Ferrand-Bechmann, 'À propos de Henri Lefebvre et Henri Raymond: Témoignage pour l'histoire de sociologie', *Socio-logos*, 2007년 3월 28일 온라인 게재, 2017년 5월 30일 접속, http://socio-logos.revues.org/902/2007; Jack Robertson, *Twentieth-Century Artists on Art: An Index to Writings, Statements, and Interviews by Artists, Architects, and Designers* (2nd edn, London, 1996), p. 110. **#14.** Entretien entre Elise Marienstras et Charlotte Faucher, 27.7.2016. **#15.** *IT*, pp. 328-9. 뤼시앵 골드만은 루마니아계 프랑스 사회학자 겸 철학자로 1950년대 마르크스주의의 위기에서 벗어날 방법으로 더 유연하고 덜 교조적인 새로운 이데올로기를 찾았다. 롤랑 바르트는 이 무렵 파리의 한 잡지에 프랑스 대중문화에 관한 칼럼을 쓰는 문학이론가였으며, 그의 기고문은 선집《신화론》으로 묶여 1957년에 출간되었다. 1960년, 바르트는 에드가 모랭과 함께 의사소통연구센터를 설립했다. 사회학자 겸 철학자인 에드가 모랭은 전시에 레지스탕스 운동에 깊이 관여한 인물로서 이 무렵 애초에 고수했던 마르크스주의 교리에서 멀어지고 있었다. **#16.** Entretien entre Maurice Aymard et Charlotte Faucher 27.7.2016; Entretien entre Michelle Perrot et Charlotte Faucher, 20.9.2016; Patrick Fridenson, notes on Eric's French publications by Charlotte Faucher. **#17.** Francis Newton, 'St.-Germain Soprano', *New Statesman*, 15.9.56, p. 310. **#18.** Francis Newton, 'Parisian Jazz', *New Statesman*, 12.7.58, p. 44. **#19.** 로빈 마르체시와의 인터뷰, 6.12.16. **#20.** *IT*, pp. 328-30; Entretien entre Elise Marienstras et Charlotte Faucher, 27.7.2016. **#21.** MRC 937/1/2/9: Hélène to EJH, 16.3.56; note headed 'Paris, 23'. **#22.** Ibid: Hélène to EJH, 25.11.54. **#23.** Ibid: Hélène to EJH, 9.11.56, 레몽 부부의 런던 방문의 한 사례. 지오이에타 쿠오(인터뷰, 2018년 7월 28일)는 킹스칼리지 에릭의 숙소에서 레몽 부부를 만난 일을 기억했다. **#24.** TNA KV2/3982: copy of intercepted letter from Hélène to EJH, 27.11.52. **#25.** lbid: copy of intercepted letter from Hélène to EJH, 14.10.52. **#26.** MRC 937/1/2/9: 'Les Amants', H, Raymond. **#27.** Ibid: Hélène to EJH. 14.5.53. 소네트는 다음처럼 이어진다. "나의 영혼이 닿을 수 있는 / 깊이와 너비와 높이까지 당신을 사랑합니다." **#28.** Ibid: Hélène to EJH. 26.7.52. **#29.** Ibid: Hélène to EJH, 28.3.57. **#30.** Ibid: Hélène to EJH, 5.5.58. **#31.** Ibid: Hélène to EJH, 5.5.58. **#32.** Ibid: Hélène to EJH, 19.7.60. **#33.** Ibid: Hélène to EJH, n.d, headed 'lundi 4'. **#34.** Entretien entre Elise Marienstras et Charlotte Faucher, 27.7.2016. 엘렌의 형제 앙리 베르하우어는 엘렌과 에릭의 관계에 대한 질문을 받고서 누이와 함께 에릭을 몇 차례 만났지만 그들의 불륜을 알지 못했다고 대답했다. 그렇지만 인터뷰의 이 시점까지 인터뷰어가 불륜에 대해 알려주지 않았으므로, 앙리가 실은 틀림없이 불륜을 알고 있었다는 결론이 나온다(Entretien entre Charlotte Faucher et Henri Berghauer, 20.9.2016).

#35. Jim House and Neil MacMaster, *Paris 1961: Algerians, State Terror, and Memory* (Oxford, 2006). **#36.** 닐 애셔슨과의 인터뷰, 26.7.2016. **#37.** *IT*, pp. 329–30. **#38.** MRC 937/1/2/10: Hélène to EJH, 24.1.62. **#39.** Ibid: Hélène to EJH, n.d. ('Le 12 Mai'). **#40.** Ibid: Hélène to EJH, 15.2.65. **#41.** MRC 937/1/2/9: Hélène to EJH, 17.10.85. **#42.** MRC 937/2/6/3: Henri to EJH, 15.7.92. **#43.** *IT*, p. 328. **#44.** MRC 937/1/3/1: Summary of correspondence between EJH and Hutchinson; 'The Rise of the Wage-Worker' (synopsis). **#45.** Ibid: Ruth Klauber to EJH, 18.11.53. **#46.** Ibid: 'Summary of Correspondence between EJH and Hutchinsons', Letter from Cole, 28.11.53. **#47.** Ibid: EJH to Cole, undated; Cole to EJH, 7.12.53; EJH to Cole, undated; Hutchinson to EJH, 21.1.54, with contract. **#48.** Ibid: EJH to Ruth Klauber, 7.8.55. **#49.** Ibid: 'Summary of Correspondence between EJH and Hutchinsons', Letter from Cole, 25.10.55. **#50.** *IT*, pp. 184–5. **#51.** MRC 937/1/3/1: EJH to Jack Gaster, 26.10.55. **#52.** Ibid: EJH to Ruth Klauber (draft, undated). **#53.** Ibid: 'Summary of Correspondence between EJH and Hutchinsons'. **#54.** Ibid: EJH to Ruth Klauber, 날짜 없음, 아마도 1955년 12월. **#55.** Ibid: EJH to Ruth Klauber, 9.3.56. **#56.** Ibid: 'Some Hutchinson's University Library Books'. **#57.** Ibid: 'Statement by the author.' 아래 서술도 이것을 참조. **#58.** Ibid: EJH to Ruth Klauber, 22.3.56. 아래 서술도 이것을 참조. **#59.** Ibid: Birkbeck & Co. to Gaster and Turner, 17.4.56. **#60.** Ibid: Jack Gaster to EJH, 25.4.56. **#61.** *IT*, p. 184. **#62.** MRC 937/1/3/1: EJH to W. H. Chaloner, undated. **#63.** Edwin Chadwick, *Report on the Sanitary Condition of the Labouring Population of Great Britain* (London, 1832, reprinted with a Foreword by Michael W. Flinn, Edinburgh, 1972); John L. and Barbara Hammond, *The Town Labourer 1760–1832: The New Civilisation* (London, 1917). **#64.** John Harold Clapham, *An Economic History of Modern Britain* (3 vols, Cambridge, 1926–8); Thomas S. Ashton, *The Industrial Revolution, 1760–1830* (The Home University library, London, 1948). **#65.** EJH, 'The British Standard of Living, 1790–1850', *Economic history review* X (1957–58), reprinted with additions in his *Labouring Men: Studies in the History of Labour* (London, 1964), pp. 64–104; 'The Standard of Living During the Industrial Revolution: A Discussion', *Economic History Review* XVI (1963–4), pp. 119–34. 하트웰의 반론은 pp. 397–416. 또한 *Labouring Men*, pp. 120–57을 보라. **#66.** Arthur J. Taylor (ed.), *The Standard of Living in Britain in the Industrial Revolution* (London, 1975), including a 'Postscript' by EJH on pp. 179–88. **#67.** MRC 937/1/2/12: Edward Thompson to EJH, 23.11. no year (1963). 아래 서술도 이것을 참조. **#68.** EJH, 'Organised Orphans', *New Statesman*, 29.11.63. **#69.** 건강과 영양 통계를 사용해 에릭의 주장을 뒷받침하는 연구로는 Roderick Floud,

Height, Health and History: Nutrition Status in the United Kingdom, 1750-1980 (Cambridge, 1990)이 있다. 그렇지만 이 논쟁은 21세기에 들어서도 이어지고 있다. **#70.** 이런 유형의 분파주의적인 공산당원을 생생하고 감동적으로 묘사한 책으로는 David Aaronovitch, *Party Animals: My Family and Other Communists* (London, 2016) 를 보라. **#71.** *IT*, pp. 201-4. **#72.** Beckett, *Enemy Within*, pp. 130-3. **#73.** MRC 937/6/2/2: Implications of 20th Congress for Historians, 8.4.56; 해리 폴릿의 답장, 13.4.56; 1956년 4월 6일 공산당 센터에서 열린 역사가 그룹 위원회의 분기별 회의에 서 통과된 결의문; LHA CP/CENT/CULT/05/11: Committee minute book 1946-1951: minute of 8.4.56. **#74.** Harry Pollitt, 'The 20th Congress of the C.P.C.U.-and the role of Stalin', *World News*, Vol. 3, No. 18 (5.5.56), pp. 278-81, 285. **#75.** John Saville, 'Problems of the Communist Party', *World News*, Vol. 3, No. 20 (19.5.56), p. 314. **#76.** LHA CP/CENT/CULT/05/11: Committee minute book 1946-1951: minute of 27.5.56. **#77.** TNA KV2/3983: EJH, 'Labour Unity', *World News*, 16.6.56. **#78.** Ibid: 'Lascar' phone tap 18.6.56. **#79.** MRC 937/6/4/3: undated draft. **#80.** TNA KV2/3983: 'Lascar: Top Secret', n.d., Temple Bar 2151 wiretap 21.6.56: 'Lascar' 21.6.56 wiretap, 아래 서술도 이것을 참조. **#81.** Ibid: 당 본부에서의 대화를 도청한 기 록의 '발췌문', 22.6.56. **#82.** Ibid: EJH, 'Communists and Elections', cutting from *Daily Worker*, 30.7.56. **#83.** Edward Thompson, 'Winter Wheat in Omsk', *World News*, Vol.3, No. 26 (30 June 1956), pp. 408-9. **#84.** George Matthews, 'A Caricature of Our Party', *World News*, Vol.3, No. 26 (30 June 1956), pp. 409-10. **#85.** Pelling, *The British Communist Party*, p. 171에서 인용; 또한 Matthews, *The Shadow Man*, pp. 189-99를 보라. **#86.** Pelling, *The Britsh Communist Party*, p 173. **#87.** LHA CP/CENT/CULT/05/11: Committee minute book 1946-1951: minute of 7.7.56. **#88.** Ibid: Committee minute book 1946-1951; minute of 8.7.56; 또한 LHA CP/CENT/CULT/11/02: EJH to Alf Jenkin, 1.7.56을 보라. **#89.** James Klugmann, *History of the Communist Party of Great Britain*, I: *Formation and Early Years, 1919-1924* (London: Lawrence and Wishart, 1969) and II: *The General Strike 1925-1927* (London: Lawrence and Wishart, 1969). 에릭은 이 책들을 'Problems of Communist History', EJH, *Revolutionaries: Contemporary Essays* (London, 1973), pp. 3-10에서 혹평했다. 그 배경에 대해서는 Andrews, *The Shadow Man*, pp. 197-9를 보라. **#90.** 'Statement by the Executive Committee of the Communist Party on "*The Reasoner*"', *World News*, Vol. 3, No. 46 (17 November 1956), p. 726. **#91.** *IT*, pp. 205-14; Paul Lendvai, *One Day That Shook the Communist World: The 1956 Hungarian Uprising and Its Legacy* (Princeton, NJ, 2008); György Litván, *The Hungarian Revolution of 1956: Reform, Revolt and Repression, 1953-1963* (Harlow, 1996). **#92.** EJH, 'Could it have been different?', *London Review of Books*, 16.11.2006. **#93.** Editorial, *World News*, Vol. 3, No. 45 (10 November 1956), p. 713. **#94.** MRC 937/6/4/3 Communist Party 1956: 'Daily Worker'에서 오려낸 기사, 9.11.56 (EJH: 'Suppressing facts'). **#95.** *IT*, p. 205. **#96.** 'Rally Round the Party', *World News*, Vol.3, No. 47 (24 November 1956), p. 756. **#97.** Pelling, *The British Communist Party*, p. 175. **#98.** Saville, *Memoirs from the Left*, p. 116. **#99.** TNA KV2/3983: Betty Grant to Edwin Payne, 12.11.56 (가로챈 편지의 사본). **#100.** Ibid: Extract from T/C on TREND o/g call from PETER to RALPH at CHQ 7535, 15.11.56. **#101.** *New Statesman*, 18.11.56 (correspondence column); TNA KV2/3983: Copy of Telecheck on Temple Bar 2151, Communist Party H.Q. **#102.** MRC 937/6/4/3: EJH, 'Improving Party Democracy', *World News*, 13.10.56. **#103.** TNA KV2/3983: Secret: Temple Bar 2151, Communist Party H.Q. Incoming: 22 November 1956 (wiretap). **#104.** Ibid: 'Lascar' Extract, 4.12.56. 루벤 팔버(Reuben Falber)는 그 직후에 영국 공산당의 부서기로 임명되었으며, 이 직책에서 소련 대사관으로부터 정기적으로 돈가방을 수령했다 (Leonard Goldman, 'Reuben Falber', *Guardian* 6.6.2006). **#105.** LHA CP/CENT/CULT/05/11: Committee minute book 1946–1951: minute of 25.11.56. **#106.** TNA KV2/3983: Betty Grant to W. E. Payne, 3.12.56, 가로챈 편지의 사본. 아래 서술도 이것을 참조. **#107.** LHA CP/CENT/ORG/18/06: Fractional Activity, 1956–1957: memo of 7.12.56. 민스크 태생의 치멘 아브람스키(Chimen Abramsky)는 유대인 고서를 열렬히 수집한 전문가이 자 진지한 마르크스주의 학자로, 헨리 콜린스(Henry Collins)와 함께 *Karl Marx and the British Labour Movement* (London, 1965)를 출간했다. 아브람스키는 래피얼 새뮤얼의 처삼촌이었다. 1958년 결국 당을 떠나 유대인학을 가르치는 경력을 시작했다. 아브람 스키의 생애를 훌륭하게 상기시키는 회고록으로는 Sasha Abramsky, *The house of Twenty Thousand Books* (New York, 2015)를 보라. **#108.** LHA CP/CENT/CULT/05/11: Committee minute book 1946–1951: minute of 9.12.56. **#109.** MRC 937/6/4/3 Communist Party 1956: EJH to George Matthews, 10.12.56. **#110.** Ibid: Matthews to EJH, 19.12.56. **#111.** LHA CP/CENT/ORG/18/06: Fractional Activity, 1956–1957: memo of 7.12.56. **#112.** George Matthews, 'Lessons of a Letter', *World News*, Vol. 4, No. 2 (12 January 1957), pp. 24–6, 32. **#113.** EJH: 'Three Alternatives Face Us', *World News*, Vol.4, No.4 (26 January 1957), pp. 61–2 (이 문법에 맞지 않는 제목 은 부편집장이 삽입한 것이다. 에릭이라면 결코 '세 가지 대안'을 말하지 않았을 것이다). **#114.** Joan Simon, 'Communist Criticism and the Intellectual', *World News*, Vol. 4, No. 8 (23 February 1957), pp. 125–6. **#115.** TNA KV2/2886: Joseph Peter Astbury ('Lascar'): Discussions after National University Staffs Committee AGM, held 26/27 Jan. 1957. 아스트버리(Astbury)는 에릭의 케임브리지 동년배로 사도회원이었다. 1936년

에 공산당에 입당했고 중개인을 통해 러시아에 핵 관련 기밀을 넘겼다고 한다. 아널드 케틀(Arnold Kettle)은 대학의 영문학 강사였다 (Martin Kettle, 'What MI5's records on my father tell us about the uses of surveillance', *Guardian*, 27.7.2011을 보라). 론 벨러미(Ron Bellamy)는 당의 상근직이었다. 브라이언 사이먼(Brian Simon)은 교육학자였다. **#116.** Beckett, *Enemy Within*, pp. 135-8. **#117.** Pelling, *The British Communist Party*, pp. 169-86. **#118.** LHA CP/CENT/ORG/18/06: Fractional Activity, 1956-1957: memo of 7.12.56. **#119.** EJH, 'Some Notes about the *Universities and Left Review*', report to Communist Party Executive Meeting, 10-11.5.1958, in LHA CP/CENT/EC/05/08, Andrews, *The Shadow Man*, p. 203에서 인용. **#120.** Andrews, *The shadow Man*, p. 205. **#121.** LHA CP/CENT/ORG/18/06: Fractional Activity, 1956-1957: memo of 7.12.56. **#122.** TNA KV2/3985: 'Lascar' Extract 12.11.58 (conversation recorded by listening device at CPGB headquarters). **#123.** Ibid: 13.11.58. **#124.** Ibid: 15.12.58. **#125.** lbid: 2.1.59. **#126.** Ibid: 31.3.59. **#127.** Ibid: 5.5.59. **#128.** Ibid: 5.5.59. **#129.** Ibid: 3.6.59. **#130.** Ibid: 9.6.59. **#131.** lbid: 2.6.59, p. 20. **#132.** Ibid: 5.6.59. **#133.** Ibid: 10.6.59 (352a and 357a). **#134.** Ibid: 'Lascar', 5.8.59. 1959년에 MI5의 관료들은 '일급비밀'이 찍힌 보고서라고 해도 '빌어먹을(bloody)' 같은 비속어를 그대로 쓰는 것은 상스럽다고 생각했다. **#135.** Ibid: 9.11.59. **#136.** Ibid: 4.1.60. **#137.** Ibid: 1.2.60. **#138.** Ibid: 13.5.60. **#139.** TNA KV2/3986: 'Lascar', monitored conversation, 15.1.62. **#140.** TNA KV2/3985: PA. in P.F.211,764, HOBSBAWM, signed P. F. Stewart, 24.3.60. **#141.** Ibid: Copy of minute on PF.74.102, by R. Thistlethwaite, 24.3.60. **#142.** MRC 937/6/4/6: EJH to Brian Simon, 15.1.79. **#143.** *IT*, p. 202. **#144.** TNA KV2/3986: 'Lascar' monitored conversation, 18.11.60. **#145.** MRC 937/1/2/1: Marion Bennathan to Eric, 1 July (연도 없음, 아마도 1964년). **#146.** Ibid: Marion to Eric, 'Birmingham, 13th March' (1960). **#147.** Ibid: Marion to Eric, from Queen Elizabeth Hospital, Tuesday, no date (3.4.58). **#148.** Ibid: Marion Bennathan to Eric, undated (1957). **#149.** Ibid: Marion Bennathan to Eric, undated (1958). **#150.** Ibid: Marion to Eric, postmarked 1959. **#151.** Ibid: Marion to Eric, 13.5.60; 펭귄 출판사가 D. H. 로런스의 《채털리 부인의 연인》을 출간했다는 이유로 1960년 9월 말과 10월 초에 받은 외설죄 재판을 언급하는 타이핑 편지. **#152.** *IT*, p. 221. **#153.** Ibid, p. 81. **#154.** EJH, 'Diary', *London Review of Books*, Vol. 32, No. 10 (27.5.2010), p. 41. **#155.** Martin Niederauer, 'Kein Manifest! Hobsbawm an die Frage von Herrschaft und efreiung im Jazz', in Andreas Linsenmann and Thorsten Hindrichs (eds), *Hobsbawm, Newton und Jazz. Zum Verhältnis von Musik und Geschichtsschreibung* (Paderborn, 2016), pp. 11-30. 또한 같은 책에 있는 Christian Brocking의 에세이 'Distinktion, Kanon, Transgression:

Wie Musik den Wunsch nach gesellschaftlicher Veränderung ausdrücken, implizieren und bewirken kann', pp.131-50을 보라. 같은 책의 Daniel Schläppi, 'Hobsbawm reloaded. Oder wie sich Francis Newton der improvisierten Musik des beginnenden 21. Jahrhunderts hätte annähern können', pp. 151-200은 에릭이 보수적이고 고전적인 천재 개념을 가지고 있고 엘링턴과 배시 같은 밴드 리더를 숭배하는 탓에 재즈의 집단적 성격을 인식하지 못한다고 비난하는데(pp. 165-6), 이는 설득력이 없다. "특이하게도 무정부적으로 통제되는 음악가들과의 공생"을 통해 "작곡가가 완전히 형태를 잡는 **동시에** 연주자들이 창조하는 음악을 생산하는" 듀크에 대한 에릭의 찬사를 보라 (Francis Newton, 'The Duke', *New Statesman*, 11.10.58, p.488). 재즈에 대해 쓸 때 에릭은 '프랜시스 뉴턴'이라는 필명을 사용했다. **#156.** Francis Newton, 'Requiem for an Art', *New Statesman*, 11.8.61, p. 192. 아래 서술도 이것을 참조. **#157.** Francis Newton, 'On the Assembly Line', *New Statesman*, 1.9.61, p. 281, 이 무렵 에릭이 쓴 가장 뛰어난 문화 비평 에세이 중 하나. **#158.** Francis Newton, 'No Red Squares', *New Statesman*, 16.3.62, p. 390. **#159.** Timothy W. Ryback, *Rock Around the Bloc: A History of Rock Music in Eastern Europe and the Soviet Union* (Oxford, 1990); Josef Skvorecky, *Talkin' Moscow Blues* (London, 1989); David Caute, *The Dancer Defects. The Struggle for Cultural Supremacy during the Cold War* (Oxford, 2003), pp. 441-67. **#160.** Kevin Morgan, 'King Street Blues: Jazz and the Left in Britain in the 1930s-1940s', in Andy Croft (ed.), *A Weapon in the Struggle. The Cultural History of the Communist Party in Britain* (London, 1998), pp. 123-41, at p. 148에서 인용. **#161.** Sam Aaronovitch, 'The American Threat to British Culture', *Arena: A Magazine of Modern Literature*, Vol. 2 (June-July 1951), No. 8, p. 4, Philip Bounds, 'From Folk to Jazz: Eric Hobsbawm, British Communism and Cultural Studies', *Critique: Journal of Socialist Theory*, 40 (2012) 4, pp. 575-93에서 인용. **#162.** Francis Newton, 'Traditional', *New Statesman*, 24.10.59, pp. 538-40. 17세기에 '위즈비치 타이거즈(Wisbech tigers)'라고 알려진 소택 지방 사람들은 이 이스트앵글리아 도시 일대에서의 인구 유출에 격렬하게 저항했다. 또한 Bounds, 'From Folk to Jazz'를 보라. 위즈비치는 노퍽 중부의 도시다. **#163.** Morgan, 'King Street Blues', p. 148. **#164.** TNA KV2/3985: monitored conversation, 27.5.59. **#165.** TNA KV2/3983: 'Eric John HOBSBAWM', 239b, 26.1.55. **#166.** BBC WAC RCONT 1: Anna Kallin, Talks Booking Requisition, to Talks Booking Manager, 2.12.55. **#167.** Ibid: EJH to Anna Kallin, 17.3.55. **#168.** Ibid: EJH to Anna Kallin, 3.3.55. **#169.** BBC WAC RCONT 1: Leslie Stokes quoting Thomas Crowe, 'Announcer's Comment'f, 26.2.56. **#170.** Ibid: EJH to Anna Kallin, 19.2.56. **#171.** Ibid: Anna Kallin to EJH, 19.3.56. **#172.** Ibid: EJH to Anna Kallin, 27.3.56. **#173.** Ibid: Anna Kallin to Talks Booking Manager, Talks Booking Requisition,

10.1.57. 이 강연에 대해 BBC의 음반부는 자신들과 사전에 상의하지 않았다는 이유로 항의했다(ibid, Donald Maclean to Anna Kallin, 23.5.57). **#174.** Ibid: Talks Booking Requisition, Anna Kallin's secretary to Talks Booking Manager, 1.5.62; EJH to Anna Kallin, 16.4.62; Anna Kallin to EJH, 13.4.62. 칼린은 "위대한 인물에게 개인적으로 경의를 표하기 위해" 블로흐를 만나고 싶었다고 덧붙였다. **#175.** Ibid: 'Talks (Live or Recorded) P. T. T. - Talks Meeting', n.d. **#176.** *IT*, p. 225; EJH, 'Diary', *London Review of Books*, Vol. 32, No. 10 (27.5.2010), p. 41. **#177.** *IT*, p. 225. **#178.** MRC 937/8/2/3: 'Dr Hobsbawm is Mr Newton', unattributed clipping. **#179.** Chris Wrigley, *A. J. P. Taylor. Radical Historian of Europe* (London, 2006), pp. 233-8. **#180.** Francis Newton, 'Band Discord', *New Statesman*, 25.1.58, pp. 102-3. **#181.** Francis Newton, 'Significant Sims', *New Statesman*, 17.11.61, p. 757. **#182.** Colin MacInnes, *Absolute Beginners* (London, 1960, paperback edition 2010), p. 83. 이 소설은 1986년 데이비드 보위, 팻시 켄싯, 스티븐 버코프, 맨디 라이스-데이비스가 출연한 같은 제목의 영화로 만들어졌다. 이 영화는 평론가들에게 혹평을 받고 흥행에 대실패하여 그때까지 성공 가도를 달리던 영국 제작사 골드크레스트 영화사의 파산을 초래했다. **#183.** MacInnes, *Absolute Beginners*, p. 173. **#184.** EJH, 'Diary', *London Review of Books*, Vol. 32, No. 10 (27.5.2010), p. 41. 아래 서술도 이것을 참조. **#185.** HFA: membership card, expiry date 31.12.64. Sophie Parkin, *The Colony Room Club* (London, 2013)을 보라. **#186.** *IT*, pp. 226-7; EJH, 'Diary', *London Review of Books*, Vol. 32, No. 10 (27.5.2010), p. 41. 클럽들과 그곳 사람들의 분위기에 대한 서술로는 Daniel Farson, *Soho in the Fifties* (London, 1987)를 보라. **#187.** Francis Newton, 'The Wild Side', *New Statesman*, 8.4.62, p. 500. **#188.** Francis Newton, 'How about Playing. Gypsy?' *New Statesman*, 3.2.61, p. 191. 아래 서술도 이것을 참조. **#189.** Francis Newton, 'Basie', *New Statesman*, 6.4.57, p. 438. **#190.** Francis Newton, 'God', *New Statesman*, 17.5.63, p. 768. **#191.** Francis Newton, 'After Armstrong', *New Statesman*, 30.6.56, p. 760. **#192.** Francis Newton, 'No Time for Thrushes', *New Statesman*, 13.2.60, p. 218. **#193.** Francis Newton, 'Mahalia', *New Statesman*, 14.4.61, p. 598; 'Annie Ross', *New Statesman*, 17.1.64, p. 90. **#194.** Francis Newton, 'The Uncommercials', *New Statesman*, 17.8.57, p. 198; 'Atoms for the Juke Box', *New Statesman*, 22.3.58, pp. 374-5; 'Masked Man', *New Statesman*, 24.11.61, p. 807. **#195.** Francis Newton, 'Too Coo', *New Statesman*, 16.1.60, p. 68. **#196.** Francis Newton, 'The Quiet Americans', *New Statesman*, 7.12.57, p. 774; 'MJQ', *New Statesman*, 6.10.61, p. 487; and 'Three plus Basie', *New Statesman*, 13.4.62, pp. 539-40. 모던 재즈 쿼텟은 피아노, 비브라폰, 드럼, 베이스로 이루어진 저명한 4인 밴드로 블루스의 영향을 받은 형태의 차분하고 감정적이지 않은 연주를 했다. **#197.** Francis

Newton, 'Hornrimmed Jazz', *New Statesman*, 1.3.58, p. 266. 데이브 브루벡은 뿔테 안경을 썼다. 또한 'Masked Man', *New Statesman*, 24.11.61, p. 806을 보라. **#198.** Francis Newton, 'Miles Away', *New Statesman*, 21.5.60; in 'Jazz and Folk Records', *New Statesman*, 17.3.61, p. 447. **#199.** Francis Newton, 'Reluctant Monk', *New Statesman*, 5.5.61, pp. 725–6. **#200.** Francis Newton, 'Errol Garner', *New Statesman*, 1.6.62, p. 807. **#201.** Francis Newton, 'Band Call', *New Statesman*, 23.8.58, pp. 220–1. **#202.** Francis Newton, 'Manhattan Solo', *New Statesman*, 2.7.60, pp. 12–14. 아래 서술도 이것을 참조. **#203.** Francis Newton, 'Back to Grassroots', *New Statesman*, 23.5.59, p. 723. **#204.** Logie Barrow, 'Anatomising Methuselah' (unpubl. typescript). **#205.** Francis Newton, 'Mr Acker Requests', *New Statesman*, 17.11.60, p. 736. **#206.** Francis Newton, 'Too Much jazz?', *New Statesman*, 12.10.57, pp. 458–9. **#207.** Francis Newton, 'Band Discord', *New Statesman*, 25.1.58, pp. 102–3. **#208.** Francis Newton, 'Nothing is for Nothing', *New Statesman*, 5.12.59, pp. 796–7. **#209.** Francis Newton, 'Mr Granz Makes Music', *New Statesman*, 10.5.58, pp. 600–1. 또한 런던 페스티벌홀에서 공연한 '교향악단의 재즈'에 대한 'News from everywhere', *New Statesman*, 3.12.60, p. 876을 보라. **#210.** EJH, 'Diary', *London Review of Books*, Vol. 32, No. 10 (27.5.2010), p. 41; David Kynaston, *Modernity Britain: Opening the Box, 1957–59* (London, 2013), pp. 169–82. **#211.** EJH, 'Diary', *London Review of Books*, Vol. 32, No. 10 (27.5.2010), p. 41. 클레오 레인은 유명한 재즈 가수가 되었고 밴드 리더 존 댄크워스와 결혼했다. **#212.** Francis Newton, 'Denmark Street Crusaders', *New Statesman*, 27.9.58, p. 409. **#213.** Francis Newton, 'The Trend Guessers', *New Statesman*, 21.12.57, pp. 852–3. **#214.** Francis Newton, 'Pied Pipers', *New Statesman*, 16.2.57, p. 202. **#215.** Francis Newton, 'Beatles and Before', *New Statesman*, 8.11.63, p. 673, and 'Stan Getz', *New Statesman*, 20.3.64, p. 465. **#216.** Francis Newton, 'Bob Dylan', *New Statesman*, 22.5.64, p. 818. 《리더스 다이제스트》는 단조로운 문체로 쓴 마음을 위로하는 픽션과 '인간적 관심사' 이야기를 실은 미국의 가족 잡지였다. 밥 딜런은 2016년 노벨 문학상을 수상했다. **#217.** Francis Newton, 'The Cats in Italy', *New Statesman*, 28.9.57, pp. 378–80. **#218.** Francis Newton, 'Palm Court', *New Statesman*, 31.1.64, p. 180. **#219.** MRC: 'Popular Culture and Personal Responsibility. Verbatim Report of a Conference held at Church House, Westminster, 26th–28th October, 1960' (typescript), pp. 124–5. **#220.** Francis Newton, 'Bix', *New Statesman*, 11.8.56, p. 160. **#221.** Francis Newton, 'Post-mortem', *New Statesman*, 27.7.57, pp. 112–14. **#222.** Francis Newton, 'People's Heroin', *New Statesman*, 3.3.61, pp. 358–9. **#223.** Francis Newton, 'Travellin' All Alone', *New Statesman*, 15.8.59, p. 191. **#224.** MRC 937/1/4/2: Joseph Losey to EJH, 24.8.59. **#225.** Frank Mort, *Capital Affairs: London* *and the Making of the Permissive Society* (New Haven, 2010); Paul Willetts, *Members Only: The Life and Times of Paul Raymond* (London, 2010). **#226.** Francis Newton, 'Any Chick Can Do It', *New Statesman*, 24.3.61, p. 436. 아래 서술도 이것을 참조. **#227.** MRC 927/1/4/2: EJH to Bill Randle, 3.9.61. **#228.** Francis Newton, 'New Thing', *New Statesman*, 28.5.65, p. 85; 'The Man and the Boys', *New Statesman*, 25.3.66 (에릭이 '프랜시스 뉴턴'으로 《뉴스테이츠먼》에 쓴 마지막 기사). **#229.** Francis Newton, 'Duke', *New Statesman*, 21.2.64, p. 308; 'Ellington and Ella', *New Statesman*, 18.2.66 (25.4.2013, p. 141에 에릭의 이름으로 재수록). **#230.** Francis Newton, 'New Thing', *New Statesman*, 28.5.65, p. 855. **#231.** Francis Newton, 'Doldrums', *New Statesman*, 29.3.63, p. 469. **#232.** EJH, *The Jazz Scene*, 1989 edition, Introduction, pp. vii, 22. **#233.** *IT*, p. 226. **#234.** BULSC DM 1107/5190: Tom Maschler to Reg Davis-Poynter, Managing Director, MacGibbon&Kee, 13.10.58. **#235.** EJH (Francis Newton), *The Jazz Scene* (London, 1989 [1959]), pp. v, 275-80. **#236.** EJH, *The Jazz Scene*, pp. 239-40, 271-4. 또한 영국의 재즈 애호가들을 "주로 노동계급"으로 묘사하는 Francis Newton, 'Lonely Hipsters', *New Statesman*, 23.11.62, p. 754를 보라. **#237.** EJH, *The Jazz Scene*, pp. 256-7. **#238.** MRC 937/8/2/3: Ramsden Greig, 'The Jazz Bohemians are missing', *Evening Standard*, 26.5.59. **#239.** Francis Newton, 'The Cautious Critics', *New Statesman*, 9.11.57, p. 604. **#240.** MRC 937/8/2/3: Benedict Osuch, 'Jazz Scene: a must!', *Jazz Today*, undated clipping, p. 12. **#241.** Ibid: Clancy Segal, 'That Remarkable Noise', *New Statesman*, 30.5.59, p. 768. **#242.** BULSC DM 1107/5190: John White to Penguin Books, 10.7.69; Peter Wright to John White, 15.7.69. **#243.** Francis Newton, 'Status Seeking', *New Statesman*, 26.9.59, p. 392. **#244.** DHAA BH 2009: Payment advice, 4.12.08. **#245.** Tony Coe, 'Hobsbawm and Jazz', in Raphael Samuel and Gareth Stedman Jones (eds), *Culture, Ideology and Politics. Essays for Eric Hobsbawm* (History Workshop Series, London, 1982), pp. 149-57. **#246.** HFA: Folder 11: Diaries/Autobiographical Writings: Notes re JM (1962). 아래 서술도 이것을 참조. 'blower'는 전화라는 뜻이었다. **#247.** 'gamine'는 부랑아 같다는 뜻, 'frech'는 까분다는 뜻이다. **#248.** 루이스 윈콧과의 인터뷰, 20.9.2016. **#249.** Entretien entre Elise Marienstras et Charlotte Faucher, 27.7.2016. **#250.** MRC 1215/5: Interview notes: Catania. **#251.** Anna Maria Rao, 'Transizioni. Hobsbawm nella modernistica italiana', *Studi storici* 4, ottobre-dicembre 2013, p. 768. **#252.** MRC 937/7/8/1: 'Rathaus/history', Jan. 2008, pp. 4-5. **#253.** UMA USC/63/1/3: minutes of meeting of University Press Committee, 13.2.58. 아래 서술도 이것을 참조. **#254.** MRC 937/4/3/1/8: EJH, 'Voices of the South', *Times Literary Supplement*, 21.10.55, pp. 613-14. 이 마을은 비토리오 데 세타(Vittorio de Seta)의 고전영화 〈오르고솔로의

산적Benditti a Orgosolo⟩(1960)의 배경이다. **#255.** 마피아에 대해서는 ibid: EJH, 'Transatlantic Racket', *Times Literary Supplement*, 21.9.62도 보라. **#256.** *Visions of History* (New York, 1983), pp. 3-44, at p. 33. **#257.** MRC 937/8/2/2: John Roberts, 'The Losers', *Observer*, 3.5.59. **#258.** Ibid: Denis Mack Smith, 'The Meaning of Bandits' [clippng, no attribution]. 아래 서술도 이것을 참조. **#259.** MRC 937/1/3/7: EJH to 'Mr Yoken and friends', n.d. (1995?). **#260.** HRC B39: David Higham Associates, 387-388: David Higham to EJH, 24.11.59. **#261.** 브루스 헌터와의 인터뷰, 26.7.2016. **#262.** TNA KV2/3983: EJH, 'Marx as Historian', *New Statesman*, 20.8.55, and typescript copy of EJH letter 24.9.55. **#263.** Isaiah Berlin to the editor of the *New Statesman*, 25.9.55, in Isaiah Berlin, *Enlightening: Letters 1946-1960*, ed. Henry Hardy and Jennifer Holmes (London, 2009), pp. 499-500. **#264.** Adam Sisman, *Hugh Trevor-Roper. The Biography* (London, 2010), pp. 263-6. 이 논쟁에 대해서는 *New Statesman*, 6, 20 and 27 August, 10 and 24 September, 1, 8, 15, 22 and 29 October 1955를 보라. 비자에 대해서는 *IT*, pp. 389-90을 보라. **#265.** TNA KV2/3985: EJH to Joan Simon, 10.5.60 (intercepted letter). **#266.** Ibid: Ext. from T/C on Tom McWHINNIE, 16.5.60. **#267.** TNA KV2/3985: John Lawrence to H. G. M. Stone, British Embassy, Washington, 20.5.60. **#268.** EJH, 'The Economics of the Gangster', *Quarterly Review*, 604 (April 1955), pp. 243-56. **#269.** *IT*, pp. 397-402. 아래 서술도 이것을 참조. **#270.** Francis Newton, 'The Sound of Religion', *New Statesman*, 8.10.60, pp. 522-4. **#271.** *IT*, Chapter 22, *passim*. **#272.** EJH, 'Cuban Prospects', *New Statesman*, 22.10.60, reprinted in Leslie Bethell (ed.), *Viva la Revolución! Eric Hobsbawm on Latin America* (London, 2016), pp. 29-33, and 'Introduction', pp. 2-3. 1959년부터 1970년까지 카스트로 정권이 집행한 처형 건수의 추정치는 매우 다양하지만 최소 200건이다. *When the State Kills: The Death Penalty v. Human Rights*, Amnesty International Publications (London, 1989)는 1959년부터 1987년까지 처형자가 200명이 조금 넘을 것으로 본다. 더 일반적인 서술로는 Jonathan C. Brown, *Cuba's Revolutionary World* (Cambridge, Mass., 2018)를 보라. **#273.** TNA KV2/3986: 'Report: International Affairs Committee', 1.11.60 (MI5의 한 요원은 에릭의 강연에 대한 상세한 보고서에서 "정말 흥미롭다"고 평가했다). **#274.** MRC 937/4/6/1: *The Times*, 23.4.61; 또한 *New Statesman*, 21.7.61. **#275.** Kenneth Tynan to David Astor, 1.4.61, in Kathleen Tynan (ed.), *Kenneth Tynan: Letters* (London, 1994), p. 264. **#276.** MRC 937/1/6/5: EJH to Andrew Weale, 21.4.94. 트라팔가 광장에서 하기로 했던 시위가 취소되었다는 MI5의 보고도 참조: TNA KV2/3986: 18.4.61. **#277.** TNA KV2/3986: 9.5.61. **#278.** MRC 937/1/6/5: EJH to Andrew Weale, 21.4.94. **#279.** TNA KV2/3986: 'Lascar' — Note for file, pp. 211, 764

HOBSBAWM, no. 394a. 아널드 케틀에 대해서는 Martin Kettle, 'What MI5's records on my father tell us about the uses of surveillance', *Guardian*, 28.7.2011을 보라. **#280.** TNA KV2/3986: monitoring transcript 9.2.62. **#281.** *IT*, pp. 255-6. **#282.** TNA KV2/3986: Extract from MI6 report, 2.3.62. **#283.** Francis Newton, 'Rumba Patriotica', *New Statesman*, 26.1.62, pp. 138-9. 아래 서술도 이것을 참조. **#284.** John Lahr (ed.), *The Diaries of Kenneth Tynan* (London, 2001), p. 137. **#285.** Tracy Tynan, *Wear and Tear: The Threads of My Life* (New York, 2016). 에릭은 훗날 타이넌이 갈수록 섹스에 집착하여 적대적인 지적을 받기 시작한 무렵에도 여성 혐오자라는 비난에 맞서 그를 변호하는 등 타이넌에게 지나칠 정도로 의리를 지켰다(MRC 937/4/6/1: letter to *The Times*, 6.2.1976). **#286.** 로빈 마르체시와의 인터뷰, 6.12.16. **#287.** Entretien entre Elise Marienstras et Charlotte Faucher, 27.6.2016. **#288.** 마를린 홉스봄과의 인터뷰, 6.6.2013, email Marlene Hobsbawm to RJE, 30.12.2016, and associated notes by Marlene. **#289.** MRC 937/1/3/11: EJH to Richard Koenig, 19.11.2004; Marlene Hobsbawm notes, and interview 6.6.2013 and 30.12.2016. 아래 서술도 이것을 참조. Walter Schwarz, *The Ideal Occupation* (London, 2011), pp. 9-11, and Marlene Hobsbawrn, *Conversations with Lilly* (Canterbury, 1998), pp. 37-8. **#290.** Entretien entre Elise Marienstras et Charlotte Faucher, 27.6.2016. **#291.** 마를린 홉스봄과의 인터뷰, 6.6.2013, and emails Marlene Hobsbawm to RJE, 30.12.2016 and 6.8.2017, and notes.

7. "페이퍼백 저자"

#1. MRC 937/7/8/1: 'Paperback Writer' (typescript, 2003), p. 3. Walter Carruthers Sellar and Robert julian Yeatman, *1066 and all That: A memorable history of England, comprising all the parts you can remember, including 103 good things, 5 bad kings, and 2 genuine dates* (London, 1930), 시대에 뒤진 훈계를 하고 사실과 날짜에 집착하는 관습적인 학교 교과서를 풍자하는 책. **#2.** MRC 937/7/8/1: 'Paperback Writer' (typescript, 2003), pp. 3-4 (같은 서류철에서 두 사본의 페이지 번호가 서로 다르다). **#3.** Ibid: 'Rathaus/history' Jan. 2008, pp. 5-6. **#4.** George Weidenfeld, *Remembering My Good Friends. An Autobiography* (London, 1994), pp. 243-5; *IT*, p. 185. **#5.** MRC 937/7/8/1: 'Rathaus/history/', Jan. 2008, p. 6. **#6.** Ibid: 'Paperback Writer' (typescript, 2003), pp. 4-6. **#7.** MRC 937/4/3/1/8: EJH, 'The Language of Scholarship', *Times Literary Supplement*, 17.8.56, p. viii. **#8.** Ibid: 'A New Sort of History: Not a Thread but a Web', *Times Literary Supplement*, 13.10.61, pp. 698-9. **#9.** EJH, 'Where are British Historians Going?', *Marxist Quarterly*, 2/1 (January

1955), pp. 27-36. **#10.** MRC 937/7/8/1: *Radical History Review*와의 두 번째 대담 (typescript), p. 4. **#11.** Annan, *Our Age*, p. 267. **#12.** Hans-Ulrich Wehler, *Deutsche Gesellschaftsgeschichte 1815-1845/49: Von der Reformära bis zur industriellen und politischen 'Doppelrevolution'* (Munich, 1987)은 산업과 정치에서 '독일의 이중혁명'을 다룬다. 이 개념은 여러 나라에서 대학의 역사 강좌에 자극을 주기도 했다. **#13.** Georges Lefebvre, *1789* (Paris, 1939); *La Révolution Française* (2 vols, Paris, 1951 and 1957). **#14.** EJH, *The Age of Revolution: Europe 1789-1848* (London, 1962), p. 82. **#15.** Ibid, p. 84. **#16.** Ibid, p. 84. **#17.** MRC 937/1/2/12: Edward Thompson to EJH, 23.11 (1962). **#18.** MRC 937/1/5/2: Ernst Fischer to EJH, 20.6.63. **#19.** Victor Kiernan, 'Revolution and Reaction 1789-1848', *New Left Review* 19 (April 1963), pp. 69-78. **#20.** MRC 937/1/1/1: Rondo Cameron to EJH, 20.11.62. **#21.** MRC 937/8/2/4:J. L. Talmon, 'The Age of Revolution', *Encounter*, September 1963, pp. 11-18. **#22.** Ibid: Prof. G. R. Potter, 'Monarchy under the microscope', *Sheffield Telegraph*, 29.12.62. 웰링턴에 대한 비슷한 발언으로는 후일 보수당 귀족이 되는 철학자 앤서니 퀸턴(Anthony Quinton)의 신랄한 서평 'Fixing the Blame for Social Evil', *Sunday Telegraph*, 18.11.62를 보라. **#23.** Ibid: Max Beloff, 'Progress through Upheaval', *Daily Telegraph*, 25.1.63. **#24.** Ibid: T. Desmond Williams, 'The Barricade Mind', *Spectator*, 28.12.62. **#25.** Ibid: 'Freeing the Middle Class', *Times Literary Supplement*, 11.1.63. **#26.** Ibid: A.J.P. Taylor, 'Umbrella Men, or The Two Revolutions', *New Statesman*, 30.11.62. **#27.** Ibid: A.J.P. Taylor, *Observer*, 23.12.62. **#28.** Ibid: Peter Laslett, 'The new revolutionism', *Guardian*, 30.11.62. 아래 서술도 이것을 참조. **#29.** Ibid: Ernst Wangermann, 'The Age of Revolution', *Marxism Today*, March 1983, pp. 89-92. **#30.** Dokumentationsarchiv des österreichischen Widerstandes, 50120: Korrespondenz Steiner: Hobsbawm, Eric, 1957-1994: 출발 날짜에 대해서는 EJH to Herbert Steiner, 29.10.62. **#31.** TNA KV2/3987: 'Top Secret' 020/1/El/N10, dated 18.1.63. **#32.** Ibid: letter to H. M. Gee, 22.1.63. **#33.** Bethell (ed.),*Viva la Revolución!*, pp. 4-5. 이 책은 아래에서 언급하는 여러 에세이를 재수록하고 있다. **#34.** MRC 937/7/8/1: EJH 'South American Journey', *Labour Monthly*, July 1963, pp. 329-32, also in *Viva la Revolución!*, pp. 34-9. **#35.** Francis Newton, 'Bossa Nova', *New Statesman*, 21.12.63, pp. 910-11. 《빌보드》와 《캐시박스》는 미국의 유명한 음악 잡지였다. **#36.** MRC 937/7/8/1: EJH, 'South American Journey', *Labour Monthly*, July 1963, pp. 329-32. **#37.** MRC 937/1/5/4: Pablo Neruda to EJH, 10.6.65. **#38.** MRC 937/4/3/1/6: EJH, 'Latin America: The Most Critical Area in the World', *Listener*, 2.5.63, also in *Viva la Revolución!*, pp. 43-50. **#39.** BBC WAC RCONT 1: EJH (from Santiago de Chile) to Anna Kallin, 6.12.62. **#40.** BBC WAC

RCONT 12: Note appended to EJH to Anna Kallin, 기획안 동봉, 날짜 없음. **#41.** EJH, 'Latin America: The Most Critical Area in the World'. **#42.** MRC 937/4/3/1/6: EJH, 'Social Developments in Latin America', *Listener*, 9.5.63, pp. 778-9, 806, also in *Viva la Revolución!*, pp. 51-8. **#43.** TNA KV2/3987: 'Mr Hobsbawm's Visit to Latin America', 23.5.63. **#44.** Ibid: '3. Mr Eric Hobsbawm'. **#45.** Ibid: 'Lascar': IDRIS COX and JACK WODDIS with Visitor (Eric HOBSBAWM), 1.4.63. **#46.** 닐 애셔슨과의 인터뷰, 26.7.2016. **#47.** EJH, 'Peasant Movements in Colombia' (1969), in *Les Mouvements Paysans dans le Monde Contemporain*, ed. Commission Internationale d' Histoire des Mouvements Sociaux et des Structures Sociales, 3 vols, Naples, 1976, Vol. III, pp. 166-86, also in *Viva la Revolución!*, pp. 196-221. **#48.** EJH, 'A Hard Man: Che Guevara', *New Society*, 4.4.1968, also in *Viva la Revolución!*, pp. 264-70. 이렇게 단명한 군부정권들 중 하나를 이끌던 좌파 J. J. 토레스는 1971년 권좌에서 쫓겨났다. 나는 토레스의 정부에 참여했던 옛 학생들이 옥스퍼드 세인트앤서니칼리지에서 주최한 파티에서 사망한 체 게바라가 결국에는 승리할 것을 약속하는 노래 〈지휘관이여, 안녕 (Hasta Siempre, Comandante)〉이 한 번 이상 불린 것으로 기억한다. **#49.** EJH, 'Guerrillas in Latin America', in Ralph Miliband and John Saville (eds), *The Socialist Register 1970* (London, 1970), pp. 51-63, and 'Latin American Guerrillas: A Survey', *Latin American Review of Books*, Vol. 1 (1973), pp. 79-88, also in *Viva la Revolución!*, pp. 271-95. **#50.** EJH, 'What's New in Peru', *New York Review of Books*, 21.5.70. See also EJH, 'Generals as Revolutionaries', *New Society*, 20.11.69. **#51.** EJH, 'A Case of Neo-Feudalism: La Convención, Peru', *Journal of Latin American Studies*, Vol. I (1969), No. 1, pp. 31-50; EJH, 'Peasant Land Occupations: The Case of Peru', *Past & Present* 62 (February 1974). **#52.** EJH, 'Peru: The Peculiar "Revolution"', *New York Review of Books*, 16.12.71. 또한 페루 '인디언들'에 대한 논전은 *New York Review of Books*, 15.6.72를 보라. **#53.** EJH, 'Latin America as US Empire Cracks', *New York Review of Books*, 25.3.71. **#54.** EJH, 'A Special Supplement: Chile: Year One', *New York Review of Books*, 23.9.71. **#55.** HFA: EJH to Marlene, 22.10.1969. **#56.** 이 장문의 기고문들은 위에서 언급한 다른 글들과 함께 *Viva la Revolución!*에 재수록되었다. **#57.** EJH, 'Dictatorship with Charm', *New York Review of Books*, 2.10.1975. **#58.** 'Preste atenção em Campinas', *VEJA*, 4.6.1975; Luiz Sugimoto, 'Sobre Hobsbawm, que veio à Unicamp duas vezes', Unicamp news release, 1.10.2012; MRC 1215/4: notebooks on Latin America 1969 and 1975. **#59.** Marlene Hobsbawm notes. **#60.** HFA: Richard Preston to Marlene Hobsbawm, 25.4.2016. 데니스는 이후 에릭을 데리고 스페인으로 단기간 출장을 떠났고, 그때 에릭은 스페인 음악가들과의 협상 자리에서 통역자 역할을 했다. 데니스의 아들 리처드는 "이것이 출장 못지않게 두 사람이 집에서 벗어나 술을 마

시고 더 나은 세상을 논하기 위한 기회"였을 것으로 짐작했다. **#61.** Julia Hobsbawm, 'Remembering Dad', *Financial Times*, 19.8.2013. **#62.** BULSC DM1107/A898: EJH to Plumb, 24.8.64. **#63.** http://www.britishlistedbuildings.co.uk/101115734-97-larkhall-rise-sw8-clapham-town-ward; HRC B-40:David Higham Associates 806: change of address notice. **#64.** 마를린 홉스봄과의 인터뷰, 16.10.2016. **#65.** WNA 'The Age of Capital': 'Accounts', 31.7.71; WNA 'The Age of Capital': change of address notice, 30.7.71. **#66.** MRC 937/1/1/3: EJH to Elizabeth Whitcombe, 11.6.73. **#67.** Marlene Hobsbawm to RJE, 9.9.2017 (email). 나는 1990년대의 언젠가 버스 안에서 마이클 풋을 본 기억이 있다. 풋은 다소 허약해 보였고, 승객들의 인사를 받았으며, 버스 차장의 세심한 보살핌을 받았다. **#68.** 닐 애셔슨과의 인터뷰, 26.7.2016. **#69.** MRC 927/1/1/2: Marlene Hobsbawm to Lubomir Doruska, 23.5.73. **#70.** 리처드 래스본과의 인터뷰, 15.12.2016. **#71.** Charlotte Faucher, entretien avec Elise Marienstras, 27.7.2016. **#72.** 앤디, 줄리아 홉스봄과의 인터뷰, 11.7.2016. 아래 서술도 이것을 참조. **#73.** 로더릭 플로드와의 인터뷰, 14.9.2016. **#74.** Julia Hobsbawm, 'Remembering Dad', *Financial Times*, 19.4.2013. 아래 서술도 이것을 참조. **#75.** MRC 937/1/6/3: Andy Hobsbawm to EJH, n.d. (1993). **#76.** 앤디, 줄리아 홉스봄과의 인터뷰, 11.7.2016. **#77.** *IT*, pp. 233-9. 내 할아버지는 이 지역의 점판암 채석장에서 암석을 쪼개고 형태를 잡아 슬레이트 지붕을 만드는 석판 기술자였으며, 나는 지난 1950년대에 번창했다가 코리스 철도회사의 협궤와 함께 버려진 이곳을 방문했던 기억이 있다. **#78.** 로빈 마르체시와의 인터뷰, 6.12.2016; 앤디, 줄리아 홉스봄과의 인터뷰, 11.7.2016. **#79.** MRC 937/1/1/3: EJH to H. Morris-Jones, n.d. (May 1975). **#80.** HFA: Marlene Hobsbawm notes; Marlene to RJE, 6.9.2018. **#81.** Julia Hobsbawm, *Fully Connected: Surviving and Thriving in an Age of Overload* (London, 2017), pp. 109-10. 아래 서술도 이것을 참조. **#82.** HFA: 'Welsh Cottage: Parc Correspondence', copy of lease. **#83.** MRC 937/1/1/3: Marlene Hobsbawm to Christian Rasmussen, 4.7.73. **#84.** HFA: EJH to Marlene, n.d. (1973). 그 철도는 웨일스 하이랜드 철도였는데, 2011년까지 다시 개통되지 않은 협궤 노선이었다. **#85.** 앤디, 줄리아 홉스봄과의 인터뷰, 11.7.2016. **#86.** 로빈 마르체시와의 인터뷰, 6.12.2016. **#87.** 앤절라 홉스바움과의 인터뷰, 30.3.2017. **#88.** 앤디, 줄리아 홉스봄과의 인터뷰, 11.7.2016, amended 8.9.2018. **#89.** Marlene Hobsbawm to RJE, 9.9.2017 (email). **#90.** MRC 937/1/2/2:Joss Bennathan to EJH, 30 July 1973; MRC 937/1/6/3: Joss Bennathan to EJH, 29.10.91. **#91.** MRC 937/1/6/3:Joss Bennathan to EJH, 29.10.91. **#92.** Ibid: Joss to Eric, 25.1.74. **#93.** 로더릭 플로드와의 인터뷰, 14.9.2016. **#94.** Marlene Hobsbawm notes. **#95.** Charlotte Faucher, entretien avec Elise Marienstras, 27.7.2016. **#96.** Interview notes: Charlotte Faucher and Marie-

Louise Heller, 28.8.2016. **#97.** MRC 937/1/1/5 : Pat Robinson to EJH, 19.1.2001. '큰 바위 사탕 산'은 음식과 술이 공짜로 제공되고 아무도 일할 필요가 없는 꿈의 나라였다. **#98.** Alan E. Montgomery to RJE, 26.3.2013. **#99.** MRC 937/1/1/5 : Alan Webb to EJH, 14.9.2002. **#100.** MRC 937/1/1/4 : EJH to Graeme Shankland, n.d. (1984). **#101.** Romila Thapar, EJH에 대한 미발표 추억담. **#102.** John Arnold to RJE, 18.3.2013, 그리고 (에드워드 글로버의 메모를 포함하는) 첨부물. **#103.** Pat Stroud to RJE, 25.3.2013 and 11.6.2016. **#104.** 루이스 윈콧과의 인터뷰, 20.9.2016. 아래 서술도 이것을 참조. **#105.** Peter Archard to RJE, 7.6.2016, 그리고 (에릭이 강의에서 출제한 시험 주제의 빈도에 관한 분석을 포함하는) 첨부물. **#106.** Peter Archard, 'A world of connections', *BBK Connect*, August 2001, p. 5. **#107.** MRC 927/1/1/6 : John Person to EJH, 7.5.2008. **#108.** Geoffrey Crossick to RJE, email, 5.9.2017. **#109.** 크리스 리글리와의 인터뷰, 5.10.2016. 아래 서술도 이것을 참조. **#110.** 도널드 서순과의 인터뷰, 20.10.2016. 아래 서술도 이것을 참조. **#111.** Youssef Cassis, Grazia Schiacchitano와의 대담, 날짜 불명. **#112.** MRC 937/7/8/1 : Pip Sharpe to EJH, 28.3.2007. **#113.** Annan, *Our Age*, p. 267 (footnote). **#114.** TNA KV2/3985 : 'Lascar', monitored conversation, 8.12.59. **#115.** MRC 937/7/8/1 : 'The Cold War and the Universities' (typescript, NY, 13.11.97), pp. 3–4. **#116.** Donald Sassoon, 'Eric Hobsbawm, 1917–2012', *New Left Review*, 77, Sept.–Oct.2012. 나는 거의 같은 무렵에 옥스퍼드의 한 튜터로부터 톰슨의 책《영국 노동계급의 형성》이 영국사의 발전을 아마 20년 정도 늦추었을 것이라는 말을 들은 기억이 있다. **#117.** Negley Harte의 길고 상세한 역사 'The Economic History Society 1926–2001', http://www.history.ac.uk/makinghistory/resources/articles/EHS.html, accessed 30.1.2018을 보라. **#118.** KCAC : NGA/5/1/452 : EJH to Noel Annan, 18.9.66. 아래 서술도 이것을 참조. 1960년대에 유니버시티칼리지 런던의 조교수였고 현재 케임브리지 세인트캐서린칼리지에 재직 중인 존 톰슨(John Thompson) 박사에게 다시 한 번 밀렸기 때문이다. 프랑스사가 앨프리드 코번은 결연한 반마르크스주의자였다. 에릭은 1970년대 동안 자신과 가족이 런던에 너무 확고하게 뿌리를 내리고 있다는 이유로 하버드, 예일, 버클리, 스탠퍼드의 잠정적인 제안도 거부했다(correspondence in MRC 937/7/4/4). **#119.** Keith Thomas, EJH에 대한 타이핑 기록. 1980년, 내가 컬럼비아대학에서 가르치던 시절에 올소울스에서 방문 펠로직을 막 끝내고 돌아온 스티븐 코스(Stephen Koss)는 그곳 펠로들 중 한 명이 만찬의 초대 손님 명단을 정독한 뒤 파티 관리자를 불러 "오늘 만찬에 **여성이 한 명** 참석하는군요. 나는 저녁을 내 방에서 먹겠습니다!"라고 말했다는 사실을 내게 알려주었다. 나중에 올소울스는 20세기로 이행하는 데 성공했다. **#120.** MRC 937/1/1/2 : Raymond Carr to EJH, 18.12.69. **#121.** Ibid : Michael Flinn to EJH, 6.5.70 ; HFA : Ronald Tress to EJH, 23.3.70, and accompanying documents. **#122.** 로더릭 플로드와

의 인터뷰, 14.9.2016. 아래 서술도 이것을 참조. **#123.** MRC 937/8/2/5: A.F. Thompson, 'Ingenious Marxman', unattributed clipping; Margaret Cole, 'So unfair to the Fabians', *Tribune*, 8.1.65; A. J. P. Taylor, 'Men of Labour', *New Statesman*, 27.11.64; Asa Briggs, 'Mapping the world of labour', *Listener*, 3.12.64, pp. 893-4; Lionel Munby, 'Caviar to the working man', *Daily Worker*, 5.11.64. **#124.** MRC 8/2/5: George Lichtheim, 'Hobsbawm's Choice', *Encounter*, March 1965, pp. 70-4. 런던에서 저명한 독일사가 프랜시스 카스텐(Francis Carsten)과 함께 지내던 프리랜서 학자 리히트하임은 마르크스주의와 사회주의 이론에 관해 일련의 대가다운 연구를 발표한 뒤 더 이상 할 말이 남지 않았다고 생각해 "빈틈없는 로마적 논증"을 펼치는 그의 능력이 여전히 절정이라고 생각하던 사람들의 간청을 무시한 채 61세에 스스로 목숨을 끊었다(EJH, 'George Lichtheim', *New Statesman*, 27.4.73). **#125.** 이 책이 노동사에 기여한 바를 높이 평가하는 서평으로는 *Times Literary Supplement*, 31.12.1964에 실린 E. P. 톰슨의 서평을 보라. **#126.** BULSC DM1107/A898: Memorandum of Agreement, 21.6.61. **#127.** Ibid: Plumb to Pevsner, 16.5.61; Plumb to Pevsner, 12.5.61. **#128.** Ibid: Pevsner memo, 26.5.61. **#129.** Ibid: Jacqueline Korn (David Higham Associates) to Pevsner, 15.8.61, and Pevsner to Higham, 9.8.61. **#130.** Ibid Korn to David Duguid, 17.1.63. **#131.** Ibid: Korn to Pevsner, 1.7.63. **#132.** Ibid: Pevsner to Plumb. 13.12.63. **#133.** Ibid: Pevsner to Higham, 13.7.64. **#134.** HRC B-42 David Higham Associates 722: EJH to Miss Korn, 24.8.64. **#135.** BULSC DM1107/A898: EJH to Plumb, 24.8.64. **#136.** Ibid: Pevsner to Korn. 28.8.64. **#137.** Ibid: Peter Wright (history editor, Penguin) to EJH, 21.5.65. **#138.** Ibid: Bruce Hunter to Dieter Pevsner, 29.12.65. **#139.** Ibid: Peter Wright to EJH, 8.2.66. **#140.** Ibid: Peter Wright to Anthony Burton (Weidenfeld & Nicolson) 2.11.66. **#141.** Ibid: Peter Wright to EJH, 24.10.66. 이 서류철에는 같은 시리즈의 한 권을 쓰기로 한 크리스토퍼 힐과 주고받은 편지도 담겨 있다. **#142.** Ibid: Briefing Notes, 26.11.66. **#143.** Ibid: Julian Shuckburgh to Peter Wright. 16.11.67. **#144.** Ibid: Julian Shuckburgh to Peter Wright, 26.1.68; Dieter Pevsner to David Higham, 9.4 68. **#145.** MRC 937/8/2/7: E. P. Thompson, 'In orbit over the Empire', *Times Literary Supplement*, 27.2.69, p. 202는 이 주장이 몇 가지 세부 사실을 추가하긴 했지만 그저 이전 저작의 주장을 되풀이하는 것이라고 지적했다. **#146.** Ibid. 또한 같은 서류철에 들어 있는 서평인 Asa Briggs, 'What Was, What Is', *New York Times Book Review*, 3.11.66을 보라. **#147.** Ibid: David Rubinstein. 'History which makes sense', *Tribune*. 14.6.68. 아래 서술도 이것을 참조. '음울한 학문'은 빅토리아 시대 저술가 토머스 칼라일이 특히 인구학자 토머스 맬서스의 불길한 예측 때문에 경제학을 가리켜 사용한 표현이다. **#148.** Ibid: A. J. P Taylor, 'Greatness and after', *Observer*, 25.5.68. **#149.** Ibid: Harold

Perkin, 'As Lenin sees us', *Guardian* 19.4.68. 보수적인 사회사가로 별종인 퍼킨은 언제나 빈틈없이 말끔한 차림으로 사회사 학술대회에 나타났다. 반면에 나머지 우리는 편한 바지와 스웨터 셔츠 차림이었다. **#150.** Ibid: typescript letter from EJH to Frau Harder (Suhrkamp Publishers, 에릭의 책을 낸 독일 출판사). 3.12.68. **#151.** (지극히 긍정적인) 평가로는 EJH, 'The Rioting Crowd', *New York Review of Books*, 22.4.65를 보라. **#152.** MRC 937/1/3/11: Olwen Hufton to EJH, n.d. (January 2003); EJH to Olwen Hufton, 15.1.2003; also Judith Adamson to RJE 28.6.2017. **#153.** MRC 937/1/6/6: EJH to James Friguglietti, 10.2.94; 또한 루데를 추모하는 에릭의 기고문 'George Rudé: Marxist Historian: Memorial Tributes', *Socialist History Occasional Pamphlet* 2 (1993) pp. 5-11을 보라. **#154.** MRC 937/1/1/1: Rudé to EIH, 22 March 1962. 아래 서술도 이것을 참조. 르페브르의 이 고전적 연구는 프랑스 농민층이 영주들의 성을 공격하고 많은 경우에 전소시킨 1789년의 '대공포'에 초점을 맞추었다. **#155.** 이 에세이는 1971년에 처음 발표된 뒤 Edward Thompson, *Customs in Common* (London, 1991), pp. 185-258에 재수록되었다. **#156.** Eric Hobsbawm and George Rudé, *Captain Swing* (London, 1973 [1969]), esp. pp. xi-xvi, xxii (또한 여러 서평자의 비판에 대한 답변). **#157.** A. J. P Taylor, 'Revolt of the secret people', *Observer*, 9.2.69. 또한 John Lawrence Hammond and Barbara Hammond, *The Village Labourer 1760-1832: a study in the government of England before the Reform Bill* (London, 1911)을 보라. **#158.** MRC 937/8/2/9: J. H. Plumb, 'Farmers in Arms', *New York Review of Books*, 19.6.69, pp. 36-7. **#159.** Richard Cobb, 'A very English rising', *Times Literary Supplement*, No. 33, 524 (11.9.69), pp. 989-92. **#160.** Keith Thomas, typescript notes on EJH. 《종교와 마술의 쇠퇴》의 페이퍼백은 펭귄 출판사의 임프린트인 페레그린에서도 나왔다. **#161.** HRC B-40 David Higham Associates 806: David Higham to EJH, 10.12.65. **#162.** HRC B-41 David Higham Associates 1028: EJH to David Higham, 16.11.67. **#163.** Ibid: David Higham Associates 1043: David Higham to EJH, 20.11.67. **#164.** Ibid: David Higham to EJH, 30.11.67. **#165.** Ibid. David Higham to EJH, 14.10.68. **#166.** MRC 937/8/2/8: Anton Blok, 'The Peasant and the Brigand: Social Banditry Reconsidered', *Comparative Studies in Society and History*, (September 1972), pp. 494-503. **#167.** EJH, 'Armed Business', *New Statesman*, 12.6.64, p. 917. **#168.** HRC B-41 David Higham Associates 1117: Bruce Hunter to EJH, 14.8.69. **#169.** Ibid 84: EJH to Hilton Ambler, 7.3.70. **#170.** Ibid: Hilton Ambler to J. S. Stutter, 23.12.69 **#171.** DHAA BH 2009: Jessica Purdue to Marigold Atkey, 25.6.09 (email printout). **#172.** Pascale Baker, *Revolutionaries, Rebels and Robbers. The Golden Age of Banditry in Mexico Latin America and the Chicano American Southwest*, 1850-1950 (London, 2015), p. 4. **#173.** Published by Wesleyan University

Press, Middletown. Connecticut. **#174.** EJH, 'From Social History to the History of Society', *Daedalus* 100 (1971), 1, pp. 20-45; also in EJH, *On History* (London, 1997), pp. 20-45, and Felix Gilbert and Stephen Graubard (eds), *Historical Studies Today* (New York. 1972). **#175.** US Department of Justice: Federal Bureau of Investigation (Washington, DC): 105-161920: Eric John Ernest Hobsbawm, memorandum of 7.4.67 **#176.** Ibid: US Immigration Visa 7.10.66: Applicant at London. **#177.** Ibid: Assistant Commissioner Adjudications, 9.1.67. **#178.** Ibid: Eric John Ernest Hobsbawm. 7.9.67; *IT*, pp. 388-91. **#179.** Ibid: L. Patrick Gray III (Acting Director, FBI) letter of 8.8.72. **#180.** MRC 937/4/3/1/8: EJH, 'The Cultural Congress of Havana', *Times Literary Supplement*, 25.1.68, pp. 79-80 (서명 첨부 기고문). **#181.** *IT* pp. 256-7. **#182.** KCAC NGA/5/1/452: Annan to Sir John Henniker-Major, 22 October 1968. 아래 서술도 이것을 참조. 정중하고 품격 있게 정장을 차려입는 사르베팔리 고팔을 나는 세인트앤서니칼리지의 대학원생 시절에 알았다. 그런데 역설적이게도 고팔 본인이 "여성들을 무례하게 대한다"는 이유로 악명이 높았다. **#183.** *IT*, p. 365. 모한은 간디 여사의 정부에 참여했지만 1973년 비극적인 비행기 추락 사고로 사망했다. **#184.** HFA: EJH to Marlene, n.d. **#185.** Romila Thapar, EJH에 대한 미발표 추억담. **#186.** HFA : EJH to Marlene, 21.12.68 **#187.** Ibid : EJH to Marlene, 26.12.68. 아래 서술도 이것을 참조. **#188.** TNA FCO 61/581, *passim:* 이 문서들을 요약해놓은 온라인 블로그 http://blog.nationalarchives.gov.uk/blog/hobsbawm-unesco-and-notorious-communists/, accessed 1.8.2017. **#189.** BBC WAC R51/1213/1: 'Personal View', 4.1.72 [전년도의 1월 초에 가끔 그랬던 것처럼 날짜 오류다]; ibid, Adrian Johnson to Ed. D. T. P. (R), 19.1.72. **#190.** BBC WAC: Scripts card index. **#191.** MRC 937/4/3/1/6: EJH, 'Terrorism', *Listener*, 22.6.72. **#192.** Ibid: EJH, 'Shop Stewards', *Listener*, 27.7.72. **#193.** 클레어 토멀린과의 인터뷰, 8.3.2017. **#194.** MRC 937/3/4/1/6: 'Why America Lost the Vietnam War', *Listener*, 18.5.72, pp. 639-41. **#195.** Ibid: 《Listener》는 최근 에릭 홉스봄과 앤서니 루이스가 쓴 베트남 전쟁에 관한 두 기사를 게재했다. 라디오3은 어느 정도는 에릭 홉스봄의 방송에 대응하는 차원으로 데니스 던컨슨에게 강연을 의뢰했다", *Listener*, 20.7.72, pp. 77-9. **#196.** US Department of Justice: Federal Bureau of Investigation (Washington, DC): 105-161920: memoranda of 19.5.69, 18.9.70, 26.10.70, 19.1.71, 3.12.70, 3.4.73. **#197.** Ibid: Memo of 18.9.70 **#198.** HFA: EJH to Marlene, 4.5.73. **#199.** Ibid: EJH to Marlene, 6.5.73 **#200.** Ibid: EJH to Marlene, 13.5.73 **#201.** Ibid: EJH to Marlene, n.d. 아래 서술도 이것을 참조. **#202.** Ibid: EJH to Marlene, 27.8.1975. **#203.** Isaiah Berlin, *Building. Letters* 1960-1975 (ed. Henry Hardy and Mark Pottle, London, 2013), p. 47 (Berlin to Robert Silvers, 9 February 1972). 일찍이 벌린은 에릭

의 정치관에는 동의하지 않지만 역사가로서 존중한다고 분명하게 말했다 (ibid, p. 378, Berlin to John Fulton, 4 March 1963). **#204.** MRC 937/8/2/6: 'Marx and Sons', *Times Literary Supplement*, 18.2.65. **#205.** MRC 937/4/3/1/8: EJH, 'Marx in Print', *Times Literary Supplement*, 9.5.68. **#206.** MRC 935/1/3/4: 'Marx: summary of talks between LW and Progress re edition of Marx and Engels'; *Marx/Engels Collected Works*, 50 vols, London, 1975-2004, 그리고 다양한 외국어 판본들. **#207.** 닉 제이콥스와의 인터뷰, 16.8.2016 amended 8.9.2018. **#208.** MRC 935/1/3/4: EJH to David McLellan 7.11.69. 아래 서술도 이것을 참조. **#209.** Ibid: Eric to Tom Bottomore, 8.11.72. 1989-90년 공산주의 몰락 이후 이 프로젝트를 관리하는 임무는 마르크스-엥겔스의 문서와 그밖에 다른 많은 사회주의자들의 기록을 보관하고 있던 암스테르담 소재 국제사회사연구소가 넘겨받았고, 에릭은 사업에 필요한 기금을 모으는 역할을 했다. 모스크바의 기존 편집진은 덴마크, 프랑스, 일본, 미국의 새로운 편집진과 협력했다. 에릭은 편집진에 계속 남아 있었다. (MRC 937/1/5/1: EJH letter, 9.1.99). **#210.** MRC 937/4/3/1/8: EJH, 'Marxism without Marx', *TImes Literary Supplement*, 3.12.71, reviewing Louis Althusser, *Lenin and Philosophy and Other Essays* (London, 1971). **#211.** EJH, 'A Difficult Hope', *New Statesman*, 1.3.74. **#212.** *IT*, pp. 211-15. **#213.** EJH, 'In Search of People's History', *London Review of Books*, 19.3.1981. 아래 서술도 이것을 참조. **#214.** MRC 937/1/6/1: Eric to Raph Samuel, 13.5.69. **#215.** Ibid: EJH to Samuel, 22.5.69. **#216.** MRC 937/1/1/4: EJH to Stan Shipley, n.d. (c.1977). **#217.** David Cannadine, 'Down and Out in London', *London Review of Books*, Vol.3, No.13 (16 July 1981), pp. 20-1. **#218.** MRC 937/1/6/2: EJH to Joanna Innes, 11.6.1991; MRC 937/1/6/3: EJH to P. Sweeney, Prosecution Section, Companies House, n.d. (1991). **#219.** *IT*, pp. 215-17. **#220.** Beckett, *Enemy Within*, p. 167에서 인용. **#221.** 'Comrades if the whole people did as we do?'; MRC 937/4/3/1/8: EJH, 'Commentary', *Times Literary Supplement*, 16.5.68, p. 511. **#222.** EJH, 'Birthday Party', *New York Review of Books*, 22.5.69. **#223.** Entretien entre Elise Marienstras et Charlotte Faucher, 27.6.2016 à Paris. **#224.** 닐 애셔슨과의 인터뷰, 26.7.2016. **#225.** MRC 927/1/1/1: EJH to Truman, 22.7.68. **#226.** EJH, '1968: Humanity's Last Rage', *New Statesman*, 12.5.2008, p. 33. **#227.** Reuben Falber, 'The 1968 Czechoslovak Crisis: Inside the British Communist Party', http://www.socialisthistorysociety. co.uk/czechoslovak-crisis/; EJH, '1968: A Retrospect', *Marxism Today*, May 1978, pp. 130-6. **#228.** EJH, *Revolutionaries: Contemporary Essays* (London, 1973), pp. 216-19. **#229.** MRC 937/8/2/10: 'Bending the bars', *The Economist*, 1.9.73, p. 93. 서평의 시작을 여는 이 제목은 에릭을 마르크스주의 이데올로기라는 우리에 갇힌 존재로 묘사했다. "그가 때때로 창살을 구부려 우리 밖의 들판으로 나와 꽃을 붙잡는다 해도, 그 우리

는 언제나 존재한다." **#230.** Ibid: Tom Kemp, 'Mr Hobsbawn [*sic*]: the sophisticated apologist', *Workers Press*, 2.7.73, pp. 8-9. 게리 힐리의 트로츠키주의 분파는 주로 배우 바네사 레드그레이브와 남동생 코린이 속해 있다는 사실 때문에 유명해졌다. **#231.** Ibid: David Halle: 'Spent Revolutionaries', *Congress Bi-Weekly*, 21.6.74, pp. 18-19. **#232.** Ibid: Arnold Beichman, 'Political', *Christian Science Monitor*, 28.11.73. 이 당시 소비에트 당국은 실제로 반체제 인사를 정신병원에 가두거나, 유대인이라면 이스라엘로의 이민을 허용했다. **#233.** 'Post-mortem on a bloody century', *Financial Times*, 9.10.94. **#234.** MRC 937/8/2/10: Steven Lukes, 'Keeping Left', *Observer*, 22.7.71, p. 31. **#235.** WNA, 'The Age of Capital': copy of Leszek Kolakowski, 'Hobsbawm's Choice', *New Statesman*, 27 July 1973. **#236.** MRC 937/1/3/2: 'Epochs of England, 13.10.64'. **#237.** Ibid: Eric to Paul Thompson, undated (1974). **#238.** Ibid: EJH to George Weidenfeld, 30.4.1975. **#239.** WNA, 'The Age of Capital': George Weidenfeld to David Higham, 23.3.66. **#240.** HRC B-41 David Higham Associates 186: notes 'Hobsbawm' (yellow paper), n.d. (1971/72). **#241.** Ibid: David Higham Associates 1043: Note on a Book on Revolution by E. J. Hobsbawm **#242.** Ibid: Tom Maschler to Hilary Rubinstein, 2.7.68; David Higham to EJH, 19.7.68; and David Higham to Hilary Rubinstein, 9.9.68. **#243.** Ibid: David Higham, 에릭 홉스봄과의 통화 기록, 1968. **#244.** Ibid: David Higham Associates 1117: Harold Ober Associates to Bruce Hunter, 12.8.69. **#245.** Ibid: EJH to Robert F. Fenyo, 23.3.69; Robert F. Fenyo to EJH, 3.12.68. **#246.** HRC B-41 David Higham Associates 1117: EJH to Robert F. Fenyo, 23.3.69. **#247.** Ibid: Robert F. Fenyo to EJH, 22.4.69. **#248.** Ibid: EJH to Bruce Hunter, 25.8.69. **#249.** HRC B-39 David Higham Associates 387-388: Robert P. Fenyo to EJH, 4.11.70. **#250.** US Department of Justice: Federal Bureau of Investigation 105-161920: Memo of 18.10.70. **#251.** HRC B-39 David Higham Associates 387-388: David Higham to Ivan Van Auw, Jr., 25.11.70. **#252.** Ibid 387-388: Telegram, 22.2.71, et seq. **#253.** HRC B-41 David Higham Associates 1117: EJH to David Higham, 10.2.69. **#254.** Ibid: David Higham to EJH, 13.19.69. **#255.** Ibid. David Higham Associates 338: David Higham to Ivan Van Auw, 19.3.71. **#256.** Ibid: EJH to David Higham, 1.10.69. **#257.** WNA, 'The Age of Capital': EJH to Julian Shuckburgh, 19.11.70. **#258.** Ibid: Bruce Hunter to Julian Shuckburgh, 12.8.71. **#259.** HRC B-39: Higham and Associates 387-388: 'Hobsbawm' (notes), 1972, 그리고 이후의 편지. **#260.** Ibid: David Higham to EJH, 3.1.72, 3.2.72, 25.2.72, 6.7.72, etc. **#261.** HRC B-41: David Higham Associates 121: David Higham to EJH, 22.7.71 and 19.4.71. **#262.** Ibid: David Higham Associates 186: David Higham to EJH, 12.12.72. **#263.** HRC B-43: David Higham Associates 1437:

Bruce Hunter to Prentice-Hall, 6.2.87. **#264.** MRC 937/7/5/2/2：Royalty statements 1961-69；MRC 937/7/5/2/3：Royalty statements 1970-75. 내가 1972년에 대학 강사직을 시작했을 때 나의 연봉은 세전 1760파운드였다. **#265.** MRC 937/4/3/1/8：EJH, ʻPop Goes the Artistʼ, *Times Literary Supplement*, 17.12.64.

8. "지적인 구루"

#1. WNA, ʻThe Age of Capitalʼ：ʻRetyped pagesʼ；또한 Susan Loden to EJH, 17.2.76, and EJH to Susan Loden, 24.2.76, 25.2.76, WNA의 ʻPermission Lettersʼ 서류철에 있는 이후의 서신 교환을 보라. **#2.** WNA, ʻThe Age of Capitalʼ：Andrew Wheatcroft to EJH, 3.6.74. **#3.** HRC B-39 Higham and Associates 387-388：Notes from 1971 (?) stamped XDH：ʻSequel to the Age of Revolution contract att. (working title)ʼ. **#4.** WNA, ʻThe Age of Capitalʼ：Susan Loden to Philip Gatrell, 27.7.77. **#5.** Ibid：Editorial Production, 28.1.75 and picture research letters. **#6.** MRC 937/2/11：J. F. C. Harrison, *Victorian Studies*, Summer, 1977, pp. 423-5. **#7.** Ibid：Herbert Kisch, ʻHobsbawm and *The Age of Capital*ʼ, *Journal Economic Issues*, XVI/1 (March 1982), pp. 107-30, at pp. 126-7；또한 James J. Sheehan, ʻWhen the world bowed to the power of capitalʼ, *Chicago Daily News*, 20.3.76을 보라. **#8.** MRC 937/2/11：David Goodway, ʻVictors and Victimsʼ, 출처와 날짜 불명의 오려낸 기사. **#9.** Ibid：J. F. C. Harrison, review in *Victorian Studies*, Summer, 1977, pp. 423-5. **#10.** Ibid：David Landes, ʻThe ubiquitous bourgeoisieʼ, *Times Literary Supplement*, 4.6.76, pp. 662-6. 아래 서술도 이것을 참조. **#11.** 나의 저서 *The Pursuit of Power: Europe 1815-1914* (London, 2016)를 보라. **#12.** 란데스 본인의 다음 저서 *Revolution in Time: Clocks and the Making of the Modern World* (Cambridge, MA, 1983)에 대한 에릭의 너그러운 서평은 EJH, ʻOn the Watchʼ, *New York Review of Books*, 8.12.1983을 보라. **#13.** MRC 937/8/2/11：J. F. C. Harrison, in *Victorian Studies*, Summer, 1977, pp. 423-5. **#14.** WNA, Permission Letters；Asa Briggs, ʻAround the world in 300 pagesʼ, *Books and Bookmen*, March 1976, pp. 13-14. **#15.** MRC 937/8/2/11：James Joll, ʻCharms of the Bourgeoisieʼ, *New Statesman*, 21.11.75, pp. 645-6. **#16.** Ibid：Paul Thompson, ʻProgress at a priceʼ, *New Society*, 6.11.75, pp. 328-9. **#17.** Ibid：Gwyn A. Williams, ʻPassepartoutʼ, *Guardian*, 13.11.75. **#18.** Ibid：David Brion Davis, ʻThe Age of Capitalʼ, *New York Times Book Review*, 9.5.76, pp. 27-9. **#19.** MRC 937/4/3/1/7：EJH, ʻThe Lowest Depthsʼ, *New York Review of Books*, 15.4.82, pp. 15-16. **#20.** Ibid：EJH, ʻVulnerable Japanʼ, *New York Review of Books*, 17.7.75, pp. 27-31. **#21.** Ibid：EJH, ʻThe Lowest Depthsʼ, *New York Review of Books*, 15.4.82. **#22.** 에릭의 브라질 출판사인 파스이테하(Paz e Terra)

의 마르쿠스 가스파리앙(Marcus Gasparian)은 브라질판의 판매 부수를 이렇게 추산했다(인터뷰). **#23.** Keith Thomas, EJH에 대한 미발표 타자 원고. **#24.** Entretien entre Michelle Perrot et Charlotte Faucher, 20.9.2016. **#25.** KCAC NK 4/18/5: Nicholas Kaldor to David Landes, 7.11.73. **#26.** HFA: American Academy of Arts and Sciences: New Members Elected, May 12, 1971. **#27.** KCAC NGA/5/1/452: Noel Annan to EJH, 21.5.76. "위선자"는 중세사 교수이자 버크벡 역사학과의 종신 학과장인 R. R. 달링턴이었다. MRC 937/1/1/3에 편지의 사본이 하나 더 있다. **#28.** KCAC NGA/5/1/452: EJH to Noel Annan, 22.5.76. **#29.** Keith Thomas, EJH에 대한 미발표 타자 원고. **#30.** Michael Howard, 'Professor James Joll', *Independent*, 18.7.1994. **#31.** Miranda Carter, *Anthony Blunt: His Lives* (London, 2001). **#32.** Hugh Trevor-Roper, 'Blunt Censured, Nothing Gained', *Spectator*, 25.11.1979. P. 11. **#33.** EJH to Trevor-Roper, n.d. (March 1980), Sisman, *Hugh Trevor-Roper*, p. 450에서 인용. **#34.** MRC 937/1/2/5: British Academy Anthony Blunt: EJH to Kenneth Dover, n.d.. **#35.** Ibid: Kenneth Dover circular, 22.8.1980. **#36.** Carter, *Anthony Blunt*, pp. 491-3; Kenneth Dover, *Marginal Comment: A Memoir* (London, 1994), pp. 212-20. **#37.** MRC 937/1/2/5: EJH to Dover, n.d. [August 1980]. **#38.** Ibid: Dover to EJH, 2.9.1980. **#39.** Kathleen Burk, *Troublemaker. The Life and History of A. J. P. Taylor* (London, 2000), pp. 339-43. **#40.** MRC 937/1/1/4: EJH to David Cornwell (John le Carré), n.d. (May 1986). **#41.** Ibid: David Cornwell (John le Carré) to EJH, 27.5.86. **#42.** Ibid: EJH to David Cornwell (John le Carré), 5.6.86. 아래 서술도 이것을 참조. **#43.** Ibid: EJH to C. H. Lloyd, Secretary to the Board of Electors to the Ford Lectureship, 10.7.87. **#44.** Peter Brown to RJE, 14.9.2014 (email). **#45.** 로이 포스터와의 인터뷰, 5.10.2016. **#46.** 클레어 토멀린과의 인터뷰, 3.3.2017. 아래 서술도 이것을 참조. **#47.** MRC 937/7/5/1/2: Income and expenditure details, 1976-7. **#48.** Entretien entre Elise Marienstras et Charlotte Faucher, 27.7.2016. 아래 서술도 이것을 참조. **#49.** 앤디, 줄리아 홉스봄과의 인터뷰, 11.7.2016. 아래 서술도 이것을 참조. **#50.** 로더릭 플로드와의 인터뷰, 14.9.2016. **#51.** 주디스 애덤슨(Judith Adamson)이 친절하게 제공해준 편지. **#52.** MRC 937/7/5/1/1. 아래 서술도 이것을 참조. **#53.** HRC B-42 David Higham Associates 531: Bruce Hunter to EJH, 31.3.78. **#54.** Ibid, David Higham Associates 602: EJH to Bruce Hunter, 7.6.78. 데이비드 하이엄의 회고록은 이듬해에 《저작권 신사Literary Gent》라는 제목으로 출간되었다. **#55.** HRC B1-3 David Higham Associates 1141: EJH to Bruce Hunter, 14.10.83. 아래 서술도 이것을 참조. **#56.** 브루스 헌터와의 인터뷰, 26.7.2016. **#57.** HRC B1-3 David Higham Associates 1141: Bruce Hunter to EJH, 20.10.83. **#58.** 로더릭 플로드와의 인터뷰, 14.9.2016. **#59.** Entretien entre Elise Marienstras et Charlotte Faucher,

27.7.2016. **#60.** MRC 937/7/5/1/2: 1984~5년의 여행과 지출. **#61.** HFA: 주식 증명서. 프리랜서로서 에릭의 수입은 상당했지만, 1970년대에 세 배 이상 벌어들인 A. J. P. 테일러의 수입과는 비교가 안 된다(Burk, *Troublemaker*, pp. 406-7). **#62.** MRC 937/7/5/1/2: Dawn & Co. 회계회사의 1980년 12월 8일 편지에 대한 답장에 적은 1977~78년과 1978~79년의 활동. 그리고 회계사에게 제출한 지출내역서. **#63.** Alan Mackay to RJE, 23.3.2013. 니콜라이 부하린은 1920년대 소비에트 공산당 내 '우파 반대파'의 지도자이자 한정된 수의 민간기업을 허용하는 신경제정책의 지지자였다. 스탈린에 의해 숙청되어 1938년 처형되었다. Stephen F. Cohen, *Bukharin and the Bolshevik Revolution* (Oxford, 1980)을 보라. **#64.** EJH, 'Poker Face', *London Review of Books*, 8.4.2010. **#65.** EJH, 'An Assembly of Ghosts', *London Review of Books*, 21.4.2005. **#66.** Mario Ronchi, 'Storia politica ideologia: "I Ribelli"', *L'Unità*, 26.10.1966; 'Illusioni e delusion: dei sindicati Britannici', *L'Unità*, 22.9.1967; 'Labour Party: impotenza e delusione', *L'Unità*, 13.10.1967; 'Londra pensa al dopo Wilson', *L'Unità*, 31.5.1968; 'Le radici dell'utopia', *L'Unità*, 11.7.1968; 'Rapporto sulla sinistra inglese', *L'Unità*, 3.1.1969; 'Lettra da Londra', *L'Unità*, 4.1.1970; 'Perché Wilson ha perso la partita', *L'Unità*, 26.6.1970; Enzo Santarelli, 'Vecchio e nuovo anarchismo', *L'Unità*, 1972 (on 1968); Fausto Ibba, 'Intervista: lo storico inglese Eric J. Hobsbawm parla dell'attualità', *L'Unità*, 31.5.1984. 이 기사들은 대부분 공산당의 월간지 《리나시타》에 실린 더 긴 기사들(에릭이 직접 쓴 기사나 에릭에 관해 쓴 기사)을 요약한 것이다. 이후에도 《루니타》는 에릭의 저서가 이탈리아어로 나오면 서평을 실었다. **#67.** EJH, *The Italian Road to Socialism: An Interview by Eric Hobsbawm with Giorgio Napolitano of the Italian Communist Party* (translated by John Cammett and Victoria DeGrazia, New York, 1977). 아래 서술도 이것을 참조. **#68.** 마을 성직자 돈 카밀로와 지역 경쟁자인 공산당원 시장 페포네에 초점을 맞춘 조반니 과레스키(Giovanni Guareschi)의 희화적인 스케치를 보라. 두 인물은 전후 이탈리아의 지역 수준에서 기독교민주당과 공산주의가 공존했던 현실을 상징한다. 예를 들어 *The Little World of Don Camillo* (New York, 1950). **#69.** 'Quattro giorni di incontri e viaggi con lo storico Eric Hobsbawm', *L'Unità*, 26.3.1981, p. 5. 줄리아노는 《원초적 반란자들》에 등장하는 전후 초기의 시칠리아 산적이었다. **#70.** '제2차 마피아 전쟁'을 개관하는 책으로는 John Dickie, *Cosa Nostra. A History of the Italian Mafia* (London, 2004)를 보라. **#71.** EJH, in *La Repubblica*, 27.4.2007. **#72.** EJH, 'The Great Gramsci', *New York Review of Books*, 4.4.1974에는 Quintin Hoare and Geoffrey Nowell Smith (ed. and trans.), *Selections from the Prison Notebooks of Antonio Gramsci* (London, 1971)와 Lynne Lawner (ed. and trans.), *Letters from Prison by Antonio Gramsci* (London, 1973) 등에 대한 평가가 실려 있다. 또한 EJH, 'Gramsci and Political Theory', *Marxism Today*, July 1977, pp. 205-

12를 보라. **#73.** 또한 EJH, 'Should the Poor Organize?' *New York Review of Books*, 23.3.1978을 보라. **#74.** Archives Fondation Maison des Sciences de I'Homme, Paris: Fonds Fernand Braudel, correspondence active générale: Fernand Braudel to EJH, 19.11.1973. **#75.** 'Panel Discussion: Conversations with Eric Hobsbawm', *India International Centre Quarterly* 31/4 (Spring, 2005), pp. 101-25 (corrected). **#76.** Interview notes: Charlotte Faucher and Marie-Louise Heller, 28.8.2016. **#77.** Entretien entre Michelle Perrot et Charlotte Faucher, 20.9.2016. 아래 서술도 이것을 참조. **#78.** MRC 937/7/7/4/6: Personal experience at the MSH: by E.J. Hobsbawm FBA (날짜 없음, 1980년대 후반). **#79.** CUL Press 3/1/5/989 Hobsbawm: EJH to William Davies, 22.12.81. **#80.** MRC 937/7/7/4/6: Personal experience at the MSH: by E.J. Hobsbawm FBA (날짜 없음, 1980년대 후반). 파트리크 프리덴송과의 인터뷰, 날짜 없음. 프리덴송에 따르면 당시 70대 후반의 브로델은 자신의 관심사와 너무 동떨어진 주제를 다루는 모임에 참석하지 않았지만, 모임 참가자들과 비공식적으로 자주 만났고 그들의 워크숍을 승인했다. **#81.** MRC 937/1/1/4: EJH to Mr Price, n.d. (1986/7). **#82.** EJH to Alan Adamson, 25.1.1981 (courtesy of Judith Adamson): Elisabeth Roudinesco, 'Louis Althusser: the murder scene', in eadem, *Philosophy in Turbulent Times* (New York, 2008), p. 113; *IT*, pp. 215-16. **#83.** HFA: EJH to Marlene, 28.4.1977. **#84.** HFA: EJH to Marlene, Cornell, 6.5.1977. **#85.** HFA: EJH to Marlene, Cornell, 1.5.1977. **#86.** HFA: EJH to Marlene, Cornell, 8.5.1977. **#87.** HFA: EJH to Marlene, 20.9. n.d. **#88.** HFA: EJH to Marlene, 1.4.1981. **#89.** HFA: EJH to Marlene, n.d. (from Thunderbird Lodge, Chico). **#90.** HFA: EJH to Marlene, 2.4.1978. **#91.** HFA: EJH to Marlene, 5.4.1978. 아래 서술도 이것을 참조. **#92.** HFA: EJH to Marlene, 23.9.1986. 아래 서술도 이것을 참조. **#93.** HFA: EJH to Marlene, 30.9.1986 (편지에서 1985년에 완공된 메데인의 신공항을 언급한다는 사실에 근거해 연도를 확정했다). **#94.** HFA: EJH to Marlene, 26 July (연도 불명). **#95.** 각각의 글은 *Marxism Today* May 1958, pp. 132-9; August 1962, pp. 253-6; June 1968, pp. 166-72; August 1967, pp. 239-43; and October 1974, pp. 302-8에 수록되었다. **#96.** 마틴 자크와의 인터뷰, 16.8.2016. **#97.** MRC 937/1/6/3: Martin Jacques to EJH, 29.2.91. **#98.** 마틴 자크와의 인터뷰, 16.8.2016. **#99.** EJH, 'Intellectuals, society and the left', *New Society*, 23.11.78, *New Statesman*, 16.4.2007, p. 62에 에릭의 90세 생일을 기념해 재수록. **#100.** EJH, 'The Forward March of Labour Halted?' *Marxism Today*, September 1978, pp. 279-86. **#101.** EJH, 'Past Imperfect, Future Tense', *Marxism Today*, October 1986, pp. 12-19. **#102.** Ruth Winstone (ed.), *Tony Benn: Conflicts of interest. Diaries 1977-80* (London, 1990), p. 596. **#103.** 'Eric Hobsbawm interviews Tony Benn', *Marxism Today*, October 1980, pp. 5-13. 아래 서

술도 이것을 참조. **#104.** EJH, 'Falklands Fallout', *Marxism Today*, January 1983, pp. 13-19. 아래 서술도 이것을 참조. 포클랜드 전쟁에 관한 가장 탁월한 짧은 연구서는 영국의 공식 전쟁사 기록관인 로런스 프리드먼(Lawrence Freedman)과, 아르헨티나의 편에서 쓴 버지나 감바-스톤하우스(Virginia Gamba-Stonehouse)의 *Signals of War: Falklands Conflict 1982* (2nd edn, London, 1991)다. **#105.** David Butler et al., *The British General Election of 1983* (London, 1984); EJH, 'Labour's Lost Millions', *Marxism Today*, October 1983, pp. 7-13. 아래 서술도 이것을 참조. **#106.** 또한 EJH, 'The State of the Left in Western Europe', *Marxism Today*, October 1982, pp. 8-15를 보라. **#107.** MRC 937/1/1/4: Ralph Miliband to EJH, 3.1.84. 밀리밴드는 기고문 'The New Revisionism in Britain', *New Left Review*, 1/15, March-April 1985에서 자신의 주장을 공개적으로 개진했다. **#108.** MRC 937/1/1/4: EJH to Ralph Miliband, 9.1.84. **#109.** Ibid: Ralph Miliband to EJH, 19.1.84; also EJH, 'Labour: Rump or Rebirth?' *Marxism Today*, March 1984, pp. 8-12. **#110.** MRC 937 8/2/18: EJH to Tzu-chen Yang, 28.2.02. 또한 키넉이 에릭을 인용한 실례로는 Ruth Winstone (ed.), *Tony Benn: Free at Last: Diaries 1991-2001* (London, 2002), p. 130 (18.8.1992)을 보라. **#111.** CCAC/KNNK 17/25: Patricia Hewitt to Neil Kinnock, n.d., 'RE: *Marxism Today* interview with Eric Hobsbawm'. Eric Hobsbawm, 'The Face of Labour's Future', *Marxism Today*, 28/10, October 1984, pp. 8-15를 보라. **#112.** 마틴 자크와의 인터뷰, 16.8.2016. **#113.** CCAC/KNNK 17/25: Sidekicks Services to the Media: Neil Kinnock Interview, Full Transcript, pp. 1-12. 공개된 버전의 인터뷰는 EJH, 'The Face of Labour's Future: Eric Hobsbawm interviews Neil Kinnock', *Marxism Today*, October 1984, pp. 8-15를 보라. **#114.** CCAC/KNNK 17/25: Sidekicks Services to the Media: Neil Kinnock Interview, Full Transcript, pp. 13-33. **#115.** Logie Barrow, 'Anatomising Methuselah', 미발표 타자 원고. 새뮤얼의 50세 생일은 1984년 12월 26일이었다. **#116.** EJH, 'The Retreat into Extremism', *Marxism Today*, April 1985, p. 7. **#117.** EJH, 'Snatching Victory From Defeat', *Marxism Today*, May 1987, pp. 14-17; and EJH, 'Out of the Wilderness', *Marxism Today*, October 1987, pp. 12-19. 아래 서술도 이것을 참조. **#118.** EJH, 'No Sense of Mission', *Marxism Today*, April 1988, pp. 14-17; EJH, 'Ostpolitik Reborn', *Marxism Today*, August 1987, pp. 14-19; Reviews in MRC 937/8/2/18. **#119.** EJH, 'Another Forward March Halted', *Marxism Today*, October 1989, pp. 14-19. **#120.** MRC 937/8/2/29: Ben Pimlott, 'Marx of weakness, Marx of woe', *Independent on Sunday*, 29.6.97, pp. 28-9. **#121.** 로더릭 플로드와의 인터뷰, 14.9.2016. **#122.** 마틴 자크와의 인터뷰, 16.8.2016. **#123.** EJH to Alan Adamson, 18.11.1980 (주디스 애덤슨이 사본 제공). **#124.** HFA: J. R. Stewart to EJH, 30.7.82. 1985년 10월 에릭은 버크벡의 명예 펠로로 선출되었다 (HFA: George

Overend to EJH, 30.10.85). **#125.** 아이라 카츠넬슨과의 인터뷰, 23.8.2016. 아래 서술도 이것을 참조. **#126.** Ira Katznelson, 'Hobsbawm's 20th Century. A Memorial Event', The New School, 25.10.2013 (typescript). **#127.** HFA: EJH to Marlene, 22.9. [1987]. **#128.** 아이라 카츠넬슨과의 인터뷰, 23.8.2016. 아래 서술도 이것을 참조. **#129.** Eric Foner to RJE, 29.7.2016 (email). **#130.** 아이라 카츠넬슨과의 인터뷰, 23.8.2016, 아래 서술도 이것을 참조. **#131.** HFA: EJH to Marlene, 18.11.1987. **#132.** HFA: EJH to Marlene, 16.9.1986. **#133.** HFA: EJH to Marlene, n.d. 뉴욕 상원의원 대니얼 모이니핸은 케네디 정부와 닉슨 정부 시절에 재직했다. **#134.** HFA: EJH to Marlene, 23.11.1986. **#135.** HFA: EJH to Marlene, 12.11. [1988]. **#136.** Joanna Innes, 'Eric Hobsbawm as *Past & Present* Editor', '홉스봄 이후'라는 학술대회를 위해 쓴 미발표 논문 1.5.14; Keith Thomas, EJH에 대한 미발표 타자 원고. **#137.** MRC 937/1/2/12: Edward Thompson to EJH, 4.7.87. **#138.** MRC 937/1/1/4: EJH to Paul [no surname], 23.12.86. **#139.** 이 모든 논평은 MRC 937/7/4/11에 있다. **#140.** CUL, Press 3/1/5/989 Hobsbawm: William Davies to EJH, 25.4.78. **#141.** Ibid: Memorandum of Agreement, 26.4.82. **#142.** Ibid: Terence Ranger to William Davies, 24.12.81. **#143.** Ibid: EJH to William Davies, 22.12.81. **#144.** Ibid: Memorandum of Agreement, 26.4.82. **#145.** *IT*, p. 103. **#146.** MRC 937/8/2/13: P.N. Furbank, '"The kilt was invented by a Quaker in 1730"', *Listener*, 1.3.84. **#147.** Ibid: Colin McArthur, 'Culture as Power: A New Analysis', *Cencrastos*, 16 (1984). **#148.** MRC 937/8/2/14: Roy Foster, 'Master of Exceptions', *New York Review of Books*, 5.12.85, pp. 44-6. **#149.** Ibid: Alastair Reid, 'Class and Organization', *Historical Journal*, 30/1 (1987), 페이지 번호가 없는 교정쇄. **#150.** Ibid: Jeffrey Cox, 'Labor History and the Labor Movement', *Journal of British Studies*, 25/2 (April 1986), pp. 234-41. **#151.** HRC David Higham Associates 531: EJH to Bruce Hunter, 30.11.77. **#152.** 파트리크 프리덴송과의 인터뷰, 날짜 불명. 베다리다의 뛰어난 저서는 영어로 번역되었고 1991년에 《영국 사회사 1851～1990 A Social History of England 1851-1990》이라는 제목으로 개정되었다. **#153.** 크리스 리글리와의 인터뷰, 5.10.2016. **#154.** HRC B-42 David Higham Associates 602: Penny Bruce to EJH, 28.6.78. **#155.** Ibid: EJH to Bruce Hunter, 7.6.78. **#156.** WNA, 'The Age of Capital': Andrew Wheatcroft to EJH, 15.11.74. **#157.** Ibid: EJH to Andrew Wheatcroft, 21.11.74. **#158.** MRC 937/7/8/1: 'Rathaus/history', Jan. 2008, p. 6. **#159.** WNA, 'The Age of Capital': Andrew Wheatcroft to EJH, 28.11.74. **#160.** HRC B-42 David Higham Associates 531: EJH to Bruce Hunter, 30.11.77. **#161.** MRC 937/1/6/24: 날짜 없는 편지의 한 장. **#162.** HRC B-42 David Higham Associates 843: Penelope Bruce to EJH, 8.5.80. **#163.** HRC B-43 David Higham Associates 1335: Bruce Hunter to

EJH, 22.12.86. **#164.** Entretien entre Michelle Perrot et Charlotte Faucher, 20.9.2016. **#165.** Richard J. Evans, *Comrades and Sisters: Feminism, Socialism and Pacifism in Europe, 1870-1945* (London, 1987)를 보라. **#166.** MRC 937/8/2/15: Martin Pugh, 'Imperial motives', 출처 불명의 오려낸 기사, 3.11.87. **#167.** Ibid: Michael Foot, 'A new world', *Guardian*, 23.10.87, p. 15. **#168.** Ibid: Catherine Hall, 'Twilight hour', *New Statesman*, 20.11.87. **#169.** EJH, 'Man and Woman in Socialist Iconography', *History Workshop Journal*, No. 6 (Autumn, 1978), pp. 121-38; Ruth Richardson, '"In the Posture of a Whore"? A Reply to Eric Hobsbawm', *History Workshop Journal*, No. 14 (Autumn, 1982), pp. 132-7; *History Workshop Journal*, No. 8의 다른 논문들. **#170.** MRC 937/8/2/15: Catherine Hall, 'Twilight hour', *New Statesman*, 20.11.87. **#171.** Ibid: Gertrude Himmelfarb, 'The Death of the Middle Class', *Wall Street Journal*, 14.3.88, p. 24. **#172.** Ibid: Geoffrey Field, 'The Longest Century', *Nation*, 20.2.1988, pp. 238-41; James Joll, 'Goodbye to All That', *New York Review of Books*, 14.4.1988, pp. 3-4; Nicolau Sevcenko의 'Hobsbawm chega com "A Era dos imperios"', *Folha de S. Paulo*, 4.6.1988에 실린 EJH의 답변. **#173.** Joll, 'Goodbye to All That', pp. 3-4. **#174.** MRC 937/8/2/15: John Campbell, 'Towards the great decision', *Times Literary Supplement*, 12-18.2.1988, p. 154. 아래 서술도 이것을 참조. **#175.** Ibid: David Cannadine, 'The strange death of liberal Europe', *New Society*, 27.10.87, pp. 26-7. **#176.** Ibid: F. M. L. Thompson, 'Going down with the band playing and the rich in evening dress', *London Review of Books*, 7.7.1988, pp. 12-13; H. G. Pitt, 'Loyal to Marxism', *London Magazine*, February 1988, pp. 93-6은 더 저속한 방식으로 자본주의의 내구성을 확언한다("웨스트민스터에서 공원을 가로질러 피커딜리까지 다소 비싼 점심을 먹기 위해 가는 활기찬 발걸음은 예고된 대변동이 아직 도래하지 않았다는 확신을 줄 것이다"). **#177.** MRC 937/8/2/22/1: Perry Anderson, 'Confronting Defeat', *London Review of Books*, 17 October 2002, pp. 10-17. 아래 서술도 이것을 참조. **#178.** Ibid, pp. 10-11. **#179.** MRC 937/1/6/1: EJH letter, 16.5.86. **#180.** MRC 937/8/2/22/2: Neal Ascherson, 'The age of Hobsbawm', *Independent on Sunday*, 2 October 1994. **#181.** 로이 포스터와의 인터뷰, 5.10.2016.

9. "예레미야"

#1. Paulo Sérgio Pinheiro, 'Eric Hobsbawm: Espelho de um mundo em mutaçao', *Estado de São Paulo*, 12.6.1988, pp. 80-1. **#2.** 파트리크 프리덴송과의 인터뷰, 날짜 불명 (2016). **#3.** 'The End of the Affair, A Roundtable Discussion', *Marxism Today*, January 1990, pp. 40-5. **#4.** EJH, 'Splitting Image', *Marxism Today*, February 1990, pp. 14-19; EJH, 'Poker Face', *London Review of Books*, 8.4.2010. **#5.** EJH, 'Goodbye To All That', *Marxism Today*, October 1990, pp. 18-23. **#6.** MRC 937/1/6/2: EJH to Chris Wrigley, 4.2.1991. **#7.** EJH, 'Lost horizons', *New Statesman*, 14.9.1990, pp. 16-18. **#8.** 'Fimda URSS ameaca conquistas sociais', *Folha de S. Paulo*, 11.12.1992; 'Hobsbawm revê socialismos "apos a queda"', *Folha de S. Paulo*, 10.12.1992. **#9.** Paul Barker, 'Waking from History's Great Dream', *Independent on Sunday*, 4.2.90. 아래 서술도 이것을 참조. **#10.** 개리 런시먼과의 인터뷰 26.7.2016. **#11.** MRC 937/1/6/3: EJH to Vicente Girbau León, 14.5.92. **#12.** MRC 937/8/2/25: 'Gerechter Krieg', *Frankfurter Allgemeine Zeitung*, 27.7.95. **#13.** EJH to James D. Young, 13.5.88, 'Eric J. Hobsbawm: "Communist" Historian, Companion of Honour and Socialism's Ghosts', from *New Interventions*, Vol. 10, Nos 3-4 (2001) online at https://www.marxists.org/history/etol/writers/young/hobsbawm/index.htm에서 인용. 스코틀랜드 극좌파의 여러 소집단들 사이에서 정치적 충성을 계속해서 바꾼 듯한 제임스 D. 영은 대머리에 무뚝뚝하고 얼굴이 붉고 화가 많고 키가 작은 사람으로, 1970년대에 스털링대학 역사학과에 나와 함께 재직할 때 '학과의 볼셰비키'를 자처하곤 했지만, 실제로는 볼셰비즘에 대해 거의 몰랐다. **#14.** MRC 937/1/1/4: EJH to UNU/WIDER, 9.4.87. **#15.** John Breuilly, 'Eric Hobsbawm: nationalism and revolution', *Nations and Nationalism*, 21/4 (2015), pp. 630-57. **#16.** CUL, Press 3/1/5/989 Hobsbawm: EJH to William Davies, 20.1.90. **#17.** EJH, 'Dangerous exit from a stormy world', *New Statesman*, 8.11.1991, pp. 16-17. **#18.** EJH, 'Whose fault-line is it anyway?', *New Statesman*, 24.4.1992, pp. 23-6, *Anthropology Today*, February 1992에 재수록. **#19.** EJH, 'The nation is Labour's for the taking', *New Statesman*, 3.5.1996, pp. 14-15. **#20.** MRC 937/8/2/20: Eugen Weber, 'Imagined communities', *Times Literary Supplement*, 26.10-1.11.1990, p. 1149. **#21.** Ibid: Brendan O'Leary, 'Hobsbawm's Choice', *Times Higher Education Supplement*, 19.10.1990. **#22.** Ibid: Michael Walzer, 'Only Connect', *New Republic*, 13.8.90, pp. 32-4. **#23.** Ibid: Carl Levy, in *Labour History Review*, 56/3 (1991). **#24.** CUL, Press 3/1/5/989: Hobsbawm: EJH to Christine Oram, 24.4.90. 케임브리지대학 출판부는 이 책에 대한 해외 판권을 보유했는데, 이는 모든 와일즈 강연 출판물의 특징이었다. 따라서 에릭의 저작권 대리인은 출판 계약을 협상한 다음 케임브리지대학 출판부에 넘겨주는 방법으로 외국 판본을 확보했다. **#25.** Ibid: Hobsbawm: Christine Oram to Frank Schwoerer, 8.6.90. **#26.** 'Il disoreine organizzato. Intervista con lo storico Hobsbawm. Il future del mondo: Balcanizzazione globale?', *L'Unità*, 14.4.1991. **#27.** http://www.bbc.co.uk/news/uk-wales-39281345, accessed 2.12.2017. **#28.** HFA: Welsh cottage; Parc correspondence: Lovegrove-Fielden to EJH, 5.7.91. **#29.** Peter Florence, 'Eric Hobsbawm turned history into an art', *Daily Telegraph*, 5.10.2012. 이 무렵《데일리 텔레그래프》는 헤이 축제를 후원하고 있었다. **#30.** Marlene Hobsbawm to RJE, email, 1.6.2018. **#31.** 리처드 래스본과의 인터뷰, 15.12.2016. 존 버트(John Birt)는 1992년부터 2000년까지 BBC의 사장이었다. 당시 같은 자리에 있던 다른 사람들에 따르면 사실 에릭의 연설은 전혀 길지 않았다. **#32.** Frank Trentmann, 'Living history', *BBK: Birkbeck Magazine*, issue 31 (2012), pp. 8-9. **#33.** MRC 937/7/6/1-2: 'Festa a Genova per gli 80 anni del grande storico inglese'. **#34.** MRC 937/8/2/29: Keith Thomas, 'Myth breaker', *Guardian* review section, 10.7.97, p. 16. **#35.** Ibid: Orlando Figes, 'Revolution in the head', *The Times*, 5.6.97, p. 41. **#36.** 도널드 서순과의 인터뷰, 20.10.2016. 에릭은 토니 벤에게 1998년 6월 이렇게 말했다. "블레어는 사회주의와 아무런 관련도 없습니다. 그는 사회주의가 무엇을 의미하는지도 모르고 그저 권력에 관심이 있을 뿐입니다." (Ruth Winstone (ed.), *Tony Benn: Free at Last: Diaries 1991-2001* (London, 2002), pp. 487-8, 21.6.98. **#37.** 개리 런시먼과의 인터뷰, 26.7.2016; Keith Thomas, EJH에 대한 미발표 타자 원고. **#38.** Andrew Gimson, 'Eric Hobsbawm: Companion of Dishonour', *Standpoint*, November 2012 (http://www.standpointmag.co.uk/node/4691/full). **#39.** 'Sir Alfred Sherman', Obituary, *Daily Telegraph*, 28.8.06. **#40.** Alfred Sherman, 'Last year's slogans', *Spectator*, 25.7.98. 아래 서술도 이것을 참조. **#41.** Young, 'Eric J. Hobsbawm' (위의 미주 13 참조). **#42.** MRC 937/4/3/1/8: 'The Missing History—A Symposium', *Times Literary Supplement*, 23-29.6.89, p. 690. **#43.** MRC 937/7/8/1: 'Rathaus/history', Jan. 2008, p. 6. **#44.** MRC 937/1/1/4: George Weidenfeld to EJH, 21.4.87. **#45.** HRC B-43 David Higham Associates 1528-1529: EJH to Bruce Hunter, 28.4.88. **#46.** Ibid: Hunter to EJH, 24.5.88. 스톤은 약속한 책을 끝내 쓰지 못했다. 헌터는 분명히 책의 개요에 대한 평가를 의뢰했다. **#47.** Ibid: Bruce Hunter to EJH, 10.6.88. **#48.** Ibid: Bruce Hunter pencil note, 14.6.88. **#49.** 브루스 헌터와의 인터뷰, 26.7.2016. 아래 서술도 이것을 참조. **#50.** HRC B-43 David Higham Associates 1528-1529: Bruce Hunter to EJH, 10.6.88. **#51.** Ibid: Bruce Hunter to EJH, 17.6.88. **#52.** Ibid: Bruce Hunter to EJH, 27.6.88. **#53.** 브루스 헌터와의 인터뷰, 26.7.2016. **#54.** HRC B-43 David Higham Associates 1528-1529: A. Goff to EJH, 1.12.88; reply 5.12.88. **#55.** 'Eric Hobsbawm: A Historian Living Through History', *Socialist History*, 1995, pp. 54-64 (BBC Radio 3 'Nightwaves', 1.11.1994에 방송된 대담 기록). **#56.** Virginia Berridge, 'The present as history: writing the history of one's own time, Eric Hobsbawm (1993)', in David Bates et al. (eds), *The Creighton Century, 1907-2007* (Institute of Historical Research, London, 2009), pp. 277-94. 강연은 에릭의 기고문 'The time of my life', *New Statesman*, 21 October 1994, pp. 29-33 에 요약되어 있다. **#57.** MRC 937/1/6/3: Peter Holwell to EJH, 11.11.93. **#58.**

Ibid: EJH to the Principal, University of London, 13.11.93. **#59.** Ibid: Peter Holwell to EJH, 16.11.93. **#60.** Ibid: Peter Holwell to EJH, 17.12.93. **#61.** EJH, 'Facts are not enough', *New Statesman*, 8.8.97, pp. 48-9. 마틴 길버트는 옥스퍼드의 20세기 유럽사 강좌에서 나의 튜터였는데, 나의 주장을 전부 무시하면서 나의 영어 글쓰기를 향상시키는 데 초점을 맞추었다("어차피 졸업시험을 치를 무렵이면 생각이 바뀌어 있을 걸세"). **#62.** MRC 937/8/2/22/2: EJH, 'The time of my life', *New Statesman*, 21.10.94, pp. 29-33. **#63.** 리즈 그란데와의 인터뷰, 15.12.2016. 아래 서술도 이것을 참조. **#64.** 가브리엘 가르시아 마르케스는 소설가로 1982년 노벨문학상을 수상했다. **#65.** 나는 이 강연에 참석했고 이 발언을 특히 인상적으로 기억하고 있다. **#66.** HRC B-44 David Higham Associates 2289: Bruce Hunter to EJH, 5.1.94. **#67.** Ibid: EJH to Susan Watt (Michael Joseph) 21.3.94 (브루스 헌터에게 전해진 사본), and Bruce Hunter to EJH, 24.3.94. **#68.** MRC 937/8/2/22/2: 'Crits' (손으로 적은 메모). **#69.** Ibid: Neal Ascherson, 'The Age of Hobsbawm', *Independent on Sunday*, 2.10.94, p. 21. **#70.** Ibid: Edward Said, 'Contra Mundum', *London Review of Books*, 9.3.95, pp. 22-3. **#71.** MRC 937/8/2/22/1: Göran Therborn, 'The Autobiography of the Twentieth Century', *New Left Review* 214 (November/December 1995), pp. 81-90; Tom Nairn, 'Breakwaters of 2000: From Ethnic to Civic Nationalism', ibid, pp. 91-103; Michael Mann, 'As the Twentieth Century Ages', ibid, pp. 104-25. **#72.** Ibid: Kevin Davey, 'Age of Conservatism', *Tribune*, 16.12.94. **#73.** Ibid: Angus Calder, 'Angry account of a century ending in chaos', *Scotland on Sunday*, 30 October 1994. **#74.** Ibid: review by Ross McKibbin, *Times Literary Supplement*, 24.10.94; Perry Anderson, 'Confronting Defeat', *London Review of Books*, 17 October 2002, pp. 10-17, at pp. 12-13; also MRC 937/8/2/36: Stephen Kotkin, 'Left behind', *New Yorker*, 29.9.03. **#75.** Ibid: pp. 13-14. 유사한 논점으로는 MRC 937/8/2/22/1: Michael Barratt Brown, 'In Extremis: The Forward March of Hobsbawm Halted', *Spokesman* (1995), pp. 95-102 를 보라. 런던에서 활동하는 언론인 토마스 노보트니(Thomas Nowotny)는 이 책의 비관주의는 명백히 마르크스주의에 부합하지 않는다고 생각했다(*Österreichische Zeitschrift fur Geschichtswissenschaft* 2/99의 서평, 페이지 누락: MRC 937/8/2/29의 사본). **#76.** MRC 937/8/2/22/1: Christopher Caldwell, in *American Spectator*, June 1995, pp. 58-61. 닐 애셔슨도 이 시기에 대한 관습적인 묘사를 《극단의 시대》가 어떻게 뒤엎었는지를 지적했다 (MRC 937/8/2/22/2: Neal Ascherson, 'The age of Hobsbawm', *Independent on Sunday*, 2.10.94, p. 21). **#77.** MRC 937/8/2/22/1: Eugene D. Genovese, 'The Squandered Century', *New Republic*, 17 April 1995, pp. 38-43. **#78.** Ibid: Tony Judt, 'Downhill All the Way', *New York Review of Books*, 25.5.1995, pp. 20-5. 아래 서술도 이것을 참조. **#79.** MRC 937/8/2/22/2: Niall Ferguson, 'How Stalin saved the West', *Sunday Telegraph*, 23.10.94. **#80.** Ibid: Andrew Roberts, 'An inadvertent history lesson', *Daily Telegraph*, 29.10.94. **#81.** Ibid: Daniel Johnson, 'History man who plays with extremes', *The Times*, 15.10.94. 존슨뿐 아니라 사상사가 마이클 비디스(Michael Biddiss)도 20세기를 세 부분으로 나누고 마지막 부분에서 몰락을 예언한 이 책이 슈펭글러의 《서구의 몰락》과 비슷하다고 보았다 (MRC 937/8/2/22/2: Michael Biddiss, 'Four Ages of Modern Man', *Government and Opposition*, 30/3 (1995), pp. 404-11). **#82.** Ibid: Modris Eksteins, 'Hobsbawm's book on 20th century extraordinary', *Toronto Globe and Mail*, 29.4.95, C25. **#83.** 브루스 헌터와의 인터뷰, 26.7.2016. **#84.** MRC 937/8/2/23/2: EJH 'Comments on discussion of Eric Hobsbawm: The Age of Extremes' (typescript); MRC 937/8/2/22/2: 프리드먼의 서평과 홉스봄의 응답, 타자 원고. 에릭이 언급한 '최근 연구'는 아마도 Christopher Browning, *Ordinary Men: Reserve Police Battalion 101 and the Final Solution in Poland* (New York, 1993)였을 것이다. **#85.** HRC B-44 David Higham Associates 2289: Bruce Hunter to EJH, 25.10.94. **#86.** Ibid: Telephone message re. *Age of Extremes*, EJH to Bruce Hunter. 나는 이 시기 직전에 인터넷 사용법을 배우기 위해 버크벡을 나서는 에릭과 마주친 적이 있다. **#87.** Ibid: EJH to Bruce Hunter, 12.10.94 and 11.8.94, and Ali Groves to EJH, 25.8.94. **#88.** Ibid: Marlene Hobsbawm, invitation list, 23.9.1994. **#89.** Ibid: Ali Groves to EJH, 7.11.94. **#90.** Ibid: Ali Groves to EJH, 28.11.94. **#91.** HRC B-45 David Higham Associates 180: Catherine Rutherford to William Miller, 7.3.95, 그리고 이 일에 대한 나의 기억. **#92.** Ibid: EJH to Ania Corless, 28.3.95와 첨부 문서. **#93.** MRC 937/1/6/9: Eginhard Hora (Hanser Verlag) to EJH, 2.2.96. **#94.** 여러 사례 가운데 MRC 937/8/2/25: Ludger Heidbrink, 'Die Alternative ist Finsternis', *Süddeutsche Zeitung*, 17.3.76을 보라. **#95.** Ibid: Franziska Augstein, 'Mann ohne Club: Hobsbawm und seine Epoche', 출처와 날짜 불명의 기사, 18.1.93. **#96.** MRC 937/1/6/9: Eginhard Hora (Hanser Verlag) to EJH, 2.2.96. **#97.** MRC 1215/7: 'Lula'. **#98.** MRC 937/1/6/6: EJH report, 8.2.95. **#99.** 카르도주의 손자 Pedro Cardoso Zylbersztajn을 통한 이메일 인터뷰. 알랭 투렌은 사회과학고등연구원의 연구책임자였다. **#100.** HRC B-45 David Higham Associates 180: Luiz Schwarz to Ania Corless, 23.2.95. **#101.** 수치는 에릭의 브라질 출판사인 콤파니아다스레스타스(Companhia das Letras)와 브라질에서 에릭의 책을 처음 펴낸 출판업자 파스에테라의 아들 마르쿠스 가스파리앙에게서 얻었다. **#102.** Peter Florence, 'Eric Hobsbawm turned history into an art', *Daily Telegraph*, 5.10.2012. FLIP (Festa Literária Internacional de Parati)은 예나 지금이나 브라질 최대의 도서 축제다. **#103.** EJH, *Echoes of the Marseillaise: Two Centuries Look Back on the French Revolution* (London, 1990), pp. 1-31. **#104.** Ibid, pp. 33-66. **#105.** Ibid, pp. 67-90. **#106.**

Ibid, p. 92. **#107.** Ibid, pp. 91-113. **#108.** HRC B-45 David Higham Associates 180: EJH to Pierre Nora, 1.3.95, EJH to Ania Corless, 1.5.95; MRC 937/1/6/7: Pierre Nora to EJH, 24.3.95. 렌초 데 펠리체는 여러 권으로 된 무솔리니 평전의 저자였는데, 다수의 평론가들은 무솔리니에게 지나치게 우호적인 평전이라고 생각했다. 에른스트 놀테는 나치즘은 공산주의의 위협에 맞선 이해할 만한 대응, 심지어 어느 정도는 정당한 대응이라고 여러 차례 주장했다. **#109.** MRC 937/4/3/2/1: EJH ʻHistory and Illusionʼ, typescript. 또한 같은 서류철에 있는 교정쇄 기고문 Furet, ʻSur lʼillusion communisteʼ를 보라. **#110.** HRC B-45 David Higham Associates 180: EJH to Pierre Nora, 1.3.95. **#111.** Ibid: EJH to Ania Corless, 1.5.95; MRC 937/1/6/6: Pierre Nora to EJH, 11.7.95. **#112.** MRC 937/1/6/9: EJH to Ania Corless, 11.1.96. **#113.** MRC 937/1/6/8: Pierre Nora to EJH, 24.1.96. **#114.** MRC 937/1/3/13: EJH to Pierre Nora, 5.2.96. **#115.** MRC 937/1/3/12: Richard Figuier letter to David Higham Associates, 4.4.97. **#116.** MRC 937/8/2/23/1: Philippe-Jean Catinchi, ʻDécapant et polémique, le XXe siècle dʼEric Hobsbawm est publié en françaisʼ, *Le Monde Diplomatique*, 28.10.99, p. 32. **#117.** Entretien entre Elise Marienstras et Charlotte Faucher, 27.6.2016 à Paris. **#118.** MRC 937/8/2/23/1: EJH, ʻDamned before they publishedʼ, *New Statesman*, 18.10.99, p. 41. **#119.** MRC 937/1/3/12: Ania Corless to EJH, 10.6.97; Olivier Bétourné to Boris Hoffman, 3.6. 97. **#120.** MRC 937/8/2/23/1: Philippe-Jean Catinchi, ʻDécapant et polémique, le XXe siecle dʼEric Hobsbawm est publié en françaisʼ, *Le Monde*, 28.10.99, p. 32. **#121.** MRC 937/1/3/13: EJH to Pierre Nora, 5.2.96. **#122.** MRC 937/8/2/23/1: ʻCommunisme et fascisme au XXe siècleʼ, *Le Débat*, March-April 1996; ʻSur lʼhistoire du XXe siecleʼ, *Le Débat*, January-February 1997; 특히 후자에 실린 Pierre Nora, ʻTraduire: nécessité et difficultésʼ, pp. 93-5를 보라. MRC 937/8/2/22/2의 간략한 논평: ʻFuret vs Hobsbawmʼ, *Newsletter — Committee on Intellectual Correspondence*, Fall/Winter 1997/98, p. 10, and Adam Shatz, ʻChunnel Visionʼ, *Lingua Franca*, November 1997, pp. 22-4. 또한 Ruggiero Romano, ʻUne Étrange Anomalieʼ, *Revue européenne des sciences sociales*, XXXV (1997), 109, pp. 176-9; Thierry Denoël, ʻLe livre interditʼ, *Le Vif/LʼExpress*, 22.10.99, pp. 36-7을 보라. **#123.** MRC 937/1/3/12: EJH to André Versaille, 24.1.99. **#124.** MRC 937/8/2/23/1: Thierry Denoël, ʻLe livre interditʼ. **#125.** Ibid: Enzo Traverso, ʻDes livres, du marché et de lʼair du tempsʼ, *Quinzaine Littéraire*, 8.99, pp. 13-14. **#126.** Ibid: Philippe-Jean Catinchi, ʻDécapant et polemiqueʼ (위의 미주 120 참조). **#127.** Ibid: Robert Verdussen, ʻHobsbawm et son XXe siecleʼ, *La Libre Culture* [Belgium], 3.11.99, p. 3. **#128.** MRC 937/1/3/12: EJH to André Versaille, 29.7.99; Gabrielle Gelber to EJH (fax), 16.7.99. **#129.** Ibid:

'PARIS: Lancement de *l'Age des Extrèmes*: PLANNING'; MRC 937/8/2/23/1: 'Lancement de l'Age des Extrèmes: AGENDA'. 에릭은 소르본 강연에서 크레이턴 강연을 되풀이했다 ('le siècle des extrêmes', ibid, *Res Publica* 23); MRC 937/2/117). 프랑스 출판계에 대한 추가 언급이 있는 타자 원고; HRC B-44 David Higham 68 R15382 (3rd acquisition): Ania Corless to André Versaille, 9.9.99. **#130.** 브루스 헌터와의 인터뷰, 26.7.2016. **#131.** MRC 937/8/2/23/1: EJH, "'L'Age des extrêmes" échappe à ses censeurs', *Le Monde Diplomatique*, 9.99, pp. 28-9. 이 문단의 나머지도 이것을 참조. **#132.** Ibid. **#133.** Ibid: Ismael Saz, 'Dos autores y un destino. Furet, Hobsbawm y el malhadado siglo XX', *Eutopías 2a época: Documentos de trabajo*, Vol.135 (Valencia, 1996); 'Historikerstreit: Hobsbawm gegen Furet', *Frankfurter Allgemeine Zeitung* Feuilleton, 13.7.95; Bernado Valli, 'Eric Hobsbawm la Francia lo mette all' indice', *La Repubblica*, 8.4.97; 프랑스어와 그밖의 언어로 쓴 다른 서평과 언론 발췌문은 MRC 937/8/2/24를 참조. **#134.** Ibid: 'Hobsbawm: perche i francesi mi hanno ritutato', *L'Unità*, 12.9.1999. **#135.** MRC 937/8/2/23/1: 'l'affairette Hobsbawn', *Livres hebdo*, 8.10.99. 또한 MRC 937/8/3/34: 'L'affaire Hobsbawn', *Libération*, 9.9.99 를 보라. **#136.** MRC 937/8/2/23/1: 'Top Livres Hebdo', *Le Journal de Dimanche*, 14.11.99 (《극단의 시대》는 프랑스 공적 생활에서의 부패를 다룬 책에 이어 비소설 부문에서 2위를 차지했다). 같은 서류철의 다른 베스트셀러 목록들도 보라 (이 책은 'Les Stars du Marché', *Le Soir*, 10-11.11.99에서 4위를 차지했다); Antoine Frodefond, 'Le 20ème siècle vu par Eric Hobsbawm: un livre dérangeant en France', *La Dépêche du midi (Dimanche Quinzaine Littéraire)*, 11.11.99; HRC B-44 David Higham Associates 68 R15382 (3rd acquisition): Ania Corless to Agence Hoffman, 10.11.99. **#137.** MRC 937/8/2/23/1:Jacques Nobécourt, 'Un Marxist recompose le XXe siècle'. **#138.** Ibid: Jean-Pierre Casanova, 'Les habits neufs du progressisisme. Une étrange interpretation du XXe siècle, selon Eric J. Hobsbawm'. **#139.** MRC 937/8/2/23/1의 다양한 출판물을 보라. **#140.** DHAA Trans 2009 2/2: Ania Corless to Jeanine Windey, 15.5.08, and to George Hoffman, 17.6.08. **#141.** MRC 937/1/6/7:BBC-*Desert Island Discs: Prof. Eric Hobsbawm*. **#142.** Ibid: Maxine Berg to EJH, 7.3.95. **#143.** *The Late Show*, BBC Television, 24 October 1994. **#144.** MRC 937/1/1/6: EJH to Ivan Avakumovic, 30.3.2007. **#145.** MRC 937/1/6/5: David Herman to EJH, 25.10.94; EJH to David Herman, 29.10.94. **#146.** MRC 937/7/8/1: EJH to Jason Heppell, 30.6.97. **#147.** Eric Hobsbawm (안토니오 폴리토(Antonio Polito)와의 대화), *The New Century* (앨런 캐머런(Allan Cameron)이 이탈리아어를 영어로 번역, London, 2000[1999]), pp. 158-9. **#148.** MRC 937/7/4/8: 1988년 가을학기 학생들의 강의 평가. **#149.** Ibid: 강의 개요. **#150.** 리즈 그란데와의 인터뷰, 15.12.2016. 아래 서술도

이것을 참조. **#151.** MRC 937/1/6/6: Judith Friedlander to EJH, 13.1.94. **#152.** Ibid: EJH to Judith Friedlander, 15.6.95. **#153.** MRC 937/7/4/8:Judith Friedlander to EJH, 11.6.96. **#154.** Ibid: EJH to Judith Friedlander, 4.3.96. **#155.** Ibid: Michael Hanagan to EJH, 9.5.96. **#156.** Ibid: note by EJH, 11.11.1998. **#157.** Arthur M. Schlesinger Jr, *Journals 1952-2000* (London, 2008), pp. 807-8. 카를로스 푸엔테스는 여러 작품이 영어로 번역된 멕시코의 주요 소설가였다. 에드나 오브라이언은 아일랜드의 주요 소설가였다. 로널드 드워킨은 미국인으로 옥스퍼드에서 가르친 법철학자였다. 브라이언 어쿼트는 영국군 퇴역 장교이자 유엔의 사무부총장이었다(유엔 평화유지군의 담청색 헬멧을 고안했다). 아바 에반은 이스라엘 전 외무장관이었다. 머리 켐프턴은 퓰리처상을 수상한 미국 언론인으로, 《뉴욕 리뷰 오브 북스》의 공동 창업자이자 공동 편집장인 바버라 엡스타인과 함께 살았다. **#158.** Judith Friedlander to RJE, 2.8.2016 (email). **#159.** MRC 937/1/6/4: 'A concerned student' to EJH, the Dean and the Head of Department, 11.10.94. **#160.** Judith Friedlander to RJE, 2.8.2016 (email). **#161.** MRC 937/7/4/8: Louise Tilly to EJH, 2.4.96; Judith Friedlander to RJE, 2.8.2016. **#162.** Ibid: Louise Tilly to EJH, 4.5.96. **#163.** Ibid: EJH to Judith Friedlander, 4.3.96. **#164.** Judith Friedlander to RJE, 2.8.2016 (email). **#165.** MRC 937/1/6/3: Eugene D. Genovese to EJH, 3.6.92. **#166.** Ibid: EJH to Eugene D. Genovese, n.d. (1992). **#167.** Ibid: 유진 D. 제노비스는 《요단강아 흘러라: 노예들이 만든 세계Roll, Jordan, Roll: The World the Slaves Made》(New York, 1974)를 비롯한 여러 책의 저자이고, 엘리자베스 폭스-제노비스는 《플랜테이션 가정 안에서: 옛 남부의 흑인 여성과 백인 여성 Within the Plantation Household: Black and White Women of the Old South》(London, 1988)》의 저자다. **#168.** MRC 937/7/8/1: EJH to Bill Palmer, n.d. (July 1997). 아래 서술도 이것을 참조. **#169.** MRC 937/8/2/37: David Rosenthal, 'Why the Left is right', *Scotsman*, 7.7.07. **#170.** 리즈 그란데와의 인터뷰, 15.12.2016. **#171.** MRC 937/1/6/2: EJH to Poole, Gasters, Solicitors, 13.2.1990. **#172.** MRC 937/1/6/3: Andy Hobsbawm to EJH, n.d. (1993). **#173.** Joan Walker, 'Joss Bennathan: Obituary', *Guardian*, 9 December 2014. **#174.** MRC 937/1/6/3:Joss Bennathan to EJH, 29.10.91. 아래 서술도 이것을 참조. **#175.** Joan Walker, 'Joss Bennathan: Obituary', *Guardian*, 9 December 2014. 매리언 베너던은 2018년 초에 알츠하이머병으로 사망했다. **#176.** 로빈 마르체시와의 인터뷰, 6.12.16. 아래 서술도 이것을 참조. **#177.** 앤 마르체시와 마를린 홉스봄에게서 얻은 정보. **#178.** MRC 937/8/2/32: Anna Davis to EJH, 18.12.97; Ania Corless to EJH, 19.12.97; EJH to Daniela Bernardelle, 19.1.98; *Village Voice Literary Supplement*, July/August 1998. **#179.** Ibid: Verena Dobnik, '"Communist Manifesto" is making its Marx again', *Associated Press*, 24.3.98. **#180.** Ibid: Lyle Stewart, in *Hour* magazine (Montreal), week of 26.2.99. 개념예술가

비탈리 코마와 알렉스 멜라미드는 "우리는 단지 예술가가 아니라 하나의 운동이다"라고 선언했다고 한다. Carter Ratcliff, *Komar and Melamid* (New York, 1988)를 보라. 1984년에 선보인 도나 캐런의 드레스는 역동적이고 밝은 색깔의 패션 스타일을 개척하려 했다. 이후 캐런은 '라이프스타일 브랜드'인 '어반 젠(Urban Zen)'을 창립했다. 바니스는 디자이너 의상과 고급 액세서리를 전문적으로 취급하는 상점이었다. **#181.** MRC 937/8/2/32: James K. Glassman, 'The Invisible Hand of Karl Marx', *Washington Post*, 31.3.98. **#182.** Ibid: Barbara Ehrenreich, 'Communism on your coffee table', *Salon Online*, 30.4.98. **#183.** Ibid: James Poniewozik, 'No irony please – we're leftists', *Salon Media Circus*, 13.5.98. **#184.** Ibid: Harold Meyerson, 'All Left, Half Right', *LA Weekly*, 14.5.98. 멕시코 용어인 마킬라도라(maquiladora)는 낮은 수입 관세를 이용해 원료를 수입하여 제조한 뒤 완제품을 원료 산출국으로 재수출하는 사업을 의미한다. 반 누이스는 대규모 휴양 지역이 있는 로스앤젤레스의 구역이다. 나이키는 스포츠 의류 상표다. 찰스 머피는 신학자였다. **#185.** Ibid: Scott Shane, 'Communist Manifesto 150 Years Old', *Hartford, CT, Press Courant*, 1.5.98, among many others. **#186.** Ibid: David Barton, '10 myths about Marx', *Sacramento Bee*, 20.4.98. **#187.** Ibid: Calvin Reid: 'Verso: Sales Up: Marketing Marx', *Publishers Weekly*, 2.2.98. **#188.** Ibid: Paul Lewis, 'Marx's Stock Resurges on a 150-Year Tip', *New York Times*, 27.6.98, Arts pp. 1-2. **#189.** Ibid: John Cassidy, 'The Return of Karl Marx', *New Yorker*, 27.10.97. **#190.** DHAA AMG 2011: Tom Penn to Andrew Gordon, 20.6.11 (email printout); Andrew Gordon to Tom Penn, 21.6.2011 (email printout); Tom Penn to Andrew Gordon, 22.6.2011 (email printout); Andrew Gordon to EJH, 20.6.2011. **#191.** MRC 937/8/2/29: Hugh Trevor-Roper, 'Marxism without regrets', *Sunday Telegraph*, 15.6.97, review section, p. 13. 아래 서술도 이것을 참조. **#192.** Ibid: John Arnold, 'Igniting Marx with pomo sparks', *Times Higher Education Supplement*, 28.11.97, p. 26. **#193.** Ibid: Paul Smith, 'No vulgar Marxist', *Times Literary Supplement*, 27.6.99, p. 31. **#194.** Ibid: Jürgen Kocka, 'Marx lebt! Bei Eric Hobsbawm wird Die Aufklärung weise', *Die Welt*, 5.12.98 p. 14. 《역사론》의 독일어판은 《미래는 얼마나 많은 역사를 필요로 하는가Wieviel Geschichte Braucht die Zukunft》라는 제목으로 1998년 한저(Hanser) 출판사에서 나왔고, 대부분 코카와 비슷한 관점의 서평을 아주 많이 받았다. **#195.** MRC 937/8/2/35: Richard Gott, 'Living through an age of extremes', *New Statesman*, 23.9. 02, pp. 48-50. **#196.** EJH, *Behind the Times: The Decline and Fall of the Twentieth Century Avant-Gardes* (London, 1998) [한 차례 강연 원고를 포함하는 팸플릿]. **#197.** HRC B-44 David Higham Associates 68 R15382 (3rd acquisition): Giuseppe Laterza to EJH, 18.1.99. **#198.** MRC 937/2/33: Noel Malcolm, 'What a difference a century makes', *Sunday Telegraph*, 26.3.2000. **#199.** Ibid: Max Wilkinson, 'Confessions of an unrepentant communist', *Financial Times*, 20/21.5.2000, p. v; *The New Century*, p. 160.

10. "국보"

#1. Entretien entre Elise Marienstras et Charlotte Faucher, 27.6.2016 à Paris. **#2.** HRC B-45 David Higham Associates 461: Bruce Hunter to EJH, 24.4.96. **#3.** MRC 937/7/8/1: 'Paperback Writer' (typescript, 2003), pp. 6-7. **#4.** PBA: *Interesting Times:* Stuart Proffitt to Bryan Appleyard, 27.6.2002 (이 구절은 다른 잠재적인 서평자들에게 보낸 여러 편지에도 들어갔다). **#5.** 펭귄 출판사에서 스튜어트 프로피트와의 인터뷰. 아래 서술도 이것을 참조. **#6.** PBA: *Interesting Times:* Stuart Proffitt to EJH, 25.9.2001. **#7.** Ibid: Stuart Proffitt, 제16장과 제24장에 대한 지적. **#8.** Ibid: Stuart Proffitt to EJH, 13.11.2001. **#9.** Ibid: Lisa Graham to Stuart Proffitt, 5.8.2002 and 9.8.2002. **#10.** Ibid: Bruce Hunter to Helen Fraser, 2.5.2000; Helen Fraser to Bruce Hunter, 16.5.2000. **#11.** Ibid: 출판사의 안내문. **#12.** HC B-45 David Higham Associates 133: Eric Hobsbawm: 'AUTOBIOGRAPHY' (타이핑한 24개 장의 목록). **#13.** PBA: *Interesting Times:* Louise Ball to Stuart Proffitt, 6.9.2002. **#14.** Ibid: Stuart Proffitt to EJH, 5.12.2002. **#15.** 판매 부수는 에릭의 브라질 출판사인 콤파니아다스 레스타스로부터 제공받았다. **#16.** John Callaghan, 'Looking Back in Amazement: *Interesting Times* and the reviewers', *Socialist History*, 24 (2003), pp. 19-25를 보라. **#17.** MRC 937/8/2/35: Perry Anderson, 'The Age of EJH', *London Review of Books*, 3.20.2002, pp. 3-7. 아래 서술도 이것을 참조. 책의 서술이 전반적으로 비개인적이라는 비슷한 지적으로는 Volker Depkat, 'Die Fortsetzung von Historiographie mit autobiographischen Mitteln', on the website *H-Soz-u-Kult*, 3.11.2003을 보라. 본서의 서문에서 인용한 발언들도 보라. **#18.** EJH, 'After the Cold War', *London Review of Books*. 26.4.2012, 이 평가는 주트가 루게릭병으로 때 이르게 죽은 후에 쓰였다. **#19.** MRC 937/8/2/35: Anthony Sampson, 'An extraordinary life', *Guardian*, 12.10.2002. **#20.** Ibid: EJH: 'Cheltenham 2' (typescript), pp. 9-10. **#21.** Ibid: Adrian Gregory, 'A key witness finally testifies on the 20th century', *BBC History Magazine*, 1.10.2002. **#22.** MRC 937/1/6/3: Marlene Hobsbawm to EJH, n.d. ('집에서 뉴욕으로 보낸 결혼기념일' 엽서). **#23.** EJH, 'Writers' rooms', *Guardian* Saturday Review, 12.1.2008, p. 3, in LBA: file on *Uncommon People*. **#24.** 닉 제이콥스와의 인터뷰, 16.8.2016 **#25.** 개리 런시먼과의 인터뷰, 26.7.2016. 루스 런시먼의 발언 추가. **#26.** 닉 제이콥스와의 인터뷰, 16.8.2016. **#27.** 펭귄 출판사에서 스튜어트 프로피트와의 인터뷰. **#28.** 로이 포스터와의 인터뷰, 5.10.2016. **#29.** 로밀라 타파르, EJH에 대한 미발표 추억담,

2016. **#30.** 로이 포스터와의 인터뷰, 5.10.2016. **#31.** Val Wilmer, 'Denis Preston' in H. C. G. Matthew and Brian Harrison (eds), *Oxford Dictionary of National Biography*, 45 (Oxford, 2004), pp. 255-6. **#32.** 앤절라 홉스봄과의 인터뷰, 30.3.2017. **#33.** MRC 937/1/1/5 : EJH to David Sullivan, n.d. (Nov./Dec. 2004). **#34.** MRC 1/5/2 : EJH to Franziska Augstein, 19.10.2006. 아우크슈타인은 퍼거슨의 책에 대해 극히 적 대적인 서평을 실었다 : 'In deutschen Genpool baden gehen. Reisserische Thesen, nichts dahinter : Niall Fergusons Geschichte der Gewalt im 20.Jahrhundert', *Suddeutsche Zeitung* 228 (4.10.2006), p. 25. **#35.** MRC 937/7/3/43. **#36.** 리처드 래스본과의 인 터뷰, 15.12.2016. **#37.** Julia Hobsbawm, 'Remembering Dad', *Financial Times*, 20 April 2013. 아마르티아 센은 노벨 경제학상을 수상한 개발경제학자로 한때 케임브리 지 트리니티칼리지의 학장으로 재직했다. 에마 로스차일드는 센의 아내로 경제사가다. 존 매덕스는 과학책 작가이자 편집자였다. 브렌다 매덕스는 문인 전기작가다. 마이클 프라이언과 톰 스토파드는 극작가다. **#38.** FLP : EJH to Fritz Lustig, 27.4.2005. **#39.** MRC 937/4/6/1 : *Guardian*, 30.4.87. **#40.** MRC 937/1/2/8 : EJH to János Jemnitz, 26.1.2005. **#41.** MRC 937/8/2/37 : David Rosenthal, 'Why the Left is right', *Scotsman*, 7.7.07. 아래 서술도 이것을 참조. **#42.** DHAA : BH 2005 : Alice Wilson to Kirsten Lass (emil printout), 28.10.05 ; Kirsten Lass to Alice Wilson, 27.10.05 (emil printout). **#43.** Ibid : EJH to Bruce Hunter, 18.7.05 (emil printout), 그리고 첨부 문서. **#44.** MRC 1215/6 : typescript, 'On the West Bank', undated. **#45.** MRC 937/4/6/1 : EJH to the *Times Higher Education Supplement*, 10.4.1987. **#46.** MRC 937/1/4/1 : EJH to Bernard Samuels, 19.2.2003. **#47.** MRC 937/4/6/1 : *Guardian*, 19.4.05. **#48.** 아이라 카츠넬슨과의 인터뷰, 23.8.2016. **#49.** EJH, 'Responses to the War in Gaza', *London Review of Books*, 29.1.2009. **#50.** Entretien entre Elise Marienstras et Charlotte Faucher, 27.6.2016 à Paris. **#51.** MRC 937/7/3/39-49 : 예를 들어 2010년 10월 7일, 10월 13일, 10월 16일, 2011년 11월 14일 위그모어홀 방문. **#52.** 닉 제이콥 스와의 인터뷰, 16.8.2016. **#53.** DHAA BH 2005 ; EJH to Bruce Hunter, 14.6.05 (emil printout). **#54.** MRC 937/1/1/6 : EJH to Michael Kater?.5.2005. **#55.** MRC 937/1/1/6 : EJH to Ivan Berend, 날짜 미상. (Jan. 2005). 1957년 케임브리지에서 경제 사 전공으로 졸업한 만모한 싱은 2004년부터 10년간 인도 국민회의당의 총리였다. **#56.** Panel Discussion : 'Conversations with Eric Hobsbawm', *India International Centre Quarterly* 31/4 (Spring, 2005), pp. 101-25. **#57.** DHAA BH/AW 2008 : Bruce Hunter to Hannah Whitaker, 25.09.08 (emil printout), EJH to Bruce Hunter, 25.09.2008 (emil printout), 그리고 초대장. **#58.** Entretien entre Elise Marienstras et Charlotte Faucher, 27.7.2016 à Paris. **#59.** EJH, 'An Assembly of Ghosts', *London Review of Books*, 21.4.2005. **#60.** MRC 937/7/3 39-46 (휴대용 일기, 2000-2007).

#61. Entretien entre Elise Marienstras et Charlotte Faucher, 27.6.2016 à Paris. **#62.** MRC 937/1/1/6: EJH to Michael Kater, 4.5.2005; EJH to Debbie Valenze, 1.7.2005. **#63.** Julia Hobsbawm, 'Remembering Dad', *Financial Times*, 20 April 2013; information from Marlene Hobsbawm; speeches and congratulations in MRC 937/7/6/3-4. 에릭이 오스트리아 대사관 파티에서 한 연설이 이 서류철에 들어 있다. **#64.** 클레어 토멀린과의 인터뷰, 8.3.2017. **#65.** Entretien entre Elise Marienstras et Charlotte Faucher, 27.7.2016. **#66.** MRC 937/1/1/6: Thomas Matussek to EJH, 6.7.2005. **#67.** Ibid: Malcolm Chase to EJH, 19.11.2007. **#68.** Keith Thomas, EJH 에 대한 미발표 원고. 에릭은 결국 2004년 6월 16일 취리히대학에서 열린 발찬상 시상식에서 연설했다 (MRC 937/7/7/21). **#69.** http://www.balzan.org/en/prizewinners/eric-hobsbawm/research-project-hobsbawm. **#70.** MRC 937/1/1/6: EJH to Victor Kiernan, 9.6.2006. **#71.** DHAA BH/MA 2010: 'Eric Hobsbawm meeting with AMG, 04/11/2010'. **#72.** Ibid: EJH to Bruce Hunter, 5.10.10 (emil printout). **#73.** 크리스 리글리와의 인터뷰, 5.10.2016. **#74.** 브루스 헌터와의 인터뷰, 26.7.2016. **#75.** EJH, 'Democracy can be bad for you', *New Statesman*, 5.3.2001, pp. 25-7. 이 글은 런던 애서니엄 클럽에서 처음으로 발표했다. **#76.** MRC 937/8/2/37: Bill McSweeney, 'A constant communist', *Irish Times*, 21.7.07에서 인용. **#77.** Ibid: John Moore, 'A weak-kneed theory', *Morning Star*, 23.7.2007. **#78.** Ibid: Noel Malcolm, 'If there are two conflicting ways of putting America in the dock, Hobsbawm will happily go for both of them', *Sunday Telegraph*, 1.7.2007. 노엘 맬컴은 이 책의 에세이들이 모순으로 가득하다고 생각했다. **#79.** DHAA BH/MA 2008: Tariq Ali to EJH, 30.7.2008. **#80.** DHAA BH/MA 2006: Tariq Ali to EJH, 2.7.2008; EJH to Bruce Hunter, 2.7.2008; Sebastian Budgen to Bruce Hunter, 16.7.2008 (이메일 출력), and Bruce Hunter to Sebastian Budgen, 15.7.2008 (email printout). 버소에서 책을 낸 나도 이 무렵 인세를 포기한 여러 저자 중 한 명이었다. **#81.** DHAA AMG 2011: Andrew Gordon to William Frucht, 20.4.2011 (emil printout). **#82.** DHAA BH/MA 2010: Richard Beswick to Bruce Hunter, 10.11.2010 (emil printout). **#83.** Ibid: Bruce Hunter to Richard Beswick, 15.11.2010 (emil printout). **#84.** Ibid: Clive Priddle to Bruce Hunter, 22.10.2010 (emil printout). **#85.** Ibid: EJH to Marigold Atkey, 6.9.2010 (emil printout). **#86.** DHAA AMG 2011: Bruce Hunter to EJH, 23.11.2010 (emil printout). **#87.** MRC 937/8/2/40: Alan Ryan, 'Karl's Way', *Literary Review*, March 2011. **#88.** Ibid: 'Little, Brown: Bestsellers', 29.1.11. **#89.** DHAA BH/MA 2010: 'Eric Hobsbawm meeting with AMG', 04.11.2010. **#90.** DHAA AMG 2012: EJH to Andrew Gordon, 9.3.12 (emil printout). **#91.** EJH, 'Homesickness', *London Review of Books*, 8.4.1993. **#92.** 케임브리지의 라틴아메리카

연구자 데이비드 브래딩(David Brading)의 제안으로 에릭은 일찍이 2008년부터 이 분야에 대한 에세이집 출간을 고려했다. 이 에세이집은 에릭 사후인 2016년에 레슬리 베셀의 편집으로 《혁명 만세!: 홉스봄이 라틴아메리카를 논하다Viva la Revolución! Eric Hobsbawm on Latin America》라는 제목으로 출간되었다. **#93.** DHAA AMG 2012: Chris Wrigley to Bruce Hunter, 7.12.12. **#94.** MRC 937/1/6/6: *Evening Standard*, 14.6.94 (줄리아 홉스봄이 보낸 오려낸 기사). **#95.** Ibid: Emma Soames to EJH, 13.6.94. **#96.** MRC 937/7/3/40: 2001년 휴대용 일기. **#97.** Ibid. **#98.** MRC 937/1/1/6: EJH to Debbie Valenze, 1.7.2005. **#99.** FLA: EJH to Fritz Lustig, 20.6.2007. **#100.** Ibid: EJH to Fritz Lustig, 15.6.2009. **#101.** DHAA BH/AW 2006: EJH to Bruce Hunter, 5.10.06. 에릭이 발표한 저술을 안내하는 이 귀중한 저작 목록은 키스 맥렐런드(Keith McLelland)가 작성했다. **#102.** Ibid: Bruce Hunter to EJH, 29.09.06. **#103.** DHAA BH/MA 2010: EJH to Bruce Hunter, 1.10.10 (email printout). **#104.** Ibid: Bruce Hunter to EJH, 30.9.2010. **#105.** Ibid: Bruce Hunter to EJH, 4.10.10 (email printout). **#106.** Ibid: 'Eric Hobsbawm: Papers', 19.3.10. **#107.** Ibid: 'Eric Hobsbawm meeting with AMG,' 04.11.2010. **#108.** Julia Hobsbawm, 'Remembering Dad', *Financial Times*, 20 April 2013. **#109.** MRC 937/7/3/48: 2010년 휴대용 일기. **#110.** DHAA BH/MA 2010: Bruce Hunter to Kathy Rooney, 23.8.10 (email printout). **#111.** Julia Hobsbawm, 'Remembering Dad', *Financial Times*, 20 April 2013. **#112.** DHAA BH/MA 2010: EJH to Marigold Atkey, 3.5.10 (email printout); EJH to Bruce Hunter, 17.2.10 (email printout). **#113.** HFA: 'Brohi': Karim Brohi to EJH, 14.5.2011. **#114.** FLA: EJH to Fritz Lustig, 1.7.2011. **#115.** HFA: Brohi:Julia Hobsbawm to EJH, Marlene, Andy, 26.4.2011 (email); MRC 937/7/3/49: 2011년 휴대용 일기. **#116.** 줄리아, 앤디 홉스봄과의 인터뷰, 11.7.2016. **#117.** 조앤 베이크웰과의 인터뷰, 22.7.2016. **#118.** 리처드 래스본과의 인터뷰, 15.12.2016. **#119.** 리즈 그란데와의 인터뷰, 15.12.2016. **#120.** MRC 937/1/6/23: EJH to Tyrrell Marris, 날짜 없음(2012년 8월 5일에서 16일 사이). **#121.** HFA: 'Brohi': Marlene to Karim Brohi, 23.1.13; Marlene Hobsbawm to RJE, 31.8.2018. **#122.** DHAA AMG 2012: Demetris Christofias to Marlene Hobsbawm, 1.10.12. **#123.** A. N. Wilson, 'He hated Britain and excused Stalin's genocide. But was the hero of the BBC and the Guardian a TRAITOR too?', *Daily Mail*, 2.10.2012. **#124.** Julia Hobsbawm, 'Remembering Dad', *Financial Times*, 20.4.2013. **#125.** 수치는 에릭의 브라질 출판사인 콤파니아다스레스타스와 브라질에서 에릭의 책을 처음 펴낸 출판업자 파스에테라의 아들 마르쿠스 가스파리앙에게서 얻었다. **#126.** Julia Hobsbawm, 'Remembering Dad', *Financial Times*, 20.4.2013. **#127.** 'Foi uma honra ser contemporâneo e ter convivido com Eric Hobsbawm', diz Lula em mensagem à viúva do historiador. INSTITUTO LULA,

October 1st 2012. 그 이후 룰라는 후임 좌파 정부가 전복된 데 이어 부패 혐의로 유죄 판결을 받았지만, 여전히 브라질 노동자들의 영웅이다. **#128.** 'A imperdoàvel cegueira moral de Eric Hobsbawm', *VEJA*, 4.10.2012: http://veja.abril.com.br/entretenimento/ a-imperdoavel-cegueira- ideologica-de-eric-hobsbawm/. 브라질 역사가협회의 응수로 는 'Historiadores repudiam matéria da Revista Veja sobre Eric Hobsbawm', http:// www.revistaforum.com.br/2012/10/10/ historiadores-repudiam-materia-da-revista- veja-sobre-eric-hobsbawm/을 보라. **#129.** Romila Thapar, EJH에 대한 미발표 추억담, 2016. **#130.** 리즈 그란데와의 인터뷰, 15.12.2016. **#131.** MRC 937/7/8/8: Provisional Notes on My Funeral. 아래 문단도 이것을 참조. **#132.** Ibid: Funeral programme. **#133.** 아이라 카츠넬슨과의 인터뷰, 23.8.2016. **#134.** Julia Hobsbawm, 'Remembering Dad', *Financial Times*, 20.4.2013. **#135.** Marlene Hobsbawm to RJE,9.9.2017 (email). **#136.** Julia Hobsbawm, 'Remembering Dad', *Financial Times*, 20 April 2013.

맺음말

#1. FLP: Marlene Hobsbawm to Fritz Lustig, 10.12.2012. **#2.** 로더릭 플로드와의 인 터뷰, 14.9.2016. **#3.** HFA: 공증문서. **#4.** 개리 런시먼과의 인터뷰, 26.7.2016. 아래 서술도 이것을 참조. **#5.** HFA: 장례식과 추도식을 위한 지시 사항. 아래 서술도 이것 을 참조. **#6.** MRC 937/7/8/1: 'Rathaus/history', Jan. 2008, pp. 7-8. **#7.** Ibid, p. 10. **#8.** Ibid, p. 11. **#9.** 리즈 그란데와의 인터뷰, 15.12.2016. **#10.** Eugene D. Genovese, 'Squandered Century', *New Republic*, 17.4.1995를 보라. **#11.** Tony Judt, 'Downhill All the Way', *New York Review of Books*, 25.5.1995.

1935년 4월 에릭, 낸시, 론, 그레틀, 피터: Angela Hobsbaum 제공

1936년 4월 26일 카르네드다피드산을 내려가는 에릭: Angela Hobsbaum 제공

1939년 에릭을 그린 스케치: Eric Hobsbawm papers, Modern Records Centre, University of Warwick

1939년 《그란타》의 편집장 시절: Eric Hobsbawm papers, Modern Records Centre, University of Warwick

1943년 홉스봄 중사: Eric Hobsbawm papers, Modern Records Centre, University of Warwick

자메이카에서 에릭의 여동생 낸시: Marlene Hobsbawm 제공

1947년 라인하르트 코젤렉이 스케치한 에릭: Marlene Hobsbawm 제공

1935~1936년 리하르트 욀체가 그린 〈기대〉: New York, Museum of Modern Art (MoMA). Oil on canvas, 32⅛×39⅝″(81.6×100.6cm). Purchase. 27.1940 © 2018. Digital Image, The Museum of Modern Art, New York/Scala, Florence

1955년 피터 데 프란차가 그린 에릭: © The Estate of Peter de Francia, James Hyman Gallery, London 제공. Gift of Julia Hobsbawm to the Birkbeck Eric Hobsbawm Scholarships Fund

1960년 콩고에서 마를린 슈바르츠: Marlene Hobsbawm 제공

앤디, 줄리아와 함께 있는 에릭: Marlene Hobsbawm 제공

에르네스토 '체' 게바라: 위키미디어 커먼스(퍼블릭 도메인)

1971년 페루 산맥에서 에릭: Marlene Hobsbawm 제공

크로서 계곡에서 에릭: Marlene Hobsbawm 제공

에릭과 티클리아: Marlene Hobsbawm 제공

90대의 에릭: © Gaby Wood/Telegraph Media Group Ltd 2018

하이게이트 묘지에 있는 에릭의 무덤: Alastair Wallace/Shutterstock

찾아보기

에릭 홉스봄의 작업(저술, 강연 등)

매콜리, 토머스 배빙턴 97, 177
매클린(교사) 75
매클린, 도널드 185, 291
매키니스, 콜린 466, 479;《완전 초심자들》 466
매키빈, 로스 665, 730
맥 스미스, 데니스 492
맥기번, 제임스 479
맥기번앤드키(출판사) 479
맥길대학, 몬트리올 340
맥도널드, 제임스 램지 100
맥렐런, 데이비드 585
맥렐런드, 키스 939n101
맥베인, 에드 819
맥브리어, A. M.,《페이비언 사회주의와 영국의 정치, 1884~1918》 325
맥신(성노동자) 483, 485, 486
맥코이, 호레이스,《그들은 말을 쏘았다》 129
맨체스터 18, 183, 403, 502; 맨체스터대학 489, 502, 677; 여자고등학교 502
맨체스터대학 출판부 489
맬컴, 노엘 777, 938n78
머니, J. H. 396
머독, 루퍼트 719, 782
머독, 아이리스 227
머피, 찰스 771, 935n184
먼로, 해럴드 123
《먼슬리 리뷰》 494
멍크, 텔로니어스 469
메노르카 768
메뉴인, 예후디 124, 617
메데인, 콜롬비아 국립대학 650
메디크, 한스 628, 643
메러디스, 크리스토퍼 314
메서즈 스폴딩(인쇄소) 237
메이그스, 헨리 614
메이비온 글린두르 711
메이슨, 팀 552

메이어, 아르노 J. 342, 628;《왜 하늘은 어두워지지 않았는가? 역사에서의 '최종 해법'》 342
메이어, 안드레아스 331
메이저, 존 666
메이틀랜드, F. W. 764
메클렌부르크 48
메테르니히, 클레멘스 폰 351
멕시코시티 544
멘델스존, 펠릭스 807
멜라미드, 알렉스 770, 935n180
《멜로디 메이커》 337
멜리, 조지 466
멜빌, 허먼,《모비딕》 279
모던 재즈 쿼텟 468, 469, 907n196
모랭, 에드가 421, 901
모르겐슈테른, 크리스티안 50, 98, 248
모리스, 존 405, 408, 409
모리스, 크리스토퍼 130, 172, 314, 353
모리슨, 토니 799
모리슨, 허버트 191, 192, 297
모밀리아노, 아르날도 539, 617
모부투, 조제프-데지레 504
모스크바 199, 390, 406, 441, 460; 마르크스-엥겔스 연구소 583; 볼쇼이 극장 406; 역사연구소 406; 지하철 406
모어컴, 에릭 501
모이니핸, 대니얼 673, 926n133
모즐리, 오즈월드 87, 91, 102, 471
모차르트, 볼프강 아마데우스 124, 831;〈여자는 다 그래〉 831
모턴, 레슬리 403, 406, 438;《영국 민중사》 404
모파상, 기 드 116
몬테비데오, 우루과이 338; 몬테비데오 대학 808; 영국 대사관 338
몰도바공화국 173
몰로토프, 뱌체슬라프 231
몰로토프-리벤트로프 조약(나치-소비에

피카소, 파블로 89, 90, 210, 422, 688;
  〈게르니카〉 210
피콕, 로널드 489, 490
피크, 빌헬름 85
피프스, 새뮤얼 84
픽손, 케네스 171
'핀란드: 진실들'(공산당 팸플릿) 238
핀리, 모지스 412
필드, 제프리 688
필딩, 헨리, 《톰 존스》 115
필라델피아 767
《필로로지언》 77
필비, 킴 185, 291, 312
필즈, 그레이시 504
핌롯, 벤 667
핑켈크로트, 알랭 747

ㅎ

하디, 토머스 120, 127
하디드, 자하 814
하리, 요한 789
하마스 801
하바쿡, H. J. 197, 551
하버드대학 580, 600, 674, 756,
  915n118; 사이러스 마커스 맥베인 유
  럽사 상 580
하셀그로브, 노먼 165, 181
하셰크, 야로슬라프, 《착한 병사 슈베이크》
  351, 270
하우스먼, A. E. 115
하우프트, 조르주 641, 643
하워드, 프랭키 501
하이게이트 묘지 신탁협회 833
하이네, 하인리히 42, 98
하이네만(출판사) 719, 720
하이네만, 마고 183, 184, 210, 211, 307,
  311, 358
하이두크 568

하이드로-퀘벡 633
하이든, 요제프 807
하이엄, 데이비드 492, 493, 556, 557,
  566, 567, 598~602, 630, 631
하이위컴 340
하인리히 1세, 동프랑크 국왕 46
하일레 셀라시에, 아비시니아 황제 77
하임스, 체스터 730
하제, 카를-귄터 폰 45
하트웰, 막스 435, 436
하퍼콜린스(출판사) 719, 722, 782
〈학교 투쟁〉 54, 58
학사르, P. N. 230
한국 710, 772
한국전쟁 397, 418, 731
할레, 데이비드 596
할렌제 58
할리우드, 캘리포니아 193, 297, 462,
  475, 504
함마메트 220
함부르크 114, 635
합스부르크 제국 26, 28, 371
해리스(킹스칼리지의 교수) 396
해리슨, J. F. C. 611, 613
해먼드 부부, J. L.과 바버라(역사가) 435,
  564, 679
해먼드, 존 475
해미시 해밀턴(출판사) 719
해밀턴, 리처드 473
해부법(영국) 686
해스컬, 라리사 538
해스컬, 프랜시스 538, 620, 643, 676,
  796
해스킨스, 수전 633
해터슬리, 로이 660, 661
허드슨, 밀리센트 671
허먼, 데이비드 753
허버트, 조지 98, 119
허스트, 윌리엄 랜돌프 668

에릭 홉스봄 평전

역사 속의 삶, 역사가 된 삶

1판 1쇄 2022년 3월 8일

지은이 | 리처드 J. 에번스
옮긴이 | 박원용, 이재만

펴낸이 | 류종필
편집 | 이정우, 이은진
마케팅 | 이건호
경영지원 | 김유리
표지 디자인 | 박미정
본문 디자인 | 박애영
교정교열 | 오효순

펴낸곳 | (주) 도서출판 책과함께
　　　　주소 (04022) 서울시 마포구 동교로 70 소와소빌딩 2층
　　　　전화 (02) 335-1982
　　　　팩스 (02) 335-1316
　　　　전자우편 prpub@hanmail.net
　　　　블로그 blog.naver.com/prpub
　　　　등록 2003년 4월 3일 제2003-000392호

ISBN 979-11-91432-37-4 03900